詳解

行徳歴史年表

鈴木和明
Suzuki Kazuaki

文芸社

序《じょ》

現在《げんざい》、行徳《ぎょうとく》は市川市《いちかわし》の一部《いちぶ》ですが、年表《ねんぴょう》を作成《さくせい》してみると、中世《ちゅうせい》から近世《きんせい》にかけて東葛飾郡《ひがしかつしかぐん》中《ちゅう》で歴史《れきし》の主役《しゅやく》となる重要《じゅうよう》な役割《やくわり》を担《にな》っていたことが分《わ》かります。

中世《ちゅうせい》、行徳《ぎょうとく》は塩焼《しおやき》を稼業《かぎょう》とし、徳川幕府成立前《とくがわばくふせいりつまえ》にすでに寺町《てらまち》が形成《けいせい》されていました。この時代《じだい》の特長《とくちょう》の一《ひと》つは村民《そんみん》が自《みずか》らの意志《いし》で稼業《かぎょう》を選択《せんたく》していたと思《おも》われる点《てん》です。大和田村《おおわだむら》は中世《ちゅうせい》のいつの時代《じだい》かに全村《ぜんそん》の集団移転《しゅうだんいてん》を敢行《かんこう》し、河原村《かわらむら》と稲荷木村《とうかぎむら》の間《あいだ》の地《ち》に定住《ていじゅう》し、塩焼《しおやき》を稼業《かぎょう》としたほどです。

近世《きんせい》、徳川家康《とくがわいえやす》は行徳《ぎょうとく》を直轄領《ちょっかつりょう》とし、軍用第一《ぐんようだいいち》として行徳塩田《ぎょうとくえんでん》の開発《かいはつ》を奨励《しょうれい》し、村民《そんみん》の心《こころ》のよりどころとして本行徳《ほんぎょうとく》に行徳塩浜《ぎょうとくしおはま》の総鎮守《そうちんじゅ》「神明社《しんめいしゃ》」を遷座《せんざ》しました。幕府《ばくふ》のこれらの対策《たいさく》は現代《げんだい》でいう国策《こくさく》にあたると思《おも》います。

昭和《しょうわ》の時代《じだい》に入《はい》り、製塩地整理《せいえんちせいり》の国策《こくさく》によって行徳《ぎょうとく》での製塩《せいえん》は禁止《きんし》されました。第二次大戦後《だいにじたいせんご》、行徳《ぎょうとく》の塩垂百姓《しおだれびゃくしょう》の末裔《まつえい》である農民《のうみん》たちは自《みずか》らの意志《いし》と資金《しきん》の拠出《きょしゅつ》によって土《と》地区画整理《ちくかくせいり》を実施《じっし》しました。

本書《ほんしょ》の特長《とくちょう》の一《ひと》つは、この戦後《せんご》の行徳農民《ぎょうとくのうみん》が現代《げんだい》の行徳地域《ぎょうとくちいき》を作《つく》り上《あ》げた経緯《けいい》を詳細《しょうさい》に復元《ふくげん》したことです。

本書《ほんしょ》はこれらの事跡《じせき》を年表《ねんぴょう》の形《かたち》で克明《こくめい》に追《お》い、行徳《ぎょうとく》の知《し》られざる姿《すがた》を明《あき》らかにしました。

本書《ほんしょ》は次《つぎ》の点《てん》に留意《りゅうい》して執筆《しっぴつ》いたしました。

一、字句《じく》の検索《けんさく》にあたっては『広辞苑《こうじえん》』（第《だい》四版《ぱん》）及《およ》び『新版漢語林《しんぱんかんごりん》』を参照《さんしょう》しました。

一、『市川市史年表《いちかわししねんぴょう》』を本書執筆《ほんしょしっぴつ》の最重要参考書《さいじゅうようさんこうしょ》と位置《いち》付《づ》けて使用《しよう》いたしました。

一、村況《そんきょう》、村明細帳《むらめいさいちょう》、塩浜諸事《しおはましょじ》、災害《さいがい》、復旧工事《ふっきゅうこうじ》はもちろん、その他《た》『続日本紀《しょくにほんぎ》』なども、『市川市史《いちかわしし》』に収録《しゅうろく》された史料《しりょう》を多数採用《たすうさいよう》いたしました。

一、神社《じんじゃ》・仏閣《ぶっかく》・路傍《ろぼう》などの史跡《しせき》については『市川市の石造物《いちかわしのせきぞうぶつ》』に収録《しゅうろく》された資料《しりょう》に依拠《いきょ》しましたが、筆者《ひっしゃ》が採録《さいろく》した資料《しりょう》を収録《しゅうろく》した部分《ぶぶん》があります。

一、江戸時代《えどじだい》の地誌《ちし》、紀行文《きこうぶん》、その他《た》の記述《きじゅつ》を収録《しゅうろく》しました。また、『武江年表《ぶこうねんぴょう》』の関連記述《かんれんきじゅつ》を使用《しよう》いたしました。

一、引用文《いんようぶん》は原文《げんぶん》を忠実《ちゅうじつ》に再現《さいげん》することを基本《きほん》といたしましたが、一部読《いちぶよ》み下《くだ》しにした部分《ぶぶん》があります。

一、読者《どくしゃ》の便宜《べんぎ》のため、年月日《ねんがっぴ》、数以外《かずいがい》の漢字等《かんじとう》にルビ（ふりがな）を付《つ》けました。ただし、碑《ひ》文《ぶん》などのルビは何通《なんとお》りか考《かんが》えられるため、本書《ほんしょ》で記《しる》したもので確定《かくてい》されるわけではありません。

一、原文《げんぶん》の意《い》を損《そこ》ねない範囲《はんい》で常用漢字《じょうようかんじ》に改《あらた》めた部分《ぶぶん》があります。

一、本文中《ほんぶんちゅう》に補足《ほそく》のため、（　）を付《つ》けて説明《せつめい》を加《くわ》えました。

一、年表中《ねんぴょうちゅう》の記述《きじゅつ》について出典《しゅってん》を示《しめ》すよう努力《どりょく》いたしました。

一、検索《けんさく》しやすいように五十音順《ごじゅうおんじゅん》の索引《さくいん》とは別《べつ》に、地域《ちいき》ごとの神社《じんじゃ》・寺院《じいん》の索引《さくいん》、『市川市史《いちかわしし》』内《ない》の文献《ぶんけん》・史料番号《しりょうばんごう》など、合計《ごうけい》一二四八項目《こうもく》の索引《さくいん》を用意《ようい》しました。

本書《ほんしょ》の刊行《かんこう》が行徳《ぎょうとく》の郷土史研究《きょうどしけんきゅう》の一助《いちじょ》となれば幸《さいわ》いです。

なお、本書《ほんしょ》の執筆《しっぴつ》にあたり『市川市史《いちかわしし》』及《およ》び『市川市史年表《いちかわししねんぴょう》』、その他《た》、市川市《いちかわし》の刊行《かんこう》した文献《ぶんけん》を多数《たすう》、参考資料《さんこうしりょう》として利用《りよう》したことを記《しる》して感謝《かんしゃ》の意《い》を表《ひょう》したいと思《おも》います。

二〇一八年七月吉日

鈴木《すずき》和明《かずあき》

詳解《しょうかい》 行徳《ぎょうとく》歴史《れきし》年表《ねんぴょう》 ——目次《もくじ》

平安時代《へいあんじだい》〔七九四年～〕

鎌倉時代《かまくらじだい》〔一一九二年～〕

大正《たいしょう》時代《じだい》〔一九一二年～〕

原始《げんし》・古墳時代《こふんじだい》

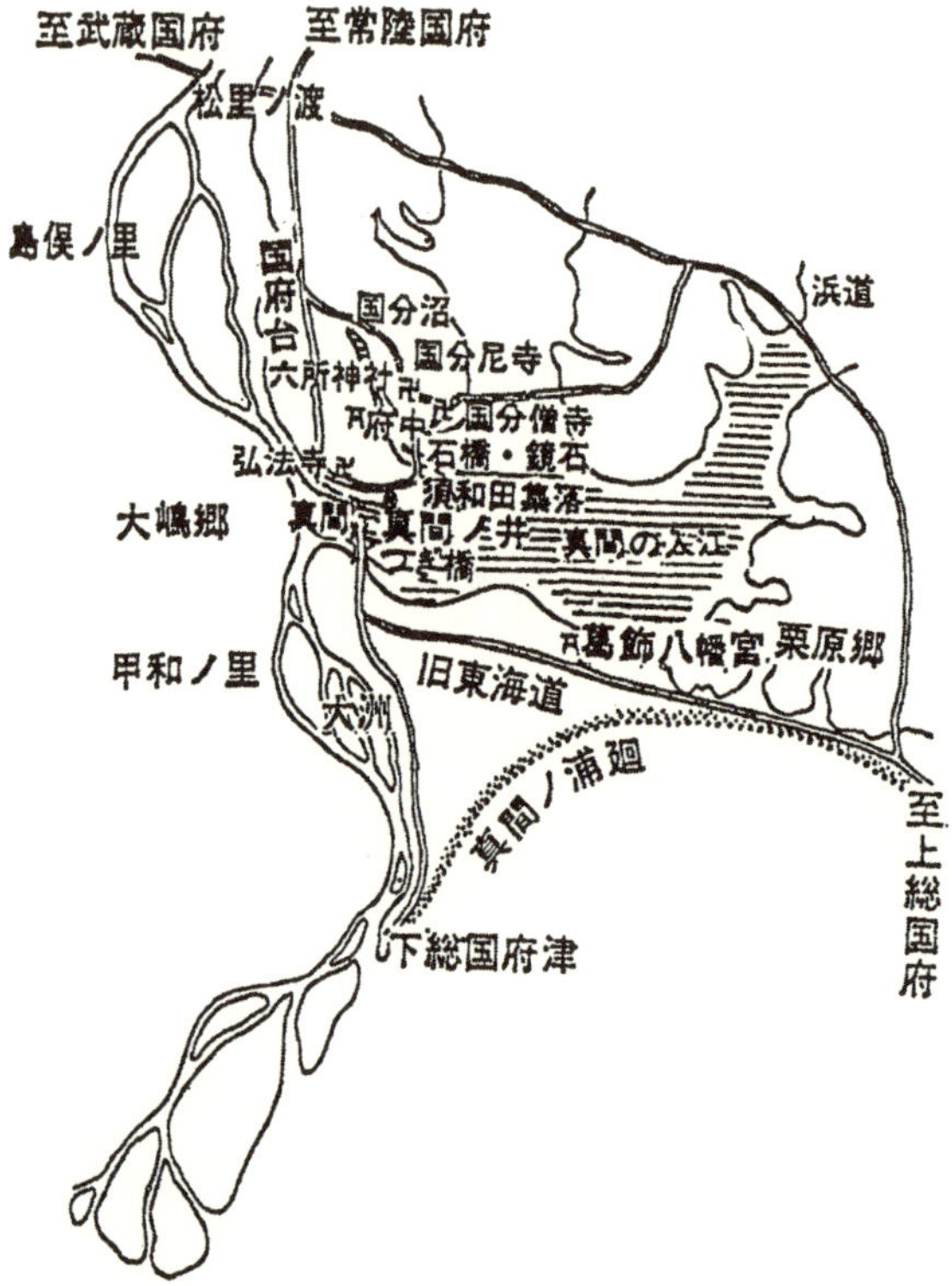

古代下総国府付近想定図
(『郷土読本　市川の歴史を尋ねて』／市川市教育委員会)

紀《き》元《げん》前《ぜん》

五〇万年頃

●関東《かんとう》ローム層《そう》の堆積《たいせき》。氷河期《ひょうがき》。日本《にほん》では旧石器文化《きゅうせっきぶんか》。

二万年頃

●最後《さいご》の氷期《ひょうき》（ヴュルム氷期《ひょうき》）の末期《まっき》。市川《いちかわ》にはナイフ状《じょう》の石器《せっき》を使《つか》い、狩猟《しゅりょう》や採集《さいしゅう》をする人々《ひとびと》が住《す》む（丸山遺跡《まるやまいせき》、堀内《ほりのうち》P地点遺跡《ちてんいせき》）。

●関東地方《かんとうちほう》は半年《はんとし》は冬《ふゆ》であり、気温《きおん》は今《いま》より一〇度《ど》も低《ひく》い。一〇月に雪《ゆき》が降《ふ》り、一二月の気温《きおん》は低《ひく》く零下《れいか》二〇度《ど》にもなる。海面《かいめん》は現在《げんざい》より一〇〇～一二〇メートルほど低《ひく》く、東京湾全体《とうきょうわんぜんたい》が陸地《りくち》だった。巨大《きょだい》な川《かわ》、古東京川《ことうきょうがわ》の河口《かこう》が浦賀水道《うらがすいどう》の水深《すいしん》一〇〇メートルのところにあった。地表《ちひょう》に近《ちか》い立川層《たちかわそう》というローム層《そう》は一～三万年前《まえ》の富士山《ふじさん》の火山灰《かざんばい》である。

一万年頃

●海面《かいめん》が六〇〜七〇メートルも上昇《じょうしょう》。縄文海進《じょうもんかいしん》（有楽町海進《ゆうらくちょうかいしん》）という（曽谷台地《そやだいち》の殿台遺跡《とのだいいせき》、柏井台地《かしわいだいち》の今島田遺跡《いましまだいせき》）。

五〇〇〇年〜三〇〇〇年頃

●縄文海進《じょうもんかいしん》（有楽町海進《ゆうらくちょうかいしん》）が最高潮《さいこうちょう》に達《たっ》する。現在《げんざい》の海抜《かいばつ》一三メートルまでの地域《ちいき》はことごとく海《うみ》となる。奥東京湾《おくとうきょうわん》は大宮《おおみや》（埼玉県《さいたまけん》）、幸手《さって》（埼玉県《さいたまけん》）、関宿《せきやど》（千葉県《ちばけん》）付近《ふきん》まで達《たっ》した。縄文《じょうもん》時代前期《じだいぜんき》。

●市川台地《いちかわだいち》の貝塚《かいづか》が発達《はったつ》（柏井台地《かしわいだいち》の美濃輪台《みのわだい》A・B遺跡《いせき》、曽谷台地《そやだいち》の宮久保遺跡《みやくぼいせき》・曽谷遺跡《そやいせき》など）。

二五〇〇年頃

●海進《かいしん》が停滞《ていたい》。貝塚文化《かいづかぶんか》が最盛期《さいせいき》、馬蹄形貝塚《ばていけいかいづか》の形成《けいせい》が始《はじ》まる。エジプトでは大《だい》ピラミッド作《つく》られる。

一五〇〇年頃

●市川砂州《いちかわさす》（現在《げんざい》の千葉街道《ちばかいどう》あたり）の形成《けいせい》が始《はじ》まる。海退《かいたい》の始《はじ》まり。

一〇〇〇年頃

●海退《かいたい》の進行《しんこう》と市川砂州《いちかわさす》の発達《はったつ》。国分谷《こくぶんだに》や大柏谷《おおかしわだに》が沼地《ぬまち》や湿地《しっち》になり貝塚文化《かいづかぶんか》が衰退《すいたい》。海退速度《かいたいそくど》は平均《へいきん》して一〇〇年で一キロメートル。

●貝《かい》が採《と》れなくなり、塩作《しおづく》りを覚《おぼ》える。大貝塚《だいかいづか》の消滅《しょうめつ》。

一〇〇年頃

●市川砂州《いちかわさす》の発達《はったつ》で、その北側《きたがわ》が湿地帯《しっちたい》になった須和田台地《すわだだいち》で農耕文化《のうこうぶんか》が展開《てんかい》。南関東最初《みなみかんとうさいしょ》の弥生式土器《やよいしきどき》の須和田式土器《すわだしきどき》を使用《しよう》（須和田遺跡《すわだいせき》）。水田《すいでん》が広《ひろ》がる。

◉貝塚《かいづか》が消滅《しょうめつ》。市川砂洲《いちかわさす》が発達《はったつ》し、江戸川左岸《えどがわさがん》の行徳地域《ぎょうとくちいき》に自然堤防《しぜんていぼう》が形成《けいせい》される

「船橋以東《ふなばしいとう》の台地《だいち》が海《うみ》に迫《せま》る部分《ぶぶん》は、海蝕崖《かいしょくがけ》の下《した》に高度《こうど》二m前後《ぜんご》の海岸平野《かいがんへいや》が細長《ほそなが》く分布《ぶんぷ》、これより以西《いせい》では江戸川《えどがわ》の三角州《さんかくす》が拡《ひろ》がり、この江戸川左岸《えどがわさがん》に沿《そ》って、江戸川放水路《えどがわほうすいろ》が江戸川《えどがわ》から分岐《ぶんき》する大和田付近《おおわだふきん》から稲荷木《とうかぎ》—下新宿《しもしんしゅく》—本行徳《ほんぎょうとく》—伊勢宿《いせじゅく》—欠真間《かけまま》—新井《あらい》にかけての行徳街道沿《ぎょうとくかいどうぞ》いに、幅《はば》二〇〇～三〇〇m、高度《こうど》二～三mの微高地《びこうち》が発達《はったつ》する。これに対比《たいひ》できるものは江戸川右岸《えどがわうがん》の東京都江戸川区《とうきょうとえどがわく》の小岩《こいわ》—篠崎《しのざき》—今井間《いまいかん》（現篠崎街道《げんしのざきかいどう》と呼《よ》ぶ）にも見《み》られる。これらの微高地《びこうち》は江戸《えど》川《がわ》の作《つく》った自然堤防《しぜんていぼう》である。行徳地区《ぎょうとくちく》においては、行徳街道沿《ぎょうとくかいどうぞ》いの自然堤防《しぜんていぼう》と平行《へいこう》して上妙《かみみょう》典《でん》—下妙典《しもみょうでん》—塩焼町《しおやきまち》（現本塩《げんほんしお》）の各集落《かくしゅうらく》を乗《の》せる自然堤防《しぜんていぼう》があり、この間《あいだ》の細長《ほそなが》いくぼみは江戸《えど》川《がわ》の旧河道《きゅうかどう》である（現下新宿《げんしもしんしゅく》～河原《かわら》）。江戸川放水路《えどがわほうすいろ》以東《いとう》には、海岸線《かいがんせん》とほぼ並行《へいこう》して高谷《こうや》—原《ばら》木《き》—二俣《ふたまた》の各集落《かくしゅうらく》を乗《の》せる小規模《しょうきぼ》な微高地《びこうち》が発達《はったつ》する。さらにこの続《つづ》きは、行徳《ぎょうとく》から浦安《うらやす》にかけての地帯《ちたい》では、江戸川《えどがわ》と東京湾《とうきょうわん》のほぼ中間《ちゅうかん》に、わずかに認《みと》められる微高地《びこうち》として連続《れんぞく》する。この高《たか》まりは、海岸《かいがん》の砂《すな》が磯波《いそなみ》の作用《さよう》によって打上《うちあ》げられた浜堤《はまづつみ》である」

（『市川市史《いちかわしし》』第《だい》一巻《かん》　一　地形《ちけい》の発達《はったつ》㈢行徳低地《ぎょうとくていち》の地形《ちけい》と地質《ちしつ》）

なお、行徳地域《ぎょうとくちいき》の浜堤《はまづつみ》は現在《げんざい》の権現道《ごんげんみち》がそれに当《あ》たり、ほぼ旧内匠堀《きゅうたくみぼり》の内側一帯《うちがわいったい》の微高地《びこうち》として連続《れんぞく》し、南行徳地域《みなみぎょうとくちいき》の相之川《あいのかわ》ではお成《な》り道《みち》といわれる細道《さいどう》に繋《つな》がって今井《いまい》の渡《わた》しに達《たっ》する（『郷土読本《きょうどどくほん》　行徳《ぎょうとく》の歴史《れきし》・文化《ぶんか》の探訪《たんぼう》1』）。

古墳時代《こふんじだい》

四世紀

● 大和朝廷成立《やまとちょうていせいりつ》。倭《わ》、朝鮮《ちょうせん》に出兵《しゅっぺい》して高句麗《こうくり》と戦《たたか》う。

◉ヤマトタケルの東征始《とうせいはじ》まる

東海道《とうかいどう》を相模《さがみ》の走水《はしりみず》（横須賀《よこすか》―久里浜《くりはま》）から総《ふさ》の国《くに》（富津《ふっつ》―木更津《きさらづ》）へ渡海《とかい》する。

「抑《そもそも》当社《とうしゃ》（夕日皇太神宮《ゆうひこうたいじんぐう》〈船橋大神宮《ふなばしだいじんぐう》〉）の起《おこ》りを尋《たず》ね奉《たてまつ》るに、人皇《じんおう》十二代景行天皇第《だいけいこうてんのうだい》二の皇子《おうじ》日本武尊《やまとたけるのみこと》、東国《とうごく》に御下《おんくだ》りましまし時《とき》、此浦《このうら》の沖《おき》にて難風《なんぷう》にあわせ給ひ《たまい》、随ひ《したがい》奉《たてまつ》る橘媛《たちばなひめ》、御《おん》命《みこと》に代《かわ》り奉《たてまつ》り、竜神《りゅうじん》を宥《なだ》めんが為《ため》に海水《かいすい》に入水《じゅすい》し給ふ《たまう》、依《よっ》て、御船恙《おんふねつつが》なく下総《しもうさ》の船橋《ふなばし》の浦《うら》に着《つか》せ給ふ《たまう》（後略《こうりゃく》）」（『葛飾記《かっしかき》』）

五世紀

● 房総《ぼうそう》地方《ちほう》に印波《いんば》国造《くにのみやつこ》、菊麻国造《きくまのくにのみやつこ》などの支配体制成立《しはいたいせいせいりつ》。

六世紀

◉法皇塚古墳《ほうおうづかこふん》、鬼高遺跡《おにたかいせき》できる

下総《しもうさ》西南地域最大《せいなんちいきさいだい》の前方後円墳《ぜんぽうこうえんふん》の法皇塚古墳《ほうおうづかこふん》を国府台台地《こうのだいだいち》に築造《ちくぞう》。古墳《こふん》の築造《ちくぞう》が盛《さか》んになる。

市川砂州前面《いちかわさすぜんめん》の海側《うみがわ》に集落《しゅうらく》（鬼高遺跡《おにたかいせき》）ができる。

● この頃《ころ》、日本《にほん》に仏教《ぶっきょう》が伝《つた》えられる。

飛鳥《あすか》・奈良時代《ならじだい》

大化《たいか》

元年 乙巳《きのとみ》 六四五

● 中大兄皇子《なかのおおえのおうじ》、中臣《なかとみの》（藤原《ふじわら》）鎌足《かまたり》らにより蘇我氏《そがし》が倒《たお》され、大化《たいか》の改新始《かいしんはじ》まる。

二年 丙午《ひのえうま》 六四六

● 大化《たいか》の改新《かいしん》の詔《みことのり》が発《はっ》せられる。

白雉《はくち》

元年 庚戌《かのえいぬ》 六五〇

●この頃《ころ》、総《ふさ》の国《くに》は上総《かずさ》、下総《しもうさ》に分《わ》けられ、下総国府《しもうさこくふ》が国府台《こうのだい》に置《お》かれる。行徳《ぎょうとく》はまだ海《うみ》の底《そこ》か、葦《あし》や萱《かや》が生《お》い茂《しげ》る湿地帯《しっちたい》だった。

天智《てんち》

九年 庚午《かのえうま》 六七〇

●日本最初《にほんさいしょ》の戸籍《こせき》『庚午年籍《こうごねんじゃく》』が作《つく》られ、民《たみ》は旧来《きゅうらい》の社会的関係《しゃかいてきかんけい》に因《ちな》む氏名《しめい》がつけられて戸籍《こせき》に登録《とうろく》される。養老《ようろう》五年（七二一）に下総国葛飾郡大島郷戸籍《しもうさのくにかつしかごおりおおしまごうこせき》がある（『下総国戸籍《しもうさのくにこせき》』）。七二一年参照《さんしょう》。

文《ぶん》武《ぶ》

二年 戊戌《つちのえいぬ》 六九八

九月七日　下総国《しもうさのくに》に大風《おおかぜ》、百姓《ひゃくしょう》の住居《すまい》を壊《こわ》す

一一月　下総国《しもうさのくに》、牛黄《ごおう》（牛《うし》の胆石《たんせき》、生薬《しょうやく》として使用《しよう》）を献上《けんじょう》

大《たい》宝《ほう》

元年 辛丑《かのとうし》 七〇一

●下総国《しもうさのくに》、紫菜《のり》を調《ちょう》（律令制《りつりょうせい》の現物納租税《げんぶつのうそぜい》の一《ひとつ》）として都《みやこ》へ運《はこ》ぶ。

八月　大宝律令《たいほうりつりょう》施行《しこう》

◉発酵食品《はっこうしょくひん》である味噌《みそ》・醤油《しょうゆ》の起源《きげん》できる

大宝令《たいほうりょう》の大膳職《だいぜんしき》に属《ぞく》する醤院《しょういん》で、はじめて醤《ひしお》、豉《し》、未醤《みしょう》が発酵食品《はっこうしょくひん》として記録《きろく》される（『味《み》噌《そ》・醤油《しょうゆ》入門《にゅうもん》』）。醤《しょう》はひしおで醤油《しょうゆ》になり、未醤《みしょう》はみしょうで味噌《みそ》の起源《きげん》と推測《すいそく》。これらの発《はっ》酵食品《こうしょくひん》は貴族《きぞく》や寺院《じいん》の間《あいだ》でかなりの贅沢食品《ぜいたくしょくひん》、奈良時代《ならじだい》には常食《じょうしょく》の必需品《ひつじゅひん》となり、室町時代《むろまちじだい》には一般庶民《いっぱんしょみん》に普及《ふきゅう》。原料《げんりょう》は大豆《だいず》と塩《しお》である。

二年　壬寅《みずのえとら》　七〇二

八月五日　下総《しもうさ》、駿河《するが》二カ国《かこく》に大風《おおかぜ》。百姓《ひゃくしょう》の住居《すまい》を破壊《はかい》し、作物《さくもつ》に損害《そんがい》を与《あた》える

●この年《とし》、下総《しもうさ》、駿河《するが》、伊豆《いず》、備中《びっちゅう》、阿波《あわ》五カ国《かこく》が飢饉《ききん》。

三年　癸卯《みずのとう》　七〇三

七月五日　正五位上《しょうごいのじょう》上毛野朝臣男足《かみつけのあそんおたり》、下総国守《しもうさこくしゅ》となる

慶雲《けいうん》

元年 甲辰《きのえたつ》 七〇四

七月三日　下総国《しもうさのくに》、白鳥《はくちょう》を献上《けんじょう》

和銅《わどう》

二年 己酉《つちのととり》 七〇九

●下総国疫《しもうさのくにえき》す（『千葉県東葛飾郡誌《ちばけんひがしかつしかぐんし》』）。

三年 庚戌《かのえいぬ》 七一〇

三月一〇日 都《みやこ》を藤原京《ふじわらきょう》から平城京《へいじょうきょう》に移《うつ》す

●この頃《ころ》（八世紀《せいき》）、須和田《すわだ》集落《しゅうらく》は竪穴式住居《たてあなしきじゅうきょ》で真間式土器《ましきどき》を使用《しよう》。国分谷《こくぶんだに》に条里制水田《じょうりせいすいでん》が展《てん》開《かい》。国分台地《こくぶんだいち》の権現原《ごんげんはら》に集落《しゅうらく》できる。

五年 壬子《みずのえね》 七一二

●太安万侶《おおのやすまろ》『古事記《こじき》』を撰上《せんじょう》。「布刀詔戸言《ふとのりとごと》」とある。祝詞《のりと》に大祓《おおはらえ》の詞《ことば》があり、日本《にほん》のことを豊《とよ》葦原水穂国《あしはらみずほのくに》とする。昭和《しょうわ》三〇年代《だい》（一九四五～五四）までの行徳《ぎょうとく》、南行徳地域《みなみぎょうとくちいき》の風景《ふうけい》はまさに豊葦原水穂国《とよあしはらみずほのくに》というにふさわしい水郷地帯《すいごうちたい》だった（『行徳歴史街道《ぎょうとくれきしかいどう》5』）。

霊亀《れいき》

元年 乙卯《きのとう》 七一五

●里《り》を郷《ごう》と改《あらた》め、郷里制《ごうりせい》がしかれる。

養老《ようろう》

二年 戊午《つちのえうま》 七一八

五月二日　上総国《かずさのくに》を分割《ぶんかつ》して安房国《あわのくに》を置《お》く

三年　己未《つちのとひつじ》　七一九

七月一三日　常陸国守《ひたちこくしゅ》藤原朝臣《ふじわらあそん》宇合《うまかい》、按察使《あぜち》となり、走水《はしりみず》から富津海岸《ふっつかいがん》に上陸《じょうりく》。下総《しもうさ》、上総《かずさ》、安房《あわ》を管轄《かんかつ》。万葉歌人《まんようかじん》高橋虫麻呂《たかはしむしまろ》、同行《どうこう》

四年　庚申《かのえさる》　七二〇

五月二一日　舎人親王《とねりしんのう》『日本書紀《にほんしょき》』を撰上《せんじょう》

五年　辛酉《かのととり》　七二一

◉下総国《しもうさのくに》葛飾郡《かつしかごおり》大島郷《おおしまごう》の戸籍《こせき》できる

当地方《とうちほう》で現存《げんぞん》するものはこの年次《ねんじ》のものだけ（『下総国戸籍《しもうさのくにこせき》』）。

七年　癸亥《みずのとい》　七二三

●山部赤人《やまべのあかひと》、高橋虫麻呂《たかはしむしまろ》ら、真間《まま》の手児奈《てこな》の歌《うた》を詠《よ》む

下総国勝鹿《しもうさのくにかつしか》（葛飾《かつしか》）の真間《まま》は湊《みなと》だった。

山部宿禰赤人《やまべのすくねあかひと》が葛飾《かつしか》の真間娘子《ままのおとめ》の墓《はか》を通《とお》った時《とき》に作《つく》った歌《うた》一首《しゅ》と短歌《たんか》がある。

「古《いにしへ》に　ありけむ人《ひと》の　しづ機《はた》の　帯解《おびと》きかへて　伏《ふ》せ屋立《やた》て　妻問《つまどひ》しけむ　葛飾《かつしか》の　真間《まま》の手《て》児名《こな》が　おくつきを　こことは聞《き》けど　ま木《き》の葉《は》や　茂《しげ》りたるらむ　松《まつ》が根《ね》や　遠《とお》く久《ひさ》しき　言《こと》のみも　名《な》のみも我《われ》は　忘《わす》らゆましじ（『万葉集《まんようしゅう》』巻《まき》三／４３１』）

（昔《むかし》おった人《ひと》の、しず機《はた》の帯《おび》をとき交《か》わして、あるいは又《また》ふせ屋《や》を立《た》てて妻問《つまど》いをしたという、葛《かつ》飾《しか》の真間《まま》の手児名《てこな》の、その墓《はか》はここであるとは聞《き》くけれど、木《こ》の葉《は》も昔《むかし》よりは茂《しげ》ってあるのであろうか。松《まつ》の根《ね》は遠《とお》く久《ひさ》しく伝《つた》わったものであろうか。手児名《てこな》の話《はなし》だけも名《な》だけも私《わたし》は忘《わす》れまい）

反歌《はんか》

我《われ》も見《み》つ人《ひと》にも告《つ》げむ葛飾《かつしか》の真間《まま》の手児名《てこな》がおくつき処《どころ》（『万葉集《まんようしゅう》』巻《まき》三／４３２』）

（私《わたし》も見《み》た。また人《ひと》にも語《かた》り伝《つた》えよう。この葛飾《かつしか》の真間《まま》の手児名《てこな》のおくつき所《どころ》〈お墓《はか》のこと、奥津《おくつ》城処《きどころ》〉を）

葛飾《かつしか》の真間《まま》の入江《いりえ》に打《うち》なびく玉藻《たまも》刈《か》りけむ手児名《てこな》し思《おも》ほゆ（『万葉集《まんようしゅう》』巻《まき》三／４３３』）

（葛飾《かつしか》の真間《まま》の入江《いりえ》に、なびいている玉藻《たまも》を、刈《か》った手児名《てこな》のことが思《おも》われる）」

高橋連虫麿《たかはしのむらじむしまろ》が葛飾《かつしか》の真間娘子《ままのおとめ》を詠《よ》んだ歌《うた》一首《しゅ》と短歌《たんか》がある。

「鶏《とり》が鳴《な》く　東《あづま》の国《くに》に　古《いにし》へに　ありける事《こと》と　今《いま》までに　絶《た》えず言《い》ひ来《こ》し　葛飾《かつしか》の　真間《まま》の手児《てこ》奈《な》が　麻衣《あさぎぬ》に　青襟付《あおえりつ》け　ひたさ麻《を》を　裳《も》には織《お》り着《き》て　髪《かみ》だにも　かきはけづらず　くつをだにはかず行《い》けども　錦綾《にしきあや》の　中《なか》に包《つつ》める　いはひ子《わいご》も　妹《いも》にしかめや　望月《もちづき》の　足《た》れる面《おも》わに　花《はな》のごと　笑《え》みて立《た》てれば　夏虫《なつむし》の　火《ひ》に入《い》るがごと　港入《みなとい》りに　船《ふね》こぐごとく　行《い》きかぐれ　人《ひと》の言《い》ふ時《うとき》　いくばくも　生《い》けらじものを　何《なに》すとか　身《み》をたな知《し》りて　波《なみ》の音《おと》の　騒《さわ》ぐ港《みなと》の　おくつきに　妹《いも》が臥《こや》せる　遠《とお》き世《よ》に　ありける事《こと》を　昨日《きのふ》しも　見《み》けむがごとも　思《おも》ほゆるかも

（『万葉集《まんようしゅう》』巻《まき》九／１８０７』）

（東《あずま》の国《くに》に、昔《むかし》あったことと、今《いま》まで絶《た》やさずに人《ひと》の言《い》いついできた、葛飾《かつしか》の真間《まま》の手児奈《てこな》が、麻《あさ》の衣《ころも》に青《あお》い襟《えり》ひもをつけ、よい麻《あさ》を織《お》って裳《も》として着《き》て、髪《かみ》もくしけずらず、くつもはかず歩《ある》くけれど、錦《にしき》や綾《あや》の中《なか》に包《つつ》んだ大事《だいじ》な子《こ》どもも、この娘《むすめ》にはおよびもない。満月《まんげつ》のごとく満《み》ち足《た》りた面《おも》わで、花《はな》のようにほほ笑《え》んで立《た》っていれば、夏《なつ》の虫《むし》の火《ひ》にとび入《い》るように、また港《みなと》に船《ふね》をこぎ入《い》れるように、人々《ひとびと》が行《い》きかよう《通》時《とき》に、幾《いく》らも生《い》きはすまいものを、こんなにしてどうしようと、自分《じぶん》の身《み》の上《うえ》のことを知《し》って、波《なみ》の音《おと》のさわぐ港《みなと》の墓《はか》に、自殺《じさつ》した手児奈《てこな》が伏《ふ》している。遠《とお》い時代《じだい》にあったことであるのを、昨日見《きのうみ》たことのように思《おも》われるのである）

反歌《はんか》

葛飾《かつしか》の真間《まま》の井《い》を見《み》れば立《たち》ならし水汲《みずく》ましけむ手児奈《てこな》し思《おも》ほゆ（『万葉集《まんようしゅう》』巻《まき》九／１８０８』）

（葛飾《かつしか》の真間《まま》の井《い》を見《み》れば、そこをふみならして、水《みず》を汲《く》まれた、手児奈《てこな》が思《おも》われる）」

（国民《こくみん》の文学第《ぶんがくだい》二巻《かん》『万葉集《まんようしゅう》』）

●「わがすむかつしかは古《ふる》くより名《な》だゝる処《ところ》にて赤人虫麻呂《あかひとむしまろ》の詠《うた》をはじめ代々《だいだい》の哥《うた》まくらとなりて、久《ひさ》しくその名《な》をうしなはず。古《ふる》く真間《まま》の入江《いりえ》などつゞけしをみるに、むかしは此《この》あたりまで海《うみ》のさし入《いり》たるならん。その形《かたち》おろおろに見《み》にたれば、今《いま》の行徳《ぎょうとく》といふ《う》あたりより、すべてひとつ浦《うら》にして此海辺《このうみべ》をひろくかつしかの浦《うら》とはいひ《い》しとおぼゆ」（『勝鹿図志《かつしかずし》手《て》くりふね』）。

●八世紀《せいき》の防人《さきもり》はもっぱら東国《とうごく》から徴兵《ちょうへい》され、真間湊《ままみなと》を出《で》た葛飾郡《かつしかごおり》の防人《さきもり》の歌《うた》がある。東京湾《とうきょうわん》を相模《さがみ》に渡《わた》り、北九州《きたきゅうしゅう》の国境警備《こっきょうけいび》に赴《おもむ》いた。男子《だんし》三人《にん》に一人《ひとり》を徴兵《ちょうへい》し、任期《にんき》は三年。

「行《ゆ》こ先《さき》に波《なみ》なとゑらひしるへには子《こ》をと妻《つま》をと置《お》きてとも来《こ》ぬ」（『万葉集《まんようしゅう》』巻《まき》二十／４３８５』）

（行《ゆ》く先《さき》に波《なみ》の音《おと》が騒《さわ》ぎ、後《うし》ろの方《ほう》には妻《つま》と子《こ》を残《のこ》して遠《とお》くへ来《き》た）

右《みぎ》の一首《しゅ》は葛飾郡《かつしかごおり》の私部石島《きさいべのいわしま》の歌《うた》。

天平《てんぴょう》

一三年 辛巳《かのとみ》 七四一

●「房総《ぼうそう》地方《ちほう》大風有《おおかぜあり》。人畜《じんちく》死傷《ししょう》多《おお》し」（『千葉県《ちばけん》東葛飾郡誌《ひがしかつしかぐんし》』）。

天平年間《てんぴょうねんかん》（七二九〜七四九）

●塩山《しおやま》、塩木山《しおきやま》は製塩燃料《せいえんねんりょう》を採取《さいしゅ》する山林《さんりん》で、有力貴族《ゆうりょくきぞく》・寺社《じしゃ》が領有《りょうゆう》した。燃料《ねんりょう》を供給《きょうきゅう》し生産塩《せいさんじお》を地子《じし》（地代《じだい》・賃貸料《ちんたいりょう》）として収納《しゅうのう》（『塩《しお》の日本史《にほんし》』）。

●七四九〜七五六年頃《ころ》、下総国分寺《しもうさこくぶんじ》が造営《ぞうえい》される。

●七五九年、『万葉集《まんようしゅう》』二〇巻《かん》できる。過去《かこ》三五〇年分《ぶん》の長歌《ちょうか》、短歌《たんか》、連歌《れんが》、その他約《たやく》四五〇〇首《しゅ》。巻《まき》十四に東歌《あずまうた》「葛飾《かつしか》の真間《まま》の浦《うら》みをこぐ船《ふね》の船人《ふなびと》騒《さわ》ぐ波立《なみた》つらしも」（作者不詳《さくしゃふしょう》、下総国《しもうさのくに》の歌《うた》）がある。

真間《まま》の浦《うら》とは狭義《きょうぎ》では古来《こらい》の行徳《ぎょうとく》地先《ちさき》の海《うみ》。『市川《いちかわ》の歴史《れきし》を尋《たず》ねて』に国府《こくふ》の外港《がいこう》としての国府津《こうづ》があったとして「古代下総国府付近想定図《こだいしもうさこくふふきんそうていず》」の行徳付近《ぎょうとくふきん》に下総国府津《しもうさこうづ》とある。

●七六二～七六九年頃《ころ》、下総国《しもうさのくに》その他で旱魃《かんばつ》。年貢《ねんぐ》七、八割免除《わりめんじょ》、食《しょく》を与《あた》える。

●七六二年頃《ころ》、塩《しお》を給料《きゅうりょう》、人夫賃《にんぷちん》、贈答《ぞうとう》、祭祀用供物《さいしようくもつ》、祓《はら》い清《きよ》め、保存《ほぞん》・調味《ちょうみ》・医薬《いやく》などに使用《しよう》。

「塩《しお》一斗《と》一升《しょう》六合《ごう》八勺《しゃく》 六升《しょう》九合《ごう》二勺《しゃく》 雇夫《やといふ》百七十五人料人別《にんりょうにんべつに》四勺《しゃく》 四升《しょう》六合《ごう》六勺《しゃく》 領《りょう》 並《ならびに》 仕丁《しちょう》百廿《にじゅう》五人料人別《にんりょうにんべつに》四勺《しゃく》」
（『塩《しお》の日本史《にほんし》』所収《しょしゅう》「天平宝字《てんぴょうほうじ》六年『甲賀山作物工雑散役帳《こうがさんさくもつこうざつさんやくちょう》』」）

土俵《どひょう》の上《うえ》で力士《りきし》のまく塩《しお》は、祓《はら》い清《きよ》めの塩《しお》で、怪我《けが》の際《さい》の殺菌《さっきん》・消毒《しょうどく》の役《やく》もする。本場所《ほんばしょ》一五日間《にちかん》に土俵《どひょう》にまかれる塩《しお》は約《やく》三石《こく》六斗《と》（六〇〇キログラム）で一日《にち》に二斗《と》四升《しょう》だという（『塩《しお》の日本史《にほんし》』）。相撲《すもう》の歴史《れきし》は古代《こだい》にさかのぼる神事《しんじ》である。

宝亀《ほうき》

二年 辛亥《かのとい》 七七一

一〇月二七日 相模《さがみ》―上総《かずさ》―下総《しもうさ》の東海道《とうかいどう》を廃《はい》し、相模《さがみ》―武蔵《むさし》―下総《しもうさ》に変更《へんこう》。夷参《いさま》（座間市《ざまし》）―小高《おだか》（川崎市《かわさきし》）―大井《おおい》（大田区大井《おおたくおおい》）―豊島《としま》（千代田区《ちよだく》麹町《こうじまち》）―井上《いかみ》（墨田区《すみだく》寺島《てらじま》）―国府台《こうのだい》のルート ※井上《いかみ》は近年《きんねん》、国府台《こうのだい》とされる

天《てん》応《おう》

元年 辛酉《かのととり》 七八一

●下総国《しもうさのくに》飢饉《ききん》、政府《せいふ》の救助策《きゅうじょさく》あり（『市川市史《いちかわしし》』第《だい》五巻《かん》「続日本紀《しょくにほんぎ》 三十六 光仁天皇《こうにんてんのう》」）。富士山《ふじさん》噴火《ふんか》。

延《えん》暦《りゃく》

三年 甲子《きのえね》 七八四

一一月一一日 長岡京遷都《ながおかきょうせんと》

四年 乙丑《きのとうし》 七八五

七、八月 下総国《しもうさのくに》で大風《おおかぜ》、五穀損傷《ごこくそんしょう》、百姓《ひゃくしょう》飢饉《ききん》（『市川市史《いちかわしし》』第《だい》五巻《かん》「続日本紀《しょくにほんぎ》 三十八 桓《かん》武天皇《むてんのう》」）

平安時代
へいあんじだい

延《えん》暦《りゃく》

一三年甲戌《きのえいぬ》 七九四

一〇月二二日 平安京遷都《へいあんきょうせんと》

一六年丁丑《ひのとうし》 七九七

●下総《しもうさ》、甲斐《かい》両国《りょうごく》飢饉《ききん》、貧民《ひんみん》に稲《いね》を安《やす》く売《う》り与《あた》える（『市川市史《いちかわしし》』第《だい》五巻《かん》「日本後紀《にほんこうき》 五 桓武天《かんむてん》皇《のう》」）。

大《だい》同《どう》

二年丁亥《ひのとい》 八〇七

二月一三日 斎部広成《いんべのひろなり》『古語拾遺《こごしゅうい》』を撰上《せんじょう》。総《ふさ》の国《くに》、上総《かずさ》、下総《しもうさ》、安房《あわ》のいわれを記《しる》す

弘仁《こうにん》

九年戊戌《つちのえいぬ》 八一八

七月 下総《しもうさ》、相模《さがみ》、武蔵《むさし》、常陸《ひたち》、上野《こうづけ》、下野《しもつけ》などに大地震《おおじしん》。山《やま》が崩《くず》れ谷《たに》が埋《う》まり、無数《むすう》の百姓《ひゃくしょう》が圧死《あっし》(『市川市史《いちかわしし》』第《だい》五巻《かん》「類聚國史《るいじゅうこくし》 百七十一 災異部《さいいのぶ》五 地震《じしん》」)。震源《しんげん》は相模湾《さがみわん》でマグニチュード8・6

承和《じょうわ》

二年　乙卯《きのとう》　八三五

◉太日河《ふとゐがわ》（江戸川《えどがわ》）の渡船《とせん》を二艘《そう》から四艘《そう》に増《ふ》やす

六月二九日、太日河《ふとゐがわ》（江戸川《えどがわ》）と住田河《すみだがわ》（隅田川《すみだがわ》）の渡船《とせん》をそれぞれ二艘《そう》から四艘《そう》に増加《ぞうか》。正《しょう》税《ぜい》をもって買《か》い備《そな》えさせる。

「一《ひとつ》加増渡船《かぞうとせん》十六艘《そう》（中略《ちゅうりゃく》）下総国太日河四艘《しもうさのくにふとゐがわよんそう》元二艘《もとにそう》、今加二艘《いまにそうくわえる》、（中略《ちゅうりゃく》）武蔵《むさし》・下総両国堺住田河四艘《しもうさりょうごくさかいすみだがわよんそう》元二艘《もとにそう》、今加二艘《いまにそうくわえる》、（中略《ちゅうりゃく》）但渡船者以正税買備之《ただしとせんはしょうぜいをもってこれをかいそなえる》、（後略《こうりゃく》）」

（『市川市史《いちかわしし》』第《だい》五巻《かん》「類聚三代格《るいじゅうさんだいきゃく》　十六　船瀬《ふなせ》　幷《ならびに》浮橋《うきはし》布施屋事《ふせやのこと》」）

この記載《きさい》から、江戸川《えどがわ》は八三五年頃《ころ》は太日河《ふとゐがわ》と呼《よ》ばれていたこと、渡《わた》し船《ぶね》が二艘《そう》から四艘《そう》に増《ふ》やされたこと（渡船場《とせんば》の所在《しょざい》は不明《ふめい》）、隅田川《すみだがわ》が武蔵《むさし》と下総《しもうさ》の国境《くにざかい》だと知《し》れる。

●「下総国《しもうさのくに》飢《う》ゆ」（『千葉県《ちばけん》東葛飾郡誌《ひがしかつしかぐんし》』）。

一〇年 癸亥《みずのとい》 八四三

六月二五日 下総《しもうさ》、上総《かずさ》など一八カ国の飢饉《ききん》に対《たい》し、勅加賑恤《ちょくかしんじゅつ》（ほどこし与《あた》える）（『市川市《いちかわし》史《し》』第《だい》五巻《かん》「続日本後紀《しょくにほんこうき》 十三 仁明天皇《にんみょうてんのう》」）

嘉祥《かしょう》

三年 庚午《かのえうま》 八五〇

●在原業平《ありわらのなりひら》、角田川《すみだがわ》（隅田川《すみだがわ》）を渡《わた》り下総国府《しもうさこくふ》へ来《きた》る。「名《な》にしおはば いざこと問《と》わむ都鳥《みやこどり》 わが思《おも》ふ人《ひと》は 在《あ》りやなしやと」を詠《よ》む。在原業平《ありわらのなりひら》は『伊勢物語《いせものがたり》』の主人公《しゅじんこう》ともされる。

◉『伊勢物語《いせものがたり》』（第《だい》九段《だん》 東下《あずまくだ》り）に塩焼《しおやき》に関《かん》する「しほじり」（塩尻《しおじり》）の言葉《ことば》がある

「（前略《ぜんりゃく》）その山《やま》は（富士山《ふじさん》のこと）、ここにたとへば、比叡《ひえ》の山《やま》を二十《はたち》ばかり重《かさ》ねあげたらむほどにして、なり（形《かたち》）はしほじりのやうになむありける。（後略《こうりゃく》）」（新潮日本古典集成《しんちょうにほんこてんしゅうせい》『伊勢物《いせもの》語《がたり》』）

「しほじり」は塩尻《しおじり》で、塩尻《しおじり》とは塩焼《しおやき》に関《かん》する用語《ようご》である。竈家《かまどや》で釜《かま》に入《い》れた鹹水《かんすい》を煮詰《につ》める作業《さぎょう》（これを塩焼《しおやき》という）をするために必要《ひつよう》な前工程《まえこうてい》の作業《さぎょう》をすべて完了《かんりょう》したときの塩田面《えんでんめん》の姿《すがた》のこと。笊《ざる》に入《い》れた鹹砂《かんさ》に潮水《しおみず》を注入《ちゅうにゅう》して鹹水《かんすい》を採取《さいしゅ》した後《あと》の笊《ざる》の砂《すな》を塩田面《えんでんめん》に笊《ざる》からうつ伏《ぶ》せに開《あ》けて翌日《よくじつ》の作業《さぎょう》の準備《じゅんび》をする。その砂《すな》の形《かたち》が円錐形《えんすいけい》でちょうど富士山《ふじさん》のような形《かたち》になる。だから富士山《ふじさん》を形容《けいよう》するのに、富士山《ふじさん》は塩尻《しおじり》のようだと言《い》ったのである（『行徳《ぎょうとく》の文学《ぶんがく》』）。

この記述《きじゅつ》からわかることは、八五〇年頃《ころ》の鹹水採取方法《かんすいさいしゅほうほう》は笊取法《ざるとりほう》で行《おこな》われていて、このことを都人《みやこびと》はよく知《し》っていたということになる。

なお、この時代《じだい》の採鹹場《さいかんば》は二浜《はま》で一単《たん》位《い》とされ、使用後《しようご》の砂《すな》はその場《ば》に山《やま》のように積《つ》み上《あ》げて放置《ほうち》した。これを塩尻法《しおじりほう》と命名《めいめい》される（『塩《しお》の日本史《にほんし》』）。『勝鹿図《かつしかず》志手《して》くりふね』に「汐垂《しおたれ》たる砂《すな》を籠《かご》よりうつふせに打《うち》あけたるを塩尻《しおじり》と云《いい》て不二《ふじ》山《やま》に似《に》たり」とあり、『伊勢物語《いせものがたり》』に「不二《ふじ》の形《かたち》を塩尻《しおじり》と云《いう》」とある。

『伊勢物語』（国立国会図書館デジタルコレクション）

貞観《じょうがん》

五年 癸未《みずのとひつじ》 八六三

◉播州赤穂《ばんしゅうあこう》に東大寺《とうだいじ》の塩荘園《しおしょうえん》成立《せいりつ》

塩浜法《しおはまほう》は同一地盤《どういつじばん》で撒砂《さんさ》—乾燥《かんそう》—集砂《しゅうさ》—溶出《ようしゅつ》—撒砂《さんさ》の作業《さぎょう》を干満潮《かんまんちょう》に影響《えいきょう》されず繰《く》り返《かえ》す採鹹法《さいかんほう》で、奈良時代末《ならじだいまつ》から平安時代初期《へいあんじだいしょき》の成立《せいりつ》か（『塩《しお》の日本史《にほんし》』）。

六年 甲申《きのえさる》 八六四

一一月二二日　連年《れんねん》の水害《すいがい》と旱魃《かんばつ》。下総国葛飾《しもうさのくにかつしか》・印旛《いんば》・相馬《そうま》・埴生《はにう》・猿島《さしま》五郡《ぐん》の百姓《ひゃくしょう》の調《ちょう》、庸《よう》を二年間免除《ねんかんめんじょ》

●富士山噴火《ふじさんふんか》。「八代郡《やつしろぐん》の本栖《もとす》、剗《せ》の両《りょう》の水海《うみ》を埋《う》む」（『日本三代実録《にほんさんだいじつろく》』）。

八年 丙戌《ひのえいぬ》 八六六

八月二日 下総国《しもうさのくに》が旱魃《かんばつ》となり飢饉《ききん》。政府《せいふ》が救助策《きゅうじょさく》をとる（『市川市史《いちかわしし》』第五巻《だいかん》「日本三代実録《にほんさんだいじつろく》 七 清和天皇《せいわてんのう》」）

一七年 乙未《きのとひつじ》 八七五

五月一〇日 下総国《しもうさのくに》の俘囚《ふしゅう》（とらわれ人《びと》、あるいは朝廷《ちょうてい》の支配下《しはいか》に入《はい》った蝦夷《えぞ》のこと）反乱《はんらん》。官寺《かんじ》（国分寺《こくぶんじ》か）を焼《や》き、良民《りょうみん》を殺害《さつがい》（『市川市史《いちかわしし》』第五巻《だいかん》「日本三代実録《にほんさんだいじつろく》 二十七 清和天皇《せいわてんのう》」）

一八年 丙申《ひのえさる》 八七六

七月二一日 非常《ひじょう》に備《そな》えるため、下総国《しもうさのくに》に陰陽師《おんみょうじ》を置《お》く（『市川市史《いちかわしし》』第五巻《だいかん》「類聚三代格《るいじゅうさんだいきゃく》 五 加減諸国官員 幷 廃置事《しょこくのかんいんかげんならびにはいちのこと》」）

寛平年間《かんぴょうねんかん》（八八九～八九八）

●宇多天皇《うだてんのう》の勅願《ちょくがん》によって、石清水八幡宮《いわしみずはちまんぐう》を勧請《かんじょう》し、市川市八幡《いちかわしやわた》に葛飾八幡宮《かつしかはちまんぐう》を創建《そうけん》。

延《えん》喜《ぎ》

元年　辛酉《かのととり》　九〇一

一月二五日　菅原道真《すがわらのみちざね》大宰《だざい》権帥《のごんのそち》に左遷《させん》される

五年　乙丑《きのとうし》　九〇五

四月一八日　紀貫之《きのつらゆき》ら『古今和歌集《こきんわかしゅう》』を撰上《せんじょう》。最初《さいしょ》の勅撰和歌集《ちょくせんわかしゅう》。二〇巻《かん》。当初《とうしょ》は『続万葉集《しょくまんようしゅう》』といった

九年 己巳《つちのとみ》 九〇九

七月一日 下総《しもうさ》国《のくに》騒乱《そうらん》（『市川市史《いちかわしし》』第《だい》五巻《かん》「日本紀略《にほんきりゃく》後編《こうへん》 一 醍醐天皇《だいごてんのう》」）

承平《しょうへい》

元年 辛卯《かのとう》 九三一

●江戸川区篠崎《えどがわくしのざき》の浅間神社《せんげんじんじゃ》に合祀《ごうし》された神明社《しんめいしゃ》の承応《じょうおう》二年（一六五三）の棟札《むなふだ》によれば、「右神明《みぎしんめい》三社《さんしゃ》者《は》承平元年《しょうへいがんねん》御鎮座《ごちんざ》也《なり》、今年迄凡《こんねんまでおよそ》七百廿《にじゅう》三年ニ成ル《になる》」とあり（『江戸川区《えどがわく》の史跡《しせき》と名所《めいしょ》』）。神明社《しんめいしゃ》は伊勢神宮《いせじんぐう》の末社《まっしゃ》であり、すでに葛西御厨《かさいみくりや》が成立《せいりつ》していたか。

天慶《てんぎょう》

二年 己亥《つちのとい》 九三九

●平将門《たいらのまさかど》謀叛《むほん》の奏上《そうじょう》が源経基《みなもとのつねもと》から朝廷《ちょうてい》に出《だ》される。

三年 庚子《かのえね》 九四〇

◉平将門《たいらのまさかど》討《う》たれ大和田村《おおわだむら》鎮守《ちんじゅ》兜八幡《かぶとはちまん》に祀《まつ》られる

二月一四日、平貞盛《たいらのさだもり》、藤原秀郷《ふじわらのひでさと》らにより、平将門《たいらのまさかど》が討《う》たれる。

これより前《まえ》、成田山新勝寺《なりたさんしんしょうじ》の不動明王像《ふどうみょうおうぞう》と同木《どうぼく》で作《つく》った不動像《ふどうぞう》が、平将門平定《たいらのまさかどへいてい》のため市川市《いちかわし》菅野《すがの》の真言宗《しんごんしゅう》不動院《ふどういん》に天慶《てんぎょう》二年（九三九）に安置《あんち》された。

大和田村《おおわだむら》の鎮守《ちんじゅ》は兜八幡《かぶとはちまん》別名《べつめい》兜宮《かぶとのみや》といい、平将門《たいらのまさかど》の兜《かぶと》を祀《まつ》るという（『葛飾誌略《かつしかしりゃく》』）。

この他《ほか》、大野将門城址《おおのしょうもんじょうし》（現在《げんざい》の市川第五中学校《いちかわだいごちゅうがっこう》）、八幡不知藪《やわたやぶしらず》など将門伝説《まさかどでんせつ》の地《ち》あり。

応《おう》和《わ》

二年　壬戌《みずのえいぬ》　九六二

●京都《きょうと》の仏師《ぶっし》感世《かんせい》、身代《みがわ》り観音像《かんのんぞう》を刻《きざ》み、菩提所《ぼだいしょ》の西国札所《さいごくふだしょ》二番《ばん》穴穂寺《あなおじ》に納《おさ》め本尊《ほんぞん》とす。同木《どうぼく》、同時作《どうじさく》の観音像《かんのんぞう》、万治《まんじ》二年（一六五九）、行徳《ぎょうとく》の富豪《ふごう》田中三左衛門《たなかさんざえもん》が丹波《たんば》見樹寺《けんじゅじ》にあったものを譲《ゆず》り受《う》けて徳願寺《とくがんじ》へ納《おさ》める。のち、元禄《げんろく》三年（一六九〇）、藤原観音堂《ふじわらかんのんどう》へ遷《うつ》される（『船橋《ふなばし》市《し》史《し》』前編《ぜんぺん》「元亨釈書《げんこうしゃくしょ》」、『葛飾誌略《かつしかしりゃく》』）。

永《えい》延《えん》

二年　戊子《つちのえね》　九八八

●「兜八幡《かぶとはちまん》。兜宮《かぶとのみや》といふ《う》。大和田村《おおわだむら》の鎮守《ちんじゅ》にして新道《しんみち》の左《ひだり》の森也《もりなり》。祭所《さいしょ》の神霊《しんれい》を治《おさ》むるともいふ《う》。平将門《たいらのまさかど》の兜《かぶと》を祭《まつ》るともいふ《う》。又《また》、源義家《みなもとのよしいえ》の兜《かぶと》を祭《まつ》るともいふ《う》。当社《とうしゃ》の前《まえ》にて武士《ぶし》たる人乗《ひとのり》打《うち》すれば必《かなら》ず落馬《らくば》すといふ《う》。此辺大和田村《このあたりおおわだむら》の旧地也《きゅうちなり》」（『葛飾誌略《かつしかしりゃく》』）市川市大和田《いちかわしおおわだ》二丁目《ちょうめ》五番《ばん》四号《ごう》。現行徳支所《げんぎょうとくししょ》の管轄外《かんかつがい》の位置《いち》。『千葉県神社名鑑《ちばけんじんじゃめいかん》』で、永延《えいえん》二年八月八日鎮座《ちんざ》、葛飾八幡宮《かつしかはちまんぐう》の摂社《せっしゃ》で注連下《しめした》と称《しょう》す」とある。

中世《ちゅうせい》のある時代《じだい》に大和田村《おおわだむら》は稲荷木村《とうかぎむら》と河原村《かわらむら》の間《あいだ》の地《ち》に塩焼稼業《しおやきかぎょう》をするために全村集団《ぜんそんしゅうだん》移《い》転《てん》したが、移転《いてん》した地《ち》に鎮守《ちんじゅ》である兜宮以外《かぶとのみやいがい》には新《あら》たな神社《じんじゃ》を創建《そうけん》することはしなかった。

寛弘年間《かんこうねんかん》（一〇〇四〜一〇一二）

●この頃《ころ》、紫式部《むらさきしきぶ》が『源氏物語《げんじものがたり》』を作《つく》る。この中《なか》に、「蜑《あま》がつむなげきの中《なか》に塩垂《しおた》れていつまで須磨《すま》の浦《うら》と眺《なが》めむ」とある。蜑《あま》は漁師《りょうし》、海人《あま》で海《うみ》で魚《さかな》や貝《かい》をとり、藻塩《もしお》などを焼《や》くことを業《なりわい》とする者《もの》。「なげき」は「投《な》げ木《き》」と「嘆《なげ》き」をかけたもの。

「投《な》げ木《き》」とは、塩焼燃料《しおやきねんりょう》の松葉《まつば》、松枝《まつえだ》などの薪《たきぎ》を束《たば》にして高《たか》さ三メートルほどに家《いえ》のように高《たか》く積《つ》み上《あ》げて貯蔵《ちょぞう》したものを、使用《しよう》するときに上《うえ》から下《した》へ投《な》げ落《お》として竈屋《かまどや》まで運《はこ》んだ。

行徳《ぎょうとく》の塩焼《しおやき》では明治《めいじ》・大正時代《たいしょうじだい》まで投《な》げ木《き》をして塩焼《しおやき》をしていた。『行徳《ぎょうとく》の塩《しお》づくり』に左《ひだり》の図《ず》が載《の》っている。

紫式部《むらさきしきぶ》はいつの頃《ころ》かに塩田《えんでん》作業《さぎょう》を観察《かんさつ》していたのかもしれない。

松葉積込図

「嘉永年間(18)ヨリ明治廿四年ニ至ル
燃料松葉積込之図　松葉ハ船橋及
久々田《くくた》幕張稲毛黒砂《くろすな》寒川《さんかわ》地方ヨリ
船ニ而積来リ又ハ大野大町中沢
其外近郷(19)遠在ヨリ馬ニテ運般（搬）
シ来ルモアリキ是ヲ岡附(20)ケト言
タリ」（上図）

『行徳の塩づくり』（市立市川歴史博物館編集・発行）

寛《かん》仁《にん》

四年 庚申《かのえさる》 一〇二〇

◉菅原孝標女《すがわらたかすえのむすめ》、父上総守《ちちかずさのかみ》と共《とも》に松戸《まつど》で江戸川《えどがわ》を渡《わた》り『更級日記《さらしなにっき》』を著《あらわ》す

九月一八日、菅原高標女《すがわらたかすえのむすめ》（一三歳《さい》）、父上総守《ちちかずさのかみ》の帰任《きにん》に従《したが》い、江戸川《えどがわ》を松戸《まつど》で渡《わた》り武蔵国《むさしのくに》を通《つう》過《か》。康平元年《こうへいがんねん》（一〇五八）、『更級日記《さらしなにっき》』を著《あらわ》す。

「（中略《ちゅうりゃく》）下総《しもうさ》の国《くに》と武蔵《むさし》との境《さかい》にてある太井川《ふとゐがわ》といふが上《かみ》の瀬《せ》、まつさと（松戸《まつど》）の渡《わた》りの津《つ》にとまりて、夜《よ》ひとよ、舟《ふね》にてかつがつ（少《すこ》しずつの意《い》）物《もの》などを渡《わた》す。（後略《こうりゃく》）」

（新潮日本古典集成《しんちょうにほんこてんしゅうせい》『更級日記《さらしなにっき》』）

一〇五八年頃《ころ》には江戸川《えどがわ》は太井川《ふといがわ》と書《か》いていたことがわかる。八三五年では太日河《ふとゐがわ》とする。また、一〇五八年には下総《しもうさ》と武蔵《むさし》の国境《くにざかい》は江戸川《えどがわ》としていて、八三五年と八五〇年（『伊勢物《いせもの》語《がたり》』）では隅田川《すみだがわ》が国境《くにざかい》と記載《きさい》があり、異《こと》なっている。一〇五八年までの間《あいだ》のいつ頃《ごろ》、江戸川《えどがわ》が国《くに》境《ざかい》にされたのだろうか。

また、一一六五年までの間《あいだ》に国境《くにざかい》は隅田川《すみだがわ》になっており、それが江戸川《えどがわ》になったのは江戸時代《えどじだい》中期《ちゅうき》の正徳《しょうとく》三年（一七一三）のことである。

永保《えいほう》

三年 癸亥《みずのとい》 一〇八三
三月 富士山噴火《ふじさんふんか》

天仁《てんにん》

元年 戊子《つちのえね》 一一〇八

七月　浅間山大噴火《あさまやまだいふんか》

大治《だいじ》

五年　庚戌《かのえいぬ》　一一三〇

一二月　千葉常重《ちばつねしげ》、私領下総国相馬郡布施郷《しりょうしもうさのくにそうまごおりふせごう》を伊勢神宮《いせじんぐう》に寄進《きしん》、相馬御厨成立《そうまみくりやせいりつ》

保元《ほうげん》

二年　戊寅《つちのえとら》　一一五八

●「浦安《うらやす》で塩《しお》を焼《や》き、魚貝《ぎょかい》を捕《と》りて生活《せいかつ》せし移住民《いじゅうみん》の部落存《ぶらくそん》せり」（『千葉県東葛飾郡誌《ちばけんひがしかつしかぐんし》』中《ちゅう》「浦《うら》

安町誌《やすちょうし》」)。

永《えい》万《まん》

元年 乙酉《きのととり》 一一六五

◉伊勢神宮関係文書《いせじんぐうかんけいもんじょ》『櫟木文書《くぬぎもんじょ》』に葛西御厨《かさいみくりや》とあり

三月二一日、伊勢神宮関係文書《いせじんぐうかんけいもんじょ》の『櫟木文書《くぬぎもんじょ》』「一三 占部安光文書紛失状寫《うらべやすみつもんじょふんしつじょううつし》」に「皇太神宮御《こうたいじんぐうご》領下総国葛西御厨領家《りょうしもうさのくにかさいみくりやりょうけ》」とある。葛西御厨《かさいみくりや》三十三郷《ごう》の内《うち》に上篠崎村《かみしのざきむら》があり、そこに伊勢神宮《いせじんぐう》の末社《まっしゃ》である神明社《しんめいしゃ》が祀《まつ》られ、寛永《かんえい》一二年（一六三五）に本行徳《ほんぎょうとく》（一丁目《ちょうめ》）の現在地《げんざいち》に遷座《せんざ》され、行徳塩浜《ぎょうとくしおはま》一五カ村《かそん》の総鎮守《そうちんじゅ》とされた。

なお、一〇五八年頃《ころ》の国境《くにざかい》は江戸川《えどがわ》だが、一一六五年の『櫟木文書《くぬぎもんじょ》』では東京都江戸川区《とうきょうとえどがわく》が下《しも》総国《うさのくに》なのだから、およそ一〇〇年の間《あいだ》に国境《くにざかい》の認識《にんしき》の変更《へんこう》があったことになる。

治承《じしょう》

四年 庚子《かのえね》 一一八〇

八月二八日　源頼朝《みなもとのよりとも》、石橋山《いしばしやま》の合戦《かっせん》に敗《やぶ》れ、海路《かいろ》で安房《あわ》の国《くに》に向《む》かう。翌日《よくじつ》、安房《あわ》に上陸《じょうりく》
（『市川市史《いちかわしし》』第《だい》五巻《かん》「吾妻鏡《あずまかがみ》」「延慶本平家物語《えんきょうぼんへいけものがたり》」）

◉行徳《ぎょうとく》の笹屋《ささや》の由来《ゆらい》あり

本行徳《ほんぎょうとく》（四丁目《ちょうめ》）に笹屋《ささや》といううどん店《てん》があり、頼朝《よりとも》がうどんを食《た》べたのはこの店《みせ》だと称《しょう》している（『千葉県東葛飾郡誌《ちばけんひがしかつしかぐんし》』）。

笹屋《ささや》の由来《ゆらい》を書《か》いた六曲《ろくま》がりの大屏風《おおびょうぶ》と大田蜀山人《おおたしょくさんじん》書《しょ》の「干《ほし》うどん」の看板《かんばん》は市川歴史博物館《いちかわれきしはくぶつかん》に展示《てんじ》。

『房総三州漫録《ぼうそうさんしゅうまんろく》』に、「四丁目笹屋《ちょうめささや》。頼朝卿《よりともきょう》の溫飩《うんどん》を食《しょく》し給《たまう》ふ古迹《こせき》とぞ。箱入《はこい》り百文《もん》より」とあり、『千葉県東葛飾郡誌《ちばけんひがしかつしかぐんし》』に「この笹屋《ささや》は今《いま》も本行徳《ほんぎょうとく》四丁目《ちょうめ》にあり、古《ふる》くよりウドンを商《あきな》い、笹屋《ささや》ウドンとて一時《いちじ》は京浜《けいひん》の間《あいだ》にも名高《なだか》かりき、総武鉄道開通《そうぶてつどうかいつう》以来《いらい》土地《とち》と共《とも》に衰微《すいび》したれども大《だい》なる

欅《けやき》の板《いた》に笹竜胆《ささりんどう》の紋付《もんつ》けたるものを出《だ》し今《いま》も饂飩《うどん》を商《あきな》い居《お》れり」とある。

九月一一日　源《みなもとの》頼朝《よりとも》が市川《いちかわ》というところに着《つ》き、「千葉《ちば》と葛西《かさい》が知行《ちぎょう》の所《ところ》、熊井《くまい》、栗川《くりかわ》、亀無《かめなし》、牛島《うしじま》と申《もう》す所《ところ》より……」（『日本古典文学全集《にほんこてんぶんがくぜんしゅう》　義経記《ぎけいき》』「頼朝《よりとも》謀反《むほん》の事《こと》」）

●熊井《くまい》は今井《いまい》とする。また、『江戸川《えどがわ》ブックレット№5　地名《ちめい》のはなし』にも同様《どうよう》の記載《きさい》がある。
なお、千葉《ちば》と葛西《かさい》とは人名《じんめい》。

文治《ぶんじ》

二年丙午《ひのえうま》　一一八六

三月一二日　『吾妻鏡《あずまかがみ》』に「八幡庄《やわたのしょう》」の初出《しょしゅつ》あり

鎌倉《かまくら》時代《じだい》

建《けん》久《きゅう》

三年 壬子《みずのえね》 一一九二

七月一二日 源頼朝《みなもとのよりとも》、征夷大将軍《せいいたいしょうぐん》となる

●この頃《ころ》までに、千葉常胤《ちばつねたね》、下総一国《しもうさいっこく》の守護職《しゅごしょく》になり相伝《そうでん》される。

七年 丙辰《ひのえたつ》 一一九六

◉**真言宗清滝山宝城院建立《しんごんしゅうせいりゅうざんほうじょういんこんりゅう》**

浦安市堀江《うらやすしほりえ》四丁目《ちょうめ》一四番《ばん》一号《ごう》。本尊《ほんぞん》は不動明王《ふどうみょうおう》。開基《かいき》、願行上人《がんぎょうしょうにん》。真言宗大和《しんごんしゅうやまと》（奈良県《ならけん》）長谷寺末《はせでらまつ》。『葛飾誌略《かつしかしりゃく》』では小岩善養寺末《こいわぜんようじまつ》とする。行徳領観音札所《ぎょうとくりょうかんのんふだしょ》三二番《ばん》。

御詠歌《ごえいか》（葛）参《まい》り来《き》て頼《たの》むたから《宝》のしろ《城》の寺木《てらき》くさ《草》のいろも浄《じょう》ど《土》なるらん

（雙）夢《ゆめ》の世《よ》にへつらふ《う》人《ひと》の言《こと》の葉《は》を聞耳《きくみみ》あら《洗》ふ《う》清滝《せいりゅう》のみず《水》

正治《しょうじ》

※（葛）は『葛飾記《かつしかき》』、（雙）は『雙輪寺文書《そうりんじもんじょ》』

元年　己未《つちのとひつじ》　一一九九

◉この頃《ころ》の市川市《いちかわし》高谷《こうや》は沖島《おきしま》、浮島《うきしま》と呼《よ》ばれる

高谷了極寺《こうやりょうごくじ》の記録《きろく》に、この頃《ころ》、「此地《このち》を沖島又《おきしままた》は浮島《うきしま》と称《とな》へ漁家《ぎょか》七戸《こ》と記《しる》せり、こは高谷《こうや》一部落《いちぶらく》の記録《きろく》に過《す》ぎざれども、以《もっ》て他部落《たぶらく》を推知《すいち》すべし」（『千葉県東葛飾郡誌《ちばけんひがしかつしかぐんし》』）。

三年　辛酉《かのととり》　一二〇一

●吾妻鏡《あずまかがみ》八月の条《じょう》に「下総国葛西郡《しもうさのくにかさいごおり》」とあり（『江戸川区史《えどがわくし》』第《だい》一巻《かん》）。この時代《じだい》、国境《くにざかい》は隅田《すみだ》川《がわ》と知《し》れる。

元《げん》仁《にん》

元年 甲申《きのえさる》 一二二四

◉親鸞聖人《しんらんしょうにん》、関東地方《かんとうちほう》を布教《ふきょう》

親鸞《しんらん》『教行信証《きょうぎょうしんしょう》』執筆《しっぴつ》、五二歳《さい》。

市川市相之川《いちかわしあいのかわ》の浄土真宗《じょうどしんしゅう》了善寺《りょうぜんじ》の縁起《えんぎ》に「往昔《おうせき》、親鸞聖人《しんらんしょうにん》関東《かんとう》御遊歴《ごゆうれき》のみぎり、下総国《しもうさのくに》鎌田《かまだ》の庄《しょう》（現《げん》、江戸川区《えどがわく》南篠崎町《みなみしのざきまち》二丁目《ちょうめ》・東瑞江《ひがしみずえ》二丁目《ちょうめ》・江戸川《えどがわ》二丁目《ちょうめ》付近《ふきん》）吉田源五左エ門《よしだげんござえもん》易幹《えきみき》と云《い》へ《え》る者《もの》ありてしばらくか《彼》の家《いえ》にお足《あし》をとどめたまひ《い》朝夕《あさゆう》御法談《ごほうだん》あらせられし処《ところ》、源五左エ《げんござえ》門夫婦《もんふうふ》始《はじ》め聖人《しょうにん》に帰依《きえ》する者数多《ものあまた》ありしが、御年《おんとし》六二才《さい》の時御帰路《ときおんきろ》を思《おも》ひ《い》立《た》たせられ既《すで》に折柳《せつりゅう》にのぞみし時《とき》、吉田夫婦《よしだふうふ》の者共深《ものどもふか》く名残《なごり》を惜《お》しみ奉《たてまつ》りしかば、聖人親《しょうにんみずか》ら影像《えいぞう》を刻《きざ》み誓《ちかい》の一絶句《いちぜっく》を添《そ》へ《え》か《彼》の夫婦《ふうふ》に与《あた》へ《え》給《たま》ひ《い》し故《ゆえ》、世《よ》にこれを鎌田《かまだ》のみ《御》影《えい》と申《もう》し奉《たてまつ》り代々秘蔵供養《だいだいひぞうくよう》し奉《たてまつ》り居《お》りけり」とある。

なお、了善寺《りょうぜんじ》は代々吉田姓《だいだいよしだせい》を名乗《なの》る。

仁《にん》治《じ》

二年 辛丑《かのとうし》 一二四一

●六浦《むつら》と鎌倉間《かまくらかん》に道路《どうろ》ができ、「朝比奈切通《あさいなきりどおし》」と呼《よ》ばれる。安房《あわ》、上総《かずさ》、下総《しもうさ》から六浦《むつら》に人《ひと》と物資《ぶっし》が集中《しゅうちゅう》。

●「行徳《ぎょうとく》のうち湊村《みなとむら》というは海辺《うみべ》より大船《おおぶね》の川《かわ》への入口《いりぐち》なり。ただし、右鎌倉船《みぎかまくらぶね》の入津《にゅうしんの》（入港《にゅうこう》）場《ば》なり」（『葛飾記《かつしかき》』）

文《ぶん》応《おう》

元年 庚申《かのえさる》 一二六〇

七月一六日 日蓮《にちれん》『立正安国論《りっしょうあんこくろん》』を北条時頼《ほうじょうときより》に献上《けんじょう》、三九歳《さい》

●秋頃《あきごろ》、日蓮《にちれん》、(市川市《いちかわし》の)若宮《わかみや》に住《す》む富木常忍《ときじょうにん》のもとに身《み》を寄《よ》せる。

文《ぶん》永《えい》

五年 戊辰《つちのえたつ》 一二六八

一〇月一一日 日蓮《にちれん》、蒙古《もうこ》襲来《しゅうらい》を警告《けいこく》

弘《こう》安《あん》

元年 戊寅《つちのえとら》 一二七八

◉日蓮宗真光山妙頂寺建立《にちれんしゅうしんこうざんみょうちょうじこんりゅう》

日妙上人創建《にちみょうしょうにんそうけん》。永禄《えいろく》四年（一五六一）、日忍上人現在地《にちにんしょうにんげんざいち》に移転《いてん》。『葛飾誌略《かつしかしりゃく》』では天正《てんしょう》五年（一五七七）日忍上人建立《にちにんしょうにんこんりゅう》とする。市川市本行徳二番八号《いちかわしほんぎょうとくばんごう》。本尊《ほんぞん》は釈迦如来《しゃかにょらい》・多宝如来《たほうにょらい》・日蓮《にちれん》上人像《しょうにんぞう》。弘法寺末《ぐほうじまつ》。

寛保《かんぽう》二年（一七四二）制作《せいさく》の「釈迦涅槃像《しゃかねはんぞう》」があり、畳《たたみ》一〇畳《じょう》の大《おお》きさで一一月一三日のお会式《えしき》に公開《こうかい》。二〇〇年以上《いじょう》の古木百日紅《こぼくさるすべり》、天保《てんぽう》の時代《じだい》（一八三〇〜）の筆子塚《ふでこづか》が有名《ゆうめい》。

五年 壬午《みずのえうま》 一二八二

一〇月一三日　日蓮《にちれん》、武蔵国池上《むさしのくにいけがみ》に死《し》す。六一歳《さい》。富木常忍《ときじょうにん》（日常《にちじょう》）、大田乗明《おおたのりあきら》（乗明《じょうみょう》）とと

もにその葬列《そうれつ》に加《くわ》わる

永《えい》仁《にん》

元年 癸巳《みずのとみ》 一二九三

●鎌倉《かまくら》に大地震《おおじしん》、死者《ししゃ》二万人余《まんにんよ》。

八月二五日　大津波《おおつなみ》で当代島全滅《とうだいじまぜんめつ》。当時《とうじ》、住居《じゅうきょ》は一〇戸内外《こないがい》（『千葉県《ちばけん》東葛飾郡誌《ひがしかつしかぐんし》』『浦安町誌上《うらやすちょうしじょう》』）

室町時代
むろまちじだい

暦応《りゃくおう》

元年 戊寅《つちのえとら》 一三三八

●足利尊氏《あしかがたかうじ》、征夷大将軍《せいいたいしょうぐん》となる。

応安《おうあん》

五年 壬子《みずのえね》 一三七二

◉香取文書《かとりもんじょ》に「行徳関務事《ぎょうとくせきむのこと》」など行徳《ぎょうとく》の地名《ちめい》あり

一一月九日、『香取文書《かとりもんじょ》』の「四 藤氏《とうし》長者宣《ちょうじゃせん》写《がうつし》」に、

「香取大禰宜神主両職《かとりおおねぎしんしゅりょうしき》・常陸下総両国海夫《ひたちしもうさりょうごくかいふ》 并《ならびに》戸崎《とがさき》・大堺《おおさかい》・行徳等關務《ぎょうとくなどせきむ》、可令知行者《ちぎょうせしむべきは》、長者《ちょうじゃ》宣如此悉之以状《ことごとくこのじょうをもってかくのごとくのたまう》」

とあり。『香取文書《かとりもんじょ》』とは「香取市佐原《かとりしさわら》の香取神宮関係文書《かとりじんぐうかんけいもんじょ》」のこと。行徳《ぎょうとく》の地名《ちめい》の史料上《しりょうじょう》の初見《しょけん》。

一二月一四日、『香取文書《かとりもんじょ》』「五 室町将軍家御教書写《むろまちしょうぐんけみぎょうしょうつし》」に、

「香取社大禰宜長房申条々《かとりしゃおおねぎながふさもうすじょうじょう》
一戸崎関務事《ひとつこがさきせきむのこと》
一大堺関務事《ひとつおおさかいせきむのこと》
一行徳関務事《ひとつぎょうとくせきむのこと》
以前条々《いぜんじょうじょう》、自関白家就被執申所有吹嘘也《かんぱくけよりつかさどるにつきもうすところすいきょあるなり》、神訴異其他《しんそいそのた》、早厳密可被遵行之状《はやくげんみつにじゅんぎょうさるべきのじょう》、依仰《おおせにより》
執達如件《しったつくだんのごとし》」

とあり。

「関ヶ島《せきがしま》。行徳町本行徳《ぎょうとくまちほんぎょうとく》を南《みなみ》すれば大字関ヶ島《おおあざせきがしま》あり、明治《めいじ》の初年迄関所《しょねんまでせきしょ》のありし所《ところ》なりしと云《い》ふ、下総旧事考《しもうさきゅうじこう》に所謂《いわゆる》、行徳《ぎょうとく》の関《せき》は是《こ》れか」（『千葉県東葛飾郡誌《ちばけんひがしかつしかぐんし》』）

なお、行徳《ぎょうとく》の地名《ちめい》については金海法印《きんかいほういん》と行徳《ぎょうとく》さまのことを関連付《かんれんづ》けた本行徳《ほんぎょうとく》（一丁目《ちょうめ》）の神《しん》明社創建《めいしゃそうけん》に関《かん》するいわれがあるが、大永《だいえい》七年（一五二七）の創建年代《そうけんねんだい》と併《あわ》せて再考《さいこう》の余地《よち》がある。

「河原《かわら》ってあんでしょそこに。この行徳橋《ぎょうとくばし》の先《さき》が河原《かわら》ね。その次《つぎ》、『しんしゅく』って言《い》うんです

よ。『新宿』って書《か》いて『しんしゅく』。新宿《しんしゅく》、一丁目《ちょうめ》、二丁目《ちょうめ》、三丁目《ちょうめ》、四丁目《ちょうめ》、関ケ島《せきがしま》、伊勢宿《いせじゅく》ってこうなってるんですよ。昔《むかし》はね、関ケ島《せきがしま》と当代島《とうだいじま》しかなかったって言《い》うんだよね。『あ、あれは関ケ島《せきがしま》だよ、あれは当代島《とうだいじま》』当代島《とうだいじま》は浦安《うらやす》ですけどね、と言《い》われてながめたもんです。まだ地名残《ちめいのこ》っているでしょ、欠真間《かけまま》てのもあるでしょ」（『市川《いちかわ》の伝承民話《でんしょうみんわ》』第《だい》7集《しゅう》）。

永《えい》和《わ》

三年丁巳《ひのとみ》　一三七七

◉葛西御厨《かさいみくりや》に神明社《しんめいしゃ》が祀《まつ》られる

三月一七日、『中山法華経寺文書《なかやまほけきょうじもんじょ》』「三五　希朝寄進状《まれともきしんじょう》」「三六　希朝賣券《まれともばいけん》」に「下総国葛西御厨《しもうさのくにかさいみくりや》篠崎郷内上村《しのざきごうないかみむら》を永代寺領《えいたいじりょう》にめさるべく候《そうろう》」の記載《きさい》あり。

これらの古文書《こもんじょ》にみえる本区《ほんく》（江戸川区《えどがわく》）篠崎《しのざき》の御厨《みくりや》とは、どの辺《あたり》にあったのであろうか。

とにかく鎌倉末期《かまくらまっき》あたりから当地方一帯《とうちほういったい》が伊勢神宮《いせじんぐう》の神領地《しんりょうち》とされていただけに、昭和《しょうわ》三〇年《ねん》の前版区史《ぜんぱんくし》の刊行当時《かんこうとうじ》、まだ、その跡《あと》と伝《つた》えられる場所《ばしょ》が残《のこ》っていた（旧下篠崎町《きゅうしもしのざきちょう》一九一五番《ばん》地《ち》）が、近年《きんねん》、小岩方面《こいわほうめん》からの土手大改修《どてだいかいしゅう》のため、現在《げんざい》は京成《けいせい》バス「上篠崎《かみしのざき》」停留所《ていりゅうじょ》から西側土《にしがわど》手下《てした》の田島氏宅《たじましたく》から十数《じゅうすう》メートル南《みなみ》、西側道路沿《にしがわどうろぞ》い、新《あたら》しい住居表示《じゅうきょひょうじ》で上篠崎《かみしのざき》一、二丁目境《ちょうめさかい》辺《あたり》がその跡《あと》に当《あた》る、という。かつてここを「神明《しんめい》さん跡《あと》」と呼《よ》んでいた。また、同所《どうしょ》にあった社《やしろ》は明治《めいじ》四四年（一九一一）に上篠崎《かみしのざき》一丁目《ちょうめ》の浅間神社《せんげんじんじゃ》に合祀《ごうし》されている（『江戸川区史《えどがわくし》』第《だい》一巻《かん》）。

至徳《しとく》

四年丁卯《ひのとう》 一三八七

◉佐原《さわら》の香取神宮《かとりじんぐう》を勧請《かんじょう》して香取神社《かんどりじんじゃ》祀《まつ》られる

五月一日、『香取文書《かとりもんじょ》』「六 大中臣長房譲状《おおなかとみながぶさゆずりじょう》」に、

「ゆづりあたうる志《し》もつさのくに（下総国《しもうさのくに》）かんとり（香取《かとり》の古称《こしょう》）の御神領《ごしんりょう》ならひ《び》ニ所職《にしょしき》おな《同》し《じ》き志《し》りやう（私領《しりょう》）田畠等事《でんぱたなどのこと》（中略《ちゅうりゃく》）一《ひとつ》かさはやの志《し》やう（風早庄《かぜはやのしょう》）のうちとかさき（戸《とが》

崎《さき》）ならひ《び》ニ《に》大《おお》さかへ（大堺《おおさかい》）、志《し》もかわへ（下河辺《しもかわべ》）のうちひこなのせき（彦名《ひこな》の関《せき》）つるかそねのせき（鶴曾根《つるがそね》の関《せき》）、きやうとくのせき（行徳《ぎょうとく》の関《せき》）、合《あわせて》五ケ《か》せき《関》の事《こと》（後略《こうりゃく》）」

とあり。

この頃《ころ》までに香取神社《かんどりじんじゃ》（かんどりさま）、佐原《さわら》の香取神宮《かとりじんぐう》を勧請《かんじょう》し創建《そうけん》。市川市香取《いちかわしかんどり》一丁目《ちょうめ》九番《ばん》二三号《ごう》。祭神《さいじん》、経津主命《ふつぬしのみこと》。佐原《さわら》の香取神宮《かとりじんぐう》に祀《まつ》られる刀剣《とうけん》の神《かみ》。祭日《さいじつ》一〇月一〇日。「かんどり」の由来《ゆらい》。

「香取《かんどり》の地名《ちめい》はこの地内《ちない》にある香取神社《かんどりじんじゃ》に由来《ゆらい》しています。この神社《じんじゃ》は香取神宮《かとりじんぐう》を勧請《かんじょう》していて本宮《ほんぐう》と区別《くべつ》するために「かんどり」と読《よ》むことになっているそうです」（『市川《いちかわ》の町名《ちょうめい》』）

『明解行徳《めいかいぎょうとく》の歴史大事典《れきしだいじてん》』に詳細《しょうさい》な説明《せつめい》を記《しる》した。なお、香取神社境内《かんどりじんじゃけいだい》には明治維新《めいじいしん》の際《さい》の市《いち》川《かわ》・船橋戦争《ふなばしせんそう》の時《とき》に官軍《かんぐん》が駐屯《ちゅうとん》した。

応永《おうえい》

五年　戊寅《つちのえとら》　一三九八

●八月、『櫟木文書《くぬぎもんじょ》』「七〇 葛西御厨田数注文写《かさいみくりやでんすうちゅうもんうつし》」に「今井《いまい》」とあり。伊勢神宮関係文書《いせじんぐうかんけいもんじょ》。他《た》の地名《ちめい》としては、東一江《ひがしいちのえ》、上小岩《かみこいわ》、上篠崎《かみしのざき》、下篠崎《しもしのざき》、松本《まつもと》、東小松河《ひがしこまつがわ》、一色《いっしき》、西小松河《にしこまつがわ》、上平江《かみひらえ》、西一江《にしいちのえ》、下平江《しもひらえ》、蒲田《かまだ》（鎌田《かまだ》カ）、嶋俣《しままた》（柴又《しばまた》）、寺嶋《てらじま》（墨田区《すみだく》）、奥戸《おくど》、隅田《すみだ》、堀切《ほりきり》、立石《たていし》、龜無《かめなし》（亀有《かめあり》）などがある。

永享《えいきょう》

三年 辛亥《かのとい》 一四三一

●真言宗稲荷山福王寺建立《しんごんしゅういなりざんふくおうじこんりゅう》。のちに雙輪寺《そうりんじ》となる。市川市稲荷木三丁目《いちかわしとうかぎちょうめ》一〇番《ばん》二号《ごう》。開基康信《かいきこうしん》僧都《そうず》。船橋市《ふなばしし》の真言宗覚王寺末《しんごんしゅうかくおうじまつ》。札所《ふだしょ》一〇番《ばん》。

御詠歌《ごえいか》（葛）はるばるとはこぶこゝろは水《みな》かみにあまねきかとのふく王寺《おうじ》かな

（雙）まづしきを此世《このよ》をたのめ観世音未来《かんぜおんみらい》にうくる福王寺《ふくおうじ》かな

●大正《たいしょう》五年（一九一六）に着手《ちゃくしゅ》された江戸川放水路工事《えどがわほうすいろこうじ》の準備《じゅんび》として、竜厳寺《りゅうごんじ》は大正《たいしょう》元年から移転準備《いてんじゅんび》がされ、昭和《しょうわ》一〇年頃《ころ》（一九三五）福王寺敷地《ふくおうじしきち》へ移転《いてん》した。福王寺《ふくおうじ》は竜厳寺《りゅうごんじ》の古材《こざい》で庫《く》裏《り》を大《おお》きく建替《たてか》えた。

●寺名《じめい》の雙輪寺《そうりんじ》は「双《そう》（雙《そう》）方《ほう》の輪《わ》（和《わ》）の寺《てら》」の意《い》。本尊《ほんぞん》は大日如来《だいにちにょらい》。

●雙輪寺《そうりんじ》に伝《つた》わる御詠歌《ごえいか》は（雙）で本書《ほんしょ》に記したが、南行徳村《みなみぎょうとくむら》の森柳氏《もりやなぎし》が明治《めいじ》四五年（一九一二）四月一〇日にまとめたもの。

御詠歌《ごえいか》（雙）たのみつつはるばる来《き》たる雙輪寺《そうりんじ》まよひの道《みち》を照《て》らす観音《かんのん》（これのみ中津攸子作《なかつゆうこさく》）

福王寺《ふくおうじ》と雙輪寺《そうりんじ》は現在《げんざい》の行徳支所管轄外《ぎょうとくししょかんかつがい》の地域《ちいき》。

文《ぶん》安《あん》

元年甲子《きのえね》　一四四四

●浄土宗聖中山正源寺建立《じょうどしゅうせいちゅうざんしょうげんじこんりゅう》。市川市河原《いちかわしかわら》三番《ばん》六号《ごう》。本尊《ほんぞん》、行基菩薩作《ぎょうきぼさつさく》と伝《つた》える阿弥陀如来《あみだにょらい》。開基正源上人《かいきしょうげんしょうにん》。『葛飾誌略《かつしかしりゃく》』は宝徳《ほうとく》元年（一四四九）信誉和尚《しんよおしょう》の建立《こんりゅう》とする。浄土宗今井金蔵《じょうどしゅういまいこんぞう》寺末《じまつ》。札所《ふだしょ》七番《ばん》。

御詠歌《ごえいか》（葛）みなかみにたてればまさに源《みなもと》の流《なが》れをおくる寺《てら》のいにしへ《え》

郵便はがき

料金受取人払郵便

新宿局承認

6418

差出有効期間
2020・2・28
まで

(切手不要)

1608791

141

東京都新宿区新宿1－10－1

(株)文芸社

愛読者カード係 行

お名前《ふりがな》			明治 大正 昭和 平成 年生 歳	
ご住所《ふりがな》	□□□-□□□□			性別 男・女
お電話 番 号	(書籍ご注文の際に必要です)	ご職業		
E-mail				
ご購読雑誌(複数可)			ご購読新聞 新聞	
最近読んでおもしろかった本や今後、とりあげてほしいテーマをお教えください。				
ご自分の研究成果や経験、お考え等を出版してみたいというお気持ちはありますか。 ある ない 内容・テーマ( )				
現在完成した作品をお持ちですか。 ある ない ジャンル・原稿量( )				

書　名				
お買上 書　店	都道 府県	市区 郡	書店名	書店
			ご購入日	年　　月　　日

本書をどこでお知りになりましたか?

1.書店店頭　2.知人にすすめられて　3.インターネット(サイト名　　　　)

4.DMハガキ　5.広告、記事を見て(新聞、雑誌名　　　　)

上の質問に関連して、ご購入の決め手となったのは?

1.タイトル　2.著者　3.内容　4.カバーデザイン　5.帯

その他ご自由にお書きください。

(　　　　)

本書についてのご意見、ご感想をお聞かせください。

①内容について

②カバー、タイトル、帯について

弊社Webサイトからもご意見、ご感想をお寄せいただけます。

ご協力ありがとうございました。

※お寄せいただいたご意見、ご感想は新聞広告等で匿名にて使わせていただくことがあります。

※お客様の個人情報は、小社からの連絡のみに使用します。社外に提供することは一切ありません。

（雙）御仏《みほとけ》になやみをはこぶしるしなり後《のち》の世《よ》さだむ《定む》みなもとの寺《てら》

◉一三〇年間《かん》で旧来《きゅうらい》の行徳《ぎょうとく》・南行徳《みなみぎょうとく》・浦安《うらやす》に一三カ寺《じ》が建立《こんりゅう》される

一四四〇〜一五六九年までの一三〇年間《かん》の創立寺院数《そうりつじいんすう》は現在《げんざい》の行徳《ぎょうとく》（江戸川放水路《えどがわほうすいろ》より南《みなみ》の地《ち》域《いき》）・南行徳《みなみぎょうとく》・浦安地域《うらやすちいき》で一二カ寺《じ》である。一〇年に一カ寺平均《じへいきん》で建立《こんりゅう》されている。寺院創建《じいんそうけん》の草創期《そうそうき》といえよう。

（行徳《ぎょうとく》）正源寺《しょうげんじ》、金剛院《こんごういん》（川向《かわむ》こう）、養福院《ようふくいん》、長松寺《ちょうしょうじ》（川向《かわむ》こう）、妙応寺《みょうおうじ》、妙頂寺《みょうちょうじ》、
妙好寺《みょうこうじ》
（南行徳《みなみぎょうとく》）了善寺《りょうぜんじ》、法伝寺《ほうでんじ》、光林寺《こうりんじ》（川向《かわむ》こう）、圓明院《えんみょういん》
（浦安《うらやす》）大蓮寺《だいれんじ》、
別格《べっかく》として浦安《うらやす》に建久《けんきゅう》七年（一一九六）真言宗清滝山宝城院《しんごんしゅうせいりゅうざんほうじょういん》があり、これを加《くわ》えると一三カ寺《じ》となる（『郷土読本《きょうどどくほん》 行徳《ぎょうとく》の歴史《れきし》・文化《ぶんか》の探訪《たんぼう》1』）。
川向《かわむ》こうとは、江戸川《えどがわ》の対岸《たいがん》にあった本行徳中洲《ほんぎょうとくなかす》（現江戸川区《げんえどがわく》）のこと。

宝徳《ほうとく》

元年 己巳《つちのとみ》 一四四九

●真言宗 竜灯山竜巌寺《しんごんしゅうりゅうとうざんりゅうごんじ》建立《こんりゅう》。川原村《かわらむら》。のちに雙輪寺《そうりんじ》として合併《がっぺい》。市川市稲荷木《いちかわしとうかぎ》三丁目《ちょうめ》一〇番《ばん》二号《ごう》。船橋市古作《ふなばししこさく》にある真言宗 明王院末《しんごんしゅうみょうおういんまつ》。開基養誉和尚《かいきようよおしょう》。江戸川放水路開削《えどがわほうすいろかいさく》のため福王寺《ふくおうじ》と合併《がっぺい》・移転《いてん》。札所《ふだしょ》九番《ばん》。

御詠歌《ごえいか》（葛）ふりくだる大《おお》ひの雨《あめ》のりうごんじ世《よ》をあはれ《わ》みの道《みち》のさまざま

（雙）竜灯《りゅうとう》は庭《にわ》に光《ひかり》し竜巌寺《りゅうごんじ》まよいの道《みち》を照《てら》す観音《かんのん》

享徳《きょうとく》

四年 乙亥《きのとい》 一四五五

六月一六日　足利成氏《あしかがしげうじ》、鎌倉《かまくら》を追《お》われ下総国《しもうさのくに》古河《こが》に拠《よ》る（古河公方《こがくぼう》）

※七月二五日から康正《こうしょう》

康《こう》正《しょう》

二年 丙子《ひのえね》 一四五六

一月一九日　足利成氏《あしかがしげうじ》、市川《いちかわ》を攻《せ》め、千葉実胤《ちばさねたね》、自胤《よりたね》らは武蔵国赤塚城《むさしのくにあかつかじょう》に逃《のが》れる

三年 丁丑《ひのとうし》 一四五七

四月　太田道灌《おおたどうかん》、江戸城《えどじょう》を築《きず》き古河公方足利成氏《こがくぼうあしかがしげうじ》の攻撃《こうげき》に備《そな》える

※九月二八日から長禄《ちょうろく》

応《おう》仁《にん》

二年 戊子《つちのえね》 一四六八

●浄土真宗《じょうどしんしゅう》親縁山了善寺《しんえんざんりょうぜんじ》建立《こんりゅう》。市川市相之川《いちかわしあいのかわ》二丁目《ちょうめ》一二番《ばん》二八号《ごう》。開基《かいき》、慈縁和尚《じえんおしょう》。本尊《ほんぞん》は阿弥陀如来《あみだにょらい》。

●「当寺《とうじ》は、昔《むかし》、吉田佐太郎《よしださたろう》といふ《う》士《さむらい》の陣屋《じんや》也《なり》といふ《う》。然《しか》れども、吉田《よしだ》といふ《う》士《さむらい》は何《いず》れの軍臣《ぐんしん》に候《そうろう》や、未《いま》だ是《これ》を詳《つまびらか》にせず」（『葛飾誌略《かつしかしりゃく》』）

●「此寺児童《このてらじどう》のうちは吉田《よしだ》を名乗《なの》る。又《また》、三十年も以前《いぜん》（図志刊行《ずしかんこう》三十年前《まえ》は天明《てんめい》三年頃《ころ》で一七八三年）境内《けいだい》に井《い》を鑿《うが》ちたりしに石櫃《いしびつ》土中《どちゅう》に有《あり》。鏡《かがみ》・太刀《たち》蔵《おさ》め置《おき》たり。殊《こと》に鏡《かがみ》は明鏡《めいきょう》たるよし。什宝《じゅうほう》となす。鏡裏《かがみうら》に文字《もじ》あれども分明《ぶんめい》ならず。吉田家《よしだけ》は小田原《おだわら》の旗下《きか》なりしと里人《さとびと》云伝《いいつたえ》るといへ《え》ども都《すべ》て軍記等《ぐんきなど》にも見《み》へ《え》ず。後人猶考《こうじんなおかんがう》べし」（『勝鹿図志手《かつしかずして》くりふね』）

●吉田家《よしだけ》は源五左衛門《げんござえもん》から八代目《だいめ》にあたる佐太郎《さたろう》のとき、行徳《ぎょうとく》の欠真間《かけまま》に（江戸川区《えどがわく》の鎌田《かまだ》から）転居《てんきょ》した。蓮如上人《れんにょしょうにん》に帰依《きえ》して出家《しゅっけ》し、その地《ち》を寺《てら》とした。これが親縁山了善寺《しんえんざんりょうぜんじ》である（『行徳物語《ぎょうとくものがたり》』）。札所《ふだしょ》二六番《ばん》。

御詠歌《ごえいか》（葛）まよひ《い》にし心《こころ》もはれてさとるべしよき教《おしえ》へぞとたのむ我身《わがみ》は
（雙）法《のり》の声《こえ》たえねば空《そら》も霊山《れいせん》の会座《かいざ》につらなる心地《ここち》こそせむ

文《ぶん》明《めい》

一〇年 戊《つちのえ》戌《いぬ》 一四七八

一二月一〇日 太田道灌《おおたどうかん》、国府台《こうのだい》に出撃《しゅつげき》、堺根原《さかいねはら》（松戸市《まつどし》）に陣《じん》を敷《し》いた千葉孝胤《ちばたかたね》の軍《ぐん》を破《やぶ》り、市川《いちかわ》を手《て》に入《い》れる

一八年 丙午《ひのえうま》 一四八六

七月二六日 太田道灌《おおたどうかん》、伊勢原《いせはら》にて暗殺《あんさつ》。五五歳《さい》

●『葛飾記《かつしかき》』に「堀江村河尻堂免《ほりえむらかわじりどうめん》を堀割《ほりわ》り、江戸川《えどがわ》の水《みず》を落《お》としたため」と記載《きさい》あり。また、「其時《そのじ》代《だい》は、葛西長島《かさいながしま》といふ所《ところ》と（堀江村《ほりえむら》は）地続《じつづ》き也《なり》」（『葛飾記《かつしかき》』）とする。

長享《ちょうきょう》

二年 戊申《つちのえさる》 一四八八

●日蓮宗大應山安立寺《にちれんしゅうだいおうざんあんりゅうじ》創建《そうけん》。中山末《なかやままつ》。開基日住《かいきにちじゅう》。御除地《おんじょち》九畝歩《せぶ》（約《やく》二七〇坪《つぼ》）（『葛飾誌略《かつしかしりゃく》』）。大和田村《おおわだむら》にあった寺《てら》。大正《たいしょう》三年（一九一四）、江戸川放水路工事《えどがわほうすいろこうじ》により本行徳《ほんぎょうとく》の日蓮宗《にちれんしゅう》妙頂寺《みょうちょうじ》に併合《へいごう》、消滅《しょうめつ》、寺籍《じせき》は長野県《ながのけん》へ移《うつ》る。

●大和田村《おおわだむら》は稲荷木村《とうかぎむら》と河原村《かわらむら》の間《あいだ》にあり、江戸川放水路《えどがわほうすいろ》の中央付近《ちゅうおうふきん》に位置《いち》していた。大和田村《おおわだむら》は父祖《ふそ》の地《ち》の旧地《きゅうち》へ集団移転《しゅうだんいてん》した（『明解行徳《めいかいぎょうとく》の歴史大事典《れきしだいじてん》』）。なお、大和田村《おおわだむら》は塩焼稼業《しおやきかぎょう》をするためにかつて父祖《ふそ》の地《ち》を離《はな》れてこの地《ち》に集団移転《しゅうだんいてん》したのであり、その時期《じき》は中世《ちゅうせい》としかいえない。ただ、安立寺創建以前《あんりゅうじそうけんいぜん》の時代《じだい》であることは確《たし》かである。

明応《めいおう》

四年 乙卯《きのとう》 一四九五

九月 北条早雲《ほうじょうそううん》、相模小田原城《さがみおだわらじょう》を襲《おそ》い、奪《うば》う。のちの小田原北条氏《おだわらほうじょうし》

文亀《ぶんき》

元年 辛酉《かのととり》 一五〇一

●大霰《おおあられ》降《ふ》る。大《おお》き芋《いも》の如《ごと》しと云《い》ふ（『千葉県東葛飾郡誌《ちばけんひがしかつしかぐんし》』）。

永《えい》正《しょう》

六年　己巳《つちのとみ》　一五〇九

◉連歌師柴屋軒宗長《れんがしさいおくけんそうちょう》、今井《いまい》の津《わたり》から小弓《おゆみ》へ赴《おもむ》き、帰路小岩《きろこいわ》の善養寺《ぜんようじ》で発句《ほっく》

七月～一二月、連歌師柴屋軒宗長《れんがしさいおくけんそうちょう》、「すみ《隅》た《田》川《がわ》の河舟《かわぶね》にて今井《いまい》の津《わたり》に下《お》り、上総国《かずさのくに》小弓《おゆみ》へ往《い》く」と紀行文《きこうぶん》『東路《あずまじ》の津登《つと》』に著《あらわ》す。宗長《そうちょう》六二歳《さい》。室町時代後期《むろまちじだいこうき》の連歌師《れんがし》。文安《ぶんあん》五年～享禄《きょうろく》五年（一四四八～一五三二）八五歳《さい》で没《ぼつ》。守護今川義忠《しゅごいまがわよしただ》の側近《そっきん》。義忠没後《よしただぼつご》に禅門《ぜんもん》に入《はい》る。義忠《よしただ》の子孫《しそん》に今川義元《いまがわよしもと》があり、織田信長《おだのぶなが》に敗《やぶ》れる。宗長《そうちょう》の師《し》はとんち話《ばなし》で有名《ゆうめい》な一休禅師《いっきゅうぜんし》。浄土宗《じょうどしゅう》の寺《てら》今井《いまい》浄興寺《じょうこうじ》での発句《ほっく》「ふじのねは遠《とお》からぬ雪《ゆき》の千里哉《ちさとかな》」。中山法華堂《なかやまほっけどう》の本妙寺《ほんみょうじ》では「杉《すぎ》の葉《は》やあらしの後《あと》の夜《よ》は《半》の雪《ゆき》」を発句《ほっく》。

今井《いまい》は浅草《あさくさ》からの河舟《かわぶね》の津《わたり》。この時代《じだい》には今井《いまい》から対岸《たいがん》の地《ち》への渡《わた》し舟《ぶね》はない。旅人《たびびと》が歩《ある》く土地《とち》ではなかった。

帰路市川《きろいちかわ》の渡《わた》しを渡《わた》り、馬《うま》に乗《の》って葦《あし》の枯葉《かれは》に積《つ》った雪《ゆき》を打《う》ち払《はら》いながら進《すす》み、真言宗善養寺《しんごんしゅうぜんようじ》で「堤行野《つつみゆくの》は冬《ふゆ》かれ《枯》の山路《やまじ》かな」を詠《よ》む。善養寺《ぜんようじ》では豆腐《とうふ》を焼《や》き、塩《しお》を振《ふ》って食《た》べ、酒《さけ》を飲《の》むのだが、その塩《しお》と豆腐製造《とうふせいぞう》の原料《げんりょう》の苦汁《にがり》は行徳塩浜《ぎょうとくしおはま》の産《さん》だったと推測《すいそく》(『行徳歴史街道《ぎょうとくれきしかいどう》3』)。

◉河原《かわら》の渡《わた》しは岩槻道《いわつきみち》という塩《しお》の道《みち》の出発点《しゅっぱつてん》の渡《わた》しだった

明治《めいじ》四〇年(一九〇七)の調査《ちょうさ》では、川幅《かわはば》一〇〇間《けん》、水幅《みずはば》八〇間《けん》、安永《あんえい》四年(一七七五)許可《きょか》とある(『千葉県東葛飾郡誌《ちばけんひがしかつしかぐんし》』)。文化《ぶんか》七年(一八一〇)刊行《かんこう》の『葛飾誌略《かつしかしりゃく》』では、「此渡《このわた》し旅人《たびびと》は禁制也《きんせいなり》。舟会所《ふなかいしょ》より人《ひと》を付《つ》け、旅人《たびびと》の往来《おうらい》を禁《きん》ず」とする。

しかし、河原村《かわらむら》を出発地《しゅっぱつち》とする岩槻道《いわつきみち》という塩《しお》の道《みち》が古《ふる》く戦国時代《せんごくじだい》から存在《そんざい》した。それは陸路《りくろ》を埼玉県岩槻《さいたまけんいわつき》を目指《めざ》し、河原《かわら》の渡《わた》しを対岸《たいがん》に渡《わた》り、現篠崎街道《げんしのざきかいどう》を小岩《こいわ》へ北上《ほくじょう》、柴又《しばまた》、金町《かなまち》から中《なか》川《がわ》を渡《わた》り、古利根筋《ことねすじ》を北上《ほくじょう》して岩槻《いわつき》に至《いた》る。主《しゅ》として行徳《ぎょうとく》の塩《しお》を内陸部《ないりくぶ》の岩槻《いわつき》へ運《はこ》ぶための道《みち》であった(『江戸川区史《えどがわくし》』第《だい》一巻《かん》)。

柴屋軒宗長《さいおくけんそうちょう》が今井《いまい》に来《き》た時代《じだい》に既《すで》に存在《そんざい》した塩《しお》の道《みち》なので、宗長《そうちょう》は河原《かわら》の渡《わた》しを河原村《かわらむら》へ渡《わた》り、江戸川《えどがわ》沿《ぞ》いに国分寺道《こくぶんじみち》を北上《ほくじょう》して国府台《こうのだい》から真間《まま》に至《いた》ったと推測《すいそく》できる。ただ、本行徳《ほんぎょうとく》に古《こ》文書《もんじょ》にない渡《わた》しがあったとも考《かんが》えられるので、そちらを利用《りよう》したとも思《おも》える(『行徳歴史街道《ぎょうとくれきしかいどう》5』)。

大《だい》永《えい》

七年丁亥《ひのとい》 一五二七

◉本行徳中洲《ほんぎょうとくなかす》に神明社創建《しんめいしゃそうけん》される

寛永《かんえい》一二年（一六三五）、本行徳中洲《ほんぎょうとくなかす》から現在地《げんざいち》へ移転《いてん》。市川市本行徳《いちかわしほんぎょうとく》一番《ばん》一〇号《ごう》。祭神《さいじん》、豊受大神《とようけのおおかみ》（伊勢外宮《いせげくう》の神《かみ》。食物《しょくもつ》をつかさどる神《かみ》）。祭日《さいじつ》一〇月一五日。金海法印《きんかいほういん》なる山伏《やまぶし》により大神宮《だいじんぐう》と称《しょう》して本行徳《ほんぎょうとく》の鎮守《ちんじゅ》とする。のち塩浜《しおはま》一五カ村《そん》の寄進《きしん》により大社《たいしゃ》に造立《ぞうりゅう》、行徳塩浜《ぎょうとくしおはま》の総鎮守《そうちんじゅ》とされた。かつて江戸時代《えどじだい》は山車屋台《だしやたい》などを曳《ひ》き出《だ》し殷賑《いんしん》を極《きわ》めたが、現在《げんざい》は三年《ねん》ごとに氏子《うじこ》町内《ちょうない》へ神輿渡御《みこしとぎょ》の行事《ぎょうじ》がある。山車屋台《だしやたい》は今《いま》はない。

『葛飾記《かつしかき》』「神明宮《しんめいぐう》にも、むかしは津久《つく》と云事《いうこと》ありと也《なり》。（中略《ちゅうりゃく》）今《いま》は祭礼《さいれい》となり、毎年《まいとし》九月《がつ》一六日《にち》、屋台《やたい》を出《だ》す也《なり》、屋台《やたい》六基出《きで》る、中古《ちゅうこ》は練《ね》り子《こ》の祭《まつ》り有《あ》りしを、凶年《きょうねん》にひかれて、今《いま》は山車屋《だしや》台計《たいばか》り也《なり》、四町《よんちょう》の外《ほか》、塩焼村《しおやきむら》（新田《しんでん》、現《げん》、本塩《ほんしお》）と新宿村《しんしゅくむら》（下新宿村《しもしんしゅくむら》）と云《いう》を入《いれ》て、祭《まつ》り六番《ばん》の所也《ところなり》」

『葛飾誌略《かつしかしりゃく》』「元文《げんぶん》二丁巳年《ひのとみのとし》（一七三七）、享保元申年《きょうほうがんさるのとし》（一七一六）とも田中三左衛門《たなかさんざえもん》催《もよお》しにて、祭礼《さいれい》に始《はじ》めて屋台《やたい》を出《だ》す。町内《ちょうない》も此時四丁《このときよんちょう》に分《わか》る。新田《しんでん》とも家台五《やたいいつ》つ、新宿客祭《しんしゅくきゃくまつり》として家台以上六《やたいいじょうむっ》つ也《なり》」

『千葉県東葛飾郡誌《ちばけんひがしかつしかぐんし》』「当時《とうじ》は、江戸川《えどがわ》の西《にし》、南葛飾郡篠崎村大字本行徳中洲《みなみかつしかぐんしのざきむらおおあざほんぎょうとくなかす》に鎮座《ちんざ》せしを寛永《かんえい》一二乙亥《きのとい》の歳《とし》、今《いま》の地《ち》に遷座《せんざ》せり、今尚中洲《いまなおなかす》には金海堀《きんかいぼり》と称《しょう》する堀《ほり》のあるを以《もっ》て証《しょう》するに足《た》ると」

神社《じんじゃ》では日毎朝夕《ひごとあさゆう》の神事《しんじ》が欠《か》かせない。神事《しんじ》には塩《しお》は必需品《ひつじゅひん》で、それは高価《こうか》なものだった。伊勢《いせ》神宮《じんぐう》の末社《まっしゃ》である神明社《しんめいしゃ》が勧請《かんじょう》されたということは神明社《しんめいしゃ》で使用《しよう》する御塩《みしお》を生産《せいさん》し供給《きょうきゅう》する塩浜《しおはま》がなくてはならない。だから神明社《しんめいしゃ》が勧請《かんじょう》される以前《いぜん》から塩浜《しおはま》はあったであろう。神明社《しんめいしゃ》の御塩《みしお》浜《はま》は行徳塩浜《ぎょうとくしおはま》であり、御手洗川《みたらしがわ》は江戸川《えどがわ》である（『行徳歴史街道《ぎょうとくれきしかいどう》4』）。

●河原《かわら》の春日神社創建《かすがじんじゃそうけん》。市川市河原六番《いちかわしかわらばん》二〇号《ごう》。天兒屋根命《あめのこやねのみこと》。祭日《さいじつ》一〇月二〇日。本社《ほんしゃ》はもと行《ぎょう》徳町大字河原《とくまちおおあざかわら》五八番地西側《ばんちにしがわ》に鎮座《ちんざ》のところ、江戸川放水路工事《えどがわほうすいろこうじ》のため、大正《たいしょう》三年（一九一四）現《げん》在地《ざいち》に移転《いてん》、鎮座《ちんざ》す。奉納《ほうのう》された句碑《くひ》が多《おお》い（『明解行徳《めいかいぎょうとく》の歴史大事典《れきしだいじてん》』）。

天《てん》文《ぶん》

三年甲午《きのえうま》 一五三四

●真言宗《しんごんしゅう》海岸山安養寺《かいがんざんあんようじ》建立《こんりゅう》。市川市《いちかわし》高谷《こうや》二丁目《ちょうめ》一六番《ばん》三五号《ごう》。本尊《ほんぞん》は阿弥陀如来《あみだにょらい》。開基《かいき》、宥秀《ゆうしゅう》和尚《おしょう》。当国《とうごく》井野村《いのむら》千手院《せんじゅいん》末《まつ》。札所《ふだしょ》一二番《ばん》（『葛飾誌略《かつしかしりゃく》』）。仏足跡《ぶっそくせき》、はだし大師《だいし》。

御詠歌《ごえいか》（葛）目《め》のまへ《え》にまゐ《い》りてたのむごくらくのしるべをこゝに安《あん》や《よ》うじかな

（雙）極楽《ごくらく》をつとむる身《み》には遠《とお》からず目《め》の前《まえ》に見《み》る安養寺《あんようじ》かな

小林一茶《こばやしいっさ》止宿《ししゅく》の地《ち》。『七番日記《しちばんにっき》』に「文化《ぶんか》一一年（一八一四）九月六日、晴《はれ》 高谷村ニ入《こうやむらにいる》」とあり、「文化《ぶんか》一二年（一八一五）一〇月二四日、陰《いん》（曇《くもり》）終日《しゅうじつ》 荒井《あらい》（新井《あらい》）ヨリ高谷ニ入《よりこうやにいる》 高谷《こうや》二（二泊《にはく》のこと）」とあり、この日《ひ》は新井村《あらいむら》名主《なぬし》鈴木清兵衛《すずきせいべえ》（行徳金堤《ぎょうとくきんてい》）を伴《ともな》っていたことが分《わ》かっている。「文化《ぶんか》一三年（一八一六）一二月四日、荒井ニ入《あらいにいる》 魚淵《ぎょえん》、文路《ぶんろ》、文虎ニ返書出《ぶんこにへんしょだす》、五日《いつか》晴高野ニ入《はれたかのにいる》（茨城県北相馬郡守谷町《いばらぎけんきたそうまぐんもりやちょう》高野《たかの》）、「一片金堤《いっぺんきんてい》」とあり、金堤宅《きんていたく》に一泊《いっぱく》して手紙三通《てがみさんつう》を書《か》いて金堤《きんてい》に託《たく》し、餞別《せんべつ》の金一片《かねいっぺん》を金堤《きんてい》から貰《もら》って出立《しゅったつ》したと分《わ》かる。安養寺《あんようじ》の当時《とうじ》の住職《じゅうしょく》は太乙《たいおつ》（初号一由《しょごういちゆ》）で金堤著《きんていちょ》『勝鹿図志手《かつしかずして》くりふね』に「六月《みなづき》の雨《あめ》や大空《おおぞら》見《み》えてふる」を寄稿《きこう》、墓《はか》には「撫子《なでしこ》のはれ行《ゆ》く空《そら》や西《にし》の山《やま》」が刻《きざ》まれている。現市川市行徳支所《げんいちかわしぎょうとくししょ》管轄外《かんかつがい》の位置《いち》。

七年 戊戌《つちのえいぬ》 一五三八

一〇月七日 第一次国府台合戦《だいいちじこうのだいかっせん》。北条氏綱《ほうじょううじつな》、足利義明《あしかがよしあき》と里見義堯《さとみよしたか》を破《やぶ》る。小弓御所足利義明戦《おゆみごしょあしかがよしあきせん》死《し》、五七歳《さい》。里見義堯《さとみよしたか》、領国安房《りょうごくあわ》に退去《たいきょ》

一一年 壬寅《みずのえとら》 一五四二

●出羽国金海法印《でわのくにきんかいほういん》きたりて羽黒法漸寺末《はぐろほうぜんじまつ》行徳山金剛院《ぎょうとくざんこんごういん》建立《こんりゅう》。本行徳中洲札所《ほんぎょうとくなかすふだしょ》一番《ばん》。しかし、その後退転《ごたいてん》したので、市川市二俣《いちかわしふたまた》二丁目《ちょうめ》七番《ばん》四号《ごう》の行徳山福泉寺《ぎょうとくざんふくせんじ》に札所《ふだしょ》は移《うつ》された。御詠歌《ごえいか》は福泉《ふくせん》寺《じ》へ移《うつ》されてから作《つく》られていることに留意《りゅうい》。

御詠歌《ごえいか》（葛）かぎりなき法《のり》の教《おしえ》へはふくぜん寺《じ》つきぬ宝《たから》をとるこころせよ

（雙）世《よ》の中《なか》の人《ひと》をめぐみし末《すえ》の代《よ》の行徳《おこなうとく》の本《もと》とこそなれ

『葛飾誌略《かつしかしりゃく》』に「行徳《ぎょうとく》といふ《う》地名《ちめい》は、其昔《そのむかし》、徳長《とくた》けたる山伏此所《やまぶしこのところ》に住《じゅう》す。諸人信仰《もろびとしんこう》し行徳《ぎょうとく》と云《い》ひ《い》しより、いつとなく郷名《ごうめい》となれりと。其後《そののち》、この庵《あん》へ出羽国金海法印《でわのくにきんかいほういん》といふ《う》もの来《きた》りて、行徳《ぎょうとく》

山金剛院《ざんこんごういん》といふ《う》。羽黒法漸寺末《はぐろほうぜんじまつ》と成《な》る。天文《てんぶん》一一壬寅年《みずのえとらのとし》（一五四二）也《なり》。御行屋敷《ごぎょうやしき》といふ《う》。此《この》寺享保年中《てらきょうほうねんちゅう》（一七一六～三五）退転《たいてん》すといふ《う》」とある。この記述《きじゅつ》によれば、金海法印《きんかいほういん》よりも以前《いぜん》に徳長《とくた》けたる山伏《やまぶし》（これを行徳《ぎょうとく》と呼《よ》ぶ）が来《き》ていたこと、諸人《もろびと》がその山伏《やまぶし》を信仰《しんこう》して行徳《ぎょうとく》という地名《ちめい》になったと読《よ》める。金海法印《きんかいほういん》も「行徳《ぎょうとく》」の一人《ひとり》だったのであろう。ただ、『葛飾記《かつしかき》』には「惣《すべ》て行徳《ぎょうとく》と名付《なづ》ける事《こと》、本行徳金剛院《ほんぎょうとくこんごういん》の開山行人《かいざんぎょうにん》よりして起《おこ》る」としている。

一三年甲辰《きのえたつ》　一五四四

● 浄土宗光縁山大蓮寺《じょうどしゅうこうえんざんだいれんじ》建立《こんりゅう》。浦安市堀江《うらやすしほりえ》四丁目《ちょうめ》一四番《ばん》二号《ごう》。本尊《ほんぞん》、阿弥陀如来《あみだにょらい》。開基覚誉上人《かいきかくよしょうにん》。札所《ふだしょ》三三番《ばん》。

御詠歌《ごえいか》（葛）もちむかへ給《たま》ひしみねの大蓮寺花《だいれんじはな》のうてなにやどるしゅ《じゅ》んれい

（雙）観世《かんせい》の御手《みて》に捧《ささ》げし大蓮寺花《だいれんじはな》のうてなにやどる順礼《じゅんれい》

『葛飾誌略《かつしかしりゃく》』では、吉縁山《きちえんざん》、行基菩薩《ぎょうきぼさつ》作の本尊《ほんぞん》、千葉寺観音彫刻《ちばでらかんのんちょうこく》の桜木《さくらぎ》の末木《まつぼく》で刻《きざ》むとする。

● 五月、久助稲荷大蓮寺境内《きゅうすけいなりだいれんじけいだい》に創築《そうちく》（『葛飾誌略《かつしかしりゃく》』）。

一五年丙午《ひのえうま》　一五四六

◉北条氏康《ほうじょううじやす》、今井《いまい》の浄興寺《じょうこうじ》に立《た》ち寄《よ》る

仲秋《ちゅうしゅう》、北条氏康《ほうじょううじやす》、鷹狩《たかが》り途次《とじ》に葛西《かさい》の庄《しょう》 浄興寺《じょうこうじ》に立《た》ち寄《よ》り、齢《よわい》八〇余《よ》の寺《てら》の長老《ちょうろう》に迎《むか》えられて一宿《いっしゅく》して、「松風《まつかぜ》の吹声《ふくこえ》きけばよもすがらしらべことなるねこそかは《わ》らね」を詠《よ》む（『むさしの紀行《きこう》』）。この松《まつ》を後《のち》に琴弾《ことひ》きの松《まつ》と呼《よ》ぶ（『江戸川区《えどがわく》の史跡《しせき》と名所《めいしょ》』）。このときの長老《ちょうろう》は、はたして、三五年前《まえ》に柴屋軒宗長《さいおくけんそうちょう》に一句所望《いっくしょもう》した住職《じゅうしょく》と同一人物《どういつじんぶつ》であろうか（『行徳歴史街道《ぎょうとくれきしかいどう》3』）。

一九年 庚戌《かのえいぬ》 一五五〇

三月 砂降《すなふ》る。昼暗《ひるくら》きこと七日間《なのかかん》（『千葉県東葛飾郡誌《ちばけんひがしかつしかぐんし》』）

●真言宗不動山養福院建立《しんごんしゅうふどうざんようふくいんこんりゅう》。市川市河原《いちかわしかわら》一六番《ばん》二二号《ごう》。本尊《ほんぞん》、阿弥陀如来《あみだにょらい》。開基重海法印《かいきじゅうかいほういん》。真言宗葛西小岩村善養寺末《しんごんしゅうかさいこいわむらぜんようじまつ》。土地《とち》の人《ひと》は「不動《ふどう》さん」と呼《よ》ぶ。札所《ふだしょ》八番《ばん》。

御詠歌《ごえいか》（葛）頼《たの》みあるちかひ《い》は常《つね》にやしなひ《い》の参《まい》る心《こころ》にさいはひ《わい》の寺《てら》

（雙）春風《はるかぜ》は花《はな》の父母《ちちはは》きく法《のり》は我《わ》が気養《きやしな》う福《さいわい》の寺《てら》

一四四四年正源寺《しょうげんじ》、一四四九年竜厳寺《りゅうごんじ》、一五五〇年養福院《ようふくいん》と河原村《かわらむら》に三カ寺《かじ》がある。河原村《かわらむら》の隆盛《りゅうせい》の程《ほど》が分《わ》かるだろう。なお、この時代《じだい》までに現在《げんざい》の本行徳《ほんぎょうとく》（村《むら》）に建立《こんりゅう》された寺《てら》はまだない。人《ひと》も少《すく》なく産業《さんぎょう》といえるものもなかったのだろう。

行徳山金剛院《ぎょうとくざんこんごういん》は神明社《しんめいしゃ》敷地内《しきちない》に建立《こんりゅう》されたとされるが、神明社《しんめいしゃ》はその時代《じだい》は江戸川向《えどがわむ》こうの本《ほん》行徳中洲《ぎょうとくなかす》（現《げん》、江戸川区《えどがわく》）にあり、現在地《げんざいち》ではない。

二二年　癸丑《みずのとうし》　一五五三

●一月　伊勢外宮庁《いせげくうちょう》、葛西御厨《かさいみくりや》三三郷《ごう》の神税上分《しんぜいあげぶん》の納入《のうにゅう》を命《めい》ずる。

●浄土宗仏法山法伝寺《じょうどしゅうぶっぽうざんほうでんじ》建立《こんりゅう》。『葛飾誌略《かつしかしりゃく》』は天正《てんしょう》二年（一五七四）建立《こんりゅう》とする。市川市湊《いちかわしみなと》七番《ばん》一号《ごう》。本尊《ほんぞん》、阿弥陀如来《あみだにょらい》。開基観竜上人《かいきかんりゅうしょうにん》。浄土宗芝増上寺末《じょうどしゅうしばぞうじょうじまつ》。旧寺地《きゅうじち》は「圦《いり》の寺《てら》」と呼《よ》ばれ、現湊新田《げんみなとしんでん》四番《ばん》にあったとされる（『葛飾風土史川《かつしかふうどしかわ》と村《むら》と人《ひと》』）。明徳尋常小学校開校旧跡《めいとくじんじょうしょうがっこうかいこうきゅうせき》の碑《ひ》。『勝鹿図志手《かつしかずして》くりふね』の著者行徳金堤《ちょしゃぎょうとくきんてい》の墓《はか》。札所《ふだしょ》二二番《ばん》。

御詠歌《ごえいか》（葛）今《いま》よりはのちはまよは《わ》じ法《のり》のみちつたふ《う》おてらへまいる身《み》なれば

（雙）師《し》の教《おしえ》のぞみてふ《不》惜身命《しゃくしんみょう》の人《ひと》には法《のり》を伝寺《つたふてら》かな

二三年　甲寅《きのえとら》　一五五四

●臨済宗塩場山長松寺建立《りんざいしゅうえんじょうざんちょうしょうじこんりゅう》。本願主松原淡路守永正《ほんがんしゅまつばらあわじのかみながまさ》。市川市本行徳《いちかわしほんぎょうとく》八番《ばん》五号《ごう》。禅宗馬橋万《ぜんしゅうまばしまん》満寺末《まんじまつ》。開基溟山和尚《かいきめいざんおしょう》。本尊《ほんぞん》、聖徳太子《しょうとくたいし》作《さく》の釈迦如来《しゃかにょらい》。札所《ふだしょ》三番《ばん》。

御詠歌《ごえいか》（葛）長《なが》き夜《よ》のねぶりをさます松風《まつかぜ》のみてら《御寺》へ参《まい》る身《み》こそやすけれ
（雙）座禅《ざぜん》して夜《よ》すがら長《なが》き松風《まつかぜ》に無明《むみょう》のねむり覚《おぼえ》るうれしさ

「この寺昔《てらむかし》は本行徳中洲《ほんぎょうとくなかす》にあり、現在地《げんざいち》は塩場《しょば》だった。今《いま》はないが昔《むかし》は塩竈明神《しおがまみょうじん》を祀《まつ》り、当社《とうしゃ》明神始《みょうじんはじ》めて塩《しお》を焼《や》くと伝《つた》える」（『葛飾誌略《かつしかしりゃく》』）

塩竈明神《しおがまみょうじん》は今《いま》はなし。松原氏《まつばらし》の子孫《しそん》は、明治維新《めいじいしん》の時《とき》に経営《けいえい》していた剣術道場《けんじゅつどうじょう》に官軍《かんぐん》が駐屯《ちゅうとん》したので薩長様《さっちょうさま》とも呼《よ》ばれ山岡鉄舟《やまおかてっしゅう》が訪《おとず》れていた（『浦《うら》の曙《あけぼの》』）。

●一一月一一日、上総久留里《かずさくるり》へ北条《ほうじょう》より軍《いくさ》を掛《か》けし時《とき》、小田原北条《おだわらほうじょう》の幕下《ばっか》行徳《ぎょうとく》の田中美作守《たなかみまさかのかみ》幷《ならびに》に葛西左京亮《かさいさきょうのすけ》など先手《さきて》にて、其勢《そのぜい》一万《まん》二千余騎《せんよき》、此軍《このいくさ》に功名多《こうみょうおお》し（『葛飾誌略《かつしかしりゃく》』）。美作守《みまさかのかみ》は行徳草創《ぎょうとくそうそう》の家也《いえなり》とする。

二四年　乙卯《きのとう》　一五五五

三月　下総大風《しもうさおおかぜ》あり（『千葉県東葛飾郡誌《ちばけんひがしかつしかぐんし》』）
四月　大雨降《おおあめふ》る（『千葉県東葛飾郡誌《ちばけんひがしかつしかぐんし》』）
※一〇月二三日から弘治《こうじ》

天文年間《てんぶんねんかん》（一五三二〜一五五五）……

●浄土宗来迎山光林寺建立《じょうどしゅうらいげいざんこうりんじこんりゅう》。市川市押切《いちかわしおしきり》一二番《ばん》二〇号《ごう》。本尊《ほんぞん》、阿弥陀如来《あみだにょらい》。開基三誉尊了和尚《かいきさんよそんりょうおしょう》。浄土宗葛西上今井村《じょうどしゅうかさいかみいまいむら》浄興寺末《じょうこうじまつ》。『葛飾誌略《かつしかしりゃく》』では山号《さんごう》を木迎山《もくげいざん》とする。内陣《ないじん》の天井《てんじょう》に檀家《だんか》の家紋《かもん》。札所《ふだしょ》二一番《ばん》。

御詠歌《ごえいか》（葛）みほとけ《御仏》にあゆみをはこぶ後《のち》のよはひかるはやしのむらさきの雲《くも》

（雙）来迎《らいごう》に光林《ひかるはやし》の寺《てら》の庭松《にわまつ》にはかかる紫《むらさき》の雲《くも》

初《はじ》め本行徳中洲《ほんぎょうとくなかす》の地《ち》にあり、寛永《かんえい》二年（一六二五）以後《いご》に埋立地《うめたてち》である押切《おしきり》の地《ち》に移転《いてん》した（『葛飾風土史川と村と人《かつしかふうどしかわとむらとひと》』）。一六五〇年参照《さんしょう》。押切《おしきり》の田所氏創建《たどころしそうけん》。

弘治《こうじ》

三年丁巳《ひのとみ》一五五七

三月　大風吹《おおかぜふ》き、大疫病《だいえきびょう》あり、人畜斃《じんちくたお》るるもの多《おお》し（『千葉県東葛飾郡誌《ちばけんひがしかつしかぐんし》』）

●弘治年間《こうじねんかん》の津波《つなみ》により浦安《うらやす》の地《ち》は漂没《ひょうぼつ》、江戸日本橋区堀江町《えどにほんばしくほりえまち》に移住《いじゅう》し小網町《こあみちょう》を網乾場《あみほしば》に使用《しよう》（『千葉県東葛飾郡誌《ちばけんひがしかつしかぐんし》』中《ちゅう》の「浦安町誌《うらやすちょうし》」）。

●日蓮宗《にちれんしゅう》原木山《ばらきざん》妙行寺《みょうぎょうじ》建立《こんりゅう》。市川市原木《いちかわしばらき》一丁目《ちょうめ》二四番《ばん》一号《ごう》。開基《かいき》、日進上人《にっしんしょうにん》。中山法華経《なかやまほけきょう》寺末《じまつ》（『葛飾誌略《かつしかしりゃく》』）。『市川市史《いちかわしし》』第二巻では天文《てんぶん》七年（一五三八）建立《こんりゅう》とする。現行徳支所《げんぎょうとくししょ》の管《かん》轄外《かつがい》の位置《いち》。

永禄《えいろく》

二年　己未《つちのとひつじ》　一五五九

●日蓮宗《にちれんしゅう》正国山《しょうこくざん》妙応寺《みょうおうじ》建立《こんりゅう》。市川市本行徳《いちかわしほんぎょうとく》二番《ばん》一八号《ごう》。本尊《ほんぞん》は釈迦如来《しゃかにょらい》。中山法華経《なかやまほけきょう》寺末《じまつ》。日忍上人《にちにんしょうにん》の創建《そうけん》。『葛飾誌略《かつしかしりゃく》』は天正《てんしょう》元年（一五七三）建立《こんりゅう》、開基《かいき》日忠上人《にっちゅうしょうにん》とする。境内《けいだい》に七《しち》福神《ふくじん》を祀《まつ》る。徳願寺《とくがんじ》との間《あいだ》にある道路《どうろ》は昔《むかし》の内匠堀跡《たくみぼりあと》を道路《どうろ》にしたもの。

三年 庚申《かのえさる》 一五六〇

五月一九日 織田信長《おだのぶなが》、桶狭間《おけはざま》の戦《たたか》いで今川義元《いまがわよしもと》を破《やぶ》る

●この頃《ころ》、塩《しお》一斗《と》で米《こめ》六升《しょう》九合《ごう》四勺《しゃく》の代米《だいまい》、塩《しお》一升《しょう》は六文《もん》（『塩《しお》の日本史《にほんし》』）。

●真言宗水奏山圓明院建立《しんごんしゅうすいそうざんえんみょういんこんりゅう》。市川市湊《いちかわしみなと》一一番二一号《ごう》。本尊《ほんぞん》、阿弥陀如来《あみだにょらい》。覚厳和尚創建《かくげんおしょうそうけん》。『葛飾誌略《かつしかしりゃく》』は永禄《えいろく》五年（一五六二）建立《こんりゅう》、開基正誉上人《かいきしょうよしょうにん》、真言宗小岩善養寺末《しんごんしゅうこいわぜんようじまつ》とする。山号《さんごう》の「水奏《すいそう》」は国府《こくふ》の外港《がいこう》だった「湊《みなと》」の文字《もじ》を二つに分解《ぶんかい》したもの（『葛飾風土史川と村と人《かつしかふうどしかわとむらとひと》』）。札所《ふだしょ》二三番《ばん》。

御詠歌《ごえいか》（葛）有《あり》がたや月日《つきひ》の影《かげ》ともろともに身《み》は明《あきら》かになるぞうれしき

（雙）欲《よく》もなく心《こころ》の月《つき》のくもりねば四智圓明《しちえんみょう》の身《み》とぞながむる

江戸時代中期《えどじだいちゅうき》の元文《げんぶん》三年（一七三八）六月建立《こんりゅう》の、四脚門形式《しきゃくもんけいしき》、総欅造《そうけやきづく》り、漆塗《うるしぬ》りの山門《さんもん》、平成《へいせい》四年（一九九二）一二月一〇日、大改修工事終了《だいかいしゅうこうじしゅうりょう》。

四年 辛酉《かのととり》 一五六一

●日蓮宗真光山妙頂寺《にちれんしゅうしんこうざんみょうちょうじ》。現在地《げんざいち》に移転《いてん》。詳細《しょうさい》は一二七八年参照《さんしょう》。

六年 癸亥《みずのとい》 一五六三

◉二度《にど》にわたって国府台合戦《こうのだいかっせん》が戦《たたか》われる

一月七日、八日、第二次国府台合戦《だいにじこうのだいかっせん》の初戦《しょせん》。遠山丹波守江戸城《とおやまたんばのかみえどじょう》を出《で》て、行徳《ぎょうとく》を通過《つうか》し国府台《こうのだい》で討死《うちじに》（『関八州古戦録《かんはっしゅうこせんろく》』）。行徳筋《ぎょうとくすじ》を通過《つうか》、の記載《きさい》に注目《ちゅうもく》できる。遠山《とおやま》氏《し》はその後《ご》も小田原《おだわら》北条氏《ほうじょうし》の江戸城代《えどじょうだい》であり続《つづ》け、徳川家康《とくがわいえやす》が豊臣秀吉《とよとみひでよし》の命《めい》で江戸城《えどじょう》を攻《せ》めたとき、戦《たたか》わずに開城《かいじょう》して徳川《とくがわ》氏《し》の旗本《はたもと》になった。

七年 甲子《きのえね》 一五六四

一月七日　第二次国府台合戦《だいにじこうのだいかっせん》。篠田雅楽助清久《しのだうたのすけきよひさ》、河原《かわら》の地《ち》を賜《たま》わる

国府台古戦場（『江戸名所図絵』国立国会図書館デジタルコレクション）

●河原《かわら》の地《ち》については篠田氏《しのだし》が願《ねが》って賜《たま》わった土地《とち》か、それとも偶然《ぐうぜん》にいただいたものか、ということだが、筆者《ひっしゃ》の推論《すいろん》は前者《ぜんしゃ》である（『行徳歴史街道《ぎょうとくれきしかいどう》5』『行徳《ぎょうとく》の歴史《れきし》・文化《ぶんか》の探訪《たんぼう》2』）。

●第二次国府台合戦《だいにじこうのだいかっせん》の頃《ころ》に行徳《ぎょうとく》、南行徳地域《みなみぎょうとくちいき》にあった神社《じんじゃ》三、寺《てら》一〇。江戸川上流《えどがわじょうりゅう》から、河原《かわら》村《むら》の春日神社《かすがじんじゃ》、正源寺《しょうげんじ》、竜厳寺《りゅうごんじ》、養福院《ようふくいん》、本行徳村《ほんぎょうとくむら》に神明社《しんめいしゃ》（川向《かわむ》こう）、金剛院《こんごういん》（川向《かわむ》こう）、長松寺《ちょうしょうじ》（川向《かわむ》こう）、妙頂寺《みょうちょうじ》、妙応寺《みょうおうじ》、後《のち》の押切《おしきり》に光林寺《こうりんじ》（川向《かわむ》こう）、欠真間村《かけままむら》に（後《のち》の香取《かんどり》に）香取神社《かんどりじんじゃ》、（後《のち》の湊村《みなとむら》に）圓明院《えんみょういん》、（後《のち》の相之川《あいのかわ》に）了善寺《りょうぜんじ》の合計《ごうけい》一三（『郷土読本《きょうどどくほん》　行徳《ぎょうとく》の歴史《れきし》・文化《ぶんか》の探訪《たんぼう》1』）。

◉行徳七浜《ぎょうとくななはま》から北条氏《ほうじょうし》が塩年貢《しおねんぐ》を徴収《ちょうしゅう》

小田原北条《おだわらほうじょう》支配浜《しはいはま》、行徳七浜《ぎょうとくななはま》と称《しょう》される。江戸川上流《えどがわじょうりゅう》から稲荷木《とうかぎ》、大和田《おおわだ》、田尻《たじり》、高谷《こうや》、河原《かわら》、妙典《みょうでん》、本行徳《ほんぎょうとく》の七ケ村《かそん》（『葛飾風土《かつしかふうど》史川《しかわ》と村《むら》と人《ひと》』）。なお、大和田村《おおわだむら》の位置《いち》が現在《げんざい》とは違《ちが》っているが江戸川放水路工事《えどがわほうすいろこうじ》のときに現在地《げんざいち》へ集団移転《しゅうだんいてん》したため。現在《げんざい》は大和田《おおわだ》、稲荷木《とうかぎ》の順《じゅん》になる。

●国府台合戦《こうのだいかっせん》の後《あと》、葛飾浦《かつしかうら》（行徳浜《ぎょうとくはま》の古称《こしょう》）の塩《しお》を商《あきな》う者《もの》が帰《かえ》り道夕暮《みちゆうぐれ》の薄暗《うすぐら》い時間《じかん》に中山法華《なかやまほけ》経寺《きょうじ》付近《ふきん》を通《とお》りかかった。ススキ、その他《た》の雑木《ぞうき》が生《お》い茂《しげ》った道《みち》を来《く》ると藤《ふじ》の蔦《つた》が貫《つらぬ》きまとわりついた髑髏《どくろ》が転《ころ》がっていた。商人《しょうにん》はその髑髏《どくろ》を、足《あし》でけりながら歩《ある》いた……（『葛飾記《かつしかき》』）。これは

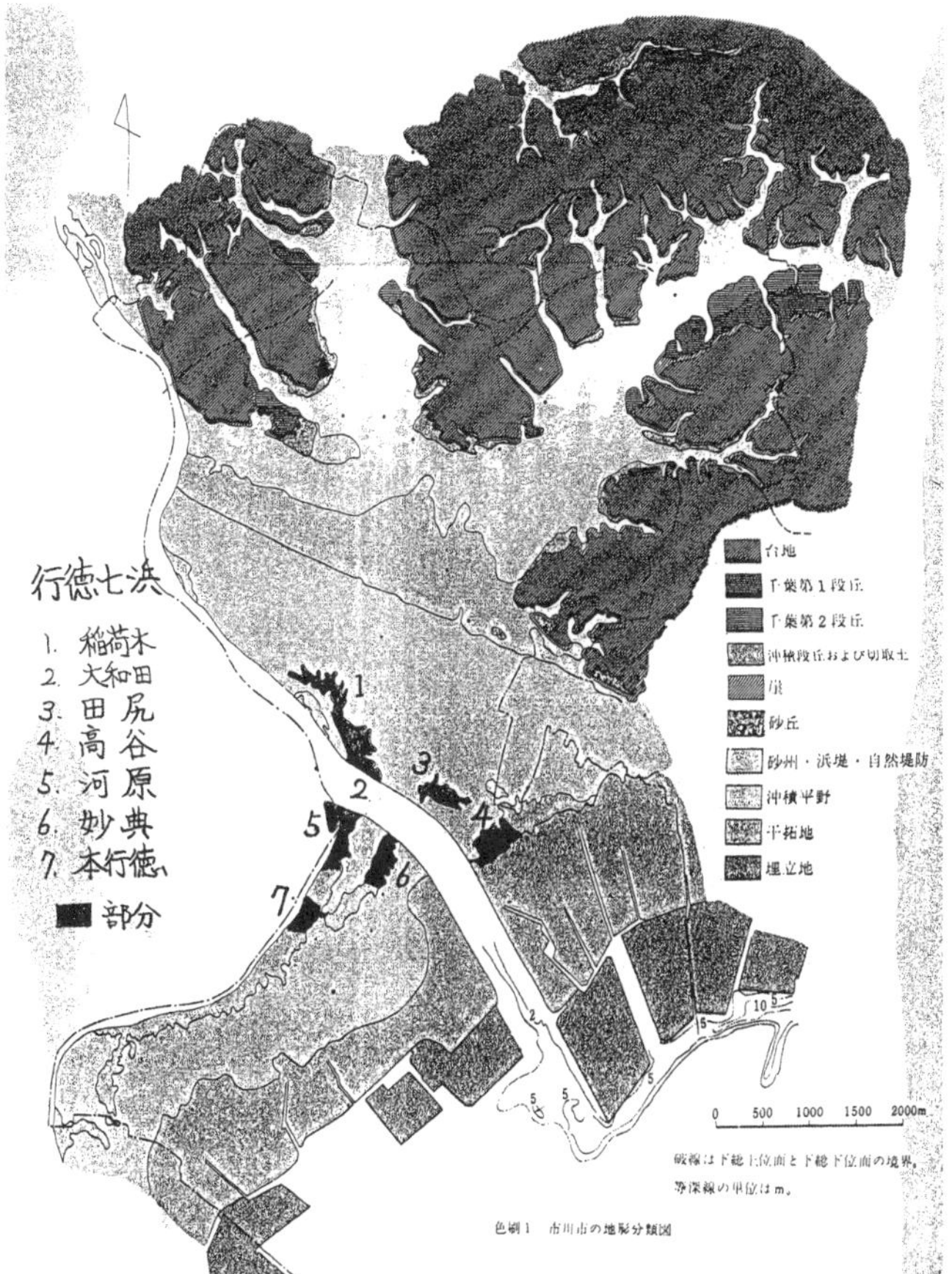

『市川市史』第一巻所収「市川市の地形分類図」に行徳七浜の位置を書き加えた

市川市《いちかわし》中山《なかやま》の安房《あわ》神社《じんじゃ》の由来《ゆらい》の一節《いっせつ》だが、一〇〇年後《ご》の江戸《えど》時代《じだい》の地誌《ちし》に紹介《しょうかい》されるような光景《こうけい》がかつて存在《そんざい》した。髑髏《どくろ》が道《みち》にあり、それを足《あし》でけりながら歩《ある》いたという描写《びょうしゃ》はすさまじい。その当時《とうじ》はごく普通《ふつう》の光景《こうけい》だったに違《ちが》いない。問題《もんだい》は蹴《け》り歩《ある》いた人物《じんぶつ》で、その人《ひと》は行徳塩浜《ぎょうとくしおはま》の塩《しお》を行商《ぎょうしょう》する塩商人《しおしょうにん》だったことである。行徳《ぎょうとく》から中山《なかやま》、あるいはもっと奥地《おくち》の曽谷《そや》、大野《おおの》などへ塩《しお》を運ぶ塩《しお》の道《みち》があったことは間違《まちが》いがない（『行徳歴史街道《ぎょうとくれきしかいどう》4』）。

八年 乙丑《きのとうし》 一五六五

●八月一五日、日蓮宗《にちれんしゅう》妙栄山妙好寺《みょうえいざんみょうこうじ》創建《そうけん》。市川市《いちかわし》妙典《みょうでん》一丁目《ちょうめ》一一番《ばん》一〇号《ごう》。本山中山法華経《ほんざんなかやまほけきょう》寺《じ》一乗阿闍梨日宣法印《いちじょうあじゃりにっせんほういん》により開山《かいざん》。開基檀頭《かいきだんとう》は篠田雅楽助清久《しのだうたのすけきよひさ》。本尊《ほんぞん》は日蓮上人像《にちれんしょうにんぞう》。『葛飾誌《かつしかし》略《りゃく》』には「山号《さんごう》、妙承山《みょうしょうざん》、開基《かいき》、日説《にっせつ》、上下妙典村《かみしもみょうでんむら》に他宗《たしゅう》一軒《けん》もなし」とある。篠田氏《しのだし》は河原《かわら》を分割《ぶんかつ》、妙典《みょうでん》としたとする（『行徳歴史街道《ぎょうとくれきしかいどう》5』『行徳《ぎょうとく》の歴史《れきし》・文化《ぶんか》の探訪《たんぼう》2』）。

九年 丙寅《ひのえとら》 一五六六

●一一月一〇日、塩《しお》一石《こく》六斗《と》、代米《だいまい》一石《こく》一斗《と》一升《しょう》、塩《しお》一斗当《とあ》たり米《こめ》六升《しょう》九合《ごう》四勺《しゃく》、塩《しお》一升《しょう》五文《もん》。天正《てんしょう》五年（一五七七）頃《ころ》まではこの値段《ねだん》で安定《あんてい》。その後《ご》、塩《しお》の値段《ねだん》は下落《げらく》。天正《てんしょう》一三年（一五八五）では塩《しお》二石で代米《だいまい》五斗《と》（塩《しお》一斗《と》で米《こめ》二升《しょう》五合《ごう》）となり、二〇年前《まえ》の塩価《えんか》の約《やく》三分《ぶん》の一に下落《げらく》（『塩《しお》の日本史《にほんし》』）。

一〇年 丁卯《ひのとう》 一五六七

●「十月の比《ころ》、甲州家《こうしゅうけ》と北条家《ほうじょうけ》と楯鉾《たてほこ》の時《とき》、小田原《おだわら》より甲州《こうしゅう》へ塩留《しおどめ》をせられければ、流石《さすが》の名《めい》将《しょう》（武田信玄《たけだしんげん》）も難儀《なんぎ》に及《およ》び、国中《くにじゅう》大《おお》きに苦《くる》しめりとぞ」（『葛飾誌略《かつしかしりゃく》』）

●「行徳《ぎょうとく》も小田原《おだわら》の領地《りょうち》となり北條家《ほうじょうけ》が甲州《こうしゅう》へ塩《しお》を送《おく》る事《こと》を制禁《せいきん》したるは行徳塩《ぎょうとくじお》なりと云伝《いいつた》ふ」（『勝鹿図志手《かつしかずして》くりふね』）

●「神君《しんくん》（徳川家康《とくがわいえやす》）、天正《てんしょう》一八年（一五九〇）、御入国《ごにゅうごく》被《あそば》レ遊《され》候《そうろう》、不日《ふじつ》に行徳《ぎょうとく》の塩路浜《しおじはま》へ、船路《ふなじ》の通路《つうろ》早速《さっそく》に被《おおせ》二仰付《つけらる》一、掘通《ほりとお》し可《べき》レ申《もうす》むね被《おおせ》二仰付《つけらる》一。たちまち船路《ふなじ》出来《しゅったい》いたし申《もうし》候《そうろう》。これ今《いま》の高橋通《たかばしどお》りなり。これは、甲州《こうしゅう》武田信玄《たけだしんげん》、動《やや》もすれば、小田原《おだわら》より塩留《しおどめ》に逢《あい》ひて、国中上下《くにじゅうかみしも》ともに難儀《なんぎ》いたし候《そうろう》をもって、神君《しんくん》、迅速《じんそく》に、行徳《ぎょうとく》の塩《しお》、江戸《えど》入《いり》候《そうろう》よしをなさしめ給《たま》ふ」（『事蹟合考《じせきがっこう》』）

●「年貢塩《ねんぐじお》、相州《そうしゅう》小田原《おだわら》へ船廻《ふなまわ》しにて相納《あいおさ》め候由《そうろうよし》、是又申《これまたもう》し伝《つた》え候《そうろう》」（『塩浜由来書《しおはまゆらいしょ》〈宝暦《ほうれき》六年以降成立《いこうせいりつ》〉』）

元《げん》亀《き》

元年 庚午《かのえうま》 一五七〇

◉行徳《ぎょうとく》という土地《とち》が現在《げんざい》の行徳《ぎょうとく》へ移《うつ》される

今《いま》の行徳《ぎょうとく》は元亀《げんき》元年川向《かわむ》こう行徳領《ぎょうとくりょう》（本行徳中洲《ほんぎょうとくなかす》）より引《ひ》き移《うつ》ると云《い》う（『現代《げんだい》語訳《ごやく》成田《なりた》参詣《さんけい》記《き》』所収《しょしゅう》「行徳畷《ぎょうとくなわて》の図《ず》」）。

行徳《ぎょうとく》の本地《ほんち》とされる現在《げんざい》の江戸川区《えどがわく》の旧本行徳中洲《きゅうほんぎょうとくなかす》の地《ち》から新地《しんち》とされる現在《げんざい》の本行徳《ほんぎょうとく》の地《ち》に「行徳《ぎょうとく》という土地《とち》」を移《うつ》したのだから、産業《さんぎょう》・経済《けいざい》・人口《じんこう》など新地《しんち》が本地《ほんち》を圧倒《あっとう》する状況《じょうきょう》になったと推察《すいさつ》できる。産業《さんぎょう》とはすなわち塩焼《しおやき》のことであり、経済《けいざい》とは塩《しお》を中心《ちゅうしん》とする物流《ぶつりゅう》のことである。

●この頃《ころ》すでに「行徳七浜《ぎょうとくななはま》」と称《しょう》される塩浜《しおはま》があった。稲荷木《とうかぎ》・大和田《おおわだ》・田尻《たじり》・高谷《こうや》・河原《かわら》・妙《みょう》典《でん》・本行徳《ほんぎょうとく》の七カ村《ななかそん》（『葛飾《かつしか》風土《ふうど》史《し》川《かわ》と村《むら》と人《ひと》』）。本行徳中洲《ほんぎょうとくなかす》にあった神明社《しんめいしゃ》の御塩浜《みしおはま》。

◉寺院《じいん》の第一次《だいいちじ》創建《そうけん》ラッシュの時代到来《じだいとうらい》

行徳領《ぎょうとくりょう》が新地《しんち》の本行徳《ほんぎょうとく》へ引移《ひきうつ》った直後《ちょくご》から行徳《ぎょうとく》・南行徳《みなみぎょうとく》・浦安地域《うらやすちいき》で寺院《じいん》が毎年《まいとし》のように創建《そうけん》される。これを筆者《ひっしゃ》は第一次創建《だいいちじそうけん》ラッシュの時代《じだい》（徳川家康支配前《とくがわいえやすしはいまえ》のこと）と呼《よ》ぶ（『郷土読《きょうどどく》本行徳《ほんぎょうとく》の歴史《れきし》・文化《ぶんか》の探訪《たんぼう》1』）。

一五七〇～八八年までの一九年間《ねんかん》の創建寺院《そうけんじいん》は現在《げんざい》の行徳《ぎょうとく》・南行徳《みなみぎょうとく》・浦安地域《うらやすちいき》で一三カ寺《じ》である。特徴《とくちょう》としては寺地《てらち》が現在《げんざい》の権現道沿《ごんげんみちぞ》いに集中《しゅうちゅう》し、塩田開発《えんでんかいはつ》の中心《ちゅうしん》が本行徳地域《ほんぎょうとくちいき》へ移《うつ》りつつあることを示《しめ》していることが窺《うかが》える。

（行徳《ぎょうとく》）法泉寺《ほうせんじ》、信楽寺《しんぎょうじ》、教善寺《きょうぜんじ》、本久寺《ほんきゅうじ》、正讃寺《しょうさんじ》、徳蔵寺《とくぞうじ》、宝性寺《ほうしょうじ》、本応寺《ほんおうじ》、円頓寺《えんとんじ》、妙覚寺《みょうかくじ》、自性院《じしょういん》

（南行徳《みなみぎょうとく》）なし

（浦安《うらやす》）東学寺《とうがくじ》、花蔵院《けぞういん》

権現道《ごんげんみち》とその延長線上《えんちょうせんじょう》に建立《こんりゅう》された寺《てら》は一〇カ寺《じ》、本行徳《ほんぎょうとく》一カ寺《じ》、浦安《うらやす》二カ寺《じ》。宗派別《しゅうはべつ》、日《にち》蓮宗《れんしゅう》五カ寺《じ》（すべて権現道沿《ごんげんみちぞ》い）、真言宗《しんごんしゅう》五カ寺《じ》、浄土宗《じょうどしゅう》三カ寺《じ》（『郷土読本《きょうどどくほん》 行徳《ぎょうとく》の歴史《れきし》・文《ぶん》化《か》の探訪《たんぼう》1』）。

●行徳《ぎょうとく》、南行徳地域《みなみぎょうとくちいき》の寺《てら》の周囲《しゅうい》が堤《つつみ》と堀《ほり》に囲《かこ》まれていた理由《りゆう》。

砂洲、浜堤、自然堤防上に建立された寺
徳川家康の江戸入府（1590年）よりも前のものに限る
番号は創建年の古い順に付けた
作図鈴木和明
『市川市史』第一巻所収「市川市の地形分類図」を拡大して利用、寺名と位置を書き加えた

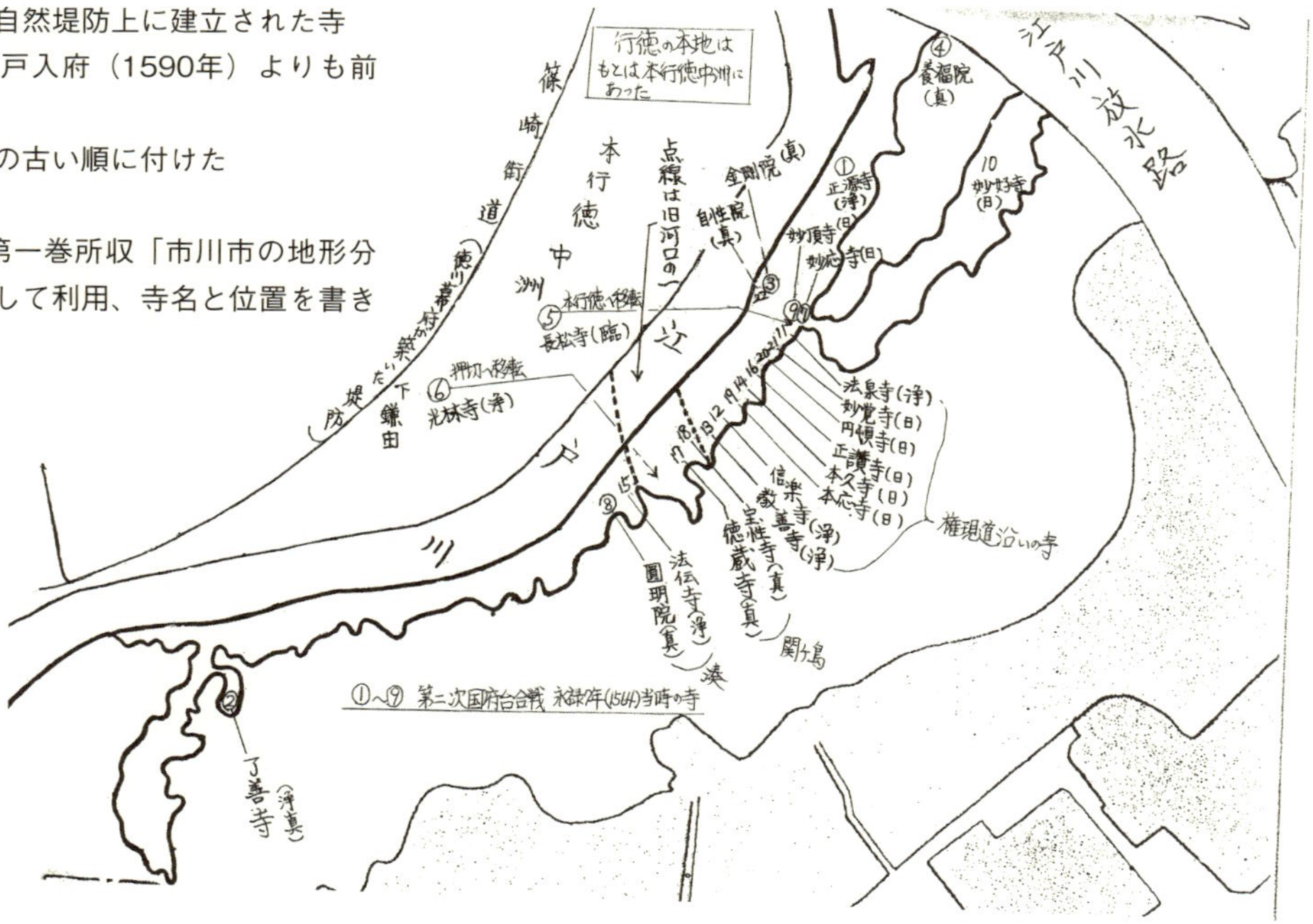

「徳願寺《とくがんじ》さんの境内《けいだい》の裏手《うらて》に来《く》ると塀《へい》の手前《てまえ》に土堤《どてい》の跡《あと》があります。松《まつ》の木《き》が高《たか》く聳《そび》えています。この堤《つつみ》は行徳《ぎょうとく》の寺《てら》には昔《むかし》はすべてあったものです。時代《じだい》とともに姿《すがた》を消《け》して今《いま》では徳願寺《とくがんじ》さんだけでしか見《み》ることができません。この堤《つつみ》は何《なん》のためだったかといいますと、北条氏《ほうじょうし》や徳川氏《とくがわし》がお坊《ぼう》さんの申請《しんせい》に基《もと》づいて寺地《てらち》を縄張《なわば》りするわけですが、その時《とき》に、住宅地《じゅうたくち》にできない、あるいは、農地《のうち》などにもできない、というような荒地《あれち》を与《あた》えたわけです。そのような土地《とち》しか空《あ》いていなかったともいえます。ですから代表的《だいひょうてき》なのは権現道沿《ごんげんみちぞ》いのお寺《てら》さんの場合《ばあい》などは、すべて海側《うみがわ》に寺《てら》があるわけです。寺《てら》のすぐ裏《うら》が海岸《かいがん》であり塩田《えんでん》があるわけです。なお、神社《じんじゃ》はお寺《てら》の反対側《はんたいがわ》の土《と》地《ち》に建《た》てられています。行徳《ぎょうとく》では塩焼《しおやき》が稼業《かぎょう》として、あるいは産業《さんぎょう》として発達《はったつ》しましたので、真《ま》水《みず》というものを極端《きょくたん》に嫌《きら》ったわけです。塩分濃度《えんぶんのうど》が低下《ていか》して収量《しゅうりょう》に影響《えいきょう》するからです。では、寺《てら》地《ち》を縄張《なわば》りされたお坊《ぼう》さんは真水《まみず》を確保《かくほ》するために江戸川《えどがわ》から土地《とち》を掘《ほ》り割《わ》って真水《まみず》を引《ひ》きたいわけですが、そんなことは御法度《ごはっと》であるわけですから、どうしても寺地《てらち》を堤《つつみ》で囲《かこ》うわけです。そして堤《つつみ》の内側《うちがわ》にも堀割《ほりわり》を作《つく》ります。また、境内《けいだい》には大《おお》きな池《いけ》を掘《ほ》ります。このようにして雨水《あまみず》を寺地《てらち》の中《なか》に溜《た》めたのです。行徳《ぎょうとく》のお寺《てら》さんの池《いけ》などは、江戸時代初期《えどじだいしょき》は景観《けいかん》を楽《たの》しむためのものなどではなくて、生活必需品《せいかつひつじゅひん》としての真水《まみず》を確保《かくほ》するための手段《しゅだん》であったわけです。ですから、すべてのお寺《てら》さんには堤《つつみ》と池《いけ》がありました」（『行徳歴史《ぎょうとくれきし》の扉《とびら》』）

●浄土宗真宝山法泉寺《じょうどしゅうしんぽうざんほうせんじ》建立《こんりゅう》。市川市本行徳《いちかわしほんぎょうとく》七番《ばん》二二号《ごう》。本尊《ほんぞん》は阿弥陀如来像《あみだにょらいぞう》。開基《かいき》、法誉上《ほうよしょう》人《にん》。札所《ふだしょ》一三番《ばん》。

御詠歌《ごえいか》（葛）しなじなに仏《ほとけ》ののり《法》のいづみ《泉》寺《でら》つきぬや浜《はま》のまさご《真砂》なるらん

（雙）観音《かんのん》の数《かず》は浜《はま》の真砂《まさご》にてとくともつきじ法泉寺《のりいずみでら》

『葛飾誌略《かつしかしりゃく》』に、「権現堂《ごんげんどう》　是《これ》は神君東金《しんくんとうがね》御成《おな》りの節《せつ》、当寺《とうじ》御《ご》小《しょう》休《きゅう》の節《せつ》、御《お》入《はいり》被《あそば》レ遊《され》し道也《どうなり》。其《その》頃《ころ》、当寺《とうじ》にて御《ご》小《しょう》休《きゅう》宿《しゅく》被《あそば》レ遊《され》しは両三度《りょうさんど》也《なり》とぞ」とあり、権現道《ごんげんみち》の由緒《ゆいしょ》とされるが、文脈《ぶんみゃく》からして「道《どう》」は「堂《どう》」が正《ただ》しいと思《おも》われる。

●浄土宗《じょうどしゅう》仏貼山《ぶっちょうざん》信楽寺《しんぎょうじ》建立《こんりゅう》。のちに教善寺《きょうぜんじ》に合併《がっぺい》し、教信寺《きょうしんじ》となる。この点《てん》について述《の》べる。

文化《ぶんか》七年（一八一〇）刊行《かんこう》の『葛飾誌略《かつしかしりゃく》』には教善寺《きょうぜんじ》の項《こう》がない。しかし、その六一年前《まえ》の寛《かん》延《えん》二年（一七四九）刊行《かんこう》の『葛飾記《かつしかき》』には札所第《ふだしょだい》一七番《ばん》として教善寺《きょうぜんじ》の御詠歌《ごえいか》が掲載《けいさい》されている。札所《ふだしょ》の設定《せってい》は元禄《げんろく》三年（一六九〇）だから、それまでには教善寺《きょうぜんじ》は創建《そうけん》されていたと思《おも》われるが、年代《ねんだい》が未詳《みしょう》である。ただ、『市川市史《いちかわしし》』第《だい》二巻《かん》では「教信寺《きょうしんじ》」の項《こう》があり、浄土宗《じょうどしゅう》、元亀《げんき》元年創建《そうけん》、開山随眼正覚山《かいざんずいがんしょうかくざん》、本尊阿弥陀如来《ほんぞんあみだにょらい》、法興寺末《ほうこうじまつ》とある。ただし、教信寺《きょうしんじ》とは教善寺《きょうぜんじ》と信《しん》楽寺合併後《ぎょうじがっぺいご》の名称《めいしょう》であり、市史《しし》には信楽寺《しんぎょうじ》の記載《きさい》がない。開山《かいざん》の正覚山《しょうかくざん》とは教善寺《きょうぜんじ》の山号《さんごう》である。

以上《いじょう》のことから信楽寺《しんぎょうじ》については『葛飾誌略《かつしかしりゃく》』を引用《いんよう》し、教善寺《きょうぜんじ》については『市川市史《いちかわしし》』の記載《きさい》を使用《しよう》することにした。なお、信楽寺《しんぎょうじ》の読《よ》みの「しんぎょうじ」については『葛飾記《かつしかき》』にフリガナがある。

●浄土宗《じょうどしゅう》仏貼山《ぶつちょうざん》信楽寺《しんぎょうじ》。仏貼山《ぶつちょうざん》といふ《う》。四丁目《ちょうめ》今井《いまい》浄興寺末《じょうこうじまつ》。開基《かいき》富誉《ふよ》順公《じゅんこう》。札所《ふだしょ》観世音《かんぜおん》一六番目《ばんめ》安置《あんち》。元亀《げんき》庚午年《かのえうまのとし》（一五七〇）建立《こんりゅう》。御除地《おんじょち》一反畝《たんせ》。

御詠歌《ごえいか》（葛）ひとすじにまことをねがふ《う》人はただやすく生《いき》るる道《みち》とこそなれ

（雙）いつわりと名利《みょうり》ふたつをはなれつつ信楽寺《まことねがうてら》は尊《とうと》し

●浄土宗《じょうどしゅう》正覚山《しょうかくざん》教善寺《きょうぜんじ》。元亀《げんき》元年（一五七〇）創建《そうけん》、開山《かいざん》随眼《ずいがん》正覚山《しょうかくざん》、本尊《ほんぞん》は阿弥陀如来《あみだにょらい》、法興寺末《ほうこうじまつ》（浄興寺《じょうこうじ》カ）。ただし、教善寺《きょうぜんじ》の創建年代《そうけんねんだい》については元亀《げんき》元年（一五七〇）〜元禄《げんろく》三年（一六九〇）までと幅《はば》がある点《てん》に注意《ちゅうい》。なお、『市川市史《いちかわしし》』第二巻の記載《きさい》は、『明治《めいじ》一二年下総国《しもうさのくに》東葛飾郡《ひがしかつしかぐん》寺院明細帳《じいんめいさいちょう》』『昭和《しょうわ》四一年千葉県《ちばけん》宗教法人名簿《しゅうきょうほうじんめいぼ》』より市史編《ししへん》さん係作成《かかりさくせい》、と記載《きさい》あり。現在《げんざい》の寺名《じめい》は教信寺《きょうしんじ》で市川市《いちかわし》本行徳《ほんぎょうとく》三八番《ばん》一八号《ごう》。札所《ふだしょ》一七番《ばん》。

御詠歌《ごえいか》（葛）おしなべてよきを教《おし》ゆるみ《御》仏《ほとけ》のちかひ《い》に誰《だれ》も道《みち》はま よは《わ》じ

（雙）教善寺《おしえよきてら》は浄土《じょうど》の案内《あない》にてふみはきは《わ》めし極楽《ごくらく》の道《みち》

●真言宗《しんごんしゅう》医王山《いおうざん》東学寺《とうがくじ》建立《こんりゅう》。浦安市《うらやすし》堀江《ほりえ》二丁目《ちょうめ》四番《ばん》二七号《ごう》。本尊《ほんぞん》は亀乗薬師如来《かめのりやくしにょらい》。真言宗《しんごんしゅう》大和国《やまとのくに》（奈良県《ならけん》）長谷寺末《はせでらまつ》。『葛飾誌略《かつしかしりゃく》』では「小岩善養寺末《こいわぜんようじまつ》、開基《かいき》常誉法師《じょうよほうし》、本尊龜乗薬師《ほんぞんかめのりやくし》葛飾浦《かつしかうら》

より出現《しゅつげん》す、一《いち》の大亀《おおかめ》、尊像《そんぞう》を背負《せお》ひ、海浜《かいひん》の清草《せいそう》に移《うつ》し去《さ》る」とする。札所《ふだしょ》三一番《ばん》。
御詠歌《ごえいか》（葛）ふだらく《補陀落》や南《みなみ》のきしを見《み》わたせば誓《ちかい》ひもうみもふかき浦《うら》なみ
（雙）東学《とうがく》にまなぶちしきはただ仏心《ほとけごころ》を広《ひろ》く体《たい》ゆたかなり

三年　壬申《みずのえさる》　一五七二

●日蓮宗《にちれんしゅう》照徳山本久寺《しょうとくざんほんきゅうじ》建立《こんりゅう》。市川市本行徳《いちかわしほんぎょうとく》二四番《ばん》一八号《ごう》。開基日能上人《かいきにちのうしょうにん》。中山法華経寺《なかやまほけきょうじ》末《まつ》。本尊《ほんぞん》、一塔両尊《いっとうりょうそん》（南無妙法蓮華経《なむみょうほうれんげきょう》の七文字《ななもじ》を書《か》いた塔《とう》と釈迦《しゃか》・多宝如来《たほうにょらい》）。『葛飾誌略《かつしかしりゃく》』によれば、山号《さんごう》は始《はじ》め浄延山《じょうえんざん》といい、のちに本応山《ほんおうざん》（本応寺《ほんおうじ》を合併《がっぺい》したのち）、現在《げんざい》は照徳山《しょうとくざん》という。祖師木像《そしもくぞう》は身延山日朝上人作《みのぶさんにっちょうしょうにんさく》とする。目《め》の病気《びょうき》・眼病守護日蓮大菩薩《がんびょうしゅごにちれんだいぼさつ》。
隣地《りんち》にあった日蓮宗本応寺《にちれんしゅうほんおうじ》を文化《ぶんか》七年（一八一〇）からみて「近年《きんねん》」に合併《がっぺい》したとしている。

安《あ》土《づち》桃山《ももやま》時《じ》代《だい》

天正《てんしょう》

元年　癸酉《みずのととり》　一五七三

●真言宗海照山花蔵院建立《しんごんしゅうかいしょうざんけぞういんこんりゅう》。浦安市猫実《うらやすしねこざね》三丁目《ちょうめ》一〇番《ばん》三号《ごう》。本尊《ほんぞん》、大日如来《だいにちにょらい》。開基賢融阿闍梨《かいきけんゆうあじゃり》。真言宗《しんごんしゅう》小岩善養寺末《こいわぜんようじまつ》（『葛飾誌略《かつしかしりゃく》』）。『浦安町誌《うらやすちょうし》』では、「和歌山県那賀郡岩出町根来寺《わかやまけんなかぐんいわでちょうねごろじ》末《まつ》、永仁《えいにん》元年（一二九三）の大津波《おおつなみ》でことごとく流破《りゅうは》して創建《そうけん》は詳《くわ》しからず、天正《てんしょう》元年再興《さいこう》」とする。『葛飾記《かつしかき》』は華蔵院《けぞういん》とする。不動堂《ふどうどう》の本尊不動明王《ほんぞんふどうみょうおう》は別名浪切不動尊《べつめいなみきりふどうそん》といい、漁業者《ぎょぎょうしゃ》の守護本尊《しゅごほんぞん》。札所《ふだしょ》三〇番《ばん》。

御詠歌《ごえいか》（葛）波《なみ》の花晴《はなは》れておさまる海《うみ》やまのながめはひろき此寺《このてら》の庭《にわ》

（雙）桜咲《さくらさ》く松《まつ》の木陰《こかげ》の寺《てら》みればここそ花蔵世界《はなくらせかい》なりけれ

●本行徳《ほんぎょうとく》三丁目《ちょうめ》の鎮守八幡神社創建《ちんじゅはちまんじんじゃそうけん》（『市川市史《いちかわしし》』第《だい》二巻《かん》）。市川市本行徳《いちかわしほんぎょうとく》二五番《ばん》二〇号《ごう》。祭神《さいじん》、誉田別命《ほむたわけのみこと》（第《だい》十五代応神天皇《だいおうじんてんのう》の名《な》）祭日《さいじつ》、一〇月一五日。享保《きょうほう》元年（一七一六）に本行徳《ほんぎょうとく》は四町《よんちょう》に分《わ》けられたので、それ以後《いご》の創建《そうけん》と推定《すいてい》されるが未詳《みしょう》（『明解行徳《めいかいぎょうとく》の歴史大事典《れきしだいじてん》』）。本項《ほんこう》は『市川市史《いちかわしし》』による。

二年 甲戌《きのえいぬ》 一五七四

●稲荷木村《とうかぎむら》の鎮守稲荷神社創建《ちんじゅいなりじんじゃそうけん》。市川市稲荷木《いちかわしとうかぎ》三丁目《ちょうめ》六番《ばん》一三号《ごう》。祭神《さいじん》、宇賀魂命《うかのみたまのみこと》。京都稲荷《きょうといなり》山同神《やまどうしん》。別当福王寺《べっとうふくおうじ》（『葛飾誌略《かつしかしりゃく》』）。『市川市史《いちかわしし》』では天正《てんしょう》元年（一五七三）創建《そうけん》とする。通称《つうしょう》「おいなりさん」。現行徳支所《げんぎょうとくししょ》の管轄外《かんかつがい》の位置《いち》。

三年 乙亥《きのとい》 一五七五

●真言宗関東山徳蔵寺建立《しんごんしゅうかんとうざんとくぞうじこんりゅう》。市川市関ヶ島《いちかわしせきがしま》八番《ばん》一〇号《ごう》。本尊《ほんぞん》、阿弥陀如来《あみだにょらい》。開基乗意法印《かいきじょういほういん》。真言宗小岩善養寺末《しんごんしゅうこいわぜんようじまつ》。『葛飾誌略《かつしかしりゃく》』では山号《さんごう》を関島山《かんとうざん》としている。札所《ふだしょ》一九番《ばん》。

御詠歌《ごえいか》（葛）よを秋《あき》のみのりのとくをおさめつゝゆたかにのちのよをばすぐべし
（雙）数《かず》ならぬ身《み》をも千年《ちとせ》のちかいにてもらさでめぐみ蔵《おさ》めぬるてら

●日蓮宗法順山正讃寺建立《にちれんしゅうほうじゅんざんしょうさんじこんりゅう》。市川市本行徳《いちかわしほんぎょうとく》二三番《ばん》二九号《ごう》。本尊《ほんぞん》は釈迦如来《しゃかにょらい》。開基《かいき》、日乗上人《にちじょうしょうにん》。日蓮宗真間山弘法寺末《にちれんしゅうままさんぐほうじまつ》。『葛飾誌略《かつしかしりゃく》』では開基日蓮上人《かいきにちれんしょうにん》とするが年代《ねんだい》が合《あ》わない。

●本行徳《ほんぎょうとく》四丁目《ちょうめ》鎮守豊受神社創建《ちんじゅとようけじんじゃそうけん》。祭神《さいじん》は豊受大神《とようけのおおかみ》（『市川市史《いちかわしし》』第《だい》二巻《かん》）。市川市本行徳《いちかわしほんぎょうとく》三二番《ばん》二三号《ごう》。祭日《さいじつ》一〇月一五日。創建年代不詳《そうけんねんだいふしょう》。一丁目《ちょうめ》の神明社《しんめいしゃ》の御旅所《おたびじょ》。享保《きょうほう》元年（一七一六）に本行徳《ほんぎょうとく》は四町《よんちょう》に分《わ》けられたので、それ以後《いご》の創建《そうけん》と推定《すいてい》される（『明解行徳《めいかいぎょうとく》の歴史大事典《れきしだいじてん》』）。

本項《ほんこう》は『市川市史《いちかわしし》』による。

●本塩《ほんしお》の鎮守豊受神社《ちんじゅとようけじんじゃ》、この頃《ころ》までに創建《そうけん》か。未詳。祭神《さいじん》は豊受大神《とようけのおおかみ》。行徳新田《ぎょうとくしんでん》の鎮守《ちんじゅ》。祭日《さいじつ》、一〇月一五日。一丁目《ちょうめ》の神明社《しんめいしゃ》の御旅所《おたびじょ》。享保《きょうほう》元年（一七一六）に本行徳《ほんぎょうとく》は四町《よんちょう》に分《わ》けられたので、それ以後《いご》の創建《そうけん》と推定《すいてい》される（『明解行徳《めいかいぎょうとく》の歴史大事典《れきしだいじてん》』）。本項《ほんこう》は『市川市史《いちかわしし》』にないのだが、三丁目《ちょうめ》の八幡神社《はちまんじんじゃ》、四丁目《ちょうめ》の豊受神社《とようけじんじゃ》との関係《かんけい》からこの年《とし》に記載《きさい》した。検証《けんしょう》の余地《よち》あり。

●関ヶ島《せきがしま》の鎮守胡録神社創建《ちんじゅころくじんじゃそうけん》（『市川市史《いちかわしし》』第二巻《だいかん》）。市川市関ヶ島《いちかわしせきがしま》五番《ばん》一三号《ごう》。祭神《さいじん》、面足尊《おもだるのみこと》・惶根尊《かしこねのみこと》。『葛飾誌略《かつしかしりゃく》』には創建年《そうけんねん》の記載《きさい》がない。

四年 丙子《ひのえね》 一五七六

●真言宗《しんごんしゅう》医王山宝性寺《いおうざんほうしょうじ》建立《こんりゅう》。市川市関ヶ島《いちかわしせきがしま》八番《ばん》一〇号《ごう》。のちに徳蔵寺《とくぞうじ》に吸収《きゅうしゅう》。本尊《ほんぞん》は薬師如来《やくしにょらい》。土仏《つちぼとけ》なり、興教大師《こうきょうだいし》作《さく》とする。開基《かいき》、権僧都覚順《ごんのそうずかくじゅん》。武蔵国小岩善養寺末《むさしのくにこいわぜんようじまつ》。この寺《てら》にあった不動明王《ふどうみょうおう》は身丈《みたけ》二尺《しゃく》八寸《すん》、地元《じもと》ではお不動《ふどう》さんと呼《よ》び、合併《がっぺい》の際《さい》に徳蔵寺《とくぞうじ》へ移《うつ》す。長《なが》い間無住《あいだむじゅう》で昭和《しょうわ》四〇年代半《だいなか》ばに吸収《きゅうしゅう》される。『葛飾誌略《かつしかしりゃく》』は法性寺《ほうしょうじ》とする。札所《ふだしょ》一八番《ばん》。

御詠歌《ごえいか》（葛）□□□□仏《ほとけ》のたねをうへぬればくち《朽》ぬ宝《たから》を身《み》にぞおさむる

（雙）金剛《こんごう》の体《たい》はかがやく月《つき》の玉身《たまみ》にはくちせぬ宝性《たからだましい》

六年 戊寅《つちのえとら》 一五七八

●日蓮宗《にちれんしゅう》本応寺《ほんおうじ》建立《こんりゅう》。のちに本久寺《ほんきゅうじ》に合併《がっぺい》。『葛飾誌略《かつしかしりゃく》』で、天正《てんしょう》六戊寅年《つちのえとらのとし》（一五七八）建立《こんりゅう》。開基《かいき》は実相院日応上人也《じっそういんにちおうしょうにんなり》とする。本応寺《ほんおうじ》の旧地《きゅうち》は本行徳《ほんぎょうとく》三一番《ばん》の稲荷神社《いなりじんじゃ》（横町稲荷《よこまちいなり》）敷地《しき》周辺《ちしゅうへん》とされる。

一〇年 壬午《みずのえうま》 一五八二

六月二日 本能寺《ほんのうじ》の変《へん》。織田信長《おだのぶなが》死す、四九歳《さい》

一二年 甲申《きのえさる》 一五八四

●日蓮宗《にちれんしゅう》海近山《かいこんざん》円頓寺《えんとんじ》建立《こんりゅう》。市川市《いちかわし》本行徳《ほんぎょうとく》一六番《ばん》二〇号《ごう》。本尊《ほんぞん》は釈迦如来《しゃかにょらい》・多宝如来《たほうにょらい》・日蓮上人《にちれんしょうにん》像《ぞう》。開基《かいき》、日円上人《にちえんしょうにん》。中山法華経寺末《なかやまほけきょうじまつ》。明治《めいじ》一四年（一八八一）、行徳町《ぎょうとくまち》の大火《たいか》で山門《さんもん》のみを残《のこ》し本堂《ほんどう》、庫裏《くり》を全焼《ぜんしょう》、寺宝《じほう》、寺史《じし》を焼失《しょうしつ》、大正《たいしょう》六年（一九一七）一〇月一日の大津波《おおつなみ》により重《かさ》ねて失《うし》われた。山号《さんごう》の海近山《かいこんざん》は言《い》い得《え》て妙《みょう》。円頓寺脇《えんとんじわき》の通《とお》りは二丁目道《ちょうめみち》。この道《みち》は法善寺《ほうぜんじ》の参道《さんどう》でもある。

『葛飾誌略《かつしかしりゃく》』の円頓寺《えんとんじ》の項《こう》の欄外注釈《らんがいちゅうしゃく》に「行徳《ぎょうとく》は戸数千軒寺百軒《こすうせんげんてらひゃっけん》といわれたほどに寺院《じいん》が多《おお》い」とあり。

一三年 乙酉《きのととり》 一五八五

七月一一日 豊臣秀吉《とよとみひでよし》、摂政関白《せっしょうかんぱく》となる

●この年《とし》の奈良《なら》の塩価《えんか》、米《こめ》五斗《と》で塩《しお》二石《こく》（二〇斗《と》）の割合《わりあい》（一対《たい》四）。

一四年 丙戌《ひのえいぬ》 一五八六

●日蓮宗《にちれんしゅう》正覚山《しょうかくざん》妙覚寺《みょうかくじ》建立《こんりゅう》。市川市本行徳《いちかわしほんぎょうとく》一五番《ばん》二〇号《ごう》。本尊《ほんぞん》、釈迦如来《しゃかにょらい》・多宝如来《たほうにょらい》・日蓮《にちれん》上人像《しょうにんぞう》。日通上人《にっつうしょうにん》の創建《そうけん》。中山法華経寺《なかやまほけきょうじ》末《まつ》。キリシタン灯籠《とうろう》がある。『葛飾誌略《かつしかしりゃく》』には妙覚寺《みょうかくじ》の記載《きさい》がない。『市川市史《いちかわしし》』第二巻では天保《てんぽう》一四年（一八四三）日栄上人《にちえいしょうにん》の開山《かいざん》とする。とすれば、『葛飾誌略《かつしかしりゃく》』刊行《かんこう》（一八一〇）のときに妙覚寺《みょうかくじ》はなかったことになり、不記載《ふきさい》の理由《りゆう》が納得《なっとく》できる。それとも単《たん》に漏《も》れたのか。本項《ほんこう》は寺史《じし》による。

一五年　丁亥《ひのとい》　一五八七

六月一九日　豊臣秀吉《とよとみひでよし》、キリスト教《きょう》の布教《ふきょう》を禁止《きんし》

一六年　戊子《つちのえね》　一五八八

●真言宗《しんごんしゅう》神明山《しんめいざん》自性院《じしょういん》建立《こんりゅう》。市川市《いちかわし》本行徳《ほんぎょうとく》一番《ばん》一〇号《ごう》。本尊《ほんぞん》、大日如来《だいにちにょらい》。開基《かいき》法仙法印《ほうせんほういん》。葛西《かさい》小岩村《こいわむら》善養寺《ぜんようじ》末《まつ》（『葛飾誌略《かつしかしりゃく》』）。本行徳《ほんぎょうとく》一丁目《ちょうめ》の神明社《しんめいしゃ》の別当寺《べっとうじ》。勝安房《かつあわ》筆《ひつ》の熊谷伊助《くまがやいすけ》慰霊《いれい》歌碑《かひ》がある。札所《ふだしょ》四番《ばん》。

御詠歌《ごえいか》（葛）我思《われおも》ふ《う》心《こころ》の玉《たま》はみかゝしをたのむ仏《ほとけ》のてらすなりけり

（雙）雨水《あまみず》に心《こころ》のあがるよもおちし自性《じしょう》をみがけ法《のり》の玉水《たまみず》

一七年　己丑《つちのとうし》　一五八九

一一月二四日　豊臣秀吉《とよとみひでよし》、小田原《おだわら》北条氏《ほうじょうし》を討《う》つため軍令《ぐんれい》を発《はっ》する

一八年 庚寅《かのえとら》 一五九〇

二月　大地震《おおじしん》、人畜《じんちく》の死傷多《ししょうおお》し（『千葉県東葛飾郡誌《ちばけんひがしかつしかぐんし》』）

◉小田原北条氏滅亡《おだわらほうじょうしめつぼう》、狩野一庵討死《かのういちあんうちじに》、北条系《ほうじょうけい》の武士欠真間地域《ぶしかけままちいき》に土着《どちゃく》

「六月二三日、（狩野一庵《かのういちあん》）二三千の兵《へい》にて八王子城《はちおうじじょう》に籠《こも》り、太閤様御手先加賀上杉《たいこうさまおてさきかがうえすぎ》の五万余騎《まんよき》を引請《ひきう》け、決戦《けっせん》する事数十度《ことすうじゅうど》にして本丸《ほんまる》に引入《ひきい》り、忠死《ちゅうし》して名《な》を万代《まんだい》に揚《あ》げたり。神君御感有《しんくんごかんあ》りて甚《はなは》だ惜《お》しませ給《たま》ひ、悴主膳《せがれしゅぜん》を被二召出《めしだされ》一、禄《ろく》を下《くだ》し給《たま》ふ也《なり》」（『葛飾誌略《かつしかしりゃく》』）

「一庵《いちあん》の子、新右《しんう》（あるいは、左《ざ》）衛門《えもん》は後年《こうねん》、欠真間《かけまま》（現《げん》、香取《かんどり》）に源心寺《げんしんじ》を建《た》てる。浄天《じょうてん》と号《ごう》し、田中内匠《たなかたくみ》とともに内匠堀《たくみぼり》を開削《かいさく》したと伝承《でんしょう》」（『葛飾誌略《かつしかしりゃく》』）

豊臣秀吉《とよとみひでよし》に滅《ほろ》ぼされた小田原北条氏《おだわらほうじょうし》の落《お》ち武者《むしゃ》はもともとの支配地《しはいち》の行徳《ぎょうとく》へ住《す》み着《つ》いて帰農《きのう》した。欠真間《かけまま》には八王子城《はちおうじじょう》で討死《うちじに》した狩野一族《かのういちぞく》を筆頭《ひっとう》に、近藤《こんどう》、小川《おがわ》、高橋《たかはし》、橋本《はしもと》、斎藤《さいとう》、加藤《かとう》、武藤《むとう》、関口《せきぐち》など北条系《ほうじょうけい》の家《いえ》が土着《どちゃく》した（『葛飾風土史川《かつしかふうどしかわ》と村《むら》と人《ひと》』）。

●行徳《ぎょうとく》、南行徳地域《みなみぎょうとくちいき》に徳川家康《とくがわいえやす》の江戸《えど》入《い》り前《まえ》にあった神社《じんじゃ》は三、寺《てら》は二三。江戸川上流《えどがわじょうりゅう》から、河原村《かわらむら》に春日神社《かすがじんじゃ》、正源寺《しょうげんじ》、竜厳寺《りゅうごんじ》、養福院《ようふくいん》、妙典村《みょうでんむら》に妙好寺《みょうこうじ》、本行徳村《ほんぎょうとくむら》に神明社《しんめいしゃ》（川向《かわむ》こう）、金剛院《こんごういん》（川向《かわむ》こう）、自性院《じしょういん》、長松寺《ちょうしょうじ》（川向《かわむ》こう）、妙頂寺《みょうちょうじ》、妙応寺《みょうおうじ》、権現道沿《ごんげんみちぞ》いの寺《てら》と

して法泉寺《ほうせんじ》、妙覚寺《みょうかくじ》、円頓寺《えんとんじ》、正讃寺《しょうさんじ》、本久寺《ほんきゅうじ》、本応寺《ほんおうじ》、信楽寺《しんぎょうじ》、教善寺《きょうぜんじ》、関ヶ島《せきがしま》に宝性寺《ほうしょうじ》、徳蔵寺《とくぞうじ》、押切《おしきり》に光林寺《こうりんじ》（川向《かわむ》こう）、欠真間村《かけままむら》に香取神社《かんどりじんじゃ》、後《のち》の湊村《みなとむら》に法伝寺《ほうでんじ》、圓明院《えんみょういん》、後《のち》の相之川《あいのかわ》に了善寺《りょうぜんじ》の合計神社《ごうけいじんじゃ》三、寺《てら》一三（『郷土読本《きょうどどくほん》　行徳《ぎょうとく》の歴史《れきし》・文化《ぶんか》の探訪《たんぼう》1』）。なお、集《しゅう》計《けい》は現市川市《げんいちかわし》行徳支所管内《ぎょうとくししょかんない》に限《かぎ》った。江戸川放水路《えどがわほうすいろ》から北側《きたがわ》は入《はい》っていない。

◉徳川家康《とくがわいえやす》、江戸入《えどい》り、塩田開発《えんでんかいはつ》を奨励《しょうれい》

八月一日、徳川家康《とくがわいえやす》、豊臣秀吉《とよとみひでよし》の命《めい》により関東《かんとう》へ移封《いふう》、江戸城《えどじょう》へ入《はい》る。この日《ひ》を八朔《はっさく》の日《ひ》という。

家康《いえやす》、行徳塩《ぎょうとくじお》搬入《はんにゅう》のため、小名木川開削《おなぎがわかいさく》の突貫工事《とっかんこうじ》を命《めい》ずる。『事蹟合考《じせきがっこう》』に「神君天正《しんくんてんしょう》一八年《ねん》御《ご》入国《にゅうこく》遊《あそ》ばされ候《そうろう》、不日《ふじつ》に、行徳《ぎょうとく》の塩路浜《しおじはま》へ、船路《ふなじ》の通路早速《つうろさっそく》に仰《おお》せ付《つ》けらる。掘《ほ》り通《とお》し申《もう》すべき旨仰《むねおお》せ付《つ》けらる。たちまち船路出来《ふなじしゅったい》いたし申候《もうしそうろう》。これ今《いま》の高橋通《たかばしどお》りなり、これは、甲州《こうしゅう》武田信玄《たけだしんげん》、ややもすれば、小田原《おだわら》より塩留《しおど》めに逢《あ》ひて、国中上下《くにじゅうかみしも》ともに難儀《なんぎ》いたし候《そうろう》をもつて、神君《しんくん》、迅速《じんそく》に、行徳《ぎょうとく》の塩《しお》、江戸入《えどい》り候《そうろう》よしをなさしめ給《たま》ふ」とある。『房総三州漫録《ぼうそうさんしゅうまんろく》』に「万年《まんねん》橋下《ばしした》を過《す》ぎて、小名木川《おなぎがわ》一里《いちり》釜屋堀《かまやぼり》辺《あたり》名松《めいしょう》多《おお》し。総《すべ》てこの辺《あたり》松佳《まつよ》し」とあるが、江戸時代中期《えどじだいちゅうき》以降《いこう》の景色《けしき》だろう。名松《めいしょう》に育《そだ》つには数十年《すうじゅうねん》はかかる。

徳川家康《とくがわいえやす》は江戸入《えどい》り前《まえ》は現在《げんざい》の静岡県沿岸《しずおかけんえんがん》と愛知県《あいちけん》の三河湾《みかわわん》から塩《しお》を調達《ちょうたつ》していた。それを秀吉《ひでよし》に取《と》り上《あ》げられてしまった。塩《しお》は軍需物資《ぐんじゅぶっし》である。何《なん》としても塩《しお》は確保《かくほ》しなければならない。

「塩《しお》の儀《ぎ》は御軍用第一《ごぐんようだいいち》の事《こと》、御領地一番《ごりょうちいちばん》の宝《たから》」(『塩浜由来書《しおはまゆらいしょ》〈宝暦《ほうれき》六年以降成立《ねんいこうせいりつ》〉』)の詞《ことば》は重《おも》い。

●家康《いえやす》の支配以前《しはいいぜん》より、江戸《えど》から行徳《ぎょうとく》への古道《こどう》として、小名木川沿岸《おなぎがわえんがん》より小名木川村《おなぎがわむら》、中川渡船《なかがわとせん》(後年《こうねん》に中川番所《なかがわばんしょ》が設置《せっち》される場所《ばしょ》)、船堀《ふなぼり》、二之江《にのえ》、今井渡船《いまいとせん》、本行徳《ほんぎょうとく》に至《いた》る街道《かいどう》があり(『下総《しもうさ》行徳塩業史《ぎょうとくえんぎょうし》』)、それを旧行徳道《きゅうぎょうとくみち》という。(新《しん》)行徳道《ぎょうとくみち》は浅草《あさくさ》~平井《ひらい》の渡《わた》し~一ノ江《いちのえ》~今井《いまい》の渡《わた》しのコース。あるいは両国《りょうごく》~逆井《さかさい》の渡《わた》し~四俣《よつまた》で右折《うせつ》~一ノ江《いちのえ》~今井《いまい》の渡《わた》しのコース。

●天正《てんしょう》一八年八月~寛永《かんえい》九年(一六三二)までの四三年間《かん》の本行徳《ほんぎょうとく》から江戸《えど》までの旅客輸送《りょかくゆそう》の水《すい》運《うん》は自由競争《じゆうきょうそう》だった。(『郷土読本《きょうどどくほん》 行徳《ぎょうとく》の歴史《れきし》・文化《ぶんか》の探訪《たんぼう》1』)。寛永《かんえい》九年に本行徳村《ほんぎょうとくむら》に許可《きょか》されて独占航路《どくせんこうろ》になったため。また、河原《かわら》の渡《わた》しを使用《しよう》しての物流《ぶつりゅう》と旅人渡《たびびとわた》しについては、天正《てんしょう》一八年以前《いぜん》の大昔《おおむかし》からとそれから元和《げんな》二年(一六一六)九月二一日に河原《かわら》の渡《わた》しを農業渡《のうぎょうわた》しに限《げん》定《てい》する定《さだ》めが出《だ》されるまでの二六年間《かん》は自由《じゆう》に行《おこな》われていた(『行徳歴史街道《ぎょうとくれきしかいどう》5』「河原村《かわらむら》の栄枯《えいこ》盛衰《せいすい》」)。

●「権現様東金御成《ごんげんさまとうがねおなり》の節当領御通行《せっとうりょうごつうこう》の砌《みぎ》り……その節《せつ》より貝殻《かいがら》を焼《やき》、粉《こな》に致《いた》し土竈《つちかまど》に相成申《あいなりもうし》候《そうろう》」(『下総行徳塩業史《しもうさぎょうとくえんぎょうし》』所収《しょしゅう》「塩浜古来之訳書上帳《しおはまこらいのわけかきあげちょう》」)。家康《いえやす》が来《き》た時《とき》は鉄鍋《てつなべ》だったが、そのときより土竈《つちかまど》になったとする。

「一《ひとつ》、塩竈製方《しおかまどせいほう》 埴土《しょくど》(ねばつち、粘土《ねんど》)を以《もっ》て壇《だん》を築《きず》き、貝殻《かいがら》を焼《や》き、臼《うす》にて搗《つ》き砕《くだ》き、苦塩《にがしお》を以《もっ》て練《ね》り作《つく》るなり。これ昔《むかし》よりの製方也《せいほうなり》」(『葛飾誌略《かつしかしりゃく》』)

砂洲、浜堤、自然堤防上を徳川家康が通過したコース
家康が通過したとき、すでにあった寺については別図を参照のこと
『市川市史』第一巻所収「市川市の地形分類図」を拡大して利用

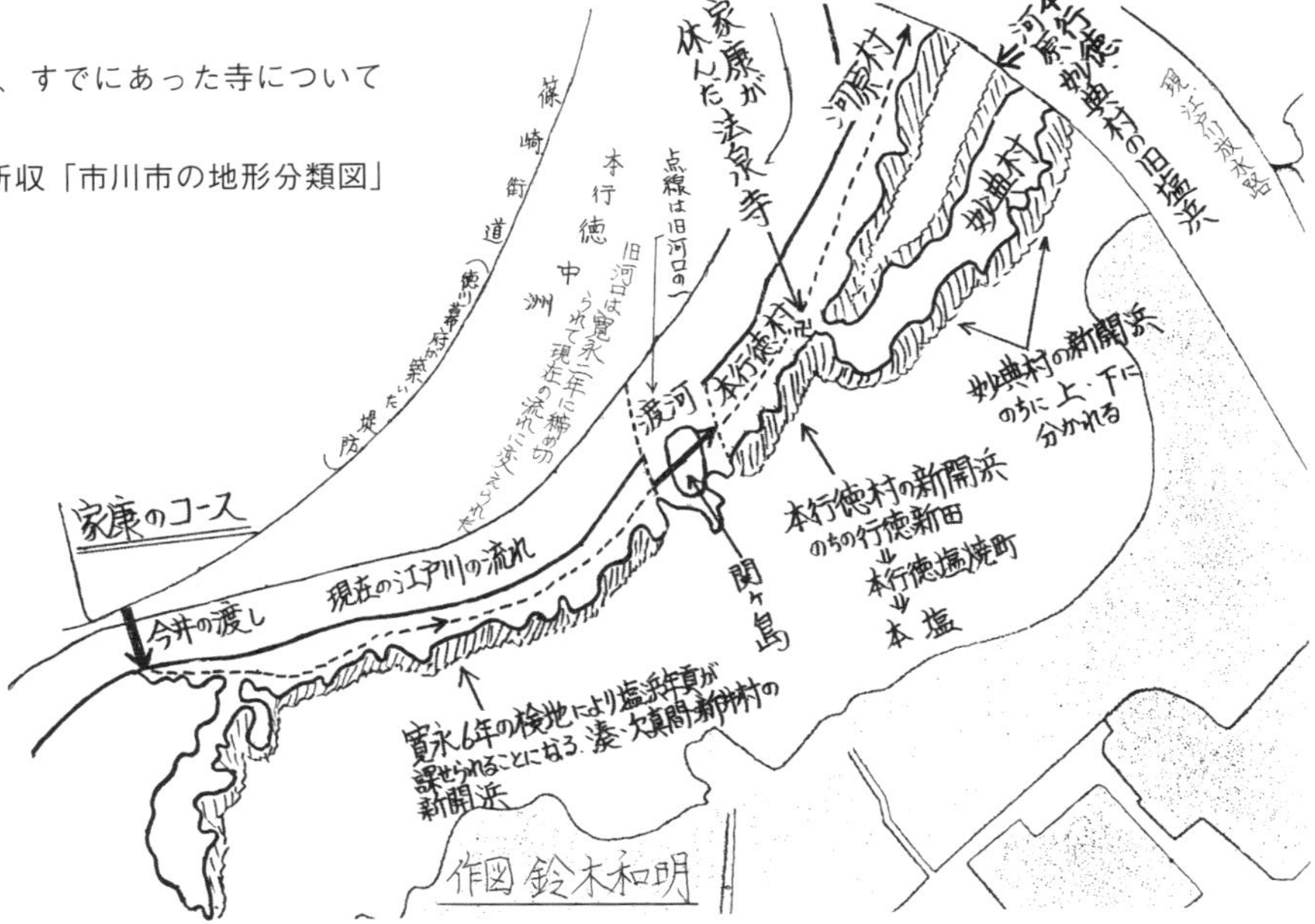

「塩竈《しおかまど》之《の》搾方《こしらえかた》一竈《ひとかまど》搾《そろえ》候《そうろう》ニ《に》手《て》間《ま》掛《かか》リ《り》申《もうし》候《そうろう》」（『塩浜由緒書《しおはまゆいしょがき》〈明和《めいわ》六年《ねん》八月《がつ》〉』）

●江戸時代前期《えどじだいぜんき》、現在《げんざい》の東西線行徳駅付近《とうざいせんぎょうとくえきふきん》は海《うみ》だった。塩田開発《えんでんかいはつ》されるのは享保《きょうほう》の時代《じだい》（一七一六〜）である（『行徳歴史街道《ぎょうとくれきしかいどう》』）。家康《いえやす》の江戸《えど》入り一二六年後《ご》。

●江戸《えど》での塩《しお》一斗《と》は米《こめ》三升《しょう》三合《ごう》（『塩《しお》の日本史《にほんし》』）。塩《しお》は値下《ねさ》がりしていた。なお、戦《いくさ》の場合《ばあい》の一日《いちにち》に兵一人《へいひとり》あたり米《こめ》六合《ごう》、塩《しお》〇・一合《ごう》、味噌《みそ》〇・二合《ごう》（『雑兵物語《ぞうひょうものがたり》』）。

●行徳《ぎょうとく》、南行徳地域《みなみぎょうとくちいき》に、徳川家康《とくがわいえやす》、秀忠《ひでただ》、家光《いえみつ》の三代《さんだい》によって許可《きょか》された神社《じんじゃ》四、寺《てら》一二。江《え》戸川上流《どがわじょうりゅう》から、河原村《かわらむら》の胡録神社《ころくじんじゃ》、下新宿村《しもしんしゅくむら》の稲荷神社《いなりじんじゃ》、浄林寺《じょうりんじ》、大徳寺《だいとくじ》、本行徳村《ほんぎょうとくむら》に徳願《とくがん》寺《じ》、常妙寺《じょうみょうじ》、常運寺《じょううんじ》、権現道沿《ごんげんみちぞ》いに浄閑寺《じょうかんじ》、後《のち》の行徳新田《ぎょうとくしんでん》（現本塩《げんほんしお》）に法善寺《ほうぜんじ》、伊勢宿村《いせじゅくむら》に清《せい》岸寺《がんじ》、押切村《おしきりむら》に稲荷神社《いなりじんじゃ》（川向《かわむ》こう）、湊村《みなとむら》に善照寺《ぜんしょうじ》、欠真間村《かけままむら》に源心寺《げんしんじ》、新井村《あらいむら》に熊野神社《くまのじんじゃ》、延命寺《えんめいじ》、新井寺《しんせいじ》の合計神社《ごうけいじんじゃ》四、寺《てら》一二（『郷土読本《きょうどどくほん》　行徳《ぎょうとく》の歴史《れきし》・文化《ぶんか》の探訪《たんぼう》1』）。なお、集計《しゅうけい》は現市川市行徳支所管内《げんいちかわしぎょうとくししょかんない》に限《かぎ》った。江戸川放水路《えどがわほうすいろ》から北側《きたがわ》は入《はい》っていない。

一九年　辛卯《かのとう》　一五九一

◉本行徳《ほんぎょうとく》の百姓《ひゃくしょう》、江戸城本丸《えどじょうほんまる》へ冥加年貢《みょうがねんぐ》として塩《しお》を毎日船《まいにちふね》で納入開始《のうにゅうかいし》

この年《とし》から本行徳《ほんぎょうとく》の百姓《ひゃくしょう》ら、江戸城本丸《えどじょうほんまる》へ行徳塩《ぎょうとくじお》の輸送《ゆそう》を開始《かいし》。冥加年貢《みょうがねんぐ》として毎日《まいにち》一石《こく》

（一〇斗《と》、塩俵《しおだわら》だと二俵《ひょう》）を御春屋《おつきや》上納《じょうのう》。『下総行徳塩業史《しもうさぎょうとくえんぎょうし》』では「……冥加年貢トシテ《みょうがねんぐとして》城内《じょうない》本丸《ほんまる》御数寄屋《おすきや》へ毎日《まいにち》一石ノ《こくの》日用塩《にちようしお》を笊入ニ《ざるいれに》シテ《して》納メ《おさめ》此《この》一石《こく》の内《うち》一斗ヲ《とを》冥加年貢トシ《みょうがねんぐとし》残余《ざんよ》の九斗ハ《とは》代価ヲ以テ《だいかをもって》毎月勘定奉行所ヨリ下付セラレタルヲ《まいつきかんじょうぶぎょうしょよりかふせられたるを》行徳領塩浜ノ由緒ナリトス《ぎょうとくりょうしおはまのゆいしょなりとす》」とある。

行徳塩浜《ぎょうとくしおはま》の由緒《ゆいしょ》が明確《めいかく》に書《か》かれている。

冥加年貢《みょうがねんぐ》は三六五日毎日必《にちまいにちかなら》ず納入《のうにゅう》するのだから、行徳塩浜《ぎょうとくしおはま》の郷倉《ごうぐら》には天候不順《てんこうふじゅん》による塩不足《しおぶそく》を予測《よそく》して在庫《ざいこ》の塩《しお》を貯蔵《ちょぞう》してあったことは想像《そうぞう》に難《かた》くない。その在庫《ざいこ》の塩《しお》から水分《すいぶん》と苦汁《にがり》が抜《ぬ》けた塩分濃度《えんぶんのうど》一〇〇%に近《ちか》い上質塩《じょうしつえん》が生《しょう》じたのを行徳塩浜《ぎょうとくしおはま》の農民《のうみん》は気《き》づいたことだろう。その塩《しお》のことを古文書《こもんじょ》では囲塩《かこみじお》あるいは囲産《かこみさん》と書《か》いている。

江戸時代《えどじだい》、各地《かくち》の塩田《えんでん》が下《くだ》り塩《じお》に太刀打《たちう》ちできず閉鎖《へいさ》された中《なか》で、行徳塩《ぎょうとくじお》は大量生産《たいりょうせいさん》された値《ね》段《だん》の安《やす》い瀬戸内産《せとうちさん》の下《くだ》り塩《じお》に対抗《たいこう》することができたのである。明治《めいじ》になってからは囲塩《かこみじお》を古積塩《ふるづみじお》と呼《よ》んだ。古積塩《ふるづみじお》の製造法《せいぞうほう》は明治《めいじ》の項《こう》に記述《きじゅつ》。

「古積塩改造《ふるづみじおかいぞう》の発明《はつめい》は旧幕府時代下総国行徳領塩田者《きゅうばくふじだいしもうさのくにぎょうとくりょうえんでんしゃ》の起業《きぎょう》にして（後略《こうりゃく》）」（『下総行徳塩業史《しもうさぎょうとくえんぎょうし》』所収《しょしゅう》「東京改造古積塩濫觴説明書《とうきょうかいぞうふるづみじおらんしょうせつめいしょ》」）

江戸府内《えどふない》の日用塩販売《にちようしおはんばい》は行徳《ぎょうとく》の行商人《ぎょうしょうにん》が江戸笊《えどざる》と称《しょう》す笊入《ざるい》り（三斗入《とい》り）で一手《いって》に実施《じっし》、町々《まちまち》に塩市《しおいち》を立《た》てる。享保《きょうほう》九年（一七二四）禁止《きんし》（『下総行徳塩業史《しもうさぎょうとくえんぎょうし》』）。禁止《きんし》したのは当時《とうじ》の町奉《まちぶ》行大岡越前守《ぎょうおおおかえちぜんのかみ》である。

「御府内《ごふない》え《へ》塩売捌《しおうりさばき》の儀《ぎ》は日々笊《にちにちざる》にて船え《ふねへ》積《つみ》江戸《えど》町々え《まちまちへ》かつぎ歩行売来《あるきゆきうりきたる》尤《もっとも》その日夕迄《ひゆうまで》にて売残《うれのこ》り

候《そうら》は《わ》ばその最寄《もより》懇意《こんい》の者《もの》え《へ》預《あずけ》置《お》き候《そうら》得《え》ば終《つい》に塩屋《しおや》と唱《とな》へ《え》申《もうし》候《そうろう》（中略《ちゅうりゃく》）当領《とうりょう》百姓《ひゃくしょう》已《い》然《ぜん》江戸《えど》町々《まちまち》え《へ》塩《しお》積《つみ》出《だ》し塩市《しおいち》同様《どうよう》商《あきな》ひ《い》到《いた》し候《そうろう》処《ところ》右《みぎ》場所《ばしょ》へ西在郷《にしざいごう》よりも前載物《ぜんさいもの》馬《うま》に付《つけ》参《まい》り商《あきな》ひ《い》候《そうろう》に付《つき》交《こう》易《えき》致《いた》し又《また》は在郷《ざいごう》の者《もの》ども塩買《しおかい》入《いれ》帰《かえ》り馬《うま》に付《つき》候《そうろう》場所《ばしょ》故《ゆえ》おかつけ塩町《しおまち》と唱《とな》へ《え》当時《とうじ》大伝馬《おおてんま》塩町《しおまち》の由《よし》に御《ご》座《ざ》候《そうろう》通《とお》り塩町《しおまち》の儀《ぎ》は元《もと》かよひ《通い》塩町《しおまち》と唱《となえ》候《そうろう》よし《由》その外《ほか》塩町《しおまち》と申《もうす》場所《ばしょ》え《へ》当領《とうりょう》より毎朝《まいあさ》笊《ざる》塩《しお》積《つみ》出《だ》し日々《にちにち》相通《あいかよ》ひ《い》江戸《えど》町々《まちまち》え《へ》売《うり》捌《さばき》候《そうろう》儀《ぎ》に御座《ござ》候《そうろう》」（『下総《しもうさ》行徳《ぎょうとく》塩業史《えんぎょうし》』所収《しょしゅう》「大日本《だいにほん》塩業《えんぎょう》全書《ぜんしょ》」）

行徳《ぎょうとく》における塩相場《しおそうば》の決定《けってい》は「古来《こらい》月番《つきばん》行事《ぎょうじ》と称《しょう》する者《もの》三名《めい》あり月《つき》三回《かい》相場《そうば》立《たて》を為《な》す」（『下総《しもうさ》行徳塩業史《ぎょうとくえんぎょうし》』所収《しょしゅう》「大日本塩業全書《だいにほんえんぎょうぜんしょ》」）。

行徳領塩浜開発手当金《ぎょうとくりょうしおはまかいはつてあてきん》について、『郊外見聞録《こうがいけんぶんろく》』によれば、慶長《けいちょう》一三年（一六〇八）家康《いえやす》三〇〇〇両《りょう》、元和《げんな》三年（一六一七）秀忠《ひでただ》二〇〇〇両《りょう》、寛永《かんえい》五年（一六二八）家光《いえみつ》一〇〇〇両《りょう》とされる。一説《いっせつ》に『大日本塩業全書《だいにほんえんぎょうぜんしょ》』では天正《てんしょう》一九年一月家康《いえやす》一〇〇〇両《りょう》、文禄《ぶんろく》四年（一五九五）秀《ひで》忠《ただ》三〇〇〇両《りょう》、元和《げんな》元年（一六一五）家光《いえみつ》二〇〇〇両《りょう》とするが、秀忠《ひでただ》も家光《いえみつ》も将軍職《しょうぐんしょく》につく前《まえ》であること、船橋《ふなばし》御殿《ごてん》は慶長《けいちょう》一三年（一六〇八）の建設《けんせつ》であることなどから疑問視《ぎもんし》される（『下総《しもうさ》行徳塩業史《ぎょうとくえんぎょうし》』）。

●「当村《とうそん》（伊勢宿村《いせじゅくむら》）石崎氏《いしざきし》は草創《そうそう》にて古《ふる》き家也《いえなり》。天正年中《てんしょうねんちゅう》御年貢《おねんぐ》納《おさ》めし手形《てがた》有《あ》り」（『葛飾誌略《かつしかしりゃく》』）

●天正末年《てんしょうまつねん》から慶長《けいちょう》元年（一五九六）にかけて、深川万年橋脇《ふかがわまんねんばしわき》に番所《ばんしょ》を設置《せっち》（『江戸川区史《えどがわくし》』第《だい》一巻《かん》）。『江東区史《こうとうくし》』は正保《しょうほう》四年（一六四七）一〇月とする。

文《ぶん》禄《ろく》

二年 癸巳《みずのとみ》 一五九三

●日蓮宗説江山正福寺建立《にちれんしゅうせつこうざんしょうふくじこんりゅう》される。浦安市堀江《うらやすしほりえ》二丁目《ちょうめ》六番《ばん》三五号《ごう》。本尊《ほんぞん》は法華経《ほけきょう》開顕久遠《かいけんくおん》の釈尊一塔両尊四菩薩《しゃくそんいっとうりょうそんよんぼさつ》。十乗院日詠律師開基《じゅうじょういんにちえいりっしかいき》。『葛飾誌略《かつしかしりゃく》』では開基日永上人《かいきにちえいしょうにん》、天正《てんしょう》元年（一五七三）建立《こんりゅう》、御除地《おんじょち》一反《たん》四畝《せ》二歩《ぶ》とする。

三年 甲午《きのえうま》 一五九四

●伊奈忠次利根川《いなただつぐとねがわ》の第一次改修工事開始《だいいちじかいしゅうこうじかいし》。利根川《とねがわ》を銚子《ちょうし》へ向《む》ける変流計画《へんりゅうけいかく》。この頃《ころ》に江戸川《えどがわ》の変流工事計画《へんりゅうこうじけいかく》が策定《さくてい》されたか。

●この年《とし》、米穀豊穣《べいこくほうじょう》なり（『武江年表《ぶこうねんぴょう》』）。

慶長《けいちょう》

元年 丙申《ひのえさる》 一五九六

●一月晦日《みそか》、代官《だいかん》吉田佐太郎《よしださたろう》、妙典村《みょうでんむら》治郎右衛門《じろううえもん》に新塩浜開発書付《しんしおはまかいはつかきつけ》を与《あた》え、五年間諸役《かんしょやく》（年貢《ねんぐ》のこと）免除《めんじょ》、それ以後《いご》は生産高《せいさんだか》の一〇分《ぶん》の一の年貢《ねんぐ》とした（『塩浜由来書《しおはまゆらいしょ》〈宝暦《ほうれき》六年以降成立《いこうせいりつ》〉』）。「当領《とうりょう》塩浜《しおはま》付《つき》村々《むらむら》之《の》義《ぎ》古来《こらい》者《は》 廿 六《にじゅうろっ》ケ村《かそん》ニ《に》御座《ござ》 候 処《そうろうところ》」として堀江《ほりえ》・猫実《ねこざね》・当代嶋《とうだいじま》・新井《あらい》・欠真間《かけまま》・前野《まえの》・湊《みなと》・押切《おしきり》・伊セ宿《いせじゅく》・関ケ嶋《せきがしま》・本行徳《ほんぎょうとく》・下新宿《しもしんしゅく》・河原《かわら》・大和田《おおわだ》・稲荷木《とうかぎ》・両妙典《りょうみょうでん》・田尻《たじり》・高谷《こうや》・原木《ばらき》・二俣《ふたまた》・二子《ふたこ》・本郷《ほんごう》・印内《いんない》・寺内《てらうち》・山野《やまの》・西海神《にしかいじん》の村名《そんめい》を挙《あ》げている。「慶長《けいちょう》之《の》頃《ころ》者《は》右《みぎ》 廿 四《にじゅうよん》ケ村《かそん》塩浜《しおはま》永高《えいたか》之《の》節《せつ》者《は》塩浜《しおはま》数《すう》凡《およそ》六百《ろっぴゃく》 釣《ちょう》 有之候《これありそうろう》」（『塩浜由来書《しおはまゆらいしょ》』）とある。釣《ちょう》は町《ちょう》・丁《ちょう》の意味《いみ》。村数《むらかず》が違《ちが》っている。なお、続《つづ》いて「寛永《かんえい》御検地《ごけんち》之《の》節《せつ》者《は》四百八拾《じゅっ》 釣《ちょう》 相成《あいな》ル《る》、元禄《げんろく》御検地《ごけんち》之《の》節《せつ》者《は》四百拾《じゅう》九 釣《ちょう》 相成《あいなる》」としている。元禄検地《げんろくけんち》の塩浜反別《しおはまたんべつ》は一九一町《ちょう》七反《たん》七畝《せ》と分《わ》かっているから四百拾《じゅう》九釣《ちょう》で除《じょ》して得《え》た数字《すうじ》を寛永《かんえい》の頃《ころ》の四百八拾《じゅっ》 釣《ちょう》に乗《じょう》ずれば寛永検地当時《かんえいけんちとうじ》の塩浜反別《しおはまたんべつ》が推測《すいそく》できる。つまり、二一九町《ちょう》六反《たん》八畝《せ》という数字《すうじ》が得《え》られる。

●「元来塩浜《がんらいしおはま》は囲 堤 築造 修 繕《かこみつつみちくぞうしゅうぜん》を以《もっ》て基本《きほん》とし徳川家康《とくがわいえやす》東臨《とうりん》以来《いらい》保護《ほご》を甚《はなは》だ厚《あつ》く修繕等皆官費《しゅうぜんなどみなかんぴ》又《また》は

御手当普請等《おてあてふしんなど》を以《もっ》て実施《じっし》し若《も》し塩分《えんぶん》の薄《うす》くなればこれを荒浜《あらはま》と称《しょう》し正税《しょうぜい》を廃《はい》し田畑《でんぱた》に開墾《かいこん》し、更《さら》に新堤《しんてい》を築《きず》き新《あらた》に塩浜《しおはま》を開《ひら》くものとす。故《ゆえ》に新《あらた》に塩堤《しおつつみ》を築《きず》くの費用《ひよう》として無利子年賦返納《むりしねんぷへんのう》の拝借《はいしゃく》金《きん》をなし、一旦自普請《いったんじぶしん》として築《きず》きし堤塘《ていとう》もその修繕《しゅうぜん》に至《いた》りては官費《かんぴ》を仰《あお》ぐを以《もっ》て慣例《かんれい》とす。これすなわち開墾熟田畑《かいこんじゅくでんぱた》となりたる上《うえ》は税地《ぜいち》となるの故《ゆえ》なり」（『下総行徳塩業史《しもうさぎょうとくえんぎょうし》』）

自普請《じぶしん》された新開塩浜《しんかいしおはま》「御取立《おとりたて》」の意味《いみ》がこの文章《ぶんしょう》でよく理解《りかい》できる。

●鹹水採取《かんすいさいしゅ》は笊取法《ざるとりほう》である。

「よく泣《な》けばなくほど十のもの九分《ぶ》は上州辺《じょうしゅうへん》へ上《あが》るといふ《う》。此職《このしき》の言葉《ことば》になくといふ《う》を吉事《きちじ》とする也《なり》。よく泣《な》けばなくほど塩《しお》も多々出来《たたでき》る也《なり》。大和詞《やまとことば》に泣涙《なくなみだ》の二字《じ》をしほ《お》たると訓《くん》ず」（『葛飾誌略《かつしかしりゃく》』）

「行徳《ぎょうとく》にて汐垂《しおた》るを泣《なく》といひ《い》、延喜式伊勢斎宮内外《えんぎしきいせさいぐうないげ》の忌詞外《いみことばほか》七言《こと》の内《うち》、哭《なく》を汐垂《しおた》ると云《いう》。又塩《またしお》たれたる砂《すな》を籠《かご》よりうつふ《ぶ》せに打《うち》あけたるを塩尻《しおじり》と云《いい》て不二山《ふじのやま》に似《に》たり」（『勝鹿図志手《かつしかずして》くりふね』）

『下総行徳塩業史《しもうさぎょうとくえんぎょうし》』に、一町歩当《いっちょうぶあ》たり塩場桶《しょばおけ》一一〇、塩水《しおみず》を砂《すな》ごしで取《と》る、保存期限《ほぞんきげん》五年、塩《しょ》場《ば》笊《ざる》一一〇、塩水《しおみず》を砂《すな》ごしにする、保存期限《ほぞんきげん》一年半《はん》とある。

●「慶長《けいちょう》元年春中雨細々降《はるじゅうあめほそぼそふり》、五月中旬《ちゅうじゅん》より六月二六日迄梅雨《までつゆ》。この春雪節々降《はるゆきせつせつふり》、四月四日にも雪降《ゆきふり》、五月九日尾濃洪水《びのうこうずい》。六月十九日、二十三日信甲東洪水《しんこうあずまこうずい》、百年以来《ひゃくねんいらい》の大水《おおみず》と云々《うんぬん》。知行損《ちぎょうそん》毛不知数《もうかずしらず》。武州《ぶしゅう》の内葛井《うちかつい》（葛西《かさい》）、浅草《あさくさ》にて三、四百人溺死《にんできし》、その外牛馬数《ほかぎゅうばかず》を不知死《しらずし》す」

●この頃《ころ》までに小田原北条氏《おだわらほうじょうし》の旧臣《きゅうしん》、行徳《ぎょうとく》の地《ち》に移《うつ》り住《す》み塩業《えんぎょう》に従事《じゅうじ》。
（『江戸川区史《えどがわくし》』第《だい》三巻《かん》『当代記《とうだいき》』）

◉寺院《じいん》の第二次創建《だいにじそうけん》ラッシュの時代到来《じだいとうらい》

寺院《じいん》の第二次創建《だいにじそうけん》ラッシュの時代《じだい》は一五九六〜一六一六年（元和《げんな》二年、家康《いえやす》が没《ぼっ》した年《とし》）までの二一年間《かん》で、現在《げんざい》の行徳《ぎょうとく》・南行徳《みなみぎょうとく》・浦安地域《うらやすちいき》で一一カ寺《じ》が創建《そうけん》されている。特徴《とくちょう》としては、徳《とく》川家康《がわいえやす》の宗教政策《しゅうきょうせいさく》として、行徳地域《ぎょうとくちいき》に浄土宗徳願寺《じょうどしゅうとくがんじ》、南行徳地域《みなみぎょうとくちいき》に浄土宗源心寺《じょうどしゅうげんしんじ》を配《はい》して手厚《てあつ》く保護《ほご》したことである。

（行徳《ぎょうとく》）浄林寺《じょうりんじ》、常妙寺《じょうみょうじ》、法善寺《ほうぜんじ》、徳願寺《とくがんじ》、大徳寺《だいとくじ》、常運寺《じょううんじ》
（南行徳《みなみぎょうとく》）延命寺《えんめいじ》、源心寺《げんしんじ》、清岸寺《せいがんじ》、新井寺《しんせいじ》
（浦安《うらやす》）正福寺《しょうふくじ》

宗派別《しゅうはべつ》は、浄土宗《じょうどしゅう》五カ寺《じ》、日蓮宗《にちれんしゅう》三カ寺《じ》、浄土真宗《じょうどしんしゅう》一カ寺《じ》、真言宗《しんごんしゅう》一カ寺《じ》、曹洞宗《そうとうしゅう》一カ寺《じ》（『郷土読本行徳《きょうどどくほんぎょうとく》の歴史《れきし》・文化《ぶんか》の探訪《たんぼう》1』）。

●真言宗宝珠山延命寺《しんごんしゅうほうじゅさんえんめいじ》建立《こんりゅう》。市川市新井《いちかわしあらい》一丁目《ちょうめ》九番《ばん》二号《ごう》。本尊《ほんぞん》は大日如来《だいにちにょらい》。開基真誉法印《かいきしんよほういん》。真《しん》言宗《ごんしゅう》小岩善養寺末《こいわぜんようじまつ》（『葛飾誌略《かつしかしりゃく》』）。首切《くびき》り地蔵尊《じぞうそん》、新井小学校旧跡《あらいしょうがっこうきゅうせき》。札所《ふだしょ》二八番《ばん》。
御詠歌《ごえいか》（葛）そのかみのそゝぎし菊《きく》のながれともはこぶかさしのゑん《延》命《めい》じ《寺》かな

（雙）観音《かんのん》をたのめば福寿海無量《ふくじゅかいむりょう》御代《みよ》も久《ひさ》しき延命寺《えんめいじ》かな

●日蓮宗《にちれんしゅう》宝栄山《ほうえいざん》浄経寺《じょうきょうじ》建立《こんりゅう》。市川市田尻《いちかわしたじり》四丁目《ちょうめ》一二番《ばん》二五号《ごう》。開基日経《かいきにっけい》。中山浄光院末《なかやまじょうこういんまつ》（『葛飾誌略《かつしかしりゃく》』）。『市川市史《いちかわしし》』第《だい》二巻《かん》では開基日清上人《かいきにっしんしょうにん》、慶長《けいちょう》九年建立《こんりゅう》とする。現行徳支所《げんぎょうとくししょ》の管《かん》轄外《かつがい》の位置《いち》。

一二月　大地震《おおじしん》、月《つき》を越《こ》えて止《や》まず（『武江年表《ぶこうねんぴょう》』）

二年丁酉《ひのととり》　一五九七

●浄土宗《じょうどしゅう》浄林寺《じょうりんじ》建立《こんりゅう》。のちに廃寺《はいじ》となる。市川市下新宿《いちかわししもしんしゅく》（『市川市史《いちかわしし》』）。本尊《ほんぞん》は海中出現《かいちゅうしゅつげん》。妙典村《みょうでんむら》の人《ひと》が奉持《ほうじ》して、蛎殻《かきがら》がついたまま当寺《とうじ》へ納《おさ》める。開基《かいき》、貝誉上人《かいよしょうにん》。葛西上今井村浄興《かさいかみいまいむらじょうこう》寺末《じまつ》（『葛飾誌略《かつしかしりゃく》』）。札所《ふだしょ》六番《ばん》。

御詠歌《ごえいか》

（葛）あなたふとこゝに浄土《じょうど》のはやし《林》寺風《でらかぜ》もみのりのひゞきなるらん

（雙）極楽《ごくらく》へ行《い》きし心《こころ》もかくあらむ浄《きよ》き林《はやし》の寺《てら》ぞ涼《すず》しき

なお、雙輪寺《そうりんじ》の御詠歌《ごえいか》があるということは、廃寺《はいじ》になったのは明治《めいじ》四五年（一九一二）四月一〇日以後《いご》のこと。

三年 戊戌《つちのえいぬ》 一五九八

●豊臣秀吉没《とよとみひでよしぼつ》、六二歳《さい》。

●日蓮宗正永山常妙寺建立《にちれんしゅうしょうえいざんじょうみょうじこんりゅう》（『葛飾誌略《かつしかしりゃく》』）。のちに廃寺《はいじ》。本行徳《ほんぎょうとく》二番《ばん》・二三番付近《ばんふきん》。寺町通《てらまちどお》りと権現道《ごんげんみち》が交差《こうさ》する一等地《いっとうち》。妙頂寺《みょうちょうじ》の隣地《りんち》。開基日円上人《かいきにちえんしょうにん》。墓《はか》は妙頂寺《みょうちょうじ》へ移《うつ》す（『明解行徳《めいかいぎょうとく》の歴史大事典《れきしだいじてん》』）。

●一〇月一六日、押切《おしきり》の稲荷神社創建《いなりじんじゃそうけん》。市川市押切《いちかわしおしきり》六番《ばん》六号《ごう》。祭神《さいじん》、宇迦能御魂神《うかのみたまのかみ》。食物《しょくもつ》、殊《こと》に稲《いね》をつかさどる神《かみ》。祭日《さいじつ》一〇月一八日。由緒書《ゆいしょがき》では、押切《おしきり》は海中《かいちゅう》だったのを埋《う》め立《た》てて鎌田新田《かまだしんでん》（鎌田《かまだ》とは現江戸川区《げんえどがわく》の地名《ちめい》。鎌田村《かまだむら》の人《ひと》が開墾《かいこん》したという意味《いみ》）と号《ごう》し、御尊体《ごそんたい》を鎮守《ちんじゅ》として奉《ほう》安《あん》、三四度《ど》の海嘯《かいしょう》（行徳《ぎょうとく》では津波《つなみ》のこと）により本殿《ほんでん》が破壊《はかい》され、やむなく鎌田《かまだ》の里《さと》（現《げん》、江戸《えど》川区《がわく》）長寿院《ちょうじゅいん》に預《あず》けたままとなっていたが、大正《たいしょう》三年（一九一四）一月八日、現在地《げんざいち》へ遷座《せんざ》したとする。

由緒書《ゆいしょがき》から分《わ》かることは、押切《おしきり》は埋立地《うめたてち》であることだが、埋立《うめたて》が完了《かんりょう》したのは寛永《かんえい》二年（一六二五）頃《ころ》と推定《すいてい》されているのでそれ以後《いご》の出来事《できごと》であろう。稲荷神社《いなりじんじゃ》の別当《べっとう》は鎌田村《かまだむら》の長壽院《ちょうじゅいん》（『葛飾誌略《かつしかしりゃく》』）であり（明治初期廃寺《めいじしょきはいじ》）、光林寺《こうりんじ》とともに埋《う》めたて地《ち》である押切《おしきり》の地《ち》に移転《いてん》してきたと考《かんが》えられる。

五年 庚子《かのえね》 一六〇〇

八月四日　徳川家康《とくがわいえやす》、会津《あいづ》の上杉《うえすぎ》攻《ぜ》めから江戸川《えどがわ》を下《くだ》り船堀川《ふなぼりがわ》、小名木川《おなぎがわ》を通《とお》り江戸城《えどじょう》へ戻《もど》る。このあと、関ヶ原《せきがはら》の戦《たたか》いに赴《おもむ》く（『江戸川区史《えどがわくし》』第《だい》一巻《かん》）。洪水《こうずい》で川《かわ》を下《くだ》れなかったので遅《おく》れた

●九月、房州《ぼうしゅう》の覇者里見家《はしゃさとみけ》、天下分《てんかわ》け目《め》の関ヶ原《せきがはら》の戦《たたか》いに徳川方《とくがわがた》として参戦《さんせん》。しかし、慶長《けいちょう》一九年（一六一四）所領《しょりょう》を没収《ぼっしゅう》、里見忠義《さとみただよし》は鳥取県倉吉《とっとりけんくらよし》に転封《てんぷう》となり滅亡《めつぼう》（『市民読本《しみんどくほん》　さとみ物語《ものがたり》戦国《せんごく》の房総《ぼうそう》に君臨《くんりん》した里見氏《さとみし》の歴史《れきし》』）。

●「一〇月一六日、大地震《おおじしん》、房総《ぼうそう》の山《やま》を崩《くず》し、海《うみ》を埋《う》め、丘《おか》と成《な》し、又海上俄《またかいじょうにわか》に潮引《しおひ》く事《こと》、三十余町干潟《よちょうひがた》と成《な》る。十七日、潮大山《うしおおおやま》の如《ごと》く巻上《まきあ》げ流死《るし》夥《おびただ》し」（『武江年表《ぶこうねんぴょう》』）。慶長《けいちょう》九年十二月十六日の地震《じしん》と混同《こんどう》か。

●浄土真宗仏性山法善寺建立《じょうどしんしゅうぶつしょうざんほうぜんじこんりゅう》。別名塩場寺《べつめいしょばでら》。本尊《ほんぞん》、阿弥陀如来《あみだにょらい》。開基権大僧都宗玄《かいきごんだいそうずそうげん》。江戸麻布《えどあざぶ》善福寺末《ぜんぷくじまつ》（『葛飾誌略《かつしかしりゃく》』）。宗玄和尚《そうげんおしょう》は関ヶ原《せきがはら》の戦《たたか》いで敗《やぶ》れた豊臣方《とよとみがた》の落《お》ち武者《むしゃ》とされる河本弥左衛《かわもとやざえ》門《もん》、寛永《かんえい》一八年（一六四一）没《ぼつ》。潮塚《しおづか》、松尾芭蕉百回忌《まつおばしょうひゃっかいき》に建立《こんりゅう》された「宇《う》たがふな潮《うしお》の華《はな》も浦《うら》の春《はる》」を刻《きざ》んだ句碑《くひ》がある。伊勢二見浦《いせふたみがうら》で詠《よ》んだ句《く》。札所《ふだしょ》一四番《ばん》。

御詠歌《ごえいか》（葛）法《のり》によく頼《たの》みをかけてひたすらにねがへ《え》ば罪《つみ》も消《きえ》てこそゆけ

（雙）一同《いちどう》に法善寺《のりよきてら》へ参《まい》りては半座《はんざ》をわけてなおす同行《どうこう》

「法善寺《ほうぜんじ》（一六〇〇）開祖《かいそ》河本弥左衛門《かわもとやざえもん》、大阪《おおさか》より来《きた》りて塩田《えんでん》の開墾《かいこん》に努《つと》める」（『千葉県東葛飾《ちばけんひがしかつしか》郡誌《ぐんし》』）

六年 辛丑《かのとうし》 一六〇一

一二月一六日　海嘯《かいしょう》、地震《じしん》。人畜《じんちく》の死傷《ししょう》多《おお》し（『千葉県東葛飾郡誌《ちばけんひがしかつしかぐんし》』）

江戸時代《えどじだい》

慶《けい》長《ちょう》

八年 癸卯《みずのとう》 一六〇三

二月 徳川家康《とくがわいえやす》、征夷大将軍《せいいたいしょうぐん》となり、江戸幕府成立《えどばくふせいりつ》

九年 甲辰《きのえたつ》 一六〇四

◉慶長大地震起《けいちょうおおじしんお》こる

一二月一六日、午前《ごぜん》と夜半《やはん》の二回《かい》、地震《じしん》が発生《はっせい》。午前《ごぜん》は南海道沖《なんかいどうおき》、夜半《やはん》は房総沖《ぼうそうおき》を震源《しんげん》とし、ともにマグニチュード7・9。大津波《おおつなみ》と共《とも》に房総半島全体《ぼうそうはんとうぜんたい》が隆起《りゅうき》。新井《あらい》、相之川《あいのかわ》、欠真間《かけまま》、香取《かんどり》、湊《みなと》付近《ふきん》も隆起《りゅうき》と推定《すいてい》（『明解行徳《めいかいぎょうとく》の歴史大事典《れきしだいじてん》』）。

一〇年 乙巳《きのとみ》 一六〇五

四月 徳川秀忠《とくがわひでただ》、将軍《しょうぐん》となる。家康《いえやす》、大御所《おおごしょ》となり実権《じっけん》を握《にぎ》る

七月二三日 洪水《こうずい》（『千葉県東葛飾郡誌《ちばけんひがしかつしかぐんし》』）

一三年 戊申《つちのえさる》 一六〇八

◉家康《いえやす》、行徳領塩浜開発手当金《ぎょうとくりょうしおはまかいはつてあてきん》三〇〇〇両《りょう》を与《あた》える

「権現様関八州御領地《ごんげんさまかんはっしゅうごりょうち》ニ《に》罷成《まかりなり》東金《とうがね》江《へ》御鷹狩《おたかがり》ニ《に》被為成候節《なりなされそうろうせつ》、行徳領御通行《ぎょうとくりょうごつうこう》之《の》砌《みぎり》塩焼候《しおやきそうろう》を御《ご》覧被遊《らんあさばされ》甚《はなは》だ御悦喜被遊《ごきえつあそばされ》塩《しお》之《の》議《ぎ》者《は》御軍用第一《ごぐんようだいいち》之《の》事《こと》御領地一番《ごりょうちいちばん》之《の》宝《たから》与《と》被思召候《おぼしめされそうろう》、随分百姓共《ずいぶんひゃくしょうども》出精仕候様塩焼百姓共《しゅっせいつかまつりそうろうさましおやきひゃくしょうども》野《の》先《さき》江《へ》被召出《めしだされ》上意有之金子《じょういこれありきんす》等《など》被下置《くだしおかさる》」（『塩浜由緒書《しおはまゆいしょがき》〈明和《めいわ》六年八月〉』）

なお、『下総行徳塩業史《しもうさぎょうとくえんぎょうし》』に「徳川家康《とくがわいえやす》、この年《とし》、東金《とうがね》に鷹狩《たかが》り」とある。慶長《けいちょう》元年（一五九六）正月晦日《しょうがつみそか》に妙典村治郎右衛門《みょうでんむらじろううえもん》に新塩浜開発御書付《しんしおはまかいはつおんかきつけ》が与《あた》えられてから一二年後《ご》のことだから物《もの》見遊山《みゆさん》に行徳《ぎょうとく》を通過《つうか》したのではなく、新塩浜開発《しんしおはまかいはつ》の実態《じったい》を視察《しさつ》したのだろう（『行徳歴史街道《ぎょうとくれきしかいどう》3』）。

●幕府《ばくふ》、永楽銭《えいらくせん》の通用《つうよう》を禁止《きんし》、以後《いご》、年貢《ねんぐ》のための名目《めいもく》となる。

一四年 己酉《つちのととり》 一六〇九

一二月 大風害《だいふうがい》（『千葉県東葛飾郡誌《ちばけんひがしかつしかぐんし》』）

一五年 庚戌《かのえいぬ》 一六一〇

◉浄土宗《じょうどしゅう》海巌山徳願寺《かいがんざんとくがんじ》建立《こんりゅう》される

市川市本行徳《いちかわしほんぎょうとく》五番《ばん》二二号《ごう》。本尊《ほんぞん》は阿弥陀如来《あみだにょらい》。源頼朝《みなもとのよりとも》の妻政子《つままさこ》禅尼《ぜんに》の霊夢《れいむ》により運慶《うんけい》の作《さく》。政子《まさこ》の宥経仏《ゆうきょうぶつ》。徳川秀忠《とくがわひでただ》の室崇源院《しつすうげんいん》にわたり念持仏《ねんじぶつ》として所持《しょじ》、その死後《しご》、徳願寺第《とくがんじだい》二世忠残《せいちゅうざん》和尚《おしょう》へ下《くだ》し置《お》かれた（『葛飾誌略《かつしかしりゃく》』『江戸名所図会《えどめいしょずえ》』）。開山《かいざん》、円誉不残上人《えんよふざんしょうにん》。御朱印《ごしゅいん》十石《こく》（『千葉県東葛飾郡誌《ちばけんひがしかつしかぐんし》』は慶安《けいあん》元年〈一六四八〉九月、家光《いえみつ》より供養料《くようりょう》として賜《たま》わる、とする）。武州《ぶしゅう》鴻巣勝願寺末《こうのすしょうがんじまつ》。もとは本行徳中洲《ほんぎょうとくなかす》にあった普光院《ふこういん》という草庵《そうあん》。

『葛飾誌略《かつしかしりゃく》』に「古老茶語《ころうちゃご》に云《い》ふ、或時《あるとき》、至孫《しそん》（徳川家康《とくがわいえやす》）御尋《おたず》ねに、坊主《ぼうず》は田地《でんち》にても持《も》つやとの御意也《ぎょいなり》。此時《このとき》、住持《じゅうじ》（法泉寺《ほうせんじ》の住持《じゅうじ》）其席《そのせき》に居合《いあわ》せず。徳願寺和尚《とくがんじおしょう》居合《いあわ》せ候《そうろう》て、御答《おこた》へに、極貧《ごくひん》にて一合《ごう》も所持《しょじ》不《つかまつ》レ仕《らず》候《そうろう》と申上《もうしあ》げ候《そうろう》ければ、寺号《じごう》を御尋《おたず》ねに付《つき》、徳願寺《とくがんじ》と申《もうし》上《あ》ぐ。神君《しんくん》御側衆《おそばしゅう》へ命有《めいあ》りて、御墨付《おすみつき》を被《くだ》レ下《され》けり。いま徳願寺《とくがんじ》御朱印是也《ごしゅいんこれなり》と。其節《そのせつ》に至《いた》り、其席《そのせき》に居合《いあわ》せずば能《よ》く能《よ》く不仕合也《ふしあわせなり》。此一事《このいちじ》、真偽《しんぎ》不《くわし》レ詳《からず》と雖《いえど》も、聞《き》ける儘《まま》に書《しょ》す」とあり、徳願寺《とくがんじ》の故事《こじ》とされる。ただし、与《あた》えられた土地《とち》は妙典村《みょうでんむら》との村境《むらざかい》の荒《あれ》地《ち》だった。

元禄《げんろく》三年（一六九〇）、十世覚誉《せいかくよ》上人《しょうにん》、行徳札所《ぎょうとくふだしょ》三三カ所巡《かしょめぐ》り設定《せってい》、藤原観音堂《ふじわらかんのんどう》へ身代《みが》わり観音像《かんのんぞう》を遷《うつ》す。永代橋水難横死者供《えいたいばしすいなんおうししゃく》養塔《ようとう》がある。

徳川幕府《とくがわばくふ》の宗教政策《しゅうきょうせいさく》により本行徳地域《ほんぎょうとくちいき》へ建立《こんりゅう》された拠点《きょてん》としての浄土宗寺院《じょうどしゅうじいん》。葵《あおい》の御紋《ごもん》の使用《しよう》を許《ゆる》されていた。札所《ふだしょ》一番《ばん》。

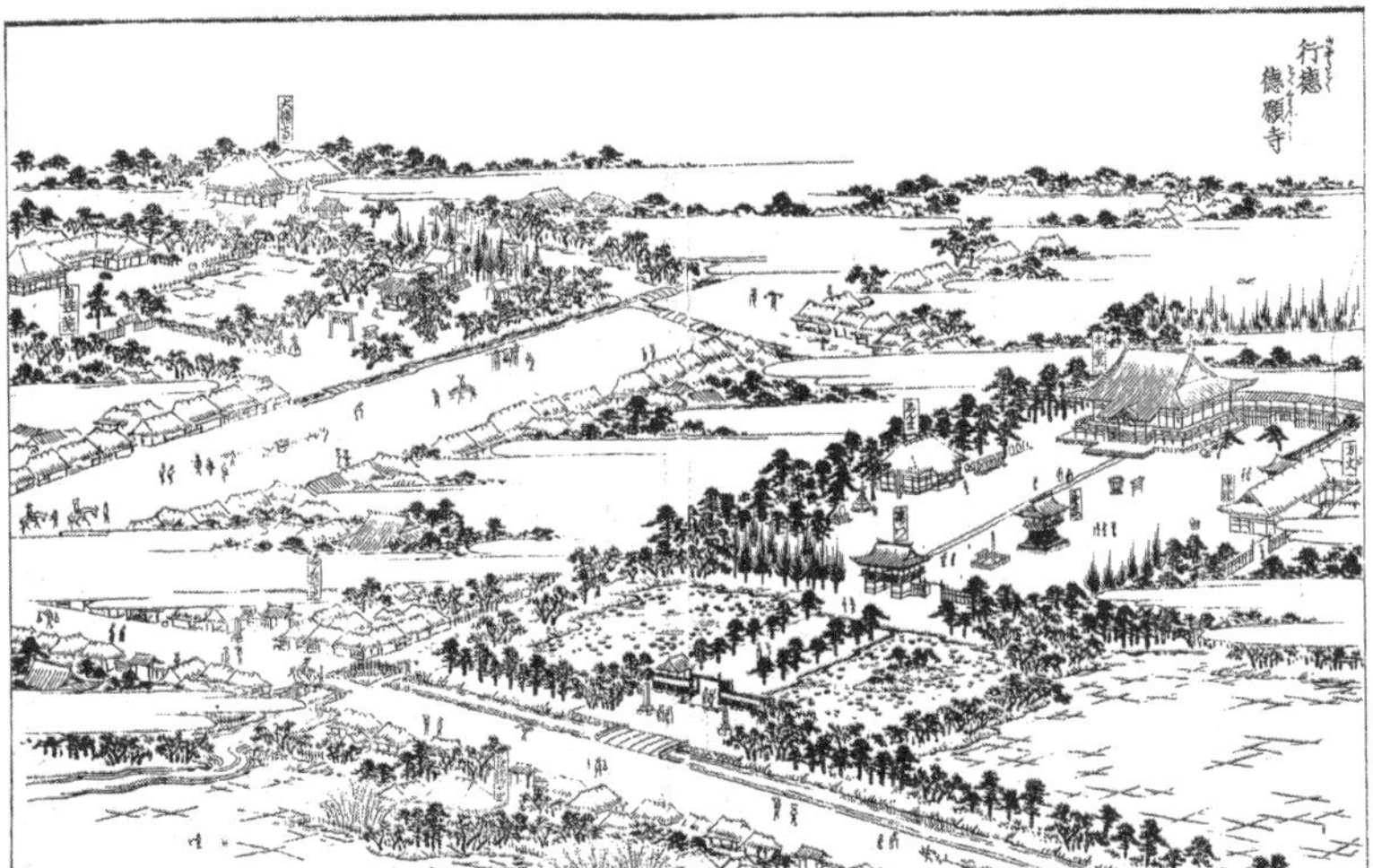

行徳徳願寺（『江戸名所図会』　国立国会図書館デジタルコレクション）

御詠歌《ごえいか》（葛）後《のち》の世《よ》をねがふ《う》心《こころ》は有《あり》がたやまいる我《わ》が身《み》の徳願寺《とくがんじ》かな
（雙）西国《さいごく》を東《あずま》にうつす観世音《かんぜおん》居《い》ながら拝《おが》む徳願寺《とくがんじ》かな

●本行徳《ほんぎょうとく》の法泉寺《ほうせんじ》、徳川家康《とくがわいえやす》より御茶碗《おちゃわん》御茶壺《おちゃつぼ》什物《じゅうもつ》を拝領《はいりょう》したが、いつの頃《ころ》かに紛失《ふんしつ》（『明解《めいかい》行徳《ぎょうとく》の歴史大事典《れきしだいじてん》』）。

●日蓮宗《にちれんしゅう》円福寺《えんぷくじ》建立《こんりゅう》。市川市田尻《いちかわしたじり》四丁目《ちょうめ》一二番《ばん》一七号《ごう》。開基《かいき》、日真《にっしん》。中山法華経寺《なかやまほけきょうじ》末《まつ》（『葛飾《かつしか》誌略《しりゃく》』）。『市川市史《いちかわしし》』では開基《かいき》、常徳院日院上人《じょうとくいんにちいんしょうにん》とする。現行徳支所《げんぎょうとくししょ》の管轄外《かんかつがい》の位置《いち》。

一六年　辛亥《かのとい》　一六一一

◉狩野浄天《かのうじょうてん》、欠真間《かけまま》（現香取《げんかんどり》）に浄土宗《じょうどしゅう》西光山源心寺《さいこうざんげんしんじ》建立《こんりゅう》

市川市香取《いちかわしかんどり》一丁目《ちょうめ》一六番《ばん》二六号《ごう》。本尊《ほんぞん》は阿弥陀仏《あみだぶつ》（行基作《ぎょうきさく》）。開基《かいき》、増上寺中興開山源誉《ぞうじょうじちゅうこうかいざんげんよ》上《しょう》人《にん》観智国師《かんちこくし》。大檀那《おおだんな》、狩野新左衛門《かのうしんざえもん》（『葛飾誌略《かつしかしりゃく》』は新右衛門《しんうえもん》）の寄進《きしん》により建立《こんりゅう》。芝増上寺《しばぞうじょうじ》末《まつ》。御朱印《ごしゅいん》六石《こく》。狩野家御影堂《かのうけみえいどう》（今《いま》はない）。また、浄天《じょうてん》は内匠堀《たくみぼり》を開削《かいさく》。

六地蔵《じぞう》があり、右側《みぎがわ》から、

①②奉造立《ぞうりゅうたてまつる》放光王地蔵《ほうこうおうじぞう》　□修良《しゅりょう》□完専譽受心《かんせんよじゅしん》　③奉造立《ぞうりゅうたてまつる》金剛《こんごう》□地蔵《じぞう》　為清譽浄真《ためせいよじょうしん》□

□願主専譽受《がんしゅせんよじゅ》□　④奉造立《ぞうりゅうたてまつる》金剛《こんごう》□地蔵《じぞう》　為《ため》□譽《よ》□《浄カ》天菩提願主専譽受《てんぼだいがんしゅせんよじゅ》□　⑤⑥（『市川市《いちかわし》の石《せき》造物《ぞうぶつ》』）

この六地蔵《ろくじぞう》について『葛飾風土史川《かつしかふうどしかわ》と村《むら》と人《ひと》』は、「地史《ちし》に喧伝《けんでん》されるような寺院《じいん》になったのは寛文年間《かんぶんねんかん》といえるだろう。それは六地蔵《ろくじぞう》の銘文中《めいぶんちゅう》、右《みぎ》から二基目《きめ》に『逆修専誉受心《ぎゃくしゅうせんよじゅしん》』とあって、以下《いか》はこの専誉《せんよ》が願主《がんしゅ》となっている。この法名《ほうみょう》は、浄天夫妻《じょうてんふさい》の供養碑《くようひ》の裏《うら》に『良宅院殿専誉受心《りょうたくいんでんせんよじゅしん》大姉《だいし》・寛文《かんぶん》六年丙午《ひのえうま》九月廿一日《にじゅういち》』とあるがこれは徳川《とくがわ》に仕《つか》えた主膳《しゅぜん》の夫人《ふじん》といえるからである」とする。この指摘《してき》の重要《じゅうよう》な点《てん》は、源心寺建立《げんしんじこんりゅう》と同時《どうじ》に六地蔵《ろくじぞう》が造立《ぞうりゅう》されたのではない、ということを述《の》べていることである。

『葛飾誌略《かつしかしりゃく》』でも、「狩野氏本国豆州《かのうしほんごくずしゅう》より積《つ》み出《だ》したりと。云々《うんぬん》」とするのみで年号《ねんごう》が書《か》かれていない。徳川幕府《とくがわばくふ》の宗教政策《しゅうきょうせいさく》により南行徳地域《みなみぎょうとくちいき》へ建立《こんりゅう》された拠点《きょてん》としての浄土宗寺院《じょうどしゅうじいん》。札所《ふだしょ》二五番《ばん》。

御詠歌《ごえいか》（葛）みなもと《源》の清《きよ》きながれをこゝろ《心》にてにごる我身《わがみ》もすみよかりけり

（雙）源《みなもと》の心《こころ》の水《みず》の清《きよ》ければ濁《にご》るうき身《み》をすみよかりけり

『千葉県東葛飾郡誌《ちばけんひがしかつしかぐんし》』に「観智国師閑居《かんちこくしかんきょ》の処《ところ》と定《さだ》めしが故《ゆえ》ありて国師来《こくしきた》らず、代《かわ》るに法衣及金襴《ほうえおよびきんらん》九条《くじょう》の袈裟《けさ》を寄《よ》せて留錫《りゅうしゃく》の証《あかし》とす、故《ゆえ》に爾後住職《じごじゅうしょく》の交代毎《こうたいごと》に必《かなら》ず此《こ》の袈裟《けさ》を授受《じゅじゅ》するを例《れい》とせり」とある。

『葛飾誌略《かつしかしりゃく》』に徳願寺《とくがんじ》の故事《こじ》がある。この逸話《いつわ》を知《し》れば、徳願寺《とくがんじ》と源心寺《げんしんじ》の由緒《ゆいしょ》にうなずける。

あるときのこと、法泉寺《ほうせんじ》の権現堂《ごんげんどう》で休憩中《きゅうけいちゅう》の家康《いえやす》が「坊主《ぼうず》は田地《でんち》にても持《も》つや」と尋《たず》ねた。折《おり》あしく、法泉寺《ほうせんじ》の和尚《おしょう》はその場《ば》に居合《いあ》わせず、普光院《ふこういん》（のちの浄土宗《じょうどしゅう》海巌山徳願寺《かいがんざんとくがんじ》）の和尚《おしょう》が、「極貧《ごくひん》にて一合《ごう》も所持《しょじ》仕《つかまつ》らず候《そうろう》」と申《もう》し上《あ》げた。家康《いえやす》は、お側衆《そばしゅう》に命《めい》じて、御墨《おすみ》付《つ》きを下《くだ》した。徳願寺寺地《とくがんじてらち》と御朱印《ごしゅいん》はそのときのものだとする。本行徳地域《ほんぎょうとくちいき》と南行徳地域《みなみぎょうとくちいき》に朱印《しゅいん》を与《あた》えた寺《てら》を早々《はやばや》と二カ寺《じ》作《つく》ったことになる（『行徳歴史街道《ぎょうとくれきしかいどう》３』）。

日露戦争記念碑《にちろせんそうきねんひ》あり。

一七年　壬子《みずのえね》　一六一二

●船橋御殿造営《ふなばしごてんぞうえい》。一六一二〜一六一五年頃《ころ》の造営《ぞうえい》とされるが未詳《みしょう》。

「船橋御殿《ふなばしごてん》。船橋町《ふなばしまち》に在《あ》り、慶長《けいちょう》一七年徳川家康《とくがわいえやす》、今《いま》の船橋九日市《ふなばしここのかいち》の地《ち》に旅館《りょかん》を建設《けんせつ》して之《こ》れを船橋御殿《ふなばしごてん》と称《しょう》し、上総国東金《かずさのくにとうがね》鷹狩《たかがり》の途次《とじ》屢々《しばしば》宿泊《しゅくはく》せしが寛政《かんせい》一三年に至《いた》り遂《つい》に其《そ》の館《やかた》を毀《こぼ》てり、里人《さとびと》館址《やかたあと》に祠《ほこら》を建《た》てて東照宮《とうしょうぐう》を祀《まつ》れり、祠今存《ほこらいまそん》す」（『千葉県東葛飾郡誌《ちばけんひがしかつしかぐんし》』）

一八年　癸丑《みずのとうし》　一六一三

一二月　東金御成街道建設《とうがねおなりかいどうけんせつ》

一九年 甲寅《きのえとら》 一六一四

●一月九日、徳川家康《とくがわいえやす》、上総国東金《かずさのくにとうがね》へ渡御《とぎょ》。八日、今井《いまい》の渡《わた》しから行徳《ぎょうとく》を通過《つうか》（『江戸川区史《えどがわくし》』『徳川実記《とくがわじっき》』『市川市史年表《いちかわししねんぴょう》』）。家康《いえやす》が通過《つうか》した本行徳《ほんぎょうとく》の道《みち》を現在《げんざい》は権現道《ごんげんみち》と呼《よ》ぶ。今井《いまい》の渡《わた》しを渡《わた》ってから現相之川《げんあいのかわ》一丁目《ちょうめ》を通過《つうか》したときの道《みち》をお成《な》り道《みち》と呼《よ》ぶ。二代将軍秀忠《だいしょうぐんひでただ》もこの道筋《みちすじ》を利用《りよう》（『明解行徳《めいかいぎょうとく》の歴史大事典《れきしだいじてん》』）。今井《いまい》の渡《わた》しから権現道《ごんげんみち》までおよそ二キロ強《きょう》、権現道《ごんげんみち》は現在《げんざい》は約《やく》六九〇メートルだが、行徳橋《ぎょうとくばし》まで通《つう》じていたとする説《せつ》（『葛飾風土史川《かつしかふうどしかわ》と村《むら》と人《ひと》』）を入《い》れると約《やく》一・二キロになる。

●八月一六日、本行徳《ほんぎょうとく》の徳願寺《とくがんじ》に宝篋印塔建立《ほうきょういんとうこんりゅう》される。「心誉浄圓禅定門霊位《しんよじょうえんぜんじょうもんれいい》」「慶長《けいちょう》十九年八月十六日」（『郷土《きょうど》と庚申塔《こうしんとう》』）。俗人《ぞくじん》の供養塔《くようとう》とする。

八月二八日　洪水《こうずい》（『千葉県東葛飾郡誌《ちばけんひがしかつしかぐんし》』）

九月九日　安房館山城主里見忠義《あわたてやまじょうしゅさとみただよし》、伯耆国倉吉《ほうきのくにくらよし》に転封《てんぷう》。里見家滅亡《さとみけめつぼう》（『市民読本《しみんどくほん》　さとみ物語《ものがたり》　戦国《せんごく》の房総《ぼうそう》に君臨《くんりん》した里見氏《さとみし》の歴史《れきし》』）。一六〇〇年参照《さんしょう》

一〇月　大坂冬《おおさかふゆ》の陣《じん》起《お》こる

一〇月二五日　地震《じしん》と津波《つなみ》（『千葉県東葛飾郡誌《ちばけんひがしかつしかぐんし》』）

一二月　津浪《つなみ》（『千葉県東葛飾郡誌《ちばけんひがしかつしかぐんし》』）

●浄土宗《じょうどしゅう》松柏山清岸寺建立《しょうはくざんせいがんじこんりゅう》。市川市伊勢宿《いちかわしいせじゅく》四番《ばん》八号《ごう》。本尊《ほんぞん》は阿弥陀如来《あみだにょらい》。開基《かいき》、徳願寺行誉《とくがんじぎょうよ》

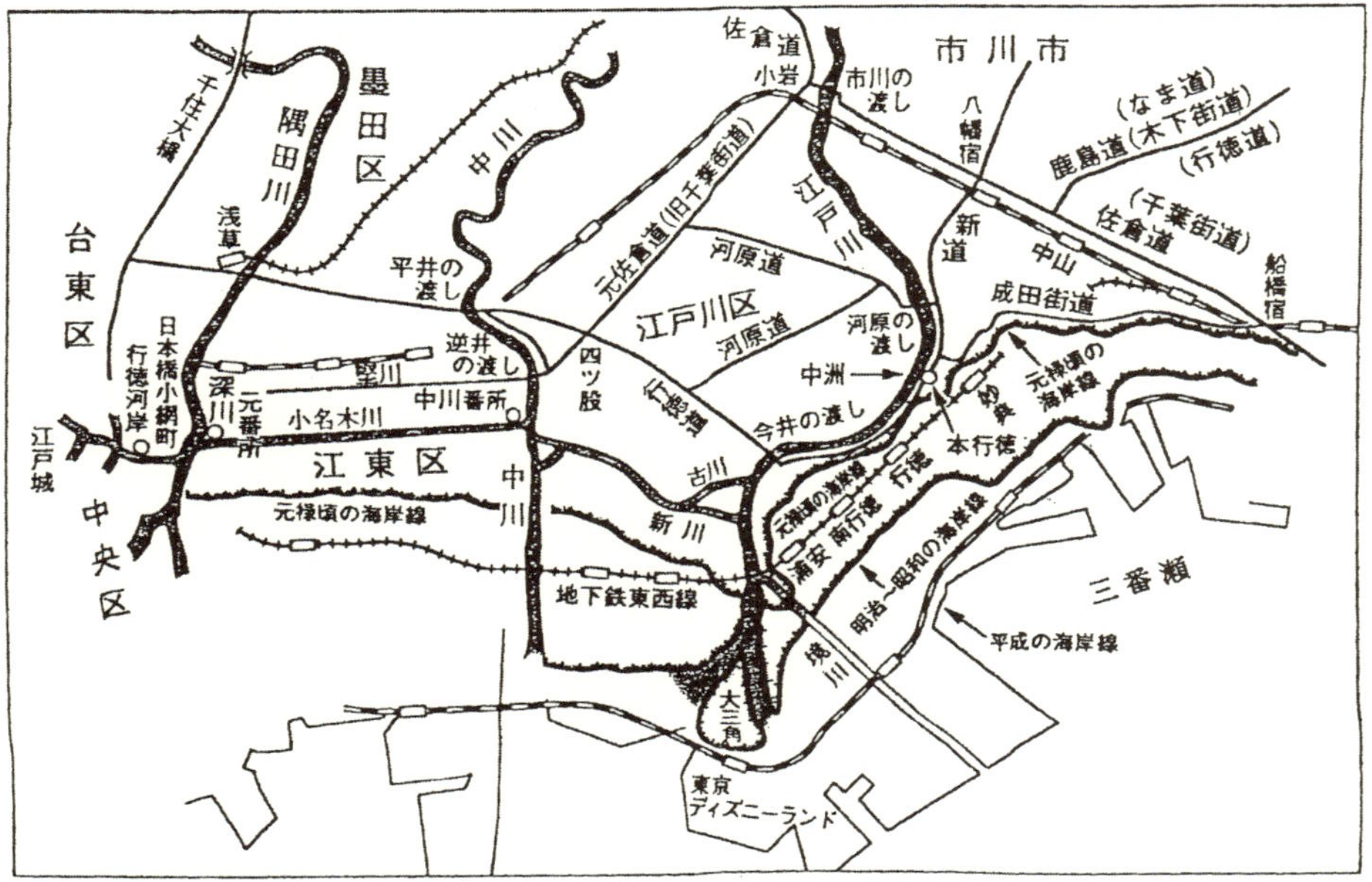

江戸から行徳への道（鈴木和明作図）鈴木和明著『行徳郷土史事典』

上人《しょうにん》。浄土宗《じょうどしゅう》京都《きょうと》知恩院末《ちおんいんまつ》。『葛飾誌略《かつしかしりゃく》』には山号《さんごう》が徳栄山《とくえいざん》とある。札所《ふだしょ》二〇番《ばん》。

御詠歌《ごえいか》（葛）只《ただ》たのめ誓《ちかい》ひのふねにのり《法》をゑ《得》てやすくもいたる清《せい》がんじ哉《かな》

（雙）彼岸《かのきし》にこよひ《い》の風《かぜ》の吹《ふ》かざれば波《なみ》しずかなる清岸寺《せいがんじ》かな

慶長年間《けいちょうねんかん》（一五九六～一六一五）

◉塩廻船《しおかいせん》による下《くだ》り塩《じお》の江戸《えど》輸送開始《ゆそうかいし》

慶長《けいちょう》から元和《げんな》の頃《ころ》、塩廻船《しおかいせん》による下《くだ》り塩《じお》（瀬戸内沿岸《せとうちえんがん》の塩《しお》）の江戸《えど》輸送《ゆそう》が始《はじ》まる。寛永《かんえい》の頃《ころ》より盛《さか》んになり、下《くだ》り塩問屋《じおどんや》が創始《そうし》される（『下総行徳塩業史《しもうさぎょうとくえんぎょうし》』）。下《くだ》り塩《じお》の品質《ひんしつ》は「差塩《さしじお》」であり、塩分《えんぶん》六〇～八〇%の粗悪塩《そあくえん》。俵詰《たわらづ》めした一〇日後《ご》に二〇%の目減《めべ》り公認《こうにん》。

「赤穂塩《あこうじお》の実況《じっきょう》を観察《かんさつ》するに関東向《かんとうむ》きの製塩《せいえん》はその製造《せいぞう》に際《さい》し故《ことさ》らに塩胆汁《しおたんじゅう》を交《まじ》ゆるは一般《いっぱん》の弊習《へいしゅう》たる如《ごと》き（中略《ちゅうりゃく》）商業上信用《しょうぎょうじょうしんよう》の薄《うす》きこと往々驚《おうおうおどろ》くに堪《たえ》へたるものあり武州秩父《ぶしゅうちちぶ》の山中《さんちゅう》野州日光近傍《やしゅうにっこうきんぼう》に販売《はんばい》せる塩荷《えんか》は運送若《うんそうも》しくは問屋《とんや》の蔵積中《くらづみちゅう》自然塩胆汁溶出《しぜんしおたんじゅうようしゅつ》して多分《たぶん》の桝減《ますげん》となり俵裏纔《たわらうらわずか》に一団《いちだん》の残傀《ざんかい》を留《とど》むるのみ」（『下総行徳塩業史《しもうさぎょうとくえんぎょうし》』所収《しょしゅう》「塩業諮問会記事《えんぎょうしもんかいきじ》」）

行徳塩浜《ぎょうとくしおはま》は権現様《ごんげんさま》お声掛《こえが》かりであり、行徳塩浜《ぎょうとくしおはま》の民《たみ》は誇《ほこ》り高《たか》い村民《そんみん》だった。幕府《ばくふ》の保護《ほご》があり、幾多《いくた》の飢饉《ききん》でも飢《う》えたことがなく、百姓一揆《ひゃくしょういっき》も起《おこ》していない。江戸城内奥深《えどじょうないおくふか》くへ毎日直接《まいにちちょくせつ》、塩《しお》を冥加年貢《みょうがねんぐ》として納《おさ》め、船頭《せんどう》は往来《おうらい》の船《ふね》の監視役《かんしやく》を仰《おお》せつかり番船《ばんぶね》とも呼《よ》ばれていた。行徳塩浜《ぎょうとくしおはま》の村民《そんみん》にとって「お上《かみ》」といえば徳川様《とくがわさま》のことであり、明治《めいじ》に至《いた》るまで「皇室《こうしつ》」についての智識《ちしき》は薄《うす》い（『行徳歴史街道《ぎょうとくれきしかいどう》2』）。

塩田経営《えんでんけいえい》はうまくいきさえすれば、同一面積《どういつめんせき》の水田経営《すいでんけいえい》に比《くら》べて一〇～二〇倍《ばい》の利益《りえき》があったとの試算《しさん》がある（『塩《しお》の日本史《にほんし》』）。

●この頃《ころ》（一五七〇～一六一四）までに浄土宗《じょうどしゅう》正覚山《しょうかくざん》教善寺《きょうぜんじ》建立《こんりゅう》される。一五七〇年、信楽寺《しんぎょうじ》の項《こう》参照《さんしょう》のこと。

●新道開《しんみちひら》かれる。稲荷木《とうかぎ》一本松《いっぽんまつ》から八幡《やわた》までの直線道路《ちょくせんどうろ》。伊奈忠次《いなただつぐ》に命《めい》じて築造《ちくぞう》とされる。『葛飾誌略《かつしかしりゃく》』に「行徳《ぎょうとく》より八幡《やわた》までの街道也《かいどうなり》。昔《むかし》、神君東金御成《しんくんとうがねおなり》の節《せつ》、此道《このみち》を開《ひら》く。故《ゆえ》に新道《しんみち》の名《な》あり。（後略《こうりゃく》）」とある。約《やく》一五三〇メートル。国府台《こうのだい》へ通《つう》じる古道《こどう》と八幡《やわた》への新道《しんみち》の分岐点《ぶんきてん》に一本松《いっぽんまつ》（現《げん》バス停《てい》）を植《う》え道《どう》標《ひょう》とした（『明解行徳《めいかいぎょうとく》の歴史大事典《れきしだいじてん》』）。

●徳川幕府《とくがわばくふ》の行徳塩浜保護政策《ぎょうとくしおはまほごせいさく》の一《ひと》つ。行徳街道《ぎょうとくかいどう》と対岸《たいがん》の篠崎街道《しのざきかいどう》は江戸川《えどがわ》の氾濫《はんらん》によってできた自然《しぜん》堤防《ていぼう》である（『江戸川区史《えどがわくし》』第《だい》一巻《かん》）。本行徳中洲《ほんぎょうとくなかす》の地《ち》はその堤防《ていぼう》に挟《はさ》まれた地域《ちいき》で、本行徳中洲《ほんぎょうとくなかす》の地《ち》へ普段《ふだん》は江戸川《えどがわ》の水《みず》があふれ出《だ》さないように小規模《しょうきぼ》な堤防《ていぼう》（現在《げんざい》、本行徳側《ほんぎょうとくがわ》から見《み》える堤防《ていぼう》のこと）が作《つく》られていた。徳川幕府《とくがわばくふ》はその中間《ちゅうかん》の堤防《ていぼう》の高《たか》さを行徳街道《ぎょうとくかいどう》の自然堤防《しぜんていぼう》の高《たか》さよりも高《たか》く作《つく》ることを許《ゆる》さなかった。洪水《こうずい》は本行徳中洲《ほんぎょうとくなかす》の地域《ちいき》に浸水《しんすい》し篠崎街道《しのざきかいどう》を超《こ》して江戸川区内《えどがわくない》を水浸《みずびた》しにした（『行徳歴史街道《ぎょうとくれきしかいどう》』）。

このことに関連《かんれん》した「白鬚伝説《しらひげでんせつ》」がある。ある時《とき》、両岸《りょうぎし》にそれぞれの村人《むらびと》が詰《つ》め掛《か》けて、篠崎側《しのざきがわ》の本《ほん》堤《てい》、つまり現在《げんざい》のバス通《どお》り（篠崎街道《しのざきかいどう》）の堤防《ていぼう》が危《あや》うくなった時《とき》に、白《しろ》い蛇《へび》が行徳側《ぎょうとくがわ》へ泳《およ》いで行《い》って、向《む》こう側《がわ》の土手《どて》に穴《あな》を空《あ》けて行徳《ぎょうとく》が洪水《こうずい》になって篠崎村《しのざきむら》が助《たす》かった、という白鬚神社《しらひげじんじゃ》に伝《つた》えられる伝説《でんせつ》である（『江戸川区史《えどがわくし》』第《だい》三巻《かん》、『行徳歴史街道《ぎょうとくれきしかいどう》』）。

●徳川家康《とくがわいえやす》、「飛脚《ひきゃく》を襲《おそ》った賊《ぞく》は打《う》ち殺《ころ》してもよい」との朱印状《しゅいんじょう》を飛脚業者《ひきゃくぎょうしゃ》に与《あた》える（『下総郵便事始《しもうさゆうびんことはじめ》』）。

●慶長年中《けいちょうねんちゅう》、「本多《ほんだ》出雲守《いずものかみ》上総国《かずさのくに》大田喜《おおたき》城主《じょうしゅ》の時《とき》、江戸往還《えどおうかん》に何《いず》れも此渡《このわた》し（今井《いまい》の渡《わた》しのこと）也《なり》。（中略《ちゅうりゃく》）大坂兵乱《おおさかへいらん》（冬《ふゆ》の陣《じん》と夏《なつ》の陣《じん》）の節《せつ》も、本多様《ほんださま》八人持《にんもち》の大鉄棒《おおてつぼう》を荷《にな》はせ、此所《このところ》を被《とお》レ通《られ》し也《なり》」（『葛飾誌略《かつしかしりゃく》』）。

元《げん》和《な》

元年 乙卯《きのとう》 一六一五

◉大坂夏《おおさかなつ》の陣《じん》により豊臣家滅亡《とよとみけめつぼう》、落《お》ち武者《むしゃ》行徳《ぎょうとく》に来住《らいじゅう》

五月、大坂夏《おおさかなつ》の陣《じん》により豊臣家《とよとみけ》滅《ほろ》びる。敗《ま》けた武士《ぶし》や足軽《あしがる》は、本行徳《ほんぎょうとく》（一丁目《ちょうめ》）にあった浮《う》き島《しま》という、満潮《まんちょう》になっても潮《しお》をかぶらない、椰子《やし》の生《は》えた、一《ひと》つの島《しま》に落《お》ち延《の》びてきた。ハンザ、ヨウジュウ、ジンシロ（甚四郎《じんしろう》）などの屋号《やごう》の家《いえ》は、落人《おちうど》だった（『市川《いちかわ》の伝承民話《でんしょうみんわ》』第《だい》一集《しゅう》）。新井村《あらいむら》の山沢家《やまざわけ》は、江戸時代《えどじだい》を通《つう》じて栄《さか》えた豪農《ごうのう》で、有能《ゆうのう》な医師《いし》も出《だ》した。この家《いえ》の先祖《せんぞ》は真田幸村《さなだゆきむら》の家来穴山小助《けらいあなやまこすけ》で、山沢《やまざわ》は世《よ》を偲《しの》ぶ仮《かり》の名《な》という話《はなし》が伝《つた》わっていた。昭和《しょうわ》の時代《じだい》の跡取《あとと》り息子《むすこ》に「こすけ」の名《な》を付《つ》けたが若《わか》くして亡《な》くなった（『行徳歴史街道《ぎょうとくれきしかいどう》3』）。

●塩升《しおます》の儀《ぎ》は六升入《しょういり》に御定被成下《おさだめなしくだされ》引《ひ》き続《つづ》き一桶《ひとおけ》に付右《つきみぎ》の入《いり》に御座候《ござそうろう》（『下総行徳塩業史《しもうさぎょうとくえんぎょうし》』所《しょ》収《しゅう》「大日本塩業全書《だいにほんえんぎょうぜんしょ》」元和《げんな》元年の記録《きろく》）。一桶《ひとおけ》六升入《しょういり》とあるのは、六升《しょう》三合入《ごういり》の桝《ます》（六三判《ムサバン》と

云《い》ふ）を五分切《ごぶぎり》として六升《しょう》に計算《けいさん》したものであって、地廻塩問屋《じまわりしおどんや》においても六升《しょう》三合入《ごういり》の桶桝《おけます》を使用《しよう》していた。この桶《おけ》九杯《はい》三斗入《といり》を江戸笊《えどざる》と称《しょう》した。六升《しょう》三合《ごう》の五分切《ごぶぎり》だと三升《しょう》一合《ごう》五勺《しゃく》で一桶《ひとおけ》だから、九桶《おけ》は二斗《と》八升《しょう》三合《ごう》五勺《しゃく》にしかならない。

●浄土宗《じょうどしゅう》十方山大徳寺《じっぽうざんだいとくじ》建立《こんりゅう》。市川市下新宿《いちかわししもしんしゅく》五番《ばん》一三号《ごう》。本尊《ほんぞん》は阿弥陀如来《あみだにょらい》。開基《かいき》、光誉快山《こうよかいざん》和尚《おしょう》。浄土宗《じょうどしゅう》芝増上寺《しばぞうじょうじ》末《まつ》。祐天大僧正《ゆうてんだいそうじょう》免許《めんきょ》の時《とき》の鐘《かね》（今《いま》はない）は享保《きょうほう》元年（一七一六）河原《かわら》村道喜《むらどうき》という人《ひと》の建立《こんりゅう》（『葛飾記《かつしかき》』『葛飾誌略《かつしかしりゃく》』）。札所《ふだしょ》五番《ばん》。一七一六年参照《さんしょう》。

御詠歌《ごえいか》（葛）たぐひなき仏《ほとけ》の道《みち》の大徳《だいとく》じ《寺》もらさですくふ誓《ちかい》ひたのもし

（雙）たぐいなき仏《ほとけ》の智恵《ちえ》の大徳寺《だいとくじ》伝《つた》へてしろむ法《のり》のしる人《ひと》

●仙台松ケ江《せんだいまつがえ》に行徳《ぎょうとく》の某神祠者玄蕃《ぼうしんししゃげんば》来《きた》りて塩田開発《えんでんかいはつ》を勧誘《かんゆう》、彼《かれ》を師《し》として塩田《えんでん》を開《ひら》き釜屋《かまや》を築《ちく》造《ぞう》、松ケ江付近《まつがえふきん》の松川浦《まつかわうら》には行徳島《ぎょうとくじま》なる島《しま》があり十二景《けい》の一《ひとつ》に数《かぞ》えられるが、口碑《こうひ》によればその島《しま》に行徳《ぎょうとく》より来《きた》って塩《しお》を焼《や》いたとある（『下総行徳塩業史《しもうさぎょうとくえんぎょうし》』）。

●この頃《ころ》、新井村《あらいむら》に素五社稲荷《もとごしゃいなり》建立《こんりゅう》される。寛永年中《かんえいねんちゅう》（一六二四～四三）に熊野神社《くまのじんじゃ》と改称《かいしょう》。市《いち》川市新井《かわしあらい》一丁目《ちょうめ》九番《ばん》三号《ごう》。祭神《さいじん》、伊邪那美大神《いざなみのおおかみ》、伊弉冉尊《いざなみのみこと》、熊野夫須美大神《くまのふすみおおかみ》、女神《じょしん》。祭日《さいじつ》一〇月一五日。境内摂社《けいだいせっしゃ》、素五社稲荷《もとごしゃいなり》。日露戦争記念碑《にちろせんそうきねんひ》あり。

●昭和《しょうわ》四〇年代《だい》（一九六五～一九七四）に土地区画整理《とちくかくせいり》が実施《じっし》されるまでは、熊野神社《くまのじんじゃ》の裏《うら》の路《ろ》地《じ》が田圃《たんぼ》との境界《きょうかい》だった。この道《みち》を古《ふる》くは「焼場道《やきばみち》」といい、道《みち》から海側《うみがわ》の古《ふる》い畑《はたけ》では昭和《しょうわ》の時《じ》代《だい》でも耕《たがや》していると貝殻《かいがら》がざくざくと出《で》てきた。亡《な》くならなければ一〇〇歳《さい》になろうかという古老《ころう》は元気《げんき》な頃《ころ》に、ここの畑《はたけ》は昔《むかし》は塩浜《しおはま》の堤防《ていぼう》だったはずだと語《かた》っている。貝殻《かいがら》を堤防補強材《ていぼうほきょうざい》としたからだ（『行徳歴史街道《ぎょうとくれきしかいどう》2』）。

二年丙辰《ひのえたつ》　一六一六

四月　徳川家康没《とくがわいえやすぼつ》、七五歳《さい》

◉河原《かわら》の渡《わた》しと今井《いまい》の渡《わた》しで旅人《たびびと》を渡《わた》すことを禁《きん》じられる

八月、行徳船津《ぎょうとくふなつ》に定船場《じょうせんば》以外《いがい》で渡《わた》しなどを禁止《きんし》する「定《さだ》め」が出《だ》される（『葛飾誌略《かつしかしりゃく》』）。市川《いちかわ》の渡《わた》しが重要箇所《じゅうようかしょ》一六のうちの一つとして定船場《じょうせんば》に指定《してい》される。河原《かわら》の渡《わた》しが旅人《たびびと》を渡《わた》すことを禁《きん》じられ農業渡《のうぎょうわた》しだけに制限《せいげん》される。本行徳《ほんぎょうとく》の行徳船場《ぎょうとくふなば》の舟会所《ふねかいしょ》から見張《みは》り役《やく》の人《ひと》が派遣《はけん》されて監視《かんし》していた（『葛飾誌略《かつしかしりゃく》』）。

塩《しお》を中心《ちゅうしん》とする物流《ぶつりゅう》が陸送《りくそう》から水運《すいうん》に切《き》り替《か》えられる。今井《いまい》の渡《わた》しはまだ正式《せいしき》に許可《きょか》されていないが、やはり農業渡《のうぎょうわた》しだけに制限《せいげん》された。許可《きょか》は寛永《かんえい》八年（一六三一）。

●曹洞宗《そうとうしゅう》秋葉山新井寺《あきばさんしんせいじ》建立《こんりゅう》。市川市新井《いちかわしあらい》一丁目《ちょうめ》九番《ばん》一号《ごう》。本尊《ほんぞん》は釈迦如来《しゃかにょらい》。開基不詳《かいきふしょう》。ただし、『市川市史《いちかわしし》』は開基《かいき》、能山応芸《のうざんおうげい》、寛永年間創建《かんえいねんかんそうけん》とする。『葛飾誌略《かつしかしりゃく》』は山号普門山《さんごうふもんざん》とする。禅《ぜん》宗《しゅう》船橋《ふなばし》栗原《くりはら》宝成寺《ほうじょうじ》末《まつ》。宝成寺《ほうじょうじ》の能山和尚《のうざんおしょう》が井戸《いど》を掘《ほ》り当《あ》て新井《あらい》の地名《ちめい》としたとの地名伝説《ちめいでんせつ》あり（『市川《いちかわ》の町名《ちょうめい》』）。山号《さんごう》でもある秋葉《あきば》祠《ほこら》あり。火防《ひぶせ》の神《かみ》。史跡《しせき》お経塚《きょうづか》。札所《ふだしょ》二七番《ばん》。

御詠歌《ごえいか》（葛）いさぎよきあらゐ《い》にやどる月《つき》かげの誓《ちか》ひはいつもあらたなりけり

（雙）浄《けがれなき》　新井《あらい》の水《みず》を汲《くみ》あけて手向《たむ》けになせば宿《やど》る月《つき》かげ

●日蓮宗《にちれんしゅう》題目山《だいもくざん》常運寺《じょううんじ》建立《こんりゅう》。市川市《いちかわし》本行徳《ほんぎょうとく》六番《ばん》三号《ごう》。本尊《ほんぞん》は釈迦如来《しゃかにょらい》、日蓮上人像《にちれんしょうにんぞう》。小田原《おだわら》北条氏《ほうじょうし》の家臣《かしん》野地氏《のぢし》により創建《そうけん》。『葛飾誌略《かつしかしりゃく》』は日蓮宗《にちれんしゅう》中山末《なかやままつ》、開基《かいき》、日善上人《にちぜんしょうにん》、慶長《けいちょう》二〇年（一六一五〈元和《げんな》元年〉）建立《こんりゅう》とする。本尊《ほんぞん》の日蓮上人像《にちれんしょうにんぞう》は「読経日蓮大菩薩像《どっきょうにちれんだいぼさつぞう》」で別称《べっしょう》「枕返《まくらがえ》しのお祖師《ぞうし》さま」という。『葛飾誌略《かつしかしりゃく》』に「読経祖師《どっきょうそし》。木造《もくぞう》。中山《なかやま》三世日祐上人作《せいにちゆうしょうにんさく》」とある。

三年丁巳《ひのとみ》　一六一七

◉徳川秀忠《とくがわひでただ》、行徳領《ぎょうとくりょう》塩浜開発手当金《しおはまかいはつてあてきん》二〇〇〇両《りょう》を与《あた》える

「台徳院様《だいとくいんさま》ニ《に》茂《も》右之通《みぎのとおり》上意《じょうい》有之《これあり》、其節《そのせつ》者《は》段々《だんだん》百姓共《ひゃくしょうども》塩稼《しおかせぎ》ヲ《を》覚《おぼえ》出精《しゅっせい》仕候《つかまつりそうろう》ニ付《につき》金子《きんす》三千両《りょう》之《の》拝借《はいしゃく》被仰付《おおせつけられ》塩《しお》ヲ《を》以《もって》年々《ねんねん》返納《へんのう》仕候《つかまつりそうろう》」（『塩浜由緒書《しおはまゆいしょがき》〈明和《めいわ》六年八月〉』）とある。

五年 己未《つちのとひつじ》 一六一九

●田中内匠《たなかたくみ》（重兵衛《じゅうべえ》）、当代島《とうだいじま》に真言宗東海山善福寺《しんごんしゅうとうかいざんぜんぷくじ》を建立《こんりゅう》。小岩善養寺末《こいわぜんようじまつ》（『葛飾誌略《かつしかしりゃく》』）。浦《うら》安市当代島《やすしとうだいじま》二丁目《ちょうめ》六番《ばん》二七号《ごう》。本尊《ほんぞん》は阿弥陀如来《あみだにょらい》。寺歴《じれき》によれば、明暦《めいれき》二年（一六五六）、栄祐《えいゆう》の創建《そうけん》、和歌山県那須郡岩出町根来《わかやまけんなすぐんいわでちょうねごろ》の大伝院根来寺末《だいでんいんねごろじまつ》とされ、田中内匠説《たなかたくみせつ》は退《しりぞ》けている。札所《ふだしょ》二九番《ばん》。

御詠歌《ごえいか》（葛）徳《とく》のもとむかしやうへしたねならむくちせぬはよきさいわひのてら

（雙）諸々《もろもろ》のおもきをやめて世《よ》の中《なか》の人《ひと》にほどこす善福寺《ぜんぷくじ》かな

●「夏《なつ》より冬《ふゆ》に至《いた》りて、毎夜白気東南《まいよはくきとうなん》に出《い》づ。牛《うし》の角《つの》の如《ごと》く長《なが》さ数十丈《すうじゅうじょう》、又彗星東北《またすいせいとうほく》にあって火《か》炎《えん》の如《ごと》し。五月より八月まで大旱《だいかん》。五穀登《ごこくみの》らず、人馬多《じんばおお》く死《し》す」（『武江年表《ぶこうねんぴょう》』）

一一月二一日 徳川秀忠《とくがわひでただ》、土気東金辺《とけとうがねあたり》で鷹狩《たかがり》（『江戸川区史《えどがわくし》』第《だい》一巻《かん》）。今井《いまい》の渡《わた》しから行徳《ぎょうとく》を通過《つうか》

●この年《とし》、飢饉《ききん》（『千葉県東葛飾郡誌《ちばけんひがしかつしかぐんし》』）。

六年 庚申《かのえさる》 一六二〇

◉狩野浄天《かのうじょうてん》、田中内匠《たなかたくみ》の両人《りょうにん》、灌漑用水路開削《かんがいようすいろかいさく》の免許《めんきょ》を願《ねが》い出《で》る

開削年代不明《かいさくねんだいふめい》。囃子水《はやしみず》から八幡圦樋《やわたいりひ》までが寛永《かんえい》（一六二四〜）までに、八幡杁樋《やわたいりひ》から稲荷木《とうかぎ》・田《た》尻《じり》までが元禄《げんろく》（一六八八）までに、河原《かわら》から当代島《とうだいじま》までが元禄検地前後《げんろくけんちぜんご》（一七〇二）に開削《かいさく》（『葛《かつ》飾風土史川《しかふうどしかわ》と村《むら》と人《ひと》』）。田中内匠《たなかたくみ》は江戸川区《えどがわく》の当代島《とうだいじま》（現《げん》、江戸川《えどがわ》二丁目《ちょうめ》）も開墾《かいこん》し、そのための百姓渡《ひゃくしょうわた》しを所有《しょゆう》していたが、それを後年《こうねん》に今井《いまい》の渡《わた》しという（『葛飾誌略《かつしかしりゃく》』）。

七年　辛酉《かのととり》　一六二一

一一月三日　徳川秀忠《とくがわひでただ》、東金《とうがね》辺《あたり》で鷹狩《たかがり》（『江戸川区史《えどがわくし》』第《だい》一巻《かん》）。今井《いまい》の渡《わた》しから行徳《ぎょうとく》を通過《つうか》

八年　壬戌《みずのえいぬ》　一六二二

◉里見家滅亡《さとみけめつぼう》、家臣《かしん》は南行徳地域《みなみぎょうとくちいき》に来住《らいじゅう》

六月一九日、里見忠義《さとみただよし》、転封地《てんぷうち》の伯耆国倉吉《ほうきのくにくらよし》で死亡《しぼう》し里見家断絶《さとみけだんぜつ》となる。忠義《ただよし》の墓《はか》は鳥取県倉吉《とっとりけんくらよし》市《し》の曹洞宗萬祥山大岳院《そうとうしゅうまんしょうざんだいがくいん》にあり、殉死《じゅんし》した八人《にん》の家臣《かしん》の墓《はか》が囲《かこ》んでいる。家臣《かしん》の戒名《かいみょう》には必《かなら》ず

「賢《けん》」の文字《もじ》があり、その家臣《かしん》のことを「八賢士《はちけんし》」と称《しょう》している（『今《いま》よみがえる里見忠義《さとみただよし》の足《そく》跡《せき》』）。曲亭馬琴《きょくていばきん》著《ちょ》『南総里見八犬伝《なんそうさとみはっけんでん》』の主人公《しゅじんこう》の八犬士《はちけんし》のモデルはこの八賢士《はちけんし》だとする説《せつ》がある。この後《のち》、各地《かくち》の里見家《さとみけ》の遺臣行徳《いしんぎょうとく》の地《ち》に移住《いじゅう》。千葉県館山市《ちばけんたてやまし》の山《やま》の中腹《ちゅうふく》に分骨《ぶんこつ》された八賢士《はちけんし》が眠《ねむ》る地《ち》がひっそりとある（『行徳歴史街道《ぎょうとくれきしかいどう》4』）。

慶長《けいちょう》一九年（一六一四）に、徳川幕府《とくがわばくふ》から改易《かいえき》、転封《てんぷう》され職《しょく》を失《うしな》った武士《ぶし》、元和《げんな》八年に断絶《だんぜつ》したときの武士《ぶし》などの里見系《さとみけい》の人《ひと》たちが行徳《ぎょうとく》に入植《にゅうしょく》した。この人《ひと》たちの改姓《かいせい》は、薮崎《やぶさき》、岩崎《いわさき》、野《の》崎《ざき》、宮崎《みやざき》、峰崎《みねざき》、松崎《まつざき》、本沢《ほんざわ》、長沢《ながさわ》、泉沢《いずみさわ》、篠沢《しのざわ》、竹沢《たけざわ》、小高《こだか》、小鷹《こたか》、小山《こやま》、秋山《あきやま》、矢島《やじま》、前《まえ》島《じま》、永井《ながい》、今井《いまい》、磯貝《いそがい》、平林《ひらばやし》など（『葛飾風土史川と村と人《かつしかふうどしかわとむらとひと》』）。特《とく》に欠真間《かけまま》、相之川《あいのかわ》に多《おお》い。

昭和《しょうわ》の時代《じだい》（一九二六〜）になっても、欠真間《かけまま》や相之川《あいのかわ》の旧家《きゅうか》の古老《ころう》たちは、先祖《せんぞ》からの口伝《くでん》をよく覚《おぼ》えていた。その言《い》い伝《つた》えの一《ひと》つに、「源心寺《げんしんじ》とは仇同士《かたきどうし》で死者《ししゃ》を葬《ほうむ》ってもらっている」というのがある（『葛飾風土史川と村と人《かつしかふうどしかわとむらとひと》』）。里見系《さとみけい》の人《ひと》たちは最後《さいご》の入植《にゅうしょく》グループであり貧《まず》しかったため、自分《じぶん》たちの寺《てら》を持《も》つことができず、国府台合戦《こうのだいかっせん》の敵《てき》だった小田原北条系《おだわらほうじょうけい》の狩野浄天《かのうじょうてん》が建《こん》立《りゅう》した源心寺《げんしんじ》に死者《ししゃ》を葬《ほうむ》るしかなかったのである（『行徳歴史街道《ぎょうとくれきしかいどう》3』）。

九年 癸亥《みずのとい》 一六二三

七月 徳川家光《とくがわいえみつ》、将軍《しょうぐん》となる。秀忠《ひでただ》、大御所《おおごしょ》となり実権《じっけん》を握《にぎ》る

寛《かん》永《えい》

元年 甲子《きのえね》 一六二四

八月四日 利根川洪水《とねがわこうずい》（『市川市史年表《いちかわししねんぴょう》』）

二年 乙丑《きのとうし》 一六二五

◉江戸川《えどがわ》の流路《りゅうろ》を現在《げんざい》の浦安方向《うらやすほうこう》へ変更《へんこう》

押切《おしきり》、伊勢宿《いせじゅく》の地《ち》で江戸川《えどがわ》を締《し》め切《き》り、現在《げんざい》の流路《りゅうろ》に変更《へんこう》。今井《いまい》の渡《わた》しの上流《じょうりゅう》に堰《せき》を築《きず》き船《ふね》の通行《つうこう》を禁《きん》ずる。利根川変流工事《とねがわへんりゅうこうじ》の一環《いっかん》（『葛飾風土史川と村と人《かつしかふうどしかわとむらとひと》』）。

「いつの世《よ》かは河築留《かわつきと》め、今皆塩浜《いまみなしおはま》となる、但築留《ただしつきとめ》たるも寛永年中《かんえいねんちゅう》歟《や》」（『葛飾記《かつしかき》』）

「此川《このかわ》（江戸川《えどがわ》のこと）、むかしは小川《おがわ》にて、葛西方《かさいかた》にて川筋《かわすじ》あり。古利根《ことね》とて今《いま》に存《そん》す。今《いま》の如《ごと》く大川《おおかわ》と成《な》りしは、元和年中《げんなねんちゅう》（一六一五〜二三）、公命《こうめい》を以《もっ》て開《ひら》く」（『葛飾誌略《かつしかしりゃく》』）

著者《ちょしゃ》には江戸川《えどがわ》の流路変更工事《りゅうろへんこうこうじ》をしたことがわかっていたと思《おも》われる。巷間《こうかん》、既定《きてい》の事実《じじつ》だったのであろう。

●「押切《おしきり》・伊勢宿《いせじゅく》・関ヶ島《せきがしま》の地《ち》は昔《むかし》の河跡《かわあと》ゆえに、塩宜《しおよろ》しからず所《ところ》、の言《い》い伝《つた》えあり」（『葛飾記《かつしかき》』）

江戸川河口《えどがわかこう》締《し》め切《き》り堤防跡地《ていぼうあとち》の伊勢宿《いせじゅく》の部分《ぶぶん》を「高畑《たかっぱたけ》」、押切《おしきり》の部分《ぶぶん》を「長山《ながやま》」と呼《よ》ぶ（『葛飾《かつしか》風土史川《ふうどしかわ》と村《むら》と人《ひと》』『内匠堀《たくみぼり》の昔《むかし》と今《いま》─市川《いちかわ》の郷土史《きょうどし》─』）。高畑《たかばたけ》、市川市伊勢宿《いちかわしいせじゅく》八番全域《ばんぜんいき》。長《なが》山《やま》、市川市押切《いちかわしおしきり》一二番北側道路付近《ばんきたがわどうろふきん》。

江戸川河口《えどがわかこう》を締《し》め切《き》るまでは本行徳村地先《ほんぎょうとくむらちさき》、欠真間村《かけままむら》（のちの湊村《みなとむら》）地先《ちさき》に「湊《みなと》」があり、江《え》戸川《どがわ》を出入《でい》りする船《ふね》も多《おお》かった。もと国府津《こうづ》だったからだ。湊新田《みなとしんでん》の胡録神社《ころくじんじゃ》の敷地《しきち》は昔《むかし》は島《しま》であり、船《ふね》の出入《でい》りの管理《かんり》をするために白煙玉《はくえんだま》を打《う》ち上《あ》げたという説《せつ》がある（『葛飾風土史川《かつしかふうどしかわ》と村《むら》と人《ひと》』）。

●「万海《まんかい》と云行人《いうぎょうにん》の墳《ふん》、海《うみ》より川《かわ》へ入口《いりぐち》の畠《はたけ》にあり、この所《ところ》の字《あざ》とす、大船《おおぶね》、又鎌倉往行《またかまくらおうこう》の舟《ふね》の通《つう》路《ろ》の地成事《ちなること》を惜《おし》みて、末世《まっせ》へ伝《つたえ》んため遺言《いごん》せられて、此所《このところ》に葬《ほうむ》りしと也《なり》、石仏有《いしぶつあり》、詣《まいり》て祈念《きねん》すれば、流行風等《はやりかぜなど》の病《やまい》速《すみやか》に除《のぞ》く也《なり》」（『葛飾記《かつしかき》』）

●行徳駅前公園内《ぎょうとくえきまえこうえんない》に「行人様《ぎょうにんさま》」が祀《まつ》られてある。土地区画整理前《とちくかくせいりまえ》まで「行人《ぎょうにん》」という字地《あざち》があった。この付近《ふきん》のことを地元《じもと》の人《ひと》は「行人土手《ぎょうにんどて》」と呼《よ》んでいた（『行徳歴史街道《ぎょうとくれきしかいどう》3』）。

◉本行徳《ほんぎょうとく》に旅人《たびびと》の行徳船津《ぎょうとくふなつ》、押切《おしきり》に貨物専用《かもつせんよう》の行徳河岸《ぎょうとくがし》（祭礼河岸《さいれいかし》）設置《せっち》

この頃《ころ》、本行徳《ほんぎょうとく》のはずれの海側《うみがわ》に新規《しんき》の行徳船津《ぎょうとくふなつ》を設《もう》ける。旧来《きゅうらい》の「川岸《かし》」は三丁目入江《ちょうめいりえ》にして旧河岸《きゅうがし》あるいは本河岸《もとがし》と呼《よ》ばれた（『千葉県東葛飾郡誌《ちばけんひがしかつしかぐんし》』）。また、元禄《げんろく》三年（一六九〇）に新河岸《しんがし》が設置《せっち》されたときにそれまでの川岸《かし》のことを旧川岸《きゅうがし》、元川岸《もとがし》とも呼《よ》んだ。押切《おしきり》の稲荷神社《いなりじんじゃ》近《ちか》くに貨物専用河岸《かもつせんようがし》（旧祭礼河岸《きゅうさいれいがし》）も設置《せっち》された（『葛飾風土史《かつしかふうどし》川《かわ》と村《むら》と人《ひと》』）。

●「湊村竜神弁財天《みなとむらりゅうじんべんざいてん》へ竜燈度々上《りゅうとうたびたびあが》ル、皆拝《みなはい》す、但《ただ》し今《いま》（一七四九年）はなし」（『葛飾記《かつしかき》』）。市川《いちかわ》市行徳駅前《しぎょうとくえきまえ》二丁目《ちょうめ》の現弁天公園《げんべんてんこうえん》にあった。弁天《べんてん》の森《もり》といい元禄《げんろく》の時代《じだい》（一六八八〜）までは海《うみ》に突《つ》き出《で》た島《しま》だったとされる。

●浄土宗青暘山善照寺建立《じょうどしゅうせいようざんぜんしょうじこんりゅう》。市川市湊《いちかわしみなと》一八番《ばん》二〇号《ごう》。本尊《ほんぞん》は阿弥陀如来《あみだにょらい》。開山《かいざん》、覚誉潮随《かくよちょうずい》上人《しょうにん》。浄土宗芝増上寺末《じょうどしゅうしばぞうじょうじまつ》。大檀那《おおだんな》の青山氏《あおやまし》は小田原北条氏《おだわらほうじょうし》の落《お》ち武者《むしゃ》。『葛飾誌略《かつしかしりゃく》』は元和《げんな》七年（一六二一）建立《こんりゅう》とする。五智如来像《ごちにょらいぞう》。『葛飾記《かつしかき》』の著者《ちょしゃ》と推測《すいそく》される青山文豹《あおやまぶんぴょう》の墓《はか》。札所《ふだしょ》二四番《ばん》。

御詠歌《ごえいか》（葛）あはれみの大慈大悲《だいじだいひ》のちかひ《い》にはもらさでよ、ぞてらす寺《てら》かな

（雙）光明《こうみょう》はすがたに影《かげ》のそうごとく直《すく》なる人《ひと》を善照《よくてらす》てら

●日蓮宗高光山常明寺建立《にちれんしゅうこうこうざんじょうみょうじこんりゅう》。市川市高谷《いちかわしこうや》二丁目一三番《ばん》一六号《ごう》。開基《かいき》、日完《にっかん》。中山法華経寺末《なかやまほけきょうじまつ》

（『葛飾誌略《かつしかしりゃく》』）。現行徳支所《げんぎょうとくししょ》の管轄外《かんかつがい》の位置《いち》。

三年 丙寅《ひのえとら》 一六二六

●浄土宗《じょうどしゅう》飯沢山《はんたくざん》浄閑寺《じょうがんじ》建立《こんりゅう》。市川市本行徳《いちかわしほんぎょうとく》二三番《ばん》三四号《ごう》。本尊《ほんぞん》は阿弥陀如来《あみだにょらい》。開基《かいき》、鎮誉上人《ちんよしょうにん》（『葛飾誌略《かつしかしりゃく》』）。浄土宗芝増上寺末《じょうどしゅうしばぞうじょうじまつ》。名号石《めいごうせき》（地獄《じごく》、餓鬼《がき》、畜生《ちくしょう》、修羅《しゅら》、人道《じんどう》、天道《てんどう》）。明暦《めいれき》の大火供養《たいかくよう》の六地蔵《ろくじぞう》。万霊塔《まんれいとう》。延命地蔵《えんめいじぞう》。札所《ふだしょ》一五番《ばん》。

御詠歌《ごえいか》（葛）こけの露《つゆ》かゞやく庭《にわ》の浄《じょう》がん《閑》じ《寺》るりのいさごのひかりなりけり

（雙）一筋《ひとすじ》に後《のち》の世願《よねが》う人《ひと》はただ浄《きよき》 閑《しずかな》 てら《寺》にとどまる

成田山不動尊開帳《なりたさんふどうそんかいちょう》。『葛飾誌略《かつしかしりゃく》』に「寛政元酉年《かんせいがんとりのとし》（一七八九）の事也《ことなり》。是深川《これふかがわ》より御帰《おかえ》りの節《せつ》也《なり》。七昼夜開扉《ななちゅうやかいひ》有《あ》り。（後略《こうりゃく》）」とある。

●善照寺《ぜんしょうじ》と浄閑寺《じょうかんじ》の創建《そうけん》については、本行徳村《ほんぎょうとくむら》と欠真間村《かけままむら》の間《あいだ》を流《なが》れていた江戸川河口《えどがわかこう》の両岸《りょうぎし》に位置《いち》する寺《てら》であることから、筆者《ひっしゃ》は徳川幕府《とくがわばくふ》による塩田開発《えんでんかいはつ》のための江戸川変流工事《えどがわへんりゅうこうじ》の竣工《しゅんこう》を祝《いわ》った僧侶《そうりょ》による寺院創建願《じいんそうけんねが》いが受理《じゅり》され竣工《しゅんこう》したものと考《かんが》える。この二寺創建以後《じそうけんいご》に本行徳村《ほんぎょうとくむら》と欠真間村《かけままむら》に新《あら》たな寺院《じいん》の創建《そうけん》は途絶《とだ》える。

四年 丁卯《ひのとう》 一六二七

八月 洪水《こうずい》。大地震《おおじしん》（『武江年表《ぶこうねんぴょう》』）

●仙台流留村《せんだいながるむら》の菊池惣右衛門《きくちそううえもん》、行徳《ぎょうとく》より老練者《ろうれんしゃ》二名《めい》を雇《やと》い、塩焼《しおやき》の技術《ぎじゅつ》を伝《つた》え、享保年中《きょうほうねんちゅう》に改良《かいりょう》するまで行徳《ぎょうとく》の臺壺《だいつぼ》を模倣《もほう》した（『下総行徳塩業史《しもうさぎょうとくえんぎょうし》』）。

五年 戊辰《つちのえたつ》 一六二八

◉徳川家光《とくがわいえみつ》、行徳領《ぎょうとくりょう》塩浜開発手当金《しおはまかいはつてあてきん》一〇〇〇両《りょう》を与《あた》える

「大猷院様《だいゆういんさま》御代《みよ》ニ《に》者《は》上方《かみがた》より段々《だんだん》塩《しお》ヲ《を》も船廻《ふなまわし》ニ《に》而《て》差下《さしくだ》し候得者《そうらえば》行徳塩之儀者《ぎょうとくじおのぎは》江戸《えど》御城中《ごじょうちゅう》ニ《に》有之《これある》茂《も》同前之儀《どうぜんのぎ》御軍用《ごぐんよう》御要害《ごようがい》御手当《おてあて》ニ《に》罷成候間《まかりなりそうろうかん》、出精仕候様《しゅっせいつかまつりそうろうよう》可仕旨差図《つかまつるべきむねさしず》（是又《これまた》）東金《とうがね》江《へ》御《お》成之節《なりのせつ》行徳領近所船橋村《ぎょうとくりょうきんじょふなばしむら》ニ《に》御殿《ごてん》茂《も》有之当時《これありとうじ》御殿之跡《ごてんのあと》も有之候《これありそうろう》塩浜百姓共《しおはまひゃくしょうども》御庭《おにわ》江《へ》被召出《めしだされ》塩浜《しおはま》稼出精仕候様《かせぎしゅっせいつかまつりそうろうよう》ニ《に》上意《じょうい》有之《これあり》、金子《きんす》弐千両《にせんりょう》拝借《はいしゃく》与《と》申《もうし》被下置《くだしおかさる》」（『塩浜由緒書《しおはまゆいしょがき》〈明和《めいわ》六年八月〉』）

「大猷院様《だいゆういんさま》東金《とうがね》御成《おなり》の節《せつ》、塩桝《しおます》の義《ぎ》は六升入《しょういり》に御定《おさだめ》被成下候《なしくだされそうろう》、已来一桶《いらいひとおけ》と唱候《となえそうろう》は則《すなわち》六升入《しょういり》に御座候《ごさそうろう》」（『塩浜御普請其外《しおはまごぶしんそのほか》の儀共願《ぎともねがい》〈弘化《こうか》二年八月〉』）

六年 己巳《つちのとみ》 一六二九

◉新川《しんかわ》の開削成《かいさくな》り、小名木川《おなぎがわ》を川幅《かわはば》二〇間《けん》に拡幅《かくふく》

古川《ふるかわ》は廃《はい》され、脇水路《わきすいろ》となる。『葛西志《かさいし》』に「古川《ふるかわ》 船堀川《ふなぼりがわ》の北《きた》より、斜《なな》めに東北《とうほく》の方《かた》、利根川《とねがわ》へ通《つう》じたる川《かわ》なり、此川昔《このかわむかし》は船堀川《ふなぼりがわ》の本流《ほんりゅう》なりしに、通船《つうせん》の便《べん》よろしからずとて、寛永《かんえい》六年、東《とう》西《ざい》の直流《ちょくりゅう》に堀《ほり》かへ《え》ありしゆへ《故》（この部分《ぶぶん》を新川《しんかわ》という）、古川《ふるかわ》の名《な》ありといふ《う》（後略《こうりゃく》）」とある。

これにより小名木川《おなぎがわ》を川幅《かわはば》二〇間《けん》に拡幅《かくふく》する（『江東区史跡散歩《こうとうくしせきさんぽ》』）。

●三月一五日、内匠堀《たくみぼり》を開削《かいさく》した狩野浄天《かのうじょうてん》没《ぼつ》。墓《はか》は香取《かんどり》の源心寺《げんしんじ》にある。

「寛永《かんえい》六 己巳年《つちのとみのとし》 施主《せしゅ》」「（梵字《ぼんじ》キリーク） 源正院心譽浄天禅定門《げんせいいんしんよじょうてんぜんじょうもん》 三月十五日 敬白《けいはく》」（『市川市《いちかわし》の石造物《せきぞうぶつ》』）

狩野浄天夫妻墓石《かのうじょうてんふさいぼせき》（指定有形文化財《していゆうけいぶんかざい》／昭和《しょうわ》三六年二月一日）。一六四〇年、一六六六年参照《さんしょう》。

◉最初《さいしょ》の塩浜検地《しおはまけんち》（古検《こけん》）行《おこな》われる

一〇月、代官伊奈半十郎《だいかんいなはんじゅうろう》、行徳領《ぎょうとくりょう》一六カ村《そん》（当代島《とうだいじま》・新井《あらい》・欠真間《かけまま》・前野《まえの》・湊《みなと》・押切《おしきり》・伊勢《いせ》宿《じゅく》・関ケ島《せきがしま》・本行徳《ほんぎょうとく》・下新宿《しもしんじゅく》・河原《かわら》・大和田《おおわだ》・稲荷木《とうかぎ》・妙典《みょうでん》・田尻《たじり》・高谷《こうや》）の塩浜検地《しおはまけんち》（古《こ》

検《けん》）を実施《じっし》。塩年貢永《しおねんぐえい》六〇四貫《かん》八六七文《もん》。すべて換算《かんさん》すると金《きん》六〇四両《りょう》三朱《しゅ》と銭《ぜに》四六八文《もん》になる。堀江《ほりえ》、猫実《ねこざね》、二子《ふたご》、本郷《ほんごう》、印内《いんない》、寺内《てらうち》、山野《やまの》、西海神《にしかいじん》八カ村《そん》（原木《ばらき》の名《な》が抜《ぬ》けている）の塩浜《しおはま》が荒浜《あらはま》となり塩浜永免除《しおはまえいめんじょ》。塩浜《しおはま》の反別《たんべつ》（面積《めんせき》）不明《ふめい》。五分《ぶん》の一塩《しお》、五分《ぶん》の四金納《きんのう》とされる（『塩浜《しおはま》由来書《ゆらいしょ》〈宝暦《ほうれき》六年以降成立《いこうせいりつ》〉』）。

「御年貢《おねんぐ》塩《じお》之《の》義《ぎ》者《は》古検《こけん》之《の》内《うち》者《は》取永《とりえい》五分《ぶん》一納《おさめ》にて永壱貫文《えいいっかんもん》ニ《に》付塩《つきしお》四俵《ひょう》ツ《ず》ヽ《つ》上納《じょうのう》いたし候《そうろう》元禄新検《げんろくしんけん》ゟ《より》四分《ぶん》一納《おさめ》ニ《に》而《て》永壱貫文《えいいっかんもん》ニ《に》付塩《つきしお》五俵《ひょう》ツ《ず》ヽ《つ》相納申候《あいおさめもうしそうろう》」（『寛永《かんえい》六巳年《みどし》伊奈半十郎様《いなはんじゅうろうさま》御検地《ごけんち》村々《むらむら》塩浜御役永《しおはまおやくえい》』）

正塩納《せいえんのう》とは塩年貢《しおねんぐ》の内《うち》五分《ぶん》の一を現物《げんぶつ》の塩《しお》で納入《のうにゅう》する制度《せいど》である。徳川幕府《とくがわばくふ》の保護《ほご》の重点《じゅうてん》は正《せい》塩納《えんのう》を保護《ほご》することであった。

「塩年貢《しおねんぐ》をすべて金納《きんのう》にしてしまうと、塩田《えんでん》を潰《つぶ》して水田《すいでん》にしたり、さらに有利《ゆうり》な他《た》の営業《えいぎょう》に身《み》を入《い》れて塩《しお》を作《つく》らなくなる恐《おそ》れがある。それを実際《じっさい》の塩《しお》（正塩《せいえん》）で納《おさ》めることにしておけば、塩田《えんでん》は消滅《しょうめつ》しないわけである」（『市川市史《いちかわしし》』第《だい》二巻近世編《かんきんせいへん》「第《だい》二章 行徳塩業《ぎょうとくえんぎょう》の成立《せいりつ》」）

行徳塩《ぎょうとくじお》はあくまでも万《まん》が一《いち》の戦《いくさ》に備《そな》えるためのものであり、「権現様《ごんげんさま》（中略《ちゅうりゃく》）塩《しお》の儀《ぎ》は御軍用《ごぐんよう》第一《だいいち》の事《こと》御領地《ごりょうち》一番《いちばん》の宝《たから》と思《おぼ》し召《め》され候《そうろう》」とあり、「右《みぎ》の通《とお》り行徳領塩《ぎょうとくりょうしお》の儀《ぎ》は江戸《えど》御城《ごじょう》下武家《かぶけ》町家《ちょうけ》を始《はじ》め関八州《かんはっしゅう》上下《かみしも》の要用《ようよう》にまかりなり御軍用第一《ごぐんようだいいち》の御重宝《ごちょうほう》にて兵粮同事《ひょうろうどうじ》と申《もう》す儀《ぎ》にて（後略《こうりゃく》）」（『塩浜由緒書《しおはまゆいしょがき》〈明和《めいわ》六年八月〉』）との位置付《いちづ》けであった。この時《とき》の税率《ぜいりつ》はおよそ一五％である（『行徳歴史街道《ぎょうとくれきしかいどう》』）。

●市川市湊《いちかわしみなと》の地名発祥《ちめいはっしょう》。
「行徳《ぎょうとく》の内湊村《うちみなとむら》といふは、海辺《うみべ》より大船《おおぶね》の川《かわ》へ入口也《いりぐちなり》、但《ただ》し右鎌倉船《みぎかまくらぶね》の入津場《にゅうしんば》なり今村名《いまそんめい》と成《な》る、寛永年中《かんえいねんちゅう》（一六二四～四三）、寺社地方御改《じしゃじかたおあらた》め御吟味之節之由《ごぎんみのせつのよし》と云《いう》」（『葛飾記《かつしかき》』）
平安時代《へいあんじだい》、国府《こくふ》が置《お》かれた国府台《こうのだい》への湊津《みなとつ》は行徳《ぎょうとく》だった。鎌倉時代《かまくらじだい》、室町時代《むろまちじだい》、戦国時代《せんごくじだい》を通《つう》じて、行徳《ぎょうとく》は国府津《こうづ》として、物流《ぶつりゅう》の中継地点《ちゅうけいちてん》だった（『郷土読本《きょうどどくほん》　市川《いちかわ》の歴史《れきし》を尋《たず》ねて』）。湊《みなと》は海上《かいじょう》の常設《じょうせつ》の場所《ばしょ》、大船《おおぶね》で商品《しょうひん》の売買《ばいばい》をする場所《ばしょ》。
●この年《とし》の塩《しお》の値段《ねだん》「金《きん》一両《りょう》に付平均《つきへいきん》一二石位《こくくらい》」（『下総行徳塩業史《しもうさぎょうとくえんぎょうし》』所収《しょしゅう》「大日本塩業全書《だいにほんえんぎょうぜんしょ》」）。一石《こく》は一〇斗《と》、行徳《ぎょうとく》の塩俵《しおだわら》は五斗入《とい》りだから一二石《こく》は二四俵《ひょう》。
●この年《とし》の記録《きろく》には「苦汁《にがり》はその年柄《としがら》に応《おう》じ儀難《なんぎ》の村方《むらかた》に下《くだ》し請負人《うけおいにん》を定《さだ》めて江戸市中《えどしちゅう》で売《う》り捌《さば》き請負人《うけおいにん》から合力永《ごうりきえい》として運上金《うんじょうきん》を上納《じょうのう》。享保《きょうほう》六年（一七二一）入札《にゅうさつ》」（『下総行徳塩業史《しもうさぎょうとくえんぎょうし》』）とある。

七年　庚午《かのえうま》　一六三〇

一二月二三日　大地震《おおじしん》。戌《いぬ》の刻光物飛行《こくひかりものひこう》し、其《そ》の音《おと》すさまじかりし（『武江年表《ぶこうねんぴょう》』）
●田尻村《たじりむら》の鎮守日枝神社《ちんじゅひえじんじゃ》がこの頃《ころ》までに創建《そうけん》される（『葛飾誌略《かつしかしりゃく》』）。市川市田尻《いちかわしたじり》四丁目《ちょうめ》一二番《ばん》二五号《ごう》。祭神《さいじん》は大山咋神《おおやまくいのかみ》。安政《あんせい》三年（一八五六）の大津波《おおつなみ》で記録《きろく》流失《りゅうしつ》。現行徳支所《げんぎょうとくししょ》の管轄外《かんかつがい》の位置《いち》。

●原木村《ばらきむら》の鎮守《ちんじゅ》日枝神社《ひえじんじゃ》がこの頃《ころ》までに創建《そうけん》か。江州《ごうしゅう》日吉山王勧請《ひよしさんのうかんじょう》（『葛飾誌略《かつしかしりゃく》』）。市川市原木《いちかわしばらき》一丁目《ちょうめ》二一番《ばん》二三号《ごう》。祭神《さいじん》は大山咋神《おおやまくいのかみ》。現行徳支所《げんぎょうとくししょ》の管轄外《かんかつがい》の位置《いち》。

八年 辛未《かのとひつじ》 一六三一

三月一九日　江戸中《えどじゅう》に灰降《はいふ》る。同《どう》二〇日、諸国甘露降《しょこくかんろふ》る（『武江年表《ぶこうねんぴょう》』）

◉木下道《きおろしみち》を新設《しんせつ》

秋《あき》、本行徳《ほんぎょうとく》から利根川《とねがわ》べりの木下《きおろし》までの街道《かいどう》を新設《しんせつ》。鹿島道《かしまみち》あるいは木下道《きおろしみち》（現木下街道《げんきおろしかいどう》）という。別名《べつめい》なま道《みち》。銚子《ちょうし》からの鮮魚《せんぎょ》を行徳河岸《ぎょうとくがし》（祭礼河岸《さいれいがし》）を経由《けいゆ》して日本橋《にほんばし》の魚市場《うおいちば》まで輸送《ゆそう》する産業道路《さんぎょうどうろ》だった（『木下街道展《きおろしかいどうてん》』）。全長《ぜんちょう》九里《り》。銚子《ちょうし》から行徳《ぎょうとく》へ向《む》かう旅人《たびびと》は行徳道《ぎょうとくみち》と呼《よ》んだ。千葉街道《ちばかいどう》を鬼越《おにごえ》で左折《させつ》すると木下道《きおろしみち》だが、道《みち》の両側《りょうがわ》に家屋《かおく》が密集《みっしゅう》し「深町《ふかまち》」と呼《よ》ばれる街村《がいそん》を形成《けいせい》していた。今《いま》は道路拡張工事《どうろかくちょうこうじ》のため消滅《しょうめつ》（『行徳歴史街道《ぎょうとくれきしかいどう》5』）。『葛飾記《かつしかき》』に「此所《このところ》間《ま》イ《い》の宿鬼越村《しゅくおにごえむら》と云《いう》の続《つづ》き、深町《ふかまち》といふ《う》」とあり、『葛飾誌略《かつしかしりゃく》』には「一《ひと》つ、高石神村《たかいしがみむら》。諸人深町《もろびとふかまち》と云《い》ふ《う》」とある。

●一〇月、今井《いまい》の渡《わた》し許可《きょか》（『千葉県東葛飾郡誌《ちばけんひがしかつしかぐんし》』）。欠真間村《かけままむら》より瑞穂村今井《みずほむらいまい》まで。『市川市史《いちかわしし》』第《だい》七巻《かん》「江戸川筋渡船出入事蹟《えどがわすじとせんでいりじせき》〈明治《めいじ》九年〉」中の「譲申証文之事《ゆずりもうすしょうもんのこと》」で「利根川内川通耕作人《とねがわうちかわどおりこうさくにん》樵夫草刈渡御書付《きこりくさかりわたしおんかきつけ》」があり、寛永《かんえい》八年九月二一日付《づけ》の「覚《おぼえ》」が収録《しゅうろく》されている。農業渡《のうぎょうわた》しだけで旅人《たびびと》など一切渡《いっさいわた》さない定《さだめ》だったが、いつのころからか今井側《いまいがわ》から男《おとこ》だけは渡《わた》すという一方通行《いっぽうつうこう》になった。『葛飾誌略《かつしかしりゃく》』では「今井渡舟《いまいとしゅう》も此人《このひと》（田中内匠《たなかたくみ》）の農業渡《のうぎょうわた》し也《なり》」とする。田中内匠《たなかたくみ》は東《とう》京都江戸川区《きょうとえどがわく》の当代《とうだい》という字《あざ》の土地《とち》を開墾《かいこん》した人《ひと》。当代橋《とうだいばし》という橋《はし》が今《いま》もある。

一〇月　江戸《えど》に灰降《はいふ》る（『武江年表《ぶこうねんぴょう》』）

●この頃《ころ》までに、川床跡地《かわどこあとち》の押切《おしきり》の地《ち》に行徳河岸《ぎょうとくがし》（祭礼河岸《さいれいがし》）を設《もう》ける。その場所《ばしょ》は稲荷神社《いなりじんじゃ》と光林寺近《こうりんじちか》くである（『葛飾風土史《かつしかふうどし》川《かわ》と村《むら》と人《ひと》』）。元禄《げんろく》三年（一六九〇）に江戸川沿《えどがわぞ》いの現在地《げんざいち》に移《い》転《てん》。

九年　壬申《みずのえさる》　一六三二

◉本行徳村《ほんぎょうとくむら》が他村《たそん》に勝《か》ち、行徳船《ぎょうとくぶね》の運行始《うんこうはじ》まる

本行徳村《ほんぎょうとくむら》が他村《たそん》に勝《か》ち、関東郡代伊奈半十郎《かんとうぐんだいいなはんじゅうろう》の許可《きょか》を得《え》て、行徳船《ぎょうとくぶね》の運行《うんこう》が始《はじ》まる（『葛飾誌《かつしかし》

略《りゃく》』）。「本行徳村明細帳《ほんぎょうとくむらめいさいちょう》〈天明《てんめい》六年〉」に「一渡船場《ひとつとせんば》　但《ただ》し本行徳河岸《ほんぎょうとくがし》より小網町《こあみちょう》 行徳河岸《ぎょうとくがし》まで河路《かわじ》三里《り》余《よ》　右《みぎ》これは一六三年前寛永《まえかんえい》九申年船往還《さるどしふねおうかん》の儀《ぎ》伊奈半十郎様仰《いなはんじゅうろうさまおお》せ付《つ》けらる。当村《とうそん》より小網丁岸迄《こあみちょうぎしまで》安房《あわ》上総《かずさ》常陸《ひたち》下総《しもうさ》旅人《たびびと》漕《こ》ぎ送《おく》り候《そうろう》。年中《ねんちゅう》、御公儀様御用人様方《ごこうぎさまごようにんさまかた》その外《ほか》御大名様方《おだいみょうさまがた》御《ご》参府《さんぷ》並《なら》びに御発足《ごはっそく》御私領方《ごしりょうかた》御役衆《おやくしゅう》 中様迄《ちゅうさままで》人馬《じんば》一ケ村《かそん》にて相勤《あいつと》め申 候《もうしそうろう》（後略《こうりゃく》）」とある。本行《ほんぎょう》徳河岸《とくがし》から江戸日本橋小網町間《えどにほんばしこあみちょうかん》、三里《り》八丁《ちょう》（約《やく》一二・六キロ）。旅人 改 番所設置《たびびとあらためばんしょせっち》（『葛飾誌《かつしかし》略《りゃく》』）。

当初《とうしょ》は一六艘《そう》、寛文《かんぶん》一一年（一六七一）は五三艘《そう》、嘉永年間《かえいねんかん》（一八四八〜五三）は六二艘《そう》。明治《めいじ》一二年（一八七九）廃止《はいし》。

また番船《ばんぶね》といわれた理由《りゆう》は、幕府《ばくふ》の役船《やくぶね》でこの川《かわ》（行徳川《ぎょうとくがわ》）を通行《つうこう》する舟《ふね》を随時監視《ずいじかんし》するという意味《いみ》も含《ふく》まれていたといわれている。「船《ふね》の儀《ぎ》は外《ほか》と違《ちが》ひ、御公儀様《ごこうぎさま》より被仰付候《おおせつけられそうろう》御役船《おやくぶね》に御《ご》座 候 事《ざそうろうこと》、右《みぎ》に付日光御社参《つきにっこうごしゃさん》、御鹿狩御用相来《おししがりごようあいきた》り 候 事《そうろうこと》」（『番船諸用留《ばんせんしょようどめ》』）とあるように、小名木《おなぎ》川《がわ》から新川《しんかわ》への川通《かわどおり》は経済上《けいざいじょう》からも、また軍事上《ぐんじじょう》からも重要《じゅうよう》で、幕府《ばくふ》がこの水路《すいろ》の安全確保《あんぜんかくほ》を図《はか》るためにこの番船《ばんぶね》を設《もう》けたといわれている。更《さら》に小名木川川口《おなぎがわかわぐち》の中川番所《なかがわばんしょ》では船《ふね》の出《で》入《い》りに厳重《げんじゅう》な取《と》り締《し》まりが行《おこな》われていた（『江戸川区史《えどがわくし》』第《だい》一巻《かん》）。

一〇年 癸酉《みずのととり》 一六三三

一月二一日、二二日　諸国大地震《しょこくおおじしん》。小田原《おだわら》は別《わ》けて強《つよ》し。同《どう》二六日申《さる》の刻《こく》、大地震《おおじしん》（『武江年《ぶこうねん》表《ぴょう》』）

●幕府《ばくふ》、川船奉行《かわぶねぶぎょう》を置《お》く（一名《めい》）。万治《まんじ》二年（一六五九）二名《めい》、延宝《えんぽう》六年（一六七八）三名《めい》（『下《しも》総行徳塩業史《うさぎょうとくえんぎょうし》』）。

一一年 甲戌《きのえいぬ》 一六三四

◉行徳船津《ぎょうとくふなつ》の番所《ばんしょ》で夜盗《やとう》二名《めい》を捕《と》え三《み》つ道具御免《どうぐごめん》となる

「三《み》つ道具御免《どうぐごめん》。九月一七日、三ツ橋十郎左衛門殿《みつはしじゅうろうざえもんどの》知行《ちぎょう》同国芝田村旅宿七郎兵衛方《どうこくしばたむらたびやどしちろうべえかた》へ夜盗入《やとうはい》り、翌《よく》一八日《にち》の朝当所船場《あさとうしょふなば》にて二人召捕《ふたりめしと》らる。伊奈半左衛門様《いなはんざえもんさま》の時《とき》なり。御褒美《ごほうび》として銀《ぎん》三枚《まい》、被《くだし》二下置《おかれる》一。此時《このとき》より御免《ごめん》に相成候《あいなりそうろう》」（『葛飾誌略《かつしかしりゃく》』）

三《み》つ道具《どうぐ》は幕末《ばくまつ》まで新河岸《しんがし》の番所脇《ばんしょわき》に立《た》てかけられていた（『江戸名所図会《えどめいしょずえ》』）。

一二年 乙亥《きのとい》 一六三五

一月二五日 寅卯《とらう》の刻《こく》、大地震《おおじしん》。午未《うまひつじ》の刻《こく》、又地震《またじしん》あり（『武江年表《ぶこうねんぴょう》』）

七月 天赤《てんあか》くして焼《や》くが如《ごと》し（『武江年表《ぶこうねんぴょう》』）

●徳川家光《とくがわいえみつ》、参勤交代《さんきんこうたい》を制度化《せいどか》する。寺請制度《てらうけせいど》始《はじ》まる。

◉本行徳中洲《ほんぎょうとくなかす》の神明社《しんめいしゃ》を本行徳《ほんぎょうとく》一丁目《ちょうめ》に遷座《せんざ》する

塩浜《しおはま》一五カ村《そん》の塩垂百姓《しおだれびゃくしょう》（江戸川向《えどがわむ》こうのため前野村除《まえのむらのぞ》く）、中洲《なかす》の神明社《しんめいしゃ》を本行徳《ほんぎょうとく》（一丁《ちょう》目《め》）の現在地《げんざいち》に遷座《せんざ》。市川市本行徳《いちかわしほんぎょうとく》一番《ばん》一〇号《ごう》。『葛飾誌略《かつしかしりゃく》』に「中洲《なかす》にあるときは小祠《しょうし》なり。寛永《かんえい》一二年乙亥大社《きのといたいしゃ》に造立《ぞうりゅう》。其造立《そのぞうりゅう》の節《せつ》、一五カ村《そん》より寄進有《きしんあり》しといふ《う》。本願主田中嘉左衛門《ほんがんしゅたなかかざえもん》」とある。名実《めいじつ》ともに行徳《ぎょうとく》の地《ち》が本行徳《ほんぎょうとく》に移《うつ》されたことになる。本行徳《ほんぎょうとく》が行徳《ぎょうとく》の母郷《ぼきょう》とされる由《ゆ》縁《えん》でもある。一五七〇年参照《さんしょう》。

塩浜《しおはま》一五カ村《そん》の内《うち》に行徳七浜《ぎょうとくななはま》と呼《よ》ばれた中世以来《ちゅうせいいらい》の塩浜付村々《しおはまつきむらむら》があった。この七浜《ななはま》は神明社《しんめいしゃ》の御塩浜《みしおはま》である（一五七〇年参照《さんしょう》）。その他《た》の八カ村《そん》は徳川幕府《とくがわばくふ》の塩浜開発《しおはまかいはつ》により新《あら》たに塩焼稼業《しおやきかぎょう》を始《はじ》めた新興塩田地帯《しんこうえんでんちたい》である。だから行徳七浜《ぎょうとくななはま》のような御塩浜《みしおはま》だという「由緒《ゆいしょ》」があるわけではない。現代風《げんだいふう》にいえば、もっとドライな、塩《しお》を焼《や》いて売《う》って利益《りえき》を出《だ》せばよい、という感覚《かんかく》の「商《しょう》売《ばい》」としての性格《せいかく》が強《つよ》い塩焼《しおやき》だったであろう。そのことは「軍用第一《ぐんようだいいち》」「江戸《えど》御《ご》城《じょう》中《ちゅう》ニ《に》有之《これある》茂《も》同《どう》前之儀《ぜんのぎ》」（『塩浜由緒書《しおはまゆいしょがき》〈明和《めいわ》六年八月〉』）という幕府《ばくふ》の意向《いこう》とも微妙《びみょう》に異《こと》なる感覚《かんかく》といえる。

そのようなことがあったからこそ、徳川幕府《とくがわばくふ》は行徳塩浜《ぎょうとくしおはま》の支配《しはい》を強固《きょうこ》なものとするために、その精神的《せいしんてき》な拠《よ》り所《どころ》として神明社《しんめいしゃ》を利用《りよう》したのではないだろうか。ましてや古来《こらい》からの神明社《しんめいしゃ》の御塩《みしお》を生産《せいさん》していた行徳七浜《ぎょうとくななはま》の塩垂百姓《しおだれびゃくしょう》たちは自《みずか》らの「由緒《ゆいしょ》」を新興塩田経営者《しんこうえんでんけいえいしゃ》に認《みと》めさせたかったであろう。現代《げんだい》において行徳塩浜《ぎょうとくしおはま》一五カ村《そん》をひとからげにして神明社《しんめいしゃ》の御塩浜《みしおはま》として語《かた》ることは適切《てきせつ》でないだろう（『行徳歴史街道《ぎょうとくれきしかいどう》4』）。

●河原《かわら》の胡録神社創建《ころくじんじゃそうけん》。市川市河原六番《いちかわしかわらばん》二〇号《ごう》。祭神《さいじん》は面足命《おもだるのみこと》。祭日《さいじつ》一〇月二〇日。現在《げんざい》は同境《どうけい》内地《だいち》に江戸川放水路工事《えどがわほうすいろこうじ》により移転《いてん》した春日神社《かすがじんじゃ》が祀《まつ》られている。

一三年 丙子《ひのえね》 一六三六

●五月、六月の間《あいだ》、更《さら》に雨降《あめふ》らず（西国北国《さいごくほっこく》は大雨《おおあめ》、紀州其外南海《きしゅうそのほかなんかい》にて海鳴《うみな》る事《こと》九ケ度《かど》）。七月、米価高騰《べいかこうとう》、官倉廩《かんそうりん》を開《ひら》きて、一人《ひとり》に一斗《と》二升《しょう》（小判《こばん》一両《りょう》に一石《こく》八斗《と》がへ《替え》）宛《あて》を払《はら》ひ下《さ》げらる（『武《ぶ》江年表《こうねんぴょう》』）。

●下新宿《しもしんしゅく》の稲荷神社創建《いなりじんじゃそうけん》（『市川市史《いちかわしし》』第《だい》二巻《かん》）。市川市下新宿《いちかわししもしんしゅく》二番《ばん》六号《ごう》。祭神《さいじん》は宇賀魂神《うがのみたまのかみ》。稲《いね》をつかさどる神《かみ》。祭日《さいじつ》一〇月九日。下新宿村《しもしんしゅくむら》の鎮守《ちんじゅ》。京都稲荷山同神《きょうといなりやまどうしん》。川原村養福院持《かわらむらようふくいんも》ち（『葛《かつ》飾誌略《しかしりゃく》』）。

●この年《とし》、笹屋《ささや》の祖《そ》、飯塚三郎右衛門《いいづかさぶろうえもん》没《ぼつ》（『仮名垣魯文《かながきろぶん》の成田道中記《なりたどうちゅうき》』）。

一四年　丁丑《ひのとうし》　一六三七

一月一四日、本行徳《ほんぎょうとく》の徳願寺《とくがんじ》に聖観音像建立《しょうかんのんぞうこんりゅう》される。

「寛永《かんえい》一四年丁丑正月《ひのとうししょうがつ》一四日」（『明解行徳《めいかいぎょうとく》の歴史大事典《れきしだいじてん》』）

一五年　戊寅《つちのえとら》　一六三八

●夏《なつ》より次《つぎ》の年《とし》二、三月に至《いた》るまで、遠近《おちこち》の男女《だんじょ》、伊勢宗廟《いせそうびょう》へ詣《もう》づる事《こと》夥《おびただ》し（近《ちか》ごろいはゆ《わ》るおかげ参《まい》りなり）（『武江年表《ぶこうねんぴょう》』）。

一六年　己卯《つちのとう》　一六三九

●本行徳《ほんぎょうとく》の徳願寺《とくがんじ》に萬霊塔《ばんれいとう》建《た》てられる。

●「無縁萬霊塔《むえんばんれいとう》」（『郷土《きょうど》と庚申塔《こうしんとう》』）

一七年 庚辰《かのえたつ》 一六四〇

●一一月八日、香取《かんどり》の源心寺《げんしんじ》に狩野浄天《かのうじょうてん》の妻《つま》の墓《はか》ができる。

「寛永《かんえい》十七庚辰天《かのえたつてん》　施主《せしゅ》」「（梵字《ぼんじ》キリーク）心行院寶譽妙泉禅定尼《しんぎょういんほうよみょうせんぜんじょうに》　十一月八日　敬白《けいはく》」（『市川市《いちかわし》の石造物《せきぞうぶつ》』）

指定有形文化財《していゆうけいぶんかざい》　昭和《しょうわ》三六年二月一日。一六二九年、一六六六年参照《さんしょう》。

一八年 辛巳《かのとみ》 一六四一

二月　本行徳《ほんぎょうとく》（のちの新田《しんでん》から現本塩《げんほんしお》）の法善寺開基大僧都《ほうぜんじかいきだいそうず》河本弥左衛門《かわもとやざえもん》没《ぼつ》（『明解行徳《めいかいぎょうとく》の歴《れき》史大事典《しだいじてん》』）

●利根川《とねがわ》と接続《せつぞく》する上流域《じょうりゅういき》の江戸川《えどがわ》の変流工事完成《へんりゅうこうじかんせい》。

寛永年間《かんえいねんかん》（一六二四～一六四四）

●「田所長左衛門《たどころちょうざえもん》、江州信楽《ごうしゅうしがらき》より来《きた》りて製塩《せいえん》に従事《じゅうじ》」（『千葉県東葛飾郡誌《ちばけんひがしかつしかぐんし》』）。江戸時代中期《えどじだいちゅうき》に儀兵《ぎへ》衛《え》新田《しんでん》の隣地《りんち》に信楽場《しがらきば》という塩田《えんでん》を所有《しょゆう》。信楽《しがらき》という旅籠《はたご》を経営《けいえい》。文化《ぶんか》・文政《ぶんせい》～天保《てんぽう》の時代《じだい》に曲亭馬琴《きょくていばきん》が宿泊《しゅくはく》し『南総里見八犬伝《なんそうさとみはっけんでん》』を構想《こうそう》（『葛飾風土史川と村と人《かつしかふうどしかわとむらとひと》』）。

●伊勢宿《いせじゅく》の神明社《しんめいしゃ》（現豊受神社《げんとようけじんじゃ》）創建《そうけん》される。市川市伊勢宿《いちかわしいせじゅく》六番《ばん》一一号《ごう》。伊勢宿《いせじゅく》の地《ち》は江戸川河口《えどがわかこう》を締《し》め切《き》った後《あと》にできた埋立地《うめたてち》（史料《しりょう》がないので推定《すいてい》）であり、寛永年中《かんえいねんちゅう》の創建《そうけん》と推定《すいてい》（『明解行徳の歴史《めいかいぎょうとくのれきし》大事典《だいじてん》』）。

●この頃《ころ》、瀬戸内沿岸《せとうちえんがん》の赤穂《あこう》において入浜法《いりはまほう》を創設《そうせつ》、漸次十州地方《ぜんじじっしゅうちほう》に伝播《でんぱ》（『下総行徳塩業史《しもうさぎょうとくえんぎょうし》』）。潮《しお》の干満《かんまん》の差《さ》が大《だい》で、遠浅《とおあさ》であり、しかも大波《おおなみ》のうたぬ瀬戸内沿岸《せとうちえんがん》に最適《さいてき》。

正保《しょうほう》

元年　甲申《きのえさる》　一六四四

◉ねね塚伝承《づかでんしょう》できる

生実《おゆみ》城主森川半弥重政《じょうしゅもりかわはんやしげまさ》家来久三郎《けらいきゅうざぶろう》とイネが駆落《かけお》ち、今井《いまい》の渡《わた》しで捕《とら》えられ架《はりつけ》の刑《けい》になる。『葛飾誌略《かつしかしりゃく》』に「架場《はりつけば》　此《この》（今井《いまい》の渡《わた》し）下《しも》一丁許《ちょうばかり》（約《やく》一〇九メートル）いま字《あざ》のやうに成《な》れり。

此由緒《このゆいしょ》を尋《たず》ぬるに、正保元甲申年生実《しょうほうがんきのえさるのとしおゆみ》の城主森川半弥様御家来男女二人《じょうしゅもりかわはんやさまごけらいだんじょふたり》、久三郎《きゅうざぶろう》とイネ駆落《かけお》ち、此川舟越《このかわふなご》えす。船頭両人鎌田村某当村某《せんどうりょうにんかまだむらぼうとうそんぼう》、此両人法外《このりょうにんほうがい》の価《あたい》を取り船《ふね》を渡《わた》したり。最《もっと》も渡船《とせん》にては渡《わた》さずと雖《いえど》も、渡《わた》し場見懲《ばみこ》らしめのため御仕置《おしお》き被《な》レ成《され》、男女両人船頭両人共《だんじょりょうにんせんどうりょうにんとも》、幷《ならび》に当村某《とうそんぼう》が女房《にょうぼう》、共《とも》に五人同罪《にんどうざい》になり、村方三人《むらかたにん》は菩提所《ぼだいしょ》へ引取《ひきと》り葬《ほうむ》る。両人《りょうにん》は此所《このところ》へ埋《う》む。印《しるし》には石地《いしじ》蔵《ぞう》を立《た》て、ね、塚《づか》といへ《え》り。何《いず》れの頃《ころ》か洪水《こうずい》に川《かわ》へ埋《う》れたりと。云々《うんぬん》」とある。

「駆落《かけお》ち」は真実《しんじつ》なのだろうか。厳罰《げんばつ》に過《す》ぎるが別《べつ》の理由《りゆう》があったか。石地蔵《いしじぞう》は現在《げんざい》でも行方不明《ゆくえふめい》であり、首切《くびき》り地蔵《じぞう》は別《べつ》のもの（『行徳歴史街道《ぎょうとくれきしかいどう》2』）。

●幕府《ばくふ》、田畑永代売買《でんぱたえいだいばいばい》を禁止《きんし》。この年《とし》、中国《ちゅうごく》の明《みん》、滅亡《めつぼう》。

●この頃《ころ》、上今井村香取社《かみいまいむらかとりしゃ》（江戸川区江戸川《えどがわくえどがわ》三丁目《ちょうめ》四四番《ばん》八号《ごう》）を分社《ぶんしゃ》して香取神社創建《かとりじんじゃそうけん》。市川《いちかわ》市相之川《しあいのかわ》一丁目《ちょうめ》二六番《ばん》七号《ごう》。祭神《さいじん》は経津主神《ふつぬしのかみ》。佐原《さわら》の香取神宮《かとりじんぐう》に祀《まつ》られる刀剣《とうけん》の神《かみ》。祭日《さいじつ》、一〇月四日。『葛飾誌略《かつしかしりゃく》』に「香取祠《かとりし》　渡《わた》し場九軒鎮守《ばけんちんじゅ》。別当今井圓勝寺《べっとういまいえんしょうじ》」とある。今井《いまい》の渡《わた》しを取《と》り仕切《しき》る欠真間村《かけままむら》（現《げん》、相之川《あいのかわ》）の船頭《せんどう》たちの鎮守《ちんじゅ》。江戸《えど》からの渡船客《とせんきゃく》が来《く》ると今井側《いまいがわ》から合図《あいず》をし相之川《あいのかわ》の船頭《せんどう》が船《ふね》を出《だ》して迎《むか》えに行《い》った。

香取神社《かとりじんじゃ》の創建年《そうけんねん》は不詳《ふしょう》だが、久三郎《きゅうざぶろう》とイネが桀刑《はりつけけい》に処《しょ》せられたときは上今井村《かみいまいむら》が渡《わた》し場《ば》の権益《けんえき》を持《も》っていたので、その事件以後《じけんいご》に欠真間村《かけままむら》に権益《けんえき》が移《うつ》り、そのときに香取社《かとりしゃ》を分祀《ぶんし》したものと考《かんが》えられる。境内《けいだい》に「奉造立念仏講結衆寛文《ぞうりゅうたてまつるねんぶつこうけっしゅうかんぶん》八年（一六六八）戊申《つちのえさる》」「拾月廿日施主敬《じゅうがつはつかせしゅけい》白《はく》」と刻字《こくじ》された聖観音菩薩像《しょうかんのんぼさつぞう》があり、この像《ぞう》が初《はじ》めからここへ建立《こんりゅう》されたものであるとすれば、一六六八年頃《ころ》までには香取神社《かとりじんじゃ》が創建《そうけん》されていたものと思《おも》われる（『明解行徳《めいかいぎょうとく》の歴史大事典《れきしだいじてん》』）。

●この年《とし》、田中内匠《たなかたくみ》が開墾《かいこん》した東京都江戸川区《とうきょうとえどがわく》の「当代島新田《とうだいじましんでん》」が武蔵田園簿《むさしでんえんぼ》国高《くにたか》では六三石《こく》六斗《と》九升《しょう》二合《ごう》とある（『江戸川区史《えどがわくし》』第《だい》一巻《かん》）。

二年 乙酉《きのととり》 一六四五

●浅野家《あさのけ》、常陸国笠間《ひたちのくにかさま》から播州赤穂《ばんしゅうあこう》に転封《てんぷう》。赤穂流《あこうりゅう》とされる塩浜改革《しおはまかいかく》に成功《せいこう》。江戸時代中期以《えどじだいちゅうきい》降《こう》、江戸《えど》に運《はこ》ばれた下《くだ》り塩《じお》の多《おお》くは赤穂塩《あこうじお》だった。値段《ねだん》が安《やす》いので行徳塩《ぎょうとくじお》を圧迫《あっぱく》。

四年 丁亥《ひのとい》 一六四七

四月一五日夜《よる》　月《つき》の暈《かさ》四方《しほう》、月影《つきかげ》の如《ごと》く、朧《おぼろ》の月四《つきよっ》つ現《あらわ》はる（『武江年表《ぶこうねんぴょう》』）

五月一三日　江戸大地震《えどおおじしん》、上野大仏《うえのだいぶつ》の像破砕《ぞうはさい》す（『武江年表《ぶこうねんぴょう》』）

七月二二日　氷降《ひょうふ》る（大《おお》きさ梅《うめ》の実《み》のごとし）（『武江年表《ぶこうねんぴょう》』）

慶《けい》安《あん》

元年 戊子《つちのえね》 一六四八

九月 徳願寺《とくがんじ》、徳川家光《とくがわいえみつ》より供養料《くようりょう》として十石《こく》の朱印《しゅいん》を賜《たま》わる（『千葉県東葛飾郡誌《ちばけんひがしかつしかぐんし》』）。一六一〇年参照《ねんさんしょう》

二年 己丑《つちのとうし》 一六四九

六月二〇日 江戸《えど》に大地震《おおじしん》。震源地《しんげんち》、江戸川東京湾地震帯《えどがわとうきょうわんじしんたい》、マグニチュード7・1（推定《すいてい》）。幕《ばく》府《ふ》は瓦葺屋根《かわらぶきやね》を廃《はい》し、柿屋根《こけらやね》の普及《ふきゅう》に努《つと》めた

三年 庚寅《かのえとら》 一六五〇

●三月一五日、浄土宗《じょうどしゅう》 浄閑寺《じょうかんじ》に万霊塔建立《ばんれいとうこんりゅう》される。

「南無阿弥陀仏佛《なむあみだぶつぶつ》　三界萬霊《さんかいばんれい》　右　志　者爲念佛講之結衆《みぎこころざすものねんぶつこうのけっしゅうのため》五十余人《よにん》増造佛果也《ぶっかぞうぞうなり》　干時慶安《ときにけいあん》三庚寅《かのえとら》年《とし》三月十五日當寺二代《とうじにだい》□□□□」（『市川市《いちかわし》の石造物《せきぞうぶつ》』）
『郷土《きょうど》と庚申塔《こうしんとう》』では、「無縁《むえん》」「二月十五日」「当寺謨誉《とうじぼよ》　直西刻《ちょくさいこく》」とする。

●押切《おしきり》の光林寺《こうりんじ》の中洲氏《なかすし》（田所氏《たどころし》）の墓碑《ぼひ》。
石塔上《せきとうじょう》碑面右《ひめんみぎ》「忠岳院《ちゅうがくいん》仰　誉《ぎょうよ》徳源信儀大禅　定門《とくげんしんぎだいぜんじょうもん》・天正《てんしょう》十五丁亥《ひのとい》四月八日《がつようか》」
「貞境院徳誉　妙　功智達禅　定尼《ていきょういんとくよしょうこうちたつぜんじょうに》・文禄《ぶんろく》三甲午《きのえうま》七月十日《がつとおか》」
右側面《みぎそくめん》「中洲左衛門信儀夫婦之墓《なかすさえもんしんぎふうふのはか》」
左側面《ひだりそくめん》「田所源左衛門祖也《たどころげんざえもんそなり》」
石塔下段右側《せきとうげだんみぎがわ》「忠誉儀覚信士《ちゅうよぎかくしんし》・寛永《かんえい》六乙巳《きのとみ》九月六日《がつむいか》」
「覚心　妙　理信女《かくしんしょうりしんにょ》・元和《げんな》九　癸　亥《みずのとい》二月　廿　八日《がつにじゅうはちにち》」
家臣立原兵之進夫婦碑《かしんたちはらへいのしんふうふひ》とあり、反対側《はんたいがわ》に「貞性　妙応信女《ていしょうしょうおうしんにょ》・慶安《けいあん》三庚寅《かのえとら》五月二日《がつふつか》」。家臣葛野又市夫婦碑《かしんかつのまたいちふうふひ》とある。中洲氏《なかすし》の嫡流《ちゃくりゅう》を名乗《なの》る田所氏《たどころし》が先祖《せんぞ》の菩提供養《ぼだいくよう》のために建立《こんりゅう》（『葛飾風土史川《かつしかふうどしかわ》と村《むら》と人《ひと》』）。天文年間《てんぶんねんかん》（一五三二〜）参照《さんしょう》。

四年　辛卯《かのとう》　一六五一

二月二四日、本行徳《ほんぎょうとく》の浄閑寺《じょうかんじ》に地蔵菩薩像建立《じぞうぼさつぞうこんりゅう》される。

（梵字《ぼんじ》カ） 奉造立《ぞうりゅうたてまつる》地蔵菩薩《じぞうぼさつ》爲講之《ためこうの》結衆《けっしゅう》男女《だんじょ》六十八人《にん》得現果報《とくげんかほう》後生佛土也《ごしょうぶつどなり》 奉勸《すすめたてまつる》法界《ほっかい》男女貴賤《だんじょきせん》輩《ともがら》一万余人《いちまんよにん》現當二世《げんとうにせ》得成就者也《とくじょうじゅものなり》當寺《とうてら》二世《にせ》直西刻《ちょくさいこく》 干時《ときに》慶安《けいあん》四暦《れき》 □二月廿《にじゅう》四日」［裏《うら》］「南無阿弥陀佛《なむあみだぶつ》願主《がんしゅ》浄蓮社《じょうれんしゃ》□□敬《けい》白《はく》 光《こう》□道《どう》□ 理覚《りかく》□□（『市川市《いちかわし》の石造物《せきぞうぶつ》』）

七月　由井正雪事件《ゆいしょうせつじけん》起《お》きる。市川《いちかわ》の渡《わた》しが番所《ばんしょ》から関所《せきしょ》になる

一〇月一三日　大風雨《だいふうう》にて戸塚《とつか》、神奈川《かながわ》、川崎《かわさき》諸駅《しょえき》、並《ならび》に葛西《かさい》、行徳《ぎょうとく》の辺民《あたりみん》家数千軒倒覆《かすうせんけんとうふく》せしとぞ（『江戸川区史《えどがわくし》』第《だい》三巻《かん》「徳川実記《とくがわじっき》」）

一〇月　津波《つなみ》により行徳《ぎょうとく》・葛西《かさい》で民家数千戸《みんかすうせんこ》流失《りゅうしつ》（『市川市史年表《いちかわししねんぴょう》』）

●田中内匠没《たなかたくみぼつ》。当代島《とうだいじま》を開拓《かいたく》し、内匠堀《たくみぼり》を開削《かいさく》したとされる。

●浄土宗《じょうどしゅう》浄閑寺《じょうかんじ》に延命地蔵建立《えんめいじぞうこんりゅう》される（『明《めい》

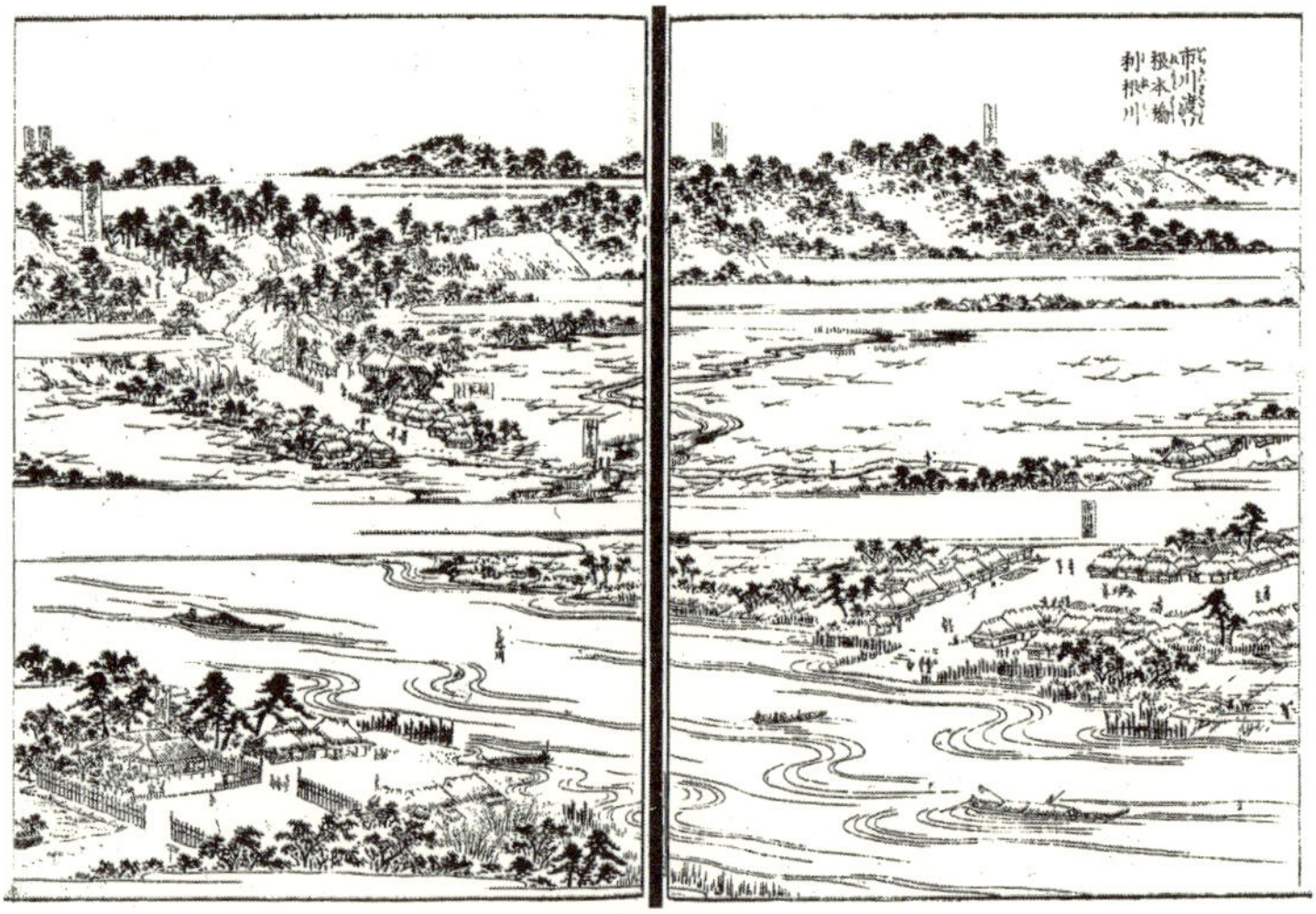

市川渡（『江戸名所図会』国立国会図書館デジタルコレクション）

解行徳《かいぎょうとく》の歴史大事典《れきしだいじてん》』）。

承応《じょうおう》

元年　壬辰《みずのえたつ》　一六五二

一二月　佐倉宗吾《さくらそうご》一揆《いっき》起《お》こる。なお、行徳《ぎょうとく》での百姓一揆《ひゃくしょういっき》の記録《きろく》はない

三年　甲午《きのえうま》　一六五四

●銚子《ちょうし》から太平洋《たいへいよう》に注《そそ》ぐ利根川《とねがわ》の東流《とうりゅう》工事完成《こうじかんせい》。

承応年間《じょうおうねんかん》（一六五二～一六五五）

●江戸《えど》への下《くだ》り塩廻船《じおかいせん》二五〇～三〇〇艘《そう》、約《やく》五〇万俵《まんびょう》（『下総行徳塩業史《しもうさぎょうとくえんぎょうし》』）。

明《めい》暦《れき》

二年丙申《ひのえさる》　一六五六

●八月二四日、新井《あらい》の延命寺《えんめいじ》に地蔵菩薩像建立《じぞうぼさつぞうこんりゅう》される。

（梵字《ぼんじ》カ）奉新造本尊《しんぞうたてまつるほんぞん》　法印權大僧都《ほういんごんだいそうず》賢恵求之《けんけいもとゆき》□真至《まさちか》□□有情非常爲出離生死《うじょうひじょうなすしゅつりしょうじ》　干時明《ときにめい》暦《れき》二丙申《ひのえさる》八月二十四日敬白《けいはく》（『市川市《いちかわし》の石造物《せきぞうぶつ》』）

『郷土《きょうど》と庚申塔《こうしんとう》』では「法印大僧都《ほういんだいそうず》求之《もとゆき》　并《ならびに》　直至《なおちか》及《および》一切《いっさい》有情《うじょう》非常《ひじょう》為《ため》出離生死《しゅつりしょうじ》」とある。

●九月一五日、本行徳《ほんぎょうとく》の浄閑寺《じょうかんじ》に名号塔建立《めいごうとうこんりゅう》される。

「南無阿弥陀佛《なむあみだぶつ》　願主《がんしゅ》　林誉宗春《りんよそうしゅん》　名誉念正《めいよねんしょう》　専誉浄哲《せんよじょうてつ》　宗誉栄樹《そうよえいじゅ》　結衆《けっしゅう》　長誉久念《ちょうよくねん》　覚誉《かくよ》
兼心《けんしん》　心誉不乱《しんよふらん》　方誉両蓮《ほうよりょうれん》　天道《てんどう》」「南無阿弥陀佛《なむあみだぶつ》　奉造立《ぞうりゅうたてまつる》立石塔《たていしとう》爲《なす》一千日《いっせんにち》稱名《しょうみょう》勤修《ごんしゅ》廻向《えこう》
成就也《じょうじゅなり》　當寺開山鎮誉《とうじかいざんちんよ》□上人《しょうにん》　導師《どうし》浄閑寺《じょうがんじ》三世願蓮社本誉宗意上人《せいがんれんしゃほんよそういしょうにん》　地獄《じごく》」「南無阿弥陀佛《なむあみだぶつ》
奉勧《すすめたてまつる》爲法界男女貴賤《ためほっかいだんじょきせん》一千余人菩提也《よにんぼだいなり》（判読不能《はんどくふのう》）明暦《めいれき》二丙申年《ひのえさるのとし》九月十五日　餓鬼《がき》」「南無《なむ》
阿弥陀佛《あみだぶつ》　畜生《ちくしょう》」「南無阿弥陀佛《なむあみだぶつ》　本譽浄《ほんよじょう》□　信譽法壽《しんよほうじゅ》　修羅《しゅら》」「南無阿弥陀佛《なむあみだぶつ》　人道《じんどう》」
（『市川市《いちかわし》の石造物《せきぞうぶつ》』）

●真言宗東海山善福寺建立《しんごんしゅうとうかいざんぜんぷくじこんりゅう》。『葛飾誌略《かつしかしりゃく》』は元和《げんな》五年（一六一九）建立《こんりゅう》とする。一六一九年を参《さん》照《しょう》のこと。

三年丁酉《ひのととり》 一六五七

●一月の江戸《えど》の大火《だいか》（振袖火事《ふりそでかじ》）の節《せつ》、今井《いまい》の渡《わた》しで欠真間村《かけままむら》（現《げん》、相之川《あいのかわ》）から今井《いまい》へ渡《わた》す免許《めんきょ》を願《ねが》い出《で》るも、行徳船《ぎょうとくぶね》の障《さわ》りになるとの理由《りゆう》で関東郡代《かんとうぐんだい》伊奈半十郎《いなはんじゅうろう》により却下《きゃっか》（『葛飾誌略《かつしかしりゃく》』）。

一〇月 津浪《つなみ》（『千葉県東葛飾郡誌《ちばけんひがしかつしかぐんし》』）

明暦年間《めいれきねんかん》（一六五五～一六五八）

●『正保国絵図《しょうほうくにえず》』完成《かんせい》。正保元年《しょうほうがんねん》（一六四四）幕府《ばくふ》が作成《さくせい》を命《めい》じたもの（『行徳《ぎょうとく》レポートその（1）―年《ねん》表《びょう》・絵地図《えちず》集《しゅう》―』）。

●浄土宗《じょうどしゅう》 浄閑寺《じょうがんじ》に明暦《めいれき》の大火《たいか》供養《くよう》のため六地蔵《ろくじぞう》建立《こんりゅう》される（『明解《めいかい》行徳《ぎょうとく》の歴史《れきし》大事典《だいじてん》』）。

●浅草見附前《あさくさみつけまえ》玉屋《たまや》勘兵衛《かんべえ》、笹屋《ささや》利兵衛《りへえ》といふ船宿《ふなやど》にて、はじめて猪牙船《ちょきぶね》を製《せい》す（『武江年表《ぶこうねんぴょう》』）。二挺艫《ちょうろ》の快速船《かいそくせん》。

万治《まんじ》

元年　戊戌《つちのえいぬ》　一六五八

●二月一五日、浄土宗善照寺《じょうどしゅうぜんしょうじ》に五智如来像建立《ごちにょらいぞうこんりゅう》される（『葛飾誌略《かつしかしりゃく》』）。

①（梵字《ぼんじ》ウーン）［裏《うら》］爲《ため》（法名《ほうみょう》1）②（梵字《ぼんじ》タラーク）［裏《うら》］爲《ため》（法名《ほうみょう》1）③（梵字《ぼんじ》バン）［裏《うら》］十方法界同生者是《じっぽうほっかいどうせいじゃこれ》　万治元《まんじがん》　戊　戌年《つちのえいぬのとし》　二月十五日　青山四郎兵衛吉貞《あおやましろべえよしさだ》　④（梵字《ぼんじ》キリーク）［裏《うら》］當寺開山覚誉上人代《とうじかいざんかくよしょうにんだい》　下総國葛飾郡八幡荘行徳湊村《しもうさのくにかつしかごおりやわたのしょうぎょうとくみなとむら》　青山四郎兵衛吉貞《あおやましろべえよしさだ》

奉造立五智石造爲百億万辺念仏供養也《ぞうりゅうたてまつるごちせきぞうひゃくおくまんべんねんぶつくようのためなり》　施主《せしゅ》（法名《ほうみょう》2）敬白《けいはく》　万治元《まんじがん》　戊　戌年《つちのえいぬのとし》二月十五日

⑤（梵字《ぼんじ》アク）［裏《うら》］爲《ため》（法名《ほうみょう》2）（『市川市《いちかわし》の石造物《せきぞうぶつ》』）

五智如来《ごちにょらい》の光背《こうはい》が欠《か》けている理由《りゆう》は、江戸時代《えどじだい》のばくち打《う》ちが石仏《せきぶつ》のかけらを懐《ふところ》に入《い》れて丁半《ちょうはん》を争《あらそ》うと縁起《えんぎ》が良《よ》い、との迷信《めいしん》のためという（『「葛飾誌略《かつしかしりゃく》」の世界《せかい》』）。

二年　己亥《つちのとい》　一六五九

●五月一八日、湊《みなと》の善照寺《ぜんしょうじ》に万霊塔建立《ばんれいとうこんりゅう》される。
「三界萬靈有無縁《さんかいばんれいうむえん》□」［右《みぎ》］爲栄譽壽法《ためえいよじゅほう》 信女《しんにょ》 敬白《けいはく》 ［左《ひだり》］万治《まんじ》二己亥年《つちのといのとし》五月十八日
（『市川市《いちかわし》の石造物《せきぞうぶつ》』）

七月二日 大風雨《だいふうう》、洪水《こうずい》。浅草御蔵通《あさくさおくらどお》り水《みず》に浸《ひた》る（『武江年表《ぶこうねんぴょう》』）

七月二〇日 洪水《こうずい》（『千葉県東葛飾郡誌《ちばけんひがしかつしかぐんし》』）

●八月一二日、真言宗延命寺《しんごんしゅうえんめいじ》に延命地蔵建立《えんめいじぞうこんりゅう》される。
奉造立本尊《ぞうりゅうたてまつるほんぞん》 奉待庚申講一座二世成就處《まちたてまつるこうしんこういちざにせいじょうじゅのところ》 本當延命寺《ほんとうえんめいじ》 干時万治《ときにまんじ》二己亥天《つちのといてん》八月十二日
（名《な》一五名《めい》）（『市川市《いちかわし》の石造物《せきぞうぶつ》』）
『郷土《きょうど》と庚申塔《こうしんとう》』では、喜七郎《きしちろう》・福三郎《ふくさぶろう》・久兵衛《きゅうべえ》・清十郎《せいじゅうろう》・権左衛門《ごんざえもん》・久四郎《きゅうしろう》・□□□・弥兵《やへ》衛《え》・長三郎《ちょうざぶろう》・伝兵衛《でんべえ》で、判読不明《はんどくふめい》は五、六名《めい》とある。

●九月一〇日、相之川《あいのかわ》の日枝神社創建《ひえじんじゃそうけん》。市川市相之川《いちかわしあいのかわ》一丁目《ちょうめ》二番《ばん》一九号《ごう》。相之川《あいのかわ》の鎮守《ちんじゅ》。江州日《ごうしゅうひ》吉山王同神《えさんのうどうしん》。祭神《さいじん》は大山咋神《おおやまくいのかみ》。スサノウの神《かみ》の子孫《しそん》で国土守護《こくどしゅご》をつかさどる。祭日《さいじつ》、一〇月一四日。宝暦《ほうれき》七年（一七五七）再建《さいけん》、明治《めいじ》一六年（一八八三）改築《かいちく》。幕末《ばくまつ》まで別当寺《べっとうじ》は延命寺《えんめいじ》。
相之川《あいのかわ》は昭和《しょうわ》三一年（一九五六）一〇月、市川市《いちかわし》に合併《がっぺい》により市川市相之川《いちかわしあいのかわ》として大字《おおあざ》になるまでは南行徳町欠真間字相之川《みなみぎょうとくまちかけままあざあいのかわ》だったが、江戸時代《えどじだい》を通《つう》じて欠真間村内《かけまそんない》で「相之川分《あいのかわぶん》」として一《いっ》村《そん》の扱《あつか》いをされていた。ただし、村《むら》としては欠真間村《かけままむら》だった。日枝神社《ひえじんじゃ》を現在《げんざい》の欠真間《かけまま》との境界《きょうかい》に創建《そうけん》することにより立村《りっそん》の意志《いし》を明確《めいかく》にしたものと思《おも》われる（欠真間村《かけままむら》の鎮守《ちんじゅ》は香取神社《かんどりじんじゃ》である）。

なお、徳川家康《とくがわいえやす》、秀忠《ひでただ》らが東金御成《とうがねおなり》の節《せつ》に相之川《あいのかわ》を通過《つうか》したときには日枝神社《ひえじんじゃ》はまだ創建《そうけん》されていなかった。

日枝神社《ひえじんじゃ》の神輿《みこし》は江戸川《えどがわ》の上流《じょうりゅう》から流《なが》れてきて永井《ながい》さんの家《いえ》にたどり着《つ》いたとか、流《なが》れてきたのは神社《じんじゃ》の御神体《ごしんたい》だとか、なぞに包《つつ》まれているが、祭礼《さいれい》の時《とき》はまず永井政太郎《ながいせいたろう》さんの庭《にわ》に飾《かざ》って、神主《かんぬし》がお祈《いの》りして、若《わか》い衆《しゅ》がもみ出《だ》す（『市川《いちかわ》の伝承民話《でんしょうみんわ》』第《だい》一集《しゅう》）。

●この年《とし》、川船奉行《かわぶねぶぎょう》二名《めい》に増員《ぞういん》（『下総行徳塩業史《しもうさぎょうとくえんぎょうし》』）。

●この年《とし》、「（本行徳《ほんぎょうとく》の）田中三左衛門《たなかさんざえもん》御普請奉行《ごぶしんぶぎょう》の節《せつ》、丹州《たんしゅう》桂川《かつらがわ》へ出役《しゅつやく》して（身代観世音《みがわりかんぜおん》を）持《も》ち来《きた》り、徳願寺《とくがんじ》へ納《おさ》めし也《なり》。今《いま》百五十一年に及《およ》ぶ。後《のち》三十一年過《す》ぎて当所《とうしょ》（藤原観音堂《ふじわらかんのんどう》）へ移《うつ》し奉《たてまつ》る也《なり》。元禄《げんろく》三庚午年《かのえうまのとし》（一六九〇）の事《こと》なり」（『葛飾誌略《かつしかしりゃく》』）

三年　庚子《かのえね》　一六六〇

●両国橋《りょうごくばし》初《はじ》めて掛《か》けらる。「幅《はば》四間長《けんなが》さ凡《およ》そ九十六間《けん》、始《はじ》めは大橋《おおはし》と呼《よ》べり。後《のち》に両国《りょうごく》と改《あらた》めらる、と云《い》ふ」（『武江年表《ぶこうねんぴょう》』）。

寛《かん》文《ぶん》

元年 辛丑《かのとうし》 一六六一

●八月二四日、河原《かわら》の養福院《ようふくいん》に地蔵菩薩像建立《じぞうぼさつぞうこんりゅう》される。
「南無阿弥陀仏《なむあみだぶつ》　善者光誉《ぜんしゃこうよ》　本願人川《ほんがんじんかわ》□良左エ門《りょうざえもん》　（梵字《ぼんじ》キャ・カ・ラ・バ・ア）□□院開眼道《いんかいげんどう》
□□寶《ほう》□無尊《むそん》□信《しん》□敬白《けいはく》」「奉地蔵菩薩造立《じぞうぼさつぞうりゅうたてまつる》念佛《ねんぶつ》無縁《むえん》□已上《いじょう》七十五代寛文元年《だいかんぶんがんねん》辛《かのと》□八月　廿《にじゅう》
四日」（『市川市《いちかわし》の石造物《せきぞうぶつ》』）

●九月一六日、本行徳一丁目《ほんぎょうとくちょうめ》の神明社《しんめいしゃ》に灯篭《とうろう》が奉納《ほうのう》される。
①奉　造　立《ぞうりゅうたてまつる》　御神前《ごしんぜん》　石燈籠一基所《いしどうろういっきところ》　本國和泉白根郡《ほんごくいずみしらねごおり》　樽井村瀬能久右衛門《たるいむらせのうきゅううえもん》　［裏《うら》］干時寛文《ときにかんぶん》
元年　辛丑《かのとうし》九月十六日
②奉　造　立《ぞうりゅうたてまつる》　御神前《ごしんぜん》　干時寛文《ときにかんぶん》元年　辛丑《かのとうし》九月十六日　石燈籠一基之願主《いしどうろういっきのがんしゅ》　下　總　國本　行　徳村《しもうさのくにくほんぎょうとくむら》
秋元久右衛門《あきもときゅううえもん》　高思與二兵衛《たかしよにへえ》　河邉治兵衛《かわべじへえ》　高橋惣衛門《たかはしそうえもん》　廣田梅子女《ひろたうめこじょ》　河本五兵衛《かわもとごへえ》
（『市川市《いちかわし》の石造物《せきぞうぶつ》』）

●大和田村《おおわだむら》の永正寺《えいしょうじ》が大破《たいは》し聖徳太子作《しょうとくたいしさく》の本尊薬師如来《ほんぞんやくしにょらい》を臨済宗　長　松　寺《りんざいしゅうちょうしょうじ》へ遷《うつ》す（『葛飾誌《かつしかし》

略《りゃく》』）。大和田村《おおわだむら》の檀家《だんか》の参詣《さんけい》あり。

●この年以降《としいこう》に『関東八カ国絵図《かんとうはちかこくえず》』成立《せいりつ》。館山市立博物館蔵《たてやましりつはくぶつかんぞう》（『行徳《ぎょうとく》レポートその（1）—年表《ねんぴょう》・絵地図集《えちずしゅう》—』）。

●この年《とし》、小名木川《おなぎがわ》の隅田川川口川船番所《すみだがわかわぐちかわぶねばんしょ》、中川口《なかかわぐち》に移《うつ》され、中川番所《なかがわばんしょ》と称《しょう》する（『江戸川区史《えどがわくし》』第《だい》一巻《かん》）。

二年　壬寅《みずのえとら》　一六六二

●三月二四日午《うま》の刻《こく》、大地震《おおじしん》。五月六日より二〇日まで、日月赤《にちげつあか》き事紅《ことべに》の如《ごと》し（『武江年表《ぶこうねんぴょう》』）。

●津波《つなみ》（『千葉県東葛飾郡誌《ちばけんひがしかつしかぐんし》』）。

四年　甲辰《きのえたつ》　一六六四

●真言宗雙輪寺《しんごんしゅうそうりんじ》に聖観音像建立《しょうかんのんぞうこんりゅう》される。拾人施主《じゅうにんせしゅ》。「庚申供養為二世安楽逆修也《こうしんくようにせいあんらくぎゃくしゅのためなり》」とある。台座《だいざ》の文字読《もじよ》み取《と》れず（『明解行徳《めいかいぎょうとく》の歴史大事典《れきしだいじてん》』）。『郷土《きょうど》と庚申塔《こうしんとう》』では、右《みぎ》「奉　造　立庚申供養《ぞうりゅうたてまつるこうしんくよう》為二世安樂逆修也《にせいあんらくぎゃくしゅのためなり》」左《ひだり》「寛文《かんぶん》四年今月吉日《ねんこんげつきちじつ》・拾人施主敬白《じゅうにんせしゅけいはく》」とする。

●八月、湊新田《みなとしんでん》の胡録神社境内《ころくじんじゃけいだい》に庚申塔《こうしんとう》が建《た》てられる。

「奉《たてまつる》□　寛文《かんぶん》四□甲辰《きのえたつ》　□□神《しん》□者七《しゃしち》□悲《ひ》□應《おう》□□樂《らく》□□　□□□諸衆《しょしゅう》□□佛道普及《ぶつどうふきゅう》□□□□□□八月吉祥日《きちしょうにち》」

風化《ふうか》のため一三名《めい》の氏名《しめい》読《よ》み取《と》れず（『明解行徳《めいかいぎょうとく》の歴史大事典《れきしだいじてん》』）。『市川《いちかわ》の石造物《せきぞうぶつ》』には「奉造立《ぞうりゅうたてまつる》　庚申神徳者七佛悲霊應跡充去楽秘術也《こうしんしんとくしゃしちぶつひれいおうせきじゅうきょらくひじゅつなり》　伏一結諸衆抱成佛道普及法界度群類《ふくいちけつしょしゅうほうじょうぶつどうふきゅうほっかいどぐんるい》□寛文《かんぶん》四年甲辰《きのえたつ》　八月吉祥日《きちじょうにち》（女《おんな》一四名《めい》）」とある。

●この年《とし》、三度《ど》飛脚《ひきゃく》免許《めんきょ》される。出発日《しゅっぱつび》毎月《まいつき》二日、十二日、二十三日。各藩《かくはん》の飛脚便《ひきゃくびん》を集約《しゅうやく》した民間飛脚《みんかんひきゃく》として独立《どくりつ》。別《べつ》に幕府《ばくふ》の伝馬制度《てんませいど》がある。江戸市内《えどしない》を集配《しゅうはい》する「町飛脚《まちびきゃく》」は腰《こし》に鈴《すず》をつけて「チリンチリンの町飛脚《まちびきゃく》」と言《い》われた（『下総郵便事始《しもうさゆうびんことはじめ》』）。

五年　乙巳《きのとみ》　一六六五

●九月一五日、香取《かんどり》の香取神社《かんどりじんじゃ》に庚申塔《こうしんとう》建《た》てられる。「奉造立庚申供養《ぞうりゅうたてまつるこうしんくよう》」「同行女人《どうこうにょにん》二十六人《にん》」「同行男《どうこうおとこ》十三人《にん》」「寛文《かんぶん》五年乙巳《きのとみ》九月十五日」「下総國葛飾郡八幡庄行徳香取村《しもうさのくにかつしかごおりやわたのしょうぎょうとくかんどりむら》」（『明解行徳《めいかいぎょうとく》の歴史大事典《れきしだいじてん》』）

梵字《ぼんじ》は「ア・バン・ウーン」（『市川市《いちかわし》の石造物《せきぞうぶつ》』）。

◉おかね塚伝承《づかでんしょう》できる

一〇月一五日、押切《おしきり》に阿弥陀如来像《あみだにょらいぞう》の庚申塔《こうしんとう》が建《た》つ。市川市押切《いちかわしおしきり》二番《ばん》。かつて押切《おしきり》にあった「からかさ屋《や》」という商家《しょうか》の個人墓地内《こじんぼちない》。結衆　男《けっしゅうおとこ》八人《にん》、僧侶名《そうりょめい》九筆《ひつ》。供養賛同者氏名《くようさんどうしゃしめい》九四筆《ひつ》とされるが風化《ふうか》のため判読不明《はんどくふめい》（『郷土《きょうど》と庚申塔《こうしんとう》』）

おかね塚《づか》は光林寺裏《こうりんじうら》から通《つう》じる長山《ながやま》という江戸川締切《えどがわしめき》り堤防跡地《ていぼうあとち》のはずれにあたる場所《ばしょ》にある。おかね塚向《づかむ》かいの細長《ほそなが》い土地《とち》は高畑《たかばたけ》（たかっぱたけ）と呼《よ》ばれ、これも江戸川河口締《えどがわかこうしめき》切り堤防跡《ていぼうあと》地《ち》（ここは市川市伊勢宿《いちかわしいせじゅく》）。『市川市《いちかわし》の石造物《せきぞうぶつ》』では、「（梵字《ぼんじ》キリーク）如等所行《にょとうしょぎょう》　是菩提道《これぼだいどう》　漸々　修覺《ぜんぜんしゅうかく》　悉當成佛《しつとうじょうぶつ》　右　志　者為道俗等所願満《みぎこころざすものためどうぞくなどしょがんまん》□　二之□誠□□□年　奉　待《まちたてまつる》　庚申《こうしん》□□如是《にょぜ》　石《せき》佛尊像造　立　處也《ぶつそんぞうぞうりゅうのところなり》　寛文《かんぶん》五　乙巳《きのとみのとし》年十月十五日（名《な》94　判読不能《はんどくふのう》）」とある。

●一一月一五日、本行徳《ほんぎょうとく》の教善《きょうぜん》（信《しん》）寺《じ》に阿弥陀如来像建立《あみだにょらいぞうこんりゅう》される。
「奉　造　立《ぞうりゅうたてまつる》阿弥陀尊《あみだそん》□一躰爲佛果菩提也《いったいぶつかぼだいのためなり》　□主禅誉清月《しゅぜんよせいげつ》　本誉《ほんよ》□光《こう》　寛文《かんぶん》五巳年《みどし》十一月十五日
□誉《よ》□楽《らく》　□誉源泉《よげんせん》　春《しゅん》□」（『市川市《いちかわし》の石造物《せきぞうぶつ》』）

六年　丙午《ひのえうま》　一六六六

●八月、河原《かわら》の養福院《ようふくいん》に燈籠建立《とうろうこんりゅう》される。
「(梵字《ぼんじ》カ) 奉 造 立《ぞうりゅうたてまつる》御寶前《ごほうぜん》 □□寛文《かんぶん》六年 □八月吉日《きちじつ》 施主《せしゅ》 □□□」［裏《うら》］下総國葛飾《しもうさのくにかつしか》郡八幡庄《ごおりやわたのしょう》 行徳之内《ぎょうとくのうち》 河原村《かわらむら》（姓名《せいめい》5）（『市川市《いちかわし》の石造物《せきぞうぶつ》』）

●九月二一日、香取《かんどり》の源心寺《げんしんじ》に狩野浄天供養塔建立《かのうじょうてんくようとうこんりゅう》される。
「空風火水地《くうふうかすいち》 寛永《かんえい》六巳年《みどし》三月十五日 源正院心譽安楽浄天禅定門《げんせいいんしんよあんらくじょうてんぜんじょうもん》 心行院寶譽清光妙泉禅定尼《しんぎょういんほうよせいこうみょうせんぜんじょうに》 寛永《かんえい》十七庚辰《かのえたつ》天十一月八日」［右《みぎ》］南無阿弥陀仏《なむあみだぶつ》 ［左《ひだり》］南無阿弥陀仏《なむあみだぶつ》 ［裏《うら》］干時寛文《ときにかんぶん》六年 良宅院殿専譽受心《りょうたくいんでんせんよじゅしん》 大姉《だいし》 丙午《ひのえうま》九月廿一日（『市川市《いちかわし》の石造物《せきぞうぶつ》』）
狩野浄天供養塔指定有形文化財《かのうじょうてんくようとうしていゆうけいぶんかざい》昭和《しょうわ》三六年二月一日。一六二九年、一六四〇年参照《さんしょう》。

●一一月一日、河原《かわら》の養福院《ようふくいん》に庚申塔建立《こうしんとうこんりゅう》される。
「奉 造 立申《ぞうりゅうたてまつるしん》□道行《どうこう》 寛文《かんぶん》六天《てん》丙《ひのえ》 十一月 一日午《うま》」（『市川《いちかわ》の石造物《せきぞうぶつ》』）
『郷土《きょうど》と庚申塔《こうしんとう》』では「奉 造 立申権道行《ぞうりゅうたてまつるしんごんどうこう》」「寛文《かんぶん》六天丙午《てんひのえうま》十一月一日□」とする。

七年 丁未《ひのとひつじ》 一六六七

●八月八日、本行徳《ほんぎょうとく》の自性院《じしょういん》に阿弥陀如来像建立《あみだにょらいぞうこんりゅう》される。
「(梵字《ぼんじ》サ・キリーク) 奉 造 立《ぞうりゅうたてまつる》弥陀一体爲□菩提也《みだいったいぼだいのためなり》 干時寛文《ときにかんぶん》七未丁《ひつじひのと》八月八日施主敬白《せしゅけいはく》」（『市川《いちかわ》の石造物《せきぞうぶつ》』）

●八月一一日、新井《あらい》の延命寺《えんめいじ》に聖観音像《しょうかんのんぞう》建立《こんりゅう》される。
「念仏講《ねんぶつこう》□□　寛文《かんぶん》七丁未天《ひのとひつじてん》　八月十一日　女人同行《にょにんどうこう》廿《にじゅう》三人《にん》」（『市川市《いちかわし》の石造物《せきぞうぶつ》』）

●この年《とし》、下新宿《しもしんしゅく》の稲荷神社《いなりじんじゃ》に石柱《せきちゅう》建立《こんりゅう》される。
「奉寄進稲荷大明神御寶前所《きしんたてまつるいなりだいみょうじんごほうぜんのところ》」〈右《みぎ》〉下総國新宿村氏子《しもうさのくにしんしゅくむらうじこ》　欽《きん》　〈左《ひだり》〉天下泰平國土安穏郷《てんかたいへいこくどあんのんごう》中万民歓喜《ちゅうばんみんかんき》　〈裏《うら》〉寛文大才丁未《かんぶんたいさいひのとひつじ》七年□□□□（『市川市《いちかわし》の石造物《せきぞうぶつ》』）

八年　戊申《つちのえさる》　一六六八

●九月六日、新井《あらい》の新井寺《しんせいじ》に庚申塔《こうしんとう》が建立《こんりゅう》される。
「二世安楽《せいあんらく》　寛文《かんぶん》八年九月六日」（『市川《いちかわ》の石造物《せきぞうぶつ》』）

●九月一四日、湊新田《みなとしんでん》の胡録神社境内《ころくじんじゃけいだい》に庚申塔《こうしんとう》が建《た》てられる。
「奉勧庚申供養二世安楽祈所《ほうろくこうしんくようにせいあんらくいのるところ》」「寛文《かんぶん》八戊申年《つちのえさるのとし》　九月十四日」

九人《にん》の氏名《しめい》あり（『明解行徳《めいかいぎょうとく》の歴史大事典《れきしだいじてん》』）。石井次郎左衛門《いしいじろうざえもん》、村島与惣左衛門《むらしまよそうざえもん》、松原喜右衛門《まつばらきうえもん》、関口次左衛門《せきぐちじざえもん》、橋本勘右衛門《はしもとかんうえもん》、橋本長右衛門《はしもとちょううえもん》、田中三郎右衛門《たなかさぶろううえもん》、青山茂兵衛《あおやまもへえ》、堀木平左衛門《ほりきへいざえもん》（『郷土《きょうど》と庚申塔《こうしんとう》』）。

胡録神社《ころくじんじゃ》。市川市《いちかわし》湊新田《みなとしんでん》一丁目《ちょうめ》一〇番《ばん》二四号《ごう》。祭神《さいじん》は面足命《おもだるのみこと》。祭日《さいじつ》七月一四日。創建年不詳《そうけんねんふしょう》。『葛飾誌略《かつしかしりゃく》』は「圓明院持《えんみょういんもち》。野中《のなか》に有《あ》り。毎年《まいとし》六月花火神事《はなびしんじ》あり」と簡略《かんりゃく》に記《しる》す。別項《べっこう》に

「舟渡《ふなわた》し　諸人前野渡《もろびとまえのわた》しといふ《う》。百姓渡《ひゃくしょうわた》し也《なり》。昔《むかし》、前野鎌内《まえのかまうち》（鎌田《かまだ》カ）より塩稼《しおかせぎ》の為舟越《ためふなご》えしたり。今《いま》に当村《とうそん》（湊村《みなとむら》）に前野分《まえのぶん》といふ《う》所有《ところあ》り。此故《このゆえ》に女《おんな》も渡《わた》す也《なり》」とある。

このことから湊村《みなとむら》の前野分《まえのぶん》がすなわち湊新田村《みなとしんでんむら》になったとは言《い》えないのだが、江戸川向《えどがわむ》こうの前野村《まえのむら》の村人《むらびと》が塩稼《しおかせぎ》のために寛永《かんえい》の時代《じだい》（一六二四〜）から江戸川《えどがわ》を渡《わた》り塩田作業《えんでんさぎょう》をしていたことがわかる。また「湊新田《みなとしんでん》　実《じつ》は新田《しんでん》にあらず。元禄年中《げんろくねんちゅう》（一六八八〜一七〇三）故有《ゆえあ》りて一村《いっそん》と成《な》り、公儀《こうぎ》へ新湊村《しんみなとむら》と書《か》き上《あ》げし也《なり》。家数凡《いえかずおよそ》五〇戸《こ》」とあるから、新湊村《しんみなとむら》となった前後《ぜんご》に神社《じんじゃ》が創建《そうけん》されたと考《かんが》えてよい。

ただ、庚申塔《こうしんとう》が一六六八年で元禄《げんろく》までに二〇年の開《ひら》きがある。本項《ほんこう》は庚申塔《こうしんとう》が胡録神社境内《ころくじんじゃけいだい》に奉納《ほうのう》されたものであるという前提《ぜんてい》があるのだが、この点《てん》について確認《かくにん》できる証拠《しょうこ》がない。相之川《あいのかわ》の日枝神社《ひえじんじゃ》と同様《どうよう》に欠真間村内《かけままそんない》に胡録神社《ころくじんじゃ》を祀《まつ》り（欠真間《かけまま》の鎮守《ちんじゅ》は香取神社《かんどりじんじゃ》）、村《むら》として独立《どくりつ》を果《は》たしたのが湊新田《みなとしんでん》だが、「実《じつ》は新田《しんでん》にあらず……故有《ゆえあ》りて……」という「故《ゆえ》」が一体何《いったいなん》だったのか伝承《でんしょう》された史料《しりょう》がない。

なお、胡録神社《ころくじんじゃ》の打《う》ち上《あ》げ花火《はなび》はれっきとした神事《しんじ》で、客寄《きゃくよ》せで始《はじ》めた両国《りょうごく》の花火《はなび》とは土台《どだい》からして違《ちが》うもの（『行徳物語《ぎょうとくものがたり》』）。

●一〇月二〇日、相之川《あいのかわ》の香取神社《かとりじんじゃ》に聖観音菩薩像造立《しょうかんのんぼさつぞうぞうりゅう》される。「奉造立《ぞうりゅうたてまつる》念佛講《ねんぶつこう》結衆《けっしゅう》寛文《かんぶん》八　戊申《つちのえさる》」「拾月廿日施主敬白《じゅうがつはつかせしゅけいはく》」願文《がんぶん》と結衆《けっしゅう》名欠損《めいけっそん》激《はげ》しく判読不明《はんどくふめい》（『明解行徳《めいかいぎょうとく》の歴史大事典《れきしだいじてん》』）。

九年 己酉《つちのととり》 一六六九

●八月三日、本行徳《ほんぎょうとく》の教善《きょうぜん》（信《しん》）寺《じ》に如意輪観音像建立《にょいりんかんのんぞうこんりゅう》される。

（梵字《ぼんじ》サ）奉寄進為観音造立二世安樂《きしんたてまつるかんのんぞうりゅうにせいあんらくのため》 寛文《かんぶん》九 己酉《つちのとり》天《てん》八月三日 信行寺《しんぎょう(あんカ)じ》住持《じゅうじ》行誉《ぎょうよ》代《だい》

［台《だい》］（女名《おんなな》があるが判読不能《はんどくふのう》）（『市川市《いちかわし》の石造物《せきぞうぶつ》』）

現教信寺《げんきょうしんじ》の隣地《りんち》に信行寺《しんぎょうじ》（『しんあんじ』か）という寺《てら》があったと推察《すいさつ》できる。札所《ふだしょ》一六番《ばん》の信楽寺《しんぎょうじ》とは別《べつ》の寺《てら》か。あるいは、信行寺《しんぎょう(あんカ)じ》が信楽寺《しんぎょうじ》に吸収《きゅうしゅう》され、信楽寺《しんぎょうじ》（しんらくじ、または、しがらきじ）の読《よ》みを「しんぎょうじ」としたか。なお、信楽寺《しんぎょうじ》の読《よ》みは『葛飾記《かつしかき》』にカナが振《ふ》られている（『「葛飾記《かつしかき》」の世界《せかい》』）。いずれにしても幻《まぼろし》の寺《てら》。

一〇年 庚戌《かのえいぬ》 一六七〇

五月一二日 辰下刻《たつげこく》より巳半刻《みはんこく》まで、炭《すみ》の如《ごと》く成《な》る物《もの》降《ふ》る。手《て》に取《と》り上《あ》げて見《み》れば砂《すな》の如《ごと》し（『武江年表《ぶこうねんぴょう》』）

八月 大風《おおかぜ》（『武江年表《ぶこうねんぴょう》』）

八月四日 洪水《こうずい》（『千葉県《ちばけん》東葛飾郡誌《ひがしかつしかぐんし》』）

●九月、下妙典《しもみょうでん》の春日神社《かすがじんじゃ》に灯籠《とうろう》が奉納《ほうのう》される。

「奉寄進《きしんたてまつる》石燈《いしとう》□　庚申《こうしん》（人名《じんめい》は判読不能《はんどくふのう》）」［裏《うら》］寛文《かんぶん》十庚戌年《かのえいぬのとし》九月吉祥《がつきちじょう》（『市川市《いちかわし》の石造物《せきぞうぶつ》』）

一一年　辛亥《かのとい》　一六七一

八月二九日　南大風雨《みなみだいふうう》、洪水《こうずい》。浅草《あさくさ》、下谷《したや》、小日向《こひなた》其《そ》の外《ほか》低《ひく》き所《ところ》、人家《じんか》床上《ゆかうえ》へ水《みず》乗《の》る。本所辺《ほんじょあたり》の家《いえ》に軒端迄水《のきはしまでみず》に浸《ひた》る（『武江年表《ぶこうねんぴょう》』）

●この年《とし》、行徳船《ぎょうとくぶね》五三艘《そう》。

一二年　壬子《みずのえね》　一六七二

●松尾芭蕉《まつおばしょう》、江戸《えど》へ出《で》る。鯉屋市兵衛《こいやいちべえ》（俳号杉山杉風《はいごうすぎやまさんぷう》）の父賢水《ちちけんすい》（俳号仙風《はいごうせんぷう》）のもとに止宿《ししゅく》。鯉《こい》屋市兵衛《やいちべえ》は御用提灯《ごようちょうちん》を許《ゆる》された魚問屋《さかなどんや》（『日本橋魚河岸物語《にほんばしうおがしものがたり》』）。

●一〇月一五日、湊《みなと》の法伝寺《ほうでんじ》に阿弥陀如来像建立《あみだにょらいぞうこんりゅう》される。

□當寺八幡《とうじはちまん》□□千日別事念仏《せんにちべつじねんぶつ》□勤《きん》□□就惣廻向爲供養菩提《しゅうそうえこうのためくようぼだい》□如来建立者也乃至法界平等利《にょらいこんりゅうなすものなりないしほっかいびょうどうり》

益干時寛文《えきときにかんぶん》十二壬子歳《みずのえねのとし》十月十五日□皐国百根郡法誉《くにひねごおりほうよ》□□　施主敬《せしゅけい》□　［台《だい》］法傳寺《ほうでんじ》

（『市川市《いちかわし》の石造物《せきぞうぶつ》』）

『郷土《きょうど》と庚申塔《こうしんとう》』では「和泉国日根郡法誉道通施主也《いずみのくにひねごおりほうよどうつうせしゅなり》」とする。

●寛文年中《かんぶんねんちゅう》に大八車《だいはちぐるま》作《つく》られる（『武江年表《ぶこうねんぴょう》』）。

延《えん》宝《ぽう》

元年 癸丑《みずのとうし》 一六七三

●日蓮宗《にちれんしゅう》 妙好寺《みょうこうじ》の本堂再建《ほんどうさいけん》される。大正《たいしょう》一五年（一九二六）新築《しんちく》（『明解行徳《めいかいぎょうとく》の歴史大事典《れきしだいじてん》』）。

●この年《とし》、新井《あらい》の新井寺《しんせいじ》に聖観音像建立《しょうかんのんぞうこんりゅう》される。延宝元《えんぽうがん》□□□□（『市川市《いちかわし》の石造物《せきぞうぶつ》』）『郷土《きょうど》と庚申塔《こうしんとう》』では、右《みぎ》「奉 造 立《ぞうりゅうたてまつる》□□□」左《ひだり》「延宝《えんぽう》元年 癸丑《みずのとうし》十月」とある。

二年 甲寅《きのえとら》 一六七四

●国々洪水《くにぐにこうずい》（『武江年表《ぶこうねんぴょう》』）。

三年 乙卯《きのとう》 一六七五

●春《はる》、天下《てんか》飢饉《ききん》、倉廩《そうりん》を発《はっ》して、賤民《せんみん》を賑給《しんきゅう》し給《たま》ふ（『武江年表《ぶこうねんぴょう》』）。

◉行徳《ぎょうとく》の百姓《ひゃくしょう》、藤原新田《ふじわらしんでん》、行田新田《ぎょうだしんでん》などを盛《さか》んに開墾《かいこん》する

九月一一日、藤原新田《ふじわらしんでん》に検地《けんち》がされる。屋敷持《やしきも》ち一八名《めい》、出身地別《しゅっしんちべつ》の農民《のうみん》、行徳《ぎょうとく》二一名《めい》、妙典《みょうでん》三名《めい》、関ケ島《せきがしま》五名《めい》、湊《みなと》一名《めい》、押切《おしきり》二名《めい》、伊勢宿《いせじゅく》一名《めい》、欠真間《かけまま》三名《めい》、塩浜新田《しおはましんでん》（現本塩《げんほんしお》）八名《めい》、新宿《しんしゅく》一名《めい》の九カ村《そん》合《あ》わせて四五名《めい》の名前《なまえ》と農地《のうち》の等級《とうきゅう》、屋敷《やしき》の面積《めんせき》が書《か》き出《だ》され、検地案内人《けんちあんないにん》は行《ぎょう》徳《とく》出身者《しゅっしんしゃ》四名《めい》が担当《たんとう》した（『下総国《しもうさのくに》葛飾郡《かつしかごおり》八幡《やわた》庄《のしょう》藤原新田《ふじわらしんでん》検地帳《けんちちょう》』）。

寛永《かんえい》八年（一六三一）以後《いご》、万治《まんじ》（一六五八～一六六〇）～寛文《かんぶん》（一六六一～一六七二）の時代《じだい》に移住《いじゅう》と推測《すいそく》。

なお、上山新田《かみやましんでん》、丸山新田《まるやましんでん》、行田新田《ぎょうだしんでん》（行徳《ぎょうとく》と田尻《たじり》の農民《のうみん》だから行田《ぎょうだ》とした）も行徳《ぎょうとく》の農民《のうみん》が開墾《かいこん》（『行徳歴史街道《ぎょうとくれきしかいどう》5』『船橋市史《ふなばしし》』前編《ぜんぺん》）。一六九〇年参照《さんしょう》。

●猫実《ねこざね》の真言宗《しんごんしゅう》花蔵院《けぞういん》に信徒《しんと》により子盲観音《こめくらかんのん》勧請《かんじょう》される。毎月《まいつき》十七日が縁日《えんにち》（『浦安町誌上《うらやすちょうしじょう》』）。

四年 丙辰《ひのえたつ》 一六七六

●八月二三日、湊《みなと》の浄土宗《じょうどしゅう》法伝寺《ほうでんじ》に馬頭観音像《ばとうかんのんぞう》建立《こんりゅう》される。
「念仏講《ねんぶつこう》結衆《けっしゅう》新田《しんでん》為《ため》女房方《にょうぼうかた》十九人《にん》現當兩《げんとうりょう》益《えき》爲《ため》菩提《ぼだい》奉建立《こんりゅうたてまつる》者也《ものなり》 延宝《えんぽう》四 丙辰《ひのえたつ》天《てん》八月 廿《にじゅう》三
日 敬白《けいはく》」（『市川市《いちかわし》の石造物《せきぞうぶつ》』）

五年 丁巳《ひのとみ》 一六七七

八月六日 大風雨《だいふうう》、木挽町《こびきちょう》、芝辺《しばあたり》、所々《しょしょ》高潮上《たかしおあが》る（『武江年表《ぶこうねんぴょう》』）
九月二日 暴風《ぼうふう》、津波《つなみ》（『千葉県《ちばけん》東葛飾郡誌《ひがしかつしかぐんし》』）
一一月四日 房総沖《ぼうそうおき》地震《じしん》と津波《つなみ》、マグニチュード7・4。上総《かずさ》東部《とうぶ》震度《しんど》六

六年 戊午《つちのえうま》 一六七八

八月 江戸大地震《えどおおじしん》（『市川市史年表《いちかわししねんぴょう》』）
●この年《とし》、幕府《ばくふ》、川船奉行《かわぶねぶぎょう》を三名《めい》に増員《ぞういん》。江戸湾《えどわん》に流入《りゅうにゅう》する大小《だいしょう》河川《かせん》の川船《かわぶね》に極印《ごくいん》を打《う》ち、川《かわ》船《ぶね》からも年貢《ねんぐ》・役銀《やくぎん》を徴収《ちょうしゅう》（『下総行徳塩業史《しもうさぎょうとくえんぎょうし》』）。ただし、行徳船《ぎょうとくぶね》は非課税《ひかぜい》。

七年　己未《つちのとひつじ》　一六七九

●七月二三日、行徳領《ぎょうとくりょう》御年貢塩《おねんぐじお》、代官《だいかん》伊奈左門守《いなさもんのかみ》深川御宅《ふかがわおんたく》にて延宝《えんぽう》二年から同《どう》六年までの五年分《ぶん》一万二〇〇〇俵《びょう》を入札《にゅうさつ》、江戸《えど》市中《しちゅう》に販売《はんばい》。なお、この年《とし》の入札記録《にゅうさつきろく》は貞享《じょうきょう》四年（一六八七）の項《こう》での記載《きさい》にはない。寛文《かんぶん》一二年（一六七二）～貞享《じょうきょう》四年（一六八七）の一五年間《かん》で八回入《かいにゅう》札販売実施《さつはんばいじっし》（『下総行徳塩業史《しもうさぎょうとくえんぎょうし》』）。

●八月一〇日、高谷村名主役交替《こうやむらなぬしやくこうたい》の為三郎左衛門《ためさぶろうざえもん》より水帳《みずちょう》など地方諸帳簿《じかたしょちょうぼ》が半右衛門《はんうえもん》に引《ひ》き継《つ》がれる（『行徳《ぎょうとく》レポートその（1）―年表《ねんぴょう》・絵地図集《えちずしゅう》―』）。

八年　庚申《かのえさる》　一六八〇

●閏《うるう》八月六日、大津波《おおつなみ》、行徳領《ぎょうとくりょう》で一〇〇人余流死《にんよるし》。香取《かんどり》、湊新田《みなとしんでん》で五五人流死《にんるし》。家財《かざい》、塩浜諸《しおはましょ》道具《どうぐ》、雑穀《ざっこく》などことごとく流失《りゅうしつ》。
行徳塩浜村民《ぎょうとくしおはまそんみん》、代官伊奈半左衛門《だいかんいなはんざえもん》より仕入金借用叶《しいれきんしゃくようかな》わず、江戸町人田中恒《えどちょうにんたなかこう》（源《げん》）右衛門《うえもん》から金《きん》九〇〇両《りょう》の借金《しゃっきん》。

川除並《かわよけなら》びに田地潮除堤大破《でんちしおよけつつみたいは》につき、人足一人《にんそくひとり》につき鐚《びた》一〇〇文《もん》ずつ下《くだ》される御救《おすく》い普請《ぶしん》、その外《ほか》、夫食拝借《ぶじきはいしゃく》なし、もっとも未申両年御年貢塩並《ひつじさるりょうねんおねんぐじおなら》びに置《お》き籾流失《もみりゅうしつ》、御改請《ごかいしん》せず不納《ふのう》いたし候《そうろう》に付《つき》、右申年《みぎさるどし》より三拾《じゅう》四ケ《か》年過《す》ぎの正徳《しょうとく》三巳年《みどし》御順見様《ごじゅんけんさま》お改《あらた》めにつき弁納仰《べんのうおお》せ付《つ》けられ候《そうろう》」（『塩《しお》浜由来書《はまゆらいしょ》〈宝暦《ほうれき》六年以降成立《いこうせいりつ》〉』）

「閏《うるう》八月六日、大津波《おおつなみ》の節《せつ》、堤切《つつみき》れて深《ふか》き事数丈也《ことすうじょうなり》。今《いま》（一八一〇年）は底浅《そこあさ》し。此時《このとき》に汐除《しおよけ》堤《つつみ》を築《きず》き廻《まわ》したり。此時香取《このときかんどり》にて二十八人《にん》、新田《しんでん》にて二十五人《にん》、領内都《りょうないすべ》て百人余《ひゃくにんよ》の溺死《できし》あり。大《だい》変也《へんなり》」（『葛飾誌略《かつしかしりゃく》』）

閏《うるう》八月六日　大風雨《だいふうう》。深川《ふかがわ》、本所浜町《ほんじょはまちょう》、霊巌島《れいがんじま》、鉄砲洲《てっぽうず》、八丁堀海水漲《はっちょうぼりかいすいみなぎ》り上《あが》りて家《いえ》を損《そん》し、人《ひと》溺《おぼれ》る。両国橋損《りょうごくばしそん》し往来止《おうらいと》まる（『武江年表《ぶこうねんぴょう》』）

九月二八日　津波《つなみ》、暴風《ぼうふう》（『千葉県東葛飾郡誌《ちばけんひがしかつしかぐんし》』）

● 一〇月、本行徳《ほんぎょうとく》の長松禅寺《ちょうしょうぜんじ》に六地蔵建立《ろくじぞうこんりゅう》される。
「薬師御寶前《やくしごほうぜん》　所願《しょがん》□□□満足《まんぞく》　爲二親之菩提《ためにしんのぼだい》□親《おや》　□佛《ぶつ》七世《せい》□母《はは》□□」［裏《うら》］本行徳村《ほんぎょうとくむら》□
□目《め》□□之願主敬白《のがんしゅけいはく》　干時延宝《ときにえんぽう》八　庚申天《かのえさるてん》十月　祥《しょう》八日　宗正代《そうしょうだい》　□□□長松禅寺現住《ちょうしょうぜんじげんじゅう》
奉建立塔籠壹《こんりゅうたてまつるとうかごいち》□　幷六地蔵菩薩《ならびにろくじぞうぼさつ》□［台《だい》］施主《せしゅ》　江田八郎兵衛《えだはちろべえ》（『市川市の石造物《いちかわしのせきぞうぶつ》』）

● 真言宗東学寺再興《しんごんしゅうとうがくじさいこう》される（『浦安町誌上《うらやすちょうしじょう》』）。

● 松尾芭蕉《まつおばしょう》、杉山杉風《すぎやまさんぷう》が用意《ようい》した深川元番所橋《ふかがわもとばんしょばし》（万年橋《まんねんばし》）近《ちか》くの住《す》まいに移《うつ》る。ここを後年《こうねん》、芭蕉《ばしょう》庵《あん》という。江戸川《えどがわ》で獲《と》れた名物《めいぶつ》の「利根川鯉《とねがわこい》」あるいは「紫鯉《むらさきこい》」と呼《よ》ばれる鯉《こい》を仕《し》入れて飼《か》っておく池《いけ》があった。杉風《さんぷう》は武家《ぶけ》から祝《いわ》い事《ごと》で鯉《こい》の注文《ちゅうもん》が入《はい》ると芭蕉庵《ばしょうあん》の池《いけ》から鯉《こい》を納品《のうひん》していた。行徳《ぎょうとく》を通過《つうか》した鹿島詣《かしまもうで》（一六八七）の前年《ぜんねん》の句《く》「古池《ふるいけ》や蛙《かわず》飛《と》び込《こ》む水《みず》の音《おと》」と「名月《めいげつ》や池《いけ》をめぐりて夜《よ》もすがら」の句《く》はともに芭蕉庵《ばしょうあん》での発句《ほっく》（『行徳歴史街道《ぎょうとくれきしかいどう》2』）。

江戸時代中期《えどじだいちゅうき》、江戸川《えどがわ》の名物《めいぶつ》として、地誌《ちし》に紫鯉《むらさきごい》が挙《あ》げられている（『葛飾記《かつしかき》』）。また、「一《ひとつ》、鯉《こい》。これ此川之名産也《このかわのめいさんなり》。山城国淀川《やましろのくによどがわ》の鯉《こい》にも勝《まさ》りて風味格別也《ふうみかくべつなり》。此故《このゆえ》に、江戸《えど》にても利根川鯉《とねがわこい》とて賞味《しょうみ》する也《なり》。此近辺《このきんぺん》の沼湖《しょうこ》よりも多《おお》く出《い》づと雖《いえど》も、肉強《にくつよ》く味宜《あじよろ》しからず」（『葛飾誌略《かつしかしりゃく》』）とある。

天和《てんな》

元年　辛酉《かのととり》　一六八一

◉銚子《ちょうし》からの鮮魚《せんぎょ》の輸送《ゆそう》が始《はじ》まる

この頃《ころ》、銚子《ちょうし》からの鮮魚輸送《せんぎょゆそう》が木下道《きおろしみち》（別称《べっしょう》なま道《みち》）を使《つか》って始《はじ》まる。五～七月は（利根川《とねがわ》の水量《すいりょう》が多《おお》いから）関宿《せきやど》まわりで江戸川《えどがわ》へ出《で》て、新川《しんかわ》、小名木川《おなぎがわ》（全航程《ぜんこうてい》四八里《り》）を生《い》け簀《す》のある「活船《いきぶね》」で送《おく》った。他《た》の季節《きせつ》はタイやヒラメなど活《い》きのよい魚《さかな》は「活《いき》じめ」（血抜《ちぬ》きの方法《ほうほう》）にし、時間《じかん》がたった魚《さかな》やサバなどの活《い》きの悪《わる》い魚《さかな》は腹《はら》わたを抜《ぬ》いた。それを笹《ささ》の葉《は》などで挟《はさ》んで、籠詰《かごづめ》や箱詰《はこづ》めにした。
木下河岸《きおろしがし》から、馬《うま》の背《せ》に積《つ》み一駄《だ》一〇籠《かご》（約《やく》一五〇キロ）。なま船《ふね》一艘分《そうぶん》で三〇〇籠積《かごづ》み、それを馬《うま》三〇頭《とう》に積《つ》み行徳《ぎょうとく》の祭礼河岸《さいれいがし》に夕方《ゆうがた》から夜《よる》に着《つ》く。行徳《ぎょうとく》からは船《ふね》で日本橋《にほんばし》の魚河岸《うおがし》に次《つぎ》の日《ひ》の未明《みめい》までに届《とど》ける（『利根川《とねがわ》木下河岸《きおろしがし》と鮮魚街道《なまみち》』）。

二年　壬戌《みずのえいぬ》　一六八二

●一月一六日、下新宿《しもしんしゅく》の大徳寺《だいとくじ》に地蔵菩薩像《じぞうぼさつぞう》建立《こんりゅう》される。
（梵字《ぼんじ》カ）□□□□□　天和《てんな》二壬戌歳正月《みずのえいぬのとししょうがつ》十六日（『市川市《いちかわし》の石造物《せきぞうぶつ》』）※子守地蔵《こもりじぞう》

三年　癸亥《みずのとい》　一六八三

春　江戸《えど》の米相場《こめそうば》一両《りょう》につき一石《こく》七斗《と》、三貫《かん》九百文替《もんがえ》（『武江年表《ぶこうねんぴょう》』）
七月　一両《りょう》につき一石《こく》六斗《と》（『武江年表《ぶこうねんぴょう》』）
●天和年間《てんなねんかん》、高谷村《こうやむら》の鎮守鷲明神社《ちんじゅしゅうめいじんじゃ》創建《そうけん》される。市川市高谷《いちかわしこうや》二丁目《ちょうめ》一二番《ばん》一〇号《ごう》。祭神《さいじん》は日本武尊命《やまとたけるのみこと》。例祭日《れいさいび》一一月の一《いち》の酉《とり》の日《ひ》。大鷲神社《おおとりじんじゃ》。「お酉様《とりさま》」と尊称《そんしょう》される。現行徳支所《げんぎょうとくししょ》の管《かん》轄外《かつがい》の位置《いち》。

貞享《じょうきょう》

二年 乙丑《きのとうし》 一六八五

●一〇月五日～一一月二日、本行徳村《ほんぎょうとくむら》の権七《ごんしち》、半右衛門《はんうえもん》が津軽藩《つがるはん》の塩田《えんでん》の見立《みた》てをする（『下総《しもうさ》行徳塩業史《ぎょうとくえんぎょうし》』）。

●この年《とし》、本行徳笹屋《ほんぎょうとくささや》の飯塚仁兵衛《いいづかにへえ》没《ぼっ》す。この人《ひと》は初《はじ》めて仁兵衛《にへえ》を名乗《なの》り以後代々襲名《いごだいだいしゅうめい》（『仮名垣魯文《かながきろぶん》の成田道中記《なりたどうちゅうき》』）。

三年 丙寅《ひのえとら》 一六八六

●天下大旱《てんかたいかん》（『千葉県東葛飾郡誌《ちばけんひがしかつしかぐんし》』）。干天《かんてん》は塩焼《しおやき》に好都合《こうつごう》。

四年丁卯《ひのとう》　一六八七

●八月一四日、松尾芭蕉《まつおばしょう》、本行徳《ほんぎょうとく》から木下道《きおろしみち》にて鹿島《かしま》へ吟行《ぎんこう》。『鹿島紀行《かしまきこう》』（『鹿島詣《かしまもうで》』とも）を著《あらわ》す。

芭蕉庵《ばしょうあん》の門《もん》より舟《ふね》に乗《の》り、行徳《ぎょうとく》からは徒歩《とほ》で小金牧《こがねまき》を通過《つうか》、布佐《ふさ》から夜船《よぶね》で鹿島《かしま》へ来《き》たが、その日《ひ》は雨《あめ》で月見《つきみ》はできなかった。宿泊《しゅくはく》した臨済宗根本寺《りんざいしゅうこんぽんじ》で「月《つき》はやし梢《こずえ》は雨《あめ》を持《も》ちながら」「寺《てら》に寝《ね》てまこと顔《がお》なる月見《つきみ》かな」を詠《よ》む。

なお、芭蕉《ばしょう》が通過《つうか》したときはまだ新河岸《しんがし》は設置《せっち》されておらず、芭蕉《ばしょう》は新河岸《しんがし》を知《し》らない。根本寺《こんぽんじ》に芭蕉句碑《ばしょうくひ》が二基《き》ある。行徳《ぎょうとく》での発句《ほっく》はない（『行徳歴史街道《ぎょうとくれきしかいどう》2』）。

●松尾芭蕉《まつおばしょう》の庵《あん》は深川《ふかがわ》の芭蕉庵《ばしょうあん》だが、ここは御用提灯《ごようちょうちん》を許《ゆる》された魚屋鯉屋市兵衛《さかなやこいやいちべえ》、俳号杉山杉風《はいごうすぎやまさんぷう》の別荘《べっそう》で、生《い》け簀代《すが》わりの池《いけ》があり、杉風《さんぷう》の商売用《しょうばいよう》の鯉《こい》が飼《か》われていた（『日本橋魚河岸物語《にほんばしうおがしものがたり》』）。この鯉《こい》は江戸川《えどがわ》の鯉《こい》である。

「一《ひとつ》、鯉《こい》　これ此川之名産也《このかわのめいさんなり》。山城国淀川《やましろのくによどがわ》の鯉《こい》にも勝《まさ》りて風味格別也《ふうみかくべつなり》。此故《このゆえ》に、江戸《えど》にても利根川鯉《とねがわこい》とて賞味《しょうみ》する也《なり》」（『葛飾誌略《かつしかしりゃく》』）

●松尾芭蕉《まつおばしょう》が行徳《ぎょうとく》を通過《つうか》して行《い》った頃《ころ》に行徳《ぎょうとく》で塩焼《しおやき》の煙《けむり》はどのくらい立《た》ち昇《のぼ》っていたか。元禄《げんろく》一五年（一七〇二）の塩浜検地《しおはまけんち》で、本行徳村《ほんぎょうとくむら》の塩浜反別《しおはまたんべつ》三七町《ちょう》五反《たん》五畝《せ》八歩《ぶ》、下妙典村《しもみょうでんむら》二〇町《ちょう》八反《たん》九畝《せ》一五歩《ぶ》、関ヶ島村《せきがしまむら》三町《ちょう》一反《たん》三畝《せ》一一歩《ぶ》で合計《ごうけい》六一町《ちょう》五反《たん》八畝《せ》四歩《ぶ》だから、少《すく》なくとも芭《ば》蕉《しょう》が見渡《みわた》すことができたと思《おも》われる地域《ちいき》の塩《しお》浜《はま》にはおよそ六〇余《よ》の竈《かまど》があり、芭蕉《ばしょう》が通過《つうか》した日《ひ》は晴天《せいてん》だったことから遠近《おちこち》から立《た》ち昇《のぼ》る塩焼《しおやき》の煙《けむり》に目《め》を奪《うば》われたであろう（『行徳歴史《ぎょうとくれきし》街道《かいどう》2』）。

◉松尾芭蕉《まつおばしょう》が来《き》た頃《ころ》の海岸線《かいがんせん》はどのあたりだったのか

当時《とうじ》の海岸線《かいがんせん》は、現在《げんざい》の浦安《うらやす》・市川《いちかわ》バイパス道路付近《どうろふきん》と考《かんが》えられる。根拠《こんきょ》の一《ひと》つは「お経《きょう》塚《づか》」の位置《いち》。もう一《ひと》つは「へび土手《どて》」のライン（『郷土読本《きょうどどくほん》　行徳《ぎょうとく》の歴史《れきし》・文化《ぶんか》の探訪《たんぼう》2』）。

●寛文《かんぶん》一二年（一六七二）～貞享《じょうきょう》四年までの行徳年貢塩《ぎょうとくねんぐじお》の入札《にゅうさつ》による払下《はらいさ》げは、伊奈左門《いなさもん》宅《たく》にて六回《かい》、本郷弓町万年長十郎宅《ほんごうゆみまちまんねんちょうじゅうろうたく》一回《かい》、飯《いい》倉町《くらまち》四《よ》ツ辻近所池田新兵衛宅《つつじきんじょいけだしんべえたく》三回《かい》の合計《ごうけい》一〇

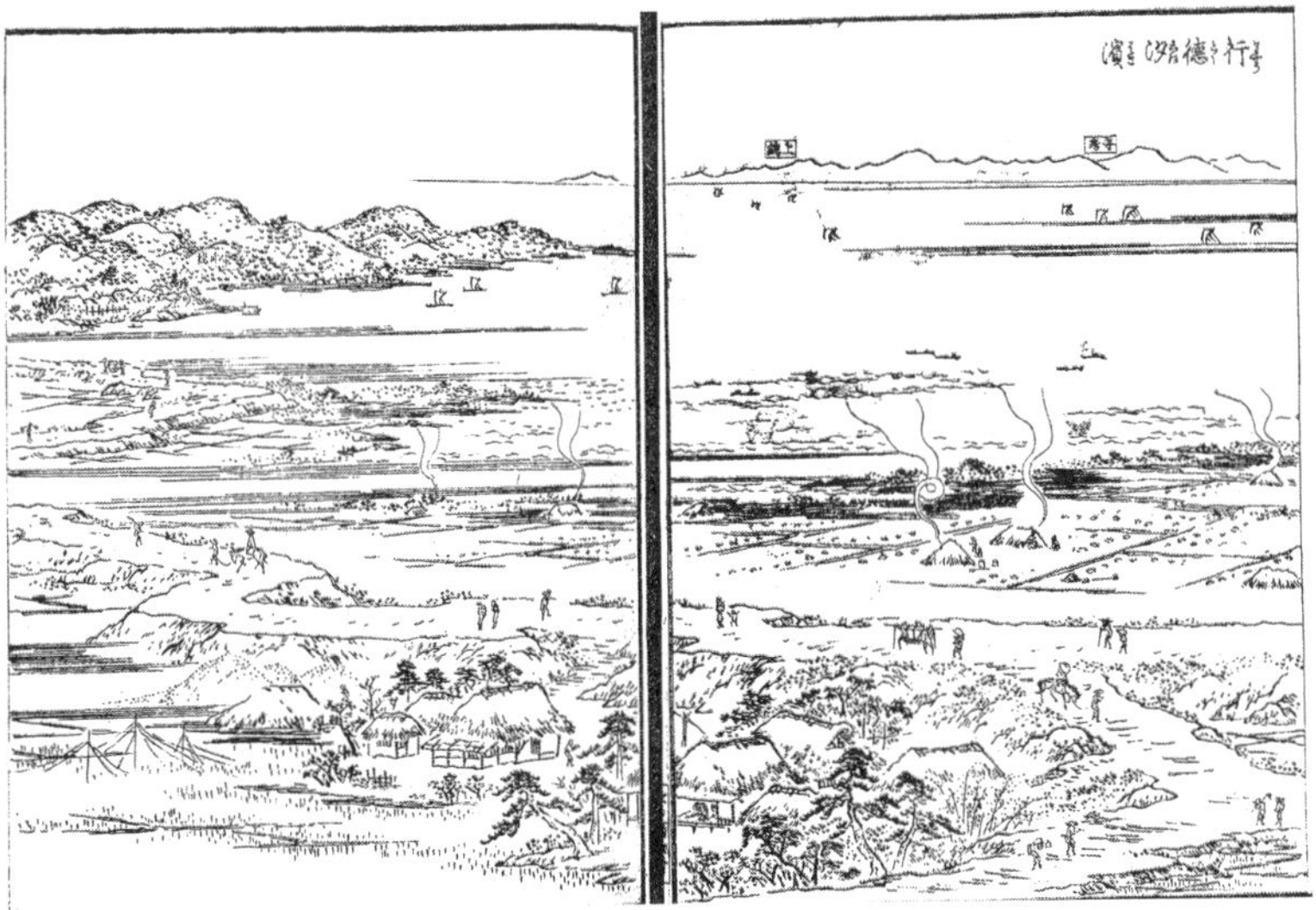

行徳汐濱（『江戸名所図会』国立国会図書館デジタルコレクション）

回《かい》。入札《にゅうさつ》は町年寄《まちどしより》・月行事《つきぎょうじ》から町中《まちじゅう》に告知《こくち》され誰《だれ》でも入札《にゅうさつ》に参加《さんか》できたが、入札手付金《にゅうさつてつけきん》として「質金五拾両《しちきんごじゅうりょう》」が必要《ひつよう》だった（『江戸内湾塩業史《えどないわんえんぎょうし》の研究《けんきゅう》』）。なお、伊奈《いな》・万年《まんねん》・池田《いけだ》はともに行《ぎょう》徳塩浜代官《とくしおはまだいかん》。

●五代《だい》将軍《しょうぐん》徳川綱吉《とくがわつなよし》、生類憐《しょうるいあわ》れみの令《れい》を発《はっ》す。

●貞享《じょうきょう》の頃《ころ》より、大森村《おおもりむら》の辺《あたり》にて海苔《のり》を製《せい》す（『武江年表《ぶこうねんぴょう》』）。

元禄《げんろく》

元年 戊辰《つちのえたつ》 一六八八

●一一月、行徳塩浜《ぎょうとくしおはま》の村民《そんみん》、延宝《えんぽう》八年（一六八〇）の借金《しゃっきん》九〇〇両《りょう》の内《うち》一四九両《りょう》三分《ぶ》を返済《へんさい》したが残金《ざんきん》七五〇両返済《りょうへんさい》できず、江戸商人田中恒《えどしょうにんたなかこう》（源《げん》）右衛門《うえもん》に田地《でんち》・屋敷《やしき》・塩浜《しおはま》を残《のこ》らず質物《しちもつ》に入《い》れ、証文《しょうもん》を提出《ていしゅつ》。家質《いえしち》と家賃《やちん》（質《しち》に入《い》れたから家賃《やちん》を払《はら》う、家賃《やちん》は利息《りそく》にあたる）を一ケ月《げつ》に金《きん》七五両《りょう》（元本《がんぽん》と利息《りそく》の月割《つきわり》）今年《ことし》一一月から渡《わた》す、もし一ケ村《そん》でも不払《ふばら》いの節《せつ》は田地屋敷塩浜《でんちやしきしおはま》残《のこ》らず質物《しちもつ》に相渡《あいわた》すべく候《そうろう》（『借用金返済《しゃくようきんへんさい》に付証文下書《つきしょうもんしたがき》〈元禄《げんろく》元年十一月〉』）。五ケ年賦《ねんぷ》の約定《やくじょう》。

◉元禄《げんろく》の頃《ころ》までに揚浜法《あげはまほう》から入浜法《いりはまほう》へ移行《いこう》

行徳塩浜《ぎょうとくしおはま》で元禄頃《げんろくころ》までに揚浜法《あげはまほう》からほぼ移行《いこう》したとされる入浜法《いりはまほう》の鹹水採取作業《かんすいさいしゅさぎょう》などは、製塩《せいえん》において鹹水採取《かんすいさいしゅ》の過程《かてい》と鹹水煎熬《かんすいせんごう》の過程《かてい》とに分《わ》かれ、前者《ぜんしゃ》が終了《しゅうりょう》した時点《じてん》を「塩焼《しおやき》の前工程《まえこうてい》の終了《しゅうりょう》」と筆者《ひっしゃ》は呼《よ》ぶ。

明治初期《めいじしょき》のものと推測《すいそく》される『下総行徳塩業史《しもうさぎょうとくえんぎょうし》』所収《しょしゅう》「行徳塩浜製造法書上《ぎょうとくしおはませいぞうほうかきあげ》」によれば、「この製法《せいほう》は本朝固有《ほんちょうこゆう》の法《ほう》を折衷《せっちゅう》せし者《もの》なり、概《おおむ》ね五月より九月まで五ケ月間《げつかん》を製塩緊要《せいえんきんよう》の時《とき》とし、先《ま》ず晴天《せいてん》を見《み》とめ着手《ちゃくしゅ》す。場面《ばめん》に固着《こちゃく》したる砂《すな》をタブにて挽掻《ひきか》きて場面《ばめん》を平《たい》らに磨《みが》き、砂《すな》の形《かたち》が起伏《きふく》したるを砂干板《すなほしいた》にて左右《さゆう》に平均《なら》し、その上《うえ》を砂掃竹《すなはらいたけ》にて掃均《はらいなら》し、その土塊《どかい》を細《こま》か□等《など》あるを用要《ようよう》とす。而《しこう》して傍溝《そばみぞ》より玄蕃桶《げんばおけ》にて潮水《しおみず》を酌取《くみと》りカエギにて霧《きり》の如《ごと》く場面《ばめん》に濺《そそ》ぎこれを乾燥《かんそう》す。但《ただ》し場面《ばめん》疲《つ》かかる時《とき》は貯蓄《ちょちく》せし新砂《しんすな》を殖《しょく》し用《もち》ゆる。又《また》疲《つか》れて塩《しお》の生《しょう》じ方減少《かたげんしょう》することあり。休業《きゅうぎょう》のとき満潮《まんちょう》を引《ひき》て場面一円《ばめんいちえん》に海水《かいすい》を覆《おおう》ふあり。これを揚塩場《あげしょば》と云《いう》ふ。天気《てんき》の晴曇《はれくもり》場面《ばめん》の乾《かん》燥《そう》を測《はかり》て潮水《しおみず》を灌《そそ》ぐに注意斟酌《ちゅういしんしゃく》する事緊要《こときんよう》なり。而《しこう》して午後《ごご》より砂寄板《すなよせいた》にて左右《さゆう》より寄纏《よせまと》め、間《あいだ》一間程《いっけんほど》に横《よこ》に長蛇《ちょうだ》の形《かたち》に畝《う》ねを置《お》きこれを小前寄《こまえよせ》と云《いう》ふ。翌日《よくじつ》その砂《すな》を平均《なら》し潮水《しおみず》を灌《そそ》ぎて乾《ほ》し方前《かたまえ》に同《おな》じ。正午《しょうご》より砂寄板《すなよせいた》を以《もっ》て間四間程《あいだよんけんほど》に長蛇《ちょうだ》の形《かたち》に寄《よ》せたる畝《う》ねに傚《ならい》ひ、一間程毎《いっけんほどごと》に桶《おけ》を据《すえ》へ簀《す》と垂笊《たれざる》とを戴《いただき》置《お》き乾砂《かんさ》を掃《は》き板《いた》にて掃《はらい》、笊《ざる》へ入《いれ》てその垂笊《たれざる》へ山容《さんよう》に盛《も》り、砂《すな》を拳《こぶし》にて衝固《つきかた》め周囲《しゅうい》に縁《ふちど》りを造《つく》り凹《くぼみ》にして恰《あたか》も猶《（ママ）》も猪口《ちょこ》の形《かたち》とす。釣瓶《つるべ》を右手《みぎて》に持《も》ち傍溝《そばみぞ》の潮水《しおみず》を酌取《くみと》り左手《ひだりて》

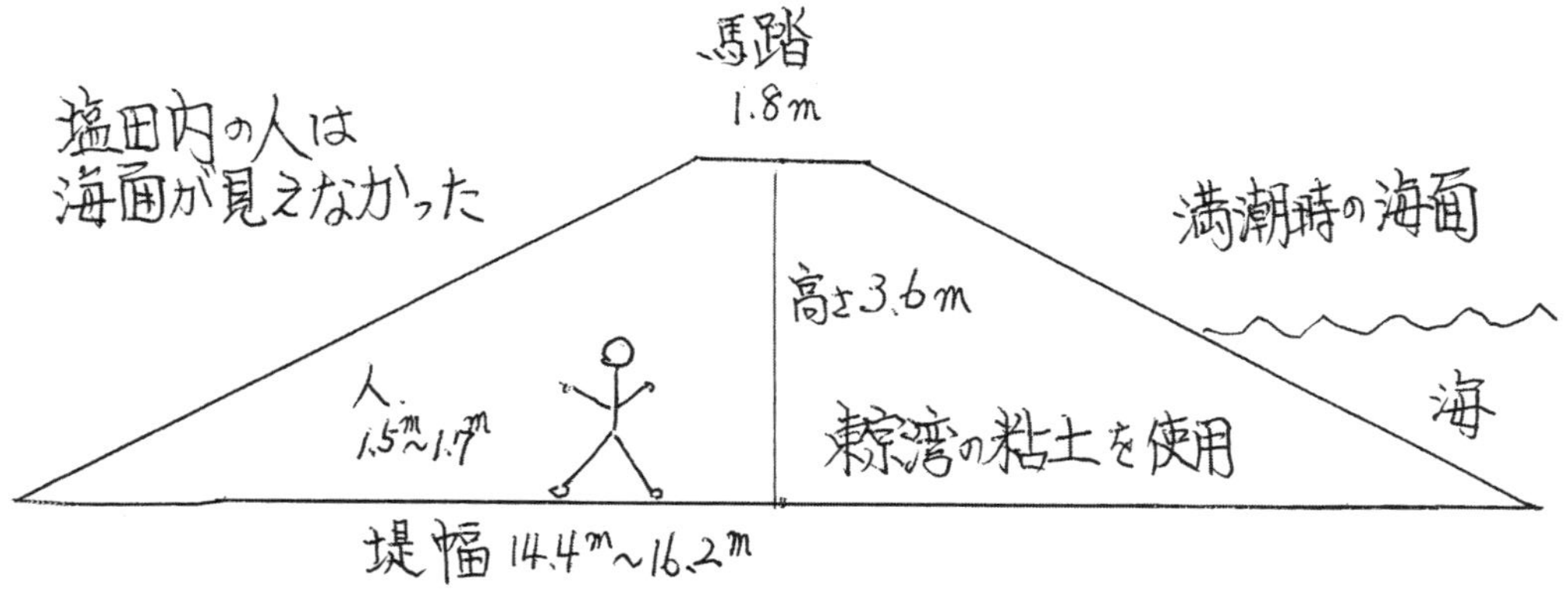

入浜式塩田を囲む堤の大きさ
作図　鈴木和明

に水浄《すいじょう》を持《も》ち水《みず》を受《う》けて猪口形《ちょこがた》の中《なか》に入《い》れ砂漉《すなごし》にして桶《おけ》に垂《たれ》る。これを鹽水《しおみず》と云《いう》。残砂《ざんさ》を垂槽《すいそう》と云《いう》。但《ただ》し垂槽《たれそう》を場面《ばめん》に明《あ》け置《お》き小《ちい》さき塚《つか》をなす。翌日着手《よくじつちゃくしゅ》のとき塚《つか》を鍬《くわ》にて投撒《なげちら》す。その乾方前《ほしかたまえ》に同《おな》じ」

なお、「小《ちい》さき塚《つか》をなす」とは笊《ざる》をうつ伏《ぶ》せにして中《なか》の砂《すな》を塩田面《えんでんめん》にあけるが、それを塚《つか》をなすという。その塚《つか》の形《かたち》は富士山《ふじさん》のような円錐形《えんすいけい》になるので、その形《かたち》のことを「しおじり」と呼《よ》ぶ。しおじりは塩尻《しおじり》だが、これが塩焼作業《しおやきさぎょう》に移る前工程《まえこうてい》がすべて終了《しゅうりょう》した時点《じてん》の言葉《ことば》となる。

「笊取法《ざるとりほう》は行徳塩田《ぎょうとくえんでん》の伝統《でんとう》だが、度々《どど》の災害《さいがい》が、この移動式《いどうしき》の笊取法《ざるとりほう》を採用《さいよう》せしめたのではなかろうか」（『下総行徳塩業史《しもうさぎょうとくえんぎょうし》』）

また、入浜法《いりはまほう》では潮除堤《しおよけつつみ》（防潮堤《ぼうちょうてい》）は必需品《ひつじゅひん》であり命綱《いのちづな》。新井村名主鈴木清兵衛《あらいむらなぬしすずきせいべえ》が俳号金堤《はいごうきんてい》を名乗《なの》った意味《いみ》がよくわかる。

潮除堤《しおよけつつみ》の築造《ちくぞう》と修繕《しゅうぜん》には幕府《ばくふ》から費用《ひよう》が出《で》た。潮除堤《しおよけつつみ》は巨大建造物《きょだいけんぞうぶつ》である。堤防《ていぼう》の幅《はば》（底辺《ていへん》）は八～九間《けん》（一〇・九二メートル）、高《たか》さ一二尺《しゃく》（三・六四メートル）、馬踏平均《まぶみへいきん》六尺《しゃく》（一・八二メートル）、一町歩《ちょうぶ》の塩田《えんでん》を囲《かこ》むのに長《なが》さ七〇〇間《けん》（一二七四メートル）を築《きず》く。塩田内《えんでんない》の人《ひと》からは海《うみ》はまったく見《み》えない（『行徳歴史街道《ぎょうとくれきしかいどう》2』）。

筆者《ひっしゃ》は東京湾《とうきょうわん》の粘土《ねんど》で築《きず》かれた防潮堤《ぼうちょうてい》で囲《かこ》まれた行徳塩浜《ぎょうとくしおはま》を「泥《どろ》の城《しろ》」と呼《よ》ぶ。瀬戸内《せとうち》の塩《えん》田《でん》は石垣《いしがき》で囲《かこ》まれているから「石《いし》の城《しろ》」と命名《めいめい》（『行徳歴史街道《ぎょうとくれきしかいどう》5』）。

二年 己巳《つちのとみ》 一六八九

●この年《とし》、幕府《ばくふ》、江戸《えど》深川元番所前《ふかがわもとばんしょまえ》の中州《なかす》にて川船《かわぶね》の極印改《ごくいんあらた》めを行《おこな》う（『市川市史《いちかわしし》』第《だい》二巻近世編《かんきんせいへん》第五章近世《だいごしょうきんせい》の交通《こうつう》）。なお、元番所《もとばんしょ》とは隅田川《すみだがわ》への出口付近《でぐちふきん》にあった万年橋近《まんねんばしちか》くにあった人改御《ひとあらためご》番所《ばんしょ》。寛文《かんぶん》元年（一六六一）中川御番所《なかがわごばんしょ》として移転《いてん》。

●吉良義央《きらよしひさ》、塩田開発《えんでんかいはつ》のため播州赤穂塩田《ばんしゅうあこうえんでん》へ密偵《みってい》を送《おく》り数名《すうめい》は捕《とら》えられたが、残《のこ》る何名《なんめい》かは浜子《はまこ》として働《はたら》き秘伝《ひでん》を会得《えとく》し吉良《きら》へ戻《もど》る（『塩《しお》の日本史《にほんし》』）。赤穂《あこう》は秘伝《ひでん》を吉良《きら》に教《おし》えなかったとする。

三年 庚午《かのえうま》 一六九〇

一月一四日　湊《みなと》の善照寺《ぜんしょうじ》に燈籠建立《とうろうこんりゅう》される。
「清正院殿《せいしょういんでん》　前石灯籠《ぜんいしどうろう》　元禄《げんろく》三庚午歳《かのえうまのとし》　正月《しょうがつ》十四日」（『市川市《いちかわし》の石造物《せきぞうぶつ》』）

◉新河岸《しんがし》が設置《せっち》される

行徳船津《ぎょうとくふなつ》が新河岸《しんがし》に移《うつ》され、祭礼河岸《さいれいがし》が押切《おしきり》の地《ち》（現在地《げんざいち》）に移《うつ》される。『葛飾誌略《かつしかしりゃく》』に、

「新川岸《しんかわぎし》　川場《かわば》也《なり》。元禄《げんろく》三庚午年《かのえうまのとし》此所《このところ》へ移《うつ》る。故《ゆえ》に新川岸《しんかわぎし》といふ《う》」

「溜《ため》　古《ふる》き溜也《ためなり》。昔《むかし》は此所《このところ》より海《うみ》へ水《みず》を落《お》とせしと也《なり》。故《ゆえ》に押切《おしき》りと呼《よ》ぶとぞ。又《また》、此河岸《このかし》を祭《さい》

礼河岸《れいがし》といふ《う》。弁天祠《べんてんし》有《あ》りし故《ゆえ》にいふ《う》と也《なり》。又《また》、西連河岸《せいれんがし》といふ《う》は、西連《せいれん》といふ《う》法師《ほうし》住《す》みたる故《ゆえ》にいふ《う》と」

とある。この文中《ぶんちゅう》の押切《おしきり》とは江戸川《えどがわ》沿《ぞ》いの現在地《げんざいち》（市川市押切《いちかわしおしきり》）のことで「セイレン」という屋号《やごう》の家《いえ》も現存《げんぞん》する。なお、この川岸《かわぎし》に祀《まつ》られている「湊《みなと》の水神様《すいじんさま》」が弁天祠《べんてんし》のことである。江戸《えど》川《がわ》を航行《こうこう》する夜船《よぶね》のためにかがり火《ひ》を焚《た》いていたので水神様《すいじんさま》の世話人《せわにん》のことを火守《ひも》りという。

◉行徳札所《ぎょうとくふだしょ》三十三カ所巡《しょめぐ》り始《はじ》まる

徳願寺《とくがんじ》十世覚誉《せいかくよ》上人《しょうにん》により行徳札所《ぎょうとくふだしょ》三十三カ所巡《しょめぐ》り始《はじ》まる。『葛飾記《かつしかき》』に「海巌山徳願寺《かいがんざんとくがんじ》（中《ちゅう》略《りゃく》）中興《ちゅうこう》、和尚大願《おしょうたいがん》を起《おこ》し、自分行徳《じぶんぎょうとく》三十三所《しょ》の尊像《そんぞう》を雕刻《ちょうこく》し、分《わか》つて札所《ふだしょ》とす、是札所順礼《これふだしょじゅんれい》の始《はじま》り也《なり》」とあり、「行徳領《ぎょうとくりょう》三十三所札所《しょふだしょ》ノ観音西国模《かんのんさいごくも》シ寺所名《してらしょめい》幷《ならびに》道歌《どうか》」を挙《あ》げている（『「葛《かつ》飾記《しかき》」の世界《せかい》』）。

一番《ばん》浄土宗《じょうどしゅう》海巌山《かいがんざん》徳願寺《とくがんじ》、二番《ばん》行徳山《ぎょうとくざん》金剛院《こんごういん》（廃寺《はいじ》）―行徳山《ぎょうとくざん》福泉寺《ふくせんじ》、三番《ばん》臨済宗《りんざいしゅう》塩場山《えんじょうざん》長松寺《ちょうしょうじ》、四番《ばん》真言宗《しんごんしゅう》神明山《しんめいざん》自性院《じしょういん》、五番《ばん》浄土宗《じょうどしゅう》十方山《じっぽうざん》大徳寺《だいとくじ》、六番《ばん》浄土宗《じょうどしゅう》浄林寺《じょうりんじ》（廃《はい》寺《じ》）、七番《ばん》浄土宗《じょうどしゅう》聖中山《せいちゅうざん》正源寺《しょうげんじ》、八番《ばん》真言宗《しんごんしゅう》不動山《ふどうざん》養福院《ようふくいん》、九番《ばん》真言宗《しんごんしゅう》竜灯山《りゅうとうざん》竜厳寺《りゅうごんじ》、一〇番《ばん》真言宗《しんごんしゅう》稲荷山《いなりざん》福王寺《ふくおうじ》（九番《ばん》と一〇番《ばん》は合併《がっぺい》して現在《げんざい》雙輪寺《そうりんじ》）、一一番《ばん》浄土宗《じょうどしゅう》海中山《かいちゅうざん》了極寺《りょうごくじ》、一二番《ばん》真言宗《しんごんしゅう》海岸山《かいがんざん》安養寺《あんようじ》、一三番《ばん》浄土宗《じょうどしゅう》真宝山《しんぽうざん》法泉寺《ほうせんじ》、一四番《ばん》浄土真宗《じょうどしんしゅう》仏性山《ぶつしょうざん》法善寺《ほうぜんじ》、一五番《ばん》浄土宗《じょうどしゅう》飯沢山《はんたくざん》浄閑寺《じょうがんじ》、一六番《ばん》浄土宗《じょうどしゅう》仏貼山《ぶつちょうざん》信楽寺《しんぎょうじ》、一七番《ばん》浄土宗《じょうどしゅう》正覚山《しょうかくざん》教《きょう》善寺《ぜんじ》（一六番《ばん》と一七番《ばん》は合併《がっぺい》して現在教信寺《げんざいきょうしんじ》）、一八番《ばん》医王山宝性寺《いおうざんほうしょうじ》（一九番徳蔵寺《ばんとくぞうじ》に吸収《きゅうしゅう》）、一九番真言宗関東山徳蔵寺《ばんしんごんしゅうかんとうざんとくぞうじ》、二〇番浄土宗松柏山清岸寺《ばんじょうどしゅうしょうはくざんせいがんじ》、二一番浄土宗来迎山光林寺《ばんじょうどしゅうらいげいざんこうりんじ》、二二番浄土宗仏法山法伝寺《ばんじょうどしゅうぶつほうざんほうでんじ》、二三番真言宗水奏山圓明院《ばんしんごんしゅうすいそうざんえんみょういん》、二四番浄土宗青暘山善照寺《ばんじょうどしゅうせいようざんぜんしょうじ》、二五番浄土宗西光山源心寺《ばんじょうどしゅうせいこうざんげんしんじ》、二六番浄土真宗親縁山了善寺《ばんじょうどしんしゅうしんえんざんりょうぜんじ》、二七番曹洞宗秋葉山新井寺《ばんそうとうしゅうあきばさんしんせいじ》、二八番真言宗宝珠山延命寺《ばんしんごんしゅうほうじゅざんえんめいじ》、二九番真言宗東海山善福寺《ばんしんごんしゅうとうかいざんぜんぷくじ》、三〇番真言宗海照山花蔵院《ばんしんごんしゅうかいしょうざんけぞういん》、三一番真言宗医王山東学寺《ばんしんごんしゅういおうざんとうがくじ》、三二番真言宗清滝山宝城院《ばんしんごんしゅうせいりゅうざんほうじょういん》、三三番浄土宗光縁山大蓮寺《ばんじょうどしゅうこうえんざんだいれんじ》。

番外浄土宗藤原観音堂《ばんがいじょうどしゅうふじわらかんのんどう》。藤原観音堂《ふじわらかんのんどう》を建《た》て徳願寺《とくがんじ》の身代《みがわ》り観音像《かんのんぞう》を遷《うつ》して安置《あんち》。

御詠歌《ごえいか》（葛）たのもしやめぐりおさめてくわんぜおん《観世音》二世《せい》あんらくといのるこころは
（雙）行徳《ぎょうとく》をみたび巡《めぐ》りて藤原《ふじわら》に寺々観音《てらでらかんのん》と参《まい》り納《おさ》める

『葛飾誌略《かつしかしりゃく》』に「観世音堂《かんぜおんどう》　身代観世音也《みがわりかんぜおんなり》。諸人藤原堂《もろびとふじわらどう》といふ《う》。観世作《かんぜさく》。応和《おうわ》二年（九六二）也《なり》。西国《さいごく》二一番穴穂寺本尊《ばんあなおじほんぞん》と同木同作也《どうぼくどうさくなり》。丹州見樹寺《たんしゅうけんじゅじ》より、万治《まんじ》二己亥年《つちのといのとし》（一六五九）田中三左衛門御普請奉行《ざえもんごぶしんぶぎょう》の節《せつ》、丹州桂川《たんしゅうかつらがわ》へ出役《しゅつやく》して持《も》ち帰《かえ》り、徳願寺《とくがんじ》へ納《おさ》めし也《なり》。今《いま》一五一年に及《およ》ぶ。後《のち》三一年過《す》ぎて当所《とうしょ》へ移《うつ》し奉《たてまつ》る也《なり》。元禄《げんろく》三庚午年《かのえうまのとし》（一六九〇）の事《こと》なり。是《これ》は行徳《ぎょうとく》三三所の外《ほか》なり。行徳《ぎょうとく》を三度《さんど》めぐりて、藤原《ふじわら》に百観音《ひゃくかんのん》と参《まい》り納《おさ》むる也《なり》」とある。『葛飾記《かつしかき》』には「三三所《しょ》之外《のほか》　観音堂《かんのんどう》。藤原台村《ふじわらだいむら》、本行徳徳願寺《ほんぎょうとくとくがんじ》持《も》チ《ち》也《なり》、是《これ》は、行徳《ぎょうとく》三三所《しょ》を三度順礼《さんどじゅんれい》して、此《この》一枚《まい》を入《い》れて、合《あわ》せて百番《ひゃくばん》と成《な》る結願所也《けちがんじょなり》」とある。『船橋市史《ふなばししし》』史料編《しりょうへん》一「享和《きょうわ》三年（一八〇三）閏《うるう》正月藤原新田銘細帳《しょうがつふじわらしんでんめいさいちょう》」に「木仏立像《きぶつりゅうぞう》　一観音堂観世《ひとつかんのんどうかんぜ》ノ《の》作《さく》　本行徳村海厳山浄土宗徳願寺持《ほんぎょうとくむらかいがんざんじょうどしゅうとくがんじもち》是《これ》ハ《は》縁起《えんぎ》別紙《べっし》之《の》通《とおり》御座《ござ》候《そうろう》　五反《たん》六畝《せ》歩《ぶ》　同寺請《どうてらうけ》」とある。身代《みがわ》り観音像《かんのんぞう》の開帳《かいちょう》は三三年に一度《いちど》で二〇二七年がその年《とし》にあたる。

なお、藤原新田《ふじわらしんでん》を開墾《かいこん》したのは行徳《ぎょうとく》の百姓《ひゃくしょう》である。

《灯篭《とうろう》》「奉《きしん》寄《たて》進《まつる》燈《とう》□瀧上山新田請方《たきかみやましんでんうけかた》」「元禄《げんろく》三年午《うま》四月八日」「敬白上山新田請方《けいはくかみやましんでんうけかた》　松本八右《まつもとはちう》衛門尉《えもんのじょう》」「上山新田請方《かみやましんでんうけかた》　嶋田是心正勝《しまだぜしんまさかつ》」（『明解行徳《めいかいぎょうとく》の歴史大事典《れきしだいじてん》』）

八月一五日　本塩《ほんしお》の豊受神社《とようけじんじゃ》に青面金剛像《しょうめんこんごうぞう》（三猿《さんざる》）建《た》てられる

「元禄《げんろく》三年八月十五日」（『市川市《いちかわし》の石造物《せきぞうぶつ》』）

四年 辛未《かのとひつじ》 一六九一

●浄土宗《じょうどしゅう》海中山《かいちゅうざん》了極寺《りょうごくじ》建立《こんりゅう》。市川市《いちかわし》高谷《こうや》二丁目《ちょうめ》一六番《ばん》四号《ごう》。本尊《ほんぞん》は阿弥陀如来《あみだにょらい》、円光大師《えんこうだいし》（法然上人《ほうねんしょうにん》）鏡《かがみ》の御影《みえい》。開基《かいき》、登誉和尚《とうよおしょう》。船橋《ふなばし》の浄勝寺《じょうしょうじ》末《まつ》（『葛飾記《かつしかき》』では浄性寺《じょうしょうじ》）。当初《とうしょ》は念《ねん》仏堂《ぶつどう》。札所《ふだしょ》一一番《ばん》（『葛飾誌略《かつしかしりゃく》』）。

御詠歌《ごえいか》（葛）さとり得《え》てきわむ《極》る道《みち》をきくのり《法》のたよりとなりてたのむ後《のち》のよ

（雙）おろかなる人《ひと》も仏《ほとけ》のちかいにはあまねく了極《さとりきわ》め行《い》く国《くに》

なお、札所設定《ふだしょせってい》は前年《ぜんねん》だが、その時点《じてん》にすでに寺院《じいん》の工事《こうじ》あるいは建立《こんりゅう》の根回《ねまわ》しがされていたに違《ちが》いない。

二月二日　本行徳《ほんぎょうとく》の自性院《じしょういん》に地蔵菩薩像建立《じぞうぼさつぞうこんりゅう》される（梵字《ぼんじ》力）爲法界願主《ほっかいがんしゅのため》□　元禄《げんろく》四　辛未《かのとひつじ》天《てん》二月二日本行徳村《ほんぎょうとくむら》□念《ねん》□（『市川市《いちかわし》の石造《せきぞう》物《ぶつ》』）

七月　津波《つなみ》、暴風《ぼうふう》（東南風《とうなんふう》）、銚子《ちょうし》にて四〇四人死《にんし》す（『千葉県東葛飾郡誌《ちばけんひがしかつしかぐんし》』）

一二月　高谷村村民《こうやむらそんみん》三六名《めい》、年貢上納《ねんぐじょうのう》のため総計《そうけい》一〇両《りょう》・鐚《びた》一五貫文余《かんもんよ》を借金《しゃっきん》する（『市川市《いちかわし》史年表《しねんぴょう》』）

六年　癸酉《みずのとり》　一六九三

●正月《しょうがつ》、名主《なぬし》の給料《きゅうりょう》は総百姓《そうびゃくしょう》より割合《わりあい》をもって出《だ》す事《こと》、人足《にんそく》・馬役《うまやく》は名主分《なぬしぶん》を除《のぞ》きその外諸掛《ほかしょがか》りは総百姓並《そうびゃくしょうなみ》に出《だ》す事《こと》、名主宅《なぬしたく》へ総百姓《そうびゃくしょう》が寄合《よりあい》の節《せつ》、有合《ありあわ》せの茶《ちゃ》たばこの外一切振舞《ほかいっさいふるま》わない事《こと》、尤《もっと》も百姓《ひゃくしょう》も飲食《のみく》いしない事《こと》、もし少《すこ》しも違背《いはい》するときは詮議申付《せんぎもうしつ》けるべきもの也《なり》（『名主給《なぬしきゅう》分其他《ぶんそのた》に付達《つきたつし》〈元禄《げんろく》六年正月《しょうがつ》〉』）。

七月　新大橋成《しんおおはしな》る。『両国橋旧名《りょうごくばしきゅうめい》を大橋《おおはし》といふ故《ゆえ》、夫《そ》れに対《たい》して新大橋《しんおおはし》といふ（『武江年表《ぶこうねんぴょう》』）

七年 甲戌《きのえいぬ》　一六九四

一〇月一二日　松尾芭蕉《まつおばしょう》没《ぼつ》、享年《きょうねん》五一。「旅《たび》に病《や》んで夢《ゆめ》は枯野《かれの》をかけめぐる」は没《ぼっ》する四日前《かまえ》の句《く》（『行徳《ぎょうとく》の歴史《れきし》・文化《ぶんか》の探訪《たんぼう》2』）

●似春《いしゅん》は下総《しもうさ》行徳《ぎょうとく》の産《さん》、小西氏《こにしし》にて社職《しゃしょく》の人也《ひとなり》。京《きょう》に上《のぼ》り、北村季吟《きたむらきぎん》（一六二四〜一七〇五）の高弟《こうてい》芭蕉翁《ばしょうおう》と友《とも》たり。京都《きょうと》に住《す》み、俳諧《はいかい》を以《もっ》て鳴《な》る（『葛飾誌略《かつしかしりゃく》』）。

八年 乙亥《きのとい》　一六九五

●日蓮宗《にちれんしゅう》顕本山《けんぽんざん》清寿寺《せいじゅじ》建立《こんりゅう》。市川市《いちかわし》妙典《みょうでん》三丁目《ちょうめ》六番《ばん》一二号《ごう》。本尊《ほんぞん》は釈迦如来《しゃかにょらい》、多宝如来《たほうにょらい》、日蓮《にちれん》上人像《しょうにんぞう》。開基《かいき》、日開上人《にっかいしょうにん》。日蓮宗中山末《にちれんしゅうなかやままつ》。『葛飾誌略《かつしかしりゃく》』には元禄年中建立《げんろくねんちゅうこんりゅう》とある。安政《あんせい》三年（一八五六）の大津波《おおつなみ》で古文書《こもんじょ》すべてを流失《りゅうしつ》。翌《よく》四年に建立《こんりゅう》された塔《とう》が門前《もんぜん》にある。旧十五夜《きゅうじゅうごや》にぜんそく封《ふう》じ加持《かじ》。耳病守護七射霊神《じびょうしゅごしちしゃれいしん》「おちか」。

九年 丙子《ひのえね》　一六九六

●永代橋初《えいだいばしはじ》めて掛《かか》る。百十間余也《ひゃくじゅっけんよなり》（『武江年表《ぶこうねんぴょう》』）。

一〇年丁丑《ひのとうし》　一六九七

九月七日　河原《かわら》の春日神社《かすがじんじゃ》に青面金剛像《しょうめんこんごうぞう》（三猿《さんざる》）が建《た》てられる
「奉造立庚申爲二世安樂也《ぞうりゅうたてまつるこうしんにせいあんらくのためなり》　元禄《げんろく》十丁丑《ひのとうし》九月七日　女人同行《にょにんどうこう》十二人《にん》　願主敬白《がんしゅけいはく》」
（『市川市《いちかわし》の石造物《せきぞうぶつ》』）

◉御経塚伝承《おきょうづかでんしょう》できる

一〇月六日、新井村《あらいむら》に妙栄信女《みょうえいしんにょ》のために「法華書寫塔《ほっけしょしゃとう》」「爲妙栄信女也《みょうえいしんにょのためなり》」「元禄《げんろく》十年《ねん》十月六日《がつむいか》」が建《た》てられる。（『行徳郷土史事典《ぎょうとくきょうどしじてん》』）。この石塔《せきとう》は、実《じつ》は慈潭和尚《じたんおしょう》のためではなく、また慈潭和尚《じたんおしょう》が写経《しゃきょう》した貝殻《かいがら》を埋《う》めた場所《ばしょ》を表示《ひょうじ》するためのものでもない。「妙栄信女《みょうえいしんにょ》」なる戒名《かいみょう》の女性《じょせい》を供《く》養《よう》するために法華経《ほっけきょう》を書《か》き写《うつ》して、ここに埋《う》めたという表示《ひょうじ》の石塔《せきとう》にほかならない（『行徳物《ぎょうとくもの》語《がたり》』）。『葛飾誌略《かつしかしりゃく》』には「海浜《かいひん》にあり。中頃《なかごろ》自潭和尚大般若《じたんおしょうだいはんにゃ》を書《か》いて（貝殻《かいがら》に書《か》く）、水難除《すいなんよ》け祈《き》祷《とう》に築《きず》きしといふ《う》」とある。

宝永年間《ほうえいねんかん》（一七〇四〜一〇）に慈潭和尚《じたんおしょう》の火定《かじょう》あり（『御経塚由来記《おきょうづかゆらいき》』）。『葛飾誌略《かつしかしりゃく》』『千葉県東《ちばけんひがし》葛飾郡誌《かつしかぐんし》』には火定《かじょう》の記載《きさい》はない。妙栄信女《みょうえいしんにょ》と慈譚和尚《じたんおしょう》の関係不詳《かんけいふしょう》。市川市新井《いちかわしあらい》三丁目《ちょうめ》一六番《ばん》。

「このお坊《ぼう》さんは、昔《むかし》、このへんが津浪《つなみ》や洪水《こうずい》や悪病《あくびょう》で村《むら》の人《ひと》たちが困《こま》った時《とき》に、大般若経《だいはんにゃきょう》六《ろっ》百巻《ぴゃくかん》を書《か》いたり、はまぐりの貝《かい》がらを集《あつ》めて経文《きょうもん》を書《か》いて埋《うず》め、その上《うえ》でお祈《いの》りしたそうだ。だ

からこのへんの人《ひと》たちゃあ『生《い》き仏《ぼとけ》』と呼《よ》んでいたそうだよ」（『市川市《いちかわし》の伝承民話《でんしょうみんわ》』第一集《だいしゅう》）
『千葉県東葛飾郡誌《ちばけんひがしかつしかぐんし》』に「嘗《かつ》て其《そ》の経具《きょうぐ》を発掘《はっくつ》せることありしが、現《げん》に陽徳尋常小学校《ようとくじんじょうしょうがっこう》に保存《ほぞん》すと云《い》ふ」とあるが、現存《げんそん》しない。陽徳尋常小学校《ようとくじんじょうしょうがっこう》とは現市立南行徳小学校《げんしりつみなみぎょうとくしょうがっこう》。

行徳塩浜《ぎょうとくしおはま》の塩垂百姓《しおだれびゃくしょう》は破損《はそん》した堤防修理《ていぼうしゅうり》に貝殻《かいがら》を東京湾《とうきょうわん》の粘土《ねんど》に混《ま》ぜて突《つ》き固《かた》めた。つるはしも突《つ》き刺《さ》さらないほど固《かた》く丈夫《じょうぶ》な堤防《ていぼう》になった（『行徳歴史街道《ぎょうとくれきしかいどう》2』）。貝殻《かいがら》の役割《やくわり》を伝承《でんしょう》することが大事《だいじ》。

●関東《かんとう》に大地震《おおじしん》（『千葉県東葛飾郡誌《ちばけんひがしかつしかぐんし》』）。
●この頃《ころ》までに築《きず》かれた潮除堤《しおよけつつみ》の跡地《あとち》を昭和《しょうわ》の時代《じだい》に「へび土手《どて》」と称《しょう》した。元禄耕地囲堤《げんろくこうちかこみづつみ》。地域《ちいき》によっては「へび山《やま》」とも称《しょう》す（『葛飾風土史川と村と人《かつしかふうどしかわとむらとひと》』）。
●この頃《ころ》までに、河原《かわら》から当代島《とうだいじま》に至《いた》る内匠堀《たくみぼり》が開削《かいさく》される（『明解行徳の歴史大事典《めいかいぎょうとくのれきしだいじてん》』）。
●臨済宗長松寺《りんざいしゅうちょうしょうじ》に如意輪観音像《にょいりんかんのんぞう》建立《こんりゅう》される（『明解行徳の歴史大事典《めいかいぎょうとくのれきしだいじてん》』）。

一四年　辛巳《かのとみ》　一七〇一

三月一四日　赤穂城主浅野長矩《あこうじょうしゅあさのながのり》、殿中《でんちゅう》にて刃傷《にんじょう》。浅野《あさの》を止《と》めるためうしろよりおさえた旗本梶《はたもとかじ》川与惣兵衛《かわよそべえ》は（市川市《いちかわし》の）柏井村領主《かしわいむらりょうしゅ》

一〇月二四日　真言宗雙輪寺《しんごんしゅうそうりんじ》の延命地蔵尊建立《えんめいじぞうそんこんりゅう》される。施主川原村金子氏《せしゅかわらむらかねこし》（『明解行徳《めいかいぎょうとく》の歴史大事典《れきしだいじてん》』）

一五年　壬午《みずのえうま》　一七〇二

二月　天下飢饉《てんかききん》（『千葉県東葛飾郡誌《ちばけんひがしかつしかぐんし》』）

◉塩浜検地《しおはまけんち》（新検《しんけん》）実施《じっし》される

八月、幕府代官平岡三郎右衛門《ばくふだいかんひらおかさぶろうえもん》、行徳領《ぎょうとくりょう》の塩浜検地《しおはまけんち》（新検《しんけん》という）を実施《じっし》。新井《あらい》・欠真間《かけまま》・湊《みなと》・湊新田《みなとしんでん》・押切《おしきり》・伊勢宿《いせじゅく》・関ケ島《せきがしま》・本行徳《ほんぎょうとく》・下新宿《しもしんしゅく》・河原《かわら》・上妙典《かみみょうでん》・下《しも》妙典《みょうでん》・田尻《たじり》・高谷《こうや》・原木《ばらき》・二俣《ふたまた》の一六カ村《そん》。塩浜反別《しおはまたんべつ》一九一町《ちょう》七反《たん》七畝《せ》二四歩《ぶ》、塩浜年貢永《しおはまねんぐえい》五〇七貫《かん》四五三文《もん》一分《ぶ》。四分《ぶん》の一塩納《えんのう》、四分《ぶん》の三金納《きんのう》となる。当代島《とうだいじま》、大和田《おおわだ》、稲荷木《とうかぎ》、前野《まえの》四カ村《そん》の塩浜《しおはま》、荒浜《あらはま》のため塩浜永免除《しおはまえいめんじょ》となる（『塩浜由来書《しおはまゆらいしょ》〈宝暦《ほうれき》六年以降成立《ねんいこうせいりつ》〉』）。

また、この検地《けんち》のときより「永壱〆文《えいいちかんもん》ニ付塩《につきしお》五俵《ひょう》相納代永《あいおさめだいえい》弐《に》百五拾文《じゅうもん》ツヽ《ずつ》御引被下候《おひきくだされそうろう》、但《ただし》塩百姓ゟ取立候《しおびゃくしょうよりとりたてそうろう》義《ぎ》七升《しょう》五合入桶枡《ごういりおけます》ニ而《にて》壱俵《いっぴょう》八桶入《おけいり》ニ《に》仕《つかまつり》御蔵屋敷《おくらやしき》江《へ》積置《つみおき》御役《おやく》之節《のせつ》七桶《おけ》余御《よご》座候得者《ざそうらえば》御請取《おうけとり》名主組頭《なぬしくみがしら》ニ《に》証文被仰付《しょうもんおおせつけらる》」（『塩浜由来書《しおはまゆらいしょ》』所収《しょしゅう》「宝永《ほうえい》四亥年村方高反別銘細書上帳写書抜《いどしむらかたたかたんべつめいさいかきあげちょううつしかきぬき》」）とあり、在庫中《ざいこちゅう》の目減《めべ》りを考慮《こうりょ》している。

なお、上妙典村《かみみょうでんむら》が文政《ぶんせい》一〇年（一八二七）三月に提出《ていしゅつ》した「塩浜反別書上帳《しおはまたんべつかきあげちょう》〈文政《ぶんせい》十年三月〉」によれば、同村《どうそん》の元禄《げんろく》一五年八月の反別《たんべつ》は、塩浜《しおはま》一九町《ちょう》五反《たん》四畝《せ》一一歩《ぶ》（『塩浜由来書《しおはまゆらいしょ》』では末尾《まつび》が二一歩《ぶ》となっていて食《く》い違《ちが》いがある）、この永《えい》五〇貫《かん》二四〇文《もん》であり、上々浜《じょうじょうはま》八反《たん》三畝《せ》二歩《ぶ》は永《えい》四〇〇文取《もんとり》、上浜《じょうはま》一町《ちょう》二反《たん》九畝《せ》二六歩《ぶ》は永《えい》三五〇文取《もんとり》、中浜《ちゅうはま》四町《ちょう》二畝《せ》二二歩《ぶ》は永《えい》三〇〇文取《もんとり》、下浜《げはま》七町《ちょう》三畝《せ》八歩《ぶ》は永《えい》二五〇文取《もんとり》、下々浜《げげはま》六町《ちょう》三反《たん》五畝《せ》一三歩《ぶ》は永《えい》の記載《きさい》なし、となっている。塩浜《しおはま》の状態《じょうたい》により等級《とうきゅう》を付《つ》け、反当《たんあた》りの年貢《ねんぐ》永《えい》の額《がく》が示《しめ》されている。

また、田畑《でんぱた》の反別《たんべつ》も判明《はんめい》している。本行徳村《ほんぎょうとくむら》を例《れい》にとると、田《た》八四町《ちょう》四反《たん》二畝《せ》、畑《はたけ》二七町《ちょう》七反《たん》八畝《せ》九歩《ぶ》、合計《ごうけい》一一二町《ちょう》二反《たん》九歩《ぶ》であり（『市川市史《いちかわしし》』第《だい》二巻近世編第《かんきんせいへんだい》三章元禄検地《しょうげんろくけんち》に見《み》る市《いち》川《かわ》の村々《むらむら》）、塩浜反別《しおはまたんべつ》三七町《ちょう》五反《たん》五畝《せ》八歩《ぶ》（『塩浜由来書《しおはまゆらいしょ》』）の三倍《ばい》ほどになる。農民《のうみん》は塩田経営《えんでんけいえい》と農業《のうぎょう》の兼業《けんぎょう》だと知《し》れる。

●塩焼《しおやき》は始《はじ》まると、一昼夜《いっちゅうや》は釜《かま》を焚《た》き続《つづ》ける。一回《かい》の釜焚《かまた》きは五～六時間《じかん》で、それを一釜《ひとかま》といい、鹹水《かんすい》五石《こく》で塩《しお》一石《こく》一斗《と》～一石《こく》八斗《と》を得《え》、一昼夜《いっちゅうや》で四釜《よんかま》を焚《た》いて鹹水《かんすい》二〇石《こく》から塩《しお》五石《こく》七斗余《とよ》を生産《せいさん》できた。塩《しお》は一石《こく》を二俵《ひょう》にするから一一俵余《ぴょうよ》が生産《せいさん》できた。これらの塩田作業《えんでんさぎょう》は一カ所《しょ》の塩田《えんでん》あたり男《おとこ》四人《にん》、女一人《おんなひとり》、釜焚《かまた》き二人《ふたり》の合計《ごうけい》七人平均《にんへいきん》だった（『下総行徳塩業史《しもうさぎょうとくえんぎょうし》』）。江戸時代《えどじだい》の行徳塩田《ぎょうとくえんでん》では元禄《げんろく》の時代《じだい》に一九〇カ所以上《しょいじょう》の塩田《えんでん》があったと試算《しさん》（『行徳歴史街道《ぎょうとくれきしかいどう》2』）できるから、およそ一三〇〇人《にん》ものしょたれ（塩垂《しょた》れ、塩田作業員《えんでんさぎょういん》）が労働《ろうどう》していたことが推定《すいてい》でき

行徳鹽竈之図（『江戸名所図会』国立国会図書館デジタルコレクション）

る。雇用《こよう》の受《う》け皿《ざら》として重要《じゅうよう》な役割《やくわり》を担《にな》っていたといえる（『行徳歴史街道《ぎょうとくれきしかいどう》5』）。

●この年《とし》の田尻村《たじりむら》の塩浜所有者《しおはましょゆうしゃ》、合《あわ》せて四四名《めい》、五反以上《たんいじょう》二、四反以上《たんいじょう》一〇、三反以上《たんいじょう》五、二反《たん》以上《いじょう》一三、一反以上《たんいじょう》一九、一反以下《たんいか》五。塩浜一筆《しおはまいっぴつ》の細小《さいしょう》は五畝《せ》二〇歩《ぶ》、最大《さいだい》は三反《たん》七畝《せ》一二歩《ぶ》。極《きわ》めて細《こま》かく区分《くぶん》されていた（『下総行徳塩業史《しもうさぎょうとくえんぎょうし》』）。この資料で筆者《ひっしゃ》が数《かぞ》えたところ、塩浜《しおはま》は七七筆《ひつ》である。なお、元禄新検《げんろくしんけん》における田尻村《たじりむら》の反別《たんべつ》は九町《ちょう》二反《たん》八畝《せ》一七卜《ぶ》である（『塩浜由来書《しおはまゆらいしょ》』）。

●この頃《ころ》、代官伊奈半左衛門《だいかんいなはんざえもん》、江戸川通水防組合村々《えどがわどおりすいぼうくみあいむらむら》より連印《れんいん》をとる（『葛飾誌略《かつしかしりゃく》』）。それぞれが護《まも》るべき川堤《かわづつみ》を決《き》めた。

一二月一四日　赤穂浪士《あこうろうし》討《う》ち入《い》り。「忠臣蔵《ちゅうしんぐら》と行徳塩《ぎょうとくじお》」の因縁《いんねん》は『行徳歴史街道《ぎょうとくれきしかいどう》』を参照《さんしょう》

一六年　癸未《みずのとひつじ》　一七〇三

◉成田不動尊《なりたふどうそん》が初《はじ》めて出開帳《でかいちょう》を実施《じっし》、行徳《ぎょうとく》を通過《つうか》

四月二七日〜六月二七日、深川富岡八幡宮境内《ふかがわとみがおかはちまんぐうけいだい》で成田不動尊《なりたふどうそん》が初《はじ》めて出開帳《でかいちょう》を行《おこな》い、船橋《ふなばし》にて二隊《たい》に分《わ》け一隊《たい》は行徳《ぎょうとく》を通過《つうか》。片道《かたみち》四泊《ぱく》五日のゆっくりとしたペース。行列《ぎょうれつ》は成田村《なりたむら》の村人《むらびと》一一九人《にん》、雇《やと》われた宿人足《しゅくにんそく》一二三人《にん》の大行列《だいぎょうれつ》（『成田山新勝寺《なりたさんしんしょうじ》』）。以後《いご》、江戸時代中《えどじだいちゅう》に一二回《かい》の出開《でかい》帳《ちょう》を実施《じっし》（うち一一回《かい》は深川《ふかがわ》）。

五月　大旱《だいいかん》 五穀実《ごこくみの》らず（『千葉県東葛飾郡誌《ちばけんひがしかつしかぐんし》』）。旱天《かんてん》は行徳塩浜《ぎょうとくしおはま》には好都合《こうつごう》。

◉元禄大地震発生《げんろくおおじしんはっせい》

一一月二三日夜《よる》、地形《じがた》ゆりくだけ、塩浜海面塩除堤《しおはまかいめんしおよけつつみ》保《たも》ち申《もう》さず、荒浜《あらはま》となる（『塩浜由来書《しおはまゆらいしょ》〈宝暦《ほうれき》六年以降成立《いこうせいりつ》〉』）。被害甚大《ひがいじんだい》。千葉県野島崎沖《ちばけんのじまざきおき》を震源《しんげん》としマグニチュード8・2。東京都東部地域《とうきょうとうぶちいき》で震度《しんど》六。品川《しながわ》で津波《つなみ》二メートル。『千葉県東葛飾郡誌《ちばけんひがしかつしかぐんし》』は「大地震《おおじしん》の被害多《ひがいおお》く加《くわ》ふるに浦安船橋地方《うらやすふなばしちほう》は海嘯《かいしょう》（高潮《たかしお》、津波《つなみ》）にて人畜多《じんちくおお》く死《し》せり」とする。地震《じしん》のため船橋沖《ふなばしおき》の三番瀬《さんばんぜ》の地形《ちけい》が変化《へんか》、不漁《ふりょう》となり船橋漁民困窮《ふなばしぎょみんこんきゅう》、浦安漁民《うらやすぎょみん》との漁場争《ぎょじょうあらそ》いが激化《げきか》し訴訟起《そしょうお》こる（『行徳歴史街道《ぎょうとくれきしかいどう》4』）。一七八八年参照《さんしょう》。

元禄年間《げんろくねんかん》（一六六六～一七〇四）……………………

●湊新田《みなとしんでん》の成立《せいりつ》について「実《じつ》は新田《しんでん》にあらず。元禄年中《げんろくねんちゅう》故有《ゆえあ》りて一村《いっそん》と成《な》り、公儀《こうぎ》へ新湊村《しんみなとむら》と書《か》き上《あ》げし也《なり》。家数凡《やかずおよそ》五〇戸《こ》、とある（『葛飾誌略《かつしかしりゃく》』）。但《ただ》し、「故有《ゆえあ》りて」の経緯《いきさつ》は何《なに》も残《のこ》されていない。一六六八年参照《さんしょう》。

●塩稼《しおかせ》ぎの儀《ぎ》は四月より八月まで日長《ひなが》の節稼《せつかせ》ぎ方肝要《かたかんよう》とし五カ月間《げつかん》を製塩季節《せいえんきせつ》とする（『下総行徳塩業史《しもうさぎょうとくえんぎょうし》』）。「塩之儀《しおのぎ》六月・七月暑気強《しょきつよく》御座候《ござそうろう》節第一相稼《せつだいいちにあいかせぎ》、八月・九月・十月頃者稲作之取収《ころはいなさくのとりおさめ》百姓手隙《ひゃくしょうてすき》もなく、十一月・十二月・正月《しょうがつ》・二月・三月者《は》塩垂《しおたれ》候《そうろう》事《こと》滴《しずく》少《すくな》く漸々《ようよう》仕《つかまつり》当《とう》一はい位《くらい》二罷成《まかりなり》四月・五月者《は》例年《れいねん》雨天《うてん》打続《うちつづき》塩垂《しおだれ》百姓《びゃくしょう》男女《だんじょ》共《とも》二《に》手《て》を空《す》く仕《つかまつり》罷《まかり》在《あり》候《そうろう》、塩之儀《しおのぎ》一日雨降《あめふり》候《そうら》へ者《えば》三四日照《てり》続《つづき》不申《もうさず》候《そうろう》而《て》者《は》塩稼《しおかせぎ》不罷成《まかりならず》候《そうろう》」（『塩浜由緒書《しおはまゆいしょがき》〈明和《めいわ》六年八月〉』）。旧暦《きゅうれき》のため、例《たと》えば六月は新暦《しんれき》の七月などと考《かんが》えればよい。この時代《じだい》にはすでに稲作《いなさく》との兼業《けんぎょう》になっており、秋《あき》は収穫《しゅうかく》、春《はる》は雨天続《うてんつづ》きもさることながら田植《たう》え、その他《た》の農作業《のうさぎょう》で百姓《ひゃくしょう》はとても忙《いそが》しかった。

●元禄当時《げんろくとうじ》、「焚木《たきぎ》は昼夜《ちゅうや》塩竈《しおがま》焚木《たきぎ》入用《にゅうよう》平均金《へいきんきん》一分《ぶ》二朱位《しゅくらい》」とあったものが、天保《てんぽう》に至《いた》って製塩人夫給《せいえんにんぷきゅう》金《きん》と共《とも》に大《おお》いに騰貴《とうき》し、塩業《えんぎょう》を困難《こんなん》ならしめた（『下総行徳塩業史《しもうさぎょうとくえんぎょうし》』）。「焚木《たきぎ》は製塩者第一《せいえんしゃだいいち》の資本《しほん》とす。松葉《まつば》或《あるい》は萱《かや》を要《よう》す。釜屋《かまや》の近傍《きんぼう》へ舟形《ふながた》に積《つ》み貯蓄《ちょちく》す。これ近郷《きんごう》より馬運《ばうん》するあり。松葉《まつば》は利根川《とねがわ》の上流《じょうりゅう》当国流山近郷《とうごくながれやまきんごう》より輸入《ゆにゅう》す。又当国久々田《またとうごくくくだ》その近村或《きんそんあるい》は安房上総《あわかずさ》の両国《りょうごく》より運輸《うんゆ》す」（『下総行徳塩業史《しもうさぎょうとくえんぎょうし》』）。薪輸送《たきぎゆそう》のため道路《どうろ》は混雑《こんざつ》したに違《ちが》いない。

●製塩人夫《せいえんにんぷ》の元禄当時《げんろくとうじ》の奉公人給金《ほうこうにんきゅうきん》は、上男《じょうなん》三両位《りょうくらい》、中男《ちゅうなん》二両《りょう》二分位《ぶくらい》、下男《げなん》一両位《りょうくらい》、女《おんな》は右《みぎ》に準《じゅん》じ、日雇《ひやとい》は男《おとこ》百文《もん》、女《おんな》六拾《じゅう》四文《もん》（『下総行徳塩業史《しもうさぎょうとくえんぎょうし》』）。年季雇《ねんきやとい》は製塩季節外《せいえんきせつがい》は農業《のうぎょう》に従事《じゅうじ》し、二四、五歳《さい》までの者《もの》、世帯持《しょたいもち》になると日雇《ひやとい》になった。日雇《ひやとい》は相当《そうとう》の熟練者《じゅくれんしゃ》。

●元禄年間《げんろくねんかん》に内匠堀《たくみぼり》が河原《かわら》～本行徳《ほんぎょうとく》～新井《あらい》～当代島《とうだいしま》まで開削《かいさく》される（『行徳郷土史事典《ぎょうとくきょうどしじてん》』）。

●元禄年間《げんろくねんかん》に市川市広尾地区《いちかわしひろおちく》を田地《でんち》に開墾《かいこん》のため新井川《あらいがわ》（現新井緑道《げんあらいりょくどう》）開削《かいさく》される（『行徳歴史街道《ぎょうとくれきしかいどう》4』）。「川幅《かわはば》五間《けん》（約《やく》九メートル）ばかり。元禄御縄入後《げんろくおなわいりご》（一七〇二）開レ之《これをひらく》といふ《う》。利根川《とねがわ》の枝川也《えだがわなり》」（『葛飾誌略《かつしかしりゃく》』）

●元禄《げんろく》の頃《ころ》までに築造《ちくぞう》された耕地《こうち》囲《かこみ》堤《つつみ》をへび土手《どて》という（『葛飾風土史《かつしかふうどし》川《かわ》と村《むら》と人《ひと》』）。へび土手《どて》とは、新井《あらい》や相之川《あいのかわ》の古老《ころう》がそう呼《よ》んでいた耕地《こうち》囲《かこみ》堤《つつみ》跡《あと》の土手《どて》のことで、当代島《とうだいじま》の善福寺《ぜんぷくじ》裏《うら》から東京《とうきょう》ベイ浦安《うらやす》・市川《いちかわ》医療《いりょう》センターの敷地《しきち》を抜《ぬ》け、新井《あらい》二丁目《ちょうめ》を通《とお》って相之川《あいのかわ》二丁目《ちょうめ》から欠真間《かけまま》一丁目《ちょうめ》へ、くねくねと湾曲《わんきょく》しながら続《つづ》いていた。地域《ちいき》によっては蛇山《へびやま》とも称《しょう》す（『行徳郷土史事典《ぎょうとくきょうどしじてん》』）。御経塚《おきょうづか》付近《ふきん》に初期《しょき》の新井村《あらいむら》を津波《つなみ》から守《まも》る汐除堤《しおよけつつみ》（へび土手《どて》のこと）があった。堤《つつみ》の内側《うちがわ》は古《ふる》くに開墾《かいこん》された本田《ほんでん》で、古田《ふるた》とも呼《よ》ばれ、堤《つつみ》の外側《そとがわ》には古《ふる》くに開発《かいはつ》された塩浜《しおはま》があった。古塩浜《こしおはま》である（『行徳塩浜《ぎょうとくしおはま》と新井村《あらいむら》の足跡《そくせき》』）。

●元禄年中《げんろくねんちゅう》、「当村《とうそん》（伊勢宿村《いせじゅくむら》）に南梢《なんしょう》といふ俳人《はいじん》有《あ》り。芭蕉翁《ばしょうおう》の門人《もんじん》、州《しゅう》の社中《しゃちゅう》にて是行徳《これぎょうとく》に俳諧《はいかい》をするの始也《はじめなり》とぞ。其後《そのご》享保《きょうほう》・宝暦《ほうれき》の頃《ころ》より而後《じご》、暮色《ぼしょく》・門雪《もんせつ》・舊花《きゅうか》などの人々《ひとびと》好《この》みし也《なり》。続《つづ》いて不光《ふこう》・土岐《とき》・楠谷等《なんこくなど》あり」（『葛飾誌略《かつしかしりゃく》』）。

●「似春《いしゅん》は下総《しもうさ》の産《さん》、小西氏《こにしし》にて社職《しゃしょく》の人也《ひとなり》。京《きょう》に上《のぼ》り、北村季吟《きたむらきぎん》の高弟《こうてい》芭蕉翁《ばしょうおう》と友《とも》たり。京都《きょうと》に住《す》み、俳諧《はいかい》を以《もっ》て鳴《な》る」（『葛飾誌略《かつしかしりゃく》』）。

●上妙典《かみみょうでん》の八幡神社創建《はちまんじんじゃそうけん》（『市川市史《いちかわしし》』第《だい》二巻《かん》）。市川市妙典《いちかわしみょうでん》一丁目《ちょうめ》一一番《ばん》一六号《ごう》。上妙典村鎮守《かみみょうでんむらちんじゅ》。祭神《さいじん》は誉田別命《ほんだわけのみこと》、ホムタワケ。第《だい》一五代応神天皇《だいおうじんてんのう》の名《な》。祭日《さいじつ》一〇月一四日。日露戦争記念碑《にちろせんそうきねんひ》がある。『葛飾誌略《かつしかしりゃく》』には当村鎮守《とうそんちんじゅ》とあるだけ。

●下妙典《しもみょうでん》の春日神社創建《かすがじんじゃそうけん》（『市川市史《いちかわしし》』第《だい》二巻《かん》）。市川市妙典《いちかわしみょうでん》三丁目《ちょうめ》六番《ばん》一二号《ごう》。祭神《さいじん》は天児屋根命《あめのこやねのみこと》。古《ふる》い記録《きろく》は安政《あんせい》三年（一八五六）の大津波《おおつなみ》でことごとく流失《りゅうしつ》。名主《なぬし》の藤左衛門《とうざえもん》が奈良《なら》の春日神社《かすがじんじゃ》へ詣《もう》で勧請《かんじょう》したと伝《つた》える。寛文《かんぶん》十庚戌年《かのえいぬのとし》九月吉祥《きちじょう》の銘《めい》がある灯籠《とうろう》があり、それ以前《いぜん》の創建《そうけん》か。創建年不詳《そうけんねんふしょう》。『葛《かつ》飾誌略《しかしりゃく》』には当村氏神也《とうそんうじがみなり》。南部春日勧請《なんぶかすがかんじょう》とあるだけ。一六七〇年参照《さんしょう》。

●元禄以後《げんろくいご》の行徳《ぎょうとく》は塩焼《しおやき》と米作《こめづく》りの兼業《けんぎょう》の時代《じだい》になった（『市川市史《いちかわしし》』第《だい》二巻《かん》近世編《きんせいへん》第《だい》三章《しょう》元禄検地《げんろくけんち》にみる市川《いちかわ》の村々《むらむら》）。

宝永《ほうえい》

元年　甲申《きのえさる》　一七〇四

二月　地震《じしん》（『千葉県東葛飾郡誌《ちばけんひがしかつしかぐんし》』）

◉江戸川大洪水発生《えどがわだいこうずいはっせい》

「七月七日、江戸川大洪水《えどがわだいこうずい》、村内水丈《そんないみずたけ》三尺《じゃく》、江戸川《えどがわ》より塩浜一面《しおはまいちめん》に水《みず》が押《お》し寄《よ》せ、塩浜囲堤《しおはまかこみつつみ》大《たい》破《は》。未申両年村々《ひつじさるりょうねんむらむら》おびただしく荒浜《あらはま》でき、塩浜《しおはま》お役永《やくえい》六分通《ぶどお》り御用捨《ごようしゃ》、塩納御赦免《えんのうごしゃめん》、その上夫食《うえぶじき》のため御貯麦物備《おためむぎものそな》え仰《おお》せ付《つ》けられる。塩浜自普請金《しおはまじぶしんきん》一町歩《ちょうぶ》につき二両《りょう》ずつ仰《おお》せつけあり」（『塩浜《しおはま》由来書《ゆらいしょ》〈宝暦《ほうれき》六年以降成立《いこうせいりつ》〉』）

『江戸川区史《えどがわくし》』第《だい》三巻《かん》によれば「古河領《こがりょう》より本所《ほんじょ》まで東《ひがし》は行徳《ぎょうとく》、西《にし》は浅草《あさくさ》の堤《つつみ》まで一面《いちめん》に水押死《みずおしし》人《にん》も大分有之候《だいぶこれありそうろう》」(『文露叢《ぶんろそう》』)とある。

●八月、新井《あらい》、欠真間《かけまま》、湊新田《みなとしんでん》、湊《みなと》、押切《おしきり》、伊勢宿《いせじゅく》、関ヶ島《せきがしま》、本行徳《ほんぎょうとく》、下妙典《しもみょうでん》、上妙典《かみみょうでん》、田《た》尻《じり》、高谷《こうや》の一二カ村《そん》で金《きん》三四七両《りょう》三分永《ぶえい》七七文《もん》三分《ぶ》の自普請金《じぶしんきん》を借用《しゃくよう》(『塩浜自普請金拝借手形《しおはまじぶしんきんはいしゃくてがた》〈宝永《ほうえい》元年八月〉』)。このときの塩浜反別《しおはまたんべつ》は一七七町《ちょう》七反《たん》二畝《せ》二三歩《ぶ》(内《うち》、荒浜《あらはま》三町《ちょう》八反《たん》一畝《せ》一二歩《ぶ》)。塩浜《しおはま》一反歩《たんぶ》につき永《えい》二〇〇文《もん》あての積《つも》りの借用《しゃくよう》。返納《へんのう》は来年酉年《らいねんとりどし》より丑年《うしどし》までの五ケ年間毎《かんまい》年《とし》六月中《ちゅう》に元金《がんきん》を返納《へんのう》とする。

二年 乙酉《きのととり》 一七〇五

●五月中《ちゅう》より盆前《ぼんまえ》まで、永雨《ながあめ》にて塩浜稼《しおはまかせ》ぎできず、願《ねが》い上《あ》げたところ塩納《えんのう》三分《ぶん》の二御用捨《ごようしゃ》だが元《もと》永《えい》は上納仰付《じょうのうおおせつけ》られ候《そうろう》(『塩浜由来書《しおはまゆらいしょ》〈宝暦《ほうれき》六年以降成立《いこうせいりつ》〉』)。

三年 丙戌《ひのえいぬ》 一七〇六

一〇月四日 津波《つなみ》、暴風《ぼうふう》(『千葉県東葛飾郡誌《ちばけんひがしかつしかぐんし》』)

●新井寺慈潭和尚《しんせいじじたんおしょう》、貝殻《かいがら》へ法華経《ほけきょう》書写し火定《かじょう》する（『お経塚由来記《きょうづかゆらいき》』）。一六九七年参照《さんしょう》。
「わしが子供《こども》の頃《ころ》のことだがよ。病気《びょうき》になると、じいさまが仏《ぶつ》だんの中《なか》からこの経文《きょうもん》を出《だ》してきて、頭《あたま》やら、腹《はら》やら痛《いた》む所《ところ》をなでてくれると、不思議《ふしぎ》に直《なお》っちまったよ。それにな、和尚《おしょう》さまはたくさんの貝《かい》や巻物《まきもの》に細《こま》かい字《じ》を書《か》いたために、しめえには盲《めくら》になってしまったと。どうゆうわけか知《し》らねえがわしのうちに経文《きょうもん》があるんだよ、（中略《ちゅうりゃく》）巻物《まきもの》が吉野《よしの》さんの家《いえ》にあったのです。吉野《よしの》さんが神棚《かみだな》からうやうやしく取《と》り出《だ》した桐《きり》の箱《はこ》は、すすでまっ黒《くろ》になっていました。幅《はば》二十センチほどの経文《きょうもん》で慈潭和尚《じたんおしょう》の名前《なまえ》と判《はん》があって、宝永《ほうえい》三年正月吉日《しょうがつきちじつ》・第《だい》五百七十八巻《かん》と書《か》いてありました」（『市川《いちかわ》の伝承民話《でんしょうみんわ》』第《だい》一集《しゅう》）
経文《きょうもん》は大般若経《だいはんにゃきょう》とする。

四年丁亥《ひのとい》　一七〇七

九月一五日、一〇月四日　津波《つなみ》、暴風《ぼうふう》（『千葉県東葛飾郡誌《ちばけんひがしかつしかぐんし》』）

◉**宝永地震《ほうえいじしん》と富士山噴火《ふじさんふんか》**

一〇月四日、宝永地震《ほうえいじしん》、東海沖《とうかいおき》を震源《しんげん》としマグニチュード8・4。震度《しんど》六。

一一月二〇日より富士山噴火《ふじさんふんか》、宝永山《ほうえいざん》できる。江戸《えど》に降灰《こうはい》一、二寸《すん》（『定本折《ていほんおり》たく柴《しば》の記釈《きしゃく》義《ぎ》』）。船橋《ふなばし》で一坪《ひとつぼ》に砂《すな》一升《しょう》（『船橋市史《ふなばしし し》』前編《ぜんぺん》）。二三日昼《ひる》から二六日まで焼砂《やきすな》降《ふ》り止《や》まず（『武江《ぶこう》年表《ねんぴょう》』）。一一月二三日、昼《ひる》七つより砂《すな》ふり同二六日迄止《までや》まず、富士山《ふじさん》の噴火《ふんか》なり（『千葉県東葛《ちばけんひがしかつ》飾郡誌《しかぐんし》』）。

一一月二三日、五代将軍徳川綱吉《だいしょうぐんとくがわつなよし》、新井白石《あらいはくせき》を江戸城《えどじょう》に呼《よ》び出《だ》して御前《ごぜん》で進講《しんこう》させる。午後《ごご》三時《じ》だというのに燭《しょく》を挙《あ》げなくてはならないほど暗《くら》かった（『定本折《ていほんおり》たく柴《しば》の記釈義《きしゃくぎ》』）。

五年　戊子《つちのえね》　一七〇八

●塩浜《しおはま》の復興《ふっこう》を願《ねが》い、本行徳信楽寺《ほんぎょうとくしんぎょうじ》（現教信寺《げんきょうしんじ》）境内《けいだい》に馬頭観音像建《ばとうかんのんぞうた》つ。市川市本行徳《いちかわしほんぎょうとく》三八番《ばん》一八号《ごう》。起誉法師《きよほうし》、千日念仏講《せんにちねんぶつこう》を立《た》てる。「寳永《ほうえい》五　戊子年《つちのえねのとし》　南無観世音菩薩《なむかんぜおんぼさつ》　千日念佛願主《せんにちねんぶつがんしゅ》　起《き》譽《よ》直入法師《ほうし》　謹白《きんぱく》」と読《よ》める。現在《げんざい》は風化《ふうか》のため判読困難《はんどくこんなん》（『行徳歴史街道《ぎょうとくれきしかいどう》3』）。

●一一月一二日、本行徳《ほんぎょうとく》の浄閑寺《じょうかんじ》に名号塔建立《めいごうとうこんりゅう》される。

「南無阿弥陀佛《なむあみだぶつ》　万人講供養塔《ばんにんこうくようとう》　奉　勸《すすめたてまつる》　爲老若男女一万人二世安樂也《ろうにゃくなんにょいちまんにんにせいあんらくのためなり》　導師當寺《どうしとうじ》□世浄蓮社《せいじょうれんしゃ》行誉上人《ぎょうよしょうにん》」〔右《みぎ》〕（法名《ほうみょう》9）〔左《ひだり》〕万人之内《ばんにんのうち》四千余取立浩衆《よとりたてこうしゅう》　男女廿一人《だんじょにじゅういちにん》　宝永《ほうえい》五　戊子年《つちのとねのとし》　十一月十二日（『市川市《いちかわし》の石造物《せきぞうぶつ》』）

●「南条金左衛門様御支配《なんじょうきんざえもんさまごしはい》の節《せつ》、元禄《げんろく》一六年（一七〇三）の大地震《おおじしん》、宝永《ほうえい》元年（一七〇四）の大津《おおつ》波《なみ》のため、潰《つぶ》れ百姓《びゃくしょう》できる。欠真間村百姓《かけままむらひゃくしょう》佐太左衛門《さたざえもん》・覚左衛門《かくざえもん》・重治郎共塩浜合《しげじろうどもしおはまあわ》せ一町《ちょう》五歩《ぶ》荒浜《あらはま》になり弁納難儀《べんのうなんぎ》を願《ねが》い上《あ》げ元永合《もとえいあわ》せ二貫《かん》二百廿五文皆引《にじゅうごもんみなひ》き方成《かたな》る。湊村《みなとむら》では治郎左衛門《じろうざえもん》・彦兵衛《ひこべえ》・源兵衛《げんべえ》年々弁納《ねんねんべんのう》いたし迷惑仕《めいわくつかまつ》る旨《むね》度々《どど》願《ねが》い上《あ》げ則《すなわ》ち御吟味《ごぎんみ》の上永荒引《うええいあらびき》に成《な》る。塩浜《しおはま》の義《ぎ》古来《こらい》より御検地《ごけんち》より御検地《ごけんち》まで何年荒浜《なんねんあらはま》になろうとも、御用捨《ごようしゃ》がなく弁納《べんのう》してきた由《よし》、然《しか》る処《ところ》この節《せつ》より災害《さいがい》の際《さい》の塩浜永荒引半納引《しおはまえいあらびきはんのうび》きの始《はじ》まりに候《そうろう》。上郷《かみごう》の二又《ふたまた》・原木両村《ばらきりょうそん》は二年前戌年《まえいぬどし》より荒浜《あらはま》引《び》きこれあり候《そうろう》」（『塩浜由来書《しおはまゆらいしょ》〈宝暦《ほうれき》六年以降成立《いこうせいりつ》〉』）

●「南条金左衛門様御支配之節《なんじょうきんざえもんさまごしはいのせつ》、塩浜起立御吟味有之《しおはまおきたてごぎんみこれあり》、反別《たんべつ》三百七拾町《ななじゅっちょう》之内《のうち》亦候《またそうろう》荒浜《あらはま》ニ相成《あいなり》候分《そうろうぶん》ハ御改之上御年貢永免除被成下《おあらためのうえおねんぐえいめんじょなしくださる》、其上金《そのうえきん》千四百両余《りょうよ》被下置《くだされおき》塩浜囲堤《しおはまかこみつつみ》潮引《しおひき》江川《えがわ》并《ならびに》井戸《いど》溝浚御普請皆御入用《みぞさらいごぶしんみなごにゅうよう》を以被仰付《もっておおせつけらる》、（後略《こうりゃく》）」（『塩浜御普請其外《しおはまごぶしんそのほか》の儀共願《ぎともねがい》〈弘化《こうか》二年八月〉』）

六年　己丑《つちのとうし》　一七〇九

●「原木《ばらき》、二俣両村《ふたまたりょうそん》、塩浜囲堤大破《しおはまかこみづつみたいは》。粗朶《そだ》、羽口《はぐち》などは山野村《やまのむら》の御用林《ごようりん》を下《くだ》され、葉唐竹《はとうちく》、葉《は》直竹《ちょくたけ》の分《ぶん》は代永《だいえい》を下《くだ》される。人足一人《にんそくひとり》につき扶持米《ふちまい》一升《しょう》ずつ、人足《にんそく》、名代《みょうだい》、普請用《ふしんよう》の竹代《たけだい》ともに金高《きんだか》三〇両余《りょうよ》の御入用御普請《ごにゅうようごぶしん》あり」（『塩浜由来書《しおはまゆらいしょ》〈宝暦《ほうれき》六年以降成立《いこうせいりつ》〉』）

燃料《ねんりょう》は塩木《しおき》とも呼《よ》ばれ、元来《がんらい》、塩焼《しおやき》に不可欠《ふかけつ》のもの。御用林《ごようりん》のことを塩木山《しおきやま》ともいう。幕府直《ばくふちょっ》轄《かつ》の小金牧《こがねまき》に属《ぞく》していた小金原《こがねはら》、下野牧《しもつけまき》に塩焚木《しおたきぎ》を刈取《かりと》りに行《い》くことも幕府《ばくふ》より許可《きょか》。

「九月十月田方収納《でんかたしゅうのう》同《おなじく》畑蒔付《はたまきつけ》仕舞次第《しまいしだい》領中《りょうちゅう》塩焼《しおやき》と《ど》も不申及《もうすにおよばず》其外《そのほか》之者《のもの》迄《まで》小金原《こがねはら》並《ならびに》下野牧《しもつけまき》其《その》

外野山《ほかのやま》江《へ》銘々《めいめい》男女《だんじょ》共《とも》塩焼《しおやき》焚木《たきぎ》刈取《かりとり》ニ参《まい》リ年々《ねんねん》三月迄《まで》ハ焚木取置《たきぎとりおき》いたし塩焼渡世《しおやきとせい》仕候《つかまつりそうろう》」（『下総《しもうさ》行徳塩業史《ぎょうとくえんぎょうし》』所収《しょしゅう》「大日本塩業全書《だいにほんえんぎょうぜんしょ》」）

七年 庚寅《かのえとら》 一七一〇

●五月二八日、妙典《みょうでん》の妙好寺奥之院《みょうこうじおくのいん》に題目塔《だいもくとう》が建立《こんりゅう》される。一九九五年参照《さんしょう》。
「南無妙法蓮華経《なむみょうほうれんげきょう》　宝永《ほうえい》七寅《とら》五月廿八日　金子氏《かねこし》」［台裏《だいうら》］平成《へいせい》七年十二月三日　奥之院新観音堂落慶之砌《おくのいんしんかんのんどうらっけいのみぎり》　第《だい》三十三世日勝代《せいにっしょうだい》（『市川市《いちかわし》の石造物《せきぞうぶつ》』）

●「湊村《みなとむら》、塩浜囲堤大破《しおはまかこみつつみたいは》。押切村荒浜跡《おしきりむらあらはまあと》へ塩引江川囲堤《しおひきえがわかこみつつみ》とも相廻《あいまわ》し候《そうら》えば荒《あ》れ申《もう》さずと願上《ねがいあ》げたところ則《すなわ》ち御普請仰《ごぶしんおお》せ付《つ》けられ、波除杭《なみよけくい》、粗朶《そだ》、羽口《はぐち》などは山野村《やまのむら》、柏井村《かしわいむら》の御林《おはやし》を下《くだ》され、葉唐竹《はとうちく》、葉直竹《はちょくたけ》は代永《だいえい》を下《くだ》さる。人足《にんそく》は御扶持一人《ごふちひとり》につき米《こめ》一升《しょう》ずつ、唐竹《とうちく》、直竹代《ちょくたけだい》ともに金高《きんだか》三六両《りょう》の御入用御普請《ごにゅうようごぶしん》あり。人足《にんそく》の義《ぎ》は村々御割合《むらむらおんわりあい》がなく湊村《みなとむら》ばかりにて相勤《あいつと》めたが、御積《おんつ》み金《がね》が余計《よけい》にあり名代《みょうだい》にて人足賃《にんそくちん》ほどあり、右御普請仰《みぎごぶしんおお》せ付《つ》けられ押切村《おしきりむら》の荒浜跡湊村《あらはまあとみなとむら》へ立《た》ち返《かえ》り候《そうろう》、この場所《ばしょ》を寅新浜《とらしんはま》と申《もう》し候《そうろう》」（『塩浜由来書《しおはまゆらいしょ》〈宝暦《ほうれき》六年以降成立《いこうせいりつ》〉』）

●「寺町《てらまち》　一丁目横町《ちょうめよこまち》をいふ《う》。石橋《いしばし》、寺丁《てらまち》（本行徳《ほんぎょうとく》一丁目《ちょうめ》）に懸《かか》る。長《なが》さ八尺《しゃく》五寸《すん》、横《よこ》一丈《じょう》五寸《すん》。宝永《ほうえい》七庚寅年《かのえとらのとし》、御代官平岡三郎左衛門様《おだいかんひらおかさぶろうざえもんさま》、市川溜井《いちかわためい》の左右《さゆう》を以《もっ》て御懸被《おかけくだ》レ下《され》し也《なり》。其以前《そのいぜん》は土橋也《どばしなり》といふ《う》」（『葛飾誌略《かつしかしりゃく》』）

●江戸《えど》の塩相場《しおそうば》、一石《こく》につき銀《ぎん》三八・三匁《もんめ》（『市川市史年表《いちかわししねんぴょう》』）。

宝永年間《ほうえいねんかん》（一七〇四〜一七一一）

●弁天山《べんてんやま》から湊《みなと》の圓明院《えんみょういん》へ弁天祠《べんてんし》を遷《うつ》す。
「弁天祠《べんてんし》、昔《むかし》、野中《のなか》に在《あ》り、宝永年中《ほうえいねんちゅう》ここへ遷《うつ》す」（『葛飾誌略《かつしかしりゃく》』）
「弁財天《べんざいてん》の祠《ほこら》。同所《どうしょ》（行徳船場《ぎょうとくふなば》）四五町《しごちょう》下《しも》の方《かた》、湊村《みなとむら》にあり。昔《むかし》は潮除堤《しおよけつつみ》の松林《まつばやし》の下《もと》にありしとなり。其舊地《そのきゅうち》を弁天山《べんてんやま》と号《ごう》して、石《いし》の祠《ほこら》あり。今《いま》は圓明院《えんみょういん》に移《うつ》す」（『江戸名所図会《えどめいしょずえ》』）
●この頃《ころ》までは江戸《えど》での下肥汲取《しもごえくみと》り値段《ねだん》は無料《むりょう》。のち、葛西船《かさいぶね》による集荷《しゅうか》。

正徳《しょうとく》

元年 辛卯《かのとう》 一七一一

五月 道中奉行《どうちゅうぶぎょう》、八幡宿《やわたしゅく》に駄賃《だちん》・人足賃銭《にんそくちんせん》を記《しる》したものなど合計《ごうけい》六種《しゅ》の高札《こうさつ》を掲《かか》げる（『市川《いちかわ》市《し》史《し》年表《ねんぴょう》』）

●「欠真間《かけまま》、湊《みなと》、湊新田《みなとしんでん》、本行徳《ほんぎょうとく》の四カ村《しそん》、塩浜囲堤《しおはまかこみつつみ》大破《たいは》。御普請《ごぶしん》仰《おお》せ付《つ》けられ、杭木《くいぎ》、粗朶《そだ》、葉唐竹《はとうちく》、葉直竹《はちょくたけ》など諸色《しょしき》は代永《だいえい》を下《くだ》さる。人足一人《にんそくひとり》につき御扶持米《ごふちまい》七升《しょう》ずつ代永《だいえい》にて下《くだ》さる。金高《きんたか》一三〇両余《りょうよ》の御入用御普請《ごにゅうようごぶしん》、先例通《せんれいどお》り村切《むらぎ》りに御普請仕上《ごぶしんしあ》げ申候《もうしそうろう》」（『塩浜由来書《しおはまゆらいしょ》〈宝暦《ほうれき》六年以降成立《いこうせいりつ》〉』）

二年　壬辰《みずのえたつ》　一七一二

◉宮本武蔵《みやもとむさし》の供養塔《くようとう》できる

徳願寺《とくがんじ》一五世水誉上人《せいすいよしょうにん》、宮本武蔵《みやもとむさし》の供養塔《くようとう》（地蔵《じぞう》）建立《こんりゅう》。一二〇センチほどの石地蔵《いしじぞう》。台座《だいざ》に「正徳《しょうとく》二壬辰年《みずのえたつのとし》七月《がつ》二十四日《か》」「単誉直心《たんよじきしん》」とあるが風化《ふうか》が激《はげ》しい（『明解行徳の歴史大事典《めいかいぎょうとくのれきしだいじてん》』）。

［台《だい》］造作《ぞうさく》□□□　常念地《じょうねんじ》□□　遊戯諸《ゆうぎしょ》□□　□□代受菩《だいじゅぼ》［台左《だいひだり》］正徳《しょうとく》二壬辰《みずのえたつ》　七月廿《にじゅう》四日　［台右《だいみぎ》］單誉《たんよ》□（『市川市《いちかわし》の石造物《せきぞうぶつ》』）

『葛飾誌略《かつしかしりゃく》』に「宮本武蔵《みやもとむさし》の塚《つか》　是其頃《これそのころ》妙典村《みょうでんむら》五兵衛《ごへえ》といへる者《もの》の所《ところ》に止宿《ししゅく》せしが、不図《ふと》病気《びょうき》づいて卒《そつ》す。いつの頃《ころ》にや、大洪水《だいこうずい》の節《せつ》、押埋《おしうずま》りて其跡今《そのあといま》は不レ詳《くわしからず》。武蔵《むさし》は武芸《ぶげい》の士《さむらい》也《なり》と」とある。

また、その後《ご》のことであろうが、「この両村《りょうそん》（上下妙典村《かみしもみょうでんむら》）、他宗《たしゅう》（日蓮宗以外《にちれんしゅういがい》は）一軒《けん》もなし。只《ただ》、徳願寺檀方《とくがんじだんかた》に念仏五兵衛《ねんぶつごへえ》とて一人《ひとり》有《あ》りしが、是《これ》も当時《とうじ》は改宗《かいしゅう》して日蓮宗《にちれんしゅう》に成《な》れりといふ《う》」とされる（『葛飾誌略《かつしかしりゃく》』）。

三年　癸巳《みずのとみ》　一七一三

●江戸川《えどがわ》の東《ひがし》を下総国《しもうさのくに》、西《にし》を武蔵国《むさしのくに》と定《さだ》まる。これについては中央《ちゅうおう》の文献《ぶんけん》も諸説《しょせつ》まちまちで、寛《かん》文年中《ぶんねんちゅう》（一六六一〜七二）とか、貞享《じょうきょう》三年（一六八六）とか、あるいは元禄年間《げんろくねんかん》（一六八八〜一七〇三）といい、はっきり確定《かくてい》づける資料《しりょう》はない（『江戸川区史《えどがわくし》』第《だい》一巻《かん》）。

●一一月一六日、稲荷木一本松《とうかぎいっぽんまつ》に「三猿《さんざる》　講中《こうちゅう》　これより右《みぎ》やわたとうり《八幡通り》　これより左市川国分寺《ひだりいちかわこくぶんじ》みち」の道標建立《どうひょうこんりゅう》される（『明解行徳の歴史大事典《めいかいぎょうとくのれきしだいじてん》』）。徳川家康《とくがわいえやす》によって作《つく》られた新道《しんみち》は「右《みぎ》やわたとうり」のこと。

四年　甲午《きのえうま》　一七一四

八月八日　暴風《ぼうふう》。夜《よる》五つ時分《じぶん》より南大風《みなみおおかぜ》吹出《ふきだ》し、九日四つ迄《まで》吹《ふ》く、昼過《ひるす》ぎ風《かぜ》なぎ、田畑耕作《でんばたこうさく》に大分損世中大分飢饉《だいぶんそんよのなかだいぶんききん》に成《なる》、午《うま》の年暮《としくれ》は米金《こめきん》一両《りょう》四斗売《とうり》、未年春《ひつじどしはる》は金《きん》一両《りょう》に米《こめ》三斗《と》六升《しょう》直段《ね》売買《だんばいばい》にて世間《せけん》悉《ことごと》く難渋《なんじゅう》（『千葉県《ちばけん》東葛飾郡誌《ひがしかつしかぐんし》』）

五年 乙未《きのとひつじ》 一七一五

●正月《しょうがつ》、真言宗《しんごんしゅう》花蔵院《けぞういん》の賢教法印《けんきょうほういん》、庚申塔《こうしんとう》を建《た》て青面金剛尊《しょうめんこんごうそん》を勧請《かんじょう》（『浦安町誌上《うらやすちょうしじょう》』）。猫実《ねこざね》の庚申塔《こうしんとう》として有名《ゆうめい》。

●「原木《ばらき》、二俣両村《ふたまたりょうそん》、塩浜御普請所大破《しおはまごふしんしょたいは》。諸色人足賃銀共金高《しょしきにんそくちんぎんともきんたか》六〇両余《りょうよ》の御入用御普請《ごにゅうようごふしん》。人足一《にんそくひと》人《り》につき賃銭《ちんせん》一匁《もんめ》八分《ぶ》、例《れい》の通《とお》り村切《むらぎ》りにて普請仕上《ふしんしあ》げ申候《もうしそうろう》」（『塩浜由来書《しおはまゆらいしょ》〈宝暦《ほうれき》六年以降成《いこうせい》立《りつ》〉』）

享保《きょうほう》

元年 丙申《ひのえさる》 一七一六

◉本行徳村《ほんぎょうとくむら》を一～四丁目《ちょうめ》と新田《しんでん》に分《わ》ける

この年《とし》、本行徳村《ほんぎょうとくむら》より行徳新田《ぎょうとくしんでん》（現本塩《げんほんしお》）を分《わ》け、本行徳町内《ほんぎょうとくちょうない》を四丁《ちょう》に分《わ》ける（『葛飾誌略《かつしかしりゃく》』「神明宮《しんめいぐう》」の項《こう》）。

●「本行徳《ほんぎょうとく》一丁目《ちょうめ》の神明社《しんめいしゃ》、田中三左衛門《たなかさんざえもん》催《もよお》しにて、祭礼《さいれい》に始《はじ》めて屋臺《やだい》を出《だ》す」（『葛飾誌略《かつしかしりゃく》』）
「中古祭礼《ちゅうこさいれい》に屋台《やだい》と号《ごう》したる物《もの》を出《だ》したり。屋台《やだい》は次第《しだい》に大《だい》に作《つく》り、二間三間程《けんけんほど》のみならず、牛《うし》二匹《ひき》、三匹《びき》に牽《ひ》かせしものなり。内《うち》には人形《ひとがた》あまたすえ、下《した》の方《ほう》に幕《まく》をはり、その内《うち》にて鳴物《なりもの》の拍子《ひょうし》するなり。今《いま》（一八四八）踊《おど》りやたいと云《い》ふもの、これより変《へん》じたるなり。難波《なにわ》にてはだんじりといふ《う》」（『武江年表《ぶこうねんぴょう》』）

●なお、屋台《やたい》は出《だ》し（山車《だし》）とともに出《だ》していたが、享保《きょうほう》六年に屋台《やたい》を出《だ》すことが禁《きん》じられたので、その後《ご》は出《だ》しばかりとなる。屋台《やたい》と出《だ》しの合計費用《ごうけいひよう》が三十四、五両《りょう》もかかり御停止《ごちょうじ》となったが、今《いま》の出《だ》し一本《ぽん》の方《ほう》が費用《ひよう》が高《たか》いとする。出《だ》しが華美《かび》になったのである。

八月　徳川吉宗将軍《とくがわよしむねしょうぐん》となる

◉加藤新田《かとうしんでん》の開発始《かいはつはじ》まる

享保《きょうほう》（一七一六～）から元文《げんぶん》（一七三六～）にかけて、江戸横山町升屋作兵衛《えどよこやまちょうますやさくべえ》（加藤氏《かとうし》）が加《か》藤新田《とうしんでん》の開発《かいはつ》を始《はじ》める。安永《あんえい》四年（一七七五）と天保《てんぽう》四年（一八三三）に新開塩浜《しんかいしおはま》お取《と》り立《た》てとなる（『下総行徳塩業史《しもうさぎょうとくえんぎょうし》』）。

『葛飾記《かつしかき》』に「三千町《さんぜんちょう》　本行徳下夕海面也《ほんぎょうとくしたかいめんなり》。（中略《ちゅうりゃく》）此辺《このあたり》より海神村下迄干潟大凡三千町《かいじんむらしたまでひがたおおよそさんぜんちょう》と積《つも》りし故《ゆえ》、名《な》とす。右《みぎ》は則《すなわち》、塩浜《しおはま》に取立《とりたて》、堤《つつみ》にて締切《しめきり》、かこひの願《い》ひ《ねがい》、江戸横山町何某度々公儀《えどよこやまちょうなにがしどどこうぎ》へ出《で》て、三千町《さんぜんちょう》の内漸《うちようや》く三十町《ちょう》ほど叶《かな》ひ、只今塩浜《ただいましおはま》と成《な》れり、然《しかれ》ども、最初《さいしょ》の見積《みつも》りなれば迚《とて》、三《さん》千町《ぜんちょう》と呼《よ》ぶ也《なり》」とある。

『葛飾誌略《かつしかしりゃく》』には「三千町《さんぜんちょう》　加藤新田《かとうしんでん》といふ《う》。塩浜反別《しおはまたんべつ》二丁《ちょう》三反《たん》七畝《せ》三歩《ぶ》。一村持也《いっそんもちなり》。高《たか》三石《こく》九斗《と》五升《しょう》九合《ごう》。近藤兵右衛門殿御《こんどうひょうううえもんどのお》改《あらため》也《なり》。明和《めいわ》五年戊子《つちのえね》（一七六八）」とある。

「千本松《せんぼんまつ》は、今《いま》はないけど、防風林《ぼうふうりん》だったんですね。行徳《ぎょうとく》の橋《はし》のたもとをずうっと南下《なんか》して、浦《うら》安《やす》の方《ほう》に行《い》くと、海《うみ》べです。そこに千本松《せんぼんまつ》があったんです。今《いま》は埋《う》め立《た》てられて、町中《まちなか》になっちまったんですよ」（『市川《いちかわ》の伝承民話《でんしょうみんわ》』第《だい》五集《しゅう》）

●大徳寺《だいとくじ》に「時《とき》の鐘《かね》」建立《こんりゅう》される。『葛飾記《かつしかき》』に「左《さ》の鐘《かね》の銘《めい》あり、此寺《このてら》に一二時《とき》の鐘《かね》の銘有《めいあり》、享《きょう》保元年丙申《ほうがんねんひのえさる》、河原村道喜《かわらむらどうき》と云人《いうひとこれを》建二立之一《こんりゅうす》」とある。『葛飾誌略《かつしかしりゃく》』は「時《とき》の鐘《かね》　祐天大僧正《ゆうてんだいそうじょう》より免許也《めんきょなり》。二六時中《じちゅう》怠《おこた》らず。（中略《ちゅうりゃく》）当寺《とうじ》の鐘《かね》は道喜坊《どうきぼう》といふ願主《うがんしゅ》にて、享保《きょうほう》元年丙申年《ひのえさるのとし》鋳《いる》。凡《およそ》九四年《ねん》に及《およ》ぶ」とある。一六一五年、一九四三年参照《さんしょう》。

二年丁酉《ひのととり》　一七一七

●七月七日、本行徳《ほんぎょうとく》の妙頂寺《みょうちょうじ》に標石《ひょうせき》建《た》てられる。

「南無妙法蓮華経《なむみょうほうれんげきょう》」［台《だい》］妙頂寺《みょうちょうじ》［左《ひだり》］火防日蓮大菩薩安置《かぼうにちれんだいぼさつあんち》［右《みぎ》］享保《きょうほう》二丁酉天《ひのととりてん》七月七日　當寺《とうじ》十二之嗣法善行院《のしほうぜんぎょういん》日定《にちじょう》（『市川市《いちかわし》の石造物《せきぞうぶつ》』）

八月一六日　大嵐《おおあらし》高波《たかなみ》にて塩浜《しおはま》囲堤《かこみつつみ》ことごとく大破《たいは》。御勘定役《ごかんじょうやく》の御見分《ごけんぶん》あり（『塩浜由来書《しおはまゆらいしょ》〈宝暦《ほうれき》六年以降成立《いこうせいりつ》〉』）

八月一六日　南風大吹《みなみかぜおおふき》、悪風耕作大分損《あくふうこうさくだいぶんそん》、世間悉《せけんことごと》く詰《つぐ》、大日《おおひ》でり《照り》に而田畑共悉《てでんぱたともことごと》く神作迄大飢《しんさくまでだいき》饉《きん》にて□□、右《みぎ》の年秋《としあき》より米《こめ》一両《りょう》に五斗売買《とばいばい》段々米《だんだんこめ》の直段高直《ねだんこうちょく》に成《なり》、暮《くれ》は金《きん》一両《りょう》四斗相場売買《とそうばばいばい》により世中難渋致候《よのなかなんじゅういたしそうろう》（『千葉県東葛飾郡誌《ちばけんひがしかつしかぐんし》』）

三年戊戌《つちのえいぬ》　一七一八

●前年《ぜんねん》の災害《さいがい》に対《たい》する御普請《ごぶしん》、二俣《ふたまた》、原木《ばらき》、高谷《こうや》、田尻《たじり》、上妙典《かみみょうでん》、下妙典《しもみょうでん》、本行徳《ほんぎょうとく》、関ヶ島《せきがしま》、伊勢宿《いせじゅく》、押切《おしきり》、湊《みなと》、湊新田《みなとしんでん》、欠真間《かけまま》、新井《あらい》の一四カ村《そん》にて、金高《きんたか》九七〇両余《りょうよ》の御入用御普請《ごにゅうようごぶしん》。「人足《にんそく》は金《きん》一両《りょう》につき四〇人替《にんがえ》、一人《ひとり》につき鐚《びた》八四文《もん》ずつ。諸色《しょしき》の義《ぎ》は入札直段《にゅうさつねだん》をもって村方《むらかた》へ下《くだ》さる。先例《せんれい》の通《とお》り組合《くみあい》これなく一村切《いっそんぎり》に御普請仕上《ごぶしんしあ》げ申上《もうしあ》げ候《そうろう》」（『塩浜由来書《しおはまゆらいしょ》〈宝暦《ほうれき》六年以降成《いこうせい》立《りつ》〉』）

●二月、水下《みずしも》にあたる村《むら》の妙典《みょうでん》、田尻《たじり》、高谷《こうや》、河原《かわら》の四カ村《そん》、塩浜《しおはま》が真水押《まみずお》しになるので、稲荷木《とうかぎ》、大和田《おおわだ》、川原《かわら》の三カ村《そん》の萱野畑《かやのばたけ》に新田《しんでん》（水田《すいでん》）を開発《かいはつ》させぬよう代官《だいかん》に訴《うった》える（『塩浜真水押《しおはままみずお》しにまかりなる故水田開発仕《ゆえすいでんかいはつつかまつ》らざる様申上《ようもうしあげ》〈享保《きょうほう》三年二月〉』）。

●四月朔日《ついたち》、正徳年中《しょうとくねんちゅう》（一七一一～一五）、武江青山宿唯然和尚《ぶこうあおやまじゅくゆいねんおしょう》、霊夢《れいむ》により弁財天《べんざいてん》の堂《どう》を弁天山《べんてんやま》（市川市行徳駅前《いちかわしぎょうとくえきまえ》二丁目《ちょうめ》一九番弁天公園《ばんべんてんこうえん》）に建立《こんりゅう》した。元《もと》は潮除堤《うしおよけつつみ》にあったときは弁天山《べんてんやま》という松林《まつばやし》の中《なか》にあった。（寛延《かんえん》二年〈一七四九年〉からみて）近来《きんらい》、圓明院境内《えんみょういんけいだい》へ引収《ひきおさ》める。もっとも境内《けいだい》が狭《せま》いので拝殿《はいでん》は略《りゃく》して遷社《せんしゃ》した（『葛飾記《かつしかき》』）。『葛飾誌略《かつしかしりゃく》』では「一《ひと》つ、不動堂《ふどうどう》　霊験有《れいけんあ》り。弁天祠《べんてんし》。昔《むかし》は野中《のなか》に在《あ》り。宝永年中《ほうえいねんちゅう》（一七〇四～一〇）此所《このところ》へ遷《うつ》す」とする。『葛飾記《かつしかき》』の説《せつ》に拠《よ》った。『明解行徳《めいかいぎょうとく》の歴史大事典《れきしだいじてん》』参照《さんしょう》。

●七月一三日、香取《かんどり》の源心寺《げんしんじ》に閻魔王像建立《えんまおうぞうこんりゅう》される。「［台《だい》］爲《ため》（法名《ほうみょう》1）爲野崎《ためのざき》□菩提《ぼだい》　享保《きょうほう》三歳《ねん》七月十三日」（『市川市《いちかわし》の石造物《せきぞうぶつ》』）

四年　己亥《つちのとい》　一七一九

●片島深淵子《かたしましんえんし》『赤城義臣伝《せきじょうぎしんでん》』（赤穂義臣伝《あこうぎしんでん》）一五巻《かん》を刊行《かんこう》。徳川幕府《とくがわばくふ》はすぐに発禁処分《はっきんしょぶん》とした。

この本《ほん》はひそかに薩摩藩《さつまはん》に持《も》ち込《こ》まれ、毎年旧暦《まいとしきゅうれき》の一二月一四日に徹夜《てつや》で「義臣伝読《ぎしんでんよ》み」の行《ぎょう》事《じ》として明治維新《めいじいしん》まで続《つづ》く。明治維《めいじい》新《しん》で活躍《かつやく》した西郷隆盛《さいごうたかもり》をはじめとする薩摩勇人《さつまはやと》たちは、すべて暗唱《あんしょう》できるほどだった。

明治天皇《めいじてんのう》は泉岳寺《せんがくじ》に勅書《ちょくしょ》を令達《れいたつ》し赤穂浪士《あこうろうし》を表彰《ひょうしょう》した。

明治《めいじ》元年に行徳《ぎょうとく》に駐屯《ちゅうとん》した官軍《かんぐん》の福岡藩兵《ふくおかはんぺい》の隊長《たいちょう》は薩摩藩士《さつまはんし》だったという。徳川家康《とくがわいえやす》が最《もっと》も恐《おそ》れたことが現実《げんじつ》となった（『行徳歴史街道《ぎょうとくれきしかいどう》』）。

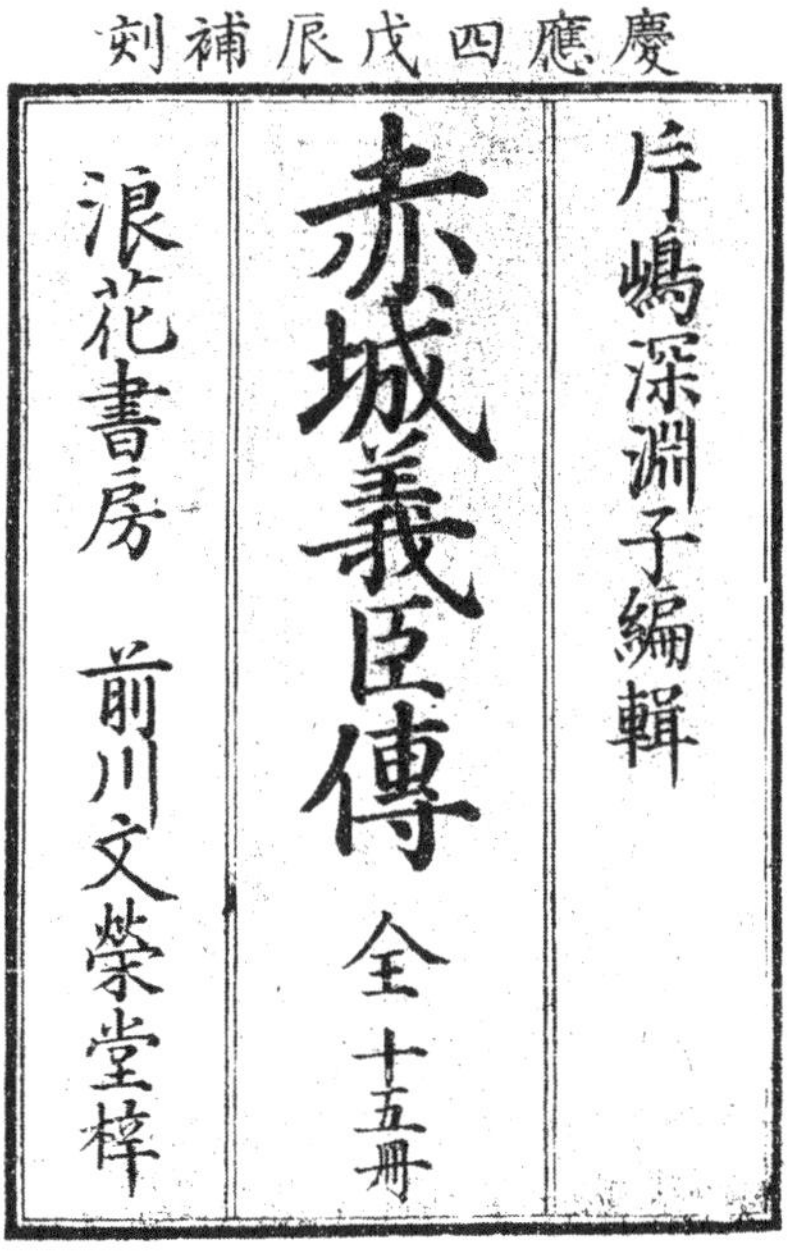

『赤城義臣伝』（国立国会図書館デジタルコレクション）

五年 庚子《かのえね》 一七二〇

一月 幕府《ばくふ》、川船《かわぶね》の極印改《ごくいんあらため》を行《おこな》う（『市川市史《いちかわしし》』第二巻《だいにかん》 近世編《きんせいへん》 第《だい》五章《しょう》 近世《きんせい》の交通《こうつう》）

●この年《とし》、原木《ばらき》・二俣両村《ふたまたりょうそん》の御普請所大破《ごぶしんじょたいは》。

「諸色人足《しょしきにんそく》とも金高《きんだか》一六〇両余《りょうよ》の御入用御普請《ごにゅうようごぶしん》。人足一人賃銀《にんそくひとりちんぎん》一匁《もんめ》八分《ぶ》ずつ下《くだ》さる」（『塩浜由来書《しおはまゆらいしょ》〈宝暦《ほうれき》六年以降成立《いこうせいりつ》〉』）

六年 辛丑《かのとうし》 一七二一

◉小宮山杢之進《こみやまもくのしん》が代官《だいかん》になる

「代官小宮山杢之進様《だいかんこみやまもくのしんさま》の御支配初年也《ごしはいしょねんなり》」(『塩浜由来書《しおはまゆらいしょ》〈宝暦《ほうれき》六年以降成立《ねんいこうせいりつ》〉』)

小宮山杢之進《こみやまもくのしん》が在任中《ざいにんちゅう》の享保《きょうほう》六～一九年(一七二一～三四)に築《きず》いた潮除堤《しおよけづつみ》を小宮山堤《こみやまつつみ》あるいは小宮山土手《こみやまどて》と称《しょう》した。

「今現《いまげん》に南 行 徳村新井《みなみぎょうとくむらあらい》より葛飾郡西海神《かつしかぐんにしかいじん》に至《いた》る間延長《かんえんちょう》二里半《りはん》に亙《わた》り稲田《いなだ》を画《かく》して羊腸《ようちょう》たる堤防《ていぼう》の跡《あと》を見《み》るはその旧跡《きゅうせき》たり。俚俗《りぞく》これを小宮山土手《こみやまどて》と称《しょう》す」(『下総 行 徳塩 業 史《しもうさぎょうとくえんぎょうし》』)

昭和《しょうわ》四〇年代《だい》の土地区画整理事業《とちくかくせいりじぎょう》の埋立《うめたて》により小宮山土手《こみやまどて》は消滅《しょうめつ》。

小宮山杢之進《こみやまもくのしん》は農政《のうせい》の専門家《せんもんか》。徳川吉宗《とくがわよしむね》により享保《きょうほう》六年七月二五日に行徳領塩浜付村々《ぎょうとくりょうしおはまつきむらむら》の代官《だいかん》に任《にん》ぜられる。享保《きょうほう》一九年(一七三四)七月解任《かいにん》、宝暦《ほうれき》九年(一七五九)隠居《いんきょ》、安永《あんえい》二年(一七七三)没《ぼっ》。

堤防《ていぼう》の内堤《うちつつみ》には芝《しば》を植《う》え、外堤《そとつつみ》には葭《よし》を植《う》え、波除《なみよ》けのために百足杭《むかでくい》を打《う》ち込《こ》むなど斬新《ざんしん》な工《こう》事《じ》をし、至極丈夫《しごくじょうぶ》な堤防《ていぼう》になり、それを小宮山堤《こみやまつつみ》といった。没《ぼっ》する四年前《まえ》の明和《めいわ》六年(一七六九)に書《か》いた「覚《おぼえ》」は『塩浜由緒書《しおはまゆいしょがき》〈明和《めいわ》六年八月〉』と呼《よ》ばれ、行徳塩浜《ぎょうとくしおはま》の農民《のうみん》の年貢減免申請《ねんぐげんめんしんせい》のときの有力《ゆうりょく》な証拠《しょうこ》として幕府《ばくふ》に提示《ていじ》され、明治《めいじ》に至《いた》るまで名主交代《なぬしこうたい》の際《さい》の重要引継《じゅうようひきつ》ぎ文書《ぶんしょ》として扱《あつか》われた。行徳塩浜《ぎょうとくしおはま》の恩人《おんじん》（詳細《しょうさい》は『明解行徳《めいかいぎょうとく》の歴史大事典《れきしだいじてん》』『行徳歴史街道《ぎょうとくれきしかいどう》2』）。

「五月中《ちゅう》より盆前《ぼんまえ》まで塩浜不稼《しおはまふかせ》ぎにて、御願《おねがい》申上《もうしあ》げ候《そうろう》は御年貢塩御赦免年々弁納《おねんぐじおごしゃめんねんねんべんのう》いたし候《そうろう》に付《つき》、松平九郎左衛門様御支配《まつだいらくろうざえもんさまごしはい》の節《せつ》より願上《ねがいあ》げていたが相叶《あいかな》い申《もう》さず候処《そうろうところ》、この年永荒引半納引《としえいあらびきはんのうび》きとなる。杢之進様御支配初年《もくのしんさまごしはいしょねん》なり」（『塩浜由来書《しおはまゆらいしょ》〈宝暦《ほうれき》六年以降成立《いこうせいりつ》〉』）。

●七月、高谷村八左衛門《こうやむらはちざえもん》より名主跡役作兵衛《なぬしあとやくさくべえ》に塩浜検地帳《しおはまけんちちょう》・屋敷畑検地帳《やしきはたけけんちちょう》が引《ひ》き継《つ》がれる（『行徳《ぎょうとく》レポートその（1）—年表《ねんぴょう》・絵地図《えちず》集《しゅう》—』）。

●海嘯《かいしょう》（高潮《たかしお》、津波《つなみ》）、洪水《こうずい》、暴風《ぼうふう》（『千葉県東葛飾郡誌《ちばけんひがしかつしかぐんし》』）。

●この年《とし》、「大水大荒《おおみずおおあらし》ニ而《にて》塩浜囲堤《しおはまかこみつつみ》ハ勿論田畑一円押開亡所多分出来候《はもちろんでんぱたいちえんおしひらきぼうしょたぶんしゅったいそうろう》（後略《こうりゃく》）」（『塩浜御《しおはまご》普請其外《ぶしんそのほか》の儀共願《ぎともねがい》〈弘化《こうか》二年八月〉』）

●「苦潮《にがしお》の儀当領《ぎとうりょう》の内入札《うちにゅうさつ》にて御運上被仰付候《ごうんじょうおおせつけられそうろう》」（『下総行徳塩業史《しもうさぎょうとくえんぎょうし》』所収《しょしゅう》「大日本塩業全書《だいにほんえんぎょうぜんしょ》」）。苦潮《にがしお》は苦汁《にがり》。当領《とうりょう》とは行徳領《ぎょうとくりょう》のことで問屋《とんや》には任《まか》せなかったことになる。

七年 壬寅《みずのえとら》 一七二二

◉**徳川吉宗《とくがわよしむね》、塩浜御普請金《しおはまごぶしんきん》として金《きん》一〇〇〇両《りょう》を下賜《かし》（『塩浜由緒書《しおはまゆいしょがき》』）**

「有徳院様《ゆうとくいんさま》上意《じょうい》ニ《に》茂《も》御軍用《ごぐんよう》第一《だいいち》之《の》儀《ぎ》其上《そのうえ》廻船《かいせん》ニ《に》而《て》上方《かみがた》ゟ《より》塩《しお》相廻《あいまわ》り候《そうら》得《え》共《ども》万一《まんいち》海上《かいじょう》風波《かざなみ》相続《あいつづき》廻船《かいせん》相滞《あいとどまり》候《そうろう》節《せつ》行徳《ぎょうとく》之《の》塩《しお》ニ《に》而《て》諸人《もろびと》上下《かみしも》之《の》助《たすけ》ニ《に》罷成《まかりなり》候《そうろう》間《かん》早々《そうそう》御普請《ごぶしん》申付《もうしつけ》候《そうろう》様《よう》ニ《に》被仰渡《おおせわたさる》」（『塩浜由緒書《しおはまゆいしょがき》』〈明和《めいわ》六年《ねん》八月《がつ》〉）とある。

●八月二七日、大嵐《おおあらし》、高浪《たかなみ》にて塩浜囲堤《しおはまかこみつつみ》大破《たいは》。

「内堤《うちつつみ》、外堤《そとつつみ》にて金高《きんたか》二一〇〇両余《りょうよ》の御入用《ごにゅうよう》、金《きん》一両《りょう》につき人足《にんそく》三八人替《にんがえ》、一人鐚《ひとりびた》八〇文《もん》ずつ、芝付《しばづ》け人足賃銀《にんそくちんぎん》一匁《もんめ》五分《ぶ》、葭植《あしう》え人足一人《にんそくひとり》につき米《こめ》五合扶持《ごうぶち》。杭木《くいぎ》、葉唐竹《はとうちく》、葉直竹《はちょくたけ》、粗朶《そだ》、葉笹《はざさ》などの諸色入札《しょしきにゅうさつ》は直段《ねだん》で村方《むらかた》へ下《くだ》される。先例通《せんれいどお》り一村切《いっそんぎり》に御普請《ごぶしん》仕上《しあ》げ申候《もうしそうろう》。内堤《うちつつみ》には芝《しば》を植《う》え、外堤《そとつつみ》には葭《あし》を植《う》え、波除《なみよ》け百足杭《むかでぐい》を目論《もくろ》み、至極丈夫《しごくじょうぶ》に御普請《ごぶしん》なされ年数相保《ねんすうあいたもち》申候《もうしそうろう》」（『塩浜由来書《しおはまゆらいしょ》〈宝暦《ほうれき》六年以降成立《いこうせいりつ》〉』）

八年 癸卯《みずのとう》 一七二三

●「前年《ぜんねん》の御普請所《ごぶしんしょ》、葉笹垣《はささがき》を詰《つ》め直《なお》す。一人《ひとり》米《こめ》五合《ごう》当《あ》て下《くだ》さる。原木《ばらき》、二俣両村《ふたまたりょうそん》ばかり修復《しゅうふく》。葉笹垣《はささがき》詰《つ》め直《なお》しの村々《むらむら》は欠真間《かけまま》、湊《みなと》、湊新田《みなとしんでん》、高谷《こうや》、原木《ばらき》、二俣《ふたまた》の六カ村《そん》。この節人足余慶御積《せつにんそくよけいおつも》り成《な》され、御扶持米名代《おんふちまいみょうだい》にて人足賃金《にんそくちんぎん》などこれあり候《そうろう》。諸色《しょしき》の義《ぎ》は例《れい》の通《とお》りにつき永《えい》を下《くだ》され置《お》き候《そうろう》」（『塩浜由来書《しおはまゆらいしょ》〈宝暦《ほうれき》六年以降成立《いこうせいりつ》〉』）

八月九日　洪水《こうずい》、暴風《ぼうふう》、大雷雨《だいらいう》。一一日《にち》より大水《おおみず》まへ《前》の申年程《さるどしほど》出水《しゅっすい》（『千葉県東葛飾郡誌《ちばけんひがしかつしかぐんし》』）

●一一月、河原《かわら》の春日神社《かすがじんじゃ》に龍神宮《りゅうじんぐう》祀《まつ》られる。
「（梵字《ぼんじ》バ）龍神宮《りゅうじんぐう》」［右《みぎ》］享保《きょうほう》八卯《う》十一月　［左《ひだり》］大願成就《たいがんじょうじゅ》　源三《げんぞう》（『市川市《いちかわし》の石造物《せきぞうぶつ》』）

九年甲辰《きのえたつ》　一七二四

●「願《ねが》い上《あ》げた御普請所堤並《ごぶしんじょつつみなら》びに葉笹垣《はささがき》詰《づ》めなど御修復願《ごしゅうふくねが》い上《あ》げ奉《たてまつ》り候得《そうらえ》ば御普請仰《ごぶしんおお》せ付《つ》けらる。諸色《しょしき》は御入用《ごにゅうよう》、人足《にんそく》は一人《ひとり》につき米《こめ》八合《ごう》ずつ下《くだ》さる」（『塩浜由来書《しおはまゆらいしょ》〈宝暦《ほうれき》六年以降成立《いこうせいりつ》〉』）

●御普請《ごぶしん》があった村《むら》は欠真間《かけまま》、新井《あらい》、湊《みなと》、湊新田《みなとしんでん》、本行徳《ほんぎょうとく》、高谷《こうや》、原木《ばらき》、二俣《ふたまた》の八カ村《そん》。

◉地廻《じまわり》塩問屋《しおどんや》公認《こうにん》される

幕府《ばくふ》、江戸市中《えどしちゅう》に七六軒《けん》、行徳領《ぎょうとくりょう》では四七軒《けん》の地廻塩問屋《じまわりしおどんや》を公認《こうにん》。棒手振《ぼてふり》などの塩《しお》の行商《ぎょうしょう》を禁止《きんし》。このときの江戸町奉行《えどまちぶぎょう》は大岡越前守《おおおかえちぜんのかみ》。棒手振《ぼてふり》は子《こ》どもと老人《ろうじん》は許可《きょか》、大人《おとな》は非健常者《ひけんじょうしゃ》のみ許《ゆる》されるとし、一般成人《いっぱんせいじん》の行商《ぎょうしょう》は禁止《きんし》された（『下総行徳塩業史《しもうさぎょうとくえんぎょうし》』）。ただし、守《まも》られなかった。

なお、地廻塩問屋株《じまわりしおどんやかぶ》は一〇両《りょう》～一五両《りょう》で最高《さいこう》で五〇両《りょう》、下《くだ》り塩問屋株《じおどんやかぶ》は三、四千両《りょう》（『市川市史《いちかわしし》』第《だい》二巻第《かんだい》六章《しょう》行徳塩業《ぎょうとくえんぎょう》の展開《てんかい》）。

「享保《きょうほう》九辰年《たつどし》江戸《えど》中《ちゅう》諸荷物問屋《しょにもつどんや》御改《おあらため》の節《せつ》右塩屋《みぎしおや》の者共召出《ものどもめしだ》され候《そうろう》節《せつ》名前書帳《なまえがきちょう》にて差上《さしあ》げ奉《たてまつ》り候処右《そうろうところみぎ》名前《なまえ》四拾七軒《よんじゅうしちけん》の者儀《ものぎ》は地廻塩問屋《じまわりしおどんや》と御改《おあらため》なされ候《そうろう》趣《おもむき》その節《せつ》より当領《とうりょう》の者共《ものども》江戸《えど》町々《まちまち》小《こ》売《うり》捌《さばき》相成《あいな》らぬ様《よう》右問屋共《みぎとんやども》より申通《もうしとお》り候《そうろう》」（『下総行徳塩業史《しもうさぎょうとくえんぎょうし》』所収《しょしゅう》「大日本塩業全書《だいにほんえんぎょうぜんしょ》」）

「私共《わたしども》義数年来《ぎすうねんらい》塩問屋《しおどんや》商業《しょうぎょう》相続《あいつづ》く罷在《まかりあり》候《そうろう》所頃《ところころ》は享保《きょうほう》九年辰年《たつどし》町奉行《まちぶぎょう》大岡越前守《おおおかえちぜんのかみ》稲生下野《いのうしもつけの》守《かみ》廳所《ちょうしょ》へ召出《めしだ》され業体《ぎょうたい》取行方《とりゆくえ》糺問《きゅうもん》の上《うえ》問屋《とんや》組合《くみあい》の者《もの》七拾六人《ななじゅうろくにん》言上帳《ごんじょうちょう》へ記載《きさい》問屋《とんや》名唱《めいしょう》許可《きょか》となり業則書差上永続《ぎょうそくしょさしあげえいぞく》なす所《ところ》（後略《こうりゃく》）」（『下総行徳塩業史《しもうさぎょうとくえんぎょうし》』所収《しょしゅう》「内国塩問屋十ケ条《ないこくしおどんやじゅっかじょう》」）

「幕府《ばくふ》は早《はや》くから江戸市内《えどしない》に於《お》ける塩《しお》の振売商人《ふりうりしょうにん》を厳禁《げんきん》し、一五歳以下《さいいか》、五〇歳以上《さいいじょう》又《また》は不具者《ふぐしゃ》（非健常者《ひけんじょうしゃ》）に限《かぎ》りこれを許《ゆる》した」（『下総行徳塩業史《しもうさぎょうとくえんぎょうし》』所収《しょしゅう》「日本食塩販売史《にほんしょくえんはんばいし》」）

一〇年 乙巳《きのとみ》 一七二五

●「垣下直《えんがじか》にて御買上《おかいあげ》、塩《しお》六桶入《おけいり》八三四二俵《ひょう》は桶《おけ》この代金《だいきん》四六五両《りょう》二分《ぶ》、鐚《びた》六七〇文《もん》。御買上《おかいあ》げの節《せつ》より段々下直《だんだんげじき》に相成《あいな》り御損金有之候《ごそんきんこれありそうろう》、この損金《そんきん》は杢之進様《もくのしんさま》御《お》まとい被遊候由《あそばされそうろうよし》、この御買上《おかいあ》げ役人《やくにん》田中《たなか》三左衛門《さんざえもん》殿下役《どのしたやく》湊村《みなとむら》久左衛門《きゅうざえもん》、高谷《こうや》半右衛門《はんうえもん》なり」（『塩浜由来書《しおはまゆらいしょ》〈宝暦《ほうれき》六年以降成《いこうせい》立《りつ》〉』）とある。これは塩相場《しおそうば》下落《げらく》のときに備《そな》えた行徳塩浜保護《ぎょうとくしおはまほご》のための価格調整措置《かかくちょうせいそち》。

一一年丙午《ひのえうま》　一七二六

◉代官小宮山杢之進《だいかんこみやまもくのしん》、行徳領塩浜増築計画《ぎょうとくりょうしおはまぞうちくけいかく》を吉宗《よしむね》に上申《じょうしん》

三月二六日、徳川吉宗《とくがわよしむね》、小金《こがね》の原《はら》で鹿狩《ししがり》を挙行《きょこう》。同《どう》二七日、代官小宮山杢之進《だいかんこみやまもくのしん》、行徳領塩浜増《ぎょうとくりょうしおはまぞう》築計画《ちくけいかく》を吉宗《よしむね》に上申《じょうしん》。塩浜堤《しおはまつつみ》が幕府《ばくふ》の定式御普請《じょうしきごぶしん》となる（『下総行徳塩業史《しもうさぎょうとくえんぎょうし》』『市川市史年《いちかわししねん》表《ぴょう》』）。

「享保《きょうほう》一一年徳川八代吉宗将軍小金原牧狩《とくがわはちだいよしむねしょうぐんこがねはらまきがり》の節《せつ》、代官小宮山杢之進《だいかんこみやまもくのしん》より塩浜増築《しおはまぞうちく》の計画《けいかく》を上申《じょうしん》す。将軍甚《しょうぐんはなは》だ喜悦《きえつ》、神祖殖産《しんそしょくさん》農政《のうせい》の遺伝《いでん》を感《かん》じ、かつ、本地《ほんち》は江戸府内緊要《えどふないきんよう》の地《ち》なりとし、内洋《ないよう》開拓《かいたく》の念慮《ねんりょ》を起《おこ》し、海面囲堤官定式普請《かいめんかこみつつみかんじょうしきぶしん》と定《さだ》め、将軍《しょうぐん》の意旨《いし》を以《もっ》て朱印《しゅいん》を下付《かふ》し大《おおい》に規画《きかく》する所《ところ》あらんとす」（『下総行徳塩業史《しもうさぎょうとくえんぎょうし》』）

吉宗《よしむね》、行徳塩浜《ぎょうとくしおはま》をはじめ村々《むらむら》に朱印状《しゅいんじょう》を与《あた》える。しかし、安永年間《あんえいねんかん》（一七七二〜八〇）に定式《じょうしき》御普請《ごぶしん》の指定《してい》は解《と》かれ、朱印状《しゅいんじょう》は召《め》し上《あ》げられる（『下総行徳塩業史《しもうさぎょうとくえんぎょうし》』）。

この年《とし》

●塩浜堤《しおはまつつみ》に植《う》えられた葭萱《よしかや》が御立野《おたての》となる（『塩浜由来書《しおはまゆらいしょ》〈宝暦《ほうれき》六年以降成立《いこうせいりつ》〉』所収《しょしゅう》「塩浜囲《しおはまかこみ》堤《づつみ》ニ《に》生立《はえたち》候《そうろう》埜萱《のかや》御立野《おたての》ニ《に》成《なり》候《そうろう》事《こと》」）。新井《あらい》・欠真間《かけまま》・湊《みなと》・湊新田《みなとしんでん》・押切《おしきり》・関ケ島《せきがしま》・本行徳《ほんぎょうとく》・高谷《こうや》の八ケ村《かそん》の御立野組合刈取代永上納《おたてのくみあいかりとりだいえいじょうのう》。欠真間村安兵衛《かけままむらやすべえ》・湊村平四郎《みなとむらへいしろう》・本行徳村伊兵衛《ほんぎょうとくむらいへえ》・高《こう》谷村半右エ門《やむらはんうえもん》、塩浜見廻役《しおはまみまわりやく》となり、一坪何把《つぼなんわ》と委細改《いさいあらた》め帳面《ちょうめん》を差上《さしあ》げる。御立野村人足《おたてのむらにんそく》が刈《か》り取《と》った葭萱《よしかや》は塩浜御普請所並《しおはまごぶしんじょなら》びに川除御普請所《かわよけごぶしんじょ》の普請《ふしん》に使用《しよう》、享保《きょうほう》一一年から同《どう》一八年まで八年間《かん》に及《およ》ぶ。「塩浜御普請其外《しおはまごぶしんそのほか》の儀共願《ぎともねがい》〈弘化《こうか》二年八月〉」に「塩浜見廻役一人《しおはまみまわりやくひとり》に付米《つきこめ》一〇俵《ぴょう》ずつ年々御扶持下《ねんねんおんふちくだ》される」とある。

●下《くだ》り塩廻船《じおかいせん》で江戸《えど》へ塩俵《しおだわら》一六七万《まん》八八〇俵《ぴょう》が入《はい》る（『下総行徳塩業史《しもうさぎょうとくえんぎょうし》』）。江戸末期《えどまっき》には約《やく》二〇〇万俵《まんびょう》。行徳塩《ぎょうとくじお》を圧迫《あっぱく》。

●一一月、河原《かわら》の春日神社《かすがじんじゃ》に青面金剛像《しょうめんめんこんごうぞう》（三猿《さんざる》）が建《た》てられる。「同行《どうこう》十三人《にん》」「享保《きょうほう》十一丙午《ひのえうま》十一月吉日《きちじつ》」（『市川市《いちかわし》の石造物《せきぞうぶつ》』）

●この年《とし》、五穀豊穣《ごこくほうじょう》なり（『武江年表《ぶこうねんぴょう》』）。

一二年丁未《ひのとひつじ》 一七二七

●「原木村下半右衛門後家《ばらきむらしたはんうえもんごけ》・名主重左衛門《なぬしじゅうざえもん》・同利兵衛《どうりへえ》、善兵衛《ぜんべえ》の新塩浜開発《しんしおはまかいはつ》に付御尋《つきおたず》ねがあったが、塩浜《しおはま》に付少《つきすこ》しも構《かま》い御座《ござ》無《な》く候《そうろう》につき善兵衛《ぜんべえ》お願《ねが》い申《もう》し上《あ》げた通《とお》り仰《おお》せ付《つ》け候《そうら》はば、有難《ありがた》く存《ぞん》じ奉《たてまつ》り候《そうろう》」（『新塩浜御願《しんしおはまおねが》いに付構《つきかまい》これなき旨口上書《むねこうじょうがき》〈享保《きょうほう》十二年正月《しょうがつ》〉』）

●見廻役人《みまわりやくにん》が近所《きんじょ》の地主《じぬし》に根回《ねまわ》しをしていたことがわかる。

一三年 戊申《つちのえさる》 一七二八

●この年《とし》より堀江村《ほりえむら》・猫実村《ねこざねむら》・当代島村《とうだいじまむら》の船《ふね》が川船奉行《かわぶねぶぎょう》の支配《しはい》となり、無年貢《むねんぐ》だった船《ふね》に極印《ごくいん》を受《う》け年貢《ねんぐ》を納《おさ》めることとなり、二二六艘《そう》までは役銀《やくぎん》が免除《めんじょ》され年貢《ねんぐ》だけ納入《のうにゅう》。万延《まんえん》元年（一八六〇）は二五貫《かん》八〇〇文《もん》を納入《のうにゅう》（『市川市史《いちかわしし》』第《だい》二巻第五章《かんだいしょう》近世《きんせい》の交通《こうつう》）。

●「江戸川大洪水《えどがわだいこうずい》、塩浜一面《しおはまいちめん》に水押《みずお》し開《ひら》く、その上大嵐高波《うえおおあらしたかなみ》にて塩浜《しおはま》ことごとく荒《あ》れ申《もう》し候《そうろう》につき願《ねが》い上《あ》げたところ、御役永《おやくえい》六分通《ぶどお》り納引《のうび》き、夫食拝借《ぶじきはいしゃく》も仰付《おおせつ》けられ候《そうろう》」（『塩浜由来書《しおはまゆらいしょ》〈宝暦《ほうれき》六年以降成立《いこうせいりつ》〉』）

九月二日　洪水《こうずい》（『千葉県東葛飾郡誌《ちばけんひがしかつしかぐんし》』）

八月三〇日夜より九月二日三日　北大風《きたおおかぜ》、甚雨《じんう》にして洪水溢《こうずいあふ》れる（『武江年表《ぶこうねんぴょう》』）。両国橋《りょうごくばし》、新大《しんおお》橋《はし》ともに切《き》れて流《なが》れる

●九月、田中三左衛門《たなかさんざえもん》、高谷村半右衛門《こうやむらはんうえもん》・湊村久左衛門両名《みなとむらきゅうざえもんりょうめい》より塩《しお》二四三九俵《ひょう》を買付《かいつ》ける。「御《お》払塩代金《はらいしおだいきん》・残塩《ざんしお》の覚《おぼえ》〈享保《きょうほう》十三年九月〉」によれば、一両《りょう》につき二九俵《ひょう》七ト代《ぶだい》、二九俵半代《ひょうはんだい》、

二八俵代《ひょうだい》の差《さ》があり、引《ひ》き渡《わた》された塩《しお》は一八三一俵《ひょう》でこの代金《だいきん》六二両《りょう》二分《ぶ》鐚《びた》八五九文《もん》、残塩《ざんしお》六〇八俵《ひょう》の内《うち》六〇俵《ひょう》は雨《あま》みず腐俵《ぐされたわら》としている。

●真言宗宝城院《しんごんしゅうほうじょういん》に芝増上寺《しばぞうじょうじ》第《だい》三九世学誉上人《せいがくよしょうにん》より十一面観音《じゅういちめんかんのん》（弘法大師作《こうぼうだいしさく》、丈《たけ》八寸《すん》）寄贈《きぞう》される（『浦安町誌上《うらやすちょうしじょう》』）。

一四年 己酉《つちのととり》 一七二九

●塩浜《しおはま》いたって不景気《ふけいき》。「塩稼取続《しおかせぎとりつづ》き相《あい》なり難《がた》く、これにより塩浜《しおはま》七、八分通《ぶどお》りも御新田《ごしんでん》（水田《すいでん》）に願《ねが》い上《あ》げたところ、御吟味《ごぎんみ》の上御役永《うえおやくえい》を三分通《ぶどお》り納引《のうび》き」（『塩浜由来書《しおはまゆらいしょ》〈宝暦《ほうれき》六年以降成立《いこうせいりつ》〉』）

一五年 庚戌《かのえいぬ》 一七三〇

●四〜六月、享保《きょうほう》一三申年《さるどし》（一七二八）の江戸川洪水《えどがわこうずい》と高波《たかなみ》で大破《たいは》した塩浜囲堤《しおはまかこみつつみ》にて井戸溝《いどみぞ》が埋《うま》ったので、申年《さるどし》よりだんだん願《ねが》い上《あ》げたところ、当戌年《とういぬどし》、塩浜囲堤《しおはまかこみつつみ》御修復《ごしゅうふく》、塩浜井戸溝潮引《しおはまいどみぞしおひ》き江戸《えど》（江川《えがわ》または井戸《いど》カ）浚普請仰付《さらいふしんおおせつけ》らる。「先例《せんれい》の通《とお》り諸色《しょしき》の義《ぎ》は御買上《おかいあ》げ、人足一人《にんそくひとり》につき賃銭《ちんせん》八分《ぶ》この鐚《びた》六四文《もん》ずつ、本村切《ほんそんぎ》り御普請仕《ごぶしんし》

上《あ》げ申《もうし》候《そうろう》」（『塩浜由来書《しおはまゆらいしょ》〈宝暦《ほうれき》六年以降成立《いこうせいりつ》〉』）

●八月晦日《みそか》、大嵐《おおあらし》、高波《たかなみ》にて塩浜諸道具流失《しおはましょどうぐりゅうしつ》、塩舟《しおぶね》、竈屋《かまどや》が吹《ふ》き潰《つぶ》れ、塩焼百姓難儀《しおやきひゃくしょうなんぎ》。

「御役永《おやくえい》去酉年《さんぬるとりどし》の通《とお》り三分納《ぶのう》引《び》き、夫食拝借《ぶじきはいしゃく》も仰付《おおせつけ》らる。なおまた塩浜《しおはま》の義《ぎ》荒浜半納《あらはまはんのう》又《また》は起返《おこしかえし》などのある村々塩浜《むらむらしおはま》の訳《わけ》不分明《ふぶんめい》に付《つき》これより六月中田中三左衛門殿《ちゅうたなかさんざえもんどの》・杢之進《もくのしん》様《さま》御手代《おてだい》芦川唯八《あしかわただはち》殿御見分《どのごけんぶん》の上御吟味《うえごぎんみ》をもって明細書《めいさいしょ》を村々《むらむら》へ渡《わた》し候《そうろう》」（『塩浜由来書《しおはまゆらいしょ》〈宝暦《ほうれき》六年以降成立《いこうせいりつ》〉』）

夫食《ぶじき》とは農民《のうみん》が食《た》べる稗《ひえ》、粟《あわ》などの穀類《こくるい》。

●この年《とし》、高谷村《こうやむら》に大鯨《おおくじら》二本《ほん》あがる。

「奇《き》しき事《こと》なり。江戸《えど》、近在《きんざい》より見物群集《けんぶつぐんしゅう》し茶屋《ちゃや》見《み》せ物芝居等《ものしばいなど》を構《かま》え市祭《いちまち》の如《ごと》し」（『葛飾誌略《かつしかしりゃく》』）

寛文《かんぶん》元年（一六六一）に、三河《みかわ》（愛知県《あいちけん》）の西浦《にしうら》に傷《きず》ついた鯨《くじら》が流《なが》れ着《つ》いて、六三両《りょう》で売《う》られた。寛永《かんえい》六年（一六二九）の高谷村《こうやむら》の塩浜年貢永《しおはまねんぐえい》（現金納《げんきんのう》）は五三両強《りょうきょう》だから、高谷村《こうやむら》の人《ひと》たちが鯨《くじら》が座礁《ざしょう》するのを心待《こころま》ちする気持《きも》ちも頷《うなず》ける（『行徳歴史街道《ぎょうとくれきしかいどう》3』）。

一六年　辛亥《かのとい》　一七三一

●八月一一日夜《よる》より一二日昼八時《ひるやつどき》まで大風《おおかぜ》。一七日夜并《よるなら》びに九月二日、大風雨《だいふうう》（『武江年表《ぶこうねんぴょう》』）。

●八月二七日、大嵐《おおあらし》、高波《たかなみ》。

「去戌年《さんぬるいぬどし》より海面《かいめん》で二、三尺《じゃく》も高波《たかなみ》ゆえ、塩浜諸道具流失《しおはましょどうぐりゅうしつ》、家居塩舟竈屋吹潰《かきょしおぶねかまどやふきつぶ》し、塩焼百姓《しおやきひゃくしょう》退転仕《たいてんつかまつ》るべき体《てい》の間《かん》、願《ねが》い上《あ》げたところ、御役永《おやくえい》一六カ村《そん》にて永《えい》二〇〇貫文《かんもん》御用捨引《ごようしゃび》き、その外《ほか》夫食拝借《ぶじきはいしゃく》仰付《おおせつけ》られ候《そうろう》」（『塩浜由来書《しおはまゆらいしょ》〈宝暦《ほうれき》六年以降成立《いこうせいりつ》〉』）

一七年　壬子《みずのえね》　一七三二

●「去《さんぬる》亥年《いどし》の塩浜御普請所大破《しおはまごぶしんじょたいは》に対《たい》し願上《ねがいあ》げたところ御修復仰付《ごしゅうふくおおせつけ》られ候《そうろう》。人足賃金《にんそくちんぎん》三〇両余《りょうよ》の御普請《ごぶしん》。欠真間《かけまま》、新井《あらい》、湊《みなと》、湊新田《みなとしんでん》、高谷《こうや》、原木《ばらき》、二又《ふたまた》の七カ村《そん》。ただし、人足賃金《にんそくちんぎん》ばかりで諸色代御入用《しょしきだいごにゅうよう》なし」（『塩浜由来書《しおはまゆらいしょ》〈宝暦《ほうれき》六年以降成立《いこうせいりつ》〉』）
代官小宮山杢之進《だいかんこみやまもくのしん》の名《な》はこの年《とし》の記載《きさい》をもって「塩浜由来書《しおはまゆらいしょ》」から消《き》える。

一八年　癸丑《みずのとうし》　一七三三

三月　去年《きょねん》より引《ひ》き続《つづ》き米価貴《べいかたか》し（『武江年表《ぶこうねんぴょう》』）
七月　飢饉《ききん》に付《つ》き御救《おすくい》を給《たま》わる（『武江年表《ぶこうねんぴょう》』）
八月一九日　昼《ひる》より夜《よる》に入《はい》るまで大風《おおかぜ》、家《いえ》を潰《つぶ》す（『武江年表《ぶこうねんぴょう》』）

一九年甲寅《きのえとら》 一七三四

●二月二〇日、高谷村《こうやむら》の浜《はま》に鯨《くじら》二ツ流《なが》れ寄《よ》る（五尋《ひろ》二尺《しゃく》）。両国橋《りょうごくばし》辺《あたり》広場《ひろば》に出《だ》して看せ物《みもの》とす（『武江年表《ぶこうねんぴょう》』）。江戸《えど》両国《りょうごく》まで船《ふね》で曳《ひ》いて行《い》って見《み》せ物《もの》にして稼《かせ》いだのだから高谷村《こうやむら》の人《ひと》たちもなかなかの商売人《しょうばいにん》である（『行徳歴史街道《ぎょうとくれきしかいどう》3』）。

●七月、支配所牧場《しはいしょぼくじょう》の普請《ふしん》で配下《はいか》が不正《ふせい》をしたために、小宮山杢之進《こみやまもくのしん》は失脚《しっきゃく》、解任《かいにん》される。宝暦《ほうれき》九年（一七五九）八月五日隠居《いんきょ》、安永《あんえい》二年（一七七三）没《ぼつ》（『江戸内湾塩業史《えどないわんえんぎょうし》の研究《けんきゅう》』）。世襲《せしゅう》でなく抜擢《ばってき》された有能《ゆうのう》な代官《だいかん》を目障《めざわ》りとする勢力《せいりょく》があったに違《ちが》いない。

●「（失脚《しっきゃく》した小宮山杢之進《こみやまもくのしん》の後任《こうにん》の）引田庄九郎様御支配《ひきたしょうくろうさまごしはい》の節《せつ》、五月中《ちゅう》より盆前《ぼんまえ》まで、長雨降《ながあめふ》り続《つづ》き塩浜不稼《しおはまふかせ》ぎ、願《ねが》い上《あ》げて、御役永《おやくえい》三分《ぶん》の一通《とお》り納引《のうび》き」（『塩浜由来書《しおはまゆらいしょ》〈宝暦《ほうれき》六年以降成立《いこうせいりつ》〉』）

●享保《きょうほう》七年（一七二二）、代官小宮山杢之進《だいかんこみやまもくのしん》の指示《しじ》により、堤防《ていぼう》に植《う》えた葭萱《よしかや》を年々刈《ねんねんか》り取《と》り普請《ふしん》材料《ざいりょう》に使用《しよう》、残《のこ》りを入札《にゅうさつ》で払下《はらいさ》げた。この年《とし》の払下《はらいさ》げ値段《ねだん》一〇束《たば》につき代永《だいえい》八一文《もん》（『塩浜由来書《しょ》』所収《しょしゅう》「野萱代永上納直段覚《のかやだいえいじょうのうねだんおぼえ》」）。

●浄土宗大蓮寺《じょうどしゅうだいれんじ》に鐘楼建立《しょうろうこんりゅう》される。明治《めいじ》一〇年（一八七七）再築《さいちく》。昭和《しょうわ》一八年、戦争《せんそう》のため献《けん》納《のう》。昭和《しょうわ》二六年（一九五一）再鋳《さいちゅう》（『浦安町誌上《うらやすちょうしじょう》』）。

この年《とし》……

●上妙典村《かみみょうでんむら》に検地《けんち》が実施《じっし》される（『市川市史年表《いちかわししねんぴょう》』）。

●この年《とし》、これまで塩《しお》の運搬《うんぱん》をしていた船頭《せんどう》は塩《しお》の直売《じかう》りを禁止《きんし》されたが仲買《なかがい》として公認《こうにん》され、塩《しお》問屋《どんや》と共存《きょうぞん》することとなった（『下総行徳塩業史《しもうさぎょうとくえんぎょうし》』）。

●この年《とし》、関東豊作《かんとうほうさく》（『武江年表《ぶこうねんぴょう》』）。

●この年《とし》、建立《こんりゅう》された江戸川区平井《えどがわくひらい》の諏訪神社脇《すわじんじゃわき》の聖観世音菩薩像《しょうかんぜおんぼさつぞう》に「是《これ》より佐《ひだり》（左《ひだり》）ぎょうとく道《みち》」とある。また、二之江《にのえ》の宇田川嘉一郎宅入口《うだがわかいちろうたくいりぐち》の長屋門《ながやもん》（江戸川区指定有形文化財《えどがわくしていゆうけいぶんかざい》）前《まえ》の自然《しぜん》石《せき》に「是ヨリ左リ行徳道《これよりひだりぎょうとくみち》」とある（『古文書《こもんじょ》にみる江戸時代《えどじだい》の村《むら》とくらし②街道《かいどう》と水運《すいうん》』『行徳歴史街道《ぎょうとくれきしかいどう》』）。二之江《にのえ》のものは旧行徳道《きゅうぎょうとくみち》の道標《どうひょう》。徳川氏支配以前《とくがわししはいいぜん》からの古道《こどう》で塩《しお》などの物流《ぶつりゅう》の道《みち》。今井《いまい》の渡《わた》しに達《たっ》する。

●徳川幕府《とくがわばくふ》は水運《すいうん》に切替《きりか》えて今井《いまい》の渡《わた》しを農業渡《のうぎょうわた》しだけに制限《せいげん》した。享保《きょうほう》の時代《じだい》までには旅人《たびびと》が今井《いまい》の側《がわ》から欠真間《かけまま》への一方通行《いっぽうつうこう》に緩和《かんわ》されていた。

二〇年 乙卯《きのとう》 一七三五

●一月二八日、河原《かわら》の養福院《ようふくいん》に不動明王像建立《ふどうみょうおうぞうこんりゅう》される。
［右《みぎ》］享保廿乙卯正月廿八日《きょうほうにじゅうきのとうしょうがつにじゅうはちにち》 ［裏《うら》］奉供養不動明王《くようたてまつるふどうみょうおう》 快辨法印《かいべんほういん》 内田七兵衛《うちだしちべえ》作之《これをつくる》

［台《だい》］不動山《ふどうざん》　施主《せしゅ》　當村《とうそん》　若者中《わかものちゅう》（『市川市《いちかわし》の石造物《せきぞうぶつ》』）

◉目減《めべ》りのしない塩《しお》が行徳《ぎょうとく》で開発《かいはつ》され、行徳塩《ぎょうとくじお》が土産物《みやげもの》として紹介《しょうかい》される

一月に刊行《かんこう》された『続江戸砂子《ぞくえどすなご》』に近国《きんごく》の土産大概《みやげたいがい》として「行徳塩《ぎょうとくじお》　下総《しもうさ》なり。この入海《いりうみ》を袖《そで》の浦《うら》という。海辺《うみべ》の村々塩浜《むらむらしおはまお》多し。江戸《えど》より六、七里《り》ほど。もしほくむ《藻塩汲》袖《そで》の浦風《うらかぜ》さむければほさてもあまや衣《ころも》うつらん」とある。

行徳塩《ぎょうとくじお》が土産《みやげ》になるほどの名物《めいぶつ》だった理由《りゆう》は絶対《ぜったい》に目減《めべ》りがしない塩《しお》だった点《てん》にある。それを古文書《こもんじょ》では囲塩《かこみじお》、囲産《かこみさん》と書《か》く。明治《めいじ》なってからは古積塩《ふるづみじお》と呼《よ》ばれた。なお、目減《めべ》りのしない塩《しお》の登場《とうじょう》は冥加年貢《みょうがねんぐ》を江戸城《えどじょう》へ納入《のうにゅう》するようになった江戸時代最初期《えどじだいさいしょき》、つまり天正《てんしょう》～慶長《けいちょう》の時代《じだい》だったと思《おも》われる。毎日《まいにち》一石《こく》の塩《しお》を納入《のうにゅう》するために多量《たりょう》の在庫《ざいこ》を余儀《よぎ》なくされるわけだから（つまり囲塩《かこみじお》）、そのことにより水分《すいぶん》と苦汁《にがり》が抜《ぬ》けた塩分《えんぶん》一〇〇％に近《ちか》い良質塩《りょうしつえん》が生《しょう》じたのであろう。

●享保《きょうほう》二〇卯《う》より元文《げんぶん》四未年《ひつじどし》（一七三九）までの五ケ年《ねん》、御立野《おたての》の野萱《のかや》刈《か》り取《と》り代永《だいえい》一〇束《たば》につき九五文《もん》に値上《ねあ》げ。元文《げんぶん》五申年《さるどし》から寛保《かんぽう》二戌年《いぬどし》（一七四二）まで代永《だいえい》九五文《もん》で変《か》わらず（『塩浜由来書《しおはまゆらいしょ》〈宝暦《ほうれき》六年以降成立《いこうせいりつ》〉』所収《しょしゅう》「野萱代永上納直段覚《のかやだいえいじょうのうねだんおぼえ》」）。

享保年間《きょうほうねんかん》（一七一六〜一七三六）

●金海法印建立《きんかいほういんこんりゅう》の行徳山金剛院廃寺《ぎょうとくさんこんごういんはいじ》となる（『葛飾誌略《かつしかしりゃく》』）。元禄《げんろく》三年（一六九〇）に札所第《ふだしょだい》二番《ばん》として設《せっ》定《てい》された金剛院《こんごういん》が享保年間《きょうほうねんかん》に廃寺《はいじ》となり、観音《かんのん》は福泉寺《ふくせんじ》（『葛飾記《かつしかき》』では『ふくぜん寺《じ》』としていて『せ』は『ぜ』とする）に移《うつ》された。ただし、御詠歌《ごえいか》は福泉寺《ふくせんじ》のものであるから、御詠歌全体《ごえいかぜんたい》が金剛院《こんごういん》が退転《たいてん》してから作《つく》られたものか、あるいは元禄《げんろく》の時代《じだい》に作《つく》られたもののうち金剛院《こんごういん》のものを排《はい》して福泉寺《ふくせんじ》のものだけを新《あらた》に作《つく》ったのかもしれない。考察《こうさつ》の余地《よち》がある。市川市《いちかわし》二俣《ふたまた》二丁目《ちょうめ》七番《ばん》四号《ごう》。

「一《ひとつ》、福泉寺《ふくせんじ》。札所第《ふだしょだい》二番目観音安置《ばんめかんのんあんち》。昔《むかし》は本行徳金剛院《ほんぎょうとくこんごういん》に有《あ》りしを此寺《このてら》へ移《うつ》す」（『葛飾誌略《かつしかしりゃく》』）

「福泉寺《ふくせんじ》。二俣村《ふたまたむら》、これは小庵《しょうあん》なり。ただし、旧寺《きゅうてら》の廃壊《はいかい》の跡《あと》この所《ところ》に元《もと》トありて、寺号《じごう》ばかり残《のこ》りたるなり。元《もと》トの二番《ばん》は金剛院《こんごういん》という。いまはなし」（『葛飾記《かつしかき》』）

御詠歌《ごえいか》（葛）かぎりなき法《のり》の教《おしえ》へはふくぜん《福泉》寺《じ》つきぬ宝《たから》をとるこころせよ

（雙）世《よ》の中《なか》の人《ひと》をめぐみし末《すえ》の代《よ》の行徳《おこなうとく》の本《もと》とこそなれ

●元禄以後《げんろくいご》この頃《ころ》までに古積塩《ふるづみじお》が開発《かいはつ》される。古積塩《ふるづみじお》は明治以後《めいじいご》の呼称《こしょう》で、目減《めべ》りのしない塩《しお》を製造《せいぞう》するために蔵《くら》に一定期間貯蔵《いっていきかんちょぞう》した塩《しお》のことをいう。江戸時代《えどじだい》は囲塩《かこみじお》と称《しょう》していた。「棒手売取締《ぼてうりとりしま》り議定《ぎてい》に調印《ちょういん》を拒《こば》み候《そうろう》に付訴状《つきそじょう》〈嘉永《かえい》二年五月〉」で徳川家光《とくがわいえみつ》の時代《じだい》で寛永《かんえい》（一六二四〜四三）の頃《ころ》には「囲塩《かこみじお》」として笊塩《ざるしお》に仕立《した》てて江戸市中《えどしちゅう》で販売《はんばい》していたとしている。下《くだ》り塩廻船《じおかいせん》で江戸《えど》へ来《く》る塩《しお》は俵詰《たわらづ》めしてから一〇日後《ご》に二〇%の目減《めべ》りが公認《こうにん》されていたほどの粗悪塩《そあくえん》だった差塩《さしじお》だったから、値段《ねだん》は差塩《さしじお》よりも高くても目減《めべ》りのしない囲塩《かこみじお》が売《う》れたのであろう。筆者《ひっしゃ》の考察《こうさつ》としては囲塩《かこみじお》は江戸城《えどじょう》に毎日納品《まいにちのうひん》する冥加年《みょうがねん》貢《ぐ》のために、在庫《ざいこ》として蔵《くら》に貯蔵《ちょぞう》してあった塩《しお》から苦汁《にがり》が抜《ぬ》けて塩分《えんぶん》がほぼ一〇〇％に近《ちか》い塩《しお》が生《しょう》じることが寛永《かんえい》の時代《じだい》にすでに知《し》られていて、在庫分《ざいこぶん》の余剰塩《よじょうしお》が江戸市中《えどしちゅう》へ販売《はんばい》されたものと思《おも》う（『行徳歴《ぎょうとくれき》史街道《しかいどう》2』所収《しょしゅう》「古積塩《ふるづみじお》と赤穂塩《あこうじお》」）。

●「妙見島《みょうけんじま》。川尻《かわじり》に有《あ》り。妙見祠《みょうけんほこら》有《あ》る故《ゆえ》にいふ《う》。此一島《このいっとう》は先年《せんねん》小宮山杢之進《こみやまもくのしん》様御支配《さまごしはい》の節《せつ》、当村《とうそん》（欠真《かけま》間村《まむら》）狩野氏《かのうし》御手代《おてだい》を勤《つと》めし功《こう》により被レ下《くだされ》たりといふ《う》」（『葛飾誌略《かつしかしりゃく》』）

狩野氏《かのうし》は内匠堀《たくみぼり》を開削《かいさく》した狩野浄天《かのうじょうてん》の子孫《しそん》。妙見島《みょうけんじま》は現在東京都江戸川区東葛西《げんざいとうきょうとえどがわくひがしかさい》三丁目《ちょうめ》一七番《ばん》。

●「当村《とうそん》（湊村《みなとむら》）汐除堤《しおよけつつみ》は、小宮山様《こみやまさま》の時《とき》に三度《さんど》築《きず》き出《だ》したり。関ケ島《せきがしま》・伊勢宿《いせじゅく》の辺《あたり》は昔《むかし》の儘也《ままなり》。故《ゆえ》に分内甚《ぶんないはなは》だ狭《せま》し。此堤《このつつみ》、今《いま》の如《ごと》く厳重《げんじゅう》に成《な》りたるは小宮山様《こみやまさま》の時也《ときなり》」（『葛飾誌略《かつしかしりゃく》』）

●湊村《みなとむら》にしろへび様《さま》が祀《まつ》られる。塩田《えんでん》の守《まも》り神《がみ》。市川市湊新田《いちかわしみなとしんでん》二丁目《ちょうめ》四番《ばん》の行徳駅前公園内《ぎょうとくえきまえこうえんない》。伊勢《いせ》宿《じゅく》、おかね塚《づか》、光林寺《こうりんじ》の脇《わき》を抜《ぬ》けてきた江川《えがわ》が、今《いま》の行徳街道《ぎょうとくかいどう》のバス通《どお》りからの鴨場道《かもばみち》と交差《こうさ》する場所《ばしょ》付近《ふきん》にあった。土地区画整理事業《とちくかくせいりじぎょう》により現在地《げんざいち》に遷座《せんざ》（『明解行徳《めいかいぎょうとく》の歴史大事典《れきしだいじてん》』）。

●「享保《きょうほう》の頃《ころ》、青山某《あおやまなにがし》、算勘《さんかん》に発明《はつめい》にて、算俎《さんそ》の中徑弧矢弦《ちゅうけいこしげん》の誤《あやまり》を正《ただ》し、別《べつ》に術《じゅつ》を案《あん》じたり。斯様《かよう》の誤《あやま》り諸算書中《しょさんしょちゅう》に多《おお》し」（『葛飾誌略《かつしかしりゃく》』）

●印内《いんない》の重右衛門《じゅううえもん》（じゆえむ）、頓才《とんさい》を示《しめ》して民話《みんわ》として語《かた》り残《のこ》される。

●「享保《きょうほう》の末《すえ》、横山町《よこやまちょう》の住《じゅう》升屋作兵衛《ますやさくべえ》、本行徳村地先字《ほんぎょうとくむらちさきあざ》に三千町《さんぜんちょう》と号《ごう》する所《ところ》に塩浜《しおはま》を開発《かいはつ》す。今加藤《いまかとう》新田《しんでん》と云《い》ふ《う》所《ところ》なり。又神田《またかんだ》なる儀兵衛《ぎへえ》といふ《う》もの開《ひら》きし塩浜《しおはま》を儀兵衛新田《ぎへえしんでん》といふ《う》」（『武江年表《ぶこうねんぴょう》』）。一七四三年参照《さんしょう》。

元文《げんぶん》

元年丙辰《ひのえたつ》　一七三六

●一二月、真言宗宝城院《しんごんしゅうほうじょういん》の住職《じゅうしょく》賢宥法印《けんゆうほういん》、庚申塔《こうしんとう》を建立《こんりゅう》。高《たか》さ約《やく》一メートル、幅《はば》約《やく》五〇センチ、千葉県指定有形文化財《ちばけんしていゆうけいぶんかざい》（『浦安町誌上《うらやすちょうしじょう》』）。

二年丁巳《ひのとみ》　一七三七

●八月、覚敬法印《かくけいほういん》、香取神社《かんどりじんじゃ》に大明神号《だいみょうじんごう》を取捧《とりささ》げる。

「或人評定《あるひとひょうじょう》に曰《いわ》く、香取太神宮《かとりだいじんぐう》は神代《かみよ》よりの号《ごう》にして、それを弁《わきま》へず、いま新《あら》たに官《かん》を取《と》りて大《だい》明神《みょうじん》とせしは、神威《しんい》を一等引下《いっとうひきさ》げたる也《なり》。覚敬《かくけい》は愚僧也《ぐそうなり》といふ《う》」（『葛飾誌略《かつしかしりゃく》』）

●本行徳一丁目《ほんぎょうとくいっちょうめ》の神明社《しんめいしゃ》、田中三左衛門《たなかさんざえもん》催《もよお》しにて、祭礼《さいれい》に屋臺《やだい》を出《だ》す（『葛飾誌略《かつしかしりゃく》』）。

●本行徳《ほんぎょうとく》の徳願寺《とくがんじ》門前《もんぜん》に像《ぞう》が建立《こんりゅう》される。

「毎日晨朝《まいにちじんちょう》　入於諸定《にゅうせいじょうにおいて》　□化六道《かろくどう》　抜苦與樂《ばっくよらく》　願主法譽覺了《がんしゅほうよかくりょう》」「一切施主《いっさいせしゅ》　悉成佛道《しつせいぶつどう》　彼我《ひが》成佛《じょうぶつ》　□□一人《いちにん》　□不成佛《ふじょうぶつ》　元文《げんぶん》二　戊午祀《つちのえうまのとし》九月祥日《しょうにち》」「下総國葛飾郡本行徳村海巖山徳《しもうさのくにかつしかごおりほんぎょうとくむらかいがんざんとく》願寺《がんじ》十五現住開眼導師水譽上人《げんじゅうかいげんどうしすいよしょうにん》　敬白《けいはく》」「入諸地獄令離苦無佛世界□衆生《じゅだくじごくれいりくむぶつせかいしゅじょう》　佛工《ぶっく》　市兵衛《いちべえ》　信《しん》受奉行《じゅいきたてまつる》」（『明解行徳《めいかいぎょうとく》の歴史大事典《れきしだいじてん》』）

三年　戊午《つちのえうま》　一七三八

●「五月中《ちゅう》より永雨《ながあめ》、江戸川満水《えどがわまんすい》にて塩浜《しおはま》に障《さわ》りあり、その上夏土用中雨降《うえなつどようちゅうあめふ》り続《つづ》き不稼《ふかせ》ぎ、願《ねが》い上《あ》げ、四分《ぶん》の一塩納御免除《えんのうごめんじょ》、元永《もとえい》にて上納《じょうのう》」（『塩浜由来書《しおはまゆらいしょ》〈宝暦《ほうれき》六年以降成立《いこうせいりつ》〉』）

●六月、真言宗圓明院《しんごんしゅうえんみょういん》の山門建立《さんもんこんりゅう》される。四脚門形式《しきゃくもんけいしき》、総欅造《そうけやきづく》り、漆塗《うるしぬ》り。平成《へいせい》四年（一九九二）大改修工事終了《だいかいしゅうこうじしゅうりょう》（『明解行徳《めいかいぎょうとく》の歴史大事典《れきしだいじてん》』）。

●九月、本行徳《ほんぎょうとく》の徳願寺《とくがんじ》に地蔵菩薩像建立《じぞうぼさつぞうこんりゅう》される。

[台《だい》]　毎日晨朝《まいにちじんちょう》　入於諸定《にゅうせいじょうにおいて》　遊化六道《ゆうかろくどう》　抜苦與楽《ばっくよらく》　願主法譽學了《がんしゅほうよがくりょう》　[台左《だいひだり》]　下総國葛飾郡《しもうさのくにかつしかごおり》本行徳村《ほんぎょうとくむら》　海巖山徳願寺《かいがんざんとくがんじ》十五現住《げんじゅう》　関根道師水譽上人敬白《せきねどうしすいよしょうにんけいはく》　[台左《だいひだり》]　一切施主《いっさいせしゅ》　番成佛道《ばんじょうぶつどう》　後我成佛《のちわれじょうぶつ》　芳殘一人《ほうざんいちにん》　我不成佛《われふじょうぶつ》　元文《げんぶん》三　戊午《つちのえうま》　記《き》九月祥日《しょうにち》（『市川市《いちかわし》の石造物《せきぞうぶつ》』）

●「鷹野場《たかのば》　十月、一ツ橋刑部卿様初《ひとつばしぎょうぶきょうさまはじ》めて入《はい》られしより、今《いま》に宇喜田村《うきたむら》より高村《たかむら》（この場合《ばあい》は堀《ほり》江《え》村《むら》）へ移《うつ》り、欠真間村《かけままむら》・湊村迄《みなとむらまで》にて御還《おかえ》りなり」（『葛飾誌略《かつしかしりゃく》』）

鷹狩《たかがり》をする場所《ばしょ》のこと。

寛保《かんぽう》

元年 辛酉《かのととり》 一七四一

八月三〇日 津波《つなみ》、暴風雨《ぼうふうう》（『千葉県東葛飾郡誌《ちばけんひがしかつしかぐんし》』）

●「押切村《おしきりむら》にて先年新塩浜《せんねんしんしおはま》に取立《とりた》てられた堤《つつみ》が大破《たいは》に及《およ》び、御普請《ごぶしん》を願《ねが》い上《あ》げ、人足《にんそく》、諸色共金高《しょしきともきんたか》三二両《りょう》の御入用《ごにゅうよう》を仰付《おおせつけ》られ候《そうろう》。人足一人《にんそくひとり》につき賃銀《ちんぎん》一匁《もんめ》五分《ぶ》ずつ下《くだ》さる」（『塩浜由来書《しおはまゆらいしょ》〈宝暦《ほうれき》六年以降成立《いこうせいりつ》〉』）

二年 壬戌《みずのえいぬ》 一七四二

●「前年《ぜんねん》の押切村《おしきりむら》の塩浜堤大破《しおはまつつみたいは》に対《たい》して願《ねが》い上《あ》げたところ、金高《きんたか》一八両《りょう》余《よ》の御入用御普請《ごにゅうようごぶしん》。人足《にんそく》一人《ひとり》前賃銀《まえちんぎん》一匁《もんめ》五分《ぶ》ずつ下《くだ》さる」（『塩浜由来書《しおはまゆらいしょ》〈宝暦《ほうれき》六年以降成立《いこうせいりつ》〉』）

六月七日　洪水《こうずい》。「木村堤《きむらつつみ》（流山町《ながれやままち》）を切《き》り天神山《てんじんやま》の下《した》（小金町《こがねまち》）迄満水《までまんすい》す。五月より六月まで雨降《あめふり》つづく」（『千葉県東葛飾郡誌《ちばけんひがしかつしかぐんし》』）

七月二七日　申酉《さるとり》の間《あいだ》の時刻《じこく》に大地震《おおじしん》（『千葉県東葛飾郡誌《ちばけんひがしかつしかぐんし》』）

●七月二八日より雨降《あめふ》り続《つづ》く。

八月一日、昼八半時《ひるやつはんどき》より大風雨《だいふうう》、夜通《よどお》し止《や》むことなし。

「近郊大水張《きんこうおおみずみなぎ》り出《い》で、本所深川人家《ほんじょふかがわじんか》を浸《ひた》し、大川通《おおかわどお》り水勢烈《すいせいはげ》しく、両国橋《りょうごくばし》は御普請中《ごぶしんちゅう》にて杭《くい》を流《なが》し、永代橋《えいたいばし》、新大橋損《しんおおはしそん》じ、隅田川土手《すみだがわどて》切《き》れ、葛西《かさい》へ水押《みずお》し入《い》り、千住土手《せんじゅどて》切《き》れる」（『武江年表《ぶこうねんぴょう》』）

●八月一日、大風雨《だいふうう》、高波《たかなみ》で関東大洪水《かんとうだいこうずい》。

「居村《きょそん》にて水丈《みずたけ》五～六尺《しゃく》、これにより塩浜《しおはま》も一面《いちめん》に水押開《みずおしひら》き、欠真間村地内潮除堤字枡形《かけままむらちないしおよけつつみあざますがた》で水深《すいしん》知《し》り難《がた》いほどの大切所《おおきりしょ》できる。ほかの村々《むらむら》にも切所《きりしょ》できる。潮引堀《しおひきぼり》（江川《えがわ》）押埋《おしうず》まる」（『塩浜由来《しおはまゆらい》書《しょ》〈宝暦《ほうれき》六年以降成立《いこうせいりつ》〉』）

江戸《えど》三大洪水《だいこうずい》の一《ひと》つとされる。

八月一日　洪水《こうずい》、暴風雨《ぼうふうう》。「夜大嵐満水《よるおおあらしまんすい》、関宿栗橋《せきやどくりはし》の家流《いえなが》さるるもの多《おお》く、人馬多《じんばおお》く死《し》せり。二合半大水《ごうはんおおみず》、江戸往来《えどおうらい》止《と》まる。又江戸梅若《またえどばいじゃく》の堤《つつみ》を切《き》り、本所大水人多《ほんじょおおみずひとおお》く死《し》す。小千人《こせんにん》と云《い》へり」（『千葉県東葛飾郡誌《ちばけんひがしかつしかぐんし》』）

●この年《とし》、本行徳《ほんぎょうとく》の妙頂寺《みょうちょうじ》に釈迦涅槃図奉納《しゃかねはんずほうのう》される。畳《たたみ》一〇畳《じょう》の大《おお》きさで八月二日の施餓鬼《せがき》、一一月一三日のお会式《えしき》に公開《こうかい》（『明解行徳の歴史大事典《めいかいぎょうとくのれきしだいじてん》』）。

三年　癸亥《みずのとい》　一七四三

●「前年《ぜんねん》の大洪水《だいこうずい》に対《たい》して人足一人《にんそくひとり》につき御扶持米《ごふちまい》七合《ごう》五勺《しゃく》、塩浜付《しおはまつ》き一四カ村々《そんそん》右《みぎ》の通《とお》りに御座《ござ》候《そうろう》。なおまた塩浜《しおはま》の義《ぎ》小破《しょうは》の節繕《せつつくろ》い御普請《ごぶしん》は御扶持米下《ごふちまいくだ》され候《そうろう》義《ぎ》も御座候得共《ござそうらえども》、大破《たいは》の節扶《せつふ》持米《ちまい》の例御座無《れいござな》く候《そうろう》。かつ枡形堤切所《ますがたつつみきりしょ》は水深《みずぶか》に付《つき》、廻《まわ》し築《つき》に御普請下《ごぶしんくだ》され候《そうろう》、川除堤組合《かわよけつつみくみあい》にて川通《かわどお》りは細川越中守様御手伝《ほそかわえっちゅうのかみさまおてつだい》に付右堤川通《つきみぎつつみかわどお》り一同《いちどう》に御普請《ごぶしん》これあり塩浜《しおはま》は地方内道御普請《じかたうちみちごぶしん》の御《お》目論見《もくろみ》に相成候間御支配一統御扶持米《あいなりそうろうかんごしはいいっとうおふちまい》に成候故塩浜《なりそうろうゆえしおはま》もかくの如《ごと》く御伺相済候歟《おうかがいあいすみそうろうや》。塩浜《しおはま》の義《ぎ》は古来人足諸色高役《こらいにんそくしょしきたかやく》にお構《かま》い御座無《ござな》く御入用《ごにゅうよう》をもって御普請仰《ごぶしんおお》せつけ来《きた》り候《そうろう》、終《つい》に役人足《やくにんそく》の例御《れいご》座無《ざな》く候《そうろう》、この上御普請願申上候《うえごぶしんねがいもうしあげそうら》はば先例《せんれい》の通《とお》り賃人足《ちんにんそく》に願奉《ねがいたてまつ》るべく候《そうろう》。かつ右大変《みぎたいへん》ゆへ《故》申上《もうしあ》げ候《そうら》へば、塩納残《えんのうのこ》らず御赦免《ごしゃめん》の上《うえ》、永高《えいたか》三分《ぶん》の二御用捨引《ごようしゃび》き成《な》し下《くだ》され候《そうろう》」（『塩浜由来書《しおはまゆらいしょ》〈宝暦《ほうれき》六年以降成立《いこうせいりつ》〉』）。

●七月五日、浄土宗大蓮寺《じょうどしゅうだいれんじ》に石塔建立《せきとうこんりゅう》される。

「南無阿弥陀仏《なむあみだぶつ》　檀譽《だんよ》□大蓮寺《だいれんじ》十二代再興《だいさいこう》」「當寺開基天文《とうじかいきてんぶん》十三辰《たつのとし》歳祖覺譽《そかくよ》□人《にん》　寛保三　癸亥《かんぽうさんみずのといの》歳《とし》七月五日」（『明解行徳の歴史大事典《めいかいぎょうとくのれきしだいじてん》』）

●寛保《かんぽう》三亥年《いどし》より寛延《かんえん》二巳年《みどし》（一七四九）までの七ケ年《ねん》、御立野《おたての》の野萱刈《のかやか》り取《と》り代永《だいえい》一〇束《たば》につき

一〇五文《もん》に値上《ねあ》げ（『塩浜由来書《しおはまゆらいしょ》』所収《しょしゅう》「野萱代永上納直段覚《のかやだいえいじょうのうねだんおぼえ》」）。

◉儀兵衛新田《ぎへえしんでん》の開発始《かいはつはじ》まる

この年《とし》、江戸神田《えどかんだ》の儀兵衛《ぎへえ》、儀兵衛新田《ぎへえしんでん》を開《ひら》く。安永《あんえい》七年（一七七八）と天保《てんぽう》四年（一八三三）に新開塩浜《しんかいしおはま》お取《と》り立《た》てとなる。塩浜反別《しおはまたんべつ》、文化《ぶんか》一二年（一八一五）は九反《たん》八畝《せ》九歩《ぶ》（約《やく》二千九百四十九坪《つぼ》）、明治《めいじ》一五年（一八八二）は三町《ちょう》一反《たん》六畝《せ》一二歩《ぶ》（約《やく》九千四百九十二坪《つぼ》）（『下総行徳塩業史《しもうさぎょうとくえんぎょうし》』）。儀兵衛新田《ぎへえしんでん》は加藤新田《かとうしんでん》の隣地《りんち》である。現市川市宝《げんいちかわしたから》二丁目《ちょうめ》、幸《さいわい》二丁目《ちょうめ》、末広《すえひろ》二丁目《ちょうめ》。

延享《えんきょう》

元年 甲子《きのえね》 一七四四

●夏《なつ》より冬《ふゆ》まで、諸国風邪流行《しょこくかぜりゅうこう》。

七月、海中魚多《かいちゅううおおお》く死《し》す。生簀《いけす》の魚《さかな》も同《おな》じく死《し》せり（『武江年表《ぶこうねんぴょう》』）。天候不順《てんこうふじゅん》で北東《ほくとう》の風《かぜ》が強《つよ》く吹《ふ》き、大規模《だいきぼ》な青潮発生《あおしおはっせい》と思《おも》える。

九月　津波《つなみ》、暴風《ぼうふう》（『千葉県東葛飾郡誌《ちばけんひがしかつしかぐんし》』）

●この年《とし》、年貢永《ねんぐえい》三二一貫《かん》二九〇文《もん》七分《ぶ》。塩浜《しおはま》一六カ村《そん》（『塩浜由来書《しおはまゆらいしょ》〈宝暦《ほうれき》六年以降成立《いこうせいりつ》〉』所収《しょしゅう》「塩浜御年貢増覚《しおはまおねんぐましおぼえ》」）。

三年丙寅《ひのえとら》　一七四六

八月一日　暴風《ぼうふう》、津波《つなみ》。船橋《ふなばし》で漁夫《ぎょふ》二八人溺死《にんできし》（『千葉県東葛飾郡誌《ちばけんひがしかつしかぐんし》』）

●本行徳《ほんぎょうとく》の教善寺《きょうぜんじ》に宝篋印塔建立《ほうきょういんとうこんりゅう》される。

「奉納大乗妙典六十六部供養《ほうのうだいじょうみょうてんろくじゅうろくぶくよう》　下總國葛飾郡本行徳《しもうさのくにかつしかごおりほんぎょうとく》　願主《がんしゅ》　光譽道照大徳《こうよどうしょうだいとく》　敬白《けいはく》（法名《ほうみょう》2）」［左《ひだり》］寶《ほう》□印陀羅尼經曰《いんだらにつねにいわく》　若人書寫此經安《わこうどしょしゃこのけいあん》□　塔中者印《とうちゅうしゃいん》□九十九　百千萬倶胝如来《ひゃくせんまんくていにょらい》□即爲一切如來神《そくいいっさいにょらいしん》□　所護若人一香一華《しょごわこうどいっこういっか》［裏《うら》］禮拝供養八万億劫《らいはいくようはちまんおっこう》　生死重罪一時消滅《せいしじゅうざいいちじしょうめつ》　生免災《しょうめんさい》殃死生佛家《おうししょうぶつけ》　若應随阿鼻《じゃくおうずいあび》地獄 若《じごくのごとし》　一禮一遠必得解脱《いちれいいちえんひつとくげだつ》［右《みぎ》］庶回斯功投貨緇白《しょえかくこうとうかしはく》　盡界《じんかい》□靈拂無《れいふつむ》始来《しらい》　二而迷雲倶同開見《にじめいうんくどうかいけん》　本有心塔者也《ほんゆうしんとうものなり》　旹延享《じえんきょう》三丙寅初冬良辰《ひのえとらしょとうりょうしん》（『市川市の石造物《いちかわしせきぞうぶつ》』）

●この年《とし》、年貢永《ねんぐえい》三二七貫《かん》三〇文《もん》三分《ぶ》。塩浜《しおはま》一六カ村《そん》（『塩浜由来書《しおはまゆらいしょ》〈宝暦《ほうれき》六年以降成立《いこうせいりつ》〉』所収《しょしゅう》「塩浜御年貢永覚《しおはまおねんぐえいおぼえ》」）

四年丁卯《ひのとう》　一七四七

●二月五日、浄土宗大蓮寺《じょうどしゅうだいれんじ》に常念仏碑建立《じょうねんぶつひこんりゅう》される。「大蓮寺常念仏《だいれんじじょうねんぶつ》」「當寺《とうじ》十二世檀譽代《せいだんよだい》」「延享《えんきょう》四丁卯《ひのとう》天龍集《てんりゅうしゅう》二月五日」（『明解行徳《めいかいぎょうとく》の歴史大《れきしだい》事典《じてん》』）

四月一日　大霜《おおしも》降《ふ》り積《つ》もる（『武江年表《ぶこうねんぴょう》』）。旧暦《きゅうれき》の四月一日は現代《げんだい》の五月初旬《しょじゅん》

●欠真間《かけまま》、湊《みなと》、押切《おしきり》三カ村《そん》の塩浜囲堤御普請所大破《しおはまかこみつつみごぶしんじょたいは》。「御普請《ごぶしん》願《ねが》い上《あ》げ奉《たてまつ》り候《そうら》へば、近年《きんねん》の御定法《ごじょうほう》には五一年以前御普請成下され候《そうろう》証拠書物有無《しょうこしょもつうむ》並《なら》びに塩浜開発《しおはまかいはつ》の義《ぎ》とも御普請仰《ごぶしんおお》せ付けられ候《そうろう》発端何《ほったんなん》十ケ年《ねん》に相成《あいな》り候《そうろうかな》哉由来書差出《ゆらいしょさしだ》す申《もう》すべき旨仰《むねおお》せ渡《わた》され候《そうろう》。これにより申上《もうしあ》げ候《そうろう》は当領《とうりょう》塩浜発端《しおはまほったん》の義《ぎ》何百年以前《なんびゃくねんいぜん》に相成《あいなり》候《そうろうかな》哉往古《おうこ》の義《ぎ》に御座候《ござそうら》へば相知《あいし》り申《もう》さず、恐《おそ》れ乍《なが》ら、御入国以前相州小田原《ごにゅうこくいぜんそうしゅうおだわら》へ塩年貢船廻《しおねんぐふねまわし》仕《つかまつり》候《そうろう》由申《よしもうし》伝《つたえ》候《そうろう》。かつ御普請始《ごぶしんはじ》まりの義《ぎ》も古来《こらい》の義《ぎ》にて延宝《えんぽう》八申年《さるどし》津波《つなみ》の節古《せつふる》き書物等残《しょもつなどのこ》らず流失《りゅうしつ》仕《つかまつり》候《そうろう》に付相知《つきあいし》り申《もう》さず候《そうろう》。その以後寛保《いごかんぽう》二戌年大水《いぬどしおおみず》の節水腐《せつみずぐされ》に罷成候《まかりなりそうろう》故証拠書物等御座無《ゆえしょうこしょもつなどござな》く候《そうろう》。伝々演説《でんでんえんぜつ》或《あるい》は老人等覚申候《ろうじんなどおぼえもうしそうろう》義申上《ぎもうしあ》げ候得《そうらえ》ば、塩浜《しおはま》の義大切《ぎたいせつ》に思召右《おぼしめしみぎ》の通《とお》りにて御伺《おうかがい》相済《あいすみ》、則同年《すなわちどうねん》七月四日に御普請仰付《ごぶしんおおせつけ》られ候《そうろう》ところ、嵐時《あらしどき》に向《むか》い候故秋暮迄《そうろうゆえあきくれまで》御延願上《おのばしねがいあげ》九月より十月までに御普請出来《ごぶしんしゅったい》いたし候《そうろう》」（『塩浜由来書《しおはまゆらいしょ》〈宝暦《ほうれき》六年以降成立《いこうせいりつ》〉』）

寛《かん》延《えん》

元年　戊辰《つちのえたつ》　一七四八

●「春中《はるなか》より永雨《ながあめ》打続《うちつづ》く。その上《うえ》、八月一三日大風雨《だいふうう》、高波《たかなみ》にて塩焼難儀《しおやきなんぎ》、四分《ぶん》の一塩御赦免《しおごしゃめん》、元《もと》永《えい》にて上納《じょうのう》仰《おお》せ付《つ》けらる」（『塩浜由来書《しおはまゆらいしょ》〈宝暦《ほうれき》六年以降成立《いこうせいりつ》〉』）

●寛延《かんえん》元年、同《どう》二巳年《みどし》、塩浜囲《しおはまかこみ》堤《つつみ》御普請《ごぶしん》仰《おお》せ付《つ》けらる（『塩浜由来書《しおはまゆらいしょ》』）。

二年　己巳《つちのとみ》　一七四九

●六月一五日、本行徳《ほんぎょうとく》の神明社《しんめいしゃ》に水神宮《すいじんぐう》が祀《まつ》られる。
「水神宮《すいじんぐう》」［右《みぎ》］寛延《かんえん》二己巳年《つちのとみのとし》　六月十五日　［左《ひだり》］壹町《いっちょう》目《め》若者中《わかものちゅう》（『市川市《いちかわし》の石造物《せきぞうぶつ》』）

●当夏中《とうなつなか》より雨繁《あめしげ》く降《ふ》りて、七月も晴間《はれま》なく、二五日に至《いた》り大風雨《だいふうう》あり（『武江年表《ぶこうねんぴょう》』）。おそらく塩浜《しおはま》は不景気《ふけいき》だったろう。

●青山《あおやま》某《なにがし》（文豹《ぶんひょう》カ）『葛飾記《かつしかき》』二巻《かん》を著《あらわ》す。行徳領《ぎょうとくりょう》を広《ひろ》く深《ふか》く紹介《しょうかい》した地誌《ちし》として最初《さいしょ》の文《ぶん》献《けん》。葛飾郡中《かつしかごおりちゅう》の名所旧跡《めいしょきゅうせき》、神社仏閣《じんじゃぶっかく》の縁起《えんぎ》などを解説《かいせつ》した観光《かんこう》ガイドブック。上下巻《じょうげかん》。上巻《じょうかん》は「葛飾《かつしか》の郡《こおり》」で一三項目《こうもく》、下巻《げかん》は三三項目《こうもく》で後半部分《こうはんぶぶん》に「これより行徳領《ぎょうとくりょう》の内《うち》」として、鏡《かがみ》の御影《みえい》、閻魔王《えんまおう》、三千町《さんぜんちょう》、神明宮《しんめいぐう》、弁財天《べんざいてん》、正一位香取宮《しょういちいかとりぐう》を紹介《しょうかい》し、最後《さいご》に行徳領《ぎょうとくりょう》三十三札所《ふだしょ》ノ《の》観音《かんのん》西国《さいごく》模《も》シ《し》寺所名《てらしょめい》幷《ならびに》道歌《どうか》（御詠歌《ごえいか》）を記《しる》している。

「勝鹿《かつしか》の郡《こおり》は下総国《しもうさのくに》の府也《ふなり》、大凡地理《おおよそちり》の象《かたち》を以云時《もっていうとき》は、太卜井川《ふといがわ》利根川《とねがわ》の流《なが》れを云《いう》の東南《とうなん》をのみいひ《い》ては、一《いっ》国《こく》の府《ふ》とするに足《た》らず、地幅狭《じふくきょう》して、河辺《かわべ》と海辺《うみべ》と野簿田《やぼた》又行徳《またぎょうとく》の中《なか》も、地切迫《ちせっぱく》にして、南《みなみ》は川《かわ》より近《ちか》きは二三町《ちょう》、遠《とお》きは十町《ちょう》に不レ足《たらず》、北《きた》は郊野山林《こうやさんりん》のみなり計《ばか》りにして、熟田《じゅくでん》なし」（『葛飾記《かつしかき》』）

中古《ちゅうこ》の時代《じだい》のことをいっているのだが、現代《げんだい》の行徳《ぎょうとく》の地形《ちけい》をいいあてている。

●「行徳領《ぎょうとくりょう》は、往古《おうこ》は海水《かいすい》の干潟《ひがた》、磯《いそ》のみ也《なり》、人家次第《じんかしだい》に殖《ふえ》て繁昌《はんじょう》の地《ち》と成《な》る、下総《しもうさ》の葛飾《かつしか》の府《ふ》中《ちゅう》と呼《よ》ぶもの、葛西《かさい》のみにして、今《いま》に馬市場《うまいちば》の町屋《まちや》の跡《あと》など残《のこ》れりとかや、（中略《ちゅうりゃく》）又《また》、元卜葛《もとか》西《さい》は葛飾《かつしか》の本府《ほんぷ》にて、下鎌田《しもかまだ》と云所《いうところ》に、馬市抔《うまいちなど》の立《たち》たる跡有《あとあり》と也《なり》」（『葛飾記《かつしかき》』）。下鎌田《しもかまだ》は対岸《たいがん》の江戸川区《えどがわく》の篠崎街道《しのざきかいどう》沿《ぞ》いの土地《とち》。篠崎街道《しのざきかいどう》は中世以来岩槻道《ちゅうせいいらいいわつきみち》の一部《いちぶ》で、埼玉県《さいたまけん》の岩槻《いわつき》までの塩《しお》の道《みち》が存在《そんざい》し（『江戸川区史《えどがわくし》』第《だい》一巻《かん》）、馬《うま》で塩《しお》を輸送《ゆそう》していた。『葛飾記《かつしかき》』が書《か》かれた頃《ころ》にも馬市場《うまいちば》の跡《あと》があったとする。江戸時代《えどじだい》の輸送《ゆそう》は水運《すいうん》に変更《へんこう》された。

●「キツネビ。此所《このところ》（景物《けいぶつ》の磯馴松《いそなれまつ》のこと）有《あ》りし内《うち》は、あまがへ野《の》ちんば狐《きつね》と云古《いうふる》ききつねの有《あ》りて、常《つね》に燐《キツネビ》絶《たゆ》る事《こと》もなし、里人《さとびと》（行徳《ぎょうとく》の人《ひと》のこと）も馴《なれ》て、是《これ》を恐《おそ》るゝものなし、今《いま》にても狐火《きつねび》は折々有《おりおりこれ》レ之也《あるなり》」（『葛飾記《かつしかき》』）

「千本松《せんぼんまつ》のところに、きつねが出《で》てね。『ほら、見《み》てごらん、きつねのよめとりだ。いっぱいちょうちんぶらさげて』なんていわれたことがあります。千本松《せんぼんまつ》は、今《いま》はないけど、防風林《ぼうふうりん》だったんですね。行徳《ぎょうとく》の橋《はし》のたもとをずうっと南下《なんか》して、浦安《うらやす》の方《ほう》へ行《い》くと、海辺《うみべ》です。そこに千本松《せんぼんまつ》があったんです。今《いま》は埋《う》め立《た》てられて、町中《まちなか》になっちまったんですよ」（『市川《いちかわ》の伝承民話《でんしょうみんわ》』第《だい》五集《しゅう》）

今《いま》の江戸川放水路《えどがわほうすいろ》の土手《どて》を海《うみ》の方《ほう》へ下《くだ》って東関東自動車道《ひがしかんとうじどうしゃどう》のずっと手前《てまえ》で右《みぎ》へ曲《まが》り進《すす》むと市川《いちかわ》市幸《しさいわい》一、二丁目《ちょうめ》に出《で》る（現在《げんざい》は通《かよ》う道筋《みちすじ》が途切《とぎ》れている）。この付近《ふきん》が「加藤新田《かとうしんでん》」で昔《むかし》は三千《さんぜん》町《ちょう》と呼《よ》ばれた塩田《えんでん》で、堤防《ていぼう》には見事《みごと》な松並木《まつなみき》があり、それを千本松《せんぼんまつ》と呼《よ》んでいた。今《いま》はない。

三年　庚午《かのえうま》　一七五〇

四月二三日　大風雨《だいふうう》ののち降雹《こうひょう》あり。雹《ひょう》が三、四寸《すん》も降《ふ》りつもり、麦作《むぎさく》や夏作《なつさく》に多大《ただい》の被害《ひがい》、農民《のうみん》が食《た》べるものがなくなったため、各村《かくむら》は「夫食拝借《ぶじきはいしゃく》」を願《ねが》い出《で》る（『江戸川区《えどがわく》史《し》』第《だい》三巻《かん》）。行徳塩浜《ぎょうとくしおはま》での記録《きろく》はない

●塩浜囲堤御普請《しおはまかこみつつみごぶしん》、江川浚《えがわさら》い迄仰《までおお》せ付《つ》けらる（『塩浜由来書《しおはまゆらいしょ》〈宝暦《ほうれき》六年以降成立《いこうせいりつ》〉』）。

●九月、本行徳《ほんぎょうとく》の八幡神社《はちまんじんじゃ》に水神宮《すいじんぐう》が祀《まつ》られる。

（判読不能《はんどくふのう》）※木製祠《もくせいほこら》に「水神神社《すいじんじんじゃ》」の額《がく》があり、［右《みぎ》］寛延《かんえん》三午《うま》九月吉日《きちじつ》　奉納水神宮《ほうのうすいじんぐう》
［左《ひだり》］福本氏《ふくもとし》　権十郎《ごんじゅうろう》（『市川市《いちかわし》の石造物《せきぞうぶつ》』）

●一〇月一九日、湊《みなと》の円明院《えんみょういん》に筆子塚《ふでこづか》建立《こんりゅう》される。「法印権大僧都海應《ほういんごんだいそうずかいおう》」［右《みぎ》］寛延《かんえん》三庚午天《かのえうまてん》十月十九日　［左《ひだり》］施主俗弟等《せしゅぞくていなど》　敬白《けいはく》（『市川市《いちかわし》の石造物《せきぞうぶつ》』）

宝暦《ほうれき》

元年　辛未《かのとひつじ》　一七五一

◉本行徳《ほんぎょうとく》に大火事《おおかじ》が二度《にど》あった

「其前《そのまえ》に大坂屋火事《おおさかやかじ》といふは、笹屋《ささや》など焼《や》けたり」（『葛飾誌略《かつしかしりゃく》』）

これは明和《めいわ》六年（一七六九）二月一六日の四丁目火事《ちょうめかじ》の記載《きさい》の次《つぎ》に記《しる》されているもので、宝暦《ほうれき》年代《ねんだい》の火事《かじ》と推定《すいてい》。

●八月七日、湊《みなと》の円明院《えんみょういん》に六地蔵建立《ろくじぞうこんりゅう》される。

〔台《だい》〕奉建立《こんりゅうたてまつる》地蔵尊《じぞうそん》　講中為《こうちゅうため》□□□世《せい》　安樂菩薩《あんらくぼさつ》　寛延《かんえん》四年辛未《かのとひつじ》八月七日　開眼導師《かいげんどうし》圓《えん》
明院《みょういん》□住《じゅう》　法印《ほういん》□保《ほう》　願主講中敬白《がんしゅこうちゅうけいはく》（『市川市《いちかわし》の石造物《せきぞうぶつ》』）
寛延《かんえん》四年は宝暦《ほうれき》元年。

二年　壬申《みずのえさる》　一七五二

●正月《しょうがつ》、本行徳《ほんぎょうとく》の妙頂寺《みょうちょうじ》に日蓮聖人供養塔建立《にちれんしょうにんくようとうこんりゅう》される。
「南無日蓮大菩薩《なむにちれんだいぼさつ》」〔右《みぎ》〕寶暦《ほうれき》二壬申歳《みずのえさるのとし》　正月大吉辰《しょうがつだいきちしん》〔左《ひだり》〕真光山《しんこうざん》十八世《せい》□代建立之《だいこれをこんりゅう》
〔裏《うら》〕享保《きょうほう》六辛丑暦《かのとうしれき》三月二十八日　妙吟院日唱《みょうぎんいんにっしょう》　妙心院日修《みょうしんいんにっしゅう》（『市川市《いちかわし》の石造物《せきぞうぶつ》』）
享保《きょうほう》六年（一七二一）建立《こんりゅう》のものを修復《しゅうふく》したか。

●六月、下妙典村中《しもみょうでんそんちゅう》、「下妙典龍王宮《しもみょうでんりゅうおうぐう》」を祀《まつ》る。市川市妙典《いちかわしみょうでん》五丁目《ちょうめ》四番《ばん》。
「南無八大龍王《なむはちだいりゅうおう》」「宝暦《ほうれき》二年　壬申《みずのえさる》六月吉日《がっきちじつ》」「下妙典村中造立之《しもみょうでんそんちゅうこれをぞうりゅうす》」

台座《だいざ》に「区画整理《くかくせいり》に付《つ》き当地《とうち》に再建《さいけん》す　平成《へいせい》一〇年（一九九八）五月吉日市川市妙典《きちじついちかわしみょうでん》三丁目自治会《ちょうめじちかい》」とある。

旧下妙典《きゅうしもみょうでん》の人《ひと》たちは「くろへび様《さま》」「へび塚《づか》」などと呼《よ》ぶ。塩田《えんでん》の守《まも》り神《がみ》（『明解行徳《めいかいぎょうとく》の歴史《れきし》大事典《だいじてん》』）。一九九八年参照《さんしょう》。

三年 癸酉《みずのととり》 一七五三

●四月より九月に至《いた》り、麻疹流行《はしかりゅうこう》、人多《ひとおお》く死《し》す（『武江年表《ぶこうねんぴょう》』）。

●一〇月、湊《みなと》の善照寺《ぜんしょうじ》に地蔵菩薩像建立《じぞうぼさつぞうこんりゅう》される。

［台《だい》］延命経曰我滅《えんめいけいべいがめつ》□　未來世罪若衆生《みらいせいざいじゃくしゅじょう》　不囑《ふしょく》□今世後世《こんせごせ》□引導《いんどう》　［台右《だいみぎ》］青暘山善照寺《せいようざんぜんしょうじ》

十世《せい》□誉代《よだい》　［台左《だいひだり》］現世無比樂《げんせむひらく》　後生清浄土《ごしょうせいじょうど》　施主《せしゅ》　高《たか》□六兵衛《ろくべえ》　［台裏《だいうら》］干時《ときに》　寶暦《ほうれき》三酉《とり》

十月大祥日《だいしょうにち》（『市川市《いちかわし》の石造物《せきぞうぶつ》』）

四年 甲戌《きのえいぬ》 一七五四

●一月、河原《かわら》の春日神社《かすがじんじゃ》に天神宮祀《てんじんぐうまつ》られる。一九〇五年参照《さんしょう》。

「天神宮《てんじんぐう》」［右《みぎ》］宝暦《ほうれき》四甲戌正月吉日《きのえいぬしょうがつきちじつ》　［左《ひだり》］明治《めいじ》三十八年二月征露《せいろ》二年之《の》砌改築《みぎりかいちく》（『市川市《いちかわし》の石造物《せきぞうぶつ》』）

●九月三日、本行徳《ほんぎょうとく》の自性院《じしょういん》に筆子塚建立《ふでこづかこんりゅう》される。

（梵字《ぼんじ》ア）權大僧都《ごんだいそうず》法印秀深不生位《ほういんしゅうしんふしょうい》　宝暦《ほうれき》四甲戌天《きのえいぬてん》　九月初三日《しょみっか》　筆子《ふでこ》　合拜《がっはい》（『市川市《いちかわし》の石《せき》造物《ぞうぶつ》』）

五年 乙亥《きのとい》 一七五五

●冬《ふゆ》、米価貴踊《べいかきよう》す（『武江年表《ぶこうねんぴょう》』）。

六年 丙子《ひのえね》 一七五六

●去年冬《きょねんふゆ》より、米価次第《べいかしだい》に登揚《とうよう》す（『武江年表《ぶこうねんぴょう》』）。

●二月、本行徳《ほんぎょうとく》の自性院《じしょういん》に宝篋印塔建立《ほうきょういんとうこんりゅう》される。一八四五年参照《さんしょう》。

「經曰《つねにいわく》　若有者持能於此塔一香一華《じゃくゆうしゃじのうおいてこのとういっこういっか》　禮拝供養《らいはいくよう》八十億劫生死重罪《おくこうせいしじゅうざい》　一時消滅生免災殃死《いちじしょうめつしょうめんさいおうし》生佛家《しょうぶつけ》　若有應随阿鼻地獄若有此塔《じゃくゆうおうずいあびじごくじゃくゆうこのとう》　或一禮拝或一右遶塞地獄門《あるいはいちれいはいあるいはいちうじょうそくじごくもん》　開菩提路塔及形像所《かいぼだいろとうおよびけいぞうしょ》在之處《ざいのところ》　一切如來神力所護《いっさいにょらいしんりきしょご》」［台《だい》］　左重屋《ひだりじゅうや》　［右《みぎ》］先祖代々《せんぞだいだい》（法名《ほうみょう》）弘化《こうか》二巳《み》六月　中《なか》□施《せ》□四町目《ちょうめ》　九□重兵衛《じゅうべえ》　現住法印澄山代《げんじゅうほういんしょうざんだい》（法名《ほうみょう》1）［左《ひだり》］（法名《ほうみょう》）［裏《うら》］宝暦《ほうれき》六丙子《ひのえね》里舎《りしゃ》二月吉辰《きちしん》　自性院現住《じしょういんげんじゅう》　法印宥辨代《ほういんゆうべんだい》　発起《ほっき》（法名《ほうみょう》3）（『市川市の石造物《いちかわしのせきぞうぶつ》』）

●この年《とし》、本行徳《ほんぎょうとく》の自性院《じしょういん》に宝篋印塔建立《ほうきょういんとうこんりゅう》される。

「（梵字《ぼんじ》アク）經曰《つねにいわく》　若有者持能於《じゃくゆうしゃじのう》　此塔一香一華《このとういっこういっか》　禮拝供養《らいはいくよう》八十　億劫生死重罪《おっくうせいしじゅうざい》　一時消《いちじしょう》滅生免《めつしょうめん》」［基礎《きそ》］古話人《せわにん》　長兵衛《ちょうべえ》　源四郎《げんしろう》［左《ひだり》］（梵字《ぼんじ》ウーン）災殃死生佛家《さいおうししょうぶつけ》　若有應随阿《もしゆうおうずいあ》鼻《び》　地獄若《じごくのごとし》　有此塔《ゆうこのとう》　或一禮拝或一右遶塞地獄門《あるいはいちれいはいあるいはいちうじょうそくじごくもん》　開菩提路塔及《かいぼだいろとうきゅう》［基礎左《きそひだり》］法界施入《ほっかいせにゅう》

出離生死《しゅつりせいし》　［裏《うら》］（梵字《ぼんじ》クラーク）形像所在之處《けいぞうしょざいのところ》　一切如來神力《いっさいにょらいしんりき》　所護《しょご》　日本回國六十六部《にほんかいこくろくじゅうろくぶ》
供養造立之者也《くようぞうりゅうのものなり》　［右《みぎ》］（梵字《ぼんじ》キリーク）宝暦《ほうれき》六丙子《ひのえね》里舎《りしゃ》　自性院住法印宥辨代《じしょういんじゅうほういんゆうべんだい》　心譽浄安《しんよじょうあん》
願主随經圓《がんしゅずいけいえん》□（『市川市《いちかわし》の石造物《せきぞうぶつ》』）

●一〇月一日、河原《かわら》の正源寺《しょうげんじ》に地蔵菩薩像建立《じぞうぼさつぞうこんりゅう》される。一八〇七年参照《さんしょう》。
［台《だい》］十四代《だい》　進譽上人《しんよしょうにん》　廿世探譽上人《にじゅうせいたんよしょうにん》　弟子學道和尚《でしがくどうおしょう》　□立《りゅう》　［台左《だいひだり》］宝暦《ほうれき》六子《ね》十月一日
［台左《だいひだり》］文化夘《ぶんかう》四月（『市川市《いちかわし》の石造物《せきぞうぶつ》』）

◉本行徳名主《ほんぎょうとくなぬし》により塩浜由来書《しおはまゆらいしょ》が作成《さくせい》される

一〇月、本行徳名主平蔵《ほんぎょうとくなぬしへいぞう》、「塩浜由来書《しおはまゆらいしょ》〈宝暦《ほうれき》六年以降成立《いこうせいりつ》〉」を提出《ていしゅつ》。「行徳領塩浜古来発起《ぎょうとくりょうしおはまこらいほっき》書留《かきとめ》」で代官所《だいかんしょ》からの塩浜発起《しおはまほっき》についての調査《ちょうさ》に対《たい》する回答書《かいとうしょ》。欠真間村小川六左衛門《かけまむらおがわろくざえもん》が所持《しょじ》していたものが『市川市史《いちかわしし》』に収録《しゅうろく》されている（全文《ぜんぶん》を『「葛飾誌略《かつしかしりゃく》」の世界《せかい》』に収録《しゅうろく》）。何百年《なんびゃくねん》以前《いぜん》からの塩浜《しおはま》であること、小田原《おだわら》へ船《ふね》で塩《しお》を納《おさ》めていたこと、権現様《ごんげんさま》お声《こえ》掛かりであり「新塩浜《しんしおはま》開発御書付写《かいはつおんかきつけうつし》」があること、五分《ぶ》の一塩・五分《ぶ》の四金納《きんのう》が四分《ぶ》の一塩《しお》・四分《ぶ》の三金納《きんのう》になった訳《わけ》、塩浜《しおはま》二六カ村の推移《すいい》、寛永《かんえい》六年と元禄《げんろく》一五年の検地《けんち》の内容《ないよう》、塩浜《しおはま》の災害《さいがい》の模様《もよう》とその対応策《たいおうさく》、その他《た》の証明書類《しょうめいしょるい》を添付《てんぷ》。

七年丁丑《ひのとうし》　一七五七

●一月一七日、本行徳《ほんぎょうとく》の本久寺《ほんきゅうじ》に筆子塚《ふでこづか》建立《こんりゅう》される。
「當山《とうざん》十九世一乗院日陽大徳《せいいちじょういんにちようだいとく》」［右《みぎ》］寶暦《ほうれき》七丁丑正月中旬七日《ひのとうししょうがつちゅうじゅんなのか》　甚巧院妙常《じんこういんみょうじょう》　宗善日修《そうぜんにっしゅう》
［左《ひだり》］（法名《ほうみょう》2）施主弟子筆子中《せしゅでしふでこちゅう》（『市川市《いちかわし》の石造物《せきぞうぶつ》』）

●四月より五月迄《まで》、霖雨《りんう》（長《なが》く降《ふ》り続《つづ》く雨《あめ》のこと）。関東洪水《かんとうこうずい》、奥州飢饉《おうしゅうききん》にて、江戸《えど》の米価《べいか》も次第《しだい》に登揚《とうよう》せり（『武江年表《ぶこうねんぴょう》』）。

●相之川《あいのかわ》の日枝神社再建《ひえじんじゃさいけん》される（『明解行徳《めいかいぎょうとく》の歴史大事典《れきしだいじてん》』）。

この年《とし》

●「新井村《あらいむら》、欠真間村《かけままむら》、湊新田《みなとしんでん》、湊村《みなとむら》、押切村《おしきりむら》、本行徳村《ほんぎょうとくむら》、下妙典村《しもみょうでんむら》、上妙典村《かみみょうでんむら》の八ヶ村《そん》、塩《しお》浜海表囲堤弁潮引江川《はまうみおもてかこみつつみならびしおひきえがわ》、大風雨高浪ニテ大破《だいふううたかなみにてたいは》、御入用御普請被仰付《ごにゅうようごふしんおおせつけらる》」（『大《おお》きく変貌《へんぼう》した郷土《きょうど》の歴史《れきし》（旧行徳地区《きゅうぎょうとくちく》）』）

●塩浜見廻役《しおはまみまわりやく》が従来《じゅうらい》の欠真間《かけまま》・湊《みなと》・本行徳《ほんぎょうとく》・高谷《こうや》四カ村一人宛《そんひとりあて》より、本行徳《ほんぎょうとく》・押切両村《おしきりりょうそん》にて一人宛勤《ひとりあてつと》めることとなる（『市川市史年表《いちかわししねんぴょう》』）。
「この年《とし》、前原藤十郎様御支配《まえばらとうじゅうろうさまごしはい》の節《せつ》、右見廻役《みぎみまわりやくにん》四人《にん》にては御不益《ごふえき》に付一人《つきひとり》にて相勤《あいつとむ》べき旨御吟《むねごぎん》味御座候得共迚《みござそうらえどもとて》も一人《ひとり》にては相勤《あいつと》め難《がた》く一人分《ひとりぶん》の御扶持米《ごぶちまい》一〇俵《ぴょう》をもって二人《ふたり》にて相勤一人米《あいつとめひとりこめ》五俵《ひょう》ずつ頂戴《ちょうだい》仕《つかまつり》度《たき》旨《むね》申《もうし》上《あ》げ候《そうろう》処《ところ》御聞済《おききずみ》相成《あいなる》」（『塩浜《しおはま》御普請《ごぶしん》其外《そのほか》の儀《ぎ》共願《ともねがい》〈弘化《こうか》二年八月〉』）

●この年《とし》、利根川《とねがわ》洪水《こうずい》（『市川市史《いちかわしし》年表《ねんぴょう》』）。

八年　戊寅《つちのえとら》　一七五八

●九月一三日、田中内匠《たなかたくみ》の子孫《しそん》行徳領《ぎょうとくりょう》当代《とうだい》島村《じまむら》富右衛門《とみうえもん》、欠真間村《かけままむら》渡船《とせん》支配人《しはいにん》総代《そうだい》に今井《いまい》の渡《わた》しの権利《けんり》を譲渡《じょうと》（『市川市史《いちかわしし》』第《だい》七巻所収《かんしょしゅう》「江戸川筋《えどがわすじ》渡船《とせん》出入事蹟《でいりじせき》」〈明治《めいじ》九年〉）。

「譲《ゆず》り申《もう》す証文《しょうもん》の事《こと》　一《ひとつ》、利根内川《とねうちかわ》通《どおり》耕作人《こうさくにん》樵夫《きこり》草刈《くさかり》渡《わた》し　御書付《おんかきつけ》　右御書付《みぎおんかきつけ》伊奈半十郎様《いなはんじゅうろうさま》御《ご》支配《しはい》の節《せつ》寛永年中《かんえいねんちゅう》頂戴《ちょうだい》仕《つかまつ》り、我等《われら》所持《しょじ》致《いた》し来《きた》り候《そうろう》ところ、この度《たび》各々方達《おのおのがたたち》に相頼《あいたの》まれ候《そうろう》に付《つ》き、右御書付《みぎおんかきつけ》欠真間村《かけままむら》舟人《ふなびと》九人《にん》の衆《しゅう》へ譲《ゆず》り渡《わた》し申《もう》すところ、相違《あいそうい》御座《ござ》無《な》く候《そうろう》。この御書付《おんかきつけ》脇《わき》より違乱《いらん》申《もう》す者《もの》御座《ござ》無《な》く候《そうろう》。後日《ごじつ》の為《ため》よって件《くだん》の如《ごと》し」

として当代《とうだい》島村《じまむら》御書付《おんかきつけ》持主《もちぬし》富右衛門《とみうえもん》外村《ほかむら》役人《やくにん》三名《めい》、欠真間村《かけままむら》渡船《とせん》支配人《しはいにん》惣代《そうだい》吉左衛門《きちざえもん》、権七郎《ごんしちろう》（別《べつ》の文書《ぶんしょ》では権七《ごんしち》）、金右衛門《きんうえもん》三名《めい》の名《な》がある（『行徳《ぎょうとく》歴史《れきし》街道《かいどう》4』に全文収録《ぜんぶんしゅうろく》）。

一一月一四日、欠真間村《かけままむら》渡船《とせん》九人《にん》は、年々《ねんねん》二両《りょう》を今井村《いまいむら》へ渡《わた》すこと、それを今井村《いまいむら》の人《ひと》揚《あ》げ水《みず》地《ち》の場所《ばしょ》を普請《ふしん》するための費用《ひよう》とすること、などにつき、上今井村《かみいまいむら》惣百姓代《そうひゃくしょうだい》と合意《ごうい》（『市川市史《いちかわしし》』第《だい》七巻《かん》）。

「今井《いまい》渡舟《としゅう》も此人《このひと》（田中内匠《たなかたくみ》）の農業《のうぎょう》渡《わた》し也《なり》。今《いま》も右《みぎ》渡《わた》し船持《ぶねもち》より田中氏《たなかし》へ上《あ》げ銭《せん》出《い》づといふ《う》」

（『葛飾誌略《かつしかしりゃく》』）

船頭《せんどう》九人《にん》へ譲渡《じょうと》した後《あと》も一八一〇年当時《とうじ》に至《いた》ってもなお、上《あ》げ銭《せん》が田中氏《たなかし》へ支払《しはら》われていたことがわかる。金額《きんがく》は不明《ふめい》。

●この年《とし》より、徳願寺《とくがんじ》の永代十夜《えいだいじゅうや》始《はじ》まる（『葛飾誌略《かつしかしりゃく》』）。

九年 己卯《つちのとう》 一七五九

一一月　行徳上郷《ぎょうとくかみごう》九カ村《そん》、村内《そんない》に塩買人《しおかいにん》を極《き》め置《お》くよう願《ねが》い上《あ》げ。のちの問屋《とんや》（『下総行徳塩業史《しもうさぎょうとくえんぎょうし》』）

●この年《とし》、米穀豊穣《べいこくほうじょう》なり（『武江年表《ぶこうねんぴょう》』）。

一〇年 庚辰《かのえたつ》 一七六〇

●一一月、河原《かわら》の養福院《ようふくいん》に手水石奉納《ちょうずいしほうのう》される。
「奉納《ほうのう》　御寶前《ごほうぜん》　願主白井氏《がんしゅしろいし》　寶暦《ほうれき》十 庚 辰歳《かのえたつのとし》十一月吉日《きちじつ》」（『市川市《いちかわし》の石造物《せきぞうぶつ》』）

一一年 辛巳《かのとみ》 一七六一

●七月二八日、本行徳《ほんぎょうとく》の自性院《じしょういん》に不動明王像建立《ふどうみょうおうぞうこんりゅう》される。［右《みぎ》］（法名《ほうみょう》1）二《に》□三界万霊有無両縁《さんかいまんれいうむりょうえん》　宝暦《ほうれき》十一辛巳《かのとみ》七月二十八日上総市兵衛《かずさいちべえ》　［左《ひだり》］（梵字《ぼんじ》カーン）自性院法印尊栄代《じしょういんほういんそんえいだい》　［台左《だいひだり》］（名《な》9）（『市川市《いちかわし》の石造物《せきぞうぶつ》』）

八月　風雨《ふうう》、津波《つなみ》（『千葉県東葛飾郡誌《ちばけんひがしかつしかぐんし》』）

●日蓮宗妙好寺《にちれんしゅうみょうこうじ》の山門造立《さんもんぞうりゅう》される。市川市指定有形文化財《いちかわししていゆうけいぶんかざい》。切妻茅葺《きりづまかやぶき》の四脚門《しきゃくもん》。平成《へいせい》九年（一九九七）三月、山門《さんもん》の修復事業完了《しゅうふくじぎょうかんりょう》（『明解行徳《めいかいぎょうとく》の歴史大事典《れきしだいじてん》』）。

一二年 壬午《みずのえうま》 一七六二

●七月より、永代寺《えいたいじ》にて成田不動尊開帳《なりたふどうそんかいちょう》（『武江年表《ぶこうねんぴょう》』）。この年《とし》、江戸《えど》にて一一回《かい》の諸開帳《しょかいちょう》あり。

一三年 癸未《みずのとひつじ》 一七六三

●新井村名主鈴木清兵衛《あらいむらなぬしすずきせいべえ》、俳号行徳金堤《はいごうぎょうとくきんてい》生まれる（『「勝鹿図志手《かつしかずして》くりふね」の世界《せかい》』）。天保《てんぽう》七年（一八三六）没《ぼつ》。七三歳《さい》。

●三月、上妙典村《かみみょうでんむら》、塩浜潮引江川書上《しおはましおひきえがわかきあげ》ヶ覚帳《おぼえちょう》作成《さくせい》（『大《おお》きく変貌《へんぼう》した郷土《きょうど》の歴史《れきし》（旧行徳地《きゅうぎょうとくち》区《く》）』文書中《もんじょちゅう》、江川《えがわ》は合長延《あわせてながきのべ》千九百参拾《さんじゅう》四間《けん》とある。

●一二月、新井村《あらいむら》、欠真間村《かけままむら》、湊新田《みなとしんでん》、湊村《みなとむら》、押切村《おしきりむら》、本行徳村《ほんぎょうとくむら》、下妙典村《しもみょうでんむら》、上妙典村《かみみょうでんむら》の八ヶ村《そん》、「下総国葛飾郡行徳領塩浜堤《しもうさのくにかつしかごおりぎょうとくりょうしおはまつつみ》羽口堀浚御普請積帳《はぐちほりさらいごぶしんつみちょう》」作成《さくせい》。この文書《もんじょ》によれば、「当《とう》三月と八月に大風雨《だいふうう》高浪《たかなみ》にて堤打破《つつみうちやぶれ》、江川通浪砂押《えがわどおりなみすなおされ》リ塩稼不相成候《しおかせぎあいならずそうろう》として、早速御普請被成下《さっそくごぶしんなしくだされ》候様《そうろうさま》（中略《ちゅうりゃく》）右《みぎ》八ヶ村共一同願出《そんともいちどうねがいだ》シ」としている（『大《おお》きく変貌《へんぼう》した郷土《きょうど》の歴史《れきし》（旧行徳地《きゅうぎょうとくち》区《く》）』）。

一四年甲申《きのえさる》 一七六四

●四月、上妙典村《かみみょうでんむら》、「塩浜反別小前書上《しおはまたんべつこまえかきあげ》ヶ帳《ちょう》」作成《さくせい》（『大《おお》きく変貌《へんぼう》した郷土《きょうど》の歴史《れきし》（旧行徳地《きゅうぎょうとくち》区《く》）』）。この文書《もんじょ》によれば、小前《こまえ》として四〇名《めい》の名《な》が挙《あ》げられている。その中《なか》に妙好寺《みょうこうじ》、下浜《げはま》、壱《いっ》反《たん》五畝《せ》拾《じゅう》二歩《ぶ》、此永《このえい》四拾《じゅう》六文弐分《もんにぶ》、反《たん》に三拾文《じゅうもん》とある。

明和《めいわ》

二年 乙酉《きのととり》 一七六五

●五月、河原《かわら》の春日神社《かすがじんじゃ》に石祠《せきし》建《た》てられる。
(判読不能《はんどくふのう》)［右］明和《めいわ》二酉《とり》五月吉日《きちじつ》　金子氏《かねこし》（『市川市《いちかわし》の石造物《せきぞうぶつ》』）

九月一六日　暴風《ぼうふう》、津波《つなみ》（『千葉県東葛飾郡誌《ちばけんひがしかつしかぐんし》』）

●この頃《ころ》、本行徳《ほんぎょうとく》に遊女屋《ゆうじょや》二軒繁昌《けんはんじょう》。『葛飾誌略《かつしかしりゃく》』に「一《ひとつ》、遊女屋《ゆうじょや》二軒《けん》　松村《まつむら》・宮島《みやじま》の両人願《りょうにんねがい》蒙《こうむ》り、免許《めんきょ》。明和《めいわ》二三年《にさんねん》の両年繁昌《りょうねんはんじょう》いたし、今《いま》はなし」とある。「今《いま》」というのは文化《ぶんか》七年（一八一〇）のこと。『葛飾誌略《かつしかしりゃく》』の刊行年《かんこうねん》。

●一二月、加藤新田《かとうしんでん》に芝居《しばい》有《これ》レ之《あり》し事有《ことあ》り（『葛飾誌略《かつしかしりゃく》』）。

三年 丙戌《ひのえいぬ》 一七六六

七月六日　暴風雨《ぼうふうう》、関東大洪水《かんとうだいこうずい》、大津波《おおつなみ》（『千葉県東葛飾郡誌《ちばけんひがしかつしかぐんし》』）

四年 丁亥《ひのとい》 一七六七

●「四月、上妙典村《かみみょうでんむら》、塩浜反別《しおはまたんべつ》一九町《ちょう》五反《たん》四畝《せ》一四卜《ぶ》、この取永《とりえい》二〇貫《かん》四六六文《もん》八卜《ぶ》塩浜役《しおはまやく》、こ

の塩《しお》一四二俵《ひょう》三ト《ぶ》三厘《りん》四毛《もう》。大小百姓《だいしょうひゃくしょう》六五軒《けん》、借地《しゃくち》水呑百姓《みずのみびゃくしょう》二三軒《げん》、合計《ごうけい》八八軒《けん》、名主《なぬし》一《ひと》人《り》、馬《うま》二疋《ひき》。男《おとこ》二七〇人《にん》、女《おんな》一三〇人《にん》、合計《ごうけい》三九〇人《にん》（人数《にんずう》が合《あ》わない）。塩焼竈《しおやきかまど》二二軒《けん》。年貢《ねんぐ》米《まい》の津出《つだ》しは本行徳河岸《ほんぎょうとくがし》より舟積《ふなづ》み。当村用水《とうそんようすい》の儀《ぎ》は真間堰《ままぜき》八幡町《やわたまち》内匠堀《たくみぼり》より引来《ひききた》り候《そうろう》」（『上《かみ》妙典村明細帳《みょうでんむらめいさいちょう》〈明和《めいわ》四年四月〉』）
内匠堀《たくみぼり》の初出《しょしゅつ》とされる（『市川《いちかわ》の郷土史《きょうどし》　内匠堀《たくみぼり》の昔《むかし》と今《いま》』）。

●一二月、上妙典《かみみょうでん》の妙好寺《みょうこうじ》に供養塔建立《くようとうこんりゅう》される。
［裏］明和《めいわ》四丁亥《ひのとい》十二月十三世日明代《せいにちみょうだい》　願主了建立之処《がんしゅりょうこんりゅうのところ》安政丙辰《あんせいひのえたつ》　津波之砌被折再建之《つなみのみぎりおられさいけんの》
為《ため》　安政《あんせい》四年十月二日　二十三嗣法《しほう》　恵高院《けいこういん》（『市川《いちかわ》の石造物《せきぞうぶつ》』）
一八五七年参照《さんしょう》。安政《あんせい》四年の津波《つなみ》で供養塔《くようとう》が折《お》れたので再建《さいけん》された。

●この年《とし》、仙台侯《せんだいこう》、江戸川堤普請御手伝《えどがわつつみふしんおてつだい》（『葛飾誌略《かつしかしりゃく》』）。

五年　戊子《つちのえね》　一七六八

九月　加藤新田《かとうしんでん》、高入《たかいれ》される（『市川市史年表《いちかわししねんぴょう》』）。二町《ちょう》三反《たん》七畝《せ》三歩《ぶ》（約《やく》七一〇〇坪《つぼ》）

●一一月、湊《みなと》の法伝寺《ほうでんじ》に青面金剛像《しょうめんこんごうぞう》（三猿《さんざる》）建立《こんりゅう》される。
「明和《めいわ》五　戊子《つちのえね》霜月吉日《しもつききちじつ》」「湊村講中《みなとむらこうちゅう》」（『市川市《いちかわし》の石造物《せきぞうぶつ》』）
霜月《しもつき》は陰暦《いんれき》一一月。

六年 己丑《つちのとうし》 一七六九

●二月、押切《おしきり》の稲荷神社《いなりじんじゃ》の鳥居建立《とりいこんりゅう》される。一九九〇年参照《さんしょう》。「稲荷神社《いなりじんじゃ》」「明和《めいわ》六年 龍 集 己 丑《りゅうしゅうつちのとうし》二月吉日建 之《きちじつこれをたてる》」「平成《へいせい》二年十月吉日再建《きちじつさいけん》」とある（『明解行《めいかいぎょう》徳《とく》の歴史大事典《れきしだいじてん》』）。

●二月一六日、本行徳村《ほんぎょうとくむら》に大火発生《たいかはっせい》。四丁目火事《ちょうめかじ》という。「川原村表通《かわらむらおもてどお》り迄焼《までや》けたり。罹災棟数《りさいとうすう》凡《およそ》三〇〇軒《けん》（『葛飾誌略《かつしかしりゃく》』）。このとき神明宮《しんめいぐう》は焼《や》け残《のこ》る（『行徳歴史街道《ぎょうとくれきしかいどう》2』）。
これ以前《いぜん》に大坂屋火事《おおさかやかじ》という火事《かじ》があり（年代不詳《ねんだいふしょう》）、笹屋《ささや》などが焼《や》けた（『葛飾誌略《かつしかしりゃく》』）。一七五一年参照《さんしょう》。

◉小宮山杢之進《こみやまもくのしん》の「覚《おぼえ》」が塩浜由緒書《しおはまゆいしょがき》となる

八月、元代官小宮山杢之進《もとだいかんこみやまもくのしん》の名《な》で「塩浜由緒書《しおはまゆいしょがき》〈明和《めいわ》六年八月〉」作成《さくせい》される。下妙典村《しもみょうでんむら》の名主《なぬし》岩田家伝来文書《いわたけでんらいもんじょ》。明和《めいわ》六年八月に幕府《ばくふ》へ提出《ていしゅつ》した年貢減免嘆願書《ねんぐげんめんたんがんしょ》。前書《まえが》き部分《ぶぶん》と「覚《おぼえ》」からなり、「覚《おぼえ》」は元代官小宮山杢之進《もとだいかんこみやまもくのしん》の作成《さくせい》。この「塩浜由緒書《しおはまゆいしょがき》」は『葛飾誌略《かつしかしりゃく》』の世界《せかい》』に全文《ぜんぶん》を収録《しゅうろく》してある。

この年《とし》の冬《ふゆ》、年貢減免《ねんぐげんめん》を願《ねが》い出《で》たところ却下《きゃっか》、暮《く》らしが成《な》り立《た》たないので小宮山杢之進様《こみやまもくのしんさま》の書付《かきつけ》を提出《ていしゅつ》したところ年貢減免《ねんぐげんめん》が認《みと》められたとしている。これはその年《とし》の二月に四丁目火事《ちょうめかじ》があり、本行徳村《ほんぎょうとくむら》一〜四丁目《ちょうめ》、行徳新田《ぎょうとくしんでん》、下新宿村《しもしんしゅくむら》、川原村《かわらむら》表通《おもてどお》りまで約《やく》三〇〇軒余《けんよ》を焼《や》く大火《たいか》で、貯蔵《ちょぞう》してあった塩《しお》など諸道具《しょどうぐ》を含《ふく》めすべて焼失《しょうしつ》した事情《じじょう》があり、年貢減免願《ねんぐげんめんねがい》になったものと推察《すいさつ》。宝暦《ほうれき》九年（一七五九）に隠居《いんきょ》していた元代官《もとだいかん》小宮山杢之進《こみやまもくのしん》に願《ねが》って書《か》いてもらった書付《かきつけ》が「覚《おぼえ》」なのであろう（『行徳歴史街道《ぎょうとくれきしかいどう》2』所収《しょしゅう》「行徳《ぎょうとく》の大火《たいか》と塩浜由緒書《しおはまゆいしょがき》」『明解行徳《めいかいぎょうとく》の歴史大事典《れきしだいじてん》』）。

塩焼《しおやき》は往古《おうこ》に上総国《かずさのくに》五井《ごい》へ行《い》って習《なら》い覚《おぼ》えたこと、権現様東金《ごんげんさまとうがね》お成《な》りの節《せつ》、塩《しお》の儀《ぎ》は御軍用第一《ごぐんようだいいち》の事《こと》、御領地一番《ごりょうちいちばん》の宝《たから》と思《おぼ》し召《め》したこと、家康《いえやす》・秀忠《ひでただ》・家光《いえみつ》・吉宗《よしむね》らが塩浜開発手当金《しおはまかいはつてあてきん》を支出《ししゅつ》したこと、塩浜《しおはま》の経営方法《けいえいほうほう》などが記《しる》されている。

七年 庚寅《かのえとら》 一七七〇

●夏《なつ》から秋《あき》にかけて雨降《あめふ》らず、江戸《えど》では日毎《ひごと》に水《みず》を争《あらそ》う（『後見草《あとみぐさ》』）。ただし、干天《かんてん》は塩浜《しおはま》には好都合《こうつごう》。

●五月より八月迄《まで》、諸国大旱《しょこくたいかん》。近在《きんざい》、稲《いね》に虫《むし》つき、江戸《えど》でも虫飛《むしと》び歩行《あるく》。この冬《ふゆ》、犬多《いぬおお》く死《し》す（『武江年表《ぶこうねんぴょう》』）。

八年 辛卯《かのとう》 一七七一

●明和《めいわ》四年〜八年まで五ケ年《かねん》の行徳塩相場《ぎょうとくしおそうば》は、金《きん》一両《りょう》に付《つき》三石《こく》八斗《と》五升乃至《しょうないし》七石《こく》。平均約《へいきんやく》六石《こく》（『下総行徳塩業史《しもうさぎょうとくえんぎょうし》』所収《しょしゅう》「大日本塩業全書《だいにほんえんぎょうぜんしょ》」）。六石《こく》は塩俵《しおだわら》で一二俵《ひょう》。高《たか》い時《とき》で七俵半《ひょうはん》、安《やす》い時《とき》で一四俵《ひょう》。

九年 壬辰《みずのえたつ》 一七七二

一月　田沼意次《たぬまおきつぐ》、老中《ろうじゅう》となる

●六月、下新宿《しもしんしゅく》の稲荷神社《いなりじんじゃ》に水神宮《すいじんぐう》が祀《まつ》られる。「水神宮《すいじんぐう》」［右《みぎ》］明和《めいわ》九辰年《たつどし》［左《ひだり》］六月吉祥日《きちしょうにち》（『市川市《いちかわし》の石造物《せきぞうぶつ》』）

六月下旬《げじゅん》　風雨《ふうう》、江戸川洪水《えどがわこうずい》、津波《つなみ》。権現堂堤《ごんげんどうつつみ》切《き》れ、二合半《ごうはん》大水《おおみず》（ママ）渡船なり。江戸《えど》往来留《おうらいとま》る。人《じん》馬共死《ばともし》するもの多《おお》し。江戸《えど》入口《いりぐち》、小梅《こうめ》、本所《ほんじょ》、下谷《したや》辺《あたり》大海也《たいかいなり》（『千葉県東葛飾郡誌《ちばけんひがしかつしかぐんし》』）

※一一月一六日から安永《あんえい》

安《あん》永《えい》

二年 癸巳《みずのとみ》 一七七三

●元《もと》行徳塩浜《ぎょうとくしおはま》代官《だいかん》小宮山杢之進《こみやまもくのしん》没《ぼつ》。行徳塩浜《ぎょうとくしおはま》にとっては恩人《おんじん》。

●「三月末頃《まつころ》より、疫病《えきびょう》行《おこな》はれ人多《ひとおお》く死《し》す（江戸中《えどじゅう》にて凡《およそ》十九万人疫死《まんにんえきし》）。御救《おすくい》として一町《いっちょう》に付《つ》き朝鮮人参《ちょうせんにんじん》五両《りょう》づゝ下《くだ》さる」（『武江年表《ぶこうねんぴょう》』）

●「冬厳寒《ふゆげんかん》、川々《かわがわ》の氷厚《こおりあつ》く、通《かよ》ひ船《ぶね》自由《じゆう》ならざる由《よし》にて諸物《しょぶつ》の価《あたい》甚《はなは》だ貴《たか》かりし。これによつて正《しょう》月門松《がつかどまつ》の松竹商《まつたけあきない》ふ事《こと》なく、名《な》にしあふ《おう》両国川《りょうごくがわ》も氷閉《こおりと》ぢて、通《かよ》ひ船《ぶね》絶《た》えし日《ひ》も有《あ》りし由《よし》」（『武江年表《ぶこうねんぴょう》』）

●この年《とし》、「香取神社《かんどりじんじゃ》の祭礼《さいれい》、（家臺《やだい》四番出《ばんで》て）花麗《かれい》の事有《ことあ》りし也《なり》。其後《そののち》は神輿《しんよ》のみ渡《わた》りて本祭《ほんさい》なし。御膳《ごぜん》、古《いにしえ》は狩野家《かのうけ》にて奉献《ほうけん》せし也《なり》。中頃《なかごろ》、四ケ村《そん》へ譲《ゆず》りし也《なり》」（『葛飾誌略《かつしかしりゃく》』）
源心寺《げんしんじ》を建立《こんりゅう》したほどの狩野家《かのうけ》の資力《しりょく》も衰《おとろ》えて香取神社《かんどりじんじゃ》の祭礼《さいれい》の節《せつ》の飲食物《いんしょくぶつ》や直会《なおらい》の御膳《ごぜん》の提《てい》供《きょう》もできず、四ケ村《そん》へそれを頼《たの》んだに違《ちが》いない（『「勝鹿図志手《かつしかずしで》くりふね」の世界《せかい》』）。

三年 甲午《きのえうま》 一七七四

◉江戸川《えどがわ》に氷《こおり》が張《は》って人馬《じんば》が往来《おうらい》した

「この冬《ふゆ》、この大川《おおかわ》（江戸川《えどがわ》）を（氷《こおり》が）張《は》り詰《つ》めし也《なり》。この冬毎日大北寒風烈《ふゆまいにちおおきたかんぷうはげ》しく、遂《つい》に人馬《じんば》の往来《おうらい》する程《ほど》に張《はり》り詰《つ》めし也《なり》。古老《ころう》も覚《おぼ》えざる変也《へんなり》とぞ。あたかも信州諏訪《しんしゅうすわ》の氷《こおり》の如《ごと》し。『水神《すいじん》の罰《ばつ》も当《あた》るか川面《かわづら》をはつた氷《こおり》に手《て》のかゞむのは』金鶏《きんけい》」（『葛飾誌略《かつしかしりゃく》』）

「この冬《ふゆ》、寒気《かんき》つよく、両国川氷《りょうごくがわこお》りて巳刻《みのこく》まで舟《ふね》の往来絶《おうらいた》えし事《こと》あり」（『武江年表《ぶこうねんぴょう》』）

●四月、上妙典《かみみょうでん》に八大龍王祀《はちだいりゅうおうまつ》られる。
祠内木札《ほこらないきふだ》に「南無妙法蓮華経《なむみょうほうれんげきょう》　奉勧請八大龍王大恩報謝《かんじょうたてまつるはちだいりゅうおうだいおんほうしゃ》」［右《みぎ》］願主上妙典村中《がんしゅかみみょうでんそんちゅう》　安《あん》永《えい》三甲午天《きのえうまてん》［左《ひだり》］四月八日　日賢《にっけん》［台左《だいひだり》］妙典地区《みょうでんちく》　区画整理事業《くかくせいりじぎょう》に依《よ》りこの地《ち》に遷座《せんざ》す妙典《みょうでん》一、二丁目自治会《ちょうめじちかい》　平成《へいせい》十年十一月一日（『市川市《いちかわし》の石造物《せきぞうぶつ》』）
「しろへび様《さま》」と呼《よ》ぶ。一九九八年参照《さんしょう》。

●上妙典村中《かみみょうでんそんちゅう》「上妙典龍宮様《かみみょうでんりゅうぐうさま》」を祀《まつ》る。市川市妙典《いちかわしみょうでん》六丁目《ちょうめ》八番《ばん》の西側《にしがわ》の一角《いっかく》。平成《へいせい》一一年（一九九九）に完成《かんせい》した妙典《みょうでん》の土地区画整理事業《とちくかくせいりじぎょう》により、妙典《みょうでん》一、二丁目自治会《ちょうめじちかい》により現在地《げんざいち》に遷座《せんざ》。上妙典《かみみょうでん》の人《ひと》は「しろへび様《さま》」と呼《よ》ぶ。「□王《おう》□□妙典村中《みょうでんそんちゅう》」「安永《あんえい》三年午天《うまてん》」とある。

安永《あんえい》九年（一七八〇）二月一日から龍宮奉謝《りゅうぐうほうしゃ》として、毎年《まいとし》一〇軒《けん》ほどの家《いえ》が当番《とうばん》になり、昭和《しょうわ》三八年（一九六三）まで執《と》り行《おこな》われていた（『明解行徳《めいかいぎょうとく》の歴史大事典《れきしだいじてん》』）。

●風雨《ふうう》、津波《つなみ》（『千葉県東葛飾郡誌《ちばけんひがしかつしかぐんし》』）。

九月　大川橋《おおかわばし》初《はじ》めて掛《かか》る。俗《ぞく》に吾妻橋《あずまばし》と云《い》ふ（『武江年表《ぶこうねんぴょう》』）

●一〇月、関ヶ島《せきがしま》の徳蔵寺《とくぞうじ》に宝篋印塔《ほうきょういんとう》が建立《こんりゅう》される。

「経曰《つねにいわく》　若有有情能《じゃくゆううじょうのう》　於此塔以一《おいてこのとうもっていっ》　香一華禮拝《こういっからいはい》」［右《みぎ》］旹安永《じあんえい》三午歳《うまどし》十月吉日《きちじつ》　関東山《かんとうざん》　先《せん》師《し》　祐傳《ゆうでん》　現師《げんし》　祐珊《ゆうさん》　［左《ひだり》］供養《くよう》八十億《おく》　劫問所積重《こうもんしょせきじゅう》　罪業一時消《ざいごういちじしょう》　滅現世免災《めつげんせめんさい》　［裏《うら》］殃生《おじょう》佛家乃至《ぶつけないし》　納塔及此經《のうとうおよびこのけい》　形像所在一《けいぞうしょざいいっ》　切如來神力《さいにょらいしんりき》（『市川市《いちかわし》の石造物《せきぞうぶつ》』）

●この年《とし》、本行徳《ほんぎょうとく》の自性院《じしょういん》に芝居《しばい》が立《た》つ（『葛飾誌略《かつしかしりゃく》』）。

四年　乙未《きのとひつじ》　一七七五

●河原《かわら》の渡《わた》し許可《きょか》（『千葉県東葛飾郡誌《ちばけんひがしかつしかぐんし》』）。河原村《かわらむら》より篠崎村伊勢屋《しのざきむらいせや》まで。

川原《かわら》の渡《わた》しは戦国時代以前《せんごくじだいいぜん》からあったと思《おも》われ、江戸時代初期《えどじだいしょき》までは旅人渡《たびびとわた》しも物流《ぶつりゅう》も自由《じゆう》にしていたと推測《すいそく》（『行徳歴史街道《ぎょうとくれきしかいどう》5』所収《しょしゅう》「河原《かわら》の渡《わた》しの栄枯盛衰《えいこせいすい》」）。元和《げんな》二年（一六一六）の「定《さだめ》」で農業渡《のうぎょうわた》しに限定《げんてい》。『葛飾誌略《かつしかしりゃく》』に「一《ひとつ》、舟渡《ふなわた》し　百姓渡《ひゃくしょうわた》し也《なり》。昔《むかし》は篠崎村《しのざきむら》にて舟渡《ふねわた》したり。近年《きんねん》（文化《ぶんか》七年〈一八一〇年〉から近年《きんねん》ということ）、川原村《かわらむら》へ頼《たの》む。此渡《このわた》し、旅人《たびびと》は禁制《きんせい》也《なり》。舟会所《ふねかいしょ》より人《ひと》を付《つ》け、旅人《たびびと》の往来《おうらい》を禁《きん》ず」とある。舟会所《ふねかいしょ》とは本行徳《ほんぎょうとく》四丁目《ちょうめ》の新河岸《しんがし》にある番所裏《ばんしょうら》に建物《たてもの》があった会所《かいしょ》のこと。『江戸《えど》名所図会《めいしょずえ》』の「行徳船場《ぎょうとくふなば》の図《ず》」に描《えが》かれている。一五〇九年参照《さんしょう》。

●浄土宗《じょうどしゅう》徳願寺《とくがんじ》の山門《さんもん》と鐘楼《しょうろう》建立《こんりゅう》される。鐘楼《しょうろう》は袴腰《はかまごし》（『明解行徳《めいかいぎょうとく》の歴史大事典《れきしだいじてん》』）。

●風雨《ふうう》、津波《つなみ》（『千葉県東葛飾郡誌《ちばけんひがしかつしかぐんし》』）。

●この年《とし》、湊新田《みなとしんでん》・加藤新田《かとうしんでん》・原木村《ばらきむら》六人請《ろくにんうけ》右三《みぎ》ケ村新開塩浜御取立《そんしんかいしおはまおとりたて》となる（『千葉県東葛《ちばけんひがしかつ》飾郡誌《しかぐんし》』）。お取《と》り立《た》てになると堤防修理《ていぼうしゅうり》、潮《しお》引江川《ひきえがわ》の溝浚《みぞさら》いなどに幕府《ばくふ》から補助金《ほじょきん》が出《で》た。

五年 丙申《ひのえさる》 一七七六

●この年《とし》、アメリカ独立宣言《どくりつせんげん》。

●平賀源内《ひらがげんない》、エレキテル完成《かんせい》。

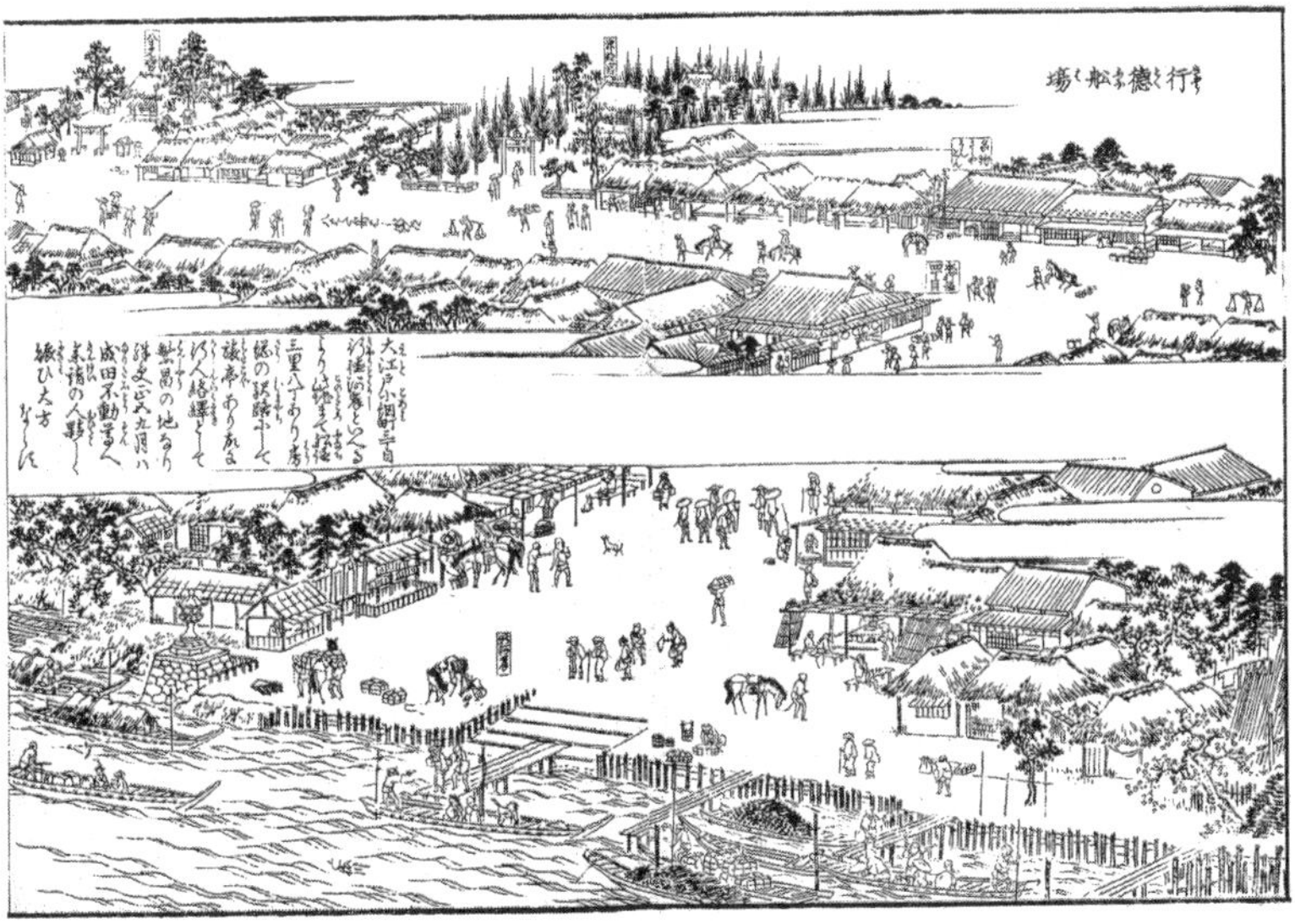

行徳船場（『江戸名所図会』国立国会図書館デジタルコレクション）

六年 丁酉《ひのととり》 一七七七

●風雨《ふうう》、津波《つなみ》（『千葉県東葛飾郡誌《ちばけんひがしかつしかぐんし》』）。

●「夏《なつ》より伊豆大島《いずおおしま》焼《や》け始《はじ》め、南海へ火《ひ》燃《も》え出《い》づる。品川沖《しながわおき》にて夜々《よよ》火光天《かこうてん》に映《えい》ずるを見《み》る」（『武《ぶ》江年表《こうねんぴょう》』）

七年 戊戌《つちのえいぬ》 一七七八

二月二五日 赤穂義士《あこうぎし》堀部安兵衛《ほりべやすべえ》の妻《つま》（一六歳《さい》の時《とき》に夫切腹《おっとせっぷく》）妙海《みょうかい》、泉岳寺《せんがくじ》の門前《もんぜん》に住《じゅう》し菩提《ぼだい》を弔《とむら》い居《お》りしが九十歳《さい》で没《ぼっ》す（『武江年表《ぶこうねんぴょう》』）

●風雨《ふうう》、津波《つなみ》（『市川市史年表《いちかわししねんぴょう》』）。

●儀兵衛新田《ぎへえしんでん》、新開塩浜《しんかいしおはま》お取《と》り立《た》て（『千葉県東葛飾郡誌《ちばけんひがしかつしかぐんし》』）。

●加藤新田《かとうしんでん》に芝居有《しばいあ》り（『葛飾誌略《かつしかしりゃく》』）。

◉伊豆大島《いずおおしま》が噴火《ふんか》した

暮《く》れから翌年秋《よくとしあき》にかけて伊豆《いず》の大島噴火《おおしまふんか》。「江戸中《えどじゅう》に鳴動《めいどう》が響《ひび》き渡《わた》り戸障子襖《としょうじふすま》が倒《たお》れ、空《そら》は曇《くも》り細《こま》かい灰《はい》が都下一円《とかいちえん》に降《ふ》る」（『後見草《あとみぐさ》』）。行徳《ぎょうとく》での記録文書《きろくもんじょ》がない。

●九月、本行徳《ほんぎょうとく》四丁目《ちょうめ》の豊受神社《とようけじんじゃ》に灯篭《とうろう》が建立《こんりゅう》される。
「御寶前《ごほうぜん》」「安永《あんえい》七 戊 戌歳《つちのえいぬのとし》」「九月吉祥日《きちしょうにち》」（『明解行徳《めいかいぎょうとく》の歴史大事典《れきしだいじてん》』）

●一〇月一三日、本行徳円頓寺《ほんぎょうとくえんとんじ》に日蓮聖人供養塔《にちれんしょうにんくようとう》が建立《こんりゅう》される。
「南無妙法蓮華経《なむみょうほうれんげきょう》 日蓮《にちれん》」［台《だい》］圓頓寺《えんとんじ》［右《みぎ》］後五百歳《のちごひゃくさい》 廣宣流布《こうせんるふ》 一天四海《いってんしかい》 皆歸妙法《かいきみょうほう》
［左《ひだり》］宗祖大菩薩報恩謝徳《しゅうそだいぼさつほうおんしゃとく》［裏《うら》］安永《あんえい》七 戊 戌年《つちのえいぬのとし》十月十三日開権山《かいごんざん》十三世弘経院日通代《せいこうきょういんにっつうだい》 願《がん》
主玄修院善入日行《しゅげんしゅういんぜんにゅうにちぎょう》（『市川市《いちかわし》の石造物《せきぞうぶつ》』）

八年 己亥《つちのとい》 一七七九

●八月、湊村利助《みなとむらりすけ》・新十郎《しんじゅうろう》・久兵衛《きゅうべえ》、船橋猟師町猟師中《ふなばしりょうしまちりょうしちゅう》に浦請金年《うらうけきんねん》二分《ぶ》の約束《やくそく》で投網猟《とあみりょう》を認《みと》められる（『市川市史年表《いちかわししねんぴょう》』）。

八月二四日 洪水《こうずい》、暴風雨《ぼうふうう》。二〇日より大雨止《おおあめや》まず二四日、二五日諸国大洪水《しょこくだいこうずい》、江戸《えど》もっとも甚《はなは》だし（『千葉県東葛飾郡誌《ちばけんひがしかつしかぐんし》』）

●「去年暮《きょねんくれ》より伊豆大島《いずおおしま》焼《や》け出《だ》し、夜毎西南鳴動《よごとせいなんめいどう》して江戸迄《えどまで》も響《ひび》き渡《わた》れり。十月朔日《ついたち》、夜《よる》より二日迄《まで》、灰《はい》、雪《ゆき》の如《ごと》く降《ふ》る。大隅国桜島《おおすみのくにさくらじま》焼《や》けたりしが、其《そ》の灰江戸迄《はいえどまで》も降《ふ》りしといふ《う》」（『武江年表《ぶこうねんぴょう》』）

九年 庚子《かのえね》 一七八〇

●二月一日、上妙典村中《かみみょうでんそんちゅう》、竜宮奉謝始《りゅうぐうほうしゃはじ》める。昭和《しょうわ》三八年（一九六三）を最後《さいご》に本尊《ほんぞん》を永代妙好《えいだいみょうこう》寺預《じあずか》りとし、上妙典婦人会《かみみょうでんふじんかい》の新年会《しんねんかい》に三寶奉謝《さんぽうほうしゃ》のご本尊《ほんぞん》と共《とも》に祀《まつ》る（『明解行徳《めいかいぎょうとく》の歴史大事典《れきしだいじてん》』）。

六月　大雨《おおあめ》降《ふ》り続《つづ》き、二六日より江戸近在《えどきんざい》、利根川荒川戸田川洪水《とねがわあらかわとだがわこうずい》。助《たす》け舟《ぶね》を以《もっ》てこの難《なん》を救《すくわ》はせらる。七月より米価《べいか》貴《たか》し。「人《ひと》に難義《なんぎ》のこの水《みず》は、忘《わす》れまいぞや子《ね》の年《とし》だんのふ」との童謡《どうよう》あり（『武江年表《ぶこうねんぴょう》』）

●洪水《こうずい》（『千葉県東葛飾郡誌《ちばけんひがしかつしかぐんし》』）。

安永年間《あんえいねんかん》（一七七二〜一七八一）……

◉吉宗《よしむね》の朱印状《しゅいんじょう》を取《と》り上《あ》げられる

「奉行桑原伊豫守《ぶぎょうくわばらいよのかみ》、浦出入《うらでい》り一件《いっけん》の際《さい》、徳川吉宗《とくがわよしむね》の朱印状《しゅいんじょう》を召《め》し上《あ》げる」（『下総行徳塩業史《しもうさぎょうとくえんぎょうし》』）

年貢減免歎願《ねんぐげんめんたんがん》の際《さい》に差出《さしだ》される徳川吉宗《とくがわよしむね》の朱印状《しゅいんじょう》は時《とき》の幕閣《ばっかく》に目障《めざわ》りな存在《そんざい》だったのであろう。召《め》し上《あ》げは小宮山杢之進《こみやまもくのしん》の没後《ぼつご》のことと推測《すいそく》。

また、一七七二〜一七八〇年、幕府《ばくふ》、行徳領《ぎょうとくりょう》の塩浜堤《しおはまつつみ》の定式御普請《じょうしきごふしん》の指定《してい》を解《と》く（『下総行徳塩業《しもうさぎょうとくえんぎょう》史《し》』）。徳川吉宗《とくがわよしむね》と小宮山杢之進《こみやまもくのしん》が亡《な》くなってすぐに二人《ふたり》が定《さだ》めた定式御普請《じょうしきごぶしん》が解除《かいじょ》されている。

●本行徳《ほんぎょうとく》の徳願寺《とくがんじ》に名号塔建立《めいごうとうこんりゅう》される。
「南無阿弥陀佛《なむあみだぶつ》　即往《そくおう》□」［右《みぎ》］（法名《ほうみょう》5）明和《めいわ》四　安永《あんえい》七　［左《ひだり》］（法名《ほうみょう》5）明和《めいわ》八　安永《あんえい》五　安永《あんえい》九
［裏《うら》］南無阿弥陀佛《なむあみだぶつ》（法名《ほうみょう》6）元文《げんぶん》五　寛延《かんえん》三　宝暦《ほうれき》九　明和元《めいわがん》　安永《あんえい》九　［台裏《だいうら》］河原石工治兵衛《かわらいしくじへえ》
（『市川市《いちかわし》の石造物《せきぞうぶつ》』）

天《てん》明《めい》

元年　辛丑《かのとうし》　一七八一

●四月、本行徳《ほんぎょうとく》の妙応寺《みょうおうじ》に日蓮聖人供養塔建立《にちれんしょうにんくようとうこんりゅう》される。
「南無日蓮大士《なむにちれんだいし》」［台《だい》］妙応寺《みょうおうじ》　［右《みぎ》］一天四海皆帰妙法《いってんしかいかいきみょうほう》　五百遠忌報恩謝徳《ごひゃくえんきほうおんしゃとく》　［左《ひだり》］諳檀施《あんだんせ》
主現安後善《しゅげんあんごぜん》　立志處諳精靈菩提《りっししょあんせいれいぼだい》（法名《ほうみょう》2）十八世空如院日惠代《せいくうにょいんにっけいだい》　［裏《うら》］安永《あんえい》十辛丑天《かのとうしてん》四月　正《しょう》
国山《こくざん》十五世《せい》　寶運院日了代《ほううんいんにちりょうだい》（『市川市《いちかわし》の石造物《せきぞうぶつ》』）

安永《あんえい》一〇年は天明《てんめい》元年。

● 秋《あき》、関東洪水《かんとうこうずい》、江戸橋《えどはし》々損《ばしそん》ず（『武江年表《ぶこうねんぴょう》』）。

● 下妙典《しもみょうでん》の清寿寺《せいじゅじ》に日蓮聖人供養塔《にちれんしょうにんくようとう》が建立《こんりゅう》される。
「日蓮大菩薩《にちれんだいぼさつ》」［右《みぎ》］五百遠忌大恩報謝《ごひゃくえんきだいおんほうしゃ》 奉唱首題一千部成就《となえたてまつるしゅだいいっせんぶじょうじゅ》 日輝代《にっきだい》［台角《だいかど》］石屋文《いしやぶん》七《しち》 天明元辛丑年《てんめいがんかのとうしのとし》（金額《きんがく》・法名《ほうみょう》1 姓名《せいめい》3）［台右《だいみぎ》］青銅《せいどう》二十三貫文壇中題目講中《かんもんだんちゅうだいもくこうちゅう》 青銅《せいどう》三貫文川原村題目講中《かんもんかわらむらだいもくこうちゅう》 金《きん》一分《ぶ》□□［台左《だいひだり》］（金額《きんがく》・法名《ほうみょう》・姓名《せいめい》2）［台裏《だいうら》］（金額《きんがく》・法名《ほうみょう》・姓名《せいめい》6）（『市川市《いちかわし》の石造物《せきぞうぶつ》』）

● 八幡宿川上善六《やわたしゅくかわかみぜんろく》、美濃国《みののくに》より梨栽培《なしさいばい》を市川市域《いちかわしいき》に導入《どうにゅう》（『市川市史年表《いちかわししねんぴょう》』）。この後《あと》、東葛地域《とうかつちいき》に広まる。

● 本行徳《ほんぎょうとく》一丁目《ちょうめ》の神明社《しんめいしゃ》に鳥居奉納《とりいほうのう》される。
「天明元《てんめいがん》」「渡邊源兵衛《わたなべげんべえ》、野地甚右衛門《のじじんうえもん》、森忠八《もりちゅうはち》、田中傳次郎《たなかでんじろう》、堀木孫左衛門《ほりきまござえもん》、石工久右衛《いしくきゅうえ》門《もん》、久七《きゅうしち》」

現在《げんざい》は二つに分《わか》ち地中《ちちゅう》に埋設《まいせつ》されている（『明解行徳《めいかいぎょうとく》の歴史大事典《れきしだいじてん》』）。

● この年《とし》、船橋猟師町《ふなばしりょうしまち》の専用漁場《せんようぎょじょう》をめぐり、行徳領《ぎょうとくりょう》・葛西領《かさいりょう》・荏原領沿岸村々《えばらりょうえんがんむらむら》で争論起《そうろんお》こる（『市川市史年表《いちかわししねんぴょう》』）。一七八八年参照《さんしょう》。

二年 壬寅《みずのえとら》 一七八二

◉船橋《ふなばし》と浦安《うらやす》で三番瀬《さんばんぜ》漁場《ぎょじょう》争《あらそ》いが続《つづ》いた

一月一三日、かねてからの三番瀬《さんばんぜ》漁場《ぎょじょう》争《あらそ》いの裁許《さいきょ》があり、堀江村《ほりえむら》、猫実村《ねこざねむら》は船橋村《ふなばしむら》に敗《やぶ》れる。猫実村《ねこざねむら》の長三郎《ちょうざぶろう》代官所《だいかんしょ》へ乗《の》り込《こ》み捕《とら》えられて獄死《ごくし》、同《おな》じく長兵衛《ちょうべえ》は江戸《えど》で老中《ろうじゅう》に駕籠訴《かごそ》をして捕《とら》えられ毒殺《どくさつ》、当代島《とうだいじま》の善三郎《ぜんざぶろう》は成田山《なりたさん》の不動様《ふどうさま》に二一日間《かん》の願掛《がんか》けをしたが大雪《おおゆき》の中《なか》で凍死《とうし》、その後《ご》、天明《てんめい》八年（一七八八）に勝訴《しょうそ》した（『浦安町誌《うらやすちょうし》上《じょう》』）。

●一月二八日、上道《かみみち》（現本塩《げんほんしお》の字《あざ》）に「南無八大龍王《なむはちだいりゅうおう》」が祀《まつ》られる。市川市本塩《いちかわしほんしお》八番《ばん》。隣地《りんち》に上《かみ》道公園《みちこうえん》がある。屋号《やごう》を清蔵《せいぞう》という高橋家《たかはしけ》が祭事《さいじ》を執《と》り行《おこな》っていて毎年《まいとし》二月一日の御奉謝《ごほうしゃ》には日蓮《にちれん》宗海近山圓頓寺《しゅうかいこんざんえんとんじ》の住職《じゅうしょく》の読経《どっきょう》がある。上道《かみみち》とは塩場《しょば》の字《あざ》で一、二、三と続《つづ》き、石垣場《いしがきば》、東浜《ひがしはま》となる。洪水《こうずい》で流《なが》されてきた「いしぶみ」を祀《まつ》ったのが始《はじ》まりという（『明解行徳《めいかいぎょうとく》の歴史大事典《れきしだいじてん》』）。

「南無八大龍王《なむはちだいりゅうおう》」［台《だい》］八大龍王《はちだいりゅうおう》［右《みぎ》］天明《てんめい》二壬寅歳《みずのえとらのとし》［左《ひだり》］正月下院《しょうがつかいん》八日

（『市川市《いちかわし》の石造物《せきぞうぶつ》』）

●一月二八日、関ヶ島《せきがしま》の胡録神社《ころくじんじゃ》に竜神《りゅうじん》祀《まつ》られる。

（判読不能《はんどくふのう》）※木製祠《もくせいほこら》に「竜神《りゅうじん》」の額《がく》［右《みぎ》］天明《てんめい》二壬寅年《みずのえとらのとし》［左《ひだり》］正月下院《しょうがつかいん》八日

（『市川市《いちかわし》の石造物《せきぞうぶつ》』）

七月　下総《しもうさ》に雪《ゆき》が降《ふ》る（『千葉県《ちばけん》東葛飾郡誌《ひがしかつしかぐんし》』）。新暦《しんれき》は八月になる

●七月一四日夜九時《よるここのつどき》、一五日朝《あさ》、大地震《おおじしん》。諸人《もろびと》戸外《こがい》へ出《で》る。八十年前《まえ》元禄《げんろく》十六年地震《じしん》以後《いご》、かく甚《はなは》だしき事《こと》あらずと百年近《ちか》き老人語《ろうじんかた》りぬといへ《え》り（『武江年表《ぶこうねんぴょう》』）。

●この年《とし》、本行徳《ほんぎょうとく》の妙応寺《みょうおうじ》に石祠《いしほこら》建《た》てられる。（判読不能《はんどくふのう》）［右《みぎ》］天明《てんめい》二□（『市川市《いちかわし》の石造物《せきぞうぶつ》』）

三年　癸卯《みずのとう》　一七八三

六月一七日　洪水《こうずい》、暴風雨《ぼうふうう》。六月一四日夜《よる》より一六日迄《まで》大風雨《だいふうう》、新治《にいはる》、香取《かとり》、海上《かいじょう》の水耕地《すいこうち》より高《たか》きこと一丈余《じょうよ》、稲草腐敗《いねくさふはい》し畑皆立枯《はたけみなたちがれ》となる（『千葉県《ちばけん》東葛飾郡誌《ひがしかつしかぐんし》』）

●春《はる》より霖雨《りんう》、晴天《せいてん》は稀也《まれなり》。六月《がつ》十六日《にち》より大雨降《おおあめふ》り続《つづ》き十七日別《にちわけ》て大雨《おおあめ》。神田上水切《かんだじょうすいき》る、（『武江年表《ぶこうねんぴょう》』）。

◉浅間山《あさまやま》が大噴火《だいふんか》して江戸川《えどがわ》が血《ち》の色《いろ》に染《そ》まった

七月六、七日、浅間山噴火《あさまやまふんか》。昼夜砂降《ちゅうやすなふ》り三日、畑方年貢永減免《はたけかたねんぐえいげんめん》、塩浜不稼《しおはまふかせ》ぎ（『千葉県《ちばけん》東葛飾郡誌《ひがしかつしかぐんし》』）。利根川大洪水《とねがわだいこうずい》。全国《ぜんこく》で天明《てんめい》の大飢饉始《だいききんはじ》まる。一七九五年参照《さんしょう》。

「天明《てんめい》三　癸卯《みずのとう》七月六日七日、信州《しんしゅう》浅間山《あさまやま》焼《や》け崩《くず》れ、其音雷鳴《そのおとらいめい》の如《ごと》く聞《きこ》えて物凄《ものすご》かりけるが、九日一〇日の頃《ころ》は水血色《みずちいろ》にて、溺死《できし》の人馬《じんば》夥《おびただ》しく此川《このかわ》（江戸川《えどがわ》）へ流《なが》れ来《きた》る。魚類己《ぎょるいおのず》と浮《うか》み死《し》したり。前代未聞《ぜんだいみもん》の変事也《へんじなり》」（『葛飾誌略《かつしかしりゃく》』）

『武江年表《ぶこうねんぴょう》』によれば、「青色《あおいろ》の毛灰大《もうはいおお》いに降《ふ》り竹木《ちくぼく》の枝《えだ》、積雪《せきせつ》の如《ごと》し、二十匁《もんめ》より四十匁位迄《もんめくらいまで》の軽石《かるいし》が降《ふ》り歩行《ほこう》ならず、昼間《ひるま》なのに闇夜《やみよ》の如《ごと》く人顔《ひとかお》も見《み》え分《わか》らず、内《うち》にては火《ひ》を燈《とも》し、米俵《こめだわら》をいくつも重《かさ》ねて頭《あたま》にかぶり往来《おうらい》せり」とある。

「去る《さんぬ》卯年《うどし》（一七八三年）砂降大変《すなふりたいへん》ニ《に》付当領《つきとうりょう》村々《むらむら》畑方《はたけかた》御《お》年貢《ねんぐ》永引方《えいひきかた》被仰付候《おおせつけられそうろう》」（『塩浜御普請《しおはまごぶしん》入用金横領《にゅうようきんおうりょう》に付訴状《つきそじょう》〈天明《てんめい》八年正月《しょうがつ》〉』）

訴状《そじょう》のこの段《だん》では、年貢《ねんぐ》が減免《げんめん》されたというのに一向《いっこう》に名主《なぬし》からの沙汰《さた》がなく規定通《きていどお》りの年貢《ねんぐ》を名主《なぬし》に納《おさ》めたが「（納得《なっとく》がいかないのでということだろう）この段御紏《だんおただ》し願《ねが》い上《あ》げ奉《たてまつ》り候《そうろう》」としている。この卯年《うどし》から五年も経《た》ってからの訴状《そじょう》。この訴状《そじょう》からは浅間山噴火《あさまやまふんか》のための年貢減免《ねんぐげんめん》が認《みと》められていたことが読《よ》み取《と》れる（『行徳歴史街道《ぎょうとくれきしかいどう》4』）。

●「この年中《としじゅう》、塩浜不稼《しおはまふかせ》ぎにて苦塩水《にがりみず》出方薄《でかたうす》く請負人《うけおいにん》忠八難儀《ちゅうはちなんぎ》仕《つかまつ》り候《そうろう》」（『塩浜御普請《しおはまごぶしん》入用金横領《にゅうようきんおうりょう》に付訴状《つきそじょう》』）

訴状《そじょう》のこの段《だん》では、忠八《ちゅうはち》の頼《たの》みで浜方《はまかた》で相談《そうだん》の上水代金《うえみずだいきん》の一部《いちぶ》を合力《ごうりき》して残《のこ》らず上納《じょうのう》、その後《ご》忠八《ちゅうはち》は名主《なぬし》にその金額《きんがく》を返済《へんさい》、名主《なぬし》は村方《むらかた》へそれを渡《わた》さずに着服《ちゃくふく》したとして訴《うった》えたとしている。

●了善寺《りょうぜんじ》境内《けいだい》から石櫃《いしびつ》出土《しゅつど》。「（文化《ぶんか》一〇年〈一八一三年〉より）三十年も以前《いぜん》、境内《けいだい》に井《い》を鑿《うが》ちたりしに石櫃《いしびつ》土中《どちゅう》に有《あり》。鏡《かがみ》・太刀《たち》蔵《おさ》め置《おき》たり。殊《こと》に鏡《かがみ》は明鏡《めいきょう》たるよし。什宝《じゅうほう》となす。鏡裏《かがみうら》に文字《もじ》あれども分明《ぶんめい》ならず」（『勝鹿図志手《かつしかずしして》くりふね』）。出土品《しゅつどひん》は現存《げんそん》しない。

四年 甲辰《きのえたつ》 一七八四

八月一二日　洪水《こうずい》（『千葉県《ちばけん》東葛飾郡誌《ひがしかつしかぐんし》』）

●本行徳村塩焼百姓《ほんぎょうとくむらしおやきひゃくしょう》、お貸付金《かしつけきん》一五〇両《りょう》を拝借《はいしゃく》（『市川市史年表《いちかわししねんぴょう》』『塩浜御普請入用金横領《しおはまごぶしんにゅうようきんおうりょう》に付訴状《つきそじょう》〈天明《てんめい》八年正月《しょうがつ》〉』）。訴状《そじょう》のこの段《だん》によれば、百姓《ひゃくしょう》は塩代金《しおだいきん》をもってこれを返済《へんさい》、受《う》け取《と》った名主《なぬし》がこれを着服《ちゃくふく》、公儀《こうぎ》へ払《はら》わなかったため、厳《きび》しいお取《と》り立《た》てがあり仕方《しかた》なく百姓《ひゃくしょう》が償《つぐな》い支払《しはら》ったので（百姓《ひゃくしょう》は二重払《にじゅうばら》い）名主《なぬし》が百姓《ひゃくしょう》へ塩代金《しおだいきん》を渡《わた》す様願《ようねが》い上《あ》げ候《そうろう》としている。

●真言宗東学寺《しんごんしゅうとうがくじ》に「弘法大師《こうぼうだいし》九百五拾縁忌供養塔《ごじゅうえんきくようとう》」建立《こんりゅう》される（『明解行徳《めいかいぎょうとく》の歴史大事典《れきしだいじてん》』）。

五年 乙巳《きのとみ》 一七八五

●夏《なつ》より秋《あき》まで、旱《ひでり》。凶作《きょうさく》（『武江年表《ぶこうねんぴょう》』）。干天《かんてん》は塩田《えんでん》にとっては好都合《こうつごう》。

六年 丙午《ひのえうま》 一七八六

●二月、徳願寺《とくがんじ》十七世《せい》晴誉《せいよ》上人《しょうにん》寂《じゃく》。

「此上人《このしょうにん》へは遠路《えんろ》を厭《いと》はず参詣群集《さんけいぐんしゅう》し、年々歳々《ねんねんさいさい》二十夜《や》の繁昌《はんじょう》、諸人《もろびと》の知《し》る所也《ところなり》」（『葛飾誌《かつしかし》略《りゃく》』）

「晴誉上人《せいよしょうにん》ことに道光《どうこう》あまねく四方《よも》にあふれ信心《しんじん》の徒多《とおお》かりしとなり」（『江戸名所図会《えどめいしょずえ》』）

◉大津波《おおつなみ》や洪水《こうずい》が毎年《まいとし》のようにあって借金《しゃっきん》を繰《く》り返《かえ》した

七月一二～一七日、古来稀《こらいまれ》なる大水《おおみず》、大津波起《おおつなみお》こる。開府以来最大《かいふいらいさいだい》。『江戸川区史《えどがわくし》』第三巻《だいかん》では、「一面《いちめん》の水《みず》は民家《みんか》の軒《のき》に達《たっ》し、皆屋根《みなやね》を壊《こわ》し船《ふね》に乗《の》る。今井《いまい》・猫実《ねこざね》・一ノ江《いちのえ》・二之江《にのえ》・逆井《さかさい》・木根川《きねがわ》・本所《ほんじょ》の辺《あた》りが一面《いちめん》の海《うみ》となる」とする。

「七月十二日より別《わ》けて大雨降《おおあめふ》り続《つづ》き、山水《さんすい》あふれて洪水《こうずい》と成《な》れり（江戸川水勢《えどがわすいせい》すさまじく、橋《はし》の流《なが》れたるも有《あ》り）。夏《なつ》より冬《ふゆ》にいたり、諸国飢饉《しょこくききん》。諸人困窮《もろびとこんきゅう》す」（『武江年表《ぶこうねんぴょう》』）

「去々年午年《さんぬるとしうまどし》（今年《ことし》のこと）水難《すいなん》あり」（『塩浜御普請入用金横領に付訴状《しおはまごぶしんにゅうようきんおうりょうにつきそじょう》（天明《てんめい》八年正月《しょうがつ》）』）

訴状《そじょう》の別《べつ》の段《だん》に、「去々午年《さんぬるうまどし》一二月中右御普請金《がっちゅうみぎごぶしんきん》の内前金《うちまえきん》の為政六方《ためせいろくかた》より金《きん》一四両百姓方《りょうひゃくしょうかた》へ借請《かりう》け帳面《ちょうめん》へ銘々印形致《めいめいいんぎょういた》し置《お》き」とある。その後《ご》、公儀《こうぎ》より費用《ひよう》が出《で》て政六《せいろく》は受《う》け取《と》ったが、帳面《ちょうめん》の印形《いんぎょう》はそのままだから相除《あいのぞ》くよう訴訟《そしょう》したとしている。

この頃《ころ》の塩業《えんぎょう》は「六～七月、暑気《しょき》強《つよ》く第一《だいいち》に相稼《あいかせ》ぎ、八～一〇月、稲作《いなさく》の取収《とりおさ》めのため百姓《ひゃくしょう》手《て》隙《すき》なく、一一～三月、塩垂《しおた》れ滴少《しずくすく》なく、四～五月、例年《れいねん》雨天打続《うてんうちつづ》き塩垂百姓男女《しおだれびゃくしょうだんじょ》とも手《て》を空《す》かす」（『塩浜由緒書《しおはまゆいしょがき》〈明和《めいわ》六年八月〉』）。

●この年《とし》、ここ数年《すうねん》の凶作《きょうさく》による大飢饉《だいききん》。江戸《えど》で米騒動《こめそうどう》起《お》こる。

●この年《とし》、本行徳村《ほんぎょうとくむら》、百姓《ひゃくしょう》一九二軒《けん》、水呑百姓《みずのみびゃくしょう》一八三軒《けん》、男《おとこ》八三八人《にん》、女《おんな》七三一人《にん》、行徳船《ぎょうとくぶね》五三艘《そう》、その他極印船《たごくいんぶね》一一〇艘《そう》。塩浜総反別《しおはまそうたんべつ》三七町《ちょう》五反《たん》五畝《せ》六歩《ぶ》、この永《えい》一〇二貫《かん》六六一文《もん》、田《でん》方《かた》七三町《ちょう》一反《たん》三畝《せ》六歩《ぶ》、畑方《はたかた》二九町《ちょう》一反《たん》七畝《せ》二七歩《ぶ》（『本行徳村明細帳《ほんぎょうとくむらめいさいちょう》〈天明《てんめい》六年〉』）。

七年丁未《ひのとひつじ》　一七八七

●「去々午年水難《さんぬるうまどしすいなん》に付百姓御救《つきひゃくしょうおすく》いの為《ため》、去未《さんぬるひつじ》の春《はる》（今年《ことし》のこと）中川通内郷海面塩浜《なかがわどおりうちごうかいめんしおはま》ともお手《て》伝《つだ》い御普請仰《ごぶしんおお》せ付《つ》けられ有難《ありがた》く存《ぞん》じ奉《たてまつ》り候《そうろう》」（『塩浜御普請入用金横領《しおはまごぶしんにゅうようきんおうりょう》に付訴状《つきそじょう》〈天明《てんめい》八年正《しょう》月《がつ》〉』）

この訴状《そじょう》では、「百姓共塩稼相止《ひゃくしょうどもしおかせぎあいや》め一同御普請出精仕《いちどうごぶしんしゅっせいつかまつ》り候処《そうろうところ》、最初《さいしょ》の内《うち》は追々人足賃金《おいおいにんそくちんぎん》相渡候得共《あいわたしそうらえども》、去《さんぬ》る未年《ひつじどし》の二月二二日より同《どう》三月二日迄御公儀様《までごこうぎさま》より御金《おかね》が渡《わた》されない由《よし》にて人《にん》足賃銭一向《そくちんせんいっこう》に相渡《あいわた》し申《もう》さず、困窮《こんきゅう》の百姓共難儀至極《ひゃくしょうどもなんぎしごく》」としている。

この御普請中《ごぶしんちゅう》の二月一日、大風雨《だいふうう》、高波《たかなみ》のため塩浜御普請所破損《しおはまごぶしんじょはそん》、再御見分《さいごけんぶん》の上御普請仕立直《うえごぶしんしたてなお》し相成《あいな》る（『市川市史年表《いちかわししねんぴょう》』『塩浜御普請《しおはまごぶしん》入用金横領《にゅうようきんおうりょう》に付《つき》訴状《そじょう》』）。この段《だん》では、塩浜長《しおはまなが》さ二五間《けん》横《よこ》五間程深《けんほどふか》さ二尺程土《しゃくほどつち》を掘《ほ》り取《と》り普請《ふしん》に充《あ》てる、塩浜井戸溝浚《しおはまいどみぞさら》い実施《じっし》したが、それらのご普請金《ぶしんきん》は公儀《こうぎ》からは支払《しはら》われているが百姓《ひゃくしょう》には未払《みばら》いだという。

●「五月に至《いた》り、米穀次第《べいこくしだい》に乏《とぼ》しく、其《そ》の価貴踊《あたいきよう》し、市中《しちゅう》の舂米屋《つきごめや》も售《あきな》ふ事《こと》ならずして門戸《もんこ》を閉《とざ》す米穀《べいこく》を貯《たくわ》へたる家々《いえいえ》を打《う》ち毀《こわ》す事夥《ことおびただ》し」（『武江年表《ぶこうねんぴょう》』）

●横町稲荷神社創建《よこまちいなりじんじゃそうけん》（『市川市史《いちかわしし》』第《だい》二巻《かん》）。市川市本行徳《いちかわしほんぎょうとく》三一番《ばん》。祭神《さいじん》は宇賀魂命《うがたまのみこと》。元日蓮宗《もとにちれんしゅう》本応寺跡地《ほんおうじあとち》。

八年　戊申《つちのえさる》　一七八八

●一月一六日、前年《ぜんねん》の災害《さいがい》に対《たい》する本行徳村《ほんぎょうとくむら》での御入用御普請《ごにゅうようごぶしん》にあたって、名主《なぬし》など村役人《むらやくにん》が御《ご》入用金取扱《にゅうようきんとりあつか》いについて不正《ふせい》があったとして、本行徳村塩浜百姓《ほんぎょうとくむらしおはまひゃくしょう》六四名《めい》の総代《そうだい》五郎左衛門《ごろうざえもん》・茂《も》兵衛《へえ》・紋右衛門《もんうえもん》三名《めい》が、同村名主喜左衛門《どうそんなぬしきざえもん》・百姓政六《ひゃくしょうせいろく》・源助《げんすけ》・六右衛門《ろくうえもん》を訴《うった》える（『塩浜御普請《しおはまごぶしん》入用金横領《にゅうようきんおうりょう》に付訴状《つきそじょう》〈天明《てんめい》八年正月《ねんしょうがつ》〉』）。

六月四日　大嵐《おおあらし》、高波《たかなみ》にて田畑《でんぱた》、囲堤《かこみづつみ》のおよそ七〇〇間余《けんよ》が打崩《うちくず》れ、大切所《おおきりしょ》が二カ所《しょ》できる

八月三日～七日　下新宿村《しもしんしゅくむら》に角力興行《すもうこうぎょう》あり（『葛飾誌略《かつしかしりゃく》』）

一二月一四日　大嵐《おおあらし》、高波《たかなみ》にて六月四日に崩《くず》れた囲堤《かこみつつみ》が残《のこ》らず打崩《うちくず》れ、塩浜《しおはま》、田畑《でんばた》とも汐入《しおい》りとなる

●浦安市猫実《うらやすしねこざね》の花蔵院《けぞういん》に「公訴貝猟願成塔《こうそかいりょうねがいなりのとう》」建立《こんりゅう》される。浦安市猫実《うらやすしねこざね》三丁目《ちょうめ》一〇番《ばん》三号《ごう》。江《え》戸時代中期《どじだいちゅうき》、浦安漁民《うらやすぎょみん》が船橋漁民《ふなばしぎょみん》と争《あらそ》って三番瀬漁場《さんばんぜぎょじょう》の入会権《いりあいけん》を獲得《かくとく》した記念碑《きねんひ》（『明解行徳《めいかいぎょうとく》の歴史大事典《れきしだいじてん》』『行徳歴史街道《ぎょうとくれきしかいどう》4』所収《しょしゅう》「巨大地震《きょだいじしん》と富士山《ふじさん》の噴火《ふんか》」）。一七八二年参照《さんしょう》。

●この年《とし》、五年前《まえ》の卯年《うどし》の本行徳村《ほんぎょうとくむら》に於《お》ける苦塩水合力永上納《にがしおみずごうりきえいじょうのう》に関《かん》する訴訟記録《そしょうきろく》に、「卯年《うどし》は苦《にが》塩水出方薄《しおみずでかたうす》く請負人忠八難儀《うけおいにんちゅうはちなんぎ》し、村方《むらかた》に八九分通《はちくぶどお》り合力申《ごうりきもう》したので相談《そうだん》の上《うえ》四分五厘合力《ぶりんごうりき》して忠《ちゅう》八《はち》は五分五厘《ぶりん》を上納《じょうのう》する筈《はず》だったが忠八《ちゅうはち》は上納《じょうのう》せず村方《むらかた》が残《のこ》らず上納《じょうのう》した。その後忠八《ごちゅうはち》は商売《しょうばい》続行《ぞっこう》しているのであるから村方《むらかた》の取替金《とりかえきん》を相渡《あいわた》すよう催促仕《さいそくつかまつ》り候《そうろう》」とある（『下総行徳塩業《しもうさぎょうとくえんぎょう》史《し》』）。苦汁《にがり》は村方《むらかた》で年柄《としがら》に応《おう》じて請負人《うけおいにん》を定《さだ》めて取《と》り扱《あつか》うことになっている。

天明年間《てんめいねんかん》（一七八一～一七八九）……………

●天明年中《てんめいねんちゅう》、浄土宗源心寺《じょうどしゅうげんしんじ》火災《かさい》に遭《あ》い、狩野家財産《かのうけざいさん》を投《な》げ打《う》って再建《さいけん》（『葛飾誌略《かつしかしりゃく》』）。まさに財産《ざいさん》を投《な》げ打《う》ったと言《い》える。そのためであろう、狩野家《かのうけ》は寛政《かんせい》五年（一七九三）、朽《く》ち果《は》てた狩野氏御影堂《かのうしみえいどう》を再建《さいけん》できずに破却《はきゃく》した（『勝鹿図志手《かつしかずして》くりふね』の世界《せかい》）。

寛《かん》政《せい》

元年 己酉《つちのととり》 一七八九

二月一七日 大嵐《おおあらし》、高波《たかなみ》にて堤《つつみ》、諸道具《しょどうぐ》などまで残《のこ》らず流失《りゅうしつ》、御入用御普請《ごにゅうようごぶしん》を願《ねが》い上《あ》げる

●九月、上妙典《かみみょうでん》の妙好寺《みょうこうじ》に稲荷《いなり》明神祀《みょうじんまつ》られる。「稲荷大明神《いなりだいみょうじん》」［右《みぎ》］寛政《かんせい》元年［左《ひだり》］九月吉日《きちじつ》（『市川市《いちかわし》の石造物《せきぞうぶつ》』）

●永代寺《えいたいじ》に成田山不動尊開帳《なりたさんふどうそんかいちょう》あり、奉納物《ほうのうぶつ》あまたあり、参詣群集《さんけいぐんしゅう》す（『武江年表《ぶこうねんぴょう》』）。

◉浄閑寺《じょうがんじ》で成田不動尊《なりたふどうそん》の出開帳《でかいちょう》がされた

『葛飾誌略《かつしかしりゃく》』に「一《ひとつ》、成田山不動尊開帳《なりたさんふどうそんかいちょう》 寛政元酉年《かんせいがんとりのとし》の事也《ことなり》。是深川《これふかがわ》より御帰《おかえ》りの節也《せつなり》。七昼《ななちゅう》夜開扉有《やかいひあ》り。此時《このとき》、川原村《かわらむら》より相《あい》の川村迄《かわむらまで》の村々不レ残大幟《むらむらのこらずおおのぼり》を持《も》ち、若々衆思《わかわかしゅうおも》ひ思《おも》ひの揃衣《そろいころも》にて、御迎《おむかえ》へに出《い》でたり」とある（『郷土読本行徳《きょうどどくほんぎょうとく》の歴史《れきし》・文化《ぶんか》の探訪《たんぼう》2』所収《しょしゅう》「成田山新勝寺《なりたさんしんしょうじ》の江戸出開帳《えどでかいちょう》と行徳寺町《ぎょうとくてらまち》」参照《さんしょう》）。

二年 庚戌《かのえいぬ》 一七九〇

一一月一七日　夜大地震《よるおおじしん》（『武江年表《ぶこうねんぴょう》』）

●この年《とし》の銚子《ちょうし》からの木下道《きおろしみち》を使《つか》っての鮮魚輸送量《せんぎょゆそうりょう》約《やく》二〇〇〇駄《だ》＝約《やく》三〇〇トン（『利根川木下河岸《とねがわきおろしがし》と鮮魚街道《なまみち》』）。馬《うま》で運《はこ》ぶのは九カ月《げつ》だけだから一カ月《げつ》二二〇駄《だ》、なま船《ぶね》一艘《そう》三〇駄分《だぶん》だから、月《つき》に七回《かい》（四日に一回《かい》の割《わり》）三〇～五〇頭《とう》の馬《うま》が昼頃《ひるごろ》までに祭礼河岸《さいれいがし》に到着《とうちゃく》する。馬《うま》のいななき、馬蹄《ばてい》の響《ひび》き、馬喰《ばくろう》の怒号《どごう》、馬子唄《まごうた》などの喧騒《けんそう》、船《ふね》へ荷《に》を積《つ》み替《か》える人《ひと》、馬《うま》に餌《えさ》を与《あた》える人《ひと》などでごった返《がえ》したに違《ちが》いない。押切《おしきり》の行徳河岸《ぎょうとくがし》を祭礼河岸《さいれいがし》と呼《よ》ぶ所以《ゆえん》でもある（『行徳歴史街道《ぎょうとくれきしかいどう》3』）。一六八一年参照《さんしょう》。元禄《げんろく》の時代《じだい》（一六八八～一七〇三）が最盛期《さいせいき》とされる。

三年 辛亥《かのとい》 一七九一

◉小林一茶《こばやしいっさ》が行徳船《ぎょうとくぶね》に乗《の》って江戸《えど》へ戻《もど》った

小林一茶《こばやしいっさ》著《ちょ》『寛政三年紀行《かんせいさんねんきこう》』によれば、三月二六日江戸《えど》を発《た》ち、房州《ぼうしゅう》を行脚《あんぎゃ》、四月八日、古郷《こきょう》へ帰《かえ》らんと行徳《ぎょうとく》より舟《ふね》に乗《の》り江戸《えど》へ行《い》き、四月一八日郷里《きょうり》の長野県柏原《ながのけんかしわばら》に帰着《きちゃく》した二〇余日《よにち》間《かん》の紀行文《きこうぶん》（『行徳《ぎょうとく》の文学《ぶんがく》』に収録《しゅうろく》）。この紀行文《きこうぶん》からわかることは、小林一茶《こばやしいっさ》が行徳《ぎょうとく》を通過《つうか》したのは、行徳《ぎょうとく》を襲《おそ》った八月六日の大津波《おおつなみ》の前《まえ》であり、したがって幕府《ばくふ》の御手浜開発工事《おてはまかいはつこうじ》も着工《ちゃっこう》されていないときとわかる。

八月六日　大津波《おおつなみ》、塩浜大破《しおはまたいは》におよび、領中塩竈屋《りょうちゅうしおかまどや》、土船《どぶね》と唱《とな》え候《そうろう》水溜等押《みずためなどお》し流《なが》し候《そうろう》に付《つき》、翌子年《よくねどし》塩浜御普請仰《しおはまごぶしんおお》せ付《つ》けらる（『塩浜御普請其外《しおはまごぶしんそのほか》の儀共願《ぎともねがい》〈弘化《こうか》二年八月〉』）

八月五、六日　津波《つなみ》、暴風雨《ぼうふうう》（『千葉県東葛飾郡誌《ちばけんひがしかつしかぐんし》』）。被害甚《ひがいおびただ》しく原木村《ばらきむら》の儀《ぎ》は民家不残吹流《みんかのこらずふきなが》し流死《るし》三〇〇余有之云々《よこれありうんぬん》（『大日本塩業全書《だいにほんえんぎょうぜんしょ》』）

八月六日　大雨《おおあめ》、夜《よる》に入《い》りて大嵐《おおあらし》、深川大水《ふかがわおおみず》、廻船《かいせん》三艘相川町《そうあいかわちょう》の河岸《かし》に吹《ふ》き上《あ》げらる。海辺橋《うみべはし》落《お》つる。洲崎辺家流《すさきあたりいえなが》れ人死《ひとじに》あり。行徳《ぎょうとく》、船橋辺《ふなばしあたり》までも人多《ひとおお》く死《し》す（『武江年表《ぶこうねんぴょう》』）

●伊能忠敬著《いのうただたかちょ》『沿海測量日記《えんかいそくりょうにっき》（抄《しょう》）』寛政《かんせい》一三年（一八〇一〈享和元年《きょうわがんねん》〉）六月二〇日の条《じょう》に「原《ばら》木村《きむら》、この村《むら》、先年津波《せんねんつなみ》にて、家流崩数合当数《いえながれくずれかずあわせとうかず》五十八軒《けん》、溺死村方《できしむらかた》百十三人《にん》、外《ほか》より入込《いりこみ》四十人《にん》、五十四軒《けん》」とある。

『葛飾誌略《かつしかしりゃく》』の原木村《ばらきむら》の項中《こうちゅう》に「一《ひとつ》、大津波《おおつなみ》　今《いま》より十九年以前《いぜん》、寛政《かんせい》三辛亥年《かのといのとし》八月六日夜《よる》、大《おお》津波打上《つなみうちあ》げて、家数《やかず》七十軒《けん》の所漸《ところようや》く三軒残《けんのこ》り、家宅幷《かたくならび》に人馬《じんば》とも押流《おしなが》され、溺死《できし》するもの凡《およそ》百三十余人《よにん》。其外《そのほか》、木《き》に登《のぼ》り、屋根《やね》に取付《とりつ》いて、辛《から》き命《いのち》を助《たす》かりし事《こと》、前代未聞《ぜんだいみもん》の有様也《ありさまなり》」とある。

九月二四日　津波《つなみ》、暴風雨《ぼうふうう》（『千葉県東葛飾郡誌《ちばけんひがしかつしかぐんし》』）。関東大鯨浪《かんとうおおくじらなみ》、江戸葛西行徳領人多死《えどかさいぎょうとくりょうひとおおくしぬ》云々《うんぬん》（『浦安宝城院記《うらやすほうじょういんき》』）

一二月一〇日　行徳徳願寺《ぎょうとくとくがんじ》にて、茨木村流死人施餓鬼《ばらきむらりゅうしにんせがき》あり（『武江年表《ぶこうねんぴょう》』）

◉**幕府《ばくふ》が欠真間地先《かけままちさき》に御手浜《おてはま》を開発《かいはつ》した**

幕府《ばくふ》、勘定役早川富三郎《かんじょうやくはやかわとみさぶろう》に下知《げち》して、欠真間村地先海面干潟《かけままむらちさきかいめんひがた》の塩田開発《えんでんかいはつ》を命《めい》ずる。御手浜《おてはま》と称《しょう》して一之浜《いちのはま》から七之浜《なのはま》まで七つの浜《はま》を開発《かいはつ》（『葛飾誌略《かつしかしりゃく》』）。現在《げんざい》の市川市南行徳《いちかわしみなみぎょうとく》一〜二丁目地域《ちょうめちいき》。天災《てんさい》に苦《くる》しむ農民《のうみん》のための救済事業《きゅうさいじぎょう》と思《おも》われる。のちに欠真間村小川伝次郎《かけままむらおがわでんじろう》に金《きん》千両《りょう》、無利子年賦《むりしねんぷ》で払下《はらいさ》げた（『下総行徳塩業史《しもうさぎょうとくえんぎょうし》』）。すべて竣工《しゅんこう》したのは寛政《かんせい》八年。この地域《ちいき》は現在地名《げんざいちめい》では市川《いちかわ》市南行徳《しみなみぎょうとく》一、二丁目《ちょうめ》であり、一七九一年頃《ころ》は海中《かいちゅう》だったことがわかる（『行徳歴史街道《ぎょうとくれきしかいどう》2』）。

●押切《おしきり》の光林寺《こうりんじ》に「倶舎講《くしゃこう》の有《あ》りしは、寛政《かんせい》三亥年《いどし》和州《わしゅう》（大和国《やまとのくに》）長谷《はせ》学頭龍山法印講釈也《がくとうりゅうざんほういんこうしゃくなり》。江戸諸宗《えどしょしゅう》の僧侶多《そうりょおお》く聴聞《ちょうもん》に群集《ぐんしゅう》せり」（『葛飾誌略《かつしかしりゃく》』）。

四年　壬子《みずのえね》　一七九二

●前年《ぜんねん》の被害《ひがい》に対《たい》して御普請《ごぶしん》あり（『塩浜御普請其外《しおはまごぶしんそのほか》の儀共願《ぎともねがい》〈弘化《こうか》二年八月〉』）。

●「四月の頃《ころ》より米価登揚《べいかとうよう》す（この時公儀《ときこうぎ》より御払米《おはらいまい》、江戸中搗米屋《えどちゅうつきごめや》へ御渡《おわた》し之有《これあ》り）」（『武江年表《ぶこうねんぴょう》』）

●「十二月十八日、下総八幡《しもうさやわた》八幡宮社内欅《はちまんぐうしゃないけやき》の古樹《こじゅ》を掘《ほ》り穿《うが》ちけるに古鐘《こしょう》をえたり。高《たかさ》三尺《じゃくに》渡《わた》り二尺《しゃく》二寸《すん》、元亨元年《げんこうがんねん》酉《とり》十二月十七日別当《べっとう》知円《ちえん》と彫《ほ》りたり」（『武江年表《ぶこうねんぴょう》』）

五年　癸丑《みずのとうし》　一七九三

正月《しょうがつ》　関東地震《かんとうじしん》。五月より九月まで、江戸《えど》霖雨《りんう》大川《おおかわ》出水《しゅっすい》（『武江年表《ぶこうねんぴょう》』）

七〜九月　雨降《あめふ》り止《や》まず洪水《こうずい》（『千葉県東葛飾郡誌《ちばけんひがしかつしかぐんし》』）

●この頃《ころ》、浄土宗源心寺《じょうどしゅうげんしんじ》にあった狩野氏《かのうし》の御影堂《みえいどう》破却《はきゃく》される。
「里人是《さとびとこれ》を御影堂《みえいどう》と云《い》う。愚老若年《ぐろうじゃくねん》の頃《ころ》よりよく見《み》おきたりしが廿年《にじゅうねん》も前《まえ》、破却《はきゃく》して今《いま》は狩野家《かのうけ》も衰微《すいび》し苗裔《びょうえい》かすかに残《のこ》りてたゞ石《いし》の六地蔵《ろくじぞう》のみ歴然《れきぜん》たり」（『勝鹿図志手《かつしかずして》くりふね』）
『「勝鹿図志手《かつしかずして》くりふね」の世界《せかい》』に詳述《しょうじゅつ》。

●この年《とし》の調《しら》べでは、行徳船《ぎょうとくぶね》の利用《りよう》は、たまたま落《お》ちあった人《ひと》たちの貸《か》し切《き》りで一艘《そう》二五〇文《もん》、表借切《おもてかりきり》一七二文《もん》、友借《ともがり》一二四文《もん》、乗合《のりあい》は一人《ひとり》につき五〇文《もん》、魚《さかな》や荷物《にもつ》の場合《ばあい》、行徳《ぎょうとく》から小田原河岸《おだわらがし》まで一艘《そう》三五〇文《もん》（『江戸川区史《えどがわくし》』第《だい》一巻《かん》）。

六年　甲寅《きのえとら》　一七九四

●加藤千蔭《かとうちかげ》、市川《いちかわ》・八幡《やわた》を経《へ》て鹿島《かしま》・銚子《ちょうし》を旅行《りょこう》。この年《とし》「香取《かとり》の日記《にっき》」成立《せいりつ》（『市川市史年《いちかわししねん》表《ぴょう》』）。

●六月、湊《みなと》に水神社《すいじんしゃ》祀《まつ》られる。

※「水神宮《すいじんぐう》」の木札《きふだ》［右《みぎ》］寛政《かんせい》六甲寅《きのえとら》六月吉日《きちじつ》［左《ひだり》］願主《がんしゅ》湊村中《みなとそんちゅう》（『市川市《いちかわし》の石造物《せきぞうぶつ》』）

●一〇月、松尾芭蕉《まつおばしょう》百回忌《ひゃっかいき》に浄土宗《じょうどしゅう》法泉寺《ほうせんじ》に栗塚《くりづか》建立《こんりゅう》される。

「世《よ》の人《ひと》の見《み》つけぬ花《はな》や軒《のき》の栗《くり》」（『葛飾誌略《かつしかしりゃく》』）

●一一月、徳願寺《とくがんじ》境内《けいだい》で横綱谷風梶之助《よこづなたにかぜかじのすけ》の相撲興行《すもうこうぎょう》。

「日々土俵入《ひびどひょうい》り。横綱《よこづな》を廻《まわ》し、小角力《しょうかくりき》に脇差《わきざし》を持《も》たせて土俵入《どひょうい》りの式《しき》あり」（『葛飾誌略《かつしかしりゃく》』）

七年 乙卯《きのとう》 一七九五

●天明《てんめい》三年（一七八三）の浅間山大噴火《あさまやまだいふんか》の犠牲者《ぎせいしゃ》のための一三回忌供養碑《かいきくようひ》が江戸川区《えどがわく》の善養寺《ぜんようじ》（天《てん》明《めい》三年浅間山噴火横死者供養碑《あさまやまふんかおうししゃくようひ》と銘《めい》がある）と新井《あらい》の延命寺《えんめいじ》により建立《こんりゅう》される。延命寺《えんめいじ》のものは現在《げんざい》「首切《くびき》り地蔵《じぞう》」と呼《よ》ばれ、昭和《しょうわ》六一年（一九八六）六月、地中《ちちゅう》になったかつての地蔵尊《じぞうそん》には「今歳寛政《こんさいかんせい》七年乙卯《きのとう》七月十三日」「別当寺新井村延命寺《べっとうじあらいむらえんめいじ》」と銘《めい》があった（『明解行徳《めいかいぎょうとく》の歴史大事《れきしだいじ》典《てん》』所収《しょしゅう》「ねね塚《づか》」の項《こう》、『行徳物語《ぎょうとくものがたり》』）。ねね塚由来《づかゆらい》の石地蔵《いしじぞう》とは別《べつ》のもの。一六四四年参照《さんしょう》。

八年丙辰《ひのえたつ》 一七九六

●一月、欠真間《かけまま》、新井《あらい》両村《りょうそん》の塩垂百姓《しおだれびゃくしょう》、御手浜《おてはま》に「一之浜竜王宮《いちのはまりゅうおうぐう》」を祀《まつ》る。市川市《いちかわし》南行徳《みなみぎょうとく》四丁目《ちょうめ》七番《ばん》の東海面公園内《とうかいめんこうえんない》。新井《あらい》や相之川《あいのかわ》の人《ひと》は「竜宮様《りゅうぐうさま》」とか「りゅうごんさま」と呼《よ》ぶ。昔《むかし》は南行徳《みなみぎょうとく》一丁目《ちょうめ》六番《ばん》の南行徳駅寄《みなみぎょうとくえきよ》りの一角《いっかく》にあり、その場所《ばしょ》は一之浜《いちのはま》という字地《あざち》で江戸時代《えどじだい》は「塩場《しょば》」だった。昭和《しょうわ》四〇年代《だい》（一九六五～）の土地区画整理事業《とちくかくせいりじぎょう》により現在地《げんざいち》に遷座《せんざ》。竜王宮《りゅうおうぐう》の石碑《せきひ》には「寛政八辰年吉日《かんせいたつどしきちじつ》」と刻《きざ》まれている。

※祠《ほこら》に「一之浜竜王宮《いちのはまりゅうおうぐう》」の額《がく》、［右］寛政《かんせい》八辰天《たつてん》　正月吉日《しょうがつきちじつ》（『市川市《いちかわし》の石造物《せきぞうぶつ》』）

毎年《まいとし》六月一七日が祭日《さいじつ》でその前後《ぜんご》の休日《きゅうじつ》を選《えら》んで祭祀《さいし》を執《と》り行《おこな》っている。一之浜《いちのはま》は寛政《かんせい》三年に作《つく》られた御手浜《おてはま》の七《なな》つの浜《はま》の一《ひと》つ（『行徳歴史街道《ぎょうとくれきしかいどう》2』）。

●「一二月、夏中《なつじゅう》、江戸川出水《えどがわしゅっすい》、河原村《かわらむら》の川除堤《かわよけづつみ》が決壊《けっかい》、押切村《おしきりむら》、上妙典村《かみみょうでんむら》、下妙典村《しもみょうでんむら》の塩浜《しおはま》に泥押《どろお》し寄《よ》せる。塩浜永《しおはまえい》七分通《ぶどお》りお引《ひ》き方《かた》、三分通《ぶどお》り上納《じょうのう》を願《ねが》い出《で》る」（『塩浜役永御引方願《しおはまやくえいおひきかたねがい》〈寛《かん》政《せい》八年十二月〉』）。この文書《ぶんしょ》では、吟味《ぎんみ》の上《うえ》、願《ねが》いとは違《ちが》い、役永《やくえい》五ト通《ぶどお》り上納《じょうのう》するよう廻状《かいじょう》をもって仰《おお》せ渡《わた》されたが、何分願《なにぶんねが》いの通《とお》りに仰《おお》せ付《つ》け下《くだ》さるようと書《か》いている。

「一二月、上妙典《かみみょうでん》・下妙典両村《しもみょうでんりょうむら》名主《なぬし》・年寄《としより》・百姓代《ひゃくしょうだい》、塩浜役永《しおはまやくえい》の御引方《おひきかた》を小野田三郎右衛門《おのださぶろううえもん》役所《やくしょ》に訴《うった》える」（『市川市史年表《いちかわししねんぴょう》』）。前記文書《ぜんきもんじょ》のこと。

九年　丁巳《ひのとみ》　一七九七

◉法善寺《ほうぜんじ》に潮塚《しおづか》が建立《こんりゅう》された

松尾芭蕉《まつおばしょう》の百回忌記念《ひゃっかいききねん》に行徳《ぎょうとく》の俳人《はいじん》戸田麦丈《とだばくじょう》・堀木以閑《ほりきいかん》・及川鼠明《おいかわそめい》らが市川市本塩《いちかわしほんしお》一番《ばん》二五号《ごう》の浄土真宗法善寺《じょうどしんしゅうほうぜんじ》に句碑《くひ》を建立《こんりゅう》。潮塚《しおづか》と呼《よ》ばれる。「宇《う》たがふな潮《うしお》の華《はな》も浦《うら》の春《はる》」とある。『葛飾《かつしか》誌略《しりゃく》』には「一《ひとつ》、潮塚《しおづか》　うたがふな潮《うしお》の花《はな》も浦《うら》の春《はる》。是《これ》はば《芭》せ《蕉》を伊勢二見《いせふたみ》の浦《うら》の句也《くなり》。当所《とうしょ》に似《に》合《あ》はしとて穿《うが》ちて霊《れい》とせり。寛政《かんせい》五　癸丑年《みずのとうしのとし》の翁《おきな》百年《ねん》に建レ之《これをたてる》。手跡《しゅせき》は行脚麦丈《あんぎゃばくじょう》」とある。堀木《ほりき》以閑《いかん》と及川鼠明《おいかわそめい》は借地料寄附《しゃくちりょうきふ》とある。この二人《ふたり》は法善寺《ほうぜんじ》の檀家《だんか》。麦丈《ばくじょう》は諸国《しょこく》を行脚《あんぎゃ》する俳人《はいじん》。

●九月、関ケ島《せきがしま》の胡録神社《ころくじんじゃ》に手水石《ちょうずいし》が奉納《ほうのう》される。
「奉納《ほうのう》」（卍）［右《みぎ》］寛政《かんせい》九丁巳《ひのとみ》九月吉祥《がつきちしょう》［左《ひだり》］江戸日本橋《えどにほんばし》　願主《がんしゅ》　久保田《くぼた》　渋谷《しぶや》　岩崎《いわさき》
（『市川市《いちかわし》の石造物《せきぞうぶつ》』）

●この年《とし》、徳願寺《とくがんじ》に増上寺《ぞうじょうじ》崩誉大僧正《ほうよだいそうじょう》より運慶作《うんけいさく》の閻魔《えんま》の像御寄附《ぞうごきふ》あり（『葛飾誌略《かつしかしりゃく》』）。

一〇年　戊午《つちのえうま》　一七九八

●七月、『成田《なりた》の道《みち》の記《き》』著《あらわ》される。著者未詳《ちょしゃみしょう》。三泊《ぱく》四日の成田参詣《なりたさんけい》の紀行文《きこうぶん》。竪川沿《たてかわぞ》いを歩《ある》き、逆井《さかさい》の渡《わた》しから小松川《こまつがわ》を通《とお》って今井《いまい》の渡《わた》し場《ば》の茶店《ちゃみせ》で休憩《きゅうけい》し、渡《わた》ってからも徒歩《とほ》で行徳笹屋《ぎょうとくささや》まで来《き》てうどんを食《た》べ、その後《ご》、海浜《かいひん》に出《で》て塩焼《しおやき》の煙《けむり》を眺《なが》めたり砂浜《すなはま》に海水《かいすい》を汲《く》み上《あ》げて撒《ま》く様子《ようす》を見《み》た。「塩《しお》やきの手業《てわざ》を共《とも》にくみて見《み》ればあま口《くち》ならぬ賤《しず》のいとなみ」を詠《よ》む（『行徳《ぎょうとく》の文学《ぶんがく》』に収《しゅう》録《ろく》）。

●八月、本行徳《ほんぎょうとく》の長松寺《ちょうしょうじ》に手水石奉納《ちょうずいしほうのう》される。
「奉納《ほうのう》」（卍）「右《みぎ》」江戸浅艸《えどあさくさ》　御蔵前小揚町《おくらまえこあげちょう》　世話人大西甚右衛門《せわにんおおにしじんうえもん》　万人講中《ばんにんこうちゅう》　願主《がんしゅ》　妙光《みょうこう》
妙林《みょうりん》　同田原町自得《どうたわらまちじとく》（『市川市《いちかわし》の石造物《せきぞうぶつ》』）

一一年　己未《つちのとひつじ》　一七九九

●一月、新井《あらい》の熊野神社《くまのじんじゃ》に鳥居建立《とりいこんりゅう》される。現在《げんざい》は弁財天《べんざいてん》の支柱《しちゅう》として残《のこ》る（『明解行徳《めいかいぎょうとく》の歴史《れきし》大事典《だいじてん》』）。

一二年　庚申《かのえさる》　一八〇〇

●葛飾北斎《かつしかほくさい》「ぎょうとくしほはまよりのぼとのひかたをのぞむ」絵《え》を制作《せいさく》。前景《ぜんけい》に塩浜《しおはま》、中景《ちゅうけい》に登戸《のぶと》の干潟《ひがた》、遠景《えんけい》に上総《かずさ》の海岸《かいがん》を置《お》く。行徳《ぎょうとく》は平坦《へいたん》な低《ひく》い土地《とち》であり、北斎《ほくさい》が描《えが》いたような起伏《きふく》のある場所《ばしょ》はない（『市川市史《いちかわしし》』第《だい》四巻第《かんだい》一章《しょう》市川《いちかわ》の文化財《ぶんかざい》）。「北斎《ほくさい》は画風癖《がふうくせ》あれども、其《そ》の徒《ともがら》のつは《わ》ものなり」（『武江年表《ぶこうねんぴょう》』）

●一七八九年一〇月廿《にじゅう》四日～一八〇〇年一〇月廿《にじゅう》四日、上妙典《かみみょうでん》の妙好寺《みょうこうじ》に馬頭観音像《ばとうかんのんぞう》建立《こんりゅう》される。「寛政《かんせい》□年十月廿《にじゅう》四日　八月□□日」（『市川市《いちかわし》の石造物《せきぞうぶつ》』）

享和《きょうわ》

元年 辛酉《かのととり》 一八〇一

●一月、十返舎一九《じっぺんしゃいっく》、行徳《ぎょうとく》、船橋《ふなばし》を経《へ》て香取《かとり》、鹿島《かしま》、日光《にっこう》を旅行《りょこう》。翌年《よくとし》、『南総紀行旅眼目《なんそうきこうたびすずり》』を刊《かん》行《こう》。船堀《ふなぼり》のわたりを渡《わた》って道《みち》づれの人《ひと》と語《かた》らいながら行徳《ぎょうとく》へ歩《ある》いて来《き》て笹屋《ささや》で休憩《きゅうけい》。うどんは名《めい》物《ぶつ》だが、打《う》つも切《き》るも主一人《あるじひとり》でなかなかできあがらない。「御《ご》ていしゅの手《て》うちうどんをまちかねていづれも首《くび》をながくのばせし」を詠《よ》む。笹屋《ささや》の主《あるじ》があやしげなる色紙短冊《しきしたんざく》を出《だ》して歌《うた》を書《か》いてくれというので「歌《うた》かけと色紙短冊《しきしたんざく》出《だ》されしはこれ七夕《たなばた》のささやなるかも」と書《か》いた（『行徳《ぎょうとく》の文《ぶん》学《がく》』に収録《しゅうろく》）。

◉伊能忠敬《いのうただたか》が行徳《ぎょうとく》を測量《そくりょう》していった

六月一九日、二〇日、伊能忠敬《いのうただたか》、幕命《ばくめい》により行徳領《ぎょうとくりょう》塩浜《しおはま》の村々《むらむら》を測量《そくりょう》（『沿海測量日記《えんかいそくりょうにっき》』）。

六月一九日、朝《あさ》から晴天《せいてん》、八時出立《じしゅったつ》。小松川新田《こまつがわしんでん》、二ノ江新田《にのえしんでん》、下今井新田《しもいまいしんでん》、桑川新田《くわがわしんでん》、小《こ》島《じま》、西浮田村《にしうきたむら》、東浮田村《ひがしうきたむら》、堀江村《ほりえむら》、猫実村《ねこざねむら》、当代島村《とうだいじまむら》、新井村《あらいむら》、欠真間村《かけままむら》、湊新田《みなとしんでん》、湊村《みなとむら》、押切《おしきり》村《むら》を測量《そくりょう》、日《ひ》が暮《く》れたので本行徳村《ほんぎょうとくむら》名主《なぬし》惣右衛門《そうえもん》方《かた》に泊《とま》る（着替《きが》えなど一切《いっさい》なく、名主宅《なぬしたく》で面倒《めんどう》を見《み》てもらう有様《ありさま》）。道路《どうろ》はいつも使《つか》っていないところが多《おお》く、海岸《かいがん》は泥深《どろぶか》くて足《あし》をとられ、葦野《あしの》原《はら》薮覆《やぶおお》い重《かさ》なりとても大変《たいへん》だった。したがって、測量《そくりょう》ははかどらず、方位《ほうい》も密《みつ》にならなかった。予定《よてい》では船橋泊《ふなばしど》まりだったので荷物《にもつ》は行徳《ぎょうとく》になかった。

二〇日、朝《あさ》六ツ半後《はんご》（午前六時頃《ごぜんじごろ》）、行徳出立《ぎょうとくしゅったつ》、この日晴《ひはれ》・曇《くもり》、海浜《かいひん》より儀兵衛新田《ぎへえしんでん》・加藤新《かとうしん》田《でん》・本行徳村《ほんぎょうとくむら》。それより下妙典村《しもみょうでんむら》・上妙典村《かみみょうでんむら》・高谷村《こうやむら》・原木村《ばらきむら》この村《むら》、先年津波《せんねんつなみ》にて、家流《いえなが》れ崩《くず》れ数合当数《かずあわせとうかず》五八軒《けん》、溺死《できし》村方《むらかた》百十三人《にん》、外《ほか》より入込人《いりこみにん》四十人《にん》、五十四軒《けん》・二《ふた》俣村《またむら》・西海神村《にしかいじんむら》・舟橋海神村《ふなばしかいじんむら》・舟橋九日市《ふなばしここのかいち》・舟橋五日市村《ふなばしいつかいちむら》・千葉郡《ちばごおり》谷津村《やつむら》・久久田村《くくたむら》・鷺沼村《さぎぬま》・馬加《まくわり》・検見川村《けみがわむら》駅場《えきば》にて。宿《しゅく》という（検見川村《けみがわむら》で）止宿《ししゅく》七ツ半頃《はんころ》（午後五時半頃《ごごじはんころ》）に着《ちゃく》。この夜《よる》、曇天《どんてん》（『行《ぎょう》徳《とく》の文学《ぶんがく》』に収録《しゅうろく》）。

前日《ぜんじつ》の一九日に測量《そくりょう》できなかったのは儀兵衛新田《ぎへえしんでん》から舟橋五日市村《ふなばしいつかいちむら》までの一二ケ村《そん》でかなり遅《おく》

れた。

二年 壬戌《みずのえいぬ》 一八〇二

六月 津波《つなみ》、洪水《こうずい》、霖雨《りんう》（『千葉県東葛飾郡誌《ちばけんひがしかつしかぐんし》』）

六月 霖雨《りんう》、七月に至《いた》り本所深川辺《ほんじょふかがわあたり》洪水《こうずい》。所々橋落《しょしょはしお》ちる。大川《おおかわ》は両国橋《りょうごくばし》のみ通行成《つうこうな》る（『武江《ぶこう》年表《ねんぴょう》』）

七月 江戸川大出水《えどがわだいしゅっすい》、高波《たかなみ》のため塩浜囲堤大破《しおはまかこみつつみたいは》（『市川市史年表《いちかわしししねんぴょう》』『塩浜御普請其外《しおはまごぶしんそのほか》の儀共願《ぎともねが》〈弘化《こうか》二年八月〉』）

●十二月、下妙典村年寄《しもみょうでんむらとしより》四郎左衛門《しろうざえもん》、田《た》四反《たん》五畝《せ》を抵当《ていとう》に関東郡代貸付方《かんとうぐんだいかしつけかた》より金《きん》四両《りょう》一分《ぶ》を借用《しゃくよう》（『御用御貸付金拝借証文《ごようおんかしつけきんはいしゃくしょうもん》〈享和《きょうわ》二年十二月〉』）。

三年 癸亥《みずのとい》 一八〇三

●七月、河原《かわら》の正源寺《しょうげんじ》に善光寺講《ぜんこうじこう》により供養塔建立《くようとうこんりゅう》される。
「信州善光寺常燈明移供養塔《しんしゅうぜんこうじじょうとうみょういくようとう》」「江戸霊岸嶋南新川《えどれいがんじまみなみしんかわ》 施主《せしゅ》」［右《みぎ》］當寺廿世探譽上人良道和尚《とうじにじゅっせいたんよしょうにんりょうどうおしょう》［左《ひだり》］享和《きょうわ》三 癸亥《みずのとい》稔《ねん》七月吉日《きちじつ》［裏《うら》］尾文子書 石工幸助《いしくこうすけ》（『市川市《いちかわし》の石造物《せきぞうぶつ》』）

●津波《つなみ》（『千葉県東葛飾郡誌《ちばけんひがしかつしかぐんし》』）。

●高波《たかなみ》のため行徳領《ぎょうとくりょう》の塩浜囲堤《しおはまかこみつつみ》大破《たいは》（『市川市史年表《いちかわししねんぴょう》』『塩浜御普請其外《しおはまごぶしんそのほか》の儀共願《ぎともねがい》〈弘化《こうか》二年八月〉』）。

●九月、本行徳四丁目《ほんぎょうとくちょうめ》の神明神社《しんめいじんじゃ》（豊受《とようけ》）に手水石《ちょうずいし》が奉納《ほうのう》される。
「奉納《ほうのう》」（三巴紋《みつどもえもん》）［右《みぎ》］享和《きょうわ》三 癸亥《みずのとい》 九月吉日《きちじつ》」（『市川市《いちかわし》の石造物《せきぞうぶつ》』）

●九月、伊勢宿《いせじゅく》の神明神社《しんめいじんじゃ》（豊受《とようけ》）に狛犬奉納《こまいぬほうのう》される。
〈右《みぎ》〉奉納《ほうのう》 當村《とうそん》 施主及川宗兵衛《せしゅおいかわそうべえ》（姓名《せいめい》4—判読不能《はんどくふのう》）享和《きょうわ》三年九月吉日《きちじつ》 〈左《ひだり》〉奉納《ほうのう》 當村《とうそん》
施主沢路七《せしゅさわじしち》□右衛門《うえもん》 高橋宇八《たかはしうはち》 四丁目山田屋宗右衛門《ちょうめやまだやそうえもん》 享和《きょうわ》三年九月吉日《きちじつ》
（『市川市《いちかわし》の石造物《せきぞうぶつ》』）

文化《ぶんか》

元年 甲子《きのえね》 一八〇四

●享和《きょうわ》二～三年（一八〇二～一八〇三）の被害《ひがい》につき御普請《ごぶしん》あり。以後《いご》四年間《かん》の破損《はそん》につき村繕《むらつくろ》い仕《つかまつ》る（『塩浜御普請其外《しおはまごぶしんそのほか》の儀共願《ぎともねがい》〈弘化《こうか》二年八月〉』）。

●九月、香取《かんどり》の源心寺《げんしんじ》に手水石奉納《ちょうずいしほうのう》される。

「奉納《ほうのう》」（行者輪宝紋《ぎょうじゃりんぽうもん》）［右《みぎ》］文化《ぶんか》元年　九月吉日《きちじつ》　［左《ひだり》］泉沢市《いずみさわし》　角《かく》□□（『市川市《いちかわし》の石造物《せきぞうぶつ》』）

ただし、市《し》は氏《し》（『明解行徳《めいかいぎょうとく》の歴史大事典《れきしだいじてん》』）。

●「当所《とうしょ》の諺《ことわざ》にて、つかり千両《せんりょう》といふ。旱天《かんてん》にて専一《せんいち》とする産業《さんぎょう》なる故《ゆえ》に、雨天《うてん》には損害多《そんがいおお》ければなり」（『葛飾誌略《かつしかしりゃく》』）

連《つら》なる、鎖《くさり》などを「つがり」「ツカリ」ともいう。晴天《せいてん》がつながり続《つづ》くと塩焼《しおやき》がはかどることをいう。

これに関連《かんれん》して、「照《て》り正月《しょうがつ》―塩場《しょば》のこと」がある。

「なんでも一〇日間《とおかかん》、お天気《てんき》が続《つづ》くでしょ、そうしますと『照《て》り正月《しょうがつ》』ってやるんです。季節《きせつ》を問《と》わず、私《わたし》の実家《じっか》はやりました。（中略《ちゅうりゃく》）一〇日間《とおかかん》、照《て》るとはかいくでしょ。普段《ふだん》、潮時《しおどき》で、（仕《し》事《こと》に）出《で》かけますからね、夜《よる》でも夜中《よなか》でも行《い》きますしね。釜焚《かまた》き、はじまると火《ひ》、落《お》としちゃ大変《たいへん》ですからね、寝《ね》ずにやってるでしょ。だから、一〇日間照《とおかかんて》ると『照《て》り正月《しょうがつ》』ってやるの、慰労休《いろうきゅう》暇《か》みたいのよ。この辺《へん》で（お祭《まつ》りに）だしなんか、ひくときに、仮装行列《かそうぎょうれつ》やんでしょ、ああいう風《ふう》に、着物《きもの》を借《か》りてね、長襦袢《ながじゅばん》着《き》て、女《おんな》の恰好《かっこう》したりして、歌《うた》ったり踊《おど》ったり自由《じゆう》にやるの。演芸《えんげい》みたいに。そうやって楽《たの》しむんですよ。だから大《おお》きなお盆《ぼん》やお皿《さら》があるの。昔《むかし》、セイベイってところにね、団子屋《だんごや》さんがあって、甘《あま》いの辛《から》いの、一杯《いっぱい》、買《か》ってくんの、そいで食《た》べ放題《ほうだい》、食《た》べるの。

（中略《ちゅうりゃく》）大正《たいしょう》六年までやってましたが、津波《つなみ》で、完全《かんぜん》に駄目《だめ》になりましたね」（『ぎょうとく昔語《むかしがた》り』所収《しょしゅう》　お話《はな》し高石《たかいし》ぎん〈明治《めいじ》四二年生《う》まれ〉）

二年　乙丑《きのとうし》　一八〇五

●新井村《あらいむら》の田中家《たなかけ》（現屋号油屋《げんやごうあぶらや》）三代目《だいめ》忠五郎《ちゅうごろう》「道中覚帳《どうちゅうおぼえちょう》」を作成《さくせい》。正月《しょうがつ》一〇日に新井《あらい》を出《しゅっ》発《ぱつ》し、伊勢参《いせまい》りをし、讃岐《さぬき》の金毘羅《こんぴら》さんに参《まい》る七〇日間《かん》にわたる大旅行《だいりょこう》を記《しる》す（『行徳《ぎょうとく》の歴史散《れきしさん》歩《ぽ》』）。一八四一年参照《さんしょう》。

●六月、七月、雨《あめ》なし（『武江年表《ぶこうねんぴょう》』）。行徳塩浜《ぎょうとくしおはま》には好都合《こうつごう》。

●九月、本行徳《ほんぎょうとく》四丁目《ちょうめ》の豊受神社《とようけじんじゃ》に狛犬《こまいぬ》が奉納《ほうのう》される。「奉《ほう》」「納《のう》」「文化《ぶんか》二乙丑年《きのとうしのとし》九月吉日《きちじつ》」（『明解行徳《めいかいぎょうとく》の歴史大事典《れきしだいじてん》』）

●関東取締出役設置《かんとうとりしまりでやくせっち》される。一般《いっぱん》に「八州廻《はっしゅうまわ》り」という。八名《めい》で発足《ほっそく》。

三年　丙寅《ひのえとら》　一八〇六

●三月より永代寺《えいたいじ》にて成田不動尊開帳《なりたふどうそんかいちょう》（『武江年表《ぶこうねんぴょう》』）。

●九月一五日、相之川《あいのかわ》の日枝神社《ひえじんじゃ》に手水石奉献《ちょうずいしほうけん》される。

「奉献《ほうけん》　松月書《しょうげつしょ》」「願主了全《がんしゅりょうぜん》」「文化《ぶんか》三載丙寅《さいひのえとら》九月一五日」（『明解行徳《めいかいぎょうとく》の歴史大事典《れきしだいじてん》』）

●九月、本行徳《ほんぎょうとく》の神明社《しんめいしゃ》に手水石奉納《ちょうずいしほうのう》される。
「奉納《ほうのう》」［裏《うら》］文化《ぶんか》三年　丙寅《ひのえとら》九月（『市川市《いちかわし》の石造物《せきぞうぶつ》』）

●今年《ことし》、米穀豊穣《べいこくほうじょう》にて価下落《あたいげらく》す。よって市中分限《しちゅうぶんげん》に応《おう》じて買置《かいおき》を命《めい》ぜらる（『武江年表《ぶこうねんぴょう》』）。

四年　丁卯《ひのとう》　一八〇七

◉新井《あらい》から二俣《ふたまた》まで一二・六キロメートルの防潮堤《ぼうちょうてい》が築《きず》かれる

幕府勘定役中川瀬平《ばくふかんじょうやくなかがわせへい》、新井村《あらいむら》から二俣村《ふたまたむら》までの塩浜《しおはま》に囲堤《かこみづつみ》六八七四間《けん》（約《やく》一二・六キロ）を築《きず》く（『葛飾誌略《かつしかしりゃく》』）。新開浜《しんかいはま》にあたり築堤工事《ちくていこうじ》が先行《せんこう》する。

◉永代橋水難横死者供養塔《えいたいばしすいなんおうししゃくようとう》が徳願寺門前《とくがんじもんぜん》に建立《こんりゅう》される

『葛飾誌略《かつしかしりゃく》』に「一《ひとつ》、溺死万霊塔《できしばんれいとう》　当寺門前《とうじもんぜん》に立《た》つ。高《たか》さ一丈《じょう》二尺《しゃく》。先年江戸深川八幡宮祭礼《せんねんえどふかがわはちまんぐうさいれい》の節《せつ》、永代橋落《えいたいばしお》ちて流死《りゅうし》の為《ため》に、日本橋講中建《にほんばしこうちゅうこれをたてる》レ之」とある。
碑文《ひぶん》の正面《しょうめん》「爲文化《ためぶんか》四丁卯年《ひのとうのとし》八月十九日永代橋溺死精靈頓悟覺道之也《えいたいばしできしせいれいとんごかくどうのなり》」
裏面《りめん》「南無阿弥陀佛《なむあみだぶつ》　海巌山徳願寺《かいがんざんとくがんじ》　相譽秀山進譽專栄《そうよしゅうざんしんよせんえい》」

右横《みぎよこ》「經曰《つねにいわく》　其佛本願力《そのほとけほんがんりき》　聞名欲往生《もんみょうよくおうじょう》　皆悉到彼國《みなことごとくかのくににいたる》　自到《おのずからいたる》不退轉《ふたいてん》」
左横《ひだりよこ》「偈曰《げいわく》　永離心身悩《えいりしんしんのう》　受樂常無間《じゅらくじょうむげん》　大乗善根界《だいじょうぜんごんかい》　等無譏嫌名《とうむきけんめい》」
台座正面上《だいざしょうめんうえ》「日本橋《にほんばし》」
同下《どうした》「講中《こうちゅう》」
同裏面《どうりめん》「願主《がんしゅ》　茶屋長兵衛《ちゃやちょうべえ》、河内屋半三郎《かわちやはんざぶろう》、大和田屋忠兵衛《おおわだやちゅうべえ》、西宮八右エ門《にしみやはちうえもん》、茶屋小四《ちゃやこし》郎《ろう》、西宮五郎兵衛《にしみやごろべえ》、三河屋善五郎《みかわやぜんごろう》、伊勢屋惣五郎《いせやそうごろう》、茶屋太助《ちゃやたすけ》、伊《い》□山甚三郎《やまじんざぶろう》、佐野《さの》屋《や》清次郎《せいじろう》、亀崎屋東八《かめざきやとうはち》、大黒屋武兵衛《だいこくやぶへえ》、平野屋善八《ひらのやぜんぱち》、須原屋八右エ門《すはらやはちうえもん》、嶋屋兵七《しまやへいしち》、深川木場西宮彦兵衛《ふかがわきばにしみやひこべえ》、大場屋善助《おおばやぜんすけ》、芝金松駿河屋平右エ門《しばかねまつするがやへいうえもん》、塩屋喜七《しおやきしち》、尾張屋長《おわりやちょう》七《しち》（願主《がんしゅ》は二一名《めい》）本行徳《ほんぎょうとく》四町目《ちょうめ》石工《いしく》八五良《はちごろう》」（『明解行徳《めいかいぎょうとく》の歴史大事典《れきしだいじてん》』）

●四月、河原《かわら》の正源寺《しょうげんじ》の地蔵菩薩像修復《じぞうぼさつぞうしゅうふく》される。一七五六年参照《さんしょう》。
［台《だい》］十四代《だい》　進譽上人《しんよしょうにん》　廿世探譽上人《にじゅっせいたんよしょうにん》　弟子學道和尚《でしがくどうおしょう》　□立《りゅう》　［台左《だいひだり》］宝暦《ほうれき》六子《ね》十月一日
［台左《だいひだり》］文化夘《ぶんかう》四月（『市川市《いちかわし》の石造物《せきぞうぶつ》』）

●一二月、下妙典《しもみょうでん》の春日神社《かすがじんじゃ》に灯篭《とうろう》が奉納《ほうのう》される。
「奉納御神燈《ほうのうごしんとう》」「文化《ぶんか》四年」「卯《う》十二月吉日《きちじつ》」「氏子中《うじこちゅう》」（『明解行徳《めいかいぎょうとく》の歴史大事典《れきしだいじてん》』）

五年 戊辰《つちのえたつ》 一八〇八

●一月、上妙典《かみみょうでん》に八大龍王《はちだいりゅうおう》祀《まつ》られる。一九九八年参照《さんしょう》。
「奉勧請《かんじょうたてまつる》八大龍《はちだいりゅう》□」［右《みぎ》］文化《ぶんか》五戊辰年正月吉《つちのえたつのとししょうがつきち》□ ［台右《だいみぎ》］妙典地区《みょうでんちく》 区画整理事業《くかくせいりじぎょう》に依《よ》りこの地《ち》に遷座《せんざ》す 妙典《みょうでん》一、二丁目自治会《ちょうめじちかい》 平成《へいせい》十年十一月一日（『市川市《いちかわし》の石造物《せきぞうぶつ》』）

正月《しょうがつ》九日、十日 「大雪降《おおゆきふ》る。五十年来《らい》の雪《ゆき》といふ《う》。所々松折《しょしょまつお》れる」（『武江年表《ぶこうねんぴょう》』）。大雪《おおゆき》では
塩浜《しおはま》は不景気《ふけいき》

●二月、新井村名主鈴木清兵衛《あらいむらなぬしすずきせいべえ》（俳号行徳金堤《はいごうぎょうとくきんてい》）、新井村宮崎清右衛門《あらいむらみやざきせいうえもん》に塩浜《しおはま》（下々浜《げげはま》）二反《たん》一二歩《ぶ》を譲渡《じょうと》。清右衛門《せいうえもん》は塩田大地主《えんでんおおじぬし》。この清右衛門《せいうえもん》は三代目《だいめ》（『行徳塩浜《ぎょうとくしおはま》と新井村《あらいむら》の足跡《そくせき》』）。

六月一六日 洪水《こうずい》（『千葉県東葛飾郡誌《ちばけんひがしかつしかぐんし》』）

●六月初旬《しょじゅん》より雨繁《あめしげ》く降《ふ》り、十六日より十八日迄《まで》、江戸及《えどおよ》び近国洪水溢《きんごくこうずいあふれ》る。米穀価貴《べいこくあたいたか》し。六月、貧民《ひんみん》へ御救米下《おすくいまいくだ》し賜《たま》ふ《う》（『武江年表《ぶこうねんぴょう》』）。

●この年《とし》、「大風雨大嵐《だいふううおおあらし》ニ而《にて》塩浜囲堤《しおはまかこみつつみ》悉《ことごとく》大破《たいは》におよび塩稼一円難相成御普請願上候《しおかせぎいちえんあいなりがたくごふしんねがいあげそうろう》」（『塩浜御普請其外《しおはまごふしんそのほか》の儀共願《ぎともねがい》〈弘化《こうか》二年八月〉』）。この年《とし》の塩浜稼《しおはまかせ》ぎは皆無《かいむ》だったろう。

●この年《とし》、津波《つなみ》（『千葉県東葛飾郡誌《ちばけんひがしかつしかぐんし》』）。

六年 己巳《つちのとみ》 一八〇九

●前年大破《ぜんねんたいは》した塩浜囲堤《しおはまかこみつつみ》につき、「春《はる》、関東川々《かんとうかわがわ》御普請《ごぶしん》御組込《おんくみこみ》ニ《に》相成《あいなり》皆《みな》御《ご》入用《にゅうよう》を以《もって》御普請《ごぶしん》被仰付《おおせつけらる》」。しかし「其巳《そのみ》以来《いらい》尚又《なおまた》及大破候《たいはにおよびそうろう》ニ付《につき》御普請《ごぶしん》之《の》義《ぎ》再応《さいおう》奉願上候得共《ねがいあげたてまつりそうらえども》御下知《おんげち》無御座《ござなく》……」の有様《ありさま》だった（『塩浜御普請其外《しおはまごぶしんそのほか》の儀共願《ぎともねがい》〈弘化《こうか》二年八月〉』）。

●春《はる》、幕府《ばくふ》は当代島《とうだいじま》二町《ちょう》七反《たん》九畝《せ》、新井《あらい》十六町《ちょう》四反《たん》、欠真間《かけまま》十三町《ちょう》七反《たん》一畝《せ》、下妙典村《しもみょうでんむら》三町《ちょう》九反《たん》二畝《せ》、合計《ごうけい》三六町《ちょう》八反《たん》二畝《せ》（約《やく》一一万坪《まんつぼ》）の新塩浜開発《しんしおはまかいはつ》を命《めい》ずる。文政《ぶんせい》一二年（一八二九）に新開新塩浜《しんかいしんしおはま》にお取《と》り立《た》てとなる（『下総行徳塩業史《しもうさぎょうとくえんぎょうし》』）。開発《かいはつ》の主力《しゅりょく》は新井村《あらいむら》、欠真間村《かけままむら》で八一・七％を占《し》める。このときの新塩浜《しんしおはま》は「大造《おおづく》り」と呼《よ》ばれる大規模開発《だいきぼかいはつ》で、現在《げんざい》の南行徳《みなみぎょうとく》三、四丁目《ちょうめ》から福栄《ふくえい》三、四丁目付近《ちょうめふきん》と考《かん》えられる（『勝鹿図志手《かつしかずして》ぐり舟《ふね》』）。

●四月より、徳願寺阿弥陀如来開帳《とくがんじあみだにょらいかいちょう》される（『武江年表《ぶこうねんぴょう》』）。

●五月、稲荷木一本松《とうかぎいっぽんまつ》に馬頭観音像建立《ばとうかんのんぞうこんりゅう》される。
「馬頭観世音菩薩《ばとうかんぜおんぼさつ》」［右《みぎ》］文化《ぶんか》六 己巳年《つちのとみのとし》五月建之《これをたてる》 ［左《ひだり》］山田甚兵衛《やまだじんべえ》 椎名太郎兵衛《しいなたろべえ》
（『市川市《いちかわし》の石造物《せきぞうぶつ》』）

●湊新田《みなとしんでん》と湊《みなと》の名主《なぬし》・年寄《としより》・百姓代連名《ひゃくしょうだいれんめい》で、猫実神明下《ねこざねしんめいした》から西海神村《にしかいじんむら》まで長《なが》さ六〇〇〇間《けん》、幅《はば》八〇〇間《けん》を新塩浜《しんしおはま》と田畑《でんぱた》に開墾《かいこん》を歎願《たんがん》。文政《ぶんせい》一三年（一八三〇）に新開新塩浜《しんかいしんしおはま》にお取《と》り立《た》てとなる（『下総行徳塩業史《しもうさぎょうとくえんぎょうし》』）。

七年 庚午《かのえうま》 一八一〇

●九月二九日、上妙典《かみみょうでん》の妙好寺《みょうこうじ》に筆子塚建立《ふでこづかこんりゅう》される。「大寶院日賢聖人《だいほういんにっけんしょうにん》　當山《とうざん》十五世《せい》　中村玄能《なかむらげんのう》」［右《みぎ》］筆業《ふでぎょう》　門人等《もんじんら》　造立之《これをぞうりゅうす》　［左《ひだり》］文化《ぶんか》七庚《かのえ》午《うま》　九月廿《にじゅう》九日（『市川市《いちかわし》の石造物《せきぞうぶつ》』）

●『葛飾誌略《かつしかしりゃく》』刊行《かんこう》される。著者馬光《ちょしゃばこう》か、不詳《ふしょう》。記述《きじゅつ》はすべてが「一《ひと》つ書《が》き」で、各村《かくむら》の石高《こくだか》、塩浜反別《しおはまたんべつ》、塩浜永《しおはまえい》を詳述《しょうじゅつ》、さらに、洪水《こうずい》、津波《つなみ》、火山《かざん》の噴火《ふんか》などの災害《さいがい》にも言及《げんきゅう》、内匠堀《たくみぼり》に言及《きゅう》した唯一《ゆいいつ》の地誌《ちし》。

行徳領《ぎょうとくりょう》はおよそ四十余《よ》カ村《そん》、高《たか》およそ一万石等々《まんごくとうとう》、ただし「本行徳《ほんぎょうとく》は行徳《ぎょうとく》の母郷《ぼきょう》なれば（後略）」としている。紹介《しょうかい》された村々《むらむら》、堀江《ほりえ》・猫実《ねこざね》・当代島《とうだいじま》・新井《あらい》・欠真間《かけまま》・湊新田《みなとしんでん》・湊《みなと》・押切《おしきり》・伊勢宿《いせじゅく》・関ケ島《せきがしま》・本行徳《ほんぎょうとく》・行徳新田《ぎょうとくしんでん》・川原《かわら》・大和田《おおわだ》・稲荷木《とうかぎ》・下妙典《しもみょうでん》・上妙典《かみみょうでん》・田尻《たじり》・高谷《こうや》・原木《ばらき》・二俣《ふたまた》・西海神《にしかいじん》・船橋海神《ふなばしかいじん》・船橋《ふなばし》・山野《やまの》・二子《ふたこ》・小栗原《おぐりはら》・古作《こさく》・中山《なかやま》・北方《ぼっけ》・丸山新田《まるやましんでん》・中澤《なかざわ》・高石神《たかいしがみ》・鬼越《おにごえ》・八幡《やわた》・平田《ひらた》・菅野《すがの》・宮久保《みやくぼ》・貝塚《かいづか》・高塚《たかつか》・曽谷《そや》・須和田《すわだ》・大町《おおまち》・大野《おおの》・市川《いちかわ》・市川新田《いちかわしんでん》・真間《まま》・国府台《こうのだい》・上小岩《かみこいわ》・下小岩《しもこいわ》・笹カ崎《ささがさき》・下篠崎《しもしのざき》・伊勢屋《いせや》・上今井《かみいまい》・下今井《しもいまい》の五五カ村《そん》。

●「此川《このかわ》（江戸川《えどがわ》）水至《みずいた》りて軽《かる》く、清冷《せいれい》にしてよく茶《ちゃ》に合《あ》ひ、味甚《あじはなは》だよし。山城国宇治橋《やましろのくにうじばし》の三《さん》の間《ま》の水《みず》にも劣《おと》るまじき也《なり》。或茶和尚《あるちゃおしょう》、此所《このところ》の水《みず》を甚《はなは》だ賞美有《しょうみあ》りし也《なり》」（『葛飾誌略《かつしかしりゃく》』）

●「鮒《ふな》　是《これ》も此川《かわ》（江戸川《えどがわ》）の名物也《めいぶつなり》。江州《ごうしゅう》の源五郎鮒《げんごろうぶな》に劣《おと》らず風味《ふうみ》よし。こぶ巻《まき》のにえも匂《におい》ひも焼太刀《やきたち》の刀禰川《とねがわ》鮒《ふな》ぞ火《ひ》かげんの程《ほど》　俊満《しゅんまん》」（『葛飾誌略《かつしかしりゃく》』）。鯉《こい》とともに江戸川《えどがわ》の名物《めいぶつ》。水《みず》がよいから魚《さかな》も美味《うま》い。江戸川《えどがわ》に漁師《りょうし》がいたと思《おも》える。一六八七年参照《さんしょう》。

●この頃《ころ》、「新河岸《しんがし》の南側《みなみがわ》に宿屋《やどや》十余軒《よけん》、此内亀屋《このうちかめや》は僧侶宿《そうりょやど》なり。山口屋《やまぐちや》は木賃宿也《きちんやどなり》。宿取《やどと》りて塩《しお》浜見《はまみ》に行《い》く春日哉《はるびかな》　祖風《そふう》」（『葛飾誌略《かつしかしりゃく》』）。

●「徳蔵寺《とくぞうじ》の先住《せんじゅう》祐珊法印《ゆうさんほういん》は卜筮《ぼくぜい》に妙《みょう》あり。諸様方《しょさまかた》へもたびたび召《め》され、其外《そのほか》、江戸《えど》、この近辺《きんぺん》、遠郷《えんごう》よりも訪《おとな》ひ来《き》て、疑惑《ぎわく》を解《と》く人《ひと》夥《おびただ》し」（『葛飾誌略《かつしかしりゃく》』）

●この頃《ころ》の行徳塩浜付村々《ぎょうとくしおはまつきむらむら》一四カ村の家数《やかず》と人口《じんこう》は、戸数《こすう》一三五八戸余《こよ》、人口《じんこう》五五九四五人余《にんよ》と推定《すいてい》。ただし、大和田村《おおわだむら》、稲荷木村《とうかぎむら》はすでに塩焼《しおやき》をしていないため除《のぞ》いた（『郷土読本《きょうどどくほん》　行徳《ぎょうとく》の歴史《れきし》・文化《ぶんか》の探訪《たんぼう》1』）。

●本行徳村《ほんぎょうとくむら》の町並《まちな》み、南北《なんぼく》三九四間《けん》（約《やく》七一七メートル）、東西《とうざい》一一〇間《けん》（約《やく》二〇〇メートル）平均《へいきん》、家数《やかず》およそ三〇〇余軒《よけん》（『葛飾誌略《かつしかしりゃく》』）。

八年辛未《かのとひつじ》　一八一一

八月上旬《じょうじゅん》　毎夜暮時《まいよくれどき》、北《きた》の方《ほう》箒星《ほうきぼし》顕《あらわれ》出《で》る（『武江年表《ぶこうねんぴょう》』）

九年 壬申《みずのえさる》 一八一二

◉新河岸《しんがし》に成田山《なりたさん》常《じょう》夜燈《やとう》建立《こんりゅう》される

三月、江戸《えど》日本橋講中《にほんばしこうちゅう》、本行徳村《ほんぎょうとくむら》新河岸《しんがし》に成田山《なりたさん》常夜灯《じょうやとう》を建立《こんりゅう》。
「笠石渡《かさいしわたし》およそ五尺《しゃく》、火袋《ひぶくろ》二尺余《しゃくよ》、総高《そうこう》一丈《じょう》五尺《しゃく》の大灯籠《おおとうろう》、川岸《かわぎし》に立《た》つ。去《さんぬ》る未《ひつじのとし》年日本橋講《にほんばしこう》中建レ之《ちゅうこれをたてる》」（『葛飾誌略《かつしかしりゃく》』）未年《ひつじのとし》とは前年《ぜんねん》のこと。
「永代常夜燈《えいたいじょうやとう》」［中台《なかだい》］成田山《なりたさん》［基礎《きそ》］蔵屋鋪《くらやしき》（姓名《せいめい》9）榑平丁《くれへいちょう》（姓名《せいめい》1）［右《みぎ》］日本橋《にほんばし》［基壇《きだん》］西河岸町《にしかわぎしちょう》（姓名《せいめい》12）［裏《うら》］文化《ぶんか》九年《ねん》壬申《みずのえさる》三月吉日建立《きちじつこんりゅう》（『市川市《いちかわし》の石造物《せきぞうぶつ》』）
願主《がんしゅ》二一名の名前《なまえ》は『明解行徳《めいかいぎょうとく》の歴史大事典《れきしだいじてん》』に収録《しゅうろく》。昭和《しょうわ》三五年一〇月七日市有形文化財《しゆうけいぶんかざい》に指定《してい》。

●四月一日、行徳信楽楼《ぎょうとくしがらきろう》で九八人《にん》による句会《くかい》が開《ひら》かれる。カワラ《河原》中村弥兵ヱ《なかむらやへえ》、早川三左ヱ門《はやかわさんざえもん》、妙《みょう》テン《典》岩田藤左ヱ門《いわたとうざえもん》、大久保利右エ門《おおくぼりうえもん》の名《な》がある（『行徳歴史街道《ぎょうとくれきしかいどう》5』）。

●一一月四日　昼八時半《ひるやつどきはん》、大地震《おおじしん》。所々土蔵毀《しょしょどぞうこわ》れ、用水桶《ようすいおけ》の水《みず》こぼるゝ程《ほど》なり（『武江年表《ぶこうねんぴょう》』）
一二月　厳寒《げんかん》、両国川氷《りょうごくがわこおり》あり（『武江年表《ぶこうねんぴょう》』）

●一二月、下妙典村《しもみょうでんむら》仁右衛門《にうえもん》、田畑《でんぱた》一町《ちょう》四反《たん》九畝歩《せぶ》を抵当《ていとう》に関東郡代貸付方《かんとうぐんだいかしつけかた》より金《きん》一四両《りょう》を借《しゃく》

用《よう》。申年《さるどし》より丑年《うしどし》まで五年賦《ぶ》。毎年《まいとし》一二月一五日限《かぎ》り上納《じょうのう》。質入《しちい》れ反別合《たんべつあわせて》一町《ちょう》四反《たん》九畝《せ》一四ト《ぶ》、中田《ちゅうでん》一反《たん》に付質入直段《つきしちいれねだん》金《きん》三両《りょう》、下田同金《げでんどうきん》二両《りょう》二分《ぶ》、中畑同金《ちゅうはたどうきん》三両《りょう》、下畑同金《げばたどうきん》二両《りょう》二分《ぶ》（『御用御貸付金拝借証文《ごようおんかしつけきんはいしゃくしょうもん》〈文化《ぶんか》九年十二月〉』）。

●塩民困窮《えんみんこんきゅう》の救済策《きゅうさいさく》と度々《どど》の（塩浜囲堤《しおはまかこみつつみ》）大破《たいは》に対《たい》する永久《えいきゅう》の策《さく》として、本行徳村《ほんぎょうとくむら》地先《ちさき》に新規《しんき》に石垣堤《いしがきつつみ》を築《きず》き、それによって十ケ年間普請《ねんかんふしん》を休止《きゅうし》する計画《けいかく》を立《た》て、役永《やくえい》を免除《めんじょ》の上《うえ》、積《つ》み金《きん》をなし、その割合金高《わりあいきんだか》の範囲《はんい》において村々《むらむら》の自普請《じぶしん》となしたが、この石垣《いしがき》も計画通《けいかくどお》りの成果《せいか》を見《み》ず、結局《けっきょく》、積金《つみきん》の利足《りそく》を以《もっ》て普請並《ふしんなら》びに新規開発《しんきかいはつ》を続《つづ》けることとなった（『下総行徳塩業史《しもうさぎょうとくえんぎょうし》』）。

●大田南畝《おおたなんぽ》、行徳《ぎょうとく》から本郷村《ほんごうむら》（船橋市西船《ふなばししにしふな》）を訪《おとず》れる。笹屋《ささや》の大看板《おおかんばん》「御膳干《おぜんほし》うどん」は南畝《なんぽ》（蜀山人《しょくさんじん》）の筆《ふで》とされる。市立市川歴史博物館《しりついちかわれきしはくぶつかん》に展示《てんじ》。

●この年《とし》、幕府《ばくふ》は塩浜巨細調査《しおはまこさいちょうさ》のうえ、塩浜役永引方助成実施《しおはまやくえいひきかたじょせいじっし》。塩焼百姓《しおやきひゃくしょう》それにより自普請《じぶしん》、残金《ざんきん》三〇〇両余《りょうよ》を貸付役所《かしつけやくしょ》へ積《つ》み立《た》てる（『塩浜御普請其外《しおはまごぶしんそのほか》の儀共願《ぎともねがい》〈弘化《こうか》二年八月〉』）。この金《かね》は「お貸付《かしつけ》へ相廻《あいまわ》り、当申《とうさる》より巳《み》まで一〇ケ年《ねん》の間《あいだ》利倍《りばい》にいたし候得《そうらえ》ば金《きん》三千両余《りょうよ》に相成候《あいなりそうろう》」とある。

一〇年 癸酉《みずのととり》 一八一三

●五月一八日、勘定奉行所《かんじょうぶぎょうしょ》において、湊新田《みなとしんでん》・湊《みなと》・押切《おしきり》および船橋九日市村《ふなばしここのかいちむら》は猫実《ねこざね》・東宇喜《ひがしうき》田《た》・長島諸村《ながしましょそん》との漁場争《ぎょじょうあらそ》いに敗《やぶ》れ、過料銭《かりょうせん》を支払《しはら》わされる（『船橋市史前編《ふなばしししぜんぺん》』）。

●六月、右石垣御普請金調達名目《みぎいしがきごぶしんきんちょうたつめいもく》で塩会所設置願《しおかいしょせっちねが》い提出《ていしゅつ》、認《みと》められる。会所口銭収入年《かいしょこうせんしゅうにゅうねん》六五一両《りょう》三分永《ぶえい》一五四文《もん》三ト《ぶ》と試算《しさん》（『行徳領塩稼売捌仕訳取調並《ぎょうとくりょうしおかせぎうりさばきしわけとりしらべなら》びに村々《むらむら》より会所願《かいしょねがい》の控《ひかえ》〈文化《ぶんか》十年六月〉』）。この控《ひか》えによれば、塩浜《しおはま》一九ケ村《かそん》の浜《はま》一四四町《ちょう》二反《たん》四畝《せ》二〇ト《ぶ》、凡焚塩《およそたきじお》一九万《まん》六一八〇俵《ぴょう》（五斗入《といり》）、この代金《だいきん》一万《まん》四六一八両《りょう》、俵入《たわらいり》は金《きん》一両《りょう》一〇俵替《ぴょうが》え、口銭《こうせん》は三文《もん》六ト《ぶ》としている。

●六月、行徳領塩浜付《ぎょうとくりょうしおはまつき》一九カ村《そん》、塩浜囲堤《しおはまかこみつつみ》海辺通《うみべどお》りに石垣御普請《いしがきごぶしん》を命《めい》じられる。

ただし、本行徳村《ほんぎょうとくむら》へ五五〇間築造《けんちくぞう》して頓挫《とんざ》。理由《りゆう》は代官《だいかん》の交代《こうたい》のため、としているが、政策《せいさく》を変更《へんこう》するときの常《じょう》とう手段《しゅだん》ともいえる（『下総行徳塩業史《しもうさぎょうとくえんぎょうし》』）。『行徳領塩稼売捌仕訳取調並《ぎょうとくりょうしおかせぎうりさばきしわけとりしらべなら》びに村々《むらむら》より会所願《かいしょねがい》の控《ひかえ》』に、「当領塩浜囲堤海辺通当酉年《とうりょうしおはまかこみつつみうみべどおりとうとりどし》より石垣御普請仰《いしがきごぶしんおお》せ付《つ》けられ候《そうろう》旨先《むねせん》だって仰《おお》せ渡《わた》され村々御請書指上《むらむらおんうけしょさしあ》げ奉《たてまつ》り候《そうろう》」とある。

「代官竹植庄蔵支配中《だいかんたけうえしょうぞうしはいちゅう》一九村地先塩浜堤凡《そんちさきしおはまつつみおよそ》六千間石垣築立《けんいしがきつきたて》の目論見《もくろみ》あり、先《ま》ず見様《タメシ》として本《ほん》行徳地先《ぎょうとくちさき》へ五五〇間築造《けんちくぞう》し其他《そのた》は目的《もくてき》を果《はた》さずして代官交代《だいかんこうたい》しその計画《けいかく》を廃絶《はいぜつ》せり。今字石垣浜《いまあざいしがきはま》と唱《となう》る田畑《でんぱた》はその旧跡《きゅうせき》なり」（『下総行徳塩業史《しもうさぎょうとくえんぎょうし》』）

現《げん》に石垣場《いしがきば》という字地《あざち》がある。

●新井村名主鈴木清兵衛《あらいむらなぬしすずきせいべえ》（行徳金堤《ぎょうとくきんてい》）、『勝鹿図志手《かつしかずしして》くりふね』刊行《かんこう》。了善寺境内《りょうぜんじけいだい》で三〇年前《まえ》に井《い》戸《ど》を掘《ほ》ったところ、鏡《かがみ》、太刀《たち》を納《おさ》めた石櫃《いしびつ》が出土《しゅつど》したとの記載《きさい》あり。自費出版本《じひしゅっぱんぼん》、上下《じょうげ》二巻《かん》。

上巻《じょうかん》は葛飾《かつしか》の浦《うら》を中心《ちゅうしん》に行徳領《ぎょうとくりょう》の紹介《しょうかい》、下巻《げかん》は句集《くしゅう》で、挿絵《さしえ》は葛飾北斎《かつしかほくさい》、谷文晁《たにぶんちょう》ら、俳句《はいく》は小《こ》林一茶《ばやしいっさ》、夏目成美《なつめせいび》らの著名人《ちょめいじん》を含《ふく》めて二百名余《めいよ》。『「勝鹿図志手《かつしかずして》くりふね」の世界《せかい》』参照《さんしょう》。

●行徳金堤《ぎょうとくきんてい》の親友医師蘭石《しんゆういしらんせき》（昆泰仲《こんたいちゅう》）、新井村《あらいむら》の医師《いし》で泰仲様《たいちゅうさま》と尊敬《そんけい》され財《ざい》を投《とう》じて塩浜開発《しおはまかいはつ》に参加《さんか》、それを泰仲場《たいちゅうば》と呼《よ》んだ。今《いま》の福栄《ふくえい》四丁目《ちょうめ》あたり（『「葛飾誌略《かつしかしりゃく》」の世界《せかい》』）。一八六五年参《さん》照《しょう》。

●この時代《じだい》の狩野家《かのうけ》は「今《いま》は狩野家《かのうけ》も衰微《すいび》し苗裔《びょうえい》かすかに残《のこ》りてたゞ石《いし》の六地蔵《ろくじぞう》のみ歴然《れきぜん》たり」（『勝鹿図志手《かつしかずして》くりふね』）の状況《じょうきょう》であった。栄枯盛衰《えいこせいすい》は世《よ》の習《なら》いである。しかしながら、狩野家《かのうけ》の功績《こうせき》は『葛飾誌略《かつしかしりゃく》』に「一名浄天堀《いちめいじょうてんぼり》。（中略《ちゅうりゃく》）今《いま》に至《いた》り、其人々《そのひとびと》の大功《たいこう》を賞《しょう》し、川《かわ》の名《な》に呼《よ》びて永代朽《えいだいく》ちず」と称《たた》えている。

●行徳《ぎょうとく》の破魔弓《はまきゅう》とは「正月行徳《しょうがつぎょうとく》にては童子二三人《どうじにさんにん》づゝ、左右《さゆう》に立《た》ちわかれて、其間《そのあいだ》十歩《ぽ》あるひ《い》は二十歩《ぽ》、手《て》ごとに短《みじか》き棒《ぼう》をもちて木《き》にてつくりたる輪《わ》をまろばし、かの棒《ぼう》にて打《うち》かへ《え》し、其輪《そのわ》のたを《お》れたる方《ほう》をまけとなす。輪《わ》の名《な》はたまとも、はまとも云《いう》」（『勝鹿図志手《かつしかずして》くりふね』）。

●この年《とし》、曲亭馬琴《きょくていばきん》、行徳《ぎょうとく》を訪《おとず》れ『南総里見八犬伝《なんそうさとみはっけんでん》』を構想《こうそう》。新河岸《しんがし》の宿屋信楽《やどやしがらき》に宿泊《しゅくはく》か。宿賃《やどちん》証文《しょうもん》が襖《ふすま》の下張《したば》りになってあったとされる（『葛飾風土史川《かつしかふうどしかわ》と村《むら》と人《ひと》』）。

一一年甲戌《きのえいぬ》 一八一四

●五月、河原《かわら》の春日神社《かすがじんじゃ》に手水石奉納《ちょうずいしほうのう》される。「湯殿山講中《ゆどのさんこうちゅう》」「文化《ぶんか》十一年甲戌《きのえいぬ》五月吉日《きちじつ》石工七《いしくしち》□」(『明解行徳の歴史大事典《めいかいぎょうとくのれきしだいじてん》』)

●釈敬順《しゃくけいじゅん》『十方庵遊歴雑記《じっぽうあんゆうれきざっき》』を刊行《かんこう》。「下総《しもうさ》行徳《ぎょうとく》の風土《ふうど》」で行徳《ぎょうとく》を紹介《しょうかい》。今井《いまい》の渡《わた》しから笹屋《ささや》の干《ほ》しうどん、川《かわ》は釣《つ》りの名所《めいしょ》で大坂屋《おおさかや》という釣《つ》り道具《どうぐ》を預《あず》かる宿《やど》の事《こと》、大《おお》きな蜊《あさり》・蛤《はまぐり》がとれること、男女混浴《だんじょこんよく》の銭湯《せんとう》が丁目《ちょうめ》ごとにあること、徳願寺《とくがんじ》の十夜《じゅうや》のこと、頭痛《ずつう》がするので駕籠《かご》に乗《の》ってはいけないこと、塩浜《しおはま》の景色《けしき》などを紹介《しょうかい》している。『行徳《ぎょうとく》の文学《ぶんがく》』に収録《しゅうろく》。

●曲亭馬琴《きょくていばきん》『南総里見八犬伝《なんそうさとみはっけんでん》』初輯刊行《しょしゅうかんこう》。全《ぜん》九輯《しゅう》、一〇六冊《さつ》。天保《てんぽう》一三年(一八四二)完《かん》成《せい》。馬琴《ばきん》は勧善懲悪《かんぜんちょうあく》を標榜《ひょうぼう》。小説《しょうせつ》の登場人《とうじょうじん》物《ぶつ》、犬田文吾《いぬたぶんご》(小文吾《こぶんご》)は本行徳《ほんぎょうとく》の古那屋《こなや》

『南総里見八犬伝』(国立国会図書館デジタルコレクション)

（旅宿《たびやど》）の子《こ》という設定《せってい》、詳《くわ》しくは『行徳《ぎょうとく》の文学《ぶんがく》』所収《しょしゅう》「南総里見八犬伝《なんそうさとみはっけんでん》」。一八四二年参照《さんしょう》。

一二年乙亥《きのとい》 一八一五

正月《しょうがつ》、去《さんぬ》る十月六日より雪《ゆき》度々《どど》降《ふ》る。二月四日迄《まで》二十八度《たび》に及《およ》ぶ（『武江年表《ぶこうねんぴょう》』）。一〇月〜二月まで塩田《えんでん》は休業状態《きゅうぎょうじょうたい》だろう。

六月下旬《げじゅん》　洪水《こうずい》（『千葉県東葛飾郡誌《ちばけんひがしかつしかぐんし》』）

●一〇月四日、小林一茶《こばやしいっさ》、新井村《あらいむら》の名主《なぬし》鈴木清兵衛《すずきせいべえ》（行徳金堤《ぎょうとくきんてい》）を伴《ともな》って高谷《こうや》の安養寺《あんようじ》に止宿《ししゅく》（『七番日記《しちばんにっき》』『行徳歴史街道《ぎょうとくれきしかいどう》2』）。安養寺《あんようじ》の住職《じゅうしょく》の俳号《はいごう》は太乙《たいおつ》（初号一由《しょごういちゆ》）で『勝鹿図志《かつしかずし》手《て》くりふね』に「浦澄《うらす》みて月《つき》には影《かげ》もなかりけり」を寄稿《きこう》、一茶《いっさ》は「片浦《かたうら》の汐《しお》よけ椿《つばき》咲《さ》きにけり」を寄《よ》せた。金堤《きんてい》は「薺摘《なずなつ》みて七種《ななくさ》はずむこころ哉《かな》」と返《かえ》して刊行《かんこう》の喜《よろこ》びを表《あらわ》している。

◉小林一茶《こばやしいっさ》が来《き》た頃《ころ》の海岸線《かいがんせん》はどのあたりだったのか

その当時《とうじ》の海岸線《かいがんせん》は現在《げんざい》の新浜通《にいはまどお》り付近《ふきん》と考《かんが》えられる（『郷土読本《きょうどどくほん》　行徳《ぎょうとく》の歴史《れきし》・文化《ぶんか》の探訪《たんぼう》2』）。根拠《こんきょ》は文化《ぶんか》四年に新井村《あらいむら》から二俣村《ふたまたむら》までの塩浜《しおはま》に囲堤《かこみつつみ》六八七四間《けん》を築《きず》く大工事《だいこうじ》が幕府《ばくふ》によってされていたから（『葛飾誌略《かつしかしりゃく》』）。

●本行徳《ほんぎょうとく》の常運寺《じょううんじ》に日蓮聖人《にちれんしょうにん》供養塔《くようとう》が建立《こんりゅう》される。
「南無日蓮大菩薩《なむにちれんだいぼさつ》」［右《みぎ》］正中山《しょうちゅうざん》九十一世《せい》 僧正法印《そうじょうほういん》 日顓《にっせん》 祖師堂《そしどう》 大願主《だいがんしゅ》 渡邉氏《わたなべし》
［左《ひだり》］（法名《ほうみょう》2）［裏《うら》］是歳《このとし》文化《ぶんか》乙亥《きのとい》仲秋《ちゅうしゅう》孝子《こうし》某《ぼう》爲《ため》妣《ひ》追福《ついふく》 欽而《きんじ》營建《えいけん》于《う》祖塔《そとう》呂《ろ》擬《ぎ》慈岳《じがく》之《の》一塵《いちじん》悲《ひ》
海《かい》之《の》片滴《へんてき》之《の》謝恩者也《しゃおんものなり》仰願者《ぎょうがんしゃ》酧《しゅう》斯《か》善苗《くぜんびょう》而《じ》 證《しょう》沙《さ》界郡類《かいぐんるい》悉《しつ》預《よ》平等《びょうどう》之《の》利益《りえき》而《じ》 己《き》 當寺《とうじ》嗣法《しほう》 釋《しゃく》
日晧謹識《にっこうきんしき》（『市川市《いちかわし》の石造物《せきぞうぶつ》』）

●行徳領《ぎょうとくりょう》の塩生産高《しおせいさんだか》三万六八二〇石《こく》四合《ごう》、反別《たんべつ》一八四町《ちょう》五反《たん》〇畝《せ》一五歩《ぶ》（約《やく》五五万三五一五坪《つぼ》。市川市南《いちかわしみなみ》行徳第《ぎょうとくだい》一土地区画整理組合施工面積《とちくかくせいりくみあいせこうめんせき》に匹敵《ひってき》する広大《こうだい》なもの。一九六六年参照《さんしょう》）。塩《しお》販売価格合計金《はんばいかかくごうけいきん》二九二二両《りょう》と二貫《かん》二〇〇文《もん》は一両《りょう》につき塩約《しおやく》一二石《こく》で下落《げらく》。文政年中《ぶんせいねんちゅう》（一八一八～二九）同約《どうやく》二石《こく》五斗《と》、天保《てんぽう》一四年（一八四三）同約《どうやく》三石《こく》と高騰《こうとう》（『下総行徳塩業史《しもうさぎょうとくえんぎょうし》』）。

●この頃《ころ》の塩焼《しおやき》に従事《じゅうじ》した人々《ひとびと》の数《かず》は、行徳塩浜《ぎょうとくしおはま》一七カ村《そん》の塩浜反別《しおはまたんべつ》に塩田《えんでん》一町歩《ちょうぶ》あたりの雇《やとい》人数平均《にんずうへいきん》七人《にん》を乗《じょう》ずると一二八八人《にん》となる（『郷土読本《きょうどどくほん》 行徳《ぎょうとく》の歴史《れきし》・文化《ぶんか》の探訪《たんぼう》1』）。

●加藤新田《かとうしんでん》の反別《たんべつ》二町《ちょう》三反《たん》七畝《せ》三歩《ぶ》（約《やく》七一〇〇坪《つぼ》）、竈家《かまどや》二カ所《しょ》、竈家《かまどや》一カ所《しょ》あたりの塩田面《えんでんめん》積《せき》一町《ちょう》二反余《たんよ》、塩浜囲堤《しおはまかこみつつみ》は南北《なんぼく》（東南《とうなん》か）に一五〇間《けん》（約《やく》二七三メートル）、西北《せいほく》に一五〇間《けん》、海面《かいめん》に一七〇間《けん》（約《やく》三〇九メートル）だった（『下総行徳塩業史《しもうさぎょうとくえんぎょうし》』）。

●『行徳志《ぎょうとくし》』刊行《かんこう》される。著者不明《ちょしゃふめい》。『葛飾誌略《かつしかしりゃく》』とほぼ同内容《どうないよう》の記載《きさい》とされる。共通《きょうつう》の基礎資《きそし》料《りょう》があったか、どちらかが他方《たほう》を基《もと》にしたかは不明《ふめい》。翻刻《ほんこく》された資料《しりょう》がない。

一三年 丙子《ひのえね》 一八一六

八月三日 洪水《こうずい》（『千葉県東葛飾郡誌《ちばけんひがしかつしかぐんし》』）

閏《うるう》八月四日 洪水《こうずい》、暴風雨《ぼうふうう》、樹木《じゅもく》を倒《たお》し、田畑砂土《でんぱたすなつち》に埋《う》まる（『千葉県東葛飾郡誌《ちばけんひがしかつしかぐんし》』）

閏《うるう》八月三日、四日 大雨風人家《おおあめかぜじんか》を損《そん》じ、樹木《じゅもく》を倒《たお》す。江戸中《えどじゅう》その外出水《ほかしゅっすい》。東本願寺《ひがしほんがんじ》鐘楼倒《しょうろうたお》れ、本所深川《ほんじょふかがわ》の辺家々床上《あたりいえいえゆかうえ》へ水乗《みずの》る（『武江年表《ぶこうねんぴょう》』）

◉小林一茶《こばやしいっさ》、新井村名主鈴木清兵衛《あらいむらなぬしすずきせいべえ》（行徳金堤《ぎょうとくきんてい》）宅《たく》に泊《と》まる

●一二月四日、小林一茶《こばやしいっさ》、新井村《あらいむら》の名主鈴木清兵衛《なぬしすずきせいべえ》（行徳金堤《ぎょうとくきんてい》）宅《たく》に止宿《ししゅく》し手紙《てがみ》三通《つう》を託《たく》す。翌《よく》五日、茨城県北相馬郡守谷町高野《いばらきけんきたそうまぐんもりやちょうこうや》の海禅寺《かいぜんじ》へ出立《しゅったつ》。金堤《きんてい》、金一片《きんいっぺん》を贈《おく》る（『七番日記《しちばんにっき》』）。

一四年 丁丑《ひのとうし》 一八一七

●三月一日より、永代寺《えいたいじ》にて、成田不動尊開帳《なりたふどうそんかいちょう》。「奉納《ほうのう》の幟《のぼり》、大提灯《おおちょうちん》、米俵《こめだわら》、造《つく》り物夥《ものおびただ》しく有《あ》り。此《こ》の時《とき》より奉納目録《ほうのうもくろく》に絵《え》を加《くわ》え、板行《はんこう》して売歩行事《うりあるくこと》はじまる」（『武江年表《ぶこうねんぴょう》』）

●文化《ぶんか》の頃《ころ》の苦塩水請負人《にがしおみずうけおいにん》は、欠真間村伝次郎《かけまむらでんじろう》、同村太左衛門《どうそんたざえもん》、西海神村《にしかいじんむら》（『下総行徳塩業史《しもうさぎょうとくえんぎょうし》』）。行徳請負人《ぎょうとくうけおいにん》は、年季《ねんき》を定《さだ》めて西海神村《にしかいじんむら》より苦塩水《にがしおみず》を買《か》い取《と》り販売《はんばい》していた。

文政《ぶんせい》

元年 戊寅《つちのえとら》 一八一八

●米穀去年《べいこくきょねん》より豊穣《ほうじょう》なりしかば、市中《しちゅう》の者《もの》へ分限《ぶんげん》に応《おう》じ買《か》い入《い》れて貯《たくわ》え置《お》くべき旨《むね》を命《めい》ぜらる（『武江年表《ぶこうねんぴょう》』）。

●六月、下新宿《しもしんしゅく》の稲荷神社《いなりじんじゃ》に鳥居建立《とりいこんりゅう》される。
「稲荷大神《いなりおおかみ》　印印《いんいん》」「文政《ぶんせい》元年　戊 寅《つちのえとら》六月吉日《きちじつ》」「氏子中《うじこちゅう》　世話人《せわにん》　與兵衛《よへえ》、伊右衛門《いうえもん》、金十《きんじゅう》郎《ろう》」「河原村石工治兵衛《かわらむらいしくじへえ》」（『明解行徳の歴史大事典《めいかいぎょうとくのれきしだいじてん》』）

二年 己卯《つちのとう》 一八一九

●二月、伊勢宿《いせじゅく》の豊受神社《とようけじんじゃ》に鳥居《とりい》が建立《こんりゅう》される。
「文政《ぶんせい》二 己 卯歳《つちのとうのとし》二月吉日《きちじつ》」「氏子中《うじこちゅう》」※氏名判読不明《しめいはんどくふめい》（『明解行徳の歴史大事典《めいかいぎょうとくのれきしだいじてん》』）
『市川市の石造物《いちかわしのせきぞうぶつ》』では「［右柱根巻《みぎはしらねまき》」久々田村《くくだむら》　石工《いしく》　金子喜平治《かねこきへいじ》」とする。

●夏《なつ》よりコロリ（コレラ）流行《りゅうこう》、死亡《しぼう》の者多《ものおお》し（『武江年表《ぶこうねんぴょう》』）。

●九月、本行徳《ほんぎょうとく》の神明社《しんめいしゃ》に燈籠《とうろう》が寄進《きしん》される。
①奉寄進《きしんたてまつる》　［右《みぎ》］文政《ぶんせい》二己卯《つちのとうのとし》歳九月吉日《きちじつ》　願主田所《がんしゅたどころ》　長右衛門《ちょううえもん》　［裏《うら》］願主山田金三郎《がんしゅやまだきんざぶろう》　野地《のじ》伊左衛門《いざえもん》
②奉寄進《きしんたてまつる》　［右《みぎ》］文政《ぶんせい》二己卯《つちのとうのとし》歳九月吉日《きちじつ》　［左《ひだり》］願主渡邉源兵衛《がんしゅわたなべげんべえ》　宮崎嘉兵衛《みやざきかへえ》　［裏《うら》］田中喜《たなかき》左衛門《ざえもん》　小川権三郎《おがわごんざぶろう》（『市川市《いちかわし》の石造物《せきぞうぶつ》』）

●九月一五日、上妙典《かみみょうでん》の八幡神社《はちまんじんじゃ》に御手洗奉納《みたらしほうのう》される。
「奉納《ほうのう》」「文政《ぶんせい》二己卯《つちのとうのとし》年九月一五日」「板橋岩藏《いたばしいわぞう》、中村作次郎《なかむらさくじろう》、田嶋又七《たじままたしち》、田《た》□藤五郎《とうごろう》、篠田《しのだ》長左エ門《ちょうざえもん》、□□文吉《ぶんきち》、大久保和助《おおくぼわすけ》、本田平藏《ほんだへいぞう》、大久保亀次郎《おおくぼかめじろう》、石川《いしかわ》□良《りょう》、高津長次郎《たかつちょうじろう》、高橋《たかはし》彌太郎《やたろう》、瀬水八十八《せみやそはち》　河原石工治兵衛《かわらいしくじへえ》」（『明解行徳《めいかいぎょうとく》の歴史大事典《れきしだいじてん》』）

●この年《とし》、田中内匠《たなかたくみ》が開墾《かいこん》した東京都江戸川区《とうきょうとえどがわく》の当代島新田《とうだいじましんでん》、領内鑑石高《りょうないかがみこくたか》で「当代島村《とうだいじまむら》」として七九石《こく》六斗《と》八合《ごう》。家数《やかず》四戸《こ》（『江戸川区史《えどがわくし》』第《だい》一巻《かん》）。一六三一年、一六四四年参照《さんしょう》。

三年 庚辰《かのえたつ》 一八二〇

●この年《とし》、本行徳《ほんぎょうとく》の八幡神社《はちまんじんじゃ》に手水石奉納《ちょうずいしほうのう》される。
「奉納《ほうのう》」（三巴紋《みつともえもん》）［右《みぎ》］鶴岡善兵衛《つるおかぜんべえ》　敬白《けいはく》　［左《ひだり》］文政《ぶんせい》三庚辰《かのえたつ》（『市川市《いちかわし》の石造物《せきぞうぶつ》』）

四年辛巳《かのとみ》　一八二一

●三月一五日より、深川永代寺《ふかがわえいたいじ》にて、下総成田山不動尊開帳《しもうさなりたさんふどうそんかいちょう》（『武江年表《ぶこうねんぴょう》』）。往復《おうふく》とも一隊《いったい》が行《ぎょう》徳《とく》を通過《つうか》するのが慣例《かんれい》。

●九月、伊勢宿《いせじゅく》の神明神社《しんめいじんじゃ》（豊受《とようけ》）に手水石奉納《ちょうずいしほうのう》される。
「奉納《ほうのう》」（三巴紋《みつともえもん》）［右《みぎ》］願主《がんしゅ》　［左《ひだり》］文政《ぶんせい》四年《ねん》辛巳《かのとみ》　九月（『市川市の石造物《いちかわしのせきぞうぶつ》』）

●一一月、本行徳《ほんぎょうとく》の本久寺《ほんきゅうじ》に手水石奉納《ちょうずいしほうのう》される。
「奉納《ほうのう》」（井桁《いげた》に橘紋《たちばなもん》）［右《みぎ》］手水石一式施主《ちょうずいしいっしきせしゅ》　室町浮世小路《むろまちうきよこうじ》　石屋與助《いしやよすけ》　家根施主之面々《やねせしゅのめんめん》
小網町《こあみちょう》　取次《とりつぎ》　加藤與市《かとうよいち》　［左《ひだり》］文政《ぶんせい》四辛巳歳《かのとみのとし》　十一月　吉辰《きちしん》　行徳《ぎょうとく》　本久寺《ほんきゅうじ》　日□
（『市川市の石造物《いちかわしのせきぞうぶつ》』）

●塩焼百姓《しおやきひゃくしょう》のお金貸付役所《かねかしつけやくしょ》への積金《つみきん》三千両余《りょうよ》（『塩浜御普請其外の儀共願《しおはまごぶしんそのほかのぎともねがい》〈弘化《こうか》二年八月〉』）。
三百両《りょう》が利得《りとく》で一〇年で三千両《りょう》に増《ふ》えたと記《しる》されている。

●三島政行《みしままさゆき》『葛西志《かさいし》』を著《あらわ》す。巻之《かんの》二十五まで全《ぜん》一巻《かん》。行徳川《ぎょうとくがわ》の由来《ゆらい》、浅草《あさくさ》から今井《いまい》までの通船《つうせん》舟道《ふなみち》、新川開削時期《しんかわかいさくじき》、古川《ふるかわ》、浅草《あさくさ》からの行徳道《ぎょうとくみち》、行徳《ぎょうとく》の地名《ちめい》の由来《ゆらい》、柴屋軒宗長《さいおくけんそうちょう》が浅草《あさくさ》から今井《いまい》までたどった舟筋《ふなすじ》の説明等々《せつめいとうとう》見《み》るべきものがあるが武蔵国中心《むさしのくにちゅうしん》の記述《きじゅつ》（『行徳の文学』）。

五年 壬午《みずのえうま》 一八二二

●村尾嘉陵《むらおかりょう》『江戸近郊道《えどきんこうみち》しるべ』刊行《かんこう》。

八月三日、江戸《えど》から行徳《ぎょうとく》へ来《く》る船《ふね》は大小《だいしょう》とも綱《つな》で引《ひ》き、江戸川《えどがわ》は帆《ほ》を揚《あ》げて走《はし》る、堀江《ほりえ》の渡《わた》しを利用《りよう》して対岸《たいがん》の猫実村《ねこざねむら》に渡《わた》り、海岸《かいがん》べりにある大神宮《だいじんぐう》（現豊受神社《げんとようけじんじゃ》）を拝観《はいかん》し、猫実《ねこざね》の庚申堂《こうしんどう》（庚申様《こうしんさま》）から用水《ようすい》（内匠堀《たくみぼり》のこと）に沿《そ》って、新井村《あらいむら》へ、次《つぎ》に相《あい》の川村《かわむら》（欠真間村《かけままむら》のこと）の今《いま》井《い》の渡《わた》しで行徳舟《ぎょうとくぶね》が通《とお》りかかるのを待《ま》って乗《の》って江戸《えど》へ帰《かえ》る。

紀行文《きこうぶん》からは、今井《いまい》の渡《わた》しから行徳舟《ぎょうとくぶね》に途中《とちゅう》乗船《じょうせん》したこと（これは禁制《きんせい》の建《た》て前《まえ》）、農業渡《のうぎょうわた》しである堀江《ほりえ》の渡《わた》しで旅人《たびびと》が渡《わた》っていることが知《し》れる。

文化《ぶんか》七年（一八一〇）刊行《かんこう》の『葛飾誌略《かつしかしりゃく》』に「船渡《ふなわたし》。堀江村《ほりえむら》の渡《わた》しといふ《う》。葛西《かさい》・雷《いかずち》・長嶋《ながしま》・中割辺《なかわりあたり》の渡《わた》しなり」とある。

現在地名《げんざいちめい》は東葛西《ひがしかさい》一～七丁目《ちょうめ》など。

八月二二日　大風雨《だいふうう》、夕方津波《ゆうがたつなみ》、深川木場《ふかがわきば》辺《あたり》三尺《じゃく》陸《おか》へ上《あが》る（『武江年表《ぶこうねんぴょう》』）

一〇月七日　暴風雨《ぼうふうう》、津波《つなみ》（『千葉県東葛飾郡誌《ちばけんひがしかつしかぐんし》』）

六年 癸未《みずのとひつじ》 一八二三

●八月二日、本塩《ほんしお》の法善寺《ほうぜんじ》に筆子塚建立《ふでこづかこんりゅう》される。

市川先生墓《いちかわせんせいはか》　我師《わがし》市川松老翁《いちかわしょうろうおう》ハ《は》　源《みなもと》の氏《うじ》にて名《な》ハ《は》宗典《そうてん》字《あざ》ハ《は》弘林号《こうりんごう》ハ《は》守拙齋《しゅせつさい》とそ《ぞ》いふ《う》なり此江戸《このえど》の傍《そば》なる荏原郡《えばらごおり》は／目黒《めぐろ》の里《さと》に生《うま》れ給《たまい》ひ始《はじめ》のほと《ど》ハ《は》三河《みかわ》の国《くに》　奥殿《おくでん》しろしめす殿《との》の江戸《えど》の御館《おやかた》に仕給《つかえたまい》ひて其比《そのころ》より手習《てならう》ふ／業《ぎょう》をむねとして朝夕怠《あさゆうおこた》り給《たま》ハ《わ》ず　粟田《あわた》の法親王《ほうしんのう》の御《おん》をし《教》へ《え》を受給《うけたま》ひて弥《いや》ましに其名世《そのなよ》に弘《ひろ》まり／ぬ文化末年《ぶんかまつねん》の春《はる》の比仕《ころつかえ》へを退《しりぞ》きて紀《き》の国高野《くにこうや》の山《やま》に登《のぼ》り専《もっぱ》ら筆《ふで》の道《みち》を弘《ひろ》め給《たまい》ひ又津《またつ》の国難《くになに》／波《ば》に行《いき》てかたのこと《ご》く弘《ひろ》め給《たまい》ひつるを人々《ひとびと》のこ《乞》ひ《い》もと《求》む《め》るままに下《しも》つふさ《總》の国《くに》なる佐倉《さくら》といふ《う》里《さと》に／うつろひすみ《い》給《たまい》ひ又同《またおな》じ国《くに》なる行徳《ぎょうとく》の湊《みなと》の里《さと》に五とせ《年》斗住給《ばかりすみたま》ひ《い》つゝいやはてに葛飾《かつしか》の西《にし》の郡《こおり》／なる東宇喜多村《ひがしうきたむら》といへ《え》るにうつろひ《い》住給《すみたまい》ひて弥教《いやおしえ》を受《う》ける人々《ひとびと》もおほ《多》かるを其年《そのとし》の長月比《ながつきころ》より心《ここ》／ちそこなひ《い》て霜月《しもつき》の二日《ふつか》と云《いう》に齢《よわい》五十餘《あま》り六にて身《み》うせ給《たまい》ひぬなとて松《まつ》の庵《いおり》の御名《おんな》には似《に》／せなくも散《ち》らせ給《たまい》ひぬらんと我《われ》と等《ひと》しき教《おしえ》へ子《ご》ハ《は》めしひ《い》たる法師《ほうし》の杖《つえ》うしなひ《い》たる心《ここ》／ちせらるそ《ぞ》かし／書《かき》つめし筆《ふで》のはやしハ《は》庵《あん》の名《な》の　松《まつ》の千《ち》とせも世《よ》に栄《さか》えらむ　文政《ぶんせい》六　癸未年《みずのとひつじのとし》　八月二日《がつふつか》　石見濱田藩《いわみはまだはん》　木川松皐《きがわしょうこう》　源《みなもとの》伊勢子《いせし》　[裏《うら》]　門人《もんじん》中《ちゅう》（『市川市《いちかわし》の石造物《せきぞうぶつ》』）

九月二一日　暴風雨《ぼうふうう》、津波《つなみ》（『千葉県東葛飾郡誌《ちばけんひがしかつしかぐんし》』）

七年 甲申《きのえさる》 一八二四

●春《はる》より麻疹《はしか》流行《りゅうこう》、夏《なつ》、秋《あき》に至《いた》る。引《ひ》き続《つづ》き風邪《かぜ》行《おこな》はる。この節《せつ》雨《あめ》降《ふ》らず（『武江年表《ぶこうねんぴょう》』）。

七月二四日、八月一三日、一四日　大風雨《だいふうう》（『武江年表《ぶこうねんぴょう》』）

八月中《ちゅう》　霖雨《りんう》。関東洪水《かんとうこうずい》（『武江年表《ぶこうねんぴょう》』）

●七月、真言宗清滝山宝城院《しんごんしゅうせいりゅうざんほうじょういん》の賓頭盧明王《びんずるみょうおう》できる。大仏師《だいぶつし》西山浄慶《にしやまじょうけい》、同清八作《どうせいはちさく》（『明解行徳《めいかいぎょうとく》の歴史大事典《れきしだいじてん》』）。

八月　関東《かんとう》、奥羽《おうう》に大洪水《だいこうずい》（『市川市史年表《いちかわししねんぴょう》』）

●九月、湊新田《みなとしんでん》の胡録神社《ころくじんじゃ》に手水石奉納《ちょうずいしほうのう》される。
「奉納《ほうのう》」（卍《まんじ》）「松原純丈《まつばらじゅんじょう》　□明《めい》」「文政《ぶんせい》七甲申《きのえさる》秋《あき》九月吉日《きちじつ》」（『明解行徳《めいかいぎょうとく》の歴史大事典《れきしだいじてん》』）

●九月、本塩《ほんしお》の神明神社《しんめいじんじゃ》（豊受《とようけ》）に手水石奉納《ちょうずいしほうのう》される。
「奉納《ほうのう》」（三巴紋《みつともえもん》）［裏《うら》］（姓名《せいめい》12）文政《ぶんせい》七甲申歳《きのえさるのとし》　九月吉祥日《きちしょうにち》（『市川市《いちかわし》の石造物《せきぞうぶつ》』）

八年 乙酉《きのととり》 一八二五

二月　幕府《ばくふ》、異国船《いこくせん》打《う》ち払《はら》い令《れい》を発《はっ》する（『市川市史年表《いちかわししねんぴょう》』）

●三月二九日、本行徳《ほんぎょうとく》の正讃寺《しょうさんじ》に筆子塚《ふでこつか》建立《こんりゅう》される。

「廾《にじゅう》一世慈仙院日星聖人《せいじせんいんにっせいしょうにん》　文政《ぶんせい》八酉年《とりどし》　三月二十九日　［台《だい》］筆子《ふでこ》

［台右《だいみぎ》］世話人《せわにん》（屋号《やごう》・名《な》4）　［台左《だいひだり》］當山《とうざん》　檀方中《だんかたちゅう》　廿《にじゅう》九世《せい》　本寺《ほんじ》

院日泉代《いんにっせんだい》（『市川市《いちかわし》の石造物《せきぞうぶつ》』）

●「四月一九日、昼《ひる》八ツ半過《はんすぎ》、渡辺登《わたなべのぼる》（崋山《かざん》）来《きた》る。余《よ》（馬琴《ばきん》のこと）、対面《たいめん》。閑談数刻《かんだんすうこく》。兎園別集《とえんべつしゅう》下冊《げさつ》ならびに正徳金銀御定書《しょうとくきんぎんおさだめがき》一冊《さつ》、小《こ》ぶろしき共《とも》に遣《つかわ》す」（『曲亭馬琴日記《きょくていばきんにっき》』）。崋山《かざん》は行徳《ぎょうとく》を通過《つうか》、馬琴《ばきん》は宿屋信楽《やどやしがらき》で『南総里見八犬伝《なんそうさとみはっけんでん》』を構想《こうそう》。一八一三年参照《さんしょう》。

●六月二九日、渡辺崋山《わたなべかざん》、下総《しもうさ》、常陸《ひたち》両国《りょうごく》を旅行《りょこう》し、『四州真景図《よんしゅうしんけいず》』を制作《せいさく》。その中《なか》に「行徳船場《ぎょうとくふなば》の図《ず》」がある。午前《ごぜん》六時《じ》、家《いえ》を出《で》て小網町《こあみちょう》三丁目《ちょうめ》行徳河岸《ぎょうとくがし》から船賃《ふなちん》五〇〇文《もん》で船《ふね》を借《か》り切《き》り本行徳《ほんぎょうとく》の新河岸《しんがし》へ着《つ》く。朝《あさ》は曇《くも》っていたが行徳《ぎょうとく》へ来《き》た時《とき》には晴《は》れていた。大坂屋《おおさかや》で昼食《ちゅうじき》をとりスケッチをした。その後《ご》、八幡《やわた》の葛飾八幡宮《かつしかはちまんぐう》をスケッチし、鎌ケ谷《かまがや》の鹿島屋《しまや》で夕食《ゆうしょく》、白井《しろい》の藤屋《ふじや》に宿泊《しゅくはく》した（『市川市史《いちかわしし》』第《だい》四巻文化編《かんぶんかへん》第二章《だいしょう》市川《いちかわ》を描《えが》いた絵画《かいが》）。

●春《はる》より秋《あき》にかけて連雨《れんう》止《や》む時《とき》なし。秋《あき》より冬《ふゆ》に至《いた》り疱瘡《ほうそう》流行《りゅうこう》（『武江年表《ぶこうねんぴょう》』）。連雨《れんう》は霖雨《りんう》のことか。

八月中旬《がっちゅうじゅん》　洪水《こうずい》（『千葉県東葛飾郡誌《ちばけんひがしかつしかぐんし》』）

『四州真景紀行之部』（国立国会図書館デジタルコレクション）

●この年《とし》、湊《みなと》に龍神祀《りゅうじんまつ》られる。通称《つうしょう》、しろへび様《さま》。行徳駅前公園内《ぎょうとくえきまえこうえんない》にある。（判読不能《はんどくふのう》）［左《ひだり》］□□□丁巳年《ひのとみのとし》　文政《ぶんせい》八乙酉年《きのととりのとし》（『市川市《いちかわし》の石造物《せきぞうぶつ》』）

●この年《とし》、行徳領塩垂百姓《ぎょうとくりょうしおだれびゃくしょう》は、本行徳《ほんぎょうとく》・押切村《おしきりむら》の塩問屋《しおどんや》五名《めい》は下《くだ》り塩《じお》を買入《かいい》れ、地塩《じしお》に作《つく》り直《なお》し相場《そうば》を立《た》て値段《ねだん》が低下《ていか》、「塩浜《しおはま》一五カ村百《そんひゃく》 姓困窮《しょうこんきゅう》に及《およ》び、取詰《とりづめ》・懸合《かけあい》をし向後上方下《こうごかみがたくだ》り塩買入《じおかいい》れ相止《あいや》め俵揃《たわらそろえ》などは申《もう》すに及《およ》ばず叺塩《かますしお》などにも無用《むよう》に致《いた》す旨議定証文取置《むねぎていしょうもんとりお》き、これまでの儀《ぎ》は見遁《みのが》しにいたし勘弁罷《かんべんまか》りあり候《そうろう》」（『上方下《かみがたくだ》り塩買入《しおかいい》れ相止《あいや》め議定違変《ぎていいへん》に付訴状《つきそじょう》〈文政《ぶんせい》十三年閏《うるう》三月〉』）。

九年丙戌《ひのえいぬ》　一八二六

●春《はる》、度々地震《どどじしん》。二月、大雪《おおゆき》二度降《どふ》る。秋《あき》、又地震数度《またじしんすうど》に及《およ》ぶ（『武江年表《ぶこうねんぴょう》』）。

●八月一九日、本塩《ほんしお》の法善寺《ほうぜんじ》に筆子塚建立《ふでこつかこんりゅう》される。「十世釋諦聴《せいしゃくていちょう》」［右《みぎ》］文政丙戌《ぶんせいひのえいぬ》［左《ひだり》］八月十有《ゆう》九日［台左《だいひだり》］筆子中《ふでこちゅう》（『市川市《いちかわし》の石造物《せきぞうぶつ》』）

●九月、本行徳《ほんぎょうとく》一丁目《ちょうめ》の神明社《しんめいしゃ》（豊受神社《とようけじんじゃ》）の神輿《みこし》、京橋同幡町《きょうばしどうはたちょう》 飾師《かざりし》勝次郎《かつじろう》らにより造営《ぞうえい》される。弘化《こうか》四年（一八四七）、明治《めいじ》一八年（一八八五）、大正《たいしょう》一三年（一九二四）、昭和《しょうわ》四九年（一九七四）修復《しゅうふく》（『職人一代記《しょくにんいちだいき》』）。

一〇年丁亥《ひのとい》 一八二七

●三月、上妙典村《かみみょうでんむら》、「塩浜反別書上帳《しおはまたんべつかきあげちょう》〈文政《ぶんせい》十年三月〉」提出《ていしゅつ》。「一元塩浜御水帳《ひとつもとしおはまおみずちょう》 塩浜《しおはま》一九町《ちょう》五反《たん》四畝《せ》一一ト《ぶ》、この永《えい》五〇貫《かん》二四〇文《もん》 一元禄《ひとつげんろく》一五年午《ねんうま》八月池田新兵衛手代山本嘉平太《がついけだしんべえてだいやまもとかへいた》」とあるから、一二五年前《まえ》の元禄新検《げんろくしんけん》のときの反別《たんべつ》である。一七〇二年参照《さんしょう》。

●十返舎一九《じっぺんしゃいっく》『房総道中記《ぼうそうどうちゅうき》』を著《あらわ》す。
「江戸小網町《えどこあみちょう》 行徳河岸《ぎょうとくがし》より船《ふね》に乗《の》り、行徳《ぎょうとく》にいたる。徳願寺《とくがんじ》という大寺《おおでら》あり。笹屋《ささや》うどん名物《めいぶつ》。すぐ《直》に行《い》けば八幡《やわた》、真間《まま》、国府台《こうのだい》、木下《きおろし》への道《みち》、右《みぎ》の方《ほう》は船橋《ふなばし》、上総《かずさ》、房州道《ぼうしゅうみち》なり。狂 七夕《たなばた》の笹屋《ささや》なるべし手《て》ぎはよくつなぐ妹背《いもせ》のほしうどんとて。船橋《ふなばし》、太神宮道《だいじんぐうみち》あり。この宿《しゅく》に飯盛《めしも》りあり。八兵衛《はちべえ》といふ異名《いみょう》あれば、狂 上総《かずさ》には七兵衛景清《しちべえかげきよ》あるやらん爰《ここ》にしもふさ《下総》八兵衛《はちべえ》めしもり」

●九月、下新宿《しもしんしゅく》の稲荷神社《いなりじんじゃ》に手水石《ちょうずいし》が奉納《ほうのう》される。
「奉納《ほうのう》」（三宝珠紋《さんほうじゅもん》）「文政《ぶんせい》十□九月（下部欠損《かぶけっそん》）」（『明解行徳《めいかいぎょうとく》の歴史大事典《れきしだいじてん》』）

●霜月《しもつき》、上妙典《かみみょうでん》の妙好寺《みょうこうじ》に日蓮聖人供養塔建立《にちれんしょうにんくようとうこんりゅう》される。
「南無日蓮大菩薩《なむにちれんだいぼさつ》」［台《だい》］妙好寺《みょうこうじ》 當村施主高橋《とうそんせしゅたかはし》□□エ門《えもん》［右《みぎ》］五百五十遠忌報恩謝徳《えんきほうおんしゃとく》［台《だい》
右《みぎ》］下妙《しもみょう》デン《典》・猫《ねこ》ザ子《実》・兵庫《ひょうご》シン《新》田《でん》・トウ《当》ムラ《村》・大《おお》ツカ《塚》・下妙《しもみょう》デン《典》（金額《きんがく》・名《な》17）二貫文同《かんもんどう》
ムラ《村》 村中《そんちゅう》 金《きん》十五両《りょう》 當村中《とうそんちゅう》 右日掛《みぎひがけ》三ケ年集主當《ねんしゅうしゅとう》ムラ《村》半四良門《はんしろうもん》 金《きん》十両余《りょうよ》 正温院《しょうおんいん》 此《この》
外施主之面々家内安全《ほかせしゅのめんめんかないあんぜん》［左《ひだり》］奉 唱《となえたてまつる》 滿首題一千部成就《まんしゅだいいっせんぶじょうじゅ》［台左《だいひだり》］宝塔 幷 堂前内外《ほうとうならびにどうまえないがい》三十間余《けんよ》

敷石《しきいし》六□　盥水盤造立之《たらいすいばんこれをぞうりゅう》　奉営御遠忌供養《ほうえいごえんきくよう》　両国元町《りょうごくもとまち》・シンデン《新田》・カハラ《河原》・當《とう》ムラ《村》・□バシ《橋》・カヤ丁《茅町》・ヨコ《横》□・馬喰丁《ばくろちょう》・□ホ丁《ほ町》・兵庫《ひょうご》シン《新》田《でん》（金額《きんがく》・名《な》14）［裏《うら》］文政《ぶんせい》十丁亥年霜月《ひのといのとししもつき》　自讀《じどく》　妙經壹百部《みょうけいいっひゃくぶ》　二十一世温院代《せいおんいんだい》［台裏《だいうら》］小《こ》デンマ《伝馬》丁《ちょう》・龍《りゅう》ケ《が》サキ《崎》・牛《うし》ゴミ《込》・當《とう》ムラ《村》・カハラ《河原》石《いし》工《く》・馬喰丁講中《ばくろちょうこうちゅう》・ハラキ《原木》・行《ぎょう》トク《徳》・舟持中《ふなもちちゅう》・ニモノ丁《にものちょう》・ムラ《村》七ツ丁《ななつちょう》・カメ《亀》井戸《戸》・本《ほん》コク《石》丁《ちょう》・六《ろっ》ケン《軒》丁《ちょう》・スナムラ《砂村》・シノサキ《篠崎》（金額《きんがく》・名《な》17）　川原《かわら》　石工治兵衛《いしくじへえ》（『市川市《いちかわし》の石造物《せきぞうぶつ》』）

一一年　戊子《つちのえね》　一八二八

七月　洪水《こうずい》（『千葉県東葛飾郡誌《ちばけんひがしかつしかぐんし》』）

●夏秋《なつあき》たびたびの江戸川大出水《えどがわだいしゅっすい》あり。上下妙典《かみしもみょうでん》・下新宿《しもしんしゅく》・河原《かわら》・大和田《おおわだ》・稲荷木《とうかぎ》の六カ村《そん》、田《でん》畑水腐《ぱたみずぐさ》れ（『大雨出水田畑水腐《おおあめしゅっすいでんぱたみずぐさ》れに付村々《つきむらむら》へ貯穀御下《ちょこくおさ》げ願《ねがい》〈文政《ぶんせい》十二年四月〉』）。

●九月、大風雨《だいふうう》、高浪《たかなみ》にて塩浜囲堤《しおはまかこみつつみ》に切所洗切《きりしょあらいぎり》ができ、塩浜並《しおはまなら》びに新田《しんでん》とも潮《しお》をかむり、一二月、諸貸付金無利息年賦割済《しょかしつけきんむりそくねんぷわりすみ》となる（『塩浜御普請其外《しおはまごぶしんそのほか》の儀共願《ぎともねがい》〈弘化《こうか》二年八月〉』）。

●一〇月二三日、本行徳村名主《ほんぎょうとくむらなぬし》ほかより、八幡宿往来筋《やわたじゅくおうらいすじ》の新道《しんみち》が大破《たいは》したるにつき、普請《ふしん》を行《おこな》う旨《むね》、通知《つうち》（『市川市史年表《いちかわししねんぴょう》』）。

●この年《とし》、お金貸付役所積金《かねかしつけやくしょつみきん》の利足《りそく》をもって村々地先《むらむらちさき》へ御手始《おてはじめ》として新開塩浜《しんかいしおはま》一〇〇町歩余《ちょうぶよ》お取《と》り立《た》て並《なら》びに村々破損個所御修復御普請仰付《むらむらはそんかしょごしゅうふくごぶしんおおせつけ》（『塩浜御普請其外《しおはまごぶしんそのほか》の儀共願《ぎともねがい》』）。

●この年《とし》、曲亭馬琴《きょくていばきん》の下女《げじょ》として行徳生《ぎょうとくう》まれの「とみ」奉公《ほうこう》に出《で》る。給金《きゅうきん》二両《りょう》、前掛代《まえかけだい》二朱《しゅ》。馬《ば》琴《きん》も息子《むすこ》の宗伯《そうはく》も癇癪《かんしゃく》が激《はげ》しく、とみは恐《おそ》れおののいて四日で逃《に》げ出《だ》し、連《つ》れ戻《もど》されたが仮病《けびょう》を使《つか》って働《はたら》かず寝《ね》ていて、二〇日後《ご》に裏口《うらぐち》から行方《ゆくえ》をくらました。馬琴《ばきん》の下女《げじょ》は天保《てんぽう》二年（一八三一）などは一年で七人《にん》も交替《こうたい》したほど（『随筆滝沢馬琴《ずいひつたきざわばきん》』）。行徳《ぎょうとく》から女性《じょせい》が奉公《ほうこう》に来《き》たのは行徳塩《ぎょうとくじお》の棒手振《ぼてふ》りが口《くち》を利《き》いたのでは、という推測《すいそく》（『行徳歴史街道《ぎょうとくれきしかいどう》4』）。

一二年　己丑《つちのとうし》　一八二九

●二月一七日、関ヶ島《せきがしま》の徳蔵寺《とくぞうじ》に常夜燈建立《じょうやとうこんりゅう》される。
「常夜燈《じょうやとう》」［裏《うら》］天保《てんぽう》二歳辛卯《ねんかのとう》二月　［基壇《きだん》］文政《ぶんせい》十二年　玉露童女《ぎょくろどうじょ》　己丑《つちのとうし》二月十七日　［基《き》壇右《だんみぎ》］其先所献《そのさきしょけん》　之不易也《これふえきなり》　安政乙卯《あんせいきのとう》　十月二日　大哉値於　大地震動《だいちしんどう》　為無《ためむ》□崩《ほう》　且為追孝《かつためついこう》畏敬以補《いけいもっておぎなう》　乎斯基焉《やかくきえん》　［基壇左《きだんひだり》］下總國佐倉家中《しもうさのくにさくらかちゅう》　鈴木太曽右衛門《すずきたそうえもん》　本行徳驛《ほんぎょうとくえき》四丁目《ちょうめ》　淡《あわ》雪樓武左衛門《ゆきろうぶざえもん》　両家為子孫繁昌《りょうけためしそんはんじょう》　家内安全尊前建《かないあんぜんそんぜんたつる》（『市川市の石造物《いちかわしのせきぞうぶつ》』）
文政《ぶんせい》十二年の銘《めい》がある基壇《きだん》の上《うえ》に天保《てんぽう》二年に常夜燈《じょうやとう》が再建《さいけん》されたが、安政《あんせい》二年の大地震《おおじしん》で崩《くず》れたため更《さら》に再建《さいけん》されたことがわかる。一八三一年、一八五五年参照《さんしょう》。

●四月、前年《ぜんねん》の大出水《だいしゅっすい》に対《たい》して行徳領《ぎょうとくりょう》六カ村《そん》（上妙典村《かみみょうでんむら》・下妙典村《しもみょうでんむら》・下新宿村《しもしんしゅくむら》・河原村《かわらむら》・大《おお》和田村《わだむら》・稲荷木村《とうかぎむら》）村役人総代上妙典村名主紋右衛門《むらやくにんそうだいかみみょうでんむらなぬしもんうえもん》、役所《やくしょ》に貯穀《ちょこく》を下《さ》げくださるよう願《ねが》い出《で》る。上妙典村《かみみょうでんむら》は籾《もみ》、下妙典村《しもみょうでんむら》・下新宿村《しもしんしゅくむら》・河原村《かわらむら》は籾《もみ》と麦《むぎ》、大和田村《おおわだむら》・稲荷木村《とうかぎむら》は麦《むぎ》。来年寅《らいねんとら》年《どし》から午年《うまどし》までの五ケ年賦《ねんぷ》で現物《げんぶつ》を詰《つ》め戻《もど》すとしている（『大雨出水田畑水腐《おおあめしゅっすいでんぱたみずぐさ》れに付村々《つきむらむら》へ貯穀御《ちょこくお》下《さ》げ願《ねがい》〈文政《ぶんせい》十二年四月〉』）。

●九月八日、八幡宿問屋庄兵衛《やわたじゅくとんやしょうべえ》より、当夏中《とうなつじゅう》よりの出水《しゅっすい》にて行徳往来新道筋《ぎょうとくおうらいしんみちすじ》に洗切所《あらいきりしょ》でき、その修復《しゅうふく》に関《かん》して通知《つうち》（『市川市史年表《いちかわししねんぴょう》』）。

●西海神村《にしかいじんむら》、二俣村《ふたまたむら》、原木村《ばらきむら》、高谷村《こうやむら》、田尻村《たじりむら》、両妙典村《りょうみょうでんむら》、新開塩浜《しんかいしおはま》お取《と》り立《た》て（『千葉県東葛飾郡誌《ちばけんひがしかつしかぐんし》』）。

●一一月、関ケ島《せきがしま》の徳蔵寺《とくぞうじ》に手水石奉納《ちょうずいしほうのう》される。「奉納《ほうのう》」（輪宝紋《りんほうもん》）［右《みぎ》］維持文政第《いじぶんせいだい》十二歳次《ねんじ》己丑《つちのとうし》 十一月吉日《きちじつ》 ［左《ひだり》］伊勢宿村《いせじゅくむら》 施主岩崎《せしゅいわさき》紋《もん》□郎《ろう》（『市川市《いちかわし》の石造物《せきぞうぶつ》』）

●一二月、田尻村《たじりむら》、荒井平兵衛役所《あらいへいべえやくしょ》より村方塩浜囲堤御普請御入用人足賃《むらかたしおはまかこみつつみごぶしんごにゅうようにんそくちん》・諸色代永《しょしきだいえい》の残金残《ざんきんのこ》らず請《う》け取《と》る（『御普請金請取《ごぶしんきんうけとり》〈文政《ぶんせい》十二年十二月〉』）。

●この年《とし》、荒井平兵衛様御支配《あらいへいべえさまごしはい》の砌《みぎり》は、関東川々御普請御組込《かんとうかわがわごぶしんおくみこみ》に相成《あいなり》、塩浜囲堤丈夫付新開塩《しおはまかこみつつみじょうぶにつきしんかいしお》浜御取立御普請仰付《はまおとりたてごぶしんおおせつけ》られ候間一同出精仕《そうろうかんいちどうしゅっせいつかまつ》る（『塩浜御普請其外《しおはまごぶしんそのほか》の儀共願《ぎともねがい》〈弘化《こうか》二年八月〉』）。

文政年間《ぶんせいねんかん》（一八一八〜一八三〇）

●行徳新田《ぎょうとくしんでん》（現本塩《げんほんしお》）に行徳神楽囃子《ぎょうとくかぐらばやし》が始《はじ》まる。
「昔《むかし》、新田《しんでん》の下《した》にね、塩《しお》を生産《せいさん》してた塩場《しょば》ってのがありましてね、娯楽《ごらく》が少《すく》ないために、そのころは、祭《まつ》りが楽《たの》しみだったらしいですよ。雨《あめ》の日《ひ》は、塩田《えんでん》の仕事《しごと》が出来《でき》ないので、遊《あそ》びなので何《なに》か娯楽《ごらく》がいいだろうといって、神楽囃子《かぐらばやし》をやり始《はじ》めたらしいですよ。もっとも神楽《かぐら》は、もっと古《ふる》くから、あった事《こと》はあったですよね。囃子《はやし》は文政年間《ぶんせいねんかん》より、昭和《しょうわ》の現代《げんだい》まで百七十四年位《くらい》、たってるですよね。昭和《しょうわ》のあたしらで、四代目《だいめ》ですから」（『市川《いちかわ》の伝承民話《でんしょうみんわ》』第《だい》二集《しゅう》）。

お面《めん》も文政年間《ぶんせいねんかん》からの物《もの》もあり保存《ほぞん》してある。

天保《てんぽう》

元年 庚寅《かのえとら》 一八三〇

●「春《はる》の頃《ころ》より始《はじ》まりけん、伊勢大神宮《いせだいじんぐう》おかげ参《まい》り流行《りゅうこう》し、次第《しだい》に諸国《しょこく》におよぼし、江戸《えど》よりも参《さん》詣《けい》する者《もの》夥《おびただ》し」（『武江年表《ぶこうねんぴょう》』）。一八〇五年、一八四一年参照《さんしょう》。

●閏《うるう》三月一二日、行徳領塩浜《ぎょうとくりょうしおはま》一五カ村《そん》を代表《だいひょう》して欠真間村《かけままむら》宗四郎《そうしろう》、本行徳村《ほんぎょうとくむら》金七《きんしち》・同七郎兵衛《どうしちろべえ》・上妙典村《かみみょうでんむら》甚左衛門《じんざえもん》・下妙典村《しもみょうでんむら》権左衛門《ごんざえもん》ら四カ村塩垂百姓《そんしおだれびゃくしょう》五名《めい》、本行徳村《ほんぎょうとくむら》源兵衛《げんべえ》・同惣右衛門《どうそうえもん》・同孫左衛門《どうまござえもん》・同太右衛門《どうたうえもん》、押切村《おしきりむら》七右衛門《しちうえもん》らの塩問屋《しおどんや》五名《めい》を相手取《あいてど》り、上方《かみがた》からの下《くだ》り塩《じお》を買入《かいい》れ、勝手《かって》に塩値段《しおねだん》を低落《ていらく》させている旨訴訟《むねそしょう》（『上方下《かみがたくだ》り塩買入《じおかいい》れ相止《あいと》め議定違変《ぎていいへん》に付訴状《つきそじょう》〈文政《ぶんせい》十三年閏《うるう》三月〉』）。安《やす》い下《くだ》り塩《じお》を買入《かいい》れてそれを行徳塩《ぎょうとくじお》として偽《いつわ》って販売《はんばい》したのである。行徳《ぎょうとく》塩《じお》の正規《せいき》の値段《ねだん》よりも安《やす》くしても十分《じゅうぶん》な利益《りえき》が出《で》たのだが、そのため本物《ほんもの》の行徳塩《ぎょうとくじお》の値段《ねだん》が下《さ》がり百姓《ひゃくしょう》が困窮《こんきゅう》した。

●四月、下妙典村《しもみょうでんむら》、「川原杁樋《かわらいりひ》より水掛《みずかか》り田成《でんなり》の場所書抜帳《ばしょかきぬきちょう》〈文政《ぶんせい》十三年四月〉」提出《ていしゅつ》。杁樋入《いりひにゅう》用《よう》一反《たん》に付《つき》二升《しょう》二合《ごう》の記載《きさい》があり、四〇名《めい》の名《な》と反別《たんべつ》が書《か》き出《だ》されている。杁樋《いりひ》の工事費用《こうじひよう》に充《あ》てるための負担《ふたん》であろう。

●一〇月、本行徳《ほんぎょうとく》の妙頂寺《みょうちょうじ》に日蓮聖人供養塔建立《にちれんしょうにんくようとうこんりゅう》される。
「南無妙法蓮華経《なむみょうほうれんげきょう》」［右《みぎ》］南無日蓮大菩薩《なむにちれんだいぼさつ》［左《ひだり》］五百《ひゃく》五十遠忌報恩謝徳《えんきほうおんしゃとく》　［裏《うら》］文政《ぶんせい》十三庚《かのえ》
寅《とら》十月　大應山安立寺《だいおうざんあんりゅうじ》　十二世日潤代《せいにちじゅんだい》（『市川市《いちかわし》の石造物《せきぞうぶつ》』）
合併《がっぺい》された安立寺《あんりゅうじ》のもの。

●湊村《みなとむら》、湊新田《みなとしんでん》、欠真間村《かけままむら》、新井村《あらいむら》、新開塩浜《しんかいしおはま》お取《と》り立《た》て（『千葉県東葛飾郡誌《ちばけんひがしかつしかぐんし》』）。

●中川《なかがわ》から江戸川《えどがわ》へ新川《しんかわ》の引《ひ》き船代《ふねだい》この年《とし》一二四文《もん》。

二年辛卯《かのとう》　一八三一

●二月、下妙典村《しもみょうでんむら》、伊奈友之助役所《いなとものすけやくしょ》に「古塩浜御高入並《こしおはまおたかいれなら》びに新開御検地場所書上帳《しんかいごけんちばしょかきあげちょう》〈天保《てんぽう》二年二月〉」を提出《ていしゅつ》。これによると田畑御高入《でんぱたおたかいれ》に御願《おねが》い奉《たてまつ》り候分《そうろうぶん》として、

一《ひとつ》、戌《いぬ》より新規塩浜跡畑地《しんきしおはまあとはたち》二町《ちょう》一反《たん》六畝《せ》ト《ぶ》見取《みとり》　一《ひとつ》、前々荒浜《まえまえあらはま》卯《う》起返《おきかえし》葭野《よしの》畑《はたけ》二反《たん》五畝《せ》ト《ぶ》見取《みとり》
一《ひとつ》、右同断葭野《みぎどうだんよしの》一反《たん》五畝《せ》ト《ぶ》葭野銭《よしのぜに》　一《ひとつ》、右同断《みぎどうだん》二反《たん》二畝《せ》二七ト《ぶ》午《うま》より戌迄《いぬまで》五ケ年季《かねんき》元塩浜新開《もとしおはましんかい》
年延冥加永《ねんのべみょうがえい》　一《ひとつ》、右同断《みぎどうだん》九町《ちょう》六反《たん》七畝《せ》一五ト《ぶ》稼浜《かせぎはま》　一《ひとつ》、右同断《みぎどうだん》二町《ちょう》八反《たん》三畝《せ》三ト《ぶ》荒浜免除《あらはまめんじょ》
一《ひとつ》、大縄反別《おおなわたんべつ》三町《ちょう》九反《たん》二畝《せ》一八ト《ぶ》新塩浜試作見取《しんしおはましさくみとり》　一《ひとつ》、大縄反別《おおなわたんべつ》五町《ちょう》八反《たん》一畝《せ》六ト《ぶ》新開塩浜《しんかいしおはま》
この小前《こまえ》の訳《わけ》として一番《ばん》から八八番《ばん》まで各反別《かくたんべつ》と所有者《しょゆうしゃ》の名前《なまえ》を列挙《れっきょ》
一《ひとつ》、新塩浜試作《しんしおはましさく》　見取《みとり》
この小前《こまえ》の訳《わけ》として六名《めい》の名前《なまえ》と各反別《かくたんべつ》、右新開塩浜《みぎしんかいしおはま》この小前《こまえ》の訳《わけ》として九名《めい》の名《な》と各反別《かくたんべつ》を列《れっ》挙《きょ》している。

●二月、関ケ島《せきがしま》の徳蔵寺《とくぞうじ》に燈籠建立《とうろうこんりゅう》される。
「常夜燈《じょうやとう》」［裏《うら》］天保《てんぽう》二載辛卯《さいかのとう》二月　［基壇右《きだんみぎ》］其先處獻《そのさきしょけん》　之不易也《これふえきなり》　安政乙卯《あんせいきのとう》十月二日　大哉値於　大地震為無《おおじしんためむ》□崩《ほう》　且為追孝《かつためついこう》　畏敬以《いけいもって》　補《おぎなう》　乎斯基焉《やかくきえん》　［基壇左《きだんひだり》］下總國佐倉家中《しもうさのくにさくらかちゅう》　鈴木《すずき》太曽右衛門《たそうえもん》　本行徳驛《ほんぎょうとくえき》四丁目《ちょうめ》　淡雪樓《あわゆきろう》武左衛門《ぶざえもん》　両家為子孫繁昌《りょうけためしそんはんじょう》　家内安全尊前建《かないあんぜんそんぜんたつる》　［基壇《きだん》裏《うら》］文政《ぶんせい》十二年　玉露童女《ぎょくろどうじょ》　己丑《つちのとうし》二月十七日（『市川市《いちかわし》の石造物《せきぞうぶつ》』）

文政《ぶんせい》十二年の基壇《きだん》が常夜灯《じょうやとう》が建立《こんりゅう》されたときの基壇《きだん》として再利用《さいりよう》されている。一八二九年と一八五五年参照《さんしょう》。

●三月二四日、下妙典村《しもみょうでんむら》「塩浜内高入反別書抜覚帳《しおはまうちたかいれたんべつかきぬきおぼえちょう》〈天保《てんぽう》二年三月〉」を作成《さくせい》。上々浜《じょうじょうはま》五名《めい》で〆《しめ》て一町《ちょう》二畝《せ》一六ト《ぶ》、上浜《じょうはま》九名《めい》で〆《しめ》て二町《ちょう》六反《たん》八畝《せ》一二ト《ぶ》、中浜《ちゅうはま》七名《めい》で〆《しめ》て二町《ちょう》四反《たん》五畝《せ》二九ト《ぶ》、下浜《げはま》一〇名《めい》で〆《しめ》て一町《ちょう》九反《たん》六畝《せ》一ト《ぶ》、下々浜《げげはま》八名《めい》で〆《しめ》て一町《ちょう》五反《たん》四畝《せ》一一ト《ぶ》、塩浜跡畑見取《しおはまあとはたけみとり》として一三名《めい》で〆《しめ》て二町《ちょう》一反《たん》六畝《せ》二〇ト内《ぶうち》八反《たん》一畝《せ》六ト田成米取《ぶでんなりこめとり》、新開塩浜冥加永《しんかいしおはまみょうがえい》として四名《めい》〆《しめ》て二反《たん》二畝《せ》二七ト《ぶ》、荒浜免除《あらはまめんじょ》として一〇名《めい》で〆《しめ》て二町《ちょう》八反《たん》三畝《せ》三ト《ぶ》の記載《きさい》がある。上々浜《じょうじょうはま》・上浜《じょうはま》・中浜《ちゅうはま》は塩《しお》の湧《わ》きがよく稼《かせ》ぎ浜《はま》である。

●六月、下妙典村《しもみょうでんむら》、伊奈友之助役所《いなとものすけやくしょ》に「新開塩浜小前書上帳《しんかいしおはまこまえかきあげちょう》〈天保《てんぽう》二年六月〉」を提出《ていしゅつ》。新開塩浜大縄反別《しんかいしおはまおおなわたんべつ》五町《ちょう》八反《たん》一畝《せ》六ト《ぶ》、この小前《こまえ》の訳《わけ》として九名《めい》の名《な》と反別《たんべつ》が記《しる》されている。

●伊奈友之助様御支配《いなとものすけさまおしはい》の節《せつ》、右新開塩浜同塩浜跡荒地並《みぎしんかいしおはまどうしおはまあとあれちなら》びに小物成場共御検地御高受《こものなりばともごけんちおんたかうけ》　仕《つかまつり》　塩浜相続罷在《しおはまあいつづきまかりあり》(『塩浜御普請其外《しおはまごぶしんそのほか》の儀共願《ぎともねがい》〈弘化《こうか》二年八月〉』)。

●河原《かわら》の春日神社《かすがじんじゃ》に句碑《くひ》が建立《こんりゅう》される。
「奉納《ほうのう》　千金《せんきん》の重ミ《おもみ》もかくや　朝御久《あさごく》ら　七十一歳雄暁《さいゆうぎょう》」「天保《てんぽう》二卯年建之《うどしこれをたてる》　中臺氏《なかだいし》」
(『明解行徳《めいかいぎょうとく》の歴史大事典《れきしだいじてん》』)

三年　壬辰《みずのえたつ》　一八三二

五月五日　鼠小僧《ねずみこぞう》捕縛《ほばく》せられ、八月一九日、浅草《あさくさ》において処刑《しょけい》（『武江年表《ぶこうねんぴょう》』）

四年　癸巳《みずのとみ》　一八三三

●三月二〇日より、永代寺《えいたいじ》にて、下総成田山不動尊開帳《しもうさなりたさんふどうそんかいちょう》。奉納寄進《ほうのうきしん》の品《しな》夥《おびただ》し（『武江年表《ぶこうねんぴょう》』）。

八月一日　大風雨《だいふうう》、家屋《かおく》を損《そん》じ樹木《じゅもく》を折《お》る。深川三十三間堂半分倒《ふかがわさんじゅうさんげんどうはんぶんたおれ》る。所々怪我人多《しょしょけがにんおお》し。今年《ことし》米価登揚《べいかとうよう》し、貧民《ひんみん》へ御救《おすくい》の米銭《こめぜに》を賜《たまわ》る事度々也《ことどどなり》。富有《ふゆう》の町人《ちょうにん》、各賤民《かくせんみん》へ施《ほどこ》しの米《こめ》銭《ぜに》をあたふ《う》る事《こと》おびたゞし（『武江年表《ぶこうねんぴょう》』）

●五月、本行徳《ほんぎょうとく》の徳願寺《とくがんじ》に名号塔《めいごうとう》が建立《こんりゅう》される。

「南無阿弥陀佛《なむあみだぶつ》」「恭敬建立即往《きょうけいこんりゅうそくおう》□」「天保癸巳《てんぽうみずのとみ》五月朔日《ついたち》」（『明解行徳の歴史大事典《めいかいぎょうとくのれきしだいじてん》』）

八月一日　大風雨《だいふうう》、大津波《おおつなみ》のため塩竈家《しおかまどや》など潰《つぶ》れ又《また》は破損家屋《はそんかおく》あり（『破損家数取調べ書上帳《はそんやかずとりしらべかきあげちょう》〈天保《てんぽう》五年四月〉』）

●八月八日、荒地検分《あれちけんぶん》の吟味役《ぎんみやく》を派遣《はけん》するにつき、該当箇所《がいとうかしょ》があれば報告《ほうこく》せよとの代官所《だいかんしょ》からの通《つう》達《たつ》（『市川市史年表《いちかわししねんぴょう》』）。この場合《ばあい》の荒地《あれち》とは検地帳《けんちちょう》にある正規《せいき》の田畑《でんぱた》が水害《すいがい》などで駄目《だめ》になり、申《しん》請《せい》し年貢《ねんぐ》を免除《めんじょ》してもらった土地《とち》のこと。

九月　江戸《えど》で米買占《こめかいし》めに反対《はんたい》して打《う》ち壊《こわ》し始《はじ》まる

同月《どうげつ》二〇日、代官《だいかん》伊奈友之助《いなとものすけ》役所《やくしょ》より、米《こめ》の値段《ねだん》が高《たか》いので、米《こめ》を持《も》っている者《もの》は早々《そうそう》に売《う》り出《だ》すようにとの触《ふれ》を通達《つうたつ》（『市川市史年表《いちかわししねんぴょう》』）。

●一一月、西海神《にしかいじん》、二俣《ふたまた》、高谷《こうや》、田尻《たじり》、上妙典《かみみょうでん》、下妙典《しもみょうでん》、本行徳《ほんぎょうとく》、湊《みなと》、湊新田《みなとしんでん》、欠真間《かけまま》、新井《あらい》、原木《ばらき》の塩浜付《しおはまつ》き一二カ村《そん》、凶年《きょうねん》につき塩浜年貢《しおはまねんぐ》の九分通《ぶどお》りの免除願《めんじょねが》い（『塩浜取永九分通《しおはまとりえいぶどお》り免除願《めんじょねがい》〈天保《てんぽう》四年十一月〉』）。この文書《ぶんしょ》によれば、春《はる》から雨天《うてん》がちで、三月・四月は雨天続《うてんつづ》きで塩焼《しおやき》ができず、五月は田植《たう》えと麦作収納《むぎさくしゅうのう》で塩焼《しおやき》を休《やす》み、六月土用中《どようちゅう》は塩稼肝要《しおかせぎかんよう》の時節《じせつ》だが大風《おおかぜ》が吹《ふ》いてようやく二回《ふたまわ》りだけ塩《しお》を焼《や》き、七月は快晴日数《かいせいにっすう》がなくようやく二回《ふたまわ》り半《はん》だけ塩《しお》を焼《や》き、早春《そうしゅん》から一一月まで都合《つごう》九回《まわ》り半《はん》だけでは塩稼《しおかせぎ》にならず、「塩浜《しおはま》に相絡《あいから》み居《お》り候者共一同難儀《そうろうものどもいちどうなんぎ》罷《まか》り在《あ》り候《そうろう》」と困窮《こんきゅう》の状況《じょうきょう》を述《の》べている。

●二俣村《ふたまたむら》、加藤新田《かとうしんでん》、儀兵衛新田《ぎへえしんでん》、本行徳村《ほんぎょうとくむら》、押切村《おしきりむら》、湊村《みなとむら》、湊新田地先《みなとしんでんちさき》嘉七郎請《かしちろううけ》、欠真間村《かけままむら》、右《みぎ》八カ村新開塩浜《そんしんかいしおはま》お取《と》り立《た》て（『千葉県東葛飾郡誌《ちばけんひがしかつしかぐんし》』『塩浜御普請其外《しおはまごぶしんそのほか》の儀共願《ぎともねがい》〈弘化《こうか》二年八月〉』）。お取《と》り立《た》てになると、堤防《ていぼう》の築造《ちくぞう》や修繕《しゅうぜん》などに幕府《ばくふ》から援助《えんじょ》がされた。

●この年《とし》、関東《かんとう》・東北飢饉《とうほくききん》（『市川市史年表《いちかわししねんぴょう》』）。

五年 甲午《きのえうま》 一八三四

●三月、真言宗雙輪寺《しんごんしゅうそうりんじ》に弘法大師《こうぼうだいし》一千年縁忌《いっせんねんえんき》供養塔《くようとう》建立《こんりゅう》される（『明解行徳《めいかいぎょうとく》の歴史大事典《れきしだいじてん》』）。

●四月、下妙典村《しもみょうでんむら》、前年《ぜんねん》八月一日の大風雨《だいふうう》、大津波《おおつなみ》にての「破損家数取調書上帳《はそんやかずとりしらべかきあげちょう》〈天保《てんぽう》五年四月〉」を提出《ていしゅつ》。塩竈屋《しおかまどや》の潰《つぶ》れ四軒《けん》、同屋根《どうやね》破損《はそん》三軒《けん》、土船《つちぶね》破損《はそん》一五軒《けん》、潰家《つぶれや》二軒《けん》、屋根壁《やねかべ》破損家《はそんや》数《かず》五五軒《けん》。

四月五日　洪水《こうずい》（『千葉県東葛飾郡誌《ちばけんひがしかつしかぐんし》』）

●六月、河原《かわら》の春日神社《かすがじんじゃ》に碑《ひ》が建立《こんりゅう》される。
「月山《がっさん》　湯殿山《ゆどのさん》　羽黒山《はぐろさん》」「講中《こうちゅう》」「天下泰平《てんかたいへい》　五穀成就《ごこくじょうじゅ》　天保《てんぽう》五甲辰稔《きのえたつねん》六月吉日《がつきちじつ》」（『明解行徳《めいかいぎょうとく》の歴史大事典《れきしだいじてん》』）
天保《てんぽう》五年は甲午《きのえうま》である。

●『江戸名所図会《えどめいしょずえ》』全《ぜん》七巻《かん》二〇冊《さつ》、そのうちの前半《ぜんはん》の一〇冊《さつ》が刊行《かんこう》される。編者《へんしゃ》は江戸神田《えどかんだ》の名主《なぬし》斎藤氏《さいとうし》。斎藤長秋《さいとうちょうしゅう》、斎藤県麻呂《さいとうあがたまろ》、斎藤月岑《さいとうげっしん》の三代《だい》にわたる労作《ろうさく》。天保《てんぽう》七年に後半《こうはん》の一〇冊刊行《さつかんこう》。市川市域《いちかわしいき》は最後《さいご》の二〇冊目《さつめ》に記載《きさい》。現代《げんだい》でいう豪華《ごうか》な挿絵《さしえ》付きの観光《かんこう》ガイドブック。

七年 丙申《ひのえさる》 一八三六

●正月《しょうがつ》一四日、新井村《あらいむら》名主《なぬし》鈴木清兵衛《すずきせいべえ》（俳号《はいごう》行徳金堤《ぎょうとくきんてい》）没《ぼつ》。七三歳《さい》。文化《ぶんか》一〇年（一八一三）『勝鹿図志手《かつしかずして》くりふね』刊行《かんこう》。一八一三年の項《こう》を参照《さんしょう》。戒名《かいみょう》「衆徳院彰誉行然居士《しゅうとくいんしょうよぎょうぜんこじ》」中《ちゅう》に「行《ぎょう》」「徳《とく》」の文字《もじ》がある（『影印《えいいん》・翻刻《ほんこく》・注解勝鹿図志手繰舟《ちゅうかいかつしかずしてくりふね》』）。

●「二月より雨《あめ》が降《ふ》り続《つづ》き塩浜稼《しおはまかせ》ぎ皆式相休《かいしきあいやすみ》、年来覚《ねんらいおぼえ》無《な》き年柄《としがら》に付《つき》」（『塩浜年貢並《しおはまねんぐなら》びに苦汐運上《にがしおうんじょう》引方願《ひきかたねがい》〈天保《てんぽう》七年八月〉』）

●二月、河原村百姓文右衛門《かわらむらひゃくしょうぶんうえもん》、塩釜屋《しおかまや》のため薪《たきぎ》を買《か》い込《こ》んだことについての詫議定《わびぎてい》を、本行徳《ほんぎょうとく》・上妙典《かみみょうでん》・下妙典《しもみょうでん》三カ村村役人《そんむらやくにん》に提出《ていしゅつ》（『市川市史年表《いちかわししねんぴょう》』）。

この出入《でいり》については、「お役所《やくしょ》の思《おぼ》し召《め》しで江戸《えど》へ出府《しゅっぷ》の砌《みぎ》り、一〇月より一二月まで三月《みつき》は文《ぶん》右衛門《うえもん》買請《かいう》け申《もう》すべく、外《ほか》九ケ月《げつ》は文右衛門《ぶんうえもん》は薪《たきぎ》の類《たぐい》は萱木《かやき》は勿論《もちろん》、松葉《まつば》・杉《すぎ》の葉等《はなど》に至《いた》るまで一《いっ》切買請《さいかいう》け申《もう》す間敷候《まじくそうら》はずにて内済熟談双方申《ないさいじゅくだんそうほうもう》し分《ぶん》なく済《す》み議定書《ぎていしょ》取《と》り替《か》えしたのに、この度当《たびとう》正月《しょうがつ》より右薪《みぎたきぎ》の類少々買請《たぐいしょうしょうかいう》け候《そうろう》を見咎《みとが》められ御出訴《ごしゅっそ》なされ我等一言《われらひとこと》の申《もう》し訳御座無《わけござな》く驚《おどろ》き入《い》り、早速《さっそく》お詫《わ》び入候得《いりそうらえ》ば、格別《かくべつ》のご勘弁《かんべん》でご承知下《しょうちくだ》され、然《しか》る上《うえ》は先々御議定《さきざきおんぎてい》の通《とお》り冬三月《ふゆみつき》の外《ほか》一切買請《いっさいかいう》け申間敷《もうすまじ》く」としている（『塩釜屋薪買請《しおかまやたきぎかいうけ》の儀《ぎ》に付議定一札《つきぎていいっさつ》〈天保《てんぽう》七年二月〉』）。

●四月より日々雨降《ひびあめふ》る。「又曇天《またどんてん》にて五月に至《いた》り霖雨《りんう》（幾日《いくにち》も降《ふ》り続《つづ》く雨《あめ》）止《や》む時《とき》なく、蔬菜生《そさいは》える事《こと》なし。嵯峨開帳《さがかいちょう》、詣人少《まいるひとすく》なく、看《み》せ物《もの》あまた出《だ》したれども見物《けんぶつ》なし。両国橋畔納涼《りょうごくばしほとりのうりょう》また寂《せき》莫《ばく》たり」（『武江年表《ぶこうねんぴょう》』）。

●六月、香取《かんどり》の香取神社《かんどりじんじゃ》に水神宮《すいじんぐう》祀《まつ》られる。

［右《みぎ》］天保《てんぽう》七丙《ひのえ》□六月　※木製祠《もくせいほこら》に「水神宮《すいじんぐう》」の額《がく》（『市川市《いちかわし》の石造物《せきぞうぶつ》』）

●七月一八日、稀《まれ》なる大津波《おおつなみ》、塩浜囲堤《しおはまかこみつつみ》、新田堤《しんでんつつみ》ともに大破《たいは》。「塩浜場面《しおはまばめん》残《のこ》らず海面引損《かいめんひきそん》に相成《あいな》り、すでに御春屋正塩上納仕《おつきやせいえんじょうのうつかまつ》るべき手当《てあて》も御座《ござ》無《な》く、手段《しゅだん》も尽《つ》き果《は》て、夫食《ぶじき》お願《ねが》いと一同歎《いちどうなげ》くも村役人《むらやくにん》どもは聞《き》き入《い》れず、強《し》いて差《さ》し止《と》め候得《そうらえ》ば、小前大勢《こまえおおぜい》のもの共難儀《どもなんぎ》」（『塩浜年貢並《しおはまねんぐなら》びに苦汐運上引方願《にがじおうんじょうひきかたねがい》〈天保《てんぽう》七年八月〉』）。

●七月、下妙典村《しもみょうでんむら》「農間商《のうかんあきな》い渡世《とせい》の者名前取調書上帳《ものなまえとりしらべかきあげちょう》〈天保《てんぽう》七年七月〉」を提出《ていしゅつ》。「煮売酒紙類《にうりさけかみるい》刻煙草草履《きざみたばこぞうり》わらし、春米屋商《つきごめやあきな》ひ、海苔《のり》せり売《うり》、煮売《にうり》せり売《うり》、煮売酒商《にうりさけあきな》ひ、髪結各《かみゆいかく》一軒《けん》ずつ、飴《あめ》水菓子商《みずがしあきな》ひ七軒《けん》、塩物鰹《しおものかつお》ぶし荷商《にあきな》い四軒《けん》。農業《のうぎょう》の間渡世仕《あいだとせいつかまつ》り候《そうろう》」とある。塩業《えんぎょう》と農業《のうぎょう》との兼業《けんぎょう》だと知《し》れる。

●八月、行徳領塩浜付村々《ぎょうとくりょうしおはまつきむらむら》、伊奈友之助役所《いなとものすけやくしょ》へ「塩浜年貢並《しおはまねんぐなら》びに苦汐運上引方願《にがしおうんじょうひきかたねが》い」および「夫食拝借願《ぶじきはいしゃくねがい》〈天保《てんぽう》七年八月〉」を提出《ていしゅつ》。「塩浜年貢並《しおはまねんぐなら》びに苦汐運上引方願《にがしおうんじょうひきかたねが》い」では、「当《とう》二月下旬《げじゅん》より降《ふ》り続《つづ》き、塩浜稼《しおはまかせ》ぎ皆無《かいむ》、巨細申《こさいもうし》上《あ》げ塩浜御役永並《しおはまおやくえいなら》びに苦塩御運上《にがしおごうんじょう》とも御免除《ごめんじょ》されたく願《ねが》い上《あ》げたが、引《ひ》き方相《かたあい》なり難《がた》き旨仰《むねおお》せ聞《き》かされ候《そうろう》。ところが、去《さんぬ》る七月一八日稀《まれ》なる大津波《おおつなみ》で被害《ひがい》あり、種々才覚《しゅじゅさいかく》したが手段尽《しゅだんつ》き果《は》て、村々一同幾重《むらむらいちどういくえ》にも願《ねが》い上《あ》げ奉《たてまつ》る」としている。

『夫食拝借願《ぶじきはいしゃくねがい》』では、「先月《せんげつ》一八日稀成大津波《まれなるおおつなみ》にて塩浜囲堤《しおはまかこみつつみ》は勿論《もちろん》、本田新田共潮冠《ほんでんしんでんともしおかぶ》り罷成《まかりなり》塩《しお》浜場面泥砂押流《はまばめんどろすなおしなが》し土船竈屋《つちぶねかまどや》も申《もう》すに及《およ》ばす、民家吹毀《みんかふきこわ》し当惑難儀仕《とうわくなんぎつかまつ》り候得《そうらえ》ども、（中略《ちゅうりゃく》）其儘《そのまま》捨置候《すておきそうろう》ては小前之者共《こまえのものども》退転《たいてん》仕《つかまつ》るべき外《ほか》御座《ご ざ》無《な》く」と具体的《ぐたいてき》に述《の》べている。

八月二九日　津波《つなみ》、暴風雨《ぼうふうう》（『千葉県《ちばけん》東葛《ひがしかつ》飾郡誌《しかぐんし》』）

●上下妙典村《かみしもみょうでんむら》、田尻村《たじりむら》、高谷村《こうやむら》新開塩浜《しんかいしおはま》お取《と》り立《た》て（『千葉県《ちばけん》東葛飾郡誌《ひがしかつしかぐんし》』）。

●天保年間《てんぽうねんかん》より堤防修繕費用負担《ていぼうしゅうぜんひようふたん》、幕府《ばくふ》七に対《たい》して村民《そんみん》三（『千葉県《ちばけん》東葛飾郡誌《ひがしかつしかぐんし》』『下総行徳塩業史《しもうさぎょうとくえんぎょうし》』）。

●『江戸名所図会《えどめいしょずえ》』全《ぜん》七巻《かん》二〇冊刊行《さつかんこう》される。編者斎藤月岑《へんしゃさいとうげっしん》ほか。天保《てんぽう》七年に後半《こうはん》の一〇冊《さつ》刊行《かんこう》。市川市域《いちかわしいき》は最後《さいご》の二〇冊目《さつめ》に記載《きさい》され、松戸《まつど》、行徳《ぎょうとく》、国府台《こうのだい》、八幡《やわた》、船橋《ふなばし》が載《の》っている。一八三四年の項参照《こうさんしょう》。現代《げんだい》でいう豪華《ごうか》な挿絵《さしえ》付きの観光《かんこう》ガイドブック。

行徳《ぎょうとく》の紹介《しょうかい》は、行徳船場《ぎょうとくふなば》、弁財天祠《べんざいてんのほこら》、船霊宮《ふなだまのみや》、古鈴一口《これいいっく》、行徳八幡宮《ぎょうとくはちまんぐう》、神明宮《しんめいぐう》、

今井の津頭（『江戸名所図会』国立国会図書館デジタルコレクション）

金剛院《こんごういん》廃址《はいし》、海巌山徳願寺《かいがんざんとくがんじ》、塩浜《しおはま》だけであり、行徳船場《ぎょうとくふなば》・行徳徳願寺《ぎょうとくとくがんじ》・行徳汐浜《ぎょうとくしおはま》・行徳塩竈《ぎょうとくしおかまど》之《の》図《ず》・行徳衢《ぎょうとくちどり》の五図《ず》が添《そ》えられている。「行徳船場《ぎょうとくふなば》」の図《ず》に今《いま》の本行徳《ほんぎょうとく》のバス通《どお》りにあたる道《みち》に「八《や》はた《幡》舟《ふな》はし《橋》街道《かいどう》」とある。「行徳徳願寺《ぎょうとくとくがんじ》」の図《ず》では徳願寺前《とくがんじまえ》の道《みち》を「舟《ふな》はし《橋》街道《かいどう》」、八幡《やわた》へ通《つう》じる下新宿《しもしんしゅく》のバス通《どお》りの道《みち》を「八《や》はた《幡》街道《かいどう》」とする。今井《いまい》の渡《わた》しについては「龍亀山浄興寺《りゅうきざんじょうこうじ》」の項《こう》に「今井《いまい》の津頭《わたしば》」「今井浄興寺琴弾松《いまいじょうこうじことひきまつ》」「松風入琴《しょうふうきんにいる》」の図《ず》がある。

●天保《てんぽう》四年以来《ねんいらい》の凶作《きょうさく》のため、天保《てんぽう》の大飢饉《だいききん》起《お》こる。

●この年《とし》、関東《かんとう》・東北大飢饉《とうほくだいききん》（『市川市史年表《いちかわししねんぴょう》』）。

八年丁酉《ひのととり》　一八三七

二月　大塩平八郎《おおしおへいはちろう》の乱《らん》が起《お》こる

三月　幕府《ばくふ》、御救小屋《おすくいごや》を江戸《えど》の品川《しながわ》・板橋《いたばし》・千住《せんじゅ》・新宿《にいじゅく》に設《もう》け、飢民《きみん》を救済《きゅうさい》。この春《はる》、諸国飢《しょこくき》饉《きん》、餓死者多数《がししゃたすう》（『市川市史年表《いちかわししねんぴょう》』）

●四月一〇日、鬼越《おにごえ》・小栗原《おぐりはらりょうそん》両村より、伊奈友之助御出役人《いなとものすけおでやくにん》に対《たい》し、原木《ばらき》・本行徳《ほんぎょうとくりょうそん》両村が鬼《おに》越《ごえ》・小栗原両村《おぐりはらりょうそん》の耕地中《こうちちゅう》へ新堀《しんぼり》を掘《ほ》ることについて故障《こしょう》を申《もう》し立《た》てる（『新堀設置《しんぼりせっち》に付故障申《つきこしょうもうし》立《たて》〈天保《てんぽう》八年四月〉』）。理由《りゆう》としては、南風《みなみかぜ》が吹《ふ》くと汐水《しおみず》が押《お》し上《あ》げるからということと、上郷《かみごう》からの落水《らくすい》が新堀《しんぼり》に落《お》ちて旱害《かんがい》になるというもので、これは農民《のうみん》の水争《みずあらそ》いの一《ひと》つ。

八月一日　暴風雨《ぼうふうう》（『千葉県東葛飾郡誌《ちばけんひがしかつしかぐんし》』）
八月一四日　朝《あさ》より大風雨《だいふうう》。人家《じんか》を損《そん》じ樹木《じゅもく》を折《お》り怪我人《けがにん》多《おお》し。夕方《ゆうがた》に至《いた》りて鎮《しず》まる。飢饉《ききん》につき去年《きょねん》より賤民《せんみん》へ御救《おすくい》を下《くだ》し給《たまわ》る事度々也《ことどどなり》（『武江年表《ぶこうねんぴょう》』）

九年　戊戌《つちのえいぬ》　一八三八

●三月、「下妙典村明細帳《しもみょうでんむらめいさいちょう》〈天保《てんぽう》九年三月〉」作成《さくせい》される。家数《やかず》八〇軒《けん》。総人数《そうにんずう》三四〇人《にん》、男《おとこ》一六二人《にん》、女《おんな》一七八人《にん》、外馬《ほかうま》二疋《ひき》。農業《のうぎょう》塩浜稼《しおはまかせ》ぎ、女《おんな》は糸《いと》はた、刈《か》り草《くさ》の仕事《しごと》。

●三月二六日、本行徳《ほんぎょうとく》の妙頂寺《みょうちょうじ》に筆子塚建立《ふでこづかこんりゅう》される。
「飯高兩講《いいたかりょうこう》　當寺兼職《とうじけんしょく》　堅地院日彦聖人《けんちいんにちひこしょうにん》」［台《だい》］筆子《ふでこ》［右《みぎ》］師字《しじ》隨彦當國香取郡内山村産《ずいひことうごくかとりぐんうちやまむらのさん》能州瀧谷顕理院日諦上人門弟《のうしゅうたきやけんりいんにっていしょうにんもんてい》　天保《てんぽう》九年戊戌《つちのえいぬ》三月廾《にじゅう》六日遷化《せんげ》　世壽《せじゅ》六十五歳當寺職《さいとうじしょく》　廾《にじゅう》六年［左《ひだり》］廾《にじゅう》四世堅壽院日悠大徳《せいけんじゅいんにちゆうだいとく》　天保《てんぽう》三年丙辰正月《ひのえたつしょうがつ》十二日　廾《にじゅう》五世堅龍院月良大徳《せいけんりゅういんげつりょうだいとく》天保《てんぽう》三年丙辰《ひのえたつ》十一月廾《にじゅう》二日［台左《だいひだり》］世八人《せわにん》（名《な》8）（『市川市《いちかわし》の石造物《せきぞうぶつ》』）

●四月、香取《かんどり》の源心寺《げんしんじ》に標石建《ひょうせきた》てられる。
「観智國師御遺跡《かんちこくしおんいせき》」［左《ひだり》］天保戊戌之歳《てんぽうつちのえいぬのとし》四月《がつ》　當山《とうざん》十三世《せい》　猛阿記《もうあき》［裏《うら》］東照神君以芝増《とうしょうしんくんもってしばぞう》上寺為其菩提地矣晋光観智國《じょうじためそのぼだいちいしんこうかんちこく》／師者舊神君序帰佽地國師及勉節下山居干當《しはきゅうしんくんじょきどじこくしおよびべんせつげざんいかんとう》／山則蒙令命號源《ざんそくもうれいめいごうげん》心寺因為天下安全賜御来《しんじいんためてんかあんぜんしぎょらい》／印時在慶長年間其開基《いんじざいけいちょうねんかんそのかいき》　則《すなわち》狩野氏云《かのうしという》（『市川市《いちかわし》の石造物《せきぞうぶつ》』）

●五月、「堤普請《つつみぶしん》御下カ金《おさげきん》のうち金千両《きんせんりょう》 行徳塩問屋《ぎょうとくしおどんや》仲間《なかま》六名《めい》より上金《じょうきん》して自普請《じぶしん》」（『下総行徳塩業史《しもうさぎょうとくえんぎょうし》』）。

●『天保国絵図《てんぽうくにえず》』完成《かんせい》。幕府《ばくふ》が天保《てんぽう》六年（一八三五）に作成《さくせい》を命《めい》じたもの（『行徳《ぎょうとく》レポートその（1）―年表《ねんぴょう》・絵地図集《えちずしゅう》』）。

●安藤広重《あんどうひろしげ》「行徳帰帆《ぎょうとくきはん》」（『江戸近郊八景《えどきんこうはっけい》』）を描《えが》く（『市川市史《いちかわしし》』第《だい》四巻文化編第《かんぶんかへんだい》一 章市川《しょういちかわ》の文化財《ぶんかざい》）。

一〇年 己亥《つちのとい》 一八三九

●二月、河原村《かわらむら》文右衛門《ぶんうえもん》より、村役人《むらやくにん》にあて、塩《しお》かま薪《たきぎ》一件《けん》につき一札《いっさつ》を出《だ》す（『行徳《ぎょうとく》レポートその（1）―年表《ねんぴょう》・絵地図集《えちずしゅう》』）。

●九月、下妙典《しもみょうでん》の春日神社《かすがじんじゃ》に手水石《ちょうずいし》が奉納《ほうのう》される。「奉納《ほうのう》　願主《がんしゅ》志村《しむら》□□□安《あん》□□□□　天保《てんぽう》十

「行徳帰帆」（『江戸近郊八景』国立国会図書館デジタルコレクション）

己亥年《つちのといのとし》九月吉日《きちじつ》」（『明解行徳《めいかいぎょうとく》の歴史大事典《れきしだいじてん》』）

●上下妙典《かみしもみょうでん》、田尻村《たじりむら》、高谷村新開塩浜《こうやむらしんかいしおはま》お取《と》り立《た》て（『下総行徳塩業史《しもうさぎょうとくえんぎょうし》』）。「お取《と》り立《た》て」になると堤防《ていぼう》の築造《ちくぞう》、修繕《しゅうぜん》に幕府《ばくふ》の保護《ほご》が加《くわ》えられた。

一一年 庚子《かのえね》 一八四〇

●遠山左衛門尉景元《とおやまさえもんのじょうかげもと》、北町奉行《きたまちぶぎょう》に就任《しゅうにん》。一八五一年参照《さんしょう》。

●九月、下妙典村《しもみょうでんむら》、伊奈友之助役所《いなとものすけやくしょ》へ「塩浜御普請所間数書上帳《しおはまごぶしんじょけんすうかきあげちょう》〈天保《てんぽう》十一年九月〉」提出《ていしゅつ》。海面《かいめん》一六五間《けん》、同所横手《どうしょよこて》本行徳境《ほんぎょうとくざかい》一三二間《けん》、ともに敷《しき》七間《けん》、但《ただ》し高《たか》さ七尺《しゃく》、馬踏《まふみ》六尺《しゃく》、圦樋《いりひ》長《ながさ》七間《けん》、但《ただ》し高《たかさ》一尺《しゃく》五寸《すん》、横《よこ》二尺《しゃく》、二ケ所《しょ》とある。

●九月六日、本塩《ほんしお》の豊受神社《とようけじんじゃ》に狛犬《こまいぬ》が奉納《ほうのう》される。「天保《てんぽう》十一庚子年《かのえねのとし》九月六日」、人名《じんめい》三六人《にん》、その他判読《たはんどく》できず（『明解行徳《めいかいぎょうとく》の歴史大事典《れきしだいじてん》』）

一二年 辛丑《かのとうし》 一八四一

●新井村《あらいむら》の田中家《たなかけ》（現屋号油屋《げんやごうあぶらや》）四代《だい》目《め》忠五郎《ちゅうごろう》『道中日記帳《どうちゅうにっきちょう》』を作成《さくせい》。正月《しょうがつ》二五日、岩松《いわまつ》、亀《かめ》次郎《じろう》、常次郎《つねじろう》、清次郎《せいじろう》、七蔵《しちぞう》、安五郎《やすごろう》の一行《いっこう》七名《めい》で出立《しゅったつ》、伊勢神宮《いせじんぐう》と金毘羅《こんぴら》さんを参拝《さんぱい》、六四日《にち》間《かん》の道中記《どうちゅうき》（『行徳《ぎょうとく》の歴史散歩《れきしさんぽ》』）。一八〇五年参照《さんしょう》。

●本行徳村《ほんぎょうとくむら》・稲荷木村《とうかぎむら》・大和田村《おおわだむら》・欠真間村《かけまむら》四ケ村名主《そんなぬし》、村方地内字中洲《むらかたちないあざなかす》九人請場所《にんうけばしょ》一帯《いったい》の土地《とち》低《ひく》く堤《つつみ》を切《き》り流《なが》すよう仰《おお》せ付《つけ》けられる（『村方地内字中洲《むらかたちないあざなかす》九人請場所定式御普請所《にんうけばしょじょうしきごぶしんしょ》に仰《おお》せ付《つ》けられ候《そうろう》に付一札《つきいっさつ》（慶応《けいおう》三年三月）』）。

●「天保度執権水野越前守改法《てんぽうどしっけんみずのえちぜんのかみかいほう》に至《いた》り問屋名唱廃絶《とんやめいしょうはいぜつ》に及《およ》び」（『下総行徳塩業《しもうさぎょうとくえんぎょう》』所収《しょしゅう》「内国塩問《ないこくしおどん》屋《や》十ケ条《じょう》」）。天保《てんぽう》の改革《かいかく》により塩問屋《しおどんや》の株仲間《かぶなかま》すべて解散《かいさん》させられる。現代《げんだい》でいう規制緩和《きせいかんわ》にあたる。このため、行徳塩浜《ぎょうとくしおはま》からの棒手振《ぼてぶり》による塩《しお》の江戸《えど》直売《ちょくばい》が増加《ぞうか》した。嘉永《かえい》四年（一八五一）には株仲間《かぶなかま》の再興《さいこう》が許《ゆる》される。

●七月、下妙典村《しもみょうでんむら》「当丑春外野御普請水防諸入用帳《とうしはるそとのごぶしんすいぼうしょにゅうようちょう》」を作成《さくせい》（『行徳《ぎょうとく》レポートその（1）年表《ねんぴょう》・絵地図集《えちずしゅう》』）。

●一〇月八日、日蓮宗妙栄山妙好寺《にちれんしゅうみょうえいざんみょうこうじ》に題目塔《だいもくとう》が建《た》てられる。
「南無妙法蓮華経《なむみょうほうれんげきょう》二千部成就《にせんぶじょうじゅ》」〔台《だい》〕早川《はやかわ》　〔右《みぎ》〕一天四海皆帰妙法《いちてんしかいかいきみょうほう》　後《のち》五百歳広宣流布《さいこうせんるふ》〔台右《だいみぎ》〕河原邑石工三左衛門《かわらむらいしくさんざえもん》　〔左《ひだり》〕天下泰平《てんかたいへい》　家内安全《かないあんぜん》　五穀成就子孫長久《ごこくじょうじゅしそんちょうきゅう》　〔台左《だいひだり》〕石工治兵エ《いしくじへえ》　〔裏《うら》〕首題唱満願主示教院宗宣日顕《しゅだいしょうまんがんしゅしきょういんそうせんにっけん》　題教院妙宣日海實《だいきょういんみょうせんにっかいじつ》　天保《てんぽう》十二辛丑《かのとうしのとし》歳十月上《じょう》旬《じゅん》八日（『市川市《いちかわし》の石造物《せきぞうぶつ》』）

一三年 壬寅《みずのえとら》 一八四二

●五月、「大和田村明細帳《おおわだむらめいさいちょう》〈天保《てんぽう》十三年五月〉」作成《さくせい》される。元禄《げんろく》一五年新検《しんけん》、享保《きょうほう》一五年検地《けんち》、延享《えんきょう》元年検地《けんち》、安永《あんえい》五年検地《けんち》の内容《ないよう》を記述《きじゅつ》。安永検地《あんえいけんち》が詳述《しょうじゅつ》。田畑《でんぱた》とも砂《すな》交《ま》じり真土《まつち》であること、年貢米《ねんぐまい》は村《むら》の河岸《かし》から茶船《ちゃぶね》で江戸《えど》浅草《あさくさ》まで三里半《りはん》のこと、農《のう》間渡世《かんとせい》は男《おとこ》は薪《たきぎ》を拾《ひろ》い、女《おんな》は着料《ちゃくりょう》の木綿《もめん》を織《お》りまたは縄《なわ》をなえ商《あきな》いにすることなどとしている。荒物屋《あらものや》二軒《けん》、薪商売《たきぎしょうばい》四軒《けん》、肥商売《こやししょうばい》三軒《けん》、水菓子《みずがし》商売《しょうばい》二軒《けん》、大工渡世《だいくとせい》二軒《けん》、茶船《ちゃぶね》一四艘《そう》とある。総人数《そうにんずう》一七〇人《にん》、男《おとこ》八二人《にん》、女《おんな》八八人《にん》。

塩田《えんでん》については記載《きさい》がない。元禄新検《げんろくしんけん》で荒浜《あらはま》になったとして塩浜永《しおはまえい》は免除《めんじょ》されているからだ。

この時代《じだい》の大和田村《おおわだむら》は稲荷木村《とうかぎむら》と河原村《かわらむら》の間《あいだ》で現代《げんだい》の江戸川放水路《えどがわほうすいろ》の中《なか》ほどに位置《いち》していた。

●夏《なつ》より秋《あき》にかけ旱天《かんてん》、泉水《せんすい》の水枯《みずか》れて池中《いけなか》の魚死《うおし》したる処多《ところおお》し（『武江年表《ぶこうねんぴょう》』）。干天《かんてん》は行徳塩《ぎょうとくしお》浜《はま》にとっては好都合《こうつごう》。

◉南総里見八犬伝《なんそうさとみはっけんでん》できる

著者《ちょしゃ》は滝沢《たきざわ》（曲亭《きょくてい》）馬琴《ばきん》。全《ぜん》九輯《しゅう》一〇六冊《さつ》。室町時代《むろまちじだい》、安房《あわ》の武将《ぶしょう》里見義実《さとみよしざね》の女《むすめ》伏姫《ふせひめ》が八房《やつぶさ》という犬《いぬ》の精《せい》に感《かん》じて生《う》んだ仁《じん》・義《ぎ》・礼《れい》・智《ち》・忠《ちゅう》・信《しん》・孝《こう》・悌《てい》の八徳《とく》の玉《たま》をもつ八犬士《はちけんし》が、里見氏《さとみし》勃興《ぼっこう》に活躍《かつやく》する伝記《でんき》小説《しょうせつ》。一八一四～一八四二年（文化《ぶんか》一一～天保《てんぽう》一三）刊《かん》。

行徳《ぎょうとく》が登場《とうじょう》するのは第《だい》四輯巻之《しゅうかんの》一第《だい》三十一回《かい》で行徳《ぎょうとく》へ古河《こが》から舟《ふね》が流《なが》れ着《つ》くシーンから。

馬琴《ばきん》は「百年以後《ももとせのち》の知音《ちいん》を俟《ま》つべく」を吐露《とろ》、これは「ももとせのちのちいんをまつべく」だが、知音《ちいん》とは、よく心《こころ》を知《し》りあっている友《とも》の意《い》（『日本評伝選《にほんひょうでんせん》　滝沢馬琴《たきざわばきん》—百年以後《ももとせのち》の知音《ちいん》を俟《ま》つ—』）。一〇〇年後《ご》の未来《みらい》に作品《さくひん》の評価《ひょうか》を託《たく》す。なお、八犬伝《はちけんでん》で主人公《しゅじんこう》に「犬《いぬ》」を据《す》えたのに、馬琴《ばきん》自《みずか》らは極端《きょくたん》な犬嫌《いぬぎら》いだった（『随筆滝沢馬琴《ずいひつたきざわばきん》』）。

●天保年間《てんぽうねんかん》、行徳《ぎょうとく》の人《ひと》が千葉県夷隅郡内野浦《ちばけんいすみぐんうちのうら》に来《き》て製塩《せいえん》に従事《じゅうじ》（『下総行徳塩業史《しもうさぎょうとくえんぎょうし》』）。

一四年　癸卯《みずのとう》　一八四三

●二月六日より、毎夜西南《まいよせいなん》の方《ほう》に白虹顕《しろにじあら》はる。二月九日、地震《じしん》。用水桶《ようすいおけ》の水《みず》こぼるゝ、程《ほど》なり。巳《み》の下刻《げこく》なるべし（『武江年表《ぶこうねんぴょう》』）。

●深川元儁《ふかがわもととし》『房総三州漫録《ぼうそうさんしゅうまんろく》』を著《あらわ》す。天保末年江戸《てんぽうまつねんえど》より下総野海岸《しもうさのかいがん》に沿《そ》い上総《かずさ》に至《いた》る途中《とちゅう》の見聞《けんぶん》雑録《ざつろく》。風土《ふうど》、とくに動植物《どうしょくぶつ》の記事《きじ》は独壇場《どくだんじょう》といわれる。著者《ちょしゃ》の父《ちち》は医師《いし》で、元儁《もととし》は国学《こくがく》の漢学《かんがく》を修《おさ》め、蘭学《らんがく》に通《つう》ずる。安政《あんせい》三年（一八五六）五月、江戸《えど》に没《ぼっ》す。四七歳《さい》。

「中川番所《なかがわばんしょ》はトーリマンス。船堀川《ふなぼりがわ》は曳《ひ》き舟《ぶね》で一二四文《もん》、行徳《ぎょうとく》までは曳《ひ》かない。松《まつ》は大木《たいぼく》がなく風《かぜ》が強《つよ》いのでみんな西《にし》に傾《かたむ》いている。行徳《ぎょうとく》については、四丁目《ちょうめ》は上《あが》り場《ば》で富士山《ふじさん》がよく見《み》える、利根川《とねがわ》（江戸川《えどがわ》）の水《みず》で飯《めし》を炊《た》くと饐《す》える事半日遅《ことはんにちおそ》し、水《みず》は汲《く》み置《お》きしてもこまかい残《のこ》り物《もの》が生《しょう》じない、笹屋《ささや》のうどんは箱入《はこい》りで一〇〇文《もん》からある、ウナギかく事《こと》も一《ひとつ》の産業《さんぎょう》なり、塩浜《しおはま》にて塩《しお》を焼《や》く、近辺《きんぺん》の山《やま》より松葉《まつば》を売《う》る、オマツタキとて価宜《あたいよろ》し」とある（オマツタキの出典《しゅってん》）。

松葉《まつば》と松薪《まつたきぎ》の使用量《しようりょう》。但《ただ》し、石釜一基《いしがまいっき》の場合《ばあい》で、年間《ねんかん》小束《こたば》で七万六八〇〇把《ぱ》、大束《おおたば》で八二八〇把《ぱ》。松林《まつばやし》一反歩《いったんぶ》から一〇〇把《ぱ》の松葉《まつば》・松薪《まつたきぎ》がとれるとして一釜《ひとかま》の消費《しょうひ》をまかなう松林《まつばやし》は七七町《ちょう》歩《ぶ》が必要《ひつよう》（『塩《しお》の日本史《にほんし》』）。行徳塩田《ぎょうとくえんでん》の明治期《めいじき》の収支《しゅうし》では燃料代《ねんりょうだい》は支出《ししゅつ》の約《やく》五〇％を占《し》めていた。江戸時代《えどじだい》も同様《どうよう》（『下総行徳塩業史《しもうさぎょうとくえんぎょうし》』）。燃料供給業者《ねんりょうきょうきゅうぎょうしゃ》への支払《しはら》いは莫大《ばくだい》。

●安藤広重《あんどうひろしげ》、行徳塩浜之図《ぎょうとくしおはまのず》（江戸近郊名所《えどきんこうめいしょ》）を描《えが》く（『市川市史《いちかわしし》』第《だい》四巻文化編第《かんぶんかへんだい》一章市川《しょういちかわ》の文《ぶん》化財《かざい》）。

弘化《こうか》

元年 甲辰《きのえたつ》 一八四四

四月八日　洪水《こうずい》、暴風雨《ぼうふうう》。古河辺《こがあたり》風雨《ふうう》殊《こと》に甚《はなは》だし（『千葉県東葛飾郡誌《ちばけんひがしかつしかぐんし》』）。古河《こが》が雨烈《あめはげ》しければ江戸川《えどがわ》が洪水《こうずい》になる

●六月、河原《かわら》の春日神社《かすがじんじゃ》に出羽三山供養塔《でわさんざんくようとう》が建立《こんりゅう》される。「（梵字《ぼんじ》アーンク）月山《がっさん》　湯殿山《ゆどのさん》　羽黒山《はぐろさん》」［裏《うら》］天下泰平《てんかたいへい》　五穀成就《ごこくじょうじゅ》　天保《てんぽう》十五甲辰《きのえたつ》稔《ねん》六月吉日《きちじつ》［台裏《だいうら》］（姓名《せいめい》72）願主《がんしゅ》（姓名《せいめい》2）世話人《せわにん》（姓名《せいめい》7）石工治兵エ《いしくじへえ》（『市川市《いちかわし》の石造物《せきぞうぶつ》』）

●六月乃至《ないし》七月、洪水《こうずい》、二〇日連日大雨《れんじつおおあめ》。権現堂崩《ごんげんどうくずれ》る。下総沿岸全部水害《しもうさえんがんぜんぶすいがい》（『千葉県東葛飾郡《ちばけんひがしかつしかぐん》誌《し》』）。

●『江戸近郊図《えどきんこうず》』弘化元年版刊行《こうかがんねんばんかんこう》される（『行徳《ぎょうとく》レポートその（1）年表《ねんぴょう》・絵地図集《えちずしゅう》』）。行徳領《ぎょうとくりょう》の各村々《かくむらむら》が描《えが》かれ行徳《ぎょうとく》にとって馴染《なじ》みのある絵地図《えちず》。

二年　乙巳《きのとみ》　一八四五

●二月二二日、本行徳の正讃寺《しょうさんじ》に筆子塚建立《ふでこづかこんりゅう》される。
「當寺《とうじ》　廾《にじゅう》七世慈玄院日演聖人《せいじげんいんにちえんしょうにん》　弘化《こうか》二乙巳年《きのとみのとし》　二月二二日」［台右《だいみぎ》］筆子中《ふでこちゅう》［台左《だいひだり》］檀方《だんかた》
並《ならびに》　俗縁中《ぞくえんちゅう》（『市川市《いちかわし》の石造物《せきぞうぶつ》』）

●三月一五日、一六日、南大風《みなみおおかぜ》にて塩浜囲《しおはまかこみ》　堤《づつみ》大破《たいは》、村役人一同《むらやくにんいちどう》で新浜《しんはま》の分《ぶん》はせいぜい村繕《むらつくろ》いで修復《しゅうふく》したが、四月四日、稀《まれ》なる大風《おおかぜ》にて右塩浜囲《みぎしおはまかこみ》　堤《つつみ》　悉《ことごと》く大破《たいは》、このまま捨《す》て置《お》けば古浜《こはま》の分《ぶん》は格別《かくべつ》、新浜《しんはま》の分《ぶん》まで亡所《ぼうしょ》になるので片時《かたとき》も捨《す》て置《お》きがたく急速御見分下《きゅうそくごけんぶんくだ》されたく、四月五日、行徳《ぎょうとく》　領《りょう》　塩浜付村々総代下妙典《しおはまつきむらむらそうだいしもみょうでん》・本行徳《ほんぎょうとく》・欠真間《かけまま》三カ村名主《そんなぬし》・年寄《としより》より青山九八郎役所《あおやまくはちろうやくしょ》に対《たい》して、大破《たいは》した塩浜囲堤《しおはまかこみつつみ》の検分《けんぶん》を願《ねが》い出《で》る（『塩浜囲堤見分願《しおはまかこみつつみけんぶんねがい》〈弘化《こうか》二年四月〉』）。

四月、下妙典村《しもみょうでんむら》、青山九八郎役所《あおやまくはちろうやくしょ》へ凶年《きょうねん》の節窮民手当《せっきゅうみんてあて》として「麦《むぎ》・籾《もみ》など囲置《かこみお》き日数《にっすう》七二日分余《ぶんあま》りの夫食《ぶじき》に相成候《あいなりそうろう》得共銘々用心雑穀《えどもめいめいようじんざっこく》・野菜物《やさいもの》など精々取受夫食《せいぜいとりうけぶじき》に仕《つかまつ》り候《そうろう》」（『貯穀囲増其外取調書上帳《ちょこくかこみましそのほかとりしらべかきあげちょう》〈弘化《こうか》二年四月〉』）。

●六月、本行徳《ほんぎょうとく》の自性院《じしょういん》に宝篋印塔再建《ほうきょういんとうさいけん》される。一七五六年参照《さんしょう》。

「経曰《つねにいわく》　若有者持能於此塔一香一華《じゃくゆうしゃじのうおいてこのとういっこういっか》　禮拝供養《らいはいくよう》八十億劫生死重罪《おくこうせいしじゅうざい》　一時消滅生免災殃死《いちじしょうめつしょうめんさいおうし》
生佛家《しょうぶつけ》　若有應随阿鼻地獄若有此塔《じゃくゆうおうずいあびじごくじゃくゆうこのとう》　或一禮拝或一右遶塞地獄門《あるいはいちれいはいあるいはいちうじょうそくじごくもん》　開菩提路塔及形像所《かいぼだいろとうおよびけいぞうしょ》
在之處《ざいのところ》　一切如來神力所護《いっさいにょらいしんりきしょご》」［台《だい》］左重屋《ひだりじゅうや》［右《みぎ》］先祖代々《せんぞだいだい》（法名《ほうみょう》）弘化《こうか》二巳《み》六月　中《なか》□施《せ》□
四町目《ちょうめ》　九□重兵衛《じゅうべえ》　現住法印澄山代《げんじゅうほういんしょうざんだい》（法名《ほうみょう》1）［左《ひだり》］（法名《ほうみょう》）［裏《うら》］宝暦《ほうれき》六丙子《ひのえね》里舎《りしゃ》
二月吉辰《きちしん》　自性院現住《じしょういんげんじゅう》　法印宥辨代《ほういんゆうべんだい》　発起《ほっき》（法名《ほうみょう》3）（『市川市《いちかわし》の石造物《せきぞうぶつ》』）

●七月二七日、二八日、丑寅大風雨《うしとらだいふうう》にて塩浜囲堤内通《しおはまかこみつつみうちどおり》に、欠所《けつしょ》、洗切《あらいぎり》など出来《しゅったい》（『塩浜御普請《しおはまごぶしん》其外《そのほか》の儀《ぎ》共願《ともねがい》〈弘化《こうか》二年八月〉』）。

●一〜七月までの砂干日数合計《すなほしにっすうごうけい》四七日、塩垂日数合計《しおたれにっすうごうけい》三七日。塩稼《しおかせぎ》薄必至《うすひっし》と難渋至極《なんじゅうしごく》の年柄《としがら》、役《やく》永全免《えいぜんめん》の嘆願《たんがん》をする（『下総行徳塩業史《しもうさぎょうとくえんぎょうし》』）。

「当巳年《とうみどし》の儀《ぎ》は正月中《しょうがつちゅう》より晴天稀《せいてんまれ》の儀《ぎ》にて同月《どうげつ》は塩干方《しおほしかた》仕候《つかまつりそうろう》日数《にっすう》五日塩垂日数《しおたれにっすう》二ならては無之《これなく》、二月は砂干《すなほし》八日塩垂《しおたれ》七日、三月は砂干《すなほし》八日塩垂《しおたれ》六日、四月は砂干塩垂共《すなほししおたれとも》九日つゝ《ずつ》、塩稼肝要《しおかせぎかんよう》の五月は砂干《すなほし》四日塩垂《しおたれ》二日、六月は砂干《すなほし》九日塩垂《しおたれ》七日、七月は砂干塩垂共《すなほししおたれとも》四日宛《あて》、右《みぎ》の通正月《とおりしょうがつ》より七月の間砂干日数合《あいだすなほしにっすうあわせて》 四七日塩垂同《しおたれどう》三七日、この七ケ月平均《へいきん》一ケ月砂干《すなほし》六日余塩垂《よしおたれ》五日余《よ》に相《そう》当《とう》……」(『下総行徳塩業史《しもうさぎょうとくえんぎょうし》』所収《しょしゅう》「塩役永免除願《しおやくえいめんじょねがい》」)

●八月、新開浜《しんかいはま》お取《と》り立《た》て並《なら》びに稼浜囲堤《かせぎはまかこみつつみ》そのほか、急速《きゅうそく》ご普請《ぶしん》を願《ねが》い出《で》る(『塩浜御普請其外《しおはまごぶしんそのほか》の儀共願《ぎともねがい》』)。

●一〇月、本行徳《ほんぎょうとく》の本久寺《ほんきゅうじ》に標石《ひょうせき》建《た》てられる。

「南無妙法蓮華経《なむみょうほうれんげきょう》」[台《だい》]本久寺《ほんきゅうじ》 [右《みぎ》]身延山日朝上人作《みのぶさんにっちょうしょうにんさく》 眼救護日蓮大菩薩安置《がんきゅうごにちれんだいぼさつあんち》 [左《ひだり》]弘化《こうか》二乙巳歳《きのとみのとし》十月大吉日《だいきちじつ》 [台右《だいみぎ》]江戸馬喰町附木町《えどばくろちょうふきまち》 施主若狭屋亀吉母《せしゅわかさやかめきちはは》きん女《じょ》 [裏《うら》]當山《とうざん》三十三世《せい》 玄明院日壽《げんみょういんにちじゅ》 [台裏《だいうら》] 川原石工治兵エ《かわらいしくじへえ》(『市川市《いちかわし》の石造物《せきぞうぶつ》』)

三年 丙午《ひのえうま》 一八四六

●三月、下肥再議定《しもごえさいぎてい》下総国葛飾郡《しもうさのくにかつしかごおり》八幡町組合《やわたまちくみあい》四二カ村《そん》(『下肥直段取極《しもごえねだんとりき》めに付再議定《つきさいぎてい》〈弘化《こうか》三年三月〉』)、「江戸《えど》の下掃除《しもそうじ》(人糞《じんぷん》)は年々高値《ねんねんたかね》になり田畑養肥《でんぱたようひ》行《い》き届《とど》かず難儀《なんぎ》、寛政《かんせい》の時代《じだい》に仰《おお》せ渡《わた》されたものに立《た》ち戻《もど》るよう、去《さんぬ》る卯《う》(天保《てんぽう》一四年〈一八四三〉)二月中願《ちゅうねが》い上《あ》げたところ、下肥元《しもごえもと》直段《ねだん》取《と》り調《しら》べの上《うえ》、去《さんぬ》る丑年《うしどし》(天保《てんぽう》一二年〈一八四一〉)下掃除代金一割通《しもそうじだいきんいちわりどお》り引《ひ》き下《さ》げることとなった。去る《さんぬる》辰年《たつどし》(弘化元年《こうかがんねん》〈一八四四〉)領々《りょうりょう》立《た》ち合《あ》いの上《うえ》、川河岸々《かわかしがし》直段《ねだん》を取極《とりき》めたところ、暮《くれ》になって差縺《さしもつれ》の筋《すじ》があり、出訴《しゅっそ》に及《およ》んで再吟味《さいぎんみ》してもらったところ厚《あつ》き御利解《ごりかい》の上去《うえさんぬ》る丑《うし》年《ど》売捌《しうりさばき》直段《ねだん》一割通《いちわりどお》り引《ひ》き下《さ》げ河岸直段取極《かしねだんとりき》め置《お》いた通《とお》りになった」としている。その結果《けっか》、一年間《かん》の下肥《しもごえ》河岸直段《かしねだん》は市川村金《いちかわむらきん》一一両《りょう》一分《ぶ》卜銭《とぜに》四貫七百文《かんななひゃくもん》、稲荷木村《とうかぎむら》は一二両《りょう》一分《ぶ》二朱銭《しゅぜに》三貫二《かんに》百文《ひゃくもん》、大和田村《おおわだむら》は一〇両《りょう》三分《ぶ》二朱銭《しゅぜに》三貫二百文《かんにひゃくもん》、川原村《かわらむら》は一三両《りょう》三分銭《ぶぜに》二貫五百文《かんごひゃくもん》となった。

●五月、下妙典村名主宅《しもみょうでんむらなぬしたく》に所蔵《しょぞう》されていた「行徳志村亭句会帳《ぎょうとくしむらていくかいちょう》」から総勢《そうぜい》八二人《にん》の巨大俳句《きょだいはいく》サークルが確認《かくにん》される（『企画図録展《きかくずろくてん》　幕末《ばくまつ》の市川《いちかわ》』）。

◉江戸時代中《えどじだいちゅう》、最大《さいだい》の洪水発生《こうずいはっせい》

六月、連日《れんじつ》の雨《あめ》が大雷雨《だいらいう》となり豪雨《ごうう》が続《つづ》き、江戸時代中最大《えどじだいちゅうさいだい》の洪水発生《こうずいはっせい》。江戸三大洪水《えどさんだいこうずい》の一《ひと》つでかつ最大《さいだい》のもの。利根川《とねがわ》、江戸川決壊《えどがわけっかい》、逆井渡場《さかさいわたしば》から市川渡場《いちかわわたりば》まで一円《えん》に水《みず》が押上《おしあ》げる。奥《おく》戸方面《どほうめん》で水丈《みずたけ》一丈《じょう》三尺余《じゃくよ》、葛西領《かさいりょう》被害甚大《ひがいじんだい》。日本堤《にほんつつみ》より見《み》るに蒼海《そうかい》の如《ごと》し（『武江年表《ぶこうねんぴょう》』）。行《ぎょう》徳《とく》にはなぜか記録《きろく》がない。

●九月、河原《かわら》の春日神社《かすがじんじゃ》の鳥居建立《とりいこんりゅう》。「弘化《こうか》三丙午歳《ひのえうまのとし》九月」「慶應《けいおう》三丁卯年《ひのとうのとし》五月再建《さいけん》」ともに鳥居《とりい》に刻字《こくじ》あり（『明解行徳《めいかいぎょうとく》の歴史大事典《れきしだいじてん》』）。一八六七年参照《さんしょう》。

●九月、河原《かわら》の春日神社《かすがじんじゃ》に句碑《くひ》が建立《こんりゅう》される。「春日社《かすがしゃ》は鹿《しか》と結《むす》ばる紅葉《もみじ》の手《て》　増田大東《ますだだいとう》」「弘化《こうか》三丙午《ひのえうま》□九月吉《きち》□」

大東《だいとう》は屋号《やごう》（『明解行徳《めいかいぎょうとく》の歴史大事典《れきしだいじてん》』）。

四年　丁未《ひのとひつじ》　一八四七

●八月、河原《かわら》に青面金剛像《しょうめんこんごうぞう》（三猿《さんざる》）の道標《どうひょう》建《た》てられる。
［台《だい》］向《むか》テ右《みぎ》ふな《船》ばし《橋》ミチ《道》　中山《なかやま》　［右《みぎ》］向《むか》テ左《ひだり》リ　行《ぎょう》とく《徳》　江戸《えど》　ミち《道》　弘化《こうか》四　未年《ひつじどし》八月吉《きち》
□［台右《だいみぎ》］施主《せしゅ》湯浅清五良《ゆあさせいごろう》　小林治兵エ《こばやしじへえ》　［左《ひだり》］向《むか》テ左《ひだり》リ　やわた《八幡》ミち《道》（『市川《いちかわ》の石造物《せきぞうぶつ》』）
河原《かわら》の小林石材店《こばやしせきざいてん》。

●九月、河原《かわら》の胡録神社《ころくじんじゃ》に鳥居建立《とりいこんりゅう》される。
「弘化《こうか》四丁　未　年《ひのとひつじのとし》九月吉日《きちじつ》」

平成《へいせい》一二年（二〇〇〇）一〇月、小林富夫氏《こばやしとみおし》により西暦《せいれき》二千年記念《きねん》として建《た》て替《か》えられる（『明《めい》解行徳《かいぎょうとく》の歴史大事典《れきしだいじてん》』）。『市川市《いちかわし》の石造物《せきぞうぶつ》』には「［右柱裏《みぎはしらうら》］慶応《けいおう》三丁卯歳《ひのとうのとし》三月再建《さいけん》」とある。

一八六七年と二〇〇〇年参照《さんしょう》。

●九月、河原村《かわらむら》に圦樋《いりひ》が造《つく》られる（『大《おお》きく変貌《へんぼう》した郷土《きょうど》の歴史《れきし》（旧行徳地区《きゅうぎょうとくちく》）』）。この圦樋《いりひ》の石《いし》は現在河原《げんざいかわら》の春日神社《かすがじんじゃ》境内《けいだい》に保存《ほぞん》されている。

嘉《か》永《えい》

元年 戊申《つちのえさる》 一八四八

●四月一九日、下妙典《しもみょうでん》の清寿寺《せいじゅじ》に石祠《いしほこら》建《た》てられる。
（判読不能《はんどくふのう》）［右《みぎ》］嘉永《かえい》元年申《さる》四月十九日 ［左《ひだり》］江戸小網町《えどこあみちょう》三町目《ちょうめ》 伊勢屋幸助《いせやこうすけ》
（『市川市《いちかわし》の石造物《せきぞうぶつ》』）

●六月一九日、押切《おしきり》の光林寺《こうりんじ》に筆子塚《ふでこづか》建立《こんりゅう》される。
「松古酒巻先生墓《しょうこさかまきせんせいはか》」［台《だい》］門人中《もんじんちゅう》 ［台左《だいひだり》］押切《おしきり》 湊《みなと》 湊新田《みなとしんでん》 香取《かんどり》 欠真間《かけまま》 相之川《あいのかわ》 當代嶋《とうだいじま》 堀《ほり》 ［台右《だいみぎ》］伊勢宿《いせじゅく》 関ヶ島《せきがしま》 四丁目《よんちょうめ》 塩焼《しおやき》 妙典《みょうでん》 新宿《しんしゅく》
河原《かわら》 大和田《おおわだ》 稲荷木《とうかぎ》 菅野《すがの》
江《え》 前野《まえの》 上鎌田《かみかまだ》 下□田《しもだ》 二□□《に》 ［裏《うら》］荘譽光含《そうよこうがん》松壽信女《しょうじゅしんにょ》 嘉永元《かえいがん》戊申年《つちのえさるのとし》六月十九日
松《まつ》□めと」（『市川市《いちかわし》の石造物《せきぞうぶつ》』）

●九月、本行徳《ほんぎょうとく》の神明社《しんめいしゃ》に碑《ひ》が建立《こんりゅう》される。
「猿田彦大神《さるたひこおおかみ》 壹町目講中《いっちょうめこうちゅう》」「嘉永元《かえいがん》戊申《つちのえさる》秋九月《あき》」「八人《にん》の名《な》あり」「川原石工治兵衛《かわらいしくじへえ》」
（『明解行徳《めいかいぎょうとく》の歴史大事典《れきしだいじてん》』）

二年　己酉《つちのとり》　一八四九

●二月一七日、本行徳《ほんぎょうとく》の妙頂寺《みょうちょうじ》に筆子塚建立《ふでこづかこんりゅう》される。

「當寺《とうじ》廿《にじゅう》七世《せい》　義應院日良大德《ぎおういんにちりょうだいとく》」［右《みぎ》］嘉永《かえい》二酉《とり》二月十七日　柴朗惺寺《しろうせいじ》　守善院師《しゅぜんいんし》　門弟《もんてい》

［台石《だいみぎ》］檀方中《だんかたちゅう》・筆子中《ふでこちゅう》（『市川市《いちかわし》の石造物《せきぞうぶつ》』）

●五月、行徳領塩浜付村々《ぎょうとくりょうしおはまつきむらむら》一六カ村《そん》（新井《あらい》、湊新田《みなとしんでん》、湊《みなと》、押切《おしきり》、伊勢宿《いせじゅく》、関ヶ島《せきがしま》、儀兵衛新田《ぎへえしんでん》、加藤新田《かとうしんでん》、本行徳《ほんぎょうとく》、下妙典《しもみょうでん》、上妙典《かみみょうでん》、田尻《たじり》、高谷《こうや》、原木《ばらき》、二俣《ふたまた》、西海神《にしかいじん》）より、欠真間村《かけままむら》が棒手売取締議定《ぼてうりとりしまりぎてい》に調印《ちょういん》しないことについて訴訟《そしょう》。相手《あいて》として欠真間村名主伝次郎《かけままむらなぬしでんじろう》、年寄市兵衛《としよりいちべえ》、百姓庄吉《ひゃくしょうしょうきち》の三名《めい》（『棒手売取締《ぼてうりとりしま》り議定《ぎてい》に調印《ちょういん》を拒《こば》み候《そうろう》に付訴状《つきそじょう》〈嘉永《かえい》二年五月〉』）。

その要旨《ようし》は、塩《しお》の棒手振《ぼてふ》りは行商人《ぎょうしょうにん》だが、大猷院様御代《だいゆういんさまみよ》（徳川家光《とくがわいえみつ》、寛永《かんえい》の時代《じだい》〈一六二四〜〉）から囲塩《かこみじお》の分《ぶん》を笊塩《ざるしお》に仕立《した》てて、江戸大伝馬町塩町通《えどおおてんまちょうしおまちどお》り、塩町《しおまち》と其《そ》の他塩町《たしおまち》と唱《とな》える町名《ちょうめい》のある最寄《もよ》りの所《ところ》で塩市《しおいち》を立《た》てて売捌《うりさば》いていたが、近年《きんねん》、竈元《かまもと》へ行《い》き、囲塩《かこみじお》とは違《ちが》い二割《わり》もの減石《げんこく》となる生塩《きじお》を買《か》い囲塩《かこみじお》と偽《いつわ》り、囲塩《かこみじお》の値段《ねだん》で仕入《しい》れ売捌《うりさば》き、御春屋正塩上納《おつきやせいえんじょうのう》に差支《さしつか》えに相成《あいな》り、村役人《むらやくにん》から度々触《たびたびふ》れたが、棒手《ぼて》の者共塩焚場《ものどもしおたきば》で焼《や》き上《あ》げたばかりの塩《しお》を抜買《ぬきが》いし竈元《かまもと》の石数《こくすう》を減《げん》じ、不当《ふとう》に儲《もう》けた金《かね》で大酒《おおざけ》を飲《の》み悪所場《あくしょば》にも出入《でい》りし、塩浜稼《しおはまかせ》ぎの者《もの》まで見真似《みまね》して棒手振《ぼてふ》りになり悪風《あくふうう》つ移り勧農《かんのう》の道《みち》まで失《うしな》い、自然《しぜん》、御役永御上納方《おやくえいごじょうのうかた》にも相響《あいひび》くため、議定《ぎてい》に及《およ》んだが、欠真間村名主伝次郎《かけままむらなぬしでんじろう》と年寄市兵衛《としよりいちべえ》は字相之川分《あざあいのかわぶん》の塩浜《しおはま》八、九卜《ぶ》（八〇〜九〇％）通《どお》り所持《しょじ》、百姓庄《ひゃくしょうしょう》吉《きち》は市兵衛の分家《ぶんけ》であり、相之川分《あいのかわぶん》の家数《やかず》六七〇軒《ろくしちじゅっけん》あるうち棒手《ぼて》売《う》りが五〇人余《にんよ》にもなり、農業《のうぎょう》も塩浜稼《しおはまかせ》ぎもしないようになり、伝次郎《でんじろう》らは何《なに》を考《かんが》えているのか議定《ぎてい》の一札《いっさつ》に調印《ちょういん》を差拒《さしこば》むので、是非《ぜひ》もなく訴訟《そしょう》に及《およ》んだ、としている。

六月三日、「廻状《かいじょう》をもって順達《じゅんたつ》せしめ候《そうろう》、然《しか》らば右一件《みぎいっけん》（棒手振《ぼてふり》のこと）御調中《おしらべちゅう》に御座候《ござそうろう》間《かん》、棒手《ぼて》の者共《ものども》より塩買受《しおかいうけ》に罷越候《まかりこしそうろう》角俵《かくたわら》に仕立売捌《したてうりさばき》の義《ぎ》は御差留下《おさしとめくだ》さるべく候《そうろう》、昨夜志《さくやし》がらきにて申合候《もうしあわせそうろう》義《ぎ》は御座候得《ござそうらえ》ども御不参《ごふさん》の御村《おんむら》もこれあり候《そうろう》に付念《つきねん》のためこの書面《しょめん》にて申上《もうしあ》げ候《そうろう》、先《ま》ずは右申上《みぎもうしあ》げたくかくのごとく御座候《ござそうろう》、以上《いじょう》　本行徳村名主《ほんぎょうとくむらなぬし》権三郎《ごんざぶろう》、伊勢宿村名主《いせじゅくむらなぬし》嘉兵衛《かへえ》、百姓代七左衛門《ひゃくしょうだいしちざえもん》」（『棒手売取締《ぼてうりとりしま》り議定《ぎてい》に調印《ちょういん》を拒《こば》み候《そうろう》に付訴状《つきそじょう》』）。

●六月、香取《かんどり》の香取神社《かんどりじんじゃ》に常夜灯《じょうやとう》が奉納《ほうのう》される。
「奉納常夜燈《ほうのうじょうやとう》」「本湊村願主宇田川平次郎《ほんみなとむらがんしゅうだがわへいじろう》」「法印信宮代《ほういんしんぐうだい》」「嘉永《かえい》二戊《つちのえ》□六月吉《きち》□日《にち》」
（『明解行徳の歴史大事典《めいかいぎょうとくのれきしだいじてん》』）

嘉永《かえい》二年《ねん》は己酉《つちのととり》。

三年　庚戌《かのえいぬ》　一八五〇

●六月中旬《ちゅうじゅん》より曇天多《どんてんおお》く、冷気《れいき》にて病者多《びょうしゃおお》し。秋《あき》、米価貴《べいかたか》し。程《ほど》なく下落《げらく》す。一二月末《まつ》、風邪《かぜ》流行《りゅうこう》、春《はる》に至《いた》る（『武江年表《ぶこうねんぴょう》』）。

●一〇月、上下妙典村《かみしもみょうでんむら》、酉年《とりどし》（嘉永《かえい》二年）に検地《けんち》された塩浜《しおはま》地先海面寄洲《ちさきかいめんよりす》地高《ちだか》の場所《ばしょ》を自普請《じぶしん》で新開塩浜取立方願《しんかいしおはまとりたてかたねが》ったところ、「今年《ことし》五月御下知《おんげち》相済《あいす》み、一〇月より自普請《じぶしん》に取《と》り懸《かか》る」（『御救金《おすくいきん》借用願《しゃくようねがい》〈嘉永《かえい》四年三月〉』）。

一二月　幕府《ばくふ》、国定忠治《くにさだちゅうじ》をはりつけにする（『市川市史年表《いちかわししねんぴょう》』）

四年　辛亥《かのとい》　一八五一

●三月二九日、上妙典《かみみょうでん》、下妙典両名主《しもみょうでんりょうなぬし》、年寄《としより》、百姓代《ひゃくしょうだい》らより、塩稼《しおかせ》ぎ困難《こんなん》につき、金《きん》一五〇両《りょう》を一五年賦返済《ぶへんさい》で借用《しゃくよう》したい旨《むね》、役所《やくしょ》に願《ねが》い出《で》る（『御救金借用願《おすくいきんしゃくようねがい》〈嘉永《かえい》四年三月〉』）。史《し》料《りょう》によれば、昨年《さくねん》一〇月より自普請中《じぶしんちゅう》の新開塩浜《しんかいしおはま》の工事《こうじ》について諸色値上《しょしきねあ》がりがあり資金難《しきんなん》となり借用願《しゃくようねが》いとなったとする。上妙典村百姓《かみみょうでんむらひゃくしょう》一二名《めい》、下妙典村百姓《しもみょうでんむらひゃくしょう》七名《めい》の名《な》と印《いん》がある。

◉塩問屋《しおどんや》が解散《かいさん》させられたが、その後《ご》に復活《ふっかつ》

三月一三日、「町奉行遠山左衛門尉《まちぶぎょうとおやまさえもんのじょう》廰所《ちょうしょ》に於《お》いて問屋再興《とんやさいこう》に相成《あいなる》」（『下総行徳塩業史《しもうさぎょうとくえんぎょうし》』所《しょ》収《しゅう》「内国塩問屋十ケ条《ないこくしおどんやかじょう》」）。

天保《てんぽう》一二年（一八四一）に解散《かいさん》させられた塩問屋《しおどんや》の株仲間《かぶなかま》が再興《さいこう》を許《ゆる》され、新《あら》たな株仲間《かぶなかま》の参《さん》入《にゅう》も許《ゆる》される。一八四〇年参照《さんしょう》。

五年 壬子《みずのえね》 一八五二

●七月、医王山宝性寺《いおうざんほうしょうじ》に不動明王建立《ふどうみょうおうこんりゅう》される。お不動《ふどう》さんと呼《よ》ばれていたが徳蔵寺《とくぞうじ》へ移《うつ》される（『明解行徳《めいかいぎょうとく》の歴史大事典《れきしだいじてん》』）。

●一二月二一日、行徳領塩浜付村々《ぎょうとくりょうしおはまつきむらむら》より、関東取締出役《かんとうとりしまりでやく》に対《たい》し、二月から八月下旬《げじゅん》までの繁用《はんよう》の時節《じせつ》に最寄《もよ》りの国々《くにぐに》より雇人足《やといにんそく》の宿《やど》をしたい旨《むね》の請書《うけしょ》を提出《ていしゅつ》（原木村《ばらきむら》）（『行徳《ぎょうとく》レポートその（1）―年表《ねんぴょう》・絵地図集《えちずしゅう》―』）。

六年 癸丑《みずのとうし》 一八五三

●一月二一日、本行徳村《ほんぎょうとくむら》より、原木村《ばらきむら》に対《たい》し、来《きた》る二九日までに正塩《せいえん》六俵《ぴょう》を差出《さしだ》すよう通知《つうち》（原木村《ばらきむら》）（『行徳《ぎょうとく》レポートその（1）―年表《ねんぴょう》・絵地図集《えちずしゅう》―』）。

●二月六日、代官所手代《だいかんしょてだい》より、行徳領《ぎょうとくりょう》の塩浜《しおはま》で荒浜《あらはま》になっている分《ぶん》、並《なら》びに高入《たかいれ》を願《ねが》っている分《ぶん》を書出《かきだ》すよう通達《つうたつ》があった旨本行徳村《むねほんぎょうとくむら》より通知《つうち》（『市川市史年表《いちかわししねんぴょう》』）。

●三月一四日、本行徳村年寄《ほんぎょうとくむらとしより》より、行徳領各村《ぎょうとくりょうかくむら》に対《たい》し、塩浜出来塩《しおはまできじお》、諸掛《しょかか》り、売値《うりね》など巨細取《こさいとり》調《しら》べ、一六日までに書付《かきつけ》を差出《さしだ》すよう通知《つうち》（『市川市史年表《いちかわししねんぴょう》』）。

●三月二六日、本行徳村《ほんぎょうとくむら》より、原木村《ばらきむら》に対《たい》し、正塩《せいえん》八俵《ぴょう》を四月三日までに行徳河岸《ぎょうとくがし》へ付出《つけだ》すよう通知《つうち》（『市川市史年表《いちかわししねんぴょう》』）。ここでいう行徳河岸《ぎょうとくがし》とは市川市押切《いちかわしおしきり》に跡地《あとち》がある祭礼河岸《さいれいがし》（行徳河岸《ぎょうとくがし》）のことである。

●三月　関東取締出役《かんとうとりしまりでやく》より、子供《こども》たちが往還《おうかん》に縄《なわ》を張《は》り、往来《おうらい》の者《もの》に迷惑《めいわく》をかけ、銭《ぜに》をねだり、それを元手《もとで》に賭《か》けをするなどを禁《きん》ずる旨通知《むねつうち》（『市川市史年表《いちかわししねんぴょう》』）。

●四月一日、御春屋《おつきや》より、当丑年《とううしどし》より納塩《のうえん》を五〇石《こくま》増す通達《つうたつ》があった旨《むね》、本行徳村《ほんぎょうとくむら》より塩浜村々《しおはまむらむら》に通知《つうち》（『市川市史年表《いちかわししねんぴょう》』）。塩俵《しおだわら》は一俵《ぴょう》五斗入《といり》だから一石《こく》で二俵《ひょう》、五〇石《こく》では一〇〇俵《ぴょう》である。一カ月《げつ》あたり約《やく》八俵増《ひょうぞう》となる。

◉黒船《くろふね》が来《き》たので台場《だいば》を建設《けんせつ》

六月三日、アメリカ東《ひがし》インド艦隊司令長官《かんたいしれいちょうかん》ペリー、遣日国使《けんにちこくし》として軍艦《ぐんかん》四隻《せき》を率《ひき》いて浦賀《うらが》に来航《らいこう》。

六月七日、代官所《だいかんしょ》より、今般相州浦賀沖《こんぱんそうしゅううらがおき》へ異国船渡来《いこくせんとらい》のため海岸見廻《かいがんみまわ》りなどするよう通達《つうたつ》（原木村《ばらきむら》）（『行徳《ぎょうとく》レポートその（1）—年表《ねんぴょう》・絵地図集《えちずしゅう》—』）。

九月二四日、稲荷木村《とうかぎむら》、品川台場建設《しながわだいばけんせつ》に「明俵《あきだわら》」三〇〇俵《ぴょう》を供出《きょうしゅつ》（『企画展図録《きかくてんずろく》　幕末《ばくまつ》の市川《いちかわ》』）。幕府《ばくふ》、品川台場《しながわだいば》に外国船来襲《がいこくせんらいしゅう》に備《そな》えて砲台《ほうだい》を建設《けんせつ》、七五万両《まんりょう》と一〇カ月《げつ》で五基完成《きかんせい》。行徳領《ぎょうとくりょう》の者《もの》が第三台場《だいだいば》の埋立《うめたて》と杭打《くいうち》、第六台場《だいだいば》の杭打《くいうち》を請負《うけお》った。一一月には稲荷木村《とうかぎむら》が冥加《みょうが》として米《こめ》三〇俵《ぴょう》を台場建設《だいばけんせつ》のために寄付《きふ》している。明俵《あきだわら》は六〇万俵《まんびょう》を使用《しよう》。

安《あん》政《せい》

元年　甲寅《きのえとら》　一八五四

一月一六日　ペリー、軍艦《ぐんかん》七隻《せき》を率《ひき》いて再《ふたた》び神奈川沖《かながわおき》に来航《らいこう》

二月四日　代官所《だいかんしょ》より、異国船見物《いこくせんけんぶつ》のため船《ふね》を出《だ》し近寄《ちかよ》る等《など》のことを禁《きん》ずる旨《むね》の触《ふ》れを通達《つうたつ》
（『市川市史年表《いちかわししねんぴょう》』）

●二月七日、佐原飛脚問屋吉田氏《さわらひきゃくどんやよしだし》、市川市本行徳《いちかわしほんぎょうとく》（三丁目《ちょうめ》）二三番《ばん》に馬頭観音像《ばとうかんのんぞう》を建立《こんりゅう》。「馬頭観世音《ばとうかんぜおん》　嘉永《かえい》七年寅《とら》二月七日　佐原飛脚問屋《さわらひきゃくどんや》　吉田氏《よしだし》」とある。押切《おしきり》の祭礼河岸《さいれいがし》から佐原《さわら》までの江戸《えど》からの下《くだ》り荷《に》の運搬《うんぱん》に馬《うま》と船《ふね》を使用《しよう》。佐原《さわら》からは米《こめ》などの農産物《のうさんぶつ》を輸送《ゆそう》。これをのこぎり商《あきな》いという（『郷土読本《きょうどどくほん》　行徳《ぎょうとく》　塩焼《しおやき》の郷《さと》を訪《たず》ねて』）。嘉永《かえい》七年は安政《あんせい》元年。

●二月晦日《みそか》、品川第《しながわだい》三台場《だいば》の埋立《うめたて》・地杭打《じくいうち》を行徳領《ぎょうとくりょう》の者《もの》が請負《うけお》う（『企画展図録《きかくてんずろく》　幕末《ばくまつ》の市川《いちかわ》』）。

●三月、国学者間宮永好《こくがくしゃまみやながよし》、『神野山日記《かのうさんにっき》』初稿《しょこう》。三月九日から一九日まで妻《つま》などを伴《ともな》って上総国市原郡引田《かずさのくにいちはらごおりひきた》の村長立野良道《むらおさたてのりょうどう》を訪《おとず》れ、鹿野山《かのうさん》に遊《あそ》んだときの紀行文《きこうぶん》。

「小網町《こあみちょう》の筥崎《はこざき》（現箱崎《げんはこざき》ジャンクション）といふ《う》処《ところ》より、笹《ささ》の一葉《いちよう》を浮《うか》べて、隅田川《すみだがわ》の川尻《かわじり》に出《い》

づ。（中略《ちゅうりゃく》）萬年橋《まんねんばし》・高橋《たかばし》・扇橋《おおぎばし》・小名木澤《おなぎさわ》などを過《す》ぐれば、中川《なかがわ》なり。（中略《ちゅうりゃく》）中川《なかがわ》の御番所《ごばんしょ》は、左《ひだり》の方《かた》の此方《こちら》の角《かど》にあり。此《これ》は御旗本三千石以上《おはたもとさんぜんごくいじょう》の御方守護《おかたしゅご》し給《たま》ふ。舟人《ふなびと》『通《とお》り候《さぶら》ふ』と、高《たか》やかに申《もう》せば、汀近《みぎわちか》き小屋《こや》に足軽《あしがる》めきたる者二人《ものふたり》ばかりゐ《い》て、『を』と答《こた》ふ。此《こ》の川《かわ》は北《きた》より南《みなみ》に流《なが》るゝを西《にし》より東《ひがし》に横《よこ》ぎりて小川《おがわ》に入《い》る。こゝを舟堀《ふなぼり》といひ《い》、新川《しんかわ》ともいふ《う》めり。此所《このところ》より舟《ふね》に長《なが》き綱《つな》をつけて引《ひ》き行《い》く。おのれ、こゝを通《とお》る事《こと》あまた度《ど》に及《およ》べど、綱手引《つなてび》くさまなどのをかしさ、なほ飽《あ》かず打見《うちみ》まほし。

綱手引《つなてび》く小舟《こぶね》の棹《さお》の見馴《みな》れても飽《あ》かず心《こころ》の行《い》く川瀬《かわせ》かな

一里《いちり》ばかり行《い》きて太井川《ふといがわ》に出《い》でむ《ん》とする所《ところ》を今井川《いまいがわ》といへ《え》り。（中略《ちゅうりゃく》）今井村《いまいむら》の間《あいだ》を太ゐ川《ふといがわ》に漕《こ》ぎ出《い》で、一里《いちり》ばかりさし上《あが》れば行徳《ぎょうとく》の宿《しゅく》なり。舟《ふね》より下《お》りて、しがらきといへ《え》る茶屋《ちゃや》にて人《ひと》を待《ま》つ。（中略《ちゅうりゃく》）待《ま》つ人《ひと》の遅《おそ》きに、人《ひと》に言《こと》づけ置《お》きて立出《たちい》づ。（中略《ちゅうりゃく》）八幡《やわた》の宿《しゅく》の加藤又左衛門《かとうまたざえもん》が家《いえ》を訪《おとな》ふ。主《あるじ》いと喜《よろこ》ぼひ《い》て懇《ねんごろ》に経営《けいえい》す。（中略《ちゅうりゃく》）一九日。検見川《けみがわ》を立《た》ちて、ありし道《みち》を行《い》く。舟橋《ふなばし》にて人々別《ひとびとわか》れぬ。行徳《ぎょうとく》より例《れい》の舟路《ふなじ》を帰《かえ》る。家《いえ》に着《つ》きたるは夕日山《ゆうひやま》の端《はし》に舂《うす》づく頃《ころ》なり」（『明解行徳《めいかいぎょうとく》の歴史大事典《れきしだいじてん》』）

七月九日　幕府《ばくふ》、日章旗《にっしょうき》を日本国総船印《にほんこくそうふなじるし》に制定《せいてい》

●七月一〇日〜一五日頃《ころ》まで、深夜月《しんやつき》の形《かたち》七ツ或《あるい》ひは四ツ三ツ半位《はんくらい》に見《み》ゆる。秋《あき》、傷寒《しょうかん》（腸《ちょう》チフス）風邪等《かぜなど》の病人多《びょうにんおお》し。この冬《ふゆ》、更《さら》に雨《あめ》なし（『武江年表《ぶこうねんぴょう》』）。

●八月二九日、原木村《ばらきむら》の前名主嘉七《ぜんなぬしかしち》、品川第六台場《しながわだいだいば》の下請《したう》けに決《き》まり前日《ぜんじつ》に下見《したみ》をする。二カ月後《げつご》に完成《かんせい》（『企画展図録《きかくてんずろく》 幕末《ばくまつ》の市川《いちかわ》』）。

●一〇月一三日、市川《いちかわ》・原木《ばらき》両村名主《りょうそんなぬし》に対《たい》し、過日代官所《かじつだいかんしょ》よりの指示《しじ》にて見学《けんがく》した医師《いし》良安設計《りょうあんせっけい》の揚水器《ようすいき》について、この辺《へん》では在来《ざいらい》からの水車《すいしゃ》で差支《さしつか》えないとの返答《へんとう》を、代官所《だいかんしょ》に出《だ》した旨通知《むねつうち》（曽谷村《そやむら》）（『行徳《ぎょうとく》レポートその（1）―年表《ねんぴょう》・絵地図集《えちずしゅう》―』）。

◉安政東海地震《あんせいとうかいじしん》・安政南海地震《あんせいなんかいじしん》・安政江戸地震《あんせいえどじしん》起《お》きる

一一月四日、巳刻《みのこく》（午前十時頃《ごぜんじゅうじごろ》）安政東海地震《あんせいとうかいじしん》、震源《しんげん》、遠州灘沖《えんしゅうなだおき》。マグニチュード8・4。安《あ》房国《わのくに》、銚子《ちょうし》など大津波《おおつなみ》。死者《ししゃ》二〇〇〇～四〇〇〇人《にん》。江戸川区《えどがわく》の新川筋《しんかわすじ》、暴浪《ぼうろう》はげしく船《ふね》が堤《つつみ》へ打《う》ち上《あ》げられ川底《かわぞこ》までが見《み》えた（『江戸川区史《えどがわくし》』第《だい》三巻《かん》）。

一一月五日、安政南海地震《あんせいなんかいじしん》、震源《しんげん》、土佐沖《とさおき》。マグニチュード8・4。死者数千人《ししゃすうせんにん》。

一一月三日、辰半刻《たつはんこく》、地震《じしん》。市中《しちゅう》の者《もの》は大路《おおじ》へかけ出《だ》す。翌《よく》五日深夜《しんや》まで数度震《すうどふる》ふ。小川町諸《おがわちょうしょ》侯《こう》のやしきには厩潰《うまやつぶ》れ、その外土蔵《ほかどぞう》の壁等所々《かべなどしょしょ》に破損多《はそんおお》く、長屋潰《ながやつぶ》れて即死《そくし》に及《およ》びけるもありし由《よし》なり。同刻伊豆国《どうこくいずのくに》甚《はなは》だしく震《ふる》ひ、東海道筋《とうかいどうすじ》これに亜《つ》げりと云《い》ふ（『武江年表《ぶこうねんぴょう》』）。

※一一月二六日までは嘉永《かえい》七年。

●一二月、本行徳《ほんぎょうとく》の神明社《しんめいしゃ》（豊受《とようけ》）に狛犬奉納《こまいぬほうのう》される。
〈右《みぎ》〉奉《ほう》 貳丁目《にちょうめ》（姓名《せいめい》2）三丁目《ちょうめ》（姓名《せいめい》3）嘉永《かえい》七年甲寅《きのえとら》十二月 川原石工治兵衛《かわらいしくじへえ》 〈左《ひだり》〉

献《けん》　嘉永《かえい》七年□□十二月（『市川市《いちかわし》の石造物《せきぞうぶつ》』）

●この年《とし》、本行徳四丁目《ほんぎょうとくよんちょうめ》の笹屋《ささや》の建物《たてもの》が建《た》てられる（『行徳歴史街道《ぎょうとくれきしかいどう》3』）。平成《へいせい》三〇年（二〇一八）実在《じつざい》の建物《たてもの》。

●「此《こ》の頃《ころ》、町飛脚《まちひきゃく》といふ《う》もの市中《しちゅう》へ出《で》て、書簡《しょかん》を届《とど》くるをもてなりはい《わ》とす。浅草《あさくさ》より出《いで》たるが始《はじ》めにて、所々《しょしょ》より出《い》づ。ちい《小》さ成《な》る箱《はこ》を背負《せおい》ひ、棒《ぼう》の先《さき》へ風鈴《ふうりん》を下《さ》ぐる」（『武江年表《ぶこうねんぴょう》』）

二年乙卯《きのとう》　一八五五

●一〇月二日、安政江戸地震《あんせいえどじしん》、地震《じしん》と津波《つなみ》で塩浜囲堤《しおはまかこみづつみ》が切《き》れ大被害《だいひがい》（『塩役永上納御免願《しおやくえいじょうのうごめんねがい》〈安政《あんせい》三年八月〉』）。江戸川河口《えどがわかこう》（埼玉県東南部《さいたまけんとうなんぶ》とも）を震源《しんげん》としマグニチュード6・9。死者《ししゃ》四〇〇〇余人《よにん》。江戸時代《えどじだい》を通《つう》じて最大《さいだい》の地震《じしん》。下総《しもうさ》の西部地域《せいぶちいき》（行徳《ぎょうとく》・南行徳《みなみぎょうとく》を含《ふく》む）で倒壊家屋多《とうかいかおくおお》し。安政東海地震《あんせいとうかいじしん》と安政南海地震《あんせいなんかいじしん》、安政江戸地震《あんせいえどじしん》は、現在《げんざい》その再来《さいらい》を最《もっと》も危惧《きぐ》されている地震《じしん》である。

「凡《およ》そこのたびの地震《じしん》、江戸《えど》に於《お》いては元禄《げんろく》十六年の大震《たいしん》なるべし（今夜四時《こんやよつどき》〈午後十時《ごごじ》〉より明方迄《あけがたまで》三十余度震《よたびふる》ひ、其《そ》の余《よ》十月迄《まで》百二十度《ど》に及《およ》べり）。隅田川堤《すみだがわつつみ》裂《さ》け台地《だいち》割《わ》れて、泥水《どろみず》湧《わ》き出《い》でたり。本所《ほんじょ》の地《ち》は殊《こと》に震動烈《しんどうはげ》しく、家々両側《いえいえりょうがわ》より道路《どうろ》へ倒《たお》れかゝ《り》りて、往来《おうらい》なり難《がた》かりしと、死亡《しぼう》幾百人《いくひゃくにん》なるを知《し》らず、又焼亡《またしょうぼう》の場所多《ばしょおお》し。深川《ふかがわ》の地《ち》も本所《ほんじょ》と等《ひと》しく震動甚《しんどうはなは》だしく、潰《つぶ》れたる家々《いえいえ》より出火多《しゅっかおお》し」（『武江年表《ぶこうねんぴょう》』）
「私共村々《わたしどもむらむら》の儀《ぎ》、去《さんぬ》る卯年《うどし》（一八五五年）の津波大地震等《つなみおおじしんなど》にて塩浜囲堤切所多分出来御普請願《しおはまかこみつつみきりしょたぶんしゅったいごふしんねが》い上《あ》げ奉《たてまつ》り候《そうろう》」（『塩役永上納御免願《しおやくえいじょうのうごめんねがい》』）
猫実《ねこざね》の花蔵院《けぞういん》、大地震《おおじしん》で本堂倒壊《ほんどうとうかい》（『浦安町誌上《うらやすちょうしじょう》』）。

●一〇月二日（安政年中《あんせいねんちゅう》カ）、関ケ島《せきがしま》の徳蔵寺《とくぞうじ》に常夜燈建立《じょうやとうこんりゅう》される。
「常夜燈《じょうやとう》」［裏《うら》］天保《てんぽう》二歳辛卯《さいかのとう》二月［基壇《きだん》］文政《ぶんせい》十二年 玉露童女《ぎょくろどうじょ》 己丑《つちのとうし》二月十七日［基壇右《きだんみぎ》］其先所献《そのさきしょけん》 之不易也《これふえきなり》 安政乙卯《あんせいきのとう》 十月二日 大哉値於 大地震動《だいちしんどう》 為無《ためむ》□崩《ほう》 且為追孝《かつためついこう》 畏敬以補《いけいもっておぎなう》 乎斯基焉《やかくきえん》［基壇左《きだんひだり》］下總國佐倉家中《しもうさのくにさくらかちゅう》 鈴木太曽右衛門《すずきたそうえもん》 本行徳驛《ほんぎょうとくえき》四丁目《ちょうめ》 淡雪樓武左衛門《あわゆきろうぶざえもん》 両家為子孫繁昌《りょうけためしそんはんじょう》 家内安全尊前建《かないあんぜんそんぜんけん》（『市川市《いちかわし》の石造物《せきぞうぶつ》』）
文政《ぶんせい》十二年の銘《めい》がある基壇《きだん》の上《うえ》に天保《てんぽう》二年に常夜燈《じょうやとう》が再建《さいけん》されたが、安政《あんせい》二年の大地震《おおじしん》で崩《くず》れたため更《さら》に再建《さいけん》されたことが分《わ》かる。一八二九年、一八三一年参照《さんしょう》。

三年 丙辰《ひのえたつ》 一八五六

●正月《しょうがつ》、江戸川通行徳領《えどがわどおりぎょうとくりょう》三二ケ村組合《そんくみあい》の内稲荷木村《うちとうかぎむら》・大和田村《おおわだむら》・河原村《かわらむら》・下新宿村《しもしんしゅくむら》・上妙典村《かみみょうでんむら》・下妙典村《しもみょうでんむら》六ケ村《かそん》、御普請御入用諸色代並《ごふしんごにゅうようしょしきだいなら》びに人足賃永《にんそくちんえい》などを下妙典村名主藤左衛門《しもみょうでんむらなぬしとうざえもん》と八幡町名主又左衛門《やわたまちなぬしまたざえもん》に下《さ》げ渡《わた》されるよう願《ねが》い上《あ》げ（『御普請諸色入用金請取人《ごふしんしょしきにゅうようきんうけとりにん》に付願《つきねがい》〈安政《あんせい》三年正《しょう》月《がつ》〉』)。

二月　代官所《だいかんしょ》より、海岸防御《かいがんぼうぎょ》のため寺院《じいん》の梵鐘《ぼんしょう》をつぶし、大砲《たいほう》、小銃《しょうじゅう》を作《つく》るにつき、梵鐘調《ぼんしょうちょう》査《さ》の触《ふ》れを通達《つうたつ》(『市川市史年表《いちかわししねんぴょう》』)

●三月一日、代官所《だいかんしょ》より、行徳領村々《ぎょうとくりょうむらむら》に対《たい》し、年貢正塩《ねんぐせいえん》の俵拵《たわらこしら》えなど不十分《ふじゅうぶん》につき叱責《しっせき》の通達《つうたつ》(『市川市史年表《いちかわししねんぴょう》』)。

●三月五日、八幡宿問屋《やわたじゅくとんや》より、明《みょう》六日成田不動尊江戸深川開帳《なりたふどうそんえどふかがわかいちょう》のため通行《つうこう》、関東取締出役《かんとうとりしまりでやく》太田《おおた》源助《げんすけ》ほか二名付添《めいつきそ》いの旨通知《むねつうち》(『市川市史年表《いちかわししねんぴょう》』)。

三月二〇日より六十日の間《あいだ》、下総国成田山不動尊《しもうさのくになりたさんふどうそん》、深川永代寺《ふかがわえいたいじ》において開帳《かいちょう》。

「江戸着《えどちゃく》の時送迎《ときそうげい》の人数《にんずう》、千住《せんじゅ》より深川迄街巷《ふかがわまでまちまた》に塞《ふさが》り、錐《きり》を立《た》つべき所《ところ》なし。開帳中日参朝参《かいちょうちゅうにっさんちょうさん》等夥《などおびただ》しく諸人山《もろびとやま》をなせり。永代寺境内《えいたいじけいだい》は寸地《すんち》を洩《も》らさず、看《み》せ物《もの》、茶店《ちゃみせ》、諸商人《しょしょうにん》の仮屋《かりや》をつらねたり。又奉納《またほうのう》の米穀《べいこく》、幟《のぼり》、挑灯《ちょうちん》、扁額等境内《へんがくなどけいだい》に充満《じゅうまん》せり。看《み》せ物《もの》は江戸細工人《えどさいくにん》の造《つく》りし活人《いきにん》形《ぎょう》、里見八犬士《さとみはちけんし》の土偶人《どぐうじん》、(中略《ちゅうりゃく》)その余色々《よいろいろ》の見《み》せもの出《いで》たり」(『武江年表《ぶこうねんぴょう》』)

●三月中《ちゅう》、前年《ぜんねん》の大地震津波《おおじしんつなみ》の被害《ひがい》に付御普請皆出来有難《つきごぶしんみなできありがた》き仕合《しあわ》せに存《ぞん》じ奉《たてまつ》り候《そうろう》(『塩役永上《しおやくえいじょう》納御免願《のうごめんねがい》〈安政《あんせい》三年八月〉』)。

●「八月二五日夜《よる》、南大風雨《みなみだいふうう》、津浪《つなみ》にて囲堤切所洗切所《かこみづつみきりしょあらいきりしょ》など夥《おびただ》しく出来《しゅったい》、塩浜新田畑《しおはましんでんぱた》とも皆亡《みなぼう》所《しょ》となり竈屋《かまどや》は勿論潮溜船《もちろんしおためぶね》、塩垂道具迄残《しおたれどうぐまでのこ》らず押《お》し流《なが》され候《そうろう》。当辰年上納塩浜年貢《とうたつどしじょうのうしおはまねんぐ》の内《うち》四分《ぶんの》三永納《えいのう》の分《ぶん》は勿論《もちろん》、四分《ぶんの》一正塩納《せいえんのう》の内《うち》これまで御番屋《おばんや》へ相納候分相除《あいおさめそうろうぶんあいのぞ》き其余皆御免除願《そのよみなごめんじょねが》い」(『塩《しお》

役永上納御免願《やくえいじょうのうごめんねがい》』）。新井村《あらいむら》・湊村《みなとむら》・欠真間村《かけままむら》・押切村《おしきりむら》・湊新田《みなとしんでん》・伊勢宿村《いせじゅくむら》・関ケ島村《せきがしまむら》・上妙《かみみょう》典村《でんむら》・儀兵衛新田《ぎへえしんでん》・田尻村《たじりむら》・加藤新田《かとうしんでん》・本行徳村《ほんぎょうとくむら》・高谷村《こうやむら》・下妙典村《しもみょうでんむら》・二俣村《ふたまたむら》・西海神村《にしかいじんむら》・原木《ばらき》村《むら》の一七カ村《そん》。

「海嘯《つなみ》（かいしょう）により逆浪漲《さかなみみなぎ》りて、大小《だいしょう》の船《ふね》を覆《くつがえ》し、或《ある》ひは岸《きし》に打上《うちあ》げ、石垣《いしがき》を損《そん》じ、洪《こう》波陸《はりく》へ溢濫《いつらん》して家屋《かおく》を傷《そこな》ふ。深川本所《ふかがわほんじょ》の地《ち》、大方床《おおかたゆか》の上《うえ》二、三尺水《じゃくみず》の上《あが》りたるが多《おお》し。砂村辺《すなむらあたり》、行徳《ぎょうとく》の辺《あたり》、堀江猫実三崎《ほりえねこざねみさき》の辺《あたり》、其《そ》の余近郊人家《よきんこうじんか》流《なが》れ、溺死《できし》のもの多《おお》し」（『武江年表《ぶこうねんぴょう》』）

一〇月、「当《とう》八月二五日夜《よる》の南大風雨津浪《みなみおおかぜあめつなみ》にて切所洗切所等《きりしょあらいきりしょなど》多分出来《たぶんしゅったい》、家居床上迄潮水押上《かきょゆかうえまでしおみずおしあ》げ流失家等《りゅうしついえなど》これあり候《そうろう》、として急《いそ》いで水留御普請願上《みずどめごぶしんねがいあげ》」（『内堀御普請願《うちぼりごぶしんねがい》〈安政《あんせい》三年十月〉』）。田《た》尻村《じりむら》・高谷村《こうやむら》・原木村《ばらきむら》・二俣村《ふたまたむら》ほか、二八カ村惣代市川村《そんそうだいいちかわむら》・八幡町《やわたまち》・本行徳村《ほんぎょうとくむら》。以上《いじょう》は江戸川通《えどがわどお》り三二カ村組合定式御普請場所《そんくみあいじょうしきごぶしんばしょ》。

この文書《ぶんしょ》の趣旨《しゅし》は、田畑《でんぱた》に転換《てんかん》した古浜《こはま》の外側《そとがわ》に「定式御普請場所《じょうしきごぶしんばしょ》」の堤《つつみ》があったが、その外《そと》側《がわ》に新浜《しんはま》が作《つく》られてその新浜《しんはま》を囲《かこ》う堤《つつみ》が築《きず》かれた。幕府《ばくふ》は外側《そとがわ》の堤《つつみ》に安心《あんしん》して内側《うちがわ》の定式御普請《じょうしきごぶしん》場所《ばしょ》だった堤《つつみ》の手入《てい》れをしなかったので、八月二五日の大風雨《だいふうう》・津波《つなみ》の節《せつ》、内側《うちがわ》の堤《つつみ》も壊《こわ》れてしまって作物《さくもつ》が汐枯《しおがれ》になり、大《おお》いに困窮《こんきゅう》してしまった。したがって、外側《そとがわ》だけでなく内側《うちがわ》の堤《つつみ》も定《じょう》式御普請《しきごぶしん》（幕府《ばくふ》の費用《ひよう》）をもって修復《しゅうふく》して欲《ほ》しい、ということ。

また、この災害《さいがい》に対《たい》して金《きん》一〇〇両《りょう》を下《くだ》り塩問屋《しおどんや》から借用《しゃくよう》。条件《じょうけん》は同《どう》四年より三カ年間《かん》、赤穂《あこう》・才田塩《さいたじお》を購入販売《こうにゅうはんばい》し、塩《しお》一〇〇俵《ぴょう》につき銀《ぎん》三匁《もんめ》ずつを積《つ》み立《た》てることとし、一カ年見積《みつも》り金《きん》一〇〇両《りょう》を下《くだ》り塩問屋《じおどんや》より補助《ほじょ》することとなり、辛《かろ》うじて塩焼稼業《しおやきかぎょう》を継続《けいぞく》（『千葉県《ちばけん》東葛飾郡《ひがしかつしかぐん》誌《し》』『下総行徳塩業史《しもうさぎょうとくえんぎょうし》』）。

●一〇月二四日、「行徳領《ぎょうとくりょう》三十三カ村村役人名前書《そんむらやくにんなまえがき》〈安政《あんせい》三年十月〉」作成《さくせい》。堀江《ほりえ》・猫実《ねこざね》・当代島《とうだいじま》・新井《あらい》・欠真間《かけまま》・湊新田《みなとしんでん》・湊《みなと》・押切《おしきり》・伊勢宿《いせじゅく》・関ケ島《せきがしま》・本行徳《ほんぎょうとく》・下新宿《しもしんしゅく》・河原《かわら》・大和田《おおわだ》・稲荷木《とうかぎ》・下妙典《しもみょうでん》・上妙典《かみみょうでん》・田尻《たじり》・高谷《こうや》・原木《ばらき》・二俣《ふたまた》・西海神《にしかいじん》・印内《いんない》・寺内《てらうち》・本郷《ほんごう》・二子《ふたこ》・小栗原《おぐりはら》・鬼越《おにごえ》・八幡町《やわたまち》・平田《ひらた》・分高谷《わけこうや》・市川新田《いちかわしんでん》・市川《いちかわ》の三三カ村《そん》の名主《なぬし》・年寄《としより》・百姓代《ひゃくしょうだい》の村方三役《むらかたさんやく》の名前《なまえ》。

●成田山新勝寺《なりたさんしんしょうじ》『成田参詣記《なりたさんけいき》』五巻《かん》を刊行《かんこう》。行徳《ぎょうとく》にとって本書《ほんしょ》の最大《さいだい》の特徴《とくちょう》は「行徳八元亀元《ぎょうとくはげんきがん》年《ねん》川向行徳領《かわむこうぎょうとくりょう》より引移《ひきうつ》ると云《いう》」という指摘《してき》であろう（『行徳暇の圖《ぎょうとくなわてず》』）。元亀元年《げんきがんねん》は一五七〇年《ねん》。欠真間村《かけままむら》の項《こう》で「吉田佐太郎陣屋跡《よしださたろうじんやあと》」があるが、行徳金堤著《ぎょうとくきんていちょ》『勝鹿図志手くりふね《かつしかずしてくりふね》』の記載《きさい》とほぼ同《おな》じであり、同書《どうしょ》を参考《さんこう》にしていた可能性《かのうせい》がある。

●仮名垣魯文《かながきろぶん》『成田道中記《なりたどうちゅうき》』を刊行《かんこう》。魯文《ろぶん》二八歳《さい》のときの作品《さくひん》。別称《べっしょう》『成田道中膝栗毛《なりたどうちゅうひざくりげ》』。滑稽本《こっけいぼん》。幕末《ばくまつ》・明治初期《めいじしょき》の戯作者《げさくしゃ》・新聞記者《しんぶんきしゃ》。本名《ほんみょう》、野崎文蔵《のざきぶんぞう》。一八二九〜一八九四。

「〈前略《ぜんりゃく》〉かくて弥次喜多八《やじきたはち》の両人《りょうにん》は、そのあけの朝《あさ》、ゆっくりとおきいで、朝餉《あさげ》の仕度《したく》しまひ《い》、そろそろと旅装《よそほひ》をなし、わが家《や》をたちいづるやいなや、生得旅《せうとくたび》のすきのことなれば、おもしろ狸《だぬき》の腹堤《はらつゝみ》をうって、ぶらぶらと道《みち》をあゆみ、まづ、両国《りょうごく》より本所《ほんじょ》なる竪川《たてかわ》どふり《お》をまっすぐに、逆井《さかさい》のわたしをうちすぎて、四軒茶屋《しけんぢゃや》のところよりわかれて、ぶらぶら行徳《ぎょうとく》へさしかゝる。仁兵衛《にへえ》で昼飯《ひるめし》をくらひ《い》、徳願寺《とくがんじ》へ参詣《さんけい》して、また例《れい》のむだごとをこじつける。○しんじんもとくのあまりのとくぐわん寺《じ》とちでしほ《お》やくからきうき世《よ》に（後略《こうりゃく》）」

四軒茶屋《しけんぢゃや》で右折《うせつ》している。直進《ちょくしん》していれば市川《いちかわ》の渡《わた》しに達《たっ》する。仁兵衛《にへえ》での昼飯《ひるめし》はうどんであろう。塩焼《しおやき》のことを詠《よ》んでいる（『行徳《ぎょうとく》の文学《ぶんがく》』に収録《しゅうろく》）。

●市川市《いちかわし》妙典《みょうでん》一丁目《ちょうめ》一一番《ばん》一〇号《ごう》の日蓮宗《にちれんしゅう》妙好寺《みょうこうじ》門前《もんぜん》に石塔《せきとう》があり、「南無妙《なむみょう》□□□□□□」「安政《あんせい》二乙卯年《きのとうのとし》十月二日地《じ》□□□□□」「□天海皆皈《てんかいかいき》妙法《みょうほう》　□浮提内功廣宣流布《ぶだいないこうこうせんるふ》　安政《あんせい》三乙辰年《きのとたつのとし》八月二十五日回《え》□水難横死《すいなんおうし》□　追《つい》□」妙榮山妙好寺《みょうえいざんみょうこうじ》」と刻《きざ》まれている（『明解行徳《めいかいぎょうとく》の歴史大《れきしだい》事典《じてん》』）。

●妙典《みょうでん》の日蓮宗顕本山清寿寺《にちれんしゅうけんぽんざんせいじゅじ》、八月の大津波《おおつなみ》により古文書《こもんじょ》すべてを流失《りゅうしつ》（『明解行徳《めいかいぎょうとく》の歴史大《れきしだい》事典《じてん》』）。

●妙典《みょうでん》の春日神社《かすがじんじゃ》、八月の大津波《おおつなみ》のため古《ふる》い記録《きろく》をことごとく流失《りゅうしつ》（『明解行徳《めいかいぎょうとく》の歴史大事典《れきしだいじてん》』）。

四年丁巳《ひのとみ》　一八五七

●三月、前年《ぜんねん》の津波被害《つなみひがい》につき、七二五〇両《りょう》のご普請《ぶしん》、そのうち二〇〇〇両《りょう》は塩浜付村々《しおはまつきむらむら》へ三〇年賦《ねんぷ》で貸付《かしつけ》（『下総行徳塩業史《しもうさぎょうとくえんぎょうし》』）。

●八月二五日、下妙典《しもみょうでん》の清寿寺《せいじゅじ》に供養塔建立《くようとうこんりゅう》される。一九四三年参照《さんしょう》。

「南《な》無《む》妙《みょう》法《ほう》蓮《れん》華《げ》経《きょう》法界《ほっかい》」［台《だい》］無縁塔《むえんとう》［右《みぎ》］無縁《むえん》之《の》精霊《せいれい》（法名《ほうみょう》30）［左《ひだり》］安政《あんせい》二乙卯《きのとう》十月二日地震横死《じしんおうし》　安政《あんせい》三丙辰年《ひのえたつのとし》八月二五日瀑水溺死《ばくすいできし》之《の》精霊佛界菩提《せいれいぶつかいぼだい》（法名《ほうみょう》13）［裏《うら》］（法名《ほうみょう》多数《たすう》）安政《あんせい》四丁巳《ひのとみ》八月二十五日　二十三世日妙代《せいにちみょうだい》　造立《ぞうりゅう》［台裏《だいうら》］昭和《しょうわ》十八年六月改築《かいちく》　當山《とうざん》三十二世丸山日珠代《せいまるやまにちじゅだい》　總代《そうだい》（姓名《せいめい》4）石工小林治兵ヱ《いしくこばやしじへえ》（『市川市《いちかわし》の石造物《せきぞうぶつ》』）

●一〇月二日、上妙典《かみみょうでん》の妙好寺《みょうこうじ》に供養塔建立《くようとうこんりゅう》（再建《さいけん》）される。「南《な》無《む》妙《みょう》法《ほう》蓮《れん》華《げ》経《きょう》」［右《みぎ》］一天四海皆帰妙法《いちてんしかいかいきみょうほう》　閻浮提内廣宣流布《えんぶだいないこうせんるふ》　妙榮山妙好寺《みょうえいざんみょうこうじ》［左《ひだり》］安《あん》政《せい》二乙卯年《きのとうのとし》十月二日地震火災横死《じしんかさいおうし》　安政《あんせい》三丙辰年《ひのえたつのとし》八月二十五日風水難横死建《ふうすいなんおうしこん》［裏《うら》］明和《めいわ》四丁亥《ひのとい》十二月十三世日明代《せいにちみょうだい》　願主了建立之處安政丙辰《がんしゅりょうこんりゅうのところあんせいひのえたつ》　津波之砌被折再建之為《つなみのみぎりおりからさいけんのため》　安政《あんせい》四年十月二日　二十三嗣法《しほう》　惠高院《けいこういん》（『市川市《いちかわし》の石造物《せきぞうぶつ》』）
明和《めいわ》四年（一七六七）の供養塔《くようとう》が安政《あんせい》の津波《つなみ》で折《お》れたので再建《さいけん》したとある。すさまじい津波《つなみ》だったのだろう。

●一二月、下妙典村《しもみょうでんむら》「去々卯年地震損《さんぬるうどしじしんそん》去辰年風損御拝借年賦返納取立帳《さんぬるたつどしふうそんごはいしゃくねんぷへんのうとりたてちょう》〈安政《あんせい》四年十二月〉」作成《さくせい》。百姓《ひゃくしょう》四二名《めい》の名《な》がある。去々卯年地震損《さんぬるうどしじしんそん》とは安政《あんせい》二年（一八五五）一〇月二日の直下型《ちょっかがた》の安政江戸地震《あんせいえどじしん》のこと、去《さんぬ》る辰年風損《たつどしふうそん》とは安政《あんせい》三年（一八五六）八月二五日の南大風雨《みなみだいふうう》、津波《つなみ》の被害《ひがい》のこと。ともに一〇年賦返済《ねんぷへんさい》の約定《やくじょう》。

●一二月、前々年《ぜんぜんねん》の地震被害《じしんひがい》につき下妙典村《しもみょうでんむら》の家屋全壊《かおくぜんかい》二、半壊《はんかい》五、前年《ぜんねん》の津波《つなみ》による流失家屋《りゅうしつかおく》一〇、全壊《ぜんかい》二、半壊《はんかい》二三、以上《いじょう》につき幕府《ばくふ》から一〇カ年賦《ねんぷ》で二五両《りょう》の拝借金《はいしゃくきん》（『去々卯年《さんぬるうのとし》地震損《じしんそん》去《さんぬる》辰年《たつどし》風損《ふうそん》御《ご》拝借《はいしゃく》年賦《ねんぷ》返納《へんのう》取立帳《とりたてちょう》』より作成《さくせい》）。拝借金《はいしゃくきん》はすでに前前年《ぜんぜんねん》と前年《ぜんねん》に支給《しきゅう》されていることになる。ただ、前年《ぜんねん》の大津波《おおつなみ》のため前前年《ぜんぜんねん》の返済分《へんさいぶん》が延期《えんき》され、今年《ことし》からの返済《へんさい》となったことがわかる。

●下妙典《しもみょうでん》の清寿寺《せいじゅじ》に標石《ひょうせき》が建《た》てられる。

「南無《なむ》妙法蓮華経《みょうほうれんげきょう》」［台《だい》］清壽寺《せいじゅじ》［右《みぎ》］天晴地明世即佛法《てんせいちめいせいそくぶっほう》　五穀成就萬民快樂《ごこくじょうじゅばんみんかいらく》［左《ひだり》］後《のち》五百歳遠沾妙道《ねんえんてんみょうどう》　十方檀那同證佛果《じっぽうだんなどうしょうぶつか》［裏《うら》］余日妙造立寶塔《よにちみょうぞうりゅうほうとう》　柊坊門傍欲令遠近路行之人結擧《しゅうぼうもんぼうよくれいえんきんろぎょうのひとけつきょ》手低頭《しゅていとう》□縁《えん》□□茲鈴木《ここすずき》□寄両士僕亦希之有《きりょうしぼくまたきこれあり》　年予曰善哉《ねんよいわくぜんかな》□即時救護之者多《そくじきゅうごのものた》□銘日《めいにち》　心中不變《しんちゅうふへん》真如體《しんにょたい》　眼下隨縁海滂《がんかずいえんかいぼう》□　維持安政四歳次丁巳初冬《いじあんせいねんじひのとみしょとう》　當山現住廿三世日妙遠興院謹誌《とうざんげんじゅうにじゅうさんせいにちみょうえんこういんきんし》［台《だい》裏《うら》］川原石工治兵衛《かわらいしくじへえ》（『市川市《いちかわし》の石造物《せきぞうぶつ》』）

●行徳塩浜村民《ぎょうとくしおはまそんみん》、御城内御春屋御上納《ごじょうないおつきやごじょうのう》として浦賀港《うらがこう》にて大量《たいりょう》の下《くだ》り塩《じお》を行徳《ぎょうとく》へ積《つ》み送《おく》る。安政《あんせい》四～八年の五カ年間《かん》。実情《じつじょう》は古積塩《ふるづみじお》への転用《てんよう》（『下総行徳塩業史《しもうさぎょうとくえんぎょうし》』）。

●この年以来《としいらい》、行徳《ぎょうとく》に下《くだ》り塩問屋仲買《じおどんやなかがい》五軒《けん》（小川久三郎《おがわきゅうざぶろう》、加藤惣右衛門《かとうそうえもん》、堀越市太郎《ほりこしいちたろう》、及川七右衛門《おいかわしちうえもん》、石井商店《いしいしょうてん》）が起《お》こり、古積塩《ふるづみじお》の卸問屋《おろしどんや》を兼《か》ねて関東奥地《かんとうおくち》への十州塩販売《じっしゅうしおはんばい》に従事《じゅうじ》（『下総《しもうさ》行徳塩業史《ぎょうとくえんぎょうし》』所収《しょしゅう》「日本食塩販売史《にほんしょくえんはんばいし》」）。

●この年《とし》の江戸《えど》における米相場《こめそうば》、一両《りょう》につき四斗《と》八升《しょう》五合《ごう》、百文《ひゃくもん》につき七合《ごう》と高騰《こうとう》。前年《ぜんねん》八月の台風前《たいふうまえ》は一両《りょう》につき七斗《と》八升《しょう》、百文《ひゃくもん》につき一升《しょう》二合《ごう》（『下総行徳塩業史《しもうさぎょうとくえんぎょうし》』）。

五年 戊午《つちのえうま》 一八五八

●「正月《しょうがつ》三日、暁《あかつき》より雪降積《ゆきふりつも》り、尺《しゃく》に余《あま》れり。同晦日《どうみそか》、夜中《よなか》より雪《ゆき》、秉燭《ひともし》（灯《ともしび》をともす）の頃積《ころつも》る事尺余《ことしゃくよ》なり。四月下旬《げじゅん》、甚《はなは》だ冷気《れいき》を催《もよお》す。同月頃《どうげつころ》より米穀価《べいこくあたい》貴踊《きよう》す。夏中《なつじゅう》、雨多《あめおお》くして炎威《えんい》烈《はげ》しからず。秋《あき》にいたりても天顔快晴《てんがんかいせい》の日少《ひすくな》し。冷気《れいき》がちにて、目眩《めまい》、逆上《のぼせ》、眼病《がんびょう》、頭痛《ずつう》をやむ人多《ひとおお》し。路頭《ろとう》に匍匐《ほふく》して死《し》につけるも有《あ》りけり。此《こ》の病《やまい》、俗諺《ぞくげん》に『コロリ』と云《い》へり。八月朔日《ついたち》より九月末迄《まつまで》、武家市中社寺《ぶけしちゅうしゃじ》の男女《だんじょ》、この病《やまい》に終《おわ》れるもの凡《およ》そ二万《まん》八千余人《よにん》、内火葬《うちかそう》九千九百余人《よにん》なりしと云《い》ふ。実《じつ》に恐《おそ》るべきの病也《やまいなり》」（『武江年表《ぶこうねんぴょう》』）

●八月二七日、代官所《だいかんしょ》より、暴瀉病《ぼうしゃびょう》（コレラ）予防《よぼう》・治療《ちりょう》についての触《ふれ》を通達《つうたつ》（原木村《ばらきむら》）（『行徳《ぎょうとく》レポートその（1）―年表《ねんぴょう》・絵地図集《えちずしゅう》―』）。

●九月吉日《きちじつ》、新井村《あらいむら》の熊野神社《くまののじんじゃ》に大獅子頭《おおししがしら》一対《いっつい》が奉納《ほうのう》される（『明解行徳《めいかいぎょうとく》の歴史大事典《れきしだいじてん》』）。安政《あんせい》元年～同《どう》三年までの災害《さいがい》からの復興《ふっこう》を祝《いわ》ったものと推測《すいそく》。

●一二月一九日、下妙典村《しもみょうでんむら》「暴瀉病《ぼうしゃびょう》（コレラ）流行《りゅうこう》ニ付村内入用再割扣《につきそんないにゅうようさいわりひかえ》」を作成《さくせい》（『市川市史《いちかわしし》年表《ねんぴょう》』）。コレラは黒船《くろふね》が持《も》ち込《こ》んだもの。

六年 己未《つちのとひつじ》 一八五九

●三月一二日、本行徳《ほんぎょうとく》の長松寺《ちょうしょうじ》に碑《ひ》が建立《こんりゅう》される。

松原立伸墓銘《まつばらたつのぶぼめい》（漢文《かんぶん》の碑文略《ひぶんりゃく》）安政《あんせい》六 己未《つちのとひつじ》三月十二日　法眼薫斎正祐撰《ほうがんくんさいせいゆうせん》 幷《ならびに》書《しょ》　武廣鐫《ぶおうせん》

［裏］實父母《じつふぼ》 桔梗屋保定《ききょうややすさだ》 えん 拊之《これをうつ》（『市川市《いちかわし》の石造物《せきぞうぶつ》』）

●「三月末《まつ》より四月五月冷気《れいき》なり。三月頃《ころ》より麻疹《はしか》に類《るい》せる病気《びょうき》行《おこな》はる。六月下旬《げじゅん》より、去年《きょねん》行《おこな》はれし暴瀉病《ぼうしゃびょう》（コレラ）ふた、び行《おこな》はれ、男女《だんじょ》の死亡《しぼう》多《おお》し。同《どう》二五日、朝《あさ》より大風雨《だいふうう》」

（『武江年表《ぶこうねんぴょう》』）

七月二五日　暴風雨《ぼうふうう》、洪水《こうずい》、津波《つなみ》（『千葉県東葛飾郡誌《ちばけんひがしかつしかぐんし》』）

八月一三日　洪水《こうずい》（『千葉県東葛飾郡誌《ちばけんひがしかつしかぐんし》』）

●九月一八日、下妙典《しもみょうでん》・上妙典両村総代《かみみょうでんりょうそんそうだい》より、先般塩浜囲堤《せんぱんしおはまかこみづつみ》の御普請《ごぶしん》を願《ねが》ったが、役所《やくしょ》より時節柄《じせつがら》とてもできないから自普請《じふしん》せよとの返事《へんじ》があったので、了承《りょうしょう》する旨《むね》の請書《うけしょ》を差《さ》し出《だ》す（『囲堤《かこみつつみ》・登堤《のぼりつつみ》御普請願書御下《ごぶしんねがいしょおさ》げに付請書《つきうけしょ》〈安政《あんせい》六年九月〉』）。

●一二月、下妙典村村民《しもみょうでんむらそんみん》四二名《めい》「風損《ふうそん》・地震損《じしんそん》・質屋運上塩浜御拝借返納荒浜地代永請取帳《しちやうんじょうしおはまごはいしゃくへんのうあらはまじだいえいうけとりちょう》〈安政《あんせい》六年十二月〉」提出《ていしゅつ》。巳年《みどし》より寅年《とらどし》まで一〇ケ年割返《わりかえ》し。

七年　庚申《かのえさる》　一八六〇

三月三日　水戸《みと》・薩摩浪士《さつまろうし》、大老《たいろう》井伊直弼《いいなおすけ》を桜田門外《さくらだもんがい》で殺《ころ》す（桜田門外《さくらだもんがい》の変《へん》）

万《まん》延《えん》

元年　庚申《かのえさる》　一八六〇

●四月、本行徳《ほんぎょうとく》の徳願寺《とくがんじ》に名号塔建立《めいごうとうこんりゅう》される。
「南無阿弥陀佛《なむあみだぶつ》　増上寺大僧正冠譽《ぞうじょうじだいそうじょうかんよ》」［台《だい》］當町《とうちょう》三丁目《ちょうめ》・新川岸《しんがし》・船橋漁師町《ふなばしりょうしまち》・下《しも》□岩《いわ》村《むら》・下新宿《しもしんしゅく》・湊村《みなとむら》・壹丁目《いっちょうめ》・二丁目《ちょうめ》・関ケ島《せきがしま》（姓名《せいめい》14）為岩田屋菩提同人《ためいわたやぼだいどうにん》［右《みぎ》］南無阿弥陀《なむあみだ》佛《ぶつ》　勝願寺《しょうがんじ》四十世《せい》□譽《よ》［台右《だいみぎ》］壹丁目《いっちょうめ》・塩焼《しおやき》・関ケ島《せきがしま》・湊村《みなとむら》・二丁目《ちょうめ》・三丁目《ちょうめ》・下妙典《しもみょうでん》（姓名等《せいめいなど》18）［左《ひだり》］南無阿弥陀佛《なむあみだぶつ》　大《だい》□寺《じ》四十九世住譽《せいじゅうよ》［台左《だいひだり》］當山世話人《とうざんせわにん》（姓名《せいめい》16）［裏《うら》］新川岸《しんがし》（姓名《せいめい》1）為施主家先祖代々菩提《ためせしゅけせんぞだいだいぼだい》　維持萬延元申年《いじまんえんがんさるどし》四月　徳願寺《とくがんじ》従律《じゅうりつ》四世《せい》　誠蓮社哲譽《せいれんしゃてつよ》祐善敬《ゆうぜんけい》　河原石工治兵衛《かわらいしくじへえ》（『市川市《いちかわし》の石造物《せきぞうぶつ》』）

●六月二五日、下妙典村《しもみょうでんむら》、高谷川《こうやがわ》及《およ》び耕地内《こうちない》の堀《ほり》などの浚渫《しゅんせつ》、人足賃《にんそくちん》などの諸掛《しょがか》り費用銭《ひようぜに》二一貫《かん》七一八文《もん》のために米《こめ》一石《こく》七斗《と》八升《しょう》一合《ごう》と見積《みつ》もり、四四名《めい》に反別《たんべつ》一反《たん》に付米《つきこめ》一升《しょう》八合《ごう》ずつを負担《ふたん》させる（『耕地用水浚藻刈入用割合帳《こうちようすいざらいもかりにゅうようわりあいちょう》〈万延《まんえん》元年六月〉』）。

●万延年間《まんえんねんかん》より堤防修復負担《ていぼうしゅうふくふたん》、幕府《ばくふ》六に対《たい》し村民《そんみん》四の割合《わりあい》（『千葉県東葛飾郡誌《ちばけんひがしかつしかぐんし》』『下総行徳塩業史《しもうさぎょうとくえんぎょうし》』）。

二年　辛酉《かのととり》　一八六一

●一月、本行徳《ほんぎょうとく》の円頓寺《えんとんじ》に手水石奉献《ちょうずいしほうけん》される。

「奉献《ほうけん》」［裏《うら》］萬延《まんえん》二歳酉《ねんとり》　正月大安日《しょうがつたいあんのひ》　海近山《かいこんざん》廿《にじゅう》四世日顯代《せいにっけんだい》　施主《せしゅ》小川久左エ門《おがわきゅうざえもん》

（『市川市の石造物《いちかわしのせきぞうぶつ》』）

二月九日　関東取締出役《かんとうとりしまりでやく》より、江戸川筋渡船場取締《えどがわすじとせんばとりしまり》があり、その他作場通《たさくばがよ》いの船《ふね》に浪人《ろうにん》や無《む》宿者《しゅくもの》を乗《の》せないよう通達《つうたつ》（『市川市史年表《いちかわししねんぴょう》』）

二月　関東取締出役《かんとうとりしまりでやく》より、浪人《ろうにん》または無宿者《むしゅくもの》らが村々《むらむら》に立《た》ち回《まわ》った際《さい》には捕《と》らえ、手《て》に余《あま》る場《ば》合《あい》は殺《ころ》してもよい、場合《ばあい》によっては鉄砲《てっぽう》を用《もち》いてもよい、との触《ふ》れを通達《つうたつ》（『市川市史年《いちかわししねん》表《ぴょう》』）

※二月一九日から文久《ぶんきゅう》

文《ぶん》久《きゅう》

元年 辛酉《かのととり》 一八六一

●「春《はる》の比《ころ》より諸物価《しょぶっか》登揚《とうよう》せり。是《これ》に依《よ》りて二月より町会所《まちかいしょ》に於《お》いて、市中《しちゅう》の貧民《ひんみん》へ御救米《おすくいまい》を頒《わかち》たる（六月より停《や》む）。又豪商《またごうしょう》よりも貧民《ひんみん》へ嚫物《しんもつ》多《おお》し」（『武江年表《ぶこうねんぴょう》』）

四月 疱瘡流行《ほうそうりゅうこう》（『武江年表《ぶこうねんぴょう》』）

六月 傷寒又熱病眼病等多《しょうかんまたねつびょうがんびょうなどおお》し（『武江年表《ぶこうねんぴょう》』）

十月 犬病流行《いぬびょうりゅうこう》、俗《ぞく》に犬《いぬ》のコロリといふ《う》（『武江年表《ぶこうねんぴょう》』）

●七月二四日、行徳領村々《ぎょうとくりょうむらむら》はじめ江戸川筋村々《えどがわすじむらむら》より、用悪水御差引掛役人《ようあくすいおさしひきかかりやくにん》に対《たい》し、作場船使用《さくばぶねしよう》を関東取締出役《かんとうとりしまりでやく》より厳禁《げんきん》されているので、掛役人《かかりやくにん》の御用筋通行継立《ごようすじつうこうつぎたて》を御請《おうけ》できない旨《むね》の書類《しょるい》を提出《ていしゅつ》（稲荷木村《とうかぎむら》）（『行徳《ぎょうとく》レポートその（1）―年表《ねんぴょう》・絵地図集《えちずしゅう》―』）。

●八月四日、行徳領村々《ぎょうとくりょうむらむら》、本行徳見張番《ほんぎょうとくみはりばん》の日割《ひわり》を定《さだ》め、監視《かんし》を強化《きょうか》（『市川市史年表《いちかわししねんぴょう》』）。

●仙台《せんだい》の横田屋新兵衛《よこたやしんべえ》、内ノ脇川尻《うちのわきかわじり》に行徳塩師《ぎょうとくしおし》一〇名ずつを三カ年雇《ねんやと》い入《い》れて新塩場《しんしょば》を開《ひら》き、ここを行徳《ぎょうとく》と称《しょう》す。面積《めんせき》三町《ちょう》七畝《せ》二〇歩《ぶ》、生産高《せいさんだか》一カ年《ねん》三〇〇〇俵《ぴょう》にのぼった（『下総行徳塩業《しもうさぎょうとくえんぎょう》史《し》』)。

二年 壬戌《みずのえいぬ》 一八六二

●正月《しょうがつ》、堀江村《ほりえむら》地主《じぬし》平三郎《へいざぶろう》、字《あざ》新田通《しんでんどおり》・字《あざ》当代島村境《とうだいじまむらざかい》・外水《そとみず》・字《あざ》堤外通《ていがいどおり》(これは新井村内《あらいむらうち》の地所《じしょ》)など合《あわ》せて反別《たんべつ》一町《ちょう》三反《たん》三ト《ぶ》を新井村《あらいむら》清右衛門《せいうえもん》に譲渡《じょうと》(『田畑譲渡証文《でんぱたじょうとしょうもん》〈文久《ぶんきゅう》二年正月《しょうがつ》〉』)。清右衛門《せいうえもん》は新井村《あらいむら》の塩田地主《えんでんじぬし》。

●正月元日《しょうがつがんじつ》、雪降《ゆきふ》り積《つも》り、尺《しゃく》に余《あま》る。二〇日頃《ごろ》まで消《き》えず(これでは行徳塩浜《ぎょうとくしおはま》は仕事《しごと》にならない)。六月、炎旱数旬《えんかんすうしゅん》に及《およ》べり(塩浜《しおはま》は仕事《しごと》ができる)。夏《なつ》の半《なか》ばより麻疹《はしか》流行《りゅうこう》。固《もと》より熱気《ねっき》甚《はなは》だしく、狂《きょう》を発《はっ》して水《みず》を飲《の》まんとしては駈出《かけだ》し、河溝《かわみぞ》へ身《み》を投《とう》じ、亦《また》は井《い》の中《なか》へ入《いり》て死《し》ぬるものありし。七月《がつ》より別《わ》けて盛《さかん》にして、命《いのち》を失《うしな》ふ者幾千人《ものいくせんにん》なりや量《はか》るべからず。日本橋上《にほんばしじょう》には一日棺《ひつぎ》の渡《わた》る事《こと》二百に暨《いた》る日《ひ》もありしとぞ(『武江年表《ぶこうねんぴょう》』)。

●二月、原木村《ばらきむら》「貯穀拝借《ちょこくはいしゃく》 去《さんぬる》酉《とり》詰戻《つめもどし》小前帳《こまえちょう》」を作成《さくせい》(『行徳《ぎょうとく》レポートその(1)―年表《ねんぴょう》・絵地図集《えちずしゅう》―』)。

七月一四日 洪水《こうずい》、暴風雨《ぼうふうう》(『千葉県東葛飾郡誌《ちばけんひがしかつしかぐんし》』)

八月二一日 島津久光《しまづひさみつ》の行列護衛《ぎょうれつごえい》の薩摩藩士《さつまはんし》、イギリス人《じん》を斬《き》る(生麦事件《なまむぎじけん》)

●この年《とし》の行徳塩問屋《ぎょうとくしおどんや》、伊勢屋孫左衛門《いせやまござえもん》、丸文屋嘉助《まるぶんやかすけ》、及川七右衛門《おいかわしちうえもん》、小田屋宗右衛門《おだやそううえもん》、石井八《いしいはち》郎《ろう》右衛門《うえもん》の六名《めい》（『下総行徳塩業史《しもうさぎょうとくえんぎょうし》』）。

三年　癸亥《みずのとい》　一八六三

三月　近藤勇《こんどういさみ》らの浪士《ろうし》、京都《きょうと》で新撰組《しんせんぐみ》と称《しょう》す

●三月一六日、本行徳村名主《ほんぎょうとくむらなぬし》より、今般非常《こんぱんひじょう》の場合《ばあい》の人馬差配方《じんばさはいかた》について相談《そうだん》したいので、明《みょう》一七日九つ時《どき》に本行徳《ほんぎょうとく》の丸屋《まるや》に参集《さんしゅう》するよう通知《つうち》（『市川市史年表《いちかわししねんぴょう》』）。

五月一〇日　長州藩《ちょうしゅうはん》、下関《しものせき》で米艦《べいかん》を砲撃《ほうげき》、ついで仏《ふつ》・蘭艦《らんかん》も砲撃《ほうげき》（『市川市史年表《いちかわししねんぴょう》』）

六月七日　長州藩高杉晋作《ちょうしゅうはんたかすぎしんさく》ら、奇兵隊《きへいたい》を編成《へんせい》

七月二日　薩摩藩《さつまはん》、鹿児島《かごしま》で英艦隊《えいかんたい》と交戦《こうせん》（薩英戦争《さつえいせんそう》）

冬《ふゆ》十一月、十二月　雨降《あめふ》らず。翌正月《よくしょうがつ》九日にいたり、曇《くも》り小雪《こゆき》ふり間《ま》もなく止《や》む（『武江年表《ぶこうねんぴょう》』）

元治《げんじ》

元年 甲子《きのえね》 一八六四

●三月、本行徳《ほんぎょうとく》の豊受神社《とようけじんじゃ》に金刀比羅宮《ことひらぐうまつ》祀られる。

（判読不能《はんどくふのう》）［右《みぎ》］文久《ぶんきゅう》四子《ね》三月吉日《きちじつ》　虎吉《とらきち》　※木製祠《もくせいほこら》に金刀比羅宮《ことひらぐう》の表示《ひょうじ》（『市川市《いちかわし》の石造物《せきぞうぶつ》』）

五月三日　明六時過《あけむつどきす》ぎ、地震強《じしんつよ》く長《なが》し

八月九日　夜前《よるまえ》より雨《あめ》、夜明《よあ》けより大風雨《だいふうう》（『武江年表《ぶこうねんぴょう》』）

●六月一二日、この頃《ころ》、佐倉藩《さくらはん》、水戸天狗党警戒《みとてんぐとうけいかい》のため行徳《ぎょうとく》・松戸方面《まつどほうめん》に出兵《しゅっぺい》（『市川市史年表《いちかわししねんぴょう》』）。

●七月、浦付村々《うらつきむらむら》に対《たい》し、押送船《おしょくりぶね》、漁船《ぎょせん》などに便船人《びんせんにん》を乗組《のりく》ませた場合《ばあい》は、浦賀番所《うらがばんしょ》に届《とど》け出《で》るようにとの触《ふれ》（稲荷木村《とうかぎむら》）（『行徳《ぎょうとく》レポートその（1）―年表《ねんぴょう》・絵地図集《えちずしゅう》―』）。

●七月、本行徳《ほんぎょうとく》の徳願寺《とくがんじ》に名号塔建立《めいごうとうこんりゅう》される。

「南無阿弥陀佛《なむあみだぶつ》」［台《だい》］惣講中《そうこうちゅう》　［台右《だいみぎ》］維持元治元甲子年《いじげんじがんきのえねのとし》七月　現住祐善謹立之《げんじゅうゆうぜんこれをきんりゅう》（『市川市《いちかわし》の石造物《せきぞうぶつ》』）

●「本行徳村《ほんぎょうとくむら》・稲荷木村《とうかぎむら》・大和田村《おおわだむら》・欠真間村《かけまむら》四ケ村名主《そんなぬし》、村方地内字中洲九人請場所出水度々《むらかたちないあざなかすにんうけばしょしゅっすいどど》土砂押入近年自然地高《どしゃおしいりきんねんしぜんちたか》に相成候《あいなりそうろう》に付《つき》、御手当御普請仰《おてあてごぶしんおお》せ付《つ》けられ囲堤築立候《かこみつつみつきたてそうろう》」（『村方地内字《むらかたちないあざ》中洲《なかす》九人請場所定式御普請所《にんうけばしょじょうしきごぶしんしょ》に仰《おお》せ付《つ》けられ候《そうろう》に付一札《つきいっさつ》〈慶応《けいおう》三年三月〉』）

慶《けい》応《おう》

元年 乙丑《きのとうし》 一八六五

●五月、代官所《だいかんしょ》より、長州征伐《ちょうしゅうせいばつ》のため、かねて仰《おお》せ出《だ》された兵賦《へいぶ》（一〇〇〇石《こく》につき一名《めい》、一七歳《さい》以上《いじょう》四五歳以下《さいいか》）を早急《さっきゅう》に出《だ》すよう通達《つうたつ》（『市川市史年表《いちかわししねんぴょう》』）。

●閏《うるう》五月、本行徳村《ほんぎょうとくむら》より、兵賦人足雇上人《へいぶにんそくやといあげにん》四名《めい》の名《な》を各村《かくむら》へ通知《つうち》（『市川市史年表《いちかわししねんぴょう》』）。

六月一五日　夜《よる》、風雨烈《ふううはげ》しく、明方弥強《あけがたいよいよつよ》く、深川辺高潮漲《ふかがわあたりたかしおみなぎ》りて、低《ひく》き所床《ところゆか》の上《うえ》へ五尺計《しゃくばか》り水乗《みずの》る。近在村々洪水《きんざいむらむらこうずい》、溢濫《いつらん》す。溺死《できし》の者多《ものおお》し

七月　米価諸色高値《べいかしょしきたかね》に付《つ》き、町会所《まちかいしょ》に於《お》いて、市中《しちゅう》の貧民《ひんみん》へ御救《おすくい》の米銭《こめぜに》を頒《わか》ち与《あたえ》へらる（『武江《ぶこう》年表《ねんぴょう》』）

八月六日　暴風雨《ぼうふうう》、津波《つなみ》（『千葉県東葛飾郡誌《ちばけんひがしかつしかぐんし》』）

●一二月、関東取締出役《かんとうとりしまりでやく》より、八幡宿組合村々《やわたじゅくくみあいむらむら》に対《たい》し、市川関所《いちかわせきしょ》と本行徳船場《ほんぎょうとくふなば》を警戒《けいかい》するよう通達《つうたつ》（『市川市史年表《いちかわししねんぴょう》』）。

●一二月、新井村地主《あらいむらじぬし》（山沢《やまざわ》）勘三郎《かんざぶろう》、字湊新田地先欠真間村受及《あざみなとしんでんちさきかけまむらうけおよ》び字西浜《あざにしはま》の総浜合《そうはまあわせ》六反《たん》八畝《せ》一

八ト《ぶ》を新井村清右衛門《あらいむらせいうえもん》に譲渡《じょうと》（『塩浜譲渡証文《しおはまじょうとしょうもん》〈慶応《けいおう》元年十二月〉』）。清右衛門《せいうえもん》は新井村《あらいむら》の塩田《えんでん》地主《じぬし》。勘三郎《かんざぶろう》は行徳金堤《ぎょうとくきんてい》の親友《しんゆう》だった医者昆泰仲《いしゃこんたいちゅう》の後継者《こうけいしゃ》で医者《いしゃ》ではなかった。譲渡《じょうと》した塩浜《しおはま》は昆泰仲《こんたいちゅう》が開発《かいはつ》した塩田《えんでん》で泰仲場《たいちゅうば》と呼《よ》ばれていたもの（『勝鹿図志手《かつしかずして》ぐり舟《ふね》』）。一八一三年参照《さんしょう》。

二年丙寅《ひのえとら》　一八六六

●一月二一日、本行徳村名主《ほんぎょうとくむらなぬし》より、兵賦給料《へいぶきゅうりょう》一・二・三月分《ぶん》を治《おさ》めるよう各村《かくむら》へ通知《つうち》。同日《どうじつ》、討幕《とうばく》のため薩長同盟成立《さっちょうどうめいせいりつ》（『市川市史年表《いちかわししねんぴょう》』）。

●四月一七日、本行徳村名主《ほんぎょうとくむらなぬし》より、兵賦給金増金《へいぶきゅうきんぞうきん》の儀《ぎ》について相談《そうだん》したい旨各村《むねかくむら》へ通知《つうち》（稲荷木《とうかぎ》村《むら》）（『行徳《ぎょうとく》レポートその（1）—年表《ねんぴょう》・絵地図集《えちずしゅう》—』）。

●五、六月頃《ごろ》、主食《しゅしょく》の米《こめ》の値段《ねだん》が小売《こう》りで一〇〇文《もん》につき一合《ごう》五勺《しゃく》と暴騰《ぼうとう》し、八、九月頃《ごろ》には一合《ごう》一勺《しゃく》になった。貧民《ひんみん》は寺《てら》の境内《けいだい》に入《はい》り卒塔婆《そとば》を折《お》りて薪《たきぎ》とし、米《こめ》を焚《た》きて夜《よ》を明《あ》かせり（『武江《ぶこう》年表《ねんぴょう》』）。一〇年前《まえ》の安政《あんせい》四年《ねん》のときの常《つね》の値段《ねだん》の一〇倍《ばい》（『行徳歴史街道《ぎょうとくれきしかいどう》3』）。

七月二〇日、代官所《だいかんしょ》より、「近頃米価格別高騰《ちかごろこめかかくべつこうとう》し、小民共《しょうみんども》の難儀《なんぎ》が容易《ようい》でないので、窮民《きゅうみん》に対《たい》し施米《せまい》や救貸《きゅうがし》をする者《もの》の数《かず》を届《とど》けるよう」通達《つうたつ》（『市川市史年表《いちかわししねんぴょう》』）。

●七月、川船奉行《かわぶねぶぎょう》より、諸物価高値《しょぶっかたかね》のため、川船役銀《かわぶねやくぎん》を八月より三割増《さんわりまし》とする旨通達《むねつうたつ》。同《おな》じく、川船役所《かわぶねやくしょ》より、肥《こや》し船《ぶね》の持《も》ち主《ぬし》・船数《ふねかず》を取調《とりしら》べ七月二〇日までに書上《かきあ》げるよう通達《つうたつ》（稲荷木村《とうかぎむら》）

（『行徳《ぎょうとく》レポートその（1）―年表《ねんぴょう》・絵地図集《えちずしゅう》―』）。

●九月二八日、代官所《だいかんしょ》より行徳領村々《ぎょうとくりょうむらむら》に対《たい》し、年貢米《ねんぐまい》を早納《はやおさ》めするよう通達《つうたつ》。行徳領村々《ぎょうとくりょうむらむら》は、晩稲《ばんとう》が多《おお》く、いかに努力《どりょく》しても早納《はやおさめ》ができないので、回米《かいまい》のうち三分通《ぶどお》りは翌月中旬《よくげつちゅうじゅん》の津出《つだ》しにしてもらいたい旨《むね》、村々《むらむら》より代官所《だいかんしょ》に請願《せいがん》（『市川市史年表《いちかわししねんぴょう》』）。

●一〇月二四日、関東取締出役《かんとうとりしまりでやく》より、近頃《ちかごろ》葛西領村々《かさいりょうむらむら》がことのほか物騒《ぶっそう》で、抜《ぬ》き身《み》を下《さ》げて人《ひと》を驚《おどろ》かしたり、火薬《かやく》を火《ひ》の中《なか》に投《な》げ込《こ》んで人《ひと》を威《おど》し、金銭《きんせん》をかすめたりする者《もの》がいるので、厳重《げんじゅう》に注意《ちゅうい》するよう通達《つうたつ》（稲荷木村《とうかぎむら》）（『行徳《ぎょうとく》レポートその（1）―年表《ねんぴょう》・絵地図集《えちずしゅう》―』）。

一一月　近頃強盗甚《ちかごろごうとうはなは》だ多《おお》く、次第《しだい》に跋扈《ばっこ》して富家《ふか》へ押入《おしい》り、金銀資財《きんぎんしざい》を掠奪《りゃくだつ》す（『**武江年表《ぶこうねんぴょう》**』）

●一二月、欠真間村名主《かけままむらなぬし》と江戸新肴町《えどしんさかなちょう》地塩問屋《じしおどんや》が、江戸本所石原町《えどほんじょいしはらちょう》重兵衛《じゅうべえ》ら四名《めい》を相手取《あいてど》り、奉行所《ぶぎょうしょ》に苦塩抜売抜買訴訟《にがしおぬけうりぬけがいそしょう》を起《お》こす（『苦塩抜売抜買訴訟面写《にがしおぬけうりぬけがいそしょうめんうつし》〈慶応《けいおう》二年十二月〉』）。天正年《てんしょうねん》中以来《ちゅういらい》（一五七三～）、「苦塩《にがしお》の義《ぎ》は領中一同相談《りょうちゅういちどうそうだん》の上引受人《うえひきうけにん》を取極《とりき》めその者《もの》より御運上永《ごうんじょうえい》一七貫《かん》四百一八文《もん》あて年々上納《ねんねんじょうのう》いたし」としている。

三年丁卯《ひのとう》　一八六七

正月《しょうがつ》　去年冬《きょねんふゆ》より諸物価《しょぶっか》、弥《いや》ましに貴《たか》し。春《はる》より強盗多《ごうとうおお》し（『**武江年表《ぶこうねんぴょう》**』）

●三月、本行徳村《ほんぎょうとくむら》より、市川新田《いちかわしんでん》など九カ村村役人《そんむらやくにん》にあてて、本行徳村地内字中洲《ほんぎょうとくむらちないあざなかす》九人請場所《にんうけばしょ》を定式御普請所《じょうしきごぶしんしょ》にすることにつき一札《いっさつ》を出《だ》す（『市川市史年表《いちかわししねんぴょう》』）。この件《けん》は、本行徳村《ほんぎょうとくむら》・稲荷木《とうかぎ》村《むら》・大和田村《おおわだむら》・欠真間村《かけままむら》四ケ村村方地内字中洲《そんむらかたちないあざなかす》九人請場所《にんうけばしょ》が天保《てんぽう》三辰年《たつどし》（一八三二）に土地《とち》が低《ひ》くいという理由《りゆう》で堤《つつみ》を切《き》り流《なが》す処置《しょち》がとられ、その後《ご》の出水《しゅっすい》で自然《しぜん》と土地《とち》が高《たか》くなったので囲堤《かこみつつみ》を築造《ちくぞう》したが年々《ねんねん》破損個所《はそんかしょ》の修繕自力《しゅうぜんじりき》に及《およ》び難《がた》く、他《た》の場所《ばしょ》と交換《こうかん》して欲《ほ》しいと願《ねが》い上《あ》げていたところ、定式御普請所《じょうしきごぶしんしょ》に仰《おお》せ付《つ》けられたので諸掛《しょかか》りを算出《さんしゅつ》し取極《とりき》めに相違《そうい》がないから後年《こうねん》になっても「毛頭異議《もうとういぎ》など御座《ござ》無《な》く、後日《ごじつ》の為《ため》の証《あかし》として一札《いっさつ》差《さ》し入《い》れる」としている（『村方地内字中洲《むらかたちないあざなかす》九人請場所《にんうけばしょ》定式御普請所《じょうしきごぶしんしょ》に仰《おお》せ付《つ》けられ候《そうろう》に付一札《つきいっさつ》（慶応《けいおう》三年三月）』）。

●三月、河原《かわら》の胡録神社《ころくじんじゃ》の鳥居再建《とりいさいけん》される。

「弘化《こうか》四丁未年《ひのとひつじのとし》九月吉日《きちじつ》」

平成《へいせい》一二年（二〇〇〇年）一〇月、小林富夫氏《こばやしとみおし》により西暦二千年記念《せいれきにせんねんきねん》として建《た》て替《か》えられる（『明解行徳《めいかいぎょうとく》の歴史大事典《れきしだいじてん》』）。『市川市《いちかわし》の石造物《せきぞうぶつ》』には「［右柱裏《みぎはしらうら》］慶応《けいおう》三丁卯歳《ひのとうのとし》三月再建《さいけん》」とある。一八四七年と二〇〇〇年参照《さんしょう》。

●四月八日、香取《かんどり》の源心寺《げんしんじ》に名号塔建立《めいごうとうこんりゅう》される。

「南無阿弥陀佛《なむあみだぶつ》」［裏《うら》］願以此功徳平等施一切《ねがいもってこのくどくびょうどうせいっさい》　同發菩提心往生安樂國《どうはつぼだいしんおうじょうあんらくこく》　維持慶應《いじけいおう》三丁卯《ひのとうの》年《とし》四月八日造立《ぞうりゅう》　源心寺《げんしんじ》十九卋戒譽書《せいかいよしょ》　御名號《おんめいごう》十二永井太左衛門《ながいたざえもん》　四町目田所長右衛門同母《よんちょうめたどころちょううえもんどうはは》　湊邑石屋青山溝造《みなとむらいしやあおやまみぞをつくる》（『市川市《いちかわし》の石造物《せきぞうぶつ》』）

●四月二六日、妙典《みょうでん》の妙好寺《みょうこうじ》に題目塔《だいもくとう》が建立《こんりゅう》される。

「南無《なむ》妙法蓮華経《みょうほうれんげきょう》　奉唱《となえたてまつる》□□　五千部《ぶ》」［右《みぎ》］一天《いちてん》四海《しかい》皆帰《かいき》妙法《みょうほう》　後《のち》五百歳《ねん》廣宣流布《こうせんるふ》
［左《ひだり》］帝釋天王《たいしゃくてんおう》　天下泰平《てんかたいへい》　郷中安全《ごうちゅうあんぜん》［裏《うら》］寶塔《ほうとう》意趣者《いしゅしゃ》早川家《はやかわけ》二代三左衛門《だいさんざえもん》法号信敬庵宗修《ほうごうしんけいあんそうしゅう》
日行清信士《にちぎょうせいしんし》従幼年入佛門《じゅうようねんにゅうぶつもん》／而家業《じかぎょう》精勤顕然《せいきんけんぜん》朝漸讀妙　経《ちょうぜんどくみょうきょう》二千六百九十部之《ぶの》積《つもり》卯夕唱題《うゆうしょうだい》五
千余部之《よぶの》／累徳《るいとく》□身《しん》□山西《ざんせい》肥熊本《ひくまもと》　並《ならびに》　諸国霊場往拝《しょこくれいじょうおうはい》而為《じため》国恩報謝《くにおんほうしゃ》一期之《いちごの》業　情《ぎょうじょう》／不可《ふか》称計命哉《かな》
去《さんぬる》　萬延《まんえん》二年辛酉《ねんかのととり》四月　廿《がつにじゅう》　六日　寿《ことぶき》　七十歳而帰卆土今慶應《さいじきそつどこんけいおう》三丁卯歳《ひのとうさい》／卯月《うのつき》七帀忌之砌《そうきのみぎり》　信敬庵《しんけいあん》
奉持之《ほうじの》妙　経《みょうきょう》　一軸《いちじく》納寶塔中《のうほうとうちゅう》　以謝報恩《もってしゃほうおん》□／慶應《けいおう》三丁卯歳《ひのとうのとし》　四月　廿《にじゅう》　六日早川氏家運長　久之攸《はやかわしかうんちょうきゅうのところ》
［裏台《うらだい》］　當村世話人《とうそんせわにん》（姓名《せいめい》5）早川三左衛門喜萃《はやかわさんざえもんきすい》　上妙典《かみみょうでん》　妙好寺《みょうこうじ》　五世《せい》　要龍院日光《ようりゅういんにっこう》　石工《いしく》
治兵衛武廣《じへえたけひろ》（『市川市《いちかわし》の石造物《せきぞうぶつ》』）

●五月、河原《かわら》の春日神社《かすがじんじゃ》の鳥居再建《とりいさいけん》される。
「慶應《けいおう》三丁卯歳《ひのとうのとし》五月再建《さいけん》」

これは「弘化《こうか》三丙午歳《ひのえうまのとし》九月」に建立《こんりゅう》されたものを再建《さいけん》。鳥居《とりい》に共《とも》に刻字《こくじ》されている（『明解《めいかい》行徳《ぎょうとく》の歴史大事典《れきしだいじてん》』）。一八六七年参照《さんしょう》。

●八月一〇日、代官所《だいかんしょ》より、御進発《ごしんぱつ》につき上納金《じょうのうきん》を来月《らいげつ》一〇日までに納《おさ》めるよう通達《つうたつ》（稲荷木村《とうかぎむら》）（『行徳《ぎょうとく》レポートその（1）—年表《ねんぴょう》・絵地図集《えちずしゅう》—』）。

一一月一五日　坂本龍馬《さかもとりょうま》・中岡慎太郎《なかおかしんたろう》、京都《きょうと》で暗殺《あんさつ》される

●この年《とし》、前年《ぜんねん》一二月の苦塩抜売抜買訴訟《にがじおぬけうりぬけがいそしょう》の相手方地廻《あいてかたじまわり》塩問屋四郎兵衛《しおどんやしろべえ》外《ほか》三名《めい》より返答書《へんとうしょ》が出《だ》される（『苦塩抜売抜買訴　訟面写《にがしおぬけうりぬけがいそしょうめんうつし》〈慶応《けいおう》二年十二月〉』）。返答書《へんとうしょ》によれば、行徳請負人《ぎょうとくうけおいにん》は江戸問屋《えどとんや》より苦塩水代前金《にがしおみずだいまえきん》を借受《かりう》け、しかも品切《しなぎ》れと申《もう》し荷物《にもつ》を積《つ》み送《おく》らず、また西海神村《にしかいじんむら》の竈元《かまもと》に対《たい》しても代金《だいきん》を支払《しはら》わざる等《など》の不正《ふせい》を重《かさ》ね、そのため西海神村《にしかいじんむら》よりの直送《ちょくそう》、江戸問屋《えどとんや》の直売《ちょくばい》となったとしている。

一二月九日　朝廷《ちょうてい》、王政復古《おうせいふっこ》を宣言《せんげん》

●南行徳地域《みなみぎょうとくちいき》では、慶長《けいちょう》五年（一六〇〇）～明治《めいじ》元年（一八六八）の二六九年間《かん》で、塩浜橋《しおはまばし》から千鳥橋《ちどりばし》を結《むす》ぶラインまで海岸線《かいがんせん》が後退《こうたい》した。新井《あらい》、相之川《あいのかわ》の旧道沿《きゅうどうぞ》いの住宅地《じゅうたくち》からは、旧海岸線《きゅうかいがんせん》まで約《やく》二〇〇〇メートル強《きょう》の距離《きょり》がある。少《すく》なくとも、寛永《かんえい》（一六二四～）、元禄《げんろく》（一六八八～）、享保《きょうほう》（一七一六～）、寛政《かんせい》（一七八九～）、文化《ぶんか》（一八〇四～）の各時代《かくじだい》に記録《きろく》に残《のこ》る塩浜造《しおはまづく》りや堤防造《ていぼうづく》りをしている。だから、平均《へいきん》して五〇年に一度《いちど》は、新浜《しんはま》を開発《かいはつ》したことになる。古浜《こはま》として一〇年～二〇年使《つか》ったとして行徳《ぎょうとく》における塩浜《しおはま》の寿命《じゅみょう》は、ほぼ五〇年～七〇年ほどだったと考《かんが》えてよい（『行徳歴史街道《ぎょうとくれきしかいどう》』）。

明治時代《めいじじだい》

慶《けい》応《おう》

四年 戊辰《つちのえたつ》 一八六八

◉戊《ぼ》辰《しん》戦《せん》争《そう》始《はじ》まる

正月《しょうがつ》三日、京都《きょうと》の鳥羽伏見《とばふしみ》の戦《たたか》いにより戊辰戦争《ぼしんせんそう》が始《はじ》まる。翌年《よくとし》五月一八日の五稜郭開城《ごりょうかくかいじょう》により終結《しゅうけつ》。

●二月、上妙典《かみみょうでん》の妙好寺《みょうこうじ》に馬頭観音像建立《ばとうかんのんぞうこんりゅう》される。
「馬頭観世音《ばとうかんぜおん》」［右《みぎ》］慶応《けいおう》四 戊辰年《つちのえたつのとし》 二月吉日《きちじつ》 ［左《ひだり》］鹽積馬持中《しおづみうまもちちゅう》（『市川市《いちかわし》の石造物《せきぞうぶつ》』）

三月二日 夕八時頃《ゆうやつどきころ》（午後《ごご》二時頃《ころ》）、日輪緑《にちりんみどり》の色《いろ》にて、外輪《がいりん》の光右《ひかりみぎ》にめぐること疾《はや》き風車《ふうしゃ》の如《ごと》し。
常《つね》の日輪《にちりん》の如《ごと》くまばゆきことなし（『武江年表《ぶこうねんぴょう》』）

三月五日 勅使下向《ちょくしげこう》、御恭順《ごきょうじゅん》につき触《ふ》れ、この旨本行徳村名主《むねほんぎょうとくむらなぬし》より通知《つうち》（『市川市史年表《いちかわししねんぴょう》』）、
同月《どうげつ》一二日、神仏混淆《しんぶつこんこう》を禁止《きんし》

◉勝海舟《かつかいしゅう》、行徳《ぎょうとく》の男二人《おとこふたり》と密談《みつだん》

三月一〇～一三日、勝海舟《かつかいしゅう》は西郷隆盛《さいごうたかもり》との会談《かいだん》に先立《さきだ》って、江戸《えど》での戦闘《せんとう》に備《そな》え江戸市民《えどしみん》の避難《なん》のための方策《ほうさく》として、行徳《ぎょうとく》の顔役《かおやく》松葉屋惣吉《まつばやそうきち》、草刈正五郎《くさかりしょうごろう》と会談《かいだん》し、舟《ふね》の手配《てはい》を依頼《いらい》。日限《にちげん》は三月一四日の西郷隆盛《さいごうたかもり》との会談日《かいだんび》。

その他《た》の依頼者《いらいしゃ》は新門《しんもん》の辰五郎《たつごろう》、清水《しみず》の次郎長《じろちょう》、えたの頭《かしら》の金次郎《きんじろう》、吉原《よしわら》の金兵衛《きんべえ》、赤坂《あかさか》の薬《や》缶《かん》の八《はち》、この辺《あた》りで権二《ごんじ》、今加藤《いまかとう》、行徳《ぎょうとく》の八百松《やおまつ》の主人《しゅじん》など（『海舟語録《かいしゅうごろく》』）。

松葉屋惣吉《まつばやそうきち》と草刈正五郎《くさかりしょうごろう》はともに五〇〇人《にん》の子分《こぶん》があり、塩焼燃料《しおやきねんりょう》の松《まつ》、萱《かや》などを調達《ちょうたつ》していたと思《おも》われる。江戸《えど》の夜空《よぞら》が火事《かじ》で赤《あか》く染《そ》まったら、直《ただ》ちに船《ふね》を出《だ》して江戸《えど》の町民《ちょうみん》の救助《きゅうじょ》に向《む》かう、日限《にちげん》は三月一四日限《かぎ》り、幸《さいわ》いに、海舟《かいしゅう》の手段《てだて》は発動《はつどう》されずに済《す》み、江戸《えど》の町《まち》は焼《や》けなかった（『行徳歴史街道《ぎょうとくれきしかいどう》2』『行徳歴史《ぎょうとくれきし》の扉《とびら》』）。

●三月一八日、河原《かわら》の正源寺《しょうげんじ》に供養塔建立《くようとうこんりゅう》される。
「弁財天敷石供養塔《べんざいてんしきいしくようとう》」［裏《うら》］慶應《けいおう》四 戊辰天《つちのえたつてん》 三月十有《ゆう》八日 正源寺《しょうげんじ》二十八主源誉上人《しゅげんよしょうにん》 名主《なぬし》徳《とく》□□ 世話人《せわにん》 平右衛門《へいうえもん》 石工治兵エ《いしくじへえ》（『市川市《いちかわし》の石造物《せきぞうぶつ》』）

四月一一日 討幕軍江戸城《とうばくぐんえどじょう》へ入城《にゅうじょう》。徳川慶喜《とくがわけいき》、水戸《みと》へ退去《たいきょ》

●四月一一日、旧幕府歩兵奉行大鳥圭介《きゅうばくふほへいぶぎょうおおとりけいすけ》ら、一六〇〇名《めい》を率《ひき》いて、下総国市川《しもうさのくにいちかわ》へ奔《はし》る（『市川市《いちかわし》史年表《しねんぴょう》』）。市川《いちかわ》に集結《しゅうけつ》した旧幕府兵《きゅうばくふへい》の総督《そうとく》大鳥圭介《おおとりけいすけ》、参謀《さんぼう》土方歳三《ひじかたとしぞう》（新撰組副長《しんせんぐみふくちょう》）の布陣《ふじん》だった。

◉官軍《かんぐん》、湊新田《みなとしんでん》に駐屯《ちゅうとん》

閏《うるう》四月三日、市川《いちかわ》・船橋戦争《ふなばしせんそう》。新政府軍《しんせいふぐん》と旧幕府脱走兵《きゅうばくふだっそうへい》、八幡《やわた》、市川《いちかわ》、真間《まま》、船橋方面《ふなばしほうめん》で激突《げきとつ》、新政府軍勝利《しんせいふぐんしょうり》（『市川市史年表《いちかわししねんぴょう》』）。行徳《ぎょうとく》に布陣《ふじん》していたのは福岡藩兵《ふくおかはんぺい》一〇〇名《めい》で、旧幕府兵《きゅうばくふへい》が船路《ふなじ》で江戸《えど》へ出《で》るのを防《ふせ》ぐ役目《やくめ》だったが、砲声《ほうせい》を聞《き》いて前軍《ぜんぐん》だけが進撃《しんげき》したが敗《やぶ》れ、福岡兵後軍《ふくおかへいこうぐん》と江戸《えど》から来《き》た薩摩兵《さつまへい》と合流《ごうりゅう》して二俣《ふたまた》より攻撃《こうげき》をし、午後《ごご》四時《じ》をまわった頃海神村《ころかいじんむら》で戦《たたか》い、船橋《ふなばし》を占拠《せんきょ》した（『市川市史《いちかわしし》』第《だい》二巻《かん》 近世編《きんせいへん》 第《だい》一一章《しょう》 戊辰戦争《ぼしんせんそう》と市川《いちかわ》）。

同《どう》四日、本行徳村名主《ほんぎょうとくむらなぬし》、官軍《かんぐん》が戸締《とじま》りしてある家《いえ》には鉄砲《てっぽう》を打《う》ち込《こ》むと言《い》ってきたので、早々《そうそう》に戸《と》を開《あ》けるように通達《つうたつ》（『市川市史年表《いちかわししねんぴょう》』）。

同《どう》六日、武総取締《ぶそうとりしまり》、今般本行徳村《こんぱんほんぎょうとくむら》に官軍《かんぐん》が止宿《ししゅく》するので兵糧《ひょうろう》、人馬《じんば》、船《ふね》などを差出《さしだ》すよう通達《つうたつ》（『市川市史年表《いちかわししねんぴょう》』）。官軍《かんぐん》は湊新田《みなとしんでん》に陣屋《じんや》を構《かま》えていた。陣屋《じんや》は剣術道場《けんじゅつどうじょう》で薩長様《さっちょうさま》と呼《よ》ばれていた。山岡鉄舟《やまおかてっしゅう》が官軍《かんぐん》と交渉《こうしょう》のために訪《おとず》れていた（『葛飾風土史川《かつしかふうどしかわ》と村《むら》と人《ひと》』『行徳歴史街道《ぎょうとくれきしかいどう》』）。

●閏《うるう》四月より五月に至《いた》り、霖雨《りんう》（幾日《いくにち》も降《ふ》り続《つづ》く雨《あめ》、長雨《ながあめ》）、所々出水《しょしょしゅっすい》あり。五月八日夜《よる》、大風雨《だいふうう》あり、大川《おおかわ》（隅田川《すみだがわ》）筋満水《すじまんすい》、所々出水《しょしょしゅっすい》。神田明神《かんだみょうじん》後《うし》ろの方並《ほうなら》びは湯島《ゆしま》の崖崩《がけくず》れ落《お》ちて、下《した》なる家《いえ》を毀《こぼ》ち怪《け》瑕人《がにん》あり（『武江年表《ぶこうねんぴょう》』）。行徳《ぎょうとく》に史料《しりょう》なし。

七月一七日　江戸《えど》を東京《とうきょう》と改称《かいしょう》

◉霖雨《りんう》続《つづ》き蔬菜《そさい》育《そだ》たず、塩焼《しおやき》不景気《ふけいき》

「七月八日（八月か）も又霖雨《またりんう》つゞき（大雨《おおあめ》の日多《ひおお》し）、蔬菜生《そさいしょう》ずる事稀《ことまれ》なり。よつて価登庸《あたいとうよう》せる事甚《ことはなは》だしく、近来《きんらい》かゝる事《こと》を知《し》らず」（『武江年表《ぶこうねんぴょう》』）

行徳《ぎょうとく》でも塩稼《しおかせぎ》は全《まった》くできず、雷《かみなり》を伴《ともな》う大雨《おおあめ》のため雨《あめ》に打《う》たれて野菜《やさい》も育《そだ》たなかった（『行徳歴《ぎょうとくれき》史街道《しかいどう》3』）。

八月一九日　榎本武揚《えのもとたけあき》、幕府《ばくふ》の艦船《かんせん》八隻《せき》を率《ひき》いて脱走《だっそう》

明治《めいじ》

元年 戊辰《つちのえたつ》 一八六八

九月八日 慶応《けいおう》を明治《めいじ》と改元《かいげん》。一世一元《いっせいいちげん》の制《せい》を定《さだ》める

◉塩浜仕法書作成《しおはましほうしょさくせい》される

行徳領塩浜付村々《ぎょうとくりょうしおはまつきむらむら》『塩浜仕法書《しおはましほうしょ》』を作成《さくせい》（『塩浜仕法書写《しおはましほうしょうつし》〈明治《めいじ》元年〉』）。

下《くだ》り塩仕法《じおしほう》は冥加永年々《みょうがえいねんねん》三貫文上納《かんもんじょうのう》、下《くだ》り塩買入《じおかいい》れは御春屋《おつきや》上納差支《じょうのうさしつか》えないよう囲《かこ》み置《お》くため、納塩以外《のうえんいがい》の囲塩《かこみじお》は利根川《とねがわ》上流筋《じょうりゅうすじ》に売渡《うりわた》し、下《くだ》り塩《じお》百俵《ぴょう》に付銀《つきぎん》三匁《もんめ》ずつ口銭《こうせん》として請取《うけとり》、買《かい》入高《いれだか》は年《ねん》三四万俵《びょう》であり、口銭《こうせん》は会所入用《かいしょにゅうよう》を除《のぞ》き浜方非常手当《はまかたひじょうてあて》として御役所《おやくしょ》へ御預《おあず》け、「この度《たび》、御一新《ごいっしん》に付《つき》、右口銭《みぎこうせん》百俵《ぴょう》に付《つき》三匁《もんめ》の内《うち》一匁《もんめ》五卜《ぶ》を（新政府《しんせいふ》へ）上納仕《じょうのうつかまつ》る」とする。地塩仕《じしおし》法《ほう》は、「凡年分《およそねんぶん》五六万両内府内積入分《りょううちふないつみいれぶん》、但《ただ》シ内右有高《うちみぎありたか》三万両見込壱分口銭取金《りょうみこみいちぶこうせんとりきん》三百両《りょう》ニ相成《にあいなり》候《そうろう》、当領外積入分金《とうりょうほかつみいれぶんきん》二万両余見込壱分口銭取金《りょうよみこみいちぶこうせんとりきん》二百両《りょう》に相成申候《あいなりもうしそうろう》、金《きん》二百五拾両《じゅうりょう》非常之《ひじょうの》手当積置入用《てあてつみおきにゅうよう》、右内差引《みぎうちさしひき》二百五拾両《じゅうりょう》者上納分《はじょうのうぶん》」とある。

◉塩浜堤防《しおはまていぼう》の修理費用《しゅうりひよう》はすべて農民負担《のうみんふたん》、のちに千葉県補助《ちばけんほじょ》となる

維新以後《いしんいご》、塩浜堤防《しおはまていぼう》は「私堤《してい》」として自普請《じぶしん》を立前《たてまえ》とされ、難儀《なんぎ》。塩垂百姓《しおだれびゃくしょう》は明治政府《めいじせいふ》に対《たい》して陳情《ちんじょう》を繰《く》り返《かえ》し、明治《めいじ》一八年（一八八五）、堤防修理費用《ていぼうしゅうりひよう》のうち三～七分《ぶ》を千葉県庁《ちばけんちょう》より補助《ほじょ》、明治《めいじ》二八年（一八九五）、堤防修理費用《ていぼうしゅうりひよう》の全部《ぜんぶ》を千葉県庁《ちばけんちょう》が補助《ほじょ》となり、徳川幕府時代《とくがわばくふじだい》の旧《きゅう》例《れい》が復活《ふっかつ》した（『下総行徳塩業史《しもうさぎょうとくえんぎょうし》』『行徳歴史《ぎょうとくれきし》の扉《とびら》』）。

◉塩《しお》の棒手振《ぼてふり》、椋鳥《むくどり》のように大挙《たいきょ》して東京《とうきょう》へ行商《ぎょうしょう》

行徳《ぎょうとく》の椋鳥《むくどり》について。

「幕府《ばくふ》の倒壊後《とうかいご》は同地方《どうちほう》（行徳《ぎょうとく》）の百姓《ひゃくしょう》にして『棒手振《ぼてふり》』と称《しょう》する塩行商人《しおぎょうしょうにん》が六升《しょう》三合入《ごういり》の桶《おけ》八杯《はい》―五斗《と》を一荷《いっか》として東京《とうきょう》に行商《ぎょうしょう》を開始《かいし》し、その数漸次増加《かずぜんじぞうか》し当時東京《とうじとうきょう》ではこれを『行徳《ぎょうとく》の椋鳥《むくどり》』と呼《よ》んでその人数《にんずう》の夥《おびただ》しさに驚嘆《きょうたん》した。彼《かれ》らは一荷《いっか》五斗《と》の塩《しお》を担《かつ》ぎこれを売捌《うりさば》いて相当《そうとう》の利益《りえき》を挙《あ》げて帰村《きそん》したのであるからその営業振《えいぎょうぶ》りも想像《そうぞう》に余《あま》りがある」（『下総行徳塩業史《しもうさぎょうとくえんぎょうし》』所収《しょしゅう》「日本食塩販売史《にほんしょくえんはんばいし》」）

●「境川波右衛門《さかいがわなみうえもん》（行徳町《ぎょうとくまち》）。明治初年《めいじしょねん》に於《お》ける有名《ゆうめい》なる横綱力士《よこづなりきし》なり。高谷《こうや》に生《うま》る。一二歳《さい》、先《せん》代境川《だいさかいがわ》の弟子《でし》となり、一七歳《さい》小西川《こにしがわ》とて番付《ばんづけ》に名《な》を掲《かか》げられ、二九歳《さい》大関《おおぜき》に進《すす》み、三三歳《さい》横綱《よこづな》を

免許《めんきょ》さる。而《しこう》して日《ひ》の下開山《もとかいざん》として横綱《よこづな》の位置《いち》を持続《じぞく》すること実《じつ》に十有《ゆう》二年嘗《かつ》て紀伊侯《きいこう》御抱《おかかえ》へ力士《りきし》たり。実《じつ》に近世《きんせい》の名力士《めいりきし》にして『角力《すもう》じや境川《さかいがわ》、男《おとこ》じや梅ケ谷《うめがたに》』と唄《うた》はれしは此《こ》の境川《さかいがわ》なり」（『千葉県東葛飾郡誌《ちばけんひがしかつしかぐんし》』）

二年　己巳《つちのとみ》　一八六九

●一月一三日、葛飾県《かつしかけん》、小菅県設置《こすげけんせっち》される。小菅県《こすげけん》の市川市域《いちかわしいき》の所属町村《しょぞくちょうそん》は欠真間《かけまま》・湊新田《みなとしんでん》・湊《みなと》・押切《おしきり》・新井《あらい》・本行徳《ほんぎょうとく》・関ケ島《せきがしま》・伊勢宿《いせじゅく》・加藤新田《かとうしんでん》・儀兵衛新田《ぎへえしんでん》・河原《かわら》・大和田《おおわだ》・稲荷木《とうかぎ》・下《しも》新宿《しんしゅく》・下妙典《しもみょうでん》・田尻《たじり》・上妙典《かみみょうでん》・高谷《こうや》・原木《ばらき》・二俣《ふたまた》・大野《おおの》・大野新田《おおのしんでん》・柏井《かしわい》・奉免《ほうめん》・国分《こくぶん》・八《や》幡《わた》・菅野《すがの》・宮久保《みやくぼ》・市川《いちかわ》・市川新田《いちかわしんでん》・平田《ひらた》・真間《まま》・国府台《こうのだい》。葛飾県《かつしかけん》は北方《ぼっけ》・中山《なかやま》・高石神《たかいしがみ》・鬼越《おにごえ》・若宮《わかみや》・曽谷《そや》・稲越《いなこし》・須和田《すわだ》・下貝塚《しもかいづか》（『市川市史《いちかわしし》』第《だい》三巻《かん》 近代編《きんだいへん》 第《だい》一章第《しょうだい》二節王政復古《せつおうせいふっこ》と市川《いちかわ》の情勢《じょうせい》）。

一月　百姓《ひゃくしょう》・町人《ちょうにん》の苗字帯刀《みょうじたいとう》が廃止《はいし》される

二月五日　府県《ふけん》に小学校設置《しょうがっこうせっち》を命《めい》ずる。行徳地域《ぎょうとくちいき》は明治《めいじ》六年に小学校設置《しょうがっこうせっち》の動《うご》きが始《はじ》まる

●二月、「加藤新田明細帳《かとうしんでんめいさいちょう》〈明治《めいじ》二年二月〉」が作成《さくせい》される。「田畑反別《でんぱたたんべつ》五町《ちょう》五反《たん》五畝《せ》八ト《ぶ》、高《たか》二六石《こく》二斗《と》七升《しょう》八合《ごう》。塩浜反別《しおはまたんべつ》二町《ちょう》三反《たん》二畝《せ》ト《ぶ》、塩浜囲堤南北長《しおはまかこみつつみなんぼくながさ》一五〇間《けん》・海面長《かいめんながさ》一七〇間《けん》・西北長《せいほくながさ》一五〇間《けん》。塩竈家《しおかまどや》二ケ所《しょ》、新田《しんでん》の儀《ぎ》は一人請《いちにんうけ》にて民家御座無《みんかござな》く候《そうろう》」とする。

●五月、小菅県布達《こすげけんふたつ》「その支配所《しはいしょ》よりこれまで塩正納《しおせいのう》いたし来《きた》り候処《そうろうところ》追《おっ》て沙汰《さた》に及《およ》び候迄《そうろうまで》当巳《とうみ》年《どし》より以来《いらい》その年々所相場《ねんねんところそうば》を以《もっ》て精々《せいぜい》直段吟味《ねだんぎんみ》の上御払《うえおはら》い取計《とりはから》い永納《えいのう》の積《つも》り致《いた》すべく相伺候《あいうかがいそうろう》事《こと》」により、この年《とし》より塩《しお》の現物納《げんぶつのう》を金納《きんのう》に改《あらた》められる（『下総行徳塩業史《しもうさぎょうとくえんぎょうし》』）。

●「五月より六月に至《いた》り、日々曇《ひびくも》り又《また》は雨降《あめふ》り、快晴《かいせい》の日稀《ひまれ》にして冷気《れいき》なり。七月、八月も同《おな》じ。夏《なつ》より、冷気《れいき》にて雨多《あめおお》く、大河《おおかわ》（隅田川《すみだがわ》）通《どお》り納涼《のうりょう》の船更《ふねさら》に少《すくな》し。八月中旬《ちゅうじゅん》も曇雨《くもりあめ》、十五夜月《じゅうごやつき》を看《み》ず」（『武江年表《ぶこうねんぴょう》』）

ここにいたって明治天皇《めいじてんのう》は次《つぎ》のような詔書《しょうしょ》を発《はっ》す。

「八月二五日、朕登祚《ちんとうそ》（位《くらい》につくこと）以降海内多難億兆《いこうかいだいたなんおくちょう》未《いま》だ綏寧《すいねい》（世《よ》の安《やす》らかなこと）せず、加之《これにくわえて》今歳淫雨農《ことしいんうのう》を害《がい》し民将《たみまさ》に生《せい》を遂《とぐ》る所《ところ》なからんとす、朕深《ちんふか》く怵惕《じゅつてき》（恐《おそ》れあやぶむこと）す、依《よっ》て躬《みずか》ら節倹《せっけん》する所有《ところあり》て救恤《きゅうじゅつ》に充《あて》んとす、主者施行《しゅはせこう》せよ　己巳《つちのとみ》八月廿《にじゅう》五日」（『市川市史《いちかわしし》』第《だい》三巻《かん》近代編《きんだいへん》第《だい》一章第《しょうだい》二節王政復古《せつおうせいふっこ》と市川《いちかわ》の情勢《じょうせい》、『行徳歴史街道《ぎょうとくれきしかいどう》3』）

この翌年《よくねん》に報恩社法《ほうおんしゃほう》が成立《せいりつ》する。

九月末《まつ》　成田不動尊旅宿《なりたふどうそんたびやど》、深川永代寺《ふかがわえいたいじ》へ移《うつ》る（『武江年表《ぶこうねんぴょう》』）

一一月一七日　スエズ運河開通《うんがかいつう》

一二月二五日　はじめて東京《とうきょう》・横浜間《よこはまかん》の電信開通《でんしんかいつう》

この年《とし》

●和泉和助《いずみわすけ》、人力車《じんりきしゃ》を発明《はつめい》。

『市川市史《いちかわしし》』（第《だい》二巻《かん》）に三代目安藤広重《だいめあんどうひろしげ》画《え》の行徳新川岸《ぎょうとくしんがし》の図《ず》（『成田土産名所尽《なりたみやげめいしょづくし》』）が載《の》っている。陸《おか》に客待《きゃくま》ちの人力車《じんりきしゃ》が二台《だい》ある。和服姿《わふくすがた》の男《おとこ》が三人《にん》、女《おんな》が三人《にん》、話《はな》しながら蒸気船《じょうきせん》へ向《む》かっている。若《わか》い女性《じょせい》は下駄《げた》で、他《た》はぞうりを履《は》いている。右手《みぎて》に巨大《きょだい》な常夜灯《じょうやとう》が見《み》える。文化《ぶんか》九年（一八一二）建造《けんぞう》のものである。左隅《ひだりすみ》に小型《こがた》の常夜灯《じょうやとう》が一《ひと》つ描《えが》かれている。帆《ほ》を張《は》った高瀬船《たかせぶね》が三艘沖《そうおき》を航行《こうこう》している。接岸《せつがん》している蒸気船《じょうきせん》は通運丸《つううんまる》である（『行徳歴史街道《ぎょうとくれきしかいどう》』）。

また、明治《めいじ》三九年（一九〇六）二月二三日、日露戦争《にちろせんそう》でバルチック艦隊《かんたい》を破《やぶ》った東郷平八郎提督《とうごうへいはちろうていとく》が鴨猟《かもりょう》の手《て》ほどきをするために人力車《じんりきしゃ》に乗《の》って新浜鴨場《にいはまかもば》へ来《き》ていた（『英国貴族《えいこくきぞく》が見《み》た明治日本《めいじにっぽん》』『行徳歴史街道《ぎょうとくれきしかいどう》5』）。

●この年《とし》の稲荷木村役人《とうかぎむらやくにん》、名主給《なぬしきゅう》一年分《ぶん》四斗入米《といりこめ》一一俵《ぴょう》、組頭《くみがしら》給《きゅう》一年分《ぶん》四斗入米《といりこめ》二俵《ひょう》二斗《と》（『稲荷木村役人給料並《とうかぎむらやくにんきゅうりょうなら》びに夫銭入用取極書上帳《ふせんにゅうようとりきめかきあげちょう》〈明治《めいじ》二年〉』）。

三年 庚午《かのえうま》 一八七〇

◉貧民救済《ひんみんきゅうさい》のため報恩社法施行《ほうおんしゃほうしこう》

三月、小菅県《こすげけん》、報恩社法施行《ほうおんしゃほうしこう》、貧民《ひんみん》の救済《きゅうさい》にあたる。

「夫《そ》れ世《よ》に治乱《ちらん》あり年《ねん》に豊凶《ほうきょう》あり家《いえ》に貧富《ひんぷ》ある是《こ》れ気運《きうん》の常数故《じょうすうゆえ》に治《ち》に乱《らん》を忘《わす》れず豊《ほう》に凶《きょう》を慮《おもんぱか》り富《と》める者《もの》は貧《ひん》なる者《もの》を恤《あわ》れむ乃《すなわち》人道《じんどう》の当然《とうぜん》」（『序』より）

県下《けんか》三五六町村《ちょうそん》中《ちゅう》下総国《しもうさのくに》葛飾郡《かつしかぐん》は五一町村《ちょうそん》だが、本行徳村《ほんぎょうとくむら》は最高額《さいこうがく》の一二四二両《りょう》を拠出《きょしゅつ》、拠出金者《きょしゅつきんしゃ》のうち最高額《さいこうがく》は本行徳村《ほんぎょうとくむら》の岩崎粂蔵《いわさきくめぞう》の一二〇両《りょう》（のちに行徳郵便局長《ぎょうとくゆうびんきょくちょう》になる人物《じんぶつ》）、次《つ》いで加藤惣右衛門《かとうそうえもん》の一〇〇両（のちに行徳町長《ぎょうとくちょうちょう》になる人物《じんぶつ》）、なお、本行徳村塩問屋《ほんぎょうとくむらしおどんや》として一軒《けん》が合計《ごうけい》三〇〇両《りょう》を拠出《きょしゅつ》、惣右衛門《そうえもん》は塩問屋《しおどんや》としても拠出《きょしゅつ》（『市川市史《いちかわしし》』第《だい》三巻《かん》近代編《きんだいへん》第《だい》一章第《しょうだい》二節王政復古《せつおうせいふっこ》と市川《いちかわ》の情勢《じょうせい》、詳細《しょうさい》を『行徳歴史街道《ぎょうとくれきしかいどう》3』にも収録《しゅうろく》）。

松戸宿《まつどしゅく》九三三両《りょう》二分《ぶ》、小山村《こやまむら》一二〇両《りょう》、松戸新田《まつどしんでん》九一両《りょう》二分《ぶ》、古崎村《こがさきむら》二五八両《りょう》、儀兵衛新田《ぎへえしんでん》八二両《りょう》二分《ぶ》、木村《きむら》一二四両《りょう》、岩瀬村《いわせむら》七八両《りょう》二分《ぶ》、主水新田《もんどしんでん》五三両《りょう》、外河原村《そとかわらむら》二一両《りょう》、竹ケ鼻村《たけがはなむら》六両《りょう》、南花嶋村《みなみはなしまむら》七八両《りょう》二分《ぶ》、上矢切村《かみやぎりむら》二四六両《りょう》、下矢切村《しもやぎりむら》一四二両《りょう》、小根本村《こねもとむら》七両《りょう》、中矢切村《なかやぎりむら》六一両《りょう》二分《ぶ》、栗山村《くりやまむら》七〇両《りょう》三分《ぶ》、七右衛門新田《しちうえもんしんでん》四〇両《りょう》、大橋村《おおはしむら》九〇両《りょう》一分《ぶ》、国分村《こくぶんむら》四四六両《りょう》二分《ぶ》、須和田村《すわだむら》四二両《りょう》二分《ぶ》、市川村《いちかわむら》一二七両《りょう》、国府台村《こうのだいむら》三七両《りょう》一分《ぶ》、平田村《ひらたむら》一二両《りょう》二分《ぶ》、本《ほん》行徳村《ぎょうとくむら》一二四二両《りょう》一分《ぶ》、市川新田《いちかわしんでん》八七両《りょう》二分《ぶ》、八幡町《やわたまち》一九四両《りょう》二分《ぶ》、西海神村《にしかいじんむら》二三七両《りょう》一分《ぶ》、菅野村《すがのむら》一四五両《りょう》二分《ぶ》、八幡村《やわたむら》三三両《りょう》、高谷村《こうやむら》九五両《りょう》、古八幡村《こやわたむら》一四両《りょう》二分《ぶ》、河原村《かわらむら》六五両《りょう》、下妙典村《しもみょうでんむら》一九八両《りょう》、二俣村《ふたまたむら》八〇両《りょう》二分《ぶ》、原木村《ばらきむら》一〇九両《りょう》、稲荷木村《とうかぎむら》一五〇両《りょう》、上妙典村《かみみょうでんむら》七四両《りょう》、田尻村《たじりむら》三〇両《りょう》、大和田村《おおわだむら》六五両《りょう》三分《ぶ》、下新宿村《しもしんしゅくむら》六五両《りょう》一分《ぶ》、真間村《ままむら》六両《りょう》、欠真間村《かけままむら》一七二両《りょう》一分《ぶ》、湊新田村《みなとしんでんむら》四八両《りょう》二分《ぶ》、湊村《みなとむら》八六両《りょう》二分《ぶ》、関ヶ嶋村《せきがしまむら》五一両《りょう》、押切村《おしきりむら》六五両《りょう》、新《あら》井村《いむら》一七三両《りょう》、伊勢宿村《いせじゅくむら》一五〇両《りょう》、猫実村《ねこざねむら》六六両《りょう》、堀江村《ほりえむら》二〇〇両《りょう》、当代嶋村《とうだいしまむら》三四両《りょう》二分《ぶ》、合《ごう》計《けい》七一〇二両《りょう》六分《ぶ》。なお、北方《ぼっけ》・中山《なかやま》・高石神《たかいしがみ》・鬼越《おにごえ》・若宮《わかみや》・曽谷《そや》・稲越《いなこし》・須和田《すわだ》・下貝塚《しもかいづか》は葛《かつ》飾県所属《しかけんしょぞく》のため含《ふく》まれず。

●三月、稲荷木村村役人名主重右衛門《とうかぎむらむらやくにんなぬしじゅうえもん》、組頭孫右衛門《くみがしらまごうえもん》、百姓代勘七《ひゃくしょうだいかんしち》。稲荷木村戸数《とうかぎむらこすう》四九、人口《じんこう》二四九（男《おとこ》一二九、女《おんな》一二〇）、牛馬《ぎゅうば》なし（『稲荷木村家数人別増減書上帳《とうかぎむらやかずにんべつぞうげんかきあげちょう》〈明治《めいじ》三年〉』）。

七月一九日　洪水《こうずい》。利根沿岸《とねえんがん》（江戸川沿岸《えどがわえんがん》は不明《ふめい》）堤塘不残破懐《ていとうのこらずはかい》。七月一三日より辰巳風《たつみのかぜ》にして昼夜《ちゅうや》の豪雨《ごうう》八、九十度《ど》づつ一九日迄《まで》七日間《かん》の暴風雨也《ぼうふううなり》（『千葉県東葛飾郡誌《ちばけんひがしかつしかぐんし》』）

九月一九日　平民《へいみん》に苗字《みょうじ》を許《ゆる》す

四年　辛未《かのとひつじ》　一八七一

◉川蒸気飛脚便《かわじょうきひきゃくびん》「利根川丸《とねがわまる》」就航《しゅうこう》

一月、川蒸気飛脚便《かわじょうきひきゃくびん》「利根川丸《とねがわまる》」が就航《しゅうこう》。万年橋《まんねんばし》―新川《しんかわ》―江戸川《えどがわ》―関宿《せきやど》―奥州街道《おうしゅうかいどう》の中田《なかだ》（茨城県《いばらきけん》）までを隔日運航《かくじつうんこう》。上《のぼ》り一一時間《じかん》、下《くだ》り六時間《じかん》。水車《すいしゃ》を両脇《りょうわき》に付《つ》けた外輪蒸気船《がいりんじょうきせん》で喫水《きっすい》が浅《あさ》く平底《ひらぞこ》の船《ふね》で、江戸川《えどがわ》や利根川《とねがわ》の浅瀬《あさせ》を自由《じゆう》に航行《こうこう》でき、振動《しんどう》も少《すく》なく乗《の》り心地《ごこち》は極《きわ》めて良《りょう》好《こう》だった（『明解行徳《めいかいぎょうとく》の歴史大事典《れきしだいじてん》』）。

一月五日　寺社領《じしゃりょう》を没収《ぼっしゅう》

●二月、押切《おしきり》の稲荷神社《いなりじんじゃ》に手水石《ちょうずいし》が奉納《ほうのう》される。「奉納《ほうのう》　明治《めいじ》四　辛《かのと》□年二月吉日《きちじつ》　川原《かわら》□　石工《いしく》□兵《へ》□」※建立者氏名《こんりゅうしゃしめい》は水道管《すいどうかん》に隠《かく》れて見《み》えず（『明解行徳《めいかいぎょうとく》の歴史大事典《れきしだいじてん》』）

三月一日　はじめて郵便箱《ゆうびんばこ》を設置《せっち》し、郵便切手《ゆうびんきって》を発行《はっこう》（新暦《しんれき》では四月二〇日が逓信記念日《ていしんきねんび》になっている）

●この春《はる》、小菅県令《こすげけんれい》が長州藩士《ちょうしゅうはんし》水野久兵衛《みずのきゅうべえ》より、行徳塩浜《ぎょうとくしおはま》一一ケ村塩田反別《そんえんでんたんべつ》八九町《ちょう》六反《たん》三畝《せ》一四歩《ぶ》に対《たい》し金《きん》五千両《りょう》を借《か》り受《う》け、堤防修繕費《ていぼうしゅうぜんひ》に当《あ》てる（『下総行徳塩業史《しもうさぎょうとくえんぎょうし》』）。

●三月二一日、押切《おしきり》の光林寺《こうりんじ》に筆子塚《ふでこづか》建立《こんりゅう》される。帙川堂先生《ちっせんどうせんせい》墓誌銘《ぼしめい》（漢文省略《かんぶんしょうりゃく》）明治《めいじ》四歳《とし》在《は》辛未《かのとひつじ》春《はる》三月念《ねん》一日　中根《なかね》義用《ぎよう》撰幷書《せんならびにしょ》　立石門《たていしもん》人中《じんちゅう》　松温斎篆額《しょうおんさいてんがく》　鐫《せん》　青山康晴《あおやまやすはる》　［裏《うら》］関ケ嶋村《せきがしまむら》・伊勢宿村《いせじゅくむら》・押切村《おしきりむら》・湊新田《みなとしんでん》・本行徳《ほんぎょうとく》・湊村《みなとむら》・香取《かんどり》（姓名《せいめい》19）（『市川市《いちかわし》の石造物《せきぞうぶつ》』）

四月四日　戸籍法《こせきほう》を定《さだ》める。明治《めいじ》五年二月より実施《じっし》。壬申戸籍《じんしんこせき》。同《どう》二四日、住宅《じゅうたく》の各戸《かくこ》に番号《ばんごう》をつけさせる

五月一〇日　新貨条例公布《しんかじょうれいこうふ》、金本位制《きんほんいせい》となる。両《りょう》を改《あらた》め円《えん》、銭《せん》、厘《りん》の単位《たんい》を確立《かくりつ》

●新貨条例《しんかじょうれい》以後《いご》の製塩人夫《せいえんにんぷ》の賃金《ちんぎん》は、コルセト氏《し》の報告《ほうこく》では採鹹夫《さいかんふ》が一日二〇銭《せん》、焚丁《たきちょう》が日中《にっちゅう》一五銭《せん》、夜分《やぶん》一七銭《せん》、『大日本塩業全書《だいにほんえんぎょうぜんしょ》』では採鹹夫《さいかんふ》が一日、男大《おとこだい》四五銭《せん》、男中《おとこちゅう》三〇銭《せん》、女《おんな》三〇銭《せん》、釜焚《かまたき》四〇銭《せん》、手伝《てつだい》四〇銭《せん》。更《さら》に明治《めいじ》三八年六月、塩専売実施後《しおせんばいじっしご》の二俣村石井氏方《ふたまたむらいしいしかた》では一日、口作《くちつく》り一円《えん》、水入《みずい》レ《れ》七〇銭《せん》、砂《すな》ヨ《寄》セ《せ》五〇銭《せん》（『下総行徳塩業史《しもうさぎょうとくえんぎょうし》』）。口作《くちつく》りとはチョク作《づく》りともいい、日雇熟練者《ひやといじゅくれんしゃ》の仕事《しごと》だった。この出来《でき》の善《よ》し悪《あ》しで鹹水《かんすい》の採取《さいしゅ》量《りょう》が異《こと》なった。

●七月九日、小菅県下《こすげけんか》二七〇カ町村風水害《ちょうそんふうすいがい》を受《う》ける。小菅県《こすげけん》では直《ただ》ちに報恩社法《ほうおんしゃほう》により救助《きゅうじょ》を行《おこな》う。

「武総各村々《ぶそうかくむらむら》へ風災《ふうさい》ニ《に》付《つき》救助《きゅうじょ》下《さ》け《げ》渡《わたし》候《そうろう》御《お》届書《とどけがき》

足立郡千住駅外《あだちぐんせんじゅえきほか》六〇ケ村《そん》、武蔵国葛飾郡小菅村外《むさしのくにかつしかぐんこすげむらほか》一三〇ケ村《そん》、埼玉郡越ケ谷駅外《さいたまぐんこしがやえきほか》三〇ケ村《そん》流失並《りゅうしつなら》びに倒潰家《とうかいいえ》一五二五棟《むね》　一《ひとつ》　貧民《ひんみん》五九六四人《にん》　報恩社法救助米《ほうおんしゃほうきゅうじょまい》　この米《こめ》二五一石《こく》九斗《と》一升《しょう》五合《ごう》　内男《うちおとこ》二九八七人《にん》　但《ただし》一日米《こめ》三合宛《ごうあて》　女《おんな》二九七七人《にん》　但《ただし》一日米《こめ》二合宛《ごうあて》　下総国葛飾郡本行徳村外《しもうさのくにかつしかぐんほんぎょうとくむらほか》四八ケ村《そん》　右同断《みぎどうだん》（流失並《りゅうしつなら》びに倒潰家《とうかいいえ》のこと）八七二棟《むね》　一《ひとつ》　貧民《ひんみん》三四〇三人《にん》この米《こめ》一五五石《こく》八斗《と》五升《しょう》四合《ごう》　内男《うちおとこ》一六八六人《にん》　但《ただし》一日米《こめ》三合宛《ごうあて》　女《おんな》一七一七人《にん》　但《ただし》一日米《こめ》二合宛《ごうあて》　合《あわせて》　米《こめ》四四七石《こく》七斗《と》六升《しょう》九合《ごう》（合計《ごうけい》が合《あ》わない）。明治《めいじ》四年辛未《かのとひつじ》七月　報恩社之内《ほうおんしゃのうち》潰家大破家御救助割合書上帳《つぶれいえたいはいえごきゅうじょわりあいかきあげちょう》　当県管轄所《とうけんかんかつしょ》　下総国葛飾郡第《しもうさのくにかつしかぐんだい》一五区稲荷木村《くとうかぎむら》　一《ひとつ》　米《こめ》二斗《と》七升《しょう》　五郎右衛門《ごろううえもん》㊞　一《ひとつ》　米《こめ》六升《しょう》　五郎兵衛《ごろべえ》㊞　一《ひとつ》　米《こめ》四斗《と》二升《しょう》　茂左衛門《もざえもん》㊞　一《ひとつ》　米《こめ》二斗《と》八升《しょう》

吉太郎《きちたろう》㊞　一《ひとつ》　米《こめ》二斗《と》四升《しょう》　重兵衛《じゅうべえ》㊞　一《ひとつ》　米《こめ》二斗《と》　忠蔵《ちゅうぞう》㊞　一《ひとつ》　米《こめ》二斗《と》六升《しょう》　長右衛門《ちょううえもん》㊞
合米《あわせてこめ》二石《こく》二斗《と》七升《しょう》　代金《だいきん》一〇両《りょう》一分《ぶ》　永《えい》六八文《もん》二分《ぶ》　右《みぎ》ハ当《とう》七月九日、大風災《だいふうさい》ニテ《にて》大破《たいは》並《なら》びに潰家《つぶれいえ》之《の》もの共《ども》江《へ》、報恩社《ほうおんしゃ》之内《のうち》為御救助《ごきゅうじょのため》被下置《くだしおかれ》、難有頂戴《ありがたくちょうだい》仕《つかまつり》候《そうろう》、則《すなわち》書面《しょめん》之《の》通《とおり》割合渡《わりあいわたし》
候間《そうろうかん》、御請印願《おんうけいんねがい》奉《たてまつり》差上《さしあげ》候《そうろう》以上《いじょう》」

●七月一九日、風雨《ふうう》、海嘯《かいしょう》（津波《つなみ》のこと）あり（『市川市史年表《いちかわししねんぴょう》』）。『下総行徳塩業史《しもうさぎょうとくえんぎょうし》』の「恐《おそ》れ乍《なが》ら書付《かきつけ》を以《もっ》て願《ねが》い上《あ》げ奉《たてまつ》り候《そうろう》」（明治《めいじ》四年八月）の文書《ぶんしょ》では、「七月九日この暴風雨《ぼうふうう》にて右《みぎ》堤残《つつみのこ》らず破亡《はぼう》仕《つかまつ》り」としている。

「七月一九日、朝《あさ》より、大風雨《だいふうう》、深川鉄砲洲沙村《ふかがわてっぽうずすなむら》、逆井《さかさい》、堀江《ほりえ》、猫《ねこ》ざね《実》、行徳海嘯《ぎょうとくかいしょう》、今井村人家《いまいむらじんか》八拾余宇《はちじゅうようう》流失《りゅうしつ》すと云々《うんぬん》」（『武江年表《ぶこうねんぴょう》』）

八月二六日　大風雨《だいふうう》あり（『市川市史年表《いちかわししねんぴょう》』）。明治初年《めいじしょねん》より毎年大災害続《まいとしだいさいがいつづ》く

●八月、旧行徳領塩浜付《きゅうぎょうとくりょうしおはまつき》一一ケ村《そん》（湊《みなと》、湊新田《みなとしんでん》、欠真間《かけまま》、新井《あらい》を除《のぞ》く）の製塩業者《せいえんぎょうしゃ》七三軒連印《けんれんいん》を以《もっ》て小菅県役所《こすげけんやくしょ》にあて堤防普請《ていぼうふしん》についての嘆願書提出《たんがんしょていしゅつ》（『下総行徳塩業史《しもうさぎょうとくえんぎょうし》』）。この文書《ぶんしょ》で、塩《しお》の出来高《できだか》の内《うち》一割《わり》を積立《つみたて》し一ケ年金《ねんきん》七千両《りょう》となるので、明申《みょうさる》一一月迄拝借金《まではいしゃくきん》（春《はる》に小菅県令《こすげけんれい》が長州藩士《ちょうしゅうはんし》より借《か》りた金《きん》五千両《りょう》）の返済《へんさい》に充《あ》てられる、明後年《みょうごねん》からの大破《たいは》については積《つ》み金《きん》で自《じ》普請《ぶしん》するとしている。

すでに幕末以来《ばくまついらい》、徳川幕府《とくがわばくふ》の保護《ほご》を俟《ま》つことのできなかった行徳塩田《ぎょうとくえんでん》に於《おい》ては、維新以後《いしんいご》、塩《しお》浜堤防《はまていぼう》は所謂私堤《いわゆるしてい》として自普請《じぶしん》を立前《たてまえ》とし、僅《わず》かに拝借金《はいしゃくきん》を仰《あお》いで普請《ふしん》を続《つづ》けてきた（『下総行《しもうさぎょう》

徳塩業史《とくえんぎょうし》』）。

九月三日　津波《つなみ》、暴風雨《ぼうふうう》（『千葉県東葛飾郡誌《ちばけんひがしかつしかぐんし》』）

一一月一三日、下総国《しもうさのくに》のうち、葛飾《かつしか》・佐倉《さくら》・関宿《せきやど》・結城《ゆうき》・古河《こが》・曾我野《そがの》・生実《おゆみ》の七県《けん》を廃止《はいし》し、印旛県《いんばけん》を置《お》く。葛飾《かつしか》・小菅《こすげ》両県域《りょうけんいき》に含《ふく》まれる市川市域《いちかわしいき》の町村《ちょうそん》はすべて印旛県《いんばけん》に編入《へんにゅう》。

◉印旛県庁《いんばけんちょう》が本行徳村徳願寺《ほんぎょうとくむらとくがんじ》に仮設《かせつ》される

一二月九日、印旛県庁《いんばけんちょう》を葛飾郡本行徳村徳願寺《かつしかぐんほんぎょうとくむらとくがんじ》に仮設《かせつ》（『市川市史年表《いちかわししねんぴょう》』）。

五年　壬申《みずのえさる》　一八七二

◉本行徳村《ほんぎょうとくむら》に取締所《とりしまりしょ》（のちの警察署《けいさつしょ》）を設置《せっち》

一月二九日、本行徳村《ほんぎょうとくむら》に取締所《とりしまりしょ》を置《お》き、出火《しゅっか》・盗難《とうなん》・検死及《けんしおよ》び送入籍《そうにゅうせき》、逃亡《とうぼう》あるいは遺失《いしつ》物《ぶつ》・拾得物《しゅうとくぶつ》などを取締《とりしま》る（『市川市史《いちかわしし》』第《だい》三巻《かん》近代編《きんだいへん》第《だい》一章《しょう》第二節《せつ》王政復古《おうせいふっこ》と市川《いちかわ》の情勢《じょうせい》）。印《いん》旛県葛飾郡内《ばけんかつしかぐんない》は本行徳《ほんぎょうとく》（市川市域《いちかわしいき》すべてを管轄《かんかつ》）・流山《ながれやま》・古河《こが》・関宿《せきやど》に置《お》かれた。目的《もくてき》は良民保《りょうみんほ》護《ご》と悪徒逮捕《あくとたいほ》。全県《ぜんけん》に四六人《にん》を配置《はいち》。

二月八日　江戸川以西《えどがわいせい》の足立郡下《あだちぐんか》四一〇カ村《そん》、葛飾郡下《かつしかぐんか》七二カ村《そん》、東京府《とうきょうふ》の所轄《しょかつ》となる

三月　旅籠屋《はたごや》一泊は金《きん》一朱《しゅ》と銭《ぜに》二〇〇文《もん》、昼《ひる》三〇〇文《もん》、腰掛弁当代《こしかけべんとうだい》は二五〇文《もん》となる（『市川市《いちかわし》史年表《しねんぴょう》』）

四月九日　庄屋《しょうや》・名主《なぬし》・年寄《としより》などを廃止《はいし》し、戸長《こちょう》・副戸長《ふくこちょう》を置《お》く

五月七日　品川《しながわ》・横浜間鉄道開通《よこはまかんてつどうかいつう》

◉本行徳村《ほんぎょうとくむら》に郵便取締所《ゆうびんとりしまりしょ》（のちの郵便局《ゆうびんきょく》）を設置《せっち》

七月一日、行徳村《ぎょうとくむら》に郵便取締所設置《ゆうびんとりしまりしょせっち》（『市川市史年表《いちかわししねんぴょう》』）。取扱人《とりあつかいにん》、岩崎粂蔵《いわさきくめぞう》（二十四歳《さい》）は清酒《せいしゅ》・醤油卸業《しょうゆおろしぎょう》。

岩崎粂蔵《いわさきくめぞう》は明治《めいじ》一九年～三六年まで行徳郵便局長《ぎょうとくゆうびんきょくちょう》を務《つと》める。また、「明治《めいじ》五年の創置《そうち》にして、岩崎粂蔵氏宅《いわさきくめぞうしたく》にて、郵便取締所《ゆうびんとりしまりしょ》と称《しょう》せり、同《どう》八年一月郵便局《ゆうびんきょく》と改称《かいしょう》し三等局《さんとうきょく》となり、而《しこう》して局《きょく》長《ちょう》は開局以来岩崎氏《かいきょくいらいいわさきし》なりしが（後略）」（『千葉県東葛飾郡誌《ちばけんひがしかつしかぐんし》』）との記載《きさい》もある。

下総国《しもうさのくに》の郵便設置所《ゆうびんせっちしょ》は松戸《まつど》、取手《とりで》、行徳《ぎょうとく》、船橋《ふなばし》、寒川《さむかわ》、鎌ケ谷《かまがや》、木下《きおろし》、滑川《なめかわ》、佐原《さわら》、小見川《おみがわ》、関宿《せきやど》、堺《さかい》、結城《ゆうき》。

行徳《ぎょうとく》における明治《めいじ》一三年の郵便受信数《ゆうびんじゅしんすう》一万五一〇〇通《つう》、発信数《はっしんすう》二万一八〇〇通《つう》（『市川市史《いちかわしし》』第《だい》三巻《かん》）。

●八月三日、太政官布告《だいじょうかんふこく》で学制《がくせい》が公布《こうふ》される。「邑《むら》に不学《ふがく》の戸《こ》なく家《いえ》に不学《ふがく》の人《ひと》なからしめんこと

を期《き》す」とした崇高《すうこう》な目的《もくてき》を持《も》ったもの。小学校《しょうがっこう》を人口《じんこう》六〇〇を目途《めど》に一校設置《いっこうせっち》する、学区取締《がっくとりしま》りを置《お》く、入学《にゅうがく》は六歳《さい》、四年《ねん》の就学《しゅうがく》とする（『市川市史《いちかわしし》』第《だい》三巻《かん》近代編《きんだいへん》第《だい》五章《しょう》第《だい》二節《せつ》学制発布《がくせいはっぷ》と小学校《しょうがっこう》）。小学校設立《しょうがっこうせつりつ》維持費用《いじひよう》は地方住民《ちほうじゅうみん》の寄付《きふ》によって賄《まかな》うこととされた。

明治《めいじ》六年、行徳小学校《ぎょうとくしょうがっこう》、欠真間《かけまま》小学校《しょうがっこう》、湊《みなと》小学校設立《しょうがっこうせつりつ》、明治《めいじ》七年新井《あらい》小学校設立《しょうがっこうせつりつ》。

この当時《とうじ》、市川市域《いちかわしいき》では私塾《しじゅく》一〇、算学塾《さんがくじゅく》一があり、行徳《ぎょうとく》七、中山《なかやま》一、八幡《やわた》一、真間《まま》一、菅《すが》野《の》一（『市川市史《いちかわしし》』第《だい》三巻《かん》）で、南行徳地域《みなみぎょうとくちいき》の私塾《しじゅく》（寺子屋《てらこや》など）を含《ふく》めると、総数《そうすう》はもっと多《おお》かった。行徳《ぎょうとく》・南行徳地域《みなみぎょうとくちいき》は江戸時代《えどじだい》を通《つう》じて、教育先進地《きょういくせんしんち》だったと言《い》える（『明解行徳《めいかいぎょうとく》の歴《れき》史大事典《しだいじてん》』）。

九月一三日　新橋《しんばし》―横浜間鉄道開業《よこはまかんてつどうかいぎょう》

◉「塩売捌商法書《しおうりさばきしょうほうしょ》」作成《さくせい》される

「塩売捌商法書《しおうりさばきしょうほうしょ》〈明治《めいじ》五年〉」が提出《ていしゅつ》される。これによると、行徳塩《ぎょうとくじお》は金《きん》一両《りょう》に付塩《つきしお》三俵《びょう》（但《ただ》し一俵《ぴょう》四斗《と》八升《しょう》入《い》り）、小前《こまえ》に売《う》り渡《わた》す直段《ねだん》は一升《しょう》に付代《つきだい》百拾文《じゅうもん》。赤穂塩《あこうじお》は金《きん》一両《りょう》に付《つき》三俵《びょう》八分《ぶ》弐厘《にりん》、才田塩《さいたじお》は一両《りょう》に付《つき》七俵《ひょう》弐分《にぶ》。一ケ年《ねん》の塩売上《しおうりあ》ケ《げ》金高《きんたか》を凡拾《およそじゅう》万両《りょう》に見積《みつ》り、口銭金《こうせんきん》六千両《りょう》としている。

●この年《とし》、一般家庭《いっぱんかてい》でランプが盛《さか》んに使《つか》われ始《はじ》める。

◉地券《ちけん》制度《せいど》始《はじ》まる

一〇月、一般《いっぱん》に売買《ばいばい》される土地《とち》に地券《ちけん》（現在《げんざい》の登記済《とうきずみ》権利書《けんりしょ》に似《に》たもの）制度《せいど》が導入《どうにゅう》される（『地券所持心得《ちけんしょじこころえ》〈明治《めいじ》五年〉』）。

一一月九日　太陽暦採用布告《たいようれきさいようふこく》

一二月三日　この日《ひ》を明治《めいじ》六年一月一日とする

六年　癸酉《みずのととり》　一八七三

一月一〇日　徴兵令布告《ちょうへいれいふこく》

◉行徳小学校《ぎょうとくしょうがっこう》、欠真間小学校《かけましょうがっこう》、湊小学校《みなとしょうがっこう》、新井小学校開校《あらいしょうがっこうかいこう》

二月一六日、行徳小学校《ぎょうとくしょうがっこう》、徳願寺《とくがんじ》に仮設《かせつ》される。生徒数《せいとすう》男《おとこ》八三名《めい》、女《おんな》五五名《めい》、合計《ごうけい》一三八名《めい》。行徳地域《ぎょうとくちいき》の小中学校《しょうちゅうがっこう》を分離独立《ぶんりどくりつ》した母体《ぼたい》となった学校《がっこう》。

この月《つき》、行徳小学校原木分校《ぎょうとくしょうがっこうばらきぶんこう》が原木村妙行寺《ばらきむらみょうぎょうじ》に設立《せつりつ》。同《どう》八年に原木小学校《ばらきしょうがっこう》として独立《どくりつ》。同《どう》二九年七月、信篤尋常小学校《しんとくじんじょうしょうがっこう》と改称《かいしょう》。大正《たいしょう》五年（一九一六）、稲荷木分教場設置《とうかぎぶんきょうじょうせっち》（『千葉県《ちばけん》

東葛飾郡誌《ひがしかつしかぐんし》』『市川市史年表《いちかわししねんぴょう》』）。

三月一五日、行徳小学校欠真間分校《ぎょうとくしょうがっこうかけままぶんこう》を源心寺《げんしんじ》に仮設《かせつ》、一〇月に拡智小学校《かくちしょうがっこう》として独立《どくりつ》、明治《めいじ》七年（一八七四）一〇月、欠真間小学校《かけまましょうがっこう》と改称《かいしょう》（『市川市史年表《いちかわししねんぴょう》』）。児童数《じどうすう》男《おとこ》三五名《めい》、女《おんな》一五名《めい》、合計《ごうけい》五〇名《めい》。

明治《めいじ》一一年（一八七八）六月、湊小学校《みなとしょうがっこう》・欠真間小学校《かけまましょうがっこう》・新井小学校《あらいしょうがっこう》を合併《がっぺい》し欠真間小学《かけまましょうがっ》校《こう》とし、湊《みなと》と新井《あらい》は分校《ぶんこう》として存続《そんぞく》。同《どう》一四年（一八八一）三月、香取《かんどり》の大火《たいか》で校舎焼失《こうしゃしょうしつ》、相之《あいの》川《かわ》の小川市兵衛家《おがわいちべえけ》の塩蔵《しおぐら》で授業継続《じゅぎょうけいぞく》、塩蔵学校《しおぐらがっこう》といわれた。同《どう》二一年（一八八八）一一月、新校《しんこう》舎落成《しゃらくせい》。同《どう》二二年三月、陽徳尋常小学校《ようとくじんじょうしょうがっこう》と改称《かいしょう》。

湊分校《みなとぶんこう》は明徳尋常小学校《めいとくじんじょうしょうがっこう》と改称《かいしょう》。大正《たいしょう》六年（一九一七）一〇月一日の大津波《おおつなみ》で校舎破壊《こうしゃはかい》。同《どう》九年（一九二〇）四月、陽徳《ようとく》、明徳両尋常小学校《めいとくりょうじんじょうしょうがっこう》が合併《がっぺい》し、南行徳尋常小学校《みなみぎょうとくじんじょうしょうがっこう》と改称《かいしょう》。同《どう》一〇年三月三一日、南行徳尋常高等小学校《みなみぎょうとくじんじょうこうとうしょうがっこう》となる。同《どう》一一年（一九二二）七月、現在地《げんざいち》の欠《かけ》真間《まま》一丁目《ちょうめ》六番《ばん》に木造《もくぞう》二階建《かいだ》て、総建坪《そうたてつぼ》四五一坪《つぼ》の新校舎落成《しんこうしゃらくせい》。昭和《しょうわ》二二年（一九四七）五月一〇日、小学校敷地内《しょうがっこうしきちない》に六・三制《せい》の新制中学《しんせいちゅうがく》として南行徳町立南行徳中学校開校《みなみぎょうとくちょうりつみなみぎょうとくちゅうがっこうかいこう》。南行徳《みなみぎょうとく》小学校《しょうがっこう》は南行徳地域《みなみぎょうとくちいき》の小学校《しょうがっこう》を分離独立《ぶんりどくりつ》した母体《ぼたい》となった学校《がっこう》（『明解行徳《めいかいぎょうとく》の歴史大事典《れきしだいじてん》』）。

●「四月五日、下総国成田山不動尊《しもうさのくになりたさんふどうそん》、深川永代寺《ふかがわえいたいじ》に於《お》いて、当月《とうげつ》一七日より六〇日の間開帳《あいだかいちょう》に付《つ》き今日到着《きょうとうちゃく》、遠近《おちこち》より送迎《そうげい》の人《ひと》夥《おびただ》しく出《で》る。例《れい》の通《とお》り神田《かんだ》のものは一人《ひとり》も出《で》ず。開帳中《かいちょうちゅう》、境内《けいだい》茶店食店等《ちゃみせしょくだななど》六百余軒《よけん》を列《つら》ねたり。又《また》見《み》せ物《もの》多《おお》く十八軒《けん》出《で》る。日毎《ひごと》に群集《ぐんしゅう》す」（『武江年表《ぶこうねんぴょう》』）

神田《かんだ》は神田明神《かんだみょうじん》で平将門《たいらのまさかど》を祀《まつ》っているから仇同士《かたきどうし》のため、氏子一同成田山《うじこいちどうなりたさん》にはお参《まい》りもしない。

六月一五日　印旛《いんば》、木更津県《きさらづけん》を廃《はい》し、千葉県《ちばけん》となる。市川市域《いちかわしいき》は千葉県《ちばけん》の所管《しょかん》となる

●「六月以来《いらい》、炎旱《ひでり》数回《すうかい》にわたりしが、九月よりは霖雨《りんう》つづく。同《どう》二三日、風雨《ふうう》、家屋垣塀《かおくかきへい》を倒《たお》す」（『武江年表《ぶこうねんぴょう》』）

九月二四日　洪水《こうずい》、利根《とね》一三尺《じゃく》（『千葉県東葛飾郡誌《ちばけんひがしかつしかぐんし》』）

一二月一日　郵便《ゆうびん》はがき発売《はつばい》、市内《しない》に出《だ》すのは一枚半銭《まいはんせん》。同《どう》二八日、郵便脚夫《ゆうびんきゃくふ》ピストル携行《けいこう》を許可《きょか》（『下総郵便事始《しもうさゆうびんことはじめ》』）。郵便保護銃《ゆうびんほごじゅう》は明治《めいじ》・大正《たいしょう》・昭和《しょうわ》と引《ひ》き続《つづ》いて郵便局《ゆうびんきょく》の備品《びひん》になっていた

●一二月一七日、湊小学校《みなとしょうがっこう》を湊村法伝寺《みなとむらほうでんじ》を仮教場《かりきょうじょう》として開校《かいこう》。教員《きょういん》は静岡県士族水野清穀《しずおかけんしぞくみずのせいこく》、生徒数男《せいとすうおとこ》三六、女《おんな》一六、合計《ごうけい》五二（『市川市史年表《いちかわししねんぴょう》』）。創設者《そうせつしゃ》は湊村《みなとむら》の川合七左衛門《かわいしちざえもん》。

同《どう》一一年（一八七八）六月、新井小学校《あらいしょうがっこう》とともに拡智小学校《かくちしょうがっこう》に合併《がっぺい》され欠真間小学校《かけまましょうがっこう》と改称《かいしょう》、分校《ぶんこう》として存続《そんぞく》、同《どう》二二年（一八八九）三月、分校《ぶんこう》は明徳尋常小学校《めいとくじんじょうしょうがっこう》と改称《かいしょう》。大正《たいしょう》九年（一九二〇）四月、陽徳尋常小学校《ようとくじんじょうしょうがっこう》（もとの欠真間小学校《かけまましょうがっこう》）と統合《とうごう》されて南行徳尋常小学校《みなみぎょうとくじんじょうしょうがっこう》と改称《かいしょう》。同《どう》一一年（一九二二）七月、欠真間《かけまま》一丁目《ちょうめ》六番《ばん》の現在地《げんざいち》に新校舎《しんこうしゃ》が落成《らくせい》し仮教場《かりきょうじょう》から移転《いてん》。以後《いご》は南行徳《みなみぎょうとく》（欠真間《かけまま》）小学校《しょうがっこう》を参照《さんしょう》（『明解行徳《めいかいぎょうとく》の歴史大事典《れきしだいじてん》』）。

●一二月、本行徳《ほんぎょうとく》までの道標《どうひょう》が今井《いまい》の渡《わた》し場《ば》に建《た》てられる。市立市川歴史博物館所蔵《しりついちかわれきしはくぶつかんしょぞう》。
［正面《しょうめん》］東房総街道本行徳驛江《ひがしぼうそうかいどうほんぎょうとくえきへ》廿《にじゅう》五町《ちょう》廿《にじゅう》二間《けん》　欠真間村《かけままむら》□　［左側面《ひだりそくめん》］明治《めいじ》六年十二月
（『明解行徳《めいかいぎょうとく》の歴史大事典《れきしだいじてん》』）
今井《いまい》の渡《わた》しから本行徳《ほんぎょうとく》までの現在《げんざい》の行徳街道《ぎょうとくかいどう》は、明治《めいじ》の頃《ころ》は東房総街道《ひがしぼうそうかいどう》といったと知《し》れる。

この年《とし》

●下《くだ》り塩《じお》の明治《めいじ》六～一一年頃《ころ》の一ケ年平均《ねんへいきん》の東京入荷量高《とうきょうにゅうかりょうたか》は、赤穂塩《あこうじお》七二万俵《びょう》、本斎田塩《ほんさいたじお》四八万俵《びょう》、新斎田塩《しんさいたじお》九二万俵《びょう》の合計《ごうけい》二一二万俵《びょう》。国民経済《こくみんけいざい》の急速《きゅうそく》なる発展《はってん》はその輸送高《ゆそうだか》を激増《げきぞう》せしめ、明治《めいじ》三六年（一九〇三）には一四四万五六一七石《こく》で、十州産塩総額《じっしゅうさんしおそうがく》の約《やく》二割《わり》四分《ぶ》にあたった（『下総行徳塩業史《しもうさぎょうとくえんぎょうし》』）。下《くだ》り塩《じお》は一俵《ぴょう》三斗《と》入《い》り。
この当時《とうじ》の行徳塩《ぎょうとくじお》を含《ふく》む千葉県東葛飾郡《ちばけんひがしかつしかぐん》の製塩額《せいえんがく》は六万六九〇〇石《こく》に過《す》ぎなかった。
●この年《とし》、湊囃子連結成《みなとはやしれんけっせい》される。二〇一七年参照《さんしょう》。

七年甲戌《きのえいぬ》　一八七四

一月一五日　東京警視庁《とうきょうけいしちょう》を設置《せっち》、内務省《ないむしょう》に所属《しょぞく》
●一月一七日、本行徳駅《ほんぎょうとくえき》、松戸駅《まつどえき》、木更津村《きさらづむら》の三カ所《しょ》に取締所《とりしまりしょ》を設置《せっち》。警保視察《けいほしさつ》を管掌《かんしょう》させる

（『市川市史年表《いちかわししねんぴょう》』）。

●三月四日、各小学校《かくしょうがっこう》教員《きょういん》は毎月《まいつき》三の日《ひ》に試験《しけん》をしていたが、「教員一同授業《きょういんいちどうじゅぎょう》の方法《ほうほう》を伝習《でんしゅう》せしめ候旨《そうろうむね》布達《ふたつ》、学業《がくぎょう》試験《しけん》の上《うえ》教員《きょういん》となった者《もの》も伝習《でんしゅう》のため来《き》たる三月から六月まで毎月《まいつき》九日二四日両日《りょうじつ》試験《しけん》を致《いた》すべき布達候《ふたつそうろう》、来《き》たる七月よりはこれまで通《どお》り三の日《ひ》に試験《しけん》を致《いた》し候《そうろう》」（『授業方法伝習《じゅぎょうほうほうでんしゅう》について〈明治《めいじ》七年〉』）

三月二四日　全国戸籍表《ぜんこくこせきひょう》ができる。人口総計《じんこうそうけい》三三一万《まん》八二五人《にん》

●七月二五日、新井小学校《あらいしょうがっこう》を新井村延命寺《あらいむらえんめいじ》に設置《せっち》。児童数男《じどうすうおとこ》三四名《めい》、女《おんな》一三名《めい》、合計《ごうけい》四七名《めい》、教員《きょういん》一名《めい》。「お寺《てら》の学校《がっこう》」と呼《よ》ばれた。創設者《そうせつしゃ》は新井村名主鈴木清兵衛《あらいむらなぬしすずきせいべえ》（行徳金堤《ぎょうとくきんてい》の息子《むすこ》）。

同《どう》一一年（一八七八）六月、湊小学校《みなとしょうがっこう》とともに拡智小学校《かくちしょうがっこう》に合併《がっぺい》され欠真間小学校《かけましょうがっこう》と改称《かいしょう》。新井分校《あらいぶんこう》として存続《そんぞく》。同《どう》二二年（一八八九）三月、陽徳尋常小学校《ようとくじんじょうしょうがっこう》と改称《かいしょう》。以後《いご》は南行徳《みなみぎょうとく》（欠真間《かけまま》）小学校《しょうがっこう》の項《こう》を参照《さんしょう》。

八年　乙亥《きのとい》　一八七五

●一月、行徳郵便取扱所《ぎょうとくゆうびんとりあつかいじょ》が行徳郵便局《ぎょうとくゆうびんきょく》と改称《かいしょう》され、三等局《さんとうきょく》となる（『市川市史年表《いちかわししねんぴょう》』）。

一月八日　小学校生徒《しょうがっこうせいと》の学齢《がくれい》を満《まん》六歳《さい》より一四歳《さい》までと定《さだ》める

●二月、新井《あらい》、当代島《とうだいじま》、猫実《ねこざね》、堀江《ほりえ》までの道標《どうひょう》が今井《いまい》の渡《わた》し場《ば》に建《た》てられる。現在《げんざい》、市立市川歴《しりついちかわれき》史博物館所蔵《しはくぶつかんしょぞう》。

［正面《しょうめん》］南《みなみ》　距《きょ》　堀江邨《ほりえむら》廿《にじゅう》三町《ちょう》十二間《けん》三尺《じゃく》　距《きょ》　猫實邨《ねこざねむら》廿《にじゅっ》町《ちょう》五十二間《けん》三尺《じゃく》　距《きょ》　當代島《とうだいじま》邨《むら》十二町《ちょう》三十六間《けん》　距《きょ》　新井邨《あらいむら》六町《ちょう》三十六間《けん》　［右側面《みぎそくめん》］明治《めいじ》八年二月建　之《これをたてる》

一町《ちょう》＝約《やく》一〇九メートル、一間《けん》＝約《やく》一・八二メートル、一尺《しゃく》＝約《やく》〇・三メートルで換算《かんさん》。

二月一三日　平民《へいみん》に必《かなら》ず苗字《みょうじ》を称《しょう》するよう通達《つうたつ》（『平民苗字差許《へいみんみょうじさしゆる》さる〈明治《めいじ》八年〉』）

二月二〇日　「旧幕府以来川々堤防費《きゅうばくふいらいかわがわていぼうひ》として取立来《とりたてきたり》　候《そうろう》　国役金《くにやくきん》の儀明治《ぎめいじ》七年一二月三一日限《かぎ》り廃止《はいし》　候旨布告《そうろうむねふこく》」（『堤防費取立廃止《ていぼうひとりたてはいし》のこと〈明治《めいじ》八年〉』）

●七月、高谷村安養寺《こうやむらあんようじ》に高谷小学校設立《こうやしょうがっこうせつりつ》。原木小学校《ばらきしょうがっこう》より分離独立《ぶんりどくりつ》（『市川市史年表《いちかわししねんぴょう》』）。

●一〇月、上妙典《かみみょうでん》の八幡神社《はちまんじんじゃ》に鋪石奉納《ほいしほうのう》される。

「氏子中《うじこちゅう》　鋪石《ほいし》　セ八人《世話にん》（姓名《せいめい》6）　明治《めいじ》八□十月吉日《きちじつ》」（『市川市《いちかわし》の石造物《せきぞうぶつ》』）

●一一月一日、浦安当代島《うらやすとうだいじま》の漁師《りょうし》高梨源八《たかなしげんぱち》、西脇清吉《にしわきせいきち》両名《りょうめい》、葛西沖三枚洲《かさいおきさんまいす》で大鯨《おおくじら》を捕獲《ほかく》。当代島《とうだいじま》の稲荷神社《いなりじんじゃ》に大鯨《おおくじら》の碑《ひ》を建立《こんりゅう》。「鯨《くじら》一頭《とう》で七浦潤《ななうらうるお》う」の諺《ことわざ》あり（『行徳歴史街道《ぎょうとくれきしかいどう》3』）。

●一二月四日、湊《みなと》の渡《わた》し（南行徳村湊《みなみぎょうとくむらみなと》と瑞穂村前野間《みずほむらまえのかん》）、槙屋《まきや》（薪屋《まきや》）の渡《わた》し（南行徳村欠真《みなみぎょうとくむらかけま》間《ま》と瑞穂村当代島間《みずほむらとうだいじまかん》）の営業許可下《えいぎょうきょかお》りる。明治《めいじ》四三年（一九一〇）の運賃《うんちん》は、片道大人《かたみちおとな》二銭《せん》、子《こ》供《ども》一銭《せん》、自転車《じてんしゃ》三銭《せん》、小車《こぐるま》四銭《せん》。伝馬船使用《てんませんしよう》（『千葉県東葛飾郡誌《ちばけんひがしかつしかぐんし》』）。

●この年《とし》、河原小学校設立《かわらしょうがっこうせつりつ》（『市川市史年表《いちかわししねんぴょう》』）。

九年 丙子《ひのえね》 一八七六

●一月一日、旧行徳地域《きゅうぎょうとくちいき》、第《だい》十一大区《だいく》下総国《しもうさのくに》千葉《ちば》葛飾郡《かつしかぐん》に配《はい》される。西海神《にしかいじん》・山野《やまの》・二俣《ふたまた》・原《ばら》木《き》・高谷《こうや》・田尻《たじり》・印内《いんない》・本郷《ほんごう》・寺内《てらうち》・二子《ふたこ》は十五小区《しょうく》、上妙典《かみみょうでん》・下妙典《しもみょうでん》・河原《かわら》・大和田《おおわだ》・稲荷《とうか》木《ぎ》・下新宿《しもしんしゅく》・本行徳《ほんぎょうとく》・加藤新田《かとうしんでん》・儀兵衛新田《ぎへえしんでん》・関ヶ島《せきがしま》は十八小区《しょうく》、伊勢宿《いせじゅく》・押切《おしきり》・湊村《みなとむら》・湊新《みなとしん》田《でん》・欠真間《かけまま》・新井《あらい》・当代島《とうだいじま》は十九小区《しょうく》、猫実《ねこざね》・堀江《ほりえ》は二十小区《しょうく》となる（『小区変更布達《しょうくへんこうふたつ》』〈明治《めいじ》八年〉）。

●二月四日、行徳小学校《ぎょうとくしょうがっこう》の生徒《せいと》六名《めい》、欠真間小学校《かけまましょうがっこう》の生徒《せいと》四名《めい》、去《さる》八年一二月の試験《しけん》において小学校上下等教科卒業《しょうがっこうじょうげとうきょうかそつぎょう》につき賞与《しょうよ》として『近世孝子伝《きんせいこうしでん》』が下賜《かし》される（『教科卒業《きょうかそつぎょう》の賞与《しょうよ》について〈明治《めいじ》九年〉』）。

三月一四日　朝《あさ》から大風雨《だいふうう》（『市川市史年表《いちかわししねんぴょう》』）

四月一日　男子満《だんしまん》二〇歳《さい》をもって成年《せいねん》と定《さだ》める

●五月二日、東京府下葛飾郡上今井村村民《とうきょうふかかつしかぐんかみいまいむらそんみん》、江戸川筋今井渡船場権利獲得《えどがわすじいまいとせんばけんりかくとく》について東京府《とうきょうふ》に出願《しゅつがん》。七月、市川渡船場《いちかわとせんば》、八月、松戸渡船場《まつどとせんば》も同様《どうよう》に紛糾《ふんきゅう》（『江戸川筋渡船出入事蹟《えどがわすじとせんでいりじせき》〈明治《めいじ》九年〉』）。今井村《いまいむら》では新造伝馬船《しんぞうてんません》二艘《そう》を所持《しょじ》し、運賃《うんちん》を一人金《ひとりきん》五厘《りん》、人力車《じんりきしゃ》一銭《せん》五厘《りん》、馬《うま》一匹《ぴき》一銭《せん》五厘《りん》、長持《ながもち》一棹《さお》二銭《せん》の計画《けいかく》。

●六月、湊小学校《みなとしょうがっこう》四等訓導飯島為直《とうくんどういいじまためなお》により『湊小学校沿革誌《みなとしょうがっこうえんかくし》』できる（『湊小学校沿革誌《みなとしょうがっこうえんかくし》〈明《めい》治《じ》九年〉』)。『明解行徳《めいかいぎょうとく》の歴史大事典《れきしだいじてん》』に全文《ぜんぶん》を収録《しゅうろく》。先人《せんじん》の篤志《とくし》を知《し》るべし。

九月一七日　洪水《こうずい》、利根《とね》一三尺《じゃく》(『千葉県東葛飾郡誌《ちばけんひがしかつしかぐんし》』)

この年《とし》……………………………………

●近傍各町村《きんぼうかくちょうそん》と組合《くみあい》を作《つく》り、行徳《ぎょうとく》に民費《みんぴ》で巡査《じゅんさ》を置《お》く。

明治《めいじ》一一年(一八七八)、千葉警察署《ちばけいさつしょ》の分署《ぶんしょ》を本行徳《ほんぎょうとく》三丁目《ちょうめ》(八幡宮境内入口左角《はちまんぐうけいだいいりくちひだりかど》)に置《お》く。同《どう》三七年(一九〇四)、巡査部長派出所《じゅんさぶちょうはしゅつじょ》となる。のちに該派出所《がいはしゅつしょ》が浦安町《うらやすまち》に移《うつ》され、現今《げんこん》の本《ほん》行徳巡査派出所《ぎょうとくじゅんさはしゅつじょ》となる。河原《かわら》、原木《ばらき》にも巡査派出所《じゅんさはしゅつじょ》を置《お》く(『千葉県東葛飾郡誌《ちばけんひがしかつしかぐんし》』)。

●勝海舟筆《かつかいしゅうひつ》の「熊谷伊助慰霊歌碑《くまがやいすけいれいかひ》」、自性院《じしょういん》に建立《こんりゅう》される(『企画展図録《きかくてんずろく》　幕末《ばくまつ》の市川《いちかわ》』)。

●この頃《ころ》の塩田形態《えんでんけいたい》は、約《やく》八、九間《けん》の堤塘《ていとう》に大《おお》きく囲《かこ》まれ、その中側《なかがわ》に六間《けん》の水路《すいろ》を有《ゆう》し、塩田内《えんでんない》の溝渠《こうきょ》は九尺《しゃく》、塩田《えんでん》一枚分《まいぶん》の面積《めんせき》は元浜《もとはま》においては約《やく》四反乃至《たんないし》五反《たん》、新浜《しんはま》においては約《やく》六反乃至《たんないし》八反《たん》(『下総行徳塩業史《しもうさぎょうとくえんぎょうし》』)。

一〇年丁丑《ひのとうし》　一八七七

◉外輪蒸気船《がいりんじょうきせん》「通運丸《つううんまる》」、江戸川筋《えどがわすじ》に就航《しゅうこう》

五月一日、外輪蒸気船《がいりんじょうきせん》「通運丸《つううんまる》」が江戸川筋《えどがわすじ》に就航《しゅうこう》。内国通運《ないこくつううん》（現《げん》・日本通運《にほんつううん》）が深川高橋《ふかがわたかばし》から下野生井村間《しもつけなまいむらかん》に就航《しゅうこう》、行徳《ぎょうとく》にも寄港《きこう》。

明治《めいじ》一六年（一八八三）、深川高橋《ふかがわたかばし》から行徳新河岸《ぎょうとくしんがし》までの定期便《ていきびん》を就航《しゅうこう》させ、同《どう》二七年（一八九四）から浦安《うらやす》にも寄港《きこう》することになり大《おお》いに賑《にぎ》わったが、大正《たいしょう》八年（一九一九）一二月、東京通《とうきょうつう》船《せん》（株《かぶ》）に航路《こうろ》と船《ふね》を譲渡《じょうと》して撤退《てったい》。明治《めいじ》一七年（一八八四）一二月当時《とうじ》で二六隻《せき》、最終的《さいしゅうてき》に三八隻《せき》が建造《けんぞう》された。

行徳《ぎょうとく》へ寄港《きこう》して三代目広重《さんだいめひろしげ》の「行徳新河岸《ぎょうとくしんがし》の図《ず》」（『成田土産名所尽《なりたみやげめいしょづくし》』）に描《えが》かれているのは第《だい》一通運丸《いちつううんまる》で、燃料《ねんりょう》は薪《たきぎ》が使《つか》われていた。浦安付近《うらやすふきん》で見《み》かけられたのは第《だい》一八通運丸《つううんまる》。

寄港地《きこうち》は、深川高橋《ふかがわたかばし》―扇橋《おおぎばし》―大島《おおじま》―草屋《くさや》―船堀《ふなぼり》―栗渡《くりと》―三角《さんかく》―桑川《くわがわ》―新川口《しんかわぐち》―一軒家《いっけんや》（島尻《しまじり》）―浦安《うらやす》―堀江《ほりえ》―槙屋《まきや》（欠真間《かけまま》）―湊《みなと》―押切《おしきり》（祭礼河岸《さいれいがし》）―行徳《ぎょうとく》四丁目《ちょうめ》（新河岸《しんがし》）―行徳《ぎょうとく》一丁《ちょう》目《め》（蒸気河岸《じょうきがし》）が終点《しゅうてん》。運賃《うんちん》は、高橋《たかばし》から一軒家《いっけんや》、堀江《ほりえ》まで七銭《せん》、湊《みなと》、押切《おしきり》、行徳《ぎょうとく》まで九銭《せん》。米《こめ》一升《しょう》四、五銭《せん》の時代《じだい》。四歳《さい》まで無賃《むちん》、一二歳《さい》まで半額《はんがく》、犬《いぬ》は一匹《ぴき》三〇銭《せん》。

時速《じそく》三里《り》。一日一往復《おうふく》、午前《ごぜん》五時頃《じごろ》から運航《うんこう》。

本行徳新河岸《ほんぎょうとくしんがし》への便《びん》は昭和《しょうわ》一九年（一九四四）廃止《はいし》（『明解行徳《めいかいぎょうとく》の歴史大事典《れきしだいじてん》』）。一九一九年参照《さんしょう》。

新井《あらい》の古老《ころう》は島尻《しまじり》のことを今《いま》でも一軒家《いっけんや》と呼《よ》ぶ（『ぎょうとく昔語《むかしがた》り』）。

八月　コレラ、上海《しゃんはい》から長崎《ながさき》、横浜《よこはま》に伝播《でんぱ》、一〇月にかけて各地《かくち》に蔓延《まんえん》（『市川市史年表《いちかわししねんぴょう》』）
九月一四日　大雨《おおあめ》、江戸川溢水《えどがわいっすい》し、民家浸水《みんかしんすい》（『市川市史年表《いちかわししねんぴょう》』）
九月二四日　西郷隆盛自刃《さいごうたかもりじじん》（四八歳《さい》）。西南戦争終《せいなんせんそうおわ》る
一〇月一一日　台風《たいふう》（『千葉県東葛飾郡誌《ちばけんひがしかつしかぐんし》』）

◉「旧高旧領取調帳《きゅうだかきゅうりょうとりしらべちょう》」編纂《へんさん》される

明治《めいじ》一〇年代《だい》、政府《せいふ》により「旧高旧領取調帳《きゅうだかきゅうりょうとりしらべちょう》」編纂《へんさん》される（『市川市史《いちかわしし》』第《だい》六巻上《かんじょう》　史料近世上《しりょうきんせいじょう》　巻頭《かんとう》）。解説《かいせつ》を引用《いんよう》する。

『市川市史《いちかわしし》』第《だい》六巻上《かんじょう》の冒頭《ぼうとう》は「旧高旧領書上帳《きゅうだかきゅうりょうかきあげちょう》」のうち、市川《いちかわ》を含《ふく》む部分《ぶぶん》を全面的《ぜんめんてき》に抜《ぬ》き出《だ》したものである。

「『旧高旧領取調帳《きゅうだかきゅうりょうとりしらべちょう》』は明治《めいじ》十年代《だい》に政府《せいふ》によって編纂《へんさん》されたものであって、下総上総等《しもうさかずさなど》の国《くに》別《べつ》に全国《ぜんこく》にわたって、江戸時代《えどじだい》の村《むら》ごとに村名《そんめい》、最幕末期《さいばくまつき》の領主《りょうしゅ》、石高並《こくだかなら》びに概《おおむ》ねは廃藩置県《はいはんちけん》（明治《めいじ》四年七月）直後《ちょくご》の県名《けんめい》を記《しる》したものである。（中略《ちゅうりゃく》）本書《ほんしょ》に掲《かか》げたものは、大野村《おおのむら》（市川《いちかわ》）から堀江村《ほりえむら》（浦安《うらやす》）に至《いた》る全部《ぜんぶ》であるが、この中《なか》には現市川市域《げんいちかわしいき》だけでなく、船橋市《ふなばしし》、松戸市《まつどし》の一《いち》部分《ぶぶん》も含《ふく》まれている。また、参考《さんこう》のため浦安《うらやす》に関《かん》する部分《ぶぶん》をすべて掲載《けいさい》しておいた。これによって現市川市内《げんいちかわしない》の江戸時代後半《えどじだいこうはん》の村名《そんめい》は全部判明《ぜんぶはんめい》する。またそれぞれの村《むら》の村高《むらたか》（田《た》・畑《はたけ》・屋敷地《やしきち》の生《せい》産高《さんだか》を米《こめ》に換算《かんさん》したもの）も判明《はんめい》する。更《さら》にそれぞれの村《むら》の支配者《しはいしゃ》も明白《めいはく》となる（後略《こうりゃく》）」

●浄土宗《じょうどしゅう》光縁山大蓮寺《こうえんざんだいれんじ》の鐘楼《しょうろう》が再築《さいちく》される（『浦安町誌上《うらやすちょうしじょう》』）。

一一年　戊寅《つちのえとら》　一八七八

三月二五日　東京電信中央局《とうきょうでんしんちゅうおうきょく》開業《かいぎょう》により、はじめて電灯《でんとう》を点灯《てんとう》。行徳《ぎょうとく》・南行徳《みなみぎょうとく》・浦安《うらやす》は大《たい》正《しょう》五年（一九一六）に電気《でんき》が引《ひ》かれる。電線《でんせん》が天井板《てんじょういた》を這《は》って吊《つ》る下《さ》げた裸電《はだかでん》球《きゅう》だった

●六月、湊《みなと》、欠真間《かけまま》、新井《あらい》小学校《しょうがっこう》が合併《がっぺい》して欠真間《かけまま》小学校《しょうがっこう》となる。湊《みなと》、新井両校《あらいりょうこう》は分校《ぶんこう》となる（『明解行徳《めいかいぎょうとく》の歴史大事典《れきしだいじてん》』）。一八七三年参照《さんしょう》。

●八月三〇日、欠真間《かけまま》小学校助教《しょうがっこうじょきょう》阿曾井大栄《あそいだいえい》らにより『欠真間《かけまま》小学校沿革誌《しょうがっこうえんかくし》（自明治《じめいじ》九年七月至同《いたるどう》十一年六月）』ができる（『欠真間《かけまま》小学校沿革誌第《しょうがっこうえんかくしだい》二号《ごう》〈自明治《じめいじ》九年七月至同《いたるどう》十一年六月〉』）。「欠真間《かけまま》旧《きゅう》湊《みなと》旧《きゅう》新井《あらい》ノ《の》三小学校沿革誌明治《さんしょうがっこうえんかくしめいじ》九年ヨリ《より》本年《ほんねん》六月迄《まで》ノ《の》分調整《ぶんちょうせい》仕《つかまつり》候《そうろう》ニ付《につき》 別紙三通奉呈《べっしさんつうほうてい》候也《そうろうなり》」とあるが、新井小学校沿革誌《あらいしょうがっこうえんかくし》のみ現存《げんそん》しない。『明解行徳《めいかいぎょうとく》の歴史大事典《れきしだいじてん》』に全文《ぜんぶん》を収録《しゅうろく》。先人《せんじん》の篤志《とくし》を知《し》るべし。

●一〇月、相之川《あいのかわ》の富士講《ふじこう》「高瀬講《たかせこう》」、新井熊野神社《あらいくまのじんじゃ》に献灯《けんとう》。
「高瀬《たかせ》　明治《めいじ》一一年　戊寅拾月穀旦《つちのえとらじゅうがつこくたん》　鈴木七郎兵衛《すずきしちろべえ》、鈴木次郎兵衛《すずきじろべえ》、峰崎権三郎《みねざきごんざぶろう》、峰崎竹次《みねざきたけじ》

郎《ろう》」　※風化《ふうか》のため読《よ》み取《と》れない部分《ぶぶん》がある（『明解行徳《めいかいぎょうとく》の歴史大事典《れきしだいじてん》』）

『市川市《いちかわし》の石造物《せきぞうぶつ》』では、「①献燈《けんとう》　［笠《かさ》］不二《ふじ》　［基壇《きだん》］高瀬《たかせ》　［基壇裏《きだんうら》］（姓名《せいめい》4）昭和《しょうわ》五十七年十月吉日修復奉賛会《きちじつしゅうふくほうさんかい》　②献燈《けんとう》　［裏《うら》］明治《めいじ》十一年　［笠《かさ》］不二《ふじ》　［基壇《きだん》］高瀬《たかせ》　［基壇裏《きだんうら》］昭和《しょうわ》五十七年十月吉日修復奉賛会《きちじつしゅうふくほうさんかい》」とある。一九八二年参照《さんしょう》。

●一一月、東葛飾郡《ひがしかつしかぐん》八町《ちょう》二四三村《そん》、戸数《こすう》二万五四二、人口《じんこう》一一万《まん》四四六五（『千葉県東葛飾郡《ちばけんひがしかつしかぐん》誌《し》』）。

●一二月三〇日、湊《みなと》の善照寺《ぜんしょうじ》に名号塔建立《めいごうとうこんりゅう》される。

「南無阿弥陀佛《なむあみだぶつ》　善照寺《ぜんしょうじ》一六世《せい》　性蓮社法誉上人《しょうれんしゃほうよしょうにん》」［右《みぎ》］来阿諦含《らいあていがん》　明治《めいじ》一一年一二月卅《さんじゅう》日《にち》（『市川市《いちかわし》の石造物《せきぞうぶつ》』）

●この年《とし》、千葉警察署《ちばけいさつしょ》の分署《ぶんしょ》を本行徳《ほんぎょうとく》三丁目《ちょうめ》に置《お》く（『千葉県東葛飾郡誌《ちばけんひがしかつしかぐんし》』）。場所《ばしょ》は三丁目《ちょうめ》の鎮守八幡神社境内《ちんじゅはちまんじんじゃけいだい》で入口《いりぐち》の左側角《ひだりがわかど》にあたる。

一二年　己卯《つちのとう》　一八七九

●一月六日、三太《さんた》の渡《わた》し（行徳町本行徳《ぎょうとくまちほんぎょうとく》と篠崎村間《しのざきむらかん》）の営業許可《えいぎょうきょか》下《お》りる（『千葉県東葛飾郡《ちばけんひがしかつしかぐん》誌《し》』）。東京江戸川区《とうきょうえどがわく》の製紙会社《せいしがいしゃ》への通勤者多数《つうきんしゃたすう》、三八《さんぱち》の行徳《ぎょうとく》の市《いち》に江戸川区《えどがわく》からの来訪者多数《らいほうしゃたすう》。昭和《しょうわ》四〇年（一九六五）廃止《はいし》。子供片道《こどもかたみち》一銭《せん》。川幅《かわはば》一〇〇間《けん》、水幅《みずはば》六〇間《けん》。

●四月二三日、杉山平七《すぎやまへいしち》、東京本所区花町《とうきょうほんじょくはなまち》─行徳新河岸間《ぎょうとくしんがしかん》、長渡船営業許可《ちょうとせんえいぎょうきょか》。和船荷足船《わせんにたりぶね》を運《うん》航《こう》。出船時間《しゅっせんじかん》午前《ごぜん》六時《じ》から午後《ごご》五時限《じかぎ》り（『本所行徳間長渡船営業許可《ほんじょぎょうとくかんちょうとせんえいぎょうきょか》〈明治《めいじ》十二年〉』）。

◉**コレラが全国的《ぜんこくてき》に蔓延《まんえん》、死者《ししゃ》一〇万人以上《にんいじょう》**

六月、コレラ全国《ぜんこく》に流行《りゅうこう》。年末《ねんまつ》までの患者《かんじゃ》一六万二六三七人《にん》、死者《ししゃ》一〇万五七八四人《にん》。各地《かくち》にコレラ騒動起《そうどうお》こる。

●七月一四日、東葛飾郡下《ひがしかつしかぐんか》の塩田村《えんでんむら》の収穫塩検査《しゅうかくしおけんさ》のため官員派遣《かんいんはけん》の達《たっ》しあり（『市川市史年表《いちかわししねんぴょう》』）。

●一一月一日、東京日本橋区小網町《とうきょうにほんばしくこあみちょう》三丁目《ちょうめ》の行徳通船営業者《ぎょうとくつうせんえいぎょうしゃ》、小蒸気船《しょうじょうきせん》で行徳新河岸《ぎょうとくしんがし》─東《とう》京小網町字行徳河岸間《きょうこあみちょうあざぎょうとくがしかん》の航路《こうろ》を開設《かいせつ》。川蒸気船《かわじょうきせん》一艘《そう》。毎時間出船《まいじかんしゅっせん》、往復《おうふく》一二度《ど》。船賃《ふなちん》一名《めい》に付金《つききん》五銭《せん》、荷物一駄《にもついちだ》三六貫目《かんめ》まで金《きん》七銭《せん》、持荷金《もちにきん》三銭《せん》（『行徳通船小蒸気船《ぎょうとくつうせんしょうじょうきせん》の件《けん》〈明治《めいじ》十二年〉』）。

●一二月、新井村《あらいむら》の開墾《かいこん》二町《ちょう》三反《たん》五畝《せ》六歩《ぶ》（『市川市史年表《いちかわししねんぴょう》』）。

◉**行徳船廃止《ぎょうとくぶねはいし》、二四七年間活躍《かんかつやく》**

この年《とし》、行徳船廃止《ぎょうとくぶねはいし》される。寛永《かんえい》九年（一六三二）から二四七年間活躍《かんかつやく》。和船荷足船《わせんにたりぶね》と小蒸気《しょうじょうき》船《せん》の営業《えいぎょう》による廃業《はいぎょう》。

一三年 庚辰《かのえたつ》 一八八〇

●六月、河原《かわら》の春日神社《かすがじんじゃ》に出羽三山《でわさんざん》供養塔《くようとう》が建立《こんりゅう》される。「羽黒山講中《はぐろさんこうちゅう》」［裏《うら》］敷石《しきいし》寄進《きしん》連名《れんめい》（金額《きんがく》・姓名《せいめい》51）［台左《だいひだり》］八日講中《ようかこうちゅう》セ《世》ハ《話》人《にん》（姓名《せいめい》17）明治《めいじ》十三年辰年《たつどし》六月吉日《きちじつ》（『市川市《いちかわし》の石造物《せきぞうぶつ》』）

●加藤総右衛門《かとうそうえもん》、小川久三郎《おがわきゅうざぶろう》、堀越保兵衛《ほりこしやすべえ》、石井八郎兵衛《いしいはちろべえ》が、郡役所《ぐんやくしょ》へ「行徳塩問屋《ぎょうとくしおどんや》商法《しょうほう》規約《きやく》書《しょ》」を提出《ていしゅつ》。「往古《おうこ》より私《わたく》しに仲間取締《なかまとりしまり》を置《お》き叨《みだ》りに売買不仕《ばいばいつかまつらず》、又天保《またてんぽう》九年五月旧政府《きゅうせいふ》代官《だいかん》伊奈友之助殿《なとものすけどの》御支配《おしはい》の節《せつ》堤塘御普請《ていとうごぶしん》金下ケ金《きんさげきん》の内金《うちきん》千両仲間《りょうなかま》六名《めい》より上金《じょうきん》し、後《の》ち小菅県《こすげけん》報恩金《ほうおんきん》へも各名前《かくなまえ》の外問屋《ほかとんや》仲間《なかま》として金《きん》三百円差出《えんさしだ》し故《ゆえ》に社法録《しゃほうろく》へ一名《めい》二ケ所《しょ》に記載有之候《きさいこれありそうろう》」とある（『下総行徳塩業史《しもうさぎょうとくえんぎょうし》』）。

この年《とし》

●この年《とし》、船橋町塩田《ふなばしまちえんでん》六町歩《ちょうぶ》。明治《めいじ》三四年（一九〇一）、四〇町歩《ちょうぶ》、製塩高《せいえんたか》一万二〇〇〇石《ごく》（『下総行徳塩業史《しもうさぎょうとくえんぎょうし》』）。

●この年《とし》、『迅速測図《じんそくそくず》』のため測量《そくりょう》。明治《めいじ》一九年製版《せいはん》（『行徳《ぎょうとく》レポートその（1）—年表《ねんぴょう》・絵地図《えちず》集《しゅう》—』）。行徳《ぎょうとく》の郷土史《きょうどし》にとって馴染《なじ》み深《ぶか》い地図《ちず》。

●この年《とし》の行徳郵便局《ぎょうとくゆうびんきょく》の年間取扱数《ねんかんとりあつかいすう》、郵便《ゆうびん》の受信数《じゅしんすう》一万五一〇〇通《つう》、発信数《はっしんすう》二万一八〇〇通《つう》、

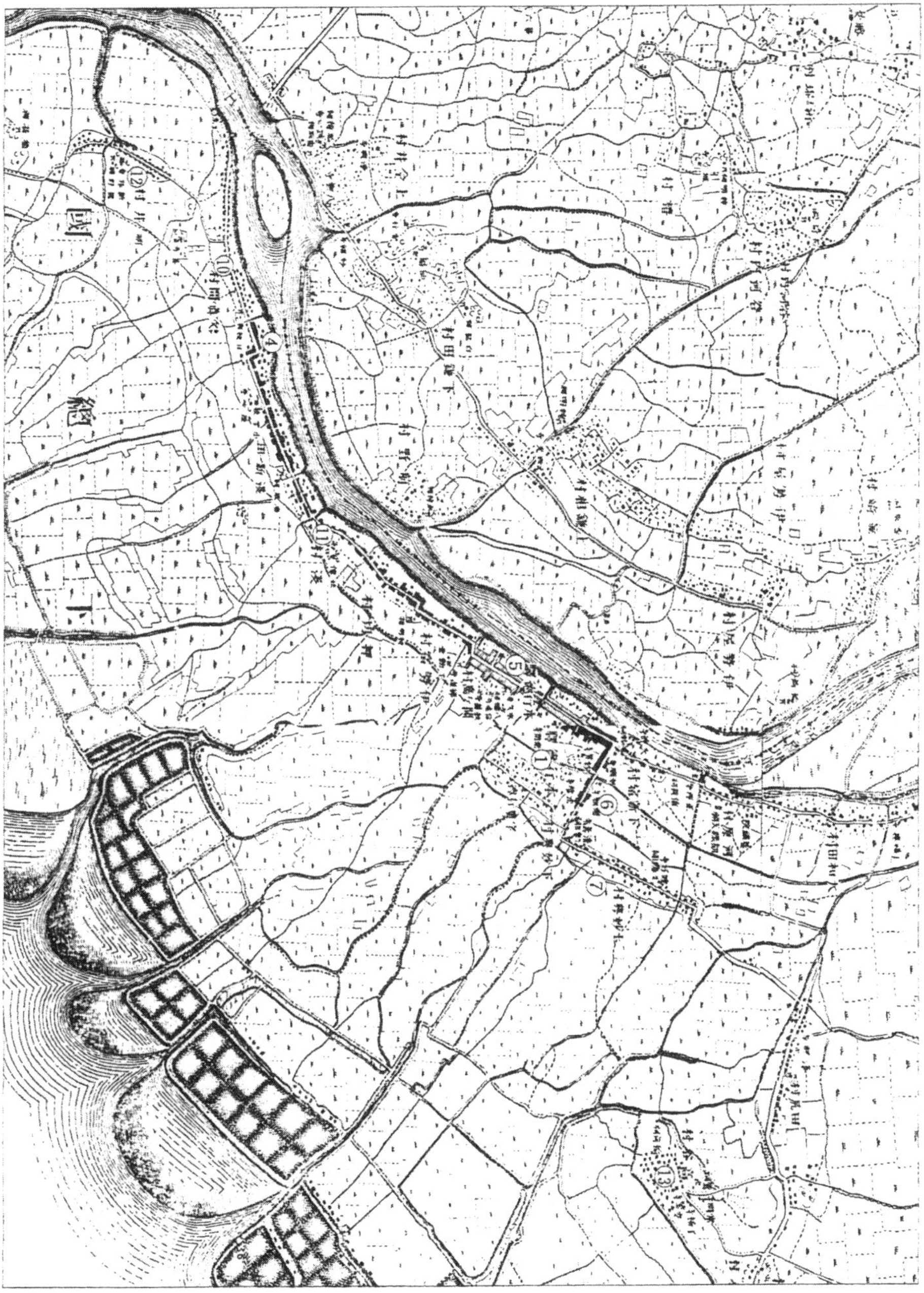

『迅速測図』（1880年〈明治13〉）行徳西南地域

伊勢宿・関ヶ島・本行徳・下新宿・河原・大和田・稲荷木・田尻・高谷・妙典、図に出ていないが原木・二俣・大洲地域が旧行徳町となる

押切・湊・湊新田・欠真間（香取・相之川含む）・新井（広尾・島尻含む）地域が旧南行徳町となる

為替《かわせ》の願書枚数《がんしょまいすう》二〇枚《まい》、振出金高《ふりだしきんたか》四二〇〇円《えん》。（『市川市史《いちかわしし》』第《だい》三巻《かん》 近代編《きんだいへん》 第《だい》六章《しょう》第《だい》二節《せつ》市川市《いちかわし》の誕生《たんじょう》）。

一四年 辛巳《かのとみ》 一八八一

◉行徳町《ぎょうとくまち》と香取《かんどり》でそれぞれ大火事発生《おおかじはっせい》

三月、香取《かんどり》の大火《たいか》で源心寺《げんしんじ》の欠真間《かけまま》小学校《しょうがっこう》が焼失《しょうしつ》。相之川《あいのかわ》の小川市兵衛《おがわいちべえ》家《け》の塩蔵《しおぐら》で授業《じゅぎょう》をすることとなり、塩蔵学校《しおぐらがっこう》と呼ばれる（『葛飾風土史《かつしかふうどし》川《かわ》と村《むら》と人《ひと》』）。源心寺本堂《げんしんじほんどう》も焼失《しょうしつ》。明治《めいじ》三〇年（一八九七）再建《さいけん》。

四月三日、行徳町《ぎょうとくまち》に三〇〇余戸《よこ》焼失《しょうしつ》の大火《たいか》（『浦《うら》の曙《あけぼの》』）。『市川市史年表《いちかわししねんぴょう》』は二七〇余戸《よこ》とする。この大火《たいか》は新河岸《しんがし》に停泊中《ていはくちゅう》の蒸気船《じょうきせん》「通運丸《つううんまる》」からの出火《しゅっか》とされる。日蓮宗海近山円頓寺《にちれんしゅうかいこんざんえんとんじ》、行徳町《ぎょうとくまち》の大火《たいか》で山門《さんもん》のみを残《のこ》して本堂《ほんどう》、庫裏《くり》を全焼《ぜんしょう》。寺宝《じほう》、寺史《じし》を焼失《しょうしつ》（『明解行徳《めいかいぎょうとく》の歴史大事典《れきしだいじてん》』）。

七月二一日 社寺《しゃじ》に氏子檀家総代人《うじこだんかそうだいにん》を設置《せっち》

●一二月一日、行徳塩問屋《ぎょうとくしおどんや》四軒《けん》（石井屋喜八《いしいやきはち》、堀越保兵衛《ほりこしやすべえ》、小川久三郎《おがわきゅうざぶろう》、加藤総右衛門《かとうそうえもん》）が古積《ふるづみ》

塩営業《じおえいぎょう》のため精塩社《せいえんしゃ》を組織《そしき》。「古積塩結社約定書《ふるづみじおけっしゃやくじょうしょ》」を作成《さくせい》。製造法《せいぞうほう》を統一《とういつ》し、相場《そうば》を協定《きょうてい》。商《しょう》標《ひょう》を定《さだ》め、精塩社《せいえんしゃ》を通《つう》じてのみ販売《はんばい》することとした（『下総行徳塩業史《しもうさぎょうとくえんぎょうし》』）。「古積塩結社約定《ふるづみじおけっしゃやくじょう》書《しょ》」は『行徳歴史街道《ぎょうとくれきしかいどう》2』に全文《ぜんぶん》を掲載《けいさい》。

一五年　壬午《みずのえうま》　一八八二

●二月、浄土宗光縁山大蓮寺当職善祐代《じょうどしゅうこうえんざんだいれんじとうしょくぜんゆうだい》により手水石奉納《ちょうずいしほうのう》される。同年《どうねん》、久助稲荷《きゅうすけいなり》の鳥居《とりい》、常《じょう》参講中《さんこうちゅう》により修補《しゅうほ》される（『浦安町誌上《うらやすちょうしじょう》』）。

●一〇月、上妙典《かみみょうでん》の妙好寺《みょうこうじ》に日蓮聖人供養塔《にちれんしょうにんくようとう》が建立《こんりゅう》される。「南無妙法蓮華経《なむみょうほうれんげきょう》　一天四海《いってんしかい》　皆帰妙法《かいきみょうほう》」［台《だい》］信徒中《しんとちゅう》　［右《みぎ》］南無日蓮大菩薩《なむにちれんだいぼさつ》　［台右《だいみぎ》］（金《きん》額《がく》・姓名《せいめい》52）［左《ひだり》］六百遠忌報恩謝徳《えんきほうおんしゃとく》　［台左《だいひだり》］東京深川本所《とうきょうふかがわほんじょ》（金額《きんがく》・姓名《せいめい》1）寄附連名《きふれんめい》（金《きん》額《がく》・姓名《せいめい》19）［裏《うら》］明治《めいじ》十五午歳《うまどし》十月　自讀百五拾部成就《じどくひゃくごじゅうぶじょうじゅ》　當村家内安全子孫長久攸《とうそんかないあんぜんしそんちょうきゅうのところ》　當山《とうざん》二十五世《せい》　要龍院日光代《ようりゅういんにっこうだい》　［台裏《だいうら》］（金額《きんがく》・姓名《せいめい》27）他村《たそん》　川原《かわら》・シン《新》田《でん》・関ヶ嶋《せきがしま》・下新《しもしん》宿《しゅく》・東京人形丁《とうきょうにんぎょうちょう》・湊新田《みなとしんでん》・下妙典《しもみょうでん》・シン《新》田《でん》・ママ《真間》・東京芝《とうきょうしば》・行《ぎょう》トク《徳》（金額《きんがく》・姓名等《せいめいなど》20）（『市川市《いちかわし》の石造物《せきぞうぶつ》』）

一〇月二九日　江戸川洪水《えどがわこうずい》、利根《とね》一二尺《しゃく》五寸《すん》（『千葉県東葛飾郡誌《ちばけんひがしかつしかぐんし》』）

●一二月、押切村《おしきりむら》の開墾《かいこん》三町《ちょう》七反《たん》八歩《ぶ》、湊村《みなとむら》の開墾《かいこん》一町《ちょう》四反《たん》七畝《せ》（『市川市史年表《いちかわししねんぴょう》』）。

この年《とし》

●この年《とし》、塩田一単位当《えんでんいちたんいあた》りに要《よう》する人夫数《にんぷすう》についてのコルセト氏《し》の報告《ほうこく》では、七反歩《たんぶ》に付採鹹人夫《つきさいかんにんぷ》六人《にん》、焚丁二人《たきちょうふたり》（『下総行徳塩業史《しもうさぎょうとくえんぎょうし》』）。

●この年《とし》の塩田《えんでん》七反歩《たんぶ》における支出費合計《ししゅつひごうけい》六五七円《えん》六三銭《せん》、内労銀《うちろうぎん》一〇三円《えん》八〇銭《せん》（支出《ししゅつ》に対《たい》する割合《わりあい》一六％）、燃料費《ねんりょうひ》三六〇円《えん》（支出《ししゅつ》に対《たい》する割合《わりあい》五五％）。この当時《とうじ》の燃料《ねんりょう》は松葉焚《まつばた》きで支出《し》の過半《かはん》を燃料代《ねんりょうだい》が占《し》めている（『下総行徳塩業史《しもうさぎょうとくえんぎょうし》』）。江戸時代《えどじだい》を通《つう》じて大差《たいさ》がないであろう。

●この年《とし》の加藤新田《かとうしんでん》の塩浜反別《しおはまたんべつ》、三町《ちょう》五反《たん》九畝《せ》七歩《ぶ》（約《やく》一万七七七坪《つぼ》）だった（『下総行徳塩業史《しもうさぎょうとくえんぎょうし》』）。

一六年　癸未《みずのとひつじ》　一八八三

●蒸気船《じょうきせん》「通運丸《つううんまる》」、深川高橋《ふかがわたかばし》―行徳間《ぎょうとくかん》の航路《こうろ》を開設《かいせつ》。一八七七年参照《さんしょう》。

●一〇月、相之川《あいのかわ》の富士浅間神社《ふじせんげんじんじゃ》に手水石奉納《ちょうずいしほうのう》される。
「奉納《ほうのう》」（三宝珠紋《さんほうじゅもん》）［左《ひだり》］明治《めいじ》十有《ゆう》六年　癸未《みずのとひつじ》十月吉日《きちじつ》　岩崎氏《いわさきし》（『市川市《いちかわし》の石造物《せきぞうぶつ》』）

●十一月、新井《あらい》の新井寺《しんせいじ》に手水石奉納《ちょうずいしほうのう》される。
「奉納《ほうのう》」（九枚羽根団扇紋《まいはねうちわもん》）［右《みぎ》］仲宿《なかじゅく》［左《ひだり》］當村中組《とうそんなかぐみ》［裏《うら》］（姓名《せいめい》31）明治《めいじ》十六年　未年《ひつじどし》　十一月吉日《きちじつ》　川原村《かわらむら》（『市川市《いちかわし》の石造物《せきぞうぶつ》』）

●『千葉県管内実測図《ちばけんかんないじっそくず》』作成《さくせい》。船橋市竹内家蔵《ふなばししたけうちけぞう》（『行徳《ぎょうとく》レポートその（1）―年表《ねんぴょう》・絵地図集《えちずしゅう》―』）。行徳《ぎょうとく》の郷土史《きょうどし》にとって馴染《なじ》みのある地図《ちず》で、木下道《きおろしみち》、成田道《なりたみち》、東金《とうがね》お成《な》り道《みち》、国分寺道《こくぶんじみち》などが描《えが》かれ一覧《いちらん》できる。

●妙典村有志《みょうでんむらゆうし》『千葉縣北総東葛飾沿岸浦之地図《ちばけんほくそうひがしかつしかえんがんうらのちず》』（明治《めいじ》十六年）作成《さくせい》。船橋《ふなばし》、市川《いちかわ》、浦安《うらやす》まで四二ヶ村《そん》の村界《むらざかい》、道路《どうろ》、用悪水路《ようあくすいろ》、社寺《しゃじ》などを表記《ひょうき》。図上《ずじょう》二〇ヶ所《しょ》に圦樋《いりひ》を記《しる》す。縮尺《しゅくしゃく》六〇〇〇分《ぶん》の一《いち》、カラー（『大《おお》きく変貌《へんぼう》した郷土《きょうど》の歴史《れきし》（旧行徳地区《きゅうぎょうとくちく》）』）。

一七年甲申《きのえさる》　一八八四

八月二〇日　関東《かんとう》に大地震《おおじしん》（『市川市史年表《いちかわししねんぴょう》』）

九月一五日　洪水《こうずい》、利根《とね》一五尺《しゃく》、台風《たいふう》（『千葉県東葛飾郡誌《ちばけんひがしかつしかぐんし》』）

●この頃《ころ》、塩浜《しおはま》一七ヶ村《そん》より年中行事《ねんちゅうぎょうじ》五人《にん》を選《えら》んで組合事務《くみあいじむ》を取扱《とりあつか》いはじめ、桶《おけ》の検査《けんさ》及《およ》び製《せい》塩《えん》、薪材《たきぎざい》の相場立《そうばだて》を行《おこな》う（『下総行徳塩業史《しもうさぎょうとくえんぎょうし》』）。

塩相場立《しおそうばた》ては月《つき》六回《かい》。赤穂塩相場《あこうしおそうば》の二割高《わりだか》で行徳製塩場《ぎょうとくせいえんば》渡《わた》し東京卸売相場《とうきょうおろしうりそうば》とされる。

また、古積塩《ふるづみじお》は地古《じこ》積《づみ》約四万俵《びょう》、直古積《なおしこづみ》一六～一七万俵《びょう》を製塩《せいえん》（『下総行徳塩業史《しもうさぎょうとくえんぎょうし》』）。地古《じこ》積《づみ》は行徳塩《ぎょうとくじお》によるもの、直古積《なおしこづみ》は下《くだ》り塩《じお》を加工《かこう》したもの、明作《あけづく》りとは生塩《きじしお》のこと。

塩業諮問会《えんぎょうしもんかい》における行徳古積塩《ぎょうとくふるづみじお》の報告《ほうこく》。

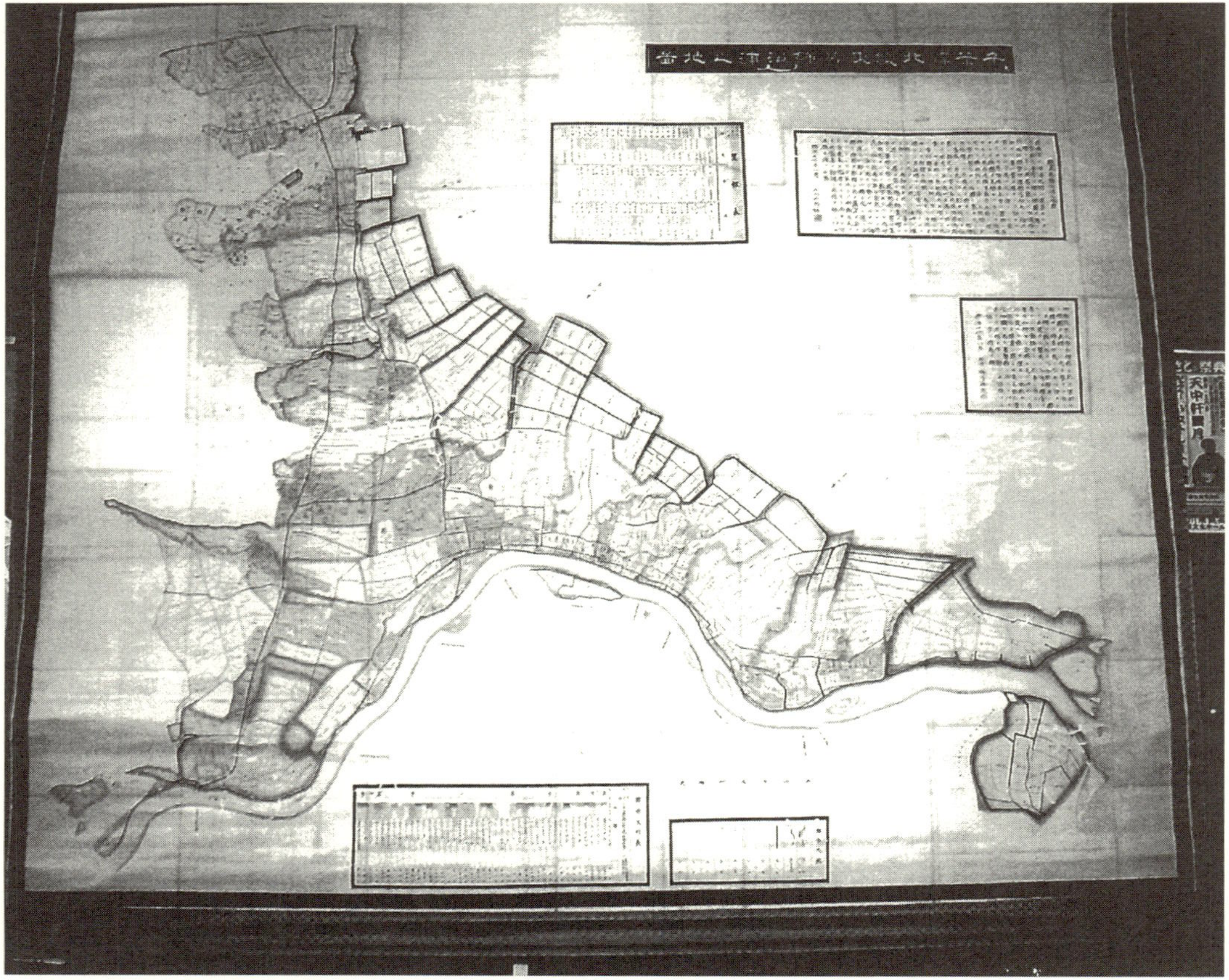

『千葉縣北総東葛飾沿岸浦之地図』（市川市上妙典自治会所蔵）
42ヶ村の詳細図。地租改正時の実測図に現地調査を加え作成

「蔵庫《ぞうこ》の土間《どま》を凡《およ》そ三尺程《じゃくほど》掘《ほ》り下《さ》げ之《これ》に細砂《さいさ》を充《み》たしその上《うえ》に塩竈《しおかまど》の灰《はい》を厚《あつ》さ凡二三寸《およそにさんずん》ほどに積《つ》みこの処《ところ》に殆《ほとん》ど食用《しょくよう》に供《きょう》すべからざる粗塩《あらじお》を敷《し》き平均《ナラ》し置《お》きてその上《うえ》に俵《たわら》より取出《とりだ》したる塩《しお》を堆《たい》積《せき》すること凡五六尺《およそごろくしゃく》なりとす但《ただ》し斯《か》の如《ごと》く堆積《たいせき》するときは高《たか》さ一尺《しゃく》の所《ところ》より塩胆汁《しおたんじゅう》の抜《ぬ》け去《さ》るの割合《わりあい》は大率《おおむね》一〇日を要《よう》するの見積《みつも》りにて五〇日乃至《ないし》六七〇日間《かん》を置《お》くものとす」（『下総行徳塩業《しもうさぎょうとくえんぎょう》史《し》』）

●この年《とし》、湊新田村《みなとしんでんむら》の開墾《かいこん》三町《ちょう》四反《たん》四畝《せ》二三歩《ぶ》（『市川市史年表《いちかわししねんぴょう》』）。

●この年《とし》、関ヶ島《せきがしま》の関口家《せきぐちけ》（丸忠味噌《まるちゅうみそ》）、味噌作《みそづく》りを始《はじ》める。妙典《みょうでん》の篠田家《しのだけ》、欠真間《かけまま》の竹沢家《たけざわけ》（ふじたけ味噌《みそ》）など、最盛期《さいせいき》は行徳《ぎょうとく》の味噌屋《みそや》は二〇軒余《けんよ》。「丸忠《まるちゅう》」は合同《ごうどう》して「共立味噌《きょうりつみそ》」となり、戦後《せんご》は「丸京味噌《まるきょうみそ》」となる。一時《いちじ》は千葉県一《ちばけんいち》の生産《せいさん》量《りょう》。リヤカーに味噌樽《みそだる》を二つ積《つ》み、東京《とうきょう》の酒屋《さかや》、百貨店《ひゃっかてん》に運《はこ》んだ。行徳味噌《ぎょうとくみそ》とも言う（『明解行《めいかいぎょう》徳《とく》の歴史大事典《れきしだいじてん》』）。

一八年 乙酉《きのととり》 一八八五

●五月、浦安堀江《うらやすほりえ》・猫実《ねこざね》の者《もの》、深川《ふかがわ》・葛西両漁業組合《かさいりょうぎょぎょうくみあい》と謀《はか》り、越中島地先海面《えっちゅうじまちさきかいめん》一〇万坪《つぼ》を海苔《のり》養殖場《ようしょくじょう》として使用許可《しようきょか》を出願《しゅつがん》。同《どう》一九年一月許可《きょか》。浦安町《うらやすまち》は一万五〇〇〇坪《つぼ》の使用権《しようけん》を取得《しゅとく》（『千葉県東葛飾郡誌《ちばけんひがしかつしかぐんし》』）。

七月一日　台風《たいふう》、洪水《こうずい》、利根《とね》一三尺《じゃく》（『千葉県東葛飾郡誌《ちばけんひがしかつしかぐんし》』）

●都市東京《としとうきょう》の発展及《はってんおよ》び付近新販路《ふきんしんはんろ》の開拓《かいたく》によって、下《くだ》り塩とともに行徳《ぎょうとく》を主《しゅ》とする付近《ふきん》の地塩《じしお》の需要《じゅよう》を増大《ぞうだい》し、明治《めいじ》一八年の頃《ころ》には両者《りょうしゃ》ともに東京《とうきょう》への輸送量《ゆそうりょう》を維新前《いしんまえ》に比《ひ》して三、四割増加《わりぞうか》した（『下総行徳塩業史《しもうさぎょうとくえんぎょうし》』）。行徳塩田《ぎょうとくえんでん》の立《た》ち直《なお》りを見《み》るとする。

●行徳小学校《ぎょうとくしょうがっこう》、行徳《ぎょうとく》四丁目《ちょうめ》の宿屋《やどや》「山田屋《やまだや》」を改装《かいそう》して使用《しよう》（『市川市立行徳小学校創立《いちかわしりつぎょうとくしょうがっこうそうりつ》百年記念誌《きねんし》』）。

●維新後《いしんご》、行徳製塩業者《ぎょうとくせいえんぎょうしゃ》は旧来《きゅうらい》の由緒《ゆいしょ》を忘《わす》れることができず、旧証拠書類《きゅうしょうこしょるい》を添《そ》えて度々《どど》の嘆願《たんがん》の結果《けっか》、この年《とし》から堤防修理費用《ていぼうしゅうりひよう》のうち三～七分《ぶ》は地方税《ちほうぜい》を以《もっ》て千葉県庁《ちばけんちょう》より補助《ほじょ》（『千葉県東葛飾郡誌《ちばけんひがしかつしかぐんし》』『下総行徳塩業史《しもうさぎょうとくえんぎょうし》』）。

一九年　丙戌《ひのえいぬ》　一八八六

●本行徳《ほんぎょうとく》の徳願寺《とくがんじ》の経蔵建立《きょうぞうこんりゅう》される（『明解行徳《めいかいぎょうとく》の歴史大事典《れきしだいじてん》』）。

●浦安《うらやす》の堀江村《ほりえむら》と猫実村《ねこざねむら》でコレラ患者発生《かんじゃはっせい》、死者《ししゃ》二〇〇名余《めいよ》の大惨事《だいさんじ》（『浦安町誌上《うらやすちょうしじょう》』）。

●この年《とし》の行徳《ぎょうとく》の戸長役場所在地《こちょうやくばしょざいち》、欠真間《かけまま》、本行徳《ほんぎょうとく》、河原《かわら》、田尻《たじり》（『市川市史年表《いちかわしねんぴょう》』）。

二〇年丁亥《ひのとい》　一八八七

●四月一日、行徳町《ぎょうとくまち》の高谷《こうや》・原木《ばらき》両小学校《りょうしょうがっこう》を併合《へいごう》し、高谷《こうや》尋常小学校設置《じんじょうしょうがっこうせっち》（『市川市史年《いちかわししねん》表《ぴょう》』）。

●四月、本塩《ほんしお》の法善寺《ほうぜんじ》にコレラ対策《たいさく》で前年殉職《ぜんねんじゅんしょく》した警察官《けいさつかん》を悼《いた》んで碑《ひ》が建《た》てられる。

「瀧政吉君之墓《たきせいきちくんのはか》」

千葉縣《ちばけん》巡査《じゅんさ》瀧君《たきくん》墓表《ぼひょう》　君名政吉《くんめいせいきち》瀧氏《たきし》廣島縣人《ひろしまけんじん》為《ため》千葉縣《ちばけん》巡査《じゅんさ》服務《ふくむ》弗懈《おこたらず》／明治《めいじ》十九年夏秋之交《なつあきのこう》
悪疫為虐《あくえきためぎゃく》東葛飾郡《ひがしかつしかぐん》瀬海《せうみ》最《さい》／極惨毒《きょくさんどく》時君《じきみ》駐在《ちゅうざい》本行徳分署《ほんぎょうとくぶんしょ》従事《じゅうじ》検疫《けんえき》日夜《にちや》拮据《きつきょ》／不遑眠食《ふこうみんしょく》者《は》十
數日遂染疫病《すうじつついしみえきびょう》五日乃歿《のぼつ》實為《じつため》八月／八日其病也《そのやまいなり》官賜《かんし》治療費《ちりょうひ》若干《じゃっかん》警部長《けいぶちょう》小林君親《こばやしくんおや》／臨病蓐《りんびょうしとね》
其歿也《そのぼつなり》官賜《かんし》吊祭資《ちょうさいし》若干金《じゃっかんきん》遺族扶助料《いぞくふじょりょう》若《じゃく》／干金《かんきん》官長《かんちょう》及《および》僚友《りょうゆう》賻贈《ぶぞう》又《また》若干金《じゃっかんきん》其葬也《そのそうなり》警部長《けいぶちょう》以《い》
／下送柩者數《かそうひつぎものすう》十人《にん》盖愍其《がいびんその》死職《ししょく》而敬之也《じけいこれなり》君歿年《きみぼつねん》三／十三蔵骨《ぞうこつ》行徳法善寺《ぎょうとくほうぜんじ》塋域《えいいき》同僚《どうりょう》相謀《あいはかり》建石《たてるせき》
表墓《ひょうぼ》徴《ちょう》／余撰文《よせんぶん》因叙其梗概《いんじょそのこうがい》如右《ごとしみぎ》　千葉縣《ちばけん》書記官《しょきかん》正六位《しょうろくい》勲六等《くんろくとう》岩佐《いわさ》為春《ためはる》篆額《てんがく》　東京《とうきょう》藤田《ふじた》海撰《かいせん》
文《ぶん》千葉《ちば》淺田讃蔵書《あさださんぞうしょ》　明治《めいじ》二十年四月建《たてる》（『市川市《いちかわし》の石造物《せきぞうぶつ》』）

●この年《とし》の市川南部《いちかわなんぶ》の漁村《ぎょそん》、漁船《ぎょせん》六一、漁業専業《ぎょぎょうせんぎょう》二七戸《こ》、兼業《けんぎょう》一〇七戸《こ》（『市川市史年表《いちかわししねんぴょう》』）。

●「この頃《ころ》までに、塩焼《しおやき》のための土釜《どがま》は漸《ようや》く姿《すがた》を消《け》し、鉄板製釜《てっぱんせいかま》がほとんどすべてに行《い》き亙《わた》った（中略）釜《かま》は凡《すべ》て鉄板製《てっぱんせい》にして大《だい》なるは長《なが》さ一二尺《しゃく》、幅《はば》一〇尺《しゃく》、深《ふか》さ四寸《すん》、小《しょう》なるは八尺四方深《しゃくしほうふかさ》三寸《ずん》なり」（『下総行徳塩業史《しもうさぎょうとくえんぎょうし》』）

燃料《ねんりょう》は石炭《せきたん》に替《かわ》りつつあった。

二一年　戊子《つちのえね》　一八八八

●六月、本行徳《ほんぎょうとく》の神明神社《しんめいじんじゃ》に伊邪那岐大神《いざなぎおおかみ》など祀《まつ》られる。一九八九年参照《さんしょう》。「三峰山《みつみねさん》　伊邪那岐大神《いざなぎおおかみ》　伊邪那美大神《いざなみおおかみ》　大《おお》□眞神《まかみ》」［裏《うら》］明治《めいじ》廿《にじゅう》一年六月　［台裏《だいうら》］平成《へいせい》元年五月　世話人《せわにん》（姓名《せいめい》3）修理《しゅうり》（『市川市《いちかわし》の石造物《せきぞうぶつ》』）

●七月、行徳地域《ぎょうとくちいき》の戸長《こちょう》に、田中忠右衛門《たなかちゅううえもん》（欠真間村《かけままむら》ほか四カ村《そん》）、田中栄次郎《たなかえいじろう》（本行徳村《ほんぎょうとくむら》ほか四カ村《そん》）、川合七左衛門《かわいしちざえもん》（河原村《かわらむら》ほか四カ村《そん》）（『市川市史年表《いちかわししねんぴょう》』）。

七月二四日、一〇月六日　洪水《こうずい》、利根《とね》一五尺《しゃく》（『千葉県東葛飾郡誌《ちばけんひがしかつしかぐんし》』）

●八月、本行徳《ほんぎょうとく》の正讃寺《しょうさんじ》に万霊塔建立《ばんれいとうこんりゅう》される。「南無妙法蓮華経《なむみょうほうれんげきょう》　妙《みょう》な世《よ》に法《のり》を慎《つつ》しみ行《おこな》ハ《は》　蓮華《れんげ》の上て《うえに》経《きょう》を頂戴《ちょうだい》　三十七世日締《せいにってい》」［裏《うら》］妙蓮《みょうれん》□解《かい》□尼《に》　□□□□年　□月□十二日　明治《めいじ》二十一年八月（『市川市《いちかわし》の石造物《せきぞうぶつ》』）

●一一月、欠真間尋常《かけまじんじょう》　小学校舎落成《しょうがっこうしゃらくせい》（『市川市史年表《いちかわししねんぴょう》』）。

●一二月、陽徳尋常《ようとくじんじょう》　小学校長《しょうがっこうちょう》　桜井功《さくらいいさお》、青年《せいねん》二〇有余名《ゆうよめい》の要望《ようぼう》により翌年《よくとし》三月まで夜学会《やがくかい》を開《かい》催《さい》。授業料無料《じゅぎょうりょうむりょう》。学科《がっか》は習字珠算修身《しゅうじしゅざんしゅうしん》の三科《か》。女子《じょし》が七〇%、車夫《しゃふ》・土方《どかた》・塩売《しおうり》の子弟《してい》など（『市川市史《いちかわしし》』第《だい》三巻《かん》　近代編《きんだいへん》　第《だい》五章《しょう》　第《だい》六節《せつ》大正《たいしょう》・昭和初期《しょうわしょき》における教育《きょういく》の新展開《しんてんかい》）。

二二年 己丑《つちのとうし》 一八八九

●二月八日、総武鉄道《そうぶてつどう》（株《かぶ》）創立《そうりつ》。四月一九日、本所《ほんじょ》・八街《やちまた》間《かん》の仮免状《かりめんじょう》下付《かふ》。一二月二六日、小《こ》岩《いわ》・佐倉《さくら》間《かん》の建設工事《けんせつこうじ》・運営《うんえい》の許可《きょか》下《お》りる（『市川市史年表《いちかわししねんぴょう》』）。この間《かん》、本行徳《ほんぎょうとく》通過《つうか》の鉄道《てつどう》路線《ろせん》計画《けいかく》に地元《じもと》有力者《ゆうりょくしゃ》及《およ》び小松川村《こまつがわむら》の協力《きょうりょく》が得《え》られず小岩《こいわ》・市川《いちかわ》を迂回《うかい》。

●三月、欠真間《かけまま》尋常小学校《じんじょうしょうがっこう》を陽徳《ようとく》尋常小学校《じんじょうしょうがっこう》、湊《みなと》小学校《しょうがっこう》を明徳《めいとく》尋常小学校《じんじょうしょうがっこう》、新井《あらい》小学校《しょうがっこう》を新井《あらい》尋常小学校《じんじょうしょうがっこう》と改称《かいしょう》（『千葉県東葛飾郡誌《ちばけんひがしかつしかぐんし》』）。

●四月一日、堀江村《ほりえむら》、猫実村《ねこざねむら》、当代島村《とうだいじまむら》が合併《がっぺい》して浦安村《うらやすむら》となる（『浦安町誌上《うらやすちょうしじょう》』）。明治《めいじ》四二年（一九〇九）には町制施行《ちょうせいしこう》。

●町村合併《ちょうそんがっぺい》により五月、初代《しょだい》南行徳《みなみぎょうとく》村長《そんちょう》に川合七左衛門《かわいしちざえもん》、同《どう》行徳町長《ぎょうとくちょうちょう》に加藤惣右衛門《かとうそうえもん》が就《しゅう》任《にん》（『市川市史年表《いちかわししねんぴょう》』）。

●六月二八日、行徳高等小学校《ぎょうとくこうとうしょうがっこう》設立認可《せつりつにんか》。翌《よく》二三年四月、開校《かいこう》（『市川市史年表《いちかわししねんぴょう》』）。

九月一一日　暴風雨《ぼうふうう》で江戸川《えどがわ》・多摩川《たまがわ》・荒川《あらかわ》氾濫《はんらん》、洪水《こうずい》。利根《とね》一三尺《じゃく》（『市川市史年表《いちかわししねんぴょう》』）

●この年《とし》、年末《ねんまつ》より恐慌《きょうこう》起《お》こる。

二三年 庚寅《かのえとら》 一八九〇

●冬《ふゆ》、本行徳《ほんぎょうとく》の神明社《しんめいしゃ》に扁額奉納《へんがくほうのう》される。
「豊受大神《とようけのおおかみ》　明治《めいじ》二十三年冬《ふゆ》　侯爵《こうしゃく》二條實美《にじょうさねみ》　印印《いんいん》」（『明解行徳《めいかいぎょうとく》の歴史大事典《れきしだいじてん》』）

●四月、市川《いちかわ》で天丼《てんどん》三銭《せん》、コーヒー五銭《せん》（『市川市史年表《いちかわししねんぴょう》』）。

八月二一日、二三日　台風《たいふう》、江戸川洪水《えどがわこうずい》、利根《とね》一五尺《しゃく》（『千葉県東葛飾郡誌《ちばけんひがしかつしかぐんし》』）

●浦安《うらやす》の堀江《ほりえ》、猫実《ねこざね》にコレラの猛威《もうい》、死者《ししゃ》三九名《めい》（『浦安町誌上《うらやすちょうしじょう》』）。

●この年《とし》、義務教育制度学齢《ぎむきょういくせいどがくれい》を六歳《さい》から一四歳《さい》の八年間《かん》とし、従来《じゅうらい》の三カ年義務制《ぎむせい》を四カ年（尋《じん》常小学校卒業《じょうしょうがっこうそつぎょう》）とする。教育勅語《きょういくちょくご》の渙発《かんぱつ》（『市川市史《いちかわしし》』第《だい》三巻《かん》　近代編《きんだいへん》　第《だい》五章《しょう》　第《だい》四節《せつ》　義務教《ぎむきょう》育制度《いくせいど》の確立《かくりつ》）。

二四年 辛卯《かのとう》 一八九一

九月三〇日　大風雨《だいふうう》、家屋《かおく》の全壊《ぜんかい》、船舶《せんぱく》の流失《りゅうしつ》あり（『市川市史年表《いちかわししねんぴょう》』）

二五年 壬辰《みずのえたつ》 一八九二

四月二日　暴風雨《ぼうふうう》、明治《めいじ》九年（一八七六）以来最大《いらいさいだい》、出水多《しゅっすいおお》し（『市川市史年表《いちかわししねんぴょう》』）

●六月、本行徳《ほんぎょうとく》の正讃寺《しょうさんじ》に釈迦如来像建立《しゃかにょらいぞうこんりゅう》される。
維持明治廿《いじめいじにじゅう》五年陰《いん》六月上旬中當正讃寺《じょうじゅんちゅうとうしょうさんじ》／爲現安後善爲参籠大村勇右エ門《ためげんあんごぜんためさんろうおおむらゆうえもん》／感大蛇奇端当時《かんだいじゃきたんとうじ》寄寓干該寺《きぐうかんがいてら》／之尼僧談於池上穏明《のにそうだんおいていけがみおんみょう》／以而同人強賛同期《もってじどうじんきょうさんどうき》十四日／干為地中掘尋得世尊之御頭《かんいちちゅうくつじんとくせいそんのぎょとう》／依之有志信徒迎賛助以石刻尊体《これによりゆうししんとむかえるさんじょもってせきこくそんたい》／具足成就干故立像奉安置所以也矣《ぐそくじょうじゅかんゆえりゅうぞうもってあんちたてまつるところなりや》
（『市川市《いちかわし》の石造物《せきぞうぶつ》』）

八月二四日　江戸川洪水《えどがわこうずい》、利根《とね》一三尺《じゃく》（『千葉県東葛飾郡誌《ちばけんひがしかつしかぐんし》』）

二六年　癸巳《みずのとみ》　一八九三

●二月二四日、各町村長総代《かくちょうそんちょうそうだい》として行徳町長加藤惣右衛門《ぎょうとくちょうちょうかとうそうえもん》ら、堤防修繕《ていぼうしゅうぜん》に関《かん》する請願書《せいがんしょ》を知事《ちじ》に提出《ていしゅつ》（『市川市史年表《いちかわししねんぴょう》』）。
七月　江戸川渇水《えどがわかっすい》のため、関宿行《せきやどいき》の汽船《きせん》、松戸《まつど》より先《さき》、航行不能《こうこうふのう》（『市川市史年表《いちかわししねんぴょう》』）

◉新浜《にいはま》に鴨場《かもば》が設置《せっち》される

新浜《にいはま》に御猟場《ごりょうば》が設《もう》けられる。市川市新浜《いちかわしにいはま》二丁目《ちょうめ》五番《ばん》。
新浜鴨場《にいはまかもば》。湊村字新浜《みなとむらあざしんはま》九四七番地《ばんち》、一五町《ちょう》六反《たん》一畝《せ》九歩《ぶ》、湊新田村字新浜《みなとしんでんむらあざしんはま》七七三番地《ばんち》、一七

町《ちょう》一反《たん》三畝《せ》一〇歩《ぶ》の合計《ごうけい》三二町《ちょう》七反《たん》四畝《せ》一九歩《ぶ》（約《やく》三二万《まん》四一八八平方メートル）を買上《かいあ》げて設《せっ》置《ち》。当時《とうじ》は荒《あ》れ果《は》てた萱場《かやば》になっていた。

現在《げんざい》は非公開《ひこうかい》（『明解行徳《めいかいぎょうとく》の歴史大事典《れきしだいじてん》』）。

御猟場《ごりょうば》とは、鴨場《かもば》よりも広範囲《こうはんい》を指《さ》す。明治《めいじ》一七年（一八八四）、行徳《ぎょうとく》に千葉県下江戸川筋《ちばけんかえどがわすじ》御《ご》猟場《りょうば》が設《もう》けられ、行徳《ぎょうとく》・南行徳《みなみぎょうとく》・浦安《うらやす》の三カ町村《ちょうそん》の海岸《かいがん》から沖合《おきあ》い六〇〇〇メートル先《さき》まで一《いっ》般人《ぱんじん》のいかなる狩猟《しゅりょう》も禁止《きんし》された。内陸部《ないりくぶ》には九年後《ご》に新浜鴨場《にいはまかもば》が設《もう》けられたほか、田畑《でんぱた》での猟《りょう》も禁止《きんし》された（『行徳歴史街道《ぎょうとくれきしかいどう》5』）。

●一二月一五日、八幡《やわた》に松戸裁判所《まつどさいばんしょ》の出張所《しゅっちょうじょ》が開所《かいしょ》される。別称《べっしょう》「八幡《やわた》の登記所《とうきしょ》」と呼《よ》ばれた。取扱事務《とりあつかいじむ》は登記一切《とうきいっさい》で、土地《とち》・船舶《せんぱく》・法人《ほうじん》・商号《しょうごう》・漁業《ぎょぎょう》・建物《たてもの》・工場財団《こうじょうざいだん》・商事会社関係《しょうじかいしゃかんけい》・産業組合《さんぎょうくみあい》・住宅組合《じゅうたくくみあい》の各登記《かくとうき》。管轄区域《かんかつくいき》は、市川《いちかわ》・行徳《ぎょうとく》・浦安《うらやす》・大柏《おおがしわ》・鎌ケ谷《かまがや》・南行徳《みなみぎょうとく》（『市《いち》川市史《かわしし》』第《だい》三巻《かん》 近代編《きんだいへん》 第《だい》六章《しょう》 第《だい》二節《せつ》市川市《いちかわし》の誕生《たんじょう》）。

●この年以後《としいご》、製塩業組合組織《せいえんぎょうくみあいそしき》される。六月の申合《もうしあわ》せ規約《きやく》では「年季雇人及《ねんきやといにんおよ》び定日《ていじつ》の約束《やくそく》あるものが逃亡《とうぼう》し又《また》は給金《きゅうきん》の貸越或《かしこしあるい》は未《いま》だ年季《ねんき》の修《おさま》らざるものを元雇主《もとやといぬし》の承諾《しょうだく》を受《うけ》ず無断《むだん》にて雇入《やといいれ》る事《こと》を得《え》ず」。また、雇傭人夫《こようにんぷ》はある程度《ていど》、塩田操作《えんでんそうさ》に習熟《しゅうじゅく》せることを要《よう》したから「その雇《やと》ひ《い》人《にん》は皆村内《みなそんない》の者《もの》のみにして敢《あえ》て他郷《たごう》の人《ひと》を容《い》れずといふ。これ其等《それら》に熟《じゅく》せざるに因《よ》るなるべし」（『下総《しもうさ》行徳塩業史《ぎょうとくえんぎょうし》』）。

二七年甲午《きのえうま》 一八九四

●二月、六合尋常小学校開校《ろくごうじんじょうしょうがっこうかいこう》（『市川市立行徳小学校創立百年記念誌《いちかわしりつぎょうとくしょうがっこうそうりつきねんし》』）。

六月二〇日　安政《あんせい》二年（一八五五）以来《いらい》の大地震《おおじしん》。東京下町《とうきょうしたまち》の被害甚大《ひがいじんだい》。市川《いちかわ》は強震《きょうしん》（『市川《いちかわ》市史年表《ししねんぴょう》』）

●七月二〇日、総武鉄道《そうぶてつどう》の市川《いちかわ》―佐倉間《さくらかん》、一二月九日には市川《いちかわ》―本所間《ほんじょかん》の計《けい》二五マイルが開通《かいつう》。下《か》等賃金《とうちんぎん》は本所《ほんじょ》・市川間《いちかわかん》八銭《せん》、本所《ほんじょ》・船橋間《ふなばしかん》一四銭《せん》（『市川市史年表《いちかわししねんぴょう》』）。

八月一日　日清戦争《にっしんせんそう》起《お》こる。行徳町《ぎょうとくまち》四三名出征《めいしゅっせい》（『千葉県東葛飾郡誌《ちばけんひがしかつしかぐんし》』）

八月一二日　江戸川洪水《えどがわこうずい》、利根《とね》一四尺《しゃく》五寸《すん》（『千葉県東葛飾郡誌《ちばけんひがしかつしかぐんし》』）

●蒸気船《じょうきせん》「通運丸《つううんまる》」、浦安《うらやす》にはじめて寄港《きこう》。蒸気河岸《じょうきがし》は一軒家《いっけんや》。一八七七年参照《さんしょう》。一軒家《いっけんや》は現市《げんいち》川市《かわし》島尻《しまじり》にあった。

●「（行徳塩《ぎょうとくじお》の）塩価《えんか》の定《さだ》め方《かた》は毎月《まいつき》六回《かい》五、十の日《ひ》を以《もっ》て相場立《そうばた》てを為《な》し翌《よく》一、六の日《ひ》より実行《じっこう》するものとし定《さだ》め方《かた》は（中略《ちゅうりゃく》）赤穂塩相場《あこうしおそうば》二割高《わりたか》を以《もっ》て製塩場《せいえんば》渡東京卸売相場《わたしとうきょうおろしうりそうば》とす。問屋《とんや》地問《じとん》屋《や》は平均《へいきん》二割安《わりやす》とし小売相場《こうりそうば》は近在売《きんざいうり》は東京卸売相場《とうきょうおろしうりそうば》の三割高《わりだか》とす」（『下総行徳塩業史《しもうさぎょうとくえんぎょうし》』所《しょ》収《しゅう》「大日本塩業全書《だいにほんえんぎょうぜんしょ》」）

二八年 乙未《きのとひつじ》 一八九五

●二月二四日、南行徳村《みなみぎょうとくむら》の中村太治郎《なかむらたじろう》、清国盛京省大平山《しんこくせいけいしょうたいへいざん》で戦死《せんし》（『市川市史年表《いちかわししねんぴょう》』）。新井熊野《あらいくまの》神社境内《じんじゃけいだい》の日露戦争記念碑《にちろせんそうきねんひ》に新井村《あらいむら》の日清戦争出征者《にっしんせんそうしゅっせいしゃ》の氏名《しめい》あり。但《ただ》し、「故中村安太郎於清國《こなかむらやすたろうおいてしんこく》盛京省松樹山戦死《せいけいしょうしょうじゅさんせんし》」とあり、『市川市史年表《いちかわししねんぴょう》』の記載《きさい》と異《こと》なる（『明解行徳の歴史大事典《めいかいぎょうとくのれきしだいじてん》』）。

●六月、浦安《うらやす》の堀江《ほりえ》、猫実《ねこざね》にコレラ発生《はっせい》。患者《かんじゃ》を小学校《しょうがっこう》に隔離《かくり》して予防《よぼう》に努《つと》めたが、三五名の死《し》者《しゃ》。一一月末《まつ》にようやく終熄《しゅうそく》（『浦安町誌上《うらやすちょうしじょう》』）。

●この頃《ころ》の東京《とうきょう》の住民《じゅうみん》の下肥《しもごえ》（便所《べんじょ》）の汲《く》ませ料《りょう》（住民《じゅうみん》が貰《もら》うお金《かね》）は一カ年大人《おとな》三五銭《せん》、小人《こども》一七・五銭《せん》。大正《たいしょう》七年（一九一八）にはその半分《はんぶん》から三分《ぶん》の一に下落《げらく》。大正《たいしょう》九年（一九二〇）八月、東京市《とうきょうし》は一荷《いっか》二五銭《せん》の汲取《くみと》り料《りょう》を住民《じゅうみん》から徴収《ちょうしゅう》。ここに下肥《しもごえ》は住民《じゅうみん》にとって売《う》れるものから「やっかいもの」に転《てん》じた（『東京百年史《とうきょうひゃくねんし》』所収《しょしゅう》「糞尿《ふんにょう》との戦《たたか》い」）。一九三九年参照《さんしょう》。

江戸時代《えどじだい》には馬糞《ばふん》かきという職業《しょくぎょう》があった。家《いえ》の前《まえ》の馬糞《ばふん》を、その家《いえ》の主人《しゅじん》と馬糞《ばふん》かきが自分《じぶん》のものだと争《あらそ》っていることを十返舎一九《じっぺんしゃいっく》が書《か》いた（『誹語《ひご》　堀之内詣《ほりのうちもうで》』）。江戸城《えどじょう》の御門前《ごもんまえ》には主《しゅ》人《じん》の下城《げじょう》を待《ま》つ供侍《ともざむらい》の連《つ》れた馬《うま》がいて、その馬糞《ばふん》を目的《もくてき》にした馬糞《ばふん》かきがたくさん集《あつ》まっていた（『江戸厠百姿《えどかわやひゃくし》』）。

●七月、江戸川《えどがわ》が出水《しゅっすい》し、浦安堀江《うらやすほりえ》の孫新田《まごしんでん》と中瀬《なかせ》の杁樋《いりひ》が抜《ぬ》け出《だ》した。江戸川《えどがわ》の水《みず》が中瀬付近《なかせふきん》の堤防《ていぼう》を全面《ぜんめん》にわたって乗《の》り越《こ》えてきた。このとき、馳《は》せ参《さん》じた人々《ひとびと》は圦樋《いりひ》の抜《ぬ》けあとに土俵《どひょう》を投《な》げ込《こ》み、数百人《すうひゃくにん》が堤防上《ていぼうじょう》に膝《ひざ》と腰《こし》を接《せっ》してあぐらを組《く》み、腕《うで》と腕《うで》を組《く》み合《あ》わせ、甲《こう》と乙《おつ》の間《あいだ》に田《た》んぼから稲株《いなかぶ》を引《ひ》き抜《ぬ》いて押《お》し込《こ》み、川水《かわみず》の侵入《しんにゅう》を防《ふせ》いでいる間《あいだ》に、他《た》の者《もの》が急《いそ》いで土俵《どひょう》を作《つく》り、あぐらをかいて座《すわ》っている前《まえ》に運《はこ》び、辛《かろ》うじて堤防《ていぼう》の決壊《けっかい》を免《まぬが》れた（『浦安町誌上《うらやすちょうしじょう》』）。

筆者《ひっしゃ》の祖先《そせん》も参加《さんか》したであろうその防災活動《ぼうさいかつどう》を、筆者《ひっしゃ》は「人間堤防《にんげんていぼう》」と命名《めいめい》した（『おばばと一《いち》郎《ろう》3』）。

この年《とし》から堤防修理費用《ていぼうしゅうりひよう》の全部《ぜんぶ》を千葉県庁《ちばけんちょう》が補助《ほじょ》（『千葉県東葛飾郡誌《ちばけんひがしかつしかぐんし》』『下総行徳塩業史《しもうさぎょうとくえんぎょうし》』）。

八月九日　江戸川洪水《えどがわこうずい》、利根《とね》一七尺《しゃく》（『千葉県東葛飾郡誌《ちばけんひがしかつしかぐんし》』）

●一二月、妙典《みょうでん》の妙好寺《みょうこうじ》に句碑建立《くひこんりゅう》される。

「なけき《歎き》みる　月《つき》と□□□　ほた□にて　惜《おし》からぬよを　をしミ《惜しみ》けるかな　早川喜善《はやかわきぜん》」［裏《うら》］明治《めいじ》廿《にじゅう》八年十二月建立《こんりゅう》（『市川市《いちかわし》の石造物《せきぞうぶつ》』）

◉東京近傍《とうきょうきんぼう》の食塩需要《しょくえんじゅよう》は年間《ねんかん》三〇万石《ごく》〜四〇万石《ごく》

この頃《ころ》の東京近傍《とうきょうきんぼう》の食塩需要《しょくえんじゅよう》、東京市内《とうきょうしない》のみの需要《じゅよう》で年間無慮《ねんかんむりょ》一五万石乃至《ごくないし》二〇万石《ごく》（一人《ひとり》に付《つき》一斗《と》もしくは一斗《と》五升《しょう》と見積《みつ》もり）。このほか醤油醸造魚類醃蔵用及《しょうゆじょうぞうぎょるいえんぞうようおよ》び工業用《こうぎょうよう》として十数《すう》万石《ごく》（王子硫酸製造所《おうじりゅうさんせいぞうじょ》など）。これを合計《ごうけい》し、ほとんど三〇万石乃至《ごくないし》四〇万石《ごく》を消費《しょうひ》（『下総行徳塩業史《しもうさぎょうとくえんぎょうし》』）。

二九年丙申《ひのえさる》　一八九六

●七月一二日、高谷尋常《こうやじんじょう》小学校新校舎落成《しょうがっこうしんこうしゃらくせい》。信篤尋常《しんとくじんじょう》小学校《しょうがっこう》と改称《かいしょう》し、開校式挙行《かいこうしききょこう》（『市川市《いちかわし》史年表《しねんぴょう》』）。

七月二二日　江戸川洪水《えどがわこうずい》、関宿《せきやど》一六尺《しゃく》二六、二四日、松戸《まつど》一三尺《じゃく》一〇、本行徳不明《ほんぎょうとくふめい》（『千葉県《ちばけん》東葛飾郡誌《ひがしかつしかぐんし》』）

九月一〇日　洪水《こうずい》、利根《とね》一七尺《しゃく》（『千葉県東葛飾郡誌《ちばけんひがしかつしかぐんし》』）

●明治《めいじ》二九年～三一年の東京市内食塩需要《とうきょうしないしょくえんじゅよう》は平均《へいきん》、行徳《ぎょうとく》、大師河原《だいしがわら》の地廻《じまわり》塩合計《しおごうけい》三万六一一五石《こく》、十州塩《じっしゅうえん》九万五二三八石《こく》（『下総行徳塩業史《しもうさぎょうとくえんぎょうし》』）。

三〇年丁酉《ひのととり》　一八九七

一月　正岡子規《まさおかしき》ら、俳句雑誌《はいくざっし》「ホトトギス」創刊《そうかん》

●三月、押切《おしきり》の稲荷神社《いなりじんじゃ》に常夜灯《じょうやとう》が奉納《ほうのう》される。一九七六年参照《さんしょう》。

①「照雄《しょうゆう》」［裏《うら》］明治《めいじ》三十年三月大良辰《だいりょうしん》　前奉納者河崎幸右衛門《ぜんほうのうしゃかわさきこうえもん》　②「陽光《ようこう》」［裏《うら》］昭和《しょうわ》五十一年二月吉日再建《きちじつさいけん》　奉納《ほうのう》　及川留吉《おいかわとめきち》　川崎幸一《かわさきこういち》（『市川市の石造物《いちかわしのせきぞうぶつ》』）

●四月、郡会議員《ぐんかいぎいん》として、行徳町《ぎょうとくまち》の加藤惣右衛門《かとうそうえもん》、南行徳村《みなみぎょうとくむら》の川合七左衛門《かわいしちざえもん》ら選出《せんしゅつ》される。別《べつ》

枠《わく》で本行徳《ほんぎょうとく》から中島万次郎《なかじままんじろう》・岩崎粂蔵《いわさきくめぞう》・石井金吾《いしいきんご》らを選出《せんしゅつ》。同《どう》三一年の選挙《せんきょ》では近藤喜八《こんどうきはち》（南《みなみ》行徳村《ぎょうとくむら》）、田中伊右衛門《たなかいうえもん》（行徳町《ぎょうとくまち》）らを選出《せんしゅつ》（『市川市史年表《いちかわししねんぴょう》』）。

●七月、新井《あらい》の延命寺《えんめいじ》に筆子塚建立《ふでこづかこんりゅう》される。

「渡邉先生之碑《わたなべせんせいのひ》　五峯高林寛書《ごほうたかばやしひろししょ》」［裏《うら》］渡邉康平君碑陰記《わたなべこうへいくんひいんき》　渡邉康平君武蔵國南葛飾郡葛西《わたなべこうへいくんむさしのくにみなみかつしかぐんかさい》邨大字長島渡邉藤左衛《むらおおあざながしまわたなべとうざえ》／門之二男也明治《もんのじなんなりめいじ》十四年十月假爲欠真間分校新井小学校《かりためかけまままぶんこうあらいしょうがっこう》／教員《きょういん》十八年八月任《にん》七等訓導居《とうくんどうい》十餘《よ》年功労不尠娶濱田氏《こうろうふせんしゅはまだし》／生子《せいし》四人長保之助嗣君以弘化《にんちょうほうゆきすけしくんもってこうか》二年十二月生以明治《せいもってめいじ》二十六年二月十一日病没《びょうぼつ》四十有九《ゆう》葬于正圓寺先螢次《そうかんしょうえんじせんけいじ》　明治《めいじ》三十年七月弟子相謀建之《でしあいはかりこれをたつる》　蘆邨《あしむら》新井直務誌《あらいちょくむし》　發起人《ほっきにん》（姓名《せいめい》5）（『市川市《いちかわし》の石造物《せきぞうぶつ》』）

九月九日　津波《つなみ》、江戸川洪水《えどがわこうずい》、利根《とね》八尺《しゃく》、台風《たいふう》（『**千葉県東葛飾郡誌《ちばけんひがしかつしかぐんし》**』）

●この年《とし》、秋頃《あきごろ》、行徳町《ぎょうとくまち》・南行徳村《みなみぎょうとくむら》・浦安村《うらやすむら》で小作米減額要求事件起《こさくまいげんがくようきゅうじけんお》こる（『市川市史年表《いちかわししねんぴょう》』）。

●一一月、妙典《みょうでん》の清寿寺《せいじゅじ》に碑《ひ》が建立《こんりゅう》される。

荒井與五郎君之碑《あらいよごろうくんのひ》　君名與五郎以天保《くんなよごろうもっててんぽう》十年十一月生下總東葛飾郡下妙《うまれしもうさひがしかつしかぐんしもみょう》／典村父荒井佐衛門家《でんむらちちあらいさえもんけ》世以農為君為人温厚寡辨不《よもってのうためきみためひとおんこうかべんふ》／好學不嗜酒然天性豪強而能有忍耐之力明治《がくをこのまずしゅぜんをたしなむてんせいごうきょうじのうゆうにんたいのちからめいじ》十九年之《の》／交疫《こうえき》行地方病勢極猖獗人心恟恟殆如不期生存方是時《ぎょうちほうびょうせいきわめてしょうけつじんしんきょうきょうほとんどごとしふきせいぞんかたこれとき》／君自奮而為河原役場役夫東奔西走不《きみじふんじためかわらやくばやくふとうほんせいそうふ》全眠食數旬而疫《ぜんみんしょくすうじゅんしこうしてえき》／熄後又就常業明治《そくごまたしゅうじょうぎょうめいじ》二十二年町村施行以来為行徳町《ちょうそんしこういらいためぎょうとくまち》／常置役夫毎有《じょうちやくふごとあり》悪疫奮起而以應之明治《あくえきふんきしこうしてもっておうのめいじ》三十年赤痢發於《せきりはつしおいて》／四方本町亦罹之者多君復蹶起而從事撲滅《しほうほんちょうまたかかるこれものおおくきみふくけっきしこうしてじゅうじぼくめつ》無幾為赤痢《むいくためせきり》／所浸百治効以同年九月二日遂歿於行徳町傳染病院亭《ところしんひゃくじこうもってどうねんついにぼつすおいてぎょうとくまちでんせんびょういんきょう》／年《ねん》五十有《ゆう》九矣嗚呼《やああ》

君《きみ》平生《へいせい》視死《しし》如《ごとし》歸《かえる》鋭意《えいい》竭力《けつりょく》於《おいて》町村者《まちむらもの》／十有《ゆう》二年猶《なお》一日町役場《まちやくば》贈金《ぞうきん》若干《じゃっかん》酬《しゅう》君《くん》功勞《こうろう》幷《ならびに》得《え》有志《ゆうし》之《の》／贊助《さんじょ》以《もって》建碑《ひをたてる》紀《き》其《その》概略《がいりゃく》云爾《いうじ》 明治《めいじ》三十年十一月 行徳町《ぎょうとくまち》醫《い》越智《おち》元政《げんせい》撰文《せんぶん》篆《さん》幷《ならびに》書《しょ》［裏《うら》］有《ゆう》志者《ししゃ》 行徳町《ぎょうとくまち》・稲荷木《とうかぎ》・上妙典《かみみょうでん》・高谷《こうや》・原木《ばらき》・伊勢宿《いせじゅく》・本行徳《ほんぎょうとく》・下妙典《しもみょうでん》（金額《きんがく》・姓名《せいめい》23）大和田《おおわだ》石工《いしく》高梨春吉《たかなしはるきち》（『市川市《いちかわし》の石造物《せきぞうぶつ》』）

◉丸浜養魚場《まるはまようぎょじょう》できる、のちの江戸川左岸流域下水道第二終末処理場《えどがわさがんりゅういきげすいどうだいにしゅうまつしょりじょう》

この頃《ころ》、丸浜養魚場《まるはまようぎょじょう》ができる。現江戸川左岸流域下水道第二終末処理場《げんえどがわさがんりゅういきげすいどうだいにしゅうまつしょりじょう》。福栄老人《ふくえいろうじん》いこいの家《いえ》を含《ふく》む福栄《ふくえい》四丁目《ちょうめ》一七～三二番《ばん》の地域《ちいき》にあった養魚場《ようぎょじょう》。

明治初期《めいじしょき》は塩田《えんでん》で、同《どう》三〇年（一八九七）頃《ころ》にウナギやドジョウを養殖《ようしょく》する養魚場《ようぎょじょう》になる。大正《たいしょう》六年（一九一七）一〇月一日未明《みめい》の大津波《おおつなみ》（大正《たいしょう》六年《ねん》の大津波《おおつなみ》）により全滅《ぜんめつ》。一部《いちぶ》が狩猟場《しゅりょうじょう》、釣《つ》り堀池《ぼりいけ》として存続《そんぞく》したが、海面埋立《かいめんうめたて》と土地区画整理事業《とちくかくせいりじぎょう》により閉鎖《へいさ》。

行徳街道《ぎょうとくかいどう》からの道《みち》を丸浜道《まるはまみち》または養魚場道《ようぎょじょうみち》（入口《いりぐち》は欠真間《かけまま》一丁目《ちょうめ》一五番《ばん》の野田屋《のだや》呉服店前《ごふくてんまえ》の十字路《じゅうじろ》）といい、伝次郎澪《でんじろうみお》に通《つう》じる水路《すいろ》沿《ぞ》いの道《みち》だった。別称《べっしょう》、欠真間道《かけままみち》ともいう。

ウナギの養殖《ようしょく》は明治時代《めいじじだい》に始《はじ》まり、鰻《うなぎ》の鰓《えら》の病気《びょうき》（鰓腎炎《えらじんえん》）が蔓延《まんえん》、苦《くる》しくて水面《すいめん》へ浮《う》かぶ鰻《うなぎ》を狙《ねら》って鳶《とび》が養殖池《ようしょくいけ》の上《うえ》を舞《ま》う。その鳶《とび》を見《み》ると塩問屋《しおどんや》が喜《よろこ》ぶのだという。病気予防《びょうきよぼう》と治療《ちりょう》のため池《いけ》に大量《たいりょう》の塩《しお》を撒《ま》くからだ（『塩《しお》の日本史《にほんし》』）。

長野県松本市《ながのけんまつもとし》の片倉製絲《かたくらせいし》（今井伍助《いまいごすけ》）の資本《しほん》による養鰻場《ようまんじょう》（『浦《うら》の曙《あけぼの》』）。

●この年《とし》、明治《めいじ》一四年の大火《たいか》で焼失《しょうしつ》した源心寺本堂《げんしんじほんどう》が再建《さいけん》される（『明解行徳の歴史大事典《めいかいぎょうとくのれきしだいじてん》』）。

三一年　戊戌《つちのえいぬ》　一八九八

●七月六日、浦安漁民《うらやすぎょみん》、浦安地先海面《うらやすちさきかいめん》五万坪《つぼ》（東高州《ひがしたかす》・西高州《にしたかす》・鳥棒《とりぼう》）を海苔養殖場《のりようしょくじょう》として使用《しよう》許可《きょか》を千葉県水産会《ちばけんすいさんかい》より取得《しゅとく》（『千葉県東葛飾郡誌《ちばけんひがしかつしかぐんし》』）。

●仙台流留村《せんだいながるむら》、行徳《ぎょうとく》より製塩士《せいえんし》を招《まね》き改良釜《かいりょうがま》を築造《ちくぞう》し煎熬法《せんごうほう》の伝授《でんじゅ》を受《う》ける（『下総行徳塩業史《しもうさぎょうとくえんぎょうし》』）。

●「製塩人夫《せいえんにんぷ》（塩田地主は）大《だい》なるは五、六町乃至《ちょうないし》八町《ちょう》の塩田《えんでん》を有《ゆう》し、小《しょう》なるも尚《なお》一町許《ちょうばか》りを有《ゆう》せり。大《だい》なる家《いえ》は三〇人《にん》ばかりの人《ひと》を雇《やとい》ひ、小《しょう》なるは五六人《ごろくにん》を雇《やとう》ふ」（『下総行徳塩業史《しもうさぎょうとくえんぎょうし》』）

●明治《めいじ》二九〜三一年の一カ年平均《へいきん》、行徳塩《ぎょうとくじお》の東京市内日用塩販売俵数《とうきょうしないにちようえんはんばいたわらすう》一五万一二〇〇俵《びょう》（三斗《と》入《い》り）。市内需要日用塩《しないじゅようにちようえん》の約《やく》五〇％を供給《きょうきゅう》（『下総行徳塩業史《しもうさぎょうとくえんぎょうし》』）。

◉古積塩《ふるつみじお》の販売《はんばい》が盛《さか》んになる

「古積塩《ふるづみじお》一俵《ぴょう》は六升《しょう》三合桶《ごうおけ》（はかり桶《おけ》と云《い》ふ）に四杯半入《はいはんはい》るを定例《じょうれい》とす（四《よ》ツ半《はん》と称《しょう》して古積塩《ふるづみじお》の方言《ほうげん》なり）故《ゆえ》にこの計《はか》り立正味《だてしょうみ》二斗《と》九升入《しょういり》之《こ》れに二升《しょう》を加《くわ》へて三斗《と》一升《しょう》を古積塩《ふるづみじお》の上等《じょうとう》と称《しょう》

す、一升《しょう》の重量《じゅうりょう》二八〇匁《もんめ》三斗《と》一升入《しょういり》皆掛《かいがけ》八貫八百匁《かんはっぴゃくもんめ》並《なみ》古積《こづみ》二斗《と》九升入《しょういり》八貫《かん》二百匁《にひゃくもんめ》を以《もっ》て通常《つうじょう》の重量《じゅうりょう》とす」（『下総行徳塩業史《しもうさぎょうとくえんぎょうし》』所収《しょしゅう》「第《だい》二回水産博覧会審査報告《かいすいさんはくらんかいしんさほうこく》」）

三二年　己亥《つちのとい》　一八九九

●三月、下妙典《しもみょうでん》の春日神社《かすがじんじゃ》に灯籠《とうろう》が奉納《ほうのう》される。
「神燈《しんとう》」「氏子中《うじこちゅう》」「氏子総代安川和三郎《うじこそうだいやすかわわさぶろう》、志村岩次郎《しむらいわじろう》、横川初太郎《よこかわはつたろう》、狩野富藏《かりのとみぞう》、補助員小島良助《ほじょいんこじまりょうすけ》、安川仁三郎《やすかわじんざぶろう》、岩田三七郎《いわたさんしちろう》、清水惣左エ門《しみずそうざえもん》　明治《めいじ》三十二年三月建之《これをたてる》　石工治兵衛《いしくじへえ》」「見延講《みのぶこう》世話人《せわにん》　発起人安川政吉《ほっきにんやすかわせいきち》、小島傳左エ門《こじまでんざえもん》、橋本惣藏《はしもとそうぞう》、岩田六良左エ門《いわたろくりょうざえもん》」（『明解行徳《めいかいぎょうとく》の歴史大事典《れきしだいじてん》』）

九月七日　洪水《こうずい》、台風《たいふう》（『千葉県東葛飾郡誌《ちばけんひがしかつしかぐんし》』）

●九月三〇日、東葛飾郡郡会議員《ひがしかつしかぐんぐんかいぎいん》の選挙《せんきょ》行《おこな》われ、近藤喜八《こんどうきはち》（南行徳《みなみぎょうとく》）、田中伊右衛門《たなかいうえもん》（行徳町《ぎょうとくまち》）ら選出《せんしゅつ》される。この月《つき》、洪水《こうずい》、台風《たいふう》あり（『市川市史年表《いちかわししねんぴょう》』）。

一〇月五日　大雨《おおあめ》、大浸水《だいしんすい》あり（『市川市史年表《いちかわししねんぴょう》』）

一一月一一日　図書館令公布《としょかんれいこうふ》

●この年《とし》、南行徳村《みなみぎょうとくむら》にはじめて巡査駐在所《じゅんさちゅうざいしょ》が置《お》かれる。（巡査定員《じゅんさていいん》一名《めい》）。江戸川水上取締《えどがわすいじょうとりしまり》のため、欠真間《かけまま》に南行徳村水上派出所《みなみぎょうとくむらすいじょうはしゅつしょ》を置《お》く（『千葉県東葛飾郡誌《ちばけんひがしかつしかぐんし》』）。

三三年 庚子《かのえね》 一九〇〇

●二月、河原《かわら》の春日神社《かすがじんじゃ》に稲荷明神《いなりみょうじん》祀《まつ》られる。
「稲荷大神社《いなりだいじんじゃ》」［右《みぎ》］明治《めいじ》三十三年 二月吉日《きちじつ》 ［左《ひだり》］氏子中《うじこちゅう》（『市川市《いちかわし》の石造物《せきぞうぶつ》』）

四月二二日 江戸川洪水《えどがわこうずい》、利根《とね》一一尺《しゃく》（『千葉県東葛飾郡誌《ちばけんひがしかつしかぐんし》』）

●浦安《うらやす》の渡《わた》しの営業許可下《えいぎょうきょかお》りる。堀江村《ほりえむら》より葛西村長島《かさいむらながしま》に至《いた》る（『千葉県東葛飾郡誌《ちばけんひがしかつしかぐんし》』）。

●九月、南行徳村《みなみぎょうとくむら》の山田箕之助《やまだみのすけ》、中川屋漬物工場創業《なかがわやつけものこうじょうそうぎょう》。福神漬《ふくじんづ》けを製造《せいぞう》。徒弟数《とていすう》一〇名《めい》（『千葉《ちば》県東葛飾郡誌《けんひがしかつしかぐんし》』）。

九月二九日 洪水《こうずい》、利根《とね》八尺《しゃく》、台風《たいふう》（『千葉県東葛飾郡誌《ちばけんひがしかつしかぐんし》』）

一〇月八日 洪水《こうずい》、利根《とね》一〇尺《しゃく》五寸《すん》、台風《たいふう》（『千葉県東葛飾郡誌《ちばけんひがしかつしかぐんし》』）

●仙台大川村《せんだいおおかわむら》、有志者《ゆうししゃ》を行徳《ぎょうとく》へ派遣《はけん》し釜屋煎熬法《かまやせんごうほう》を視察《しさつ》。翌年《よくとし》、行徳《ぎょうとく》の人《ひと》を招《まね》いて改良釜築造《かいりょうがまちくぞう》の伝授《でんじゅ》を受《う》ける（『下総行徳塩業史《しもうさぎょうとくえんぎょうし》』）。

◉海苔養殖《のりようしょく》が開始《かいし》される

この年《とし》、南行徳村川合七左衛門《みなみぎょうとくむらかわいしちざえもん》、行徳浦《ぎょうとくうら》での海苔養殖《のりようしょく》に成功《せいこう》。行徳浦《ぎょうとくうら》で採《と》った海苔《のり》がはじめて乾《ほ》しあがった場所《ばしょ》は南行徳村大字湊《みなみぎょうとくむらおおあざみなと》である。

川合七左衛門《かわいしちざえもん》は、温情《おんじょう》ゆたかな典型的《てんけいてき》な旦那名主《だんななぬし》であって生涯《しょうがい》その性格《せいかく》はぬけなかった。明治《めいじ》から大正《たいしょう》にかけて資産《しさん》をなくしたのは川合家《かわいけ》だけでなく、南行徳《みなみぎょうとく》の二代《だい》三代《だい》と続《つづ》く村長家《そんちょうけ》はみな資産《しさん》をなくしているから、いわゆる、市町村制施行《しちょうそんせいしこう》という大《おお》いなる民政《みんせい》の過渡期《かとき》に私《わたくし》を捨《す》てて善政《ぜんせい》を行《おこな》い、貧村《ひんそん》の為政者《いせいしゃ》として良《よ》き範《はん》をたれた好漢《こうかん》であったといえる（『浦《うら》の曙《あけぼの》』）。現代《げんだい》の施政《しせい》者《しゃ》は見習《みなら》うべきことが多《おお》い。

「今《いま》から七十年もあと（一九八〇年から前《まえ》）になるか、行徳《ぎょうとく》には、水道《すいどう》などなく水《みず》しごとには、そりゃあこまっただよ、のみ水《みず》、茶《ちゃ》わん洗《あら》いは江戸川《えどがわ》の水《みず》つかっただ、特《とく》に香取《かんどり》あたりの水《みず》ですいた海苔《のり》は、たいそう品《しな》がよくて、他《た》の場所《ばしょ》の海苔《のり》よりも、二、三銭《せん》は高《たか》く売《う》れただよ。なにせ夏《なつ》は、井戸水《いどみず》でたいた飯《めし》は早《はや》くすえる（くさる）だで川《かわ》の水《みず》でたいたそうだよ」

（『市川《いちかわ》の伝承民話《でんしょうみんわ》』第《だい》一集《しゅう》）

三四年　辛丑《かのとうし》　一九〇一

●二月一日、上妙典《かみみょうでん》に八大龍王《はちだいりゅうおう》祀《まつ》られる。一九九八年参照《さんしょう》。

「南無妙龍《なむみょうりゅう》大□」［右《みぎ》］明治《めいじ》三十四年二月一日［台左《だいひだり》］妙典地区《みょうでんちく》　区画整理事業《くかくせいりじぎょう》に依《よ》りこの地《ち》に遷座《せんざ》す　妙典《みょうでん》一、二丁目自治会《ちょうめじちかい》　平成《へいせい》十年十一月一日（『市川市《いちかわし》の石造物《せきぞうぶつ》』）

●四月、河原《かわら》の養福院《ようふくいん》に万霊塔建立《ばんれいとうこんりゅう》される。

「三界萬霊《さんかいばんれい》」［台《だい》］檀方中《だんかたちゅう》　［右《みぎ》］明治《めいじ》三十四年　［左《ひだり》］四月建立《こんりゅう》　石工手間寄附《いしくてまきふ》　小林治兵ヱ《こばやしじへえ》

（『市川市《いちかわし》の石造物《せきぞうぶつ》』）

八月二五日　江戸川洪水《えどがわこうずい》、利根《とね》一一尺《しゃく》（『千葉県東葛飾郡誌《ちばけんひがしかつしかぐんし》』）

●一〇月四日、騎兵第《きへいだい》一〇連隊付属分隊《れんたいふぞくぶんたい》（国府台《こうのだい》に駐屯中《ちゅうとんちゅう》）、南行徳村新井地先海岸《みなみぎょうとくむらあらいちさきかいがん》で水馬訓練《すいばくんれん》実施《じっし》。浦安《うらやす》、南行徳漁民《みなみぎょうとくぎょみん》の事件《じけん》を未然《みぜん》に防《ふせ》ぐ。海苔養殖《のりようしょく》を巡《めぐ》る漁業権《ぎょぎょうけん》の問題《もんだい》（『浦《うら》の曙《あけぼの》』『行《ぎょう》徳歴史街道《とくれきしかいどう》』）。

●一一月一日、上妙典《かみみょうでん》に八大龍王祀《はちだいりゅうおうまつ》られる。一九九八年参照《さんしょう》。

「勧請白法《かんじょうはくほう》□　人所《じんしょ》□□　神威《しんい》□□」［右《みぎ》］明治《めいじ》三十四年［左《ひだり》］十一月一日［台左《だいひだり》］妙典地《みょうでんち》区《く》　区画整理事業《くかくせいりじぎょう》に依《よ》りこの地《ち》に遷座《せんざ》す　妙典《みょうでん》一、二丁目自治会《ちょうめじちかい》　平成《へいせい》十年十一月一日（『市《いち》川市《かわし》の石造物《せきぞうぶつ》』）

三五年　壬寅《みずのえとら》　一九〇二

八月一〇日　洪水《こうずい》、利根《とね》一四尺《しゃく》。台風《たいふう》（『千葉県東葛飾郡誌《ちばけんひがしかつしかぐんし》』）

九月二九日　江戸川洪水《えどがわこうずい》、利根《とね》一三尺《じゃく》。東京千住大橋《とうきょうせんじゅおおはし》、吾妻橋流失《あずまばしりゅうしつ》（『千葉県東葛飾郡誌《ちばけんひがしかつしかぐんし》』）

●九月、行徳町漁業組合設立《ぎょうとくまちぎょぎょうくみあいせつりつ》（『市川市史年表《いちかわししねんぴょう》』）。

●一〇月二五日、本行徳《ほんぎょうとく》の八幡神社《はちまんじんじゃ》に筆子塚建立《ふでこづかこんりゅう》される。

「天満天神《てんまんてんじん》　神官近藤吉左衛門《しんかんこんどうきちざえもん》六十九　翁拝謹書《おきなはいきんしょ》　北野《きたの》なる神《かみ》のみたまをわが里《さと》にうつして祭《まつ》る

けふ《今日》のうれしさ　櫻翁《さくらおきな》」［裏《うら》］近藤先生號《こんどうせんせいごう》ハ《は》有鄰堂《ゆうりんどう》名《な》ハ《は》徳基《とくのり》字《あざ》ハ《は》履卿《りきょう》通稱《つうしょう》ハ《は》吉左衛門《きちざえもん》／天保《てんぽう》五年甲午《きのえうま》正月《しょうがつ》五日當町《とうまち》ニ《に》生《うまれ》ル《る》幼年《ようねん》ヨリ《より》學問《がくもん》書法《しょほう》ニ《に》志《こころざ》シ《し》／嘉永《かえい》四年ヨリ《より》明治《めいじ》三年マテ《まで》二十一年ノ《の》間《あいだ》自宅《じたく》ニ《に》於《おい》テ《て》私塾《しじゅく》ヲ《を》開《ひら》キ《き》／數多《あまた》ノ《の》門弟《もんてい》ヲ《を》教育《きょういく》ス《す》然《しか》ルニ《るに》明治《めいじ》ノ《の》聖代《せいだい》ニ《に》移《うつ》リ《り》學校《がっこう》ノ《の》設《もう》ケ《け》アリ《あり》故《ゆえ》ニ《に》閉《たっ》ツ《つ》／其後《そのご》東京府《とうきょうふ》下《か》今井《いまい》小學校《しょうがっこう》ニ《に》勤務《きんむ》スル《する》コト《こと》三年《ねん》ノ《の》間《あいだ》猶《なお》明治《めいじ》十七年ヨリ《より》／行徳《ぎょうとく》小學校《しょうがっこう》ニ《に》従事《じゅうじ》シ《し》同《どう》三十五年マテ《まで》十九年間《かん》ノ《の》間《あいだ》勤《きん》□怠《おこた》リ《り》ナク《なく》惜哉《おしいかな》／歳《とし》六十九ニシテ《にして》病《やまい》ニ《に》罹《かか》リ《り》終《つい》ニ《に》退職《たいしょく》ス《す》幸《さいわい》ニ《に》先生《せんせい》存命中《ぞんめいちゅう》多年《たねん》信仰《しんこう》セ《せ》シ《し》菅公《かんこう》ノ《の》一千年祭《さい》ニ《に》遭遇《そうぐう》セ《せ》シ《し》ヲ《を》以《もっ》テ《て》有志《ゆうし》諸君《しょくん》旧門人《きゅうもんじん》ト《と》相《あい》謀《はか》リ《り》先生《せんせい》多《た》／年《ねん》ノ《の》勞《ろう》ヲ《を》慰《なぐさ》メ《め》ン《ん》カ《が》為《ため》ニ《に》爰《ここ》ニ《に》居村《きょそん》八幡神社《はちまんじんじゃ》ノ《の》境内《けいだい》ニ《に》菅神《かんじん》ノ《の》碑《ひ》ヲ《を》建《た》テ《て》／一千年祭《さい》ヲ《を》擧《きょ》行《こう》シ《し》併《あわ》セ《せ》テ《て》先生《せんせい》ノ《の》記念《きねん》ト《と》ス《す》　明治《めいじ》三十五年季《き》壬寅《みずのえとら》十月二十五日」［台裏《だいうら》］有志者名《ゆうししゃめい》（姓名等《せいめいなど》20）右《みぎ》□氏子《うじこ》ノ《の》平安《へいあん》ヲ《を》祈《き》□　奉《たてまつる》　欽白《きんはく》　石工《いしく》青山甚《あおやまじん》□蔵《ぞう》□」（『市川市《いちかわし》の石造物《せきぞうぶつ》』）

三六年　癸卯《みずのとう》　一九〇三

●四月、本行徳村《ほんぎょうとくむら》に塩専売局出張所設置《しおせんばいきょくしゅっちょうじょせっち》（『市川市史年表《いちかわししねんぴょう》』）。大正《たいしょう》二年（一九一三）一〇月、船橋町《ふなばしまち》に移転《いてん》し倉庫《そうこ》のみ残《のこ》されたが、大津波《おおつなみ》を契機《けいき》に同《どう》六年（一九一七）一〇月、倉庫《そうこ》も廃止《はいし》（『千葉県東葛飾郡誌《ちばけんひがしかつしかぐんし》』『下総行徳塩業史《しもうさぎょうとくえんぎょうし》』）。

●五月一日、新井尋常小学校《あらいじんじょうしょうがっこう》を陽徳尋常小学校《ようとくじんじょうしょうがっこう》に合併《がっぺい》（『千葉県東葛飾郡誌《ちばけんひがしかつしかぐんし》』）。一八七三年を参照《さんしょう》。

●七月、南行徳《みなみぎょうとく》漁業組合《ぎょぎょうくみあい》設立《せつりつ》、組合員《くみあいいん》二〇〇名余《めいよ》、組合長《くみあいちょう》近藤喜八《こんどうきはち》（『市川市史年表《いちかわししねんぴょう》』）。海苔《のり》養殖《ようしょく》漁業権《ぎょぎょうけん》取得《しゅとく》を申請《しんせい》し、船橋《ふなばし》・浦安《うらやす》両《りょう》漁業組合《ぎょぎょうくみあい》より四万坪《つぼ》の貸付《かしつけ》を受《う》ける。同月《どうげつ》、行徳町《ぎょうとくまち》漁業組合《ぎょぎょうくみあい》の認可《にんか》を受《う》ける（『千葉県《ちばけん》東葛飾郡誌《ひがしかつしかぐんし》』）。

九月二三日　関東地方《かんとうちほう》猛風雨《もうふうう》、家屋浸水《かおくしんすい》多数《たすう》（『市川市史年表《いちかわししねんぴょう》』）

●この年《とし》、行徳町《ぎょうとくまち》の塩生産高《しおせいさんだか》三万八〇二二石《こく》、塩田面積《えんでんめんせき》一〇〇町《ちょう》七反歩《たんぶ》、竈数《かまどすう》六一、一竈当《ひとかまどあ》たり生産高《せいさんだか》六二三石《こく》。南行徳村《みなみぎょうとくむら》の塩生産高《しおせいさんだか》三五七七石《こく》、塩田面積《えんでんめんせき》一二町歩《ちょうぶ》、竈数《かまどすう》二七、一竈当《ひとかまどあ》たり生産高《せいさんだか》一三二石《こく》（『下総行徳塩業史《しもうさぎょうとくえんぎょうし》』）。

三七年　甲辰《きのえたつ》　一九〇四

●二月一〇日、日露戦争《にちろせんそう》起《お》こる。
市川《いちかわ》からの従軍者《じゅうぐんしゃ》四〇一名《めい》、戦病死者《せんびょうししゃ》四一名《めい》、そのうち、南行徳村《みなみぎょうとくむら》七名《めい》、行徳町《ぎょうとくまち》九名《めい》。

出征《しゅっせい》のときに船《ふね》をつないだ上《うえ》に板《いた》を渡《わた》した舟橋《ふなばし》や渡《わた》し舟《ぶね》を使《つか》って兵士《へいし》や馬《うま》などを小岩側《こいわがわ》に運《はこ》んだ。戦場《せんじょう》に向《む》かう連隊《れんたい》が江戸川《えどがわ》を渡《わた》るのに時間《じかん》がかかるため、その順番《じゅんばん》を待《ま》つ間《あいだ》、馬《うま》を神社《じんじゃ》の境内《けいだい》につなぎ、街道《かいどう》沿《ぞ》いの民家《みんか》に分宿《ぶんしゅく》した。その列《れつ》が中山《なかやま》まで及《およ》び宿《やど》を提供《ていきょう》した家《いえ》の子供《こども》とともに境川《さかいがわ》（のちの真間川《ままがわ》）で魚釣《さかなつ》りに興《きょう》じた兵士《へいし》もあった。

江戸川橋《えどがわばし》（初代《しょだい》の市川橋《いちかわばし》）はこの年《とし》七月に起工式《きこうしき》を行《おこな》い、同《どう》三八年一月一六日に竣工《しゅんこう》した。日《にち》露戦争《ろせんそう》から帰還《きかん》した兵士《へいし》たちは江戸川橋《えどがわばし》を渡《わた》って故郷《こきょう》へ帰《かえ》って行《い》った（『市川市史《いちかわしし》』第《だい》三巻《かん》　近代《きんだい》編《へん》　第《だい》二章《しょう》第三節軍隊《せつぐんたい》の町《まち》）。

新井《あらい》熊野《くまの》神社《じんじゃ》、香取《かんどり》源心寺《げんしんじ》、関ヶ島《せきがしま》胡録《ころく》神社《じんじゃ》、妙典《みょうでん》八幡《はちまん》神社《じんじゃ》境内《けいだい》に記念碑《きねんひ》がある（『明解《めいかい》行徳《ぎょうとく》の歴史《れきし》大事典《だいじてん》』）。

四月五日　総武《そうぶ》鉄道《てつどう》、亀戸《かめいど》―両国間《りょうごくかん》開業《かいぎょう》。一等《とう》八銭《せん》、二等《とう》五銭《せん》、三等《とう》三銭《せん》（『市川市史年表《いちかわししねんぴょう》』）

七月一三日　江戸川《えどがわ》洪水《こうずい》、利根《とね》一二尺《しゃく》（『千葉県東葛飾郡誌《ちばけんひがしかつしかぐんし》』）

●七月、市川橋《いちかわばし》（木橋《きばし》）の起工式《きこうしき》（『市川市史年表《いちかわししねんぴょう》』）。

●九月、行徳町《ぎょうとくまち》に高橋洋傘骨工場《たかはしようがさほねこうじょう》設立《せつりつ》される（『市川市史年表《いちかわししねんぴょう》』）。

九月　**与謝野晶子《よさのあきこ》『君死《きみし》に給《たま》ふことなかれ』を「明星《みょうじょう》」に発表《はっぴょう》**

●一〇月一日、下妙典《しもみょうでん》の清寿寺《せいじゅじ》古久竜霊神堂《こくりゅうれいしんどう》に手水石奉納《ちょうずいしほうのう》される。

「奉納《ほうのう》」［右《みぎ》］京橋《きょうばし》□木挽《こびき》町《ちょう》一丁目《ちょうめ》　船島《ふねしま》　明治《めいじ》卅《さんじゅう》七年十月一日（『市川市《いちかわし》の石造物《せきぞうぶつ》』）

●この年《とし》、本行徳《ほんぎょうとく》三丁目《ちょうめ》の千葉警察署分署《ちばけいさつしょぶんしょ》は巡査部長派出所《じゅんさぶちょうはしゅつじょ》となり浦安町《うらやすまち》へ移転《いてん》。分署《ぶんしょ》は本《ほん》行徳巡査派出所《ぎょうとくじゅんさはしゅつじょ》となる。外《ほか》に河原並《かわらならび》に原木《ばらき》に巡査派出所《じゅんさはしゅつじょ》あり（『千葉県東葛飾郡誌《ちばけんひがしかつしかぐんし》』）。

三八年　乙巳《きのとみ》　一九〇五

◉塩専売法《しおせんばいほう》が公布《こうふ》される

一月一日、塩専売法公布《しおせんばいほうこうふ》。製塩《せいえん》は許可制《きょかせい》、塩《しお》の所有《しょゆう》、売買《ばいばい》の禁止《きんし》（『下総行徳塩業史《しもうさぎょうとくえんぎょうし》』）。日露戦争《にちろせんそう》の戦費《せんぴ》を捻出《ねんしゅつ》するための施策《しさく》。このため規則《きそく》づくめの窮屈《きゅうくつ》を嫌《きら》って、行徳地方《ぎょうとくちほう》の塩垂《しおだれ》百姓《ひゃくしょう》は塩焼《しおやき》を休業《きゅうぎょう》する者《もの》が多《おお》かった。しかし、製塩業者《せいえんぎょうしゃ》は政府《せいふ》の買取価格《かいとりかかく》（賠償金《ばいしょうきん》の交付《こうふ》）によって絶対的《ぜったいてき》に保証《ほしょう》され、政府《せいふ》は生産過剰対策《せいさんかじょうたいさく》を取《と》った。

なお、このため製塩業《せいえんぎょう》の中心《ちゅうしん》が船橋町方面《ふなばしまちほうめん》に移《うつ》ったので、「行徳塩《ぎょうとくじお》」が「船橋塩《ふなばしじお》」と改称《かいしょう》されたのもこの頃《ころ》のことである。

●一月一日、旅順《りょじゅん》のロシア軍降伏《ぐんこうふく》。
三月一〇日、奉天占領《ほうてんせんりょう》。奉天《ほうてん》では南行徳村《みなみぎょうとくむら》と浦安《うらやす》の漁民《ぎょみん》の対立《たいりつ》を未然《みぜん》に防《ふせ》いだ騎兵隊《きへいたい》が参加《さんか》している。一九〇一年参照《さんしょう》。
五月二七日、日本海海戦《にほんかいかいせん》でロシア軍《ぐん》のバルチック艦隊《かんたい》を破《やぶ》る。日本海海戦《にほんかいかいせん》で活躍《かつやく》した東郷平八郎《とうごうへいはちろう》提督《ていとく》がのちに鴨場《かもば》でイギリス貴族《きぞく》に鴨猟《かもりょう》の手《て》ほどきをした。一九〇六年参照《さんしょう》。

●一月一六日、初代《しょだい》の市川橋《いちかわばし》（江戸川橋《えどがわばし》）竣工《しゅんこう》。長《なが》さ一〇〇間《けん》、幅《はば》二一尺《しゃく》の木橋《きばし》。二一日、市川橋《いちかわばし》の渡橋式挙行《ときょうしききょこう》（『市川市史年表《いちかわししねんぴょう》』）。日露戦争《にちろせんそう》の帰還兵《きかんへい》たちはこの橋《はし》を渡《わた》って帰郷《ききょう》。

●二月、河原《かわら》の春日神社《かすがじんじゃ》の天神宮改築《てんじんぐうかいちく》される。一七五四年参照《さんしょう》。

「天神宮《てんじんぐう》」［右《みぎ》］宝暦《ほうれき》四甲戌正月吉日《きのえいぬしょうがつきちじつ》　［左《ひだり》］明治《めいじ》三十八年二月征露《せいろ》二年之《の》砌《みぎり》改築《かいちく》
（『市川市《いちかわし》の石造物《せきぞうぶつ》』）

五月五日　**江戸川筋御猟場内発銃禁止《えどがわすじごりょうばないはつじゅうきんし》**（『市川市史年表《いちかわししねんぴょう》』）

●六月一日、塩専売制実施《しおせんばいせいじっし》。
当時《とうじ》、行徳町全体《ぎょうとくまちぜんたい》（伊勢宿《いせじゅく》～二俣《ふたまた》）において塩業者《えんぎょうしゃ》一二〇戸《こ》、そのうち、自作《じさく》一〇〇戸《こ》、小《こ》作《さく》二〇戸《こ》。自作《じさく》一〇〇戸《こ》のうち一〇戸《こ》は大地主《おおじぬし》として小作《こさく》二〇戸《こ》を従属《じゅうぞく》、残《のこ》りの自作九〇戸《こ》は大《だい》体《たい》自作《じさく》し得《う》る限《かぎ》りの塩田《えんでん》を所有《しょゆう》していた（『下総行徳塩業史《しもうさぎょうとくえんぎょうし》』）。

塩専売後《しおせんばいご》の行徳塩田《ぎょうとくえんでん》の価格《かかく》、一町《ちょう》歩約《ぶやく》三〇〇〇円《えん》、一町《ちょう》五反歩約《たんぶやく》五〇〇〇円《えん》（『下総行徳塩《しもうさぎょうとくえん》業史《ぎょうし》』）。

九月、行徳町《ぎょうとくまち》に千葉県塩売捌《ちばけんしおうりさばき》（資《し》）会社設立《がいしゃせつりつ》される（『市川市史年表《いちかわししねんぴょう》』）。

この年《とし》の行徳塩浜《ぎょうとくしおはま》の採鹹日数《さいかんにっすう》一五〇日《にち》、鹹水採取量《かんすいさいしゅりょう》一四〇〇石《こく》（『下総行徳塩業史《しもうさぎょうとくえんぎょうし》』）。

塩専売後《しおせんばいご》の棒手振《ぼてふり》、なおも一〇〇人乃至《にんないし》一五〇人《にん》を数《かぞ》えた（『下総行徳塩業史《しもうさぎょうとくえんぎょうし》』）。

●九月三〇日、浦安町漁業組合《うらやすまちぎょぎょうくみあい》、浦安漁民《うらやすぎょみん》の海苔養殖場使用許可《のりようしょくじょうしようきょか》の権利《けんり》を譲《ゆず》り受《う》ける（『千葉県《ちばけん》東葛飾郡誌《ひがしかつしかぐんし》』）。

●一二月五日、行徳町長中村操《ぎょうとくちょうちょうなかむらみさお》、東葛飾郡長《ひがしかつしかぐんちょう》に対《たい》して公有水面埋《こうゆうすいめんう》め立《た》て許可願提出《きょかねがいていしゅつ》。
行徳町字東浜地先海面《ぎょうとくまちあざひがしはまちさきかいめん》二四町《ちょう》六反四畝歩《たんせぶ》を入浜式塩田《いりはましきえんでん》に開発《かいはつ》。今《いま》は通称《つうしょう》「行徳富士《ぎょうとくふじ》」なる残《ざん》土《ど》の下《した》になっている。発起人《ほっきにん》は行徳町加藤新田《ぎょうとくまちかとうしんでん》、同町本行徳《どうちょうほんぎょうとく》、上妙典《かみみょうでん》、二俣《ふたまた》、東京市本所区《とうきょうしほんじょく》在住《ざいじゅう》の一四名《めい》（『明治《めいじ》三八年行徳町浜埋立書上《ぎょうとくまちはまうめたてかきあげ》』）。なお、同書上《どうかきあげ》は『郷土読本《きょうどどくほん》　行徳《ぎょうとく》の歴史《れきし》・文《ぶん》化《か》の探訪《たんぼう》1』に収録《しゅうろく》。

一二月二五日　菊池貴一郎《きくちきいちろう》『江戸府内絵本風俗往来《えどふないえほんふうぞくおうらい》』刊行《かんこう》。嘉永以後《かえいいご》（一八四八〜）より慶応《けいおう》（一八六五〜）の初《はじ》めに至《いた》る時代《じだい》の風俗《ふうぞく》を描《えが》く。ここに、「塩《しお》や」と「下掃除《しもそうじ》」の文《ぶん》と絵《え》がある（『行徳《ぎょうとく》の文学《ぶんがく》』）

『江戸府内絵本風俗往来』（国立国会図書館デジタルコレクション）

三九年 丙午《ひのえうま》 一九〇六

◉東郷平八郎提督《とうごうへいはちろうていとく》、新浜鴨場《にいはまかもば》で英国貴族《えいこくきぞく》の接待鴨猟《せったいかもりょう》をする

二月二三日、東郷平八郎提督《とうごうへいはちろうていとく》、新浜鴨場《にいはまかもば》で英国貴族《えいこくきぞく》を接待《せったい》、鴨猟《かもりょう》の手《て》ほどきをする。当日《とうじつ》は大雨《おおあめ》。

一行《いっこう》は東京《とうきょう》～今井《いまい》の渡《わた》し～行徳街道《ぎょうとくかいどう》～鴨場道《かもばみち》を、今井《いまい》の渡《わた》しまでは馬車《ばしゃ》で、行徳街道《ぎょうとくかいどう》からは人力車《じんりきしゃ》に乗《の》って鴨場《かもば》に到着《とうちゃく》（『英国貴族《えいこくきぞく》の見《み》た明治日本《めいじにほん》』）。

現代《げんだい》の鴨猟《かもりょう》は獲物《えもの》の鴨《かも》は食《た》べずに、国際鳥類標識調査《こくさいちょうるいひょうしきちょうさ》に協力《きょうりょく》して種類《しゅるい》、性別《せいべつ》を記録《きろく》して、すべて放鳥《ほうちょう》されている（『行徳歴史街道《ぎょうとくれきしかいどう》5』）。

◉日露戦争《にちろせんそう》に勝利《しょうり》し記念碑《きねんひ》が建《た》てられる

四月～六月、日露戦争記念碑《にちろせんそうきねんひ》が行徳町《ぎょうとくまち》・南行徳村《みなみぎょうとくむら》の四カ所《しょ》に建立《こんりゅう》される。

一、熊野神社《くまのじんじゃ》。市川市新井《いちかわしあらい》一丁目《ちょうめ》九番《ばん》。元帥侯爵大山巌書《げんすいこうしゃくおおやまいわおしょ》。明治《めいじ》三九年五月。出征兵士《しゅっせいへいし》一九名内戦死《めいうちせんし》一名《めい》、別《べつ》に日清戦争戦病死者《にっしんせんそうせんびょうししゃ》一名《めい》の名《な》がある。新井部落建立《あらいぶらくこんりゅう》。

二、源心寺《げんしんじ》。市川市香取《いちかわしかんどり》一丁目《ちょうめ》一六番《ばん》二六号《ごう》。（乃木《のぎ》）希典書《まれすけしょ》。明治《めいじ》三九年五月一五日。押切《おしきり》・湊《みなと》・湊新田《みなとしんでん》・香取《かんどり》・欠真間《かけまま》・相之川有志者建立《あいのかわゆうししゃこんりゅう》。出征兵士《しゅっせいへいし》五八名《めい》、内戦死者《うちせんししゃ》六名《めい》、在営軍人《ざいえいぐんじん》

一〇名《めい》の名《な》がある。なお、出征軍人《しゅっせいぐんじん》の氏名《しめい》の筆頭《ひっとう》は川合與七郎《かわいよしちろう》で、この人物《じんぶつ》は南行徳村《みなみぎょうとくむら》の海《の》苔養殖《りようしょく》の危機《きき》を救《すく》った騎兵隊《きへいたい》を率《ひき》いて、一九〇一年に新井村地先海岸《あらいむらちさきかいがん》で騎兵隊《きへいたい》の突撃訓練《とつげきくんれん》を実施《じっし》した人《ひと》である。

三、胡録神社《ころくじんじゃ》。市川市関ヶ島《いちかわしせきがしま》五番《ばん》一三号《ごう》。丙《へい》□書《しょ》。従軍者《じゅうぐんしゃ》一二名《めい》、総代《そうだい》三名《めい》、幹事《かんじ》八名《めい》の名《な》がある。若者中外有志者明治《わかものちゅうほかゆうししゃめいじ》三九年四月建設《けんせつ》。

四、八幡神社《はちまんじんじゃ》。市川市妙典《いちかわしみょうでん》一丁目《ちょうめ》一番《ばん》一六号《ごう》。希典書《まれすけしょ》。従軍者《じゅうぐんしゃ》一五名《めい》の名《な》がある。明治《めいじ》三九年六月建設《けんせつ》。上妙典有志者《かみみょうでんゆうししゃ》（『明解行徳《めいかいぎょうとく》の歴史大事典《れきしだいじてん》』）。

七月一七日　洪水《こうずい》、利根《とね》一五尺《しゃく》五寸《すん》（『千葉県東葛飾郡誌《ちばけんひがしかつしかぐんし》』）

七月二六日　利根川《とねがわ》、江戸川大洪水《えどがわだいこうずい》（『市川市史年表《いちかわししねんぴょう》』）

八月二四日　大暴風雨《だいぼうふうう》、家屋浸水多数《かおくしんすいたすう》（『市川市史年表《いちかわししねんぴょう》』）

●採鹹人夫《さいかんにんぷ》は、この年《とし》の調査《ちょうさ》では「一町歩《ちょうぶ》には一日男《いちにちおとこ》三人《にん》、中一人《ちゅうひとり》、女一人《おんなひとり》、計《けい》五人《にん》。ほかに釜焚《かまたき》、手伝一日一人半《てつだいいちにちひとりはん》であったから、大体《だいたい》この地方《ちほう》においては一町歩当《ちょうぶあた》り六人前後《にんぜんご》の人夫《にんぷ》を要《よう》した」（『下総行徳塩業史《しもうさぎょうとくえんぎょうし》』）。

また、塩田経営支出費合計《えんでんけいえいししゅつひごうけい》九五九円《えん》一九銭《せん》、内労銀《うちろうぎん》三七六円《えん》五〇銭《せん》（支出費《ししゅつひ》に対《たい》する割合《わりあい》三九%）、燃料費《ねんりょうひ》三六九円《えん》六〇銭《せん》（支出費《ししゅつひ》に対《たい》する割合《わりあい》三九%）（『下総行徳塩業史《しもうさぎょうとくえんぎょうし》』）。この時代《じだい》の燃料《ねんりょう》は石炭《せきたん》である。

●この年《とし》の小学校《しょうがっこう》児童《じどう》出席《しゅっせき》及《およ》び欠席《けっせき》状況《じょうきょう》。南行徳村《みなみぎょうとくむら》尋常小学校《じんじょうしょうがっこう》就学男子《しゅうがくだんし》一五六名《めい》、日々《ひび》欠席平均数《けっせきへいきんすう》二一・一一名《めい》、就学女子《しゅうがくじょし》一六四名《めい》、日々《ひび》欠席平均数《けっせきへいきんすう》三五・三二名《めい》、行徳尋常小学校《ぎょうとくじんじょうしょうがっこう》就学男子《しゅうがくだんし》三四一名《めい》、日々《ひび》欠席平均数《けっせきへいきんすう》四四・五五名《めい》、就学女子《しゅうがくじょし》三六五名《めい》、日々《ひび》欠席平均数《けっせきへいきんすう》五一・一三名《めい》、行徳高等小学校《ぎょうとくこうとうしょうがっこう》就学男子《しゅうがくだんし》一〇一名《めい》、日々《ひび》欠席平均数《けっせきへいきんすう》七・二六名《めい》、就学女子《しゅうがくじょし》七二名《めい》、日々《ひび》欠《けっ》席平均数《せきへいきんすう》二・二五名《めい》（『市川市史《いちかわしし》』第《だい》三巻《かん》近代編《きんだいへん》第《だい》五章《しょう》第四節《だいせつ》義務教育制度《ぎむきょういくせいど》の確立《かくりつ》）。

四〇年　丁未《ひのとひつじ》　一九〇七

八月二四日　関東地方大暴風雨《かんとうちほうだいぼうふうう》。洪水《こうずい》、利根《とね》一六尺《しゃく》（『市川市史年表《いちかわししねんぴょう》』）

八月二八日　洪水《こうずい》、利根《とね》一六尺《しゃく》（『千葉県東葛飾郡誌《ちばけんひがしかつしかぐんし》』）

●九月三〇日、郡会議員《ぐんかいぎいん》に近藤喜八《こんどうきはち》（南行徳村《みなみぎょうとくむら》）、加藤太三郎《かとうたさぶろう》（行徳町《ぎょうとくまち》）ら選出《せんしゅつ》される（『市川市史年表《いちかわししねんぴょう》』）。

●一〇月、東葛人車鉄道《とうかつじんしゃてつどう》（株《かぶ》）創立《そうりつ》。資本金《しほんきん》二万《まん》五〇〇〇円《えん》。路線《ろせん》は河原《かわら》―中山《なかやま》―鎌ケ谷間《かまがやかん》。明治《めいじ》四二年九月二八日、貨物営業開始《かもつえいぎょうかいし》。大正《たいしょう》七年（一九一八）三月、営業廃止《えいぎょうはいし》（『人《ひと》が汽車《きしゃ》を押《お》した頃《ころ》』）。

●一〇月一四日、一時《いちじ》に多数《たすう》のコレラ患者発生《かんじゃはっせい》し、堀江《ほりえ》、猫実《ねこざね》に蔓延《まんえん》。患者《かんじゃ》を役場庁舎《やくばちょうしゃ》に収容《しゅうよう》し、村内《そんない》の大消毒《だいしょうどく》をしたが、患者数《かんじゃすう》は五七名《めい》に達《たっ》し、死者《ししゃ》三八名《めい》にのぼった（『浦安町誌上《うらやすちょうしじょう》』）。

四一年　戊申《つちのえさる》　一九〇八

●四月一日、尋常小学校《じんじょうしょうがっこう》の義務教育年限《ぎむきょういくねんげん》を六年に延長実施《えんちょうじっし》。高等小学校《こうとうしょうがっこう》の修業年限《しゅうぎょうねんげん》は二カ年とされた。

●この月《つき》、行徳尋常小学校《ぎょうとくじんじょうしょうがっこう》、行徳高等小学校《ぎょうとくこうとうしょうがっこう》と合併《がっぺい》して行徳尋常高等小学校《ぎょうとくじんじょうこうとうしょうがっこう》となる。

●この月《つき》、大雪《おおゆき》が降《ふ》る。（『市川市史年表《いちかわししねんぴょう》』）。

●四月、本塩《ほんしお》の豊受神社《とようけじんじゃ》に天水桶《てんすいおけ》が奉納《ほうのう》される。「奉《ほう》」「納《のう》」「在郷軍人《ざいごうぐんじん》」「明治《めいじ》四十一年四月爲紀念献之《ためきねんこれをけんず》」「荒井春藏《あらいはるぞう》、高橋勝藏《たかはしかつぞう》、新井喜助《あらいきすけ》、森川常吉《もりかわつねきち》、長谷川仙吉《はせがわせんきち》、新井喜八《あらいきはち》、河本静夫《かわもとしずお》、新井彦三郎《あらいひこさぶろう》、岩崎兵助《いわさきへいすけ》、森川作藏《もりかわさくぞう》、田島金太郎《たじまきんたろう》、萩原五郎兵衛《はぎわらごろべえ》、河本倦龍書之《かわもとけんりゅうこれをかく》」（『明解行徳《めいかいぎょうとく》の歴史大事典《れきしだいじてん》』）

●五月、本塩《ほんしお》の豊受神社《とようけじんじゃ》に鳥居《とりい》が建立《こんりゅう》される。「明治《めいじ》四拾壹《じゅういち》年五月建之《これをたてる》」（『明解行徳《めいかいぎょうとく》の歴史大事典《れきしだいじてん》』）

●明治《めいじ》四一年～四四年、浦安町漁業組合《うらやすまちぎょぎょうくみあい》、海苔養殖漁場《のりようしょくぎょじょう》の整理《せいり》。浦安地先免許坪数《うらやすちさきめんきょつぼすう》九六万一六五坪《つぼ》、養殖坪数《ようしょくつぼすう》二八万四七八七坪《つぼ》を含《ふく》め合計免許坪数《ごうけいめんきょつぼすう》一一二万六〇三六坪《つぼ》、養殖坪数《ようしょくつぼすう》三七万二六四九坪《つぼ》。

明治《めいじ》二九年に初《はじ》めて乾海苔製造《ほしのりせいぞう》に従事《じゅうじ》したもの六七人《にん》、大正《たいしょう》四年末《まつ》には五三〇人《にん》に増《ふ》え、篊建込《ひびたてこみ》一五〇柵《さく》は一万二〇〇〇柵《さく》に増加《ぞうか》（『千葉県東葛飾郡誌《ちばけんひがしかつしかぐんし》』）。

四二年 己酉《つちのととり》 一九〇九

●二月、本行徳《ほんぎょうとく》四丁目《ちょうめ》の豊受神社《とようけじんじゃ》に扁額《へんがく》が奉納《ほうのう》される。
「神明宮《しんめいぐう》 明治《めいじ》 己酉《つちのととり》二月七十三 翁山《おきなやま》□隆書《たかしょ》 印《いん》」（『明解行徳《めいかいぎょうとく》の歴史大事典《れきしだいじてん》』）

三月八日 メートル法採用《ほうさいよう》、大正《たいしょう》一三年（一九二四）実施《じっし》

六月三〇日 京成電気軌道《けいせいでんききどう》（株《かぶ》）発足《ほっそく》（『市川市史年表《いちかわししねんぴょう》』）

●七月二〇日、浦安《うらやす》・船橋両漁業組合《ふなばしりょうぎょぎょうくみあい》から漁区《ぎょく》七万坪《つぼ》を借《か》り受《う》けて、南行徳《みなみぎょうとく》、行徳両漁業組合《ぎょうとくりょうぎょぎょうくみあい》が海苔養殖場《のりようしょくじょう》を経営《けいえい》。南行徳《みなみぎょうとく》は三万坪《つぼ》（『南行徳浦《みなみぎょうとくうら》・行徳浦両漁業組合《ぎょうとくうらりょうぎょぎょうくみあい》へ漁場貸付契約《ぎょじょうかしつけけいやく》書《しょ》〈明治《めいじ》四十二年〉』）。

◉河原河岸《かわらがし》を出発地《しゅっぱつち》として人車鉄道開業《じんしゃてつどうかいぎょう》

九月二八日、東葛人車鉄道営業開始《とうかつじんしゃてつどうえいぎょうかいし》。行徳町河原河岸《ぎょうとくまちかわらがし》から中山《なかやま》、法典《ほうでん》、馬込沢《まごめざわ》、鎌ケ谷大仏《かまがやだいぶつ》まで延長《えんちょう》三里《り》四丁《ちょう》一一間《けん》（約《やく》一二・五キロメートル）の単線《たんせん》。鎌ケ谷《かまがや》から馬込沢《まごめざわ》まで五銭《せん》、馬込沢《まごめざわ》から法典《ほうでん》まで五銭《せん》、法典《ほうでん》から中山《なかやま》が一〇銭《せん》、中山《なかやま》から河原《かわら》まで一〇銭《せん》。内陸《ないりく》から梨《なし》・米《こめ》・サツマイモ、その他《た》の産物《さんぶつ》、河原《かわら》からは蒸気船《じょうきせん》で着《つ》いた肥料《ひりょう》、その他《た》の荷物《にもつ》を乗《の》せた。

大正《たいしょう》五年（一九一六）、江戸川放水路工事《えどがわほうすいろこうじ》のため廃業《はいぎょう》（『明解行徳《めいかいぎょうとく》の歴史大事典《れきしだいじてん》』）。

四三年 庚戌《かのえいぬ》 一九一〇

●二月二二日、下新宿《しもしんしゅく》の稲荷神社《いなりじんじゃ》に「狐《きつね》」奉納《ほうのう》される。台座《だいざ》の銘《めい》「當村若者一同《とうそんわかものいちどう》（合計《ごうけい》二九名《めい》の名《な》がある）明治《めいじ》四十三年二月 廿《にじゅう》二日」。狐《きつね》の像《ぞう》は平成《へいせい》七年（一九九五）に新《あたら》しいものに取《と》り換《か》えられた（『明解行徳《めいかいぎょうとく》の歴史大事典《れきしだいじてん》』）。一九九五年参照《さんしょう》。

●四月、南行徳村消防組及《みなみぎょうとくむらしょうぼうぐみおよ》び行徳町消防組《ぎょうとくまちしょうぼうぐみ》いろはに四組設立《くみせつりつ》（『市川市史年表《いちかわししねんぴょう》』）。

●六月一〇日、京成電鉄《けいせいでんてつ》、市川《いちかわ》・行徳《ぎょうとく》・松戸《まつど》・中山《なかやま》・二宮《にのみや》・船橋《ふなばし》・津田沼一円《つだぬまいちえん》の電灯供給兼営《でんとうきょうきゅうけんえい》業《ぎょう》の認可《にんか》を受《う》ける（『市川市史《いちかわしし》』第《だい》三巻《かん》 近代編《きんだいへん》 第《だい》二章《しょう》第五節《だいせつ》世相《せそう》と風俗《ふうぞく》）。行徳《ぎょうとく》、南行徳《みなみぎょうとく》、浦《うら》安《やす》に電気《でんき》が引《ひ》かれたのは大正《たいしょう》五年（一九一六）である。

●七月、河原《かわら》の渡《わた》し許可《きょか》。川原《かわら》より篠崎村伊勢屋《しのざきむらいせや》に至《いた》る（『千葉県東葛飾郡誌《ちばけんひがしかつしかぐんし》』）。

八月一二日 利根川《とねがわ》一八・四尺《しゃく》、江戸川《えどがわ》一八・七尺《しゃく》、堤防決壊《ていぼうけっかい》六六カ所《しょ》。明治年間最大《めいじねんかんさいだい》の洪水《こうずい》に襲《おそ》われる。利根川上流山岳地帯《とねがわじょうりゅうさんがくちたい》の降雨量《こううりょう》二〇〇~四〇〇ミリ（『千葉県東葛《ちばけんひがしかつ》飾郡誌《しかぐんし》』）。東海《とうかい》・関東《かんとう》・東北《とうほく》に豪雨《ごうう》、大洪水《だいこうずい》。利根川《とねがわ》の権現堂《ごんげんどう》の堤防決壊《ていぼうけっかい》（『市川《いちかわ》市史年表《ししねんぴょう》』）

一〇月二五日 浅間山大爆発《あさまやまだいばくはつ》（『市川市史年表《いちかわししねんぴょう》』）

四四年 辛亥《かのとい》 一九一一

六月一九日 関東《かんとう》・東北《とうほく》に大降雹《だいこうひょう》、大台風《おおたいふう》（『市川市史年表《いちかわししねんぴょう》』）

●七月一四日、湊新田《みなとしんでん》の胡録神社《ころくじんじゃ》に狛犬奉納《こまいぬほうのう》される。一九三九年参照《さんしょう》。
〈右《みぎ》〉奉《ほう》 明治《めいじ》四十四年七月十四日 湊新田《みなとしんでん》 廿一番地《にじゅういちばんち》小川與右衛門《おがわようえもん》 石工《いしく》青湊喜《あおみなとき》 奉納《ほうのう》 昭《しょう》和《わ》十四年七月吉日《きちじつ》 水田《すいでん》三百七十一坪《つぼ》 湊新田小川浦次郎《みなとしんでんおがわうらじろう》 〈左《ひだり》〉納《のう》 明治《めいじ》四十四年七月十四日
湊新田《みなとしんでん》 廿一番地《にじゅういちばんち》 小川與右衛門《おがわようえもん》（『市川市の石造物《いちかわしのせきぞうぶつ》』）

●七月二六日、台風《たいふう》、津波《つなみ》（千葉県東葛飾郡誌《ちばけんひがしかつしかぐんし》』）。深川洲崎《ふかがわすさき》では倒壊家屋《とうかいかおく》四四〇、死者行方不明《ししゃゆくえふめい》四七（『市川市史年表《いちかわししねんぴょう》』）。
この津波《つなみ》により行徳塩浜《ぎょうとくしおはま》の堤防《ていぼう》が大破《たいは》し、翌年《よくとし》、コンクリートを以《もっ》て堅牢《けんろう》に作《つく》り上《あ》げられ、塩《えん》田整理《でんせいり》（昭和《しょうわ》四年九月三〇日）後《ご》の今日《こんにち》（昭和《しょうわ》一六年）においてもなお現存《げんぞん》し、県費《けんぴ》を以《もっ》て（修《しゅう》繕《ぜん》が）行《おこな》われる（『下総行徳塩業史《しもうさぎょうとくえんぎょうし》』）。

●一一月四日、弁天山《べんてんやま》（公園《こうえん》）に富士講碑建立《ふじこうひこんりゅう》される。一九四〇年参照《さんしょう》。
「浅間神社《せんげんじんじゃ》（上部欠損《じょうぶけっそん》）」［右《みぎ》］明治《めいじ》四十四年十一月四日 ［社基礎《やしろきそ》］昭和拾《しょうわじゅう》五年八月建之《これをたてる》
不二《ふじ》 世話人《せわにん》（姓名《せいめい》8） 湊講社《みなとこうしゃ》 ［社基礎左《やしろきそひだり》］工事人《こうじにん》（姓名《せいめい》2）（『市川市の石造物《いちかわしのせきぞうぶつ》』）

◉明治年間最大《めいじねんかんさいだい》の洪水《こうずい》が起《お》き、利根川《とねがわ》と江戸川《えどがわ》の改修計画《かいしゅうけいかく》できる

前年《ぜんねん》の洪水《こうずい》のため、利根川改修計画《とねがわかいしゅうけいかく》できる。

江戸川《えどがわ》の川幅《かわはば》の拡幅《かくふく》、江戸川放水路《えどがわほうすいろ》の開削《かいさく》。行徳町《ぎょうとくまち》、その他《た》九カ村《そん》の耕地整理《こうちせいり》の実施《じっし》。真間川《ままがわ》を延長《えんちょう》して東京湾《とうきょうわん》に直接排水《ちょくせつはいすい》。

利根川全域《とねがわぜんいき》の改修計画《かいしゅうけいかく》は昭和《しょうわ》五年（一九三〇）に終了《しゅうりょう》。

四五年　壬子《みずのえね》　一九一二

一月一日　**中華民国成立《ちゅうかみんこくせいりつ》。臨時大総統孫文《りんじだいそうとうそんぶん》**

●二月一日、南行徳村《みなみぎょうとくむら》に新井信用組合設立《あらいしんようくみあいせつりつ》。組合員《くみあいいん》四九、資本金《しほんきん》六五〇円《えん》、組合長《くみあいちょう》宮崎伊平治《みやざきいへいじ》（『市川市史年表《いちかわししねんぴょう》』）。

四月一日　**三原山噴火《みはらやまふんか》**

●四月一〇日、雙輪寺所蔵《そうりんじしょぞう》の札所《ふだしょ》三十三カ所御詠歌《しょごえいか》できる。湊《みなと》の森柳《もりやなぎ》氏作《しさく》（『明解行徳《めいかいぎょうとく》の歴史大《れきしだい》事典《じてん》』所収「行徳《ぎょうとく》・浦安《うらやす》三十三カ所観音霊場札所《かしょかんのんれいじょうふだしょ》」）。本書《ほんしょ》でも寺院《じいん》の創建記事中《そうけんきじちゅう》に収録《しゅうろく》。

七月二〇日　天皇不例《てんのうふれい》の官報《かんぽう》により、娯楽場《ごらくじょう》すべて休業《きゅうぎょう》

明治年間《めいじねんかん》（一八六八～一九一二）……………

●明治末期《めいじまっき》、日蓮宗《にちれんしゅう》 妙栄山《みょうえいざん》妙好寺《みょうこうじ》に真浄《しんじょう》観世音菩薩像《かんぜおんぼさつぞう》安置《あんち》のため観音堂《かんのんどう》建立《こんりゅう》される。昭和《しょうわ》三〇年（一九五五）新築《しんちく》、平成《へいせい》七年（一九九五）新築《しんちく》（『明解行徳《めいかいぎょうとく》の歴史大事典《れきしだいじてん》』）。

●明治年間《めいじねんかん》に伊勢宿《いせじゅく》の豊受神社《とようけじんじゃ》に灯篭《とうろう》が奉納《ほうのう》される。

「御神燈《ごしんとう》」※建立年月日《こんりゅうねんがっぴ》判読不能《はんどくふのう》（東京《とうきょう》とあるので明治年間《めいじねんかん》と推定《すいてい》）「成田山新栄講東京新宿《なりたさんしんえいこうとうきょうしんじゅく》 行者《ぎょうじゃ》 永峰栄留《ながみねえいりゅう》 三代行者《だいぎょうじゃ》 永峰斉象《ながみねさいしょう》、角田吉五郎《かくたきちごろう》 当村行者宮方修《とうそんぎょうじゃみやかたしゅう》□」（『明解行徳《めいかいぎょうとく》の歴史大事典《れきしだいじてん》』）

●明治年間《めいじねんかん》に関ヶ島《せきがしま》の胡録神社《ころくじんじゃ》に扁額《へんがく》が奉納《ほうのう》される。

「胡籙天神《ころくてんじん》」「従一位勲一等《じゅういちいくんいっとう》□□久《きゅう》□建《こん》□八十七、□謹書《きんしょ》 印印《いんいん》」（『明解行徳《めいかいぎょうとく》の歴史大事典《れきしだいじてん》』）

従一位勲一等《じゅういちいくんいっとう》とあるので明治年間《めいじねんかん》と推定《すいてい》。

●明治年間《めいじねんかん》に本行徳《ほんぎょうとく》の神明社《しんめいしゃ》に力石《ちからいし》が奉納《ほうのう》される。

「五拾五貫《ごじゅうごかん》」「行徳《ぎょうとく》伊勢宿《いせじゅく》村及川与茂八《むらおいかわよもはち》、霊岩嶋東湊町大磯屋長七《れいがんじまひがしみなとちょうおおいそやちょうしち》、東一之江村一丁大力之岩《ひがしいちのえむらいっちょうだいりきのいわ》楯幸七《たてこうしち》、西浮田村土屋虎《にしうきたむらつちやとら》□」「誠持之《まことこれをもつ》」※年号《ねんごう》の記載《きさい》なし（『明解行徳《めいかいぎょうとく》の歴史大事典《れきしだいじてん》』）

五十五貫《かん》とは二〇六・二五キログラム。持《も》ち上《あ》げた人《ひと》の氏名《しめい》。

●明治年間《めいじねんかん》に下妙典《しもみょうでん》の春日神社《かすがじんじゃ》に力石《ちからいし》が奉納《ほうのう》される。

「さし石《いし》 三十五人目余《にんめよ》 葛西平助《かさいへいすけ》 高谷村金一《こうやむらきんいち》」※年月《ねんげつ》の記載《きさい》なし（『明解行徳《めいかいぎょうとく》の歴史大事典《れきしだいじてん》』）

大《たい》正《しょう》時《じ》代《だい》

元年 壬子《みずのえね》 一九一二

七月三〇日　明治天皇没《めいじてんのうぼつ》、改元《かいげん》。大正《たいしょう》となる

●九月、コレラ全国的《ぜんこくてき》に流行《りゅうこう》。浦安町役場《うらやすまちやくば》ではただちに生水《なまみず》の使用《しよう》を禁止《きんし》、全町《ぜんちょう》五カ所《しょ》に煮沸水《しゃふつすい》供給所《きょうきゅうしょ》を開設《かいせつ》、町内《ちょうない》の大消毒《だいしょうどく》を実施《じっし》、コレラの侵入《しんにゅう》をくいとめた。コレラの発生《はっせい》はその後《ご》も続《つづ》いたが、浦安町《うらやすまち》では患者《かんじゃ》を避病院《ひびょういん》（一一月八日設立《せつりつ》）に隔離《かくり》するとともに、患者《かんじゃ》の家《いえ》の軒下《のきした》に赤《あか》紙《がみ》をはり、近所《きんじょ》の家屋《かおく》の周囲《しゅうい》には荒縄《あらなわ》をはりめぐらして軒下《のきした》に青紙《あおがみ》をはり、外部《がいぶ》の者《もの》の出入《でい》りを禁止《きんし》した（『浦安町誌上《うらやすちょうしじょう》』）。

◉初代《しょだい》の今井橋《いまいばし》が架《か》けられ今井《いまい》の渡《わた》しが廃止《はいし》される

一〇月、下江戸川橋《しもえどがわばし》（初代《しょだい》の今井橋《いまいばし》）架設《かせつ》。木橋《きばし》。工費《こうひ》六万六八一六円《えん》（『市川市史年表《いちかわししねんぴょう》』）。これにより今井《いまい》の渡《わた》しの役割《やくわり》は終《お》わった。

平成《へいせい》三〇年（二〇一八）現在《げんざい》、初代今井橋《しょだいいまいばし》の橋脚《きょうきゃく》の基礎《きそ》が干潮時《かんちょうじ》には干潟《ひがた》に露出《ろしゅつ》する。昭和《しょうわ》三〇年代末《だいまつ》までは、この基礎《きそ》を含《ふく》む千葉県側《ちばけんがわ》のエリアは川半分《かわはんぶん》を占《し》める大《おお》きな洲《す》になっていて葦《あし》や芒《すすき》が密生《みっせい》していた。満潮時間帯《まんちょうじかんたい》にも水没《すいぼつ》しなかった。江戸時代《えどじだい》にもこの洲《す》は存在《そんざい》し、渡船《とせん》の運航《うんこう》距離《きょり》はその分《ぶん》だけ短《みじか》かったものと推測《すいそく》できる。

「大正《たいしょう》元年（一九一二）に下江戸川橋《しもえどがわばし》（初代《しょだい》の今井橋《いまいばし》）ができるまでは渡《わた》し船《ぶね》があった。渡船場《とせんば》

はね、今井側《いまいがわ》ではなくて全部相之川《ぜんぶあいのかわ》の人《ひと》たちでもってたんだな。うちのおやじもその中《なか》の一人《ひとり》でぜん平《べい》ていうんだがいちばんいくじなしでね。今日《きょう》はぜん平《べい》どんのじいさまか、向《むこ》うへ流《なが》されちまうな、わしがやってやんべえ、て、客《きゃく》が船《ふね》こいだそうだよ。なんでも流《なが》れが急《きゅう》で下今井《しもいまい》の熊野神社《くまのじんじゃ》まで流《なが》されちまったそうだよ……」（『市川《いちかわ》の伝承民話《でんしょうみんわ》』第《だい》一集《しゅう》）

●一〇月、新井《あらい》の熊野神社《くまのじんじゃ》に手水石奉納《ちょうずいしほうのう》される。

［右《みぎ》］大正《たいしょう》元年一〇月　奉納者鞠子淺吉《ほうのうしゃまりこあさきち》（『市川市《いちかわし》の石造物《せきぞうぶつ》』）

◉コレラ対策《たいさく》で浦安町《うらやすまち》・南行徳村組合立伝染病舎《みなみぎょうとくむらくみあいりつでんせんびょうしゃ》建《た》てられる

一一月八日、浦安町《うらやすまち》・南行徳村組合立伝染病舎設立《みなみぎょうとくむらくみあいりつでんせんびょうしゃせつりつ》。避病院《ひびょういん》と呼《よ》ばれた。昭和《しょうわ》二六年（一九五一）六月、葛南病院《かつなんびょういん》と改称《かいしょう》、のち浦安《うらやす》・市川市民病院《いちかわしみんびょういん》、現在《げんざい》の東京《とうきょう》ベイ浦安《うらやす》・市川医療《いちかわいりょう》センターとなる。

当初《とうしょ》、南行徳村《みなみぎょうとくむら》一、浦安町《うらやすまち》二の割合《わりあい》で出資《しゅっし》。コレラなどの疫病対策《えきびょうたいさく》（『明解行徳《めいかいぎょうとく》の歴史大事典《れきしだいじてん》』『行徳郷土史事典《ぎょうとくきょうどしじてん》』）。

避病院《ひびょういん》は江戸時代《えどじだい》に築造《ちくぞう》されたへび土手《どて》（潮除堤《しおよけつつみ》）跡地《あとち》の上《うえ》に建設《けんせつ》（『行徳歴史街道《ぎょうとくれきしかいどう》2』）。行徳町《ぎょうとくまち》は一九一五年に建設《けんせつ》。

コレラに関《かん》して新井《あらい》のお経塚《きょうづか》の盗掘《とうくつ》があった。

「熱病《ねつびょう》や疾病《しっぺい》にかかったら、お経塚《きょうづか》のお経《きょう》を書《か》いた貝殻《かいがら》を粉《こな》にして飲《の》むと治《なお》ってしまうということで、遠《とお》くからも来《き》て貝《かい》を拾《ひろ》って持《も》って行《い》く人《ひと》がいたそうです」（『ぎょうとく昔語《むかしがた》り』）

この年《とし》

●大正《たいしょう》の時代《じだい》でも「水屋《みずや》」がいて、江戸川《えどがわ》の水《みず》を船《ふね》で東京《とうきょう》の深川《ふかがわ》あたりまで売《う》りに行《い》った。バケツ一杯《ぱい》で一銭《せん》だった（『ぎょうとく昔語《むかしがた》り』）。

●江戸時代《えどじだい》、徳川将軍家《とくがわしょうぐんけ》は、水船《みずぶね》で江戸川《えどがわ》の水《みず》を殿中《でんちゅう》に運《はこ》び茶《ちゃ》の湯《ゆ》に使用《しよう》していた（『江戸川区《えどがわく》史跡散歩《しせきさんぽ》』）。

●嫁入《よめい》りするのに高瀬船《たかせぶね》で来《き》た。それに乗《の》って仲人《なこうど》も、嫁《よめ》も、親族《しんぞく》も、嫁入《よめい》り道具《どうぐ》も、何《なに》もかもが一緒《いっしょ》に来《き》た（『私《わたし》たちの行徳今昔史《ぎょうとくこんじゃくし》・パート1―お年寄《としよ》りが語《かた》るセピア色《いろ》の行徳《ぎょうとく》』）。

●京成電気軌道《けいせいでんききどう》、押上《おしあげ》―江戸川間開通《えどがわかんかいつう》（『市川市史年表《いちかわししねんぴょう》』）。

●この年《とし》の塩製造人《しおせいぞうにん》、行徳町《ぎょうとくまち》四五、南行徳村《みなみぎょうとくむら》一。製造高《せいぞうだか》四〇三万四七五斤《きん》（八〇斤入《きんいり》り叺《かます》で五万三八〇叺《かます》）。一斤《きん》は六〇〇グラム。行徳町塩田《ぎょうとくまちえんでん》九六町《ちょう》四反《たん》、南行徳村塩田《みなみぎょうとくむらえんでん》五六町《ちょう》（『下総行徳《しもうさぎょうとく》塩業史《えんぎょうし》』）。

二年 癸丑《みずのとうし》 一九一三

●一月、本行徳《ほんぎょうとく》の豊受神社《とようけじんじゃ》（神明社《しんめいしゃ》）に玉垣新築記念碑建立《たまがきしんちくきねんひこんりゅう》される。
「玉垣新築記念《たまがきしんちくきねん》　無聲居士題《むせいこじだい》」［裏《うら》］一金《ひときん》百参拾圓《さんじゅうえん》　壹町目《いっちょうめ》　一金拾《ひときんじゅう》五圓《えん》　貳町目《にちょうめ》　一金《ひときん》拾圓《じゅうえん》　参町目《さんちょうめ》　一金拾圓《ひときんじゅうえん》　四町目《ちょうめ》　一金貳拾貳圓《ひときんにじゅうにえん》　塩焼町《しおやきまち》　氏子中《うじこちゅう》　大正《たいしょう》二年一月　發《ほっ》起人《きにん》（姓名《せいめい》3）當町《とうちょう》　鳶藤三郎《とびとうざぶろう》　川原石工治兵エ《かわらいしくじへえ》（『市川市《いちかわし》の石造物《せきぞうぶつ》』）

●二月、かつての弁天山《べんてんやま》に弁天祠建立《べんてんほこらこんりゅう》される。
「奉納《ほうのう》　大正《たいしょう》二年二月　千葉縣本《ちばけんほん》□□東京市《とうきょうし》（以下《いか》五名《めい》の名《な》があり、未詳《みしょう》）」（『明解行徳《めいかいぎょうとく》の歴史大事典《れきしだいじてん》』）

●二月、弁天山《べんてんやま》に建立《こんりゅう》された弁天祠《べんてんほこら》に手水石奉納《ちょうずいしほうのう》される。
「奉納《ほうのう》」（三鱗紋《さんりんもん》）［右《みぎ》］大正《たいしょう》二年二月　［左《ひだり》］千葉縣《ちばけん》□　□市《し》□　三宅《みやけ》（『市川市《いちかわし》の石造物《せきぞうぶつ》』）

三月　**田中喜兵衛《たなかきへえ》、醤油醸造工場《しょうゆじょうぞうこうじょう》を操業開始《そうぎょうかいし》（『市川市史年表《いちかわししねんぴょう》』）**

四月　**押切《おしきり》に乾麺《かんめん》・パン製造《せいぞう》の川崎製麺所設立《かわさきせいめんじょせつりつ》（『市川市史年表《いちかわししねんぴょう》』）**

●五月、本行徳《ほんぎょうとく》の八幡神社《はちまんじんじゃ》に石垣敷設記念碑建立《いしがきふせつきねんひこんりゅう》される。
「奉納《ほうのう》　石垣敷設記念《いしがきふせつきねん》　大正《たいしょう》二　癸　丑年《みずのとうしのとし》五月　三町《ちょう》目氏子中《めうじこちゅう》　無聲居士題《むせいこじだい》□」［裏《うら》］有志寄《ゆうしき》附連名《ふれんめい》　東京《とうきょう》・千住《せんじゅ》・小松川《こまつがわ》・大阪《おおさか》・ヤツ《谷津》・浦安《うらやす》・アラ《新》井《い》・湊《みなと》・稲荷木《とうかぎ》・関ケ島《せきがしま》・二丁目《ちょうめ》・四丁目《ちょうめ》・新田《しんでん》・町内《ちょうない》（姓名《せいめい》132）若者中《わかものちゅう》（姓名《せいめい》11）老母中《ろうぼちゅう》（姓名《せいめい》6）一丁目《ちょうめ》・湊《みなと》（姓名《せいめい》

2）筆頭《ひっとう》（姓名《せいめい》4）神社総代《じんじゃそうだい》（姓名《せいめい》4）區長《くちょう》（姓名《せいめい》2）社掌《しゃしょう》小中井定吉《こなかいさだきち》　石工《いしく》青山喜和蔵《あおやまきわぞう》

[台《だい》]五十□□（力石《ちからいし》の銘《めい》）（『市川市《いちかわし》の石造物《せきぞうぶつ》』）

●食塩《しょくえん》の消費者物価《しょうひしゃぶっか》、地物《じもの》一石《こく》、大正《たいしょう》二年は五円《えん》六〇銭《せん》、同《どう》八年は七円《えん》（『下総行徳塩業史《しもうさぎょうとくえんぎょうし》』）。

●東京塩務局《とうきょうえんむきょく》行徳出張所《ぎょうとくしゅっちょうじょ》、船橋町《ふなばしまち》に移転《いてん》し、行徳町《ぎょうとくまち》には貯塩倉庫《ちょえんそうこ》のみ残《のこ》されたが大正《たいしょう》六年（一九一七）廃止《はいし》された（『千葉県東葛飾郡誌《ちばけんひがしかつしかぐんし》』）。

三年 甲寅《きのえとら》 一九一四

●一月一〇日、行徳町教育会創立《ぎょうとくまちきょういくかいそうりつ》（『市川市史年表《いちかわししねんぴょう》』）。

七月二八日　第一次世界大戦始《だいいちじせかいたいせんはじ》まる。八月、日本《にほん》、ドイツに宣戦布告《せんせんふこく》

●八月一三日より一五日まで、同《どう》三〇日より九月一日まで、利根川《とねがわ》、江戸川氾濫《えどがわはんらん》。南行徳村堤防《みなみぎょうとくむらていぼう》に亀裂《きれつ》二カ所《しょ》八間《けん》。江戸利根沿岸《えどとねえんがん》、床上浸水《ゆかうえしんすい》四七八、床下浸水《ゆかしたしんすい》一一三（『千葉県東葛飾郡誌《ちばけんひがしかつしかぐんし》』『市川市史年表《いちかわししねんぴょう》』）。

●八月二一日、京成電気軌道《けいせいでんききどう》、江戸川《えどがわ》—市川新田間開通《いちかわしんでんかんかいつう》（『市川市史年表《いちかわししねんぴょう》』）。

●この年《とし》、大和田村《おおわだむら》の日蓮宗安立寺《にちれんしゅうあんりゅうじ》、本行徳《ほんぎょうとく》の日蓮宗妙頂寺《にちれんしゅうみょうちょうじ》に併合《へいごう》、消滅《しょうめつ》。寺籍《じせき》は長野県《ながのけん》に移《うつ》る。江戸川放水路開削工事《えどがわほうすいろかいさくこうじ》のために移転《いてん》。大正《たいしょう》一二年（一九二三）、墓石類《ぼせきるい》の移転完了《いてんかんりょう》。大和田村《おおわだむら》は父祖《ふそ》の地《ち》の旧地《きゅうち》へ集団移転《しゅうだんいてん》（『明解《めいかい》行徳歴史大事典《ぎょうとくれきしだいじてん》』)。

四年 乙卯《きのとう》 一九一五

●五月、八幡町《やわたまち》に行徳《ぎょうとく》・市川《いちかわ》・八幡《やわた》・中山《なかやま》・葛飾《かつしか》の五カ町村組合立《ちょうそんくみあいりつ》の和洋折衷《わようせっちゅう》の隔離《かくり》病舎建設《びょうしゃけんせつ》（『市川市史年表《いちかわししねんぴょう》』）。行徳町上妙典《ぎょうとくまちかみみょうでん》と八幡《やわた》との境界《きょうかい》に建設《けんせつ》。

●九月二〇日、行徳町青年団創立《ぎょうとくまちせいねんだんそうりつ》。大正《たいしょう》一二年（一九二三）の団員数《だんいんすう》六〇〇名《めい》（『千葉県東葛飾《ちばけんひがしかつしか》郡誌《ぐんし》』）。

●一〇月、押切《おしきり》の稲荷神社《いなりじんじゃ》に「狐《きつね》」奉納《ほうのう》される。
〔右《みぎ》〕奉《ほう》　大正《たいしょう》四年十月　〔左《ひだり》〕納《のう》　及川久次郎《おいかわひさじろう》（『市川市《いちかわし》の石造物《せきぞうぶつ》』）

●一一月三日、京成電気軌道《けいせいでんききどう》、中山《なかやま》まで開通《かいつう》（『市川市史年表《いちかわししねんぴょう》』）。

●一一月一五日、南行徳村青年団創立《みなみぎょうとくむらせいねんだんそうりつ》。大正《たいしょう》一二年（一九二三）の団員数《だんいんすう》一七一名《めい》（『千葉県《ちばけん》東葛飾郡誌《ひがしかつしかぐんし》』）。

◉行徳《ぎょうとく》・船橋地方《ふなばしちほう》のコレラによる死者《ししゃ》一〇六人《にん》

この年《とし》、行徳《ぎょうとく》・船橋地方《ふなばしちほう》のコレラ患者《かんじゃ》一四五（死亡者《しぼうしゃ》一〇六）。この当時《とうじ》、南行徳村戸数《みなみぎょうとくむらこすう》六五二、人口《じんこう》四一三七、行徳町戸数《ぎょうとくまちこすう》一三七二、人口《じんこう》七三三六、市川町戸数《いちかわまちこすう》一〇七〇、人口《じんこう》五二五三

(『市川市史年表《いちかわししねんぴょう》』)。

五年 丙辰《ひのえたつ》 一九一六

●四月四日、行徳町《ぎょうとくまち》の信篤尋常小学校《しんとくじんじょうしょうがっこう》に高等科併設《こうとうかへいせつ》。一六日、六合尋常小学校《ろくごうじんじょうしょうがっこう》、行徳尋常高等小学校《ぎょうとくじんじょうこうとうしょうがっこう》に合併《がっぺい》され、稲荷木地区《とうかぎちく》に分教場設置《ぶんきょうじょうせっち》(『市川市史年表《いちかわししねんぴょう》』)。

◉江戸川放水路《えどがわほうすいろ》できる

江戸川放水路《えどがわほうすいろ》の開削工事開始《かいさくこうじかいし》、大正《たいしょう》八年竣工《しゅんこう》。大正《たいしょう》九年、床固工事終了《とこがためこうじしゅうりょう》(固定式《こていしき》の行徳堰《ぎょうとくせき》)(『明解行徳の歴史大事典《めいかいぎょうとくのれきしだいじてん》』)。一九五七年参照《さんしょう》。

「行徳《ぎょうとく》が水《みず》につかったのは、私《わたし》たちがうまれる前《まえ》でした。放水路《ほうすいろ》ができたから、大水《おおみず》がでなくなったんですけどね。私《わたし》のおじは、今《いま》の行徳橋《ぎょうとくばし》のまん中《なか》に住《す》んでいたんです。それで、橋《はし》が出来《でき》るんで、(大和田《おおわだ》の)かぶと橋《ばし》の所《ところ》に移《うつ》り住《す》んだんです。昔《むかし》は原木《ばらき》が本道《ほんみち》でしたよ。今《いま》は、新道《しんみち》ですけどね。船橋《ふなばし》へ行《い》くのに、わざわざ八幡《やわた》へ行《い》かなくたって、二俣《ふたまた》を通《とお》っていけばよかったんです。放水路《ほうすいろ》ができる前《まえ》は、川《かわ》がカーブしていて大水《おおみず》の時《とき》、水《みず》が曲《まが》りきらなくて、行徳《ぎょうとく》にあがったんです。浦安《うらやす》と行徳《ぎょうとく》は、早《はや》くいえば、島《しま》になっていますね。行徳街道《ぎょうとくかいどう》は放水路《ほうすいろ》ができたんで、ちょんぎれたんです」(『市川《いちかわ》の伝承民話《でんしょうみんわ》』第《だい》5集《しゅう》)

この工事《こうじ》にあたって大和田村《おおわだむら》が全村集団移転《ぜんそんしゅうだんいてん》をした。移転先《いてんさき》は先祖代々《せんぞだいだい》の旧地《きゅうち》であり、現大和田《げんおおわだ》の町名《ちょうめい》がある場所《ばしょ》の一部《いちぶ》（『市川《いちかわ》まちかど博物館《はくぶつかん》』）。

◉行徳《ぎょうとく》・南行徳《みなみぎょうとく》・浦安《うらやす》に電気《でんき》が引《ひ》かれる

この頃《ころ》までに、行徳《ぎょうとく》、南行徳《みなみぎょうとく》、浦安《うらやす》に電気《でんき》が引《ひ》かれる。

●猫実《ねこざね》の花蔵院《けぞういん》、安政《あんせい》二年（一八五五）の大地震《おおじしん》で倒壊《とうかい》した本堂《ほんどう》を再建《さいけん》（『浦安町誌上《うらやすちょうしじょう》』）。

●この頃《ころ》の青年団《せいねんだん》、南行徳村《みなみぎょうとくむら》一七一名《めい》、行徳町《ぎょうとくまち》六〇〇名《めい》（『市川市史《いちかわしし》』第《だい》三巻《かん》近代編《きんだいへん》第《だい》六章《しょう》第《だい》二節《せつ》市川市《いちかわし》の誕生《たんじょう》）。

●この年《とし》の「千葉県統計書《ちばけんとうけいしょ》」で、南行徳村《みなみぎょうとくむら》の下江戸川橋《しもえどがわばし》（現今井橋《げんいまいばし》）から海上郡本銚子町《かいじょうぐんもとちょうしまち》に至《いた》る道《みち》を「香取鹿島街道《かとりかしまかいどう》」とする（『千葉県東葛飾郡誌《ちばけんひがしかつしかぐんし》』）。

六年丁巳《ひのとみ》　一九一七

●一月一日、東葛飾郡《ひがしかつしかぐん》の町村中《ちょうそんちゅう》、田《た》の地価最高《ちかさいこう》は行徳町《ぎょうとくまち》で六六円《えん》二八銭《せん》、最低《さいてい》は千代田村《ちよだむら》で四円《えん》一五銭《せん》、平均《へいきん》三〇円《えん》八〇銭《せん》。畑《はたけ》の地価最高《ちかさいこう》は南行徳村《みなみぎょうとくむら》で二〇円《えん》八〇銭《せん》、最低《さいてい》は七福村《しちふくむら》で一円《えん》二銭《せん》、平均《へいきん》八円《えん》八六銭《せん》（『千葉県東葛飾郡誌《ちばけんひがしかつしかぐんし》』）。売買価格《ばいばいかかく》は通常約《つうじょうやく》一〇倍《ばい》。

なお、大正《たいしょう》八年（一九一九）における東葛飾郡《ひがしかつしかぐん》での米《こめ》の反収《たんしゅう》は平均《へいきん》で一石《こく》九斗《と》三合《ごう》（約《やく》四・八俵強《ひょうきょう》）。

◉台風《たいふう》による大津波《おおつなみ》が発生《はっせい》、塩田壊滅《えんでんかいめつ》

一〇月一日未明《みめい》、台風《たいふう》による大津波起《おおつなみお》こる（大正《たいしょう》六年の大津波《おおつなみ》という）。浦安町《うらやすまち》、南行徳村《みなみぎょうとくむら》、行徳町《ぎょうとくまち》の被害《ひがい》は、死者《ししゃ》六三、行方不明《ゆくえふめい》三、重軽傷者《じゅうけいしょうしゃ》三五、流失家屋《りゅうしつかおく》三二九。行徳塩田壊滅《ぎょうとくえんでんかいめつ》（『千葉県東葛飾郡誌《ちばけんひがしかつしかぐんし》』）。

『市川市史年表《いちかわししねんぴょう》』では、「九月三〇日、大津波《おおつなみ》おこる、浦安町《うらやすまち》・南行徳村《みなみぎょうとくむら》・行徳町《ぎょうとくまち》・葛飾村及《かつしかむらおよ》び船橋町《ふなばしまち》の被害多《ひがいおお》く、死者《ししゃ》一二一、重軽傷者《じゅうけいしょうしゃ》一五八、流失倒壊家屋《りゅうしつとうかいかおく》三一五（合計《ごうけい》の数字《すうじ》が合《あ》わない）、浦安町《うらやすまち》・行徳町《ぎょうとくまち》の海苔被害《のりひがい》八〇〇〇円《えん》、東葛飾郡製塩《ひがしかつしかぐんせいえん》三町村《ちょうそん》の被害総額《ひがいそうがく》一三万六五一〇円《えん》、行徳《ぎょうとく》・信篤《しんとく》・市川各小学校《いちかわかくしょうがっこう》の校舎《こうしゃ》が倒壊《とうかい》、陽徳《ようとく》・明徳《めいとく》・八幡《やわた》・国分各小学校《こくぶかくしょうがっこう》の校舎《こうしゃ》が破壊《はかい》され、授業《じゅぎょう》に支障《ししょう》を生《しょう》じる」とする。

行徳町《ぎょうとくまち》における塩田被害状況《えんでんひがいじょうきょう》は、製塩者数《せいえんしゃすう》三六、釜屋敷《かまやしき》四〇、鹹水溜数《かんすいためすう》三七九、採鹹地反別《さいかんちたんべつ》七三町《ちょう》九反《たん》四畝《せ》一九歩《ぶ》。行徳町《ぎょうとくまち》・葛飾村《かつしかむら》・船橋町《ふなばしまち》の被害見積金額《ひがいみつもりきんがく》一三万六千五一〇円《えん》六銭《せん》。品目《ひんもく》、製塩《せいえん》、鹹水《かんすい》、石炭《せきたん》、松葉《まつば》、粗悪塩《そあくえん》、苦汁《にがり》、塩場桶《しょばおけ》、塩場笊《しょばざる》、鹹水溜《かんすいため》、アゲ場《あ》、堤防《ていぼう》、塩田地盤《えんでんじばん》、塩田溝渠《えんでんこうきょ》、製塩場《せいえんば》（その他製塩器具細目略《たせいえんきぐさいもくりゃく》）（『千葉県東葛飾郡誌《ちばけんひがしかつしかぐんし》』）。

「『津波《つなみ》だよう』という情《なさ》けない女性《じょせい》の声《こえ》が聞《き》こえた。その時《とき》に敷居《しきい》がピシャッと持《も》ちあがって、

ゴーッと水《みず》が来《き》た。二人《ふたり》で雨戸《あまど》を押《お》さえたが水《みず》に押《お》されて夢中《むちゅう》で逃《に》げた。子供《こども》たちは神棚《かみだな》に乗《の》って助《たす》かった。大人《おとな》たちは（昨年《さくねん》）敷《し》かれたばかりの天井《てんじょう》（板《いた》に張《は》ってある）の電線《でんせん》につかまって、窓《まど》の格子戸《こうしど》に足《あし》を引《ひ》っ掛《か》けて、『安心《あんしん》しろ』と叫《さけ》んでいた。半鐘《はんしょう》など鳴《な》らす暇《ひま》はなかった。朝《あさ》になると、外《そと》は家財道具《かざいどうぐ》や稲《いね》、浦安《うらやす》から流《なが》された家《いえ》などでいっぱいだった。二、三日たつと稲《いね》が腐《くさ》って臭《くさ》くてやりきれなかった。塩場《しょば》の人《ひと》は、塩《しお》を（水《みず》に浸《つ》かって）溶《と》かしてはいけないと片付《かたづ》けているうちに水《みず》がきて、人間《にんげん》が釜屋《かまや》の上《うえ》に乗《の》ったまままくるくると回《まわ》りながら中山《なかやま》の鉄道《てつどう》のほうまで流《なが》されていった」（『市川《いちかわ》の伝承民話《でんしょうみんわ》』第《だい》5集《しゅう》「ぎょうとく昔語《むかしかた》り」）

その後《ご》、大津波《おおつなみ》の教訓《きょうくん》が語《かた》られている。

新田《しんでん》（現本塩《げんほんしお》）は天井《てんじょう》のハリにまで水《みず》が来《き》たので、大津波《おおつなみ》のあと天井《てんじょう》を丈夫《じょうぶ》に作《つく》ってのることができる構造《こうぞう》にした。津波《つなみ》の三日前《みっかまえ》に生《う》まれた女《おんな》の子《こ》の名前《なまえ》に忘《わす》れないようにと「つな」と名前《なまえ》を付《つ》けた、など。

「家《いえ》の中《なか》に入《はい》ったいろんなものが混《ま》じった海水《かいすい》をつけてむすびを作《つく》って子《こ》どもに食《た》べさせた。若《わけ》えもんは笑《わら》うが、台風《たいふう》がくんと、まんま、だけはいっぺいたいとかなくちゃーってゆうだよ、まんまさえあれば、むすびだって味噌《みそ》つけたってしのげるべ」（『ぎょうとく昔語《むかしかた》り』）

浄土宗《じょうどしゅう》来迎山光林寺《らいげいざんこうりんじ》、大津波《おおつなみ》により古文書《こもんじょ》すべてを流失《りゅうしつ》。日蓮宗《にちれんしゅう》照徳山本久寺《しょうとくざんほんきゅうじ》及《およ》び日蓮《にちれん》宗海近山円頓寺《しゅうかいこんざんえんとんじ》、大津波《おおつなみ》により寺史資料《じししりょう》を流失《りゅうしつ》（『明解行徳《めいかいぎょうとく》の歴史大事典《れきしだいじてん》』）。

●一二月、野田《のだ》醤油《しょうゆ》（現《げん》キッコーマン）行徳第《ぎょうとくだい》一六工場《こうじょう》を下新宿《しもしんしゅく》に開設《かいせつ》し、醤油製造《しょうゆせいぞう》を始《はじ》める（『市川市史年表《いちかわししねんぴょう》』）。職工《しょっこう》、男《おとこ》二五、女《おんな》二三。昭和《しょうわ》二三年（一九四八）一〇月、第《だい》一六工場《こうじょう》を閉《へい》鎖《さ》。野田醤油《のだしょうゆ》は明治《めいじ》四二年（一九〇九）六月に資本金《しほんきん》一一万円《まんえん》で創立《そうりつ》。

●この年《とし》、南行徳村《みなみぎょうとくむら》に木造船建造《もくぞうせんけんぞう》・修理《しゅうり》の藤代造船所設立《ふじしろぞうせんじょせつりつ》（『市川市史年表《いちかわししねんぴょう》』）。

七年　戊午《つちのえうま》　一九一八

◉義務教育費《ぎむきょういくひ》の国庫負担《こっこふたん》決《き》まる

三月、市町村義務教育国庫負担法公布《しちょうそんぎむきょういくこっこふたんほうこうふ》。市町村教育費《しちょうそんきょういくひ》の負担軽減《ふたんけいげん》と教員《きょういん》の待遇改善《たいぐうかいぜん》を図《はか》るため、義務制小学校教員《ぎむせいしょうがっこうきょういん》の俸給《ほうきゅう》の一部《いちぶ》を国庫《こっこ》が負担《ふたん》しようというもので、市町村及《しちょうそんおよ》び教員《きょういん》にとって長《なが》い間《あいだ》の念願《ねんがん》だった（『市川市史《いちかわしし》』第《だい》三巻《かん》　近代編《きんだいへん》　第《だい》五章《しょう》　第《だい》六節《せつ》大正《たいしょう》・昭和初期《しょうわしょき》における教育《きょういく》の新展開《しんてんかい》）。

●四月一四日、上妙典《かみみょうでん》に八大龍王祀《はちだいりゅうおうまつ》られる。一九九八年参照《さんしょう》。
「南無妙法蓮華経清運竜宮大善神《なむみょうほうれんげきょうせいうんりゅうぐうだいぜんしん》　大《たい》□七年四月十四日　田島常《たじまつね》□」「台左《だいひだり》」妙典地区《みょうでんちく》　区《く》画整理事業《かくせいりじぎょう》に依《よ》りこの地《ち》に遷座《せんざ》す　妙典《みょうでん》一、二丁目自治会《ちょうめじちかい》　平成《へいせい》十年十一月一日

（『市川市《いちかわし》の石造物《せきぞうぶつ》』）

五月二六日　徴兵検査《ちょうへいけんさ》、行徳町《ぎょうとくまち》七六名《めい》、南行徳村《みなみぎょうとくむら》四六名《めい》（『千葉県東葛飾郡誌《ちばけんひがしかつしかぐんし》』）

一一月一一日　第《だい》一次世界大戦終《じせかいたいせんおわ》る

●一二月、本行徳《ほんぎょうとく》の神明神社《しんめいじんじゃ》（豊受《とようけ》）に鄰地購入記念碑建立《りんちこうにゅうきねんひこんりゅう》される。

「鄰地購入記念碑《りんちこうにゅうきねんひ》」　氏子加藤太三郎社地《うじこかとうたさぶろうしゃち》ノ《の》陜隘《きょうあい》ヲ《を》憂《うれい》／鄰地購入《りんちこうにゅう》ニ《に》斡旋《あっせん》シ《し》大正《たいしょう》七年十二月／目的《もくてき》ヲ《を》果《はた》シ《し》代金《だいきん》ノ《の》内《うち》弐拾弐円余《にじゅうにえんよ》ヲ《を》／寄附《きふ》セリ《せり》依《よ》テ《りて》当時《とうじ》ノ《の》區長世話人《くちょうせわにん》ト《と》／共《とも》ニ《に》其名《そのな》ヲ《を》勒《ろく》シテ《して》記念《きねん》ト為《とな》ス《す》　區長《くちょう》　平野綱五郎《ひらのつなごろう》　區長代理《くちょうだいり》　田所庄吉《たどころしょうきち》　世話人《せわにん》（姓名《せいめい》4）（『市川市《いちかわし》の石造物《せきぞうぶつ》』）

●この年《とし》の行徳郵便局《ぎょうとくゆうびんきょく》の通常郵便《つうじょうゆうびん》は、引受《ひきうけ》九五万一一四〇、配達《はいたつ》九三万五〇七一、小包郵便引《こづつみゆうびんひき》受《うけ》一八三四、配達《はいたつ》四二八〇（『市川市史《いちかわしし》』第《だい》三巻《かん》　近代編《きんだいへん》　第《だい》六章《しょう》第《だい》二節市川市《せついちかわし》の誕生《たんじょう》）。

◉巡査駐在所《じゅんさちゅうざいしょ》、本行徳《ほんぎょうとく》など九カ所《しょ》

大正《たいしょう》七年度《ど》の巡査駐在所位置《じゅんさちゅうざいしょいち》、原木《ばらき》・本行徳《ほんぎょうとく》・河原《かわら》・浦安町猫実《うらやすまちねこざね》（巡査部長派出所《じゅんさぶちょうはしゅつじょ》）・欠《かけ》真間《まま》・浦安町堀江《うらやすまちほりえ》・同猫実《どうねこざね》・南行徳村水上派出所《みなみぎょうとくむらすいじょうはしゅつじょ》（欠真間《かけまま》）但《ただ》し江戸川水上取締《えどがわすいじょうとりしまり》のため・浦《うら》安町漁業組合請願派出所《やすまちぎょぎょうくみあいせいがんはしゅつじょ》（堀江《ほりえ》）但《ただ》し海面取締《かいめんとりしまり》のため（『千葉県東葛飾郡誌《ちばけんひがしかつしかぐんし》』）。

●大正《たいしょう》七年度《ど》の町村別米検査表《ちょうそんべつこめけんさひょう》では、行徳町粳《ぎょうとくまちうるち》一二二五七俵《ひょう》、糯《もち》五七六俵《ひょう》、南行徳村粳《みなみぎょうとくむらうるち》六八〇四俵《ひょう》、糯《もち》二六三俵《ひょう》。行徳町《ぎょうとくまち》の粳《うるち》は手賀村《てがむら》に次《つ》ぐ第《だい》二位《い》の検査数《けんさすう》だった（『千葉県東葛飾郡《ちばけんひがしかつしかぐん》誌《し》』)。

八年　己未《つちのとひつじ》　一九一九

●三月、現本行徳公民館所在地《げんほんぎょうとくこうみんかんしょざいち》(旧行徳支所《きゅうぎょうとくししょ》)に行徳小学校《ぎょうとくしょうがっこう》の新校舎《しんこうしゃ》ができ移転《いてん》(『市川市立《いちかわしりつ》行徳小学校創立百年記念誌《ぎょうとくしょうがっこうそうりつひゃくねんきねんし》』)。

●一二月、内国通運株式会社《ないこくつううんかぶしきがいしゃ》、東京通船株式会社《とうきょうつうせんかぶしきがいしゃ》に航路《こうろ》と船《ふね》を譲渡《じょうと》し、撤退《てったい》。東京通船《とうきょうつうせん》は昭和《しょうわ》二年(一九二七)七月一日当時《とうじ》、一〇路線《ろせん》、船舶数《せんぱくすう》四五、従業員《じゅうぎょういん》三八五人《にん》だったが、戦争《せんそう》で燃料調達《ねんりょうちょうたつ》が困難《こんなん》になった昭和《しょうわ》一九年(一九四四)に営業《えいぎょう》を中止《ちゅうし》した。行徳《ぎょうとく》、浦安《うらやす》への便《びん》は一日《いちにち》一一往復《おうふく》で朝《あさ》は五時頃《じごろ》から出船《しゅっせん》し、東京通船《とうきょうつうせん》は三〇分《ぶん》おき、葛飾丸《かつしかまる》は二〇分《ぷん》おきに運航《うんこう》され、高橋《たかばし》までは所要時間《しょようじかん》約一時間。乗降客数《じょうこうきゃくすう》は行徳《ぎょうとく》の記録《きろく》はないが、浦安《うらやす》では昭和《しょうわ》四年(一九二九)当時《とうじ》の浦安発着所《うらやすはっちゃくじょ》の通船《つうせん》の乗客数《じょうきゃくすう》四万《まん》一二一二人《にん》、降客数《こうきゃくすう》四万《まん》一〇〇〇人《にん》。浦安終着《うらやすしゅうちゃく》の葛飾丸《かつしかまる》の乗客数《じょうきゃくすう》四万《まん》一五人《にん》、降客数《こうきゃくすう》三万《まん》九八〇〇人《にん》(『明解行徳《めいかいぎょうとく》の歴史大《れきしだい》事典《じてん》』)。

●一二月三一日時《じ》の戸数《こすう》は、行徳町《ぎょうとくまち》一三五六、南行徳村《みなみぎょうとくむら》六五九、浦安町《うらやすまち》一七八七。戸籍人口《こせきじんこう》は、行徳町《ぎょうとくまち》九一九九、南行徳村《みなみぎょうとくむら》四四一二、浦安町《うらやすまち》一〇一六二。大正《たいしょう》八年度《ど》の出生《しゅっしょう》は、行徳町《ぎょうとくまち》三二〇、南行徳村《みなみぎょうとくむら》一五三、浦安町《うらやすまち》三七七、死産《しざん》は、行徳町《ぎょうとくまち》二一、南行徳村《みなみぎょうとくむら》一一、浦安町《うらやすまち》二九。死亡《しぼう》は、行徳町《ぎょうとくまち》二四九、南行徳村《みなみぎょうとくむら》一二三、浦安町《うらやすまち》二八四。婚姻《こんいん》は、行徳町《ぎょうとくまち》一二八、南行徳村《みなみぎょうとくむら》五八、浦安町《うらやすまち》一一一。離婚《りこん》は、行徳町《ぎょうとくまち》一四、南行徳村《みなみぎょうとくむら》四、浦安町《うらやすまち》七（『千葉県東葛飾郡誌《ちばけんひがしかつしかぐんし》』）。

●この年の南行徳村《みなみぎょうとくむら》の生産高《せいさんだか》は、食塩《しょくえん》一一七三万二〇〇〇斤《きん》（四〇斤入《きんいり》の叺《かます》で三一万八三〇〇叺《かます》）、米《こめ》六六七一石《こく》（一万六六七七俵《ひょう》）、福神漬《ふくじんづけ》九万貫《かん》（三三七・五トン）、海苔《のり》二一三〇貫《かん》（約《やく》九トン）、貝灰《かいばい》四〇万五一〇〇貫《かん》（約《やく》一五一九トン）（『千葉県東葛飾郡誌《ちばけんひがしかつしかぐんし》』）。

九年 庚申《かのえさる》 一九二〇

●三月三一日、学齢児童就学状況調査表《がくれいじどうしゅうがくじょうきょうちょうさひょう》では、南行徳町男《みなみぎょうとくまちおとこ》三五六、女《おんな》三六三、計《けい》七一九、不就学《ふしゅうがく》七、就学率《しゅうがくりつ》九九・〇四%。行徳町男《ぎょうとくまちおとこ》六一六、女《おんな》六五〇、計《けい》一二六六、不就学《ふしゅうがく》九、就学率《しゅうがくりつ》九九・二九%（『千葉県東葛飾郡誌《ちばけんひがしかつしかぐんし》』）。

●四月一三日、南行徳村《みなみぎょうとくむら》の陽徳《ようとく》・明徳両尋常小学校《めいとくりょうじんじょうしょうがっこう》が統合《とうごう》されて南行徳尋常小学校《みなみぎょうとくじんじょうしょうがっこう》となる（『市川市史年表《いちかわししねんぴょう》』）。

五月八日 江戸川洪水《えどがわこうずい》。関宿町堤防決壊《せきやどまちていぼうけっかい》。行徳《ぎょうとく》は豪雨《ごうう》の被害《ひがい》あり（『千葉県東葛飾郡誌《ちばけんひがしかつしかぐんし》』）

●七月祭日《さいじつ》、湊新田《みなとしんでん》の胡録神社《ころくじんじゃ》に扁額《へんがく》が奉納《ほうのう》される。

「印《いん》 胡録神社《ころくじんじゃ》 印印《いんいん》 時大正《ときたいしょう》九年七月祭日青年中《さいじつせいねんちゅう》」（『明解行徳《めいかいぎょうとく》の歴史大事典《れきしだいじてん》』）

●七月一四日、湊新田《みなとしんでん》の胡録神社《ころくじんじゃ》に常夜燈《じょうやとう》が奉納《ほうのう》される。

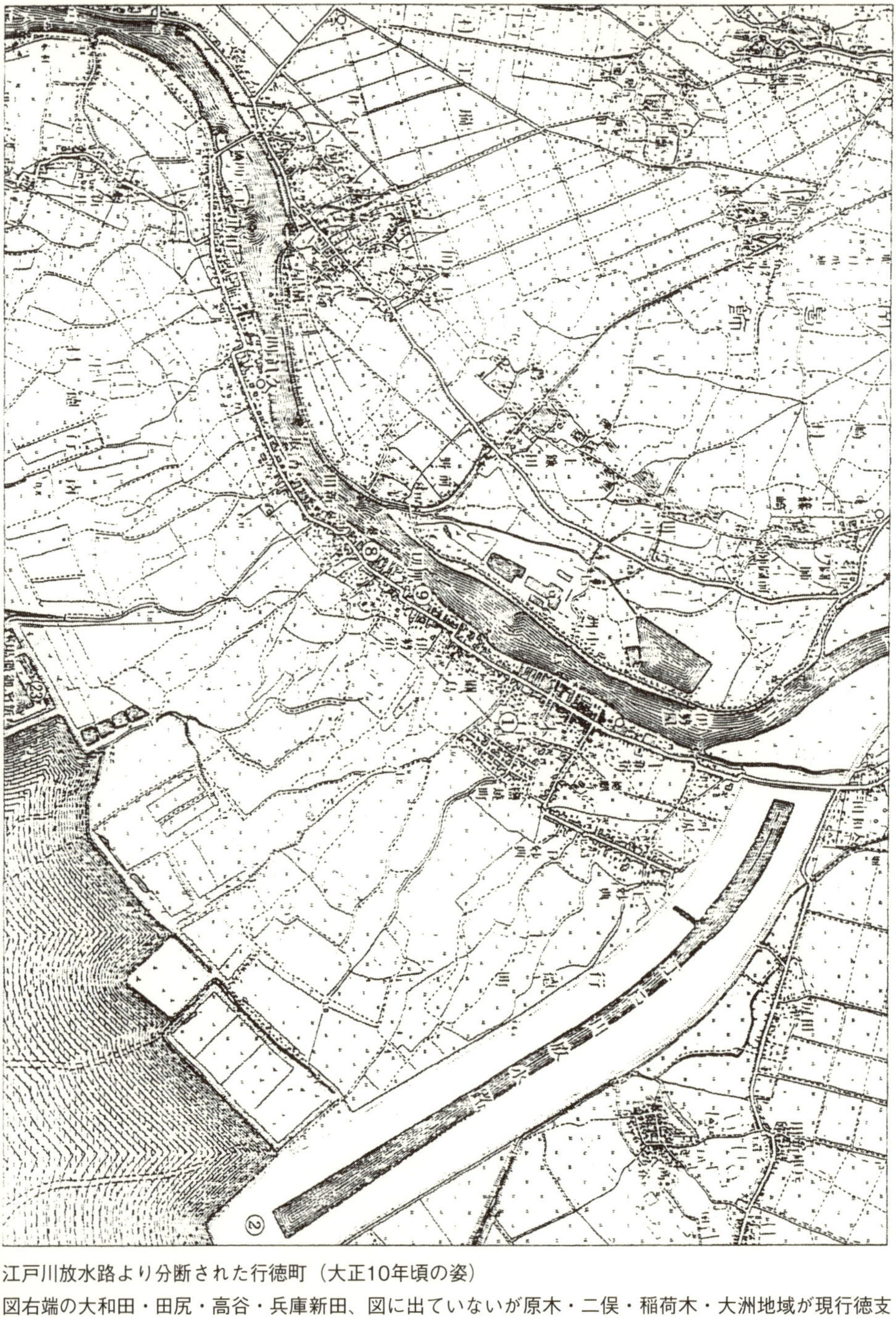

江戸川放水路より分断された行徳町（大正10年頃の姿）

図右端の大和田・田尻・高谷・兵庫新田、図に出ていないが原木・二俣・稲荷木・大洲地域が現行徳支所管轄外になる

〈右《みぎ》〉奉《ほう》［裏《うら》］大正《たいしょう》九年七月十四日［基壇裏《きだんうら》］湊新田《みなとしんでん》小川與右衛門《おがわようえもん》〈左《ひだり》〉納《のう》［右《みぎ》］大《たい》正《しょう》九年七月十四日［基壇裏《きだんうら》］湊新田《みなとしんでん》小川與右衛門《おがわようえもん》（『市川市《いちかわし》の石造物《せきぞうぶつ》』）

一〇月一日　第《だい》一回国勢調査実施《かいこくせいちょうさじっし》。内地人口《ないちじんこう》五五九六万三〇五三、外地人口《がいちじんこう》二一〇二万三一六

● 一二月一七日、行徳町《ぎょうとくまち》、近時町内各所《きんじちょうないかくしょ》において野鼠《のねずみ》被害《ひがい》が夥《おびただ》しいので、秋《あき》の枯野《かれの》の好期《こうき》を利《り》用《よう》して駆除《くじょ》を実施《じっし》。作人《さくにん》一戸《こ》一名《めい》、野鼠《のねずみ》の穴《あな》に菌《きん》を団子《だんご》にしたものを入《い》れる（『野鼠駆除《のねずみくじょ》に関《かん》する件《けん》〈大正《たいしょう》九年〉』）。

● 一二月二一日、行徳町戸数《ぎょうとくまちこすう》一四九七、人口《じんこう》七二四二（男《おとこ》三六〇八、女《おんな》三六三四）（『行徳町世帯《ぎょうとくまちせたい》数並《すうなら》びに人口調《じんこうしらべ》〈大正《たいしょう》九年〉』）。

● この年《とし》、本行徳大洲《ほんぎょうとくおおす》に北越製紙市川工場設立《ほくえつせいしいちかわこうじょうせつりつ》（『市川市史年表《いちかわししねんぴょう》』）。

● この年《とし》、江戸川放水路《えどがわほうすいろ》（現江戸川《げんえどがわ》）完成《かんせい》。

一〇年　辛酉《かのととり》　一九二一

● 一月、上妙典《かみみょうでん》の妙好寺《みょうこうじ》に記念碑《きねんひ》建《た》てられる。

「記念碑《きねんひ》」當新座敷者《とうしんざしきは》 納當山《おさむとうざん》／瑞世之際《ずいせのさい》師範徳大《しはんとくだい》／寺闕日懿《てらせきにちい》 上人以特《しょうにんもってとく》／志大正《したいしょう》五年三月新《しん》／築大得辨益依爲紀《ちくだいとくべんえきいすき》／年 聊 録事由云爾《ねんいささかろくじゆうしかいう》／　干時大正《ときにたいしょう》十年一月　廿《にじゅう》九世観朗日孝 誌《せいかんろうにっこうしるす》

（『市川市《いちかわし》の石造物《せきぞうぶつ》』）

●三月一四日、下妙典《しもみょうでん》に龍王宮《りゅうおうぐう》祀《まつ》られる。一九九八年参照《さんしょう》。
「南無《なむ》□善神《ぜんしん》　大正《たいしょう》十年三月十四日　藪《やぶ》□庄吉《しょうきち》　横《よこ》□□進《しん》　藪《やぶ》□鉄太郎《てつたろう》　立之《これをたてる》」［台右《だいみぎ》］区《く》画整理《かくせいり》に付《つ》き当地《とうち》に再建《さいけん》す平成《へいせい》十年五月吉日市川市《きちじついちかわし》妙典《みょうでん》三丁目自治会《ちょうめじちかい》（『市川市《いちかわし》の石造物《せきぞうぶつ》』）

●三月三一日、南行徳尋常小学校《みなみぎょうとくじんじょうしょうがっこう》に高等科《こうとうか》が設《もう》けられ、尋常高等小学校《じんじょうこうとうしょうがっこう》となる（『市川市史《いちかわしし》年表《ねんぴょう》』）。

●五月二一日、行徳町農会《ぎょうとくまちのうかい》で苗代品評会開催《なわしろひんぴょうかいかいさい》。

●五月二七日、行徳町各区内第一回苗代害虫駆除《ぎょうとくまちかくくないだいいっかいなわしろがいちゅうくじょ》（『市川市史年表《いちかわししねんぴょう》』）。

●五月、稲荷木《とうかぎ》・大和田《おおわだ》・河原《かわら》・下新宿《しもしんしゅく》の四区《く》、田植《たう》え日雇賃取《ひやといちんと》り決《き》める。苗取手間金《なえとりてまきん》一円《えん》五〇銭《せん》、早乙女手間金《さおとめてまきん》一円《えん》（『田植《たう》え日雇賃取《ひやといちんと》りきめ〈大正《たいしょう》十年〉』）。

●七月一五日、行徳町《ぎょうとくまち》、憎《にく》むべき蝿《はえ》と蚊《か》を撲滅駆除《ぼくめつくじょ》のため全町一斉《ぜんちょういっせい》に実施《じっし》。必要《ひつよう》な製剤《せいざい》などを準《じゅん》備《び》。警察官《けいさつかん》、役場職員《やくばしょくいん》が指導《しどう》（『蝿《はえ》と蚊《か》の撲滅駆除方法《ぼくめつくじょほうほう》に関《かん》する件《けん》〈大正《たいしょう》十年〉』）。

◉初代《しょだい》の行徳橋《ぎょうとくばし》が架《か》けられる

初代《しょだい》の行徳橋《ぎょうとくばし》が完成《かんせい》。木橋《きばし》。大正《たいしょう》一一年三月一八日、祝賀式《しゅくがしき》。

◉浦安《うらやす》と八幡間《やわたかん》にバス運行開始《うんこうかいし》

葛飾乗合自動車株式会社《かつしかのりあいじどうしゃかぶしきがいしゃ》、浦安《うらやす》―八幡間《やわたかん》九・五キロメートルのバス運行《うんこう》を開始《かいし》。アメリカ製《せい》ほろ型外車《がたがいしゃ》二台《だい》、フォードとシボレー。昭和《しょうわ》一七年（一九四二）二月一日から京成《けいせい》バスとなる（『水《みず》に囲《かこ》まれたまち—浦安市《うらやすし》交通史《こうつうし》調査《ちょうさ》報告書《ほうこくしょ》』）。南行徳村新井《みなみぎょうとくむらあらい》で水田《すいでん》へバスが時々《ときどき》落《お》ちた。

●この年《とし》の行徳町《ぎょうとくまち》の製塩業者《せいえんぎょうしゃ》一三、製造場数《せいぞうばすう》一七、反別《たんべつ》四〇町歩《ちょうぶ》、結晶釜数《けっしょうかますう》二二、製造高《せいぞうだか》三六万六〇〇斤《きん》（八〇斤入《きんい》り叺《かます》で四五〇七叺《かます》）（『下総行徳塩業《しもうさぎょうとくえんぎょう》史《し》』）。旧行徳塩田《きゅうぎょうとくえんでん》の伝統消滅《でんとうしょうめつ》。

一一年 壬戌《みずのえいぬ》 一九二二

●三月一八日、行徳橋開橋祝賀式挙行《ぎょうとくばしかいきょうしゅくがしききょこう》（『行徳橋開《ぎょうとくばしかい》橋祝賀略式挙行通知《きょうしゅくがりゃくしききょこうつうち》〈大正《たいしょう》十一年〉』）。瓶詰《びんづめ》せんべい、焼《や》きいかくらいの簡単《かんたん》なる祝賀式《しゅくがしき》。費用《ひよう》は出席者《しゅっせきしゃ》の負担《ふたん》とある。初代《しょだい》の行徳橋《ぎょうとくばし》。木橋《きばし》。この後《ご》、山本周五郎《やまもとしゅうごろう》、永井荷風《ながいかふう》、三島由紀夫《みしまゆきお》らが渡《わた》り、小説《しょうせつ》に登場《とうじょう》。

●七月、南行徳尋常高等小学校《みなみぎょうとくじんじょうこうとうしょうがっこう》、総建坪《そうたてつぼ》四五一坪《つぼ》

初代の行徳橋。この橋のすぐ右手に現在、新行徳橋がある

の総合校舎落成《そうごうこうしゃらくせい》（『市川市史年表《いちかわししねんぴょう》』）。
●七月、下妙典《しもみょうでん》の春日神社《かすがじんじゃ》に記念碑建立《きねんひこんりゅう》される。
「奉納《ほうのう》　春日神社世話《かすがじんじゃせわ》も　なかなかおこたる　我か名末代《わがなまつだい》　残《のこ》る記念碑《きねんひ》　大正拾壱年《たいしょうじゅういち》七月　小《こ》島傳左衛門《じまでんざえもん》　當《とう》八拾参歳《じゅうさんさい》」（『市川市《いちかわし》の石造物《せきぞうぶつ》』）
八月一八日　江戸川筋御猟場《えどがわすじごりょうば》、地先海面《ちさきかいめん》を除《のぞ》き廃止《はいし》される（『行徳町猟区管理規定《ぎょうとくまちりょうくかんりきてい》〈大正《たいしょう》十一年〉』）

一二年　癸亥《みずのとい》　一九二三

●一月、行徳町農会会長《ぎょうとくまちのうかいかいちょう》加藤太三郎《かとうたさぶろう》、会員数《かいいんすう》一〇六七、有権者数《ゆうけんしゃすう》九八六、土地所有者《とちしょゆうしゃ》五〇二、耕《こう》作者《さくしゃ》四八四、失権者《しっけんしゃ》（故人《こじん》）八一（『行徳町農会会員数及《ぎょうとくまちのうかいかいいんすうおよ》び総代選挙結果《そうだいせんきょけっか》〈大正《たいしょう》十二年〉』）。
六月五日　『千葉県東葛飾郡誌《ちばけんひがしかつしかぐんし》』刊行《かんこう》
●『千葉県東葛飾郡誌《ちばけんひがしかつしかぐんし》』では、「御経塚《おきょうづか》でかつて慈譚和尚《じたんおしょう》の経具《きょうぐ》が発掘《はっくつ》され、現《げん》に陽徳尋常小《ようとくじんじょうしょう》学校《がっこう》（現南行徳小学校《げんみなみぎょうとくしょうがっこう》）に保存《ほぞん》されていた」とするが現存《げんぞん》しない（『行徳歴史街道《ぎょうとくれきしかいどう》2』）。
●撒砂乾燥時間《さんさかんそうじかん》は最盛期《さいせいき》一七時間《じかん》（午前《ごぜん》五時《じ》〜午後《ごご》三時《じ》、翌日午前《よくじつごぜん》五時《じ》〜正午《しょうご》まで）、季節外《きせつがい》は一八時間《じかん》（午前《ごぜん》七時《じ》〜午後《ごご》二時《じ》、翌日《よくじつ》と翌々日午前《よくよくじつごぜん》七時《じ》〜午前《ごぜん》一一時《じ》まで）。曇天《どんてん》の日《ひ》はこの限《かぎ》りでない。

採鹹《さいかん》日数《にっすう》一ケ年平均《ねんへいきん》一五〇日。内持浜《うちもちはま》「垂前《たれまえ》と称《しょう》する鹹水採取日《かんすいさいしゅび》五〇日」、準備浜《じゅんびはま》「搗拵《つきそろえ》へと称《しょう》する砂《すな》の入替及《いれかえおよ》び塩田面《えんでんめん》の掃除日《そうじび》二〇日、砂干《すなほ》しと称《しょう》する撒砂日《さんさび》八〇日」。

一ケ年採鹹量《ねんさいかんりょう》一町歩《ちょうぶ》に付《つき》一四〇〇石《こく》。一昼夜《いっちゅうや》に煎熬《せんごう》し得《う》る釜《かま》四釜《かま》、鹹水量《かんすいりょう》二〇石《こく》、収塩容量《しゅうえんようりょう》七斗《と》一升《しょう》四合《ごう》、この重量《じゅうりょう》八九三斤《きん》。

一ケ年《ねん》の平均煎熬日数《へいきんせんごうにっすう》、一日平均《へいきん》二釜焚《かまたき》一四〇日。

塩田《えんでん》一町歩当《ちょうぶあた》り製塩総容量《せいえんそうようりょう》三九九石《こく》九斗《と》八升《しょう》、総重量《そうじゅうりょう》六万《まん》二五一〇斤《きん》（『千葉県東葛飾郡誌《ちばけんひがしかつしかぐんし》』）。

◉関東大震災発生《かんとうだいしんさいはっせい》

九月一日、午前《ごぜん》一一時《じ》五八分《ふん》、関東大地震起《かんとうおおじしんお》こる。相模湾《さがみわん》を震源《しんげん》としマグニチュード7・9。津波《つなみ》、木更津《きさらづ》で一・八メートル。葛南地域《かつなんちいき》で五～八センチの隆起現象《りゅうきげんしょう》が見《み》られる（『市川市史《いちかわしし》』第《だい》四巻《かん》現代編《げんだいへん》第《だい》八章《しょう》都市《とし》づくりの発展《はってん》と災害《さいがい》）。

九月一日、関東大震災《かんとうだいしんさい》により浄土宗仏法山法伝寺《じょうどしゅうぶっぽうざんほうでんじ》の本堂倒壊《ほんどうとうかい》。昭和《しょうわ》二年（一九二七）再建《さいけん》。平成《へいせい》一五年（二〇〇三）本堂《ほんどう》、観音堂《かんのんどう》を建立《こんりゅう》・落慶《らくけい》（『明解行徳《めいかいぎょうとく》の歴史大事典《れきしだいじてん》』）。

一三年 甲子《きのえね》 一九二四

●四月、南行徳尋常高等小学校付属幼稚園開設《みなみぎょうとくじんじょうこうとうしょうがっこうふぞくようちえんかいせつ》。満《まん》三歳《さい》は特例《とくれい》とし、満《まん》四歳《さい》から学齢《がくれい》までを全《ぜん》部収容《ぶしゅうよう》するものとし、保育料《ほいくりょう》は一ケ月金《げつきん》九〇銭《せん》。保育室《ほいくしつ》、砂場《すなば》、図書《としょ》二〇冊《さつ》、机腰掛《つくえこしかけ》六〇脚《きゃく》、スベリ台《だい》一基《き》、積木《つみき》六〇組《くみ》、まま事道具《ごとどうぐ》五組《くみ》一五〇個《こ》など（『南行徳尋常高等小学校付属幼稚園設置認可申請《みなみぎょうとくじんじょうこうとうしょうがっこうふぞくようちえんせっちにんかしんせい》〈大正《たいしょう》十三年〉』外《ほか》）。

一四年 乙丑《きのとうし》 一九二五

●五月八日、市川商工会創立《いちかわしょうこうかいそうりつ》（『市川市史《いちかわしし》』第三巻《だいかん》）。

●五月一〇日、関ケ島《せきがしま》の胡録神社《ころくじんじゃ》の玉垣奉納《たまがきほうのう》される。〈右《みぎ》〉奉納《ほうのう》〈左《ひだり》〉氏子中《うじこちゅう》 大正《たいしょう》一四年五月十日（『市川市《いちかわし》の石造物《せきぞうぶつ》』）

●一二月三一日、東京東荒川《とうきょうひがしあらかわ》から今井橋間《いまいばしかん》に城東電車開通《じょうとうでんしゃかいつう》。チンチン電車《でんしゃ》。江戸川区内《えどがわくない》の行徳《ぎょうとく》道沿《みちぞ》いの路線《ろせん》。のち市電《しでん》となり、トロリーバスに変《か》わり、今《いま》は都《と》バス運行《うんこう》（『行徳歴史街道《ぎょうとくれきしかいどう》』）。

●九月四日、香取《かんどり》の源心寺《げんしんじ》に関東大震災供養碑《かんとうだいしんさいくようひ》が建立《こんりゅう》される。一九三五年参照《さんしょう》。
「南無阿弥陀仏《なむあみだぶつ》」［右《みぎ》］丁遭難者三靈之《ひのとそうなんしゃさんれいの》十三周忌得本村協力隊改修本碑以弔慰永遠其靈《しゅうきとくほんそんきょうりょくたいかいしゅうほんひもってちょういえいえんそのれい》
昭和《しょうわ》十年九月四日 聯合紙器株式会社社長井上貞次郎《れんごうしきかぶしきがいしゃしゃちょういのうえていじろう》 住職松岡隆衛記《じゅうしょくまつおかたかえき》 ［裏《うら》］大正《たいしょう》十二年

大震災遭難者《だいしんさいそうなんしゃ》　島吉勇君《しまよしいさむくん》　福田一郎君《ふくだいちろうくん》　田端清三郎君《たばたせいざぶろうくん》　之霊位追悼記念《のれいいついとうきねん》　大正《たいしょう》十四年九月四日
三回忌日建立《さんかいきひこんりゅう》　當寺《とうじ》二十二世忍譽《せいにんよ》（『市川市《いちかわし》の石造物《せきぞうぶつ》』）

一五年 丙寅《ひのえとら》 一九二六

●三月、南行徳村《みなみぎょうとくむら》に東京《とうきょう》の同業者《どうぎょうしゃ》と協力《きょうりょく》して東京再製塩株式会社設立《とうきょうさいせいえんかぶしきがいしゃせつりつ》（『下総行徳塩業《しもうさぎょうとくえんぎょう》史《し》』）。

●一〇月、加藤弁三郎《かとうべんざぶろう》、東葛飾郡《ひがしかつしかぐん》に宝酒造株式会社市川工場創設《たからしゅぞうかぶしきがいしゃいちかわこうじょうそうせつ》（『市川市史年表《いちかわししねんぴょう》』）。

この年《とし》

●この年《とし》の行徳町産米総俵数《ぎょうとくまちさんまいそうたわらすう》一万二〇八〇俵《ぴょう》。一等《とう》はなく、二等《とう》五、三等《とう》三五六、四等《とう》三〇九二、五等《とう》七〇三九、等外《とうがい》一五八八（『行徳町産米検査成績表《ぎょうとくまちさんまいけんさせいせきひょう》〈大正《たいしょう》十五年〉』）。

●上妙典《かみみょうでん》の妙好寺《みょうこうじ》、本堂《ほんどう》を新築《しんちく》（『明解行徳《めいかいぎょうとく》の歴史大事典《れきしだいじてん》』）。

●大正期《たいしょうき》の新井村宮崎家《あらいむらみやざきけ》の所有地所《しょゆうじしょ》は、宅地《たくち》千四百十一坪《つぼ》四合《ごう》八勺《しゃく》、田《た》十八町《ちょう》五反《たん》三畝《せ》二十一歩《ぶ》、畑《はたけ》一町《ちょう》五反《たん》八畝《せ》十四歩《ぶ》、塩田《えんでん》八畝《せ》歩《ぶ》、用悪水路《ようあくすいろ》九反《たん》九畝《せ》二十九歩《ぶ》、原野《げんや》四町《ちょう》九反《たん》二畝《せ》九歩《ぶ》。
宮崎家《みやざきけ》は戦前《せんぜん》「他人《たにん》の土地《とち》を踏《ふ》まずに海《うみ》まで行《い》ける」と言《い》われた新井村《あらいむら》の豪農《ごうのう》（『行徳塩浜《ぎょうとくしおはま》と新《あら》井村《いむら》の足跡《そくせき》』）。

昭和時代
しょうわじだい

元年 丙寅《ひのえとら》 一九二六

一二月二五日　大正天皇崩御《たいしょうてんのうほうぎょ》。同日《どうじつ》、昭和《しょうわ》と改元《かいげん》。年末年始《ねんまつねんし》の詞《ことば》や門松《かどまつ》などを遠慮《えんりょ》

●昭和《しょうわ》の時代《じだい》になっても、女性《じょせい》たちは井戸水《いどみず》よりも江戸川《えどがわ》の水《みず》でご飯《はん》を炊《た》くことが多《おお》かった。井《い》戸水《どみず》だと朝炊《あさた》くと昼《ひる》までには腐《くさ》ってしまったが、川《かわ》の水《みず》だと夏《なつ》でもごはんが腐《くさ》らなかった（『市川《いちかわ》の伝承民話《でんしょうみんわ》』第五集《だいしゅう》）。

また、東京湾奥《とうきょうわんおく》の行徳沖《ぎょうとくおき》で採《と》れた海苔《のり》を江戸川《えどがわ》の水《みず》で漉《す》くと品質《ひんしつ》のよい高値《たかね》で売《う》れる干《ほ》し海苔《のり》ができた。特《とく》に香取《かんどり》あたりの水《みず》で漉《す》いた海苔《のり》は、とても品質《ひんしつ》がよくて、（行徳《ぎょうとく》の）他《ほか》の場所《ばしょ》の海苔《のり》よりも、二〜三銭《せん》は高《たか》く売《う》れた（『市川《いちかわ》の伝承民話《でんしょうみんわ》』第一集《だいしゅう》）。

◉行徳《ぎょうとく》・南行徳《みなみぎょうとく》に「おとりさま」という鳥《とり》がいた

昭和《しょうわ》の時代《じだい》に「おとりさま」と呼《よ》ばれた鳥《とり》がいた。行徳《ぎょうとく》、南行徳地域《みなみぎょうとくちいき》は鴨場《かもば》のための御猟場《ごりょうば》であり、鳥獣《ちょうじゅう》を鉄砲《てっぽう》などで狩猟《しゅりょう》することを禁《きん》じられていた。鷹狩《たかがり》をするために鳥《とり》をおびき寄《よ》せておくためのエサ撒《ま》きを職業《しょくぎょう》とする家《いえ》もあった（トリヤなど）。とくに鴨《かも》は苗代《なわしろ》の種《たね》を食《く》いに入《はい》って苗代《なわしろ》をぐちゃぐちゃにしてしまう、三番瀬《さんばんぜ》の藻《も》を食《く》いちぎったカスが海苔網《のりあみ》にくっついて海苔《のり》の芽《め》が潰《つぶ》れてしまうなどの鳥害《ちょうがい》があった。農民《のうみん》も漁民《ぎょみん》も被害《ひがい》を受《う》けても何《なに》もできなかった。

このような鳥害《ちょうがい》をもたらす鳥《とり》たちのことを地元《じもと》の人《ひと》たちは皮肉《ひにく》を込《こ》めて「おとりさま」と呼《よ》ん

でいた（『行徳歴史街道《ぎょうとくれきしかいどう》』）。

二年丁卯《ひのとう》　一九二七

●一月一〇日、大正《たいしょう》一五年の行徳町産米総俵数《ぎょうとくまちさんまいそうたわらすう》は一万二〇八〇俵《ぴょう》（粳《うるち》・糯《もちごめ》）（『市川市史《いちかわしし》年《ねん》表《ぴょう》』）。

●三月、香取《かんどり》の源心寺《げんしんじ》に浦安大師《うらやすだいし》として弘法大師像《こうぼうだいしぞう》が建立《こんりゅう》される。

「八十二番《ばん》　よいのまのたへ《え》ふるしものきへ《え》ぬればあとこそかねのごんぎやう《よ》こえ　昭和《しょうわ》二年三月新井及川源藏《あらいおいかわげんぞう》」（『明解行徳の歴史大事典《めいかいぎょうとくのれきしだいじてん》』）

以下《いか》『市川市《いちかわし》の石造物《せきぞうぶつ》』より記《しる》す。

「本行徳浄閑寺《ほんぎょうとくじょうかんじ》二十四番《ばん》めうじやう《よ》のいでぬるかたのひがしでらくらきまよひ《い》わ《は》などかあらまじ、本行徳自性院《ほんぎょうとくじしょういん》二十八番《ばん》つゆしもとつみをてらせるだいにちじなどかあゆみをはこばざらまし、湊法伝寺《みなとほうでんじ》（三十三番《ばん》）基壇《きだん》はないが『市川市史《いちかわしし》』調査時《ちょうさじ》に「33番《ばん》」の記録《きろく》がある。湊円明院《みなとえんみょういん》三十六番《ばん》わづ《ず》かなるいづみにすめるしゃうりうはぶつぼうしゅごのちかひ《い》とぞきく　岡本《おかもと》□□全《どう》　□□、関ケ島徳蔵寺《せきがしまとくぞうじ》五十七番《ばん》このよにはゆみやをまもるやわたなりらいせいはひとをすくうみだぼとけ、本行徳教信寺《ほんぎょうとくきょうしんじ》五十八番《ばん》たちよりてされいのたうにやすみつつろくじをとなへきょうをよむべし　大塚金蔵《おおつかきんぞう》、湊円明院《みなとえんみょういん》六十番《ばん》たてよこにみねややまべにてらたて、あまねくひとをすくふま《う》ごゝろ　金子善四郎《かねこぜんしろう》　仝勘蔵《どうかんぞう》　仝浪《どうなみ》□郎《ろう》、河原正源寺《かわらしょうげんじ》七十三番《ばん》まよひ《い》ぬる六《りく》どうしゅじや《よ》うすくわんととうときやまにいづるしやかでら、新井御経塚《あらいおきょうづか》七十六番《ばん》まことにもしんぶつそうをひらくればしんごんかじのふしぎなり、新井新井寺《あらいしんせいじ》七十七番《ばん》ねがいをばぶつどうりうにいりはててぼだいのつきをみまくほしさに、押切光林寺《おしきりこうりんじ》七十八番《ばん》おどりはねねんぶつとなふどうじょうじひょうしをそろえかねをうつなり　宇田川勘《うだがわかん》□、相之川了善寺《あいのかわりょうぜんじ》八十番《ばん》くにをわけのやまをしのぎてらてらにまいれるひとをたすけましませ　堀江《ほりえ》　渡辺亀吉《わたなべかめきち》　町山栄吉《まちやまえいきち》　都築初《つづきはつ》五郎《ごろう》　山崎庄太郎《やまざきしょうたろう》、本行徳徳願寺《ほんぎょうとくとくがんじ》八十一番《ばん》しもさむくつゆしろたへ《え》のてらにきてみなをとなふ《う》るのりのこえ、香取源心寺《かんどりげんしんじ》八十二番《ばん》よいのまのたへ《え》ふるしもののきへ《え》ぬればあとこそかねのごんぎょうのこえ　新井《あらい》　及川源《おいかわげん》□、本行徳長松禅寺《ほんぎょうとくちょうしょうぜんじ》八十四番《ばん》あづさゆみやしまのみやにもふ《う》でつついのりをかけていさむもののふ、本行徳法泉寺《ほんぎょうとくほうせんじ》八十六番《ばん》いざさらばこよいはここにしどのてらいのりのこえをみみにふれつつ　□□□伸《しん》、河原正源寺《かわらしょうげんじ》ありがたやうらやすだいしの九十ばん遠《とお》きはこびものちの卋《よ》のため　浦安町堀江卋話人《うらやすまちほりえせわにん》（以下略《いかりゃく》）」

●七月、行徳町農会《ぎょうとくまちのうかい》が水田《すいでん》の二化螟虫駆除法《にかめいちゅうくじょほう》の図入《ずい》りの文書《ぶんしょ》を伝達《でんたつ》（『市川市史年表《いちかわししねんぴょう》』）。

●七月、関ケ島《せきがしま》の胡録神社《ころくじんじゃ》に天水桶奉納《てんすいおけほうのう》される。
〈右《みぎ》〉奉納《ほうのう》　不二《ふじ》高瀬《たかせ》　関ケ島講社《せきがしまこうしゃ》　［裏《うら》］世話人《せわにん》（姓名《せいめい》7）〈左《ひだり》〉奉納《ほうのう》　不二《ふじ》高瀬《たかせ》　関ケ島講社《せきがしまこうしゃ》　［裏《うら》］世話人《せわにん》（姓名《せいめい》9）昭和《しょうわ》二年七月吉日《きちじつ》（『市川市《いちかわし》の石造物《せきぞうぶつ》』）

●この年《とし》、関東大震災《かんとうだいしんさい》により倒壊《とうかい》した浄土宗法伝寺《じょうどしゅうほうでんじ》の本堂再建《ほんどうさいけん》される（『明解行徳歴史大事典《めいかいぎょうとくれきしだいじてん》』）。

●この年《とし》、『波浮《はぶ》の港《みなと》』大《だい》ヒット。

三年　戊辰《つちのえたつ》　一九二八

●五月一五日、行徳町農会《ぎょうとくまちのうかい》が各総代《かくそうだい》に「蛙捕《かえるとら》えるべからず」の標札《ひょうさつ》を至急《しきゅう》建《た》てるよう通知《つうち》（『蛙《かえる》保護《ほご》に関《かん》する件《けん》〈昭和《しょうわ》三年〉』）。

五月二一日　千葉市付近《ちばしふきん》を震源《しんげん》とする地震《じしん》、江戸川河口付近《えどがわかこうふきん》では土壁《つちかべ》の亀裂《きれつ》、破壊《はかい》あり

●行徳《ぎょうとく》の宿市《しゅくいち》では三、八、一三、一八、二三、二八の日《ひ》に、露店《ろてん》が本行徳《ほんぎょうとく》二丁目《ちょうめ》の角《かど》から三丁目《ちょうめ》のちょっと先《さき》までの行徳街道《ぎょうとくかいどう》の両側《りょうがわ》に出《で》た。古着屋《ふるぎや》が一番多《いちばんおお》くて、百姓《ひゃくしょう》の道具《どうぐ》、べっこうあめ屋《や》、あめ細工屋《ざいくや》、しんこ餅屋《もちや》などの食《く》い物屋《ものや》、旅芸人《たびげいにん》なども来《き》た。これを行徳《ぎょうとく》の市《いち》という。昭和《しょうわ》二〜三年頃《ころ》が最盛期《さいせいき》（『ぎょうとく昔語《むかしがた》り』）。

◉山本周五郎《やまもとしゅうごろう》が浦安《うらやす》に下宿《げしゅく》して行徳《ぎょうとく》へ来《く》る

昭和《しょうわ》三年夏《なつ》、山本周五郎《やまもとしゅうごろう》はたまたまスケッチに訪《おとず》れた浦安《うらやす》が気《き》に入《い》り、そのまま住《す》み着《つ》く。翌《よく》四年九月二〇日、浦安《うらやす》を出《で》る。

「凡《すべ》ての計画《けいかく》は破《やぶ》れた。余《よ》は浦安《うらやす》を獺《かわうそ》のように逃《に》げる。多《おお》くの嘲笑《ちょうしょう》が余《よ》の背中《せなか》に投《な》げられるだろう」（『青《あお》べか日記《にっき》』）。

この町《まち》で取材《しゅざい》した人情《にんじょう》、風俗《ふうぞく》が代表作《だいひょうさく》『青《あお》べか物語《ものがたり》』に結実《けつじつ》。

同年《どうねん》一〇月一四日、

「(前略《ぜんりゃく》)汽船《きせん》で行徳《ぎょうとく》へ行《い》った。スケッチをした。行徳《ぎょうとく》の町《まち》はこれですっかり見《み》た訳《わけ》。江戸川放《えどがわほう》水路《すいろ》の堤《つつみ》で休《やす》み、行徳橋《ぎょうとくばし》を渡《わた》って八幡《やわた》の方《ほう》へ行《い》ったが、中途《ちゅうと》で止《や》めた。徳願寺《とくがんじ》と云《い》うのを見《み》た。『文化《ぶんか》四年八月十九日　深川八幡祭礼《ふかがわはちまんさいれい》の日《ひ》　永代橋《えいたいばし》が墜《お》ちて溺死《できし》した者《もの》の碑《ひ》が建《た》っていた』古風《こふう》な鐘楼《しょうろう》があり、雅味《がみ》ある松《まつ》があった。(中略《ちゅうりゃく》)ああ行徳《ぎょうとく》の船着場《ふなつきば》にある燈籠《とうろう》は文化《ぶんか》九年建造《けんぞう》のものである」(『青《あお》べか日記《にっき》』)

このとき、周五郎《しゅうごろう》は二五歳《さい》。

●八月八日、南行徳浦漁業組合《みなみぎょうとくうらぎょぎょうくみあい》が区画漁業《くかくぎょぎょう》の免許《めんきょ》を出願《しゅつがん》し契約破棄《けいやくはき》を申《もうし》出《で》たため、明治《めいじ》四二年七月二〇日の契約書《けいやくしょ》により使用《しよう》していた四万坪《つぼ》(海苔柵《のりさく》五三三柵《さく》)について船橋町漁業組合《ふなばしまちぎょぎょうくみあい》・浦《うら》安町漁業組合《やすまちぎょぎょうくみあい》が昭和《しょうわ》二年度限《どかぎ》りで契約無効《けいやくむこう》の通告《つうこく》(『免許第《めんきょだい》九九号第一種《ごうだいいっしゅ》海苔《のり》区画漁場《くかくぎょじょう》に関《かん》する契約無効《けいやくむこう》の通告《つうこく》〈昭和《しょうわ》三年〉』)。

●一〇月一日、行徳町《ぎょうとくまち》戸数《こすう》一六五九、人口《じんこう》七八〇四(男《おとこ》三九六二、女《おんな》三八四二)(『市川市史年《いちかわししねん》表《ぴょう》』)。合計《ごうけい》が合《あ》わない。

●一〇月、妙典《みょうでん》の春日神社《かすがじんじゃ》に天水桶《てんすいおけ》が奉納《ほうのう》される。

「奉《ほう》」「納《のう》」「□□□□当区《とうく》田中兼蔵《たなかけんぞう》、当区《とうく》田中万吉《たなかまんきち》、八幡町《やわたまち》田中石造《たなかいしぞう》、葛飾村《かつしかむら》石井重吉《いしいじゅうきち》　昭和《しょうわ》三年十月」（『明解行徳《めいかいぎょうとく》の歴史大事典《れきしだいじてん》』）

●一一月一〇日、本行徳《ほんぎょうとく》の神明神社《しんめいじんじゃ》に碑《ひ》が建立《こんりゅう》される。

「御大典《ごたいてん》記念樹《きねんじゅ》　昭和《しょうわ》三年十一月十日　四丁目《ちょうめ》在郷軍人支部《ざいごうぐんじんしぶ》」［裏《うら》］四丁目《ちょうめ》支部會員《しぶかいいん》（姓名《せいめい》20）（『市川市《いちかわし》の石造物《せきぞうぶつ》』）

●一一月、本行徳《ほんぎょうとく》の常運寺《じょううんじ》に標石《ひょうせき》建《た》てられる。

「小児虫封《しょうにむしふう》じ咒處《まじないどころ》　當山《とうざん》」［裏《うら》］昭和《しょうわ》三年十一月吉日《きちじつ》　日英代《にちえいだい》（『市川市《いちかわし》の石造物《せきぞうぶつ》』）

この年《とし》

●この年《とし》、下新宿《しもしんしゅく》の稲荷神社《いなりじんじゃ》に記念碑建立《きねんひこんりゅう》される。

●「御大典《ごたいてん》□」（下部欠損《かぶけっそん》）［左《ひだり》］昭和《しょうわ》三年十□（『市川市《いちかわし》の石造物《せきぞうぶつ》』）

●この年《とし》、東葛飾郡下《ひがしかつしかぐんか》の農作雇賃金平均《のうさくやといちんぎんへいきん》は男《おとこ》二六〇円《えん》、女《おんな》二〇〇円《えん》。その他諸職雇賃金平均《たしょしょくやといちんぎんへいきん》は、染物職《そめものしょく》二円《えん》、綿打職《わたうちしょく》二円《えん》、和服仕立職《わふくしたてしょく》一円《えん》六〇銭《せん》、洋服仕立職《ようふくしたてしょく》二円《えん》八〇銭《せん》、下駄職《げたしょく》二円《えん》、左官職《さかんしょく》二円《えん》八〇銭《せん》、石工職《いしくしょく》二円《えん》八〇銭《せん》、木挽職《こびきしょく》二円《えん》六〇銭《せん》、瓦葺職《かわらぶきしょく》二円《えん》八〇銭《せん》、ペンキ職《しょく》二円《えん》六〇銭《せん》、土方《どかた》一円《えん》八〇銭《せん》、女人夫《おんなにんぷ》九〇銭《せん》（『市川市史年表《いちかわししねんぴょう》』）。

●この頃《ころ》、行徳《ぎょうとく》・南行徳地域《みなみぎょうとくちいき》に水道《すいどう》が敷《し》かれる（『行徳歴史街道《ぎょうとくれきしかいどう》』）。

昭和《しょうわ》八年（一九三三）一〇月、南行徳町所在《みなみぎょうとくまちしょざい》の江戸川水道株式会社《えどがわすいどうかぶしきがいしゃ》を県営水道事業《けんえいすいどうじぎょう》により買収《ばいしゅう》。

昭和《しょうわ》一二年（一九三七）七月三〇日、南行徳業務所《みなみぎょうとくぎょうむしょ》設置《せっち》。行徳町《ぎょうとくまち》、南行徳町《みなみぎょうとくまち》、浦安町《うらやすまち》に給《きゅう》水始《すいはじ》まる。

一世帯《せたい》一カ月《げつ》の使用水量《しようすいりょう》一〇立方《りっぽう》メートルの基本水量《きほんすいりょう》料金《りょうきん》は給水管《きゅうすいかん》の口径《こうけい》一三ミリまでは一円《えん》三〇銭《せん》（『千葉県営水道史《ちばけんえいすいどうし》』）。コレラ対策《たいさく》としてはとても効果《こうか》があった。

四年 己巳《つちのとみ》 一九二九

● 南行徳村《みなみぎょうとくむら》の尋常小学校卒業者《じんじょうしょうがっこうそつぎょうしゃ》一〇三名《めい》、行徳町同《ぎょうとくまちどう》一四五名《めい》（『市川市史年表《いちかわししねんぴょう》』）。

◉製塩《せいえん》が禁止《きんし》される

● 九月三〇日、第《だい》二回塩業地整理《かいえんぎょうちせいり》により製塩《せいえん》の禁止《きんし》、田畑《でんぱた》への転換《てんかん》。

行徳町塩田《ぎょうとくまちえんでん》は製造者《せいぞうしゃ》五名《めい》、製塩場所《せいえんばしょ》五カ所《しょ》、結晶釜《けっしょうがま》五個《こ》、塩浜反別《しおはまたんべつ》（採塩地面積《さいえんちめんせき》）一三町《ちょう》五反《たん》だった（『下総行徳塩業史《しもうさぎょうとくえんぎょうし》』）。

製塩《せいえん》は禁止《きんし》されたが、旧新井村地域《きゅうあらいむらちいき》には、行徳街道沿《ぎょうとくかいどうぞ》いの自宅《じたく》から南行徳地先《みなみぎょうとくちさき》の海岸線《かいがんせん》まで他人《たにん》の土地《とち》を踏《ふ》まないで行《い》くことができるという元塩田地主《もとえんでんじぬし》の豪農《ごうのう》が存在《そんざい》した（『行徳塩浜《ぎょうとくしおはま》と新井《あらい》村《むら》の足跡《そくせき》』）。

五年 庚午《かのえうま》 一九三〇

●三月二七日、香取《かんどり》の源心寺《げんしんじ》不動尊《ふどうそん》に敷石奉納《しきいしほうのう》される。
「奉納《ほうのう》 不動尊前敷石《ふどうそんまえしきいし》 當村松原新之助《とうそんまつばらしんのすけ》」［裏《うら》］故松原新之助翁《こまつばらしんのすけおう》御遺訓《ごいくん》ニ《に》依《より》松原家《まつばらけ》外護《ほかご》恩徳《おんとく》ヲ《を》奉《ほう》／謝《しゃ》シ《し》猶《なお》當家《とう》運《か》昌《うんしょう》隆《りゅう》ヲ《を》祈念《きねん》／スル《する》為《ため》ニ《に》翁《おう》ニ《に》代《かわ》リ《り》松原栄次《まつばらえいじ》／不動尊前《ふどうそんまえ》ニ《に》之《これ》ヲ《を》寄進《きしん》ス《す》 昭和《しょうわ》五年三月 廿《にじゅう》 七日（『市川市《いちかわし》の石造物《せきぞうぶつ》』）

●一〇月、本行徳《ほんぎょうとく》四丁目《ちょうめ》の豊受神社《とようけじんじゃ》に雨桶一対《あめおけいっつい》が奉納《ほうのう》される。
「奉納《ほうのう》 四丁目青年会機関部《ちょうめせいねんかいきかんぶ》」「四八名《めい》の氏名《しめい》あり」（『明解行徳《めいかいぎょうとく》の歴史大事典《れきしだいじてん》』）

●一一月、新井《あらい》の御経塚《おきょうづか》に手水石《ちょうずいし》が奉納《ほうのう》される。
「奉納《ほうのう》 昭和《しょうわ》五年十一月吉日《きちじつ》 宮崎新吉納《みやざきしんきちおさむ》」（『明解行徳《めいかいぎょうとく》の歴史大事典《れきしだいじてん》』）

六年 辛未《かのとひつじ》 一九三一

●三月、荒川放水路《あらかわほうすいろ》（現荒川《げんあらかわ》）の開削工事《かいさくこうじ》 竣工《しゅんこう》（『江戸川区史《えどがわくし》』第《だい》二巻《かん》）。平井《ひらい》の渡《わた》しと逆井《さかさい》の渡《わた》しからの道《みち》の交差点《こうさてん》（四股《よつまた》）消滅《しょうめつ》。行徳道《ぎょうとくみち》と旧千葉街道《きゅうちばかいどう》途切《とぎ》れる。

●四月一五日、相之川《あいのかわ》の日枝神社《ひえじんじゃ》に記念碑建立《きねんひこんりゅう》される。
「記念碑《きねんひ》 氏子総代《うじこそうだい》（姓名《せいめい》11） 昭和《しょうわ》六年四月十五日 川村《かわむら》重蔵《じゅうぞう》 近藤竹次郎《こんどうたけじろう》」［裏《うら》］得南仙《とくなんせん》

書《しょ》　青港喜鐫《せいこうきせん》　工事頭《こうじがしら》石井芳次郎《いしいよしじろう》（『市川市《いちかわし》の石造物《せきぞうぶつ》』）

●一二月、米穀検査《べいこくけんさ》俵数《たわらすう》、南行徳村《みなみぎょうとくむら》四六七二、行徳町《ぎょうとくまち》一万四〇四一、市川町《いちかわまち》四二〇、中山町《なかやままち》一四三三、八幡町《やわたまち》一一四、国分村《こくぶんむら》一九九〇、大柏村《おおがしわむら》一九二六（『市川市史年表《いちかわししねんぴょう》』）。

●一二月、市川競馬《いちかわけいば》初開催《はつかいさい》（『写真集　市川・浦安の昭和史』）。

●この年《とし》、チンドン屋出現《やしゅつげん》。流行歌《りゅうこうか》『酒《さけ》は涙《なみだ》か溜息《ためいき》か』『影《かげ》を慕《した》ひて』『丘《おか》を越《こ》えて』などの古賀《こが》メロディがヒット（『市川市史年表《いちかわししねんぴょう》』）。

七年　壬申《みずのえさる》　一九三二

●一月、市川《いちかわ》、八幡《やわた》、行徳《ぎょうとく》など、八町村合同出初式《ちょうそんごうどうでぞめしき》が市川競馬場《いちかわけいばじょう》で行《おこな》われる（『写真集《しゃしんしゅう》　市川《いちかわ》・浦安《うらやす》の昭和史《しょうわし》』）。

●「三月、新井《あらい》の稲毛《いなげ》ちよ、三十三歳《さい》の厄年《やくどし》で病気《びょうき》になり、そとらんとう（死人《しにん》を洗《あら》った樽《たる》・うすべり・水《みず》などを捨《す》てて焼《や》いた場所《ばしょ》）で戒名《かいみょう》の分《わ》かる石《いし》を十一拾《ひろ》って無縁様《むえんさま》の位牌《いはい》を作《つく》ってお大《だい》師様《しさま》を祀《まつ》った」（『市川《いちかわ》の伝承民話《でんしょうみんわ》』第《だい》一集《しゅう》）。

五月一五日　犬養首相《いぬかいしゅしょう》暗殺《あんさつ》される（五・一五事件《じけん》）

◉永《なが》井《い》荷《か》風《ふう》が電車《でんしゃ》で今井《いまい》へ

六月二九日、永井荷風《ながいかふう》が電車《でんしゃ》で今井橋《いまいばし》まで来《き》て浦安《うらやす》・行徳行《ぎょうとくい》きバスを見《み》る。

『断腸亭日乗《だんちょうていにちじょう》』

「六月念九《にじゅう》。くもりて風涼《かぜすず》し。午後丸《ごごまる》の内《うち》に用事《ようじ》あり。久《ひさ》しく郊外《こうがい》を歩《あゆ》まざれば電車《でんしゃ》にて小松川《こまつがわ》に至《いた》り、放水路《ほうすいろ》を横《よこ》ぎり、再《ふたた》び電車《でんしゃ》にて江戸川今井《えどがわいまい》の堤《つつみ》に至《いた》り、今井橋《いまいばし》のほとりを歩《あゆ》む。浦安《うらやす》行徳《ぎょうとく》あたりに通《かよ》ふ乗合自動車《のりあいじどうしゃ》過《す》ぎ行《い》く毎《ごと》に砂塵朦朦《さじんもうもう》たり。されど河岸《かわぎし》には松榎《まつえのき》の大木《たいぼく》あり。蒹葭《けんか》の間《あいだ》より柳《やなぎ》の茂《しげ》りたる処《ところ》あり。葭雀《よしきり》鳴《な》きしきりて眼《め》に入《い》るもの皆青《みなあお》し。水辺《みずべ》の掛茶屋《かけぢゃや》に葵《あおい》の花《はな》夏菊《なつぎく》などさき揃《そろ》ひたり。電車道《でんしゃみち》に沿《そ》ひたる水田《すいでん》は大方蓮《おおかたはす》の浮葉《うきは》に蔽《おお》はれ、畠《はたけ》には玉蜀黍《たまもろこし》既《すで》に高《たか》くのびたり。稲田《いなだ》には早苗青々《さなえあおあお》として風《かぜ》になびき、夏木立茂《なつこだちしげ》りたる処々《しょしょ》には釣堀《つりぼり》の旗《はた》ひらめきたり。哺下《ほか》錦糸堀《きんしぼり》に帰《かえ》り銀座《ぎんざ》にて独夕飯《ひとりゆうめし》を食《しょく》し家《いえ》に至《いた》る」

●七月、湊《みなと》の善照寺《ぜんしょうじ》に句碑建立《くひこんりゅう》される。

「圓光大師御詠《えんこうだいしおんうた》　月《つき》かけ《げ》の　いたらぬ　さとハ《は》　なけれ　とも《ど》　なかむ《が》る　ひとの　こころ　にそ《ぞ》　すむ　増上寺老納貫務拝書《ぞうじょうじろうのうかんむはいしょ》　八十八翁《おきな》」［裏］圓光大師降誕《えんこうだいしこうたん》八百年記念《きねん》　松庵耕學處《しょうあんこうがくしょ》

昭和《しょうわ》七年七月建之《これをたてる》（『市川市《いちかわし》の石造物《せきぞうぶつ》』）

●一〇月三日、行徳町下妙典《ぎょうとくまちしもみょうでん》に豚《ぶた》「コレラ」一頭発生《とうはっせい》、斃死《へいし》（『豚《ぶた》コレラ一件《けん》〈昭和《しょうわ》七年〉』）。

●一〇月、行徳町大洲《ぎょうとくまちおおす》に市川競馬場《いちかわけいばじょう》開設《かいせつ》される。一五町歩《ちょうぶ》（一五万平方《へいほう》メートル）で一八〇〇メートルのコースがあった。入場人員《にゅうじょうじんいん》一日《いちにち》二万人《にん》（『千葉県東葛飾郡誌《ちばけんひがしかつしかぐんし》』『市川市史年表《いちかわししねんぴょう》』）。

一一月一四日　大暴風雨《だいぼうふうう》、浸水多《しんすいおお》し（『市川市史年表《いちかわししねんぴょう》』）

●東葛飾郡《ひがしかつしかぐん》下《か》の鶏《けい》・鵞《が》（ガチョウ）飼養羽数《しようはすう》二六万三六二〇のうち、南行徳村《みなみぎょうとくむら》四〇六二・行徳町《ぎょうとくまち》六七五五・中山町《なかやままち》一万二八四六・大柏村《おおがしわむら》五九七六・国分村《こくぶんむら》四九四九・八幡町《やわたまち》七五五九・市川町《いちかわまち》一万四五〇八（『市川市史年表《いちかわししねんぴょう》』）。

八年　癸酉《みずのととり》　一九三三

一月三〇日　ドイツ、ヒットラー内閣成立《ないかくせいりつ》

二月三日　関東軍《かんとうぐん》、熱河省《ねっかしょう》へ進出《しんしゅつ》

●三月、南行徳村《みなみぎょうとくむら》の尋常小学校卒業者《じんじょうしょうがっこうそつぎょうしゃ》一二二（男《おとこ》四五、女《おんな》七七）（『市川市史年表《いちかわししねんぴょう》』）。

●九月、本行徳《ほんぎょうとく》の浅間神社《せんげんじんじゃ》に碑《ひ》が建《た》てられる。

「富士浅間大神《ふじせんげんおおかみ》」［裏《うら》］昭和《しょうわ》八酉年《とりどし》九月吉日《きちじつ》　發企者《ほっきしゃ》三丁目《ちょうめ》（姓名《せいめい》3）一丁目《ちょうめ》（姓名《せいめい》1）

（『市川市の石造物《いちかわしのせきぞうぶつ》』）

●一〇月、本行徳浅間神社《ほんぎょうとくせんげんじんじゃ》に富士講碑建立《ふじこうひこんりゅう》される。

北《きた》□　奉納《ほうのう》　不二《ふじ》　浅間神社《せんげんじんじゃ》　新築記念《しんちくきねん》　貢謹製《みつぎきんせい》（正面株剥離《しょうめんかぶはくり》）［裏《うら》］（姓名《せいめい》56）職人《しょくにん》　川原《かわら》

石《いし》□治《じ》□　前野《まえの》植一《しょくいち》□□　昭和《しょうわ》八年十月吉日建設《きちじつけんせつ》（『市川市《いちかわし》の石造物《せきぞうぶつ》』）
●一〇月一〇日、南行徳村戸数《みなみぎょうとくむらこすう》八八三、人口《じんこう》二四一一、行徳町戸数《ぎょうとくまちこすう》一六九一、人口《じんこう》四一三〇（『市川市史年表《いちかわししねんぴょう》』）。
●米検査俵数《こめけんさたわらすう》、南行徳村《みなみぎょうとくむら》四七〇五、行徳町《ぎょうとくまち》一万四三〇五、市川町《いちかわまち》四二四、中山町《なかやままち》一八三三、八幡町《やわたまち》一二一五、国分村《こくぶんむら》二六一二、大柏村《おおがしわむら》二〇三九（『市川市史年表《いちかわししねんぴょう》』）。

九年　甲戌《きのえいぬ》　一九三四

●一月一日、東葛飾郡下《ひがしかつしかぐんか》での田《た》の最高賃貸価格《さいこうちんたいかかく》は南行徳村押切《みなみぎょうとくむらおしきり》の一反《たん》三九円《えん》。また、畑《はたけ》の最高価格《さいこうかかく》は市川町市川《いちかわまちいちかわ》の一反《たん》二一円《えん》九九銭《せん》（『市川市史年表《いちかわししねんぴょう》』）。
●六月、押切《おしきり》の稲荷神社《いなりじんじゃ》　浅間神社《せんげんじんじゃ》に富士講碑《ふじこうひ》建立《こんりゅう》される。
「小御嶽大神《しょうおんたけおおかみ》」［裏《うら》］昭和《しょうわ》九歳《ねん》六月吉辰《きちしん》三須甚蔵《さんすじんぞう》拝書《はいしょ》（『市川市《いちかわし》の石造物《せきぞうぶつ》』）
●七月一日、押切《おしきり》の稲荷神社《いなりじんじゃ》　浅間神社《せんげんじんじゃ》に富士講碑《ふじこうひ》建立《こんりゅう》される。
総代《そうだい》　世話人《せわにん》　富士講《ふじこう》（姓名《せいめい》12）昭和《しょうわ》九年七月一日（『市川市《いちかわし》の石造物《せきぞうぶつ》』）
●七月、相之川《あいのかわ》の富士浅間神社《ふじせんげんじんじゃ》に富士講碑《ふじこうひ》建立《こんりゅう》される。
「富士淺間神社《ふじせんげんじんじゃ》」［裏《うら》］不二《ふじ》高瀬講先達《たかせこうせんだつ》　初代目高瀬《しょだいめたかせ》長左衛門《ちょうざえもん》　二代目同卯之助《だいめどううのすけ》　三代目同《だいめどう》長次郎《ちょうじろう》　四代目同六次郎《だいめどうろくじろう》　五代目同卯之助《だいめどううのすけ》　六代目同淺次郎《だいめどうあさじろう》　高瀬講関嶋世話人《たかせこうせきしませわにん》（姓名《せいめい》7）昭《しょう》

和《わ》九年七月建之《これをたてる》　河原《かわら》　石工治兵エ刻《いしくじへえこく》（『市川市の石造物《いちかわしのせきぞうぶつ》』）

●一一月三日、市川町《いちかわまち》、八幡町《やわたまち》、中山町《なかやままち》、国分村《こくぶんむら》が合併《がっぺい》して市川市《いちかわし》誕生《たんじょう》。戸数《こすう》八三四七、人口《じんこう》四万八六九（『市川市史年表《いちかわししねんぴょう》』）。

●一二月七日、初代市川市長《しょだいいちかわしちょう》に旧市川町長《きゅういちかわちょうちょう》の浮谷竹次郎《うきやたけじろう》選出《せんしゅつ》（『市川市史年表《いちかわししねんぴょう》』）。

一〇年　乙亥《きのとい》　一九三五

●一月三〇日、浦安町《うらやすまち》・船橋町《ふなばしまち》・行徳町漁業組合《ぎょうとくまちぎょぎょうくみあい》は明治《めいじ》四二年七月二〇日付《づけ》の契約書《けいやくしょ》を更新《こうしん》。海《の》苔《り》柵《さく》は総数《そうすう》八四〇柵《さく》、い・ろ・は・に・ほ・へ・との七切《ななきり》とし、船橋町漁業組合《ふなばしまちぎょぎょうくみあい》二一〇柵《さく》、浦安《うらやす》町漁業組合《まちぎょぎょうくみあい》二一〇柵《さく》、行徳町漁業組合《ぎょうとくまちぎょぎょうくみあい》四二〇柵《さく》とする（『行徳町並《ぎょうとくまちなら》びに南行徳村漁業組合《みなみぎょうとくむらぎょぎょうくみあい》との間《あいだ》に締結《ていけつ》したる契約《けいやく》の更新《こうしん》〈昭和《しょうわ》十年〉』）。

●四月三日、妙典《みょうでん》の春日神社《かすがじんじゃ》に掲揚塔《けいようとう》建《た》てられる。

「創立十周年記念《そうりつしゅうねんきねん》」［裏《うら》］昭和《しょうわ》十年四月三日青年団《せいねんだん》（『市川市の石造物《いちかわしのせきぞうぶつ》』）

九月一日　総武線本八幡駅開業《そうぶせんもとやわたえきかいぎょう》

●九月四日、香取《かんどり》の源心寺《げんしんじ》の関東大震災供養碑《かんとうだいしんさいくようひ》が改修《かいしゅう》される。一九二五年参照《さんしょう》。

「南無阿弥陀仏《なむあみだぶつ》」［右《みぎ》］丁遭難者三靈之《ひのとそうなんしゃさんれいの》十三周忌得本村協力隊改修本碑《じゅうさんしゅうきとくほんそんきょうりょくたいかいしゅうほんひ》以弔慰永遠其靈《もってちょういえいえんそのれい》

昭和《しょうわ》十年九月四日　聯合紙器株式会社社長《れんごうしきかぶしきがいしゃしゃちょう》井上貞次郎《いのうえていじろう》　住職《じゅうしょく》松岡隆衛記《まつおかたかえき》　［裏《うら》］大正《たいしょう》十二年

大震災遭難者《だいしんさいそうなんしゃ》　島吉勇君《しまよしいさむくん》　福田一郎君《ふくだいちろうくん》　田端清三郎君《たばたせいざぶろうくん》　之靈位追悼記念《のれいいついとうきねん》　大正《たいしょう》十四年九月四日
三回《かい》忌日《きひ》建立《こんりゅう》　当寺《とうじ》二十二世忍譽《せいにんよ》（『市川市《いちかわし》の石造物《せきぞうぶつ》』）

一〇月二七日　関東地方大豪雨《かんとうちほうだいごうう》、気象台創始以来《きしょうだいそうしいらい》の記録《きろく》（『市川市史年表《いちかわししねんぴょう》』）

●一一月二一日、京成乗合自動車株式会社《けいせいのりあいじどうしゃかぶしきがいしゃ》、東葛乗合合資会社《とうかつのりあいごうしがいしゃ》を買収《ばいしゅう》し、市川《いちかわ》・松戸《まつど》・流山《ながれやま》・金《かな》町間《まちかん》のバス営業《えいぎょう》を開始《かいし》（『市川市史年表《いちかわししねんぴょう》』）。

●この年《とし》、妙典《みょうでん》お囃子保存会設立《はやしほぞんかいせつりつ》。一九八五年参照《さんしょう》。

一一年　丙子《ひのえね》　一九三六

二月二六日　斎藤実《さいとうみのる》、高橋是清《たかはしこれきよ》ら殺害《さつがい》される（二・二六事件《じけん》）

◉市営火葬場《しえいかそうば》が八幡《やわた》・行徳境《ぎょうとくざかい》に建設《けんせつ》

七月、市営火葬場《しえいかそうば》が八幡《やわた》・行徳境《ぎょうとくざかい》に行徳町《ぎょうとくまち》との共同《きょうどう》で建設《けんせつ》される。工費《こうひ》二万五〇〇〇円《えん》（『市《いち》川市史年表《かわししねんぴょう》』）。

●一〇月、本塩《ほんしお》の豊受神社《とようけじんじゃ》に賽銭箱《さいせんばこ》が奉納《ほうのう》される。
「奉納《ほうのう》」「塩焼町秋元廣治《しおやきまちあきもとこうじ》」「昭和《しょうわ》　拾壹《じゅういち》年　拾《じゅう》月吉日《きちじつ》」

塩焼町《しおやきまち》は現本塩《げんほんしお》（『明解《めいかい》行徳《ぎょうとく》の歴史大事典《れきしだいじてん》』）。

一一月二五日　ベルリンで日独防共協定調印《にちどくぼうきょうきょうていちょういん》

一二年　丁丑《ひのとうし》　一九三七

●二月二六日、市川《いちかわ》・浦安《うらやす》・行徳《ぎょうとく》・南行徳《みなみぎょうとく》・大柏《おおがしわ》の貸切乗用貨物自動車業者《かしきりじょうようかもつじどうしゃぎょうしゃ》四六名《めい》が、市川《いちかわ》自動車運輸商業組合《じどうしゃうんゆしょうぎょうくみあい》を組織《そしき》し、商工省《しょうこうしょう》より認可《にんか》を受《う》ける（『市川市史年表《いちかわししねんぴょう》』）。

●四月一日、南行徳村《みなみぎょうとくむら》、町制《ちょうせい》を施行《しこう》、南行徳町《みなみぎょうとくまち》となる（『市川市史年表《いちかわししねんぴょう》』）。

七月七日　日華事変《にっかじへん》（日中戦争《にっちゅうせんそう》）起《お》こる。北京郊外盧溝橋《ぺきんこうがいろこうきょう》で日中両軍衝突《にっちゅうりょうぐんしょうとつ》

◉行徳《ぎょうとく》・南行徳地域《みなみぎょうとくちいき》に上水道《じょうすいどう》の給水始《きゅうすいはじ》まる

七月三〇日、行徳《ぎょうとく》、南行徳地域《みなみぎょうとくちいき》に上水道《じょうすいどう》の給水始《きゅうすいはじ》まる。

一一月六日　イタリア、日独防共協定《にちどくぼうきょうきょうてい》に参加《さんか》

一三年　戊寅《つちのえとら》　一九三八

九月一日　関東地方《かんとうちほう》に台風《たいふう》。風速《ふうそく》三一メートル、死者《ししゃ》九九（『市川市史年表《いちかわしししねんぴょう》』）

●一〇月三日、下妙典《しもみょうでん》の清寿寺《せいじゅじ》に浄行菩薩像建立《じょうぎょうぼさつぞうこんりゅう》される。

［裏《うら》］當山《とうざん》三十一世日純代《せいにちじゅんだい》　［台右《だいみぎ》］奉讀誦自我偈一万返成就之攸《どくじゅたてまつるじがげいちまんべんじょうじゅのところ》　為《ため》（法名《ほうみょう》1）菩提《ぼだい》東京市目黒区大西京子納之《とうきょうしめぐろくおおにしきょうここれをおさむ》　昭和《しょうわ》十三年三月　［台裏《だいうら》］川原石工治兵ヱ《かわらいしくじへえ》（『市川市《いちかわし》の石造物《せきぞうぶつ》』）

一〇月二二日　暴風雨《ぼうふうう》により床下浸水家屋《ゆかしたしんすいかおく》二〇〇戸《こ》、商店看板破損《しょうてんかんばんはそん》多数《たすう》の被害《ひがい》が出《で》る（『市川市《いちかわし》史年表《しねんぴょう》』）

一四年　己卯《つちのとう》　一九三九

一月一五日　横綱双葉山《よこづなふたばやま》、安芸ノ海《あきのうみ》に敗《やぶ》れ七〇連勝《れんしょう》ならず

●七月、湊新田《みなとしんでん》の胡録神社《ころくじんじゃ》に「魚河岸《うおがし》」「大熊《おおくま》、萬重《まんじゅう》、網茂《あみしげ》、萬爲《まんため》」により境内地約《けいだいちやく》三五〇坪《つぼ》が奉《ほう》納《のう》され、碑《ひ》が建立《こんりゅう》される（『明解行徳《めいかいぎょうとく》の歴史大事典《れきしだいじてん》』）。『市川市《いちかわし》の石造物《せきぞうぶつ》』に「奉納《ほうのう》　境内地《けいだいち》三百五十坪《つぼ》　昭和《しょうわ》十四年七月　魚か《うおが》し　大熊《おおくま》　萬重《まんじゅう》　網茂《あみしげ》　萬為《まんため》」［裏《うら》］氏子総代《うじこそうだい》・發起人《ほっきにん》・区長《くちょう》・副区長《ふくくちょう》（姓名《せいめい》5）世話人《せわにん》（姓名《せいめい》6）」とある。

●七月、湊新田《みなとしんでん》の胡録神社《ころくじんじゃ》に水田《すいでん》が奉納《ほうのう》される。一九一一年参照《さんしょう》。

狛犬《こまいぬ》〈右《みぎ》〉奉《ほう》　明治《めいじ》四十四年七月十四日　湊新田《みなとしんでん》　廿一番地小川與右衛門《にじゅういちばんちおがわようえもん》　石工青湊喜《いしくあおみなとき》　奉《ほう》納《のう》　昭和《しょうわ》十四年七月吉日《きちじつ》　水田《すいでん》三百七十一坪《つぼ》　湊新田小川浦次郎《みなとしんでんおがわうらじろう》〈左《ひだり》〉納《のう》　明治《めいじ》四十四年七月

十四日　湊新田《みなとしんでん》廿《にじゅう》一番地《ばんち》　小川與右衛門《おがわようえもん》（『市川市《いちかわし》の石造物《せきぞうぶつ》』）

九月一日　ドイツ、ポーランド進攻《しんこう》。第二次世界大戦始《だいにじせかいたいせんはじ》まる

一〇月一八日　価格等統制令《かかくとうせいれい》（九月一八日時《じ》の価格《かかく》で釘付《くぎづ》け）・賃金臨時措置令《ちんぎんりんじそちれい》・地代家賃統制《じだいやちんとうせい》令《れい》・電力調整令《でんりょくちょうせいれい》・軍需品工場検査令《ぐんじゅひんこうじょうけんされい》・会社職員給与臨時措置令公布《かいしゃしょくいんきゅうよりんじそちれいこうふ》

●東京市《とうきょうし》が浦安町堀江《うらやすまちほりえ》の海岸沿《かいがんぞ》いにあった養殖池《ようしょくいけ》四万八千坪《つぼ》（富岡《とみおか》の池《いけ》）を買収《ばいしゅう》。糞尿《ふんにょう》を伝馬《てんま》船《せん》で運《はこ》び「糞溜《ふんた》め」にする計画《けいかく》を発表《はっぴょう》。浦安町《うらやすまち》、南行徳町《みなみぎょうとくまち》、行徳町《ぎょうとくまち》は、糞溜設置絶対反対期成《ふんためせっちぜったいはんたいきせい》同盟《どうめい》を結成《けっせい》。同年《どうねん》一二月、計画《けいかく》が中止《ちゅうし》される（『浦安町誌上《うらやすちょうしじょう》』）。一八九五年参照《さんしょう》。

一二月六日　小作料統制令公布《こさくりょうとうせいれいこうふ》

●パーマネントが禁止《きんし》される。

一五年　庚辰《かのえたつ》　一九四〇

●千葉用水路工事着工《ちばようすいろこうじちゃっこう》（河原《かわら》―浦安《うらやす》）。昭和《しょうわ》二二年（一九四七）再開《さいかい》、三一年（一九五六）完《かん》成《せい》。現《げん》・市川《いちかわ》・浦安《うらやす》バイパスのライン。真水供給《まみずきょうきゅう》のための農業用水路《のうぎょうようすいろ》（『市川市史年表《いちかわししねんぴょう》』）。

◉浦安橋《うらやすばし》が架設《かせつ》される

二月二一日、浦安橋架設《うらやすばしかせつ》される。

●八月、かつての弁天山《べんてんやま》に小祠《しょうし》建立《こんりゅう》される。一九一一年参照《さんしょう》。「昭和拾《しょうわじゅう》五年八月之建《これをたてる》　不二世話人《ふじせわにん》　遠藤豊吉《えんどうとよきち》、高橋與助《たかはしよすけ》、仝《どう》　豊吉《とよきち》、小池源太郎《こいけげんたろう》、金子三《かねこさん》造《ぞう》、石井亀吉《いしいかめきち》、金子芳松《かねこよしまつ》、川合與七《かわいよしち》　湊講社《みなとこうしゃ》」（『明解行徳《めいかいぎょうとく》の歴史大事典《れきしだいじてん》』）

●九月七日、行徳《ぎょうとく》・南行徳《みなみぎょうとく》・浦安三町連合行商組合発会《うらやすさんちょうれんごうぎょうしょうくみあいはっかい》（『市川市史年表《いちかわししねんぴょう》』）。

九月二七日　日独伊三国同盟条約《にちどくいさんごくどうめいじょうやく》、ベルリンで調印《ちょういん》

一〇月一日　第五回国勢調査《だいかいこくせいちょうさ》、総人口《そうじんこう》一億《おく》五二二万余《よ》、内地人口《ないちじんこう》七三一一万余《よ》

●一二月、本行徳横町稲荷神社《ほんぎょうとくよこまちいなりじんじゃ》に記念碑建立《きねんひこんりゅう》される。「奉納《ほうのう》　皇紀《こうき》二千六百年　並《ならびに》　支那事変記念《しなじへんきねん》　石造御狐一對敷石土除《せきぞうおきつねいっついしきいしつちのぞき》　昭和《しょうわ》十五年十二月　三丁目《ちょうめ》二組連中《くみれんちゅう》　出征軍人芳名《しゅっせいぐんじんほうめい》（姓名《せいめい》20）」［裏］寄付者芳名《きふしゃほうめい》　三丁目《ちょうめ》二ノ組連中《くみれんちゅう》　組長《くみちょう》・副《ふく》組長《くみちょう》・区長《くちょう》・副区長《ふくくちょう》・世話人《せわにん》・丁内《ちょうない》・東京《とうきょう》・三角《さんかく》・湊《みなと》・関ヶ島《せきがしま》・押切《おしきり》（姓名《せいめい》45）　田中貢《たなかみつぐ》謹《きん》書《しょ》　石工青山喜和蔵《いしくあおやまきわぞう》（『市川市《いちかわし》の石造物《せきぞうぶつ》』）

●この年《とし》、浦安《うらやす》で野生《やせい》の夫婦狸《めおとだぬき》が捕獲《ほかく》（一頭《いっとう》は逃走《とうそう》）される。

●この年《とし》、『誰《だれ》か故郷《こきょう》を思《おも》わざる』『蘇州夜曲《そしゅうやきょく》』などが流行《りゅうこう》。

一六年　辛巳《かのとみ》　一九四一

●一月一日、湊新田《みなとしんでん》の胡録神社《ころくじんじゃ》に鳥居《とりい》が建立《こんりゅう》される。

「胡録神社《ころくじんじゃ》」「湊新田睦会《みなとしんでんむつみかい》」「昭和《しょうわ》十六年一月一日施工《せこう》□臼倉《うすくら》□一《いち》」（『明解行徳《めいかいぎょうとく》の歴史大事典《れきしだいじてん》』）

●一一月一〇日、楫西光速《かじにしみつはや》『下総行徳塩業史《しもうさぎょうとくえんぎょうし》』刊行《かんこう》。序論《じょろん》、徳川幕府《とくがわばくふ》の保護政策《ほごせいさく》、明治前期《めいじぜんき》の塩制《えんせい》、製塩方法《せいえんほうほう》、塩田経営《えんでんけいえい》、販売《はんばい》、塩専売法《しおせんばいほう》の実施《じっし》とその影響《えいきょう》、塩田《えんでん》の整理《せいり》と再製塩《さいせいえん》の八章《しょう》からなる行徳塩業《ぎょうとくえんぎょう》に関《かん》する史料《しりょう》（『明解行徳《めいかいぎょうとく》の歴史大事典《れきしだいじてん》』）。

一二月八日　日本軍《にほんぐん》、ハワイ真珠湾《しんじゅわん》を空襲《くうしゅう》。マレー半島《はんとう》に上陸《じょうりく》。対米英宣戦布告《たいべいえいせんせんふこく》

一七年　壬午《みずのえうま》　一九四二

一月一日　塩配給制《しおはいきゅうせい》、ガス使用割当制実施《しようわりあてせいじっし》

一月一〇日　味噌《みそ》・醤油《しょうゆ》の配給制《はいきゅうせい》、六大都市《ろくだいとし》で実施《じっし》

●醤油《しょうゆ》の増量《ぞうりょう》の方法《ほうほう》。

「一斗樽《いっとだる》の醤油《しょうゆ》をまず三つくらいに分《わ》けておく。行徳《ぎょうとく》の海水《かいすい》を鉄鍋《てつなべ》でぐつぐつと十分《じゅうぶん》に煮詰《につ》め、冷《さ》ましてから、分《わ》けた醤油樽《しょうゆだる》の中《なか》へ加《くわ》える。世間《せけん》ではこれを『水増《みずま》し』というのだが、塩辛《しおから》さは変《か》わらないし、値段《ねだん》も安《やす》かったから、東京都江戸川区小松川《とうきょうとえどがわくこまつがわ》あたりでは人気《にんき》があってよく売《う》れた。行徳《ぎょうとく》の人《ひと》たちは逆《ぎゃく》に、少《すこ》し煮詰《につ》めた海水《かいすい》に醤油《しょうゆ》をちょっと垂《た》らして、それですいとんなどを作《つく》って食《た》べた」（『ぎょうとく昔語《むかしがた》り』）。

●一月二四日、京成乗合自動車株式会社《けいせいのりあいじどうしゃかぶしきがいしゃ》、東葛乗合自動車《とうかつのりあいじどうしゃ》の経営権《けいえいけん》を継承《けいしょう》し、西荒川《にしあらかわ》・八幡《やわた》・浦安《うらやす》・今井間《いまいかん》のバス営業《えいぎょう》を始《はじ》め、また行徳馬車自動車《ぎょうとくばしゃじどうしゃ》を買収《ばいしゅう》し、行徳《ぎょうとく》・船橋間《ふなばしかん》のバス営業《えいぎょう》を始《はじ》める（『市川市史年表《いちかわししねんぴょう》』）。

四月一八日　B25爆撃機《ばくげきき》一三機《き》、日本本土《にほんほんど》を初空襲《はつくうしゅう》（『市川市史年表《いちかわししねんぴょう》』）

六月五日　日本《にほん》、ミッドウェー海戦敗北《かいせんはいぼく》

●七月三日、本行徳《ほんぎょうとく》四丁目《ちょうめ》の豊受神社《とようけじんじゃ》に狛犬奉納《こまいぬほうのう》される。
［右《みぎ》］奉納《ほうのう》　四丁目《ちょうめ》（姓名《せいめい》5）昭和《しょうわ》十七年七月三日　宇都宮市峯町《うつのみやしみねまち》　木村石材店《きむらせきざいてん》　［左《ひだり》］奉納《ほうのう》
四丁目《ちょうめ》（姓名《せいめい》5）昭和《しょうわ》十七年七月三日（『市川市《いちかわし》の石造物《せきぞうぶつ》』）

一一月五日　関門海底《かんもんかいてい》トンネル開通式《かいつうしき》（三六一四メートル）

●一一月七日、南行徳漁業組合《みなみぎょうとくぎょぎょうくみあい》、海苔養殖《のりようしょく》の許可《きょか》を受《う》ける（『市川市史年表《いちかわししねんぴょう》』）。

●一一月、本行徳《ほんぎょうとく》の妙覚寺《みょうかくじ》に龍神祀《りゅうじんまつ》られる。
［裏《うら》］昭和《しょうわ》十七年十一月吉日《きちじつ》　三十九世《せい》　日進代《にっしんだい》（『市川市《いちかわし》の石造物《せきぞうぶつ》』）

●この年《とし》、伊勢宿《いせじゅく》の豊受神社《とようけじんじゃ》に狛犬《こまいぬ》が建立《こんりゅう》される。
「四代目《だいめ》宮方柳一郎《みやかたりゅういちろう》、仝伊三郎《どういさぶろう》、仝《どう》なを、仝松子《どうまつこ》、仝喜代子《どうきよこ》　昭和《しょうわ》十七年」「宇都宮《うつのみや》□□町《まち》木村石材店刻《きむらせきざいてんこく》」（『明解行徳《めいかいぎょうとく》の歴史大事典《れきしだいじてん》』）

一八年 癸未《みずのとひつじ》 一九四三

◉**篠崎水門完成《しのざきすいもんかんせい》**

三月、江戸川水閘門《えどがわすいこうもん》（俗称《ぞくしょう》、篠崎水門《しのざきすいもん》）完成《かんせい》。鉄筋《てっきん》コンクリート造《づく》り、有効幅員《ゆうこうふくいん》一〇メートル、高《たか》さ五・五メートルの引揚鉄扉五連《ひきあげてっぴごれん》、船《ふね》の通行《つうこう》のための閘門《こうもん》一基設置《きせっち》。上流域《じょうりゅういき》の水道水及《すいどうすいおよ》び工業用水取水《こうぎょうようすいしゅすい》のための潮留水門《しおどめすいもん》（『明解行徳《めいかいぎょうとく》の歴史大事典《れきしだいじてん》』）。

四月一八日　連合艦隊司令長官山本五十六《れんごうかんたいしれいちょうかんやまもといそろく》、ソロモン島上空《とうじょうくう》で戦死《せんし》

●六月、下妙典《しもみょうでん》の清寿寺《せいじゅじ》に供養塔建立《くようとうこんりゅう》（改築《かいちく》）される。一八五七年参照《さんしょう》。「南無妙法蓮華経法界《なむみょうほうれんげきょうほうかい》」［台《だい》］無縁塔《むえんとう》［右《みぎ》］無縁之精霊《むえんのせいれい》（法名《ほうみょう》30）［左《ひだり》］安政《あんせい》二乙卯《きのとう》十月二日地震横死《じしんおうし》　安政《あんせい》三丙辰年《ひのえたつのとし》八月二五日瀑水溺死之精霊佛畀菩提《ばくすいできしのせいれいぶつひぼだい》（法名《ほうみょう》13）［裏《うら》］（法名多数《ほうみょうたすう》）安政《あんせい》四丁巳《ひのとみ》八月二十五日　二十三世日妙代《せいにちみょうだい》　造立《ぞうりゅう》［台裏《だいうら》］昭和《しょうわ》十八年六月改築《かいちく》　當山《とうざん》三十二世丸山日珠代《せいまるやまにちじゅだい》　總代《そうだい》（姓名《せいめい》4）石工小林治兵衛《いしくこばやしじへえ》ヱ《え》（『市川市《いちかわし》の石造物《せきぞうぶつ》』）

●七月一〇日、船橋《ふなばし》、浦安《うらやす》、南行徳《みなみぎょうとく》、行徳各漁業協同組合間《ぎょうとくかくぎょぎょうきょうどうくみあいかん》において、区画漁業権出願《くかくぎょぎょうけんしゅつがん》および区画漁業権《くかくぎょぎょうけん》、海苔養殖場《のりようしょくじょう》の行使《こうし》に関《かん》する協定締結《きょうていていけつ》（『区画漁業権出願及《くかくぎょぎょうけんしゅつがんおよ》び区画漁業権《くかくぎょぎょうけん》・海《の》苔《り》養殖場《ようしょくじょう》の行使《こうし》に関《かん》する協定《きょうてい》〈昭和《しょうわ》十八年〉』）。

これにより南行徳町《みなみぎょうとくまち》漁業《ぎょぎょう》協同組合《きょうどうくみあい》の出願《しゅつがん》海苔《のり》漁場《ぎょじょう》は黒鯛澪《くろだいみお》の両側《りょうがわ》（三〇〇柵《さく》）とし、船橋《ふなばし》町《まち》漁業《ぎょぎょう》協同組合《きょうどうくみあい》は西三番瀬《にしさんばんぜ》海苔《のり》養殖場《ようしょくじょう》西部《せいぶ》の海苔柵《のりさく》三〇〇柵《さく》を南行徳町《みなみぎょうとくまち》漁業《ぎょぎょう》協同組合《きょうどうくみあい》に貸《か》し付《つ》けることとされた。

◉妙典地蔵尊建立《みょうでんじぞうそんこんりゅう》される

一〇月一日、大正《たいしょう》六年（一九一七）の津波《つなみ》の犠牲者供養《ぎせいしゃくよう》のため妙典地蔵尊《みょうでんじぞうそん》が建立《こんりゅう》される。市川《いちかわ》市妙典《しみょうでん》一丁目《ちょうめ》一一番《ばん》一〇号《ごう》の日蓮宗《にちれんしゅう》妙栄山妙好寺《みょうえいざんみょうこうじ》境内《けいだい》。

地蔵菩薩《じぞうぼさつ》　①［台《だい》］奉《ほう》　［台裏《だいうら》］世話人《せわにん》　廣田守《ひろたまもる》　伊藤好雄《いとうよしお》　片桐八千《かたぎりやち》

②［台《だい》］萬霊供養《ばんれいくよう》　［台裏《だいうら》］發起人《ほっきにん》　齋藤吉兵衛《さいとうきちべえ》　田嶋松次郎《たじままつじろう》　齋藤作之助《さいとうさくのすけ》　廣田五老《ひろたごろう》

③［台《だい》］納《のう》　［台裏《だいうら》］世話人《せわにん》　藤村寅《ふじむらとら》　淺井二郎《あさいじろう》　川嶋亨《かわしまとおる》

「妙典地蔵尊《みょうでんじぞうそん》」標石《ひょうせき》　［裏《うら》］大正《たいしょう》六年九月三十一日沸暁《ふつぎょう》突如《とつじょ》トシテ《として》関東地《かんとうち》／方《ほう》ヲ《を》襲《おそ》ヒ《い》来《きた》リ《り》シ《し》大《だい》海嘯《かいしょう》ニ《に》依《よ》リ《り》遭難《そうなん》セラレタル《せられたる》／幾多《いくた》ノ《の》霊魂《れいこん》ヲ《を》弔《とむら》ヒ《い》慰《い》ム《む》爲《ため》ニ《に》之《これ》ヲ《を》建立《こんりゅう》ス《す》　昭和《しょうわ》十八年十月一日　建立発起人《こんりゅうほっきにん》　總代齋藤吉兵衛《そうだいさいとうきちべえ》（『市川市《いちかわし》の石造物《せきぞうぶつ》』）

九月は小《しょう》の月《つき》であり三〇日までしかないから九月三十一日とは一〇月一日のこと。

この大津波《おおつなみ》で行徳《ぎょうとく》・南行徳《みなみぎょうとく》・浦安《うらやす》の死者《ししゃ》六三、けが人《にん》一三五、行方不明《ゆくえふめい》三（『明解行徳《めいかいぎょうとく》の歴史《れきし》大事典《だいじてん》』）。

●この年《とし》の暮《くれ》、大徳寺《だいとくじ》の時《とき》の鐘《かね》、「供出《きょうしゅつ》」されて失《うしな》われる（『観音札所《かんのんふだしょ》のあるまち行徳《ぎょうとく》・浦安《うらやす》』）。一七一六年参照《さんしょう》。

一九年　甲申《きのえさる》　一九四四

●四月一三日、船橋漁業協同組合《ふなばしぎょぎょうきょうどうくみあい》、行徳町漁業協同組合《ぎょうとくまちぎょぎょうきょうどうくみあい》に対《たい》し、行徳町高谷《ぎょうとくまちこうや》・原木《ばらき》の竹筒漁業禁止《たけづつぎょぎょうきんし》について申《もう》し出《で》る（『船橋漁協《ふなばしぎょきょう》より行徳町竹筒漁業禁止《ぎょうとくまちたけづつぎょぎょうきんし》に関《かん》しての事項伝達方依頼《じこうでんたつかたいらい》の件《けん》〈昭和《しょうわ》十九年〉』）。

竹筒漁業《たけづつぎょぎょう》についてはその後《ご》も不法侵入《ふほうしんにゅう》などの紛糾《ふんきゅう》が続《つづ》き、海苔養殖場《のりようしょくじょう》に問題《もんだい》が拡大《かくだい》して、一応《いちおう》の決着《けっちゃく》を見《み》たのは昭和《しょうわ》二〇年三月五日と同年《どうねん》六月二六日の協定成立《きょうていせつりつ》のときである。

六月　中学以上《ちゅうがくいじょう》の学徒勤労動員《がくときんろうどういん》、本格化《ほんかくか》（工場《こうじょう》・学校工場《がっこうこうじょう》・輸送《ゆそう》・食糧《しょくりょう》・土木《どぼく》）

◉行徳小学校《ぎょうとくしょうがっこう》に軍隊《ぐんたい》が駐屯《ちゅうとん》して塩田開発《えんでんかいはつ》を進《すす》める

行徳小学校《ぎょうとくしょうがっこう》に駐屯《ちゅうとん》していた軍隊《ぐんたい》が本行徳塩焼町《ほんぎょうとくしおやきまち》（現本塩《げんほんしお》）の年寄《としよ》りを集《あつ》め図面《ずめん》を書《か》かせ、現《げん》市川市幸《いちかわしさいわい》一丁目《ちょうめ》と二丁目付近《ちょうめふきん》に塩田作《えんでんづく》りをした。昭和《しょうわ》二三年（一九四八）頃《ころ》には採算《さいさん》が取《と》れなくて終《お》わりになった（『市川《いちかわ》の伝承民話《でんしょうみんわ》』第《だい》七集《しゅう》）。米軍《べいぐん》に台湾《たいわん》からの塩《しお》を運《はこ》ぶ塩留《しおど》めをされたための措置《そち》。

●七月一八日、行徳町漁業協同組合《ぎょうとくまちぎょぎょうきょうどうくみあい》、南行徳町漁業協同組合《みなみぎょうとくまちぎょぎょうきょうどうくみあい》は、船橋漁業協同組合《ふなばしぎょぎょうきょうどうくみあい》の所有《しょゆう》する専用漁場《せんようぎょじょう》において従来通《じゅうらいどお》り竹筒漁業《たけづつぎょぎょう》をすることが認《みと》められる（『専用漁場内《せんようぎょじょうない》における竹筒漁《たけづつぎょ》業《ぎょう》に関《かん》する連絡《れんらく》の緊密化《きんみつか》についての覚書《おぼえがき》〈昭和《しょうわ》十九年〉』）。

◉B29による空襲《くうしゅう》が激《はげ》しくなり「バクダン池《いけ》」ができる

一一月二四日、米軍機《べいぐんき》がはじめて市川市上空《いちかわしじょうくう》を飛《と》び、小栗原山中《おぐりはらやまなか》アルミ工場《こうじょう》に二五〇キロ級爆《きゅうばく》弾《だん》三個《こ》、焼夷弾《しょういだん》四個《こ》が投下《とうか》され、重軽傷者《じゅうけいしょうしゃ》四名《めい》（『市川市空襲《いちかわしくうしゅう》の被害《ひがい》の報告《ほうこく》〈昭和《しょうわ》十九年・二十年〉』）。

一一月二七日、サイパンよりB29が浦安上空《うらやすじょうくう》に飛来《ひらい》、直撃弾《ちょくげきだん》で三名死亡《めいしぼう》（『浦安町誌上《うらやすちょうしじょう》』）。市《いち》川市《かわし》の菅野《すがの》・曽谷《そや》・下貝塚《しもかいづか》では死者《ししゃ》一名《めい》、重傷者《じゅうしょうしゃ》二名《めい》、家屋焼失《かおくしょうしつ》・倒壊《とうかい》四棟《むね》の被害《ひがい》（『市川市空《いちかわしくう》襲《しゅう》の被害《ひがい》の報告《ほうこく》』）。

一二月九日、空襲《くうしゅう》により松戸市《まつどし》の泰東工業工場全焼《たいとうこうぎょうこうじょうぜんしょう》。

一二月一五日、空襲《くうしゅう》により、本行徳及《ほんぎょうとくおよ》び塩焼町《しおやきまち》（現《げん》・本塩《ほんしお》）で軽傷者《けいしょうしゃ》一名《めい》、住宅《じゅうたく》、倉庫《そうこ》の全《ぜん》半焼《はんしょう》六棟《むね》の被害《ひがい》（『市川市空襲《いちかわしくうしゅう》の被害《ひがい》の報告《ほうこく》』）。

「バクダン池《いけ》」各地《かくち》にできる（『行徳歴史街道《ぎょうとくれきしかいどう》2』）。

一二月二三日、空襲《くうしゅう》により北方地区《ぼっけちく》で死者《ししゃ》三名、重傷者《じゅうしょうしゃ》一名《めい》、家屋全《かおくぜん》・半壊《はんかい》三棟《むね》の被害《ひがい》（『市《いち》川《かわ》市《し》空襲《くうしゅう》の被害《ひがい》の報告《ほうこく》』)。

二〇年 乙酉《きのととり》 一九四五

一月一三日　東海地方《とうかいちほう》に大地震《おおじしん》

●一月二七日、二回《かい》にわたる空襲《くうしゅう》により、行徳《ぎょうとく》、国分新田《こくぶんしんでん》で死者《ししゃ》一名《めい》、家屋焼失《かおくしょうしつ》二棟《むね》の被害《ひがい》(『市川市空襲《いちかわしくうしゅう》の被害《ひがい》の報告《ほうこく》〈昭和《しょうわ》十九年・二十年〉』)。

●一月二八日、空襲《くうしゅう》で浄土宗仏貼山信楽寺《じょうどしゅうぶつちょうざんしんぎょうじ》の本堂《ほんどう》に爆弾《ばくだん》が落《お》ち爆破《ばくは》され、四メートルもの穴《あな》があく。同《どう》二七年(一九五二)に教善寺《きょうぜんじ》に合併《がっぺい》し教信寺《きょうしんじ》となる(『明解行徳《めいかいぎょうとく》の歴史大事典《れきしだいじてん》』)。

●二月一〇日、米軍機《べいぐんき》の来襲《らいしゅう》を迎《むか》え撃《う》つために飛《と》び立《た》った日本軍機《にほんぐんき》が故障《こしょう》し、真間《まま》三丁目《ちょうめ》鎗田《やりた》に墜落《ついらく》。全焼《ぜんしょう》一戸《こ》・部分破壊《ぶぶんはかい》四戸《こ》の被害《ひがい》(『市川市空襲《いちかわしくうしゅう》の被害《ひがい》の報告《ほうこく》』)。

二月一六日　米機動部隊《べいきどうぶたい》、東京《とうきょう》・名古屋《なごや》・神戸《こうべ》を空襲《くうしゅう》。一部《いちぶ》が千葉県《ちばけん》にも来襲《らいしゅう》。本県《ほんけん》の被害《ひがい》は軽微《けいび》(『市川市史年表《いちかわししねんぴょう》』)

●二月一七日、B29編隊《へんたい》、東京方面《とうきょうほうめん》から市川《いちかわ》・船橋《ふなばし》・浦安上空《うらやすじょうくう》に飛来《ひらい》し爆弾投下《ばくだんとうか》、被害《ひがい》を受《う》ける(『市川市史年表《いちかわししねんぴょう》』)。

●二月二五日、市川市最大《いちかわしさいだい》の空襲《くうしゅう》。新田地区《しんでんちく》全焼《ぜんしょう》五三戸《こ》・半焼《はんしょう》五戸《こ》、中山地区《なかやまちく》全焼《ぜんしょう》一四戸《こ》・半《はん》焼《しょう》二戸《こ》、菅野地区《すがのちく》全焼《ぜんしょう》一戸《こ》、国分地区《こくぶんちく》全焼《ぜんしょう》一戸《こ》、八幡地区《やわたちく》全焼《ぜんしょう》一戸《こ》。鬼高山中《おにたかやまなか》アルミ工場《こうじょう》一

棟《むね》四八〇坪全焼《つぼぜんしょう》（『市川市空襲《いちかわしくうしゅう》の被害《ひがい》の報告《ほうこく》』）。

三月一日　硫黄島《いおうとう》の日本軍全滅《にほんぐんぜんめつ》

●三月五日、浦安町漁業協同組合《うらやすまちぎょぎょうきょうどうくみあい》・船橋市漁業会《ふなばししぎょぎょうかい》・南行徳漁業会《みなみぎょうとくぎょぎょうかい》・行徳漁業会間《ぎょうとくぎょぎょうかいかん》の海苔養《のりよう》殖業《しょくぎょう》に関《かん》する協定成立《きょうていせいりつ》（『浦安町漁協《うらやすまちぎょきょう》・船橋市漁業会《ふなばししぎょぎょうかい》・南行徳町漁業会《みなみぎょうとくまちぎょぎょうかい》・行徳町漁業会間《ぎょうとくまちぎょぎょうかいかん》の海苔養殖業《のりようしょくぎょう》に関《かん》する協定書《きょうていしょ》〈昭和《しょうわ》二十年〉』）。

●三月九日、東京下町《とうきょうしたまち》に初《はつ》の夜間無差別大空襲《やかんむさべつだいくうしゅう》。市川市内《いちかわしない》、死者《ししゃ》一名《めい》、重軽傷者《じゅうけいしょうしゃ》三名《めい》、日本毛《にほんけ》織中山工場《おりなかやまこうじょう》の七棟焼失《むねしょうしつ》の被害《ひがい》（『市川市空襲《いちかわしくうしゅう》の被害《ひがい》の報告《ほうこく》』）。

三月一〇日　B29による東京大空襲《とうきょうだいくうしゅう》、江東地区全滅《こうとうちくぜんめつ》。東京下町大空襲救援《とうきょうしたまちだいくうしゅうきゅうえん》のため、市川市《いちかわし》警防団《けいぼうだん》、東京都江戸川区《とうきょうとえどがわく》に出動《しゅつどう》（『市川市史年表《いちかわししねんぴょう》』）

●三月、稲荷木自治会設立《とうかぎじちかいせつりつ》。

四月一日　米軍《べいぐん》、沖縄《おきなわ》に上陸《じょうりく》。六月二一日、占領《せんりょう》

五月七日　ドイツ軍《ぐん》、連合国《れんごうこく》に無条件降伏《むじょうけんこうふく》

五月二五日　B29による東京大空襲《とうきょうだいくうしゅう》。宮城全焼《きゅうじょうぜんしょう》のほか、都区内《とくない》の大半焼失《たいはんしょうしつ》

●六月二六日、船橋市《ふなばしし》・行徳町《ぎょうとくまち》・南行徳町各漁業会竹筒漁業者《みなみぎょうとくまちかくぎょぎょうかいたけづつぎょぎょうしゃ》による竹筒漁業《たけづつぎょぎょう》の漁業区域《ぎょぎょうくいき》に関《かん》する協定締結《きょうていていけつ》（『竹筒漁業区域《たけづつぎょぎょうくいき》に関《かん》する協定書《きょうていしょ》〈昭和《しょうわ》二十年〉』）。

六月　市内国民学校《しないこくみんがっこう》の第一回学童疎開《だいかいがくどうそかい》を実施《じっし》

七月六日　千葉市《ちばし》に夜間大空襲《やかんだいくうしゅう》、死傷者《ししょうしゃ》一二〇四名《めい》、罹災戸数《りさいこすう》四一五

八月六日　広島《ひろしま》に原爆投下《げんばくとうか》
八月八日　ソ連《れん》、対日宣戦布告《たいにちせんせんふこく》
八月九日　長崎《ながさき》に原爆投下《げんばくとうか》
八月一四日　ポツダム宣言受諾《せんげんじゅだく》

◉玉音放送《ぎょくおんほうそう》で戦争《せんそう》が終《お》わる

八月一五日、玉音放送《ぎょくおんほうそう》、第《だい》二次世界大戦《じせかいたいせん》終《お》わる。

齢《よわい》九〇歳《さい》になる古老《ころう》の茶飲《ちゃの》み話《ばなし》。

「かあちゃんが嫁《よめ》に来《き》たのは戦争《せんそう》が終《お》わった後《あと》のことだった。母《かあ》ちゃんの実家《じっか》は浦安《うらやす》だった。（中《ちゅう》略《りゃく》）母《かあ》ちゃんがヨメに来《き》た時《とき》、仲人《なこうど》さんがいの一番《いちばん》に連《つ》れて行《い》ってくれたところがあった。地元《じもと》の鎮守熊野神社《ちんじゅくまのじんじゃ》だった。そこでかあちゃんは『今《いま》からお宮《みや》の氏子《うじこ》になりますから、どうぞ護《まも》ってください』って願《ねが》ったんだという。今《いま》では廃《すた》れたが昔《むかし》はそれが普通《ふつう》だった」（『行徳歴史街道《ぎょうとくれきしかいどう》5』）

●一一月一日、市川市内《いちかわしない》の全国民学校《ぜんこくみんがっこう》で学校給食《がっこうきゅうしょく》（さつまいも）始《はじ》まる（『市川市史年表《いちかわししねんぴょう》』）。このとき、市川市《いちかわし》ではないため、行徳《ぎょうとく》・南行徳地域《みなみぎょうとくちいき》に給食《きゅうしょく》はない。

●一一月一五日、行徳町《ぎょうとくちょう》議会《ぎかい》、自給製塩事業《じきゅうせいえんじぎょう》施行並《しこうなら》びに特別会計設置《とくべつかいけいせっち》条例《じょうれい》を可決《かけつ》（『市川市《いちかわし》史《し》』第四巻《だいかん》 現代編《げんだいへん》 第九章《だいしょう》 市川市《いちかわし》の行政《ぎょうせい》と財政《ざいせい》）。終戦直後《しゅうせんちょくご》、国民《こくみん》の生活必需物資《せいかつひつじゅぶっし》の入手難《にゅうしゅなん》は窮《きわ》まり、とくに塩《しお》は手《て》に入《はい》らず、各戸《かくこ》で一升瓶《しょうびん》に海水《かいすい》を詰《つ》めて持《も》ち帰《かえ》り、煮詰《につ》めるなどした。

二一年丙戌《ひのえいぬ》　一九四六

●一月、欠真間《かけまま》自治会設立《じちかいせつりつ》。
●三月二六日、市川市《いちかわし》教員組合発足《きょういんくみあいほっそく》。組合員数《くみあいいんすう》一五七（『市川市史年表《いちかわししねんぴょう》』）。
三月　物価統制令公布《ぶっかとうせいれいこうふ》
六月　官庁用語《かんちょうようご》に口語文採用《こうごぶんさいよう》
七月一二日　中国《ちゅうごく》で全面的内戦始《ぜんめんてきないせんはじ》まる
●七月一七日、浦安町漁業会《うらやすまちぎょぎょうかい》・船橋市漁業会《ふなばししぎょぎょうかい》・行徳町漁業会間《ぎょうとくまちぎょぎょうかいかん》で明治《めいじ》四二年（一九〇九）七月に締結《ていけつ》した契約書《けいやくしょ》を加除修正《かじょしゅうせい》し、更新契約締結《こうしんけいやくていけつ》（『市川市史年表《いちかわししねんぴょう》』）。
●九月、本行徳《ほんぎょうとく》の横町稲荷神社《よこまちいなりじんじゃ》に「狐《きつね》」奉納《ほうのう》される。一九八一年参照《さんしょう》。
〈右《みぎ》〉奉《ほう》　奉納《ほうのう》　御狐様一対《おきつねさまいっつい》　台座修復《だいざしゅうふく》（姓名《せいめい》4）昭和《しょうわ》五十六年二月吉日《きちじつ》　〈左《ひだり》〉納《のう》　昭和《しょうわ》二十一年九月吉日《きちじつ》（『市川市《いちかわし》の石造物《せきぞうぶつ》』）

◉自作農創設特別措置法《じさくのうそうせつとくべつそちほう》により農地改革実施《のうちかいかくじっし》

一〇月二一日、自作農創設特別措置法公布《じさくのうそうせつとくべつそちほうこうふ》。翌年《よくとし》から、農地改革実施《のうちかいかくじっし》。

旧小作農《きゅうこさくのう》が小作地《こさくち》を購入《こうにゅう》し、自作農《じさくのう》となる。行徳《ぎょうとく》、南行徳地域《みなみぎょうとくちいき》の元農家《もとのうか》の九割《わり》は元小作農家《もとこさくのうか》（『行徳歴史街道《ぎょうとくれきしかいどう》5』）。

一一月三日　新憲法公布《しんけんぽうこうふ》

●一一月三日、本行徳《ほんぎょうとく》の八幡神社《はちまんじんじゃ》に燈籠奉納《とうろうほうのう》される。

奉納《ほうのう》　新憲法發布記念《しんけんぽうはっぷきねん》　燈籠壹對《とうろういっつい》　三丁目青年會《ちょうめせいねんかい》（『市川市《いちかわし》の石造物《せきぞうぶつ》』）

一二月二一日　南海大地震《なんかいおおじしん》。和歌山《わかやま》・高知両県下《こうちりょうけんか》、死者《ししゃ》一〇〇〇名《めい》

二二年丁亥《ひのとい》　一九四七

●一月一三日、南行徳町漁業会《みなみぎょうとくまちぎょぎょうかい》が県知事《けんちじ》に対《たい》して、地先漁業権《ちさきぎょぎょうけん》に関《かん》する申《もう》し入《い》れをし、本町《ほんちょう》地先専用漁業権内海面《ちさきせんようぎょぎょうけんないかいめん》において、他《た》の如何《いか》なる漁業者《ぎょぎょうしゃ》の総《すべ》ての漁業権取得《ぎょぎょうけんしゅとく》の請願《せいがん》に対《たい》しても絶《ぜっ》対《たい》に反対《はんたい》であり、他者《たしゃ》よりの出願《しゅつがん》ある場合《ばあい》は絶対《ぜったい》に受理《じゅり》、許可《きょか》、黙認等《もくにんとう》のことがないよう申《もう》し入《い》れる（『漁業権《ぎょぎょうけん》に関《かん》する申入書《もうしいれしょ》〈昭和《しょうわ》二十二年〉』）。

●三月、湊新田《みなとしんでん》に株式会社久永製作所《かぶしきがいしゃひさながせいさくしょ》設立《せつりつ》（『市川市史年表《いちかわししねんぴょう》』）。

四月二日　町内会《ちょうないかい》・隣組《となりぐみ》を解体《かいたい》（『市川市史年表《いちかわししねんぴょう》』）

●四月五日、市長選挙《しちょうせんきょ》が執行《しっこう》され、浮谷竹次郎《うきやたけじろう》が初代民選市長《しょだいみんせんしちょう》として当選《とうせん》。有権者数《ゆうけんしゃすう》四万四四七五、投票率《とうひょうりつ》五八・六％（『市川市史年表《いちかわししねんぴょう》』）。

五月三日　日本国憲法《にほんこくけんぽう》施行《しこう》

◉新制中学《しんせいちゅうがく》として南行徳中学校《みなみぎょうとくちゅうがっこう》・行徳中学校《ぎょうとくちゅうがっこう》開校《かいこう》

五月一〇日、行徳中学校《ぎょうとくちゅうがっこう》、南行徳中学校《みなみぎょうとくちゅうがっこう》が新制中学《しんせいちゅうがく》として開校《かいこう》。のちに第七中学校《だいななちゅうがっこう》に統合《とうごう》。

●五月一〇日、警防団《けいぼうだん》が消防団《しょうぼうだん》に改称《かいしょう》。

八月九日　古橋広之進《ふるはしひろのしん》、水泳《すいえい》四〇〇メートル自由形《じゆうがた》に世界新記録《せかいしんきろく》を出《だ》す

九月一四日　カスリン台風《たいふう》により江戸川右岸《えどがわうがん》（東京都江戸川区側《とうきょうとえどがわくがわ》）堤防決壊《ていぼうけっかい》
市川市《いちかわし》は、被災者《ひさいしゃ》受《う》け入《い》れに尽力《じんりょく》（『関東大水害市川警防団活動概況《かんとうだいすいがいいちかわけいぼうだんかつどうがいきょう》〈昭和《しょうわ》二十二年〉』）。被害甚大《ひがいじんだい》。行徳側《ぎょうとくがわ》は無事《ぶじ》。

一〇月一日　臨時国勢調査《りんじこくせいちょうさ》実施《じっし》（総人口《そうじんこう》七八一〇万一四七三）

◉永井荷風《ながいかふう》が八幡《やわた》からバスで行徳《ぎょうとく》、浦安《うらやす》へ

一〇月八日、永井荷風《ながいかふう》、八幡《やわた》からバスに乗《の》り行徳《ぎょうとく》の町《まち》を走《はし》る。

「十月初《はつ》八。晴《はれ》。午前読売新聞記者来《ごぜんよみうりしんぶんきしゃきた》り杵屋五叟娘《きねやごそうむすめ》窃盗《せっとう》の事《こと》を問《と》ふ。明後日《みょうごにち》の新聞《しんぶん》に其顛末《そのてんまつ》を記《き》載《さい》したしと言《い》へり。午食《ごしょく》の後《のち》行徳《ぎょうとく》の町《まち》を見《み》むとて八幡《やわた》よりバスに乗《の》る。省線電車線路《しょうせんでんしゃせんろ》を越《こ》ゆれば一望豁然《いちぼうかつぜん》たる水田《すいでん》にして稲既《いねすで》に刈取《かりと》られて日《ひ》に曝ら《さらされ》れたり。路傍《ろぼう》に筵《むしろ》を敷《し》きて稲《いね》を打《う》つ家《いえ》もあり。右側《みぎがわ》に一古松《いちこしょう》の蟠《わだかま》れるあり。樹下《じゅか》に断碑二三片《だんぴにさんぺん》あれど何《なに》なるかを知《し》らず。忽《たちまち》にして行徳橋《ぎょうとくばし》を渡《わた》る。放水路《ほうすいろ》に架《か》せられし木橋《きばし》にして眺望《ちょうぼう》ますます広《ひろ》く水田《すいでん》の彼方《かなた》に房州《ぼうしゅう》の山《やま》を見《み》る。これより車《くるま》は江戸川《えどがわ》の堤《つつみ》に添《そ》ひたる行徳《ぎょうとく》の町《まち》を走《はし》る。人家《じんか》は大抵平屋《たいていひらや》にして瓦屋根《かわらやね》と茅葺《かやぶき》と相半《あいはん》す。ところどころに雑貨《ざっか》を売《う》る商店《しょうてん》あり。通行人割合《つうこうにんわりあい》に多《おお》く、バスの停《と》まる毎《ごと》に乗降《じょうこう》するもの数人《すうにん》あり。二《に》三十分《さんじゅっぷん》にして浦安町入口《うらやすまちいりぐち》の終点《しゅうてん》に達《たっ》す。木造《もくぞう》ペンキ塗《ぬり》の休憩処《きゅうけいじょ》あり。右方《みぎかた》に鉄橋《てっきょう》ありて欄干《らんかん》に網《あみ》を干《ほ》したり。橋《はし》は妙見島《みょうけんじま》を過《す》ぎて対岸《たいがん》に至《いた》れば真直《まっす》ぐに江戸川区《えどがわく》を貫《つらぬ》き走《はし》れる新道《しんみち》につゞく。両岸《りょうぎし》に小舟多《こぶねおお》く繋《つな》がれ三々伍伍《さんさんごご》釣客《つりきゃく》の糸《いと》を垂《た》るゝを見《み》る。島上《とうじょう》には石油会社《せきゆがいしゃ》の門札《もんさつ》出《だ》したる工《こう》場《じょう》あり。時《とき》に東京鎧橋《とうきょうよろいばし》へ往復《おうふく》する小蒸気船《しょうじょうきせん》一艘《そう》乗客《じょうきゃく》を満載《まんさい》し川《かわ》を下《くだ》り来《きた》りて浦安《うらやす》の岸《きし》に着《ちゃく》するを見《み》る。踵《きびす》を回《めぐ》らしてその桟橋《さんばし》のほとりに至《いた》り見《み》るに、沿岸《えんがん》の人家《じんか》は皆釣客《みなつりきゃく》を迎《むか》ふる貸舟屋《かしぶねや》なり。一筋《ひとすじ》の細流《さいりゅう》あり。漁船輻湊《ぎょせんふくそう》し或《あるい》は帆《ほ》を干《ほ》し或《あるい》は網《あみ》を干《ほ》す。岸《きし》には女供《おんなども》の或《あるい》は物洗《ものあら》ひ或《あるい》は小《こ》魚《ざかな》を料理《りょうり》するに忙《いそが》しきさまなり。魚《さかな》の名《な》を問《と》ふに小女子魚《こおなご》なりと言《い》ふ。細流《さいりゅう》には昔風《むかしふう》の木橋《きばし》をか

けたり。水辺《みずべ》の漁家《ぎょか》陋穢《ろうわい》甚《はなはだ》し。小橋《こばし》を渡《わた》れば道路《どうろ》狭隘《きょうあい》にして迂曲《うきょく》限《かぎ》りなく玉《たま》の井《い》の路地《ろじ》に入《い》るが如《ごと》し。商店《しょうてん》住宅《じゅうたく》錯雑《さくざつ》し人《ひと》の往来《おうらい》賑《にぎやか》なり。小学校《しょうがっこう》の運動場《うんどうじょう》ひろびろと見《み》ゆるあたりに曲《まが》りて広《ひろ》き道《みち》を半町《はんちょう》あまり歩《あゆ》み行《い》けばもと来《きた》りしバスの終点《しゅうてん》に出《い》づ。帰途《きと》行徳橋《ぎょうとくばし》にて車《くるま》を下《お》り放水路《ほうすいろ》の関《かん》門《もん》を観《み》て後堤上《のちていじょう》を歩《あゆ》む。農夫《のうふ》黒《くろ》き牛数頭《うしすうとう》を放《はな》ちて草《くさ》を食《は》ましむ。来路《らいろ》を辿《たど》り八幡《やわた》に出《い》で野菜《やさい》を購《あがな》ひてかへ《え》れば夕陽《ゆうひ》既《すで》に低《ひく》し」（『断腸亭日乗《だんちょうていにちじょう》』）

一一月、永井荷風《ながいかふう》『にぎり飯《めし》』を著《あらわ》す。前述《ぜんじゅつ》の『断腸亭日乗《だんちょうていにちじょう》』の「十月初八《はつ》」にあるように、八幡《やわた》からのバスに乗《の》り「相《あい》の川《かわ》」バス停《てい》を見《み》ていたものと思《おも》われる。

「南行徳町《みなみぎょうとくまち》□□の藤田《ふじた》ツて云《い》ふ家《うち》です。八幡行《やわたゆ》きのバスがあるんですよ。それに乗《の》って相川《あいのかわ》ツ《っ》て云《い》ふ停留場《ていりゅうじょう》で下《お》りて、おきゝになれば分《わ》かります。百姓《ひゃくしょう》してゐ《い》る家《うち》です」

一一月一九日　農業協同組合法公布《のうぎょうきょうどうくみあいほうこうふ》

一二月二二日　改正民法公布《かいせいみんぽうこうふ》。家及《いえおよ》び戸主制廃止《こしゅせいはいし》

二三年 戊子《つちのえね》 一九四八

◉市川市《いちかわし》農業《のうぎょう》協同組合《きょうどうくみあい》をはじめ各地《かくち》で農業《のうぎょう》協同組合《きょうどうくみあい》が設立《せつりつ》

一月二六日、芋権青果市場《いもごんせいかしじょう》開設《かいせつ》（『市川市史年表《いちかわししねんぴょう》』）。

●二月二一日、八幡《やわた》小学校《しょうがっこう》講堂《こうどう》において市川市《いちかわし》農業《のうぎょう》協同組合《きょうどうくみあい》創立総会開催《そうりつそうかいかいさい》される（『市川市農《いちかわしのう》業《ぎょう》協同組合《きょうどうくみあい》創立総会開催公告《そうりつそうかいかいさいこうこく》〈昭和《しょうわ》二十三年〉』）。
また、三月一日、葛南青果市場《かつなんせいかしじょう》開設《かいせつ》（『市川市史年表《いちかわししねんぴょう》』）。
四月六日、南行徳町《みなみぎょうとくまち》農業《のうぎょう》協同組合《きょうどうくみあい》設立《せつりつ》。
一四日、市川市《いちかわし》農業《のうぎょう》協同組合《きょうどうくみあい》設立《せつりつ》。
一九日、行徳町《ぎょうとくまち》農業《のうぎょう》協同組合《きょうどうくみあい》設立《せつりつ》。

●三月一一日、今井橋《いまいばし》派出所《はしゅつじょ》開設《かいせつ》（『市川市史年表《いちかわししねんぴょう》』）。

●六月、山崎製《やまざきせい》パン市川工場《いちかわこうじょう》設立《せつりつ》。

●八月六日、浦安町《うらやすまち》、船橋町《ふなばしまち》、行徳町《ぎょうとくまち》、南行徳町《みなみぎょうとくまち》の各漁業会《かくぎょぎょうかい》、海苔養殖《のりようしょく》柵《さく》に関《かん》する協定書《きょうていしょ》を締結《ていけつ》。
船橋市《ふなばしし》漁業会《ぎょぎょうかい》は他《た》の三漁業会《ぎょぎょうかい》に海苔養殖《のりようしょく》柵蠣内《さくかきうち》二区《く》一〇〇〇柵《さく》、大洲《おおす》三九〇柵《さく》、報国《ほうこく》二四〇

柵《さく》を賃貸《ちんたい》（『海苔《のり》養殖《ようしょく》柵《さく》に関《かん》する協定書《きょうていしょ》〈昭和《しょうわ》二十三年〉』）。

●一〇月、町立《ちょうりつ》南《みなみ》行徳《ぎょうとく》小学校《しょうがっこう》で学校《がっこう》給食《きゅうしょく》始《はじ》まる（『市川市史年表《いちかわししねんぴょう》』）。

●一〇月、行徳町下新宿《ぎょうとくまちしもしんしゅく》の野田《のだ》醤油《しょうゆ》株式会社《かぶしきがいしゃ》第一六工場《こうじょう》閉鎖《へいさ》（『市川市史年表《いちかわししねんぴょう》』）。

一一月一日　教育委員会制度発足《きょういくいいんかいせいどほっそく》

●一一月三日、市川市商工会議所設立総会開催《いちかわししょうこうかいぎしょせつりつそうかいかいさい》。会長《かいちょう》渋谷雄太郎《しぶやゆうたろう》（『市川市史年表《いちかわししねんぴょう》』）。

●一二月二四日、市川市《いちかわし》消防業務《しょうぼうぎょうむ》、警察行政《けいさつぎょうせい》より分離《ぶんり》し、消防本部《しょうぼうほんぶ》を設置《せっち》し自治体《じちたい》消防《しょうぼう》として発足《ほっそく》（『市川市史年表《いちかわししねんぴょう》』）。

二四年　己丑《つちのとうし》　一九四九

●五月二二日、浦安町《うらやすまち》・船橋市《ふなばしし》・行徳町各漁業会《ぎょうとくまちかくぎょぎょうかい》において第《だい》一種海苔篊建養殖《しゅのりひびだてようしょく》業の漁場《ぎょじょう》に関《かん》する契約書《けいやくしょ》の条項《じょうこう》に基《もと》づく柵《さく》の配分《はいぶん》に関《かん》する協定書締結《きょうていしょていけつ》。船橋《ふなばし》二一〇柵《さく》、浦安《うらやす》二一〇柵《さく》、行徳《ぎょうとく》四二〇柵《さく》（『第《だい》一種海苔篊建養殖業《しゅのりひびたてようしょくぎょう》の漁場《ぎょじょう》に関《かん》する契約書《けいやくしょ》の条項《じょうこう》に基《もと》づく柵《さく》の配分《はいぶん》に関《かん》する協定書《きょうていしょ》〈昭和《しょうわ》二十四年〉』）。

●八月一〇日、南行徳漁業協同組合設立《みなみぎょうとくぎょぎょうきょうどうくみあいせつりつ》（『市川市史年表《いちかわししねんぴょう》』）。

●八月一三日～一五日、市制《しせい》一五周年記念《しゅうねんきねん》をかねた「観光《かんこう》まつり」が開《ひら》かれ、市川花火大会復活《いちかわはなびたいかいふっかつ》（『市川市史年表《いちかわししねんぴょう》』）。

◉キティ台風《たいふう》による高潮《たかしお》被害《ひがい》と堤防《ていぼう》破損《はそん》多数《たすう》

八月三一日、キティ台風《たいふう》襲来《しゅうらい》。瞬間最大風速《しゅんかんさいだいふうそく》三一・〇メートル。大正《たいしょう》六年（一九一七）以来《いらい》三十二年ぶりの高潮《たかしお》により浦安《うらやす》、南行徳《みなみぎょうとく》、行徳《ぎょうとく》、船橋《ふなばし》に至《いた》る延長《えんちょう》一五キロメートルの海岸堤防《かいがんていぼう》および旧江戸川左岸《きゅうえどがわさがん》（行徳側《ぎょうとくがわ》）堤防《ていぼう》八・四キロメートルが決壊《けっかい》。行《ぎょう》徳町《とくまち》、南行徳町《みなみぎょうとくまち》では、全町《ぜんちょう》の八割《わり》が冠水《かんすい》し、流失家屋《りゅうしつかおく》二、全壊《ぜんかい》七、半壊《はんかい》八、床上浸水《ゆかうえしんすい》六〇、床《ゆか》下浸水《したしんすい》二七二。被害甚大《ひがいじんだい》（『市川市史年表《いちかわししねんぴょう》』『明解行徳《めいかいぎょうとく》の歴史大事典《れきしだいじてん》』『行徳歴史街道《ぎょうとくれきしかいどう》5』）。

バス通《どお》りの行徳街道沿《ぎょうとくかいどうぞ》いの微高地《びこうち》（自然堤防《しぜんていぼう》）は浸水《しんすい》を免《まぬが》れたが、一歩奥《いっぽおく》へ入《はい》ると床下浸水《ゆかしたしんすい》と一部床上浸水《いちぶゆかうえしんすい》の被害《ひがい》。水田《すいでん》は冠水《かんすい》し、船《ふね》を出《だ》して水田《すいでん》の見回《みまわ》りをしたほどだった（『行徳歴史街道《ぎょうとくれきしかいどう》』）。

キティ台風《たいふう》の津波《つなみ》により、海岸近《かいがんちか》くにあった丸浜養魚場《まるはまようぎょじょう》から鰻《うなぎ》が周辺《しゅうへん》の川《かわ》に逃《に》げ出《だ》したので、その鰻《うなぎ》を釣《つ》りに南行徳《みなみぎょうとく》の子《こ》どもたちは出《で》かけた。筆者《ひっしゃ》もその一人《ひとり》（『行徳歴史街道《ぎょうとくれきしかいどう》4』）。

一〇月一日　中華人民共和国成立《ちゅうかじんみんきょうわこくせいりつ》

一一月三日　湯川秀樹《ゆがわひでき》、ノーベル物理学賞受賞《ぶつりがくしょうじゅしょう》

●この年《とし》、美空《みそら》ひばりデビューし、『悲《かな》しき口笛《くちぶえ》』流行《りゅうこう》。

二十五年 庚寅《かのえとら》 一九五〇

◉海苔《のり》養殖《ようしょく》を巡《めぐ》る対立《たいりつ》激化《げきか》

この頃《ころ》まで、地元《じもと》の人《ひと》はよく海苔拾《のりひろ》いに行《い》った。南風《みなみかぜ》が強《つよ》く吹《ふ》くと千切《ちぎ》れた海苔《のり》が岸《きし》の方《ほう》へ寄《よ》ってくる。みんな素足《すあし》で足《あし》を真赤《まっか》にして金魚《きんぎょ》すくいの網《あみ》のような小《ちい》さな網《あみ》で、みそ汁《しる》のワカメのような感《かん》じて、ふわふわ浮《う》いている千切《ちぎ》れた海苔《のり》を誰《だれ》が拾《ひろ》ってもよかった（『市川《いちかわ》の伝承民話《でんしょうみんわ》』第《だい》七集《しゅう》、『行徳歴史街道《ぎょうとくれきしかいどう》』）。場所《ばしょ》は塩浜橋《しおはまばし》～野鳥観察舎《やちょうかんさつしゃ》～千鳥橋《ちどりばし》を結《むす》ぶ海岸線付近《かいがんせんふきん》。

●五月、行徳神輿製造《ぎょうとくみこしせいぞう》の中台神仏具製作所設立《なかだいしんぶつぐせいさくしょせつりつ》（『職人一代記《しょくにんいちだいき》』）。一八二六年、一九九一年参照《さんしょう》。

六月二五日　朝鮮戦争始《ちょうせんせんそうはじ》まる

七月二日　金閣寺《きんかくじ》、放火《ほうか》で全焼《ぜんしょう》。三島由紀夫《みしまゆきお》が小説《しょうせつ》『金閣寺《きんかくじ》』を著《あらわ》す

●七月二日、浦安町漁業会《うらやすまちぎょぎょうかい》と船橋市漁業会《ふなばししぎょぎょうかい》の共有《きょうゆう》に係《かか》る免許区第一種区画漁業権漁場面積《めんきょくだいしゅくかくぎょぎょうけんぎょじょうめんせき》六万坪《つぼ》の内《うち》三万坪《つぼ》（四二〇柵《さく》）を行徳町漁業会《ぎょうとくまちぎょぎょうかい》に貸与《たいよ》し、残《のこ》り三万坪《つぼ》を共有者《きょうゆうしゃ》で折半《せっぱん》し、使用《しよう》する旨契約《むねけいやく》（『浦安町漁業会《うらやすまちぎょぎょうかい》、船橋市漁業会《ふなばししぎょぎょうかい》、行徳町漁業会《ぎょうとくまちぎょぎょうかい》が明治《めいじ》四十二年七月二十日並《なら》びに昭和《しょうわ》二十二年六月二十日に締結《ていけつ》した契約書《けいやくしょ》の更新《こうしん》〈昭和《しょうわ》二十五年〉』）。

●八月、三島由紀夫《みしまゆきお》『遠乗会《とおのりかい》』を発表《はっぴょう》。新浜鴨場《にいはまかもば》へ来《き》たことを書《か》く。

四月二三日日曜日《にちようび》、市川橋《いちかわばし》東詰《ひがしづめ》で第《だい》一班《ぱん》の到着《とうちゃく》を待《ま》ち、三島《みしま》らの第《だい》二班《はん》は二〇頭《とう》の馬《うま》に乗《の》り移《うつ》り江戸川堤防上《えどがわていぼうじょう》を二列縦隊《にれつじゅうたい》で疾駆《しっく》、釣《つ》り人《びと》や黒牛《くろうし》の様《さま》を見《み》ながら行徳橋《ぎょうとくばし》を渡《わた》り、行徳街道《ぎょうとくかいどう》を進《すす》む。市川市湊《いちかわしみなと》（旧南行徳町湊《きゅうみなみぎょうとくまちみなと》）の地《ち》で左折《させつ》、一列《いちれつ》になって田圃道《たんぼみち》（鴨場道《かもばみち》）を行《い》く。鴨場《かもば》ではすき焼《や》きを食《た》べ、吹《ふ》き寄《よ》せ名人《めいじん》の千鳥《ちどり》の笛《ふえ》に聞《き》き惚《ほ》れた。かつて結婚《けっこん》の申《もう》し出《で》を拒絶《きょぜつ》した主人公《しゅじんこう》は片思《かたおも》いで、相手《あいて》の元将軍《もとしょうぐん》が自分《じぶん》のことをすっかり忘《わす》れていることに失望《しつぼう》する（『行徳歴史《ぎょうとくれきし》の扉《とびら》』）。

●相本恒郎《あいもとつねお》「内匠堀考《たくみぼりこう》」を『松籟《しょうらい》』四号《ごう》に発表《はっぴょう》。内匠堀研究《たくみぼりけんきゅう》の草分《くさわ》け（『市川《いちかわ》の郷土史《きょうどし》　内匠堀《たくみぼり》の昔《むかし》と今《いま》』）。

●この年《とし》の蓮根栽培面積《れんこんさいばいめんせき》、南行徳《みなみぎょうとく》三六戸《こ》、七・七六町《ちょう》、行徳町《ぎょうとくまち》五三戸《こ》、四・六七町《ちょう》、市川市《いちかわし》一六戸《こ》、一・九七町《ちょう》、浦安町《うらやすまち》五六戸《こ》、七・七八町《ちょう》、東葛飾郡《ひがしかつしかぐん》一七五戸《こ》、二二・八六町《ちょう》、千葉県《ちばけん》四一三八戸《こ》、七五・一一町《ちょう》（『市川市史《いちかわしし》』第《だい》四巻《かん》　現代編《げんだいへん》　第《だい》三章《しょう》　農村《のうそん》の変化《へんか》）。蓮根《れんこん》を選択《せんたく》した四大理《だいり》由《ゆう》、もうけが大《おお》きい、労力《ろうりょく》がかからない、土地《とち》が適《てき》している、地盤沈下《じばんちんか》の関係《かんけい》（昭和《しょうわ》四一年実地《じっち》調査《ちょうさ》）。

二六年　辛卯《かのとう》　一九五一

●一月一日、丸京味噌株式会社設立《まるきょうみそかぶしきがいしゃせつりつ》（『市川市史年表《いちかわししねんぴょう》』）。

●一月、二代目《だいめ》の今井橋架設《いまいばしかせつ》（『市川市史年表《いちかわししねんぴょう》』）。

●一月二六日、市川市《いちかわし》小中学校《しょうちゅうがっこう》PTA連絡協議会《れんらくきょうぎかい》結成《けっせい》（『市川市史年表《いちかわししねんぴょう》』）。

●二月一四日、明治《めいじ》三〇年（一八九七）以来《いらい》の大雪《おおゆき》で四〇～六〇センチ積《つも》る（『市川市史年表《いちかわししねんぴょう》』）。
「葬儀《そうぎ》のための車《くるま》が走《はし》れず道路《どうろ》の雪《ゆき》かきをしながら江戸川区瑞江《えどがわくみずえ》の火葬場《かそうば》まで新井《あらい》から今井橋《いまいばし》を渡《わた》って棺桶《かんおけ》をリヤカーに乗《の》せ徒歩《とほ》で行《い》った」（『おばばと一郎《いちろう》3』）。
明治《めいじ》～大正初期《たいしょうしょき》に生《う》まれた女性《じょせい》たちは、晩年《ばんねん》になると「念仏《ねんぶつ》ばあさん」と呼《よ》ばれるようになり、住《す》んでいる地域《ちいき》で亡《な》くなった人《ひと》があるとまっさきに駆《か》けつけた。長《なが》い数珠《じゅず》を車座《くるまざ》になって回《まわ》し、ナムアミダンブツとお経《きょう》を唱《とな》える。葬式《そうしき》の野辺送《のべおく》りには鉦《かね》をたたいて先導《せんどう》し、年忌《ねんき》の供養《くよう》もする。村《むら》の人《ひと》たちは小銭《こぜに》や下駄《げた》、豆《まめ》、その他手《たて》ごろなものを渡《わた》す。年寄《としより》を尊敬《そんけい》しいたわり扶養《ふよう》する仕《し》組《く》み。昭和《しょうわ》三〇年代《だい》まで南行徳地域《みなみぎょうとくちいき》で見《み》られたが現在《げんざい》は廃《すた》れた（『行徳歴史街道《ぎょうとくれきしかいどう》5』）。

●四月一日、千葉県立国府台高等学校葛南分校創立《ちばけんりつこうのだいこうとうがっこうかつなんぶんこうそうりつ》（『市川市史年表《いちかわししねんぴょう》』）。定時制高校《ていじせいこうこう》で南行徳町《みなみぎょうとくちょう》立南行徳中学校校舎《りつみなみぎょうとくちゅうがっこうこうしゃ》を夜間使用《やかんしよう》。

◉葛南病院発足《かつなんびょういんほっそく》

六月、葛南病院開院《かつなんびょういんかいいん》（現《げん》・東京《とうきょう》ベイ浦安《うらやす》・市川医療《いちかわいりょう》センター）。大正《たいしょう》元年（一九一二）創立《そうりつ》の浦安町《うらやすまち》・南行徳村組合立伝染病舎《みなみぎょうとくむらくみあいりつでんせんびょうしゃ》（避病院《ひびょういん》）の後身《こうしん》（『明解行徳《めいかいぎょうとく》の歴史大事典《れきしだいじてん》』）。

八月一日、南行徳町《みなみぎょうとくまち》、国民健康保険事業《こくみんけんこうほけんじぎょう》を開始《かいし》（『市川市史年表《いちかわししねんぴょう》』）。

●九月一日、行徳《ぎょうとく》、南行徳両漁業組合《みなみぎょうとくりょうぎょぎょうくみあい》が共同漁業権《きょうどうぎょぎょうけん》と区画漁業権取得《くかくぎょぎょうけんしゅとく》（『市川市史年表《いちかわししねんぴょう》』）。

●一二月五日、南行徳地先《みなみぎょうとくちさき》の海岸堤防完成《かいがんていぼうかんせい》（『市川市史年表《いちかわししねんぴょう》』）。昭和《しょうわ》二四年八月三一日のキティ台風《たいふう》による損壊箇所修復《そんかいかしょしゅうふく》。

二七年　壬辰《みずのえたつ》　一九五二

●二月七日、行徳町長《ぎょうとくちょうちょう》が千葉県知事《ちばけんちじ》に対《たい》し、本町地先海岸堤防《ほんちょうちさきかいがんていぼう》は昭和《しょうわ》二四年の「キティ台風《たいふう》」により全面的《ぜんめんてき》に破壊《はかい》されたるも僅《わず》かに原木《ばらき》、上妙典《かみみょうでん》の二ケ所竣工《かしょしゅんこう》したのみで大部分《だいぶぶん》は復旧工事《ふっきゅうこうじ》も未決定《みけってい》のまま放擲《ほうてき》せられ、町民《ちょうみん》の不安焦慮一方《ふあんしょうりょひとかた》ならぬにより早急《さっきゅう》に災害復旧工事《さいがいふっきゅうこうじ》を実施《じっし》あらんことを要望《ようぼう》。その他《た》四項目《こうもく》を加《くわ》えた陳情《ちんじょう》を実施《じっし》（『海岸堤防災害復旧工事《かいがんていぼうさいがいふっきゅうこうじ》その他土木工事実施《たどぼくこうじじっし》についての陳情《ちんじょう》〈昭和《しょうわ》二十七年〉』）。

●三月一六日、行徳町《ぎょうとくまち》で北越製紙工場《ほくえつせいしこうじょう》の汚水《おすい》が問題化《もんだいか》。四月二九日、市川《いちかわ》・行徳地先汚水対策委員会開催《ぎょうとくちさきおすいたいさくいいんかいかいさい》（『市川市史年表《いちかわししねんぴょう》』）。

四月二八日　対日講和《たいにちこうわ》・日米安全保障条約《にちべいあんぜんほしょうじょうやく》、日米行政協定発効《にちべいぎょうせいきょうていはっこう》。連合軍総司令部解消《れんごうぐんそうしれいぶかいしょう》を発表《はっぴょう》

●五月一日、稚貝種苗放流事業開始《ちがいしゅびょうほうりゅうじぎょうかいし》。貝類増殖場設定《かいるいぞうしょくじょうせってい》（『市川市史年表《いちかわししねんぴょう》』）。

●五月二〇日、トロリーバスが上野公園《うえのこうえん》～今井間《いまいかん》の一五・五三七キロメートル開通《かいつう》。十六年後《ご》の昭和《しょうわ》四十三年九月二九日、廃止《はいし》（『江戸川区史《えどがわくし》』第《だい》三巻《かん》）。通勤《つうきん》のため、行徳《ぎょうとく》・南行徳地域《みなみぎょうとくちいき》住民《じゅうみん》が多数利用《たすうりよう》。そのとき、チンチン電車《でんしゃ》と親《した》しまれた都電《とでん》が廃止《はいし》される。

●六月、妙典《みょうでん》の清寿寺《せいじゅじ》に天水桶奉納《てんすいおけほうのう》される。
〈右《みぎ》〉（井桁《いげた》に橘紋《たちばなもん》）奉納《ほうのう》　［裏《うら》］開宗《かいしゅう》七百年記念《きねん》　当山《とうざん》三十二世《せい》　丸山日珠代《まるやまにちじゅだい》　昭和《しょうわ》廿《にじゅう》七
年六月吉祥《きちしょう》　〈左《ひだり》〉（井桁《いげた》に橘紋《たちばなもん》）奉納《ほうのう》　［裏《うら》］爲先祖代々追思菩提《ためせんぞだいだいついしぼだい》　納主田中家《のうしゅたなかけ》
（『市川市《いちかわし》の石造物《せきぞうぶつ》』）

●六月二三日、浮谷市長《うきやしちょう》、市議会《しぎかい》で行徳町《ぎょうとくまち》との合併《がっぺい》の用意《ようい》のあることを表明《ひょうめい》（『行徳町《ぎょうとくまち》との合併《がっぺい》経緯《けいい》の概要《がいよう》〈昭和《しょうわ》三十年〉』）。

六月二五日　ダイナ台風《たいふう》により、市臨海堤防決壊《しりんかいていぼうけっかい》（『市川市史年表《いちかわししねんぴょう》』）

●六月二七日、行徳町《ぎょうとくまち》との合併《がっぺい》に関《かん》する基礎資料《きそしりょう》調査《ちょうさ》のため、市川市議会《いちかわしぎかい》の特別委員会《とくべついいんかい》として、自治体合併調査特別委員会《じちたいがっぺいちょうさとくべついいんかい》の設置《せっち》が議決《ぎけつ》され、委員長中谷道之助《いいんちょうなかたにみちのすけ》ほか委員《いいん》一〇名《めい》が選任《せんにん》される（『行徳町《ぎょうとくまち》との合併経緯《がっぺいけいい》の概要《がいよう》』）。

●七月八日、市公民館《しこうみんかん》に秋本行徳町長《あきもとぎょうとくちょうちょう》、猪瀬行徳町会議長《いのせぎょうとくちょうかいぎちょう》ほか全議員《ぜんぎいん》を招《まね》き、行徳町側《ぎょうとくまちがわ》の合併《がっぺい》に関《かん》する意向《いこう》を打診《だしん》するため初《はつ》の懇談会開催《こんだんかいかいさい》（『行徳町《ぎょうとくまち》との合併経緯《がっぺいけいい》の概要《がいよう》』）。

●一〇月五日、第《だい》一回市川市《かいいちかわし》教育委員選挙実施《きょういくいいんせんきょじっし》される（『市川市史年表《いちかわししねんぴょう》』）。

●一〇月六日、市川市《いちかわし》・行徳町《ぎょうとくまち》の合併《がっぺい》に関《かん》する第《だい》一回合同調査委員会《かいごうどうちょうさいいんかい》、市川市公民館《いちかわしこうみんかん》にて開催《かいさい》。基本調査実施《きほんちょうさじっし》を決定《けってい》（『行徳町《ぎょうとくまち》との合併経緯《がっぺいけいい》の概要《がいよう》』）。

一一月三日　永井荷風《ながいかふう》、文化勲章《ぶんかくんしょう》受章《じゅしょう》（『市川市史年表《いちかわししねんぴょう》』）

●一一月、総武線本八幡駅南側改札口開設《そうぶせんもとやわたえきみなみがわかいさつぐちかいせつ》（『市川市史年表《いちかわししねんぴょう》』）。

●一二月二四日、行徳町域所在《ぎょうとくちょういきしょざい》の北越製紙《ほくえつせいし》（株《かぶ》）市川工場《いちかわこうじょう》・東京精鍛工所《とうきょうせいたんこうしょ》・日本鋼線《にほんこうせん》・大東金属《だいとうきんぞく》・理研電線《りけんでんせん》・牛尾商店《うしおしょうてん》・酒悦《しゅえつ》の七工場《こうじょう》、市川市長《いちかわしちょう》・行徳町長《ぎょうとくちょうちょう》に対《たい》し、市川市《いちかわし》と行徳町《ぎょうとくまち》との合併促進《がっぺいそくしん》の陳情書提出《ちんじょうしょていしゅつ》（『行徳町《ぎょうとくまち》との合併経緯《がっぺいけいい》の概要《がいよう》』）。

●この年《とし》、『上海帰《しゃんはいがえ》りのリル』『テネシーワルツ』流行《りゅうこう》。

二八年　癸巳《みずのとみ》　一九五三

●一月一三日、市川市《いちかわし》・行徳町《ぎょうとくまち》の合併《がっぺい》に関《かん》して、市議会全員協議会《しぎかいぜんいんきょうぎかい》が市公民館《しこうみんかん》において開《ひら》かれる（『市川市史年表《いちかわししねんぴょう》』）。

●一月、本行徳《ほんぎょうとく》四丁目《ちょうめ》自治会設立《じちかいせつりつ》（『市川市史年表《いちかわししねんぴょう》』）。

二月一日　ＮＨＫテレビ、本放送《ほんほうそう》を開始《かいし》

●二月一六日、市川《いちかわ》ロータリークラブ発足《ほっそく》。

●二月二八日、市川市《いちかわし》・行徳町合併合同委員会《ぎょうとくまちがっぺいごうどういいんかい》が、行徳町議会《ぎょうとくちょうぎかい》で合併《がっぺい》が両者《りょうしゃ》の利益《りえき》であるとの結論《けつろん》を報告《ほうこく》（『行徳町《ぎょうとくまち》との合併経緯《がっぺいけいい》の概要《がいよう》〈昭和三十年《しょうわ》〉』）。

●三月一一日、行徳町田尻《ぎょうとくまちたじり》、高谷《こうや》、原木《ばらき》、二俣《ふたまた》及《およ》び大和田《おおわだ》、河原《かわら》の一部《いちぶ》には水道《すいどう》の敷設《ふせつ》がなく地《ち》下水《かすい》に依存《いぞん》していたが、市川《いちかわ》、船橋《ふなばし》に工場《こうじょう》が設置《せっち》され井戸水《いどみず》が減退《げんたい》。水質《すいしつ》は変化《へんか》し、江戸川放水路《えどがわほうすいろ》に可動堰設置工事《かどうせきせっちこうじ》により井戸水《いどみず》が全《まった》く断絶《だんぜつ》したもの数カ所《すうかしょ》あり。しかも過去《かこ》に県営水道敷設区域《けんえいすいどうふせつくいき》から除外《じょがい》されたので、住民《じゅうみん》の保健衛生上悪疫《ほけんえいせいじょうあくえき》の発生《はっせい》も危惧《きぐ》せられ、不安憂慮一方《ふあんゆうりょひとかた》ならず水道《すいどう》を急速《きゅうそく》に敷設《ふせつ》するよう千葉県《ちばけん》に請願《せいがん》（『水道敷設《すいどうふせつ》に関《かん》する請願書《せいがんしょ》〈昭和《しょうわ》二十八年〉』）。

なお、昭和《しょうわ》三二年（一九五七）九月に高谷《こうや》・原木《ばらき》・二俣部落代表《ふたまたぶらくだいひょう》による同趣旨《どうしゅし》の請願《せいがん》（『水道敷設《すいどうふせつ》に関《かん》する請願書《せいがんしょ》』〈昭和《しょうわ》三十二年〉）が県知事《けんちじ》あてに出《だ》されているので、四年半《はん》もの間《あいだ》、住民《じゅうみん》の願《ねが》いは叶《かな》わなかったと推察《すいさつ》される。

●四月一五日、行徳町最後《ぎょうとくまちさいご》の町長選挙《ちょうちょうせんきょ》が行《おこな》われ、合併《がっぺい》を推進《すいしん》してきた秋本町長《あきもとちょうちょう》に反対《はんたい》の立場《たちば》をとる松岡秀雄《まつおかひでお》が町長《ちょうちょう》に当選《とうせん》（『市川市史年表《いちかわししねんぴょう》』）。

●六月、下妙典《しもみょうでん》の清寿寺《せいじゅじ》に猿七射霊神像建立《さるしちしゃれいしんぞうこんりゅう》される。一九九三年参照《さんしょう》。
「おちか」［台裏《だいうら》］昭和《しょうわ》二十八年　六月吉日建之《きちじつこれをたてる》　□　□　標石《ひょうせき》　耳病守護猿七射霊神《じびょうしゅごさるしちしゃれいしん》
［裏《うら》］平成《へいせい》五年九月吉日建之《きちじつこれをたてる》　妙晃院慈秀日瑞代《みょうこういんじしゅうにちずいだい》（『市川市《いちかわし》の石造物《せきぞうぶつ》』）

●六月一日、市町村自治体警察廃止《しちょうそんじちたいけいさつはいし》に伴《ともな》い、千葉県警察本部市川署《ちばけんけいさつほんぶいちかわしょ》として発足《ほっそく》（『市川市史年表《いちかわししねんぴょう》』）。

●六月一二日、千葉県《ちばけん》から葛南《かつなん》三町《ちょう》（行徳《ぎょうとく》・南行徳《みなみぎょうとく》・浦安《うらやす》）に対《たい》して合併案《がっぺいあん》が提示《ていじ》される（『行徳町《ぎょうとくまち》との合併経緯《がっぺいけいい》の概要《がいよう》』）。

●六月三〇日、南行徳町《みなみぎょうとくまち》において葛南《かつなん》三町《ちょう》の合併《がっぺい》についての協議会開催《きょうぎかいかいさい》。行徳町《ぎょうとくまち》は市川市《いちかわし》との合併《がっぺい》の経緯《けいい》から態度《たいど》を保留《ほりゅう》（『行徳町《ぎょうとくまち》との合併経緯《がっぺいけいい》の概要《がいよう》』）。

●八月二一日、浦安町役場《うらやすまちやくば》において葛南《かつなん》三町合併《ちょうがっぺい》についての協議会開催《きょうぎかいかいさい》（『行徳町《ぎょうとくまち》との合併経緯《がっぺいけいい》の概要《がいよう》』）。

●九月一日、町村合併促進法公布《ちょうそんがっぺいそくしんほうこうふ》、一〇月一日施行《しこう》。

南行徳町合併促進委員会《みなみぎょうとくまちがっぺいそくしんいいんかい》が、町議会議員《ちょうぎかいぎいん》を主体《しゅたい》に各階層代表《かくかいそうだいひょう》、学識経験者《がくしきけいけんしゃ》を含《ふく》め一五名《めい》で組織《そしき》される（『南行徳《みなみぎょうとく》との合併経緯《がっぺいけいい》の概要《がいよう》〈昭和《しょうわ》三十一年〉』）。

●一一月二四日、東葛飾郡議長会臨時総会《ひがしかつしかぐんぎちょうかいりんじそうかい》において葛南《かつなん》三町合併促進案《ちょうがっぺいそくしんあん》が採択《さいたく》される（『行徳町《ぎょうとくまち》との合併経緯《がっぺいけいい》の概要《がいよう》』）。

二九年　甲午《きのえうま》　一九五四

●二月一二日、南行徳町役場《みなみぎょうとくまちやくば》で開《ひら》かれた葛南《かつなん》三町合併協議会《ちょうがっぺいきょうぎかい》の席上《せきじょう》、県《けん》より再度《さいど》三町合併試案《ちょうがっぺいしあん》が提示《ていじ》される（『行徳町《ぎょうとくまち》との合併経緯《がっぺいけいい》の概要《がいよう》〈昭和《しょうわ》三十年〉』）。

●二月二六日、大洲在住《おおすざいじゅう》の町民《ちょうみん》五一一名《めい》、市川市《いちかわし》との合併請願書《がっぺいせいがんしょ》を行徳町議会《ぎょうとくちょうぎかい》に提出《ていしゅつ》。また、行徳町内《ぎょうとくちょうない》にある北越製紙工場《ほくえつせいしこうじょう》ほか一六工場《こうじょう》、市川市行徳町合併促進工場連盟《いちかわしぎょうとくまちがっぺいそくしんこうじょうれんめい》を結成《けっせい》、行徳町議会《ぎょうとくちょうぎかい》に市川市《いちかわし》との合併促進請願書《がっぺいそくしんせいがんしょ》を提出《ていしゅつ》（『行徳町《ぎょうとくまち》との合併経緯《がっぺいけいい》の概要《がいよう》』）。

三月一日　ビキニ水爆実験《すいばくじっけん》で第五福竜丸《だいごふくりゅうまる》被災《ひさい》

●四月一日、行徳《ぎょうとく》あけぼの保育園創設《ほいくえんそうせつ》（『市川市史年表《いちかわししねんぴょう》』）。

●四月二日、行徳町《ぎょうとくちょう》議会《ぎかい》、合併調査特別委員会《がっぺいちょうさとくべついいんかい》を廃止《はいし》して、全議員《ぜんぎいん》による合併調査特別委員会《がっぺいちょうさとくべついいんかい》を設置《せっち》し、第《だい》一回《かい》の同委員会《どういいんかい》を開催《かいさい》（『行徳町《ぎょうとくまち》との合併経緯《がっぺいけいい》の概要《がいよう》』）。

●四月二六日、市川在住《いちかわざいじゅう》の作家《さっか》永井荷風《ながいかふう》、国電船橋駅《こくでんふなばしえき》ホームで預金通帳《よきんつうちょう》・文化勲章年金小切手《ぶんかくんしょうねんきんこぎって》などが入《はい》ったカバンを落《お》としたが、米軍木更津《べいぐんきさらづ》キャンプの一軍曹《ぐんそう》が拾《ひろ》って木更津署《きさらづしょ》に届《とど》け出《で》る（『市川市史年表《いちかわししねんぴょう》』）。

●五月六日、市川市消防団後援会連合会《いちかわししょうぼうだんこうえんかいれんごうかい》が消防態勢強化《しょうぼうたいせいきょうか》のために、（一）分団配置《ぶんだんはいち》の整理統合《せいりとうごう》、（二）消防器具《しょうぼうきぐ》の整備《せいび》、（三）定員減少《ていいんげんしょう》・待遇改善《たいぐうかいぜん》、（四）水利施設《すいりしせつ》の拡充《かくじゅう》を内容《ないよう》とする陳情書《ちんじょうしょ》を市長《しちょう》に提出《ていしゅつ》（『市川市史年表《いちかわししねんぴょう》』）。

●五月二七日、大和田在住《おおわだざいじゅう》の町民《ちょうみん》三六八名《めい》が、市川市《いちかわし》行徳町合併促進請願書《ぎょうとくまちがっぺいそくしんせいがんしょ》を行徳町《ぎょうとくちょう》議会《ぎかい》に提出《ていしゅつ》（『行徳町《ぎょうとくまち》との合併経緯《がっぺいけいい》の概要《がいよう》』）。

●七月一日、警察制度改革《けいさつせいどかいかく》により千葉県警市川警察署《ちばけんけいいちかわけいさつしょ》として新《あら》たに発足《ほっそく》（『市川市史年表《いちかわししねんぴょう》』）。

●八月二三日、行徳町長《ぎょうとくちょうちょう》、千葉県知事《ちばけんちじ》に対《たい》し、本町堤防《ほんちょうていぼう》は昭和《しょうわ》二四年の「キティ台風《たいふう》」により全面的《ぜんめんてき》に破壊《はかい》せられ、その復旧工事《ふっきゅうこうじ》として原木《ばらき》、二俣《ふたまた》、本行徳《ほんぎょうとく》（一部《いちぶ》）地先《ちさき》を次々《つぎつぎ》と竣工又《しゅんこうまた》は工事中《こうじちゅう》であることは町民一同《ちょうみんいちどう》の斉《ひと》しく感謝《かんしゃ》する所《ところ》でありますが、今尚本行徳《いまなおほんぎょうとく》の一部及《いちぶおよ》び高谷地先《こうやちさき》は未着工《みちゃっこう》にて従前《じゅうぜん》どおり脆弱《ぜいじゃく》なる堤防《ていぼう》（災害応急工事《さいがいおうきゅうこうじ》の儘《まま》）にて最早台風期《もはやたいふうき》にも入《はい》り一日《いちにち》も早《はや》く未着工地区《みちゃっこうちく》の海岸堤防《かいがんていぼう》に対《たい》し災害復旧工事《さいがいふっきゅうこうじ》を急速《きゅうそく》に実施《じっし》あらんこと、他《ほか》一件《けん》を要望《ようぼう》（『海岸堤《かいがんてい》防災害復旧工事《ぼうさいがいふっきゅうこうじ》並《なら》びに舗装工事《ほそうこうじ》についての陳情書《ちんじょうしょ》〈昭和《しょうわ》二十九年〉』）。

●九月七日、県《けん》の葛南《かつなん》三町合併案《ちょうがっぺいあん》について、浦安《うらやす》・南行徳《みなみぎょうとく》・行徳町《ぎょうとくまち》の町長《ちょうちょう》、助役《じょやく》、議長《ぎちょう》が南《みなみ》行徳町役場《ぎょうとくまちやくば》において協議会《きょうぎかい》を開《ひら》き、三町合併《ちょうがっぺい》について協議《きょうぎ》したが、行徳町《ぎょうとくまち》は市川市《いちかわし》との合併問《がっぺいもん》題《だい》があるので終始態度《しゅうしたいど》を保留《ほりゅう》（『行徳町《ぎょうとくまち》との合併経緯《がっぺいけいい》の概要《がいよう》』）。

●九月一〇日、市川市《いちかわし》行徳町合併促進工場連盟《ぎょうとくまちがっぺいそくしんこうじょうれんめい》が合併促進《がっぺいそくしん》の要請書《ようせいしょ》を行徳町合併特別調査委員《ぎょうとくまちがっぺいとくべつちょうさいいん》会《かい》に提出《ていしゅつ》（『行徳町《ぎょうとくまち》との合併経緯《がっぺいけいい》の概要《がいよう》』）。

●九月二六日、行徳町議会《ぎょうとくちょうぎかい》が市川市《いちかわし》との合併調査特別委員会設置《がっぺいちょうさとくべついいんかいせっち》を決定《けってい》（『市川市史年表《いちかわししねんぴょう》』）。

●一〇月一日、消防署《しょうぼうしょ》消防分団《しょうぼうぶんだん》の合理的配置《ごうりてきはいち》と少数精鋭化《しょうすうせいえいか》を図《はか》るため、従来《じゅうらい》の団員定数《だんいんていすう》七九四名《めい》、二三カ分団《ぶんだん》六部編成《ぶへんせい》を、一八カ分団《ぶんだん》四五〇名《めい》に改《あらた》め、また手動《しゅどう》ポンプを廃止《はいし》し小型動力《こがたどうりょく》ポンプに切替《きりか》える（『市川市史年表《いちかわししねんぴょう》』）。

●一〇月二日、行徳町合併特別調査委員会《ぎょうとくまちがっぺいとくべつちょうさいいんかい》、葛南《かつなん》三町《ちょう》の合併《がっぺい》より市川市《いちかわし》との合併《がっぺい》の方《ほう》が有利《ゆうり》であるとの調査報告書《ちょうさほうこくしょ》を作成《さくせい》（『市川市史年表《いちかわししねんぴょう》』）

●一一月、行徳小学校《ぎょうとくしょうがっこう》、現所在地《げんしょざいち》に校舎《こうしゃ》が完成《かんせい》して移転《いてん》、校歌制定《こうかせいてい》。学校用地《がっこうようち》の埋立《うめたて》は旧江戸川《きゅうえどがわ》の一部《いちぶ》を掘《ほ》り、その土《つち》を使用《しよう》（『市川市立行徳小学校創立《いちかわしりつぎょうとくしょうがっこうそうりつ》百年記念誌《きねんし》』）。

●一一月一九日、行徳町合併調査特別委員会《ぎょうとくまちがっぺいちょうさとくべついいんかい》が町内全戸《ちょうないぜんこ》に配布《はいふ》するための調査資料《ちょうさしりょう》を作成《さくせい》し、部落長《ぶらくちょう》・各種団体長《かくしゅだんたいちょう》を招《まね》き、説明会開催《せつめいかいかいさい》。資料全戸配布《しりょうぜんこはいふ》を依頼《いらい》（『市川市史年表《いちかわししねんぴょう》』）。

●一二月一一日、市川市《いちかわし》と行徳町《ぎょうとくまち》の合併調査特別委員会《がっぺいちょうさとくべついいんかい》の合同協議会《ごうどうきょうぎかい》が市公民館《しこうみんかん》で開催《かいさい》され、合併《がっぺい》条件《じょうけん》に関《かん》する具体案《ぐたいあん》を概《おおむ》ね了承《りょうしょう》（『行徳町《ぎょうとくまち》との合併経緯《がっぺいけいい》の概要《がいよう》』）。

●一二月一一日、新会議所法《しんかいぎしょほう》に基《もと》づき市川商工会議所《いちかわしょうこうかいぎしょ》発足《ほっそく》（『市川市史年表《いちかわししねんぴょう》』）。

●この年《とし》、高谷自治会設立《こうやじちかいせつりつ》（『市川市史年表《いちかわししねんぴょう》』）。

昭和《しょうわ》二〇年代《だい》

●昭和《しょうわ》二〇年代《だい》まで、行徳《ぎょうとく》の人《ひと》たちは、「アサリなんて、あらぁ食《く》うもんじゃあねえ」といってハマグリばかり食《た》べていた。また、行徳水郷《ぎょうとくすいごう》といわれた地《ち》へ来《く》る釣《つ》り人《びと》を「道楽者《どうらくもの》」と呼《よ》び、土地《とち》の人《ひと》は子《こ》どもたちに「釣《つ》りをしている暇《ひま》があったら働《はたら》け」と言《い》っていた（『行徳歴史街道《ぎょうとくれきしかいどう》』）。

●昭和《しょうわ》二〇年代《だい》の行徳水郷《ぎょうとくすいごう》での子《こ》どもの遊《あそ》び。塩焼《しおやき》をしていた頃《ころ》のかつての江川跡《えがわあと》の川《かわ》の中《なか》を、子《こ》どもの集団《しゅうだん》がザブザブと歩《ある》く。すると前方《ぜんぽう》から泳《およ》いできたボラがピョンピョンと飛《と》びはねる。ボラは子《こ》どもたちを飛《と》び越《こ》えて後方《こうほう》の水面《すいめん》へ落《お》ちる。ところが子《こ》どもたちは、葭簀《よしず》を水面《すいめん》に浮《う》かべて引《ひ》いているから、ボラはそこへバタンと落《お》ちる。それを玉網《たまあみ》ですくって笊《ざる》の中《なか》に入《い》れる。笊《ざる》は腰《こし》に縄《なわ》で結《むす》んで水面《すいめん》を引《ひ》きずっている、といった「ボラ捕《と》り」。このボラ捕《と》りに飽《あ》きると「撫《な》ぜ」をやった。岸《きし》の下《した》にできた崖状《がけじょう》の穴《あな》や水面《すいめん》に垂《た》れた草《くさ》の根《ね》の下《した》へ、川底《かわぞこ》のほうから水面《すいめん》へ向《む》かって両手《りょうて》を揃《そろ》えてそっと上《あ》げていく。するとハゼやフナ、エビなどがたくさん捕《と》れた（『行徳歴史街道《ぎょうとくれきしかいどう》2』）。

●昭和《しょうわ》二〇年代《だい》、現在《げんざい》の新井《あらい》一丁目《ちょうめ》から南行徳《みなみぎょうとく》三丁目《ちょうめ》方面《ほうめん》へ、田圃《たんぼ》の畔道《あぜみち》と川筋《かわすじ》の道《みち》をたどって行《い》くと、途中《とちゅう》に何ケ所《なんかしょ》も不自然《ふしぜん》に道《みち》が高《たか》くなる場所《ばしょ》があった。江戸時代《えどじだい》に築造《ちくぞう》された潮除堤跡地《しおよけつつみあとち》である。そういう所《ところ》にある畑《はたけ》を「たかっぱたけ」（高畑《たかばたけ》）と呼《よ》んだ（『行徳歴史街道《ぎょうとくれきしかいどう》2』）。伊勢宿《いせじゅく》では寛永《かんえい》二年（一六二五）に江戸川《えどがわ》を締《し》め切《き》った時《とき》の堤防跡地《ていぼうあとち》が細長《ほそなが》く残《のこ》されていて、その場所《ばしょ》をやはり「たかっぱたけ」と呼《よ》んでいた（『明解行徳《めいかいぎょうとく》の歴史大事典《れきしだいじてん》』）。

●昭和《しょうわ》二〇年代《だい》、土地区画整理実施前《とちくかくせいりじっしまえ》、新井寺《しんせいじ》の和尚《おしょう》と本山《ほんざん》の僧《そう》、檀家総代《だんかそうだい》が御経塚《おきょうづか》を発掘《はっくつ》。梵字《ぼんじ》や漢字《かんじ》で経文《きょうもん》が書《か》かれたハマグリが一〇個《こ》ほど出土《しゅつど》、本山《ほんざん》へ持《も》ち帰《かえ》る（『行徳歴史街道《ぎょうとくれきしかいどう》2』）。

●昭和《しょうわ》二〇年代《だい》、筆者《ひっしゃ》の家《いえ》の米《こめ》の収量《しゅうりょう》は三反《たん》（約《やく》九〇〇坪《つぼ》）で二四俵《ひょう》ほど（平均実収《へいきんじっしゅう》）、農協《のうきょう》へ供出《きょうしゅつ》米《まい》として七俵《ひょう》、残《のこ》りの一七俵《ひょう》で家族《かぞく》六人《にん》が一年《いちねん》食《た》べるのだから（『行徳歴史街道《ぎょうとくれきしかいどう》4』）、零細農家《れいさいのうか》の家計《かけい》は火《ひ》の車《くるま》で、どうしても兼業《けんぎょう》の職業《しょくぎょう》が必要《ひつよう》だった。行徳《ぎょうとく》、南行徳地域《みなみぎょうとくちいき》の農家《のうか》は殆《ほとん》どが兼業農家《けんぎょうのうか》である。

三〇年 乙未《きのとひつじ》 一九五五

●一月八日、市川市《いちかわし》・行徳町合併問題《ぎょうとくまちがっぺいもんだい》に関《かん》して（行徳町《ぎょうとくまち》の）大洲地区《おおすちく》を振《ふ》り出《だ》しに連夜《れんや》、各地区《かくちく》で説明会開催《せつめいかいかいさい》（『行徳町《ぎょうとくまち》との合併経緯《がっぺいけいい》の概要《がいよう》〈昭和《しょうわ》三十年〉』）。

●一月、下妙典自治会《しもみょうでんじちかい》・新井自治会設立《あらいじちかいせつりつ》（『市川市史年表《いちかわししねんぴょう》』）。

●二月二五日、行徳町《ぎょうとくまち》、合併調査委員会《がっぺいちょうさいいんかい》を合併委員会《がっぺいいいんかい》に切替《きりか》え、各種団体長及《かくしゅだんたいちょうおよ》び地区会長《ちくかいちょう》をもって合併委員会《がっぺいいいんかい》の諮問委員会《しもんいいんかい》を設置《せっち》（『市川市史年表《いちかわししねんぴょう》』）。

●二月、県立《けんりつ》国府台《こうのだい》高校《こうこう》葛南《かつなん》分校《ぶんこう》振興会《しんこうかい》発足《ほっそく》。分校《ぶんこう》は南行徳中学校校舎《みなみぎょうとくちゅうがっこうこうしゃ》で授業《じゅぎょう》していた。定時《ていじ》制高校《せいこうこう》。

●三月三日、行徳町大洲《ぎょうとくまちおおす》・大和田《おおわだ》・稲荷木《とうかぎ》・河原各地区《かわらかくちく》の有志代表《ゆうしだいひょう》、市川市行徳町合併促進工《いちかわしぎょうとくまちがっぺいそくしんこう》場連盟会長《じょうれんめいかいちょう》、外《ほか》一〇三〇名《めい》、行徳町《ぎょうとくまち》より分町《ぶんちょう》して市川市《いちかわし》に編入《へんにゅう》を希望《きぼう》する請願書《せいがんしょ》を市議会《しぎかい》に提《てい》出《しゅつ》（『行徳町《ぎょうとくまち》との合併経緯《がっぺいけいい》の概要《がいよう》』）。

●三月七日、市公民館《しこうみんかん》において市川市合併小委員会《いちかわしがっぺいしょういいんかい》と行徳町合併委員会《ぎょうとくまちがっぺいいいんかい》との合同協議会《ごうどうきょうぎかい》が開《ひら》かれ、二九項目《こうもく》の合併条件案《がっぺいじょうけんあん》を審議《しんぎ》。当日《とうじつ》、開催中《かいさいちゅう》の市議会《しぎかい》は合併委員会《がっぺいいいんかい》に切替《きりか》えて同案《どうあん》を審議《しんぎ》承認《しょうにん》（『行徳町《ぎょうとくまち》との合併経緯《がっぺいけいい》の概要《がいよう》』）。

●三月八日、行徳町合併委員会《ぎょうとくまちがっぺいいいんかい》が諮問委員会《しもんいいんかい》との合同協議会《ごうどうきょうぎかい》を招集《しょうしゅう》し、諮問委員会《しもんいいんかい》より提出《ていしゅつ》された諮問案《しもんあん》六項目《こうもく》を採択《さいたく》。同案《どうあん》について地区会長《ちくかいちょう》の要望《ようぼう》により世論調査《せろんちょうさ》を行《おこな》うことを決定《けってい》（『市《いち》川市史年表《かわししねんぴょう》』）。

三月一一日、行徳町《ぎょうとくまち》において市川市《いちかわし》との合併《がっぺい》に関《かん》する世論調査《せろんちょうさ》を実施《じっし》。合併賛成《がっぺいさんせい》一一八一票《ひょう》、反対《はんたい》六二二票《ひょう》、その他《た》一五五票《ひょう》（高谷《こうや》・原木地区《ばらきちく》は調査票《ちょうさひょう》の提出《ていしゅつ》を拒否《きょひ》）（『行徳町《ぎょうとくまち》との合併経《がっぺいけい》緯《い》の概要《がいよう》』）。

三月一三日、原木《ばらき》・高谷両地区《こうやりょうちく》、提出《ていしゅつ》を拒否《きょひ》していた合併《がっぺい》に関《かん》する世論調査票《せろんちょうさひょう》を提出《ていしゅつ》（『行《ぎょう》徳町《とくまち》との合併経緯《がっぺいけいい》の概要《がいよう》』）。

同月同日《どうげつどうじつ》、行徳町《ぎょうとくまち》において市川市《いちかわし》との合併《がっぺい》に関《かん》する世論調査《せろんちょうさ》の最終的《さいしゅうてき》な集計《しゅうけい》が行《おこな》われる。賛《さん》

成《せい》一二三六、反対《はんたい》七二七、その他《た》一六八（『市川市史年表《いちかわししねんぴょう》』）。

●三月一四日、行徳町民有志《ぎょうとくちょうみんゆうし》による合併反対期成同盟《がっぺいはんたいきせいどうめい》が、合併調査特別委員会《がっぺいちょうさとくべついいんかい》に住民投票《じゅうみんとうひょう》による合併決定《がっぺいけってい》を要求《ようきゅう》する嘆願書《たんがんしょ》を提出《ていしゅつ》（『行徳町《ぎょうとくまち》との合併経緯《がっぺいけいい》の概要《がいよう》』）。

●三月一九日、行徳町《ぎょうとくまち》において市川市《いちかわし》との合併《がっぺい》に関《かん》する全有権者《ぜんゆうけんしゃ》の世論調査投票実施《よろんちょうさとうひょうじっし》。投票総《とうひょうそう》数《すう》四七七三、有効票《ゆうこうひょう》四六三六、合併賛成《がっぺいさんせい》二三四七、反対《はんたい》二二八九。

行徳町長《ぎょうとくちょうちょう》、合併問題《がっぺいもんだい》での町内混乱《ちょうないこんらん》の責任《せきにん》をとり、辞表《じひょう》を提出《ていしゅつ》（『行徳町《ぎょうとくまち》との合併経緯《がっぺいけいい》の概《がい》要《よう》』）。

三月二五日、行徳町議会《ぎょうとくちょうぎかい》、町長《ちょうちょう》の辞職願《じしょくねがい》を可決《かけつ》。行徳町《ぎょうとくまち》を廃《はい》し、市川市《いちかわし》に編入《へんにゅう》する処分《しょぶん》を知事《ちじ》に申請《しんせい》することについての議案《ぎあん》が行徳町議会《ぎょうとくちょうぎかい》において可決《かけつ》。賛成《さんせい》一四、反対《はんたい》三、欠席《けっせき》二。

市議会《しぎかい》においても合併議案可決《がっぺいぎあんかけつ》。

市川市長《いちかわしちょう》・行徳町長職務代理者《ぎょうとくちょうちょうしょくむだいりしゃ》（助役《じょやく》）、市川市《いちかわし》と行徳町《ぎょうとくまち》の合併条件《がっぺいじょうけん》についての覚書《おぼえがき》を交《こう》換《かん》。市議会議員《しぎかいぎいん》の定数《ていすう》が削減《さくげん》され、三二名《めい》となる（『行徳町《ぎょうとくまち》との合併経緯《がっぺいけいい》の概要《がいよう》』『市川市史年《いちかわししねん》表《ぴょう》』）。

●三月三〇日、行徳町《ぎょうとくまち》との合併《がっぺい》に伴《ともな》い、市川地区農業委員会《いちかわちくのうぎょういいんかい》と行徳地区農業委員会《ぎょうとくちくのうぎょういいんかい》とが設置《せっち》され、各委員会《かくいいんかい》の定数《ていすう》を二〇名《めい》とすることが議決《ぎけつ》される（『市川市史年表《いちかわししねんぴょう》』）。

◉**行徳町《ぎょうとくまち》・南行徳町《みなみぎょうとくまち》が市川市《いちかわし》に合併《がっぺい》。行徳支所《ぎょうとくししょ》を本行徳《ほんぎょうとく》に設置《せっち》**

三月三一日、行徳町《ぎょうとくまち》、市川市《いちかわし》に合併《がっぺい》。行徳支所設置《ぎょうとくししょせっち》。

行徳町消防団《ぎょうとくまちしょうぼうだん》一七カ分団《ぶんだん》四一八名《めい》が市川市消防団《いちかわししょうぼうだん》に加《くわ》わり、二団《だん》三五カ分団《ぶんだん》八六八名《めい》となる。一〇月一日、行徳地区消防団《ぎょうとくちくしょうぼうだん》三カ分団《ぶんだん》一七〇名《めい》に減《げん》じた上《うえ》、統合《とうごう》して一団《だん》二一分団《ぶんだん》六二〇名《めい》とする（『市川市史年表《いちかわししねんぴょう》』）。

四月一二日、市川市議会議員《いちかわしぎかいぎいん》の選挙及《せんきょおよ》び各選挙区《かくせんきょく》における議員《ぎいん》の定数《ていすう》に関《かん》する条例《じょうれい》が公布《こうふ》され、第一選挙区《だいせんきょく》（旧市川市全域《きゅういちかわしぜんいき》）三二名《めい》、第二選挙区《だいせんきょく》（旧行徳町全域《きゅうぎょうとくまちぜんいき》）四名《めい》と定《さだ》められる（『市《いち》川市史年表《かわししねんぴょう》』）。

●四月二一日、新京成電車《しんけいせいでんしゃ》、初富《はつとみ》―松戸間開通《まつどかんかいつう》により京成津田沼駅《けいせいつだぬまえき》から松戸《まつど》まで全通《ぜんつう》（『市川市史《いちかわしし》年表《ねんぴょう》』）。

●五月四日、和光幼稚園《わこうようちえん》、相之川《あいのかわ》に創設《そうせつ》（『市川市史年表《いちかわししねんぴょう》』）。

●六月八日、南行徳町定例議会《みなみぎょうとくまちていれいぎかい》において三二名《めい》の合併委員《がっぺいいいん》が推薦《すいせん》される（『南行徳《みなみぎょうとく》との合併経緯《がっぺいけいい》の概要《がいよう》〈昭和《しょうわ》三十一年〉』）。

●九月五日、市消防署《ししょうぼうしょ》、行徳分遣所《ぎょうとくぶんけんしょ》を設置《せっち》し、一署五分遣所《いっしょごぶんけんしょ》となる（『市川市史年表《いちかわししねんぴょう》』）。

●九月二七日、市議会《しぎかい》、副議長《ふくぎちょう》を通《つう》じて、南行徳町《みなみぎょうとくまち》との合併《がっぺい》の意志《いし》のあることを南行徳町《みなみぎょうとくちょう》長《ちょう》・町《ちょう》議会《ぎかい》議長《ぎちょう》を通《つう》じて非公式《ひこうしき》に伝達《でんたつ》（『南行徳《みなみぎょうとく》との合併経緯《がっぺいけいい》の概要《がいよう》』）。

●一〇月一日、南行徳町《みなみぎょうとくちょう》議会《ぎかい》、市川市《いちかわし》・浦安町《うらやすまち》を対象《たいしょう》とする南行徳町《みなみぎょうとくまち》第《だい》一回《かい》合併《がっぺい》促進《そくしん》委員会《いいんかい》が、南行徳中学校《みなみぎょうとくちゅうがっこう》において開催《かいさい》され、専門調査委員会《せんもんちょうさいいんかい》の設置《せっち》を決定《けってい》（『南行徳《みなみぎょうとく》との合併経緯《がっぺいけいい》の概要《がいよう》』）。

●一〇月一日、行徳地区《ぎょうとくちく》消防団《しょうぼうだん》三カ分団《ぶんだん》一七〇名《めい》に減《げん》じた上、統合《とうごう》して一団《だん》二一カ分団《ぶんだん》六二〇名《めい》とする（『市川市史年表《いちかわししねんぴょう》』）。

一〇月一日　第《だい》八回国勢調査《かいこくせいちょうさ》（総人口《そうじんこう》八九二七万五五二九）

●一〇月四日、行徳関ヶ島《ぎょうとくせきがしま》から海岸《かいがん》に通《つう》ずる産業道路新設《さんぎょうどうろしんせつ》についての請願《せいがん》が漁民及《ぎょみんおよ》び農民《のうみん》など二〇八名《めい》より出《だ》され、採択《さいたく》（『市川市史年表《いちかわししねんぴょう》』）。

●一一月一〇日、浦安《うらやす》・南行徳両町議会議長《みなみぎょうとくりょうちょうぎかいぎちょう》の斡旋《あっせん》による合併《がっぺい》に関《かん》する両町議会議員懇談会《りょうちょうぎかいぎいんこんだんかい》が、浦安町幼稚園《うらやすまちようちえん》において開催《かいさい》されるが、結論《けつろん》を得《え》ず散会《さんかい》（『南行徳《みなみぎょうとく》との合併経緯《がっぺいけいい》の概要《がいよう》』）。

●一一月、本行徳《ほんぎょうとく》三丁目自治会設立《ちょうめじちかいせつりつ》（『市川市史年表《いちかわししねんぴょう》』）。

●一二月一七日、二俣《ふたまた》・原木《ばらき》・高谷《こうや》三地区《ちく》の船橋市《ふなばしし》への合併《がっぺい》に関《かん》する請願及《せいがんおよ》びそれに対《たい》する高谷地《こうやち》区《く》からの市川市《いちかわし》への合併現状維持《がっぺいげんじょういじ》に関《かん》する陳情《ちんじょう》が出《だ》されたが、双方不採択《そうほうふさいたく》（『市川市史年表《いちかわししねんぴょう》』）。

●この年《とし》、本行徳《ほんぎょうとく》一丁目自治会設立《ちょうめじちかいせつりつ》（『市川市史年表《いちかわししねんぴょう》』）。

三一年丙申《ひのえさる》 一九五六

●一月一日、下新宿《しもしんしゅく》の大徳寺《だいとくじ》に万霊塔建立《ばんれいとうこんりゅう》される。
「三界萬霊《さんかいばんれい》 一切檀越《いっさいだんえつ》 有無量縁《うむりょうえん》」［台《だい》］供養塔《くようとう》 昭和《しょうわ》三十一年元旦建立《がんたんこんりゅう》 大徳寺《だいとくじ》 卅 世聴《さんじゅっせいちょう》譽代《よだい》 ［台左《だいひだり》］當寺開山塔無縁塔建立寄附金氏名《とうじかいざんとうむえんとうこんりゅうききふきんしめい》（金額《きんがく》・姓名《せいめい》21）［台右《だいみぎ》］（金額《きんがく》・姓名《せいめい》21）
（『市川市《いちかわし》の石造物《せきぞうぶつ》』）

●一月一五日、市主催《ししゅさい》の第《だい》一回成人式式典《かいせいじんしきしきてん》が和洋女子大学《わようじょしだいがく》で挙行《きょこう》（『市川市史年表《いちかわししねんぴょう》』）。

●一月三〇日、南行徳町《みなみぎょうとくまち》が合併促進委員会《がっぺいそくしんいいんかい》を開催《かいさい》し、専門委員《せんもんいいん》を選出《せんしゅつ》し、合併対象市町村《がっぺいたいしょうしちょうそん》を市《いち》川市《かわし》・浦安町《うらやすまち》に限定《げんてい》することを決定《けってい》（『南行徳《みなみぎょうとく》との合併経緯《がっぺいけいい》の概要《がいよう》〈昭和《しょうわ》三十一年〉』）。

●一月、田尻自治会《たじりじちかい》・原木自治会設立《ばらきじちかいせつりつ》（『市川市史年表《いちかわししねんぴょう》』）。

●二月、二俣自治会設立《ふたまたじちかいせつりつ》。行徳《ぎょうとく》の名物《めいぶつ》「常夜灯《じょうやとう》」が復元《ふくげん》される（『市川市史年表《いちかわししねんぴょう》』）。

●三月二三日、行徳町《ぎょうとくまち》と市川市《いちかわし》の合併《がっぺい》条件《じょうけん》のうち、行徳小学校《ぎょうとくしょうがっこう》に関《かん》する事項《じこう》の実施促進《じっしそくしん》のため、関係者《かんけいしゃ》六名《めい》による市立行徳小学校校舎改築《しりつぎょうとくしょうがっこうこうしゃかいちく》に関《かん》する陳情《ちんじょう》、採択《さいたく》（『市川市史年表《いちかわししねんぴょう》』）。

●三月二三日、河原地先行徳橋県道並《かわらちさきぎょうとくばしけんどうなら》びに同南詰《どうみなみづめ》から上妙典《かみみょうでん》に通《つう》ずる市道《しどう》に街路照明灯設置方《がいろしょうめいとうせっちかた》に関《かん》する請願《せいがん》、採択《さいたく》（『市川市史年表《いちかわししねんぴょう》』）。

●四月一日、鬼高小学校《おにたかしょうがっこう》、稲荷木小学校創立《とうかぎしょうがっこうそうりつ》（『市川市史年表《いちかわししねんぴょう》』）。

●四月二六日、南行徳町議会《みなみぎょうとくまちぎかい》が県地方課加藤主事《けんちほうかかとうしゅじ》を招《まね》いて合併問題《がっぺいもんだい》についての意見《いけん》を交換《こうかん》（『南《みなみ》行徳《ぎょうとく》との合併経緯《がっぺいけいい》の概要《がいよう》』)。

●四月、大和田《おおわだ》自治会《じちかい》、塩焼町《しおやきまち》自治会《じちかい》、下新宿《しもしんしゅく》自治会設立《じちかいせつりつ》(『市川市史年表《いちかわししねんぴょう》』)。

●五月一〇日、行徳小学校新築落成式挙行《ぎょうとくしょうがっこうしんちくらくせいしききょこう》(『市川市史年表《いちかわししねんぴょう》』)。

●五月一一日、浮谷市長《うきやしちょう》、市議会《しぎかい》において大市川市確立《だいいちかわしかくりつ》のための基本的事業計画《きほんてきじぎょうけいかく》として、(一)真間川改修計画《ままがわかいしゅうけいかく》に伴《ともな》う都市計画《としけいかく》の樹立《じゅりつ》、(二)江戸川地区用排水《えどがわちくようはいすい》の改良《かいりょう》による農業経営《のうぎょうけいえい》の合理《ごうり》化《か》、(三)東京湾《とうきょうわん》の埋立《うめたて》による工場誘致《こうじょうゆうち》の三大施政方針《さんだいしせいほうしん》を打《う》ち出《だ》す(『市川市史年表《いちかわししねんぴょう》』)。

●五月一一日、市川市《いちかわし》は市議会全員協議会《しぎかいぜんいんきょうぎかい》の結果《けっか》、全議員《ぜんぎいん》を合併調査委員《がっぺいちょうさいいん》とし、なお、そのうち一〇名《めい》を特別委員《とくべついいん》として委嘱《いしょく》(『南行徳《みなみぎょうとく》との合併経緯《がっぺいけいい》の概要《がいよう》』)。

●五月一八日、南行徳町合併促進委員会《みなみぎょうとくまちがっぺいそくしんいいんかい》、市川市《いちかわし》へ編入合併《へんにゅうがっぺい》で意見一致《いけんいっち》(『南行徳《みなみぎょうとく》との合併経《がっぺいけい》緯《い》の概要《がいよう》』)。

五月三〇日、南行徳町《みなみぎょうとくまち》、第《だい》五回合併促進委員会開催《かいがっぺいそくしんいいんかいかいさい》。市川市《いちかわし》への編入合併《へんにゅうがっぺい》を決定《けってい》し、同委員《どういいん》会《かい》を解散《かいさん》(『南行徳《みなみぎょうとく》との合併経緯《がっぺいけいい》の概要《がいよう》』)。

●五月、関ヶ島自治会設立《せきがしまじちかいせつりつ》(『市川市史年表《いちかわししねんぴょう》』)。

●六月一日、行徳橋派出所開設《ぎょうとくばしはしゅつじょかいせつ》。

●六月四日、南行徳町《みなみぎょうとくまち》、市公民館《しこうみんかん》において市川市《いちかわし》への編入合併《へんにゅうがっぺい》を申入《もうしい》れる(『南行徳《みなみぎょうとく》との合併《がっぺい》経緯《けいい》の概要《がいよう》』)。

●六月一〇日、行徳地区《ぎょうとくちく》における井戸水水質検査《いどみずすいしつけんさ》を保健所《ほけんじょ》・市薬剤師会《しやくざいしかい》で実施《じっし》。八三件中《けんちゅう》六七%

が飲料《いんりょう》不適《ふてき》と診断《しんだん》される（『市川市史年表《いちかわししねんぴょう》』）。

●六月一〇日、市川市俳句協会創立《いちかわしはいくきょうかいそうりつ》（『市川市史年表《いちかわししねんぴょう》』）。

●六月一三日、合併《がっぺい》に関《かん》して、浮谷市川市長《うきやいちかわしちょう》ほか一三名《めい》が南行徳町全域《みなみぎょうとくまちぜんいき》を視察《しさつ》（『南行徳《みなみぎょうとく》との合併経緯《がっぺいけいい》の概要《がいよう》』）。

「目《め》がこう銀色《ぎんいろ》みたいでね、キラッと光《ひか》るんだ。鷹《たか》のような目《め》で風格《ふうかく》があり他《た》の浦《うら》でも定評《ていひょう》があった。帽子《ぼうし》をかぶってステッキを持《も》って、言《い》うならば英国紳士《えいこくしんし》みたいな恰好《かっこう》をして毎日行徳《まいにちぎょうとく》にきていたのを覚《おぼ》えています」（『風走《かぜはし》る浮谷竹次郎小伝《うきやたけじろうしょうでん》』）

●六月、河原自治会設立《かわらじちかいせつりつ》（『市川市史年表《いちかわししねんぴょう》』）。

●七月四日、カキ養殖《ようしょく》について行徳漁協関係者《ぎょうとくぎょきょうかんけいしゃ》との打合《うちあわ》せ及《およ》び現地調査《げんちちょうさ》が行《おこな》われる（『市川市史《いちかわしし》年表《ねんぴょう》』）。

●七月一三日、県漁業委員会《けんぎょぎょういいんかい》、四カ浦相互入漁契約締結《うらそうごにゅうぎょけいやくていけつ》を勧告《かんこく》（『市川市史年表《いちかわししねんぴょう》』）。

●七月一四日、合併条件《がっぺいじょうけん》に関《かん》する要望書《ようぼうしょ》が南行徳側《みなみぎょうとくがわ》でまとめられる（『南行徳《みなみぎょうとく》との合併経緯《がっぺいけいい》の概要《がいよう》』）。

●七月二六日、上石垣場東場《かみいしがきばひがしば》ノ二及《およ》び三、下道《しもみち》ノ三など、農地《のうち》の分筆実測施行《ぶんぴつじっそくしこう》（『市川市史年《いちかわししねん》表《ぴょう》』）。

●八月九日、南行徳町合同委員会《みなみぎょうとくまちごうどういいんかい》、合併《がっぺい》に関《かん》する要望書《ようぼうしょ》の回答《かいとう》を市川市《いちかわし》から得《え》る（『南行徳《みなみぎょうとく》との合併経緯《がっぺいけいい》の概要《がいよう》』）。

●八月一一日、南行徳町長《みなみぎょうとくちょうちょう》より市川市《いちかわし》からの回答書《かいとうしょ》の説明《せつめい》が合併促進委員会《がっぺいそくしんいいんかい》になされ、委員会《いいんかい》はこれを諒承《りょうしょう》。また、香取《かんどり》、相之川《あいのかわ》、島尻《しまじり》の三区《さんく》の小字《こあざ》を大字《おおあざ》に昇格《しょうかく》の事項《じこう》についても、交渉《こうしょう》委員会決定《いいんかいけってい》の通《とお》り諒承《りょうしょう》（『南行徳《みなみぎょうとく》との合併経緯《がっぺいけいい》の概要《がいよう》』）。

●八月一七日、海面掘鑿《かいめんくつさく》の件《けん》で県河港課職員《けんかこうかしょくいん》が来市《らいし》、現地調査《げんちちょうさ》を実施《じっし》（『市川市史年表《いちかわししねんぴょう》』）。

●九月三日、市川市《いちかわし》・南行徳町合同委員会《みなみぎょうとくまちごうどういいんかい》が合併《がっぺい》に関《かん》して審議《しんぎ》を行《おこな》う（『南行徳《みなみぎょうとく》との合併経緯《がっぺいけいい》の概要《がいよう》』）。

九月一〇日、南行徳町議会《みなみぎょうとくちょうぎかい》、市川市《いちかわし》への合併《がっぺい》を賛成《さんせい》一五、反対《はんたい》一で可決《かけつ》（『南行徳《みなみぎょうとく》との合併《がっぺい》経緯《けいい》の概要《がいよう》』）。

九月一一日、臨時市議会《りんじしぎかい》において、南行徳町《みなみぎょうとくまち》の市川市《いちかわし》への合併編入案《がっぺいへんにゅうあん》を全員一致《ぜんいんいっち》で可決《かけつ》し、県知事《けんちじ》に南行徳町合併申請書《みなみぎょうとくまちがっぺいしんせいしょ》を提出《ていしゅつ》（『南行徳《みなみぎょうとく》との合併経緯《がっぺいけいい》の概要《がいよう》』）。

●九月、干害《かんがい》により陸稲《おかぼ》一〇〇町歩《ちょうぶ》、枯死《こし》の大被害《だいひがい》を受《う》ける（『市川市史年表《いちかわししねんぴょう》』）。行徳《ぎょうとく》・南行《みなみぎょう》徳地域《とくちいき》は水稲《すいとう》だが、水田《すいでん》がひび割《わ》れ、塩《しお》の結晶《けっしょう》が稲《いね》の根元《ねもと》にキラキラと光《ひか》ってついているのを目《もく》撃《げき》（『おばばと一郎』）。

●一〇月一日、南行徳町《みなみぎょうとくまち》、市川市《いちかわし》に合併編入《がっぺいへんにゅう》。

南行徳町消防団《みなみぎょうとくまちしょうぼうだん》七カ分団団員定数《ぶんだんだんいんていすう》二九二名《めい》を二カ分団《ぶんだん》八〇名《めい》とした上《うえ》、市川市消防団《いちかわししょうぼうだん》に統《とう》合《ごう》。その結果《けっか》、分団数《ぶんだんすう》一三カ分団団員数《ぶんだんだんいんすう》七〇〇名《めい》、消防職員定数《しょうぼうしょくいんていすう》を一〇七名《めい》とする（『市川市史《いちかわしし》年表《ねんぴょう》』）。

一〇月四日　新教育委員会発足《しんきょういくいいんかいほっそく》。新教育委員会法《しんきょういくいいんかいほう》により公選制《こうせんせい》が廃止《はいし》され、任命制《にんめいせい》となる

●一〇月六日、船橋市《ふなばしし》が海面《かいめん》五〇万坪埋立《つぼうめたて》のため、関係漁協《かんけいぎょきょう》と漁業補償締結《ぎょぎょうほしょうていけつ》（『市川市史年表《いちかわししねんぴょう》』）。

●一〇月一七日、南行徳地区《みなみぎょうとくちく》の漁港調査施行《ぎょこうちょうさしこう》（『市川市史年表《いちかわししねんぴょう》』）。

●一一月一七日、義務教育《ぎむきょういく》を修了《しゅうりょう》した知的発達《ちてきはったつ》の遅《おく》れのある者《もの》に対《たい》する土曜学校開校《どようがっこうかいこう》（『市川市史年表《いちかわししねんぴょう》』）。

●一二月一四日、海面埋立予定地《かいめんうめたてよていち》の行徳《ぎょうとく》・上妙典《かみみょうでん》・田尻《たじり》・原木《ばらき》・二俣地先海岸《ふたまたちさきかいがん》の視察《しさつ》が、県《けん》の指導研究《しどうけんきゅう》として県河港課長《けんかこうかちょう》らによって行《おこな》われる（『市川市史年表《いちかわししねんぴょう》』）。

埋立前《うめたてまえ》の自然《しぜん》の一風景《いちふうけい》を紹介《しょうかい》する。

「ハゼってのは、あら釣《つ》るもんじゃねえと思《おも》ったんだよ。捕《つか》まえるもんだと思《おも》ったの。こう撫《な》ぜるんですよ。ほすんとハゼはこう、足跡《あしあと》なんかあんでしょ。そん中《なか》にハゼがこうね、こうつかんでいくらでも捕《と》れた。昔《むかし》はねえ、アサリってのはねえ、あれ食《た》べるもんじゃねえと思《おも》ったものねえ。ハマグリだってこんなでかいもんな。こんなでかいハマグリさあ、いっくらでもねえ、いて、ほんとにあれだよ、三〇分《ぷん》でもって元《もと》がとれた」（『市川《いちかわ》の伝承民話《でんしょうみんわ》』第七集《だいしゅう》）

一二月一八日、二俣地先《ふたまたちさき》より上妙典地先《かみみょうでんちさき》を結《むす》ぶ海面埋立《かいめんうめたて》について、市《し》の事業《じぎょう》として免許《めんきょ》を受《う》けることが市議会議員全員協議会《しぎかいぎいんぜんいんきょうぎかい》において同意《どうい》される（『市川市史年表《いちかわししねんぴょう》』）。

一二月一八日　国連総会《こくれんそうかい》、日本《にほん》の加盟可決《かめいかけつ》

●一二月二一日、上妙典《かみみょうでん》・下妙典《しもみょうでん》の元成田《もとなりた》街道《かいどう》の市道《しどう》修理《しゅうり》に関《かん》する陳情《ちんじょう》、採択《さいたく》（『市川市史年表《いちかわししねんぴょう》』）。

●一二月二一日、旧行徳《きゅうぎょうとく》小学校《しょうがっこう》校舎《こうしゃ》払下《はらいさ》げ取除《とりのぞ》き後《ご》の敷地《しきち》に、合併《がっぺい》条件《じょうけん》の協定《きょうてい》事項《じこう》として、公民館《こうみんかん》及《およ》びプールを新設《しんせつ》する旨《むね》の陳情《ちんじょう》が行徳《ぎょうとく》地区《ちく》自治会《じちかい》長《ちょう》会議《かいぎ》の決定《けってい》に基《もと》づいて出《だ》され、採択《さいたく》（『市川市史年表《いちかわししねんぴょう》』）。

この年《とし》

●押切《おしきり》の稲荷《いなり》神社《じんじゃ》の玉垣《たまがき》奉納《ほうのう》される。〈右《みぎ》〉氏子中《うじこちゅう》［裏《うら》］昭和《しょうわ》卅《さんじゅう》一年拝殿《はいでん》建設《けんせつ》役員《やくいん》　区長《くちょう》・副区長《ふくくちょう》・世話人《せわにん》（姓名《せいめい》8）大工《だいく》吉田《よしだ》信吉《しんきち》〈左《ひだり》〉氏子中《うじこちゅう》［裏《うら》］昭和《しょうわ》卅《さんじゅう》一年玉垣《たまがき》建設《けんせつ》役員《やくいん》　宮世話人《みやせわにん》・区長《くちょう》・副区長《ふくくちょう》・世話人《せわにん》（姓名《せいめい》11）湊《みなと》青山《あおやま》石材店《せきざいてん》（『市川市《いちかわし》の石造物《せきぞうぶつ》』）

●千葉《ちば》用水路《ようすいろ》完成《かんせい》。現市川《げんいちかわ》・浦安《うらやす》バイパスのライン。一九四〇年参照《さんしょう》。

●上妙典《かみみょうでん》自治会《じちかい》設立《せつりつ》（『市川市史年表《いちかわししねんぴょう》』）。

三二年丁酉《ひのととり》　一九五七

●一月一日、解散《かいさん》した「千葉新聞《ちばしんぶん》」に替《か》わり、「千葉日報《ちばにっぽう》」創刊《そうかん》。

●一月一〇日、海苔《のり》養殖《ようしょく》の減収《げんしゅう》について行徳《ぎょうとく》海域《かいいき》海水《かいすい》を県《けん》水産《すいさん》試験場《しけんじょう》に委託《いたく》し、胞子《ほうし》腐敗《ふはい》原因《げんいん》を調査《ちょうさ》（『市川市史年表《いちかわししねんぴょう》』）。

●一月二七日、二俣《ふたまた》・原木《ばらき》地先《ちさき》埋立《うめたて》事業《じぎょう》に関《かん》して、市《し》と行徳《ぎょうとく》漁業《ぎょぎょう》協同組合《きょうどうくみあい》との間《あいだ》で同意書《どういしょ》がかわされる（『市川市史年表《いちかわししねんぴょう》』）。

●一月、相之川《あいのかわ》・香取《かんどり》・島尻《しまじり》・湊新田《みなとしんでん》の各自治会《かくじちかい》設立《せつりつ》（『市川市史年表《いちかわししねんぴょう》』）。

●二月、押切《おしきり》の稲荷神社《いなりじんじゃ》に「狐《きつね》」が奉納《ほうのう》される。「田中幸之助《たなかこうのすけ》、澁谷要三《しぶやようぞう》、河崎佐次右エ門《かわさきさじうえもん》、田所好次郎《たどころこうじろう》、及川喜八《おいかわきはち》、水落初太郎《みずおちはつたろう》、青山新太郎《あおやましんたろう》、中島半蔵《なかじまはんぞう》、中村政雄《なかむらまさお》、澁谷浦次郎《しぶやうらじろう》　昭和《しょうわ》三十二年《ねん》二月初午《がつはつうま》」（『明解行徳の歴史大事典《めいかいぎょうとくのれきしだいじてん》』）

●二月二〇日、市長《しちょう》が二俣《ふたまた》・原木《ばらき》地先《ちさき》埋立《うめたて》施行願《せこうねがい》を県知事《けんちじ》に申請《しんせい》（『市川市史年表《いちかわししねんぴょう》』）。

●二月二三日、欠真間《かけまま》の農業協同組合《のうぎょうきょうどうくみあい》事務所《じむしょ》全焼《ぜんしょう》。焼死《しょうし》一名《めい》（『市川市史年表《いちかわししねんぴょう》』）。

●三月二五日、市立《しりつ》図書館《としょかん》本館《ほんかん》竣功《しゅんこう》（『市川市史年表《いちかわししねんぴょう》』）。

●三月二六日、二俣《ふたまた》地区《ちく》居住者《きょじゅうしゃ》による船橋市《ふなばしし》への合併《がっぺい》促進《そくしん》に関《かん》する陳情《ちんじょう》、不採択《ふさいたく》（『市川市史年表《いちかわししねんぴょう》』）。

●三月、二代目《だいめ》の行徳橋《ぎょうとくばし》と可動堰《かどうぜき》（東洋一《とうよういち》のローリングダム式《しき》）が竣工《しゅんこう》。

●三月、下妙典《しもみょうでん》の春日神社《かすがじんじゃ》に燈籠《とうろう》建立《こんりゅう》される。〈右《みぎ》〉神燈《しんとう》［基段《きだん》］氏子中《うじこちゅう》［基段左《きだんひだり》］氏子總代《うじこそうだい》・補助員《ほじょいん》（姓名《せいめい》8）昭和《しょうわ》三十二年三月建之《これをたてる》石工《いしく》治兵衛《じへえ》〈左《ひだり》〉神燈《しんとう》［基段右《きだんみぎ》］發企人《ほっきにん》　身延講社《みのぶこうしゃ》卋話人《せわにん》（姓名《せいめい》4）（『市川市《いちかわし》の石造物《せきぞうぶつ》』）

●四月六日、公有水面埋立施行《こうゆうすいめんうめたてせこう》に関《かん》し、市《し》と京葉開発興業株式会社《けいようかいはつこうぎょうかぶしきがいしゃ》の仮契約《かりけいやく》が締結《ていけつ》される（『市川《いちかわ》市史年表《ししねんぴょう》』）。

●四月一九日、四月六日付公有水面埋《づけこうゆうすいめんう》め立《た》てに関《かん》する市川市会《いちかわしかい》への諮問《しもん》について、市議会《しぎかい》、異議《いぎ》がない旨《むね》を県知事《けんちじ》に答申《とうしん》（『市川市史年表《いちかわししねんぴょう》』）。

●五月一五日、市立図書館落成式挙行《しりつとしょかんらくせいしききょこう》。一般公開《いっぱんこうかい》は二一日。これを機会《きかい》に従来《じゅうらい》の図書館《としょかん》を統合《とうごう》（『市川市史年表《いちかわししねんぴょう》』）。

●七月一日、市川市農業委員会《いちかわしのうぎょういいんかい》の選挙《せんきょ》による、委員《いいん》の選挙区及《せんきょくおよ》び各選挙区《かくせんきょく》における委員《いいん》の定数《ていすう》に関《かん》する条例《じょうれい》が公布《こうふ》され、第一選挙区《だいせんきょく》（旧市川市全域《きゅういちかわしぜんいき》）八名《めい》、第二選挙区《だいせんきょく》（旧行徳町及《きゅうぎょうとくまちおよ》び南行徳《みなみぎょうとく》町全域《まちぜんいき》）七名《めい》と定《さだ》められる（『市川市史年表《いちかわししねんぴょう》』）。

●七月一九日、行徳地先海岸《ぎょうとくちさきかいがん》、市川港《いちかわこう》として乙号港湾《おつごうこうわん》に指定《してい》される（『市川市史年表《いちかわししねんぴょう》』）。

●八月九日、行徳船着場施設完成《ぎょうとくふなつきばしせつかんせい》（『市川市史年表《いちかわししねんぴょう》』）。

●八月二四日、市川市《いちかわし》の海面埋《かいめんう》め立《た》て計画《けいかく》に対《たい》し、区画漁業権《くかくぎょぎょうけん》を有《ゆう》する船橋市漁業協同組合《ふなばししぎょぎょうきょうどうくみあい》の海苔養殖業者《のりようしょくぎょうしゃ》より、漁場喪失《ぎょじょうそうしつ》を理由《りゆう》に計画中止《けいかくちゅうし》の陳情書《ちんじょうしょ》が運輸大臣《うんゆだいじん》あてに提出《ていしゅつ》される（『市《いち》川市史年表《かわししねんぴょう》』）。

●一〇月一日、行徳支所《ぎょうとくししょ》の所管区域《しょかんくいき》が旧行徳町及《きゅうぎょうとくまちおよ》び南行徳町一円《みなみぎょうとくまちいちえん》とされる。それに伴《ともな》い南行《みなみぎょう》徳支所廃止《とくししょはいし》（『市川市史年表《いちかわししねんぴょう》』）。

一〇月四日　ソ連《れん》、人工衛星《じんこうえいせい》スプートニク一号《ごう》打《う》ち上《あ》げに成功《せいこう》

●一〇月二四日、第《だい》一回市川市《かいいちかわし》教育研究《きょういくけんきゅう》集会開催《しゅうかいかいさい》（『市川市史年表《いちかわししねんぴょう》』）。

●一一月一日、市川市《いちかわし》、京葉臨海工業《けいようりんかいこうぎょう》地帯開発《ちたいかいはつ》の一環《いっかん》として、第《だい》一次海面埋立事業《じかいめんうめたてじぎょう》の免許《めんきょ》を受《う》ける（『市川市史年表《いちかわししねんぴょう》』）。工事着手《こうじちゃくしゅ》は昭和《しょうわ》三四年（一九五九）。

●一一月八日、行徳小学校体育館完成《ぎょうとくしょうがっこうたいいくかんかんせい》。（『市川市史年表《いちかわししねんぴょう》』）。

●一一月一八日、船橋市漁業《ふなばししぎょぎょう》協同組合《きょうどうくみあい》、市川市《いちかわし》の海面埋《かいめんう》め立《た》て計画《けいかく》に対《たい》する抗議書《こうぎしょ》を市長《しちょう》あてに提出《ていしゅつ》（『市川市史年表《いちかわししねんぴょう》』）。

●一二月一日、稲荷木小学校開校式挙行《とうかぎしょうがっこうかいこうしききょこう》（『市川市史年表《いちかわししねんぴょう》』）。

●この年《とし》、押切自治会《おしきりじちかい》、湊自治会設立《みなとじちかいせつりつ》（『市川市史年表《いちかわししねんぴょう》』）。

●この年《とし》、『有楽町《ゆうらくちょう》で逢《あ》いましょう』流行《りゅうこう》。

●この年《とし》より市川《いちかわ》・浦安地区《うらやすちく》の地盤沈下《じばんちんか》始《はじ》まる（『市川市史《いちかわしし》』第《だい》四巻《かん》 現代編《げんだいへん》 第《だい》八章《しょう》 都市《とし》づくりの発展《はってん》と災害《さいがい》）。地下水《ちかすい》くみ上《あ》げが原因《げんいん》。一九九七年参照《さんしょう》。

三三年 戊戌《つちのえいぬ》 一九五八

●一月一四日、千葉用水《ちばようすい》の市《し》への移管《いかん》について市助役《しじょやく》が出県《しゅっけん》し、打合《うちあわ》せを行《おこな》う（『市川市史年《いちかわししねん》表《ぴょう》』）。

●三月二二日、稲荷木小学校《とうかぎしょうがっこう》の校地《こうち》として一一八八坪《つぼ》の土地《とち》を取得《しゅとく》することが議決《ぎけつ》される（『市川《いちかわ》市史年表《ししねんぴょう》』）。

●三月二五日、南行徳船着場施設工事竣功《みなみぎょうとくふなつきばしせつこうじしゅんこう》（『市川市史年表《いちかわししねんぴょう》』）。

●三月二九日、菅野三丁目《すがのちょうめ》に市川市農業会館《いちかわしのうぎょうかいかん》を建設《けんせつ》し、市内農業団体《しないのうぎょうだんたい》の一本化《いっぽんか》をはかることを目的《もくてき》とした市川市農業協同組合新築工事費《いちかわしのうぎょうきょうどうくみあいしんちくこうじひ》の一部援助方《いちぶえんじょかた》に関《かん》する請願《せいがん》が、市川市農業協同組合《いちかわしのうぎょうきょうどうくみあい》長《ちょう》より提出《ていしゅつ》され、採択《さいたく》（『市川市史年表《いちかわししねんぴょう》』）。

●四月一日、船橋市《ふなばしし》並《なら》びに市川市《いちかわし》の埋立《うめたて》に関《かん》する県《けん》の調整《ちょうせい》のための協議会《きょうぎかい》が、副知事《ふくちじ》・土木部《どぼくぶ》長《ちょう》・水産商工部長《すいさんしょうこうぶちょう》・船橋市長《ふなばししちょう》・市川市長《いちかわしちょう》・関係漁業協同組合代表者《かんけいぎょぎょうきょうどうくみあいだいひょうしゃ》の参加《さんか》のもとに開《ひら》かれる（『市川市史年表《いちかわししねんぴょう》』）。

●四月一日、市川商工会館落成《いちかわしょうこうかいかんらくせい》（『市川市史年表《いちかわししねんぴょう》』）。

●四月二六日、市川市教員組合《いちかわしきょういんくみあい》、真間《まま》小学校講堂《しょうがっこうこうどう》で勤務評定阻止大会開催《きんむひょうていそしたいかいかいさい》（『市川市史年表《いちかわししねんぴょう》』）。

●五月、本州製紙株式会社江戸川工場《ほんしゅうせいしかぶしきがいしゃえどがわこうじょう》から流失《りゅうしつ》したＳＣＰ排水《はいすい》により、市南部地先海面《しなんぶちさきかいめん》で貝類《かいるい》・魚類《ぎょるい》が大量《たいりょう》へい死《し》。被害額《ひがいがく》一億三〇〇〇万円《えん》。昭和《しょうわ》三四年二月二四日に県斡旋《けんあっせん》により、補償金《ほしょうきん》二九二〇万円《えん》が支払《しはら》われる（『市川市史年表《いちかわししねんぴょう》』）。

また、六月一日、本州製紙東京江戸川工場《ほんしゅうせいしとうきょうえどがわこうじょう》の黒《くろ》い汚水《おすい》による浦安町漁業被害《うらやすまちぎょぎょうひがい》で、漁民《ぎょみん》は町民《ちょうみん》大会《たいかい》を開催《かいさい》。大会後《たいかいご》に漁民約《ぎょみんやく》二〇〇名《めい》が江戸川工場《えどがわこうじょう》に押《お》しかけ警官隊《けいかんたい》と衝突《しょうとつ》、六〇余名《よめい》が負傷《ふしょう》（『市川市史年表《いちかわししねんぴょう》』）。

●六月三日、本行徳《ほんぎょうとく》の妙応寺《みょうおうじ》に浄行菩薩像建立《じょうぎょうぼさつぞうこんりゅう》される。

[台左《だいひだり》]（法名《ほうみょう》1）菩提《ぼだい》　施主関口勇《せしゅせきぐちいさむ》　昭和《しょうわ》三十三年六月　當山《とうざん》三十八世日完代《せいにっかんだい》（『市川市《いちかわし》の石《せき》造物《ぞうぶつ》』）

●六月二七日、久永製作所及《ひさながせいさくしょおよ》び民家《みんか》四棟《むね》・非民家《ひみんか》四棟全焼《むねぜんしょう》（『市川市史年表《いちかわししねんぴょう》』）。

●六月三〇日、行徳中学校校地拡張《ぎょうとくちゅうがっこうこうちかくちょう》に関《かん》する陳情《ちんじょう》が同校《どうこう》PTA会長《かいちょう》ほか三名《めい》に拠《よ》り出《だ》され、採《さい》択《たく》（『市川市史年表《いちかわししねんぴょう》』）。

七月一日　千葉県《ちばけん》、千葉市幕張地先海面《ちばしまくはりちさきかいめん》一五万五〇〇〇坪《つぼ》の埋立《うめたて》に着手《ちゃくしゅ》（『市川市史年表《いちかわししねんぴょう》』）

●七月一八日、市校長会《しこうちょうかい》は勤務評定《きんむひょうてい》の実施《じっし》にあたって八項目《こうもく》の要望書《ようぼうしょ》を県教育委員会《けんきょういくいいんかい》に提出《ていしゅつ》（『市川市史年表《いちかわししねんぴょう》』）。

●七月二一日、市役所南行徳連絡所設置《しやくしょみなみぎょうとくれんらくしょせっち》（『市川市史年表《いちかわししねんぴょう》』）。

●九月一七日、新井町《あらいまち》の梅《うめ》の湯半焼《ゆはんしょう》（『市川市史年表《いちかわししねんぴょう》』）。

◉狩野川台風《かのがわたいふう》が襲来《しゅうらい》

九月二六日、狩野川台風《かのがわたいふう》が襲来《しゅうらい》し、真間川氾濫《ままがわはんらん》。市川《いちかわ》、真間《まま》、菅野《すがの》、須和田《すわだ》、鬼高《おにたか》を中心《ちゅうしん》に床《ゆか》上浸水《うえしんすい》二四五六戸、床下浸水《ゆかしたしんすい》二五六〇戸《こ》、罹災者総数《りさいしゃそうすう》二万四二六一名《めい》。県下《けんか》で初《はつ》の災害救助法適《さいがいきゅうじょほうてき》用《よう》される（『市川市史年表《いちかわししねんぴょう》』）。

●一〇月一三日、市制執行《しせいしっこう》の円滑化《えんかつか》について連絡協議《れんらくきょうぎ》し、必要《ひつよう》な助言《じょげん》をなすために市川市自治会《いちかわしじちかい》等連絡協《とうれんらくきょう》議会《ぎかい》が設置《せっち》される（『市川市史年表《いちかわししねんぴょう》』）。

●一一月二八日、京成交通自動車《けいせいこうつうじどうしゃ》、京成電鉄《けいせいでんてつ》の関係会社《かんけいがいしゃ》となる（『市川市史年表《いちかわししねんぴょう》』）。

●一一月、市川市歌人協会創立《いちかわしかじんきょうかいそうりつ》、月刊雑誌《げっかんざっし》『くぐひ』発行《はっこう》（『市川市史年表《いちかわししねんぴょう》』）。

一二月一日　一万円札発行《えんさつはっこう》

一二月二三日　東京《とうきょう》タワー竣工《しゅんこう》。フラフープ大流行《だいりゅうこう》

●農業基本調査《のうぎょうきほんちょうさ》による、この年《とし》の専業《せんぎょう》・兼業別農家数《けんぎょうべつのうかすう》（単位《たんい》は戸《こ》、（　）内《ない》の数字《すうじ》は土地区画《とちくかく》整理事業終了前《せいりじぎょうしゅうりょうまえ》の昭和《しょうわ》四七年の数字《すうじ》）。行徳《ぎょうとく》では農家総数《のうかそうすう》九〇九（六〇七）、専業《せんぎょう》二七〇（三五）、兼業《けんぎょう》六三九（五七二）、南行徳《みなみぎょうとく》では農家総数《のうかそうすう》五〇九（一〇八）、専業《せんぎょう》六三（一）、兼業《けんぎょう》四四六（一〇七）（『市川市史《いちかわしし》』第《だい》四巻《かん》　近代編《きんだいへん》　第《だい》三章農村《しょうのうそん》の変化《へんか》）。

三四年　己亥《つちのとい》　一九五九

一月一日　メートル法実施《ほうじっし》

　キューバ革命起《かくめいお》こる

●四月九日、商工会館建物《しょうこうかいかんたてもの》などの市川商工会議所《いちかわしょうこうかいぎしょ》へ譲与《じょうよ》することが議決《ぎけつ》される（『市川市史年表《いちかわししねんぴょう》』）。

四月三〇日　永井荷風《ながいかふう》、八幡町《やわたまち》の仮住居《かりじゅうきょ》で死去《しきょ》、七九歳《さい》（『市川市史年表《いちかわししねんぴょう》』）

●六月二三日、市役所庁舎竣功《しやくしょちょうしゃしゅんこう》（『市川市史年表《いちかわししねんぴょう》』）。

●六月二九日、第《だい》五回原水爆禁止世界大会《かいげんすいばくきんしせかいたいかい》に関《かん》する請願《せいがん》が市川市原水爆禁止協議会《いちかわしげんすいばくきんしきょうぎかい》より出《だ》され、採択《さいたく》（『市川市史年表《いちかわししねんぴょう》』）。

●六月二九日、稲荷木《とうかぎ》を経《へ》て行徳橋《ぎょうとくばし》に至《いた》る市道舗装《しどうほそう》に関《かん》する陳情《ちんじょう》が付近住民《ふきんじゅうみん》二三五名《めい》より出《だ》され、採択《さいたく》（『市川市史年表《いちかわししねんぴょう》』）。

●六月二九日、南行徳地区相之川《みなみぎょうとくちくあいのかわ》に消防分遣所設置《しょうぼうぶんけんしょせっち》に関《かん》する請願《せいがん》が市川市消防団第八警区長《いちかわししょうぼうだんだいけいくちょう》ほか一三名《めい》より出《だ》され、採択《さいたく》（『市川市史年表《いちかわししねんぴょう》』）。

●七月二日、行徳小学校《ぎょうとくしょうがっこう》にプール設置《せっち》（『市川市史年表《いちかわししねんぴょう》』）。

九月二六日　伊勢湾台風襲来《いせわんたいふうしゅうらい》、死者《ししゃ》・行方不明《ゆくえふめい》五二〇〇名《めい》

●一一月三日、鉄筋《てっきん》コンクリート五階建《かいだ》ての新市庁舎《しんしちょうしゃ》と、葛飾八幡宮境内《かつしかはちまんぐうけいだい》の鉄筋《てっきん》コンクリート三階建《かいだて》の市民会館《しみんかいかん》の落成式挙行《らくせいしききょこう》（『市川市史年表《いちかわししねんぴょう》』）。

◉公有水面埋立事業《こうゆうすいめんうめたてじぎょう》開始《かいし》される

一二月二三日、第《だい》一次公有水面埋立事業第《じこうゆうすいめんうめたてじぎょうだい》二工区《こうく》の建設着手《けんせつちゃくしゅ》。昭和《しょうわ》三七年（一九六二）六月二〇日竣功《しゅんこう》。

●一二月二三日、日本毛織汚水問題《にほんけおりおすいもんだい》（行徳地先《ぎょうとくちさき》での海苔被害《のりひがい》）対策《たいさく》のため、副知事《ふくちじ》・水産商工部《すいさんしょうこうぶ》長《ちょう》ら来市《らいし》。関係漁協組合長《かんけいぎょきょうくみあいちょう》・理事代表者《りじだいひょうしゃ》を招致《しょうち》して調停話《ちょうていはな》し合《あ》いを行《おこな》い、二五日、調停成立《ちょうていせいりつ》(『市川市史年表《いちかわししねんぴょう》』)。

●一二月二三日、湊新田地先水路《みなとしんでんちさきすいろ》(内匠堀《たくみぼり》)改修《かいしゅう》についての請願《せいがん》が付近住民《ふきんじゅうみん》八九名《めい》より出《だ》され、採択《さいたく》(『市川市史年表《いちかわししねんぴょう》』)。

●一二月二三日、香取及《かんどりおよ》び欠真間地区《かけままちく》の下水道改修《げすいどうかいしゅう》についての陳情《ちんじょう》が香取自治会長《かんどりじちかいちょう》ほか一七名《めい》より出《だ》され、採択《さいたく》(『市川市史年表《いちかわししねんぴょう》』)。

●この年《とし》、熊本県《くまもとけん》で水俣病《みなまたびょう》多発《たはつ》。

三五年 庚子《かのえね》 一九六〇

◉京葉高速道路開通《けいようこうそくどうろかいつう》

四月二八日、京葉高速道路開通《けいようこうそくどうろかいつう》。有料道路《ゆうりょうどうろ》。第一期工事《だいいちきこうじ》として東京小松川《とうきょうこまつがわ》—船橋間《ふなばしかん》八八八六メートル(『市川市史年表《いちかわししねんぴょう》』)。

●四月《がつ》、株式会社米山鉄工所設立《かぶしきがいしゃよねやまてっこうしょせつりつ》(『市川市史年表《いちかわししねんぴょう》』)。

六月一五日 全学連《ぜんがくれん》、国会議事堂内《こっかいぎじどうない》に突入《とつにゅう》。死者《ししゃ》一名《めい》

六月二三日　前日来《ぜんじつらい》の強風雨《きょうふうう》により、南行徳地先辰巳角周辺耕地《みなみぎょうとくちさきたつみかどしゅうへんこうち》に冠水及《かんすいおよ》び塩害《えんがい》が発生《はっせい》（『市《いち》川市史年表《かわししねんぴょう》』）

●六月二七日、香取《かんどり》の源心寺不動尊《げんしんじふどうそん》に記念碑建立《きねんひこんりゅう》される。
「欠真間山《かけままさん》　安樂院《あんらくいん》　不動尊本殿改修寄附者御芳名《ふどうそんほんでんかいしゅうきふしゃごほうめい》」八幡《やわた》・欠真間《かけまま》・相川《あいのかわ》・中山《なかやま》・行徳《ぎょうとく》・香《かん》取《どり》・押切《おしきり》・兵庫新田《ひょうごしんでん》・伊勢宿《いせじゅく》・新井《あらい》・湊新田《みなとしんでん》・品川《しながわ》・千葉市《ちばし》・江戸川区《えどがわく》・一ノ江《いちのえ》・墨田区《すみだく》・葛《か》西《さい》・平井《ひらい》・荒川区《あらかわく》・今井《いまい》・港区《みなとく》・谷中《やなか》・築地《つきじ》・三河島《みかわしま》・伊東《いとう》（金額《きんがく》・姓名《せいめい》47）昭和《しょうわ》三十五年
六月二十七日（『市川市《いちかわし》の石造物《せきぞうぶつ》』）

九月一〇日　カラーテレビ本放送開始《ほんほうそうかいし》

●九月一三日、第《だい》一次公有水面埋立事業《じこうゆうすいめんうめたてじぎょう》に関《かん》して、共同漁業権《きょうどうぎょぎょうけん》について南行徳漁業協同組合《みなみぎょうとくぎょぎょうきょうどうくみあい》との間《あいだ》に同意書《どういしょ》がかわされる。

●一〇月七日、本行徳《ほんぎょうとく》四丁目《ちょうめ》の常夜灯《じょうやとう》、市文化財《しぶんかざい》に指定《してい》（『市川市史《いちかわしし》』第《だい》四巻《かん》　文化編　第《だい》一章《しょう》　市川《いちかわ》の文化財《ぶんかざい》）。

一〇月一二日　浅沼社会党委員長《あさぬましゃかいとういいんちょう》、東京《とうきょう》日比谷《ひびや》で三党首立会演説中《さんとうしゅたちあいえんぜつちゅう》、刺殺《しさつ》される

●一〇月一八日、第《だい》一次公有水面埋立事業《じこうゆうすいめんうめたてじぎょう》第二工区《だいにこうく》の分譲《ぶんじょう》が市議会《しぎかい》で承認《しょうにん》。進出企業《しんしゅつきぎょう》は日本《にほん》蒸溜工業《じょうりゅうこうぎょう》・日新製鋼《にっしんせいこう》・三菱石油《みつびしせきゆ》・淀川製鋼所《よどがわせいこうしょ》・酒井鉄工所《さかいてっこうしょ》・岸本商店《きしもとしょうてん》・小幡亜鉛鍍金工場《おばたあえんめっきこうじょう》・富《ふ》士港運《じこううん》の八社《しゃ》（『市川市史年表《いちかわししねんぴょう》』）。

●一一月二日、市消防署《ししょうぼうしょ》、南行徳分遣所《みなみぎょうとくぶんけんしょ》を設置《せっち》し、一署《しょ》七分遣所配置《ぶんけんしょはいち》となる（『市川市史年《いちかわししねん》

表《ぴょう》』）。

●一一月二〇日、本行徳《ほんぎょうとく》の円頓寺《えんとんじ》に万霊塔建立《ばんれいとうこんりゅう》される。「妙法無縁法界之萬靈位《みょうほうむえんほっかいのばんれいい》」［台《だい》］妙法蓮華経如来壽量品第《みょうほうれんげきょうにょらいじゅりょうぼんだい》一六（経文《きょうもん》）［台左《だいひだり》］施主《せしゅ》　當山《とうざん》總代世話人一同《そうだいせわにんいちどう》（姓名《せいめい》15）［裏《うら》］昭和《しょうわ》三十五年十一月二十日設工《せっこう》　當山《とうざん》三十世日珠代《せいにちじゅだい》（『市川市《いちかわし》の石造物《せきぞうぶつ》』）

●一二月一日、第《だい》一次公有水面埋立事業第《じこうゆうすいめんうめたてじぎょうだい》一工区《こうく》の建設着工《けんせつちゃっこう》。昭和《しょうわ》三八年六月二五日竣工《しゅんこう》。

●一二月二二日、江戸川《えどがわ》の今井橋《いまいばし》の橋梁及《きょうりょうおよ》び道路《どうろ》の補修拡張《ほしゅうかくちょう》に関《かん》する陳情《ちんじょう》が付近《ふきん》の関係事業所《かんけいじぎょうしょ》より出《だ》され、採択《さいたく》（『市川市史年表《いちかわししねんぴょう》』）。

●一二月二二日、教育費補助依頼《きょういくひほじょいらい》に関《かん》する陳情《ちんじょう》が市《し》ＰＴＡ連絡協議会《れんらくきょうぎかい》より出《だ》され、採択《さいたく》（『市川市史年表《いちかわししねんぴょう》』）。

三六年　辛丑《かのとうし》　一九六一

一月　山本周五郎《やまもとしゅうごろう》『青《あお》べか物語《ものがたり》』を刊行《かんこう》。昭和《しょうわ》三年（一九二八）夏《なつ》、浦安《うらやす》へ来《き》て翌《よく》四年秋《あき》まで滞在《たいざい》した経験《けいけん》から書《か》いた三二のエピソードからなるもの。浦安弁《うらやすべん》でのタッチが面白《おもしろ》い

●二月一日、源心寺《げんしんじ》の狩野浄天墓石《かのうじょうてんぼせき》・供養塔《くようとう》、市文化財《しぶんかざい》に指定《してい》（『市川市史《いちかわしし》』第《だい》四巻《かん》　文化編《ぶんかへん》　第《だい》一章市川《しょういちかわ》の文化財《ぶんかざい》）。一六二九年、一六四〇年、一六六六年参照《さんしょう》。

●二月二七日、南行徳中学校《みなみぎょうとくちゅうがっこう》の付近《ふきん》に建《た》てられた肥料工場《ひりょうこうじょう》より発散《はっさん》する悪臭《あくしゅう》について、学校《がっこう》環境衛生上《かんきょうえいせいじょう》、肥料工場操業停止《ひりょうこうじょうそうぎょうていし》に関《かん》する陳情及《ちんじょうおよ》び悪臭防止《あくしゅうぼうし》に関《かん》する陳情《ちんじょう》が同中学校《どうちゅうがっこう》と南《みなみ》行徳小学校《ぎょうとくしょうがっこう》ＰＴＡより出《だ》され、採択《さいたく》（『市川市史年表《いちかわししねんぴょう》』）。

三月二九日、悪臭《あくしゅう》を発《はっ》する肥料工場操業絶対反対《ひりょうこうじょうそうぎょうぜったいはんたい》に関《かん》する陳情《ちんじょう》が付近住民《ふきんじゅうみん》一三七六名《めい》より出《だ》され、採択《さいたく》（『市川市史年表《いちかわししねんぴょう》』）。

●四月一日、新井保育園創設《あらいほいくえんそうせつ》（『市川市史年表《いちかわししねんぴょう》』）。

●五月、東洋合成工業株式会社設立《とうようごうせいこうぎょうかぶしきがいしゃせつりつ》（『市川市史年表《いちかわししねんぴょう》』）。

●六月二六日、第《だい》一次《じ》公有水面埋立地《こうゆうすいめんうめたてち》第《だい》一工区《こうく》の譲渡《じょうと》が始《はじ》まる。進出企業《しんしゅつきぎょう》は朝日土地興行《あさひとちこうぎょう》・丸善鉄工所《まるぜんてっこうしょ》・神戸製鋼所《こうべせいこうしょ》・京葉瓦斯《けいようがす》など（『市川市史年表《いちかわししねんぴょう》』）。

●七月六日、欠真間地区《かけままちく》に防災上《ぼうさいじょう》、消防車《しょうぼうしゃ》の通《とお》れる道路《どうろ》を新設並《しんせつなら》びに改修《かいしゅう》に関《かん》する陳情《ちんじょう》が付近住民《ふきんじゅうみん》九五名《めい》より出《だ》され、採択《さいたく》（『市川市史年表《いちかわししねんぴょう》』）。

●七月、湊《みなと》の円明院《えんみょういん》に標石建《ひょうせきた》てられる。
「真言宗《しんごんしゅう》　圓明院《えんみょういん》」［右《みぎ》］昭和《しょうわ》　卅《さんじゅう》　六年七月　三澤徳次郎建立《みさわとくじろうこんりゅう》　□山《ざん》十八世明順《せいめいじゅん》
（『市川市《いちかわし》の石造物《せきぞうぶつ》』）

●九月一〇日、丸一鋼管株式会社東京工場設立《まるいちこうかんかぶしきがいしゃとうきょうこうじょうせつりつ》（『市川市史年表《いちかわししねんぴょう》』）。

●九月一二日、上妙典《かみみょうでん》の妙好寺《みょうこうじ》に天水桶奉納《てんすいおけほうのう》される。
〈右《みぎ》〉奉《ほう》［裏《うら》］昭和《しょうわ》三十六年九月十二日　妙榮山《みょうえいざん》　卅《さんじゅう》　一世祥壽院日慶代《せいしょうじゅいんにっけいだい》　〈左《ひだり》〉納《のう》［裏《うら》］開《かい》

山第《ざんだい》参《さん》百五拾《じゅう》□忌《き》報恩《ほうおん》記念《きねん》　納主總檀方中《のうしゅそうだんかたちゅう》（『市川市《いちかわし》の石造物《せきぞうぶつ》』）
九月二六日　文部省《もんぶしょう》、小学校《しょうがっこう》・高校《こうこう》の学力《がくりょく》テスト実施《じっし》
一〇月一〇日　台風《たいふう》24号《ごう》により、家屋《かおく》が全壊《ぜんかい》一戸《こ》・部分壊《ぶぶんかい》三戸《こ》、床下浸水《ゆかしたしんすい》が一四八六戸《こ》の被害《ひがい》が出《で》る（『市川市史年表《いちかわししねんぴょう》』）
一〇月二六日　文部省《もんぶしょう》、中学校《ちゅうがっこう》の学力《がくりょく》テスト実施《じっし》
一〇月　国民健康保険事業《こくみんけんこうほけんじぎょう》として世帯主《せたいぬし》の結核《けっかく》・精神病《せいしんびょう》の七割給付《わりきゅうふ》実施《じっし》（『市川市史年表《いちかわししねんぴょう》』）
●一一月、廃油《はいゆ》により市川市地先《いちかわしちさき》で海苔被害発生《のりひがいはっせい》（『市川市史年表《いちかわししねんぴょう》』）。
●一二月一五日、相之川今井橋下流《あいのかわいまいばしかりゅう》地区《ちく》の道路拡張補修《どうろかくちょうほしゅう》に関《かん》する陳情《ちんじょう》が同地区工場団体代表《どうちくこうじょうだんたいだいひょう》の三共油化工業株式会社《さんきょうゆかこうぎょうかぶしきがいしゃ》ほか一二社《しゃ》より出《だ》され、採択《さいたく》（『市川市史年表《いちかわししねんぴょう》』）。
●この頃《ころ》より自然《しぜん》が失《うしな》われつつあった。
「鴨場《かもば》ってのがあんでしょ。あそこはむじながたくさんおったんですよ。一番最後《いちばんさいご》に（むじなを）獲《と》ったのは昭和《しょうわ》三十六、七年頃《ころ》じゃないですかね」（『ぎょうとく昔語《むかしがた》り』）

三七年　壬寅《みずのえとら》　一九六二

●一月二五日、市川地先埋立地第二工区《いちかわちさきうめたてちだいにこうく》で三菱石油油槽所開所《みつびしせきゆゆそうじょかいしょ》。市川市埋立地《いちかわしうめたてち》における操業開始《そうぎょうかいし》第一号《だいいごう》となる（『市川市史年表《いちかわししねんぴょう》』）。

●二月、市川市《いちかわし》に流行性感冒《りゅうこうせいかんぼう》、爆発的《ばくはつてき》に流行《りゅうこう》（『市川市史年表《いちかわししねんぴょう》』）。

●二月一日、利根《とね》コカ・コーラボトリング株式会社設立《かぶしきがいしゃせつりつ》（『市川市史年表《いちかわししねんぴょう》』）。

●二月一九日、株式会社市川精錬所設立《かぶしきがいしゃいちかわせいれんしょせつりつ》（『市川市史年表《いちかわししねんぴょう》』）。

●三月二九日、県立国府台高校葛南分校独立校舎設置《けんりつこうのだいこうこうかつなんぶんこうどくりつこうしゃせっち》に関《かん》する請願《せいがん》が同校定時制教育振興会会長《どうこうていじせいきょういくしんこうかいかいちょう》ほか一名《めい》より出《だ》され、採択《さいたく》（『市川市史年表《いちかわししねんぴょう》』）。のちの県立行徳高等学校《けんりつぎょうとくこうとうがっこう》。

●三月三一日、久保田鉄工株式会社市川工場《くぼたてっこうかぶしきがいしゃいちかわこうじょう》、藤原金属工業株式会社市川工場設立《ふじわらきんぞくこうぎょうかぶしきがいしゃいちかわこうじょうせつりつ》（『市川市史《いちかわしし》年表《ねんぴょう》』）。

●三月、南西風《なんせいふう》による東京方面《とうきょうほうめん》からの重油流入《じゅうゆりゅうにゅう》によって、東葛飾郡浦安町《ひがしかつしかぐんうらやすまち》から習志野市《ならしのし》にかけて海苔被害《のりひがい》が発生《はっせい》、被害額《ひがいがく》一億二八〇〇万円《えん》（『市川市史年表《いちかわししねんぴょう》』）。

●四月一日、第七中学校創立《だいななちゅうがっこうそうりつ》。行徳《ぎょうとく》、南行徳両中学校《みなみぎょうとくりょうちゅうがっこう》を統合《とうごう》。翌年《よくとし》九月一四日、新校舎落成《しんこうしゃらくせい》、開校《かいこう》する（『市川市史年表《いちかわししねんぴょう》』）。

●四月、東洋合成工業市川工場設立《とうようごうせいこうぎょういちかわこうじょうせつりつ》（『市川市史年表《いちかわししねんぴょう》』）。

●五月一日、市立図書館《しりつとしょかん》の夜間開館始《やかんかいかんはじ》まる（『市川市史年表《いちかわししねんぴょう》』）。

五月一〇日　住居表示《じゅうきょひょうじ》に関《かん》する法律公布施行《ほうりつこうふしこう》。市街地《しがいち》では住居番号表示《じゅうきょばんごうひょうじ》

●五月二八日、市川市《いちかわし》、カリフォルニア州《しゅう》ガーデナ市《し》との姉妹都市提携議決《しまいとしていけいぎけつ》（『市川市史年表《いちかわししねんぴょう》』）。

●五月、小松鉄工株式会社《こまつてっこうかぶしきがいしゃ》、月星工業株式会社市川工場設立《つきぼしこうぎょうかぶしきがいしゃいちかわこうじょうせつりつ》（『市川市史年表《いちかわししねんぴょう》』）。

●六月二〇日、第《だい》一次公有水面埋立事業《じこうゆうすいめんうめたてじぎょう》のうち第《だい》二工区竣功《こうくしゅんこう》（『市川市史年表《いちかわししねんぴょう》』）。

●六月二五日、伊勢宿《いせじゅく》地先《ちさき》のもと内匠堀《たくみぼり》を道路化《どうろか》し、交通《こうつう》の便《べん》をよくするために市道新設《しどうしんせつ》に関《かん》する請願《せいがん》が付近住民《ふきんじゅうみん》二二名《めい》より出《だ》され、採択《さいたく》（『市川市史年表《いちかわししねんぴょう》』）。

九月五日　運輸省《うんゆしょう》、四五年度《ねんど》までの臨海工業《りんかいこうぎょう》地帯開発計画《ちたいかいはつけいかく》を発表《はっぴょう》

●九月二五日、第《だい》一次公有水面埋立事業《じこうゆうすいめんうめたてじぎょう》により新《あら》たに生《しょう》じた原木字西前浜《ばらきあざにしまえはま》・上妙典字己新開《かみみょうでんあざつちのとしんかい》の地先《ちさき》の埋立地《うめたてち》を、高谷新町《こうやしんまち》として市域《しいき》に編入《へんにゅう》することが議決《ぎけつ》される。一〇月一日、正式編入《せいしきへんにゅう》（『市《いち》川市史年表《かわししねんぴょう》』）。

●九月二七日、南行徳東浜《みなみぎょうとくひがしはま》地先《ちさき》の千鳥場原野《ちどりばげんや》約《やく》一万坪《つぼ》が市《し》の塵芥捨場《じんかいすてば》となっており、それによる農作物並《のうさくもつなら》びに漁業《ぎょぎょう》に莫大《ばくだい》なる被害《ひがい》が生《しょう》じているため、環境衛生管理《かんきょうえいせいかんり》に関《かん》する陳情《ちんじょう》が押切区長《おしきりくちょう》ほか七名《めい》により出《だ》され、採択《さいたく》（『市川市史年表《いちかわししねんぴょう》』）。

●一〇月一日、市川霊園開設《いちかわれいえんかいせつ》。民有地買収《みんゆうちばいしゅう》八・三ヘクタール、墓地《ぼち》・給水塔《きゅうすいとう》・休養施設設置《きゅうようしせつせっち》（『市川市史年表《いちかわししねんぴょう》』）。

一〇月一日　国民健康保険《こくみんけんこうほけん》の世帯主《せたいぬし》七割給付施行《わりきゅうふしこう》

●一一月六日、ガーデナ市長来市《しちょうらいし》。両市市長《りょうししちょう》による認証《にんしょう》が行《おこな》われ、姉妹都市提携《しまいとしていけい》が成立《せいりつ》（『市川《いちかわ》市史年表《ししねんぴょう》』）。

●一二月一九日、湊新田巽沖通古浜耕地《みなとしんでんたつみおきどおりこはまこうち》の灌漑用水路復旧《かんがいようすいろふっきゅう》に関《かん》する陳情《ちんじょう》が関係者《かんけいしゃ》一五名《めい》より出《だ》され、採択《さいたく》（『市川市史年表《いちかわしししねんぴょう》』）。

三八年　癸卯《みずのとう》　一九六三

●四月一六日、市川《いちかわ》、行徳《ぎょうとく》、南行徳《みなみぎょうとく》、大柏《おおがしわ》の各農業協同組合《かくのうぎょうきょうどうくみあい》が合併《がっぺい》し、市川市農業協同組合設立《いちかわしのうぎょうきょうどうくみあいせつりつ》（『市川市史年表《いちかわししねんぴょう》』）

●六月二五日、第《だい》一次公有水面埋立事業《じこうゆうすいめんうめたてじぎょう》第《だい》一工区《こうく》の建設完了《けんせつかんりょう》（『市川市史年表《いちかわししねんぴょう》』）。

●七月三日、湊《みなと》・押切地境《おしきりじざかい》の灌漑用水路擁壁工事施工《かんがいようすいろようへきこうじせこう》についての請願《せいがん》が湊地区自治会住民《みなとちくじちかいじゅうみん》七九名《めい》より出《だ》され、採択《さいたく》（『市川市史年表《いちかわししねんぴょう》』）。

八月二九日　台風《たいふう》11号《ごう》により、床上浸水《ゆかうえしんすい》一三戸《こ》、床下浸水《ゆかしたしんすい》一一六五戸《こ》の被害《ひがい》が出《で》る（『市川市史年表《いちかわししねんぴょう》』）

●八月三〇日、浦安新空港設置反対連絡協議会《うらやすしんくうこうせっちはんたいれんらくきょうぎかい》に、市《し》PTA連合会《れんごうかい》・漁協《ぎょきょう》・医師会《いしかい》など五団体《だんたい》が集《あつ》まり、反対《はんたい》を決議《けつぎ》（『市川市史年表《いちかわししねんぴょう》』）。

●九月一四日、第《だい》七中学校《ちゅうがっこう》の統一新校舎落成《とういつしんこうしゃらくせい》し、開校《かいこう》（『市川市史年表《いちかわししねんぴょう》』）。

●九月一八日、第《だい》一次公有水面埋立事業《じこうゆうすいめんうめたてじぎょう》により新《あら》たに生《しょう》じた二俣字新浜《ふたまたあざしんはま》、原木字東片浜地先《ばらきあざひがしかたはまちさき》の埋立地《うめたてち》を、二俣新町《ふたまたしんまち》として市域《しいき》に編入《へんにゅう》することを議決《ぎけつ》。一〇月一日、正式編入《せいしきへんにゅう》（『市川市史年表《いちかわししねんぴょう》』）。

●九月二三日、南行徳小学校校舎改築《みなみぎょうとくしょうがっこうこうしゃかいちく》に関《かん》する請願《せいがん》が同校《どうこう》PTAより出《だ》され、採択《さいたく》（『市川市史年表《いちかわししねんぴょう》』）。

●一〇月一九日、市川市《いちかわし》ガールスカウト千葉県第《ちばけんだい》一六団結成《だんけっせい》（『市川市史年表《いちかわししねんぴょう》』）。

●一二月二三日、県立国府台高等学校葛南校舎《けんりつこうのだいこうとうがっこうかつなんこうしゃ》を独立《どくりつ》した高等学校《こうとうがっこう》に発展《はってん》させる旨《むね》の陳情《ちんじょう》が後援《こうえん》会《かい》より出《だ》され、採択《さいたく》（『市川市史年表《いちかわししねんぴょう》』）。

◉**精密水準測量実施《せいみつすいじゅんそくりょうじっし》**

市内《しない》七〇地点《ちてん》で精密水準測量《せいみつすいじゅんそくりょう》が実施《じっし》される。平成《へいせい》九年（一九九七）までの三四年間《かん》で、地盤沈下累積量《じばんちんかるいせきりょう》が福栄公園《ふくえいこうえん》で二〇一・五センチ。

●この年《とし》、『こんにちは赤《あか》ちゃん』流行《りゅうこう》。

三九年 甲辰《きのえたつ》 一九六四

一月二一日　市川《いちかわ》・浦安《うらやす》バイパス建設決定《けんせつけってい》（『市川市史年表《いちかわししねんぴょう》』）。昭和《しょうわ》四七年（一九七二）完成《かんせい》。
旧千葉用水路《きゅうちばようすいろ》のライン。一九五六年参照《さんしょう》

●二月、相之川《あいのかわ》の了善寺《りょうぜんじ》に供養塔建立《くようとうこんりゅう》される。
［台《だい》］昭和《しょうわ》三十九年二月　了善寺講《りょうぜんじこう》　［台裏《だいうら》］先祖代々《せんぞだいだい》（姓名《せいめい》7）（『市川市《いちかわし》の石造物《せきぞうぶつ》』）

三月二六日　東京湾内《とうきょうわんない》の海苔《のり》が異常水温《いじょうすいおん》で大不作《だいふさく》となり、政府《せいふ》は天災融資法《てんさいゆうしほう》の適用《てきよう》を決《き》める（『市川市史年表《いちかわししねんぴょう》』）

●三月三〇日、市立《しりつ》図書館《としょかん》行徳《ぎょうとく》分館《ぶんかん》竣功《しゅんこう》。六月一日、開館《かいかん》（『市川市史年表《いちかわししねんぴょう》』）。

●四月一日、行徳児童公園《ぎょうとくじどうこうえん》、本行徳町《ほんぎょうとくまち》に開設《かいせつ》（『市川市史年表《いちかわししねんぴょう》』）。

●四月四日、下総《しもうさ》果樹園芸《かじゅえんげい》協同組合《きょうどうくみあい》及《およ》び市川市《いちかわし》畜産《ちくさん》農業《のうぎょう》協同組合《きょうどうくみあい》が、市川市《いちかわし》農業《のうぎょう》協同組合《きょうどうくみあい》に合併《がっぺい》（『市川市史年表《いちかわししねんぴょう》』）。

五月二日　千葉市《ちばし》稲毛《いなげ》海岸《かいがん》地先《ちさき》二四万坪《つぼ》埋立《うめたて》による住宅団地《じゅうたくだんち》用地《ようち》造成《ぞうせい》完成《かんせい》

●五月三〇日、南行徳《みなみぎょうとく》漁業《ぎょぎょう》協同組合《きょうどうくみあい》が、市川市《いちかわし》の造成《ぞうせい》する行徳《ぎょうとく》地先《ちさき》公有《こうゆう》水面《すいめん》埋立《うめたて》（第《だい》二次公有《じこうゆう》水面埋立事業《すいめんうめたてじぎょう》）に伴《ともな》う同意書《どういしょ》を市川市《いちかわし》と約定《やくじょう》（『市川市史年表《いちかわししねんぴょう》』）。

●六月一日、市立《しりつ》図書館《としょかん》行徳《ぎょうとく》分館《ぶんかん》開館《かいかん》（『市川市史年表《いちかわししねんぴょう》』）。

●六月一一日、市川市《いちかわし》が第《だい》二次公有水面埋立事業《じこうゆうすいめんうめたてじぎょう》の免許《めんきょ》を受《う》ける。儀兵衛《ぎへえ》新田《しんでん》巽受《たつみうけ》及《およ》び湊《みなと》東浜《ひがしはま》地先《ちさき》公有《こうゆう》水面《すいめん》の約《やく》三二・二五ヘクタール。昭和《しょうわ》四二年（一九六七）三月三一日、建設完了《けんせつかんりょう》（『市川《いちかわ》市史年表《ししねんぴょう》』）。

六月一六日　新潟《にいがた》地震《じしん》、死者《ししゃ》行方《ゆくえ》不明《ふめい》三八名《めい》

八月二八日　江戸川《えどがわ》を守《まも》る会発足《かいほっそく》（『市川市史年表《いちかわししねんぴょう》』）

八月二九日　集中《しゅうちゅう》豪雨《ごうう》により、床上浸水《ゆかうえしんすい》四戸《こ》・床下浸水《ゆかしたしんすい》二五〇戸《こ》の被害《ひがい》が出《で》る（『市川市史年《いちかわししねん》表《ぴょう》』）

九月二五日　浦安町《うらやすまち》の海面《かいめん》埋《う》め立《た》て始《はじ》まる。昭和《しょうわ》五六年（一九八一）完了《かんりょう》（『市川市史年表《いちかわししねんぴょう》』）

一〇月一日　東海道《とうかいどう》新幹線《しんかんせん》営業《えいぎょう》開始《かいし》

◉南行徳第一《みなみぎょうとくだい》土地区画整理組合設立認可《とちくかくせいりくみあいせつりつにんか》、区画整理《くかくせいり》の開始《かいし》

一〇月一日、土地区画整理法《とちくかくせいりほう》の規定《きてい》に基《もと》づき、市川市《いちかわし》南行徳第一《みなみぎょうとくだい》土地区画整理組合《とちくかくせいりくみあい》の設立《せつりつ》が公《こう》告《こく》される（『市川市史年表《いちかわししねんぴょう》』）。

一二月二二日、押切《おしきり》より海面埋立予定地《かいめんうめたてよていち》に通《つう》ずる一六メートル道路《どうろ》の新設促進《しんせつそくしん》に関《かん》する陳情《ちんじょう》が、南行徳第三《みなみぎょうとくだい》土地区画整理組合理事長《とちくかくせいりくみあいりじちょう》ほか七名《めい》より出《だ》され、採択《さいたく》（『市川市史年表《いちかわししねんぴょう》』）。

土地区画整理《とちくかくせいり》が実施《じっし》される前《まえ》は、享保年間《きょうほうねんかん》（一七一六～三五）に築造《ちくぞう》された小宮山土手《こみやまどて》（元禄《げんろく》耕地囲堤跡《こうちかこみつつみあと》のへび土手《どて》、蛇山《へびやま》なども称《しょう》されるものを含《ふく》めて）の羊腸《ようちょう》たる旧跡《きゅうせき》が見《み》られた（『下総行徳塩業史《しもうさぎょうとくえんぎょうし》』『明解行徳《めいかいぎょうとく》の歴史大事典《れきしだいじてん》』）。

●一〇月五日、浦安町当代島字立脇《うらやすまちとうだいじまあざたてわき》から市川市当代島飛地字外島尻《いちかわしとうだいじまとびちあざそとしまじり》に至《いた》る道路新設工事実施方《どうろしんせつこうじじっしかた》についての陳情《ちんじょう》が付近住民《ふきんじゅうみん》一八名《めい》より出《だ》され、採択《さいたく》（『市川市史年表《いちかわししねんぴょう》』）。

一〇月一〇日　東京《とうきょう》オリンピック開催《かいさい》

●一〇月、相之川《あいのかわ》の日枝神社《ひえじんじゃ》に狛犬奉納《こまいぬほうのう》される。
〈右《みぎ》〉奉献《ほうけん》　株式会社田島商店《かぶしきがいしゃたじましょうてん》東京都品川区品川東海橋《とうきょうとしながわくしながわとうかいばし》（三巴紋《みつともえもん》）〈左《ひだり》〉奉献《ほうけん》　昭和《しょうわ》三十九年十月吉日《きちじつ》　當村立身田島卯之吉建之《とうそんりっしんたじまうのきちこれをたてる》　岡崎市《おかざきし》　KK加納石材店作《かのうせきざいてんさく》（『市川市《いちかわし》の石造物《せきぞうぶつ》』）

●一二月一日、財団法人日本鳥類保護連盟《ざいだんほうじんにほんちょうるいほごれんめい》が、新浜鳥獣保護区設置《にいはまちょうじゅうほごくせっち》に関《かん》する陳情書《ちんじょうしょ》を提出《ていしゅつ》

（『新浜鳥獣保護区設置《にいはまちょうじゅうほごくせっち》についての陳情書《ちんじょうしょ》〈昭和《しょうわ》三十九年〉』）。

●一二月二一日、新井東海面地先一帯《あらいとうかいめんちさきいったい》の水路改良《すいろかいりょう》に関《かん》する請願《せいがん》が新井自治会長《あらいじちかいちょう》ほか三名《めい》より出《だ》され、採択《さいたく》（『市川市史年表《いちかわししねんぴょう》』）。

●行徳《ぎょうとく》・南行徳地域《みなみぎょうとくちいき》は昭和《しょうわ》四年九月三〇日に製塩《せいえん》が禁止《きんし》されてからの三五年の間《あいだ》に「行徳水郷《ぎょうとくすいごう》」と呼《よ》ばれたほどの水田耕作地帯《すいでんこうさくちたい》に変貌《へんぼう》した（『行徳歴史街道《ぎょうとくれきしかいどう》』）。

四〇年 乙巳《きのとみ》 一九六五

一月一八日　千葉市幕張地先埋立完了《ちばしまくはりちさきうめたてかんりょう》

一月二〇日　日本住宅公団《にほんじゅうたくこうだん》による津田沼地先埋立完了《つだぬまちさきうめたてかんりょう》

●一月二八日、都市計画街路《としけいかくがいろ》に本行徳海岸線《ほんぎょうとくかいがんせん》、行徳臨海線《ぎょうとくりんかいせん》を追加《ついか》（『市川市史年表《いちかわししねんぴょう》』）。

●四月一五日、行徳漁業協同組合及《ぎょうとくぎょぎょうきょうどうくみあいおよ》び南行徳漁業協同組合《みなみぎょうとくぎょぎょうきょうどうくみあい》ほか一〇二二名《めい》は、漁民《ぎょみん》は祖先《そせん》から受《う》け継《つ》いだ漁業《ぎょぎょう》を市川市《いちかわし》の呼《よ》びかけに応《おう》じて一部放棄《いちぶほうき》したのであるから、漁民《ぎょみん》を無視《むし》したやり方《かた》に絶対反対《ぜったいはんたい》するものであり、鳥獣保護区設置計画案陳情《ちょうじゅうほごくせっちけいかくあんちんじょう》の撤廃方《てっぱいかた》を請願《せいがん》（『新浜鳥獣保護区《にいはまちょうじゅうほごく》設置計画案《せっちけいかくあん》の撤廃《てっぱい》についての請願書《せいがんしょ》〈昭和《しょうわ》四十年〉』）。

●四月二三日、市川市老人《いちかわしろうじん》クラブ連合会結成《れんごうかいけっせい》。会員《かいいん》三〇〇〇名《めい》（『市川市史年表《いちかわししねんぴょう》』）。

●四月三〇日、儀兵衛新田地先第《ぎへえしんでんちさきだい》二次《じ》埋立地《うめたてち》譲渡《じょうと》の仮契約《かりけいやく》が市議会《しぎかい》で承認《しょうにん》される。進出企業《しんしゅつきぎょう》はトピー工業《こうぎょう》株式会社《かぶしきがいしゃ》・住友化学《すみともかがく》株式会社《かぶしきがいしゃ》・水野組《みずのぐみ》株式会社《かぶしきがいしゃ》など（『市川市史年表《いちかわししねんぴょう》』）。

五月二七日　**台風《たいふう》6号《ごう》により、床上浸水《ゆかうえしんすい》一三戸《こ》・床下浸水《ゆかしたしんすい》二七六戸《こ》の被害《ひがい》が出《で》る**（『市川市史年表《いちかわししねんぴょう》』）

●六月、市川市農業協同組合《いちかわしのうぎょうきょうどうくみあい》が、現在規制《げんざいきせい》されている銃猟禁止区域《じゅうりょうきんしくいき》に生息《せいそく》する野鳥《やちょう》ですら水稲《すいとう》の苗代《なわしろ》はもちろん本田植付後《ほんでんうえつけご》の苗《なえ》のふみ荒《あら》しのほか、成熟期《せいじゅくき》の食害《しょくがい》など、その被害《ひがい》は周辺部《しゅうへんぶ》のみでも約《やく》四二〇〇キログラムと推定《すいてい》されており、この他換金作物《ほかかんきんさくもつ》として比重《ひじゅう》の高《たか》い蓮根《れんこん》、蔬菜《そさい》、果樹《かじゅ》などに対《たい》する喰害等《しょくがいとう》、その被害《ひがい》は市内全域《しないぜんいき》に及《およ》んでいるなど三項目《こうもく》を挙《あ》げて、鳥獣保護区設置《ちょうじゅうほごくせっち》計画案《けいかくあん》に反対《はんたい》の請願《せいがん》（『新浜鳥獣保護区設置計画案《にいはまちょうじゅうほごくせっちけいかくあん》の撤廃《てっぱい》についての請願書《せいがんしょ》〈昭和《しょうわ》四十年〉』）。

なお、この銃猟禁止区域《じゅうりょうきんしくいき》に生息《せいそく》する鳥《とり》のことを地元住民《じもとじゅうみん》はちょっとした皮肉《ひにく》を込《こ》めて「おとりさま」と呼《よ》んでいた（『郷土読本行徳塩焼《きょうどどくほんぎょうとくしおやき》の郷《さと》を訪《たず》ねて』）。

六月九日　**地下鉄《ちかてつ》5号線《ごうせん》（東西線《とうざいせん》）、東陽町《とうようちょう》―西船橋間《にしふなばしかん》の建設免許《けんせつめんきょ》おりる**（『市川市史年表《いちかわししねんぴょう》』）

●六月二二日、市川市南行徳地区自治会連合会《いちかわしみなみぎょうとくちくじちかいれんごうかい》及《およ》び地元《じもと》一六〇八名《めい》が、新浜鳥類保護区設置計画反対《にいはまちょうるいほごくせっちけいかくはんたい》の請願《せいがん》を県《けん》と市《し》に行《おこな》う（『新浜鳥獣保護区設置計画反対《にいはまちょうじゅうほごくせっちけいかくはんたい》についての陳情書《ちんじょうしょ》〈昭和《しょうわ》四十年〉』）。

六月二七日　**集中豪雨《しゅうちゅうごうう》により、床下浸水《ゆかしたしんすい》二四九戸《こ》の被害《ひがい》が出《で》る**（『市川市史年表《いちかわししねんぴょう》』）

●七月一日、内匠堀《たくみぼり》の道路改修《どうろかいしゅう》を行徳橋《ぎょうとくばし》まで延長《えんちょう》する陳情《ちんじょう》が行徳《ぎょうとく》一丁目自治会長《ちょうめじちかいちょう》ほか五六名《めい》より出《だ》され、採択《さいたく》（『市川市史年表《いちかわししねんぴょう》』）。

九月一七日　台風《たいふう》24号《ごう》により、家屋全壊《かおくぜんかい》一戸《こ》・床下浸水《ゆかしたしんすい》九九四戸《こ》の被害《ひがい》が出《で》る（『市川市史年表《いちかわししねんぴょう》』）

●一〇月、下新宿《しもしんしゅく》の大徳寺《だいとくじ》に記念碑建立《きねんひこんりゅう》される。「宗祖《しゅうそ》法然上人《ほうねんしょうにん》七百五十年御忌《ぎょき》記念事業《きねんじぎょう》費寄進者芳名《ひきしんしゃほうめい》」　第《だい》一次《じ》　昭和《しょうわ》三十六年七月　新小岩《しんこいわ》・大島《おおじま》・京橋《きょうばし》・深川《ふかがわ》・堀切《ほりきり》・柏市《かしわし》・砂町《すなまち》・蒲田《かまた》・雪谷《ゆきがや》・新宿《しんじゅく》（姓名《せいめい》10）當山現住《とうざんげんじゅう》　境内周《けいだいしゅう》辺《へん》ブロック屏一式完成《べいいっしきかんせい》　大徳寺《だいとくじ》三十世聴譽代《せいちょうよだい》　第《だい》二次《じ》　昭和《しょうわ》四十年十月（姓名《せいめい》17）當山現住《とうざんげんじゅう》（『市川市《いちかわし》の石造物《せきぞうぶつ》』）

一〇月二一日　**朝永振一郎《ともながしんいちろう》、ノーベル物理学賞決定《ぶつりがくしょうけってい》**

●一二月二一日、南行徳漁港浚渫並《みなみぎょうとくぎょこうしゅんせつなら》びに護岸整備《ごがんせいび》に関《かん》する請願《せいがん》が南行徳漁業協同組合《みなみぎょうとくぎょぎょうきょうどうくみあい》より出《だ》され、採択《さいたく》（『市川市史年表《いちかわししねんぴょう》』）。

●一二月、市川製紙株式会社市川工場《いちかわせいしかぶしきがいしゃいちかわこうじょう》の排水《はいすい》により、市川市《いちかわし》・船橋市地先《ふなばししちさき》においてのり芽《め》の脱落《だつらく》被害発生《ひがいはっせい》（『市川市史年表《いちかわししねんぴょう》』）。

四一年　丙午《ひのえうま》　一九六六

●三月二九日、今井橋《いまいばし》から海面《かいめん》に通《つう》ずる産業道路早期完成《さんぎょうどうろそうきかんせい》に関《かん》する請願《せいがん》が、南行徳第《みなみぎょうとくだい》一土地区《とちく》画整理組合長《かくせいりくみあいちょう》ほか一八名《めい》より出《だ》され、採択《さいたく》（『市川市史年表《いちかわししねんぴょう》』）。

四月八日　京葉有料道路《けいようゆうりょうどうろ》、幕張《まくはり》まで延長《えんちょう》

四月二七日　東浜地先埋立事業許可《ひがしはまちさきうめたてじぎょうきょか》。昭和《しょうわ》四三年三月三一日、埋立事業完了《うめたてじぎょうかんりょう》（『市川市史年表《いちかわししねんぴょう》』）

●五月一日、株式会社大和耐火煉瓦製造所設立《かぶしきがいしゃやまとたいかれんがせいぞうしょせつりつ》（『市川市史年表《いちかわししねんぴょう》』）。

六月七日　台風《たいふう》4号《ごう》による集中豪雨《しゅうちゅうごうう》により、床上浸水《ゆかうえしんすい》二六戸《こ》・床下浸水《ゆかしたしんすい》一二六二戸《こ》の被害《ひがい》が出《で》る。また、降《こう》ひょうのため、農産物《のうさんぶつ》に被害《ひがい》が出《で》る（『市川市史年表《いちかわししねんぴょう》』）

●八月一二日、南行徳第一土地区画整理組合設立認可《みなみぎょうとくだいいちとちくかくせいりくみあいせつりつにんか》。昭和《しょうわ》四八年（一九七三）六月二五日、解散《かいさん》。区画整理地《くかくせいりち》は新井《あらい》・相之川《あいのかわ》・欠真間地区《かけまちく》一七八万三九〇平方《へいほう》メートル（約《やく》五三万九五一二坪《つぼ》）（『市川市史年表《いちかわししねんぴょう》』『明解行徳《めいかいぎょうとく》の歴史大事典《れきしだいじてん》』）。

土地区画整理事業《とちくかくせいりじぎょう》によって、かつての塩田《えんでん》へ海水《かいすい》を引《ひ》き込《こ》むための江川《えがわ》は（区画整理前《くかくせいりまえ》は農業用《のうぎょうよう》の真水《まみず》の水路《すいろ》になっていた）市道《しどう》となったり、コンクリートの蓋掛側溝《ふたかけそっこう》の歩道《ほどう》になったりした。減歩《げんぶ》といって農地《のうち》の所有者《しょゆうしゃ》が所有面積《しょゆうめんせき》の一五～三〇％ほどの面積《めんせき》を市川市《いちかわし》に無償提供《むしょうていきょう》して、学校《がっこう》、公園《こうえん》、公共施設《こうきょうしせつ》、市道《しどう》などの用地《ようち》のための社会貢献《しゃかいこうけん》をした。他《た》の区画整理組合《くかくせいりくみあい》も同様《どうよう》。

●八月二二日、南行徳第三土地区画整理組合設立認可《みなみぎょうとくだいさんとちくかくせいりくみあいせつりつにんか》。昭和《しょうわ》五〇年（一九七五）三月三〇日、解散《かいさん》。区画整理地《くかくせいりち》は湊《みなと》・押切地区《おしきりちく》一〇四万三三五三平方《へいほう》メートル（約《やく》三一万六一六七坪《つぼ》）（『市川市史年表《いちかわししねんぴょう》』『明解行徳《めいかいぎょうとく》の歴史大事典《れきしだいじてん》』）。

●九月一九日、第二次埋立事業《だいじうめたてじぎょう》に伴《ともな》う海面埋立《かいめんうめたて》による造成土地《ぞうせいとち》の譲渡《じょうと》のための仮契約議決《かりけいやくぎけつ》。譲渡《じょうと》

先《さき》は興亜硝子《こうあがらす》株式会社《かぶしきがいしゃ》・行徳漁協《ぎょうとくぎょきょう》（無償《むしょう》）・南行徳漁協《みなみぎょうとくぎょきょう》（無償《むしょう》）（『市川市史年表《いちかわししねんぴょう》』）。

九月二四日　台風《たいふう》26号《ごう》により、家屋全壊《かおくぜんかい》七戸《こ》・床下浸水《ゆかしたしんすい》七〇戸《こ》の被害《ひがい》が出《で》る（『市川市史年表《いちかわししねんぴょう》』）

●九月二四日、市川市青年会議所《いちかわしせいねんかいぎしょ》発足《ほっそく》（『市川市史年表《いちかわししねんぴょう》』）。

一二月七日　地下鉄《ちかてつ》5号線《ごうせん》（東西線《とうざいせん》）工事開始《こうじかいし》（『市川市史年表《いちかわししねんぴょう》』）

●一二月一五日、東浜地先埋立事業《ひがしはまちさきうめたてじぎょう》に伴《ともな》う造成土地《ぞうせいとち》の処分《しょぶん》について、田中商工株式会社《たなかしょうこうかぶしきがいしゃ》・京洋《きょうよう》食糧株式会社《しょくりょうかぶしきがいしゃ》・兼松株式会社《かねまつかぶしきがいしゃ》・第一工業製薬株式会社《だいいちこうぎょうせいやくかぶしきがいしゃ》・東洋合成工業株式会社《とうようごうせいこうぎょうかぶしきがいしゃ》との間《あいだ》に仮契約《かりけいやく》締結《ていけつ》（『市川市史年表《いちかわししねんぴょう》』）。

●同日《どうじつ》、県立葛南高等学校《けんりつかつなんこうとうがっこう》（仮称《かしょう》）敷地確保《しきちかくほ》。全日制課程設置《ぜんにちせいかていせっち》の請願《せいがん》が同校設置促進委員会委員《どうこうせっちそくしんいいんかいいいん》長《ちょう》ほか一〇名《めい》より出《だ》され、採択《さいたく》（『市川市史年表《いちかわししねんぴょう》』）。

●一二月二七日、第二次公有水面埋立事業《だいじこうゆうすいめんうめたてじぎょう》により生《しょう》じた土地《とち》のうち三三万四二〇〇平方《へいほう》メートルを本行徳字東浜《ほんぎょうとくあざひがしはま》に編入《へんにゅう》し、さらに三三万二五七五平方《へいほう》メートルを新《あら》たに千鳥町《ちどりちょう》の町名《ちょうめい》で市《し》に正《せい》式《しき》に編入《へんにゅう》（『市川市史年表《いちかわししねんぴょう》』）。

●この年《とし》の市川市地先海面《いちかわしちさきかいめん》での漁獲量《ぎょかくりょう》、八魚種《ぎょしゅ》で七三万三六八六キログラム、貝類《かいるい》四八万五九五二樽《たる》、おご・わかめ二三万九四九八キログラム。

四二年 丁未《ひのとひつじ》 一九六七

●三月七日、浦安《うらやす》、南行徳《みなみぎょうとく》、行徳《ぎょうとく》、船橋《ふなばし》で廃油《はいゆ》による海苔《のり》被害《ひがい》発生《はっせい》（『市川《いちかわ》市史《しし》年表《ねんぴょう》』）。

●三月二九日、市施行《しせこう》の幹線《かんせん》道路《どうろ》新設《しんせつ》に関《かん》する請願《せいがん》が南行徳《みなみぎょうとく》第《だい》二土地《とち》区画《くかく》整理《せいり》組合《くみあい》準備《じゅんび》委員会《いいんかい》の四七名《めい》より出《だ》され、採択《さいたく》（『市川《いちかわ》市史《しし》年表《ねんぴょう》』）。

●三月三一日、第《だい》二次《じ》埋立《うめたて》事業《じぎょう》の建設《けんせつ》完了《かんりょう》（『市川《いちかわ》市史《しし》年表《ねんぴょう》』）。

●同日《どうじつ》、相之川《あいのかわ》交差点《こうさてん》の信号機《しんごうき》設置《せっち》（『市川《いちかわ》市史《しし》年表《ねんぴょう》』）。

●六月一九日、沖場《おきば》地先《ちさき》海面《かいめん》埋立《うめたて》事業《じぎょう》認可《にんか》。昭和《しょうわ》四三年三月三一日、埋立《うめたて》事業《じぎょう》完了《かんりょう》（『市川《いちかわ》市史《しし》年表《ねんぴょう》』）。

●七月一日、川鉄《かわてつ》鋼材《こうざい》工業《こうぎょう》株式会社《かぶしきがいしゃ》東京《とうきょう》事業所《じぎょうしょ》開設《かいせつ》（『市川《いちかわ》市史《しし》年表《ねんぴょう》』）。

●七月一〇日、沖場《おきば》地先《ちさき》埋立《うめたて》事業《じぎょう》開始《かいし》（『市川《いちかわ》市史《しし》年表《ねんぴょう》』）。

●七月二〇日、南行徳《みなみぎょうとく》小学校《しょうがっこう》にプール設置《せっち》（『市川《いちかわ》市史《しし》年《ねん》表』）。

●九月一日、海苔《のり》すき機《き》がはじめて導入《どうにゅう》される（『市川《いちかわ》市史《しし》年表《ねんぴょう》』）。

●九月二九日、行徳《ぎょうとく》地区《ちく》道路《どうろ》補修班《ほしゅうはん》常駐方《じょうちゅうかた》に関《かん》する陳情《ちんじょう》が、南行徳《みなみぎょうとく》自治会《じちかい》連合会長《れんごうかいちょう》ほか六名《めい》より出《だ》され、採択《さいたく》。

●九月二九日、南行徳《みなみぎょうとく》小学校前《しょうがっこうまえ》の通学《つうがく》道路《どうろ》補修等《ほしゅうとう》に関《かん》する請願《せいがん》が湊《みなと》自治会長《じちかいちょう》ほか九名《めい》より出《だ》され、採択《さいたく》（『市川《いちかわ》市史《しし》年表《ねんぴょう》』）。

●九月三〇日、南行徳《みなみぎょうとく》商業《しょうぎょう》協同《きょうどう》組合《くみあい》設立《せつりつ》（『市川市史年表《いちかわししねんぴょう》』）。

●一〇月二七日、市川市《いちかわし》自治会《じちかい》連合《れんごう》協議会《きょうぎかい》、新浜《にいはま》野鳥《やちょう》保護区《ほごく》設置《せっち》に反対《はんたい》することを決《き》める（『市《いち》川市史年表《かわししねんぴょう》』）。

一〇月二八日　台風《たいふう》34号《ごう》により、床下浸水《ゆかしたしんすい》五九戸《こ》の被害《ひがい》が出《で》る（『市川市史年表《いちかわししねんぴょう》』）

●一一月八日、新浜《にいはま》野鳥《やちょう》保護区域《ほごくいき》設置《せっち》反対《はんたい》市民大会《しみんたいかい》が市民会館《しみんかいかん》で開催《かいさい》され、農民《のうみん》・漁民《ぎょみん》・一般市《いっぱんし》民《みん》ら一五〇〇名参加《めいさんか》（『市川市史年表《いちかわししねんぴょう》』）。

●一一月、油性《ゆせい》の汚廃水《おはいすい》が漁場《ぎょじょう》に流入《りゅうにゅう》、海苔柵《のりさく》が大被害《だいひがい》を受《う》ける（『市川市史年表《いちかわししねんぴょう》』）。

●一二月一一日、財団法人《ざいだんほうじん》日本《にほん》鳥類《ちょうるい》保護《ほご》連盟《れんめい》による新浜《にいはま》鳥獣《ちょうじゅう》保護区《ほごく》設置《せっち》に関《かん》する陳情《ちんじょう》、地域開《ちいきかい》発《はつ》が阻害《そがい》され、市発展《しはってん》に重大《じゅうだい》な影響《えいきょう》を及《およ》ぼすとの観点《かんてん》から、不採択《ふさいたく》。同日《どうじつ》、新浜《にいはま》を守《まも》る会《かい》の鳥類《ちょうるい》保護《ほご》に関《かん》する陳情《ちんじょう》も、同《おな》じ理由《りゆう》で不採択《ふさいたく》（『市川市史年表《いちかわししねんぴょう》』）。

●一二月二五日、農道《のうどう》改修《かいしゅう》並《なら》びに拡張《かくちょう》に関《かん》する請願《せいがん》が新井《あらい》自治会長《じちかいちょう》より出《だ》され、採択《さいたく》。同日《どうじつ》、市《し》道新設《どうしんせつ》に関《かん》する請願《せいがん》が南行徳《みなみぎょうとく》第《だい》一土地《とち》区画《くかく》整理《せいり》組合《くみあい》理事長《りじちょう》ほか二名《めい》より出《だ》され、採択《さいたく》（『市川《いちかわ》市《し》史年表《しねんぴょう》』）。

四三年　戊申《つちのえさる》　一九六八

●一月三〇日、日本冷蔵株式会社船橋工場《にほんれいぞうかぶしきがいしゃふなばしこうじょう》から重油《じゅうゆ》が流出《りゅうしゅつ》し、船橋市《ふなばしし》から浦安町《うらやすまち》までの地先《ちさき》で海《の》苔《り》被害《ひがい》発生《はっせい》（『市川市史年表《いちかわししねんぴょう》』）。

●二月二七日、妙好寺《みょうこうじ》の和様四足門《わようしそくもん》、市文化財《しぶんかざい》に指定《してい》（『市川市史《いちかわしし》』第《だい》四巻《かん》　文化編《ぶんかへん》　第《だい》一章《しょう》　市川《いちかわ》の文化財《ぶんかざい》）。

●三月二一日、市立図書館新館《しりつとしょかんしんかん》竣功《しゅんこう》（『市川市史年表《いちかわししねんぴょう》』）。

●三月三〇日、南行徳第《みなみぎょうとくだい》二土地区画整理事業組合《とちくかくせいりじぎょうくみあい》の設立認可《せつりつにんか》。昭和《しょうわ》四九年（一九七四）三月二七日、解散《かいさん》（『市川市史年表《いちかわししねんぴょう》』）。施行区域香取《せこうくいきかんどり》・湊新田《みなとしんでん》。

●三月三一日、沖場地先及《おきばちさきおよ》び東浜地先《ひがしはまちさき》の埋立事業完了《うめたてじぎょうかんりょう》（『市川市史年表《いちかわししねんぴょう》』）。

●四月一日、自治会等《じちかいとう》に対《たい》する街路灯施設費補助金交付要綱《がいろとうしせつひほじょきんこうふようこう》が作《つく》られる（『市川市史年表《いちかわししねんぴょう》』）。

●四月一日、葛南警察官幹部派出所《かつなんけいさつかんかんぶはしゅつじょ》、香取《かんどり》に開設《かいせつ》（『市川市史年表《いちかわししねんぴょう》』）。

●五月一一日、市立図書館新館落成《しりつとしょかんしんかんらくせい》（『市川市史年表《いちかわししねんぴょう》』）。

●六月一二日、行徳土地区画整理組合設立認可《ぎょうとくとちくかくせいりくみあいせつりつにんか》。昭和《しょうわ》五〇年（一九七五）三月一〇日、解散《かいさん》（『市川市史年表《いちかわししねんぴょう》』）。

●六月二八日、南行徳小学校校舎増築《みなみぎょうとくしょうがっこうこうしゃぞうちく》に関《かん》する陳情《ちんじょう》が同校《どうこう》ＰＴＡより出《だ》され、採択《さいたく》（『市川市史年表《いちかわししねんぴょう》』）。

●六月三〇日、新井《あらい》の御経塚《おきょうづか》に碑《ひ》が建立《こんりゅう》される。

「御経塚由来記《おきょうづかゆらいき》　法華経塚《ほけきょうづか》　今《いま》を去《さ》ること二百六十余年前宝永年間当地一帯《よねんまえほうえいねんかんとうちいったい》は凶作飢饉《きょうさくききん》あいつぎ悪疫流行《あくえきりゅうこう》し、為《ため》に人心麻《じんしんあさ》の如《ごと》く乱《みだ》れ世相混乱《せそうこんらん》の極《きょく》に達《たっ》せり。時《とき》に秋葉山新井寺《あきばさんしんせいじ》四世慈譚禅《せいじたんぜん》師座視《しざし》するに忍《しの》びず三七《さんしち》二十一日間《にちかん》の断食祈願《だんじききがん》の禅定《ぜんじょう》に入《はい》る。即《すなわ》ち観世音菩薩《かんぜおんぼさつ》の霊験《れいけん》ありて観《かん》世音《ぜおん》の化身《けしん》秋葉権現《あきばごんげん》を遠州《えんしゅう》より勧請《かんじょう》し（迎《むか》え）新井寺境内《しんせいじけいだい》に奉祀《ほうし》し大《おお》いに教化《きょうげ》につとめたたえて慈譚禅師《じたんぜんし》を生《い》き佛《ぼとけ》と言《い》う。更《さら》に吾《わ》れ永《なが》く郷民《ごうみん》（地《じ》もとの人々《ひとびと》）を火難水難《かなんすいなん》より守護《しゅご》せんとの誓《せい》願《がん》を立《た》て海辺《うみべ》より貝殻《かいがら》（蛤《はまぐり》）をあつめこれを浄《きよ》めて法華経《ほけきょう》を書写《かきうつ》しこれを土中《どちゅう》にならべしき《並べ敷き》この上《うえ》に端座火定《たんざかじょう》（座禅《ざぜん》をして生《い》きながら火葬《かそう》になること）に入《はい》り人柱《ひとばしら》になり給《たま》うと言《い》う。人《ひと》よんでこれをお経塚《きょうづか》と称《しょう》す　昭和《しょうわ》四十三年六月三十日　市川市新井《いちかわしあらい》　秋葉山《あきばさん》　新井寺《しんせいじ》　廿《にじゅう》八世《せい》松《まつ》井《い》憲孝謹誌《けんこうきんし》　発起人《ほっきにん》　今井定吉《いまいさだきち》、及川助雄《おいかわすけお》、宮崎睦《みやざきむつみ》、飯生竹太郎《いいのたけたろう》、中里建設株式会社《なかざとけんせつかぶしきがいしゃ》、株式会《かぶしきがい》社市組《しゃいちぐみ》、株式会社青山組《かぶしきがいしゃあおやまぐみ》、八田建設株式会社《はったけんせつかぶしきがいしゃ》」「史蹟《しせき》　御経塚《おきょうづか》　新井寺《しんせいじ》二十八世黙承憲孝書《せいもくしょうけんこうしょ》　田中廉次郎《たなかれんじろう》、及川助雄《おいかわすけお》、今井定吉《いまいさだきち》、飯生竹太郎《いいのたけたろう》、鈴木安太郎《すずきやすたろう》、田中卯之吉《たなかうのきち》、近藤喜次《こんどうきじ》、株式会社《かぶしきがいしゃ》高橋道路《たかはしどうろ》、有限会社小沢興行《ゆうげんがいしゃおざわこうぎょう》」（『明解行徳《めいかいぎょうとく》の歴史大事典《れきしだいじてん》』）

●七月三〇日、沖場地先埋立事業《おきばちさきうめたてじぎょう》によって生《しょう》じた公有水面埋立地《こうゆうすいめんうめたてち》（三万九九三一平方《へいほう》メートル）が加藤新田字沖場《かとうしんでんあざおきば》に編入《へんにゅう》。東浜地先埋立事業完了《ひがしはまちさきうめたてじぎょうかんりょう》によって生《しょう》じた公有水面埋立地《こうゆうすいめんうめたてち》（一七万四一二九平方《へいほう》メートル）は高浜町《たかはまちょう》に編入《へんにゅう》（『市川市史年表《いちかわししねんぴょう》』）。

●九月一日、南行徳海苔養殖漁場《みなみぎょうとくのりようしょくぎょじょう》＝区三号《ごう》（一四四ヘクタール）及《およ》び行徳海苔養殖漁場《ぎょうとくのりようしょくぎょじょう》＝区《く》四号《ごう》（一一六ヘクタール）、県知事《けんちじ》の許可《きょか》を受《う》ける（『市川市史年表《いちかわししねんぴょう》』）。

●一〇月、河原《かわら》の春日神社《かすがじんじゃ》に灯籠《とうろう》が寄進《きしん》される。「明治《めいじ》百年記念《きねん》」「還暦《かんれき》の砌《みぎり》　増田浦五郎《ますだうらごろう》　小林喜太郎《こばやしきたろう》納之《これをおさめる》」「昭和《しょうわ》四十三年十月」（『明解《めいかい》行徳《ぎょうとく》の歴史大事典《れきしだいじてん》』）

●一〇月、上妙典《かみみょうでん》の八幡神社《はちまんじんじゃ》に狛犬《こまいぬ》が新造《しんぞう》される。
「奉納《ほうのう》」「明治維新《めいじいしん》百年記念新造《きねんしんぞう》　納主氏子中《のうしゅうじこちゅう》　世話人《せわにん》田島清治《たじませいじ》、山口二男《やまぐちつぐお》、田島英一《たじまえいいち》、藤原喜《ふじわらき》太郎《たろう》、板橋輝武《いたばしてるたけ》　昭和《しょうわ》四十三年十月吉日辰《きちじつしん》」（『明解行徳《めいかいぎょうとく》の歴史大事典《れきしだいじてん》』）

●一〇月五日、南行徳小学校講堂改築《みなみぎょうとくしょうがっこうこうどうかいちく》に関《かん》する請願《せいがん》が同校《どうこう》PTAより出《だ》され、採択《さいたく》（『市川市史《いちかわしし》年表《ねんぴょう》』）。

一〇月一七日　川端康成《かわばたやすなり》、ノーベル文学賞受賞《ぶんがくしょうじゅしょう》

一一月一日　海苔網冷凍保蔵事業開始《のりあみれいとうほぞうじぎょうかいし》（『市川市史年表《いちかわししねんぴょう》』）

一一月一六日　行徳《ぎょうとく》で水道管《すいどうかん》が破裂《はれつ》し、床下浸水《ゆかしたしんすい》五戸《こ》の被害《ひがい》が出《で》る（『市川市史年表《いちかわししねんぴょう》』）

●一一月、赤《あか》ちゃんコンクールで湊《みなと》九四番地《ばんち》の遠藤敏明《えんどうとしあき》、千葉県第《ちばけんだい》一位《い》となる（『市川市史年《いちかわししねん》表《ぴょう》』）。

一二月一〇日　東京府中市《とうきょうふちゅうし》で三億《おく》円《えん》事件《じけん》起《お》こる

●一二月二一日、香取《かんどり》・欠真間《かけまま》の県道《けんどう》よりバイパスに通《つう》ずる市道整備《しどうせいび》に関《かん》する陳情《ちんじょう》が同地区住民《どうちくじゅうみん》六六名《めい》より出《だ》されたが、不採択《ふさいたく》。

●一二月二一日、押切水門《おしきりすいもん》に排水《はいすい》ポンプ場《じょう》の設置《せっち》を求《もと》める請願《せいがん》が南行徳地区自治会連合会会長《みなみぎょうとくちくじちかいれんごうかいかいちょう》ほか七名《めい》より出《だ》され、採択《さいたく》（『市川市史年表《いちかわししねんぴょう》』）。

●一二月、新井《あらい》の熊野神社《くまのじんじゃ》に石垣《いしがき》が建設《けんせつ》される。

「石垣建設寄附者連名《いしがきけんせつきふしゃれんめい》（姓名《せいめい》169）自治会役員《じちかいやくいん》（姓名《せいめい》6）新井青年団《あらいせいねんだん》　氏子総代《うじこそうだい》（姓名《せいめい》4）
昭和《しょうわ》四十三年十二月」［裏《うら》］茨城県真壁町《いばらぎけんまかべまち》　竹中石材店《たけなかせきざいてん》　電話《でんわ》３００番《ばん》（『市川市《いちかわし》の石造物《せきぞうぶつ》』）

四四年　己酉《つちのととり》　一九六九

●二月六日、行徳街道入口信号機設置《ぎょうとくかいどういりぐちしんごうきせっち》（『市川市史年表《いちかわししねんぴょう》』）。

●三月二五日、欠真間排水機場完成《かけままはいすいきじょうかんせい》（『市川市史年表《いちかわししねんぴょう》』）。

●三月二八日、海面埋立《かいめんうめたて》による造成土地《ぞうせいとち》及《およ》び交換《こうかん》により取得《しゅとく》した土地《とち》の処分《しょぶん》について、株式会社《かぶしきがいしゃ》小《お》幡亜鉛鍍金工場《ばたあえんめっきこうじょう》・東《あずま》トタン株式会社《かぶしきがいしゃ》・小林香料《こばやしこうりょう》株式会社《かぶしきがいしゃ》と市川市《いちかわし》との間《あいだ》で仮契約議決《かりけいやくぎけつ》（『市川市《いちかわし》史年表《しねんぴょう》』）。

◉地下鉄東西線開通《ちかてつとうざいせんかいつう》、行徳駅開業《ぎょうとくえきかいぎょう》

三月二九日、営団地下鉄《えいだんちかてつ》（現《げん》・東京《とうきょう》メトロ）東西線《とうざいせん》、東京江東区東陽町《とうきょうこうとうくとうようちょう》―西船橋間《にしふなばしかん》（一五キロ）の開通《かいつう》に伴《ともな》い、行徳駅《ぎょうとくえき》と原木中山駅開業《ばらきなかやまえきかいぎょう》（『市川市史年表《いちかわししねんぴょう》』）。

●三月三一日、京葉港市川地区土地造成事業《けいようこういちかわちくとちぞうせいじぎょう》の免許《めんきょ》を千葉県《ちばけん》が取得《しゅとく》。市川市《いちかわし》は委託事業《いたくじぎょう》として施《せ》行《こう》。五カ年継続事業《ねんけいぞくじぎょう》。本行徳字東浜《ほんぎょうとくあざひがしはま》・新井字墾ノ根《あらいあざこんのね》の地先公有水面《ちさきこうゆうすいめん》一九四万四〇〇〇平方《へいほう》メー

トル。昭和《しょうわ》四八年（一九七三）一二月二四日、完了《かんりょう》。現塩浜《げんしおはま》一～四丁目《ちょうめ》（『市川市史年表《いちかわししねんぴょう》』）。

●五月二日、京葉港市川地区土地造成事業開始《けいようこういちかわちくとちぞうせいじぎょうかいし》（『市川市史年表《いちかわししねんぴょう》』）。

五月二六日　東名高速道路全線開通《とうめいこうそくどうろぜんせんかいつう》

●五月三一日、東京外郭環状道路市川区間都市計画決定《とうきょうがいかくかんじょうどうろいちかわくかんとしけいかくけってい》（建設省告示《けんせつしょうこくじ》第３００４号《ごう》）。二〇一八年六月二日開通《かいつう》。

七月二二日　アポロ11号《ごう》、人類初《じんるいはつ》の月面到着《げつめんとうちゃく》

●八月一一日、第七中学校《だいななちゅうがっこう》にプール設置《せっち》（『市川市史年表《いちかわししねんぴょう》』）。

●九月二九日、相之川《あいのかわ》の葛南製作所工場《かつなんせいさくしょこうじょう》の騒音防止《そうおんぼうし》に関《かん》する陳情《ちんじょう》が付近住民《ふきんじゅうみん》三二名《めい》より出《だ》され、採択《さいたく》（『市川市史年表《いちかわししねんぴょう》』）。

●一〇月一五日、香取公園《かんどりこうえん》、児童公園《じどうこうえん》として香取《かんどり》一丁目《ちょうめ》に開設《かいせつ》。同日《どうじつ》、蟹田公園《かにたこうえん》、児童公園《じどうこうえん》として新井《あらい》二丁目《ちょうめ》に開設《かいせつ》（『市川市史年表《いちかわししねんぴょう》』）。

●一二月一八日、行徳北部土地区画整理組合設立認可《ぎょうとくほくぶとちくかくせいりくみあいせつりつにんか》。施工面積《せこうめんせき》一三・一六ヘクタール。組合員《くみあいいん》一〇五。事業年度《じぎょうねんど》は昭和《しょうわ》四四～四九年。昭和《しょうわ》五〇年（一九七五）一〇月、解散《かいさん》（『市川市史年表《いちかわししねんぴょう》』）。

●一二月一八日、湊地区《みなとちく》の市道並《しどうなら》びに排水溝整備《はいすいこうせいび》に関《かん》する陳情《ちんじょう》が住民《じゅうみん》三六名《めい》より出《だ》され、採択《さいたく》。同日《どうじつ》、行徳橋《ぎょうとくばし》に歩道橋《ほどうきょう》の架設《かせつ》を求《もと》める請願《せいがん》が下妙典《しもみょうでん》自治会《じちかい》ほか、関連《かんれん》二六自治会代表《じちかいだいひょう》より出《だ》され、採択《さいたく》。

同日《どうじつ》、新井橋《あらいばし》から土地区画整理事業《とちくかくせいりじぎょう》により作られた八メートル道路《どうろ》にいたる市道拡幅《しどうかくふく》に関《かん》する請願《せいがん》が新井自治会《あらいじちかい》・南行徳第一土地区画整理組合《みなみぎょうとくだいとちくかくせいりくみあい》の一二二名《めい》より出《だ》され、採択《さいたく》（『市川市史年表《いちかわししねんぴょう》』）。

●この年《とし》の市川市内交通事故発生件数《いちかわしないこうつうじこはっせいけんすう》と死傷者数《ししょうしゃすう》、事故件数《じこけんすう》一二九二、死者《ししゃ》二二、負傷者《ふしょうしゃ》一七〇七（『市川市史《いちかわしし》』第《だい》四巻《かん》　現代編《げんだいへん》　第《だい》八章《しょう》　都市《とし》づくりの発展《はってん》と災害《さいがい》）。

●一〇月一日～翌年《よくとし》三月三一日の行徳《ぎょうとく》・南行徳《みなみぎょうとく》での海苔養殖《のりようしょく》　収穫量《しゅうかくりょう》は三億六四一四万四八七〇枚《まい》。

●この年《とし》、行徳側《ぎょうとくがわ》の江戸川左岸《えどがわさがん》の堤防《ていぼう》がコンクリート直立護岸《ちょくりつごがん》となる（『行徳歴史街道《ぎょうとくれきしかいどう》』）。

四五年　庚戌《かのえいぬ》　一九七〇

一月二八日　千葉《ちば》テレビ放送会社設立《ほうそうがいしゃせつりつ》

●三月八日、第《だい》一回市川市子《かいいちかわしこ》ども会育成会《かいいくせいかい》、研究大会開催《けんきゅうたいかいかいさい》（『市川市史年表《いちかわししねんぴょう》』）。

三月一四日　日本万国博覧会《にほんばんこくはくらんかい》、大阪《おおさか》・千里丘陵《せんりきゅうりょう》の会場《かいじょう》で開会式《かいかいしき》

●三月二五日、押切排水機場《おしきりはいすいきじょう》完成《かんせい》（『市川市史年表《いちかわししねんぴょう》』）。

●三月二六日、胡録公園《ころくこうえん》、児童公園《じどうこうえん》として湊新田《みなとしんでん》一丁目《ちょうめ》に開設《かいせつ》（『市川市史年表《いちかわししねんぴょう》』）。

三月二九日、島尻公園《しまじりこうえん》、幼児用児童公園《ようじようじどうこうえん》として島尻《しまじり》に開設《かいせつ》（『市川市史年表《いちかわししねんぴょう》』）。

●三月三一日、南行徳小学校体育館完成《みなみぎょうとくしょうがっこうたいいくかんかんせい》（『市川市史年表《いちかわししねんぴょう》』）。

●五月二五日、首都圏《しゅとけん》近郊《きんこう》緑地《りょくち》法《ほう》に基《もと》づき、行徳《ぎょうとく》緑地《りょくち》特別《とくべつ》保全《ほぜん》地区《ちく》の区域《くいき》決定《けってい》（『市川市史年表《いちかわししねんぴょう》』）。

六月二五日、広尾《ひろお》・北浜《きたはま》・欠真間《かけまま》・上道《かみみち》・三町畑《さんじょうばた》各《かく》児童公園《じどうこうえん》の設置《せっち》計画《けいかく》決定《けってい》（『市川市史年表《いちかわししねんぴょう》』）。

●六月二六日、源心寺《げんしんじ》付近《ふきん》の排水《はいすい》対策《たいさく》に関《かん》する陳情《ちんじょう》が香取《かんどり》地区《ちく》自治会長《じちかいちょう》ら一三名《めい》より出《だ》され、採択《さいたく》（『市川市史年表《いちかわししねんぴょう》』）。

●七月、河原《かわら》の春日神社《かすがじんじゃ》に水神宮《すいじんぐう》祀《まつ》られる。

「水神宮《すいじんぐう》」［裏《うら》］昭和《しょうわ》四十五年七月　小林《こばやし》喜太郎《きたろう》　納《おさむ》（『市川市《いちかわし》の石造物《せきぞうぶつ》』）

●七月一六日、市川新井《いちかわあらい》郵便局《ゆうびんきょく》開設《かいせつ》（『市川市史年表《いちかわししねんぴょう》』）。

●七月二三日、相之川《あいのかわ》公園《こうえん》、児童公園《じどうこうえん》として相之川《あいのかわ》二丁目《ちょうめ》に開設《かいせつ》（『市川市史年表《いちかわししねんぴょう》』）。

◉近郊《きんこう》緑地《りょくち》特別《とくべつ》保存《ほぞん》地区《ちく》に指定《してい》される

八月二八日、野鳥《やちょう》休息地《きゅうそくち》として知《し》られる南行徳《みなみぎょうとく》沿岸部《えんがんぶ》の新浜《にいはま》御猟場《ごりょうば》及《およ》び、その周辺《しゅうへん》湿地帯《しっちたい》を含《ふく》む約《やく》八三ヘクタールの地区《ちく》、千葉県《ちばけん》告示《こくじ》六〇八号《ごう》により近郊《きんこう》緑地《りょくち》特別《とくべつ》保全《ほぜん》地区《ちく》に指定《してい》される（『市川市史年表《いちかわししねんぴょう》』）。通称《つうしょう》「野鳥《やちょう》の楽園《らくえん》」。

●九月二五日、南行徳小学校《みなみぎょうとくしょうがっこう》の通学路《つうがくろ》に沿《そ》った水路《すいろ》に通学安全《つうがくあんぜん》のため、柵《さく》の設置《せっち》を求《もと》める請願《せいがん》が付近住民《ふきんじゅうみん》二三八名《めい》より出《だ》され、採択《さいたく》（『市川市史年表《いちかわししねんぴょう》』）。

●一〇月二二日、行徳南部土地区画整理組合設立認可《ぎょうとくなんぶとちくかくせいりくみあいせつりつにんか》。昭和《しょうわ》四九年（一九七四）一二月、解散《かいさん》（『市川市史年表《いちかわししねんぴょう》』）。

●一一月一日、県《けん》の指導《しどう》により、海苔養殖《のりようしょく》に「ベタ流《なが》し漁法《ぎょほう》」導入《どうにゅう》（『市川市史年表《いちかわししねんぴょう》』）。

●一一月二〇日、広尾公園《ひろおこうえん》、児童公園《じどうこうえん》として広尾《ひろお》一丁目《ちょうめ》に開設《かいせつ》（『市川市史年表《いちかわししねんぴょう》』）。

一一月二五日　三島由紀夫《みしまゆきお》ら割腹自殺《かっぷくじさつ》

●一二月四日、南行徳公園設置計画決定《みなみぎょうとくこうえんせっちけいかくけってい》（『市川市史年表《いちかわししねんぴょう》』）。

一二月九日、欠真間公園《かけままこうえん》、児童公園《じどうこうえん》として欠真間《かけまま》二丁目《ちょうめ》に開設《かいせつ》。

同日《どうじつ》、上道公園《かみみちこうえん》、児童公園《じどうこうえん》として住吉《すみよし》一丁目《ちょうめ》（現《げん》、本塩《ほんしお》七番《ばん》）に開設《かいせつ》。

また、欠真間自動排水機場《かけままじどうはいすいきじょう》、完成《かんせい》（『市川市史年表《いちかわししねんぴょう》』）。

●一二月二一日、自然排水不能《しぜんはいすいふのう》のため、葛南地区《かつなんちく》に排水機《はいすいき》の設置《せっち》を求《もと》める陳情《ちんじょう》が行徳地区自治会《ぎょうとくちくじちかい》連合会会長《れんごうかいかいちょう》ほか五〇名《めい》より出《だ》され、採択《さいたく》。同日《どうじつ》、相之川一帯《あいのかわいったい》の排水路整備《はいすいろせいび》に関《かん》する請願《せいがん》が地区住《ちくじゅう》民《みん》四三名《めい》より出《だ》され、採択《さいたく》（『市川市史年表《いちかわししねんぴょう》』）。

●一二月二八日、北浜公園《きたはまこうえん》、児童公園《じどうこうえん》として新井《あらい》三丁目《ちょうめ》に開設《かいせつ》（『市川市史年表《いちかわししねんぴょう》』）。

四六年 辛亥《かのとい》 一九七一

●三月二五日、南行徳公園《みなみぎょうとくこうえん》、近隣公園《きんりんこうえん》として相之川《あいのかわ》四丁目《ちょうめ》に開設《かいせつ》。

●三月二五日、排水機場《はいすいきじょう》敷地《しきち》・公共用地造成《こうきょうようちぞうせい》のための公有水面《こうゆうすいめん》（五三〇四平方《へいほう》メートル）の埋立《うめたて》に関《かん》する県知事《けんちじ》よりの諮問《しもん》、市議会《しぎかい》にて議決《ぎけつ》される。同日《どうじつ》、新井排水機場《あらいはいすいきじょう》、完成《かんせい》。

●三月二五日、源心寺境内及《げんしんじけいだいおよ》び墓地《ぼち》の地盤沈下対策費《じばんちんかたいさくひ》に対《たい》する補助金交付《ほじょきんこうふ》に関《かん》する請願《せいがん》が源心寺《げんしんじ》住職《じゅうしょく》ほか一八名《めい》より出《だ》されたが、不採択《ふさいたく》（『市川市史年表《いちかわししねんぴょう》』）。

●四月、市内《しない》に個人《こじん》タクシーが走《はし》り始《はじ》める（『市川市史年表《いちかわししねんぴょう》』）。

六月二日　千葉県下《ちばけんか》で初《はつ》の光化学《こうかがく》スモッグ注意報発令《ちゅういほうはつれい》され、東《ひがし》・南葛飾地区《みなみかつしかちく》一〇市町《しちょう》で小《しょう》・中《ちゅう》校生避難《こうせいひなん》（『市川市史年表《いちかわししねんぴょう》』）

六月一九日　国鉄京葉線西船橋《こくてつけいようせんにしふなばし》―蘇我間設立認可《そがかんせつりつにんか》

●六月二五日、東京外郭環状道路建設計画《とうきょうがいかくかんじょうどうろけんせつけいかく》を凍結《とうけつ》し再検討《さいけんとう》することが、市議会《しぎかい》において議決《ぎけつ》される（『市川市史年表《いちかわししねんぴょう》』）。

●九月一日、新宿前《しんしゅくまえ》・元新田《もとしんでん》・寺町各児童公園《てらまちかくじどうこうえん》の設置計画決定《せっちけいかくけってい》（『市川市史年表《いちかわししねんぴょう》』）。

九月一〇日　『市川市史《いちかわしし》』第《だい》一巻原始《かんげんし》・古代刊行《こだいかんこう》

●九月二九日、下新宿《しもしんしゅく》三番地《ばんち》から二九番地《ばんち》一に隣接《りんせつ》する道路並《どうろなら》びに堤防敷地先公有水面埋立地《ていぼうしきちさきこうゆうすいめんうめたてち》（四六〇九・八七平方《へいほう》メートル）の土地《とち》を下新宿《しもしんしゅく》に編入《へんにゅう》することが議決《ぎけつ》される。

●九月二九日、行徳小学校学区内《ぎょうとくしょうがっこうがっくない》に公立保育所設置《こうりつほいくじょせっち》を求《もと》める請願《せいがん》が住民《じゅうみん》一二三名《めい》より出《だ》され、採《さい》択《たく》（『市川市史年表《いちかわししねんぴょう》』）。

●一〇月三一日、湊新田排水機場《みなとしんでんはいすいきじょう》、完成《かんせい》（昭和《しょうわ》四八年一〇月九日、相之川第《あいのかわだい》二排水機場《はいすいきじょう》に移設《いせつ》）（『市川市史年表《いちかわししねんぴょう》』）。

●一一月、相之川《あいのかわ》の了善寺《りょうぜんじ》に碑《ひ》が建立《こんりゅう》される。
「親鸞聖人《しんらんしょうにん》御逗留《ごとうりゅう》旧跡《きゅうせき》　昭和《しょうわ》四十六年十一月　親縁山了善寺第《しんえんざんりょうぜんじだい》十九世《せい》釋《しゃく》廣宣《こうせん》」（『明解行《めいかいぎょう》徳《とく》の歴史大事典《れきしだいじてん》』）

●一二月一日、行徳中部土地区画整理組合設立認可《ぎょうとくちゅうぶとちくかくせいりくみあいせつりつにんか》。昭和《しょうわ》五四年（一九七九）九月、解散《かいさん》（『市《いち》川市史年表《かわししねんぴょう》』）。

●一二月一五日、河原排水機場《かわらはいすいきじょう》、完成《かんせい》（『市川市史年表《いちかわししねんぴょう》』）。

●一二月二三日、行徳地域《ぎょうとくちいき》に市営住宅建設《しえいじゅうたくけんせつ》を求《もと》める請願《せいがん》が住民《じゅうみん》一一七名《めい》より出《だ》され、採択《さいたく》（『市《いち》川市史年表《かわししねんぴょう》』）。

一二月二七日　千葉県《ちばけん》、葛南地区地盤沈下対策《かつなんちくじばんちんかたいさく》として、船橋《ふなばし》・市川両市内《いちかわりょうしない》の天然《てんねん》ガスの採掘権《さいくつけん》を県《けん》・市《し》で買上《かいあ》げ、汲上《くみあ》げをストップさせる

◉浦安漁民《うらやすぎょみん》、漁業権全面放棄《ぎょぎょうけんぜんめんほうき》

浦安漁民《うらやすぎょみん》一七〇〇名《めい》、漁業権全面放棄《ぎょぎょうけんぜんめんほうき》。

四七年 壬子《みずのえね》 一九七二

●二月三日、相之川自動排水機場《あいのかわじどうはいすいきじょう》、完成《かんせい》（『市川市史年表《いちかわししねんぴょう》』）。

●二月四日、元新田公園《もとしんでんこうえん》、児童公園《じどうこうえん》として河原《かわら》に開設《かいせつ》（『市川市史年表《いちかわししねんぴょう》』）。

二月一〇日 成田新幹線工事実施計画認可《なりたしんかんせんこうじじっしけいかくにんか》される（事業主体《じぎょうしゅたい》日本鉄道建設公団《にほんてつどうけんせつこうだん》、建設区間東京《けんせつくかんとうきょう》鍛冶橋《かじばし》―新東京国際空港《しんとうきょうこくさいくうこう》の約《やく》六五キロ、建設費《けんせつひ》二〇〇〇億円《おくえん》）

●二月初午《はつうま》、本行徳《ほんぎょうとく》の横町稲荷神社《よこまちいなりじんじゃ》に鳥居建立《とりいこんりゅう》される。

「横町稲荷大明神《よこまちいなりだいみょうじん》」［右柱《みぎはしら》］納《のう》　役員一同《やくいんいちどう》　［左柱《ひだりはしら》］奉《ほう》　役員一同《やくいんいちどう》（添付金属板《てんぷきんぞくばん》に『奉納者氏《ほうのうしゃし》名《めい》　昭和《しょうわ》四十七年二月初午《はつうま》（姓名《せいめい》10）』）（『市川市の石造物《いちかわしのせきぞうぶつ》』）

●三月六日、新宿前公園《しんしゅくまえこうえん》、児童公園《じどうこうえん》として河原《かわら》に開設《かいせつ》（『市川市史年表《いちかわししねんぴょう》』）。

●三月一六日、本行徳住民《ほんぎょうとくじゅうみん》より成田新幹線反対《なりたしんかんせんはんたい》に関《かん》する陳情提出《ちんじょうていしゅつ》（『市川市史年表《いちかわししねんぴょう》』）。

三月二九日、成田新幹線建設計画反対《なりたしんかんせんけんせつけいかくはんたい》に関《かん》する意見書《いけんしょ》を関係行政庁《かんけいぎょうせいちょう》に提出《ていしゅつ》することが市議会《しぎかい》において議決《ぎけつ》される。同日《どうじつ》、成田新幹線通過反対《なりたしんかんせんつうかはんたい》に関《かん》する陳情《ちんじょう》が南行徳地区住民《みなみぎょうとくちくじゅうみん》一二九七名《めい》より出《だ》され、採択《さいたく》（『市川市史年表《いちかわししねんぴょう》』）。

三月二九日、行徳地区運動施設《ぎょうとくちくうんどうしせつ》の整備並《せいびなら》びに新設位置変更《しんせついちへんこう》に関《かん》する陳情《ちんじょう》が行徳地区自治会連合《ぎょうとくちくじちかいれんごう》会《かい》ほか二団体《だんたい》より出《だ》され、採択《さいたく》（『市川市史年表《いちかわししねんぴょう》』）。

三月三〇日 『市川市史《いちかわしし》』第《だい》六巻史料《かんしりょう》（近世《きんせい》）上《じょう》・下《げ》刊行《かんこう》

●三月三〇日、寺町公園《てらまちこうえん》、児童公園《じどうこうえん》として本行徳《ほんぎょうとく》に開設《かいせつ》。同日《どうじつ》、弁天公園《べんてんこうえん》、児童公園《じどうこうえん》として行徳《ぎょうとく》駅前《えきまえ》二丁目《ちょうめ》に開設《かいせつ》。

●三月三一日、本行徳排水機場《ほんぎょうとくはいすいきじょう》、完成《かんせい》（『市川市史年表《いちかわししねんぴょう》』）。

●五月二九日、行徳地区自治会連合会《ぎょうとくちくじちかいれんごうかい》など四団体《だんたい》七〇四五名《めい》より、県《けん》に対《たい》して成田新幹線反対陳《なりたしんかんせんはんたいちん》情《じょう》（『市川市史年表《いちかわししねんぴょう》』）。

●市川《いちかわ》・浦安《うらやす》バイパスの新行徳橋有料道路完成《しんぎょうとくばしゆうりょうどうろかんせい》。六月七日、県営初《けんえいはつ》の有料橋《ゆうりょうばし》、新行徳橋完成開通《しんぎょうとくばしかんせいかいつう》（『市川市史年表《いちかわししねんぴょう》』）。

●七月一日、県《けん》と環境庁《かんきょうちょう》、市川市行徳地先海面埋立《いちかわしぎょうとくちさきかいめんうめたて》にあたり鳥類保護《ちょうるいほご》の覚書《おぼえがき》をとりかわす（『市川市史年表《いちかわししねんぴょう》』）。

●七月三日、東京外郭環状《とうきょうがいかくかんじょう》1号線促進《ごうせんそくしん》に関《かん》する陳情《ちんじょう》が高谷地区住民《こうやちくじゅうみん》一〇三名《めい》より出《だ》されたが、不採択《ふさいたく》（『市川市史年表《いちかわししねんぴょう》』）。

●七月四日、行徳《ぎょうとく》・南行徳地区《みなみぎょうとくちく》に私立保育所《しりつほいくじょ》の新設《しんせつ》を求《もと》める請願《せいがん》が私立保育所早期開園《しりつほいくしょそうきかいえん》の会《かい》の二一一五名《めい》より出《だ》され、採択《さいたく》（『市川市史年表《いちかわししねんぴょう》』）。

●七月一六日、市川本行徳郵便局開設《いちかわほんぎょうとくゆうびんきょくかいせつ》（『市川市史年表《いちかわししねんぴょう》』）。

●八月一五日、行徳駅前公園《ぎょうとくえきまえこうえん》に市川市戦没者第《いちかわしせんぼつしゃだい》十五部会《ぶかい》により「平和《へいわ》の碑《ひ》」建立《こんりゅう》される。南行《みなみぎょう》徳町《とくまち》の戦没者《せんぼつしゃ》は一七六名《めい》（『行徳郷土史事典《ぎょうとくきょうどしじてん》』）。当時《とうじ》の南行徳町《みなみぎょうとくまち》の人口《じんこう》は約《やく》五〇〇〇人《にん》、男性《だんせい》が約《やく》二五〇〇人《にん》、内壮年男性《うちそうねんだんせい》は約《やく》一八〇〇人《にん》だから、戦没者《せんぼつしゃ》一七六名《めい》はおよそ一〇％近《ちか》い大変《たいへん》な数《かず》である（『郷土読本《きょうどどくほん》 行徳《ぎょうとく》 塩焼《しおやき》の郷《さと》を訪《たず》ねて』）。

八月一九日 東関東自動車道《ひがしかんとうじどうしゃどう》（千葉《ちば》―成田間《なりたかん》）全通《ぜんつう》

●九月二二日、香取排水機場《かんどりはいすいきじょう》、完成《かんせい》（『市川市史年表《いちかわししねんぴょう》』）。

九月三〇日 山本周五郎《やまもとしゅうごろう》『青《あお》べか日記《にっき》』刊行《かんこう》

●一〇月五日、鬼高町《おにたかまち》・稲荷木《とうかぎ》の全域及《ぜんいきおよ》び田尻《たじり》・高谷《こうや》・大和田《おおわだ》・河原《かわら》・本行徳《ほんぎょうとく》の一部《いちぶ》をもって、鬼高《おにたか》四丁目《ちょうめ》、稲荷木《とうかぎ》一丁目《ちょうめ》〜三丁目《ちょうめ》、田尻《たじり》一丁目《ちょうめ》〜五丁目《ちょうめ》の区域設定《くいきせってい》が議決《ぎけつ》される（『市川市《いちかわし》史年表《しねんぴょう》』）。

●一一月三日、堀之内貝塚《ほりのうちかいづか》に隣接《りんせつ》して市立博物館開館《しりつはくぶつかんかいかん》（『市川市史年表《いちかわししねんぴょう》』）。

一一月一三日『海舟語録《かいしゅうごろく》』（勝海舟全集《かつかいしゅうぜんしゅう》20／講談社《こうだんしゃ》）刊行《かんこう》。江戸城開城交渉《えどじょうかいじょうこうしょう》の最中《さなか》、海舟《かいしゅう》は行徳《ぎょうとく》の二人《ふたり》の人物《じんぶつ》と密会《みっかい》していた（『行徳《ぎょうとく》の文学《ぶんがく》』『行徳歴史街道《ぎょうとくれきしかいどう》2』）

●一二月二三日、千鳥町《ちどりちょう》一二、一五番地《ばんち》に隣接《りんせつ》する新《あら》たに生《しょう》じた公有水面埋立地《こうゆうすいめんうめたてち》（五二万九一六五平方《へいほう》メートル）の土地《とち》を、塩浜《しおはま》一丁目《ちょうめ》とすることが市議会《しぎかい》において議決《ぎけつ》される。同日《どうじつ》、南行徳第三土地区画整理組合《みなみぎょうとくだいさんとちくかくせいりくみあい》にかかる、福栄《ふくえい》二丁目《ちょうめ》を行徳駅前《ぎょうとくえきまえ》四丁目《ちょうめ》と町名及《ちょうめいおよ》び町界《ちょうかい》を変更《へんこう》したい旨《むね》の請願《せいがん》が同組合代表《どうくみあいだいひょう》より出《だ》され、採択《さいたく》（『市川市史年表《いちかわししねんぴょう》』）。

●この年《とし》、高谷地先《こうやちさき》に西浜清掃工場《にしはませいそうこうじょう》（一日《いちにち》あたりの処理能力《しょりのうりょく》四五〇トン、連続機械式高温焼却炉《れんぞくきかいしきこうおんしょうきゃくろ》）の建設《けんせつ》が総額《そうがく》一八億円《おくえん》の三カ年事業《ねんじぎょう》として始《はじ》まる。同年《どうねん》、稲荷木地区《とうかぎちく》で耕作《こうさく》している玄米《げんまい》から法定基準《ほうていきじゅん》を上回《うわまわ》る1・84ppmのカドミウム検出《けんしゅつ》（『市川市史年表《いちかわししねんぴょう》』）。

四八年　癸丑《みずのとうし》　一九七三

●二月一五日、行徳小学校創立《ぎょうとくしょうがっこうそうりつ》一〇〇周年記念式典挙行《しゅうねんきねんしきてんきょこう》（『市川市史年表《いちかわししねんぴょう》』）。

●二月一九日、市川信用金庫《いちかわしんようきんこ》と東葛信用金庫《とうかつしんようきんこ》とが合併《がっぺい》し、市川東葛信用金庫《いちかわとうかつしんようきんこ》となる。業務区域《ぎょうむくいき》は市川市《いちかわし》・野田市《のだし》・松戸市《まつどし》・流山市《ながれやまし》・柏市《かしわし》・我孫子市《あびこし》・東葛飾郡《ひがしかつしかぐん》（『市川市史年表《いちかわししねんぴょう》』）。

三月一四日　『市川市史《いちかわしし》』第《だい》五巻史料《かんしりょう》（古代《こだい》・中世《ちゅうせい》）刊行《かんこう》

●三月三〇日、土地区画整理《とちくかくせいり》の際《さい》の町名変更《ちょうめいへんこう》において、南行徳第《みなみぎょうとくだい》三土地区画整理組合《とちくかくせいりくみあい》に属《ぞく》する土《と》地《ち》が、第《だい》二組合《くみあい》に属《ぞく》する町名《ちょうめい》の福栄《ふくえ》二丁目《ちょうめ》に変更《へんこう》されたのを、行徳駅前《ぎょうとくえきまえ》四丁目《ちょうめ》に再変更《さいへんこう》する旨《むね》の請願《せいがん》が南行徳住民《みなみぎょうとくじゅうみん》より出《だ》され、採択《さいたく》（『市川市史年表《いちかわししねんぴょう》』）。

●三月三〇日、工場粉塵《こうじょうふんじん》の公害防止《こうがいぼうし》に関《かん》する請願《せいがん》が新井地区《あらいちく》住民《じゅうみん》五九四名《めい》より出《だ》され、採択《さいたく》（『市川市史年表《いちかわししねんぴょう》』）。

●五月一日、南行徳地区連絡所開設《みなみぎょうとくちくれんらくしょかいせつ》（『市川市史年表《いちかわししねんぴょう》』）。

●六月二五日、市川市《いちかわし》南行徳第《みなみぎょうとくだい》一土地区画整理組合記念碑《とちくかくせいりくみあいきねんひ》が南行徳公園《みなみぎょうとくこうえん》に建立《こんりゅう》される。

個人《こじん》・法人《ほうじん》などの名称《めいしょう》の筆数《ひっすう》848（『明解行徳《めいかいぎょうとく》の歴史大事典《れきしだいじてん》』）。碑文《ひぶん》は長文《ちょうぶん》のため略《りゃく》す。

新井村《あらいむら》名主《なぬし》鈴木《すずき》清兵衛《せいべえ》が文化《ぶんか》一〇年（一八一三）『勝鹿図志手《かつしかずして》くりふね』で「寺《てら》（相之川《あいのかわ》の了善《りょうぜん》寺《じ》）より西《にし》の田畑《でんぱた》を城山《じょうやま》と云《いう》。愚老《ぐろう》が住所《じゅうしょ》に隣《とな》れり」とした城山《じょうやま》は、土地区画整理事業《とちくかくせいりじぎょう》まで存在《そんざい》したが、今《いま》はその旧跡《きゅうせき》を見《み》ることができない（筆者《ひっしゃ》は見《み》て知《し》っている）。その城山《じょうやま》から鎧《よろい》、兜《かぶと》が出《で》てきたと鈴木清兵衛《すずきせいべえ》の縁続《えんつづ》きの古老《ころう》が祖父《そふ》から聞《き》いたと話《はな》す（『行徳歴史街道《ぎょうとくれきしかいどう》』）。

●九月二八日、塩浜《しおはま》一丁目《ちょうめ》に隣接《りんせつ》する、新《あら》たに生《しょう》じた公有水面埋立地《こうゆうすいめんうめたてち》（九六万五八三九平方《へいほう》メートル）の土地《とち》を、塩浜《しおはま》二丁目《ちょうめ》・三丁目《ちょうめ》・四丁目《ちょうめ》とすることが議決《ぎけつ》される（『市川市史年表《いちかわししねんぴょう》』）。

●九月二八日、心身障碍者《しんしんしょうがいしゃ》の福祉《ふくし》充実《じゅうじつ》に関《かん》する請願及《せいがんおよ》び特殊教育《とくしゅきょういく》の振興充実《しんこうじゅうじつ》に関《かん》する請願《せいがん》が、市川手《いちかわて》をつなぐ親《おや》の会《かい》より出《だ》され、採択《さいたく》（『市川市史年表《いちかわししねんぴょう》』）。

一〇月一日　都営地下鉄《とえいちかてつ》10号線《ごうせん》、東大島《ひがしおおじま》―本八幡間約《もとやわたかんやく》九キロの建設《けんせつ》につき、運輸大臣《うんゆだいじん》より免許《めんきょ》おりる。事業主体東京都《じぎょうしゅたいとうきょうと》、建設費約《けんせつひやく》七六八億円《おくえん》。駅名《えきめい》は東大島《ひがしおおじま》・船堀《ふなぼり》・春江《はるえ》・西瑞江《にしみずえ》・篠崎《しのざき》・本八幡《もとやわた》（『市川市史年表《いちかわししねんぴょう》』）。

●一〇月九日、南行徳小学校創立《みなみぎょうとくしょうがっこうそうりつ》一〇〇周年記念式典挙行《しゅうねんきねんしきてんきょこう》（『市川市史年表《いちかわししねんぴょう》』）。

●一一月六日、押切公園《おしきりこうえん》、児童公園《じどうこうえん》として開設《かいせつ》（『市川市史年表《いちかわししねんぴょう》』）。

●一二月、河原《かわら》の正源寺《しょうげんじ》に善光寺講《ぜんこうじこう》により供養塔《くようとう》が建立《こんりゅう》される。

「信州善光寺団参記念供狼塔《しんしゅうぜんこうじだんさんきねんくようとう》」［右《みぎ》］昭和《しょうわ》四拾《じゅう》八年拾弐月吉日建之《じゅうにがつきちじつこれをたてる》［左《ひだり》］石工小林治兵衛《いしくこばやしじへえ》［裏《うら》］講元《こうもと》　正源寺住職山中隆基《しょうげんじじゅうしょくやまなかたかもと》　副講元《ふくこうもと》　河原金子伊太郎《かわらかねこいたろう》　行徳善光寺講《ぎょうとくぜんこうじこう》　復活拾《ふっかつじゅう》五周年記念《しゅうねんきねん》　建立當時《こんりゅうとうじ》の世話人《せわにん》　伊勢宿《いせじゅく》・原木《ばらき》・大和田《おおわだ》・下新宿《しもしんしゅく》・河原《かわら》・稲荷木《とうかぎ》・兵庫新田《ひょうごしんでん》・市川《いちかわ》・関ケ島《せきがしま》・下妙典《しもみょうでん》（姓名《せいめい》22）　講復活以来《こうふっかついらい》の世話人物故者《せわにんぶっこしゃ》　原木《ばらき》・高谷《こうや》・河原《かわら》・稲荷木《とうかぎ》・塩焼町《しおやきまち》・関ケ島《せきがしま》・香取《かんどり》・三丁目《ちょうめ》・下新宿《しもしんしゅく》・大和田《おおわだ》（姓名《せいめい》16）（『市川《いちかわし》市の石造物《せきぞうぶつ》』）

●一二月、新井《あらい》の御経塚《おきょうづか》に標石建《ひょうせきた》てられる。

「史蹟《しせき》 御経塚《おきょうづか》 □□□二十八世《せい》 黙《もく》□憲孝書《けんこうしょ》」［右《みぎ》］昭和《しょうわ》四十八年十二月改修記念《かいしゅうきねん》［裏《うら》］（姓名《せいめい》9）（『市川市《いちかわし》の石造物《せきぞうぶつ》』）

●一二月二四日、教育予算増額《きょういくよさんぞうがく》に関《かん》する請願《せいがん》が三〇六五名及《めいおよ》び旧南行徳地区《きゅうみなみぎょうとくちく》住民《じゅうみん》三五八名《めい》より出《だ》され、採択《さいたく》。同日《どうじつ》、市立幼稚園設置《しりつようちえんせっち》に関《かん》する請願《せいがん》が行徳《ぎょうとく》・南行徳地区《みなみぎょうとくちく》住民《じゅうみん》六三五四名《めい》より出《だ》され、採択《さいたく》。同日《どうじつ》、私立幼稚園教育費《しりつようちえんきょういくひ》の補助金増額《ほじょきんぞうがく》に関《かん》する陳情《ちんじょう》が私立幼稚園《しりつようちえん》ＰＴＡ連絡協議《れんらくきょうぎ》会《かい》より出《だ》され、採択《さいたく》（『市川市史年表《いちかわししねんぴょう》』）。

昭和《しょうわ》四八年

●行徳《ぎょうとく》と南行徳《みなみぎょうとく》は堤防《ていぼう》に囲《かこ》まれた町《まち》である。旧江戸川《きゅうえどがわ》には昭和《しょうわ》四四年（一九六九）に完成《かんせい》したカミソリ堤防《ていぼう》という堤防《ていぼう》がある。塩浜《しおはま》の海岸堤防《かいがんていぼう》は昭和《しょうわ》四八年に竣工《しゅんこう》した。実《じつ》に立派《りっぱ》なもので、洪水《こうずい》や津波《つなみ》の心配《しんぱい》はなくなったと安心《あんしん》したものである。その結果《けっか》、大《おお》まかに言《い》えば、海岸部《かいがんぶ》の標《ひょう》高《こう》は比較的高《ひかくてきたか》く、堤防《ていぼう》から内陸《ないりく》へ入《はい》ると標高《ひょうこう》が低《ひく》くなる。いわゆる、ゼロメートル地帯《ちたい》である（『行徳歴史街道《ぎょうとくれきしかいどう》』）。

●この年《とし》、浦安《うらやす》の船圦川《ふないりかわ》（長《なが》さ五五〇メートル、幅《はば》一〇メートル）が埋《う》め立《た》てられる。江戸時代初《えどじだいしょ》期《き》に行徳船《ぎょうとくぶね》が通過《つうか》していた川《かわ》（『葛飾風土史川《かつしかふうどしかわ》と村《むら》と人《ひと》』）。

●真言宗海岸山安養寺《しんごんしゅうかいがんざんあんようじ》に仏足跡《ぶっそくせき》（はだし大師《だいし》）が設《もう》けられる。住職《じゅうしょく》が寺《てら》の回廊《かいろう》に四国《しこく》八十八カ所《しょ》の紀州高野山《きしゅうこうやさん》を参拝《さんぱい》して勧請《かんじょう》した霊石《れいせき》を敷《し》き詰《つ》め、はだしで踏《ふ》んでお参《まい》りできるように設置《せっち》

(『明解行徳《めいかいぎょうとく》の歴史大事典《れきしだいじてん》』)。

四九年 甲寅《きのえとら》 一九七四

●一月一八日、行徳中央公園《ぎょうとくちゅうおうこうえん》設置計画決定《せっちけいかくけってい》(『市川市史年表《いちかわしししねんぴょう》』)。

三月一〇日 小野田寛郎元陸軍少尉《おのだひろおもとりくぐんしょうい》、ルバング島《とう》で三〇年ぶりに救出《きゅうしゅつ》

三月二〇日 国鉄京葉線《こくてつけいようせん》(品川《しながわ》ふ頭《とう》—西船橋間《にしふなばしかん》)設立認可《せつりつにんか》(『市川市史年表《いちかわしししねんぴょう》』)

●三月二五日、桜庭公園《さくらばこうえん》、児童公園《じどうこうえん》として福栄《ふくえい》一丁目《ちょうめ》に開設《かいせつ》。同日《どうじつ》、御手浜公園《おてはまこうえん》、児童公園《じどうこうえん》として南行徳《みなみぎょうとく》一丁目《ちょうめ》に開設《かいせつ》(『市川市史年表《いちかわしししねんぴょう》』)。

三月二九日、行徳中央公園《ぎょうとくちゅうおうこうえん》、近隣公園《きんりんこうえん》として富浜《とみはま》三丁目《ちょうめ》に開設《かいせつ》。同日《どうじつ》、三町畑公園《さんじょうばたこうえん》、児童公園《じどうこうえん》として住吉《すみよし》二丁目《ちょうめ》(現《げん》、本塩《ほんしお》七番《ばん》)に開設《かいせつ》(『市川市史年表《いちかわしししねんぴょう》』)。

三月三〇日 『市川市史《いちかわしし》』第二巻古代《だいにかんこだい》・中世《ちゅうせい》・近世《きんせい》、第七巻史料《だいかんしりょう》(近代《きんだい》・現代《げんだい》)刊行《かんこう》

●三月、行徳駅前公園《ぎょうとくえきまえこうえん》に市川市南行徳第二土地区画整理組合記念碑《いちかわしみなみぎょうとくだいとちくかくせいりくみあいきねんひ》が建立《こんりゅう》される(『明解行徳《めいかいぎょうとく》の歴史大事典《れきしだいじてん》』)。

●四月一日、県立行徳高等学校創立《けんりつぎょうとくこうとうがっこうそうりつ》(『市川市史年表《いちかわしししねんぴょう》』)。

●四月一日、市川市知的障害者通園施設《いちかわしちてきしょうがいしゃつうえんしせつ》の設置及《せっちおよ》び管理《かんり》に関《かん》する条例公布《じょうれいこうふ》され、知的障害児通園施設《ちてきしょうがいじつうえんしせつ》市川松《いちかわまつ》の実学園《みがくえん》、市川《いちかわ》二丁目《ちょうめ》に開設《かいせつ》(『市川市史年表《いちかわしししねんぴょう》』)。

●五月一四日、押切排水機場《おしきりはいすいきじょう》、増設《ぞうせつ》（『市川市史年表《いちかわししねんぴょう》』）。

●五月、関ヶ島《せきがしま》の胡録神社《ころくじんじゃ》に燈籠建立《とうろうこんりゅう》される。
〈右《みぎ》〉奉献《ほうけん》　米壽《べいじゅ》　関《せき》口□□　昭和《しょうわ》四十九年五月　〈左《ひだり》〉（『市川市《いちかわし》の石造物《せきぞうぶつ》』）

●六月二五日、行徳駅《ぎょうとくえき》へのバス乗《の》り入《い》れに関《かん》する請願《せいがん》が南行徳自治会連合会会長《みなみぎょうとくじちかいれんごうかいかいちょう》ほか四五名《めい》より出《だ》され、採択《さいたく》（『市川市史年表《いちかわししねんぴょう》』）。

●八月、本行徳《ほんぎょうとく》の自性院《じしょういん》に燈籠《とうろう》が建立《こんりゅう》される。
〈右《みぎ》〉奉《ほう》　［裏《うら》］　昭和《しょうわ》四十九年八月吉日《きちじつ》　〈左《ひだり》〉納《のう》　［裏《うら》］　浦和市《うらわし》　川岸喜司《かわぎしきじ》（『市川市《いちかわし》の石造物《せきぞうぶつ》』）

●九月《がつ》、伊勢宿《いせじゅく》の豊受神社《とようけじんじゃ》に妙見菩薩再勧請《みょうけんぼさつさいかんじょう》される。
「妙威徳辨財天《みょういとくべんざいてん》　羽田徳力稲荷大善神《はねだとくりきいなりだいぜんしん》　妙見菩薩《みょうけんぼさつ》」［裏《うら》］　昭和《しょうわ》四十九年甲寅歳《きのえとらのとし》九月吉日《きちじつ》　再《さい》勧請《かんじょう》　伊勢宿自治會一同《いせじゅくじちかいいちどう》（『市川市《いちかわし》の石造物《せきぞうぶつ》』）

●一〇月一〇日、終末処理場《しゅうまつしょりじょう》の屋上《おくじょう》を利用《りよう》したプレーグランド開設《かいせつ》（『市川市史年表《いちかわししねんぴょう》』）。

●一〇月一一日、相之川排水機場《あいのかわはいすいきじょう》、完成《かんせい》（『市川市史年表《いちかわししねんぴょう》』）。

●一〇月三一日、行徳南部公園《ぎょうとくなんぶこうえん》、児童公園《じどうこうえん》として幸《さいわい》二丁目《ちょうめ》に開設《かいせつ》。行徳南部土地区画整理事業組合《ぎょうとくなんぶとちくかくせいりじぎょうくみあい》より寄付《きふ》（『市川市史年表《いちかわししねんぴょう》』）。

●一〇月、本行徳《ほんぎょうとく》の八幡神社《はちまんじんじゃ》に記念碑建立《きねんひこんりゅう》される。
「記念《きねん》　大神輿修覆《おおみこししゅうふく》」［裏《うら》］　昭和《しょうわ》四十九年十月吉日《きちじつ》　本行徳《ほんぎょうとく》三丁目自治会《ちょうめじちかい》　役員連名《やくいんれんめい》　寄贈《きぞう》者《しゃ》　自治会長《じちかいちょう》・副会長《ふくかいちょう》・神社総代《じんじゃそうだい》・世話人《せわにん》（姓名《せいめい》12）　石工青山武《いしくあおやまたけし》　鳶職宮方要蔵《とびしょくみやかたようぞう》（『市川市《いちかわし》

の石造物《せきぞうぶつ》』)

●市川市南部土地区画整理事業《いちかわしなんぶとちくかくせいりじぎょう》のときに市川市《いちかわし》宝《たから》一丁目《ちょうめ》と同《どう》二丁目《ちょうめ》の間《あいだ》にある中江川《なかえがわ》という水《すい》路《ろ》(かつての塩田《えんでん》に海水《かいすい》を導入《どうにゅう》するための水路《すいろ》)に「儀兵衛橋《ぎへえばし》」という名《な》の橋《はし》が架《か》かる(『郷土読《きょうどどく》本《ほん》　行徳《ぎょうとく》　塩焼《しおやき》の郷《さと》を訪《たず》ねて』)。

●一一月一日、行徳駅前派出所開設《ぎょうとくえきまえはしゅつじょかいせつ》。

●一一月三日、市制《しせい》四〇周年記念式典挙行《しゅうねんきねんしきてんきょこう》。

●一二月、行徳南部公園《ぎょうとくなんぶこうえん》に市川市《いちかわし》行徳南部土地区画整理組合事業完成記念碑《ぎょうとくなんぶとちくかくせいりくみあいじぎょうかんせいきねんひ》が建立《こんりゅう》される(『明《めい》解行徳の歴史大事典《かいぎょうとくれきしだいじてん》』)。

五〇年　乙卯《きのとう》　一九七五

●三月、市川市南《いちかわしみなみ》　行徳第三土地区画整理組合記念碑《ぎょうとくだいとちくかくせいりくみあいきねんひ》が南根公園《みなみねこうえん》に建立《こんりゅう》される。個人《こじん》・法人《ほうじん》などの名称《めいしょう》の筆数《ひっすう》545(『明解行徳の歴史大事典《めいかいぎょうとくれきしだいじてん》』)。

●三月、市川市行徳土地区画整理組合記念碑《いちかわしぎょうとくとちくかくせいりくみあいきねんひ》が行徳中央公園《ぎょうとくちゅうおうこうえん》に建立《こんりゅう》される。個人《こじん》・法人《ほうじん》などの名称《めいしょう》の筆数《ひっすう》369(『明解行徳の歴史大事典《めいかいぎょうとくれきしだいじてん》』)。

●四月、新浜小学校《にいはましょうがっこう》開校。南行徳小学校《みなみぎょうとくしょうがっこう》から分離独立《ぶんりどくりつ》。

●五月、法伝寺境内《ほうでんじけいだい》に「明徳尋常小学校旧跡《めいとくじんじょうしょうがっこうきゅうせき》の碑《ひ》」が建立《こんりゅう》される。

「学制《がくせい》百年記念《きねん》　明徳尋常《めいとくじんじょう》小学校開校《しょうがっこうかいこう》舊跡之碑《きゅうせきのひ》　明徳友《めいとくとも》の会《かい》　□□書《しょ》」「昭和《しょうわ》五十年五月発起人《ほっきにん》（氏名《しめい》二三名《めい》）第《だい》二十世性譽代《せいせいよだい》」（『明解行徳《めいかいぎょうとく》の歴史大事典《れきしだいじてん》』）

●京葉港第《けいようこうだい》一期《き》埋立完了《うめたてかんりょう》。塩浜《しおはま》一～四丁目《ちょうめ》。

●この頃《ころ》、『市川市史《いちかわしし》』全《ぜん》八巻《かん》（九冊《さつ》）完成《かんせい》。

七月三〇日　高橋俊夫《たかはしとしお》（編集）『影印《えいいん》・翻刻《ほんこく》・注解《ちゅうかい》　勝鹿図志手繰舟《かつしかずしてくりふね》』刊行《かんこう》

●一〇月、市川市行徳北部土地区画整理組合記念碑《いちかわしぎょうとくほくぶとちくかくせいりくみあいきねんひ》が寺町公園《てらまちこうえん》に建立《こんりゅう》される。個人《こじん》・法人《ほうじん》の名《めい》称《しょう》の筆数《ひっすう》113（『明解行徳《めいかいぎょうとく》の歴史大事典《れきしだいじてん》』）。

●秋《あき》、「河原圦之遺石碑《かわらいりのいせきひ》」が河原《かわら》の春日神社《かすがじんじゃ》に建立《こんりゅう》される。

「河原圦《かわらいり》は古《ふる》くより農業用水《のうぎょうようすい》として広《ひろ》く利用《りよう》されしも排水《はいすい》の強化《きょうか》と共《とも》にその姿《すがた》を消《け》すことになった。故《ゆえ》にその名残《なごり》として圦石《いりいし》の一部《いちぶ》を此地《このち》に遺《のこ》す。維持昭和《いじしょうわ》五十年秋《あき》　正源寺《しょうげんじ》三五世隆基《せいたかもと》書《しょ》」「甲子会《きのえねかい》　会員《かいいん》　金子伊太郎《かねこいたろう》、増田健蔵《ますだけんぞう》、高橋昇《たかはしのぼる》、早川憲《はやかわけん》、小林喜太郎《こばやしきたろう》、中台専之介《なかだいせんのすけ》、大《おお》久保泰次郎《くぼやすじろう》、中台昇治《なかだいしょうじ》、山中隆基《やまなかたかもと》　物故者《ぶっこしゃ》　鈴木四郎《すずきしろう》、島野清一《しまのせいいち》、増田留吉《ますだとめきち》、増田浦五郎《ますだうらごろう》」（『明解行徳《めいかいぎょうとく》の歴史大事典《れきしだいじてん》』）

五一年丙辰《ひのえたつ》　一九七六

●一月一日、行徳野鳥観察舎《ぎょうとくやちょうかんさつしゃ》、開設《かいせつ》。昭和《しょうわ》五四年（一九七九）一二月二六日、新館《しんかん》オープン。

●二月、押切《おしきり》の稲荷神社《いなりじんじゃ》の常夜灯《じょうやとう》が再建《さいけん》される。一八九七年参照《さんしょう》。

①「照雄《しょうゆう》」［裏《うら》］明治《めいじ》三十年三月大良辰《たいりょうしん》　前奉納者河崎幸右衛門《ぜんほうのうしゃかわさきさちうえもん》

②陽光《ようこう》［裏《うら》］昭和《しょうわ》五十一年二月吉日再建《きちじつさいけん》　奉納《ほうのう》　及川留吉《おいかわとめきち》　川崎幸一《かわさきこういち》（『市川市《いちかわし》の石造物《せきぞうぶつ》』）

四月一五日「行徳新聞《ぎょうとくしんぶん》」創刊《そうかん》

●六月、押切《おしきり》のおかね塚《づか》に碑《ひ》が建立《こんりゅう》される。

「行徳《ぎょうとく》おかね塚《づか》の由来《ゆらい》　行徳《ぎょうとく》の浜《はま》は古来塩業《こらいえんぎょう》を以《も》って栄《さか》えし処《ところ》、押切《おしきり》の地《ち》また然《しか》り／浜辺《はまべ》に昇《のぼ》る塩焼《しおやき》の煙《けむり》は高《たか》く五大力《ごだいりき》（船《せん》）の行《い》き交《か》う中《なか》に粗朶薪《そだたきぎ》を／運《はこ》べる大船《おおぶね》の往来《おうらい》するもあり為《ため》に船《せん》頭《どう》、人夫《にんぷ》の此《こ》の地《ち》に泊《とま》る／者《もの》また少《すく》なしとせず／時《とき》に一船頭《いちせんどう》のしばしば此《こ》の地《ち》に来《きた》りて江戸吉原《えどよしわら》に遊《あそ》びかね／と云《い》へる遊女《ゆうじょ》と馴染《なじ》む　船頭曰《せんどういわ》く「年季《ねんき》を終《お》へなば夫婦《めおと》となら／ん」と　かね女《じょ》喜《よろこ》びてその約《やく》を懐《いだ》き歳《とし》を待《ま》つ　やがて季《き》／明《あ》けなば早々《そうそう》に此《こ》の地《ち》に来《きた》りて船頭《せんどう》の至《いた》るを迎《むか》ふされど船頭《せんどう》／その姿《すがた》を見《み》せず／待《ま》つこと久《ひさ》しされば蓄《たくわ》へし銭《ぜに》も散《さん》じ遂《つい》には路頭《ろとう》に食《しょく》を乞《こ》ふ／に至《いた》るもなお此《こ》の地《ち》に留《とど》まる　これ船頭《せんどう》への恋慕《れんぼ》の情《じょう》の厚《あつ》きが／故《ゆえ》なり　遙《はる》かに上総《かずさ》の山影《やまかげ》を望《のぞ》みて此処 松樹《このところしょうじゅ》の下《もと》に果《は》つ／伝《つた》え聞《き》きし盟輩《めいはい》百余《よ》人《にん》憐《あわ》れみて資《し》を募《つの》り墓碑《ぼひ》を建《た》て丶霊《れい》を／弔《ともら》ふ／鳴《あ》呼《あ》かね女《じょ》の思ひ《おもい》の一途《いちず》なる真《まこと》に純《じゅん》なる哉《かな》　盟友《めいゆう》の情《じょう》の／篤《あつ》きこと実《じつ》に美《び》なる哉《かな》　聞《き》く者皆涙《ものみななみだ》せざるはなし　里人《さとびと》の香《こう》／華《げ》を供《そな》へておかね塚《づか》と唱《とな》へしも時流《ときなが》れ日移《ひうつ》りし今日《こんにち》その由知《ゆえし》／る人《ひと》ぞ少《すく》なし／茲《ここ》に幸薄《さちうす》かりしかね女《じょ》を偲《しの》びて永代供養《えいたいくよう》のため古老《ころう》の伝《つた》へ／る由来《ゆらい》を誌《しる》して後世《こうせい》に伝《つた》へんとする者也《ものなり》　綿貫芳郎誌《わたぬきよしろうしるす》　昭和《しょうわ》五十一年六月吉日《きちじつ》」

［裏《うら》］自治《じち》会長《かいちょう》・育成《いくせい》会長《かいちょう》等《など》（姓名《せいめい》9）昭和《しょうわ》五十一年六月吉日《きちじつ》（『市川市《いちかわし》の石造物《せきぞうぶつ》』）

一〇月二五日　宮崎長蔵《みやざきちょうぞう》『行徳塩浜《ぎょうとくしおはま》と新井村《あらいむら》の足跡《そくせき》』刊行《かんこう》

●一〇月、河原《かわら》の春日神社《かすがじんじゃ》に出羽三山供養塔《でわさんざんくようとう》が建立《こんりゅう》される。

「羽黒山《はぐろさん》　月山《がっさん》　湯殿山《ゆどのさん》」「出羽三山宮参拝記念《でわさんざんみやさんぱいきねん》」「昭和《しょうわ》五十一年十月」「金子伊太郎《かねこいたろう》、小林喜《こばやしき》太郎《たろう》、奥山武《おくやまたけし》、金子《かねこ》つね、早川《はやかわ》つる、小林《こばやし》なつ、大和久《おおわく》たい　公孫樹記念植樹《こうそんじゅきねんしょくじゅ》」（『明解行徳《めいかいぎょうとく》の歴史大事典《れきしだいじてん》』）

五二年　丁巳《ひのとみ》　一九七七

●四月、押切《おしきり》の稲荷神社《いなりじんじゃ》内浅間神社《ないせんげんじんじゃ》に鳥居奉納《とりいほうのう》される。

「押切浅間神社鳥居建立奉納芳名碑《おしきりせんげんじんじゃとりいこんりゅうほうのうほうめいひ》（姓名《せいめい》50）昭和《しょうわ》五十二年四月吉日之納《きちじつこれをおさむ》」［裏《うら》］発起人《ほっきにん》（姓名《せいめい》8）（『市川市《いちかわし》の石造物《せきぞうぶつ》』）

一〇月一五日　宮崎長蔵《みやざきちょうぞう》・綿貫喜郎《わたぬきよしお》『行徳物語《ぎょうとくものがたり》』刊行《かんこう》

五三年　戊午《つちのえうま》　一九七八

●二月、河原《かわら》の正源寺《しょうげんじ》に万霊塔《ばんれいとう》が建立《こんりゅう》される。

「三界萬霊供粮塔《さんかいばんれいくようとう》」［左《ひだり》］昭和《しょうわ》五十参《さん》年貮《に》月吉日《きちじつ》　正源寺《しょうげんじ》檀信徒《たんしんと》一同建之《いちどうこれをたてる》　参《さん》十五世浄譽隆《せいじょうよたか》
基代《もとだい》［裏《うら》］此塔寄進者《このとうきしんしゃ》小林治兵衛《こばやしじへえ》（『市川市《いちかわし》の石造物《せきぞうぶつ》』）

●三月、妙典《みょうでん》の妙好寺《みょうこうじ》に標石《ひょうせき》建《た》てられる。
「市指定重要有形文化財《していじゅうようゆうけいぶんかざい》　妙好寺山門《みょうこうじさんもん》」［右《みぎ》］設置《せっち》昭和《しょうわ》五十三年三月市川市《いちかわし》　［裏《うら》］昭和《しょうわ》四十三年二月二十七日指定《してい》市川市《いちかわし》（『市川市《いちかわし》の石造物《せきぞうぶつ》』）

三月二三日　遠藤正道《えんどうしょうどう》『葛飾風土史《かつしかふうどし》　川《かわ》と村《むら》と人《ひと》』刊行《かんこう》

●四月、富美浜小学校開校《ふみはましょうがっこうかいこう》、児童数《じどうすう》七五九名《めい》、学級数《がっきゅうすう》二〇。

●四月、市川南消防署開設《いちかわみなみしょうぼうしょかいせつ》。

●四月、妙典《みょうでん》の妙好寺《みょうこうじ》に記念碑《きねんひ》が建立《こんりゅう》される。
「庫裏落慶記念《くりらくけいきねん》　昭和《しょうわ》五十二年四月着工《ちゃっこう》　昭和《しょうわ》五十三年四月完工《かんこう》」［右《みぎ》］第《だい》三十一世石川日慶《せいいしかわにっけい》
代《だい》［裏《うら》］妙好寺庫裏建設委員会《みょうこうじくりけんせついいんかい》　委員長等《いいんちょうなど》（姓名《せいめい》13）委員《いいん》　上妙典地区《かみみょうでんちく》・市川地区《いちかわちく》・東京《とうきょう》
地区《ちく》・浦安地区《うらやすちく》・船橋地区《ふなばしちく》（姓名《せいめい》36）（『市川市《いちかわし》の石造物《せきぞうぶつ》』）

●五月、押切《おしきり》の稲荷神社《いなりじんじゃ》に狐《きつね》が奉納《ほうのう》される。
〈右《みぎ》〉奉《ほう》〈左《ひだり》〉納《のう》　昭和《しょうわ》五十三年五月吉日《きちじつ》　綾山文男《あややまふみお》納之《これをおさむ》（『市川市《いちかわし》の石造物《せきぞうぶつ》』）

●九月、行徳支所《ぎょうとくししょ》、行徳公民館新設《ぎょうとくこうみんかんしんせつ》。

●一〇月、押切《おしきり》の稲荷神社内浅間神社《いなりじんじゃないせんげんじんじゃ》に碑《ひ》が建《た》てられる。
「押切浅間神社建設委員《おしきりせんげんじんじゃけんせついいん》」　建設委員長《けんせついいんちょう》・会計《かいけい》・書記《しょき》・委員《いいん》・顧問《こもん》・施工者等《せこうしゃなど》（姓名《せいめい》38）［裏《うら》］

昭和《しょうわ》五三年一〇月吉日《きちじつ》（『市川市《いちかわし》の石造物《せきぞうぶつ》』）

一〇月　国鉄《こくてつ》（現《げん》・ＪＲ）武蔵野線開通《むさしのせんかいつう》

●首都高速湾岸線《しゅとこうそくわんがんせん》、浦安《うらやす》—新木場開通《しんきばかいつう》。昭和《しょうわ》五七年（一九八二）、全面開通《ぜんめんかいつう》。

五四年　己未《つちのとひつじ》　一九七九

●二月、行徳図書館新設《ぎょうとくとしょかんしんせつ》。

●四月、幸小学校開校《さいわいしょうがっこうかいこう》。児童数《じどうすう》一四三名《めい》。福栄中学校《ふくえいちゅうがっこう》が第七中学校《だいななちゅうがっこう》から分離開校《ぶんりかいこう》。生徒数《せいとすう》三六二名《めい》、教職員《きょうしょくいん》三一名。

●三代目《だいめ》の今井橋架設《いまいばしかせつ》。初代《しょだい》、二代目今井橋《だいめいまいばし》の市川市側《いちかわしがわ》の渡口跡《わたりぐちあと》に「旧江戸川堤《きゅうえどがわつつみ》ジョギングコース常夜灯《じょうやとう》まで二五〇〇メートル」の標識《ひょうしき》あり（『行徳歴史街道《ぎょうとくれきしかいどう》』）。

●九月、市川市行徳中部土地区画整理組合記念碑《いちかわしぎょうとくちゅうぶとちくかくせいりくみあいきねんひ》が塩焼中央公園《しおやきちゅうおうこうえん》に建立《こんりゅう》される。個人《こじん》・法人《ほうじん》などの名称《めいしょう》の筆数《ひっすう》４８７（『明解行徳《めいかいぎょうとく》の歴史大事典《れきしだいじてん》』）。

●一〇月六日、本行徳《ほんぎょうとく》の常運寺《じょううんじ》に記念碑《きねんひ》が建立《こんりゅう》される。

「帝釈天御本尊出開帳《たいしゃくてんごほんぞんでかいちょう》 法要記念《ほうようきねん》」　柴又帝釈天御出現《しばまたたいしゃくてんごしゅつげん》二百年相當《そうとう》　勧請主亭貞院日敬上人《かんじょうぬしきょうていいんにっけいしょうにん》

為報恩謝徳《ためほうおんしゃとく》　発願主《はつがんしゅ》　帝釈天第《たいしゃくてんだい》十八世望月日翔上人《せいもちづきにっしょうしょうにん》　昭和《しょうわ》五十四年十月六日吉辰《きちしん》　當山《とうざん》

卅《さんじゅう》　五百日壽代《せいにちじゅだい》（『市川市《いちかわし》の石造物《せきぞうぶつ》』）

●十二月、押切《おしきり》の稲荷神社《いなりじんじゃ》に燈籠建立《とうろうこんりゅう》される。〈右《みぎ》〉奉《ほう》　［裏《うら》］昭和《しょうわ》五十四年十二月　施主《せしゅ》　青山新太郎《あおやましんたろう》　青山文男《あおやまふみお》　建立《こんりゅう》　〈左《ひだり》〉納《のう》　［裏《うら》］昭和《しょうわ》五十四年十二月　施主青山新太郎《せしゅあおやましんたろう》　青山文男《あおやまふみお》　建立《こんりゅう》（『市川市《いちかわし》の石造物《せきぞうぶつ》』）

五五年 庚申《かのえさる》 一九八〇

●三月三一日、市川民話《いちかわみんわ》の会《かい》『市川《いちかわ》の伝承民話《でんしょうみんわ》』第《だい》一集刊行《しゅうかんこう》。平成《へいせい》一六年（二〇〇四）五月三一日までに第《だい》八集《しゅう》まで刊行《かんこう》される。新井《あらい》一丁目《ちょうめ》の故吉野義夫《こよしのよしお》さんの家《いえ》には、すすで真《ま》っ黒《くろ》になった桐《きり》の箱《はこ》に、幅《はば》二〇センチメートルほどの経文《きょうもん》が納《おさ》められてあったという。経文《きょうもん》には慈潭和尚《じたんおしょう》の名《な》前《まえ》と判《はん》があって、宝永《ほうえい》三年正月吉日《しょうがつきちじつ》・第《だい》五七八巻《かん》と書《か》いてあった（『市川《いちかわ》の伝承民話《でんしょうみんわ》』第《だい》一集《しゅう》）。一九二三年、一六九七年参照《さんしょう》。

●四月、新井小学校開校《あらいしょうがっこうかいこう》（校名復活《こうめいふっかつ》）。南新浜小学校開校《みなみにいはましょうがっこうかいこう》、児童数《じどうすう》五一一名《めい》、教員《きょういん》三一名。

●四月、本行徳公民館開設《ほんぎょうとくこうみんかんかいせつ》。

●一〇月、本行徳《ほんぎょうとく》の妙応寺《みょうおうじ》に手水石奉納《ちょうずいしほうのう》される。「浮水《うきみず》」［右《みぎ》］昭和《しょうわ》五五年一〇月吉日《きちじつ》　當山第廿《とうざんだいにじゅう》九世内田日成代《せいうちだにっせいだい》（『市川市《いちかわし》の石造物《せきぞうぶつ》』）

一〇月三一日　遠藤正道《えんどうしょうどう》『郷土《きょうど》と庚申塔《こうしんとう》』刊行《かんこう》

五六年 辛酉《かのととり》 一九八一

●二月、本行徳横町稲荷神社《ほんぎょうとくよこまちいなりじんじゃ》の御狐様一対《おきつねさまいっつい》と台座《だいざ》の修復《しゅうふく》がされる。一九四六年参照《さんしょう》。
〈右《みぎ》〉奉《ほう》 奉納《ほうのう》 御狐様一対《おきつねさまいっつい》 台座修復《だいざしゅうふく》（姓名《せいめい》4） 昭和《しょうわ》五十六年二月吉日《きちじつ》 〈左《ひだり》〉納《のう》 昭和《しょうわ》二十一年九月吉日《きちじつ》（『市川市《いちかわし》の石造物《せきぞうぶつ》』）

◉地下鉄東西線南行徳駅開業《ちかてつとうざいせんみなみぎょうとくえきかいぎょう》

三月、地下鉄東西線南行徳駅開業《ちかてつとうざいせんみなみぎょうとくえきかいぎょう》。南行徳駅前派出所開設《みなみぎょうとくえきまえはしゅつじょかいせつ》。

●四月、塩焼小学校開校《しおやきしょうがっこうかいこう》、児童数《じどうすう》四〇五名《めい》、学級数《がっきゅうすう》一五。塩浜小学校開校《しおはましょうがっこうかいこう》、児童数《じどうすう》九七名《めい》、教《きょう》職員《しょくいん》一五名。

四月 「京葉《けいよう》タイムス」新聞創刊《しんぶんそうかん》

●六月、湊《みなと》の水神社《すいじんしゃ》に手水石奉納《ちょうずいしほうのう》される。
「奉納《ほうのう》」［裏《うら》］先代奉納者《せんだいほうのうしゃ》 松原久蔵氏《まつばらきゅうぞうし》 大正《たいしょう》十二年六月吉日《きちじつ》 賛同《さんどう》 松原利治《まつばらとしはる》 昭和《しょうわ》五十五年度《ど》湊《みなと》自治会役員《じちかいやくいん》 発起人《ほっきにん》（姓名《せいめい》8） 昭和《しょうわ》五十六年六月吉日《きちじつ》（『市川市《いちかわし》の石造物《せきぞうぶつ》』）

●一〇月、関ケ島《せきがしま》の徳蔵寺《とくぞうじ》に地蔵菩薩像建立《じぞうぼさつぞうこんりゅう》される。
［台《だい》］奉納《ほうのう》 ［台裏《だいうら》］本堂落慶之砌《ほんどうらっけいのみぎり》 昭和《しょうわ》五十六年一〇月吉日《きちじつ》 施主渋谷正雄《せしゅしぶやまさお》

（『市川市《いちかわし》の石造物《せきぞうぶつ》』）

●一〇月、本行徳《ほんぎょうとく》の横町稲荷神社《よこまちいなりじんじゃ》に手水石奉納《ちょうずいしほうのう》される。「奉納《ほうのう》　洗心《せんしん》」［裏《うら》］昭和《しょうわ》五十六年十月吉日《きちじつ》　納主《のうしゅ》　押切《おしきり》　渋谷正雄《しぶやまさお》（『市川市《いちかわし》の石造物《せきぞうぶつ》』）

●一〇月、関ヶ島《せきがしま》の徳蔵寺《とくぞうじ》に天水桶奉納《てんすいおけほうのう》される。〈右《みぎ》〉奉納《ほうのう》（行者輪宝紋《ぎょうじゃりんほうもん》）［裏《うら》］本堂落慶之砌《ほんどうらっけいのみぎり》　昭和《しょうわ》五十六年十月吉日《きちじつ》　徳蔵寺壇徒一同《とくぞうじだんといちどう》　十八世忠昭代《せいちゅうしょうだい》〈左《ひだり》〉奉納《ほうのう》（行者輪宝紋《ぎょうじゃりんほうもん》）［裏《うら》］本堂落慶之砌《ほんどうらっけいのみぎり》　昭和《しょうわ》五十六年十月吉日《きちじつ》　徳蔵《とくぞう》寺壇徒一同《じだんといちどう》　十八世忠昭代《せいちゅうしょうだい》（『市川市《いちかわし》の石造物《せきぞうぶつ》』）

●一〇月、行徳図書館開館《ぎょうとくとしょかんかいかん》。

●一一月七日、相之川《あいのかわ》の了善寺《りょうぜんじ》に親鸞聖人供養塔《しんらんしょうにんくようとう》が建立《こんりゅう》される。［台《だい》］親鸞聖人《しんらんしょうにん》　［裏《うら》］了善寺第《りょうぜんじだい》二十世住職釋弘宣《せいじゅうしょくしゃくこうせん》　了善寺護寺会《りょうぜんじごじかい》　同仏教婦人会《どうぶっきょうふじんかい》　同仏《どうぶっ》教壮年会《きょうそうねんかい》　昭和《しょうわ》五十六年十一月七日　我《わ》が歳《とし》きはまりて安養浄土《あんようじょうど》に還帰《かんき》すといふ《う》とも／和歌《わか》の浦曲《うらきょく》の片男波《かたおなみ》の寄《よ》せかけ帰《かえ》らんに同《おな》じ／一人居《ひとりい》て喜《よろこ》ばば二人《ふたり》と思《おも》ふ《う》べし／二人居《ふたりい》て喜《よろこ》ばば三《さん》人《にん》と思《おも》ふ《う》べし／その一人《ひとり》は親鸞《しんらん》なり／我《われ》なくも法《のり》は尽《つ》きまじ和歌《わか》の浦《うら》／あおくさ人《ひと》のあらんかぎりは（『市川市《いちかわし》の石造物《せきぞうぶつ》』）

親鸞聖人《しんらんしょうにん》の遺言《いごん》と辞古《じせい》の歌《うた》。

●一一月一二日、本行徳《ほんぎょうとく》の常運寺境内社《じょううんじけいだいしゃ》に鳥居奉納《とりいほうのう》される。「経王《きょうおう》　題目山出古稲荷大善神位《だいもくざんしゅっせいなりだいぜんしんい》」［右柱《みぎはしら》］奉納《ほうのう》　［左柱《ひだりはしら》］奉納《ほうのう》　［左柱裏《ひだりはしらうら》］昭和《しょうわ》五十六年

十一月十二日　納主題目山信徒一同《のうしゅだいもくざんしんといちどう》　日壽代《にちじゅだい》（『市川市《いちかわし》の石造物《せきぞうぶつ》』）

五七年 壬戌《みずのえいぬ》 一九八二

一月一〇日　遠藤正道《えんどうしょうどう》『浦《うら》の曙《あけぼの》』刊行《かんこう》

三月三一日　市川市《いちかわし》教育委員会《きょういくいいんかい》『市川《いちかわ》の文学《ぶんがく》』※年表《ねんぴょう》刊行《かんこう》。

●四月、塩浜中学校開校《しおはまちゅうがっこうかいこう》、生徒数《せいとすう》四八名《めい》、教職員《きょうしょくいん》二六名《めい》。

●八月二三日、本行徳《ほんぎょうとく》の常運寺《じょううんじ》に浄行菩薩像建立《じょうぎょうぼさつぞうこんりゅう》される。
［裏《うら》］為報恩謝徳《ためほうおんしゃとく》　東京立花《とうきょうたちばな》　納主横山《のうしゅよこやま》トミ子《こ》　昭和《しょうわ》五十七年八月二十三日　卅《さんじゅう》五世日壽代《せいにちじゅだい》

●一〇月一五日、新井熊野神社新本殿造営工事《あらいくまのじんじゃしんほんでんぞうえいこうじ》、完成《かんせい》（『明解行徳《めいかいぎょうとく》の歴史大事典《れきしだいじてん》』）。
［台《だい》］常運寺《じょううんじ》　［台裏《だいうら》］昭和《しょうわ》六十二年十一月　卅《さんじゅう》五旹日壽代《せいにちじゅだい》（『市川市《いちかわし》の石造物《せきぞうぶつ》』）

一〇月三〇日　市立市川歴史博物館《しりついちかわれきしはくぶつかん》『中世以降《ちゅうせいいこう》の市川《いちかわ》』刊行《かんこう》

●一〇月、新井《あらい》の熊野神社《くまのじんじゃ》に鳥居《とりい》が建立《こんりゅう》される。
「熊野神社《くまのじんじゃ》」［右柱《みぎはしら》］納《のう》　［右柱裏《みぎはしらうら》］昭和《しょうわ》五十七年十月吉日《きちじつ》　新井熊野神社氏子中《あらいくまのじんじゃうじこちゅう》　［左柱《ひだりはしら》］
奉《ほう》　［左柱裏《ひだりはしらうら》］熊野神社奉賛会《くまのじんじゃほうさんかい》（『市川市《いちかわし》の石造物《せきぞうぶつ》』）

●一〇月、新井《あらい》の熊野神社《くまのじんじゃ》の標石《ひょうせき》が建《た》てられる。
「熊野神社《くまのじんじゃ》」［裏《うら》］昭和《しょうわ》五七年一〇月吉日《きちじつ》（『市川市《いちかわし》の石造物《せきぞうぶつ》』）

●一〇月、相之川《あいのかわ》の富士講《ふじこう》「高瀬講《たかせこう》」が献灯《けんとう》した新井熊野神社《あらいくまのじんじゃ》の燈籠修復《とうろうしゅうふく》される。「高瀬《たかせ》　明治《めいじ》一一年　戊寅拾月穀旦《つちのえとらじゅうがつこくたん》　鈴木七郎兵衛《すずきしちろべえ》、鈴木次郎兵衛《すずきじろべえ》、峰崎権三郎《みねざきごんざぶろう》、峰崎竹次郎《みねざきたけじろう》」※他《た》に風化《ふうか》のため読《よ》み取《と》れない部分《ぶぶん》がある（『明解行徳《めいかいぎょうとく》の歴史大事典《れきしだいじてん》』）『市川市《いちかわし》の石造物《せきぞうぶつ》』では、①献燈《けんとう》〔笠《かさ》〕不二《ふじ》〔基壇《きだん》〕高瀬《たかせ》〔基壇裏《きだんうら》〕（姓名《せいめい》4）昭和《しょうわ》五十七年十月吉日修復奉賛会《きちじつしゅうふくほうさんかい》　②献燈《けんとう》〔裏《うら》〕明治《めいじ》十一年〔笠《かさ》〕不二《ふじ》〔基壇《きだん》〕高瀬《たかせ》〔基壇裏《きだんうら》〕昭和《しょうわ》五十七年十月吉日修復奉賛会《きちじつしゅうふくほうさんかい》とある。一八七八年参照《さんしょう》。

●一〇月、新井《あらい》の熊野神社《くまのじんじゃ》の狛犬修復《こまいぬしゅうふく》される。〈右《みぎ》〉献《けん》　昭和《しょうわ》五十七年十月吉日《きちじつ》　修復奉賛会《しゅうふくほうさんかい》　〈左《ひだり》〉奉《ほう》　昭和《しょうわ》五十七年十月吉日《きちじつ》　修復奉賛会《しゅうふくほうさんかい》（『市川市《いちかわし》の石造物《せきぞうぶつ》』）

●一一月、塩浜一丁目地先海岸《しおはまいっちょうめちさきかいがん》に人工干潟完成《じんこうひがたかんせい》。

●首都高速湾岸線全面開通《しゅとこうそくわんがんせんぜんめんかいつう》。

●この年《とし》、行徳囃子保存会《ぎょうとくばやしほぞんかい》（設立年不明《せつりつねんふめい》）が自然消滅《しぜんしょうめつ》。道具一式《どうぐいっしき》を保管《ほかん》していた人《ひと》が平成《へいせい》二〇年（二〇〇八）物故《ぶっこ》。本塩町内《ほんしおちょうない》で引《ひ》き取《と》る。二〇〇八年参照《さんしょう》。

五八年　癸亥《みずのとい》　一九八三

●三月、葛南警察署《かつなんけいさつしょ》、浦安市美浜《うらやすしみはま》に開設《かいせつ》。

三月三一日　市立市川歴史博物館《しりついちかわれきしはくぶつかん》『行徳《ぎょうとく》の塩《しお》づくり』刊行《かんこう》

◉東京《とうきょう》ディズニーランド開園《かいえん》

四月、東京《とうきょう》ディズニーランド開園《かいえん》。建設費《けんせつひ》一五〇〇億円《えん》、遊園地《ゆうえんち》一五万坪《つぼ》、駐車場《ちゅうしゃじょう》一〇万坪《つぼ》。

●七月、河原《かわら》の春日神社《かすがじんじゃ》に手水石奉納《ちょうずいしほうのう》される。
「奉納《ほうのう》」［右《みぎ》］昭和《しょうわ》五十八年七月吉日《きちじつ》　納主《のうしゅ》　中台専之助《なかだいせんのすけ》（『市川市《いちかわし》の石造物《せきぞうぶつ》』）

●七月、河原《かわら》の胡録神社《ころくじんじゃ》に手水石奉納《ちょうずいしほうのう》される。
「奉納《ほうのう》」［右《みぎ》］昭和《しょうわ》五十八年七月吉日《きちじつ》　納主《のうしゅ》　中台専之助《なかだいせんのすけ》（『市川市《いちかわし》の石造物《せきぞうぶつ》』）

●一〇月、南行徳図書館開館《みなみぎょうとくとしょかんかいかん》。

●一一月一二日、本行徳《ほんぎょうとく》の常運寺境内稲荷社《じょううんじけいだいいなりしゃ》に狐《きつね》が奉納《ほうのう》される。
〈右《みぎ》〉奉《ほう》　御前立一対《おまえだていっつい》　納主《のうしゅ》（姓名《せいめい》2）昭和《しょうわ》五十八年十一月十二日　〈左《ひだり》〉納《のう》
（『市川市《いちかわし》の石造物《せきぞうぶつ》』）

五九年 甲子《きのえね》 一九八四

◉行徳観音札所《ぎょうとくかんのんふだしょ》めぐり再開《さいかい》される

四月、行徳《ぎょうとく》・浦安観音札所巡《うらやすかんのんふだしょめぐ》り再開《さいかい》される。

八月二〇日　祖田浩一《そだこういち》『行徳《ぎょうとく》の歴史散歩《れきしさんぽ》』刊行《かんこう》

●一一月、市川市核廃絶平和都市宣言《いちかわしかくはいぜつへいわとしせんげん》。

一一月三日　中山書房仏書林《なかやましょぼうぶっしょりん》『観音札所《かんのんふだしょ》のあるまち行徳《ぎょうとく》・浦安《うらやす》』刊行《かんこう》

六〇年 乙丑《きのとうし》 一九八五

●四月、南行徳中学校開校《みなみぎょうとくちゅうがっこうかいこう》（校名復活《こうめいふっかつ》）、生徒数《せいとすう》二八一名《めい》、教職員《きょうしょくいん》三三名。福栄小学校開校《ふくえいしょうがっこうかいこう》、児童数《じどうすう》四一八名《めい》、一五学級《がっきゅう》、教職員《きょうしょくいん》二四名《めい》。

●八月、市民納涼花火大会復活《しみんのうりょうはなびたいかいふっかつ》（三一年ぶり）。

●一一月、市川市文化会館開館《いちかわしぶんかかいかんかいかん》。

●一一月四日、湊《みなと》の法伝寺《ほうでんじ》に記念板《きねんばん》（石塀《いしべい》）が建立《こんりゅう》される。

「當山第《とうざんだい》二十一世普山《せいふざん》記念事業《きねんじぎょう》」 一、正門建立《せいもんこんりゅう》 東門改築《ひがしもんかいちく》 一、本尊阿弥陀如来修補《ほんぞんあみだにょらいしゅうほ》 一、観音勢至両《かんのんせいしりょう》菩薩造立《ぼさつぞうりゅう》 一、墓地《ぼち》排水敷石工事《はいすいしきいしこうじ》 一、其ノ他《そのた》境内整備《けいだいせいび》 昭和《しょうわ》六十年十一月四日 壇信徒《だんしんと》一同《いちどう》（『市川市《いちかわし》の石造物《せきぞうぶつ》』）

●一一月一二日、本行徳《ほんぎょうとく》の常運寺《じょううんじ》に燈籠《とうろう》が建立《こんりゅう》される。

〈右《みぎ》〉燈《とう》 〈左《ひだり》〉献《けん》 ［基段裏《きだんうら》］昭和《しょうわ》六十年十一月十二日 卅《さんじゅう》五世《せい》藤田日壽《ふじたにちじゅ》 施工《せこう》小林治兵衛《こばやしじへえ》（『市川市《いちかわし》の石造物《せきぞうぶつ》』）

●この年《とし》、妙典《みょうでん》お囃子《はやし》保存会《ほぞんかい》の活動再開《かつどうさいかい》される。一九三五年参照《さんしょう》。

六一年丙寅《ひのえとら》 一九八六

●二月二日、本塩《ほんしお》の法善寺《ほうぜんじ》に記念碑《きねんひ》が建立《こんりゅう》される。

「真善美聖《しんぜんびせい》」［裏《うら》］五十周年記念碑《しゅうねんきねんひ》 昭和《しょうわ》六十一年二月二日 園長書《えんちょうしょ》 贈《ぞう》小林治兵衛《こばやしじへえ》石材工《せきざいこう》業《ぎょう》（『市川市《いちかわし》の石造物《せきぞうぶつ》』）

四月一日 行徳野《ぎょうとくや》鳥観察舎友《ちょうかんさつしゃとも》の会《かい》『よみがえれ新浜《にいはま》』刊行《かんこう》

●四月一日、妙典中学校開校《みょうでんちゅうがっこうかいこう》、生徒数《せいとすう》二六四名《めい》、六学級《がっきゅう》、教職員《きょうしょくいん》一七名《めい》。

●四月四日、香取《かんどり》の源心寺《げんしんじ》墓地《ぼち》に記念碑《きねんひ》建《た》てられる。

「狩野《かのう》新右衛門《しんうえもん》重光《しげみつ》」

源心寺建立主《げんしんじこんりゅうしゅ》なり、故《ゆえ》に法号《ほうごう》を源正院心譽安樂淨天禪定門《げんせいいんしんよあんらくじょうてんぜんじょうもん》と称《しょう》す／天正《てんしょう》十八年庚寅年《かのえとらのとし》三月二十五日下総國行徳欠真間《しもうさのくにぎょうとくかけまま》に来住《らいじゅう》す徳川《とくがわ》の／治世下諸州《ちせいかしょしゅう》に於《お》いて道路《どうろ》や水路《すいろ》を闢《ひら》きたり、当《とう》地《ち》に於《お》いても元和《げんな》／六庚申年《かのえさるのとし》田中内匠《たなかたくみ》と倶《とも》に鎌ヶ谷道野辺《かまがやみちのべ》囃水池《ばやしみずいけ》より浦安当代島《うらやすとうだいじま》に／至《いた》る灌《かん》漑用水《がいようすい》を開鑿《かいさく》し耕地《こうち》を拡大《かくだい》す、後世《こうせい》の人此用水《ひとこのようすい》を浄天堀《じょうてんほり》と／呼《よ》びたり、また「塩浜定免永《しおはまじょうめんえい》の事《こと》」「塩浜普請《しおはまふしん》の事《こと》」「村々耕地杁樋開設《むらむらこうちいりひかいせつ》／の事《こと》」などを公儀《こうぎ》に願《ねが》い出《で》て粉骨砕身《ふんこつさいしん》し便利《べんり》にせしものなりという／寛永《かんえい》六己巳年《つちのとみのとし》三月十五日没《ぼっ》せり　祖先《そせん》は藤原南家《ふじわらなんけ》爲憲《ためのり》を始祖《しそ》とし／駿河守維永《するがのかみこれなが》より代々伊豆狩野庄《だいだいいずかのうのしょう》を領《りょう》して狩野介《かのうのすけ》を称《しょう》す、重光《しげみつ》が父《ちち》は／狩野主善茂春北条氏照公《かのうしゅぜんしげはるほうじょううじてるこう》の侍大将《さむらいだいしょう》にして主善茂豊《しゅぜんしげとよ》が嫡男《ちゃくなん》なり、天正《てんしょう》／十八年庚寅年氏照公《かのえとらのとしうじてるこう》に従《したが》い相模国小田原城《さがみのくにおだわらじょう》に籠《こも》りて豊臣《とよとみ》秀吉《ひでよし》の軍勢《ぐんぜい》と／戦《たたか》いしが城開城後蟄居《しろかいじょうごちっきょ》す、しかれど慶長《けいちょう》五庚子年関ヶ原《かのえねのとしせきがはら》の役《えき》におい／て東軍《とうぐん》加賀前田公《かがまえだこう》の陣《じん》を借《か》り二番鎗《にばんやり》の誉《ほまれ》を得《え》たり、茂春《しげはる》が弟六郎茂爲《おとうとろくろうしげため》は／上総国一松《かずさのくにいちまつ》に来住《らいじゅう》す、重光《しげみつ》が祖父《そふ》は狩野主善茂豊《かのうしゅぜんしげとよ》なり入道《にゅうどう》して一庵主《いちあんしゅ》／月宗圓法眼《げつしゅうえんほうがん》を号《ごう》す、北条氏《ほうじょうし》の侍大将《さむらいだいしょう》にして天《てん》正《しょう》十八庚寅年《かのえとらのとし》六月二十三日／中山勘解由家範《なかやまかげゆいえのり》、近藤出羽介助実金子三郎右衛門家重《こんどうでわのすけすけざねかねこさぶろうえもんいえしげ》らと武蔵《むさしの》国《くに》／八王子城《はちおうじじょう》を守《まも》り豊臣方加賀前田利家公《とよとみがたかがまえだとしいえこう》、越後上杉景勝公《えちごうえすぎかげかつこう》五万余騎《よき》の／軍勢《ぐんぜい》と奮戦《ふんせん》し討死《うちじに》す行年《こうねん》五十八才《さい》なり、祖母妙性正譽浄心大姉《そぼみょうしょうせいよじょうしんだいし》も／殉《じゅん》じたり、この地《ち》は狩野家歴代《かのうけれきだい》の墓地《ぼち》なり、このたび地盤沈下《じばんちんか》のため／墓石《ぼせき》のみを嵩上《かさあげ》す、また大正《たいしょう》十二年関東大震災《かんとうだいしんさい》により墓石《ぼせき》が倒壊《とうかい》した／ため狩野廣吉《かのうこうきち》により行徳狩野重光《ぎょうとくかのうしげみつ》十三代目《だいめ》左善直方《さぜんなおかた》以降《いこう》の／墓石《ぼせき》をこの歴代墓地《れきだいぼち》より源心《げんしん》寺墓地中央部《じぼちちゅうおうぶ》に遺骨《いこつ》ごと移設《いせつ》す、昭和《しょうわ》六十一年四月四日　千葉県市川市欠真間《ちばけんいちかわしかけまま》一丁目《ちょうめ》八百八

番地《ばんち》　狩野茂《かのうしげる》　七十一才《さい》（『市川市《いちかわし》の石造物《せきぞうぶつ》』）

●五月、本行徳《ほんぎょうとく》に市川身体障碍者福祉《いちかわしんたいしょうがいしゃふくし》センター行徳福祉作業所《ぎょうとくふくしさぎょうじょ》（現《げん》フォルテ行徳《ぎょうとく》）開設《かいせつ》。

●六月、新井《あらい》の延命寺《えんめいじ》の記念碑《きねんひ》が改修工事《かいしゅうこうじ》される。

延命地蔵尊記念碑改修工事《えんめいじぞうそんきねんひかいしゅうこうじ》（姓名《せいめい》12）昭和《しょうわ》六十一年六月吉日《きちじつ》竣工《しゅんこう》　延命寺第《えんめいじだい》十七世賢教代《せいけんきょうだい》

設計施工《せっけいせこう》　梅澤石材店《うめざわせきざいてん》　明豊産業《めいほうさんぎょう》（『市川市《いちかわし》の石造物《せきぞうぶつ》』）

●六月、本行徳《ほんぎょうとく》の妙頂寺《みょうちょうじ》に日蓮聖人供養塔《にちれんしょうにんくようとう》が建立《こんりゅう》される。

①真光山《しんこうざん》　妙頂寺《みょうちょうじ》　［右《みぎ》］火防日蓮大菩薩安置《かぼうにちれんだいぼさつあんち》　［左《ひだり》］願満釈迦牟尼佛安置《がんまんしゃかむにぶつあんち》　［裏《うら》］宗祖第《しゅうそだい》七百

遠忌報恩謝徳《えんきほうおんしゃとく》　真光山《しんこうざん》三十五世瑞龍《せいずいりゅう》　昭和《しょうわ》六十一年六月吉日《きちじつ》

②南無妙法蓮華経《なむみょうほうれんげきょう》　真光山《しんこうざん》三十四世瑞巖《せいずいがん》　［右《みぎ》］正法興隆廣宣流布《しょうほうこうりゅうこうせんるふ》　［左《ひだり》］一天四海皆帰妙法《いってんしかいかいきみょうほう》

［裏《うら》］昭和《しょうわ》五十六年木造本堂客殿建立祈念《もくぞうほんどうきゃくでんこんりゅうきねん》　宗祖第《しゅうそだい》七百遠忌事業《えんきじぎょう》　昭和《しょうわ》六十一年六月吉日《きちじつ》

真光山《しんこうざん》三十五世瑞龍《せいずいりゅう》（『市川市《いちかわし》の石造物《せきぞうぶつ》』）

七月一〇日　A・B・ミットフォード著《ちょ》・長岡祥三訳《ながおかしょうぞうやく》『英国貴族《えいこくきぞく》の見《み》た明治日本《めいじにっぽん》』刊行《かんこう》。東郷《とうごう》平八郎提督《へいはちろうていとく》が鴨場《かもば》に来《き》てイギリス貴族《きぞく》の一行《いっこう》に鴨猟《かもりょう》の手《て》ほどきをしたときの模様《もよう》などが書《か》かれている

六二年丁卯《ひのとう》　一九八七

●八月、市川市《いちかわし》動植物園開園《どうしょくぶつえんかいえん》。

●九月一日、市川市《いちかわし》農業協同組合《のうぎょうきょうどうくみあい》、浦安市《うらやすし》農業協同組合《のうぎょうきょうどうくみあい》と合併《がっぺい》（『ＪＡいちかわ合併《がっぺい》10周年記念誌《しゅうねんきねんし》』）。

●一一月一一日、妙典《みょうでん》の妙好寺《みょうこうじ》に供養塔《くようとう》が建立《こんりゅう》される。「萬霊供養塔建立寄附者芳名《まんれいくようとうこんりゅうきふしゃほうめい》　當山副住職《とうざんふくじゅうしょく》　日勝《にっしょう》謹書《きんしょ》（金額《きんがく》・姓名《せいめい》２７３）」［付属石《ふぞくいし》］昭和《しょうわ》六十二年六月四日地鎮式《じちんしき》　十一月十一日落成開眼《らくせいかいげん》　當山第卅一世《とうざんだいさんじゅういっせい》石川日慶《いしかわにっけい》　副住職《ふくじゅうしょく》石川《いしかわ》日勝《にっしょう》　総代《そうだい》・建設委員《けんせついいん》（姓名《せいめい》17）施工《せこう》石清《いしせい》　秋本清《あきもときよし》（『市川市《いちかわし》の石造物《せきぞうぶつ》』）

●一二月、京葉線市川塩浜駅開業《けいようせんいちかわしおはまえきかいぎょう》。

●一二月一七日、市議会《しぎかい》「市川市《いちかわし》東京外郭環状道路対策特別委員会《とうきょうがいかくかんじょうどうろたいさくとくべついいんかい》（外環特別委員会《がいかんとくべついいんかい》）」を設置《せっち》。

六三年戊辰《つちのえたつ》　一九八八

三月二〇日　市川市《いちかわし》教育委員会《きょういくいいんかい》『郷土読本《きょうどどくほん》　市川《いちかわ》の歴史《れきし》を尋《たず》ねて』刊行《かんこう》

●七月五日、狩野浄天骨壺《かのうじょうてんこつつぼ》一個《こ》、市指定有形文化財《していゆうけいぶんかざい》となる（『市川市統計年鑑《いちかわしとうけいねんかん》　平成《へいせい》28年版《ねんばん》』）。

●八月、香取《かんどり》の香取神社《かんどりじんじゃ》に石柱《せきちゅう》が奉納《ほうのう》される。

「香取神社《かんどりじんじゃ》」「奉納《ほうのう》　昭和《しょうわ》六十三年八月吉日《きちじつ》　市川市《いちかわし》香取《かんどり》二丁目《ちょうめ》　飯島博《いいじまひろし》」「坂本春堂書《さかもとしゅんどうしょ》」

（『明解行徳《めいかいぎょうとく》の歴史大事典《れきしだいじてん》』）

●一〇月、香取《かんどり》の香取神社《かんどりじんじゃ》の玉垣《たまがき》が奉納《ほうのう》される。

〈右《みぎ》〉奉《ほう》　氏子中《うじこちゅう》　〈左《ひだり》〉納《のう》　昭和《しょうわ》六十三年十月（『市川市《いちかわし》の石造物《せきぞうぶつ》』）

●一〇月、河原《かわら》の正源寺《しょうげんじ》に燈籠《とうろう》が建立《こんりゅう》される。

「献燈《けんとう》」［裏《うら》］昭和《しょうわ》六十三年十月　小林治兵衛《こばやしじへえ》（『市川市《いちかわし》の石造物《せきぞうぶつ》』）

●一〇月、新井《あらい》の熊野神社素五社稲荷《くまのじんじゃもとごしゃいなり》に狐《きつね》が奉納《ほうのう》される。

〈右《みぎ》〉納《のう》　総代《そうだい》（姓名《せいめい》3）石工佐原工嗣《いしくさわらこうし》　昭和《しょうわ》六十三年十月　〈左《ひだり》〉奉《ほう》　総代《そうだい》（姓名《せいめい》4）（『市川《いちかわ》市《し》の石造物《せきぞうぶつ》』）

●一二月　JR京葉線開通《けいようせんかいつう》。市川塩浜駅開業《いちかわしおはまえきかいぎょう》

●一二月、新井《あらい》の延命寺《えんめいじ》に無縁墓碑《むえんぼひ》が建立《こんりゅう》される。

延命寺無縁墓碑建立記念《えんめいじむえんぼひこんりゅうきねん》（姓名《せいめい》12）昭和《しょうわ》六十三年十二月吉日竣工《きちじつしゅんこう》　延命寺《えんめいじ》第《だい》十七世賢教代《せいけんきょうだい》

設計施工《せっけいせこう》　梅澤石材店《うめざわせきざいてん》（『市川市《いちかわし》の石造物《せきぞうぶつ》』）

平成時代《へいせいじだい》

元年　己巳《つちのとみ》　一九八九

●一月二四日、妙典《みょうでん》土地区画整理組合設立《とちくかくせいりくみあいせつりつ》。平成《へいせい》一二年（二〇〇〇）一一月二一日、解散《かいさん》。

三月　地下鉄都営新宿線開通《ちかてつとえいしんじゅくせんかいつう》。本八幡駅開業《もとやわたえきかいぎょう》

●五月一三日、幸公民館《さいわいこうみんかん》、開館《かいかん》。

●五月、本行徳《ほんぎょうとく》の神明神社《しんめいじんじゃ》の伊邪那伎大神《いざなぎおおかみ》などの石祠《せきし》が修理《しゅうり》される。一八八八年参照《さんしょう》。
「三峰山《みつみねさん》　伊邪那伎大神《いざなぎおおかみ》　伊邪那美大神《いざなみおおかみ》　大《おお》□眞神《しんかみ》」［裏《うら》］明治《めいじ》廿《にじゅう》一年六月［台裏《だいうら》］平成《へいせい》元年五月　世話人《せわにん》（姓名《せいめい》3）修理《しゅうり》（『市川市《いちかわし》の石造物《せきぞうぶつ》』）

●一〇月、本行徳《ほんぎょうとく》の浄閑寺《じょうかんじ》に万霊塔建立《ばんれいとうこんりゅう》される。
［台《だい》］三界萬霊《さんかいばんれい》［台裏《だいうら》］浄土宗《じょうどしゅう》三上人遠忌記念《さんしょうにんえんききねん》　本堂落慶記念《ほんどうらっけいきねん》　浄閑寺《じょうかんじ》第《だい》廿《にじゅう》五世《せい》信誉隆彰《しんよたかあき》
同《どう》　壇信徒一同《だんしんといちどう》　平成《へいせい》十（元）年十月吉日建之《きちじつこれをたてる》（『市川市《いちかわし》の石造物《せきぞうぶつ》』）

●一〇月一〇日、塩浜市民体育館《しおはましみんたいいくかん》、完成《かんせい》。

●一一月四日、市川市《いちかわし》、インドネシアのメダン市《し》と姉妹都市《しまいとし》となる。

●一二月、本塩《ほんしお》の法善寺《ほうぜんじ》に手水石《ちょうずいし》が奉納《ほうのう》される。
「洗心《せんしん》」［右《みぎ》］寄進《きしん》　平成《へいせい》元年十二月　及川辰雄《おいかわたつお》　喜代《きよ》　［左《ひだり》］十五代《だい》住職《じゅうしょく》　釋和麿《しゃくかずまろ》書《しょ》
（『市川市《いちかわし》の石造物《せきぞうぶつ》』）

◉地下鉄新宿線《ちかてつしんじゅくせん》、本八幡《もとやわた》まで延伸《えんしん》

地下鉄新宿線《ちかてつしんじゅくせん》（都営地下鉄10号線《とえいちかてつごうせん》）が本八幡《もとやわた》まで延伸《えんしん》。

「延命地蔵《えんめいじぞう》。昭和《しょうわ》六〇年（一九八五）、都営地下鉄10号線《とえいちかてつごうせん》の千葉県《ちばけん》乗《の》り入《い》れに伴《ともな》い、（本八幡駅《もとやわたえき》の）駅入口《えきいりぐち》の予定地《よていち》となったため、やむなく奉納者《ほうのうしゃ》の地元稲荷木《じもととうかぎ》に移転《いてん》することとなり、この一本《いっぽん》松《まつ》の地《ち》に安置《あんち》することとなった。昭和《しょうわ》六〇年七月十五日　稲荷木自治会長《とうかぎじちかいちょう》　椎名茂《しいなしげる》」（『明解行徳《めいかいぎょうとく》の歴史大事典《れきしだいじてん》』）

延命地蔵尊《えんめいじぞうそん》は享保《きょうほう》一二年（一七二七）、椎名茂氏《しいなしげるし》の祖先椎名茂右衛門《そせんしいなもうえもん》が千葉街道《ちばかいどう》と行徳街道《ぎょうとくかいどう》の交《まじ》わる四ツ角《よつかど》に道標《どうひょう》として、また通行中《つうこうちゅう》に亡《な》くなった人《ひと》の供養《くよう》のために建立《こんりゅう》したもの。

二年　庚午《かのえうま》　一九九〇

●三月八日、本行徳《ほんぎょうとく》の常運寺《じょううんじ》に馬頭観音像《ばとうかんのんぞう》が建立《こんりゅう》される。

［台《だい》］南無馬頭観世音菩薩《なむばとうかんぜおんぼさつ》　念彼妙法力《ねんぴみょうほうりき》　象病悉退散《しょうびょうことごとくたいさん》　［台右《だいみぎ》］（家名《かめい》7）妙法馬頭観世音《みょうほうばとうかんぜおん》

［台裏《だいうら》］平成《へいせい》二年三月八日　三十五世日壽代《せいにちじゅだい》　建立志納者《こんりゅうしのうしゃ》（姓名《せいめい》5）（『市川市《いちかわし》の石造物《せきぞうぶつ》』）

三月一八日　市立市川歴史博物館《しりついちかわれきしはくぶつかん》『市川《いちかわ》の板碑《いたび》』刊行《かんこう》

●五月一日、南行徳公民館開設《みなみぎょうとくこうみんかんかいせつ》。

●七月、本行徳《ほんぎょうとく》の妙覚寺《みょうかくじ》の祠堂奉納《しどうほうのう》される。
「奉納《ほうのう》　祠堂金壱千萬円也《しどうきんいっせんまんえんなり》」［右《みぎ》］為《ため》（法名《ほうみょう》3）菩提《ぼだい》［左《ひだり》］為水子之霊《ためみずこのれい》白蓮荘厳供養《びゃくれんそうごんくよう》［左《ひだり》］
平成《へいせい》二年七月吉日《きちじつ》　奉納主《ほうのうしゅ》　望月《もちづき》ひさ　四十世日達代《せいにったつだい》（『市川市《いちかわし》の石造物《せきぞうぶつ》』）

九月二九日　宮崎《みやざき》長蔵《ちょうぞう》『勝鹿図志手《かつしかずして》ぐり舟《ふね》』刊行《かんこう》

●一〇月、押切《おしきり》の稲荷神社《いなりじんじゃ》の鳥居《とりい》が再建《さいけん》される。一七六九年参照《さんしょう》。
「稲荷神社《いなりじんじゃ》」「明和《めいわ》六年龍集《りゅうしゅう》己丑《つちのとうし》二月吉日建之《きちじつこれをたてる》」「平成《へいせい》二年十月吉日再建《きちじつさいけん》」（『明解行徳《めいかいぎょうとく》の歴史大事典《れきしだいじてん》』）

三年　辛未《かのとひつじ》　一九九一

●七月、妙典《みょうでん》の妙好寺《みょうこうじ》に碑《ひ》が建立《こんりゅう》される。
「参道整備奉納《さんどうせいびほうのう》　田島茂雄《たじましげお》」［右《みぎ》］平成《へいせい》三年七月吉日《きちじつ》（『市川市《いちかわし》の石造物《せきぞうぶつ》』）

●九月、下新宿《しもしんしゅく》の稲荷神社《いなりじんじゃ》に水神宮《すいじんぐう》が祀《まつ》られる。
［裏《うら》］平成《へいせい》三年　奉賛会建之《ほうさんかいこれをたてる》（『市川市《いちかわし》の石造物《せきぞうぶつ》』）

一〇月一三日　市立市川歴史博物館《しりついちかわれきしはくぶつかん》『企画展図録《きかくてんずろく》「太平記《たいへいき》」の時代《じだい》と下總相馬氏《しもうさそうまし》』刊行《かんこう》

一二月六日　中台新太郎《なかだいしんたろう》『職人一代記《しょくにんいちだいき》』刊行《かんこう》。 行徳神輿制作《ぎょうとくみこしせいさく》の職人《しょくにん》。一八二六年参照《さんしょう》

●この年《とし》、新井《あらい》の熊野神社《くまのじんじゃ》に手水石《ちょうずいし》が奉納《ほうのう》される。

「奉納《ほうのう》　御大典記念《ごたいてんきねん》　平成参年《へいせいさんねん》」［右《みぎ》］（姓名《せいめい》8）（『市川市《いちかわし》の石造物《せきぞうぶつ》』）

四年　壬申《みずのえさる》　一九九二

四月一日　いちかわケーブルネットワーク（ＪＣＮ、現《げん》Ｊ：ＣＯＭ）開局《かいきょく》

●四月二日、塩美橋開通《しおみばしかいつう》。

●一〇月、新井《あらい》の延命寺《えんめいじ》に聖観音像《しょうかんのんぞう》が建立《こんりゅう》される。
［台《だい》］聖観音《しょうかんのん》　日本百観音参拝記念《にほんひゃくかんのんさんぱいきねん》　秩父霊場《ちちぶれいじょう》　坂東霊場《ばんどうれいじょう》　四国《しこく》八十八ケ所霊場《しょれいじょう》　西国霊場《さいごくれいじょう》
［台右《だいみぎ》］聖観音建立寄付者御芳名《しょうかんのんこんりゅうきふしゃごほうめい》（姓名等《せいめいなど》60）　平成《へいせい》四年十月吉日《きちじつ》　延命寺第《えんめいじだい》十七世賢教代《せいけんきょうだい》
設計施工《せっけいせこう》（有《ゆう》）梅澤石材店謹製《うめざわせきざいてんきんせい》（『市川市《いちかわし》の石造物《せきぞうぶつ》』）

●一一月三日、行徳駅前公園《ぎょうとくえきまえこうえん》に市川市《いちかわし》・ガーデナ市《し》の姉妹都市提携《しまいとしていけい》三〇周年《しゅうねん》を記念《きねん》して記念碑《きねんひ》が建立《こんりゅう》される（『市川市《いちかわし》の石造物《せきぞうぶつ》』）。

●一一月、下妙典《しもみょうでん》の春日神社《かすがじんじゃ》に鳥居《とりい》が奉納《ほうのう》される。
「春日神社《かすがじんじゃ》」「平成《へいせい》四年十一月吉日奉納氏子中《きちじつほうのううじこちゅう》」（『明解行徳《めいかいぎょうとく》の歴史大事典《れきしだいじてん》』）
［右柱裏《みぎはしらうら》］施工小林石材店《せこうこばやしせきざいてん》（『市川市《いちかわし》の石造物《せきぞうぶつ》』）

●一一月二三日、下妙典《しもみょうでん》の清寿寺《せいじゅじ》に地蔵菩薩像《じぞうぼさつぞう》が建立《こんりゅう》される。
標石《ひょうせき》　清壽寺《せいじゅじ》　子育水子地蔵尊《こそだてみずこじぞうそん》　平成《へいせい》四年十一月二十三日　當山《とうざん》三十三世妙晃院慈秀玉江《せいみょうこういんじしゅうぎょくこう》

有志《ゆうし》一同《いちどう》　秋川市北島兼一《あきかわしきたじまけんいち》（『市川市《いちかわし》の石造物《せきぞうぶつ》』）

●一二月一〇日、湊《みなと》の円明院《えんみょういん》の山門《さんもん》、大改修繕終了《だいかいしゅうぜんしゅうりょう》（『明解行徳《めいかいぎょうとく》の歴史大事典《れきしだいじてん》』）。一七三八年参照《さんしょう》。

●一二月、湊《みなと》の円明院《えんみょういん》に碑《ひ》が建立《こんりゅう》される。
興教大師《こうきょうだいし》八百五十年御遠忌記念事業《ごえんききねんじぎょう》　山門改修寄附者芳名碑《さんもんかいしゅうきふしゃほうめいひ》（金額《きんがく》・姓名《せいめい》２９８）當山第十《とうざんだい》八世明順代《せいめいじゅんだい》　平成《へいせい》四年十二月吉日《きちじつ》（『市川市《いちかわし》の石造物《せきぞうぶつ》』）

五年　癸酉《みずのとり》　一九九三

●二月九日、妙典《みょうでん》の妙好寺《みょうこうじ》に碑《ひ》が建立《こんりゅう》される。
「参道整備奉納《さんどうせいびほうのう》　田島《たじま》つや　田島博良《たじまひろよし》　田島新二《たじましんじ》」［右《みぎ》］爲《ため》（法名《ほうみょう》１）第壱周忌追善菩提也《だいいっしゅうきついぜんぼだいなり》［左《ひだり》］維持《いじ》平成《へいせい》五年二月九日（『市川市《いちかわし》の石造物《せきぞうぶつ》』）

●三月一〇日、妙典《みょうでん》の妙好寺《みょうこうじ》に碑《ひ》が建立《こんりゅう》される。
「奉納《ほうのう》　水屋一棟《みずやひとむね》　奥田照雄《おくだてるお》」［右《みぎ》］爲《ため》（法名《ほうみょう》１）第三十三回忌追善菩提《だいかいきついぜんぼだい》　［左《ひだり》］維持《いじ》平成《へいせい》五年三月十日（『市川市《いちかわし》の石造物《せきぞうぶつ》』）

●四月、南行徳地区防災《みなみぎょうとくちくぼうさい》コミュニティセンター完成《かんせい》。

●五月、相之川《あいのかわ》の日枝神社《ひえじんじゃ》に石柱奉納《せきちゅうほうのう》される。

「日枝神社《ひえじんじゃ》」「宮惣代《みやそうだい》　今井定吉《いまいさだきち》、永井富夫《ながいとみお》、石田正吉《いしだしょうきち》、石井源一郎《いしいげんいちろう》、小川武《おがわたけし》、近藤敏雄《こんどうとしお》、宮《ぐう》司《じ》　秋山敬《あきやまけい》　平成《へいせい》五年五月吉日《きちじつ》」（『明解行徳《めいかいぎょうとく》の歴史大事典《れきしだいじてん》』）

◉東京外郭環状道路《とうきょうがいかくかんじょうどうろ》受け入《い》れを回答《かいとう》

六月二日、市川市《いちかわし》、千葉県知事《ちばけんちじ》に東京外郭環状道路《とうきょうがいかくかんじょうどうろ》受け入《い》れを回答《かいとう》（九分類《ぶんるい》二二項目《こうもく》の要望《ようぼう》を添付《てんぷ》）。

●九月一二日、本行徳《ほんぎょうとく》の常運寺《じょううんじ》に馬頭観音像《ばとうかんのんぞう》が建立《こんりゅう》される。

「馬頭観世音《ばとうかんぜおん》」［裏《うら》］平成《へいせい》五年九月十二日　高橋昌子《たかはしまさこ》　宍倉《ししくら》きん　建之《これをたてる》（『市川市《いちかわし》の石造物《せきぞうぶつ》』）

●九月、本行徳《ほんぎょうとく》の教信寺《きょうしんじ》に地蔵菩薩像《じぞうぼさつぞう》が建立《こんりゅう》される。

［台《だい》］子育地蔵尊《こそだてじぞうそん》　［台右《だいみぎ》］神力演大光《じんりきえんだいこう》　普《ふ》□無際土《むさいど》　［台左《だいひだり》］消除三苦冥《しょうじょさんくみょう》　廣濟衆厄難《こうさいしゅうやくなん》

［台裏《だいうら》］爲《ため》（法名《ほうみょう》１）第参拾参回忌菩提《だいさんじゅうさんかいきぼだい》　施主中島重喜《せしゅなかじましげき》　きみ　平成《へいせい》五　癸酉歳《みずのとのとりのとし》九月歓喜日《かんきのひ》

教信寺第廿四世明譽隆道代《きょうしんじだいにじゅうよせいめいよりゅうどうだい》（『市川市《いちかわし》の石造物《せきぞうぶつ》』）

●九月、上妙典《かみみょうでん》の清寿寺《せいじゅじ》の猿七射霊神像《さるしちしゃれいしんぞう》に標石《ひょうせき》が建《た》てられる。一九五三年参照《さんしょう》。

「おちか」［台裏《だいうら》］昭和《しょうわ》二十八年　六月吉日建之《きちじつこれをたてる》　□□　標石《ひょうせき》　耳病守護猿七射霊神《じびょうしゅごさるしちしゃれいしん》

［裏《うら》］平成《へいせい》五年九月吉日建之《きちじつこれをたてる》　妙晃院慈秀日瑞代《みょうこういんじしゅうにちずいだい》（『市川市《いちかわし》の石造物《せきぞうぶつ》』）

●一〇月九日、南行徳小学校創立《みなみぎょうとくしょうがっこうそうりつ》一二〇周年記念式挙行《しゅうねんきねんしききょこう》。

●この年《とし》、関ケ島《せきがしま》（関口家《せきぐちけ》）（非公開《ひこうかい》）に句碑《くひ》が建立《こんりゅう》される。

「家持《いえも》たば低《ひく》き垣根《かきね》と秋《あき》さくら　関口凡雪《せきぐちぼんせつ》」（『市川《いちかわ》の文学《ぶんがく》　詩歌編《しかへん》』）

六年　甲戌《きのえいぬ》　一九九四

●四月一日、香取《かんどり》デイサービスセンター開所《かいしょ》。
●内匠堀《たくみぼり》プロムナード（親水緑道《しんすいりょくどう》）、南行徳小学校前《みなみぎょうとくしょうがっこうまえ》に完成《かんせい》。
●五月、福栄《ふくえい》スポーツ広場《ひろば》オープン。
●九月、かつての弁天山《べんてんやま》を行徳弁天《ぎょうとくべんてん》の森《もり》21と命名《めいめい》。
《碑《ひ》》［表《おもて》］「行徳弁天《ぎょうとくべんてん》の森《もり》21　市川市長《いちかわしちょう》高橋國雄《たかはしくにお》」［裏《うら》］「行徳商店会連合会長《ぎょうとくしょうてんかいれんごうかいちょう》　川上恵洋《かわかみけいよう》
ポニー共栄会会長《きょうえいかいかいちょう》五木田義男《ごきたよしお》　行徳駅前中央商店会会長《ぎょうとくえきまえちゅうおうしょうてんかいかいちょう》九鬼務《くきつとむ》　施工梅澤石材店《せこううめざわせきざいてん》」［横《よこ》］
「平成《へいせい》六年九月吉日命名《きちじつめいめい》」（『明解行徳《めいかいぎょうとく》の歴史大事典《れきしだいじてん》』）
●一〇月、熊野神社《くまのじんじゃ》の素《もと》五社稲荷社殿《ごしゃいなりしゃでん》が新築《しんちく》される。
●一一月三日、市川市生涯学習《いちかわしょうがいがくしゅう》センター「メディアパーク市川《いちかわ》」オープン。
一一月二〇日　宮崎長蔵《みやざきちょうぞう》『行徳《ぎょうとく》と浦安《うらやす》の今《いま》とむかし』刊行《かんこう》

七年　乙亥《きのとい》　一九九五

◉行徳警察署開署《ぎょうとくけいさつしょかいしょ》

三月、行徳警察署開署《ぎょうとくけいさつしょかいしょ》。

●六月、行徳防犯協会発足《ぎょうとくぼうはんきょうかいほっそく》。

九月一日　市川博物館友《いちかわはくぶつかんとも》の会歴史《かいれきし》部会《ぶかい》『市川《いちかわ》の郷土史《きょうどし》／内匠堀《たくみぼり》の昔《むかし》と今《いま》』刊行《かんこう》

●一〇月、下新宿《しもしんしゅく》の稲荷神社《いなりじんじゃ》の「狐《きつね》」の像《ぞう》だけ新《あら》たに作《つく》られる。一九一〇年参照《さんしょう》。

「平成《へいせい》七年十月吉日《きちじつ》　奉賛会《ほうさんかい》」（『明解行徳《めいかいぎょうとく》の歴史大事典《れきしだいじてん》』）

〈右《みぎ》〉奉《ほう》　平成《へいせい》七年十月吉日《きちじつ》　奉《ほう》　明治《めいじ》四十三年二月廿《にじゅう》一日　當村若者一同《とうそんわかものいちどう》（姓名《せいめい》15）〈左《ひだり》〉

納《のう》　奉賛会《ほうさんかい》　獻《けん》　當村若者一同《とうそんわかものいちどう》　筆頭《ひっとう》（姓名《せいめい》5）（姓名《せいめい》9）（『市川市《いちかわし》の石造物《せきぞうぶつ》』）

●一〇月、河原《かわら》の春日神社《かすがじんじゃ》に標石《ひょうせき》が建《た》てられる。

「胡録神社《ころくじんじゃ》　春日神社《かすがじんじゃ》」［裏《うら》］奉納《ほうのう》　平成《へいせい》七年十月　終戦《しゅうせん》五十年　八十八壽《べいじゅ》之《の》砌《みぎり》　小林喜太郎《こばやしきたろう》

建《たてる》（『市川市《いちかわし》の石造物《せきぞうぶつ》』）

一〇月　市川市《いちかわし》の人口《じんこう》が四四万一八一七人《にん》、世帯《せたい》は一八万一七九三（『写真集《しゃしんしゅう》　市川《いちかわ》・浦安《うらやす》の昭《しょう》和史《わし》』）

●一二月三日、妙典《みょうでん》の妙好寺《みょうこうじ》に観音堂《かんのんどう》が建立《こんりゅう》される。一七一〇年参照《さんしょう》。

真浄観世音菩薩堂建立寄附者芳名《しんじょうかんぜおんぼさつどうこんりゅうきふしゃほうめい》（金額《きんがく》・姓名《せいめい》333）特別寄附者芳名《とくべつきふしゃほうめい》（金額《きんがく》・姓名等《せいめいなど》54）平《へい》

成《せい》七年十二月三日　落慶之砌《らっけいのみぎり》　妙榮山第《みょうえいざんだい》三十三杏照壽院日勝謹書《せいしょうじゅいんにっしょうきんしょ》（『市川市《いちかわし》の石造物《せきぞうぶつ》』）

八年丙子《ひのえね》　一九九六

●一月、妙典《みょうでん》の清寿寺《せいじゅじ》に刻経塔《こくきょうとう》が建立《こんりゅう》される。
①諸法従本來常自寂滅相《しょほうじゅうほんらいじょうじじゃくめっそう》　［左《ひだり》］平成《へいせい》八年一月吉日《きちじつ》　顕本山《けんぽんざん》三十三世丸山日端代《せいまるやまにったんだい》
②佛子行道已來世得作佛《ぶつしぎょうどういらいせとくさぶつ》　［左《ひだり》］本堂建立《ほんどうこんりゅう》昭和《しょうわ》四十五年三十二世代《せいだい》　庫裏《くり》（一）昭和《しょうわ》五十三年三十二世代《せいだい》　庫裏《くり》（二）平成《へいせい》四年三十三世代《せいだい》
●三月二八日、南行徳商店会《みなみぎょうとくしょうてんかい》、発足《ほっそく》。
●五月、河原《かわら》の春日神社《かすがじんじゃ》に句碑《くひ》が建立《こんりゅう》される。「寿司和《すしにぎ》りむかしを偲乃《しの》ぶ渡《わた》し舟《ぶね》」「平成《へいせい》八年五月小《こ》ばやし」（『郷土読本《きょうどどくほん》　行徳《ぎょうとく》　塩焼《しおやき》の郷《さと》を訪《たず》ねて』）
『市川市《いちかわし》の石造物《せきぞうぶつ》』は「春日和《はるびよ》り」とする。
●六月二三日、筆者《ひっしゃ》、江戸川放水路《えどがわほうすいろ》のボートでのハゼ釣《つ》りで一日《いちにち》一九五九尾《び》を釣《つ》る（『天狗《てんぐ》のハゼ釣《つ》り談義《だんぎ》』）。
●一一月一日、行徳公民館《ぎょうとくこうみんかん》が第《だい》四九回全国優良公民館表彰《かいぜんこくゆうりょうこうみんかんひょうしょう》を受賞《じゅしょう》。

九年丁丑《ひのとうし》　一九九七

●二月二七日、塩焼交番開設《しおやきこうばんかいせつ》。

●二月三〇日、妙典《みょうでん》の妙好寺参道《みょうこうじさんどう》が整備《せいび》される。

「参道整備奉納《さんどうせいびほうのう》　田島《たじま》つや　田島博良《たじまはくりょう》　田島新二《たじましんじ》」［右《みぎ》］爲《ため》（法名《ほうみょう》1）第《だい》七回忌追善菩提也《かいきついぜんぼだいなり》

［左《ひだり》］維持平成《いじへいせい》九年二月三十日（『市川市《いちかわし》の石造物《せきぞうぶつ》』）

●三月、市川市指定有形文化財《いちかわししていゆうけいぶんかざい》の妙好寺山門《みょうこうじさんもん》が修復《しゅうふく》される（『明解行徳《めいかいぎょうとく》の歴史大事典《れきしだいじてん》』）。

三月三〇日、妙典《みょうでん》の妙好寺《みょうこうじ》に碑《ひ》が建立《こんりゅう》される。

「山門修復落慶記念《さんもんしゅうふくらっけいきねん》　平成《へいせい》九年三月三十日」［裏《うら》］記念碑奉納者芳名《きねんひほうのうしゃほうめい》　山門修復委員会《さんもんしゅうふくいいんかい》（姓名《せいめい》13）妙榮山傳燈第《みょうえいざんでんとうだい》三十三杏日勝代《せいにっしょうだい》（『市川市《いちかわし》の石造物《せきぞうぶつ》』）

●四月、市川市斎場塩浜分館《いちかわしさいじょうしおはまぶんかん》、開館《かいかん》。

●四月五日、障害者総合支援《しょうがいしゃそうごうしえん》の地域作業所《ちいきさぎょうじょ》「レンコンの家《いえ》」開所《かいしょ》。

●九月二九日、行徳駅前《ぎょうとくえきまえ》二丁目《ちょうめ》の弁天公園《べんてんこうえん》に碑《ひ》が建立《こんりゅう》される。

「万歩塚《まんぽづか》　葛飾八幡宮《かつしかはちまんぐう》より一万歩地点《ぽちてん》　弁天《べんてん》の声《こえ》か涼《すず》しき風渡《かぜわた》る　中津攸子《なかつゆうこ》　平成《へいせい》九年九月　廿《にじゅう》九日　葛飾《かつしか》を歩《ある》く会《かい》　行徳弁天活性化委員会《ぎょうとくべんてんかっせいかいいんかい》」（『明解行徳《めいかいぎょうとく》の歴史大事典《れきしだいじてん》』）

●一〇月、本行徳《ほんぎょうとく》の教信寺《きょうしんじ》に碑《ひ》が建立《こんりゅう》される。

「寫經塚《しゃきょうつか》」［右《みぎ》］奉爲一切衆生《ほうためいっさいしゅじょう》　招福消災《しょうふくしょうさい》　各家先祖代々精霊菩提供養《かくいえせんぞだいだいせいれいぼだいくよう》　［左《ひだり》］諸願満足哀愍《しょがんまんぞくあいみん》

護念《ごねん》［裏《うら》］平成《へいせい》九丁丑年《ひのとうしのとし》十月歓喜日《かんきのひ》建之《これをたてる》　施主《せしゅ》　写経《しゃきょう》のつどい同人《どうじん》　教信寺第《きょうしんじだい》十四世明譽《せいめいよ》
隆道代《りゅうどうだい》（『市川市《いちかわし》の石造物《せきぞうぶつ》』）

●一一月四日、南行徳小学校《みなみぎょうとくしょうがっこう》、千葉県教育功労者団体《ちばけんきょういくこうろうしゃだんたい》の部表彰受賞《ぶひょうしょうじゅしょう》。

●一一月一七日、南行徳市民《みなみぎょうとくしみん》センター開館《かいかん》。

●一二月、本行徳《ほんぎょうとく》の浄閑寺《じょうかんじ》に名号塔《めいごうとう》が建立《こんりゅう》される。
「（梵字《ぼんじ》キリーク）南無阿弥陀佛《なむあみだぶつ》　募縁之塔《ぼえんのとう》」［右《みぎ》］光明遍照《こうみょうへんしょう》　十方丗界《じっぽうせかい》　［左《ひだり》］念佛衆生摂《ねんぶつしゅじょうせっ》
取不捨《しゅふしゃ》　［裏《うら》］（バン）維持平成《いじへいせい》九年十二月浄閑寺建之《じょうかんじこれをたてる》　第廿五丗信譽隆彰《だいにじゅうせいしんよりゅうしょう》　正譽隆宏代《しょうよりゅうこうだい》
（『市川市《いちかわし》の石造物《せきぞうぶつ》』）

◉地盤沈下累積量《じばんちんかるいせきりょう》マイナス二〇一・五センチ

昭和《しょうわ》三八年（一九六三）から平成《へいせい》九年（一九九七）までの三四年間《かん》の地盤沈下累積量《じばんちんかるいせきりょう》は、福栄《ふくえい》公園《こうえん》（福栄《ふくえい》四丁目《ちょうめ》一四番《ばん》）でマイナス二〇一・五センチ、源心寺《げんしんじ》（香取《かんどり》一丁目《ちょうめ》一六番《ばん》二六号《ごう》）でマイナス一〇七・二センチ、東西線操車場《とうざいせんそうしゃじょう》（妙典《みょうでん》六丁目《ちょうめ》一六番《ばん》）でマイナス六四・八センチ。精《せい》密水準測量実施以前《みっすいじゅんそくりょうじっしいぜん》から顕著《けんちょ》な地盤沈下《じばんちんか》は見《み》られたため、実際《じっさい》の沈下量《ちんかりょう》はもっと大《おお》きいものと考《かん》えられている。昭和《しょうわ》五六年（一九八一）から沈静化《ちんせいか》し、現在《げんざい》は沈下《ちんか》は見《み》られない。

行徳街道《ぎょうとくかいどう》は大《おお》きく波打《なみう》ち、江戸川堤防《えどがわていぼう》に亀裂《きれつ》が生《しょう》じ、鉄筋《てっきん》コンクリート造《づく》りの高層建物《こうそうたてもの》は階段《かいだん》を付《つ》け足《た》し、源心寺《げんしんじ》では墓石《ぼせき》が埋《う》まり、田畑《でんぱた》は沼《ぬま》のようになり、農民《のうみん》が土地区画整理《とちくかくせいり》を決断《けつだん》する原《げん》因《いん》の一《ひと》つにもなった（『明解行徳《めいかいぎょうとく》の歴史大事典《れきしだいじてん》』）。

一〇年 戊寅《つちのえとら》 一九九八

四月二八日 大本山成田山新勝寺《だいほんざんなりたさんしんしょうじ》『現代語訳《げんだいごやく》 成田参詣記《なりたさんけいき》』刊行《かんこう》

●五月、妙典《みょうでん》（下《しも》）五丁目《ちょうめ》に龍王宮《りゅうおうぐう》が再建《さいけん》される。一七五二年参照《さんしょう》。

「南無八代龍王宮《なむはちだいりゅうおうぐう》」［右《みぎ》］寶暦《ほうれき》二 壬申《みずのえさる》六月吉日《きちじつ》［左《ひだり》］下妙典村中造立之《しもみょうでんそんちゅうこれをぞうりゅう》［台右《だいみぎ》］区画《くかく》整理《せいり》に付《つ》き当地《とうち》に再建《さいけん》す平成《へいせい》十年五月吉日市川市妙典三丁目自治会《きちじついちかわしみょうでんちょうめじちかい》（『市川市《いちかわし》の石造物《せきぞうぶつ》』）

「下妙典龍王宮由来《しもみょうでんりゅうおうぐうゆらい》『碑文《ひぶん》 南無八大龍王宮《なむはちだいりゅうおうぐう》 宝暦《ほうれき》二年 壬申吉下妙典村中造立之《みずのえさるきちしもみょうでんそんちゅうこれをぞうりゅう》』

往時《おうじ》の行徳《ぎょうとく》（下妙典村《しもみょうでんむら》）は葦《あし》に覆《おお》われた／潮入《しおい》りの原野《げんや》と干潟《ひがた》であったが故《ゆえ》に津波《つなみ》と／洪水《こうずい》の力《ちから》と戦《たたか》う苛烈《かれつ》な土地《とち》であった／天正《てんしょう》十八年徳川家康《とくがわいえやす》が入府《にゅうふ》をして当時《とうじ》行徳《ぎょうとく》／は塩焼《しおやき》を主《しゅ》とし年貢《ねんぐ》を塩《しお》で納《おさ》めていた／米《こめ》を作《つく》る田畑《でんぱた》は殆《ほとん》どなかったので海《うみ》を相手《あいて》／の為村人《ためむらびと》は自然《しぜん》の脅威《きょうい》から身《み》を守《まも》るため／海《うみ》（水《みず》）の神《かみ》として龍神《りゅうじん》を祭《まつ》り安泰《あんたい》を祈《いの》った／のである／徳川家康《とくがわいえやす》はこの地《ち》を幕府直轄《ばくふちょっかつ》の天領《てんりょう》として／代官《だいかん》を置《お》いて治《おさ》めさせる建立《こんりゅう》の時《とき》は宝暦《ほうれき》二／年代官《だいかん》は田尻村誌《たじりそんし》を引用《いんよう》戸田忠兵衛《とだちゅうべえ》／宝暦《ほうれき》二年迄《まで》佐々井新十郎《ささいしんじゅうろう》宝暦《ほうれき》二年～六年／となっている

宝永《ほうえい》一年（一七〇四）江戸川出水塩田被害甚大《えどがわしゅっすいえんでんひがいじんだい》 享保《きょうほう》十四年（一七二九）江戸川出水塩浜《えどがわしゅっすいしおはま》ことごとく 荒浜《あらはま》になる 享保《きょうほう》十五年（一七三〇）高谷《こうや》の海岸《かいがん》に大鯨《おおくじら》二頭《とう》あがる 平成《へいせい》十一年三

月吉日《きちじつ》　発起人一同建之《ほっきにんいちどうこれをたてる》」（『市川市《いちかわし》の石造物《せきぞうぶつ》』）

●五月、妙典《みょうでん》（下《しも》）五丁目《ちょうめ》に龍王宮《りゅうおうぐう》が再建《さいけん》される。一九二一年参照《さんしょう》。

「南無《なむ》□善神《ぜんしん》　大正《たいしょう》十年三月十四日　藪《やぶ》□庄吉《しょうきち》　横《よこ》□□進《すすむ》　藪《やぶ》□鉄太郎《てつたろう》　立之《これをたてる》」［台右《だいみぎ》］区《く》画整理《かくせいり》に付《つ》き当地《とうち》に再建《さいけん》す平成《へいせい》十年五月吉日市川市《きちじついちかわし》妙典《みょうでん》三丁目自治会《ちょうめじちかい》（『市川市《いちかわし》の石造物《せきぞうぶつ》』）

七月一日　市立市川歴史博物館《しりついちかわれきしはくぶつかん》『中世以降《ちゅうせいいこう》の市川《いちかわ》』刊行《かんこう》

●一一月一日、妙典《みょうでん》（上《かみ》）六丁目《ちょうめ》の八大龍王《はちだいりゅうおう》の鳥居《とりい》が建立《こんりゅう》される。

「八大龍王《はちだいりゅうおう》」［右柱《みぎはしら》］献《けん》　［右柱裏《みぎはしらうら》］平成《へいせい》十年十一月一日　［左柱《ひだりはしら》］奉《ほう》「八大龍王鳥居奉献《はちだいりゅうおうとりいほうけん》者芳名《しゃほうめい》（金額《きんがく》・姓名等《せいめいなど》176）平成《へいせい》十年十一月一日　妙榮山妙好寺《みょうえいざんみょうこうじ》　第《だい》三十三世《せい》　照壽院日《しょうじゅいんにっ》勝代《しょうだい》［裏《うら》］妙好寺《みょうこうじ》　住職石川日勝《じゅうしょくいしかわにっしょう》　総代《そうだい》（姓名《せいめい》2）護寺会役員《ごじかいやくいん》（姓名《せいめい》4）妙典《みょうでん》一、二丁目《ちょうめ》自治会長《じちかいちょう》・副会長《ふくかいちょう》・上妙典婦人会役員《かみみょうでんふじんかいやくいん》（姓名《せいめい》4）施行《せこう》　石清石材《いしせいせきざい》　秋本清《あきもときよし》　中山産業《なかやまさんぎょう》　中山《なかやま》建樹《けんき》

「〈金属製説明板《きんぞくせいせつめいばん》〉上妙典龍宮様《かみみょうでんりゅうぐうさま》（八大龍王《はちだいりゅうおう》）の由来《ゆらい》

ここに安置《あんち》する竜宮様《りゅうぐうさま》（八大龍王《はちだいりゅうおう》）は、安永《あんえい》三年／（一七七四年）に、上妙典村中《かみみょうでんそんちゅう》が願主《がんしゅ》となり妙好寺《みょうこうじ》／第《だい》十五世《せい》　大寶院日賢上人《だいほういんにっけんしょうにん》が村中老若男女《そんちゅうろうにゃくなんにょ》の一切無《いっさいむ》／障礙《しょうげ》・海上安全《かいじょうあんぜん》・製塩業《せいえんぎょう》繁栄《はんえい》を祈《いの》り御祀《おまつ》りされたも／のです。／安永《あんえい》九年（一七八〇年）の二月一日から龍宮奉謝《りゅうぐうほうしゃ》／として毎年《まいとし》十軒程《けんほど》の家《いえ》が順番《じゅんばん》となり昭和《しょうわ》三十／八年（一九六三年）迄《まで》、御奉謝《ごほうしゃ》は盛大《せいだい》に執《と》り行《おこな》われ／てまいりました。その後《ご》、永代妙好寺預《えいだいみょうこうじあず》かりとなっ／た龍宮奉謝《りゅうぐうほうしゃ》の御本尊様《ごほんぞんさま》は、今日《こんにち》に至《いた》るまで

上妙典婦《かみみょうでんふ》／人会《じんかい》の新年会《しんねんかい》に三寶奉謝《さんぽうほうしゃ》の御本尊様《ごほんぞんさま》と共《とも》に御祀《おまつ》りさ／れています。／妙典土地区画整《みょうでんとちくかくせい》理事業《りじぎょう》により此《こ》の場所《ばしょ》を定《さだ》め御遷《ごせん》／座頂《ざいただ》き未来永劫《みらいえいごう》　妙典《みょうでん》の地《ち》の御守護《ごしゅご》と平安無事《へいあんぶじ》を祈《いの》／り御祀《おまつ》りしております。　平成《へいせい》十年十一月一日　妙榮山妙好寺《みょうえいざんみょうこうじ》　第《だい》三十三世《せい》　照壽院日勝《しょうじゅいんにっしょう》　由来説明板《ゆらいせつめいばん》奉納《ほうのう》　妙好寺総代《みょうこうじそうだい》　篠田喜義《しのだきよし》」（『市川市《いちかわし》の石造物《せきぞうぶつ》』）

●一一月一日、妙典《みょうでん》（上《かみ》）六丁目《ちょうめ》に八大龍王《はちだいりゅうおう》が再建《さいけん》される。一七七四年参照《さんしょう》。
※祠内木札《ほこらないきふだ》に「南無妙法蓮華経《なむみょうほうれんげきょう》　奉勧請八大龍王大恩報謝《たてまつるかんじょうはちだいりゅうおうだいおんほうしゃ》」［右《みぎ》］願主上妙典村中《がんしゅかみみょうでんそんちゅう》安永三甲午天《あんえいきのえうまてん》［左《ひだり》］四月八日　日賢《にっけん》［台左《だいひだり》］妙典地区《みょうでんちく》　区画整理事業《くかくせいりじぎょう》に依《よ》りこの地《ち》に遷座《せんざ》す　妙典《みょうでん》一、二丁目自治会《ちょうめじちかい》　平成《へいせい》十年十一月一日（『市川市《いちかわし》の石造物《せきぞうぶつ》』）

●一一月一日、妙典《みょうでん》（上《かみ》）六丁目《ちょうめ》に八大龍王再建《はちだいりゅうおうさいけん》される。一八〇八年参照《さんしょう》。
「奉勧請八大龍《たてまつるかんじょうはちだいりゅう》□」［右《みぎ》］文化《ぶんか》五戊辰年正月吉《つちのえたつのとししょうがつきち》□　［台右《だいみぎ》］妙典地区《みょうでんちく》　区画整理事業《くかくせいりじぎょう》に依《よ》りこの地《ち》に遷座《せんざ》す　妙典《みょうでん》一、二丁目自治会《ちょうめじちかい》　平成《へいせい》十年十一月一日（『市川市《いちかわし》の石造物《せきぞうぶつ》』）

●一一月一日、妙典《みょうでん》（上《かみ》）六丁目《ちょうめ》に八大龍王《はちだいりゅうおう》が再建《さいけん》される。一九〇一年参照《さんしょう》。
「南無妙龍大《なむみょうりゅう》□」［右《みぎ》］明治《めいじ》三十四年二月一日　［台左《だいひだり》］妙典地区《みょうでんちく》　区画整理事業《くかくせいりじぎょう》に依《よ》りこの地《ち》に遷座《せんざ》す　妙典《みょうでん》一、二丁目自治会《ちょうめじちかい》　平成《へいせい》十年十一月一日（『市川市《いちかわし》の石造物《せきぞうぶつ》』）

●一一月一日、妙典《みょうでん》（上《かみ》）六丁目《ちょうめ》に八大龍王《はちだいりゅうおう》が再建《さいけん》される。一九〇一年参照《さんしょう》。
「勧請白法《かんじょうびゃくほう》□　人所《じんしょ》□□　神威《しんい》□□」［右《みぎ》］明治《めいじ》三十四年　［左《ひだり》］十一月一日　［台左《だいひだり》］妙典《みょうでん》地区《ちく》　区画整理事業《くかくせいりじぎょう》に依《よ》りこの地《ち》に遷座《せんざ》す　妙典《みょうでん》一、二丁目自治会《ちょうめじちかい》　平成《へいせい》十年十一月一日

（『市川市《いちかわし》の石造物《せきぞうぶつ》』）

●一一月一日、妙典《みょうでん》（上《かみ》）六丁目《ちょうめ》に八大龍王《はちだいりゅうおう》が再建《さいけん》される。一九一八年参照《さんしょう》。
「南無《なむ》妙法蓮華《みょうほうれんげ》経《きょう》清運《せいうん》竜宮《りゅうぐう》大善神《だいぜんしん》　大《たい》□七年四月十四日　田島常《たじまつね》□」［台左《だいひだり》］妙典地区《みょうでんちく》　区《く》画整理事業《かくせいりじぎょう》に依《よ》りこの地《ち》に遷座《せんざ》す　妙典《みょうでん》一、二丁目自治会《ちょうめじちかい》　平成《へいせい》十年十一月一日（『市川市《いちかわし》の石造物《せきぞうぶつ》』）

●一一月一日、妙典《みょうでん》（上《かみ》）六丁目《ちょうめ》の八大龍王《はちだいりゅうおう》に龍《りゅう》が奉納《ほうのう》される。
［台《だい》］奉納《ほうのう》　平成《へいせい》10年11月1日　妙好寺《みょうこうじ》住職《じゅうしょく》日勝《にっしょう》（『市川市《いちかわし》の石造物《せきぞうぶつ》』）

●一二月、行徳駅前《ぎょうとくえきまえ》の弁天公園《べんてんこうえん》に弁財天《べんざいてん》が建立《こんりゅう》される。
［台右《だいみぎ》］平成《へいせい》10年12月吉日建立《きちじつこんりゅう》　行徳弁天《ぎょうとくべんてん》ふれあいフェスティバル　実行委員会《じっこういいんかい》　川上恵洋《かわかみけいよう》（『市川市《いちかわし》の石造物《せきぞうぶつ》』）

●一二月二五日、建設大臣《けんせつだいじん》が日本道路公団総裁《にほんどうろこうだんそうさい》に対《たい》し、東京外郭環状道路《とうきょうがいかくかんじょうどうろ》市川市区間《いちかわしくかん》（約《やく》一〇キロ）の「施工命令《せこうめいれい》」を出《だ》す。

一一年　己卯《つちのとう》　一九九九

●二月、湊《みなと》の円明院《えんみょういん》に巡拝塔《じゅんぱいとう》が建立《こんりゅう》される。
記念碑《きねんひ》　修行大師像《しゅぎょうだいしぞう》　ご詠歌《えいか》　あなうれし　行《ゆ》くも帰《かえ》るもとどまるも　我《われ》は大師《だいし》と二人《ふたり》づれな

り　四国霊場《しこくれいじょう》八十八ケ所遍路結願《かしょへんろけちがん》　秩父《ちちぶ》三十四ケ所観音霊場《かしょかんのんれいじょう》　坂東《ばんどう》三十三ケ所観音霊場《しょかんのんれいじょう》　百《ひゃく》
観音巡拝結願《かんのんじゅんぱいけちがん》　平成《へいせい》十一年二月建立《こんりゅう》　建立資金寄付者芳名《こんりゅうしきんきふしゃほうめい》　金一封《きんいっぷう》　當山拾八世《とうざんじゅうはっせい》　円明院《えんみょういん》
大師講支部長《だいしこうしぶちょう》　亀山明順《かめやまめいじゅん》（金額《きんがく》・人名《じんめい》22）（『市川市《いちかわし》の石造物《せきぞうぶつ》』）

●三月、湊《みなと》の円明院《えんみょういん》に六地蔵《ろくじぞう》、建立《こんりゅう》される。
「六地蔵《ろくじぞう》」「奉納《ほうのう》　爲矢島家先祖代々菩提《ためやじまけせんぞだいだいぼだい》　六地蔵《ろくじぞう》　地蔵堂一式《じぞうどういっしき》」「平成《へいせい》十一年三月吉祥《きちじょう》　施主《せしゅ》
矢島伝一殿《やじまでんいちどの》」（『市川市《いちかわし》の石造物《せきぞうぶつ》』）

●三月、市川市妙典土地区画整理組合記念碑《いちかわしみょうでんとちくかくせいりくみあいきねんひ》が建立《こんりゅう》。妙典公園《みょうでんこうえん》に個人《こじん》・法人《ほうじん》などの名称《めいしょう》の筆数《ひっすう》
392（『明解行徳《めいかいぎょうとく》の歴史大事典《れきしだいじてん》』）。区画整理《くかくせいり》はすべて終了《しゅうりょう》。

●三月、妙典《みょうでん》（下《しも》）五丁目《ちょうめ》の龍王宮《りゅうおうぐう》に鳥居《とりい》が奉納《ほうのう》される。
「龍王宮《りゅうおうぐう》」［右柱《みぎはしら》］納《のう》［左柱《ひだりはしら》］奉《ほう》［左柱裏《ひだりはしらうら》］平成《へいせい》十一年三月吉日建之《きちじつこれをたてる》　八大龍王宮鳥居《はちだいりゅうおうぐうとりい》
奉納者御芳名《ほうのうしゃごほうめい》（金額《きんがく》・姓名《せいめい》115）発起人《ほっきにん》（金額《きんがく》・姓名《せいめい》4）米本松雄書《よねもとまつおしょ》　平成《へいせい》十一年三月吉日《きちじつ》
（『市川市《いちかわし》の石造物《せきぞうぶつ》』）

●三月、妙典《みょうでん》（下《しも》）五丁目《ちょうめ》の龍王宮《りゅうおうぐう》に燈籠《とうろう》が建立《こんりゅう》される。
〈右《みぎ》〉納《のう》［裏《うら》］小林石材工業《こばやしせきざいこうぎょう》〈左《ひだり》〉奉《ほう》　※紀年銘《きねんめい》はないが、龍王宮移転時期《りゅうおうぐういてんじき》より推定《すいてい》（『市《いち》
川市《かわし》の石造物《せきぞうぶつ》』）

三月　本行徳《ほんぎょうとく》フォーラム『私《わたし》たちの行徳今昔史《ぎょうとくこんじゃくし》・パート1』刊行《かんこう》

●四月一日、妙典小学校開校《みょうでんしょうがっこうかいこう》、児童数《じどうすう》一九四名《めい》、一二学級《がっきゅう》。平成《へいせい》一五年（二〇〇三）五月一日、

児童数《じどうすう》八九一名《めい》、二九学級《がっきゅう》。

●四月一日、市川妙典《いちかわみょうでん》サティ（現《げん》イオン）オープン。

●四月一四日～二〇日、第《だい》一回《かい》（市川市《いちかわし》）中山街回遊展《なかやままちかいゆうてん》開かれる。以後《いご》、毎年《まいとし》、市内各所《しないかくしょ》で街回遊《まちかいゆう》展開催《てんかいさい》。

九月二六日　市立市川歴史博物館《しりついちかわれきしはくぶつかん》『木下《きおろし》街道展《かいどうてん》　江戸《えど》と利根川《とねがわ》を結《むす》ぶ道《みち》』刊行《かんこう》

●この年《とし》、関ヶ島《せきがしま》の徳蔵寺《とくぞうじ》、本堂《ほんどう》を補修工事《ほしゅうこうじ》（『明解行徳《めいかいぎょうとく》の歴史大事典《れきしだいじてん》』）。

●この年《とし》、香取《かんどり》の源心寺《げんしんじ》、本堂《ほんどう》を改築《かいちく》（『明解行徳《めいかいぎょうとく》の歴史大事典《れきしだいじてん》』）。

一二年　庚辰《かのえたつ》　二〇〇〇

一月五日　鈴木和明《すずきかずあき》『おばばと一郎《いちろう》』刊行《かんこう》。行徳地域《ぎょうとくちいき》の農家《のうか》の跡取《あとと》りが自然《しぜん》と家族《かぞく》の愛情《あいじょう》に育《はぐく》まれて成長《せいちょう》する物語《ものがたり》。行徳弁《ぎょうとくべん》での会話《かいわ》と民俗《みんぞく》がわかる。ごはんつぶ、せんべい、もや、まつのき、まめ、ひこうきぐも、ゆき、かぜ、はりめとおし、おてんとうさま、うなぎ、たまご、いしおけ、とんぼ、たび、はなび、あらし全《ぜん》一八話《わ》

◉東西線《とうざいせん》妙典駅開業《みょうでんえきかいぎょう》

一月二二日、地下鉄《ちかてつ》東西線《とうざいせん》妙典駅開業《みょうでんえきかいぎょう》。

●一〇月、河原《かわら》の胡録神社《ころくじんじゃ》に鳥居《とりい》が建立《こんりゅう》される。
「胡録神社《ころくじんじゃ》」「平成《へいせい》十二年十月吉日西暦《きちじつせいれき》二千年記念《きねん》小林富男《こばやしとみお》」（『明解行徳《めいかいぎょうとく》の歴史大事典《れきしだいじてん》』）
『市川市《いちかわし》の石造物《せきぞうぶつ》』には「［左柱裏《ひだりはしらうら》］弘化《こうか》四丁未年《ひのとひつじのとし》九月吉日《きちじつ》　［右柱裏《みぎはしらうら》］慶応《けいおう》三丁卯歳《ひのとうのとし》三月再建《さいけん》」とある。
一八四七年と一八六七年参照《さんしょう》。

●一〇月、関ヶ島《せきがしま》の胡録神社《ころくじんじゃ》に鳥居《とりい》が建立《こんりゅう》される。
「胡籙神社《ころくじんじゃ》」［右柱《みぎはしら》］納《のう》　［右柱裏《みぎはしらうら》］平成《へいせい》十二年十月吉日建立《きちじつこんりゅう》　施工《せこう》　小林石材店《こばやしせきざいてん》　鳶勝《とびかつ》
［左柱《ひだりはしら》］奉《ほう》　［左柱裏《ひだりはしらうら》］西暦《せいれき》二千年記念氏子中《きねんうじこちゅう》（『市川市《いちかわし》の石造物《せきぞうぶつ》』）

一〇月一日　鈴木和明《すずきかずあき》『おばばと一郎《いちろう》2』刊行《かんこう》。じいちゃん、たこ、とんび、あさり、いのち、がっちゃんこ、みち、はね、て、もち、かみ、むてき全《ぜん》一二話《わ》

一一月一〇日　行徳昔話《ぎょうとくむかしばなし》の会《かい》『ぎょうとく昔語《むかしがた》り』刊行《かんこう》

●一二月、本行徳四丁目《ほんぎょうとくちょうめ》の豊受神社《とようけじんじゃ》に鳥居《とりい》が奉納《ほうのう》される。
「神明宮《しんめいぐう》　奉納《ほうのう》」「西暦《せいれき》二千年記念《きねん》　氏子中《うじこちゅう》」「平成《へいせい》十二年十二月吉日建之《きちじつこれをたてる》」（『明解行徳《めいかいぎょうとく》の歴《れき》史大事典《しだいじてん》』）

●この年《とし》、浄土宗法伝寺《じょうどしゅうほうでんじ》が、本堂《ほんどう》、観音堂《かんのんどう》を建立《こんりゅう》・落慶《らっけい》（『明解行徳《めいかいぎょうとく》の歴史大事典《れきしだいじてん》』）。

一三年 辛巳《かのとみ》 二〇〇一

二月一五日　鈴木和明《すずきかずあき》『おばばと一郎《いちろう》3』刊行《かんこう》。プロローグ、人間堤防《にんげんていぼう》、灰屋《はいや》、一家《いっか》、葬式《そうしき》、学校《がっこう》、貝《かい》まき、佃煮屋《つくだにや》、あんちゃん、次郎吉《じろきち》、新井《あらい》の村《むら》、いき、銀蔵《ぎんぞう》の涙《なみだ》、中興《ちゅうこう》の祖《そ》、エピローグ全《ぜん》一五話《わ》

四月　江戸川《えどがわ》左岸《さがん》流域第二《りゅういきだいに》終末処理場《しゅうまつしょりじょう》、完成《かんせい》

●六月二九日、南行徳中学校《みなみぎょうとくちゅうがっこう》の生徒《せいと》約《やく》一五〇名《めい》が、南行徳公園内《みなみぎょうとくこうえんない》の市川市《いちかわし》南行徳第《みなみぎょうとくだい》一土地区《とちく》画整理組合記念碑《かくせいりくみあいきねんひ》の落書《らくが》きを消《け》す。同校《どうこう》のコミュニティスクール委員会《いいんかい》での議論《ぎろん》の具体化《ぐたいか》。教師《きょうし》の指導《しどう》の素晴《すば》らしさがそこにある（『行徳歴史街道《ぎょうとくれきしかいどう》』）。

八月一五日　鈴木和明《すずきかずあき》『おばばと一郎《いちろう》4』刊行《かんこう》。ねがい、こうやく、さいかい、とういす、まご、こおろぎ、たねまき、ぬくもり、かあちゃん、たくあん、ぬりえ、とおいこだま、ゆうひ、おばば、かいそう全《ぜん》一五話《わ》

九月、東京《とうきょう》ディズニーシー開園《かいえん》

九月　三番瀬《さんばんぜ》の埋《う》め立《た》て中止《ちゅうし》を知事《ちじ》が表明《ひょうめい》

●この年《とし》、本行徳《ほんぎょうとく》三丁目《ちょうめ》の八幡神社《はちまんじんじゃ》に手水石《ちょうずいし》が奉納《ほうのう》される。「奉納《ほうのう》」「平成《へいせい》十三年大祭《たいさい》　納主《のうしゅ》中臺實《なかだいみのる》、中臺愛子《なかだいあいこ》」（『明解行徳《めいかいぎょうとく》の歴史大事典《れきしだいじてん》』）

一四年 壬午《みずのえうま》 二〇〇二

●四月一日、新井《あらい》保育園《ほいくえん》、湊新田《みなとしんでん》保育園《ほいくえん》の分園《ぶんえん》、公設民営《こうせつみんえい》保育園《ほいくえん》として開園《かいえん》。

五月一五日　鈴木和明《すずきかずあき》『僕《ぼく》らはハゼっ子《こ》』刊行《かんこう》。江戸川《えどがわ》の自然《しぜん》がテーマ

●五月二八日、妙典駅前交番設置《みょうでんえきまえこうばんせっち》。警察官《けいさつかん》六名《めい》、三交代《さんこうたい》二四時間勤務《じかんきんむ》。

●六月一七日、「地域《ちいき》ケアシステム南行徳《みなみぎょうとく》」開所式挙行《かいしょしききょこう》。初《はつ》の試《こころ》み。

●一〇月末現在《まつげんざい》、行徳警察署管内《ぎょうとくけいさつしょかんない》の刑法犯《けいほうはん》四二五〇件《けん》。そのうち、ひったくり二七〇件《けん》、侵入盗《しんにゅうとう》六四八件《けん》、車上狙《しゃじょうねら》い六六七件《けん》、部品盗《ぶひんとう》二三一件《けん》。

●一一月、押切《おしきり》の稲荷神社《いなりじんじゃ》の保存樹林《ほぞんじゅりん》イチョウ（幹回《みきまわ》り六・五メートル、高《たか》さ二〇・〇メートル）が市川市《いちかわし》保存樹林協定第《ほぞんじゅりんきょうていだい》一九号協定《ごうきょうてい》。平成《へいせい》一六年一〇月一六日。「千壽銀杏《せんじゅいちょう》」と命名《めいめい》（『明解行《めいかいぎょう》徳《とく》の歴史大事典《れきしだいじてん》』）。

一一月、本行徳《ほんぎょうとく》三丁目《ちょうめ》の八幡神社《はちまんじんじゃ》の保存樹林《ほぞんじゅりん》イチョウ（幹回《みきまわ》り三・七メートル、高《たか》さ一一・〇メートル）が市川市《いちかわし》保存樹林協定第《ほぞんじゅりんきょうていだい》一七号協定《ごうきょうてい》。また、幹回《みきまわ》り三・一メートル、高《たか》さ一二・〇メートルのイチョウも、市川市《いちかわし》保存樹林協定第《ほぞんじゅりんきょうていだい》一八号協定《ごうきょうてい》（『明解行徳《めいかいぎょうとく》の歴史大事典《れきしだいじてん》』）。

一二月一五日　市川博物館友《いちかわはくぶつかんとも》の会歴史部会《かいれきしぶかい》『市川《いちかわ》の古道《こどう》を歩《ある》く』刊行《かんこう》

一二月一八日　花見薫《はなみかおる》『天皇《てんのう》の鷹匠《たかじょう》』刊行《かんこう》

一五年 癸未《みずのとひつじ》 二〇〇三

●二月五日、新井小学校児童《あらいしょうがっこうじどう》（六五〇人《にん》）がプルタブ約《やく》一六〇万個《こ》を集《あつ》めて、市川市社会福祉協《いちかわししゃかいふくしきょう》議会《ぎかい》へ車椅子《くるまいす》二台《だい》を贈《おく》る。

●二月吉日《きちじつ》、行徳小学校創立《ぎょうとくしょうがっこうそうりつ》一三〇周年記念実行委員会《しゅうねんきねんじっこういいんかい》、本行徳公民館裏《ほんぎょうとくこうみんかんうら》に記念碑建立《きねんひごんりゅう》。台座《だいざ》のプレートの表示《ひょうじ》。

旧行徳小学校門柱《きゅうぎょうとくしょうがっこうもんちゅう》　大正《たいしょう》八年～昭和《しょうわ》二十九年　平成《へいせい》一五年二月吉日《きちじつ》　一三〇年実行委員会《じっこういいんかい》

（『郷土読本《きょうどどくほん》　行徳《ぎょうとく》　塩焼《しおやき》の郷《さと》を訪《たず》ねて』）

三月一六日　**市立市川歴史博物館《しりついちかわれきしはくぶつかん》『幕末《ばくまつ》の市川《いちかわ》』刊行《かんこう》**

●四月、妙典保育園《みょうでんほいくえん》、開園《かいえん》。

●一〇月二五日、南行徳小学校創立《みなみぎょうとくしょうがっこうそうりつ》一三〇周年記念式典挙行《しゅうねんきねんしきてんきょこう》。

一一月一五日　**鈴木和明《すずきかずあき》『行徳郷土史事典《ぎょうとくきょうどしじてん》』刊行《かんこう》。神明神社《しんめいじんじゃ》の御塩浜《みしおはま》、郷土史年表《きょうどしねんぴょう》、行徳《ぎょうとく》、南行徳全域《みなみぎょうとくぜんいき》、本行徳周辺地域《ほんぎょうとくしゅうへんちいき》、関ヶ島《せきがしま》～相之川地域《あいのかわちいき》、新井《あらい》、当代島地域《とうだいじまちいき》、南行徳《みなみぎょうとく》～宝地域《たからちいき》、郷土史資料《きょうどしりょう》など全《ぜん》八二項目《こうもく》**

●関ヶ島《せきがしま》の徳蔵寺《とくぞうじ》、山門《さんもん》を新築《しんちく》（『明解行徳《めいかいぎょうとく》の歴史大事典《れきしだいじてん》』）。

●湊《みなと》の法伝寺《ほうでんじ》が本堂《ほんどう》・観音堂《かんのんどう》を建立《こんりゅう》・落慶《らっけい》（『明解行徳《めいかいぎょうとく》の歴史大事典《れきしだいじてん》』）。

●この年《とし》の行徳沖《ぎょうとくおき》のアサリ漁《りょう》、近年《きんねん》にない大豊漁《だいほうりょう》に湧《わ》く。

一六年甲申《きのえさる》 二〇〇四

●一月、南新浜《みなみにいはま》小学校《しょうがっこう》児童《じどう》がプルタブやアルミ缶《かん》を集《あつ》めて地元《じもと》の病院《びょういん》へ車椅子《くるまいす》を贈《おく》る。

●三月六日、行徳小学校《ぎょうとくしょうがっこう》「行徳《ぎょうとく》っ子守《こまも》り隊《たい》」、市川市高齢者《いちかわしこうれいしゃ》クラブ「行徳《ぎょうとく》七部会《ぶかい》」へ腕章《わんしょう》一〇〇本《ぽん》を贈《おく》り、児童《じどう》の安全《あんぜん》を見守《みまも》ってほしいと依頼《いらい》。

●三月一六日、本行徳《ほんぎょうとく》の徳願寺《とくがんじ》鐘楼《しょうろう》一棟《とう》と経蔵《きょうぞう》一棟《とう》が市指定有形文化財《していゆうけいぶんかざい》となる（『市川市統計年《いちかわしとうけいねん》鑑《かん》 平成《へいせい》28年版《ねんばん》』）。

●六月三〇日、行徳支所管内《ぎょうとくししょかんない》の世帯数《せたいすう》は七万五〇五〇、人口《じんこう》は一五万六二〇〇人《にん》。

●七月一日、市川市農業協同組合《いちかわしのうぎょうきょうどうくみあい》、船橋市農業協同組合《ふなばししのうぎょうきょうどうくみあい》と合併《がっぺい》（『JAいちかわ合併《がっぺい》10周年記《しゅうねんき》念誌《ねんし》』）。

七月一五日 鈴木和明《すずきかずあき》『行徳歴史街道《ぎょうとくれきしかいどう》』刊行《かんこう》。行徳街道《ぎょうとくかいどう》、新井今昔《あらいこんじゃく》、今井橋《いまいばし》と相之川《あいのかわ》、祭礼河《さいれいが》岸《し》と江戸《えど》の釣《つ》り客《きゃく》、記念碑《きねんひ》と区画整理《くかくせいり》、洪水《こうずい》と行徳町《ぎょうとくまち》、行徳塩浜今昔《ぎょうとくしおはまこんじゃく》、行徳《ぎょうとく》の駅《えき》と地名《ちめい》、山本周五郎《やまもとしゅうごろう》と江戸川《えどがわ》、行徳堤防《ぎょうとくていぼう》の歴史《れきし》、忠臣蔵《ちゅうしんぐら》と行徳塩《ぎょうとくじお》、日露戦争《にちろせんそう》と行徳海苔《ぎょうとくのり》の一二話《わ》と「本行徳村明細帳《ほんぎょうとくむらめいさいちょう》（天明《てんめい》六年）」

●七月三〇日、市川関所跡記念石碑《いちかわせきしょあときねんせきひ》を市川市市川《いちかわしいちかわ》の国道《こくどう》14号市川橋《ごういちかわばし》近《ちか》くの江戸川堤防上《えどがわていぼうじょう》に移設《いせつ》、関所風《せきしょふう》の門柱《もんちゅう》（高《たか》さ三メートル、幅《はば》二・二メートル）を設置《せっち》。

●行徳沖《ぎょうとくおき》のアサリ漁《りょう》、前年《ぜんねん》に引《ひ》き続《つづ》き大豊漁《だいほうりょう》。

◉行徳文化《ぎょうとくぶんか》ホールI&I《アイアイ》など設置《せっち》

九月四日、市立第七中学校新校舎《しりつだいななちゅうがっこうしんこうしゃ》「市川七中《いちかわななちゅう》ふれあい施設《しせつ》」竣工式挙行《しゅんこうしききょこう》。

行徳文化《ぎょうとくぶんか》ホールI&I《アイアイ》（七一八席《せき》）、末広保育園《すえひろほいくえん》（定員《ていいん》六〇人《にん》）、ケアハウス（個室《こしつ》五〇室《しつ》、定員《ていいん》五〇名《めい》）、デイサービスそよ風《かぜ》（一日《いちにち》二五人利用《にんりよう》）などを併設《へいせつ》。

●九月三〇日、市川市議会《いちかわしぎかい》、広尾《ひろお》二丁目《ちょうめ》の石原製鋼所跡地《いしはらせいこうしょあとち》三・九ヘクタールの取得《しゅとく》を議決《ぎけつ》。「広尾《ひろお》防災公園《ぼうさいこうえん》」として平成《へいせい》二二年度開園《どかいえん》。

●一〇月一日、「南行徳《みなみぎょうとく》デイサービスセンター・南行徳老人《みなみぎょうとくろうじん》いこいの家《いえ》」竣工式開《しゅんこうしきひら》かれる。

●一〇月五日、千葉県議会定例本会議《ちばけんぎかいていれいほんかいぎ》において、妙典橋《みょうでんばし》（仮称《かしょう》）につき、国庫補助事業《こっこほじょじぎょう》の新規採択《しんきさいたく》がされたことが明《あき》らかにされ、取付道路《とりつけどうろ》約《やく》六〇〇メートルを平成《へいせい》一六年度《ど》から事業着手《じぎょうちゃくしゅ》と答弁《とうべん》される。

一〇月九日　台風《たいふう》22号《ごう》のため、江戸川《えどがわ》が洪水《こうずい》となり、行方不明者《ゆくえふめいしゃ》一名《めい》

◉第一回行徳《だいかいぎょうとく》まつり開催《かいさい》

一一月一四日、市立七中《しりつしちちゅう》グラウンドで第《だい》一回行徳《かいぎょうとく》まつり開催《かいさい》、八万五千人《にん》が集《つど》う。

同日《どうじつ》、南行徳中学校創立《みなみぎょうとくちゅうがっこうそうりつ》二〇周年記念式典挙行《しゅうねんきねんしきてんきょこう》される。

●一二月二二日、新井《あらい》小学校《しょうがっこう》児童《じどう》(六八三人《にん》)がプルタブ約《やく》一八〇万個《こ》を集《あつ》めて市川市《いちかわし》社会福祉《しゃかいふくし》協議会《きょうぎかい》へ車椅子《くるまいす》一台《だい》を贈《おく》る(二回目《かいめ》)。

一七年 乙酉《きのととり》 二〇〇五

●一月一一日、行徳寺町周辺景観《ぎょうとくてらまちしゅうへんけいかん》まちづくり検討会《けんとうかい》、市《し》に提言書提出《ていげんしょていしゅつ》。

●一月、行徳《ぎょうとく》ふれあい周回路整備完成《しゅうかいろせいびかんせい》。

二月一〇日 市川博物館友《いちかわはくぶつかんとも》の会歴史部会《かいれきしぶかい》『市川《いちかわ》の道《みち》をたずねて』刊行《かんこう》

三月一五日 鈴木和明《すずきかずあき》『明解行徳《めいかいぎょうとく》の歴史大事典《れきしだいじてん》』刊行《かんこう》。一般事典項目《いっぱんじてんこうもく》、行徳《ぎょうとく》・南行徳《みなみぎょうとく》の地名《ちめい》、行徳《ぎょうとく》・南行徳《みなみぎょうとく》の神社《じんじゃ》、行徳《ぎょうとく》・浦安《うらやす》三十三カ所観音霊場札所《しょかんのんれいじょうふだしょ》、行徳《ぎょうとく》・南行徳地域《みなみぎょうとくちいき》の学校《がっこう》の沿革《えんかく》、土地区画整理組合記念碑文《とちくかくせいりくみあいきねんひぶん》、行徳歴史年表《ぎょうとくれきしねんぴょう》など索引項目《さくいんこうもく》八四三件《けん》

●三月二三日、常夜燈周辺地区整備《じょうやとうしゅうへんちくせいび》に関《かん》する提言書《ていげんしょ》を市民懇談会《しみんこんだんかい》が市《し》に提出《ていしゅつ》。

●四月一日、青色回転灯《あおいろかいてんとう》パトロールで市内防犯《しないぼうはん》パトロール開始《かいし》。

五月一五日 鈴木和明《すずきかずあき》『江戸前《えどまえ》のハゼ釣《つ》り上達法《じょうたつほう》』刊行《かんこう》

●一〇月一日、コミュニティバス実験運行《じっけんうんこう》スタート。

一八年丙戌《ひのえいぬ》 二〇〇六

二月一八日　財団法人《ざいだんほうじん》市川市《いちかわし》文化《ぶんか》振興《しんこう》財団《ざいだん》『図説《ずせつ》市川《いちかわ》の歴史《れきし》』刊行《かんこう》

●三月二六日、塩浜《しおはま》ドッグランオープン。

●八月二六日、塩焼《しおやき》中央公園《ちゅうおうこうえん》管理事務所内《かんりじむしょない》に「地域《ちいき》ケアシステム行徳《ぎょうとく》」オープン。

●九月一日、旧新井《きゅうあらい》青少年館内《せいしょうねんかんない》に親子《おやこ》つどいの広場《ひろば》オープン。

一二月五日　鈴木和明《すずきかずあき》『行徳歴史街道《ぎょうとくれきしかいどう》2』刊行《かんこう》。松尾芭蕉《まつおばしょう》と行徳河岸《ぎょうとくがし》、竜宮様《りゅうぐうさま》と御手浜《おてはま》、古積《ふるづみ》塩《じお》と赤穂塩《あこうじお》、勝海舟《かつかいしゅう》と塩場師《しょばし》、お経塚《きょうづか》とへび土手《どて》、小林一茶《こばやしいっさ》と行徳金堤《ぎょうとくきんてい》、おかね塚《づか》と徳川《とくがわ》三代《だい》、行徳《ぎょうとく》の大火《たいか》と塩浜由緒書《しおはまゆいしょがき》、ねね塚《づか》と首《くび》きり地蔵《じぞう》など九話《わ》と「古《ふる》積塩結社約定書《づみじおけっしゃやくじょうしょ》」

一九年丁亥《ひのとい》 二〇〇七

●二月、本行徳《ほんぎょうとく》四丁目《ちょうめ》地先《ちさき》の旧江戸川《きゅうえどがわ》堤防《ていぼう》のスーパー堤防工事《ていぼうこうじ》のため、常夜灯《じょうやとう》を移設《いせつ》。

●八月三日、「市川《いちかわ》のなし」「市川《いちかわ》の梨《なし》」が地域団体商標《ちいきだんたいしょうひょう》を取得《しゅとく》（『JAいちかわ合併《がっぺい》10周年記念《しゅうねんきねん》誌《し》』）。

●九月、塩浜《しおはま》三丁目《ちょうめ》にスケートパーク設備《せつび》のある公園《こうえん》がオープン。

二〇年 戊子《つちのえね》 二〇〇八

◉第《だい》一回《かい》寺《てら》のまち回遊展開催《かいゆうてんかいさい》

三月二九日、第《だい》一回《かい》（行徳《ぎょうとく》）寺《てら》のまち回遊展開催《かいゆうてんかいさい》される。

●七月、塩浜《しおはま》と河原《かわら》にドクターヘリポート設置《せっち》。

一〇月一九日　市立市川歴史博物館《しりついちかわれきしはくぶつかん》『市川市《いちかわし》の石造物《せきぞうぶつ》』刊行《かんこう》

●この年《とし》、本塩囃子保存会設立《ほんしおはやしほぞんかいせつりつ》。前身《ぜんしん》は行徳囃子保存会《ぎょうとくばやしほぞんかい》。一九八二年参照《さんしょう》。

二一年 己丑《つちのとうし》 二〇〇九

●四月一日、浦安《うらやす》・市川市民病院《いちかわしみんびょういん》、民間《みんかん》に移譲《いじょう》されて東京《とうきょう》ベイ・浦安市川医療《うらやすいちかわいりょう》センターとなる。救急病院《きゅうきゅうびょういん》。

●新井小学校創立《あらいしょうがっこうそうりつ》三〇周年記念式典開催《しゅうねんきねんしきてんかいさい》される。

●八月八日、東京外郭環状道路市川市区間先行整備区間《とうきょうがいかくかんじょうどうろいちかわしくかんせんこうせいびくかん》2（高谷《こうや》〜田尻《たじり》）開通《かいつう》。

●一二月一二日、常夜灯公園《じょうやとうこうえん》オープン。常夜燈《じょうやとう》には免震装置《めんしんそうち》が施《ほどこ》された。

二二年 庚寅《かのえとら》 二〇一〇

●一月一日、市川市《いちかわし》農業協同組合《のうぎょうきょうどうくみあい》、田中農業協同組合《たなかのうぎょうきょうどうくみあい》と合併《がっぺい》（『ＪＡいちかわ合併《がっぺい》10周年記念《しゅうねんきねん》誌《し》』）。

三月一五日　鈴木和明《すずきかずあき》『行徳歴史街道《ぎょうとくれきしかいどう》３』刊行《かんこう》。行徳名物《ぎょうとくめいぶつ》と照《て》り正月《しょうがつ》、馬頭観音《ばとうかんのん》と木下街道《きおろしかいどう》、行徳《ぎょうとく》の義民《ぎみん》たちの心意気《こころいき》、行徳領札所巡礼外伝《ぎょうとくりょうふだしょじゅんれいがいでん》、連歌師宗長《れんがしそうちょう》と行徳塩浜《ぎょうとくしおはま》、徳《とく》川家康《がわいえやす》と行徳船《ぎょうとくぶね》、権現道《ごんげんみち》異聞《いぶん》、塩《しお》と米《こめ》と行徳《ぎょうとく》、湊《みなと》村《むら》のぎょうにんさま、肥船《こえぶね》と糞尿譚《ふんにょうたん》など一〇話《わ》と「報恩社法葛飾郡下《ほうおんしゃほうかつしかぐんか》51町村《ちょうそん》出金状況《しゅっきんじょうきょう》」

常夜灯公園の常夜灯

◉広尾防災公園開園《ひろおぼうさいこうえんかいえん》

四月一日、地区公園《ちくこうえん》として広尾防災公園開園《ひろおぼうさいこうえんかいえん》。この広尾地区《ひろおちく》は元禄《げんろく》一五年（一七〇二）の検地以後《けんちいご》に新井川《あらいがわ》が開削《かいさく》され（『葛飾誌略《かつしかしりゃく》』）、江戸川《えどがわ》と東京湾《とうきょうわん》の汐入《しおいり》の湿地帯《しっちたい》だったのが美田《びでん》に生《う》まれ変《か》わった土地《とち》である（『行徳歴史街道《ぎょうとくれきしかいどう》4』）。

●四月二八日、本行徳《ほんぎょうとく》の加藤家《かとうけ》住宅《じゅうたく》一棟《とう》・煉瓦塀《れんがべい》一基《き》が、国登録《くにとうろく》の有形文化財《ゆうけいぶんかざい》となる（『市川市《いちかわし》統計年鑑《とうけいねんかん》　平成《へいせい》28年版《ねんばん》』）。

●九月一〇日、本行徳《ほんぎょうとく》の旧浅子神輿店《きゅうあさこみこしてん》店舗《てんぽ》兼住宅《けんじゅうたく》一棟《とう》が、国登録《くにとうろく》の指定有形文化財《していゆうけいぶんかざい》となる（『市川市統計年鑑《いちかわしとうけいねんかん》　平成《へいせい》28年版《ねんばん》』）。

●一〇月、広尾防災公園《ひろおぼうさいこうえん》、都市公園《としこうえん》コンクール都市《とし》・地域整備局長賞受賞《ちいきせいびきょくちょうしょうじゅしょう》。

●一〇月、寺町通《てらまちどお》り、無電柱化工事完了《むでんちゅうかこうじかんりょう》し、歩道整備完了《ほどうせいびかんりょう》。

二三年 辛卯《かのとう》 二〇一一

◉東日本大震災発生《ひがしにほんだいしんさいはっせい》

三月一一日、午後《ごご》二時《じ》四六分《ぷん》、東日本大震災《ひがしにほんだいしんさい》（東北地方太平洋沖地震《とうほくちほうたいへいようおきじしん》）発生《はっせい》、被害甚大《ひがいじんだい》。
行徳《ぎょうとく》では江戸川放水路《えどがわほうすいろ》で推定《すいてい》二メートル以上《いじょう》の津波《つなみ》が繰《く》り返《かえ》し波状的《はじょうてき》に襲《おそ》って、桟橋《さんばし》を破壊《はかい》し、船《ふね》を流《なが》したり横倒《よこだお》しにしたりした。塩浜地区《しおはまちく》の埋立地《うめたてち》の工場《こうじょう》、道路《どうろ》、高層《こうそう》マンション地域《ちいき》では大規模《だいきぼ》な液状化現象《えきじょうかげんしょう》があり、地面《じめん》から砂《すな》や水《みず》が大量《たいりょう》に噴出《ふんしゅつ》して家《いえ》が傾《かたむ》いて地面《じめん》に埋《う》まり、道路《どうろ》は陥没《かんぼつ》した（『行徳歴史街道《ぎょうとくれきしかいどう》4』）。

三月二〇日　市川博物館友《いちかわはくぶつかんとも》の会《かい》『かいづかの35年《ねん》』刊行《かんこう》

三月二五日　市川市文学《いちかわしぶんがく》プラザ『市川《いちかわ》の文学《ぶんがく》　詩歌編《しかへん》』刊行《かんこう》

●四月、あじさい保育園《ほいくえん》、開園《かいえん》。

●五月、「内匠堀《たくみぼり》」と「国府台高等学校葛南分校《こうのだいこうとうがっこうかつなんぶんこう》」の記念碑建立《きねんひこんりゅう》。

二四年 壬辰《みずのえたつ》 二〇一二

三月九日　市川市《いちかわし》文化《ぶんか》国際《こくさい》部《ぶ》映像《えいぞう》文化《ぶんか》センター『下総国《しもうさのくに》戸籍《こせき》　釈文編《しゃくぶんへん》・解説編《かいせつへん》』『下総国《しもうさのくに》戸籍《こせき》
写真編《しゃしんへん》』刊行《かんこう》

三月二三日　市川市《いちかわし》文学《ぶんがく》プラザ『市川《いちかわ》の文学《ぶんがく》　散文編《さんぶんへん》』刊行《かんこう》

●一〇月六日、七日、八日、熊野《くまの》神社《じんじゃ》創建《そうけん》四〇〇年祭《ねんさい》挙行《きょこう》。

二五年　癸巳《みずのとみ》　二〇一三

●四月一日、アスク行徳《ぎょうとく》保育園《ほいくえん》、開園《かいえん》。

四月一五日　鈴木和明《すずきかずあき》『行徳歴史街道《ぎょうとくれきしかいどう》4』刊行《かんこう》。小林一茶《こばやしいっさ》が見《み》た新井村《あらいむら》の風景《ふうけい》、南総里見八犬伝《なんそうさとみはっけんでん》と行徳《ぎょうとく》、巨大地震《きょだいじしん》と富士山《ふじさん》の噴火《ふんか》、松《まつ》と堤《つつみ》と伝承民話《でんしょうみんわ》、本行徳《ほんぎょうとく》は母郷《ぼきょう》、塩《しお》の道《みち》と行徳千軒寺百軒《ぎょうとくせんけんてらひゃっけん》、今井《いまい》の渡《わた》しと内匠堀《たくみぼり》、行徳《ぎょうとく》の昔《むかし》と今《いま》①地下《ちか》に眠《ねむ》る塩田《えんでん》、行徳《ぎょうとく》の昔《むかし》と今《いま》②「あらく」と「しんけ」、行徳《ぎょうとく》の昔《むかし》と今《いま》③永井荷風《ながいかふう》と行徳橋《ぎょうとくばし》、行《ぎょう》徳《とく》の昔《むかし》と今《いま》④行徳塩浜《ぎょうとくしおはま》に吹《ふ》く風《かぜ》など一一話《わ》と「今井《いまい》の渡《わた》しの権利譲渡証文《けんりじょうとしょうもん》」

●五月、行徳商店会連合会設立《ぎょうとくしょうてんかいれんごうかいせつりつ》。

九月二〇日　森亘男《もりつねお》『学《まな》び・歩《ある》き・語《かた》り合《あ》った30年《ねん》』刊行《かんこう》。

●一二月、トランジットバス、ハイタウン塩浜団地内《しおはまだんちない》を通《とお》るルートの運航開始《うんこうかいし》。

二六年甲午《きのえうま》 二〇一四

一月一五日　鈴木《すずき》和明《かずあき》『郷土読本《きょうどどくほん》　行徳《ぎょうとく》　塩焼《しおやき》の郷《さと》を訪《たず》ねて』刊行《かんこう》。かつての行徳《ぎょうとく》―行徳《ぎょうとく》という土地《とち》が今《いま》の本行徳《ほんぎょうとく》へ移《うつ》された時代《じだい》、行徳《ぎょうとく》の地名《ちめい》はいつごろから使《つか》われていたか、など全《ぜん》五〇話《わ》を収録《しゅうろく》

●三月、塩浜《しおはま》一・二丁目《ちょうめ》の護岸整備事業《ごがんせいびじぎょう》が一部《いちぶ》を除《のぞ》いて完成《かんせい》。

●三月二〇日、トランジットバス、加藤新田地区《かとうしんでんちく》の運航開始《うんこうかいし》。

三月三一日　市川市文化《いちかわしぶんか》スポーツ部文化振興課《ぶぶんかしんこうか》『下総国戸籍《しもうさのくにこせき》　遺跡編《いせきへん》』刊行《かんこう》

●六月三〇日、塩浜《しおはま》の市川斎場《いちかわさいじょう》閉鎖《へいさ》。

七月一五日　鈴木和明《すずきかずあき》『郷土読本《きょうどどくほん》　行徳《ぎょうとく》の歴史《れきし》・文化《ぶんか》の探訪《たんぼう》1』刊行《かんこう》。始《はじ》めがあって終《お》わりがある、行徳《ぎょうとく》の塩焼燃料《しおやきねんりょう》と食糧供給基地《しょくりょうきょうきゅうきち》、大洲《おおす》は昔《むかし》どんな土地《とち》だったのか、行徳《ぎょうとく》における塩《しお》の位置付《いちづ》けについて、江戸幕府《えどばくふ》と行徳《ぎょうとく》の水運《すいうん》、行徳塩浜《ぎょうとくしおはま》の勃興《ぼっこう》と社寺《しゃじ》、行徳金堤《ぎょうとくきんてい》と小林一茶《こばやしいっさ》の交遊《こうゆう》など七話《わ》

●八月、行徳可動堰改築工事《ぎょうとくかどうぜきかいちくこうじ》、完成《かんせい》。

一一月三日　市川市文化《いちかわしぶんか》スポーツ部文化振興課《ぶぶんかしんこうか》『市川市史写真図録《いちかわしししゃしんずろく》　この街《まち》に生《い》きる、暮《く》らす』刊行《かんこう》

一一月一五日　鈴木和明《すずきかずあき》『郷土読本《きょうどどくほん》　行徳《ぎょうとく》の歴史《れきし》・文化《ぶんか》の探訪《たんぼう》2』刊行《かんこう》。未来《みらい》は君《きみ》たちのもの、

君《きみ》たちもきっと変《か》わることができる、新井川《あらいがわ》が語《かた》る三百年前《まえ》の村人《むらびと》の願《ねが》い、人《ひと》は誰《だれ》でも人《ひと》の役《やく》に立《た》つことができる、徳川家康《とくがわいえやす》から何《なに》を学《まな》ぶのか、科学的探究心《かがくてきたんきゅうしん》と旺盛《おうせい》な好奇心《こうきしん》、成田山新勝寺《なりたさんしんしょうじ》の江戸出開帳《えどでかいちょう》と行徳寺町《ぎょうとくてらまち》、松尾芭蕉《まつおばしょう》が本行徳《ほんぎょうとく》を通過《つうか》していった時代《じだい》とは、妙典《みょうでん》の昔《むかし》はどんな土地《とち》だったのか、など九話《わ》

二七年 乙未《きのとひつじ》 二〇一五

●三月四日、行徳総合病院《ぎょうとくそうごうびょういん》、加藤新田《かとうしんでん》へ移転《いてん》オープン。

●四月一日、市内初小中一貫校《しないはつしょうちゅういっかんこう》「塩浜学園《しおはまがくえん》」開校《かいこう》。

●四月一一日、塩浜市民体育館《しおはましみんたいいくかん》で「大相撲行徳闘牙場所《おおずもうぎょうとくとうきばしょ》」開催《かいさい》。

●四月一五日 鈴木和明《すずきかずあき》『「葛飾誌略《かつしかしりゃく》」の世界《せかい》』刊行《かんこう》。下総国中城地《しもうさのくにじゅうしろち》、葛飾浦《かつしかうら》、真間浦《ままうら》、袖ケ浦《そでがうら》、塩《しお》（二五項目《こうもく》）、行徳領《ぎょうとくりょう》（一九八項目《こうもく》）、船橋宿《ふなばしやど》（一一八項目《こうもく》）、など六八ヶ町村《ちょうそん》を紹介《しょうかい》、『塩浜由緒書《しおはまゆいしょがき》』『塩浜由来書《しおはまゆらいしょ》』全文《ぜんぶん》を収録《しゅうろく》

●一〇月一日、市川市《いちかわし》の世帯数《せたいすう》二二万八〇〇二、人口《じんこう》四七万六二三六（男《おとこ》二三万八九五五、女《おんな》二三万七二八一）、出生《しゅっしょう》四五三八、死亡《しぼう》三五一五、自然増《しぜんぞう》一〇二三、婚姻《こんいん》三〇七五、離婚《りこん》八六七、県内転入《けんないてんにゅう》八七二六、県外転入《けんがいてんにゅう》二万四三八八、県内転出《けんないてんしゅつ》九六一三、県外転出《けんがいてんしゅつ》二万〇七二一、社会《しゃかい》

増加《ぞうか》二七八〇、外国人数《がいこくじんすう》一万《まん》二九六二（『市川市統計年鑑《いちかわしとうけいねんかん》　平成《へいせい》28年版《ねんばん》』）。

●一〇月二五日、第《だい》一回行徳《かいぎょうとく》ハロウィン開催《かいさい》。

一一月一五日　鈴木和明《すずきかずあき》『「葛飾記《かつしかき》」の世界《せかい》』刊行《かんこう》。葛飾《かつしか》の郡《こおり》、利根川《とねがわ》、葛飾浦《かつしかうら》、総寧寺《そうねいじ》、弘法《ぐほう》寺《じ》、国分寺《こくぶんじ》、鏡石《かがみいし》、継橋《つぎばし》、手児奈宮《てこなみや》、真間《まま》の井《い》、鈴木院《れいぼくいん》、妙見菩薩《みょうけんぼさつ》、香桜《かおりざくら》、葛《かつ》飾記《しかき》下巻《げかん》、八幡宮《はちまんぐう》、甲《かぶ》トの宮《みや》、囃《はや》シ水《みず》、高石大明神《たかいしだいみょうじん》、安房《あわ》ノ須大明神《すだいみょうじん》、子《ね》の神《かみ》の社《やしろ》、中山《なかやま》、法成寺《ほうじょうじ》、葛飾大明神《かつしかだいみょうじん》、勝間田《かつまた》の池《いけ》、大明神山《だいみょうじんやま》、富士浅間《ふじせんげん》、太刀《たち》洗水《あらいみず》、石芋《いしいも》、阿取坊大明神《あとりぼうだいみょうじん》、天《あ》マノ摩山《まやま》、東照宮《とうしょうぐう》の御社《おやしろ》、清水《しみず》が原《はら》、夕日皇大《ゆうひこうだい》神宮《じんぐう》、清讃寺《せいさんじ》、慈雲寺《じうんじ》、揺《ゆるぎ》の松《まつ》、御山大明神《おやまだいみょうじん》、滝《たき》の不動《ふどう》、秋葉三尺坊《あきばさんじゃくぼう》、村上《むらかみ》の釈迦《しゃか》、行徳領《ぎょうとくりょう》、鏡《かがみ》の御影《みえい》、閻魔王《えんまおう》、三千町《さんぜんちょう》、神明宮《しんめいぐう》、弁財天《べんざいてん》、正一位香取宮《しょういちいかとりぐう》、行徳札所観音《ぎょうとくふだしょかんのん》三十三所名《しょめい》并《ならびに》道歌《どうか》など四六項目《こうもく》

●一二月二八日、行徳野鳥観察舎《ぎょうとくやちょうかんさつしゃ》、休館《きゅうかん》となる。

●一二月三一日、市川市《いちかわし》のボーイスカウト団体数《だんたいすう》六（人員《じんいん》四五七）、ガールスカウト団体数《だんたいすう》六（人員《じんいん》一八一）、子《こ》ども会団体数《かいだんたいすう》九九（人員《じんいん》六二一二）、婦人団体数《ふじんだんたいすう》四（人員《じんいん》一三二）。また、市川市《いちかわし》の消防職員数《しょうぼうしょくいんすう》五一一、消防団員数《しょうぼうだんいんすう》三五〇、分団数《ぶんだんすう》二三（『市川市統計年鑑《いちかわしとうけいねんかん》　平成《へいせい》28年版《ねんばん》』）。

●交通違反《こうつういはん》の検挙数《けんきょすう》は行徳警察署管轄《ぎょうとくけいさつしょかんかつ》で、総数《そうすう》五九七八、無免許運転《むめんきょうんてん》二三、酒酔《さけよ》い・酒気帯《しゅきお》び一六、速度超過《そくどちょうか》四一五、信号無視《しんごうむし》一五六一、駐車違反《ちゅうしゃいはん》五五〇、その他《た》三四一三、交通事故事件数《こうつうじこじけんすう》三〇二、死者《ししゃ》〇、傷者《しょうしゃ》三四〇（『市川市統計年鑑《いちかわしとうけいねんかん》　平成《へいせい》28年版《ねんばん》』）。

●千葉地方法務局《ちばちほうほうむきょく》市川支局《いちかわしきょく》管轄《かんかつ》の不動産登記《ふどうさんとうき》事件件数《じけんけんすう》五万四四八〇（前年比《ぜんねんひ》マイナス三四九七）、個数《こすう》一二万〇四九四（前年比《ぜんねんひ》マイナス六七一七）、謄《とう》・抄本交付等請求《しょうほんこうふとうせいきゅう》事件《じけん》五六万七一〇一（前年比《ぜんねんひ》プラス一万七八七二）（『市川市統計年鑑《いちかわしとうけいねんかん》　平成《へいせい》28年版《ねんばん》』）。

二八年 丙申《ひのえさる》 二〇一六

●三月一日、行徳支所管内世帯数《ぎょうとくししょかんないせたいすう》八万一九六〇（前月比《ぜんげつひ》プラス三三）、人口《じんこう》一六万〇四八一（前月比《ぜんげつひ》プラス一一九）。

三月二五日　市川市《いちかわし》『市川市史《いちかわしし》　自然編《しぜんへん》』刊行《かんこう》

五月一五日　鈴木和明《すずきかずあき》『行徳歴史街道《ぎょうとくれきしかいどう》5』刊行《かんこう》。三千町《さんぜんちょう》と狐《きつね》の嫁入《よめい》り、新浜鴨場《にいはまかもば》と英国貴族《えいこくきぞく》、行徳《ぎょうとく》の百姓《ひゃくしょう》と藤原観音堂《ふじわらかんのんどう》、河原《かわら》の渡《わた》しの栄枯盛衰《えいこせいすい》、泥《どろ》の城《しろ》と石《いし》の城《しろ》、念仏《ねんぶつ》ばあさん、移転《いてん》した村《むら》と鎮守《ちんじゅ》と寺《てら》、など七話《わ》と『大正《たいしょう》六年暴風海嘯惨害誌《ぼうふうかいしょうさんがいし》』『大正《たいしょう》六年の大津波《おおつなみ》』

●一〇月二二、二三日、第《だい》一九回《かい》（市川市《いちかわし》）南行徳街回遊展開催《みなみぎょうとくまちかいゆうてんかいさい》される。南行徳地域初《みなみぎょうとくちいきはつ》の開催《かいさい》。

◉**都市計画道路《としけいかくどうろ》3・4・18号線全線開通《ごうせんぜんせんかいつう》**

一一月一〇日、都市計画道路《としけいかくどうろ》3・4・18号《ごう》、浦安《うらやす》―鎌ヶ谷線全線開通《かまがやせんぜんせんかいつう》。新井《あらい》を起点《きてん》とし、大野町《おおのまち》までの約《やく》一一・八キロ。行徳《ぎょうとく》・南行徳地域《みなみぎょうとくちいき》の土地区画整理事業《とちくかくせいりじぎょう》に伴《ともな》う計画《けいかく》で五〇年ぶりの全通《ぜんつう》。

一一月一五日　鈴木和明《すずきかずあき》『「勝鹿図志手くりふね」の世界《せかい》』刊行《かんこう》。海巌山徳願寺《かいがんざんとくがんじ》、法然上人真跡《ほうねんしょうにんしんせき》御影《みえい》、狩野家六地蔵《かのうけろくじぞう》、吉田佐太郎陣屋跡《よしださたろうじんやあと》、塩浜《しおはま》、利根川《とねがわ》、行徳《ぎょうとく》の破魔弓《はまきゅう》、葛飾《かつしか》の垸飯《おうばん》などを含《ふく》む三一項目《こうもく》

二九年丁酉《ひのととり》　二〇一七

●一月、湊囃子《みなとはやし》連再結成《れんさいけっせい》される。昭和《しょうわ》三一年（一九五六）の祭礼《さいれい》での演奏《えんそう》を最後《さいご》に六〇年間活動《かんかつどう》停止《ていし》。一八七三年参照《さんしょう》。

●三月、南行徳《みなみぎょうとく》の欠真間《かけまま》で「いちかわ保育《ほいく》ルーム」開始《かいし》。

●三月二五日、第《だい》一〇回《かい》（行徳《ぎょうとく》）寺《てら》のまち回遊展開催《かいゆうてんかいさい》される。

●四月二〇日、妙典橋《みょうでんばし》（仮称《かしょう》）で千葉県《ちばけん》が内覧会開催《ないらんかいかいさい》。二〇一八年度末完成予定《どまつかんせいよてい》。

五月一五日　鈴木和明《すずきかずあき》『行徳《ぎょうとく》の文学《ぶんがく》』刊行《かんこう》。平安時代《へいあんじだい》から近現代《きんげんだい》までの行徳《ぎょうとく》に関《かん》する文学《ぶんがく》、史《し》料《りょう》など四五項目《こうもく》と行徳《ぎょうとく》の文学年表《ぶんがくねんぴょう》

●五月、市川市役所《いちかわしやくしょ》、本庁舎建替工事《ほんちょうしゃたてかえこうじ》のため仮本庁舎《かりほんちょうしゃ》へ移転《いてん》。新第《しんだい》一庁舎《ちょうしゃ》、二〇二一年三月末《まつ》、完成予定《かんせいよてい》。

●五月、行徳《ぎょうとく》まちづくり協議会発足《きょうぎかいほっそく》。本行徳地域《ほんぎょうとくちいき》の歴史《れきし》を感《かん》じさせるまち並《な》み景観《けいかん》づくりを進《すす》める。

●五月二七日、本行徳《ほんぎょうとく》で「かわまち行徳《ぎょうとく》　塩《しお》まつり」開催《かいさい》。

●六月、市川市塩浜第《いちかわししおはまだい》一期《き》土地区画整理事業起工式《とちくかくせいりじぎょうきこうしき》、開催《かいさい》。平成《へいせい》三二年（二〇二〇）三月、完了《かんりょう》予定《よてい》。

●六月三〇日、新井熊野神社《あらいくまのじんじゃ》で夏越《なごし》の大祓《おおはらえ》と茅ノ輪《ちのわ》くぐり神事《しんじ》。行徳地域《ぎょうとくちいき》での茅ノ輪《ちのわ》くぐりは熊野神社《くまのじんじゃ》だけ。

●八月一日、行徳支所管内世帯数《ぎょうとくししょかんないせたいすう》八万五二九五（前月比《ぜんげつひ》プラス八二）、人口《じんこう》一六万四〇四九（前月比《ぜんげつひ》プラス一〇四）。行徳支所管内過去最多《ぎょうとくししょかんないかこさいた》。

一一月一五日　鈴木和明《すずきかずあき》『行徳歴史の扉《ぎょうとくれきしのとびら》』刊行《かんこう》。行徳寺町通《ぎょうとくてらまちどお》りを歩《ある》く、常夜燈《じょうやとう》から今井橋《いまいばし》へ、今井橋《いまいばし》から御手浜公園《おてはまこうえん》へ、南行徳公園《みなみぎょうとくこうえん》から東西線行徳駅《とうざいせんぎょうとくえき》まで、河原《かわら》の渡《わた》しから妙典村妙好寺《みょうでんむらみょうこうじ》まで、行徳《ぎょうとく》を訪《おとず》れた文人《ぶんじん》たち、松尾芭蕉《まつおばしょう》が歩《ある》いた行徳《ぎょうとく》と鹿島《かしま》紀行《きこう》、小林一茶《こばやしいっさ》と行徳金堤《ぎょうとくきんてい》・太乙和尚《たいおつおしょう》の交遊《こうゆう》、南総里見八犬伝《なんそうさとみはっけんでん》の行徳《ぎょうとく》と浦安《うらやす》、勝海舟《かつかいしゅう》と密談《みつだん》をした行徳《ぎょうとく》の男《おとこ》たち、山本周五郎《やまもとしゅうごろう》の行徳《ぎょうとく》と浦安《うらやす》、永井荷風《ながいかふう》と歩《あゆ》む行徳街道《ぎょうとくかいどう》、作家三島由紀夫《さっかみしまゆきお》の小説《しょうせつ》「遠乗会《とおのりかい》」の市川《いちかわ》と行徳《ぎょうとく》など二二話《わ》

●市川市内《いちかわしない》の刑法犯認知件数《けいほうはんにんちけんすう》、平成《へいせい》一四年、一万四一四五件でピークに達《たっ》し、平成《へいせい》二九年一〇月末《まつ》現在《げんざい》で三一九三件《けん》に減少《げんしょう》（『広報《こうほう》いちかわNo.1518』）。

●一一月二六日、市長選挙《しちょうせんきょ》で五名《めい》の立候補者《りっこうほしゃ》、いずれも法定得票《ほうていとくひょう》に達《たっ》せず再選挙実施予定《さいせんきょじっしよてい》。

三〇年戊戌《つちのえいぬ》 二〇一八

●三月三一日、「行徳野鳥観察舎《ぎょうとくやちょうかんさつしゃ》」閉館《へいかん》。一九七六年参照《さんしょう》。

●三月、市川市文化《いちかわしぶんか》スポーツ部文化振興課《ぶぶんかしんこうか》行徳弁講座《ぎょうとくべんこうざ》方言継承《ほうげんけいしょう》ドラマ「行徳《ぎょうとく》すべったの転《ころ》んだの物語《ものがたり》」制作《せいさく》。

●四月七日、市川市国分六丁目《いちかわしこくぶんちょうめ》に道《みち》の駅《えき》いちかわオープン。

●四月二二日、市長選挙実施《しちょうせんきょじっし》され、立候補者三名《りっこうほしゃさんめい》、村越裕民氏初当選《むらこしひろたみしはつとうせん》。

●四月二二日、「行徳神輿《ぎょうとくみこし》ミュージアム」神輿製作所《みこしせいさくしょ》・中台製作所内《なかだいせいさくしょない》にオープン。

●六月二日、東京外郭環状道路《とうきょうがいかくかんじょうどうろ》、高谷《こうや》ジャンクションから三郷《みさと》インターチェンジ間《かん》の約《やく》一五・五キロメール開通《かいつう》。都市計画《としけいかく》から五〇年経過《けいか》。

●仮称《かしょう》「妙典橋《みょうでんばし》」二〇一八年度末完了予定《どまつかんりょうよてい》。

●行徳橋《ぎょうとくばし》の架《か》け替《か》え工事進行中《こうじしんこうちゅう》。二〇一九年度末完了予定《どまつかんりょうよてい》。その後《ご》、旧橋《きゅうはし》を撤去《てっきょ》、二〇二一年三月末《まつ》、事業完了予定《じぎょうかんりょうよてい》。

●七月一日、行徳《ぎょうとく》ふれあい伝承館《でんしょうかん》、本行徳《ほんぎょうとく》に開所《かいしょ》。神輿資料館《みこししりょうかん》と休憩処《きゅうけいしょ》。同《どう》二一日にオープンセレモニー。

●今《いま》、「一粒三百《ひとつぶ》メートル」の商標《しょうひょう》を持《も》った会社《かいしゃ》がある。キャラメルの箱《はこ》には、マラソンをする男性《だんせい》が描《えが》かれている。それは、坂出《さかいで》の浜子《はまこ》がモデルだという（『塩《しお》の日本史《にほんし》』）。坂出《さかいで》は香川県中部瀬戸内海《かがわけんちゅうぶせとないかい》に臨《のぞ》む市《し》、古《ふる》くは讃岐国府《さぬきこくふ》の地《ち》、近世《きんせい》より塩《しお》の都《みやこ》として栄《さか》えた。瀬戸大橋《せとおおはし》の四国側《しこくがわ》の拠点《きょてん》でもある。

行徳塩浜《ぎょうとくしおはま》にも浜子《はまこ》はいた。塩田労働《えんでんろうどう》の中心人物《ちゅうしんじんぶつ》である。浜子《はまこ》は浜男《はまおとこ》ともいう。浜男《はまおとこ》は爬砂作業《はさぎょう》に、重《おも》い万鍬《まんくわ》（行徳《ぎょうとく》ではマンガンと訛《なま》る）を引《ひ》いて、一日《いちにち》に五里《り》か六里《り》を歩《ある》いた。塩田面《えんでんめん》に撒布《さんぷ》した塩《しお》の結晶《けっしょう》を着《つ》けるための撒砂《さんさ》を、万鍬《まんくわ》で引《ひ》き掻《か》いて、水分《すいぶん》の蒸発《じょうはつ》から乾燥《かんそう》を速《すみ》やかにする作業《さぎょう》だった。使《つか》った道具《どうぐ》は鉄《かね》でできた熊手《くまで》のようなものだった。現代《げんだい》のスポーツ選手《せんしゅ》が持久力《じきゅうりょく》強化《きょうか》のために、車《くるま》のタイヤを紐《ひも》で腰《こし》に結《むす》んで、砂《すな》のグラウンド上《じょう》を走《はし》っている姿《すがた》を想像《そうぞう》すればよい（『行徳歴史街道《ぎょうとくれきしかいどう》2』）。

現代《げんだい》の日本《にほん》には浜子《はまこ》も浜男《はまおとこ》の姿《すがた》も見《み》られない。額《ひたい》に汗《あせ》して真《ま》っ黒《くろ》に日焼《ひや》けしたたくましい塩田《えんでん》労働者《ろうどうしゃ》、昔《むかし》の言葉《ことば》でいえば、塩垂《しょた》れあるいは塩場師《しょばし》などと言《い》われた人《ひと》たちは昭和《しょうわ》四年（一九二九）九月三〇日の第《だい》二回塩業地整理《かいえんぎょうちせいり》によってその職《しょく》を失《うしな》った。

行徳《ぎょうとく》、南行徳地域《みなみぎょうとくちいき》の元農家《もとのうか》だった人《ひと》たちは、その塩焼稼業《しおやきかぎょう》をしていた農民《のうみん》の末裔《まつえい》である。

参考文献《さんこうぶんけん》

『新版《しんぱん》　漢語林《かんごりん》』（四版《はん》）鎌田正・米山寅太郎共著　大修館書店《だいしゅうかんしょてん》　平成九年三月一日発行

『広辞苑《こうじえん》』（第《だい》四版《はん》）岩波書店《いわなみしょてん》　一九九一年一一月一五日発行

『福武古語辞典《ふくたけこごじてん》』井上宗雄・中村幸弘編　福武書店《ふくたけしょてん》　一九九八年九月発行

『市川市史《いちかわしし》』市川市史編纂委員会編《いちかわししへんさんいいんかいへん》　吉川弘文館《よしかわこうぶんかん》

『市川市史年表《いちかわししねんぴょう》』市川市史編纂委員会編《いちかわししへんさんいいんかいへん》　吉川弘文館《よしかわこうぶんかん》

『市川市史編《いちかわししへん》さん事業《じぎょう》　調査報告書《ちょうさほうこくしょ》　下総国戸籍《しもうさのくにこせき》　遺跡編《いせきへん》』市川市史編《いちかわししへん》さん歴史部会《れきしぶかい》
平成二六年三月九日発行

『市川市石造文化財《いちかわしせきぞうぶんかざい》調査報告書《ちょうさほうこくしょ》　市川市《いちかわし》の石造物《せきぞうぶつ》』市立市川歴史博物館《しりついちかわれきしはくぶつかん》
平成二〇年一〇月一九日発行

『市川市統計年鑑《いちかわしとうけいねんかん》　平成《へいせい》28年版《ねんばん》』市川市総務部総務課　平成二八年三月発行

『郷土読本《きょうどどくほん》　市川《いちかわ》の歴史《れきし》を尋《たず》ねて』市川市教育委員会《いちかわしきょういくいいんかい》　昭和六三年三月二〇日発行

『行徳《ぎょうとく》の塩《しお》づくり』市立市川歴史博物館《しりついちかわれきしはくぶつかん》　昭和五八年三月三一日発行

『木下街道展《きおろしかいどうてん》』市立市川歴史博物館《しりついちかわれきしはくぶつかん》　平成一一年九月二六日発行

『企画展図録《きかくてんずろく》　幕末《ばくまつ》の市川《いちかわ》』市立市川歴史博物館《しりついちかわれきしはくぶつかん》　平成一五年三月一六日発行

『行徳《ぎょうとく》レポートその（1）―年表《ねんぴょう》・絵地図集《えちずしゅう》―』市立市川歴史博物館《しりついちかわれきしはくぶつかん》

『市川市立《いちかわしりつ》行徳《ぎょうとく》小学校《しょうがっこう》創立《そうりつ》百年記念誌《きねんし》』行徳小学校百年記念委員会編《ぎょうとくしょうがっこうひゃくねんきねんいいんかいへん》　一九八九年三月一二日発行
『市川《いちかわ》の伝承民話《でんしょうみんわ》』第《だい》一集《しゅう》、第《だい》二集《しゅう》、第《だい》五集《しゅう》、第《だい》七集《しゅう》　市川市《いちかわし》教育委員会《きょういくいいんかい》　昭和四八年二月一六日発行
一九八〇年三月三一日発行
『ぎょうとく昔語《むかしがた》り』行徳昔話《ぎょうとくむかしばなし》の会《かい》　二〇〇〇年一一月一五日発行
『私《わたし》たちの行徳今昔史《ぎょうとくこんじゃくし》・パート1―お年寄《としよ》りが語《かた》るセピア色《いろ》の行徳《ぎょうとく》』本行徳《ほんぎょうとく》フォーラム編集《へんしゅう》　一九九九年三月発行
『市川《いちかわ》の町名《ちょうめい》』市川市《いちかわし》教育委員会《きょういくいいんかい》　一九八七年三月三十一日発行
『市川《いちかわ》の郷土史《きょうどし》　内匠堀《たくみぼり》の昔《むかし》と今《いま》』市川博物館友《いちかわはくぶつかんとも》の会歴史部会《かいれきしぶかい》　一九九五年九月一日発行
『JAいちかわ合併《がっぺい》10周年記念誌《しゅうねんきねんし》　未来《みらい》へつなぐ10年《ねん》の歩《あゆ》み』市川市農業協同組合《いちかわしのうぎょうきょうどうくみあい》　平成二七年一一月一九日発行
『写真集《しゃしんしゅう》　みどりと汐風《しおかぜ》のまち』市川市農業協同組合《いちかわしのうぎょうきょうどうくみあい》　平成五年五月三一日発行
『写真集《しゃしんしゅう》　市川《いちかわ》・浦安《うらやす》の昭和史《しょうわし》』千秋社《せんしゅうしゃ》　一九九五年一一月三〇日発行
『千葉県東葛飾郡誌《ちばけんひがしかつしかぐんし》（復刻版《ふっこくばん》）』千秋社《せんしゅうしゃ》　一九八八年一〇月五日発行
『改訂房総叢書《かいていぼうそうそうしょ》』（第四輯《だいしゅう》）所収《しょしゅう》『神野山日記《かのうさんにっき》』『沿海測量日記《えんかいそくりょうにっき》（抄《しょう》）』『成田《なりた》の道《みち》の記《き》』『房総三州漫録《ぼうそうさんしゅうまんろく》』改定房総叢書刊行会《かいていぼうそうそうしょかんこうかい》　一九五九年五月三〇日発行

『改定房総叢書《かいていぼうそうそうしょ》』（第《だい》一輯《しゅう》）所収《しょしゅう》『関八州古戦録《かんはっしゅうこせんろく》』改定房総叢書刊行会《かいていぼうそうそうしょかんこうかい》

『房総叢書《ぼうそうそうしょ》』（第《だい》六巻《かん》）所収《しょしゅう》『葛飾誌略《かつしかしりゃく》』房総叢書刊行会《ぼうそうそうしょかんこうかい》　昭和一六年一一月一〇日発行

『燕石十種《えんせきじっしゅ》』（第《だい》二巻《かん》）所収《しょしゅう》『事蹟合考《じせきがっこう》』中央公論社《ちゅうおうこうろんしゃ》　一九八〇年七月二〇日発行

『燕石十種《えんせきじっしゅ》』（第《だい》五巻《かん》）所収《しょしゅう》『葛飾記《かつしかき》』中央公論社《ちゅうおうこうろんしゃ》　昭和五五年一月二五日発行

『江戸名所図会《えどめいしょずえ》・下《げ》』原田幹校訂　人物往来社《じんぶつおうらいしゃ》　昭和四十二年五月一日発行

国民《こくみん》の文学《ぶんがく》2『万葉集《まんようしゅう》』土屋文明訳　河出書房新社《かわでしょぼうしんしゃ》　一九六三年一〇月二三日発行

『塩《しお》の日本史《にほんし》〈第《だい》二版《はん》〉』廣山堯道著　雄山閣出版《ゆうざんかくしゅっぱん》　一九九七年七月五日発行

『下総行徳塩業史《しもうさぎょうとくえんぎょうし》』楫西光速著　アチックミューゼアム　昭和一六年一〇月一〇日発行

『江戸内湾塩業史《えどないわんえんぎょうし》の研究《けんきゅう》』落合功著　吉川弘文館《よしかわこうぶんかん》　一九九九年一月二〇日発行

『大日本塩業全書《だいにっぽんえんぎょうぜんしょ》』第《だい》一編《ぺん》　東京塩務局《とうきょうえんむきょく》　行徳出張所之部《ぎょうとくしゅっちょうしょのぶ》　大蔵省主税局《おおくらしょうしゅぜいきょく》　明治三九年一二月

新潮日本古典集成《しんちょうにほんこてんしゅうせい》『伊勢物語《いせものがたり》』渡辺実校注　新潮社《しんちょうしゃ》　昭和五一年七月一〇日発行

新潮日本古典集成《しんちょうにほんこてんしゅうせい》『更級日記《さらしなにっき》』秋山虔校注　新潮社《しんちょうしゃ》　昭和五五年七月一〇日発行

日本古典文学全集《にほんこてんぶんがくぜんしゅう》『義経記《ぎけいき》』梶原正昭校注・訳　小学館《しょうがっかん》　昭和四六年一〇月一〇日発行

『勝鹿図志手《かつしかずして》くりふね』行徳金堤著　文化《ぶんか》一〇年（一八一三）

『行徳塩浜《ぎょうとくしおはま》と新井村《あらいむら》の足跡《そくせき》』宮崎長蔵著　一九七六年一〇月二五日発行

『勝鹿図志手《かつしかずして》ぐり舟《ふね》』宮崎長蔵著　ホビット社《しゃ》　一九九〇年九月二五日発行

『行徳物語《ぎょうとくものがたり》』宮崎長蔵・綿貫喜郎共著　市川新聞社《いちかわしんぶんしゃ》　一九七七年一〇月一五日発行

『影印《えいいん》・翻刻《ほんこく》・注解《ちゅうかい》勝鹿図志手繰舟《かつしかずしてくりふね》』高橋俊夫編　崙書房《ろんしょぼう》　一九七五年七月三〇日発行

『行徳《ぎょうとく》カタログ２０１５—２０１６』明光企画《めいこうきかく》　平成二七年六月二五日発行

『行徳《ぎょうとく》カタログ２０１７—２０１８』明光企画《めいこうきかく》　平成二九年六月二五日発行

『浦安町誌《うらやすちょうし》 上《じょう》』浦安町誌編纂委員会編集《うらやすちょうしへんさんいいんかいへんしゅう》　一九六九年一二月一日発行

『水《みず》に囲《かこ》まれたまち—浦安市交通史調査報告書《うらやすしこうつうしちょうさほうこくしょ》—』浦安市《うらやすし》 教育委員会《きょういくいいんかい》　一九九六年三月発行

『江戸川区史《えどがわくし》』第一巻《だいかん》〜三巻《かん》　江戸川区《えどがわく》　一九七六年三月一五日発行

『江戸川区《えどがわく》の史跡《しせき》と名所《めいしょ》』江戸川区《えどがわく》 教育委員会編集発行《きょういくいいんかいへんしゅうはっこう》　二〇〇〇年一一月発行

『江戸川区史跡散歩《えどがわくしせきさんぽ》』内田定夫著　学生社《がくせいしゃ》　一九九二年六月二〇日発行

『古文書《こもんじょ》にみる江戸時代《えどじだい》の村《むら》とくらし②街道《かいどう》と水運《すいうん》』江戸川区《えどがわく》 教育委員会《きょういくいいんかい》
一九九一年三月三一日発行

『船橋市史《ふなばしし し》』前編《ぜんぺん》　船橋市役所《ふなばししやくしょ》　一九五九年三月一日発行

『船橋市史《ふなばしし し》』史料編《しりょうへん》一　船橋市《ふなばしし》　昭和五八年三月三一日発行

『江東区史《こうとうくし》』上巻《じょうかん》　江東区《こうとうく》　平成九年三月三一日発行

『江東区史跡散歩《こうとうくしせきさんぽ》』細田隆善著　学生社《がくせいしゃ》　一九九二年五月三〇日発行

『味噌《みそ》・醤油入門《しょうゆにゅうもん》』山本泰、田中秀夫著　日本食糧新聞社　二〇一三年九月三日

『群書類従《ぐんしょるいじゅう》　第十八輯《だいしゅう》 日記部紀行部《にっきぶきこうぶ》』所収《しょしゅう》『東路《あずまじ》の津登《つと》』『むさしの紀行《きこう》』塙保己一《はなわほきいち》編　続群書《ぞくぐんしょ》

類従完成会《るいじゅうかんせいかい》　一九三二年一〇月一五日発行
『千葉県神社名鑑《ちばけんじんじゃめいかん》』千葉県神社庁《ちばけんじんじゃちょう》　一九八七年一二月二七日発行
『千葉県営水道史《ちばけんえいすいどうし》』千葉県水道局《ちばけんすいどうきょく》　一九八二年一月発行
『観音札所《かんのんふだしょ》のあるまち行徳《ぎょうとく》・浦安《うらやす》』中山書房仏書林《なかやましょぼうぶっしょりん》　一九八四年一一月三日発行
『葛飾風土史《かつしかふうどし》　川《かわ》と村《むら》と人《ひと》』遠藤正道著　明光企画《めいこうきかく》　一九七八年三月二二日発行
『郷土《きょうど》と庚申塔《こうしんとう》』遠藤正道著　飯塚書房《いいづかしょぼう》　一九八〇年一〇月三一日発行
『浦《うら》の曙《あけぼの》』遠藤正道著　飯塚書房《いいづかしょぼう》　一九八二年一月一〇日発行
『行徳《ぎょうとく》の歴史散歩《れきしさんぽ》』祖田浩一著　行徳新聞社《ぎょうとくしんぶんしゃ》　一九八四年八月二〇日発行
『職人一代記《しょくにんいちだいき》』中台新太郎著　平成三年一二月六日発行
『風走《かぜはし》る　浮谷竹次郎小伝《うきやたけじろうしょうでん》』エピック　一九九〇年三月二九日発行
『よみがえれ新浜《にいはま》』編集発行行徳野鳥観察舎友《へんしゅうはっこうぎょうとくやちょうかんさつしゃとも》の会《かい》　一九八六年四月一日発行
『一茶全集《いっさぜんしゅう》』第《だい》三巻《かん》句帖《くちょう》Ⅱ『七番日記《しちばんにっき》』編集信濃教育会《へんしゅうしなのきょういくかい》　信濃毎日新聞社《しなのまいにちしんぶんしゃ》
一九七六年一二月三〇日発行
『一茶全集《いっさぜんしゅう》』第《だい》五巻《かん》　紀行《きこう》・日記《にっき》／俳文拾遺《はいぶんしゅうい》／自筆句集《じひつくしゅう》／連句《れんく》／俳諧歌所収《はいかいかしょしゅう》『寛政三年紀行《かんせいさんねんきこう》』
信濃毎日新聞社《しなのまいにちしんぶんしゃ》　昭和五三年一一月三〇日発行
『雑兵物語《ぞうひょうものがたり》・おあむ物語《ものがたり》』中村通夫・湯沢幸吉郎校訂　岩波書店《いわなみしょてん》　二〇〇二年二月二〇日発行
『増訂武江年表《ぞうていぶこうねんぴょう》』齋藤月岑著　金子光晴校訂　平凡社《へいぼんしゃ》　一九六八年七月二六日発行

『下総郵便事始《しもうさゆうびんことはじめ》』 田辺卓躬著　崙書房《ろんしょぼう》　一九八〇年九月三〇日発行

『今《いま》よみがえる里見忠義《さとみただよし》の足跡《そくせき》』 伯耆倉吉里見忠義関係資料調査報告書《ほうきくらよしさとみただよしかんけいしりょうちょうさほうこくしょ》　編集執筆《へんしゅうしっぴつ》　里見氏調《さとみしちょう》査会《さかい》　発行《はっこう》NPO法人安房文化遺産《ほうじんあわぶんかいさん》フォーラム　二〇〇八年一〇月一一日発行

『市民読本《しみんどくほん》　さとみ物語《ものがたり》　戦国《せんごく》の房総《ぼうそう》に君臨《くんりん》した里見氏《さとみし》の歴史《れきし》』 編集《へんしゅう》　発行館山市立博物館《はっこうたてやましりつはくぶつかん》　二〇〇〇年二月五日発行

新潮日本古典集成別巻《しんちょうにほんこてんしゅうせいべっかん》『南総里見八犬伝《なんそうさとみはっけんでん》』 曲亭馬琴著　校訂者濱田啓介　新潮社《しんちょうしゃ》　二〇〇三年一一月二七日発行

『曲亭馬琴日記《きょくていばきんにっき》』（第《だい》一巻《かん》）新訂増補柴田光彦　中央公論社《ちゅうおうこうろんしゃ》　二〇〇九年七月一〇日発行

『随筆滝沢馬琴《ずいひつたきざわばきん》』 真山青果著　岩波書店《いわなみしょてん》　二〇〇〇年六月一六日発行

『日本橋魚河岸物語《にほんばしうおがしものがたり》』 尾村幸三郎著　青蛙房《せいあぼう》　一九八四年二月五日発行

『利根川木下《とねがわきおろし》 河岸《がし》と鮮魚街道《せんぎょかいどう》』 山本忠良著　崙書房《ろんしょぼう》　一九八二年八月三〇日発行

『芭蕉全集《ばしょうぜんしゅう》』（前編《ぜんぺん》）所収《しょしゅう》『鹿島紀行《かしまきこう》』 日本古典全集刊行会《にほんこてんぜんしゅうかんこうかい》

『現代語訳《げんだいごやく》　成田参詣記《なりたさんけいき》』 大本山成田山新勝寺成田山仏教研究所《だいほんざんなりたさんしんしょうじなりたさんぶっきょうけんきゅうしょ》　平成一〇年四月二八日発行

『成田山新勝寺《なりたさんしんしょうじ》』 大野政治著　崙書房《ろんしょぼう》　一九八一年五月二〇日第二刷発行

『遊歴雑記初編《ゆうれきざっきしょへん》』 十方庵啓順著　朝倉治彦校訂　平凡社東洋文庫《へいぼんしゃとうようぶんこ》　一九八九年四月一七日発行

『定本折《ていほんおり》たく柴《しば》の記釈義《きしゃくぎ》』 宮崎道生著　近藤出版社《こんどうしゅっぱんしゃ》　一九八六年一月二五日発行

『江戸近郊道《えどきんこうみち》しるべ』 村尾嘉陵著　朝倉治彦編注　平凡社　一九八五年八月五日発行

『永井荷風全集《ながいかふうぜんしゅう》』所収《しょしゅう》『断腸亭日乗《だんちょうていにちじょう》』『にぎり飯《めし》』
『三島由紀夫短編全集《みしまゆきおたんぺんぜんしゅう》』所収《しょしゅう》『遠乗会《とおのりかい》』新潮社《しんちょうしゃ》　昭和六二年一一月一〇日発行
『青《あお》べか日記《にっき》』山本周五郎著　大和出版《だいわしゅっぱん》　一九七二年九月三〇日発行
『江戸砂子《えどすなご》』菊岡沾涼著　編者小池章太郎　東京堂出版《とうきょうどうしゅっぱん》　昭和五一年八月二五日発行
『英国貴族《えいこくきぞく》の見《み》た明治日本《めいじにっぽん》』Ａ・Ｂ・ミットフォード著／長岡祥三訳　新人物往来社《しんじんぶつおうらいしゃ》　昭和六一年七月一〇日発行
『勝海舟全集《かつかいしゅうぜんしゅう》20　海舟語録《かいしゅうごろく》』勝海舟刊行会《かつかいしゅうかんこうかい》　講談社《こうだんしゃ》　昭和四七年一一月一三日発行
『訓読日本三代実録《くんどくにほんさんだいじつろく》』武田祐吉・佐藤謙三訳　臨川書店《りんせんしょてん》　一九八六年四月二〇日発行
『日本庶民生活史料集成《にほんしょみんせいかつしりょうしゅうせい》　第七巻《だいかん》　飢饉《ききん》・悪疫《あくえき》』所収《しょしゅう》『後見草《あとみぐさ》』三一書房《さんいんしょぼう》　一九八〇年一〇月一五日発行
『古文書《こもんじょ》による赤穂義臣伝《あこうぎしんでん》』宮本哲治著　科学書院《かがくしょいん》　一九八八年一二月三一日発行
『江戸府内絵本風俗往来《えどふないえほんふうぞくおうらい》（新装版《しんそうばん》）』菊池貴一郎著　青蛙房《せいあぼう》　一九〇五年一二月二五日発行
『江戸厠百姿《えどかわやひゃくし》』花咲一男著　三樹書房　二〇〇〇年一一月一五日発行
『南総紀行旅眼目《なんそうきこうたびすずり》』十返舎一九著　享和《きょうわ》二年（一八〇二）
『仮名垣魯文《かなかきろぶん》の成田道中記《なりたどうちゅうき》』鶴岡節雄校注　千秋社《せんしゅうしゃ》　一九八〇年八月五日発行
『十返舎一九《じっぺんしゃいっく》の房総道中記《ぼうそうどうちゅうき》』鶴岡節雄校注　千秋社《せんしゅうしゃ》　一九七九年三月一〇日発行
『行徳郷土史事典《ぎょうとくきょうどしじてん》』鈴木和明著　文芸社《ぶんげいしゃ》　二〇〇三年一一月一五日発行

『明解《めいかい》　行徳《ぎょうとく》の歴史大事典《れきしだいじてん》』鈴木和明著　文芸社《ぶんげいしゃ》　二〇〇五年三月一五日発行
『行徳歴史街道《ぎょうとくれきしかいどう》』鈴木和明著　文芸社《ぶんげいしゃ》　二〇〇四年七月一五日発行
『行徳歴史街道《ぎょうとくれきしかいどう》2』鈴木和明著　文芸社《ぶんげいしゃ》　二〇〇六年一二月一五日発行
『行徳歴史街道《ぎょうとくれきしかいどう》3』鈴木和明著　文芸社《ぶんげいしゃ》　二〇一〇年三月一五日発行
『行徳歴史街道《ぎょうとくれきしかいどう》4』鈴木和明著　文芸社《ぶんげいしゃ》　二〇一三年四月一五日発行
『行徳歴史街道《ぎょうとくれきしかいどう》5』鈴木和明著　文芸社　二〇一六年五月一五日発行
『郷土読本《きょうどどくほん》　行徳《ぎょうとく》の歴史《れきし》・文化《ぶんか》の探訪《たんぼう》1』鈴木和明著　文芸社《ぶんげいしゃ》　二〇一四年七月一五日発行
『郷土読本《きょうどどくほん》　行徳《ぎょうとく》の歴史《れきし》・文化《ぶんか》の探訪《たんぼう》2』鈴木和明著　文芸社《ぶんげいしゃ》　二〇一四年一一月一五日発行
『郷土読本《きょうどどくほん》　行徳《ぎょうとく》　塩焼《しおやき》の郷《さと》を訪《たず》ねて』鈴木和明著　文芸社　二〇一四年一月一五日発行
『「葛飾誌略《かつしかしりゃく》」の世界《せかい》』鈴木和明著　文芸社《ぶんげいしゃ》　二〇一五年四月一五日発行
『「葛飾記《かつしかき》」の世界《せかい》』鈴木和明著　文芸社《ぶんげいしゃ》　二〇一五年一一月一五日発行
『「勝鹿図志手《かつしかずして》くりふね」の世界《せかい》』鈴木和明著　文芸社《ぶんげいしゃ》　二〇一六年一一月一五日発行
『行徳《ぎょうとく》の文学《ぶんがく》』鈴木和明著　文芸社《ぶんげいしゃ》　二〇一七年五月一五日発行
『行徳歴史《ぎょうとくれきし》の扉《とびら》』鈴木和明著　文芸社《ぶんげいしゃ》　二〇一七年月一五日発行
『天狗《てんぐ》のハゼ釣《つ》り談義《だんぎ》』鈴木和明著　文芸社《ぶんげいしゃ》　二〇〇八年一月一五日発行

あとがき

古文書《こもんじょ》あるいは神社仏閣《じんじゃぶっかく》などにある碑文《ひぶん》などに接《せっ》しますと、書《か》かれたこと以上《いじょう》の事柄《ことがら》が走馬灯《そうまとう》のように意識《いしき》の内《なか》に浮《う》かんできます。立場《たちば》や地位《ちい》は異《こと》なっていても、人間《にんげん》としての思《おも》いは遺《のこ》された記録《きろく》の中《なか》に色濃《いろこ》くにじみ出《で》ているものなのです。

この年表《ねんぴょう》を作成《さくせい》し、読《よ》み、考《かんが》えますと、そのような思《おも》いはますます強《つよ》くなります。

中世《ちゅうせい》、近世《きんせい》、近代《きんだい》、現代《げんだい》と、人《ひと》の営《いとな》みは時代《じだい》によってさまざまですが、年表《ねんぴょう》の記述《きじゅつ》の中《なか》に人々《ひとびと》の熱《あつ》い息遣《いきづか》いが込《こ》められていることに感動《かんどう》いたしました。

過去《かこ》の文献《ぶんけん》の記述《きじゅつ》はすべて記述通《きじゅつどお》りのことと単純《たんじゅん》に割《わ》り切《き》ることができません。文書《ぶんしょ》とはそのようなものです。書《か》かれている内容《ないよう》を読《よ》み、そこに書《か》かれていない事柄《ことがら》にも心《こころ》を留《と》めることが大切《たいせつ》だと思いました。

書《か》いてないから「なかったこと」と、単純《たんじゅん》に結論付《けつろんづ》けできないと思《おも》っています。公《おおやけ》にされる文《ぶん》書《しょ》だからこそ書《か》けないこともあると思《おも》うのです。

本書《ほんしょ》は過去《かこ》の人《ひと》たちが事《こと》にあたって何《なに》をし、何《なに》をしなかったのか、何《なに》を考《かんが》え、何《なに》を考《かんが》えなかったのかを知《し》ることができるものになったと思《おも》います。

また、庶民《しょみん》である村人《むらびと》たちがさまざまな願《ねが》いを込《こ》めて建立《こんりゅう》したさまざまな物《もの》についての記述《きじゅつ》が多数出《たすうで》てきます。その人《ひと》たちの願《ねが》いや思《おも》いは成就《じょうじゅ》したものもあり、不明《ふめい》のものもあります。

それらの人々《ひとびと》の、歓《よろこ》び、哀《かな》しみ、悔《くや》しさなどの「想《おも》い」を共有《きょうゆう》できると思《おも》います。

今《いま》ここに、静《しず》かに本書《ほんしょ》を開《ひら》き熟読《じゅくどく》するとき、施政者《しせいしゃ》、教師《きょうし》、各界指導者《かっかいしどうしゃ》、そして年長者《ねんちょうしゃ》の方々《かたがた》が、未来《みらい》を担《にな》う子《こ》どもたちのために、今《いま》、何《なに》を為《な》すべきか、に思《おも》い至《いた》ることと存《ぞん》じます。

読者《どくしゃ》の皆《みな》さんの先祖《せんぞ》の一人《ひとり》であるかもしれない登場人物《とうじょうじんぶつ》たちの人生《じんせい》に、決定的《けっていてき》な影響《えいきょう》を与《あた》えたかもしれない多《おお》くの事柄《ことがら》を読《よ》み解《と》いていただきたいと思《おも》います。

二〇一八年七月吉日

鈴木和明《すずきかずあき》

＊　＊　＊　＊

【行徳未来年表《ぎょうとくみらいねんぴょう》】五〇年後《ねんご》を見据《みす》えて行徳地域《ぎょうとくちいき》の未来《みらい》を予測《よそく》する

1　行徳《ぎょうとく》の海岸堤防《かいがんていぼう》と旧江戸川堤防《きゅうえどがわていぼう》が強化《きょうか》され、超大型台風《ちょうおおがたたいふう》による高潮《たかしお》や大地震《おおじしん》による津波《つなみ》の被害《ひがい》を防《ふせ》ぎ、温暖化《おんだんか》による海水面《かいすいめん》の上昇《じょうしょう》にも対応《たいおう》する。
行徳《ぎょうとく》は海岸堤防《かいがんていぼう》と江戸川堤防《えどがわていぼう》、旧江戸川堤防《きゅうえどがわていぼう》の標高《ひょうこう》が比較的高《ひかくてきたか》く、街《まち》は鍋底《なべぞこ》のようなゼロメートル地帯《ちたい》であり、堤防《ていぼう》の決壊《けっかい》あるいは堤防《ていぼう》を乗《の》り越《こ》えるような高潮《たかしお》や津波《つなみ》、洪水《こうずい》は絶対《ぜったい》にあってはならない災害《さいがい》である。

2 集中豪雨《しゅうちゅうごうう》対策《たいさく》として強制排水用《きょうせいはいすいよう》ポンプ場《じょう》が強化《きょうか》され、ポンプの能力《のうりょく》を時間雨量《じかんうりょう》一〇〇ミリ対応《たいおう》に増強《ぞうきょう》される。

自然排水《しぜんはいすい》が困難《こんなん》な行徳地域《ぎょうとくちいき》にあっては、集中豪雨《しゅうちゅうごうう》に対《たい》する命綱《いのちづな》はポンプによる強制排水《きょうせいはいすい》である。このためのインフラ整備《せいび》が実施《じっし》される。

3 災害《さいがい》による送電線《そうでんせん》の損傷《そんしょう》に備《そな》えて燃料電池《ねんりょうでんち》ステーションが各所《かくしょ》に完備《かんび》され、病院《びょういん》・警察《けいさつ》・市《し》庁舎《ちょうしゃ》などの公共施設《こうきょうしせつ》の停電《ていでん》がゼロになる。

電気《でんき》の供給《きょうきゅう》は最《もっと》も大切《たいせつ》なインフラであり、送電線《そうでんせん》による電気《でんき》の供給《きょうきゅう》が途絶《とだ》えることを予測《よそく》して各所《かくしょ》に大規模《だいきぼ》な燃料電池《ねんりょうでんち》ステーションが構築《こうちく》されるとともに、海水《かいすい》を分解《ぶんかい》して無尽蔵《むじんぞう》の水《すい》素《そ》が供給《きょうきゅう》される。

4 相続人不明《そうぞくにんふめい》、その他《た》による空《あ》き家《や》が増加《ぞうか》し、国《くに》による収用《しゅうよう》などで土地《とち》を集約《しゅうやく》し、盛《も》り土《ど》をして標高《ひょうこう》の高《たか》い地域《ちいき》と緑《みどり》の森《もり》が創設《そうせつ》される。そのための法整備《ほうせいび》が実現《じつげん》する。

5 小中学校《しょうちゅうがっこう》は小中一貫校《しょうちゅういっかんこう》に統一《とういつ》され、空《あ》いた学校用地《がっこうようち》に大規模《だいきぼ》な老人介護施設《ろうじんかいごしせつ》、病院《びょういん》が建設《けんせつ》される。

空《あ》き地《ち》を増《ふ》やす施策《しさく》が実《み》を結《むす》び、行徳地域全体《ぎょうとくちいきぜんたい》が要介護《ようかいご》の受《う》け皿《ざら》となり雇用《こよう》が創設《そうせつ》される。

6 外国人《がいこくじん》の割合《わりあい》が高《たか》まり、警察官《けいさつかん》に外国人《がいこくじん》が雇用《こよう》され、治安維持《ちあんいじ》に貢献《こうけん》する。

7 行徳沖《ぎょうとくおき》の三番瀬《さんばんぜ》などに漁礁《ぎょしょう》などが設置《せっち》され、漁業制限《ぎょぎょうせいげん》を実施《じっし》して豊《ゆた》かな東京湾《とうきょうわん》が創設《そうせつ》される。

　これにより獲《と》る漁業《ぎょぎょう》から育《そだ》てる漁業《ぎょぎょう》へ替《か》わり、子《こ》どもたちが漁業体験学習《ぎょぎょうたいけんがくしゅう》ができるようになる。

8 下水処理場《げすいしょりじょう》の能力《のうりょく》が高《たか》まり、処理水《しょりすい》を飲《の》み水《みず》に利用《りよう》できるようになり、行徳地域《ぎょうとくちいき》での水《みず》の再《さい》利用《りよう》が実現《じつげん》する。

9 空飛《そらと》ぶ車《くるま》のためのステーションが海岸《かいがん》エリアにでき、東京湾《とうきょうわん》を横断《おうだん》する空《そら》の道路《どうろ》が実現《じつげん》する。

10 本行徳地域《ほんぎょうとくちいき》の神社仏閣《じんじゃぶっかく》のエリアが文学《ぶんがく》と歴史《れきし》の回廊《かいろう》となり、俳句《はいく》、和歌《わか》、小説《しょうせつ》、映画《えいが》などに登場《とうじょう》するようになる。

　訪問者《ほうもんしゃ》が増加《ぞうか》し、休憩《きゅうけい》するための施設《しせつ》が数カ所《すうかしょ》に完備《かんび》され、営業《えいぎょう》ができるようになる。

　行徳船《ぎょうとくぶね》が復元《ふくげん》され、本行徳《ほんぎょうとく》~浦安間《うらやすかん》に休日運航《きゅうじつうんこう》されるとともに、広尾防災公園《ひろおぼうさいこうえん》に常夜灯《じょうやとう》が設置《せっち》され新名所《しんめいしょ》となる。

11 入浜式塩田《いりはましきえんでん》が再現《さいげん》され、子《こ》どもたちが夏休《なつやす》みに塩焼《しおやき》を体験《たいけん》できる施設《しせつ》ができる。

12 米作《こめづく》りのための水田《すいでん》が大規模《だいきぼ》に復元《ふくげん》されて、子《こ》どもたちが稲作《いねづく》りの実習《じっしゅう》ができるようになる。

13 江戸時代《えどじだい》のような教育先進地《きょういくせんしんち》として行徳《ぎょうとく》が復活《ふっかつ》する。

第《だい》六章《しょう》第《だい》二節《せつ》市川市《いちかわし》の誕生《たんじょう》……425, 439, 473, 477

『市川市史《いちかわしし》』第《だい》四巻《かん》　現代編《げんだいへん》

第《だい》三章《しょう》農村《のうそん》の変化《へんか》……526, 552
第《だい》八章《しょう》都市《とし》づくりの発展《はってん》と災害《さいがい》……485, 549, 577
第《だい》九章《しょう》市川市《いちかわし》の行政《ぎょうせい》と財政《ざいせい》……517

『市川市史《いちかわしし》』第《だい》四巻《かん》　文化編《ぶんかへん》

第《だい》一章《しょう》市川《いちかわ》の文化財《ぶんかざい》……306, 350, 355, 555, 556, 572
第《だい》二章《しょう》市川《いちかわ》を描《えが》いた絵画《かいが》……332

『市川市史《いちかわしし》』第《だい》六巻《かん》 上《じょう》 巻頭《かんとう》

旧高旧領取調帳《きゅうだかきゅうりょうとりしらべちょう》……420

『下総行徳塩業史《しもうさぎょうとくえんぎょうし》』

東京改造古積塩濫觴説明書《とうきょうかいぞうふるづみじおらんしょうせつめいしょ》……127
大日本塩業全書《だいにっぽんえんぎょうぜんしょ》……128, 150, 164, 228, 239, 242, 279, 440
塩業諮問会記事《えんぎょうしもんかいきじ》……147
行徳塩浜製造法書上《ぎょうとくしおはませいぞうほうかきあげ》……205
内国塩問屋十ケ条《ないこくしおどんやじゅうかじょう》……242, 352, 364
塩役永免除願《しおやくえいめんじょねがい》……358
日本食塩販売史《にほんしょくえんはんばいし》……242, 377, 399
第《だい》二回水産博覧会審査報告《かいすいさんはくらんかいしんさほうこく》……446

『船橋市史《ふなばししし》』史料編《しりょうへん》一

二八　享和《きょうわ》三年閏正月藤原新田銘細帳《うるうしょうがつふじわらしんでんめいさいちょう》……210
三二　下総国葛飾郡八幡庄藤原新田検地帳《しもうさのくにかつしかごおりやわたのしょうふじわらしんでんけんちちょう》(延宝《えんぽう》三年九月十一日)……195

『船橋市史《ふなばししし》』前編《ぜんぺん》

元亨釈書《げんこうしゃくしょ》……58

『江戸川区史《えどがわくし》』第《だい》三巻《かん》

当代記《とうだいき》……132
徳川実記《とくがわじっき》……178

一一六　海苔《のり》養殖《ようしょく》柵《さく》に関《かん》する協定書《きょうていしょ》(昭和《しょうわ》二十三年)……523
一一九　第《だい》一種《しゅ》海苔《のり》篊建《ひびたて》養殖業《ようしょくぎょう》の漁場《ぎょじょう》に関《かん》する契約書《けいやくしょ》の条項《じょうこう》に基《もと》づく柵《さく》の配《はい》分《ぶん》に関《かん》する協定書《きょうていしょ》(昭和《しょうわ》二十四年)……523
一二〇　浦安町《うらやすまち》漁業会《ぎょぎょうかい》、船橋市《ふなばしし》漁業会《ぎょぎょうかい》、行徳町《ぎょうとくまち》漁業会《ぎょぎょうかい》が明治《めいじ》四十二年七月二十日並《なら》びに昭和《しょうわ》二十二年六月二十日に締結《ていけつ》した契約書《けいやくしょ》の更新《こうしん》(昭和《しょうわ》二十五年)……525
一三五　水道《すいどう》敷設《ふせつ》に関《かん》する請願書《せいがんしょ》(昭和《しょうわ》二十八年)……531
一四〇　水道《すいどう》敷設《ふせつ》に関《かん》する請願書《せいがんしょ》(昭和《しょうわ》三二年)……531
一四八　新浜《にいはま》鳥獣《ちょうじゅう》保護区《ほごく》設置《せっち》についての陳情書《ちんじょうしょ》(昭和《しょうわ》三十九年)……565
一四九　新浜《にいはま》鳥獣《ちょうじゅう》保護区《ほごく》設置《せっち》計画案《けいかくあん》の撤廃《てっぱい》についての請願書《せいがんしょ》(昭和《しょうわ》四十年)……565
一五〇　新浜《にいはま》鳥獣《ちょうじゅう》保護区《ほごく》設置《せっち》計画案《けいかくあん》の撤廃《てっぱい》についての請願書《せいがんしょ》(昭和《しょうわ》四十年)……566
一五一　新浜《にいはま》鳥獣《ちょうじゅう》保護区《ほごく》設置《せっち》計画《けいかく》反対《はんたい》についての陳情書《ちんじょうしょ》(昭和《しょうわ》四十年)……566

『市川市史《いちかわしし》』第《だい》一巻《かん》　原始《げんし》・古代編《こだいへん》

一　地形《ちけい》の発達《はったつ》(三)行徳《ぎょうとく》低地《ていち》の地形《ちけい》と地質《ちしつ》……28

『市川市史《いちかわしし》』第《だい》二巻《かん》　近世編《きんせいへん》

第《だい》二章《しょう》行徳《ぎょうとく》塩業《えんぎょう》の成立《せいりつ》……163
第《だい》三章《しょう》元禄《げんろく》検地《けんち》に見《み》る市川《いちかわ》の村々《むらむら》……217, 223
第《だい》五章《しょう》近世《きんせい》の交通《こうつう》……208, 237, 245
第《だい》六章《しょう》行徳《ぎょうとく》塩業《えんぎょう》の展開《てんかい》……242
第《だい》十一章《しょう》戊辰《ぼしん》戦争《せんそう》と市川《いちかわ》……396

『市川市史《いちかわしし》』第《だい》三巻《かん》　近代編《きんだいへん》

第《だい》一章《しょう》第《だい》二節《せつ》王政《おうせい》復古《ふっこ》と市川《いちかわ》の情勢《じょうせい》……400, 404, 403, 409
第《だい》二章《しょう》第《だい》三節《せつ》軍隊《ぐんたい》の町《まち》……452
第《だい》二章《しょう》第《だい》五節《せつ》世相《せそう》と風俗《ふうぞく》……461
第《だい》五章《しょう》第《だい》二節《せつ》学制《がくせい》発布《はっぷ》と小学校《しょうがっこう》……410
第《だい》五章《しょう》第《だい》四節《せつ》義務《ぎむ》教育《きょういく》制度《せいど》の確立《かくりつ》……456, 458
第《だい》五章《しょう》第《だい》六節《せつ》大正《たいしょう》・昭和期《しょうわき》における教育《きょういく》の新展開《しんてんかい》……435, 476

二四六　豚《ぶた》コレラ一件《いちけん》(昭和《しょうわ》七年)……499

二五六　平民苗字差許《へいみんみょうじさしゆる》さる(明治《めいじ》八年)……416

『市川市史《いちかわしし》』第《だい》七巻《かん》　現代編《げんだいへん》

六四　市川市空襲《いちかわしくうしゅう》の被害《ひがい》の報告《ほうこく》(昭和《しょうわ》十九・二十年)……513, 514, 515

六七　行徳町《ぎょうとくまち》との合併経緯《がっぺいけいい》の概要《がいよう》(昭和《しょうわ》三十年)……529, 530, 531, 532, 533, 534, 535, 536, 537, 538

七一　南行徳《みなみぎょうとく》との合併経緯《がっぺいけいい》の概要《がいよう》(昭和《しょうわ》三十一年)……532, 539, 540, 541, 542, 543, 544

七三　関東大水害市川警防団活動概況《かんとうだいすいがいいちかわけいぼうだんかつどうがいきょう》(昭和《しょうわ》二十二年)……519

七五　海岸堤防災害復旧工事《かいがんていぼうさいがいふっきゅうこうじ》その他土木工事実施《たどぼくこうじじっし》についての陳情《ちんじょう》(昭和《しょうわ》二十七年)……528

七八　海岸堤防災害復旧工事並《かいがんていぼうさいがいふっきゅうこうじなら》びに舗装工事《ほそうこうじ》についての陳情書《ちんじょうしょ》(昭和《しょうわ》二十九年)……533

八〇　市川市農業協同組合創立総会開催公告《いちかわしのうぎょうきょうどうくみあいそうりつそうかいかいさいこうこく》(昭和《しょうわ》二十三年)……522

八一　南行徳浦《みなみぎょうとくうら》・行徳浦両漁業組合《ぎょうとくうらりょうぎょぎょうくみあい》へ漁場貸付契約書《ぎょじょうかしつけけいやくしょ》(明治《めいじ》四十二年)……460

八二　免許第《めんきょだい》九九号第一種海苔区画漁場《ごうだいいっしゅのりくかくぎょじょう》に関《かん》する契約無効《けいやくむこう》の通告《つうこく》(昭和《しょうわ》三年)……494

八四　行徳町並《ぎょうとくまちなら》びに南行徳村漁業組合《みなみぎょうとくむらぎょぎょうくみあい》との間《あいだ》に締結《ていけつ》したる契約《けいやく》の更新《こうしん》(昭《しょう》和《わ》十年)……502

八九　区画漁業権出願及《くかくぎょぎょうけんしゅつがんおよ》び区画漁業権《くかくぎょぎょうけん》・海苔養殖場《のりようしょくじょう》の行使《こうし》に関《かん》する協定《きょうてい》(昭和《しょうわ》十八年)……510

九一　船橋漁協《ふなばしぎょきょう》より行徳町竹筒漁業禁止《ぎょうとくまちたけづつぎょぎょうきんし》に関《かん》しての事項伝達方《じこうでんたつかた》依頼《いらい》の件《けん》(昭和《しょうわ》十九年)……512

一〇三　専用漁場内《せんようぎょじょうない》における竹筒漁業《たけづつぎょぎょう》に関《かん》する連絡《れんらく》の緊密化《きんみつか》についての覚書《おぼえがき》(昭和《しょうわ》十九年)……513

一〇五　浦安町漁協《うらやすまちぎょきょう》・船橋市漁業会《ふなばししぎょぎょうかい》・南行徳町漁業会《みなみぎょうとくまちぎょぎょうかい》・行徳町漁業会間《ぎょうとくまちぎょぎょうかいかん》の海苔養殖業《のりようしょくぎょう》に関《かん》する協定書《きょうていしょ》(昭和《しょうわ》二十年)……515

一〇七　竹筒漁業区域《たけづつぎょぎょうくいき》に関《かん》する協定書《きょうていしょ》(昭和《しょうわ》二十年)……515

一一〇　漁業権《ぎょぎょうけん》に関《かん》する申入書《もうしいれしょ》(昭和《しょうわ》二十二年)……518

二八五　塩売捌商法書《しおうりさばきしょうほうしょ》(明治《めいじ》五年)……410
二八八　塩浜反別書上帳《しおはまたんべつかきあげちょう》(文政《ぶんせい》十年三月)……217, 334
二八九　古塩浜《こしおはま》御高入《おたかいれ》並《なら》びに新開《しんかい》御検地場所書上帳《ごけんちばしょかきあげちょう》(天保《てんぽう》二年二月)……340
二九〇　塩浜内高入反別書抜覚帳《しおはまうちたかいれたんべつかきぬきおぼえちょう》(天保《てんぽう》二年三月)……341
二九一　新開塩浜小前書上帳《しんかいしおはまこまえかきあげちょう》(天保《てんぽう》二年六月)……341

『市川市史《いちかわしし》』第《だい》七巻《かん》　近代編《きんだいへん》

二　小区変更布達《しょうくへんこうふたつ》(明治《めいじ》八年)……417
九　地券所持心得《ちけんしょじこころえ》(明治《めいじ》五年)……411
二二　稲荷木村家数人別増減書上帳《とうかぎむらやかずにんべつぞうげんかきあげちょう》(明治《めいじ》三年)……404
二六　行徳町世帯数並《ぎょうとくまちせたいすうなら》びに人口調《じんこうしらべ》(大正《たいしょう》九年)……481
三〇　稲荷木村役人給料並《とうかぎむらやくにんきゅうりょうなら》びに夫銭入用取極書上帳《ふせんにゅうようとりきめかきあげちょう》(明治《めいじ》二年)……402
一〇九　江戸川筋渡船出入事蹟《えどがわすじとせんでいりじせき》(明治《めいじ》九年)……417
一四一　田植《たう》え日雇賃取《ひやといちんと》りきめ(大正《たいしょう》十年)……482
一四六　行徳町農会会員数及《ぎょうとくまちのうかいかいいんすうおよ》び総代選挙結果《そうだいせんきょけっか》(大正《たいしょう》十二年)……484
一五二　行徳町産米検査成績表《ぎょうとくまちさんまいけんさせいせきひょう》(大正《たいしょう》十五年)……487
一五五　行徳町猟区管理規定《ぎょうとくまちりょうくかんりきてい》(大正《たいしょう》十一年)……484
一五六　野鼠駆除《のねずみくじょ》に関《かん》する件《けん》(大正《たいしょう》九年)……481
一六五　蛙保護《かえるほご》に関《かん》する件《けん》(昭和《しょうわ》三年)……493
一七九　湊小学校沿革誌《みなとしょうがっこうえんかくし》(明治《めいじ》九年)……417
一八〇　欠真間小学校沿革誌第二号《かけまましょうがっこうえんかくしだいごう》(自《じ》明治《めいじ》九年七月至《いたる》同《どう》十一年六月)
……421
一八五　授業方法伝習《じゅぎょうほうほうでんしゅう》について(明治《めいじ》七年)……415
一八八　教科卒業《きょうかそつぎょう》の賞与《しょうよ》について(明治《めいじ》九年)……418
二一四　南行徳尋常高等小学校付属幼稚園設置認可申請《みなみぎょうとくじんじょうこうとうしょうがっこうふぞくようちえんせっちにんかしんせい》(大正《たいしょう》十三年)
……486
二一六　堤防費取立廃止《ていぼうひとりたてはいし》のこと(明治《めいじ》八年)……416
二三〇　本所行徳間長渡船営業許可《ほんじょぎょうとくかんちょうとせんえいぎょうきょか》(明治《めいじ》十二年)……423
二三七　行徳橋開橋祝賀略式挙行通知《ぎょうとくばしかいきょうしゅくがりゃくしききょこうつうち》(大正《たいしょう》十一年)……483
二三一　行徳通船小蒸気船《ぎょうとくつうせんしょうじょうきせん》の件《けん》(明治《めいじ》十二年)……423
二四三　蠅《はえ》と蚊《か》の撲滅駆除方法《ぼくめつくじょほうほう》に関《かん》する件《けん》(大正《たいしょう》十年)……482

二六〇　塩浜《しおはま》自普請《じぶしん》金《きん》拝借《はいしゃく》手形《てがた》(宝永《ほうえい》元年八月)……224
二六二　塩浜《しおはま》真水《まみず》押《お》しにまかりなる故《ゆえ》水田《すいでん》開発《かいはつ》仕《つかまつ》らざる様《よう》申上《もうしあげ》(享保《きょうほう》三年二月)……236
二六三　新《しん》塩浜《しおはま》御願《おねが》いに付《つき》構《かまい》これなき旨《むね》口上書《こうじょうがき》(享保《きょうほう》十二年正月《しょうがつ》)……245
二六四　御《お》払《はらい》塩《じお》代金《だいきん》・残塩《ざんしお》の覚《おぼえ》(享保《きょうほう》十三年九月)……245
二六五　塩浜《しおはま》御普請《ごぶしん》入用金《にゅうようきん》横領《おうりょう》に付《つき》訴状《そじょう》(天明《てんめい》八年正月《しょうがつ》)……291, 292, 293, 294, 295
二六六　塩浜《しおはま》役永《やくえい》御引方願《おひきかたねがい》(寛政《かんせい》八年十二月)……303
二六七　行徳領《ぎょうとくりょう》塩稼《しおかせぎ》売捌《うりさばき》仕訳《しわけ》取調《とりしらべ》並《なら》びに村々《むらむら》より会所願《かいしょねがい》の控《ひかえ》(文化《ぶんか》十年六月)……320
二六八　御普請《ごぶしん》金請取《きんうけとり》(文政《ぶんせい》十二年十二月)……337
二六九　上方下《かみがたくだ》り塩買入《しおかいい》れ相止《あいや》め議定違変《ぎていいへん》に付《つき》訴状《そじょう》(文政《ぶんせい》十三年閏《うるう》三月)……333, 339
二七〇　塩浜《しおはま》取永《とりえい》九分通《くぶどお》り免除願《めんじょねがい》(天保《てんぽう》四年十一月)……343
二七一　塩釜屋《しおかまや》薪《たきぎ》買請《かいうけ》の儀《ぎ》に付《つき》議定《ぎてい》一札《いっさつ》(天保《てんぽう》七年二月)……345
二七二　塩浜《しおはま》年貢《ねんぐ》並《なら》びに苦汐《にがじお》運上《うんじょう》引方願《ひきかたねがい》(天保《てんぽう》七年八月)……345, 346
二七三　夫食《ぶじき》拝借願《はいしゃくねがい》(天保《てんぽう》七年八月)……346
二七四　塩浜《しおはま》御普請《ごぶしん》所間数《じょけんすう》書上帳《かきあげちょう》(天保《てんぽう》十一年九月)……351
二七五　塩浜《しおはま》囲堤《かこみつつみ》見分願《けんぶんねがい》(弘化《こうか》二年四月)……357
二七六　塩浜《しおはま》御普請《ごぶしん》其外《そのほか》の儀《ぎ》共願《ともねがい》(弘化《こうか》二年八月)……161, 227, 239, 244, 271, 299, 300, 308, 309, 310, 314, 315, 319, 328, 335, 337, 341, 343, 357
二七七　棒手売《ぼてうり》取締《とりしま》り議定《ぎてい》に調印《ちょういん》を拒《こば》み候《そうろう》に付《つき》訴状《そじょう》(嘉永《かえい》二年五月)……252, 362
二七八　御救金《おすくいきん》借用願《しゃくようねがい》(嘉永《かえい》四年三月)……364
二七九　塩役永《しおやくえい》上納《じょうのう》御免願《ごめんねがい》(安政《あんせい》三年八月)……370, 371, 372
二八〇　内堀《うちぼり》御普請願《ごぶしんねがい》(安政《あんせい》三年十月)……373
二八一　囲堤《かこみつつみ》・登堤《のぼりつつみ》御普請願書《ごぶしんねがいしょ》御下《おさ》げに付請書《つきうけしょ》(安政《あんせい》六年九月)……379
二八二　風損《ふうそん》・地震損《じしんそん》・質屋《しちや》運上《うんじょう》塩浜《しおはま》御拝借《ごはいしゃく》返納《へんのう》荒浜《あらはま》地代永《じだいえい》請取帳《うけとりちょう》(安政《あんせい》六年十二月)……379
二八三　苦塩《にがしお》抜売《ぬきうり》抜買《ぬきがい》訴訟《そしょう》面写《めんうつし》(慶応《けいおう》二年十二月)……388, 390
二八四　塩浜《しおはま》仕法《しほう》書写《しょうつし》(明治《めいじ》元年)……398

『市川市史《いちかわしし》』第《だい》六巻《かん》　史料《しりょう》　近世上《きんせいじょう》

三〇　名主《なぬし》給分《きゅうぶん》其他《そのた》に付達《つきたっし》(元禄《げんろく》六年正月《しょうがつ》)……212

三六　行徳領《ぎょうとくりょう》三十三カ村村役人《そんむらやくにん》名前書《なまえがき》(安政《あんせい》三年十月)……374

四八　大和田村明細帳《おおわだむらめいさいちょう》(天保《てんぽう》十三年五月)……353

四九　上妙典村明細帳《かみみょうでんむらめいさいちょう》(明和《めいわ》四年四月)……276

五〇　下妙典村明細帳《しもみょうでんむらめいさいちょう》(天保《てんぽう》九年三月)……349

五一　本行徳村明細帳《ほんぎょうとくむらめいさいちょう》(天明《てんめい》六年)……167, 294, 631

五二　加藤新田明細帳《かとうしんでんめいさいちょう》(明治《めいじ》二年二月)……400

八四　破損家数取調《はそんやかずとりしら》べ書上帳《かきあげちょう》(天保《てんぽう》五年四月)……342, 344

一一三　農間商《のうかんあきな》い渡世《とせい》の者名前取調書上帳《ものなまえとりしらべかきあげちょう》(天保《てんぽう》七年七月)……346

一一八　下肥直段取極《しもごえねだんとりき》めに付再議定《つきさいぎてい》(弘化《こうか》三年三月)……358

二二六　御用御貸付金拝借証文《ごようおんかしつけきんはいしゃくしょうもん》(享和《きょうわ》二年十二月)……308

二二七　御用御貸付金拝借証文《ごようおんかしつけきんはいしゃくしょうもん》(文化《ぶんか》九年十二月)……319

二三〇　貯穀囲増其外取調書上帳《ちょこくかこみましそのほかとりしらべかきあげちょう》(弘化《こうか》二年四月)……357

二三一　去々卯年地震損去辰年風損御拝借年賦返納取立帳《さんぬるうのとしじしんそんさんぬるたつどしふうそんごはいしゃくねんぷへんのうとりたてちょう》(安政《あんせい》四年十二月)……376

二三五　田畑譲渡証文《でんぱたじょうとしょうもん》(文久《ぶんきゅう》二年正月)……382

二三八　塩浜譲渡証文《しおはまじょうとしょうもん》(慶応《けいおう》元年十二月)……387

二四六　大雨出水田畑水腐《おおあめしゅっすいでんぱたみずぐさ》れに付村々《つきむらむら》へ貯穀御下《ちょこくおさ》げ願《ねがい》(文政《ぶんせい》十二年四月)……335, 337

二四七　川原杁樋《かわらいりひ》より水掛《みずがか》り田成《でんなり》の場所書抜帳《ばしょかきぬきちょう》(文政《ぶんせい》十三年四月)……339

二四九　新堀設置《しんぼりせっち》に付故障申立《つきこしょうもうしたて》(天保《てんぽう》八年四月)……348

二五二　御普請諸色入用金請取人《ごふしんしょしきにゅうようきんうけとりにん》に付願《つきねがい》(安政《あんせい》三年正月《しょうがつ》)……371

二五五　耕地用水浚藻刈入用割合帳《こうちようすいざらいもかりにゅうようわりあいちょう》(万延《まんえん》元年六月)……381

二五六　村方地内字中洲《むらかたちないあざなかす》九人請場所定式御普請所《にんうけばしょじょうしきごふしんしょ》に仰《おお》せ付《つ》けられ候《そうろう》に付一札《つきいっさつ》(慶応《けいおう》三年三月)……352, 385, 389

二五七　塩浜由緒書《しおはまゆいしょがき》(明和《めいわ》六年八月)……221, 239, 240, 277, 294

二五八　塩浜由来書《しおはまゆらいしょ》(宝暦《ほうれき》六年以降成立《いこうせいりつ》)……216, 217, 219, 220, 223, 224, 227, 228, 230, 232, 235, 238, 239, 240, 241, 243, 244, 245, 246, 247, 248, 249, 251, 255, 256, 257, 258, 259, 260, 261, 262, 264, 269

二五九　借用金返済《しゃくようきんへんさい》に付証文下書《つきしょうもんしたがき》(元禄《げんろく》元年十一月)……204

史《し》・資料《しりょう》

※史《し》・資料名《しりょうめい》の前《まえ》の数字《すうじ》は『市川市史《いちかわしし》』の掲載番号《けいさいばんごう》

『市川市史《いちかわしし》』第《だい》五巻《かん》　史料《しりょう》　古代《こだい》・中世《ちゅうせい》

古代編《こだいへん》

一九八　続日本紀《しょくにほんぎ》　三十六　光仁天皇《こうにんてんのう》……45

二一三　続日本紀《しょくにほんぎ》　三十八　桓武天皇《かんむてんのう》……46

二三一　日本後紀《にほんこうき》　五　桓武天皇《かんむてんのう》……48

二五三　類聚國史《るいじゅうこくし》　百七十一　災異部《さいいのぶ》五　地震《じしん》……49

二七一　類聚三代格《るいじゅうさんだいきゃく》　十六　船瀬《ふなせ》并《ならびに》浮橋《うきはし》布施屋事《ふせやのこと》……50

二七九　続日本後紀《しょくにほんこうき》　十三　仁明天皇《にんみょうてんのう》……51

三〇一　日本三大実録《にほんさんだいじつろく》　七　清和天皇《せいわてんのう》……54

三一〇　日本三大実録《にほんさんだいじつろく》　二十七　清和天皇《せいわてんのう》……54

三一四　類聚三代格《るいじゅうさんだいきゃく》　五　加減諸国官員《しょこくのかんいんかげん》并《ならびに》廃置事《はいちのこと》……54

三三四　日本紀略《にほんきりゃく》　後編《こうへん》一　醍醐天皇《だいごてんのう》……56

七三九　吾妻鑑《あずまかがみ》　一……65

七四〇　延慶本平家物語《えんきょうぼんへいけものがたり》　二末《まつ》　十六……65

中世編《ちゅうせいへん》

中山法華経寺文書《なかやまほけきょうじもんじょ》

三五　希朝寄進状《まれともきしんじょう》……78

三六　希朝賣券《まれともばいけん》……78

香取文書《かとりもんじょ》

四　藤氏長者宣写《ふじしちょうじゃせんがうつし》……76

五　室町将軍家御教書写《むろまちしょうぐんけみぎょうしょうつし》……77

六　大中臣長房譲状《おおなかとみながふさゆずりじょう》……79

櫟木文書《くぬぎもんじょ》

一三　占部安光文書紛失状写《うらべやすみつもんじょふんしつじょううつし》……64

七〇　葛西御厨田數注文写《かさいみくりやでんすうちゅうもんうつし》……81

浄土宗《じょうどしゅう》 松柏山《しょうはくざん》**清岸寺《せいがんじ》**……126, 132, 145, 147, 210
浄土宗《じょうどしゅう》 十方山《じっぽうざん》**大徳寺《だいとくじ》**……126, 132, 151, 200, 209, 234, 512, 541, 567
曹洞宗《そうとうしゅう》 秋葉山《あきばさん》**新井寺《しんせいじ》**……126, 132, 152, 190, 194, 210, 225, 429, 492, 536, 573
日蓮宗《にちれんしゅう》 題目山《だいもくざん》**常運寺《じょううんじ》**……126, 132, 153, 324, 495, 595, 598, 599, 601, 603, 611, 615
浄土宗《じょうどしゅう》 青暘山《せいようざん》**善照寺《ぜんしょうじ》**……126, 159, 160, 182, 183, 208, 210, 267, 422, 499
浄土宗《じょうどしゅう》 飯沢山《はんたくざん》**浄閑寺《しょうかんじ》**……126, 160, 176, 177, 178, 180, 181, 209, 226, 297, 491, 610, 620
日蓮宗《にちれんしゅう》 顕本山《けんほんざん》**清寿寺《せいじゅじ》**……213, 288, 361, 375, 377, 444, 453, 505, 510, 529, 531, 613, 615, 618

旧行徳町地域《きゅうぎょうとくまちちいき》(行徳支所管轄外《ぎょうとくししょかんかつがい》)の寺院《じいん》

真言宗《しんごんしゅう》 稲荷山《いなりざん》**福王寺《ふくおうじ》**……81, 82, 84, 117, 209
日蓮宗《にちれんしゅう》 大應山《だいおうざん》**安立寺《あんりゅうじ》**……88, 339, 470
真言宗《しんごんしゅう》 海岸山《かいがんざん》**安養寺《あんようじ》**……94, 209, 323, 416, 587
日蓮宗《にちれんしゅう》 原木山《ばらきざん》**妙行寺《みょうぎょうじ》**……101
日蓮宗《にちれんしゅう》 宝栄山《ほうえいざん》**浄経寺《じょうぎょうじ》**……133
日蓮宗《にちれんしゅう》 **円福寺《えんぷくじ》**……142
日蓮宗《にちれんしゅう》 高光山《こうこうざん》**常明寺《じょうみょうじ》**……159
浄土宗《じょうどしゅう》 海中山《かいちゅうざん》**了極寺《りょうごくじ》**……69, 209, 211

浦安地域《うらやすちいき》の寺院《じいん》

真言宗《しんごんしゅう》 清滝山《せいりゅうざん》**宝城院《ほうじょういん》**……68, 83, 210, 246, 254, 299, 311
浄土宗《じょうどしゅう》 光縁山《こうえんざん》**大蓮寺《だいれんじ》**……96, 210, 249, 258, 261, 421, 427
真言宗《しんごんしゅう》 医王山《いおうざん》**東学寺《とうがくじ》**……109, 113, 198, 210, 292
真言宗《しんごんしゅう》 海照山《かいしょうざん》**花蔵院《けぞういん》**……109, 116, 195, 210, 232, 296, 371, 473
日蓮宗《にちれんしゅう》 説江山《せっこうざん》**正福寺《しょうふくじ》**……129, 132
真言宗《しんごんしゅう》 東海山《とうかいざん》**善福寺《ぜんぷくじ》**……135, 154, 181, 210, 222

日蓮宗《にちれんしゅう》 正国山《しょうこくざん》**妙応寺**《みょうおうじ》……83, 101, 104, 122, 287, 290, 550, 596
真言宗《しんごんしゅう》水奏山《すいそうざん》**圓明院**《えんみょういん》……83, 102, 104, 122, 190, 210, 229, 236, 255, 264, 265, 491, 557, 614, 624, 625
日蓮宗《にちれんしゅう》 妙栄山《みょうえいざん》**妙好寺**《みょうこうじ》……83, 106, 122, 194, 273, 274, 276, 286, 297, 306, 316, 334, 352, 375, 376, 390, 394, 464, 481, 487, 511, 557, 572, 594, 606, 614, 617, 619, 622, 623, 624, 645
浄土宗《じょうどしゅう》真宝山《しんぽうざん》**法泉寺**《ほうせんじ》……109, 111, 112, 122, 140, 142, 144, 209, 302, 492
浄土宗《じょうどしゅう》仏貼山《ぶつちょうざん》**信楽寺**《しんぎょうじ》……109, 112, 113, 122, 148, 192, 209, 226, 514
浄土宗《じょうどしゅう》 正覚山《しょうかくざん》**教善寺**《きょうぜんじ》……109, 112, 113, 122, 148, 188, 192, 210, 260, 514
日蓮宗《にちれんしゅう》 照徳山《しょうとくざん》**本久寺**《ほんきゅうじ》……109, 114, 119, 122, 270, 328, 358, 475
真言宗《しんごんしゅう》関東山《かんとうざん》**徳蔵寺**《とくぞうじ》……109, 117, 118, 122, 210, 282, 317, 336, 337, 340, 365, 371, 491, 597, 598, 626, 630
日蓮宗《にちれんしゅう》法順山《ほうじゅんざん》**正讃寺**《しょうさんじ》……109, 117, 122, 331, 356, 435, 437
真言宗《しんごんしゅう》医王山《いおうざん》**宝性寺**《ほうしょうじ》……109, 118, 122, 210, 365
日蓮宗《にちれんしゅう》 **本応寺**《ほうおうじ》……109, 114, 119, 122, 295
日蓮宗《にちれんしゅう》海近山《かいこんざん》**円頓寺**《えんとんじ》……109, 119, 122, 285, 381, 427, 475, 556
日蓮宗《にちれんしゅう》 正覚山《しょうかくざん》**妙覚寺**《みょうかくじ》……109, 120, 122, 509, 612
真言宗《しんごんしゅう》神明山《しんめいざん》**自性院**《じしょういん》……109, 121, 122, 189, 209, 212, 267, 268, 269, 273, 282, 357, 419, 491, 589
真言宗《しんごんしゅう》宝珠山《ほうじゅざん》**延命寺**《えんめいじ》……126, 132, 133, 180, 183, 190, 210, 302, 415, 443, 605, 607, 613
浄土宗《じょうどしゅう》 **浄林寺**《しょうりんじ》……126, 132, 133, 209
日蓮宗《にちれんしゅう》 正永山《しょうえいざん》**常妙寺**《じょうみょうじ》……126, 132, 134
浄土真宗《じょうどしんしゅう》仏性山《ぶつしょうざん》**法善寺**《ほうぜんじ》……119, 126, 132, 135, 136, 172, 209, 304, 330, 333, 433, 434, 603, 610
浄土宗《じょうどしゅう》海巌山《かいがんざん》**徳願寺**《とくがんじ》……58, 101, 111, 126, 132, 140, 141, 142, 143, 144, 145, 171, 176, 184, 209, 210, 230, 231, 255, 272, 283, 287, 293, 299, 302, 304, 312, 315, 322, 334, 342, 348, 374, 380, 385, 408, 412, 433, 492, 494, 631, 643
浄土宗《じょうどしゅう》西光山《せいこうざん》**源心寺**《げんしんじ》……122, 126, 132, 142, 143, 156, 162, 172, 189, 210, 236, 280, 296, 301, 310, 349, 389, 412, 425, 427, 445, 452, 456, 486, 491, 492, 497, 502, 555, 556, 578, 580, 603, 604, 620, 626

一之浜《いちのはま》竜王宮《りゅうおうぐう》……303
上妙典《かみみょうでん》の**八大龍王《はちだいりゅうおう》**……281, 314, 449, 476, 622, 623, 624

旧行徳町地域《きゅうぎょうとくまちちいき》(行徳支所管轄外《ぎょうとくししょかんかつがい》)の神社《じんじゃ》

兜宮《かぶとのみや》・兜八幡《かぶとはちまん》……57, 59
稲荷木村《とうかぎむら》の**鎮守稲荷神社《ちんじゅいなりじんじゃ》**……117
田尻村《たじりむら》の**鎮守日枝神社《ちんじゅひえじんじゃ》**……164
原木村《ばらきむら》の**鎮守日枝神社《ちんじゅひえじんじゃ》**……165
高谷村《こうやむら》の**鎮守鷲明神社《ちんじゅしゅうめいじんじゃ》**……200

寺院《じいん》

※年表《ねんぴょう》の創建年順《そうけんねんじゅん》に記載《きさい》

行徳《ぎょうとく》・南行徳《みなみぎょうとく》の寺院《じいん》

日蓮宗《にちれんしゅう》真光山《しんこうざん》**妙頂寺《みょうちょうじ》**……73, 83, 88, 102, 104, 122, 134, 339, 349, 362, 470, 605, 612
浄土宗《じょうどしゅう》聖中山《せいちゅうざん》**正源寺《しょうげんじ》**……82, 83, 97, 104, 122, 209, 269, 308, 313, 395, 492, 586, 591, 593, 594, 607
真言宗《しんごんしゅう》竜灯山《りゅうとうざん》**竜厳寺《りゅうごんじ》**……82, 84, 97, 104, 122, 209
浄土真宗《じょうどしんしゅう》親縁山《しんえんざん》**了善寺《りょうぜんじ》**……70, 83, 86, 104, 122, 210, 292, 321, 492, 562, 581, 585, 598
羽黒法漸寺末《はぐろほうぜんじまつ》行徳山《ぎょうとくざん》**金剛院《こんごういん》**……83, 95, 96, 98, 104, 122, 209, 252, 348
行徳山《ぎょうとくざん》**福泉寺《ふくせんじ》**……95, 209, 252
真言宗《しんごんしゅう》不動山《ふどうさん》**養福院《ようふくいん》**……83, 97, 104, 122, 170, 185, 189, 209, 250, 272, 449
浄土宗《じょうどしゅう》仏法山《ぶっぽうざん》**法伝寺《ほうでんじ》**……83, 98, 122, 193, 196, 210, 276, 414, 485, 491, 492, 590, 602, 627, 630
臨済宗《りんざいしゅう》塩場山《えんじょうざん》**長松寺《ちょうしょうじ》**……83, 98, 104, 122, 185, 198, 209, 215, 305, 379, 492
浄土宗《じょうどしゅう》来迎山《らいげいざん》**光林寺《こうりんじ》**……83, 99, 104, 122, 134, 166, 177, 188, 210, 253, 300, 361, 405, 475, 492

神社《じんじゃ》

※年表《ねんぴょう》の創建年順《そうけんねんじゅん》に記載《きさい》

行徳《ぎょうとく》・南行徳《みなみぎょうとく》の神社《じんじゃ》

香取《かんどり》の**香取神社《かんどりじんじゃ》**……79, 80, 104, 187, 254, 280, 345, 363, 606, 607

本行徳《ほんぎょうとく》一丁目《ちょうめ》の**神明社《しんめいしゃ》**……64, 77, 78, 92, 93, 98, 104, 108, 117, 118, 121, 122, 169, 170, 185, 254, 262, 312, 327, 333, 361, 369, 436, 464, 469, 477

河原《かわら》の**春日神社《かすがじんじゃ》**……93, 104, 122, 170, 214, 241, 244, 267, 275, 322, 341, 344, 356, 359, 360, 390, 424, 447, 454, 573, 578, 591, 593, 601, 617, 618

本行徳《ほんぎょうとく》三丁目《ちょうめ》の**八幡神社《はちまんじんじゃ》**……116, 118, 264, 327, 423, 450, 451, 469, 518, 589, 628, 629

本行徳《ほんぎょうとく》四丁目《ちょうめ》の**鎮守豊受神社《ちんじゅとようけじんじゃ》**……117, 118, 285, 309, 311, 384, 460, 497, 509, 627

本塩《ほんしお》の**鎮守豊受神社《ちんじゅとようけじんじゃ》**……118, 331, 351, 459, 503

関ヶ島《せきがしま》の**鎮守胡録神社《ちんじゅころくじんじゃ》**……118, 289, 304, 452, 457, 464, 486, 492, 589, 627

押切《おしきり》の**稲荷神社《いなりじんじゃ》**……126, 134, 159, 166, 277, 405, 471, 501, 546, 547, 592, 593, 594, 596, 612, 629

新井《あらい》の**熊野神社《くまのじんじゃ》**……126, 151, 305, 378, 422, 440, 452, 456, 467, 516, 575, 599, 600, 607, 612, 644

河原《かわら》の**胡録神社《ころくじんじゃ》**……126, 170, 360, 389, 601, 617, 627

下新宿《しもしんしゅく》の**稲荷神社《いなりじんじゃ》**……126, 170, 190, 279, 326, 334, 461, 495, 612, 617

伊勢宿《いせじゅく》の**神明社《しんめいしゃ》**(現豊受神社《げんとようけじんじゃ》)……173, 309, 326, 328, 329, 464, 509, 589

相之川《あいのかわ》の**香取神社《かとりじんじゃ》**……174, 175, 183, 191

相之川《あいのかわ》の**日枝神社《ひえじんじゃ》**……183, 184, 191, 270, 311, 497, 564, 614

湊新田《みなとしんでん》の**胡録神社《ころくじんじゃ》**……158, 186, 190, 191, 331, 462, 479, 505, 508

下妙典《しもみょうでん》の**春日神社《かすがじんじゃ》**……192, 222, 313, 350, 375, 447, 464, 484, 494, 502, 547, 613

上妙典《かみみょうでん》の**八幡神社《はちまんじんじゃ》**……222, 327, 417, 452, 457, 574

下妙典《しもみょうでん》**龍王宮《りゅうおうぐう》**……266, 482, 621, 622, 625

上妙典《かみみょうでん》**龍宮様《りゅうぐうさま》**……281, 622

上道《うえみち》の**南無八代龍王《なむはちだいりゅうおう》**……266, 289

横町稲荷神社《よこまちいなりじんじゃ》……119, 295, 507, 517, 582, 597, 598

を

山部赤人《やまべのあかひと》……40
山本周五郎《やまもとしゅうごろう》……483, 493, 556, 584, 631, 645
弥生式土器《やよいしきどき》……27
八幡宿《やわたじゅく》……229, 288, 335, 337, 372, 386
八幡《やわた》の登記所《とうきしょ》……438
八幡町《やわたまち》に隔離病舎建設《かくりびょうしゃけんせつ》……471

ゆ

遊女屋《ゆうじょや》……275
郵便《ゆうびん》……149, 187, 403, 405, 409, 413, 415, 424, 477, 578, 583, 653
床下浸水《ゆかしたしんすい》……470,505,524,551,558, 561, 563, 566, 567, 568, 569, 571, 574
湯殿山《ゆどのさん》……322, 344, 356, 593

よ

陽徳尋常小学校《ようとくじんじょうしょうがっこう》……215, 412, 413, 415, 434, 450, 484
よく泣《な》けばなくほど塩《しお》も多々《たた》出来《でき》る……131
横綱境川波右衛門《よこづなさかいかわなみえもん》……399
横綱谷風梶之助《よこづなたにかぜかじこれすけ》……302
吉田佐太郎《よしださたろう》……86, 130, 374, 644
四股《よつまた》……497
米山鉄工所《よねやまてっこうじょ》……554
嫁入《よめい》りするのに高瀬船《たかせぶね》で来《き》た……468
四丁目《ちょうめ》火事《かじ》……265, 277

ら

蘭石《らんせき》……321
ランプ……410

り

竜宮様《りゅうぐうさま》……303, 622, 634
龍宮奉謝《りゅうぐうほうしゃ》……282, 622
竜神《りゅうじん》……29, 159, 289
龍神宮《りゅうじんぐう》……241
竜神弁財天《りゅうじんべんざいてん》……159
両国橋《りょうごくばし》……184, 198, 213, 245, 249, 257, 308, 345
霖雨《りんう》……270, 290, 301, 308, 331, 332, 345, 396, 397, 413
鄰地購入記念碑《りんちこうにゅうきねんひ》……477

れ

蓮根栽培面積《れんこんさいばいめんせき》……526
レンコンの家《いえ》……619

ろ

六合尋常小学校《ろくごうじんじょうしょうがっこう》……439, 472
六地蔵《ろくじぞう》……142, 143, 160, 181, 198, 265, 301, 321, 625, 644

わ

和光幼稚園《わこうようちえん》……539
和船荷足船《わせんにたりぶね》……423, 424
渡辺崋山《わたなべかざん》……332
腕章《わんしょう》一〇〇本《ぽん》……631

南行徳中学校《みなみぎょうとくちゅうがっこう》……412, 519, 527, 537, 540, 557, 602, 628, 632
南行徳図書館開館《みなみぎょうとくとしょかんかいかん》……601
南行徳船着場施設工事竣工《みなみぎょうとくふなつきばしせつこうじしゅんこう》……550
南行徳町《みなみぎょうとくまち》となる……426, 504
南行徳街回遊展開催《みなみぎょうとくまちかいゆうてんかいさい》……643
南行徳町《みなみぎょうとくまち》が市川市《いちかわし》に合併《がっぺい》……539
南行徳町漁業会《みなみぎょうとくまちぎょぎょうかい》……515, 518
南行徳町農業協同組合《みなみぎょうとくまちのうぎょうきょうどうくみあい》……522
南行徳村《みなみぎょうとくむら》の生産高《せいさんだか》……479
南新浜小学校開校《みなみにいはましょうがっこうかいこう》……596
南根公園《みなみねこうえん》……590
源頼朝《みなもとのよりとも》……65, 66, 68, 140
宮本武蔵《みやもとむさし》の供養塔《くようとう》……230
冥加年貢《みょうがねんぐ》……126, 127, 147, 251, 253
妙見島《みょうけんじま》……253, 520
苗字《みょうじ》……400, 404, 416
妙典駅開業《みょうでんえきかいぎょう》……626
妙典駅前交番設置《みょうでんえきまえこうばんせっち》……629
妙典《みょうでん》お囃子保存会《はやしほぞんかい》……503, 603
妙典小学校開校《みょうでんしょうがっこうかいこう》……625
妙典中学校開校《みょうでんちゅうがっこうかいこう》……603
妙典土地区画整理組合設立《みょうでんとちくかくせいりくみあいせつりつ》……610
妙典保育園《みょうでんほいくえん》……630
民費《みんぴ》で巡査《じゅんさ》を置《お》く……418

む

無縁様《むえんさま》……498
無縁墓碑《むえんぼひ》……607
むさしの紀行《きこう》……97
武蔵野線開通《むさしのせんかいつう》……595
無宿者《むしゅくもの》……381
紫鯉《むらさきごい》……198, 199

め

メートル法実施《ほうじっし》……552
名号塔《めいごうとう》……180, 226, 287, 342, 380, 385, 389, 422, 620
明細帳《めいさいちょう》……113, 167, 276, 294, 349, 353, 400
明治年間最大《めいじねんかんさいだい》の洪水《こうずい》……461, 463
明徳尋常小学校《めいとくじんじょうしょうがっこう》……98, 412, 413, 435, 590, 591
明徳尋常小学校旧跡《めいとくじんじょうしょうがっこうきゅうせき》の碑《ひ》……590
明暦《めいれき》の大火《たいか》……160, 181
メディアパーク市川《いちかわ》……616

も

元河岸《もとがし》……159
元新田公園開設《もとしんでんこうえんかいせつ》……582
元番所《もとばんしょ》……198, 208

や

夜学会《やがくかい》……434
焼砂《やきすな》……226
焼場道《やきばみち》……151
薬師如来《やくしにょらい》……118, 185
野鳥《やちょう》の楽園《らくえん》……578
宿屋《やどや》……317, 321, 332, 432
山崎製《やまざきせい》パン……522
日本武尊《やまとたけるのみこと》……29, 200

松葉屋惣吉《まつばやそうきち》……395
真間式土器《ましきどき》……37
真間《まま》の手児奈《てこな》……40, 41
真水押《まみずお》し……236
丸京味噌《まるきょうみそ》……431, 526
丸浜養魚場《まるはまようぎょじょう》……444, 524
丸山遺跡《まるやまいせき》……25
万海《まんかい》……158
満《まん》二〇歳《さい》で成年《せいねん》と定《さだ》める……417
万葉集《まんようしゅう》……40, 41, 42, 43

み

御影堂《みえいどう》……142, 296, 301
身代《みがわ》り観音像《かんのんぞう》……58, 210, 211
神輿《みこし》……92, 184, 280, 333, 525, 589, 612, 637, 646
御塩浜《みしおはま》……93, 108, 169, 170, 630
三島由紀夫《みしまゆきお》……483, 525, 579, 645
水腐《みずぐさ》れ……335, 337
水呑百姓《みずのみびゃくしょう》……276, 294
水屋《みずや》……468, 614
味噌《みそ》……35, 126, 431, 475, 508, 526
御手洗《みたらし》……93, 327
道《みち》の駅《えき》……646
三《み》つ道具御免《どうぐごめん》……168
水戸天狗党《みとてんぐとう》……385
湊自治会設立《みなとじちかいせつりつ》……549
湊小学校《みなとしょうがっこう》……410, 412, 413, 415, 417, 435
湊小学校沿革誌《みなとしょうがっこうえんかくし》……417
湊新田自治会設立《みなとしんでんじちかいせつりつ》……547
湊新田排水機場完成《みなとしんでんはいすいきじょうかんせい》……581
湊《みなと》の水神様《すいじんさま》……209
湊《みなと》の地名発祥《ちめいはっしょう》……164
湊《みなと》の渡《わた》し……416
湊囃子連《みなとばやしれん》……414, 644
南行徳浦漁業組合《みなみぎょうとくうらぎょぎょうくみあい》……494
南行徳駅開業《みなみぎょうとくえきかいぎょう》……597
南行徳駅前派出所開設《みなみぎょうとくえきまえはしゅつじょかいせつ》……597
南行徳漁業協同組合《みなみぎょうとくぎょぎょうきょうどうくみあい》……451, 523, 555, 563, 565, 567
南行徳公園開設《みなみぎょうとくこうえんかいせつ》……580
南行徳市民《みなみぎょうとくしみん》センター開館《かいかん》……620
南行徳小学校《みなみぎょうとくしょうがっこう》……215, 412, 484, 523, 557, 561, 570, 572, 574, 578, 579, 586, 590, 615, 616, 620, 630
南行徳商業協同組合設立《みなみぎょうとくしょうぎょうきょうどうくみあいせつりつ》……571
南行徳尋常高等小学校付属幼稚園《みなみぎょうとくじんじょうこうとうしょうがっこうふぞくようちえん》……486
南行徳尋常小学校《みなみぎょうとくじんじょうしょうがっこう》……412, 413, 479, 482
南行徳第一土地区画整理組合《みなみぎょうとくだいいちとちくかくせいりくみあい》……324, 564, 567, 568, 571, 577, 585, 628
南行徳第三土地区画整理組合《みなみぎょうとくだいさんとちくかくせいりくみあい》……564, 568, 584, 585, 590
南行徳第二土地区画整理組合《みなみぎょうとくだいにとちくかくせいりくみあい》……570, 572, 588
南行徳地区防災《みなみぎょうとくちくぼうさい》コミュニティセンター完成《かんせい》……614
南行徳地区連絡所開設《みなみぎょうとくちくれんらくしょかいせつ》……585

古田《ふるた》……222
プルタブ……630, 631, 633
古積塩《ふるづみじお》……127, 251, 252, 253, 377, 426, 427, 429, 445, 634
ふれあい周回路《しゅうかいろ》……633
糞溜設置絶対反対期成同盟《ふんためせっちぜったいはんたいきせいどうめい》……506

へ

米価《べいか》……170, 248, 268, 270, 286, 300, 342, 363, 386, 387
米穀俵検査俵数《べいこくたわらけんさたわらすう》……498
平和《へいわ》の碑《ひ》……583
ベタ流《なが》し漁法《ぎょほう》……579
へび土手《どて》……203, 215, 222, 467, 564, 634
ペリー……366, 367
扁額《へんがく》……372, 436, 460, 464, 479
弁天公園開設《べんてんこうえんかいせつ》……583
弁天《べんてん》の森《もり》……159, 616
弁天祠《べんてんほこら》……209, 229, 236, 469

ほ

宝永地震《ほうえいじしん》……225
報恩社法《ほうおんしゃほう》……401, 402, 406, 636
宝篋印塔《ほうきょういんとう》……145, 260, 268, 282, 357
北条氏康《ほうじょううじやす》……97
疱瘡《ほうそう》……332, 382
房総三州漫録《ぼうそうさんしゅうまんろく》……65, 123, 354
房総道中記《ぼうそうどうちゅうき》……334
北越製紙市川工場《ほくえつせいしいちかわこうじょう》……481
卜筮《ぼくぜい》……317
鋪石《ほせき》……416
棒手売《ぼてうり》……252, 362, 363
棒手振《ぼてふり》……241, 336, 352, 362, 363, 399, 454
戊辰戦争《ぼしんせんそう》……394, 396
保存樹林《ほぞんじゅりん》……629
堀江《ほりえ》の渡《わた》し……329
本河岸《ほんがし》……159
本行徳一丁目自治会設立《ほんぎょうとくちょうめじちかいせつりつ》……540
本行徳公民館開設《ほんぎょうとくこうみんかんかいせつ》……596
本行徳三丁目自治会設立《ほんぎょうとくちょうめじちかいせつりつ》……540
本行徳中洲《ほんぎょうとくなかす》……83, 92, 93, 95, 98, 99, 100, 108, 140, 148, 169
本行徳排水機場完成《ほんぎょうとくはいすいきじょうかんせい》……583
本行徳郵便局開設《ほんぎょうとくゆうびんきょくかいせつ》……583
本行徳四丁目自治会設立《ほんぎょうとくちょうめじちかいせつりつ》……530
本塩囃子保存会《ほんしおはやしほぞんかい》……635
本州製紙江戸川工場《ほんしゅうせいしえどがわこうじょう》の黒《くろ》い汚水《おすい》……550
梵鐘《ぼんしょう》……372
本田《ほんでん》……222, 327, 346, 566

ま

前野村《まえのむら》……169, 191
枕返《まくらがえ》しのお祖師《ぞうし》さま……153
槙屋《まきや》(薪屋《まきや》)の渡《わた》し……416
街回遊展開《まちかいゆうてんひら》かれる……626
町飛脚《まちひきゃく》……187, 370
町奉行遠山左衛門尉《まちぶぎょうとおやまさえもんのじょう》……364
松尾芭蕉《まつおばしょう》……135, 193, 198, 202, 203, 213, 302, 304, 634, 641, 645

芭蕉《ばしょう》が来《き》た頃《ころ》の海岸線《かいがんせん》……203
バス運行《うんこう》……482, 486
はだし大師《たいし》……94, 587
馬頭観音像《ばとうかんのんぞう》……196, 226, 306, 315, 367, 394, 611, 615
花火大会《はなびたいかい》……523, 602
浜男《はまおとこ》……647
破魔弓《はまきゅう》……321, 644
浜子《はまこ》……208, 647
浜堤《はまつつみ》……28, 110, 125, 243, 244, 256, 274, 286, 320, 399
原木自治会設立《ばらきじちかいせつりつ》……541
原木小学校《ばらきしょうがっこう》……411, 416
番船《ばんぶね》……148, 167
万霊塔《ばんれいとう》……160, 176, 183, 312, 434, 448, 541, 556, 593, 610

ひ

東関東自動車道全通《ひがしかんとうじどうしゃどうぜんつう》……584
東日本大震災発生《ひがしにほんだいしんさいはっせい》……638
東房総街道《ひがしぼうそうかいどう》……414
飛脚便《ひきゃくびん》……187, 404
久永製作所《ひさながせいさくしょ》……519, 551
避病院《ひびょういん》……466, 467, 527
日雇《ひやとい》……221, 406, 482
標石《ひょうせき》……235,349,358,377,495,511, 531, 557, 586, 594, 599, 613, 615, 617
広尾公園開設《ひろおこうえんかいせつ》……579
広尾防災公園開園《ひろおぼうさいこうえんかいえん》……637
賓頭盧明王《びんずるみょうおう》……331

ふ

風損《ふうそん》……376, 379
プール設置《せっち》……553, 570, 576
深川万年橋脇《ふかがわまんねんばしわき》に番所《ばんしょ》……128
深町《ふかまち》……165
福栄小学校開校《ふくえいしょうがっこうかいこう》……602
福栄《ふくえい》スポーツ広場《ひろば》オープン……616
福神漬《ふくじんづ》け……447
夫食拝借《ぶじきはいしゃく》……197,245,247,248,264, 346
富士講《ふじこう》……421, 462, 500, 501, 600
富士山噴火《ふじさんふんか》……45, 53, 62, 225
藤代造船所《ふじしろぞうせんじょ》……476
仏足跡《ぶつそくせき》……94, 587
筆子塚《ふでこづか》……73,265,267,270,316,330, 331, 333, 349, 356, 361, 362, 405, 443, 449
藤原観音堂《ふじわらかんのんどう》……58, 141, 184, 210, 643
藤原新田《ふじわらしんでん》に検地《けんち》……195
二俣自治会設立《ふたまたじちかいせつりつ》……541
不動院《ふどういん》……57
不動明王像《ふどうみょうおうぞう》……57, 250, 273
船圦川《ふないりかわ》……587
舟会所《ふなかいしょ》……91, 152, 283
船橋御殿《ふなばしごてん》……128, 144
船橋塩《ふなばししお》……453
船橋大神宮《ふなばしだいじんぐう》……29
船堀川《ふなぼりがわ》……135, 162, 354
富美浜小学校開校《ふみはましょうがっこうかいこう》……594
古川《ふるかわ》……162, 328

に

新浜鴨場《にいはまかもば》……402, 437, 438, 456, 525, 643
新浜小学校開校《にいはましょうがっこうかいこう》……590, 596
苦汁《にがり》……91, 127, 164, 239, 251, 253, 296, 474
苦塩《にがしお》……124, 291, 296, 325, 346, 388, 390, 391
にぎり飯《めし》……521, 654
日用塩販売《にちようしおはんばい》……127, 446
日輪緑《にちりんみどり》の色《いろ》……394
日蓮《にちれん》……72, 73, 114, 117, 235, 266, 285, 287, 288, 324, 334, 339, 358, 427, 605
日蓮上人像《にちれんしょうにんぞう》……73, 106, 119, 120, 153, 213
日露戦争《にちろせんそう》……144, 151, 222, 402, 440, 451, 452, 454, 456, 631
日露戦争記念碑《にちろせんそうきねんひ》……144, 151, 222, 440, 456
日章旗《にっしょうき》……368
日清戦争《にっしんせんそう》……439, 456
二兵衛《にへえ》……185
日本鳥類保護連盟《にほんちょうるいほごれんめい》……564, 571
入札販売《にゅうさつはんばい》……197
如意輪観音像《にょいりんかんのんぞう》……192, 215
鶏《にわとり》・鵞飼養羽数《がしようはすう》……500
人間堤防《にんげんていぼう》……441, 628

ね

鼠小僧《ねずみこぞう》……342
ねね塚《づか》……173, 302, 634
年季雇《ねんきやとい》……221, 438
年貢減免嘆願書《ねんぐげんめんたんがんしょ》……277
念仏五兵衛《ねんぶつごへえ》……231
念仏堂《ねんぶつどう》……211
念仏《ねんぶつ》ばあさん……527, 643
燃料代《ねんりょうだい》……355, 428

の

農間商《のうかんあきな》い……346
農間渡世《のうかんとせい》……353
農業渡《のうぎょうわた》し……124, 152, 166, 250, 271, 282, 329
農作雇賃金《のうさくやといちんぎん》……495
農地改革実施《のうちかいかくじっし》……518
野田醤油《のだしょうゆ》(現、キッコーマン)……476, 523
野鼠被害《のねずみひがい》……481
海苔《のり》すき機《き》……570
海苔養殖収穫量《のりようしょくしゅうかくりょう》……577
海苔養殖場《のりようしょくじょう》……431, 444, 455, 460, 510, 512

は

拝借金《はいしゃくきん》……131, 376, 407
蝿《はえ》と蚊《か》の撲滅駆除《ぼくめつくじょ》……482
麻疹《はしか》……267, 331, 379, 383
芭蕉庵《ばしょうあん》……198, 199, 202

東名高速道路全線開通《とうめいこうそくどうろぜんせんかいつう》……576
トーリマンス……354
灯籠《とうろう》……120, 192, 208, 222, 318, 446, 573
都営新宿線《とえいしんじゅくせん》……610
徳川家康《とくがわいえやす》……103, 107, 109, 110, 122, 123, 125, 126, 130, 132, 135, 138, 139, 140, 142, 144, 145, 149, 152, 184, 231, 237, 621, 636, 641
徳川家光《とくがわいえみつ》……156, 161, 169, 176, 252, 362
徳川綱吉《とくがわつなよし》……204, 226
徳川秀忠《とくがわひでただ》……139, 140, 153, 154, 155
徳川吉宗《とくがわよしむね》……233, 238, 240, 243, 286, 287
徳願寺鐘楼《とくがんじしょうろう》・経蔵《きょうぞう》……283, 432, 631
時《とき》の鐘《かね》……151, 234, 512
ドクターヘリポート……635
髑髏《どくろ》……104, 106
都市計画道路《としけいかくどうろ》3・4・18号全線開通《ごうぜんせんかいつう》……643
土地区画整理事業《とちくかくせいりじぎょう》……238, 253, 281, 303, 444, 552, 568, 577, 585, 589, 590, 623, 643, 645
ドッグラン……634
利根川改修計画《とねがわかいしゅうけいかく》……463
利根川鯉《とねがわこい》……198, 199, 202
富岡《とみおか》の池《いけ》……506
豊葦原水穂国《とよあしはらみずほのくに》……37
土曜学校開校《どようがっこうかいこう》……545
トランジットバス……640
鳥居《とりい》……277, 288, 305, 326, 359, 360, 389, 390, 427, 459, 507, 582, 593, 598, 599, 612, 613, 622, 625, 627
取締所《とりしまりじょ》……408, 409, 414
トロリーバス……486, 528
泥《どろ》の城《しろ》……207, 643
問屋名唱廃絶《とんやめいしょうはいぜつ》……352
問屋再興《とんやさいこう》……364

な

永井荷風《ながいかふう》……483, 499, 520, 521, 530, 533, 552, 639, 645
中川番所《なかがわばんしょ》……124, 167, 186, 354
中洲氏《なかすし》の墓碑《ぼひ》……177
中台神仏具製作所《なかだいしんぶつぐせいさくしょ》……525
長山《ながやま》……158, 188
梨《なし》……288, 634
名主役交替《なぬしやくこうたい》……197
なま道《みち》……165, 199
南無八大龍王《なむはちだいりゅうおう》……266, 289
成田参詣記《なりたさんけいき》……108, 374, 621
成田山常夜灯《なりたさんじょうやとう》……318
成田山不動尊開帳《なりたさんふどうそんかいちょう》……160, 297, 328, 342
成田道中記《なりたどうちゅうき》……171, 201, 374
成田《なりた》の道《みち》の記《き》……305
苗代品評会《なわしろひんぴょうかい》……482
南梢《なんしょう》……222
南総紀行旅眼目《なんそうきこうたびすずり》……306
南総里見八犬伝《なんそうさとみはっけんでん》……156, 173, 321, 322, 323, 332, 353, 639, 645

長州征伐《ちょうしゅうせいばつ》……386
手水石《ちょうずいし》……272, 304, 305, 309, 310, 311, 312, 322, 327, 328, 331, 334, 337, 350, 381, 405, 427, 428, 452, 467, 469, 497, 596, 597, 598, 601, 610, 612, 628
朝鮮戦争《ちょうせんせんそう》……525
町村別米検査表《ちょうそんべつこめけんさひょう》……477
徴兵検査《ちょうへいけんさ》……477
徴兵令布告《ちょうへいれいふこく》……411
猪牙船《ちょきぶね》……181
チンチン電車《でんしゃ》……486, 529
チンドン屋《や》……498

つ

津《つ》……61, 164, 276, 388
通運丸《つううんまる》……402, 418, 419, 426, 428, 439
つかり千両《せんりょう》……310
綱手引《つなてひ》く……368

て

堤防修復負担《ていぼうしゅうふくふたん》……381
堤防修理費用《ていぼうしゅうりひよう》……399, 432, 441
堤防《ていぼう》に囲《かこ》まれた町《まち》……587
出開帳《でかいちょう》……219, 297, 595, 641
出初式《でぞめしき》……498
寺《てら》のまち回遊展開催《かいゆうてんかいさい》される……635, 644
寺町《てらまち》……134, 228, 297, 580, 583, 591, 633, 637, 641, 645
寺町公園開設《てらまちこうえんかいせつ》……583
寺町通《てらまちどお》り無電柱化《むでんちゅうか》……637
照《て》り正月《しょうがつ》……310, 636
出羽三山供養塔《でわさんざんくようとう》……356, 424, 593
電気《でんき》が引《ひ》かれる……421, 473
天神宮《てんじんぐう》……267, 453, 454
天水桶《てんすいおけ》……459, 492, 494, 529, 557, 598
電灯《でんとう》……421, 461
天保国絵図《てんぽうくにえず》……350
天満天神《てんまんてんじん》の碑《ひ》……449

と

稲荷木小学校《とうかぎしょうがっこう》……541, 549
東葛人車鉄道《とうかつじんしゃてつどう》……458, 460
東京塩務局行徳出張所《とうきょうえんむきょくぎょうとくしゅっちょうじょ》……470
東京外郭環状道路《とうきょうがいかくかんじょうどうろ》……576, 580, 606, 615, 624, 635, 646
東京近傍《とうきょうきんぼう》の食塩需要《しょくえんじゅよう》……441
東京再製塩《とうきょうさいせいえん》……487
東京市内日用塩販売俵数《とうきょうしないにちようえんはんばいたわらすう》……445
東京通船《とうきょうつうせん》……419, 478
東京《とうきょう》ディズニーランド開園《かいえん》……601
東京《とうきょう》ベイ浦安《うらやす》・市川医療《いちかわいりょう》センター……222, 467, 527
東京《とうきょう》メトロ東西線開通《とうざいせんかいつう》……575
東郷平八郎《とうごうへいはちろう》……402, 453, 456, 605
東西線行徳駅付近《とうざいせんぎょうとくえきふきん》は海《うみ》……124
当代島全滅《とうだいじまぜんめつ》……74
道中覚帳《どうちゅうおぼえちょう》……311
道中日記帳《どうちゅうにっきちょう》……351
道標《どうひょう》……148, 231, 250, 360, 414, 415, 611

……530
総武鉄道《そうぶてつどう》……65, 435, 439, 452
雙輪寺所蔵《そうりんじしょぞう》の札所《ふだしょ》三十三カ所御詠歌《しょごえいか》
……463
外堤《そとつつみ》……238, 240

た

第一次国府台合戦《だいいちじこうのだいがっせん》……95
第一次世界大戦《だいいちじせかいたいせん》……470, 477
第一次創建《だいいちじそうけん》ラッシュの時代《じだい》……109
大化《たいか》の改新《かいしん》……32
大正《たいしょう》六年の大津波《おおつなみ》……444, 474, 643
第七中学校《だいななちゅうがっこう》……519, 559, 561, 576,
595, 632
第二次国府台合戦《だいにじこうのだいがっせん》……103, 104
第二次世界大戦《だいにじせかいたいせん》……506, 516
第二次創建《だいにじそうけん》ラッシュの時代《じだい》……132
台場《だいば》……366, 367, 368
大八車《だいはちぐるま》……194
題目塔《だいもくとう》……228, 352, 389
太陽暦《たいようれき》……411
平将門《たいらのまさかど》……56, 57, 59, 413
鷹狩《たかがり》……97, 139, 144, 154, 155, 256,
490
鷹野場《たかのば》……255
高畑《たかばたけ》……158, 188, 536
高橋虫麻呂《たかはしむしまろ》……39, 40
宝酒造市川工場《たからしゅぞういちかわこうじょう》……487
薪《たきぎ》……59, 221, 345, 350, 353, 355,
387, 417, 419, 429, 592
焚木《たきぎ》は製塩者第一《せいえんしゃだいいち》の資本《しほん》とす……
221
内匠堀《たくみぼり》……28, 101, 122, 142, 158,
162, 178, 215, 221, 253, 276, 316, 329,
526, 554, 560, 566, 616, 617, 638, 639
武田信玄《たけだしんげん》……107, 123
竹筒漁業《たけづつぎょぎょう》……512, 513, 515
田尻自治会設立《たじりじちかいせつりつ》……541
田中源右衛門《たなかげんうえもん》……197, 204
田中三左衛門《たなかさんざえもん》……58, 93, 184, 210,
233, 243, 245, 247, 254
田中内匠《たなかたくみ》……122, 154, 155, 166, 175,
178, 271, 327, 604
田中美作守《たなかみまさかのかみ》……99
旅人改番所《たびびとあらためばんしょ》……167
多宝如来《たほうにょらい》……73, 114, 119, 120, 213
玉垣《たまがき》……469, 486, 546, 607
玉垣新築記念碑《たまがきしんちくきねんひ》……469
断腸亭日乗《だんちょうていにちじょう》……499, 521

ち

地域《ちいき》ケアシステム……629, 634
地価最高《ちかさいこう》……473
稚貝種苗放流事業《ちがいしゅびょうほうりゅうじぎょう》……528
地下鉄新宿線本八幡駅《ちかてつしんじゅくせんもとやわたえき》まで延伸《えんしん》
……611
力石《ちからいし》……464, 470
地券《ちけん》……411
千葉県《ちばけん》となる……413
千葉県立国府台高等学校葛南分校《ちばけんりつこうのだいこうとうがっこうかなんぶんこう》
……527
千葉用水路《ちばようすいろ》……506, 546, 562

信篤尋常小学校《しんとくじんじょうしょうがっこう》……411, 442, 472
新道《しんみち》……59, 148, 231, 335, 337, 472, 520
新湊村《しんみなとむら》……191, 220
神明《しんめい》さん跡《あと》……79
神明社《しんめいしゃ》……56, 64, 77, 78, 92, 93, 98, 104, 108, 117, 118, 121, 122, 169, 170, 173, 185, 233, 254, 262, 288, 312, 327, 333, 361, 369, 436, 464, 469
親鸞《しんらん》……70, 581, 598
親鸞聖人供養塔《しんらんしょうにんくようとう》……598
人力車《じんりきしゃ》……402, 417, 456

す

スーパー堤防《ていぼう》……634
水運《すいうん》は自由競争《じゆうきょうそう》……124
水上派出所《すいじょうはしゅつじょ》……446, 477
水神宮《すいじんぐう》……262, 264, 279, 302, 345, 346, 578, 612
水田《すいでん》三百七十一坪《つぼ》……462, 505
水道《すいどう》……25, 405, 444, 448, 495, 496, 504, 510, 530, 531, 554, 574
末広保育園開設《すえひろほいくえんかいせつ》……
スケートパーク……634
水馬訓練《すいばくんれん》……449
鈴木清兵衛《すずきせいべえ》……94, 207, 273, 314, 320, 323, 325, 345, 415, 585, 586
隅田川《すみだがわ》、角田川《すみだがわ》……50, 51, 61, 62, 69, 90, 186, 208, 257, 367, 370, 396, 401
角力興行《すもうこうぎょう》……295
須和田遺跡《すわだいせき》……27

せ

正塩《せいえん》……163, 346, 362, 365, 372
精塩社《せいえんしゃ》……427
製塩業組合《せいえんぎょうくみあい》……438
製塩人夫《せいえんにんぷ》……221, 406, 445
製塩人夫《せいえんにんぷ》の元禄当時《げんろくとうじ》の奉公人給金《ほうこうにんきゅうきん》……221
製塩人夫《せいえんにんぷ》の賃金《ちんぎん》……406
製塩燃料《せいえんねんりょう》……43
製塩《せいえん》の禁止《きんし》……496
成人《せいじん》……242, 541
青年団《せいねんだん》……471, 473, 502, 575
精密水準測量《せいみつすいじゅんそくりょう》……562, 620
晴誉上人《せいよしょうにん》……293
関ヶ島自治会設立《せきがしまじちかいせつりつ》……542
石祠《せきし》……275, 290, 361, 610
石柱《せきちゅう》……190, 606, 614
石塔《せきとう》……177, 180, 214, 258, 375
ゼロメートル地帯《ちたい》……587
鮮魚輸送《せんぎょゆそう》……199, 298
専業《せんぎょう》・兼業別農家数《けんぎょうべつのうかすう》……552
仙台大川村《せんだいおおかわむら》……447
仙台流留村《せんだいながるむら》……161, 445
仙台《せんだい》の横田屋新兵衛《よこたやしんべえ》……382
仙台松ケ江《せんだいまつがえ》……151
千日念仏講《せんにちねんぶつこう》……226

そ

雑兵物語《ぞうひょうものがたり》……126
総武線本八幡駅南口改札口開設《そうぶせんもとやわたえきみなみぐちかいさつぐちかいせつ》

364, 379, 399, 407
姉妹都市《しまいとし》……559, 560, 610, 613
島尻自治会設立《しまじりじちかいせつりつ》……547
島尻公園開設《しまじりこうえんかいせつ》……577
地廻《じまわ》り塩問屋《しおどんや》……151, 241, 242, 390
下総国府《しもうさこくふ》……24, 33, 43, 51
下総国葛飾郡大島郷戸籍《しもうさのくにかつしかごおりおおしまごうこせき》……33
下肥《しもごえ》……229, 358, 359, 440
下新宿自治会設立《しもしんしゅくじちかいせつりつ》……542
下妙典自治会設立《しもみょうでんじちかいせつりつ》……536
釈迦涅槃図《しゃかねはんず》……257
釈迦如来像《しゃかにょらいぞう》……437
朱印《しゅいん》……140, 141, 142, 144, 149, 176, 243, 286
十一面観音像《じゅういちめんかんのんぞう》……246
首都高速湾岸線《しゅとこうそくわんがんせん》……595, 600
巡査駐在所《じゅんさちゅうざいしょ》……446, 477
巡査派出所《じゅんさはしゅつじょ》……418, 452
巡拝塔《じゅんぱいとう》……624
小学校児童出席及《しょうがっこうじどうしゅっせきおよ》び欠席状況《けっせきじょうきょう》……458
小学校設置《しょうがっこうせっち》を命《めい》ずる……400
傷寒《しょうかん》……368, 382
聖観音菩薩像《しょうかんのんぼさつぞう》……175, 191
上水道《じょうすいどう》の供給始《きょうきゅうはじ》まる……504
常念仏碑《しょうねんぶつひ》……261
消防《しょうぼう》……461, 519, 523, 533, 534, 539, 540, 544, 553, 555, 557, 594, 642
常夜燈公園《じょうやとうこうえん》オープン……636
醤油《しょうゆ》の増量法《ぞうりょうほう》……508
食塩《しょくえん》の消費者物価《しょうひしゃぶっか》……470
しょたれ、塩垂《しょた》れ……217, 647
塩場寺《しょばでら》……135
蒸気船《じょうきせん》……402, 405, 418, 419, 423, 426, 428, 439, 460, 520
浄行菩薩像《じょうぎょうぼさつぞう》……505, 550, 599
青面金剛像《しょうめんこんごうぞう》……211, 214, 244, 276, 360
鐘楼《しょうろう》……249, 283, 325, 421, 494, 631
市立図書館行徳分館竣工《しりつとしょかんぎょうとくぶんかんしゅんこう》……563
市立博物館開館《しりつはくぶつかんかいかん》……584
しろへび様《さま》……253, 281, 333
新大橋《しんおおはし》……213, 245, 257
新開塩浜《しんかいしおはま》……131, 234, 259, 283, 284, 335, 337, 339, 340, 341, 343, 347, 351, 364
新河岸《しんがし》……159, 168, 202, 208, 283, 317, 318, 321, 332, 419, 423, 426
新川《しんかわ》……162, 167, 199, 208, 308, 328, 339, 368, 369, 380, 402, 405, 419
信行寺《しんぎょうじ》……192
新行徳橋完成《しんぎょうとくばしかんせい》……583
新検《しんけん》……163, 216, 219, 334, 353
新憲法公布《しんけんぽうこうふ》……518
信号機設置《しんごうきせっち》……570, 575
人工干潟《じんこうひがた》……600
新塩浜開発書付《しんしおはまかいはつかきつけ》……130
新宿前公園開設《しんしゅくまえこうえんかいせつ》……582
真浄観世音菩薩像《しんじょうかんぜおんぼさつぞう》……464
尋常小学校卒業者《じんじょうしょうがっこうそつぎょうしゃ》……496, 500
新撰組《しんせんぐみ》……382, 396
迅速測図《じんそくそくず》……424, 427

塩蔵学校《しおぐらがっこう》……412, 426
塩荘園《しおしょうえん》……53
塩商人《しおしょうにん》……106
塩尻《しおじり》……51, 52, 131, 207
塩製造人《しおせいぞうにん》……468
塩専売法《しおせんばいほう》……453, 508
塩専売局出張所《しおせんばいきょくしゅっちょうじょ》……450
塩相場《しおそうば》……128, 229, 243, 279, 429, 439
塩垂日数《しおたれにっすう》……357
塩垂百姓《しおだれびゃくしょう》……3, 169, 170, 215, 221, 294, 303, 333, 339, 399, 453
潮塚《しおづか》……135, 304
塩留《しおど》め……123, 512
塩年貢《しおねんぐ》……104, 163, 261
塩《しお》の値段《ねだん》……106, 164, 339, 362
塩《しお》の道《みち》……91, 106, 263, 639
塩配給制《しおはいきゅうせい》……508
塩浜学園《しおはまがくえん》……641
塩浜検地《しおはまけんち》(古検《こけん》)……162
塩浜仕法書《しおはましほうしょ》……398
塩浜反別《しおはまたんべつ》……130, 202, 216, 217, 224, 234, 259, 274, 275, 316, 324, 334, 400, 428, 496
塩浜中学校開校《しおはまちゅうがっこうかいこう》……599
塩浜年貢永《しおはまねんぐえい》……216, 247
塩浜見廻役《しおはまみまわりやく》……244, 270
塩升《しおます》……150
塩町《しおまち》……127, 128, 362, 600
塩屋《しおや》……127, 242, 313
塩焼《しおやき》……51, 52, 59, 88, 92, 108, 111, 139, 161, 169, 201, 202, 203, 205, 207, 217, 223, 227, 228, 247, 262, 276, 278, 292, 305, 310, 317, 319, 324, 328, 343, 361, 367, 373, 375, 380, 395, 397, 433, 453, 469, 503, 504, 512, 513, 535, 542, 566, 584, 586, 590, 592, 595, 597, 618, 619, 621, 630, 634, 640, 647
塩焼町自治会設立《しおやきまちじちかいせつりつ》……542
塩焼交番《しおやきこうばん》……619
塩焼小学校開校《しおやきしょうがっこうかいこう》……597
塩焼《しおやき》に従事《じゅうじ》した人々《ひとびと》の数《かず》……324
塩焼《しおやき》の前工程《まえこうてい》の終了《しゅうりょう》……205
塩山《しおやま》……43
潮除堤《しおよけつつみ》……197, 207, 215, 229, 236, 238, 257, 467, 536
信楽場《しがらきば》……172
敷石《しきいし》……335, 395, 424, 497, 507, 603
自然堤防《しぜんていぼう》……28, 110, 125, 148, 524
地蔵菩薩像《じぞうぼさつぞう》……177, 180, 185, 200, 212, 255, 267, 269, 313, 597, 613, 615
慈潭和尚《じたんおしょう》……214, 225, 596
七番日記《しちばんにっき》……94, 323, 325
七福神《しちふくじん》……101
十方庵遊歴雑記《じっぽうあんゆうれきざっき》……322
私堤《してい》……399, 408
篠崎街道《しのざきかいどう》……28, 91, 148, 149, 263
篠崎水門《しのざきすいもん》(江戸川水閘門《えどがわすいこうもん》)……510
篠田雅楽助清久《しのだうたのすけきよひさ》……103, 106
芝居《しばい》……247, 275, 282, 284
地盤沈下《じばんちんか》……526, 549, 562, 580, 581, 604, 620
自普請《じぶしん》……131, 223, 224, 319, 350,

狛犬《こまいぬ》……309, 311, 351, 369, 462, 505, 509, 564, 574, 600
小前《こまえ》……205, 274, 340, 341, 346, 347, 383, 410
小宮山杢之進《こみやまもくのしん》……238, 243, 248, 249, 253, 277, 278, 280, 286, 287
コミュニティスクール委員会《いいんかい》……628
コミュニティバス……633
子盲観音《こめくらかんのん》……195
米検査俵数《こめけんさたわらすう》……501
米相場《こめそうば》……200, 377
コレラ……327, 378, 379, 420, 423, 432, 433, 436, 440, 458, 466, 467, 471, 496, 499
胡録公園開設《ころくこうえんかいせつ》……577
コロリ……327, 378, 382
権現堂《ごんげんどう》……112, 144, 279, 356, 461
権現道《ごんげんみち》……28, 109, 111, 112, 122, 126, 134, 145, 636
昆泰仲《こんたいちゅう》……321, 387

さ

柴屋軒宗長《さいおくけんそうちょう》……90, 91, 97, 328
採鹹日数《さいかんにっすう》……454, 485
採鹹人夫《さいかんにんぷ》……428, 457
西郷隆盛《さいごうたかもり》……237, 395, 420
最高賃貸価格《さいこうちんたいかかく》……501
賽銭箱《さいせんばこ》……503
祭礼河岸《さいれいがし》……159, 165, 166, 200, 208, 298, 366, 367, 419, 631
幸公民館開館《さいわいこうみんかんかいかん》……610
幸小学校開校《さいわいしょうがっこうかいこう》……595
坂本龍馬《さかもとりょうま》……390
防人《さきもり》……42
桜庭公園開設《さくらばこうえんかいせつ》……588
笹屋《ささや》……65, 171, 181, 201, 265, 277, 305, 306, 319, 322, 334, 355, 370
差塩《さしじお》……147, 252
薩長様《さっちょうさま》……99, 396
里見忠義《さとみただよし》……135, 145, 155, 156
佐原飛脚問屋吉田氏《さはらひきゃくどんやよしだし》……367
更級日記《さらしなにっき》……61
笊取法《ざるとりほう》……52, 131, 207
三億《おく》円《えん》事件《じけん》……574
産業道路《さんぎょうどうろ》……165, 540, 567
参勤交代《さんきんこうたい》……169
三町畑公園開設《さんじょうばたこうえんかいせつ》……588
三千町《さんぜんちょう》……234, 253, 263, 264, 642, 643
三太《さんた》の渡《わた》し……422
三番瀬《さんばんぜ》……220, 289, 296, 490, 511, 628
山門《さんもん》……102, 119, 255, 273, 283, 426, 594, 614, 619, 630

し

市営火葬場《しえいかそうば》……503
塩市《しおいち》……127, 362
塩売捌商法書《しおうりさばきしょうほうしょ》……410
塩竈製法《しおかまどせいほう》……124
塩竈明神《しおがまみょうじん》……99
塩木山《しおきやま》……43, 226

京葉有料道路《けいようゆうりょうどうろ》……568
兼業《けんぎょう》……217,221,223,346,433,536,552
源氏物語《げんじものがたり》……59
検地帳《けんちちょう》……195, 239, 342
県立行徳高等学校創立《けんりつぎょうとくこうとうがっこうそうりつ》……588

こ

小網町行徳河岸《こあみちょうぎょうとくがし》……167, 334
光化学《こうかがく》スモッグ注意報《ちゅういほう》……580
庚午年籍《こうごねんせき》……33
庚申様《こうしんさま》……329
庚申塔《こうしんとう》……145, 171, 177, 180, 183, 186, 187, 188, 189, 190, 191, 193, 194, 232, 254, 596
公訴貝猟願成塔《こうそがいりょうねがいなりのとう》……296
耕地囲堤《こうちかこみつつみ》……215, 222, 564
国府津《こうづ》……43, 158, 164
交通事故発生件数《こうつうじこはっせいけんすう》と死傷者数《ししょうしゃすう》……577
国府台高等学校葛南分校《こうのだいこうとうがっこうかなんぶんこう》……527, 638
弘法大師供養塔《こうぼうたいしくようとう》……292, 344
弘法大師像《こうぼうたいしぞう》……491
高谷小学校《こうやしょうがっこう》……416
高谷尋常小学校《こうやじんじょうしょうがっこう》……433, 442
高谷自治会設立《こうやじちかいせつりつ》……535
公有水面埋《こうゆうすいめんう》め立《た》て……454, 548
極印《ごくいん》……196, 208, 237, 245, 294
刻経塔《こくきょうとう》……618
国勢調査《こくせいちょうさ》……481, 507, 519, 540
国民健康保険《こくみんけんこうほけん》……527, 558, 560
古久竜霊神堂《こくりゅうれいしんどう》……452
古語拾遺《こごしゅうい》……49
個人《こじん》タクシー……580
戸数千軒寺百軒《こすうせんけんてらひゃっけん》……119
戸数《こすう》、行徳町《ぎょうとくまち》一三五六……478
小菅県《こすげけん》……400, 401, 403, 405, 406, 407, 424
戸籍法《こせきほう》……405
五智如来《ごちにょらい》……159, 182
戸長《こちょう》……409, 432, 434
琴弾《ことひ》きの松《まつ》……97
金刀比羅宮《ことひらぐう》……385
御入用御普請《ごにゅうようごぶしん》……227,228,230,232, 235, 237, 256, 270, 295, 297
この大川《おおかわ》（江戸川《えどがわ》）を（氷《こおり》が）張《は》り詰《つ》めし也《なり》……281
小林一茶《こばやしいっさ》……94, 298, 321, 323, 325, 634, 639, 640, 645
小林一茶《こばやしいっさ》が来《き》た頃《ころ》の海岸線《かいがんせん》……323
御普請《ごぶしん》……161, 184, 210, 227, 228, 230, 232, 235, 239, 240, 241, 243, 244, 246, 248, 256, 257, 258, 261, 262, 264, 270, 271, 274, 286, 287, 291, 292, 293, 294, 295, 297, 299, 300, 308, 309, 310, 314, 315, 319, 320, 328, 335, 337, 341, 343, 351, 352, 357, 358, 371, 372, 373, 379, 385, 389, 424
御普請所《ごぶしんじょ》……232, 238, 241, 244, 248, 261, 295, 351, 352, 385, 389
御普請所大破《ごぶしんじょたいは》……232, 237, 248, 261

行徳町産米総俵数《ぎょうとくまちさんまいそうたわらすう》……487, 491
行徳《ぎょうとく》まちづくり協議会《きょうぎかい》……644
行徳町農会会員数《ぎょうとくまちのうかいかいいんすう》……484
行徳町農業協同組合《ぎょうとくまちのうぎょうきょうどうくみあい》……522
行徳町《ぎょうとくまち》の塩生産高《しおせいさんだか》……451
行徳町《ぎょうとくまち》の大火《たいか》……119, 426
行徳《ぎょうとく》まつり……632
行徳道《ぎょうとくみち》……124, 165, 250, 328, 486, 497
行徳野鳥観察舎開設《ぎょうとくやちょうかんさつしゃかいせつ》……591
行徳領《ぎょうとくりょう》三十三カ所村役人名前書《しょむらやくにんなまえがき》……374
行徳領塩浜開発手当金《ぎょうとくりょうしおはまかいはつてあてきん》……128, 139, 153, 161
行徳領塩浜増築計画《ぎょうとくりょうしおはまぞうちくけいかく》……243
行徳緑地特別保全地区《ぎょうとくりょくちとくべつほぜんちく》……578
行人土手《ぎょうにんどて》……158
キリシタン灯籠《とうろう》……120
切所《きりしょ》……257, 258, 295, 335, 337, 371, 372, 373
金海法印《きんかいほういん》……77, 92, 95, 96, 252
近郊緑地特別保全地区《きんこうりょくちとくべつほぜんちく》……578

く

空襲《くうしゅう》……508, 509, 513, 514, 515
句会《くかい》……318, 359
区画漁業《くかくぎょぎょう》……494, 510, 525, 528, 548
区画整理記念碑《くかくせいりきねんひ》……585, 588, 590, 591, 595, 628, 633
草刈正五郎《くさかりしょうごろう》……395
下《くだ》り塩《じお》……127, 147, 175, 179, 242, 244, 252, 333, 339, 373, 377, 398, 414, 415, 429, 432
下《くだ》り塩問屋《じおどんや》……147, 242, 373, 377
下《くだ》り塩《じお》の一ケ年平均東京入荷量《ねんへいきんとうきょうにゅうかりょう》……414
国定忠治《くにさだちゅうじ》……364
首切《くびき》り地蔵《じぞう》……132, 174, 302
供養塔《くようとう》……141, 145, 189, 226, 230, 266, 276, 285, 287, 288, 292, 308, 312, 324, 334, 339, 344, 356, 375, 376, 395, 424, 428, 510, 541, 556, 562, 586, 593, 598, 605, 606
栗塚《くりづか》……302
くろへび様《さま》……266
軍用第一《ぐんようだいいち》……123, 139, 163, 169, 240, 278

け

警視庁《けいしちょう》を設置《せっち》……414
京成電気軌道《けいせいでんききどう》……460, 468, 470, 471
京成電鉄《けいせいでんてつ》……461, 552
京成《けいせい》バス……79, 483
境内地約《けいだいちやく》三五〇坪《つぼ》が奉納《ほうのう》される……505
慶長大地震《けいちょうおおじしん》……138
京葉港市川地区土地造成事業《けいようこういちかわちくとちぞうせいじぎょう》……575, 576
京葉線市川塩浜駅開業《けいようせんいちかわしおはまえきかいぎょう》……606
京葉《けいよう》タイムス……597
掲揚塔《けいようとう》……502

行徳観音札所《ぎょうとくかんのんふだしょ》めぐり再開《さいかい》される……602
行徳金堤《ぎょうとくきんてい》……94, 98, 273, 314, 320, 323, 325, 345, 374, 387, 415, 634, 640, 645
行徳警察署開署《ぎょうとくけいさつしょかいしょ》……617
行徳警察署管内《ぎょうとくけいさつしょかんない》の刑法犯《けいほうはん》……629
行徳公民館《ぎょうとくこうみんかん》……478, 594, 596, 611, 618
行徳《ぎょうとく》さま……77
行徳志《ぎょうとくし》……324, 359
行徳塩《ぎょうとくじお》……107, 123, 175, 251, 336, 384, 410, 414, 424, 426, 429, 439, 445, 453
行徳塩浜製造法書上《ぎょうとくしおはませいぞうほうかきあげ》……205
行徳塩浜《ぎょうとくしおはま》の由緒《ゆいしょ》……127
行徳支所《ぎょうとくししょ》……59, 82, 95, 101, 117, 123, 126, 133, 142, 160, 165, 200, 478, 480, 539, 548, 594, 631, 643, 645
行徳支所管内《ぎょうとくししょかんない》の世帯数《せたいすう》……631
行徳児童公園《ぎょうとくじどうこうえん》……563
行徳小学校《ぎょうとくしょうがっこう》……215, 410, 411, 412, 413, 417, 432, 439, 478, 484, 512, 523, 534, 541, 542, 546, 549, 553, 557, 561, 570, 572, 574, 578, 579, 581, 585, 586, 590, 615, 616, 620, 630, 631
行徳商店会連合会《ぎょうとくしょうてんかいれんごうかい》……616, 639
行徳新田《ぎょうとくしんでん》……118,126,233,278,316, 338
行徳新聞《ぎょうとくしんぶん》……592
行徳関務《ぎょうとくせきむ》……76, 77
行徳地区自治会連合会《ぎょうとくちくじちかいれんごうかい》……566, 574, 579, 582, 583
行徳中部土地区画整理組合設立《ぎょうとくちゅうぶとちくかくせいりくみあいせつりつ》……581
行徳中央公園《ぎょうとくちゅうおうこうえん》……588, 590
行徳土地区画整理組合設立《ぎょうとくとちくかくせいりくみあいせつりつ》……572
行徳北部土地区画整理組合設立《ぎょうとくほくぶとちくかくせいりくみあいせつりつ》……576
行徳図書館開館《ぎょうとくとしょかんかいかん》……598, 601
行徳七浜《ぎょうとくななはま》……104, 105, 108, 169, 170
行徳南部公園開設《ぎょうとくなんぶこうえんかいせつ》……589
行徳南部土地区画整理組合設立《ぎょうとくなんぶとちくかくせいりくみあいせつりつ》……579
行徳《ぎょうとく》の宿市《しゅくいち》……493
行徳《ぎょうとく》の関《せき》……77, 80
行徳《ぎょうとく》の椋鳥《むくどり》……399
行徳橋《ぎょうとくばし》……77, 145, 472, 482, 483, 494, 520, 521, 526, 541, 542, 547, 553, 566, 576, 583, 639, 646
行徳橋派出所開設《ぎょうとくばしはしゅつじょかいせつ》……542
行徳札所《ぎょうとくふだしょ》三十三カ所巡《しょめぐ》り……209
行徳船着場施設完成《ぎょうとくふなつきばしせつかんせい》……548
行徳船場《ぎょうとくふなば》……152, 229, 283, 332, 347, 348, 386
行徳船《ぎょうとくぶね》……159, 166, 168, 181, 193, 196, 208, 229, 283, 294, 298, 301, 332, 347, 348, 386, 423, 548, 550, 587, 636
行徳文化《ぎょうとくぶんか》ホールI＆I……632
行徳防犯協会発足《ぎょうとくぼうはんきょうかいほっそく》……617
行徳町《ぎょうとくまち》が市川市《いちかわし》に合併《がっぺい》……539
行徳町漁業組合《ぎょうとくまちぎょぎょうくみあい》……449, 451, 502

川原杁樋《かわらいりひ》……339
河原《かわら》自治会設立《じちかいせつりつ》……543
河原《かわら》小学校《しょうがっこう》……416
河原《かわら》の渡《わた》し……91, 124, 152, 282, 283, 461, 643, 645
河原《かわら》排水機場《はいすいきじょう》完成《かんせい》……581
官軍《かんぐん》……80, 99, 237, 396
鹹砂《かんさ》……52
鹹水《かんすい》……52, 131, 205, 217, 406, 454, 474, 485
干天《かんてん》、旱天《かんてん》……220, 310, 363
寛政三年紀行《かんせいさんねんきこう》……298
観智国師《かんちこくし》……142, 143
関東大震災供養碑《かんとうだいしんさいくようひ》……486, 502
関東取締出役《かんとうとりしまりしゅつやく》……311, 365, 366, 372, 381, 382, 386, 388
関東八カ国絵図《かんとうはちかこくえず》……186
香取公園開設《かんどりこうえんかいせつ》……576
かんどりさま……80
香取《かんどり》自治会設立《じちかいせつりつ》……547
香取神社《かんどりじんじゃ》の祭礼《さいれい》……280
香取《かんどり》ディサービスセンター……616
香取《かんどり》の大火《たいか》……412, 426
香取排水機場《かんどりはいすいきじょう》完成《かんせい》……584
観音堂《かんのんどう》……58, 141, 184, 210, 228, 464, 485, 617, 627, 630, 643

き

木下道《きおろしみち》……165, 199, 202, 298, 429
北浜公園開設《きたはまこうえんかいせつ》……579
狐《きつね》……263, 461, 471, 507, 517, 547, 594, 597, 601, 607, 617, 643
キツネビ……263
キティ台風《たいふう》……524, 528, 533
記念碑《きねんひ》……144, 151, 222, 296, 440, 452, 456, 469, 477, 481, 484, 495, 497, 507, 555, 567, 585, 588, 589, 590, 591, 594, 595, 603, 605, 613, 619, 624, 625, 628, 630, 631, 633, 638
儀兵衛新田《ぎへえしんでん》……172, 253, 259, 284, 307, 343, 362, 373, 400, 403, 417, 563, 565
儀兵衛橋《ぎへえばし》……590
義務教育年限《ぎむきょういくねんげん》を六年《ろくねん》に延長《えんちょう》……459
義務教育国庫負担法《ぎむきょういくこっこふたんほう》……476
旧川岸《きゅうかわぎし》……159
旧河岸《きゅうがし》……159
旧行徳道《きゅうぎょうとくみち》……124, 250
旧高旧領取調帳《きゅうだかきゅうりょうとりしらべちょう》……420
久助稲荷《きゅうすけいなり》……96, 427
教育委員会《きょういくいいんかい》……523, 545, 551, 599, 606
教育先進地《きょういくせんしんち》……410
経蔵《きょうぞう》……432, 631
行徳駅前公園《ぎょうとくえきまえこうえん》……158, 253, 333, 583, 588, 613
行徳駅前派出所開設《ぎょうとくえきまえはしゅつじょかいせつ》……590, 597
行徳河岸《ぎょうとくがし》……159,165,166,167,276, 298, 332, 334, 365, 366, 424, 634
行徳可動堰《ぎょうとくかどうぜき》……640
行徳川《ぎょうとくがわ》……167, 328

欠真間《かけまま》排水機場《はいすいきじょう》完成《かんせい》……575
囲産《かこみさん》……127, 251
囲塩《かこみじお》……127, 251, 252, 253, 362, 398
囲堤《かこみつつみ》……130,215,222,223,227,228, 230, 235, 239, 240, 243, 244, 246, 261, 262, 264, 270, 295, 296, 308, 309, 312, 314, 315, 319, 320, 323, 324, 335, 337, 346, 356, 357, 358, 370, 371, 372, 379, 385, 389, 400, 564
葛西《かさい》……56, 64, 66, 78, 81, 87, 97, 98, 99, 121, 131, 157, 162, 178, 229, 253, 257, 263, 288, 299, 328, 329, 359, 388, 416, 431, 443, 447, 464, 555
葛西志《かさいし》……162, 328
葛西船《かさいぶね》……229
鹿島紀行《かしまきこう》……202, 645
鹿島道《かしまみち》……165
カスリン台風《たいふう》……519
風邪《かぜ》……259, 331, 363, 368
勝安房《かつあわ》筆《ひつ》の熊谷伊助《くまがやいすけ》慰霊歌碑《いれいかひ》……121
勝海舟《かつかいしゅう》……395, 418, 584, 634, 645
学校給食《がっこうきゅうしょく》……516, 523
葛飾浦《かつしかうら》……104, 113, 641, 642
葛飾八幡宮《かつしかはちまんぐう》……55, 59, 332, 553, 619
葛飾北斎《かつしかほくさい》……305, 321
葛飾丸《かつしかまる》……478
葛南警察官幹部派出所開設《かなんけいさつかんかんぶはしゅつじょかいせつ》……572
葛南警察署開設《かなんけいさつしょかいせつ》……600
葛南三町《かなんさんちょう》の合併《がっぺい》……531, 534
葛南青果市場《かなんせいかしじょう》……522
葛南病院《かつなんびょういん》……467, 527
合併経緯《がっぺいけいい》の概要《がいよう》……529, 530, 531, 532, 533, 534, 535, 536, 537, 538, 539, 540, 541, 542, 543, 544
加藤家住宅《かとうけじゅうたく》……637
加藤新田《かとうしんでん》……233, 234, 253, 259, 264, 275, 276, 283, 284, 307, 324, 343, 362, 373, 400, 417, 428, 454, 573, 640, 641
加藤惣右衛門《かとうそううえもん》……377, 403, 435, 437, 442
香取鹿島街道《かとりかしまかいどう》……473
カドミウム……584
蟹田公園開設《かにたこうえんかいせつ》……576
狩野一庵《かのういちあん》……122
狩野浄天《かのうじょうてん》……142, 155, 162, 172, 189, 253, 556, 606
狩野浄天骨壺《かのうじょうてんこつつぼ》……606
狩野浄天《かのうじょうてん》の妻《つま》の墓《はか》……172
狩野浄天供養塔《かのうじょうてんくようとう》……189
狩野川台風襲来《かのうがわたいふうしゅうらい》……551
神野山日記《かのさんにっき》……367, 649
竈家《かまどや》・竈屋《かまどや》……52, 59, 247, 299, 324, 342, 346, 372, 400
上道公園開設《かみみちこうえんかいせつ》……579
上妙典自治会設立《かみみょうでんじちかいせつりつ》……546
亀乗薬師如来《かめのりやくしにょらい》……113
川合七左衛門《かわいしちざえもん》……413, 434, 435, 442, 447
川崎製麺所《かわさきせいめんじょ》……469
川船奉行《かわぶねぶぎょう》……168, 184, 196, 245, 387
河原圦之遺石碑《かわらいりのいせきひ》……591

か

271, 305, 322, 329, 348, 414, 415, 456, 466, 639
今井橋《いまいばし》……466, 473, 486, 499, 522, 526, 527, 556, 558, 567, 595, 631, 645
今井橋派出所《いまいばしはしゅつじょ》……522
芋権青果市場《いもごんせいかしじょう》……522
入浜法《いりはまほう》……173, 205, 207
岩崎粂蔵《いわさきくめぞう》……403, 409, 443
岩槻道《いわつきみち》……91, 263
印旛県《いんばけん》……408, 409

う

浮谷竹次郎《うきやたけじろう》……502, 519, 543
内堤《うちつつみ》……238, 240
うどん……65, 305, 306, 322, 334, 355, 375
馬市《うまいち》……263
埋立事業《うめたてじぎょう》……547, 549, 553, 555, 556, 559, 560, 561, 563, 568, 569, 570, 572, 573
浦安漁民漁業権全面放棄《うらやすぎょみんぎょぎょうけんぜんめんほうき》……581
浦安大師《うらやすだいし》……491
浦安《うらやす》の渡《わた》し……447
浦安橋《うらやすばし》……506
浦安町漁業組合《うらやすまちぎょぎょうくみあい》……454, 459, 477, 494, 502
浦安町《うらやすまち》・南行徳村組合立伝染病舎《みなみぎょうとくむらくみあいたてでんせんびょうしゃ》……467, 527

え

永代十夜《えいたいじゅうや》……272
永代橋《えいたいばし》……141, 213, 257, 312, 494
永代橋水難横死者供養塔《えいたいばしすいなんおうししゃくようとう》……141, 312
江戸川左岸流域第二終末処理場《えどがわさがんりゅういきだいにしゅうまつしょりじょう》完成《かんせい》……628
江戸川大洪水《えどがわだいこうずい》……223, 245, 457
江戸川《えどがわ》の水《みず》でご飯《はん》を炊《た》く……490
江戸川《えどがわ》の水《みず》で漉《す》くと品質《ひんしつ》のよい高値《たかね》で売《う》れる干《ほ》し海苔《のり》ができた……490
江戸川《えどがわ》の流路変更工事《りゅうろへんこうこうじ》……158
江戸川放水路《えどがわほうすいろ》……28, 81, 83, 84, 88, 93, 104, 123, 126, 170, 264, 353, 460, 463, 470, 472, 480, 481, 494, 531, 618, 638
江戸近郊道《えどきんこうみち》しるべ……329
江戸《えど》の大火《たいか》(振袖火事《ふりそでかじ》)……181
江戸府内絵本風俗往来《えどふないえほんふうぞくおうらい》……455
沿海測量日記《えんかいそくりょうにっき》……299, 307
塩業者《えんぎょうしゃ》……407, 432, 453, 454, 483
円《えん》、銭《せん》、厘《りん》……405
塩田一単位当《えんでんいちたんいあた》りに要《よう》する人夫数《にんぷすう》……428
塩田《えんでん》の価格《かかく》……454
閻魔王像《えんまおうぞう》……236
閻魔《えんま》の像《ぞう》……304
延命地蔵《えんめいじぞう》……160, 178, 183, 216, 605, 611

お

大岡越前守《おおおかえちぜんのかみ》……127, 241, 242
大切所《おおきりしょ》……257, 295

伊豆大島《いずおおしま》……284, 285
伊勢神宮《いせじんぐう》……56, 63, 64, 78, 81, 93, 351
伊勢物語《いせものがたり》……51, 52, 61
市川《いちかわ》・浦安《うらやす》バイパス……506, 546, 562, 583
市川競馬《いちかわけいば》……498, 500
市川競馬場《いちかわけいばじょう》……498, 500
市川港《いちかわこう》……548
市川塩浜駅《いちかわしおはまえき》……606, 607
市川市核廃絶平和都市宣言《いちかわしかくはいぜつへいわとしせんげん》……602
市川市歌人協会創立《いちかわしかじんきょうかいそうりつ》……552
市川市教育研究集会開催《いちかわしきょういくけんきゅうしゅうかいかいさい》……549
市川市教員組合《いちかわしきょういんくみあい》……517, 550
市川市子《いちかわしこ》ども会育成会《かいいくせいかい》・研究大会《けんきゅうたいかい》開催《かいさい》……577
市川市斎場《いちかわしさいじょう》……619
市川市塩浜第《いちかわししおはまだい》一期土地区画整理事業起工式開催《きとちくかくせいりじぎょうきこうしきかいさい》……645
市川市自治会等連絡協議会設置《いちかわしじちかいとうれんらくきょうぎかいせっち》……551
市川市商工会議所《いちかわししょうこうかいぎしょ》……523
市川市小中学校《いちかわししょうちゅうがっこう》PTA連絡協議会《れんらくきょうぎかい》……527
市川市消防《いちかわししょうぼう》……523, 533, 539, 544, 553
市川市誕生《いちかわしたんじょう》……502
市川市地先海面《いちかわしちさきかいめん》での漁獲量《ぎょかくりょう》……569
市川自動車運搬商業組合《いちかわじどうしゃうんぱんしょうぎょうくみあい》……504
市川市動植物園《いちかわしどうしょくぶつえん》……606
市川市農業協同組合《いちかわしのうぎょうきょうどうくみあい》……522,550, 561, 563, 566, 606, 631, 636
市川市俳句協会創立《いちかわしはいくきょうかいそうりつ》……543
市川市文化会館《いちかわしぶんかかいかん》……602
市川市南行徳地区自治会連合会《いちかわしみなみぎょうとくちくじちかいれんごうかい》……566
市川市南消防署開設《いちかわしみなみしょうぼうしょかいせつ》……594
市川商工会《いちかわしょうこうかい》……486, 535, 550, 552
市川市老人《いちかわしろうじん》クラブ連合会結成《れんごうかいけっせい》……565
市川青年会議所発足《いちかわせいねんかいぎしょほっそく》……569
市川製紙市川工場《いちかわせいしいちかわこうじょう》……567
市川関所跡記念碑《いちかわせきしょあときねんひ》……631
市川橋《いちかわばし》……451, 452, 453, 526, 631
市川花火大会《いちかわはなびたいかい》……523
市川《いちかわ》・船橋戦争《ふなばしせんそう》……80, 396
市川霊園開設《いちかわれいえんかいせつ》……560
市川《いちかわ》ロータリークラブ発足《ほっそく》……530
一升瓶《いっしょうびん》に海水《かいすい》を詰《つ》める……517
一昼夜《いっちゅうや》……217, 485
一本松《いっぽんまつ》……148, 231, 315, 611
井戸水水質検査《いどみずすいしつけんさ》……542
伊奈忠次《いなたたつぐ》……129, 148
稲荷大明神《いなりだいみょうじん》……190, 297, 582
今井《いまい》……28, 66, 81, 82, 90, 91, 97, 100, 113, 124, 156, 157, 166, 173, 174, 181, 250, 271, 293, 305, 307, 316, 322, 328, 329, 348, 368, 407, 414, 416, 417, 450, 456, 466, 467, 473, 486, 499, 509, 522, 526, 527, 528, 555, 556, 558, 567, 573, 595, 615, 631, 639, 645
今井《いまい》の渡《わた》し……28,124,145,149,152, 154, 155, 157, 166, 173, 174, 181, 250,

索《さく》引《いん》

五十音順《おんじゅん》

あ

相之川《あいのかわ》公園《こうえん》開設《かいせつ》……578
相之川《あいのかわ》自治会《じちかい》設立《せつりつ》……547
相之川《あいのかわ》自動《じどう》排水《はいすい》機場《きじょう》完成《かんせい》……582
相之川《あいのかわ》第二《だいに》排水《はいすい》機場《きじょう》……581
青色《あおいろ》回転灯《かいてんとう》パトロール……633
青《あお》べか日記《にっき》……493, 494, 584
青《あお》べか物語《ものがたり》……494, 556
青山文豹《あおやまぶんひょう》……159
赤《あか》ちゃんコンクール……574
揚浜法《あげはまほう》……205
あけぼの保育園《ほいくえん》……533
赤穂浪士《あこうろうし》……219, 237
浅子《あさこ》神輿店《みこしてん》……637
アサリ漁《りょう》……630, 631
あじさい保育園《ほいくえん》……638
アスク行徳《ぎょうとく》保育園《ほいくえん》……639
東路《あずまじ》の津登《つと》……90
吾妻鏡《あづまかがみ》……65, 66, 69
浅間山《あさまやま》……63, 290, 291, 302, 461
雨桶《あまおけ》……497
阿弥陀如来像《あみだにょらいぞう》……111, 188, 189, 193
新井川《あらいがわ》……221, 637, 640
新井《あらい》小学校《しょうがっこう》開校《かいこう》(校名《こうめい》復活《ふっかつ》)……596
新井《あらい》信用《しんよう》組合《くみあい》……463
新井《あらい》自治会《じちかい》設立《せつりつ》……536
新井《あらい》排水《はいすい》機場《きじょう》完成《かんせい》……580
新井《あらい》白石《はくせき》……226
新井《あらい》保育園《ほいくえん》……557, 629
新井《あらい》郵便局《ゆうびんきょく》開設《かいせつ》……578
荒浜《あらはま》……131, 163, 216, 220, 223, 224, 227, 228, 247, 340, 341, 353, 365, 379, 621
在原業平《ありわらのなりひら》……51
安政《あんせい》江戸《えど》地震《じしん》……369, 370, 376
安政《あんせい》東海《とうかい》地震《じしん》……369, 370
安政《あんせい》南海《なんかい》地震《じしん》……369, 370
安藤広重《あんどうひろしげ》……350, 355, 402
安房《あわ》神社《じんじゃ》……106

い

異国船《いこくせん》……331, 366, 367
石垣《いしがき》……207, 289, 319, 320, 373, 469, 543, 574, 575
石垣堤《いしがきつつみ》……319
石垣《いしがき》敷設《ふせつ》記念碑《きねんひ》……469
石《いし》の城《しろ》……207, 643
石櫃《いしひつ》……86, 292, 320
似春《いしゅん》……213, 222

著者プロフィール

鈴木 和明（すずき かずあき）

1941年、千葉県市川市に生まれる。

南行徳小学校、南行徳中学校を経て東京都立上野高等学校通信制を卒業。

1983年、司法書士試験、行政書士試験に合格。翌1984年、司法書士事務所を開設。

1999年、執筆活動を始める。

南行徳中学校PTA会長を2期務める。新井自治会長を務める。

市川博物館友の会会員。2016年3月末まで新井熊野神社氏子総代を務める。

趣味：読書、釣り、将棋（初段）

著書に『おばばと一郎1 ～ 4』『行徳郷土史事典』『明解　行徳の歴史大事典』『行徳歴史街道1 ～ 5』『郷土読本　行徳　塩焼の郷を訪ねて』『郷土読本　行徳の歴史・文化の探訪1 ～ 2』『「葛飾誌略」の世界』『「葛飾記」の世界』『「勝鹿図志手くりふね」の世界』『行徳の文学』『行徳歴史の扉』『僕らはハゼっ子』『江戸前のハゼ釣り上達法』『天狗のハゼ釣り談義』『ハゼと勝負する』『HERA100　本気でヘラと勝負する』（以上、文芸社刊）『20人の新鋭作家によるはじめての出版物語』（共著、文芸社刊）などがある。

http：//www.s-kazuaki.com

詳解　行徳歴史年表

2018年 9 月15日　初版第 1 刷発行

著　者　鈴木 和明
発行者　瓜谷 綱延
発行所　株式会社文芸社
〒160-0022　東京都新宿区新宿1－10－1
電話　03-5369-3060（代表）
03-5369-2299（販売）

印刷所　株式会社フクイン

ISBN978-4-286-19275-8

のどかな田園風景の広がる行徳水郷を舞台に、幼年時代から現在に至るまでの体験を綴った私小説。豊かな自然と、家族の絆で培われていった思いが伝わる渾身の『おばばと一郎』全４巻。

男手のない家庭で跡取りとして一郎を育むおばばの強くて深い愛情が溢れていた。
四六判 156 頁
定価 1,296 円（税込み）

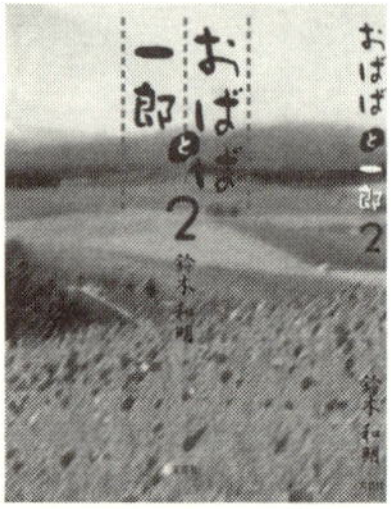

貧しさの中で築かれる暮らしは、日本人のふるさとの原風景を表現。
四六判 112 頁
定価 1,188 円（税込み）

厳しい環境の中で夢中に生きた祖父・銀蔵の生涯を綴った、前２作の原点ともいえる第３弾。
四六判 192 頁
定価 1,404 円（税込み）

つつましくも誠実な生き方を貫いてきた一家の歩みを通して描く完結編。
四六判 116 頁
定価 1,080 円（税込み）

鈴木和明著既刊本　好評発売中！

『僕らはハゼっ子』
ハゼ釣り名人の著者が、ハゼの楽園江戸川の自然への愛情と、釣りの奥義を愉快に綴ったエッセイ集。
四六判 88 頁
定価 864 円（税込み）

『江戸前のハゼ釣り上達法』
江戸川でハゼを釣ること 16 年。1 日 1000 尾釣りを目標とし、自他ともに認める“ハゼ釣り名人”がその極意を披露。ハゼ釣りの奥義とエピソードが満載！
四六判 196 頁
定価 1,404 円（税込み）

『天狗のハゼ釣り談義』
自分に合った釣り方を開拓して、きわめてほしいという思いをこめ、ハゼ釣り名人による極意と創意工夫がちりばめられた釣りエッセイ。釣り人の数だけ釣り方がある。オンリーワン釣法でめざせ 1 日 1000 尾!!
四六判 270 頁
定価 1,512 円（税込み）

『ハゼと勝負する』
1 日 1000 尾以上を連続 22 回達成。限られた釣りポイントでも、釣り師にとって、日々変化する環境に対応して生きるハゼを、どのような釣技でとらえていくのか。その神がかり的釣果の記録をまとめた一冊。
四六判 200 頁
定価 1,296 円（税込み）

『HERA100　本気でヘラと勝負する』
テクニックを追求すればキリがないほど奥の深いヘラブナ釣り。1日 100 枚。常識を超えた釣果の壁を破る！　釣果を期待したい人はもちろん、幅広い釣り人の要求に応えるコツが満載の痛快釣りエッセイ。
四六判 298 頁
定価 1,512 円（税込み）